RECHTS-PERSONEN

incl. ondernemings-
en handelsrecht

EDITIE 2003/2004

RECHTS-PERSONEN

incl. ondernemings-
en handelsrecht

EDITIE 2003/2004

met een
inleiding van

PROF. MR. J.M.M. MAEIJER
Oud-hoogleraar aan de Katholieke Universiteit Nijmegen

KLUWER

Deventer – 2003

Editie 2003/2004 (deze editie biedt de stand van zaken per 1 augustus 2003, zoals voorzien begin mei 2003)

Vormgeving: Bert Arts bNO

ISBN 90 268 4143 4
NUR 697-714

Kluwer Deventer is licentiehouder van het lettertype Gulliver, © Copyright Gerard Unger, 1993

© 2003, Kluwer Deventer

Voorwoord

Deze pocketeditie is bestemd voor de zeer velen – niet beroepsjuristen – die hetzij voor hun studie hetzij in hun werkkring hetzij voor privé-gebruik een teksteditie van Boek 2 van het Burgerlijk Wetboek, het Wetboek van Koophandel en aanverwante wetten bij de hand moeten hebben.

Vooraf gaat een vrij uitvoerige inleiding, samengesteld door prof.mr. J.M.M. Maeijer, oud-hoogleraar aan de Katholieke Universiteit Nijmegen. Daarin beschrijft hij de plaats van het rechtspersonenrecht en het handelsrecht in ons rechtsbestel. Boek 2 BW is ook in deze editie opgenomen, omdat het rechtspersonenrecht traditioneel sterk aansluit bij het handelsrecht.

Niet opgenomen is het tweede boek van het Wetboek van Koophandel, met uitzondering van de bepalingen over zee- en binnenvaartverzekering, omdat verhoudingsgewijs slechts weinigen met het zee- en binnenvaartrecht in aanraking komen.

Teneinde het raadplegen te vergemakkelijken zijn de artikelen van instructieve kopjes in de màrge voorzien. Aan het slot is een uitvoerig trefwoordenregister opgenomen, dat verwijst naar de artikelen, waar de desbetreffende onderwerpen zijn behandeld.

Degenen die beroepshalve moeten beschikken over een verzameling van wetboeken en wetten die de ontwikkeling van de wetgeving op de voet volgt, kunnen met een pocketeditie als deze niet volstaan. Hun aandacht vestigen wij gaarne op onze losbladige serie Nederlandse Wetgeving. Wij spreken de wens uit, dat deze pocketeditie zal voldoen. Voor eventuele kritische opmerkingen houden wij ons gaarne aanbevolen.

Bij de editie 2003/2004

In deze editie zijn, naast aanpassingen van de wetgeving aan het nieuwe erfrecht en schenkingsrecht, onder meer verwerkt: de op 1 augustus 2002 in werking getreden Wet van 28 maart 2002, Stb. 185, tot wijziging van de Faillissementswet in verband met de invoering van de mogelijkheid van een vereenvoudigde afwikkeling van faillissement; de op 1 september 2002 in werking getreden Wet van 18 april 2002, Stb. 225, tot wijziging van Boek 2 BW en enige andere wetten in verband met de openbaarmaking van de bezoldiging en het aandelenbezit van bestuurders en commissarissen; de op 1 februari 2003 in werking getreden Wet van 28 maart 2002, Stb. 186, tot wijziging van de Auteurswet 1912 inzake het reprografisch verveelvoudigen; de op 1 mei 2003 in werking getreden Rijkswet van 13 juni 2002, Stb. 366, tot wijziging van de bepalingen ten aanzien van octrooigemachtigden in onder meer de Rijksoctrooiwet 1995. Voorts is in deze editie onder nr. 8c alsnog opgenomen afdeling 8 van titel 10, Boek 7 BW betreffende rechten van de werknemer bij overgang van een onderneming; deze regeling is per 1 juli 2002 gewijzigd bij de Wet van 18 april 2002, Stb. 215.

Voor de tekst van Boek 8 BW betreffende verkeersmiddelen en vervoer verwijzen wij naar de pocketeditie Burgerlijk Wetboek.

De uitgever

Deventer, juni 2003

Inhoud

Inhoud

Inhoud

XI

Inhoud

Inhoud

6: 162 onrechtmatige daad

Inhoud

In deze pocketeditie zijn opgenomen Boek 2 BW betreffende rechtspersonen (en relevante bepalingen uit het Wetboek van Burgerlijke Rechtsvordering), de art. 1655 e.v. Boek 7A BW betreffende de maatschap (evenals titel 7 Boek 3 BW betreffende gemeenschap en art. 15a Boek 3 BW), en handelsrechtelijke en ondernemingsrechtelijke wetteksten.
Voorts zijn opgenomen enige wetten die behoren tot het effectenverkeersrecht.

Het rechtspersonenrecht

Met het inwerkingtreden van Boek 2 BW is medio 1976 (Boek 2 BW is krachtens KB van 22 juni 1976, Stb. 342, in werking getreden met ingang van 26 juli 1976) voorzien in een systematische wettelijke regeling van het rechtspersonenrecht. Het aan dit boek ten grondslag liggende ontwerp van prof.mr. E.M. Meijers was reeds in 1954 verschenen. Bij Wet van 12 mei 1960, Stb. 205, is Boek 2 vastgesteld: de inwerkingtreding zou nader bij wet worden geregeld. Dit is geschied door de Invoeringswet Boek 2 nieuw BW.
In de tot 1976 geldende wetgeving ontbrak een systematische regeling van het rechtspersonenrecht. In het Burgerlijk Wetboek stonden weliswaar een aantal bepalingen omtrent zgn. zedelijke lichamen (art. 1690 e.v.), maar over de draagwijdte van deze regels werd verschillend gedacht. Verder was er de Wet tot regeling en beperking der uitoefening van het regt van vereeniging en vergadering, van 1855, waarin de verkrijging van rechtspersoonlijkheid door een vereniging werd afhankelijk gesteld van haar erkenning door de Wet of de Kroon (art. 5): de basis van het zgn. preventief overheidstoezicht op de vereniging. De coöperatieve vereniging werd beheerst door de Wet op de Coöperatieve Verenigingen van 1925; de onderlinge waarborgmaatschappij werd niet als eigen rechtsfiguur geregeld. Eerst sinds 1956 bestond een wettelijke regeling van de stichting. De naamloze vennootschap, en sinds 1971 ook de besloten vennootschap, waren in het Wetboek van Koophandel geregeld (art. 36 e.v.).
In Boek 2 BW zijn de regelingen van al deze rechtsvormen bijeengebracht. In Boek 2 BW is ook opgenomen, en wel in titel 9: een regeling betreffende de jaarrekening en het jaarverslag (voornamelijk geënt op de zgn. vierde en zevende EG-richtlijnen: zie hierna pag. XVII). Deze regeling is van toepassing op rechtspersonen van onderscheiden aard, in het bijzonder op de coöperatie, op de onderlinge waarborgmaatschappij, op de naamloze en op de besloten vennootschap met beperkte aansprakelijkheid. Zie met betrekking tot de zgn. commerciële stichting en vereniging hierna pag. XV. Het enquêterecht waarvan de regeling is opgenomen in afd. 2 van titel 8, geldt voor dezelfde rechtspersonen en sinds 1 januari 1994 ook voor de stichtingen en de verenigingen met volledige rechtsbevoegdheid (zie hierna) die een onderneming in stand houden waarvoor ingevolge de wet een ondernemingsraad moet worden ingesteld. Zie hierna pag. XVII. Afd. 1 van deze titel behelst de zgn. geschillenregeling; zie hierna pag. XX.
Eveneens ten gevolge van ontwikkelingen binnen EG-verband is een afzonderlijke titel 7 gewijd aan fusie en splitsing; zie hierna pag. XVII en XVIII.
Ten gevolge van het zesde gedeelte van de Invoeringswet Boeken 3, 5 en 6 NBW (19 december 1984, Stb. 541) is Boek 2 BW per 1 januari 1992 aangepast en gewijzigd; bepaalde onderwerpen zijn heroverwogen en sommige categorieën wettelijke bepalingen zijn nader doordacht en opnieuw geformuleerd.
Onder het tot 1976 geldende recht kon zich, bij het ontbreken van een samenhangende regeling van het rechtspersonenrecht, de opvatting ontwikkelen dat de rechtspersoonlijkheid van een organisatie niet uitsluitend op een uitdrukkelijke wetsbepaling behoeft te berusten. De rechtspersoonlijkheid kon door de doctrine en de rechtspraak worden afgeleid uit de voor de organisatie geldende rechtsregels. Voordat de Wet op stichtingen in 1956 tot stand kwam, was zulks ten aanzien van de stichting het geval. Voorts was de vraag naar de onderlinge afbakening van het terrein van werkzaamheden voor de diverse rechtspersonen voor een belangrijk deel beantwoord in literatuur, rechtspraak en ook in de normen die werden aangelegd bij het uitoefenen van het preventief overheidstoezicht op de vereniging.
Bij de totstandkoming van Boek 2 is men uitgegaan van de wenselijkheid van een zgn. gesloten stelsel van rechtspersonen. Zoveel mogelijk vermeldt de wet zélf uitdrukkelijk welke organisaties van een bepaalde structuur rechtspersoon zijn. Wil men door een rechtshandeling met zekerheid een rechtspersoon in het leven roepen, dan is men aangewezen op de in de wet genoemde rechtspersonen. Nieuwe, niet door de wet voorziene rechtspersonen kunnen niet ontstaan door enkel een wilsverklaring van de betrokken partijen. De rechtspersoonlijkheid wordt slechts verkregen wanneer aan bepaalde door de wet gestelde formele oprichtingsvereisten is voldaan (behalve bij de zgn. informele vereniging: zie hierna). Daarnaast moet de desbetreffende rechtspersoon voldoen aan zekere materiële kenmerken. Deze dienen ertoe het ene rechtspersoonstype van het andere te onderscheiden door zijn dwingendrechtelijk

bepaalde interne structuur, én door het hem toegewezen terrein van werkzaamheden. Door materiële kenmerken in de wetgeving zelf op te nemen, beoogt men te voorkomen dat onverschillig welke bedrijvigheid door onverschillig welk rechtspersoonstype kan worden ondernomen, en dat aldus dwingende wettelijke bepalingen geldend voor één bepaald type, worden ontdoken door de beoogde activiteiten te ontplooien in de gedaante van een ander rechtspersoonstype.

Reeds in de Wet op stichtingen van 1956 werden de nodige materiële kenmerken van de stichting aangegeven (art. 1 jo. 3 lid 5): deze zijn, zoals trouwens vrijwel de gehele wettelijke regeling van de stichting, ongewijzigd in Boek 2 BW overgenomen (vgl. art. 2: 285). Boek 2 BW gaat in deze lijn verder door bijv. ten aanzien van de vereniging die niet is een coöperatie of een onderlinge waarborgmaatschappij, te bepalen dat zij geen winst onder haar leden mag verdelen (art. 2: 26 lid 3): een norm die vóór 1976 bij het uitoefenen van het preventief overheidstoezicht werd gehanteerd. Bij het niet in acht nemen van de materiële kenmerken is de oprichting niet uit dien hoofde nietig doch kan de rechtspersoon door de rechter worden ontbonden; ontbinding kan worden voorkomen door omzetting in een andere rechtspersoon dan wel aanpassing van de statuten (vgl. art. 2: 21 lid 1 sub c en lid 3). Met ingang van 1 januari 1992 is voorzien in een algemene regeling van de omzetting van een rechtspersoon in een andere rechtsvorm (art. 2: 18; zie voor aanvullende eisen ook art. 2: 71 en 72, 181 en 183).

In Boek 2 BW worden een aantal onderwerpen met betrekking tot alle rechtspersonen geregeld in een eerste titel houdende algemene bepalingen. Onder meer vindt men in deze titel de bepaling (art. 2: 7) dat overschrijding van het doel van de rechtspersoon bij in haar naam verrichte rechtshandelingen in beginsel geen werking heeft tegenover derden: zulks in navolging van hetgeen de eerste EG-richtlijn (vgl. over dit begrip hierna, pag. XVI) voorschreef t.a.v. de nv. De gevolgen van het niet in acht nemen van de overige beperkingen van de bevoegdheid van het bestuur of de bestuurders de rechtspersoon te vertegenwoordigen, worden voor de nv en bv, de vereniging en de stichting, telkens afzonderlijk geregeld: zulks in de geest van hetgeen de eerste EG-richtlijn voorschreef t.a.v. de nv (het niet in acht nemen van de beperkingen heeft in beginsel slechts interne werking): echter met een uitzondering voor ingrijpende beschikkingshandelingen bij de vereniging en de stichting. Men vergelijke resp. de art. 2: 129, 130, 239 en 240 voor de nv en bv, en de art. 2: 44, 45, 291 en 292 voor de vereniging en de stichting. Mede in verband hiermee is er een plicht tot inschrijving in het handelsregister (art. 2: 29, 69, 180, 289). Zie verder voor de inschrijving in het handelsregister hierna pag. XXVII.

In de eerste titel wordt voorts een voor alle rechtspersonen geldende, vrij uitvoerige regeling gegeven omtrent de lastige materie van het tot stand komen en de ongeldigheid van besluiten (vgl. de art. 2: 14 e.v.). Deze regeling is per 1 januari 1992 geheel vernieuwd. In het tot 1976 geldende recht handelde alleen art. 46a WvK, geschreven voor de nv, over deze materie. In de eerste algemene titel is ook de ontbinding van de rechtspersoon in het algemeen geregeld, bijv. die van de verboden rechtspersoon of de rechtspersoon die in ernstige mate in strijd handelt met haar statuten (vgl. de art. 2: 19 t/m 22), en de vereffening van het vermogen na ontbinding van een rechtspersoon (art. 2: 23 t/m 24). Op 1 september 1994 is de mogelijkheid van ontbinding van niet-actieve rechtspersonen door de Kamer van Koophandel in onze wetgeving geïntroduceerd. Zie nog voor de op het bestuur van een rechtspersoon rustende boekhoudplicht en bewaarplicht: art. 2: 10, zoals dit per 1 januari 1994 in verband met technische ontwikkelingen is gemoderniseerd.

Een van de grootste vernieuwingen die Boek 2 BW ons in 1976 bracht, is de introductie in titel 2 van een regeling van het materiële verenigingsrecht die in de wetgeving tot 1976 nagenoeg ontbrak. Hieraan ging gepaard een afschaffing van het preventief overheidstoezicht. Voor de verkrijging van 'volledige' rechtspersoonlijkheid is thans vereist dat de statuten van de vereniging zijn opgenomen in een notariële akte (vgl. de art. 2: 27 en 28). Een vereniging waarvan de statuten niet zijn opgenomen in een notariële akte (een zgn. informele vereniging), heeft wel rechtspersoonlijkheid, maar is slechts beperkt rechtsbevoegd: zij kan geen registergoederen verkrijgen en zij kan geen erfgenaam zijn. Voorts zijn de bestuurders hoofdelijk naast de vereniging verbonden voor schulden uit een rechtshandeling die tijdens hun bestuur opeisbaar worden (vgl. voor dit alles art. 2: 30). Met deze opzet is beoogd de vereniging zonder rechtspersoonlijkheid zoveel mogelijk terug te dringen.

Ook de interne structuur van de vereniging vindt in de tweede titel van Boek 2 BW een uitgebreide behandeling, voor een belangrijk gedeelte van dwingend recht (vgl. art. 2: 25 jo. 52). Zo moeten er twee verplichte organen zijn: het bestuur en de algemene vergadering. Aan de algemene vergadering komen dwingendrechtelijk een aantal bevoegdheden toe: o.m. benoeming, schorsing en ontslag van meer dan de helft van de leden van het bestuur (vgl. art. 2: 37); de wijziging van de statuten (art. 2: 42); de ontbinding van de vereniging (art. 2: 19 lid 1 sub b). Aan de algemene vergadering moet door het bestuur jaarlijks een jaarverslag worden uitgebracht en de balans en de staat van baten en kosten met een toelichting ter goedkeuring wor-

Inleiding

den overgelegd (art. 2: 48). De algemene vergadering is niet noodzakelijk een vergadering van alle leden: de statuten kunnen bepalen dat de vergadering zal bestaan uit afgevaardigden die door en uit de leden worden gekozen (art. 2: 39). Er kan een raad van commissarissen zijn aan wie het toezicht op het bestuur wordt opgedragen (art. 2: 47).

Op 14 februari 1997 is van kracht geworden de Wet van 30 januari 1997, Stb. 53, waarbij ook stichtingen en verenigingen die een of meer ondernemingen drijven als bedoeld in de Handelsregisterwet, indien aan nader bepaalde voorwaarden is voldaan, onder de werkingssfeer worden gebracht van titel 9 Boek 2 BW betreffende de jaarrekening en het jaarverslag. Vergelijk in dit verband ook over de vaststelling van de jaarrekening art. 2: 49, 50 en 300-nieuw. Zie voor titel 9 hierna pag. XVII.

In Boek 2 BW worden de coöperatie en de onderlinge waarborgmaatschappij sinds 1 januari 1989 niet langer gezien als sub-vormen van de vereniging. Zij worden geregeld in een eigen titel 3 van Boek 2 BW. Wel zijn vele voor de vereniging gegeven bepalingen van toepassing voor zover daarvan in titel 3 niet wordt afgeweken.

In dit korte bestek zij over deze regeling het volgende opgemerkt. Blijkens art. 2: 53 lid 1 is de coöperatie een bij notariële akte als coöperatie opgerichte vereniging. Zij moet zich blijkens de statuten ten doel stellen in bepaalde stoffelijke behoeften van haar leden te voorzien krachtens overeenkomsten, anders dan van verzekering, met hen gesloten in het bedrijf dat zij te dien einde te hunnen behoeve uitoefent of doet uitoefenen. Blijkens art. 2: 53 lid 2 is de onderlinge waarborgmaatschappij een bij notariële akte als onderlinge waarborgmaatschappij opgerichte vereniging. Zij moet zich blijkens haar statuten ten doel stellen met haar leden verzekerings-overeenkomsten te sluiten of leden en mogelijk anderen in het kader van een wettelijke regeling verzekerd te houden, een en ander in het verzekeringsbedrijf dat zij te dien einde ten behoeve van haar leden uitoefent. De statuten van een coöperatie resp. onderlinge waarborg-maatschappij kunnen haar toestaan dat zij soortgelijke overeenkomsten als zojuist resp. aangeduid, ook met derden sluit. Doch dit mag niet in zodanige mate geschieden dat de overeenkomsten met de leden slechts van ondergeschikte betekenis zijn. Het is aan een persoon die geen coöperatie of onderlinge waarborgmaatschappij is, verboden zaken te doen met gebruik van de aanduiding 'coöperatief', 'onderling' of 'wederkerig' (art. 2: 63).

Er wordt voor de coöperatie en de onderlinge waarborgmaatschappij een uitgebreidere regeling gegeven van de raad van commissarissen (art. 2: 57 en 57a). Voor de coöperaties en onderlinge waarborgmaatschappijen geldt een verplicht gestelde bijzondere regeling van het commissariaat, welke is geënt op de zgn. structuurregeling bij grote vennootschappen (zie hierna) en welke aan de in de ondernemingsraad vertegenwoordigde werknemers invloed toekent op de samenstelling van de raad van commissarissen. Zie de art. 2: 63a e.v. Ten slotte bevat de naam van de coöperatie of onderlinge waarborgmaatschappij een aanduiding omtrent de wijze waarop de aansprakelijkheid der leden of oud-leden voor de tekorten bij vereffening is geregeld (art. 2: 54 lid 2). De letteraanduiding is iets anders dan onder het recht dat tot 1976 gold. WA betekent dat de regeling van art. 2: 55 van toepassing is; BA dat de verplichting van haar leden of oud-leden bij te dragen in een tekort in de statuten tot een maximum is beperkt; UA dat deze verplichting in de statuten is uitgesloten.

Vermeld zij nog dat in deze bundel ook is opgenomen titel 10 Boek 3 Wetboek van Burgerlijke Rechtsvordering handelende over rechtspleging in zaken van rechtspersonen, en (achteraan) de op 1 januari 1998 in werking getreden wet houdende regels van internationaal privaatrecht met betrekking tot corporaties (Wet conflictenrecht corporaties).

Het vennootschaps- en ondernemingsrecht; het effectenverkeersrecht

Tot 1976 was het gehele vennootschapsrecht geregeld in de derde titel van het Wetboek van Koophandel (art. 15 e.v.). De in deze titel genoemde vennootschappen: de vennootschap onder een firma (vof), commanditaire vennootschap (cv) en tot 1976 de naamloze vennootschap (nv) en de besloten vennootschap met beperkte aansprakelijkheid (bv) werden blijkens het opschrift van deze derde titel door de wetgever gezien als bijzondere soorten van maatschap, een rechtsfiguur die zelf in art. 1655 e.v. Boek 7 A (N)BW haar regeling heeft gevonden en die in de eerste plaats wordt geregeerd door de overeenkomst van partijen (vgl. art. 15 WvK).

Voor de vof en de cv, die nog steeds in het WvK (art. 16 e.v.), zij het slechts summier, worden behandeld, is deze visie de juiste. De bepalingen in het WvK hebben voornamelijk betrekking op de verhouding van de vennoten tot de buitenwereld. Zo vindt men in art. 18 de regel van dwingend recht – waarvan partijen dus niet kunnen afwijken – dat de vennoten in een vof wegens verbintenissen der vennootschap hoofdelijk zijn verbonden zijn. De draagplicht van de geldschieter of commanditaire vennoot is daarentegen beperkt tot het bedrag van zijn inbreng (art. 20). Om de rechtsverhoudingen te kunnen bepalen tussen de vennoten onderling moeten wij meestal terugvallen op de regeling van de maatschap in het BW. De vof en de cv hebben in

Inleiding

ons recht geen rechtspersoonlijkheid. De contractuele persoonlijke band tussen de vennoten bepaalt het karakter van de vennootschap. Voor de ontbonden maatschap, vof en cv is van belang de regeling van Gemeenschap in titel 7 van Boek 3 BW, welke titel eveneens in deze bundel is opgenomen. Zie voor de plicht tot het voeren van een administratie bij maatschap, vof en cv: art. 15a Boek 3 BW waarover ook hierna pag. xxiii.

Geheel anders ligt een en ander bij de nv, zoals deze thans door de wetgever uitvoerig is geregeld (vlg. tot 1976 de art. 36 e.v. WvK, en thans BW art. 2: 64 e.v.). De desbetreffende bepalingen zijn veelal van dwingend recht (BW art. 2: 25) en hebben zowel betrekking op de interne verhoudingen als op de verhouding van de nv tot de buitenwereld. De persoonlijke aansprakelijkheid is uitgesloten: alleen het vennootschappelijk vermogen kan voor schulden van de nv worden aangesproken. Naast en als noodzakelijk complement op deze uitsluiting wordt gezorgd voor een zekere bescherming van het vermogen van de nv ten behoeve van derden-crediteuren. Dit geldt ook voor de besloten vennootschap met beperkte aansprakelijkheid (bv) die sinds 1971 als eigen rechtsvorm in ons WvK is geïntroduceerd (vgl. de vijfde titel van Boek 2 BW) en die op enkele punten eigen kenmerken heeft (zie hieronder).

In hun huidige wettelijke modellering kunnen de nv en bv niet langer worden gezien als gekwalificeerde vormen van maatschap. Zij zijn in de eerste plaats rechtspersonen, waarbinnen betrekkingen bestaan van eigen, niet-contractuele aard. In het BW zijn zij te zamen met de vereniging en de stichting geregeld in Boek 2 dat handelt over rechtspersonen.

Het vennootschaps- en ondernemingsrecht is sinds 1971 ingrijpend gewijzigd en vernieuwd. De wijzigingen kwamen voor een deel voort uit *ontwikkelingen binnen EG-verband.* De Raad van Ministers van de EG-landen kan – krachtens art. 54 (thans art. 44) van het EG-Verdrag – richtlijnen vaststellen strekkende tot het coördineren van de waarborgen welke in de Lid-Staten worden verlangd van de vennootschappen in de zin van de tweede alinea van art. 58 (thans art. 48) van het Verdrag, om de belangen te beschermen zowel van de deelnemers in deze vennootschappen als van derden: zulks teneinde die waarborgen gelijkwaardig te maken. Op 9 maart 1968 werd een eerste richtlijn door de Raad vastgesteld, die een harmonisatie van het nv-recht beoogde op het punt van de openbaarmaking, de rechtsgeldigheid van de verbintenissen van de vennootschap en de nietigheid van de vennootschap.

Deze richtlijn heeft geleid tot de wet tot *aanpassing van onze wetgeving aan deze eerste richtlijn:* vgl. bijv. voor wat betreft de wijze van openbaarmaking en de positie van derden: art. 18 Handelsregisterwet 1996 en ook BW art 2: 6; voor wat betreft de rechtsgeldigheid van verbintenissen van de vennootschap: ook al is bij het aangaan van in naam van de vennootschap verrichte rechtshandelingen haar doel overschreden, of ook al zijn andere beperkingen van de vertegenwoordigingsbevoegdheid van bestuurders niet in acht genomen (zie hiervoor pag. XIV); en voor wat betreft de nietigheid c.q. ontbinding van de vennootschap (vgl. o.m. art. 2: 4 en 21).

De eerste richtlijn heeft voorts geleid tot een wet tot *introductie van een eigen rechtsvorm voor de besloten vennootschap* met beperkte aansprakelijkheid (bv), welke op een lijn kan worden gesteld met soortgelijke rechtsvormen in de overige EG-landen (de Duitse GmbH; de Franse Sàrl; en de Belgische pvba). Deze eigen rechtsvorm was noodzakelijk, onder meer omdat in de EG-richtlijn in beginsel een plicht tot publikatie van de volledige jaarstukken was vervat voor iedere nv: het grote concern en de familiezaak op de hoek. Krachtens de tot 1 januari 1984 geldende wettelijke bepalingen was de nv wél, doch daarentegen de bv niet uit hoofde van haar rechtsvorm tot een dergelijke publikatie gehouden. Wel was de bv met een som aan activa volgens de balans met toelichting van ten minste f 8 000 000 en met ten minste honderd arbeiders, verplicht tot publikatie van de balans en de toelichting daarop. In deze regeling van de publikatieplicht is sinds 1 januari 1984 verandering gekomen tengevolge van de vierde EG-richtlijn (zie hierna blz. XVII).

De bv zoals deze thans is geregeld in titel 5 van Boek 2 BW, heeft eigen karaktertrekken. De voornaamste kenmerken zijn dat de bv alleen aandeelhouderschap kent geregistreerd op naam (BW art. 2: 175; vgl. ook art. 2: 194), en dat de aandelen niet vrij overdraagbaar zijn: de overdracht van aandelen moet statutair aan een zogenaamde blokkeringsregeling zijn onderworpen (BW art. 2: 175, 195).

Op 13 december 1976 werd een tweede EG-richtlijn vastgesteld; deze betrof de kapitaalbescherming en kapitaalverhoging bij de nv. Deze richtlijn heeft geleid tot *aanpassing van onze wetgeving aan deze tweede richtlijn.* Deze aanpassing strekte er vooral toe het belang van crediteuren bij de realiteit van het kapitaal beter te beschermen dan voorheen, doch meermalen is zij ook gericht op de bescherming van aandeelhouders.

De wijzigingen en aanvullingen betreffen voornamelijk:

a. *De oprichting en het bijeenbrengen van het kapitaal (ook na oprichting)* en de hieromtrent te publiceren gegevens via de bij het handelsregister te deponeren akte van oprichting c.q. statuten of via opgave aan het handelsregister. Men vergelijke in dit verband bijv.: de minimum

Inleiding

kapitaaleis (art. 67); de verplichting tot storting op ieder aandeel van ten minste 25% (art. 80 lid 1); de diverse waarborgen waarmee een storting in geld (art. 93a) en de storting in natura (art. 94 t/m 94c) worden omgeven.

b. Het bijeenhouden van het kapitaal. Men vergelijke bijv.: de beperking van de mogelijkheden tot uitkeringen aan aandeelhouders, ook tot uitkeringen van interimdividend (art. 105 lid 2 e.v.); de te nemen maatregelen bij belangrijke aantasting van het kapitaal (art. 108a); de aanzienlijk verscherpte regeling van de inkoop van aandelen (art. 98 t/m 98d), ook geldend voor het in pand nemen (art. 89a), terwijl op dergelijke ingekochte aandelen geen stem kan worden uitgebracht (art. 118 lid 7).

c. Het verhogen van het kapitaal. De regeling hieromtrent is verscherpt. Men denke aan: het verbod voor de nv eigen aandelen te nemen (art. 95 lid 1); het aan de bestaande aandeelhouders voortaan toekomende voorkeursrecht bij uitgifte van nieuwe aandelen (art. 96a lid 1 t/m 5); de bevoegdheid van de algemene vergadering van aandeelhouders te besluiten tot uitgifte van aandelen (art. 96) en tot beperking of uitsluiting van het voorkeursrecht (art. 96a lid 6).

d. Het verminderen van het kapitaal. De nieuwe regeling (art. 99 en 100) strekt zich ook uit tot het intrekken door de nv van eigen ingekochte aandelen en tot vermindering van het bedrag van de aandelen wegens geleden verliezen. Niet het Ministerie van Justitie via het departementale toezicht, maar de rechter wordt belast met de controle op iedere vorm van kapitaalvermindering. Aan iedere crediteur wordt het recht verleend voldoende zekerheid voor zijn vorderingen te verlangen, tenzij de vermogenstoestand van de vennootschap zodanig is dat voldoening van de schuld gewaarborgd is. Dit recht heeft de crediteur niet, indien het kapitaal van de vennootschap tot aan het bedrag van haar eigen vermogen wordt verminderd wegens geleden verliezen.

Deze op 1 september 1981 in werking getreden bepalingen gelden alleen voor de nv. Op 20 januari 1986 is in werking getreden een nieuwe regeling voor het kapitaal van de besloten vennootschap: teneinde de bescherming van haar schuldeisers te verbeteren. De met deze regeling ingevoerde wettelijke bepalingen zijn vergelijkbaar met die welke hierboven zijn aangeduid voor de nv. Op niet onbelangrijke punten zijn er afwijkingen; zo zijn de inkoop en uitgifte van aandelen minder stringent geregeld dan bij de nv.

Op 9 oktober 1978 is de *derde EG-richtlijn* vastgesteld betreffende fusies van naamloze vennootschappen. De wet tot aanpassing van onze wetgeving aan deze richtlijn is m.i.v. 1 januari 1984 in werking getreden. Het betreft een regeling van de zogenaamde juridische fusie (vgl. voor een omschrijving: art. 309), niet van de zogenaamde economische fusie, die plaatsvindt door overdracht van aandelen (aandelenfusie) of door koop of verkrijging van de onderneming van een vennootschap (bedrijfs- of ondernemingenfusie). De juridische fusie was tot 1 januari 1984 in onze wetgeving niet geregeld; bij een dergelijke fusie is men – anders dan bij een aandelenfusie – niet afhankelijk van de medewerking van individuele aandeelhouders. De bepalingen omtrent de juridische fusie zijn opgenomen in de afdelingen 2 en 3 van titel 7 Boek 2 BW. Ofschoon de richtlijn slechts noopte tot aanpassing van de wettelijke bepalingen betreffende de nv, strekte de regeling zich ook uit tot de bv. Op 8 juni 1987 is een wet in werking getreden waardoor binnen bepaalde grenzen ook voor verenigingen, coöperaties, onderlinge waarborgmaatschappijen en stichtingen de mogelijkheid wordt geopend een juridische fusie aan te gaan.

Op 25 juli 1978 is de *vierde EG-richtlijn* vastgesteld, welke regels bevat omtrent de inhoud, de controle en de openbaarmaking van de jaarrekening en het jaarverslag. De betreffende bepalingen zijn neergelegd in (thans) titel 9, die van toepassing is op de nv, de bv, de coöperatie en de onderlinge waarborgmaatschappij. Zie voor de toepasselijkheid van titel 9 op stichtingen en verenigingen die een of meer ondernemingen drijven in de zin van de Handelsregisterwet: hierboven pag. XXV. De regeling beoogt dat de jaarrekening volgens normen die in het maatschappelijke verkeer als aanvaardbaar worden beschouwd, een zodanig inzicht geeft dat een verantwoord oordeel kan worden gevormd omtrent het vermogen en het resultaat, alsmede voor zover de aard van een jaarrekening dat toelaat, omtrent de solvabiliteit en de liquiditeit van de rechtspersoon (vgl. het dienomtrent bepaalde in art. 362, lid 1). Nadere regels dalen tot in bijzonderheden af; voor opstelling van de balans en de winst- en verliesrekening zijn schema's voorgeschreven.

De vierde richtlijn gaat uit van een in beginsel voor alle kapitaalvennootschappen geldende verplichting tot controle en openbaarmaking van de jaarrekening, doch laat hierop bepaalde uitzonderingen toe voor middelgrote en kleine vennootschappen. Ook kleine vennootschappen zijn echter verplicht tot publikatie, zij het slechts van een beperkte balans. Zowel de grote als de middelgrote onderneming zijn onderworpen aan de verplichting tot accountantscontrole. Zie voor de uitwerking van een en ander voor de aan titel 9 onderworpen rechtspersonen: art. 393, 394, 396 en 397.

Op 17 december 1982 is de *zesde EG-richtlijn* vastgesteld betreffende splitsingen van naamloze

Inleiding

vennootschappen. Deze richtlijn heeft geleid tot een wet behelzend de regeling van splitsing van rechtspersonen, die op 1 februari 1998 in werking is getreden. De regeling is vervat in de afdelingen 4 en 5 van titel 7 Boek 2 BW. Zie voor de begrippen zuivere splitsing en afsplitsing: art. 334a.

Ingevolge de *zevende EG-richtlijn*, vastgesteld op 13 juni 1983, zijn per 25 november 1988 in titel 9 (afd. 13) een aantal bijzondere bepalingen opgenomen betreffende de geconsolideerde jaarrekening. Ten gevolge van de betreffende aanpassingswet zijn ook in titel 1 de art. 24a t/m 24d opgenomen, waarin de begrippen dochtermaatschappij, groep en deelneming worden gedefinieerd.

Per 1 maart 1990 zijn enige *vereenvoudigingen en verduidelijkingen* aangebracht in het jaarrekeningenrecht. Voortaan is het boekjaar het kalenderjaar tenzij de statuten anders bepalen (art. 10a). Onder bepaalde voorwaarden zijn kleine vennootschappen die geen winst beogen, voortaan vrijgesteld van de publikatie van de jaarrekening (art. 396 lid 8).

Ingevolge de *twaalfde EG-richtlijn*, vastgesteld op 21 december 1989, zijn per 16 maart 1992 in onze wetgeving enige bijzondere bepalingen opgenomen betreffende éénpersoonsvennootschappen met beperkte aansprakelijkheid. Deze bepalingen verplichten o.m. tot het openbaar maken van de identiteit van de enige aandeelhouder en tot het schriftelijk vastleggen van rechtshandelingen van de vennootschap jegens de enig aandeelhouder. Zie o.m. BW art. 2: 91a, 137 en 247; en art. 14 sub g Handelsregisterbesluit 1996.

De *elfde EG-richtlijn* van 21 december 1989 betreft de openbaarmakingsplicht voor in een Lid-Staat opgerichte bijkantoren van vennootschappen die onder het recht van een andere Staat vallen. De Handelsregisterwet is in 1993 aan deze richtlijn aangepast.

Ingevolge een *EG-richtlijn* van 8 december 1986 is per 28 mei 1993 een nieuwe afdeling 14 aan titel 9 toegevoegd (art. 415-426) betreffende de *jaarrekening van banken*.

Ingevolge een EG-richtlijn van 19 december 1991 is per 15 oktober 1993 een nieuwe afdeling 15 aan titel 9 toegevoegd (art. 427-446) betreffende de jaarrekening van verzekeringsmaatschappijen.

Tengevolge van een tweetal EG-Verordeningen is op 1 september 2000 in werking getreden de Wet van 8 juni 2000 tot wijziging van Boek 2 BW in verband met de *invoering van de euro*, die in het bijzonder gevolg heeft voor de statutaire vermeldingen van het kapitaal en het bedrag van de aandelen bij nv's en bv's. Zie vooral de art. 67-67c en art. 121a, en voorts de art. 178-178c en art. 231a.

Naast de vernieuwingen van het vennootschapsrecht die verband hielden met het lidmaatschap van Nederland van de EEG staan de wijzigingen die sinds 1971 zijn voortgevloeid uit *ontwikkelingen op het nationale vlak*.

In 1965 bracht een ministeriële commissie onder leiding van prof.mr. P.J. Verdam een rapport uit, waarin een aantal voorstellen werden gedaan over de herziening van het ondernemingsrecht. Dit rapport heeft geleid tot een viertal wetten, zulks nadat over de desbetreffende voorstellen telkens door de Sociaal-Economische Raad advies was uitgebracht.

In de eerste plaats is in 1971 tot stand gekomen een wet op de *jaarrekening van ondernemingen*, die in 1976 werd opgenomen in titel 6 Boek 2 BW, en wier bepalingen – aangepast aan de vierde en zevende EG-richtlijnen – intussen naar titel 9 zijn overgebracht (zie hierboven). De jaarrekeningprocedure is geregeld in de art. 999 e.v. (titel 11 van Boek 3) Wetboek van Burgerlijke Rechtsvordering die als bijlage bij Boek 2 BW in deze bundel zijn opgenomen.

In de tweede plaats is in 1971 tot stand gekomen een nieuwe en meer doeltreffende regeling van het zgn. *enquêterecht;* deze was tot 1976 opgenomen in het Wetboek van Koophandel (art. 53 e.v.) doch is thans neergelegd in titel 8, afd. 2, van Boek 2 BW. De regeling is van toepassing op de nv, de bv, de coöperatie, de onderlinge waarborgmaatschappij, het EESV (zie hierna) en sinds 1 januari 1994 ook op de hierboven op pag. XIII aangeduide stichtingen en verenigingen. Behalve door een bepaald aantal aandeelhouders of een bepaald aantal leden kan een enquête ook worden uitgelokt door een groep van certificaathouders (BW art. 2: 346 sub b) en door werknemersorganisaties (BW art. 2:347); de ondernemingskamer van het Gerechtshof te Amsterdam kan bij gebleken wanbeleid een of meer 'voorzieningen' treffen (BW art. 2: 355 en 356).

In de derde plaats is uit de voorstellen van het rapport van de commissie Verdam in 1971 voortgevloeid een *wet op de ondernemingsraden* (WOR) die de onderneming (waaronder bijv. ook ziekenhuizen: vgl. art. 1, lid 1, sub c) waarin tenminste een zeker aantal werknemers krachtens arbeidsovereenkomst werkzaam zijn, verplicht tot het instellen van een ondernemingsraad. Deze wet verving de in 1950 tot stand gekomen wet. De wet van 1971 werd met ingang van 1 september 1979 fundamenteel herzien. In de thans geldende wet is de ondernemingsraad verzelfstandigd; de ondernemer-bestuurder maakt niet langer deel uit van de ondernemingsraad en deze kiest zijn eigen voorzitter (art. 6 en 7). Het overleg tussen ondernemer en on-

Inleiding

dernemingsraad vindt plaats in de zgn. overlegvergadering (zie hoofdstuk IV: art. 23 e.v.). De ondernemingsraad wordt ingesteld ten behoeve van het overleg met en de vertegenwoordiging van in de onderneming werkzame personen (art. 2). De rechtspositie van de ondernemingsraadsleden is in de sinds 1 september 1979 herziene wet verbeterd. De bevoegdheden van de ondernemingsraad zijn toen aanzienlijk verruimd: zowel voor wat betreft de adviesbevoegdheid ten aanzien van de in art. 25 lid 1 opgesomde, door de ondernemer voorgenomen besluiten, in het bijzonder van economische of financiële aard die onder meer ingrijpende gevolgen kunnen hebben voor de werkgelegenheid binnen de onderneming, als voor wat betreft het medebeslissingsrecht vervat in art. 27. Er is voorzien in een recht van beroep voor de ondernemingsraad voor het geval dat de ondernemer afwijkt van het advies van de ondernemingsraad, als bedoeld in art. 25. Dit beroep kan worden ingesteld bij de ondernemingskamer van het Gerechtshof te Amsterdam (art. 26); de toetsing door de ondernemingskamer is een marginale (lid 4 van art. 26). In een afzonderlijk hoofdstuk IVB (art. 31 e.v.) wordt overzichtelijk geregeld welke gegevens aan de ondernemingsraad moeten worden verstrekt.

Per 1 april 1990 is de geschillenregeling in de Wet op de ondernemingsraden vereenvoudigd. De administratiefrechtelijke procesgang: bedrijfscommissie – Minister van Sociale Zaken en Werkgelegenheid – Afdeling rechtspraak van de Raad van State, is geschrapt. De bedrijfscommissies en de Minister hebben geen beslissingsbevoegdheid meer. Geschillen tussen de ondernemingsraad en ondernemer kunnen in alle gevallen ter beslissing worden voorgelegd aan de burgerlijke rechter.

Vanaf 5 mei 1995 is ook de medezeggenschap van het overheidspersoneel in de WOR geregeld; zie art. 1, lid 1, sub c en art. 46d e.v.

Bij de Wet van 14 februari 1998, in werking getreden op 4 maart 1998, zijn enkele wijzigingen in de WOR aangebracht die ten doel hebben de effectiviteit van de medezeggenschap te bevorderen. Zo zijn de adviesbevoegdheid en het medebeslissingsrecht uitgebreid, en is uitdrukkelijk voorzien dat bij convenant tussen ondernemer en ondernemingsraad meer bevoegdheden aan de ondernemingsraad kunnen worden toegekend dan de in de WOR genoemde.

Voor wat betreft de medezeggenschap moeten thans de volgende categorieën ondernemingen worden onderscheiden:

a. ondernemingen waarin in de regel ten minste 50 personen werkzaam zijn; hiervoor geldt het hierboven summier aangeduide volledige regime van de WOR (art. 2)

b. ondernemingen waarin in de regel ten minste 10 personen maar minder dan 50 personen werkzaam zijn en waarvoor geen ondernemingsraad is ingesteld (dit kan ook vrijwillig door de ondernemer); indien de meerderheid van de werknemers dit wil, moet hier (en anders kan hier) door de ondernemer een personeelsvertegenwoordiging worden ingesteld met instemmingsbevoegdheden op het gebied van arbeidstijden en arbeidsomstandigheden en daarnaast overleg- en adviesbevoegdheden (art. 35c)

c. ondernemingen waarin in de regel ten minste 10 personen maar minder dan 50 personen werkzaam zijn en waarvoor geen ondernemingsraad of een personeelsvertegenwoordiging is ingesteld; hiervoor geldt een vorm van rechtstreekse inspraak van de werknemers (art. 35b)

d. ondernemingen waarin in de regel minder dan 10 personen werkzaam zijn en waarvoor geen ondernemingsraad is ingesteld; hiervoor kan de ondernemer een personeelsvertegenwoordiging (als bedoeld in art. 35c instellen), doch deze heeft behalve op het punt van de arbeidstijden, minder bevoegdheden (art. 35d).

Tot uitvoering van de op 22 september 1994 vastgestelde EG-richtlijn inzake de instelling van een Europese ondernemingsraad of van een procedure in ondernemingen of concerns met een communautaire dimensie ter informatie en raadpleging van de werknemers, is tot stand gekomen de Wet van 23 januari 1997 (Wet op de Europese ondernemingsraden), in werking getreden op 5 februari 1997. Deze wet is in deze bundel opgenomen onmiddellijk achter de WOR. Hierna is in onderdeel 8c nog opgenomen afdeling 8 van titel 10 Boek 7 BW betreffende de rechten van de werknemer bij overgang van onderneming. Deze regeling is gebaseerd op een desbetreffende EG-richtlijn van 14 februari 1977, die is gewijzigd op 29 juni 1998.

Tenslotte heeft het rapport van de commissie Verdam in 1971 geleid tot een wet houdende voorzieningen met betrekking tot de *structuur der naamloze en besloten vennootschap.* Enerzijds werd in deze wet beoogd enige wijziging te brengen in de toen bestaande structuur: zo werd de rechtspositie van de houder van met medewerking der vennootschap uitgegeven certificaten van aandelen versterkt en op diverse punten – behoudens natuurlijk voor wat betreft het op de aandelen uit te oefenen stemrecht – gelijkgesteld aan die van aandeelhouders (vgl. bijv. BW art. 2: 110, 112, 113, 114, 117 en 220, 222, 223, 227); en er wordt een betere, meer volledige regeling gegeven van het commissariaat in het algemeen (BW art. 2: 140 t/m 144 en 250 t/m 254). Anderzijds bevat de structuurwet een ingrijpende wijziging en vernieuwing van de structuur van 'grote' vennootschappen: dat zijn de naamloze en besloten vennootschappen met een eigen vermogen (geplaatst kapitaal en reserves) van ten minste 13 miljoen euro (per 1 septem-

Inleiding

ber 2000) en ten minste honderd werknemers in dienst. Voor deze 'grote' vennootschappen geldt de verplicht gestelde bijzondere regeling van het commissariaat vervat in BW art. 2: 152 e.v. c.q. 262 e.v. Een belangrijk punt uit deze regeling is dat de benoeming van de raad van commissarissen geschiedt door coöptatie (BW art. 2: 158 lid 2 c.q. 268 lid 2), tenzij de algemene vergadering of de ondernemingsraad tegen de benoeming een veto uitspreekt (BW art. 2: 158 lid 6 c.q. 268 lid 6). Aldus krijgen de in de ondernemingsraad vertegenwoordigde werknemers op de samenstelling van de raad van commissarissen een gelijke invloed als de algemene vergadering van aandeelhouders. Aan de aldus samengestelde raad van commissarissen zijn dwingendrechtelijk een aantal bevoegdheden opgedragen die in de „kleine" vennootschap voor een deel toekomen aan de algemene vergadering van aandeelhouders (bevoegdheid tot de benoeming en ontslag van de bestuurders: BW art. 2: 162 c.q. 272; de vaststelling van de jaarrekening: BW art. 2: 163 c.q. 273; voorts zijn een aantal bestuursbesluiten van verstrekkende aard onderworpen aan de goedkeuring van de raad van commissarissen: BW art. 2: 164 c.q. 274). Met het oog op de verhoudingen in nationale en internationale concerns zijn speciale voorzieningen getroffen. De voor 'grote' vennootschappen verplicht gestelde bijzondere regeling van het commissariaat, kan krachtens BW art. 2: 157 c.q. 267 door een niet grote naamloze of besloten vennootschap vrijwillig worden overgenomen, mits deze krachtens wettelijke verplichting een ondernemingsraad heeft, en haar statuten de volledige regeling van BW art. 2: 158-164 c.q. 268-274 van toepassing doen zijn waarbij zij de regels van BW art. 2: 162 en/of 163 c.q. 272 en/of 273 buiten toepassing mag laten. Op 1 april 1987 zijn diverse wettelijke bepalingen van kracht geworden die aangeven in hoeverre de zojuist aangeduide structuurregeling van toepassing is, indien een naamloze of besloten vennootschap of een afhankelijke maatschappij daarvan vennote is van een commanditaire vennootschap of van een vennootschap onder firma. Het begrip afhankelijke maatschappij wordt voor de toepassing van de structuurregeling gedefinieerd in de art. 152 en 262.

Naast de wetten die zijn voortgevloeid uit de voorstellen van de commissie Verdam, is in 1971 nog een wet tot stand gekomen tot wijziging van de regels betreffende het *preventief toezicht* van de zijde van het Ministerie van Justitie op de oprichting van vennootschappen. De toetsingscriteria zijn verruimd teneinde in de wet zèlf, thans BW art. 2: 68 lid 2 c.q. 179 lid 2, de bevoegdheid te verankeren voor het Departement van Justitie een verklaring van geen bezwaar te weigeren ten aanzien van vennootschappen waarin minder solvente of minder bonafide personen een leidende rol zullen spelen (vgl. de zinsnede ... gelet op de voornemens of antecedenten van personen die het beleid in de vennootschap zullen bepalen ...). Tegen de weigering van een verklaring van geen bezwaar is *beroep* mogelijk bij het College van Beroep voor het bedrijfsleven (BW art. 174a en 284a). Op 1 september 2001 is in werking getreden een Wet van 22 juni 2000, waarbij het zgn. technisch-juridisch toezicht (statutenonderzoek) bij oprichtingen en statutenwijzigingen is afgeschaft, en het hierop betrekking hebbende deel van de departementale richtlijnen is komen te vervallen. Belangrijke bepalingen van deze departementale richtlijnen zijn toen opgenomen in de wet zelf (Boek 2 BW).De in 1971 tot stand gekomen wettelijke regeling van de nv en de bv is zonder wezenlijke wijzigingen opgenomen in Boek 2 BW. Er zijn wel enige aanpassingen en correcties van deze regeling. Zo zijn de bepalingen betreffende de besloten vennootschap volledig uitgeschreven: niet langer wordt, zoals tot 1976 in het WvK, voortdurend verwezen naar van overeenkomstige toepassing zijnde artikelen betreffende de nv. Voorts verdient aandacht dat in Boek 2 uitvoerige bijzondere regelen zijn opgenomen omtrent het vestigen van vruchtgebruik en pandrecht op aandelen (vgl. voor de nv resp. BW art. 2: 88 en 89 en voor de bv BW art. 2: 197 en 198). Van de gelegenheid is gebruik gemaakt om de registratie en levering van aandelen op naam voor de nv én de bv op analoge wijze te regelen. De regeling van deze levering is in het kader van de zgn. misbruikwetgeving (zie hierna) per 1 januari 1993 wezenlijk gewijzigd; voortaan is een notariële akte vereist (vgl. BW art. 2: 86 e.v. en 196 e.v.).

Met ingang van 1 januari 1987 zijn enige bepalingen van boek 2 BW en van de Faillissementswet verscherpt in verband met de bestrijding van *misbruik van rechtspersonen*. Zo is in de art. 138 c.q. 248 Boek 2 BW de positie van de faillissementscurator versterkt. En in de art. 43 en 45 Faillissementswet zijn o.m. de termijnen verlengd (tot één jaar) gedurende de welke bij de zgn. faillissementspauliana de wetenschap van de benadeling van schuldeisers ten aanzien van bepaalde rechtshandelingen wordt vermoed te hebben bestaan.

Misbruik of oneigenlijk gebruik van naar buitenlands recht opgerichte (rechtspersoonlijkheid bezittende) kapitaalvennootschappen die hun werkzaamheid (nagenoeg) geheel in Nederland verrichten, en geen werkelijke band hebben met de staat naar welks recht zij zijn opgericht, wordt tegengegaan door de op 1 januari 1998 gelijktijdig met de Wet conflictenrecht corporaties in werking getreden Wet op de formeel buitenlandse vennootschappen. Deze wet is achterin deze bundel opgenomen.

Inleiding

Met ingang van 1 mei 1988 is wettelijk de mogelijkheid geschapen dat een aandeelhouder die voor eigen rekening ten minste 95% van het geplaatste kapitaal van een nv of bv verschaft, de kleine minderheidsaandeelhouders 'uitkoopt'; vgl. resp. de art. 2: 92a en 201a. Voorts is met ingang van 1 januari 1989 van kracht geworden de zgn. *geschillenregeling*, die geldt voor bv's en nv's met uitsluitend aandelen op naam en een blokkeringsregeling, en die is opgenomen in afd. 1 van titel 8, vóór het enquêterecht. Geregeld wordt de gedwongen over-dracht van aandelen door een aandeelhouder (uitstoting) die door zijn gedragingen het belang van de vennootschap zodanig schaadt dat het voortduren van zijn aandeelhouderschap in re-delijkheid niet kan worden geduld. Vgl. art. 2: 336 e.v. En ook is voorzien in een regeling van de gedwongen overname van aandelen van een aandeelhouder (uittreding) die door de gedragin-gen van een of meer aandeelhouders zodanig in zijn rechten of belangen wordt geschaad dat het voortduren van zijn aandeelhouderschap in redelijkheid niet meer van hem kan worden gevergd. Vgl. art. 2: 343.
Op 1 september 2002 is een wetswijziging van kracht geworden die te doel heeft de bezoldi-ging en het aandelenbezit van bestuurders en commissarissen openbaar te maken (zie vooral de ingevoegde art. 2: 383b-383e BW en art. 2a van de Wet melding zeggenschap 1996).

Door de Sociaal-Economische Raad werden, voor het eerst in 1971 en laatstelijk in 1975, zgn. *fusiegedragsregels* vastgesteld. Deze regels strekten ter bescherming van de belangen van aan-deelhouders bij een openbaar bod op aandelen in een nv (hoofdstuk I), en ter bescherming van de belangen van de werknemers, indien er sprake is van de verkrijging van de zeggenschap over de activiteiten van een onderneming of een gedeelte daarvan (hoofdstuk II). In 1990 en 1991 werden de SER-fusiegedragsregels gewijzigd, vooral in verband met het zgn. tenderbod en het zgn. partieel bod.
Op 5 september 2001 is van kracht geworden een Wet van 22 maart 2001, waarbij hoofdstuk I van de fusiegedragsregels een wettelijke basis is voorzien, en is ingebed in de Wet toezicht effectenverkeer 1995 en vooral in het krachtens die Wet vastgestelde Besluit van 3 juli 2001, dat de materiële bepalingen (vervat in genoemd hoofdstuk I) betreffende openbare biedingen op effecten heeft overgeheveld naar het Besluit toezicht effectenverkeer 1995 (zie onderdeel 23d van deze bundel). Op 5 september 2001 is tegelijkertijd het genoemde SER-besluit Fusiege-dragsregels 1975 ingetrokken en (voor wat betreft hoofdstuk II daarvan) vervangen door SER-besluit Fusiegedragsregels 2000 ter bescherming van de belangen van de werknemers, waarbij ook in een nieuwe geschillencommissie is voorzien.
Van steeds groter belang wordt trouwens het effectenverkeersrecht, dat is het geheel van re-gels gelegen buiten het eigenlijke vennootschapsrecht zoals neergelegd in Boek 2 BW, dat ten doel heeft het effectenverkeer ter beurze, op een markt en soms daarbuiten te ordenen en te reglementeren, zulks vaak mede ter bescherming van de (aspirant-)belegger. Met het oog hier-op zijn achterin deze bundel opgenomen: de Wet giraal effectenverkeer, de Wet toezicht effec-tenverkeer 1995, de Wet toezicht beleggingsinstellingen en de Wet melding zeggenschap 1996. De drie laatste wetten zijn de afgelopen jaren gewijzigd; men heeft daarbij ook het be-strijden van het gebruik van voorwetenschap willen verbeteren. In verband met dit laatste zijn een tweetal, voor de praktijk belangrijke, regelingen getroffen op basis van art. 46 respectieve-lijk art. 46b en 46d van de WTE, in deze bundel opgenomen: het Besluit van 17 december 1998, dat categorieën van transacties aanwijst waarop het in art. 46 lid 1 van de wet vervatte verbod van gebruik van voorwetenschap niet van toepassing is; en de intussen opnieuw vastgestelde Regeling melding en reglementering transacties Wet toezicht effectenverkeer 1999.
De Wet giraal effectenverkeer is in afwachting van een algehele herziening op 22 november 2000 gewijzigd in verband met het opnemen van effecten op naam in het girale systeem.

Het Europees economisch samenwerkingsverband

Op 1 juli 1989 is een op grond van art. 235 van het EG-Verdrag vastgestelde verordening van de raad van de Europese Gemeenschap van toepassing geworden, die een regeling behelst van het Europees economisch samenwerkingsverband (EESV). Deze rechtsfiguur is bedoeld voor de samenwerking tussen natuurlijke personen, vennootschappen en andere juridische lichamen die niet alle in één Lid-Staat zijn gevestigd. De verordening behelst een in beginsel zelfstandige, van de nationale wetgeving van de Lid-Staten onafhankelijke, rechtstreeks toepasselijke rege-ling. Slechts op enkele punten behoefde zij uitwerking in de nationale sfeer. Die uitwerking is gegeven in een medio 1989 van kracht geworden uitvoeringswet. Gelet op e.e.a. zijn zowel de verordening als de uitvoeringswet in deze bundel opgenomen. De uitvoeringswet voorziet o.m. in de inschrijving van een EESV met zetel in Nederland in het Nederlandse handelsregister en in de openbaarmaking van bescheiden en gegevens van dit EESV. Vanaf de dag van zijn inschrij-ving bezit een dergelijk EESV rechtspersoonlijkheid naar Nederlands recht, ofschoon het EESV

Inleiding

een duidelijk contractueel karakter heeft, en mede gelet op de hoofdelijke aansprakelijkheid van de leden en de beslotenheid van het samenwerkingsverband, doet denken aan de vennootschap onder firma. De uitvoeringswet geeft aan welke bepalingen van Boek 2 BW van (overeenkomstige) toepassing zijn. Behalve de noodzakelijke wijzigingen in de handelsregisterwet behelst de uitvoeringswet slechts een achttal artikelen die van materieel belang zijn. Het EESV wordt overigens beheerst door een supranationaal juridisch statuut, vervat in de regels van de verordening.

Karakteristiek van het handelsrecht

Het handelsrecht is vanouds dat deel van het recht dat werd en deels nog wordt geregeld in het Wetboek van Koophandel (WvK) en enige afzonderlijke wetten, waarvan de voornaamste in deze bundel zijn opgenomen. Het bestaat voornamelijk uit regels van materieel privaatrecht, maar behelst ook wel bijzondere processuele regelingen en voorschriften van publiekrechtelijk aard, waarin een stuk overheidsbemoeiing is neergelegd.
Het ontstaan van het handelsrecht naast het burgerlijk recht moet historisch worden verklaard. Het klassieke van de Romeinen geërfde burgerlijk recht, met name het civiele vermogensrecht, bood niet genoeg aanpassingsmogelijkheden om te kunnen blijven voldoen aan de voortdurend wisselende behoeften van de zich steeds meer ontwikkelende handel.
Er ontstonden naast het traditionele eigendoms- en contractenrecht regels die in bijzondere mate tegemoet kwamen aan de eisen van het toenemende handelsverkeer. De handel vroeg om aangepaste vormen van de burgerlijke maatschap, om een bijzondere status van de tussenpersonen, om een regeling van het vervoer te land, te water en in de lucht. De handel wilde risico's dekken door middel van verzekering, had behoefte aan krediet en financiering via de wisseltransactie, en moest worden beschermd tegen oneerlijke mededinging en het gebruik maken van wat wij thans omschrijven als eens anders 'geestelijke' of 'industriële' eigendom. Zij die zaken deden en handel dreven met anderen, wilden zich tevoren enigermate kunnen vergewissen van de financiële en juridische status van de wederpartij. En indien deze laatste tot teleurstelling van zijn crediteuren toch insolvabel mocht blijken, dan moest diens gehele vermogen ten behoeve van alle schuldeisers op behoorlijke wijze kunnen worden geliquideerd.
Het is dus niet verwonderlijk dat zich naast het klassieke burgerlijke recht, waarin vanouds de belangrijkste rechtsfiguren als eigendom en contract hun vertrouwde plaats hadden gevonden, zich het meer dynamische, meer op de praktijk gerichte handelsrecht ontwikkelde, dat met behulp van heersende gebruiken en plaatselijke statuten aangepaste rechtsregels en nieuwe instituten schiep ten behoeve van het bruisende handelsleven.
Begrijpelijk is ook dat de wereld van het burgerlijk vermogensrecht door de ontwikkeling van de handel niet rechtstreeks werd beroerd en in grote trekken haar klassieke beeld bleef vertonen. De systematische behandeling van grote, algemene leerstukken en de regeling van een aantal goeddeels reeds in het Romeins recht bekende contracten – zoals koop, maatschap en lastgeving – naast enige bijzondere rechtsfiguren, bleven tot voor kort haar aanzien bepalen.
Hoe anders is het beeld van het handelsrecht. Dit maakt een brokkelige indruk. Het valt uiteen in velerlei regelingen van afzonderlijke rechtsfiguren, die corresponderen met de veelsoortige behoeften van de handel die in de loop der tijden zijn ontstaan.
Zo worden vanouds tot het handelsrecht gerekend: het recht betreffende tussenpersonen, het transport- en zeerecht, het verzekeringsrecht, het wissel- en chèquerecht, het mededingingsrecht in ruime zin: omvattende het recht op industriële eigendom, de regeling van het handelsregister en het faillissementsrecht. De belangrijkste op deze materies betrekking hebbende wetteksten zijn in deze bundel opgenomen, uitgezonderd die betreffende het zee- en binnenvaartrecht, in ruimere zin: het verkeersmiddelen- en vervoerrecht (vervat in Boek 8 NBW) dat een zeer speciaal karakter heeft en waarmee lang niet iedereen in aanraking komt. Wel zijn uit het tweede boek van het WvK nog opgenomen de bepalingen over zee- en binnenvaartverzekering, zulks terwille van de belangstellenden uit de verzekeringswereld.

Het handelsrecht als deel van het privaatrecht

Zoals wij zagen, moet het ontstaan van het handelsrecht als een van het burgerlijk recht te onderscheiden materie historisch worden verklaard. Het WvK dat in 1838 werd ingevoerd, was goeddeels gemodelleerd naar de Franse, onder Napoleon tot stand gekomen Code de Commerce van 1807. Evenals het Franse voorbeeld ging het uit van een splitsing tussen burgerlijk recht en handelsrecht. De eerste titel van het eerste boek had als opschrift: 'Van kooplieden en van daden van koophandel'. Deze begrippen werden door de wetgever nader omschreven; zij speelden in de wettekst een belangrijke rol. Het zijn van koopman bracht speciale rechtsgevolgen mee. Zo was in de tweede titel, die als opschrift had 'Van koopmansboeken', bepaald dat

Inleiding

'elk koopman verpligt is dagboek te houden, waarin ...', enz. Zo handelde het derde boek van het WvK over voorzieningen in geval van onvermogen van kooplieden. Het daarin geregelde faillissement gold slechts 'elk koopman die ophoudt te betalen'. In het Wetboek van Burgerlijke Regtsvordering (WvBRv.) van 1838 was de in de art. 882 e.v. 'de staat van kennelijk onvermogen' geregeld waarin iemand die niet tot de handelsstand behoorde, kon worden verklaard. Dit wetboek kende voorts een afzonderlijke titel die de 'regtspleging in zaken van koophandel' regelde.

Anders dan in Frankrijk voltrok zich in ons land na 1838 een ontwikkeling die tot gevolg had dat de splitsing tussen burgerlijk recht en handelsrecht in wezen werd opgeheven, ofschoon het grootste gedeelte van de rechtsstof over twee afzonderlijke wetboeken bleef verdeeld. In 1893 kwam een nieuwe Faillissementswet tot stand, volgens dewelke iedere schuldenaar, koopman of niet, die in de toestand verkeert dat hij heeft opgehouden te betalen, in staat van faillissement kan worden verklaard (art. 1). Het derde boek van het WvK en de regeling van het kennelijk onvermogen in het WvBRv. kwamen te vervallen. Een specifiek stuk handelsrecht verdween.

In 1928 kwam een wet tot stand waarbij de bepalingen in het WvK betreffende de naamloze vennootschap van koophandel werden vervangen door een reeks nieuwe wetsartikelen (art. 36 e.v.). Hierin werd het gebruik van deze rechtsfiguur ook voor andere daden dan die van koophandel in strikte zin, opengesteld.

In 1934 werden de begrippen 'koopman, kooplieden en daden van koophandel' met de daaraan verbonden bijzondere rechtsgevolgen uit ons recht gebannen. Het Wetboek van Koophandel bleef echter zijn door de traditie bepaalde naam behouden. In de wet zelf werd voortaan het begrip 'bedrijf' gehanteerd; zie art. 16 betreffende de vennootschap onder firma. In de bijzondere wetgeving werd later ook wel het begrip 'onderneming' gebezigd (vgl. de Handelsregisterwet en de Handelsnaamwet). Per 1 januari 1994 is van kracht geworden art. 3:15a BW, waarin boekhoud- en bewaarverplichtingen zijn gelegd op een ieder die een bedrijf of zelfstandig een beroep uitoefent. Zie ook art. 2:10 BW met betrekking tot rechtspersonen waarover hierboven blz. XIV.

De geschetste ontwikkeling heeft ertoe geleid dat te onzent – anders dan in Frankrijk – van een wezenlijk onderscheid tussen burgerlijk recht en handelsrecht niet langer kan worden gesproken. Ook het handelsrecht bestaat voornamelijk uit materieel privaatrecht. Het heeft evenals het burgerlijk recht betrekking op de verhoudingen tussen de personen, natuurlijke of rechtspersonen, onderling. De samenhang komt duidelijk tot uiting in art. 1 WvK dat het Burgerlijk Wetboek (BW), voor zover daarvan bij het WvK niet bijzonderlijk is afgeweken, ook op de in dit wetboek behandelde onderwerpen van toepassing verklaart.

Het sluitstuk van de beschreven ontwikkeling is het voornemen van regering en Staten-Generaal om op voorstel van de in 1954 overleden prof. E.M. Meijers in het Nieuw Burgerlijk Wetboek uiteindelijk ook op te nemen de gehele stof die thans in het WvK is geregeld. De regeling van de naamloze en besloten vennootschap is reeds in 1976 overgebracht van het Wetboek van Koophandel naar het nieuw Boek 2 BW. Het zee- en binnenvaartrecht is thans vervat in Boek 8 (N)BW. Wanneer het nieuw BW in zijn geheel van kracht is geworden, zal de laatste duidelijk tastbare herinnering aan de eigen geschiedenis van het handelsrecht zijn uitgewist. Het klassieke handelsrecht zal dan zijn formele, door de bepaalde identiteit hebben verloren. Het handelsrecht zal nog wel als te onderscheiden materie kunnen worden benaderd en bestudeerd, vooral wanneer men hierbij centraal stelt: het intern en extern functioneren in onze rechtsorde van de onderneming in al haar rechtsvormen.

De dynamiek van het handelsrecht

Het handelsrecht is even dynamisch als het handelsleven zelf. Dit blijkt uit de voortdurende vernieuwing van de wetteksten. Van het oude WvK uit 1838 zijn slechts weinige gedeelten tot nu toe geheel ongewijzigd gebleven. Men kan werkelijk niet spreken van 'een rustig bezit', zoals ooit het Burgerlijk Wetboek werd gekwalificeerd.

Zo werden in 1928 de bepalingen betreffende de naamloze vennootschap vervangen (art. 36-oud e.v.), in 1922 die betreffende de makelaars (art. 62-oud e.v.), terwijl in 1936 de bepalingen over handelsagenten en handelsreizigers (art. 75a-oud e.v.) werden ingevoegd. In 1933 werden de wettelijke regels betreffende wissels, chèques en andere handelspapieren opnieuw vastgesteld (art. 100 e.v.). Het verzekeringsrecht (art. 246 e.v.) bleef nog vrijwel ongewijzigd, maar het zee- en binnenvaartrecht (tweede boek) onderging sinds 1838 ingrijpende veranderingen: het is thans opnieuw geformuleerd en vervat in boek 8 NBW. Ook in de afzonderlijke wetten werden voortdurend vernieuwingen aangebracht. Men denke slechts aan de wijziging van de Octrooiwet in 1963. De Octrooiwet die dateerde van 1910 en die in de art. 58 e.v. nog sprak over haar toepasselijkheid op 'de koloniën en bezittingen in andere werelddelen', werd overigens in

Inleiding

1968 omgezet in de Rijksoctrooiwet die in 1977 (in het bijzonder ter zake van het materiële octrooirecht), eind 1978 en eind 1987 ingrijpend is gewijzigd. Op 1 april 1995 werd de Rijksoctrooiwet 1995 van kracht, die op 29 december 1995 in verband met de oprichting van de Wereld Handelsorganisatie is aangepast, en op 20 november 1998 is gerepareerd waarbij ook de verplichte domiciliekeuze voor buitenlandse octrooi-aanvragers is komen te vervallen. Het vernieuwingsproces duurt voort. Het heeft zijn voorlopige toppunt bereikt bij de voorbereiding en de totstandkoming van vele 'handelsrechtelijke' gedeelten van het nieuw Burgerlijk Wetboek. Typerend voor de voortdurende behoefte aan aanpassing en vernieuwing zijn de sinds 1971 tot stand gekomen ingrijpende wijzigingen van het vennootschaps- en ondernemingsrecht, waaraan hierboven bijzondere aandacht is gewijd.

De handel draagt een internationaal karakter, is niet aan landsgrenzen gebonden. De dynamiek van het handelsrecht wordt mede bepaald door internationale regelingen van afzonderlijke rechtsmateries. Zo is ons huidige wissel- en chèquerecht ontstaan naar aanleiding van in 1930 en 1931 te Genève gesloten internationale verdragen tot invoering van eenvormige wetten op wisselbrieven, orderbriefjes en chèques.

Het internationale karakter van het industriële eigendomsrecht manifesteerde zich reeds in de vorige eeuw door het Unieverdrag van Parijs van 1883, dat onze wetgeving op dit gebied sterk heeft beïnvloed. Vooral op het gebied van de industriële eigendom valt een vergaande tendens tot internationale samenwerking te constateren. Zo is in 1970 te Washington tot stand gekomen het Verdrag tot samenwerking inzake octrooien, waarin o.m. de mogelijkheid van een geünificeerde internationale octrooiaanvrage is opgenomen. Men denke ook aan het streven naar harmonisatie en unificatie van de verschillende industriële eigendomsrechten. In Europees verband is in 1973 tot stand gekomen het Verdrag inzake de verlening van Europese octrooien. Het hierboven genoemde Samenwerkingsverdrag en het Europees Octrooiverdrag zijn bij de wijziging van de Rijksoctrooiwet eind 1978 in deze wet verwerkt.

Eind 1987 werd de Rijksoctrooiwet opnieuw aangepast, en op 1 april 1995 is de Rijksoctrooiwet 1995 in werking getreden, waarbij o.m. de mogelijkheid is geopend een nationaal octrooi te verkrijgen zonder dat een octrooionderzoek is vereist. De Rijksoctrooiwet 1995 is nadien enige malen gewijzigd, laatstelijk op 1 mei 2003 i.v.m. octrooigemachtigden.

In Benelux-verband heeft de samenwerking geleid tot invoering van een éénvormige Benelux-Merkenwet (in werking getreden op 1 januari 1971) en een éénvormige Benelux-Tekeningen of Modellenwet (in werking getreden op 1 januari 1975), welke wetten in de drie Benelux-landen gelijkelijk van kracht zijn op basis van de daartoe gesloten Benelux-verdragen. Voorts heeft de in 1973 tot stand gekomen Beneluxovereenkomst betreffende de agentuurovereenkomst geleid tot herziening van de wettelijke bepalingen omtrent handelsagenten. Mede op grond van de Europese richtlijn van 21 december 1988 betreffende de onderlinge aanpassing van het merkenrecht van de Lid-Staten van de EG, en het Protocol van 2 december 1992, heeft de Benelux-Merkenwet op 1 januari 1996 een ingrijpende wijziging ondergaan.

Op andere gebieden van het handelsrecht (vennootschaps- en rechtspersonenrecht, faillissementsrecht) leidt vooral het streven naar een gemeenschappelijke Europese markt tot harmonisatie en unificatie van deze rechtsgebieden. Men denke aan de reeds hierboven (pag. XVI) ter sprake gekomen bindende richtlijnen die door de Raad van Ministers van de EG-landen worden vastgesteld en die er toe strekken de waarborgen te coördineren welke in de Lid-Staten worden verlangd van de rechtspersonen in de zin van de tweede alinea van art. 58 (thans art. 48) van het EG-Verdrag, om de belangen te beschermen zowel van de deelnemers in deze rechtspersonen als van derden: zulks teneinde de waarborgen gelijkwaardig te maken. Men denke bijv. ook aan het voorontwerp van een Europees faillissementsverdrag, gebaseerd op art. 220 (thans art. 293) van het EG-Verdrag, waarin vele regelen zijn vervat die tot unificatie, of in ieder geval harmonisatie van belangrijke onderdelen van het faillissementsrecht zullen leiden, en aan de op 8 oktober 2001 vastgestelde Verordening van de Raad betreffende het statuut van de Europese vennootschap (in werkingtreding 8 oktober 2004) met bijbehorende richtlijn inzake de rol van de werknemers. Ik herinner ten slotte aan de hierboven besproken Verordening van de Raad van de Europese Gemeenschap betreffende het Europees economisch samenwerkingsverband (EESV).

Met deze voorbeelden moet worden volstaan. Meer dan het burgerlijk recht leent het handelsrecht zich tot internationale regeling, tot harmonisatie en unificatie. De handel orienteert zich meer en meer buiten de grenzen van het eigen land. De taal van de handelsman wordt haast overal verstaan. De te regelen stof onthecht zich hoe langer hoe gemakkelijker aan plaatselijke gebruiken en levenspatronen. Ook internationaal gezien is het handelsrecht volop in beweging.

Inleiding

Tenslotte moet in dit verband worden gewezen op de publiekrechtelijke invloeden in het handelsrecht. Men denke bijv. aan de regeling dat voor de oprichting van een naamloze c.q. besloten vennootschap is vereist een verklaring van de Minister van Justitie dat hem van geen bezwaren is gebleken (BW art. 2: 64 lid 2 jo. 68 c.q. 175 lid 2 jo. 179). Ook in de wetgeving betreffende industriële eigendom en in de Handelsregisterwet bevindt zich een groot aantal publiekrechtelijke bepalingen. Toenemende overheidsbemoeiing kan een wijziging van handelsrechtelijke regels ten gevolge hebben. Ook in zoverre is het handelsrecht aan veranderingen onderhevig. De term 'economisch recht' of 'economisch ordeningsrecht' wordt wel gebezigd voor al de voorschriften van nationale of Europeesrechtelijke aard die beogen, rechtstreeks of middellijk, het handelen van de onderneming op de markt in een geöriënteerde economie te beïnvloeden. In dit verband denke men o.a. aan de op 1 januari 1998 in werking getreden wet (Mededingingswet) houdende nieuwe regels omtrent mededingingsafspraken, economische machtsposities en toezicht op concentraties van ondernemingen.

De inhoud van het handelsrecht

Het klassieke handelsrecht bestaat uit vele onderdelen, die ieder betrekking hebben op afzonderlijke rechtsmateries. Dit vak handelsrecht bestaat eigenlijk uit even zovele vakken: vennootschapsrecht (thans goeddeels te rangschikken onder het rechtspersonenrecht), verzekeringsrecht, faillissementsrecht, mededingingsrecht enz. Dit gegeven moet, zoals wij zagen, historisch worden verklaard.

Van het WvK is in deze bundel hoofdzakelijk het goeddeels ook na 1 januari 1992 nog van kracht zijnde eerste boek afgedrukt, dat handelt over koophandel in het algemeen. Hiervan zijn de eerste en tweede titel komen te vervallen. Van de derde titel zijn thans voorlopig alleen nog gehandhaafd de bepalingen betreffende de vennootschap onder een firma en de commanditaire vennootschap. De regeling betreffende de nv en bv is, zoals wij zagen, overgebracht naar Boek 2 BW betreffende rechtspersonen.

In de vierde titel van het eerste boek van het WvK vinden wij na enige onbelangrijke bepalingen betreffende de beurzen van koophandel (art. 59 t/m 61) regels omtrent *tussenpersonen.* De tussenpersoon verleent bemiddeling bij het tot stand brangen en het sluiten van overeenkomsten in opdracht en op naam van personen tot wie hij niet in een vaste dienstbetrekking staat (art. 62).
Krachtens een noodzakelijke aanpassing van onze wetgeving aan de EG-richtlijn van 18 december 1986 betreffende zelfstandige handelsagenten, zijn per 1 november 1989 de bepalingen over de agentuurovereenkomst herzien. Sinds 1 september 1993 is de agentuurovereenkomst niet langer geregeld in art. 74 e.v. WvK, doch in art. 7: 428 e.v. BW. Op 1 april 1997 is de regeling van de handelsreizigersovereenkomst in art. 75 e.v. WvK vervangen door bijzondere bepalingen voor handelsvertegenwoordigers, die zijn neergelegd in afdeling 10 van titel 7.10 (N) BW betreffende de arbeidsovereenkomst. En op 1 maart 2001 zijn in verband met het afschaffen van de titelbescherming en beëdiging van makelaars de art. 63-66b komen te vervallen, terwijl art. 62 is gewijzigd (zie hierboven).

Aan *wisselbrieven, chèques* en andere handelspapieren wijdt het WvK aandacht in de zesde en zevende titel van het eerste boek. Een wissel (art. 100 e.v.) is een betalingsopdracht van A (trekker) aan B (betrokkene) om op zekere dag en plaats aan C (nemer) of diens order een bepaalde som te betalen. C kan de van A ontvangen wissel endosseren en overdragen aan een opvolgende houder D (art. 110 e.v.). A staat tegenover C en opvolgende houders in voor acceptatie, althans betaling van de wissel door B (art. 108). Economisch gezien is de wissel betalings- doch vooral kredietmiddel. Een chèque (art. 178 e.v.) is betalingsmiddel. Hij wordt steeds getrokken op een bankier als betrokkene (art. 180), is betaalbaar op zicht (art. 205) en kan in tegenstelling tot de wissel (art. 110) ook aan toonder betaalbaar worden gesteld (art. 182). Het orderbriefje (art. 174) is niet – zoals de wissel en chèque – getrokken papier, maar rechtstreeks papier. Door middel van een onvoorwaardelijke betalingsbelofte verbindt de uitgever zichzelf rechtstreeks tot betaling.

In de negende en tiende titel treffen wij nog het *verzekeringsrecht* aan. In het BW (art. 7A: 1811) wordt verzekering aangeduid als een kansovereenkomst. Tegenover de kansovereenkomsten: spel en weddingschap, staat de wetgever terughoudend (art. 7A: 1825 BW). De verzekering echter wordt in het WvK als een volwaardig contract erkend, met dien verstande dat hetgeen de wetgever tot het wezen der overeenkomst rekent, niet door partijen mag worden verwaarloosd (art. 254). Men onderscheidt tussen schadeverzekering en sommen- of personenverzekering. Een omschrijving van schadeverzekering geeft art. 246; vele bepalingen van de ne-

Inleiding

gende titel zijn alleen toepasselijk op schadeverzekering. Voor schadeverzekering is vereist een verzekerbaar belang, d.i. de mogelijkheid van op geld waardeerbare schade als te dekken gevolg van een onzeker voorval. Dit beginsel komt in diverse artikelen tot uiting (art. 250, 252, 253 en 268). Bij levensverzekering of kapitaalverzekering (art. 302 e.v.) geldt deze eis niet (art. 305). Aan de brand- en oogstverzekering wijdt het WvK in het eerste boek nog enige bijzondere bepalingen (art. 287 e.v.). In het tweede boek wordt aandacht besteed aan zeeverzekering (art. 552 e.v., 744, 746 en 747) en aan de verzekeringen van vervoer te land en op de binnenwateren (art. 686 e.v., 955, 957).

Tot zover het in deze bundel opgenomen gedeelte van het WvK, zoals dit (voorlopig) nog geldt. In de Faillissementswet van 1893, die krachtens de Invoeringswet Boeken 3, 5 en 6 NBW, eerste gedeelte, per 1 januari 1992 niet onbelangrijk is gewijzigd, wordt gehandeld over het *faillissement* (titel I) en de *surséance van betaling* (titel II). Bij het tot stand komen van de wet omschreef men het faillissement als een gerechtelijk beslag op het gehele vermogen van de schuldenaar ten behoeve van zijn gezamenlijke schuldeisers. Het instituut beoogt te voorkomen dat individuele schuldeisers bij het verhaal met elkaar in conflict komen, en wil het gehele vermogen (art. 20) door een algemeen beslag onttrekken aan de greep van de schuldenaar (art. 23) en veilig stellen ten behoeve van de crediteuren. Bij de faillietverklaring door de rechter (art. 1) wordt een curator benoemd en een rechter-commissaris (art. 14). De curator is belast met het beheer en de vereffening van de failliete boedel (art. 68), de rechter-commissaris houdt toezicht (art. 64). In de verificatievergadering worden de diverse vorderingsrechten vastgesteld (art. 108 e.v.). Het faillissement eindigt door de tegeldemaking en vereffening van de in staat van insol-ventie verkerende boedel (art. 173 e.v.), of door de homologatie of bekrachtiging vanwege de rechter van een door de gefailleerde aangeboden en door de gezamenlijke crediteuren aangenomen akkoord (art. 138 e.v.). Indien de schuldenaar met het betalen van zijn opeisbare schulden niet zal kunnen voortgaan (art. 213) en niettemin het vooruitzicht bestaat dat hij na verloop van tijd zijn schuldeisers zal kunnen betalen (art, 218), kan de rechtbank surséance van betaling verlenen voor een bepaalde termijn (art. 223). Op 1 december 1998 is in werking getreden een wet tot wijziging en aanvulling van de Faillissementswet, waarbij een uitvoerige regeling is toegevoegd in verband met de sanering van schulden van natuurlijke personen (art. 284 e.v.). Op 1 augustus 2002 is in de Faillissementswet de mogelijkheid geopend van een vereenvoudigde afwikkeling van faillissement (art. 137a-137g).

Tot het handelsrecht behoort ook het *mededingingsrecht*. Aan de vrije mededinging worden zekere grenzen gesteld. Enerzijds zijn er speciale wettelijke regelingen waarin rechten op voortbrengselen van de geest, die in nauw verband staan met de belangen van handel en industrie, tegen aantasting worden beschermd. Anderzijds is er de bescherming op basis van het algemeen luidende art. 6: 162 NBW (het oude art. 1401), dat zich keert tegen onrechtmatig handelen jegens een ander, waaronder ook wordt verstaan een handelen in strijd met hetgeen volgens ongeschreven recht in het maatschappelijke verkeer betaamt. De rechten die worden erkend en geregeld in afzonderlijke wetgevingen als de *Rijksoctrooiwet 1995*, de *Beneluxwet op de merken* (Bmw), de *Beneluxwet op tekeningen of modellen* (Btmw), en de *Handelsnaamwet* van 1921 (Hnw.), worden ook wel aangeduid als industriële eigendom. Hiermede wordt tot uitdrukking gebracht dat zij evenals de eigendom van een lichamelijke zaak een absoluut karakter dragen: de rechthebbende wordt beschermd tegen inbreuken door wie ook gepleegd. Bij de uitoefening van de industriële eigendomsrechten moet rekening worden gehouden met de doelstellingen van het EG-Verdrag, waarin o.m. wordt beoogd tussen de Lid-Staten de hinderpalen te verwijderen voor het vrije verkeer van goederen (vgl. in dit verband vooral art. 30 van het Verdrag) en te waarborgen dat de mededinging binnen de gemeenschappelijke markt niet wordt vervalst (vgl. vooral de art. 81 en 82 van het Verdrag). Zie in verband met dit laatste ook de op 1 januari 1998 in werking getreden Mededingingswet.
Op 7 november 1987 is de industriële eigendomswetgeving verrijkt met een nieuwe loot aan de stam: de zgn. Chipswet (Stb. 1987, 184). Hoewel principieel van opzet, lijkt het praktisch belang van deze wet vooralsnog te gering om opneming in deze bundel te rechtvaardigen. Op 1 januari 1993 is in werking getreden de wel opgenomen Wet van 23 november 1992, Stb. 642, houdende regelen inzake de *bestrijding van namaak van produkten* beschermd door rechten op een tekening of een model (o.m. worden de beslagmogelijkheden vergroot).
Voor de volledigheid is in deze bundel ook opgenomen de Auteurswet van 1912, die op 7 januari 1973 ingrijpend was gewijzigd, en met ingang van 1 augustus 1985 was aangepast in verband met de toetreding van Nederland tot de op 24 juli 1971 te Parijs gesloten herziene Berner Conventie. Strikt genomen, behoort het auteursrecht echter niet tot de industriële eigendom, maar tot de ruimere intellectuele eigendom. Het auteursrecht heeft niettemin wel degelijk met het bedrijfsleven te maken. Op 1 oktober 1989 is de Auteurswet gewijzigd in verband met de be-

Inleiding

strijding van piraterij van auteursrechtelijk beschermde werken, op 1 januari 1991 in verband met de thuiskopieervergoeding, en op 1 juli 1993 door de Wet op de naburige rechten van 18 maart 1993, Stb. 178. Deze laatste wet, die regelen behelst inzake de bescherming van uitvoerende kunstenaars, producenten van fonogrammen en omroeporganisaties, is in deze bundel achter de Auteurswet opgenomen. Op 1 september 1994 is de Auteurswet gewijzigd bij Wet van 7 juli 1994, Stb. 521, in verband met de rechtsbescherming van computerprogramma's. Op 29 december 1995 zijn de Auteurswet en de Wet op de naburige rechten aangepast aan twee EG-richtlijnen betreffende het verhuurrecht, het uitleenrecht, bepaalde naburige rechten, en de duur van de beschermingstermijn. Deze wetten zijn vervolgens op 1 september 1996 gewijzigd ingevolge een EG-richtlijn tot coördinatie van bepaalde voorschriften op het gebied van de satellietomroep en de doorgifte via de kabel. De Wet op de naburige rechten is op 19 maart 1997 gewijzigd in verband met de rechten van omroeporganisaties. In deze laatste wet en in de Auteurswet 1912 zijn op 15 december 1998 wijzigingen aangebracht in verband met de toen in werking getreden Telecommunicatiewet, waarna de Auteurswet 1912 op 21 juli 1999 is aangepast in verband met de rechtsbescherming van databanken. Op 1 februari 2003 is de Auteurswet gewijzigd inzake het reprografisch verveelvoudigen.

In de diverse wetten wordt niet alleen het tot recht verheven belang van de gerechtigde, maar ook het algemeen belang gediend. Zo beoogt de Octrooiwetgeving mede op te wekken tot het doen en openbaar maken van uitvindingen, de Bwm wil mede waken tegen misleiding van het publiek, ten aanzien van de aard, herkomst, kwaliteit of andere kenmerken van de desbetreffende waar, en de Hnw waakt niet alleen tegen verwarring bij het publiek, tussen bepaalde ondernemingen of omtrent de herkomst van zekere waren maar wil ook rechtstreekse misleiding van het publiek voorkomen. Het octrooirecht ontstaat door verlening of registratie, het merkrecht en het recht op tekening of model door eerste depot en het recht op de handelsnaam door eerste gebruik. De wetten behelzen een groot aantal formeelrechtelijke bepalingen (vgl. vooral: bij octrooien de verlenings- c.q. registratieprocedure; art. 6 e.v. Bwm: depotprocedure; art. 6 Hnw: bijzondere gerechtelijke procedure tot wijziging handelsnaam). Sinds 1974 speelt het Benelux-Hof bij de uitleg en toepassing van de Bwm en de Btmw een rol van betekenis.

Op 1 oktober 1997 zijn in werking getreden een nieuwe (vereenvoudigde) *Handelsregisterwet 1996* en het daarop gebaseerde, eveneens goeddeels in deze bundel opgenomen Handelsregisterbesluit 1996. Verplicht is het doen van opgave ter inschrijving van bepaalde gegevens van een onderneming (ook een eenmanszaak) en van een rechtspersoon aan het handelsregister dat door de ter zake bevoegde Kamer van Koophandel wordt gehouden. Geregeld wordt onder meer wie de opgaven moet doen, wanneer deze moeten worden gedaan en (in het Handelsregisterbesluit 1996) wat moet worden opgegeven. Aan het niet nakomen van de plicht tot opgave is een strafrechtelijke sanctie verbonden. Het handelsregister is openbaar. De gegevens zijn van belang voor degene die met de onderneming of rechtspersoon zaken wil doen en bijvoorbeeld wil weten in welke rechtsvorm de zaak van zijn wederpartij wordt gedreven en wie bevoegd is de rechtspersoon te vertegenwoordigen. Derden te goeder trouw die afgaan op gegevens van het handelsregister worden in het algemeen beschermd (art. 18 Hrgw. 1996: de enige regel van materieel privaatrecht in de Hrgw: in zekere zin corresponderend met BW art. 2: 6 dat een aantal algemene regels bevat omtrent de werking van openbaarmaking van gegevens van rechtspersonen).

H. Landstichting, mei 2003   J.M.M. Maeijer

Inleiding

BOEK 2

RECHTSPERSONEN

TITEL 1

Algemene bepalingen

Art. 1

– 1. De Staat, de provincies, de gemeenten, de waterschappen, alsmede alle lichamen waaraan krachtens de Grondwet verordenende bevoegdheid is verleend, bezitten rechtspersoonlijkheid. (Grw. 123, 133, 134, 135) — *Publiekrechtelijke rechtspersonen*

– 2. Andere lichamen, waaraan een deel van de overheidstaak is opgedragen, bezitten slechts rechtspersoonlijkheid, indien dit uit het bij of krachtens de wet bepaalde volgt.

– 3. De volgende artikelen van deze titel, behalve artikel 5, gelden niet voor de in de voorgaande de leden bedoelde rechtspersonen.

Art. 2

– 1. Kerkgenootschappen alsmede hun zelfstandige onderdelen en lichamen waarin zij zijn verenigd, bezitten rechtspersoonlijkheid. — *Kerkgenootschappen*

– 2. Zij worden geregeerd door hun eigen statuut, voor zover dit niet in strijd is met de wet. — *Toepassing titel I* Met uitzondering van artikel 5 gelden de volgende artikelen van deze titel niet voor hen; overeenkomstige toepassing daarvan is geoorloofd, voor zover deze is te verenigen met hun statuut en met de aard der onderlinge verhoudingen.

Art. 3

Verenigingen, coöperaties, onderlinge waarborgmaatschappijen, naamloze vennootschappen, besloten vennootschappen met beperkte aansprakelijkheid en stichtingen bezitten rechtspersoonlijkheid. (BW 2: 26, 30, 53, 64, 175, 285; 5: 124; Overg.w. 29) — *Privaatrechtelijke rechtspersonen*

Art. 4 *Zie ook 21*

– 1. Een rechtspersoon ontstaat niet bij het ontbreken van een door een notaris ondertekende akte of een verklaring van geen bezwaar, voor zover door de wet voor de totstandkoming vereist. Het ontbreken van kracht van authenticiteit aan een door een notaris ondertekende akte verhindert het ontstaan van de rechtspersoon slechts, indien die rechtspersoon in een bij die akte gemaakte uiterste wilsbeschikking in het leven zou zijn geroepen. — *Authentieke akte*

– 2. Vernietiging van de rechtshandeling waardoor een rechtspersoon is ontstaan, tast diens bestaan niet aan. Het vervallen van de deelneming van een of meer oprichters van een rechtspersoon heeft op zichzelf geen invloed op de rechtsgeldigheid van de deelneming der overblijvende oprichters. — *Vernietiging oprichtingshandeling*

– 3. Is ten name van een niet bestaande rechtspersoon een vermogen gevormd, dan benoemt de rechter op verzoek van een belanghebbende of het openbaar ministerie een of meer vereffenaars. Artikel 22 is van overeenkomstige toepassing. — *Vereffening vermogen niet bestaande rechtspersoon*

– 4. Het vermogen wordt vereffend als dat van een ontbonden rechtspersoon in de voorgewende rechtsvorm. Degenen die zijn opgetreden als bestuurders, zijn hoofdelijk verbonden voor de tot dit vermogen behorende schulden die opeisbaar zijn geworden in het tijdvak waarin zij dit deden. Zij zijn eveneens verbonden voor de schulden die voortspruiten uit in die tijd ten behoeve van dit vermogen verrichte rechtshandelingen, voor zover daarvoor niemand ingevolge de vorige zin verbonden is. Ontbreken personen die ingevolge de vorige twee zinnen verbonden zijn, dan zijn degenen die handelden, hoofdelijk verbonden. (BW 6: 6²)

– 5. Indien alsnog een rechtspersoon wordt opgericht ter opvolging in het vermogen, kan de rechter desverzocht toestaan dat dit niet wordt vereffend, doch dat het in die rechtspersoon wordt ingebracht. (BW 2: 14, 15, 21, 22, 23 v., 26¹, 30, 74, 93, 93a, 94, 94a, 185, 203, 203a, 204, 204a, 301, 323; 3: 32 v., 37¹, 39, 53, 59; 5: 124; 6: 7, 10, 12, 159, 269)

Art. 5

Een rechtspersoon staat wat het vermogensrecht betreft, met een natuurlijk persoon gelijk, tenzij uit de wet het tegendeel voortvloeit. (BW 1: 302 v.; 2: 1 lid 3, 11; 3: 203 lid 3) — *Gelijkstelling met natuurlijk persoon*

Art. 6

– 1. Op wijzigingen in statuten en reglementen en op ontbinding van de rechtspersoon, die krachtens dit boek moeten worden openbaar gemaakt, kan voordat deze openbaarmakingen en, in geval van statutenwijziging, de voorgeschreven openbaarmaking van de gewijzigde statuten zijn geschied, geen beroep worden gedaan tegen een wederpartij en derden die daarvan onkundig waren. (BW 2: 43⁵, ⁶, 72, 126, 183, 236, 293, 318³; 3: 61, 76) — *Openbaarmakingen; bescherming van derden en van de rechtspersoon*

– 2. Een door de wet toegelaten beroep op statutaire onbevoegdheid van het bestuur of van een bestuurder tot vertegenwoordiging van de rechtspersoon bij een rechtshandeling kan tegen een wederpartij die daarvan onkundig was, niet worden gedaan, indien de beperking of uitsluiting van de bevoegdheid niet ten tijde van het verrichten van die rechtshandeling op de door de wet voorgeschreven wijzen was openbaar gemaakt. Hetzelfde geldt voor een beroep op een beperking van de vertegenwoordigingsbevoegdheid van anderen dan bestuurders, aan wie die bevoegdheid bij de statuten is toegekend. (BW 2: 45, 130, 164, 240, 274, 292; Overgw. 31, 65[1])

– 3. De rechtspersoon kan tegen een wederpartij die daarvan onkundig was, niet de onjuistheid of onvolledigheid van de in het register opgenomen gegevens inroepen. Juiste en volledige inschrijving elders of openbaarmaking van de statuten is op zichzelf niet voldoende bewijs dat de wederpartij van de onjuistheid of onvolledigheid niet onkundig was.

– 4. Voor zover de wet niet anders bepaalt, kan de wederpartij van een rechtspersoon zich niet beroepen op onbekendheid met een feit dat op een door de wet aangegeven wijze is openbaar gemaakt, tenzij die openbaarmaking niet is geschied op elke wijze die de wet vereist of daarvan niet de voorgeschreven mededeling is gedaan. (BW 3: 61[3])

– 5. De beide vorige leden gelden niet voor rechterlijke uitspraken die in het faillissementsregister of het surséanceregister zijn ingeschreven. (BW 2: 29 lid 3, 30 lid 3, 51, 289 lid 3, 303; 3: 24, 32, 36, 61, 76; 5: 124; 8: 178, 179)

Art. 7

Een door een rechtspersoon verrichte rechtshandeling is vernietigbaar, indien daardoor het doel werd overschreden en de wederpartij dit wist of zonder eigen onderzoek moest weten; slechts de rechtspersoon kan een beroep op deze grond tot vernietiging doen. (BW 2: 27[4], 66[1], 177[1], 286[4]; 3: 11, 40, 45, 49 v., 55, 56)

Art. 8

– 1. Een rechtspersoon en degenen die krachtens de wet en de statuten bij zijn organisatie zijn betrokken, moeten zich als zodanig jegens elkander gedragen naar hetgeen door redelijkheid en billijkheid wordt gevorderd.

– 2. Een tussen hen krachtens wet, gewoonte, statuten, reglementen of besluit geldende regel is niet van toepassing voor zover dit in de gegeven omstandigheden naar maatstaven van redelijkheid en billijkheid onaanvaardbaar zou zijn. (BW 2: 13, 14, 15, 88, 89, 107, 197, 198, 346, 3: 12, 6: 2, 162, 248[2]; 8: 162)

Art. 9

Elke bestuurder is tegenover de rechtspersoon gehouden tot een behoorlijke vervulling van de hem opgedragen taak. Indien het een aangelegenheid betreft die tot de werkkring van twee of meer bestuurders behoort, is ieder van hen voor het geheel aansprakelijk terzake van een tekortkoming, tenzij deze niet aan hem is te wijten en hij niet nalatig is geweest in het treffen van maatregelen om de gevolgen daarvan af te wenden. (BW 2: 93, 98a, 98d, 131, 138, 149, 151, 241, 248, 259, 261, 298, 344 v., 6: 6[2], 74 v., 99, 162; Sr. 336, 342 v., 442, 2°)

Art. 10

– 1. Het bestuur is verplicht van de vermogenstoestand van de rechtspersoon en van alles betreffende de werkzaamheden van de rechtspersoon, naar de eisen die voortvloeien uit deze werkzaamheden, op zodanige wijze een administratie te voeren en de daartoe behorende boeken, bescheiden en andere gegevensdragers op zodanige wijze te bewaren, dat te allen tijde de rechten en verplichtingen van de rechtspersoon kunnen worden gekend.

– 2. Onverminderd het bepaalde in de volgende titels is het bestuur verplicht jaarlijks binnen zes maanden na afloop van het boekjaar de balans en de staat van baten en lasten van de rechtspersoon te maken en op papier te stellen.

– 3. Het bestuur is verplicht de in de leden 1 en 2 bedoelde boeken, bescheiden en andere gegevensdragers gedurende zeven jaren te bewaren. (BW 2: 24, 48, 58, 61 sub b, 101 v., 210 e.v., 360 v.; K 8, 11; Sr. 336, 342, 3°, 343; Alg. wet rijksbel. 47, 49, 54)

– 4. De op een gegevensdrager aangebrachte gegevens, uitgezonderd de op papier gestelde balans en staat van baten en lasten, kunnen op een andere gegevensdrager worden overgebracht en bewaard, mits de overbrenging geschiedt met juiste en volledige weergave der gegevens en deze gegevens gedurende de volledige bewaartijd beschikbaar zijn en binnen redelijke tijd leesbaar kunnen worden gemaakt.

Art. 10a

Het boekjaar van een rechtspersoon is het kalenderjaar, indien in de statuten geen ander boekjaar is aangewezen. (BW 2: 35[5], 36[1], 48)

Art. 11

De aansprakelijkheid van een rechtspersoon als bestuurder van een andere rechtspersoon rust tevens hoofdelijk op ieder die ten tijde van het ontstaan van de aansprakelijkheid van de rechtspersoon daarvan bestuurder is. (BW 2: 9, 138, 248; 6: 6 v.)

2

Art. 12

Het stemrecht over besluiten waarbij de rechtspersoon aan bepaalde personen, anders dan in hun hoedanigheid van lid, aandeelhouder of lid van een orgaan, rechten toekent of verplichtingen kwijtscheldt, kan door de statuten aan die personen en aan hun echtgenoot, geregistreerde partner, en bloedverwanten in de rechte lijn worden ontzegd. (BW 2: 38, 118, 228)

Ontzegging stemrecht

Art. 13

– 1. Een stem is nietig in de gevallen waarin een eenzijdige rechtshandeling nietig is; een stem kan niet worden vernietigd.

Nietigheid stem

– 2. Een onbekwame die lid is van een vereniging, kan zijn stemrecht daarin zelf uitoefenen, voor zover de statuten zich daartegen niet verzetten; in andere gevallen komt de uitoefening van het stemrecht toe aan zijn wettelijke vertegenwoordiger.

Stemrecht onbekwame

– 3. Tenzij de statuten anders bepalen, is het in de vergadering van een orgaan van een rechtspersoon uitgesproken oordeel van de voorzitter omtrent de uitslag van een stemming beslissend. Hetzelfde geldt voor de inhoud van een genomen besluit, voor zover werd gestemd over een niet schriftelijk vastgelegd voorstel.

Beslissend oordeel voorzitter; herstemming

– 4. Wordt onmiddellijk na het uitspreken van het oordeel van de voorzitter de juistheid daarvan betwist, dan vindt een nieuwe stemming plaats, indien de meerderheid der vergadering of, indien de oorspronkelijke stemming niet hoofdelijk of schriftelijk geschiedde, een stemgerechtigde aanwezige dit verlangt. Door deze nieuwe stemming vervallen de rechtsgevolgen van de oorspronkelijke stemming. (BW 1: 234^2; 2: 8, 38, 41, 110, 111, 221, 222; 3: 32^2, 34^2, 35, 39, 40, 44, 59, 63^1, 79; Overgw. 79-81)

Art. 14

– 1. Een besluit van een orgaan van een rechtspersoon, dat in strijd is met de wet of de statuten, is nietig, tenzij uit de wet iets anders voortvloeit. (BW 3: 40)

Nietig besluit van een orgaan; bekrachtiging

– 2. Is een besluit nietig, omdat het is genomen ondanks het ontbreken van een door de wet of de statuten voorgeschreven voorafgaande handeling van of mededeling aan een ander dan het orgaan dat het besluit heeft genomen, dan kan het door die ander worden bekrachtigd. Is voor de ontbrekende handeling een vereiste gesteld, dan geldt dat ook voor de bekrachtiging. (BW 2: 15^2, 158$^{4, 5}$; 3: 37^1, 39, 58^2, 69^1)

– 3. Bekrachtiging is niet meer mogelijk na afloop van een redelijke termijn, die aan de ander is gesteld door het orgaan dat het besluit heeft genomen of door de wederpartij tot wie het was gericht. (BW 3: 55^2, 57, 69^4; BW 5: 129^1)

Art. 15

– 1. Een besluit van een orgaan van een rechtspersoon is, onverminderd het elders in de wet omtrent de mogelijkheid van vernietiging bepaalde, vernietigbaar:

Vernietiging besluit van een orgaan

a. wegens strijd met wettelijke of statutaire bepalingen die het tot stand komen van besluiten regelen; (BW 2: 37 v., 107 v., 158 v., 217 v., 268 v.)

b. wegens strijd met de redelijkheid en billijkheid die door artikel 8 worden geëist; (BW 2: 8; 3: 12; 6: 2, 248^2)

c. wegens strijd met een reglement. (BW 5: 129^2)

– 2. Tot de bepalingen als bedoeld in het vorige lid onder a, behoren niet die welke de voorschriften bevatten waarop in artikel 14 lid 2 wordt gedoeld.

– 3. Vernietiging geschiedt door een uitspraak van de rechtbank van de woonplaats van de rechtspersoon:

a. op een vordering tegen de rechtspersoon van iemand die een redelijk belang heeft bij de naleving van de verplichting die niet is nagekomen, of

b. op vordering van de rechtspersoon zelf, ingesteld krachtens bestuursbesluit tegen degene die door de voorzieningenrechter van de rechtbank is aangewezen op een daartoe gedaan verzoek van de rechtspersoon; in dat geval worden de kosten van het geding door de rechtspersoon gedragen. (BW 1: 10^2; 5: 130^1)

– 4. Indien een bestuurder in eigen naam de vordering instelt, verzoekt de rechtspersoon de voorzieningenrechter van de rechtbank iemand aan te wijzen, die terzake van het geding in de plaats van het bestuur treedt.

– 5. De bevoegdheid om vernietiging van het besluit te vorderen, vervalt een jaar na het einde van de dag, waarop hetzij aan het besluit voldoende bekendheid is gegeven, hetzij de belanghebbende van het besluit kennis heeft genomen of daarvan is verwittigd. (BW 3: 52, 306 v., 313)

– 6. Een besluit dat vernietigbaar is op grond van lid 1 onder a, kan door een daartoe strekkend besluit worden bevestigd; voor dit besluit gelden de zelfde vereisten als voor het te bevestigen besluit. De bevestiging werkt niet zolang een tevoren ingestelde vordering tot vernietiging aanhangig is. Indien de vordering wordt toegewezen, geldt het vernietigde besluit als opnieuw genomen door het latere besluit, tenzij uit de strekking van dit besluit het tegendeel voortvloeit. (BW 2: 2, 4, 7, 8, 14, 16^2, 40, 100, 209, 295, 356; 3: 40, 44, 45, 49 v., 55, 59; 5: 129, 130; Overgw. 79-81)

Bevestiging

Art. 16

– 1. De onherroepelijke uitspraak die de nietigheid van een besluit van een rechtspersoon vaststelt of die zulk een besluit vernietigt, is voor een ieder, behoudens herroeping of derdenverzet, bindend, indien de rechtspersoon partij in het geding is geweest. Herroeping komt ieder lid of aandeelhouder toe.

– 2. Is het besluit een rechtshandeling van de rechtspersoon, die tot een wederpartij is gericht, of is het een vereiste voor de geldigheid van zulk een rechtshandeling, dan kan de nietigheid of vernietiging van het besluit niet aan die wederpartij worden tegengeworpen, indien deze het gebrek dat aan het besluit kleefde, kende noch behoefde te kennen. Niettemin kan de nietigheid of vernietiging van een besluit tot benoeming van een bestuurder of een commissaris aan de benoemde worden tegengeworpen; de rechtspersoon vergoedt echter diens schade, indien hij het gebrek in het besluit kende noch behoefde te kennen. (BW 2: 2, 14, 15, 44², 45, 130, 146, 240, 256, 291, 292, 323⁸; 3: 11, 35, 36, 59, 61², 79; Rv 67, 376 v., 382 v.)

Art. 17

Een rechtspersoon wordt opgericht voor onbepaalde tijd. (BW 2: 19¹; Overgw. 36; BW 3: 16 v., 60 v., 5: 124)

Art. 18

– 1. Een rechtspersoon kan zich met inachtneming van de volgende leden omzetten in een andere rechtsvorm.

– 2. Voor omzetting zijn vereist:

a. een besluit tot omzetting, genomen met inachtneming van de vereisten voor een besluit tot statutenwijziging en, tenzij een stichting zich omzet, genomen met de stemmen van ten minste negen tienden van de uitgebrachte stemmen;

b. een besluit tot wijziging van de statuten;

c. een notariële akte van omzetting die de nieuwe statuten bevat.

– 3. De in het vorige lid onder *a* genoemde meerderheid is niet vereist voor een omzetting van een naamloze vennootschap in een besloten vennootschap of omgekeerd.

– 4. Voor de omzetting van of in een stichting en van een naamloze of besloten vennootschap in een vereniging is bovendien rechterlijke machtiging vereist.

– 5. Slechts de rechtspersoon kan machtiging tot omzetting verzoeken aan de rechtbank, onder overlegging van een notarieel ontwerp van de akte. Zij wordt in elk geval geweigerd, indien een vereist besluit nietig is of indien een rechtsvordering tot vernietiging daarvan aanhangig is. Zij wordt geweigerd, indien de belangen van stemgerechtigden die niet hebben ingestemd of van anderen van wie ten minste iemand zich tot de rechter heeft gewend, onvoldoende zijn ontzien. Indien voor de omzetting machtiging van de rechter is vereist, verklaart de notaris in de akte van omzetting dat de machtiging op het ontwerp van de akte is verleend.

– 6. Na omzetting van een stichting moet uit de statuten blijken dat het vermogen dat zij bij de omzetting heeft en de vruchten daarvan slechts met toestemming van de rechter anders mogen worden besteed dan voor de omzetting was voorgeschreven. Hetzelfde geldt voor de statuten van een rechtspersoon voor zover dit vermogen en deze vruchten daarop krachtens fusie of splitsing zijn overgegaan.

– 7. De rechtspersoon doet opgave van de omzetting ter inschrijving in de registers waarin hij moet zijn en moet worden ingeschreven dan wel als vereniging vrijwillig is ingeschreven.

– 8. Omzetting beëindigt het bestaan van de rechtspersoon niet. (BW 2: 14, 26, 27, 29, 53 v., 64, 71, 72, 175 v., 181, 183, 285 v., 294, 296, 309; 4: 880, 946; 5: 124)

Art. 19

– 1. Een rechtspersoon wordt ontbonden:

a. door een besluit van de algemene vergadering of, indien de rechtspersoon een stichting is, door een besluit van het bestuur tenzij in de statuten anders is voorzien; (BW 2: 14 v., 42, 43¹·², 107, 217)

b. bij het intreden van een gebeurtenis die volgens de statuten de ontbinding tot gevolg heeft, en die niet een besluit of een op ontbinding gerichte handeling is;

c. na faillietverklaring door hetzij opheffing van het faillissement wegens de toestand van de boedel, hetzij door insolventie; (Fw 16, 167, 170, 173)

d. door het geheel ontbreken van leden, indien de rechtspersoon een vereniging, een coöperatie of een onderlinge waarborgmaatschappij is; (BW 2: 4 lid 2)

e. door een beschikking van de Kamer van Koophandel en Fabrieken als bedoeld in artikel 19*a*;

f. door de rechter in de gevallen die de wet bepaalt. (BW 2: 17) (BW 2: 17, 20, 21, 356*f*)

– 2. De rechtbank verklaart op verzoek van het bestuur, een belanghebbende of het openbaar ministerie, of en op welk tijdstip de rechtspersoon is ontbonden in een geval als bedoeld in lid 1 onder *b* of *d*. De beschikking is voor een ieder bindend. Is de rechtspersoon in een register ingeschreven, dan wordt de in kracht van gewijsde gegane uitspraak, inhoudende de verklaring, door de zorg van de griffier aldaar ingeschreven.

– 3. Aan de registers waar de rechtspersoon is ingeschreven wordt van de ontbinding opgaaf gedaan: in de gevallen als bedoeld in lid 1, onder *a, b* en *d* door de vereffenaar, indien deze er is en anders door het bestuur, in het geval als bedoeld in lid 1, onder *c* door de faillissementscurator, in het geval als bedoeld in lid 1, onder *e* door de Kamer van Koophandel en Fabrieken en in het geval als bedoeld in lid 1 onder *f* door de griffier van het betrokken gerecht.

– 4. Indien de rechtspersoon op het tijdstip van zijn ontbinding geen baten meer heeft, houdt hij alsdan op te bestaan. In dat geval doet het bestuur of, bij toepassing van artikel 19*a*, de Kamer van Koophandel en Fabrieken, daarvan opgaaf aan de registers waar de rechtspersoon is ingeschreven.

– 5. De rechtspersoon blijft na ontbinding voortbestaan voor zover dit tot vereffening van zijn vermogen nodig is. In stukken en aankondigingen die van hem uitgaan, moet aan zijn naam worden toegevoegd: *in liquidatie*.

– 6. De rechtspersoon houdt in geval van vereffening op te bestaan op het tijdstip waarop de vereffening eindigt. De vereffenaar of de faillissementscurator doet aan de registers waar de rechtspersoon is ingeschreven, daarvan opgaaf.

– 7. De gegevens die omtrent de rechtspersoon in de registers zijn opgenomen op het tijdstip waarop hij ophoudt te bestaan, blijven daar gedurende tien jaren na dat tijdstip bewaard.

Art. 19a

Overige ontbin-dingsgronden

zie ook 74/185 en verder 20-21

– 1. Een in het handelsregister ingeschreven naamloze vennootschap, besloten vennootschap met beperkte aansprakelijkheid, coöperatie of onderlinge waarborgmaatschappij wordt door een beschikking van de Kamer van Koophandel en Fabrieken, waar die rechtspersoon is ingeschreven, ontbonden, indien de Kamer is gebleken dat ten minste twee van de hiernavolgende omstandigheden zich voordoen:

a. de rechtspersoon heeft het voor zijn inschrijving in het handelsregister of voor de inschrijving van een aan hem toebehorende onderneming verschuldigde bedrag niet voldaan gedurende ten minste een jaar na de datum waarvoor hij dat bedrag had moeten voldoen;

b. er staan gedurende ten minste een jaar geen bestuurders van de rechtspersoon in het register ingeschreven, terwijl ook geen opgaaf tot inschrijving is gedaan, dan wel er doet zich, indien er wel bestuurders staan ingeschreven, met betrekking tot alle ingeschreven bestuurders een van de navolgende omstandigheden voor:

1°. bestuurder is overleden,

2°. de bestuurder is ten minste een jaar niet bereikbaar gebleken op het in het register vermelde adres, en evenmin op het in de gemeentelijke basisadministratie persoonsgegevens ingeschreven adres, dan wel in die administratie staat ten minste een jaar geen adres van de bestuurder vermeld;

c. de rechtspersoon is ten minste een jaar in gebreke met de nakoming van de verplichting tot openbaarmaking van de jaarrekening of de balans en de toelichting overeenkomstig de artikelen 394, 396 of 397;

d. de rechtspersoon heeft ten minste een jaar geen gevolg gegeven aan een aanmaning als bedoeld in artikel 9, lid 3 van de Algemene wet inzake rijksbelastingen tot het doen van aangifte voor de vennootschapsbelasting. (Hrgw 4, 7)

– 2. Een in het handelsregister ingeschreven vereniging of stichting, die niet een onderneming drijft die in het handelsregister staat ingeschreven, wordt door een beschikking van de Kamer van Koophandel en Fabrieken, waar de rechtspersoon is ingeschreven, ontbonden, indien de Kamer is gebleken dat de omstandigheid, genoemd in het lid 1 onder *b*, zich voordoet en zij ten minste een jaar in gebreke is het voor inschrijving in het handelsregister verschuldigde bedrag te voldoen.

– 3. Indien de Kamer op grond van haar bekende gegevens gebleken is dat een rechtspersoon als bedoeld in de leden 1 en 2 voor ontbinding in aanmerking komt, deelt zij de rechtspersoon en de ingeschreven bestuurders bij aangetekende brief aan hun laatst bekende adres mee, dat zij voornemens is tot ontbinding van de rechtspersoon over te gaan, met vermelding van de omstandigheden waarop het voornemen is gegrond. De Kamer schrijft deze mededeling in het register. Als de omstandigheid, bedoeld in lid 1, onder *b* zich voordoet, doet de Kamer van het voornemen tot ontbinding tevens een mededeling opnemen in de *Nederlandse Staatscourant*. Voor zover de kosten van deze publikatie niet uit het vermogen van de rechtspersoon kunnen worden voldaan, komen deze ten laste van Onze Minister van Justitie.

– 4. Na verloop van acht weken na de dagtekening van de aangetekende brief ontbindt de Kamer de rechtspersoon bij beschikking, tenzij voordien is gebleken dat de omstandigheden die ingevolge het derde lid zijn vermeld, zich niet of niet meer voordoen.

– 5. De beschikking wordt bekend gemaakt aan de rechtspersoon en de ingeschreven bestuurders.

– 6. De Kamer doet van de ontbinding een mededeling opnemen in de *Nederlandse Staatscourant*. Lid 3, vierde zin, is van overeenkomstige toepassing.

5

– 7. Als op grond van artikel 23, lid 1 geen vereffenaars kunnen worden aangewezen, treedt de Kamer op als vereffenaar van het vermogen van de ontbonden rechtspersoon, behoudens het bepaalde in artikel 19, lid 4. Op verzoek van de Kamer benoemt de rechtbank in haar plaats een of meer andere vereffenaars.

– 8. Indien tegen een beschikking als bedoeld in lid 4, beroep wordt ingesteld bij het College van Beroep voor het bedrijfsleven schrijft de Kamer dat in het register in. De beslissing op het beroep wordt tevens ingeschreven. Indien de beslissing strekt tot vernietiging van de beschikking doet de Kamer een mededeling daarvan opnemen in de *Nederlandse Staatscourant*. Gedurende het tijdvak waarin de rechtspersoon na de beschikking had opgehouden te bestaan, is er een verlengingsgrond als bedoeld in artikel 320 van Boek 3 ten aanzien van de verjaring van rechtsvorderingen van of tegen de rechtspersoon. (BW 2: 6, 20, 21, 22, 23, 23*a*, 23*c*, 54, 301, 302; 3: 16 v.; 5: 124, 147; Rv 67, 429*a* v., 995 v.)

Art. 20

– 1. Een rechtspersoon waarvan de werkzaamheid in strijd is met de openbare orde, wordt door de rechtbank op verzoek van het openbaar ministerie verboden verklaard en ontbonden.

– 2. Een rechtspersoon waarvan het doel in strijd is met de openbare orde, wordt door de rechtbank op verzoek van het openbaar ministerie ontbonden. Alvorens de ontbinding uit te spreken kan de rechtbank de rechtspersoon in de gelegenheid stellen binnen een door haar te bepalen termijn zijn doel zodanig te wijzigen dat het niet meer in strijd is met de openbare orde. (BW 2: 2, 21, 23 v., 68², 125², 179², 235²; 3: 40; Rv 429*a*, v., 998; Sr 140)

Art. 21

– 1. De rechtbank ontbindt een rechtspersoon, indien:
a. aan zijn totstandkoming gebreken kleven;
b. zijn statuten niet aan de eisen der wet voldoen;
c. hij niet onder de wettelijke omschrijving van zijn rechtsvorm valt.

– 2. De rechtbank ontbindt de rechtspersoon niet, indien zij hem een termijn vergund heeft en hij na afloop daarvan een rechtspersoon is die aan de eisen van de wet voldoet. (BW 3: 58)

– 3. De rechtbank kan een rechtspersoon ontbinden, indien deze de in dit boek voor zijn rechtsvorm gestelde verboden overtreedt of in ernstige mate in strijd met zijn statuten handelt. (BW 2: 26³, 53⁴, 285; BW 3: 40 v.)

– 4. De ontbinding wordt uitgesproken op verzoek van een belanghebbende of het openbaar ministerie. (BW 2: 4, 18, 19, 22, 26, 285, 286; 5: 124; 6: 269; Rv 429*a*, 995 v.)

Art. 22

– 1. De rechter voor wie een verzoek tot ontbinding van de rechtspersoon aanhangig is, kan de goederen van die rechtspersoon desverlangd onder bewind stellen; de beschikking vermeldt het tijdstip waarop zij in werking treedt.

– 2. De rechter benoemt bij zijn beschikking een of meer bewindvoerders, en regelt hun bevoegdheden en hun beloning.

– 3. Voor zover de rechter niet anders bepaalt, kunnen de organen van de rechtspersoon zonder voorafgaande goedkeuring van de bewindvoerder geen besluiten nemen en kunnen vertegenwoordigers van de rechtspersoon zonder diens medewerking geen rechtshandelingen verrichten.

– 4. De beschikking kan te allen tijde door de rechter worden gewijzigd of ingetrokken; het bewind eindigt in ieder geval, zodra de uitspraak op het verzoek tot ontbinding in kracht van gewijsde gaat.

– 5. De bewindvoerder doet aan de registers waar de rechtspersoon is ingeschreven, opgaf van de beschikking en van de gegevens over zichzelf die omtrent een bestuurder worden verlangd.

– 6. Een rechtshandeling die de rechtspersoon ondanks zijn uit het bewind voortvloeiende onbevoegdheid vóór de inschrijving heeft verricht, is niettemin geldig, indien de wederpartij het bewind kende noch behoorde te kennen. (BW 1: 380; 2: 4, 6, 19, 20, 21, 23², 74, 185, 298, 299; 5: 124; Fw 228; Rv 429*a*, v.)

Art. 22a

– 1. Voor of bij het doen van een verzoek door het openbaar ministerie tot ontbinding van een naamloze vennootschap of een besloten vennootschap met beperkte aansprakelijkheid, kan het openbaar ministerie de rechter bij verzoekschrift vragen te bevelen dat, tot de uitspraak op genoemd verzoek in kracht van gewijsde gaat, aan de aandeelhouders de bevoegdheid tot het vervreemden, verpanden of met vruchtgebruik belasten van aandelen wordt ontzegd.

– 2. De rechter beslist na summier onderzoek. Het bevel wordt gegeven onder voorwaarde dat het instellen van het verzoek tot ontbinding geschiedt binnen een door de rechter daartoe te bepalen termijn. Tegen deze beschikking is geen hogere voorziening toegelaten.

– 3. De beschikking wordt onverwijld, zo mogelijk op dezelfde dag, betekend aan de aandeelhouders en de vennootschap. De griffier draagt zorg voor de inschrijving van de beschikking in het register waarin de rechtspersoon is ingeschreven.

– 4. Binnen acht dagen na de betekening in het vorige lid vermeld kunnen de aandeelhouders tegen de beschikking in verzet komen. Het verzet schorst het bevel niet, behoudens de bevoegdheid van de aandeelhouders om daarop in kort geding door de president van de rechtbank te doen beslissen. Verzet tegen de beschikking kan niet gegrond zijn op de bewering dat de aandeelhouder zijn aandelen wil overdragen.

– 5. Het verzoek tot ontbinding moet binnen acht dagen nadat deze is ingesteld aan de aandeelhouder worden betekend. (BW 2: 20, 21, 74, 185; Rv 995)

Art. 23

Vereffenaars

– 1. Voor zover de rechter geen andere vereffenaars heeft benoemd en de statuten geen andere vereffenaars aanwijzen, worden de bestuurders vereffenaars van het vermogen van een ontbonden rechtspersoon. Op vereffenaars die niet door de rechter worden benoemd, zijn de bepalingen omtrent de benoeming, de schorsing, het ontslag en het toezicht op bestuurders van toepassing, voor zover de statuten niet anders bepalen. Het vermogen van een door de rechter ontbonden rechtspersoon wordt vereffend door een of meer door hem te benoemen vereffenaars. (BW 2: 9, 37, 44 v., 129, 162, 264, 239 v., 272, 274, 291, 298; 5: 135)

– 2. Ontslaat de rechter een vereffenaar, dan kan hij een of meer andere benoemen. Ontbreken vereffenaars, dan benoemt de rechtbank een of meer vereffenaars op verzoek van een belanghebbende of het openbaar ministerie. De vereffenaar die door de rechter is benoemd, heeft recht op de beloning welke deze hem toekent.

– 3. Een benoeming tot vereffenaar door de rechter gaat in daags nadat de griffier de benoeming aan de vereffenaar heeft meegedeeld; de griffier doet de mededeling terstond, indien de beslissing die de benoeming inhoudt, bij voorraad uitvoerbaar is en anders, zodra zij in kracht van gewijsde is gegaan. (BW 2: 22)

– 4. Iedere vereffenaar doet aan de registers waar de rechtspersoon is ingeschreven, opgaaf van zijn optreden als zodanig en van de gegevens over zichzelf die van een bestuurder worden verlangd.

– 5. De rechtbank kan een vereffenaar met ingang van een door haar bepaalde dag ontslaan, het zij op diens verzoek, hetzij wegens gewichtige redenen op verzoek van een medevereffenaar, het openbaar ministerie of ambtshalve.

– 6. De ontslagen vereffenaar legt rekening en verantwoording af aan degenen die de vereffening voortzetten. Is de opvolger door de rechter benoemd, dan geschiedt de rekening en verantwoording ten overstaan van de rechter. (BW 1: 337 v., 372 v., 375 v., 448; 2: 19, 20, 21, 22; 3: 73; 5: 147; 8: 185; Overgw. 101)

Art. 23a

Bevoegdheid, plichten en aansprakelijkheid vereffenaar

– 1. Een vereffenaar heeft, tenzij de statuten anders bepalen, dezelfde bevoegdheden, plichten en aansprakelijkheid als een bestuurder, voor zover deze verenigbaar zijn met zijn taak als vereffenaar.

– 2. Zijn er twee of meer vereffenaars, dan kan ieder van hen alle werkzaamheden verrichten, tenzij anders is bepaald. Bij verschil van mening tussen de vereffenaars beslist op verzoek van een hunner de rechter die bij de vereffening is betrokken, en anders de kantonrechter. De rechter bedoeld in de vorige zin, kan ook een verdeling van het loon vaststellen.

– 3. Zowel de rechtbank als een door haar in de vereffening benoemde rechter-commissaris kan voor de vereffening nodige bevelen geven, al dan niet in de vorm van een bevelschrift in executoriale vorm. De vereffenaar is verplicht hun aanwijzingen op te volgen. Tegen de bevelen en aanwijzingen staan geen rechtsmiddelen open.

– 4. Blijkt de vereffenaar dat de schulden de baten vermoedelijk zullen overtreffen, dan doet hij aangifte tot faillietverklaring, tenzij alle bekende schuldeisers desgevraagd instemmen met voortzetting van de vereffening buiten faillissement.

– 5. De voorgaande bepalingen en dit artikel en de artikelen 23b-23c zijn niet van toepassing op vereffening in faillissement. (BW 2: 23; Fw 65^2, 85, 173 v.)

Art. 23b

Vereffenaars

– 1. De vereffenaar draagt hetgeen na de voldoening der schuldeisers van het vermogen van de ontbonden rechtspersoon is overgebleven, in verhouding tot ieders recht over aan hen die krachtens de statuten daartoe zijn gerechtigd, of anders aan de leden of aandeelhouders. Heeft geen ander recht op het overschot, dan keert hij het uit aan de Staat, die het zoveel mogelijk overeenkomstig het doel van de rechtspersoon besteedt. (BW 2: 27$^{4 f}$, 35$^{1 \text{ sub } a}$, 79 v., 92^1, 190 v., 310; Fw 179)

– 2. De vereffenaar stelt een rekening en verantwoording op van de vereffening, waaruit de omvang en samenstelling van het overschot blijken. Zijn er twee of meer gerechtigden tot het overschot, dan stelt de vereffenaar een plan van verdeling op dat de grondslagen der verdeling bevat.

– 3. Voor zover tot het overschot iets anders dan geld behoort en de statuten of een rechterlijke beschikking geen nadere aanwijzing behelzen, komen als wijzen van verdeling in aanmerking:

a. toedeling van een gedeelte van het overschot aan ieder der gerechtigden;

b. overbedeling aan een of meer gerechtigden tegen vergoeding van de overwaarde;

c. verdeling van de netto-opbrengst na verkoop. (BW 3: 185 2 sub c)

– 4. De vereffenaar legt de rekening en verantwoording en het plan van verdeling neer ten kantore van de registers waarin de rechtspersoon is ingeschreven, en in elk geval ten kantore van de rechtspersoon, als dat er is, of op een andere plaats in het arrondissement waar de rechtspersoon woonplaats heeft. De stukken liggen daar twee maanden voor ieder ter inzage. De vereffenaar maakt in een nieuwsblad bekend waar en tot wanneer zij ter inzage liggen. De rechter kan aankondiging in de *Staatscourant* bevelen. (BW 2: 77, 100, 114, 188; 5: 147⁴; Fw 183, 193²; WED 1, 4°)

– 5. Binnen twee maanden nadat de rekening en verantwoording en het plan zijn neergelegd en de nederlegging overeenkomstig lid 4 is bekendgemaakt en aangekondigd, kan iedere schuldeiser of gerechtigde daartegen door een verzoekschrift aan de rechtbank in verzet komen. De vereffenaar doet van gedaan verzet mededeling op de zelfde wijze als waarop de nederlegging van de rekening en verantwoording en het plan van verdeling zijn medegedeeld. (BW 1: 10²; 2: 100; Fw 184)

– 6. Telkens wanneer de stand van het vermogen daartoe aanleiding geeft, kan de vereffenaar een uitkering bij voorbaat aan de gerechtigden doen. Na de aanvang van de verzettermijn doet hij dit niet zonder machtiging van de rechter.

– 7. Zodra de intrekking van of beslissing op elk verzet onherroepelijk is, deelt de vereffenaar dit mede op de wijze waarop het verzet is medegedeeld. Brengt de beslissing wijziging in het plan van verdeling, dan wordt ook het gewijzigde plan van verdeling op deze wijze meegedeeld.

– 8. De vereffenaar consigneert geldbedragen waarover niet binnen zes maanden na de laatste betaalbaarstelling is beschikt.

– 9. De vereffening eindigt op het tijdstip waarop geen aan de vereffenaar bekende baten meer aanwezig zijn.

– 10. Na verloop van een maand nadat de vereffening is geëindigd, doet de vereffenaar rekening en verantwoording van zijn beheer aan de rechter, indien deze bij de vereffening is betrokken. (BW 3: 80, 83 v., 166 v., 185², 276; Rv 429a, v., 995)

Art. 23c

Heropening vereffening

– 1. Indien na het tijdstip waarop de rechtspersoon is opgehouden te bestaan nog een schuldeiser of gerechtigde tot het saldo opkomt of van het bestaan van een bate blijkt, kan de rechtbank op verzoek van een belanghebbende de vereffening heropenen en zo nodig een vereffenaar benoemen. In dat geval herleeft de rechtspersoon, doch uitsluitend ter afwikkeling van de heropende vereffening. De vereffenaar is bevoegd van elk der gerechtigden terug te vorderen hetgeen deze te veel uit het overschot heeft ontvangen.

– 2. Gedurende het tijdvak waarin de rechtspersoon had opgehouden te bestaan, is er een verlengingsgrond als bedoeld in artikel 320 van Boek 3 ten aanzien van de verjaring van rechtsvorderingen van of tegen de rechtspersoon. (BW 2: 19⁴, ⁵; 3: 274; 6: 203 v.; Fw 194)

Art. 24

Bewaring boeken, bescheiden en gegevensdragers

– 1. De boeken, bescheiden en andere gegevensdragers van een ontbonden rechtspersoon moeten worden bewaard gedurende zeven jaren nadat de rechtspersoon heeft opgehouden te bestaan. Bewaarder is degene die bij of krachtens de statuten, dan wel door de algemene vergadering of, als de rechtspersoon een stichting was, door het bestuur als zodanig is aangewezen.

– 2. Ontbreekt een bewaarder en is de laatste vereffenaar niet bereid te bewaren, dan wordt een bewaarder, zo mogelijk uit de kring dergenen die bij de rechtspersoon waren betrokken, op verzoek van een belanghebbende benoemd door de kantonrechter binnen wiens rechtsgebied de rechtspersoon woonplaats had. Rechtsmiddelen staan niet open.

– 3. Binnen acht dagen na het ingaan van zijn bewaarplicht moet de bewaarder zijn naam en adres opgeven aan de registers waarin de ontbonden rechtspersoon was ingeschreven.

– 4. De in lid 2 genoemde kantonrechter kan desverzocht machtiging tot raadpleging van de boeken, bescheiden en andere gegevensdragers geven aan iedere belanghebbende, indien de rechtspersoon een stichting was, en overigens aan ieder die aantoont bij inzage een redelijk belang te hebben in zijn hoedanigheid van voormalig lid of aandeelhouder van de rechtspersoon of houder van certificaten van diens aandelen, dan wel als rechtverkrijgende van een zodanige persoon. (BW 1: 12, 2: 10; Overg.w. 73; K 8; Rv 429a, v., 995 v.)

Art. 24a

Dochtermaatschappij

– 1. Dochtermaatschappij van een rechtspersoon is:

a. een rechtspersoon waarin de rechtspersoon of een of meer van zijn dochtermaatschappijen,

1 BW Boek 2

al dan niet krachtens overeenkomst met andere stemgerechtigden, alleen of samen meer dan de helft van de stemrechten in de algemene vergadering kunnen uitoefenen;

b. een rechtspersoon waarvan de rechtspersoon of een of meer van zijn dochtermaatschappijen lid of aandeelhouder zijn en, al dan niet krachtens overeenkomst met andere stemgerechtigden, alleen of samen meer dan de helft van de bestuurders of van de commissarissen kunnen benoemen of ontslaan, ook indien alle stemgerechtigden stemmen. (BW 2: 118, 228)

– 2. Met een dochtermaatschappij wordt gelijk gesteld een onder eigen naam optredende vennootschap waarin de rechtspersoon of een of meer dochtermaatschappijen als vennoot volledig jegens schuldeisers aansprakelijk is voor de schulden.

– 3. Voor de toepassing van lid 1 worden aan aandelen verbonden rechten niet toegerekend aan degene die de aandelen voor rekening van anderen houdt. Aan aandelen verbonden rechten worden toegerekend aan degene voor wiens rekening de aandelen worden gehouden, indien deze bevoegd is te bepalen hoe de rechten worden uitgeoefend dan wel zich de aandelen te verschaffen.

– 4. Voor de toepassing van lid 1 worden stemrechten, verbonden aan verpande aandelen, toegerekend aan de pandhouder, indien hij mag bepalen hoe de rechten worden uitgeoefend. Zijn de aandelen evenwel verpand voor een lening die de pandhouder heeft verstrekt in de gewone uitoefening van zijn bedrijf, dan worden de stemrechten hem slechts toegerekend, indien hij deze in eigen belang heeft uitgeoefend. (BW 2: 24d, 63a, 89, 152, 198, 262, 361[4], 367, 379, 389, 409, 414)

Art. 24b

Een groep is een economische eenheid waarin rechtspersonen en vennootschappen organisatorisch zijn verbonden. Groepsmaatschappijen zijn rechtspersonen en vennootschappen die met elkaar in een groep zijn verbonden. (BW 2: 361[4], 379[3], 405 v.; 3: 46[1])

Groep

Art. 24c

– 1. Een rechtspersoon of vennootschap heeft een deelneming in een rechtspersoon, indien hij of een of meer van zijn dochtermaatschappijen alleen of samen voor eigen rekening aan die rechtspersoon kapitaal verschaffen of doen verschaffen teneinde met die rechtspersoon duurzaam verbonden te zijn ten dienste van de eigen werkzaamheid. Indien een vijfde of meer van het geplaatste kapitaal wordt verschaft, wordt het bestaan van een deelneming vermoed.

– 2. Een rechtspersoon heeft een deelneming in een vennootschap, indien hij of een dochtermaatschappij:

a. daarin als vennoot jegens schuldeisers volledig aansprakelijk is voor de schulden; of

b. daarin anderszins vennoot is teneinde met die vennootschap duurzaam verbonden te zijn ten dienste van de eigen werkzaamheid. (BW 2: 24a, 367, 414[1 c])

Deelneming

Art. 24d

Bij de vaststelling in hoeverre de leden of aandeelhouders stemmen, aanwezig of vertegenwoordigd zijn, of in hoeverre het aandelenkapitaal verschaft wordt of vertegenwoordigd is, wordt geen rekening gehouden met lidmaatschappen of aandelen waarvan de wet bepaalt dat daarvoor geen stem kan worden uitgebracht. (BW 2: 37, 43, 92a, 110, 116, 118, 201a, 220, 226, 228)

Art. 25

Van de bepalingen van dit boek kan slechts worden afgeweken, voor zover dat uit de wet blijkt. (BW 2: 52)

Dwingend recht

TITEL 2

Verenigingen

Art. 26

– 1. De vereniging is een rechtspersoon met leden die is gericht op een bepaald doel, anders dan een dat is omschreven in artikel 53 lid 1 of lid 2.

– 2. Een vereniging wordt bij meerzijdige rechtshandeling opgericht.

– 3. Een vereniging mag geen winst onder haar leden verdelen. (BW 2: 3, 4, 18, 19, 21, 41a; 5: 112[1 sub e], 124[2]; 6: 196[2])

Doel; oprichting; geen winstoogmerk

Art. 27

– 1. Wordt een vereniging opgericht bij een notariële akte, dan moeten de volgende bepalingen in acht worden genomen. (BW 2: 43[5], 54[1])

– 2. De akte wordt verleden in de Nederlandse taal. Indien de vereniging haar zetel heeft in de provincie Fryslân kan de akte in de Friese taal worden verleden. Een volmacht tot medewerking aan de akte moet schriftelijk zijn verleend. (BW 2: 65, 176, 286; 3: 60 v.)

– 3. De akte bevat de statuten van de vereniging. (BW 2: 66, 177, 286)

– 4. De statuten houden in:

Eisen aan akte

a. de naam van de vereniging en de gemeente in Nederland waar zij haar zetel heeft; (BW 1: 10[2])

b. het doel van de vereniging; (BW 2: 7, 20, 26[3])

c. de verplichtingen die de leden tegenover de vereniging hebben, of de wijze waarop zodanige verplichtingen kunnen worden opgelegd; (BW 2: 36[3], 55, 56, 59)

d. de wijze van bijeenroeping van de algemene vergadering; (BW 2: 41)

e. de wijze van benoeming en ontslag van de bestuurders; (BW 2: 37)

f. de bestemming van het batig saldo van de vereniging in geval van ontbinding, of de wijze waarop de bestemming zal worden vastgesteld. (BW 2: 23b[1])

– 5. De notaris, ten overstaan van wie de akte wordt verleden, draagt zorg dat de akte voldoet aan het in de leden 2-4 bepaalde. Bij verzuim is hij persoonlijk jegens hen die daardoor schade hebben geleden, aansprakelijk. (BW 2: 4, 18, 19, 21, 22, 23 v., 30, 54 lid 3, 65, 66, 176, 177, 286; Overg.w. 38 v.; Rv 429a, v., 995 v.)

Art. 28

– 1. Is een vereniging niet overeenkomstig het eerste lid van het vorige artikel opgericht, dan kan de algemene vergadering besluiten de statuten te doen opnemen in een notariële akte.

– 2. De leden 2-5 van het vorige artikel zijn van overeenkomstige toepassing. (BW 2: 4, 21, 30, 40; Overg.w. 39[2])

Art. 29

– 1. De bestuurders van een vereniging waarvan de statuten zijn opgenomen in een notariële akte, zijn verplicht haar te doen inschrijven in het handelsregister en een authentiek afschrift van de akte, dan wel een authentiek uittreksel van de akte bevattende de statuten, ten kantore van dat register neer te leggen.

– 2. Zolang de opgave ter eerste inschrijving en nederlegging niet zijn geschied, is iedere bestuurder voor een rechtshandeling waardoor hij de vereniging verbindt, naast de vereniging hoofdelijk aansprakelijk. (BW 2: 6, 69[2], 180[2], 289; 6: 6, 7)

Art. 30

– 1. Een vereniging waarvan de statuten niet zijn opgenomen in een notariële akte, kan geen registergoederen verkrijgen en kan geen erfgenaam zijn. (BW 1: 92, 435[5]; 3: 10, 80, 84, 89; 4: 946; 6: 196[2])

– 2. De bestuurders zijn hoofdelijk naast de vereniging verbonden voor schulden uit een rechtshandeling die tijdens hun bestuur opeisbaar worden. Na hun aftreden zijn zij voorts hoofdelijk verbonden voor schulden, voortspruitend uit een tijdens hun bestuur verrichte rechtshandeling, voor zover daarvoor niemand ingevolge de vorige zin naast de vereniging is verbonden. Aansprakelijkheid ingevolge een der voorgaande zinnen rust niet op degene die niet tevoren over de rechtshandeling is geraadpleegd en die heeft geweigerd haar, toen zij hem bekend werd, als bestuurder voor zijn verantwoording te nemen. Ontbreken personen die ingevolge de eerste of tweede zin naast de vereniging zijn verbonden, dan zijn degenen die handelden, hoofdelijk verbonden. (BW 2: 4, 9, 11; 6: 6, 7)

– 3. De bestuurders van een zodanige vereniging kunnen haar doen inschrijven in het handelsregister. Indien de statuten op schrift zijn gesteld, leggen zij alsdan een afschrift daarvan ten kantore van dat register neer. (BW 2: 43[6], 52; 3: 61, 79)

– 4. Heeft de inschrijving, bedoeld in het vorige lid, plaatsgevonden, dan is degene die uit hoofde van lid 2 wordt verbonden slechts aansprakelijk, voor zover de wederpartij aannemelijk maakt dat de vereniging niet aan de verbintenis zal voldoen. (BW 2: 6; Overg.w. 39; WAM 26[5])

Art. 31-32

Vervallen.

Art. 33

Tenzij de statuten anders bepalen, beslist het bestuur over de toelating van een lid en kan bij niet-toelating de algemene vergadering alsnog tot toelating besluiten. (BW 2: 40, 52, 61 sub a; Overg.w. 45)

Art. 34

– 1. Het lidmaatschap van de vereniging is persoonlijk, tenzij de statuten anders bepalen.

– 2. Tenzij de statuten van de vereniging anders bepalen, gaat het lidmaatschap van een rechtspersoon die door fusie of splitsing ophoudt te bestaan, over op de verkrijgende rechtspersoon onderscheidenlijk overeenkomstig de aan de akte van splitsing gehechte beschrijving op een van de verkrijgende rechtspersonen. (BW 2: 35, 52, 62; 5: 125[2]; Overg.w. 45; Rv 474aa[2], 717[2])

Art. 34a

Verbintenissen kunnen slechts bij of krachtens de statuten aan het lidmaatschap worden verbonden. (BW 6: 1 v.)

Art. 35

– 1. Het lidmaatschap eindigt:
a. door de dood van het lid, tenzij de statuten overgang krachtens erfrecht toelaten; (BW 2: 34)
b. door opzegging door het lid; (BW 2: 36, 60)
c. door opzegging door de vereniging; (BW 2: 36)
d. door ontzetting.
– 2. De vereniging kan het lidmaatschap opzeggen in de gevallen in de statuten genoemd, voorts wanneer een lid heeft opgehouden aan de vereisten door de statuten voor het lidmaatschap gesteld, te voldoen, alsook wanneer redelijkerwijs van de vereniging niet gevergd kan worden het lidmaatschap te laten voortduren. Tenzij de statuten dit aan een ander orgaan opdragen, geschiedt de opzegging door het bestuur. (BW 2: 36)
– 3. Ontzetting kan alleen worden uitgesproken wanneer een lid in strijd met de statuten, reglementen of besluiten der vereniging handelt, of de vereniging op onredelijke wijze benadeelt.
– 4. Tenzij de statuten dit aan een ander orgaan opdragen, geschiedt de ontzetting door het bestuur. Het lid wordt ten spoedigste schriftelijk van het besluit, met opgave van redenen, in kennis gesteld. Hem staat, behalve wanneer krachtens de statuten het besluit door de algemene vergadering is genomen, binnen één maand na ontvangst van de kennisgeving van het besluit, beroep op de algemene vergadering of een daartoe bij de statuten aangewezen orgaan of derde open. De statuten kunnen een andere regeling van het beroep bevatten, doch de termijn kan niet korter dan op één maand worden gesteld. Gedurende de beroepstermijn en hangende het beroep is het lid geschorst. (BW 2: 38¹)
– 5. Wanneer het lidmaatschap in de loop van een boekjaar eindigt, blijft, tenzij de statuten anders bepalen, desniettemin de jaarlijkse bijdrage voor het geheel verschuldigd. (BW 2: 40, 52, 55, 56, 62, sub b; Overg.w. 45)

Art. 36

– 1. Tenzij de statuten anders bepalen, kan opzegging van het lidmaatschap slechts geschieden tegen het einde van een boekjaar en met inachtneming van een opzeggingstermijn van vier weken; op deze termijn is de Algemene termijnenwet niet van toepassing. In ieder geval kan het lidmaatschap worden beëindigd door opzegging tegen het eind van het boekjaar, volgend op dat waarin wordt opgezegd, of onmiddellijk, indien redelijkerwijs niet gevergd kan worden het lidmaatschap te laten voortduren.
– 2. Een opzegging in strijd met het in het vorige lid bepaalde, doet het lidmaatschap eindigen op het vroegst toegelaten tijdstip volgende op de datum waartegen was opgezegd.
– 3. Een lid kan voorts zijn lidmaatschap met onmiddellijke ingang opzeggen binnen een maand nadat een besluit waarbij zijn rechten zijn beperkt of zijn verplichtingen zijn verzwaard, hem is bekend geworden of medegedeeld; het besluit is alsdan niet op hem van toepassing. Deze bevoegdheid tot opzegging kan de leden bij de statuten worden ontzegd voor het geval van wijziging van de daar nauwkeurig omschreven rechten en verplichtingen en voorts in het algemeen voor het geval van wijziging van geldelijke rechten en verplichtingen.
– 4. Een lid kan zijn lidmaatschap ook met onmiddellijke ingang opzeggen binnen een maand nadat hem een besluit is meegedeeld tot omzetting van de vereniging is een andere rechtsvorm, tot fusie of tot splitsing. (BW 2: 18, 27⁴, sub c, 46, 52, 55, 56, 59, 60, 61 sub c; Overg.w. 45)

Art. 37

– 1. Het bestuur wordt uit de leden benoemd.
De statuten kunnen echter bepalen dat bestuurders ook buiten de leden kunnen worden benoemd. (BW 5: 127²)
– 2. De benoeming geschiedt door de algemene vergadering. De statuten kunnen de wijze van benoeming echter ook anders regelen, mits elk lid middellijk of onmiddellijk aan de stemming over de benoeming der bestuurders kan deelnemen.
– 3. De statuten kunnen bepalen, dat een of meer der bestuursleden, mits minder dan de helft, door andere personen dan de leden worden benoemd.
– 4. Is in de statuten bepaald dat een bestuurder in een vergadering uit een bindende voordracht moet worden benoemd, dan kan aan die voordracht het bindend karakter worden ontnomen door een met ten minste twee derden van de uitgebrachte stemmen genomen besluit van die vergadering. In de statuten kan worden bepaald dat op deze vergadering ten minste een bepaald aantal stemmen moet kunnen worden uitgebracht; dit aantal mag niet hoger worden gesteld dan twee derden van het aantal stemmen dat door de stemgerechtigden gezamenlijk kan worden uitgebracht.
– 5. Indien ingevolge de statuten een bestuurslid door leden of afdelingen buiten een vergadering wordt benoemd, dan moet aan de leden gelegenheid worden geboden kandidaten te stellen. De statuten kunnen bepalen dat dit recht slechts aan een aantal leden gezamenlijk toekomt, mits hun aantal niet hoger wordt gesteld dan een vijfde van het aantal leden dat aan de

11

verkiezing kan deelnemen. De statuten kunnen voorts bepalen dat aldus gestelde kandidaten slechts zijn benoemd, indien zij ten minste een bepaald aantal stemmen op zich hebben verenigd, mits dit aantal niet groter is dan twee derden van het aantal der uitgebrachte stemmen. – 6. Een bestuurslid kan, ook al is hij voor een bepaalde tijd benoemd, te allen tijde door het orgaan dat hem heeft benoemd, worden ontslagen of geschorst. Een veroordeling tot herstel van de arbeidsovereenkomst tussen de vereniging en bestuurder kan door de rechter niet worden uitgesproken.
– 7. Tenzij de statuten anders bepalen, wijst het bestuur uit zijn midden een voorzitter, een secretaris en een penningmeester aan. (BW 2: 14, 15, 16, 27[4] sub e, 38[1], 39, 41a, 44, 45, 47[2, 5], 52, 132 v., 158[12], 242 v., 268[12], 356 sub b, c; 5: 131[2]; Overg.w. 45)

Art. 38

Stemrecht
– 1. Behoudens het in het volgende artikel bepaalde, hebben alle leden die niet geschorst zijn, toegang tot de algemene vergadering en hebben daar ieder één stem; een geschorst lid heeft toegang tot de vergadering waarin het besluit tot schorsing wordt behandeld, en is bevoegd daarover het woord te voeren. De statuten kunnen aan bepaalde leden meer dan één stem toekennen.
– 2. Tenzij de statuten anders bepalen, treden de voorzitter en de secretaris van het bestuur of hun vervangers, als zodanig ook op bij de algemene vergadering.
– 3. De statuten kunnen bepalen dat personen die deel uitmaken van andere organen der vereniging en die geen lid zijn, in de algemene vergadering stemrecht kunnen uitoefenen. Het aantal der door hen gezamenlijk uitgebrachte stemmen zal echter niet meer mogen zijn dan de helft van het aantal der door de leden uitgebrachte stemmen.
– 4. Tenzij de statuten anders bepalen, kan iemand die krachtens lid 1 of lid 3 stemgerechtigd is, aan een andere stemgerechtigde schriftelijk volmacht verlenen tot het uitbrengen van zijn stem. (BW 2: 12, 13, 14, 15, 39, 41a, 52, 117, 118, 227, 228; 3: 60 v., 79; Overg.w. 45)

Art. 39

Afgevaardigden; referendum
– 1. De statuten kunnen bepalen dat de algemene vergadering zal bestaan uit afgevaardigden die door en uit de leden worden gekozen. De wijze van verkiezing en het aantal van de afgevaardigden worden door de statuten geregeld; elk lid moet middellijk of onmiddellijk aan de verkiezing kunnen deelnemen. De leden 4 en 5 van artikel 37 zijn bij de verkiezing van overeenkomstige toepassing. Artikel 38 lid 3 is van overeenkomstige toepassing op personen die deel uitmaken van andere organen der vereniging en die geen afgevaardigde zijn.
– 2. De statuten kunnen bepalen dat bepaalde besluiten van de algemene vergadering aan een referendum zullen worden onderworpen. De statuten regelen de gevallen waarin, de tijd waarbinnen, en de wijze waarop het referendum zal worden gehouden. Hangende de uitslag van het referendum wordt de uitvoering van het besluit geschorst. (BW 2: 14, 15, 41a, 52; Overg.w. 45)

Art. 40

Bevoegdheden algemene vergadering; besluitvorming buiten vergadering
– 1. Aan de algemene vergadering komen in de vereniging alle bevoegdheden toe, die niet door de wet of de statuten aan andere organen zijn opgedragen.
– 2. Een eenstemmig besluit van alle leden of afgevaardigden, ook al zijn deze niet in een vergadering bijeen, heeft, mits met voorkennis van het bestuur genomen, dezelfde kracht als een besluit van de algemene vergadering. (BW 2: 14, 15, 33, 35, 41, 41a, 44 v., 47, 48, 52, 107, 128, 218, 238; 5: 125)

Art. 41

Bijeenroeping algemene vergadering
– 1. Het bestuur roept de algemene vergadering bijeen, zo dikwijls het dit wenselijk oordeelt, of wanneer het daartoe volgens de wet of de statuten verplicht is. De statuten kunnen deze bevoegdheid ook aan anderen dan het bestuur verlenen.
– 2. Op schriftelijk verzoek van ten minste een zodanig aantal leden of afgevaardigden als bevoegd is tot het uitbrengen van een tiende gedeelte der stemmen in de algemene vergadering of van een zoveel geringer aantal als bij de statuten is bepaald, is het bestuur verplicht tot het bijeenroepen van een algemene vergadering op een termijn van niet langer dan vier weken na indiening van het verzoek.
– 3. Indien aan het verzoek binnen veertien dagen geen gevolg wordt gegeven, kunnen, tenzij in de statuten de wijze van bijeenroeping der algemene vergadering voor dit geval anders is geregeld, de verzoekers zelf tot die bijeenroeping overgaan op de wijze waarop het bestuur de algemene vergadering bijeenroept of bij advertentie in ten minste één ter plaatse waar de vereniging gevestigd is, veelgelezen dagblad. De verzoekers kunnen alsdan anderen dan bestuursleden belasten met de leiding der vergadering en het opstellen der notulen. (BW 2: 27[4], 37[2], 38[1], 39[1], 41a, 52, 109 v., 219 v.; 5: 127[2])

Art. 41a

Afdelingen van een vereniging
De artikelen 37-41 zijn van overeenkomstige toepassing op de afdelingen van een vereniging die geen rechtspersonen zijn en die een algemene vergadering en een bestuur hebben; hetgeen

in die artikelen omtrent de statuten is bepaald, kan in een afdelingsreglement worden neergelegd.

Art. 42

– 1. In de statuten van de vereniging kan geen verandering worden gebracht dan door een besluit van een algemene vergadering, waartoe is opgeroepen met de mededeling dat aldaar wijziging van de statuten zal worden voorgesteld. De termijn voor oproeping tot een zodanige vergadering bedraagt ten minste zeven dagen.

– 2. Zij die de oproeping tot de algemene vergadering ter behandeling van een voorstel tot statutenwijziging hebben gedaan, moeten ten minste vijf dagen vóór de vergadering een afschrift van dat voorstel, waarin de voorgedragen wijziging woordelijk is opgenomen, op een daartoe geschikte plaats voor de leden ter inzage leggen tot na afloop van de dag waarop de vergadering wordt gehouden. Aan de afdelingen waaruit de vereniging bestaat en aan afgevaardigden moet het voorstel ten minste veertien dagen vóór de vergadering ter kennis zijn gebracht; de vorige zin is alsdan niet van toepassing.

– 3. Het bepaalde in de eerste twee leden is niet van toepassing, indien in de algemene vergadering alle leden of afgevaardigden aanwezig of vertegenwoordigd zijn en het besluit tot statutenwijziging met algemene stemmen wordt genomen.

– 4. Het in dit artikel en de eerste twee leden van het volgende artikel bepaalde is van overeenkomstige toepassing op een besluit tot ontbinding. (BW 2: 14, 15, 17, 38, 39[1], 123, 233, 293)

Art. 43

– 1. Tenzij de statuten anders bepalen, behoeft een besluit tot statutenwijziging ten minste twee derden van de uitgebrachte stemmen.

– 2. Voor zover de bevoegdheid tot wijziging bij de statuten mocht zijn uitgesloten, is wijziging niettemin mogelijk met algemene stemmen in een vergadering, waarin alle leden of afgevaardigden aanwezig of vertegenwoordigd zijn.

– 3. Een bepaling in de statuten, welke de bevoegdheid tot wijziging van een of meer andere bepalingen beperkt, kan slechts worden gewijzigd met inachtneming van gelijke beperking.

– 4. Een bepaling in de statuten, welke de bevoegdheid tot wijziging van een of meer andere bepalingen uitsluit, kan slechts worden gewijzigd met algemene stemmen in een vergadering, waarin alle leden of afgevaardigden aanwezig of vertegenwoordigd zijn.

– 5. Heeft de vereniging volledige rechtsbevoegdheid, dan treedt de wijziging niet in werking dan nadat hiervan een notariële akte is opgemaakt. De bestuurders zijn verplicht een authentiek afschrift van de wijziging en de gewijzigde statuten neder te leggen ten kantore van het handelsregister.

– 6. De bestuurders van een vereniging met beperkte rechtsbevoegdheid, waarvan de statuten overeenkomstig artikel 30 lid 3 van dit Boek in afschrift ten kantore van het handelsregister zijn nedergelegd, zijn verplicht aldaar tevens een afschrift van de wijziging en van de gewijzigde statuten neder te leggen. (BW 2: 6 lid 1, 14, 15, 17, 24d, 27 lid 4, 36 lid 3, 52, 54, 121, 124, 126, 231, 234, 236, 293; Overg.w. 39[2], 45)

Art. 44

– 1. Behoudens beperkingen volgens de statuten is het bestuur belast met het besturen van de vereniging.

– 2. Slechts indien dit uit de statuten voortvloeit, is het bestuur bevoegd te besluiten tot het aangaan van overeenkomsten tot verkrijging, vervreemding en bezwaring van registergoederen, en tot het aangaan van overeenkomsten waarbij de vereniging zich als borg of hoofdelijk medeschuldenaar verbindt, zich voor een derde sterk maakt of tot zekerheidstelling voor een schuld van een ander verbindt. De statuten kunnen deze bevoegdheid aan beperkingen en voorwaarden binden. De uitsluiting, beperkingen en voorwaarden gelden mede voor de bevoegdheid tot vertegenwoordiging van de vereniging ter zake van deze handelingen, tenzij de statuten anders bepalen. (BW 1: 88; 2: 6[2], 8, 14, 15, 29, 40, 45, 47, 52, 53a, 129, 239, 291; BW 3: 10, 32 v., 80, 260; 8: 192; Overg.w. 45)

Art. 45

– 1. Het bestuur vertegenwoordigt de vereniging, voor zover uit de wet niet anders voortvloeit.

– 2. De statuten kunnen de bevoegdheid tot vertegenwoordiging bovendien toekennen aan een of meer bestuurders. Zij kunnen bepalen dat een bestuurder de vereniging slechts met medewerking van een of meer anderen mag vertegenwoordigen.

– 3. Bevoegdheid tot vertegenwoordiging die aan het bestuur of aan een bestuurder toekomt, is onbeperkt en onvoorwaardelijk, voor zover uit de wet niet anders voortvloeit. Een wettelijk toegelaten of voorgeschreven beperking van of voorwaarde voor de bevoegdheid tot vertegenwoordiging kan slechts door de vereniging worden ingeroepen.

– 4. De statuten kunnen ook aan andere personen dan bestuurders bevoegdheid tot vertegen-

1 BW Boek 2

woordiging toekennen. (BW 2: 6, 29², 30³, 44, 52, 130, 240, 292; 3: 65, 5: 131, 135; Overg.w. 45; Rv 4, 3°, 5¹, 2°)

Art. 46

Handelen voor de leden

De vereniging kan, voor zover uit de statuten niet het tegendeel voortvloeit, ten behoeve van de leden rechten bedingen en, voor zover dit in de statuten uitdrukkelijk is bepaald, te hunnen laste verplichtingen aangaan. Zij kan nakoming van bedongen rechten jegens en schadevergoeding aan een lid vorderen, tenzij dit zich daartegen verzet. (BW 2: 52, 6: 253 v.; Overg.w. 45, 69; Wet CAO 15)

Art. 47

Vertegenwoordiging bij belangenstrijd

In alle gevallen waarin de vereniging een tegenstrijdig belang heeft met een of meer bestuurders of commissarissen kan de algemene vergadering een of meer personen aanwijzen om de vereniging te vertegenwoordigen. (BW 2: 44, 63*f*, 146, 256; 5: 135)

Art. 48

Jaarverslag; rekening en verantwoording; onderzoek

– 1. Het bestuur brengt op een algemene vergadering binnen zes maanden na afloop van het boekjaar, behoudens verlenging van deze termijn door de algemene vergadering, een jaarverslag uit over de gang van zaken in de vereniging en over het gevoerde beleid. Het legt de balans en de staat van baten en lasten met een toelichting ter goedkeuring aan de vergadering over. Deze stukken worden ondertekend door de bestuurders en commissarissen; ontbreekt de ondertekening van een of meer hunner, dan wordt daarvan onder opgave van redenen melding gemaakt. Na verloop van de termijn kan ieder lid van de gezamenlijke bestuurders in rechte vorderen dat zij deze verplichtingen nakomen.

– 2. Ontbreekt een raad van commissarissen en wordt omtrent de getrouwheid van de stukken aan de algemene vergadering niet overgelegd een verklaring afkomstig van een accountant als bedoeld in artikel 393 lid 1, dan benoemt de algemene vergadering jaarlijks een commissie van ten minste twee leden die geen deel van het bestuur mogen uitmaken. De commissie onderzoekt de stukken bedoeld in de tweede zin van lid 1, en brengt aan de algemene vergadering verslag van haar bevindingen uit. Het bestuur is verplicht de commissie ten behoeve van haar onderzoek alle door haar gevraagde inlichtingen te verschaffen, haar desgewenst de kas en de waarden te tonen en de boeken, bescheiden en andere gegevensdragers van de vereniging voor raadpleging beschikbaar te stellen.

Onderneming in vereniging

– 3. Een vereniging die een of meer ondernemingen in stand houdt welke ingevolge de wet in het handelsregister moeten worden ingeschreven, vermeldt bij de staat van baten en lasten de netto-omzet van deze ondernemingen. (BW 2: 8, 10, 10*a*, 49⁴, 52, 58, 101, 102, 210, 299*a*, 391, 393⁵; 5: 126², 135, Overg.w. 46; Rv 771 v.)

Art. 49

Jaarrekening; tekort ten laste van reserves brengen

– 1. Jaarlijks binnen zes maanden na afloop van het boekjaar van een vereniging als bedoeld in artikel 360 lid 3, behoudens verlenging van deze termijn met ten hoogste vijf maanden door de algemene vergadering op grond van bijzondere omstandigheden, maakt het bestuur een jaarrekening op en legt het deze voor de leden ter inzage ten kantore van de vereniging. Binnen deze termijn legt het bestuur ook het jaarverslag ter inzage voor de leden, tenzij de artikelen 396 lid 6, eerste volzin, of 403 voor de vereniging gelden. De termijn kan voor beleggingsmaatschappijen waaraan ingevolge de Wet toezicht beleggingsinstellingen een vergunning is verleend, bij of krachtens die wet worden bekort.

– 2. De jaarrekening wordt ondertekend door de bestuurders en door de commissarissen; ontbreekt de ondertekening van een of meer hunner, dan wordt daarvan onder opgave van reden melding gemaakt.

– 3. De jaarrekening wordt vastgesteld door de algemene vergadering die het bestuur uiterlijk een maand na afloop van de termijn doet houden. Vaststelling van de jaarrekening strekt niet tot kwijting aan een bestuurder onderscheidenlijk commissaris.

– 4. Artikel 48 lid 1 is niet van toepassing op de vereniging bedoeld in artikel 360 lid 3. Artikel 48 lid 2 is hierop van toepassing met dien verstande dat onder stukken wordt verstaan de stukken die ingevolge lid 1 worden overgelegd.

– 5. Een vereniging als bedoeld in artikel 360 lid 3 mag ten laste van de door de wet voorgeschreven reserves een tekort slechts delgen voor zover de wet dat toestaat. (BW 2: 58⁴, 104, 215, 300⁴, 365², 389⁶, 390)

– 6. Onze Minister van Economische Zaken kan desverzocht om gewichtige redenen ontheffing verlenen van de verplichting tot het opmaken, het overleggen en het vaststellen van de jaarrekening. (BW 2: 58, 101, 210, 300, 383*a*, 392⁵)

Art. 50

Inzage ten kantore van de vereniging

De vereniging, bedoeld in artikel 360 lid 3, zorgt dat de opgemaakte jaarrekening, het jaarverslag en de krachtens artikel 392 lid 1 toe te voegen gegevens vanaf de oproep voor de algemene vergadering, bestemd tot behandeling van de jaarrekening, te haren kantore aanwezig zijn. De leden kunnen de stukken aldaar inzien en er kosteloos een afschrift van verkrijgen. (BW 2: 58[3], 102, 212, 383a, 392[5])

Art. 50a
De artikelen 131, 138, 139, 149 en 150 zijn van overeenkomstige toepassing in geval van faillissement van een vereniging waarvan de statuten zijn opgenomen in een notariële akte en die aan de heffing van vennootschapsbelasting is onderworpen. (BW 2: 27, 300a)

Art. 51
In geval van faillissement of surséance van betaling van een vereniging die is ingeschreven in het handelsregister, worden de aankondigingen welke krachtens de Faillissementswet in de *Nederlandse Staatscourant* worden opgenomen, door hem die met die openbaarmaking is belast, mede ter inschrijving in dat register opgegeven. (BW 2: 6, 23a[5], 303; Fw 18, 167[3], 193[1], 216, 222[2], 256; Hrgw 18)

Art. 52
Voorzover van de bepalingen van deze titel in de statuten kan worden afgeweken, kan deze afwijking alleen geschieden bij op schrift gestelde statuten. (BW 2: 25)

TITEL 3

Coöperaties en onderlinge waarborgmaatschappijen *(geen venn, wel rechtsp)*
wel als veren, EESV

AFDELING 1

Algemene bepalingen
Art. 53
– 1. De coöperatie is een bij notariële akte als coöperatie opgerichte vereniging. Zij moet zich blijkens de statuten ten doel stellen in bepaalde stoffelijke behoeften van haar leden te voorzien krachtens overeenkomsten, anders dan van verzekering, met hen gesloten in het bedrijf dat zij te dien einde te hunnen behoeve uitoefent of doet uitoefenen.
– 2. De onderlinge waarborgmaatschappij is een bij notariële akte als onderlinge waarborgmaatschappij opgerichte vereniging. Zij moet zich blijkens de statuten ten doel stellen met haar leden verzekeringsovereenkomsten te sluiten of leden en mogelijk anderen in het kader van een wettelijke regeling verzekerd te houden, een en ander in het verzekeringsbedrijf dat zij te dien einde ten behoeve van haar leden uitoefent.
– 3. De statuten van een coöperatie kunnen haar veroorloven overeenkomsten als die welke zij met haar leden sluit, ook met anderen aan te gaan; hetzelfde geldt voor de statuten van een onderlinge waarborgmaatschappij waarbij iedere verplichting van leden of oud-leden om in de tekorten bij te dragen is uitgesloten.
– 4. Indien een coöperatie of een onderlinge waarborgmaatschappij de in het vorige lid bedoelde bevoegdheid uitoefent, mag zij dat niet in een zodanige mate doen, dat de overeenkomsten met de leden slechts van ondergeschikte betekenis zijn. (BW 2: 26[1], 53a, 54, 56[1], 62 sub a, 63, 344 v., Overg.w. 42, 48, 49; K 246 v., 287 v.)

Art. 53a
De bepalingen van de vorige titel zijn, met uitzondering van de artikelen 26 lid 3 en 44 lid 2, op de coöperatie en de onderlinge waarborgmaatschappij van toepassing, voor zover daarvan in deze titel niet wordt afgeweken.

Art. 54
– 1. Een coöperatie en een onderlinge waarborgmaatschappij worden opgericht door een meerzijdige rechtshandeling bij notariële akte. (BW 2: 64[2], 175[2], 286)
– 2. De naam van een coöperatie moet het woord 'coöperatief' bevatten, die van een onderlinge waarborgmaatschappij het woord 'onderling' of 'wederkerig'. De naam van de rechtspersoon moet aan het slot de letters W.A., B.A. of U.A. overeenkomstig artikel 56 dragen.

Art. 54a
Vervallen.

Art. 55
– 1. Zij die bij de ontbinding leden waren, of minder dan een jaar te voren hebben opgehouden leden te zijn, zijn tegenover de rechtspersoon naar de in de statuten aangegeven maatstaf voor een tekort aansprakelijk; wordt een coöperatie of onderlinge waarborgmaatschappij ontbonden door haar insolventie nadat zij in staat van faillissement is verklaard, dan wordt de termijn van een jaar niet van de dag der ontbinding, maar van de dag der faillietverklaring gerekend. De statuten kunnen een langere termijn dan een jaar vaststellen.
– 2. Bevatten de statuten niet een maatstaf voor ieders aansprakelijkheid, dan zijn allen voor gelijke delen aansprakelijk.
– 3. Kan op een of meer van de leden of oud-leden het bedrag van zijn aandeel in het tekort

15

niet worden verhaald, dan zijn voor het ontbrekende de overige leden en oud-leden, ieder naar evenredigheid van zijn aandeel, aansprakelijk. Deze aansprakelijkheid bestaat ook, indien de vereffenaars afzien van verhaal op een of meer leden of oud-leden, op grond dat door de uitoefening van het verhaalsrecht een bate voor de boedel niet zou worden verkregen. Indien de vereffening geschiedt onder toezicht van personen, door de wet met dat toezicht belast, kunnen de vereffenaars van dat verhaal slechts afzien met machtiging van deze personen.
– 4. De aansprakelijke leden en oud-leden zijn gehouden tot onmiddellijke betaling van hun aandeel in een geraamd tekort, vermeerderd met 50 ten honderd, of zoveel minder als de vereffenaars voldoende achten, tot voorlopige dekking van een nadere omslag voor de kosten van invordering en van het aandeel van hen, die in gebreke mochten blijven aan hun verplichting te voldoen.
– 5. Een lid of oud-lid is niet bevoegd tot verrekening van zijn schuld uit hoofde van dit artikel. (BW 2: 19, 23 v., 35, 52, 56, 61, 84, 90, 192; 6: 6, 10, 12, 13, 102^2, 127; 7A: 1680; Overg.w. 43, 44^2)

Art. 56

Uitgesloten, beperkte of wettelijke aansprakelijkheid

– 1. Een coöperatie of een onderlinge waarborgmaatschappij kan in afwijking van het in het vorige artikel bepaalde in haar statuten iedere verplichting van haar leden of oud-leden om in een tekort bij te dragen, uitsluiten of tot een maximum beperken. De leden kunnen hierop slechts een beroep doen, indien de rechtspersoon aan het slot van zijn naam in het eerste geval de letters U.A. (uitsluiting van aansprakelijkheid), en in het tweede geval de letters B.A. (beperkte aansprakelijkheid) heeft geplaatst. Een rechtspersoon waarop de eerste zin niet is toegepast, plaatst de letters W.A. (wettelijke aansprakelijkheid) aan het slot van zijn naam.

Voeren volledige naam

– 2. De genoemde rechtspersonen zijn, behoudens in telegrammen en in reclames, verplicht haar naam volledig te voeren. (BW 2: 52, 53^3, 54^2, 61, 75^1, 186^1; 8: 1166; Overg.w. 43, 44; WED 1, 4°)

Art. 57

Raad van commissarissen; taakomschrijving

– 1. Bij de statuten kan worden bepaald dat er een raad van commissarissen zal zijn. De raad bestaat uit een of meer natuurlijke personen.
– 2. De raad van commissarissen heeft tot taak toezicht te houden op het beleid van het bestuur en op de algemene gang van zaken in de rechtspersoon en de daarmee verbonden onderneming. Hij staat het bestuur met raad ter zijde. Bij de vervulling van hun taak richten de commissarissen zich naar het belang van de rechtspersoon en de daarmee verbonden onderneming.
– 3. Tenzij bij de statuten anders is bepaald, is de raad van commissarissen bevoegd iedere door de algemene vergadering benoemde bestuurder te allen tijde te schorsen. Deze schorsing kan te allen tijde door de algemene vergadering worden opgeheven.
– 4. Behoudens het bepaalde in artikel 47 vertegenwoordigt de raad van commissarissen de rechtspersoon in andere gevallen van strijdig belang met een of meer bestuurders dan het sluiten of wijzigen van overeenkomsten zoals deze met alle leden in gelijke omstandigheden worden gesloten. De statuten kunnen van deze bepaling afwijken. (BW 2: 146, 256)
– 5. De statuten kunnen aanvullende bepalingen omtrent de taak en de bevoegdheden van de raad en van zijn leden bevatten.
– 6. Tenzij de statuten anders bepalen, kan de algemene vergadering aan de commissarissen als zodanig een bezoldiging toekennen.
– 7. Tenzij de statuten de commissarissen stemrecht toekennen, hebben zij als zodanig in de algemene vergadering slechts raadgevende stem.
– 8. Het bestuur verschaft de raad van commissarissen tijdig de voor de uitoefening van diens taak noodzakelijke gegevens. (BW 2: 8, 9, 14, 15, 57a, 63f, 140 v., 250 v., 356 sub b, c)

Art. 57a

Benoeming commissarissen

– 1. Op de benoeming van commissarissen die niet reeds bij de akte van oprichting zijn aangewezen, is artikel 37 van overeenkomstige toepassing, tenzij zij overeenkomstig artikel 63f geschiedt.
– 2. Bij een aanbeveling of voordracht tot benoeming van een commissaris worden van de kandidaat medegedeeld zijn leeftijd, zijn beroep en de betrekkingen die hij bekleedt of die hij heeft bekleed voor zover die van belang zijn in verband met de vervulling van de taak van een commissaris. Tevens wordt vermeld aan welke rechtspersonen hij reeds als commissaris is verbonden; indien zich daaronder rechtspersonen bevinden, die tot een zelfde groep behoren, kan met de aanduiding van de groep worden volstaan. De aanbeveling en de voordracht worden met redenen omkleed. (BW 2: 63f^5)

Art. 58

Jaarrekening; tekort ten laste van reserves brengen

– 1. Jaarlijks binnen zes maanden na afloop van het boekjaar, behoudens verlenging van deze termijn met ten hoogste vijf maanden door de algemene vergadering op grond van bijzondere omstandigheden, maakt het bestuur een jaarrekening op en legt het deze voor de leden ter inzage ten kantore van de rechtspersoon. Binnen deze termijn legt het bestuur ook het jaarver-

1 BW Boek 2

slag ter inzage voor de leden, tenzij de artikelen 396 lid 6 of 403 voor de rechtspersoon gelden. De termijn kan voor beleggingsmaatschappijen waaraan ingevolge de Wet toezicht beleggingsinstellingen (*Stb.* 1990, 380) een vergunning is verleend, bij of krachtens die wet worden bekort. De jaarrekening wordt vastgesteld door de algemene vergadering die het bestuur uiterlijk een maand na afloop van de termijn doet houden. Artikel 48 lid 2 is van overeenkomstige toepassing. Vaststelling van de jaarrekening strekt niet tot kwijting aan een bestuurder onderscheidenlijk commissaris. (BW 2: 401)

– 2. De opgemaakte jaarrekening wordt ondertekend door de bestuurders en door de commissarissen; ontbreekt de ondertekening van een of meer hunner, dan wordt daarvan onder opgave van reden melding gemaakt.

– 3. De rechtspersoon zorgt dat de opgemaakte jaarrekening, het jaarverslag en de krachtens artikel 392 lid 1 toe te voegen gegevens vanaf de oproep voor de algemene vergadering, bestemd tot behandeling van de jaarrekening, te zijnen kantore aanwezig zijn. De leden kunnen de stukken aldaar inzien en er kosteloos een afschrift van verkrijgen.

– 4. Ten laste van de door de wet voorgeschreven reserves mag een tekort slechts worden gedelgd voor zover de wet dat toestaat. (BW 2: 104, 215)

– 5. Onze Minister van Economische Zaken kan desverzocht om gewichtige redenen ontheffing verlenen van de verplichting tot het opmaken, het overleggen en het vaststellen van de jaarrekening. (BW 2: 10, 48, 101 v., 210 v., 361 v., 391, 392, 393[5]; Wet ondern.raden 31*a*; WED 1, 4°)

Art. 59

Wijziging in overeenkomsten met leden

– 1. Coöperaties en onderlinge waarborgmaatschappijen zijn niet bevoegd door een besluit wijzigingen in de met haar leden in de uitoefening van haar bedrijf aangegane overeenkomsten aan te brengen, tenzij zij zich deze bevoegdheid in de overeenkomst op duidelijke wijze hebben voorbehouden. Een verwijzing naar statuten, reglementen, algemene voorwaarden of dergelijke, is daartoe niet voldoende.

– 2. Op een wijziging als in het vorige lid bedoeld kan de rechtspersoon zich tegenover een lid slechts beroepen indien de wijziging schriftelijk aan het lid was medegedeeld. (BW 2: 12 v., 27[4] sub *c*, 36, 81, 192; 3: 33, 35, 37; 6: 231[1 onder c], 232, 248, 258; Overg.w. 47[1])

Art. 60

Voorwaarden voor uittreding

Voor de coöperatie geldt voorts dat, met behoud der vrijheid van uittreding uit de coöperatie, daaraan bij de statuten voorwaarden, in overeenstemming met haar doel en strekking, kunnen worden verbonden. Een voorwaarde welke verder gaat dan geoorloofd is, wordt in zoverre voor niet geschreven gehouden. (BW 2: 35[1], 36, 52, 61)

Art. 61

Lidmaatschap ingeval van B.A. of W.A.; ledenlijst

Voor een coöperatie, die in haar statuten niet iedere verplichting van haar leden of oud-leden om in een tekort bij te dragen heeft uitgesloten, gelden bovendien de volgende bepalingen:

a. Het lidmaatschap wordt schriftelijk aangevraagd. Aan de aanvrager wordt eveneens schriftelijk bericht, dat hij als lid is toegelaten of geweigerd. Wanneer hij is toegelaten, wordt hem tevens medegedeeld onder welk nummer hij als lid in de administratie der coöperatie is ingeschreven. Niettemin behoeft, ten bewijze van de verkrijging van het lidmaatschap, van een schriftelijke aanvrage en een schriftelijk bericht als hiervoor bedoeld, niet te blijken. (BW 2: 33; 3: 15*a*)

b. De geschriften, waarbij het lidmaatschap wordt aangevraagd, worden gedurende ten minste tien jaren door het bestuur bewaard. Echter behoeven de hierbedoelde geschriften niet te worden bewaard voor zover het betreft diegenen, van wie het lidmaatschap kan blijken uit een door hen ondertekende, gedagtekende verklaring in de administratie van de coöperatie.

c. De opzegging van het lidmaatschap kan slechts geschieden, hetzij bij een afzonderlijk geschrift, hetzij door een door het lid ondertekende, gedagtekende verklaring in de administratie van de coöperatie. Het lid dat de opzegging doet, ontvangt daarvan een schriftelijke erkenning van het bestuur. Wordt de schriftelijke erkenning niet binnen veertien dagen gegeven, dan is het lid bevoegd de opzegging op kosten van de coöperatie bij deurwaardersexploot te herhalen.

d. Een door het bestuur gewaarmerkt afschrift van de ledenlijst wordt ten kantore van het handelsregister neergelegd bij de inschrijving van de coöperatie. Binnen een maand na het einde van ieder boekjaar wordt door het bestuur een schriftelijke opgave van de wijzigingen die de ledenlijst in de loop van het boekjaar heeft ondergaan, aan de ten kantore van het handelsregister neergelegde lijst toegevoegd of wordt, indien de Kamer van Koophandel en Fabrieken dit nodig oordeelt, een nieuwe lijst neergelegd. (BW 2: 10, 24, 33, 35[1] sub *b*, 36; K 7; WED 1, 4°)

Art. 62

Bijzondere bepalingen onderlinge waarborgmaatschappij

Voor een onderlinge waarborgmaatschappij gelden voorts de volgende bepalingen:

a. Zij die als verzekeringnemer bij een onderlinge waarborgmaatschappij een overeenkomst van verzekering lopende hebben, zijn van rechtswege lid van de waarborgmaatschappij. Bij de onderlinge waarborgmaatschappij die krachtens haar statuten ook verzekeringnemers die geen lid zijn mag verzekeren, kan van deze bepaling worden afgeweken.

b. Tenzij de statuten anders bepalen, duurt het lidmaatschap dat uit een verzekeringsovereenkomst ontstaat, voort totdat alle door het lid met de waarborgmaatschappij gesloten verzekeringsovereenkomsten zijn geëindigd. Bij overdracht of overgang van de rechten en verplichtingen uit zodanige overeenkomst gaat het lidmaatschap, voor zover uit die overeenkomst voortvloeiende, op de nieuwe verkrijger of de nieuwe verkrijgers over, een en ander behoudens afwijkende bepalingen in de statuten. (BW 6: 251)

Aandelen

c. Indien het waarborgkapitaal van een onderlinge waarborgmaatschappij in aandelen is verdeeld, zijn de artikelen 79-89, 90-92, 95, 96 lid 1, 98 leden 1 en 6, en 98*c* leden 1 en 2 van dit boek van overeenkomstige toepassing. (BW 2: 25, 34, 35, 52, 53³; 5: 125; Overg.w. 45, 47²; K 263)

Art. 63

Bescherming aanduiding 'coöperatief', 'onderling' of 'wederkerig'

– 1. Het is aan een persoon die geen coöperatie of een onderlinge waarborgmaatschappij is, verboden zaken te doen met gebruik van de aanduiding 'coöperatief', 'onderling' of 'wederkerig'.

– 2. Ingeval van overtreding van dit verbod kan iedere coöperatie of onderlinge waarborgmaatschappij vorderen, dat de overtreder zich op straffe van een door de rechter te bepalen dwangsom onthoudt het gewraakte woord bij het doen van zaken te gebruiken. (Rv 611*a*, 611*b*; BW 2: 54²)

AFDELING 2

De raad van commissarissen bij de grote coöperatie en bij de grote onderlinge waarborgmaatschappij

Art. 63a

Afhankelijke maatschappij

In deze afdeling wordt onder een afhankelijke maatschappij verstaan:

a. een rechtspersoon waaraan de coöperatie of onderlinge waarborgmaatschappij of een of meer afhankelijke maatschappijen alleen of samen voor eigen rekening ten minste de helft van het geplaatste kapitaal verschaffen.

b. een vennootschap waarvan een onderneming in het handelsregister is ingeschreven en waarvoor de coöperatie of onderlinge waarborgmaatschappij als vennote jegens derden volledig aansprakelijk is voor alle schulden. (BW 2: 24*a*, 152, 262)

Art. 63b

Verplichting grote coöperatie of onderlinge waarborgmaatschappij op te geven

– 1. Een coöperatie of onderlinge waarborgmaatschappij moet, indien lid 2 op haar van toepassing is, binnen twee maanden na de vaststelling van haar jaarrekening door de algemene vergadering, aan het handelsregister opgeven dat zij voldoet aan de in lid 2 gestelde voorwaarden. Totdat artikel 63*c* lid 3 toepassing heeft gevonden, vermeldt het bestuur in elk volgend jaarverslag wanneer de opgave is gedaan; wordt de opgaaf doorgehaald, dan wordt daarvan melding gemaakt in het eerste jaarverslag dat na de doorhaling wordt uitgebracht. (BW 2: 53)

– 2. De verplichting tot opgave geldt, indien:

a. het eigen vermogen volgens de balans met toelichting ten minste een bij koninklijk besluit vastgesteld grensbedrag beloopt,

b. de rechtspersoon of een afhankelijke maatschappij krachtens wettelijke verplichting een ondernemingsraad heeft ingesteld, en

c. bij de rechtspersoon en haar afhankelijke maatschappijen te zamen in de regel ten minste honderd werknemers in Nederland werkzaam zijn.

– 3. Het in onderdeel *a* van lid 2 genoemde grensbedrag wordt ten hoogste eenmaal in de twee jaren verhoogd of verlaagd, evenredig aan de ontwikkeling van een bij algemene maatregel van bestuur aan te wijzen prijsindexcijfer sedert een bij die maatregel te bepalen datum; het wordt daarbij afgerond op het naaste veelvoud van een miljoen euro. Het bedrag wordt niet opnieuw vastgesteld zo lang als het onafgeronde bedrag minder dan een miljoen euro afwijkt van het laatst vastgestelde bedrag.

– 4. Onder het eigen vermogen wordt in onderdeel *a* van lid 2 begrepen de gezamenlijke verrichte en te verrichten inbreng van vennoten bij wijze van geldschieting in afhankelijke maatschappijen die commanditaire vennootschap zijn, voor zover dit niet tot dubbeltelling leidt. (BW 2: 58, 63*a*, 63*c*, 153, 263; Wet ondern.raden 2 v.; WED 1, 4°)

Art. 63c

Rechtsgevolgen van 3 jaar inschrijving als structuur rechtspersoon

– 1. De artikelen 63*f* tot en met 63*j* zijn van toepassing op een rechtspersoon waaromtrent een in artikel 63*b* bedoelde opgaaf gedurende drie jaren onafgebroken is ingeschreven. Deze termijn wordt geacht niet te zijn onderbroken, indien een doorhaling van de opgaaf, welke tijdens die termijn ten onrechte heeft plaatsgevonden, ongedaan is gemaakt.

– 2. De doorhaling van de inschrijving op de grond dat de rechtspersoon niet meer voldoet aan

1 BW Boek 2

de voorwaarden van artikel 63*b* lid 2 doet de toepasselijkheid van de artikelen 63*f* tot en met 63*j* slechts eindigen, indien na de doorhaling drie jaren zijn verstreken waarin de rechtspersoon niet opnieuw tot de opgaaf verplicht is geweest.

– 3. De coöperatie of onderlinge waarborgmaatschappij brengt haar statuten in overeenstemming met de artikelen 63*f* tot en met 63*j* welke voor haar gelden, uiterlijk met ingang van de dag waarop die artikelen krachtens lid 1 op haar van toepassing worden. (BW 2: 42, 53*a*, 63*e*, 154, 264; WED 1, 4°)

Art. 63d

– 1. De artikelen 63*f* tot en met 63*j* gelden niet voor een rechtspersoon wier werkzaamheid zich uitsluitend of nagenoeg uitsluitend beperkt tot het beheer en de financiering van afhankelijke maatschappijen en van haar en hun deelnemingen in andere rechtspersonen, mits de werknemers van de Nederlandse afhankelijke maatschappijen vertegenwoordigd zijn in een ondernemingsraad die de bevoegdheden heeft, bedoeld in de artikelen 158 en 268. (BW 2: 63*a*)

– 2. Onze Minister van Justitie kan, gehoord de Sociaal-Economische Raad, aan een coöperatie of onderlinge waarborgmaatschappij op haar verzoek ontheffing verlenen van een of meer der artikelen 63*f* tot en met 63*j*. De ontheffing kan onder beperkingen worden verleend en daaraan kunnen voorschriften worden verbonden. Zij kan worden gewijzigd en ingetrokken. (BW 2: 156, 266)

Art. 63e

Een coöperatie of onderlinge waarborgmaatschappij waarvoor artikel 63*c* niet geldt, kan bij haar statuten de wijze van benoeming en ontslag van commissarissen en de taak en bevoegdheden van de raad van commissarissen regelen overeenkomstig de artikelen 63*f* tot en met 63*j*, indien zij of een afhankelijke maatschappij een ondernemingsraad heeft ingesteld waarop de bepalingen van de Wet op de ondernemingsraden van toepassing zijn. Deze regeling in de statuten verliest haar gelding zodra de ondernemingsraad ophoudt te bestaan of op die raad niet langer de bepalingen van de Wet op de ondernemingsraden van toepassing zijn. (BW 2: 57, 63*a*, 157¹, 267; Wet ondern.raden 2 v.)

Art. 63f

– 1. De grote coöperatie en de grote onderlinge waarborgmaatschappij hebben een raad van commissarissen.

– 2. De commissarissen worden, behoudens het bepaalde in lid 8, op voordracht van de raad van commissarissen benoemd door de algemene vergadering, voorzover de benoeming niet reeds is geschied bij de akte van oprichting of voordat dit artikel op de rechtspersoon van toepassing is geworden. (BW 2: 40, 57, 57*a*, 63*g*)

– 3. De raad van commissarissen bestaat uit ten minste drie leden. Is het aantal commissarissen minder dan drie, dan bevordert de raad onverwijld maatregelen tot aanvulling van zijn ledental.

– 4. De algemene vergadering, de ondernemingsraad en het bestuur kunnen aan de raad van commissarissen personen aanbevelen om als commissaris voor te dragen. De raad van commissarissen deelt hun daartoe tijdig mede, wanneer en ten gevolge waarvan in zijn midden een plaats moet worden vervuld. (BW 2: 40, 44, 53*a*; Wet ondern.raden 23 v.)

– 5. De raad van commissarissen geeft aan de algemene vergadering en de ondernemingsraad kennis van de naam van degene die hij voordraagt, met inachtneming van artikel 57*a* lid 2.

– 6. De algemene vergadering benoemt de voorgedragen persoon, tenzij de ondernemingsraad binnen twee maanden na de kennisgeving of de algemene vergadering zelf uiterlijk in de eerste vergadering na die twee maanden tegen de voordracht bezwaar maakt:

a. op grond dat de voorschriften van lid 4, tweede volzin, of lid 5 niet behoorlijk zijn nageleefd;

b. op grond van de verwachting dat de voorgedragen persoon ongeschikt zal zijn voor de vervulling van de taak van de commissaris; of

c. op grond van de verwachting dat de raad van commissarissen bij benoeming overeenkomstig het voornemen niet naar behoren zal zijn samengesteld. (BW 2: 63*i*)

– 7. Het bezwaar wordt aan de raad van commissarissen onder opgave van redenen medegedeeld.

– 8. Niettegenstaande het bezwaar van de ondernemingsraad kan de voorgedragen candidaat worden benoemd, indien de ondernemingskamer van het gerechtshof te Amsterdam het bezwaar ongegrond verklaart op verzoek van een daartoe door de raad van commissarissen aangewezen vertegenwoordiger. Op diens verzoek benoemt de ondernemingskamer de voorgedragen candidaat, indien de algemene vergadering bezwaar heeft gemaakt of hem niet in haar daartoe bijeengeroepen vergadering heeft benoemd, tenzij de ondernemingskamer een bezwaar van de algemene vergadering gegrond acht.

– 9. Verweer kan worden gevoerd door een vertegenwoordiger, daartoe aangewezen door de ledenvergadering of door de ondernemingsraad die het in lid 6 bedoelde bezwaar heeft gemaakt.

Benoeming (Raad van) commissarissen door de algemene vergadering

Bezwaar

Procedure bij ondernemingskamer

– 10. Tegen de beslissing van de ondernemingskamer staat geen rechtsmiddel open. De ondernemingskamer kan geen veroordeling in de proceskosten uitspreken.
– 11. Voor de toepassing van dit artikel wordt onder de ondernemingsraad verstaan de ondernemingsraad van de onderneming van de rechtspersoon of van een afhankelijke maatschappij. Zijn er twee of meer ondernemingsraden, dan zijn deze gelijkelijk bevoegd. Is voor de betrokken onderneming of ondernemingen een centrale ondernemingsraad ingesteld, dan komen de bevoegdheden van de ondernemingsraad volgens dit artikel toe aan de centrale ondernemingsraad. De ondernemingsraad neemt geen besluit als bedoeld in dit artikel dan na er ten minste eenmaal over te hebben overlegd met de rechtspersoon. (BW 2: 57, 63a, 158, 268; Wet ondern.raden 33 v.)

Art. 63g

– 1. Ontbreken alle commissarissen, dan kunnen de ondernemingsraad en het bestuur personen voor benoeming tot commissaris aanbevelen aan de ledenvergadering. Degene die de algemene vergadering bijeenroept, deelt de ondernemingsraad en het bestuur tijdig mede dat de benoeming van commissarissen onderwerp van behandeling zal zijn.
– 2. De benoeming is van kracht, tenzij de ondernemingsraad binnen twee maanden na overeenkomstig artikel 63f lid 5 in kennis te zijn gesteld van de naam van de benoemde persoon, overeenkomstig artikel 63f lid 6 bij de rechtspersoon bezwaar maakt. Niettegenstaande dit bezwaar wordt de benoeming van kracht, indien de ondernemingskamer van het gerechtshof te Amsterdam op verzoek van een daartoe door de algemene vergadering aangewezen vertegenwoordiger het bezwaar ongegrond verklaart. (Rv 429a v.; 995: RO 72)
– 3. De leden van 10 en 11 van artikel 63f zijn van overeenkomstige toepassing. (BW 2: 40, 41, 53a, 159, 269; Wet ondern.raden 23 v.)

Art. 63h

– 1. Commissaris kunnen niet zijn:
a. personen in dienst van de rechtspersoon;
b. personen in dienst van een afhankelijke maatschappij; (BW 2: 63a)
c. bestuurders en personen in dienst van een werknemersorganisatie welke pleegt betrokken te zijn bij de vaststelling van de arbeidsvoorwaarden van de onder a en b bedoelde personen.
– 2. De statuten mogen voor ten hoogste twee derden van het aantal commissarissen bepalen dat zij worden benoemd uit een kring waartoe ten minste de leden van de rechtspersoon behoren. (BW 2: 160, 270)

Art. 63i

– 1. Een commissaris treedt uiterlijk af, indien hij na zijn laatste benoeming vier jaren commissaris is geweest. De termijn kan bij de statuten worden verlengd tot de dag van de eerstvolgende algemene vergadering na afloop van de vier jaren of na de dag waarop dit artikel voor de rechtspersoon is gaan gelden.
– 2. De ondernemingskamer van het gerechtshof te Amsterdam kan op verzoek een commissaris ontslaan wegens verwaarlozing van zijn taak, wegens andere gewichtige redenen of wegens ingrijpende wijziging van de omstandigheden op grond waarvan handhaving van de commissaris redelijkerwijs niet van de rechtspersoon kan worden verlangd. Het verzoek kan worden ingediend door een vertegenwoordiger, daartoe aangewezen door de raad van commissarissen, door de algemene vergadering of door de ondernemingsraad. Artikel 63f lid 11 is van overeenkomstige toepassing. (Rv 429a v.; 995; RO 72)
– 3. Een commissaris kan slechts worden geschorst door de raad van commissarissen. De schorsing vervalt van rechtswege, indien niet binnen een maand na de aanvang der schorsing een verzoek als bedoeld in lid 2 is ingediend bij de ondernemingskamer. (BW 2: 57a, 63f, 161, 271, 356 sub b)

Art. 63j

– 1. Aan de goedkeuring van de raad van commissarissen zijn onderworpen de besluiten van het bestuur omtrent:
a. uitgifte van schuldbrieven ten laste van de rechtspersoon;
b. uitgifte van schuldbrieven ten laste van een commanditaire vennootschap of vennootschap onder firma waarvan de rechtspersoon volledig aansprakelijke vennoot is; (K 16 v.; 19 v.)
c. aanvrage van notering of intrekking der notering van de schuldbrieven, bedoeld in de onderdelen a en b, in de prijscourant van enige beurs;
d. het aangaan of verbreken van duurzame samenwerking van de rechtspersoon of een afhankelijke maatschappij met een andere rechtspersoon of vennootschap dan wel als volledig aansprakelijk vennoot in een commanditaire vennootschap of vennootschap onder firma, indien deze samenwerking of verbreking van ingrijpende betekenis is voor de rechtspersoon; (BW 2: 63a)
e. het nemen van een deelneming ter waarde van ten minste een vierde van het bedrag van het eigen vermogen volgens de balans met toelichting van de rechtspersoon, door deze of een

afhankelijke maatschappij in het kapitaal van een vennootschap, alsmede het ingrijpend vergroten of verminderen van zulk een deelneming; (BW 2: 24c, 63a)

f. investeringen welke een bedrag vereisen, gelijk aan een vierde van het eigen vermogen volgens de balans met toelichting van de rechtspersoon;

g. een voorstel tot wijziging der statuten; (BW 2: 43, 53a)

h. een voorstel tot ontbinding van de rechtspersoon; (BW 2: 50, 53a)

i. aangifte van faillissement en aanvrage van surséance van betaling; (Fw 1, 4, 213)

j. beëindiging van de arbeidsovereenkomst van een aanmerkelijk aantal werknemers van de rechtspersoon of een afhankelijke maatschappij tegelijkertijd of binnen een kort tijdsbestek; (BW 2: 63a; 7: 667 v.; Wet ondern.raden 25)

k. ingrijpende wijziging in de arbeidsomstandigheden van een aanmerkelijk aantal werknemers van de rechtspersoon of van een afhankelijke maatschappij.

– 2. Het ontbreken van de goedkeuring van de raad van commissarissen op een besluit als bedoeld in lid 1 tast de vertegenwoordigingsbevoegdheid van het bestuur of bestuurders niet aan. (BW 2: 6 lid 2, 130 lid 2, 164 lid 2, 274 lid 2)

– 3. Voor besluiten van de rechtspersoon als bedoeld in de onderdelen *d, e, f, j* en *k* van lid 1 is enig besluit vereist van het bestuur. (BW 2: 164, 274)

TITEL 4

Naamloze vennootschappen

AFDELING 1

Algemene bepalingen
Art. 64
– 1. De naamloze vennootschap is een rechtspersoon met een in overdraagbare aandelen verdeeld maatschappelijk kapitaal. Een aandeelhouder is niet persoonlijk aansprakelijk voor hetgeen in naam van de vennootschap wordt verricht en is niet gehouden boven het bedrag dat op zijn aandeel behoort te worden gestort in de verliezen van de vennootschap bij te dragen.

– 2. De vennootschap wordt door een of meer personen opgericht bij notariële akte. Voor oprichting is vereist een verklaring van Onze Minister van Justitie dat hem van geen bezwaren is gebleken. De akte wordt getekend door iedere oprichter en door ieder die blijkens deze akte een of meer aandelen neemt.

– 3. De akte van oprichting moet binnen drie maanden na de dagtekening van de verklaring van geen bezwaar zijn verleden, op straffe van verval van de verklaring. Onze Minister kan op verzoek van belanghebbenden op grond van gewichtige redenen deze termijn met ten hoogste drie maanden verlengen. (BW 2: 3, 4, 18, 21, 27, 53, 65 v., 68, 175 v., 286, 309; Overg.w. 29; K 22)

Definitie; aansprakelijkheid vennoten; oprichting

Art. 65
De akte van oprichting van een naamloze vennootschap wordt verleden in de Nederlandse taal. Een volmacht tot medewerking aan die akte moet schriftelijk zijn verleend. (BW 2: 27 lid 2, 176, 286 lid 2; 3: 39, 60, 61)

Akte van oprichting

Art. 66
– 1. De akte van oprichting moet de statuten van de naamloze vennootschap bevatten. De statuten bevatten de naam, de zetel en het doel van de vennootschap.

– 2. De naam vangt aan of eindigt met de woorden Naamloze Vennootschap, hetzij voluit geschreven, hetzij afgekort tot 'N.V.'.

– 3. De zetel moet zijn gelegen in Nederland. (BW 1: 10 lid 2; 2: 27, 75, 77, 177, 286; Overg.w. 50; Rijkswetten zetelverplaatsing)

Statuten; in akte

Art. 67
– 1. De statuten vermelden het bedrag van het maatschappelijk kapitaal en het aantal en het bedrag van de aandelen in euro tot ten hoogste twee cijfers achter de komma. Zijn er verschillende soorten aandelen, dan vermelden de statuten het aantal en het bedrag van elke soort. De akte van oprichting vermeldt het bedrag van het geplaatste kapitaal en van het gestorte deel daarvan. Zijn er verschillende soorten aandelen dan worden de bedragen van het geplaatste en van het gestorte kapitaal uitgesplitst per soort. De akte vermeldt voorts van ieder die bij de oprichting aandelen neemt de in artikel 86 lid 2 onder *b* en *c* bedoelde gegevens met het aantal en de soort van de door hem genomen aandelen en het daarop gestorte bedrag.

– 2. Het maatschappelijke en het geplaatste kapitaal moeten ten minste het minimumkapitaal bedragen. Het minimumkapitaal bedraagt vijfenveertigduizend euro. Bij algemene maatregel van bestuur wordt dit bedrag verhoogd, indien het recht van de Europese Gemeenschappen verplicht tot verhoging van het geplaatste kapitaal. Voor naamloze vennootschappen die

Aandelen; maatschappelijk, geplaatst, gestort kapitaal

1 BW Boek 2

bestaan op de dag voordat deze verhoging in werking treedt, wordt zij eerst achttien maanden na die dag van kracht.

– 3. Het gestorte deel van het geplaatste kapitaal moet ten minste vijfenveertigduizend euro bedragen.

– 4. Van het maatschappelijke kapitaal moet ten minste een vijfde gedeelte zijn geplaatst. (BW 2: 68 lid 2, 69, 74, 79 v., 94, 178, 311 lid 2, 318, 373)

– 5. Een naamloze vennootschap die is ontstaan voor 1 januari 2002 kan het bedrag van het maatschappelijke kapitaal en het bedrag van de aandelen in gulden vermelden tot ten hoogste twee cijfers achter de komma.

Art. 67a

Omzetting kapitaal van gulden naar euro

– 1. Indien een naamloze vennootschap in de statuten het bedrag van het maatschappelijk kapitaal en het bedrag van de aandelen in gulden omzet in euro, wordt het bedrag van de geplaatste aandelen en het gestorte deel daarvan in euro berekend volgens de krachtens artikel 109L, vierde lid van het Verdrag betreffende de Europese Unie definitief vastgestelde omrekenkoers, afgerond tot ten hoogste twee cijfers achter de komma. Het afgeronde bedrag van elk aandeel in euro mag ten hoogste 15% hoger of lager liggen dan het oorspronkelijke bedrag van het aandeel in gulden. Het totaal van de bedragen van de aandelen in euro bedoeld in artikel 67 is het maatschappelijk kapitaal in euro. De som van de bedragen van de geplaatste aandelen en het gestorte deel daarvan in euro is het bedrag van het geplaatste kapitaal en het gestorte deel daarvan in euro. De akte vermeldt het bedrag van het geplaatste kapitaal en het gestorte deel daarvan in euro.

– 2. Is na omrekening volgens lid 1 de som van de bedragen van de geplaatste aandelen hoger dan het volgens de krachtens artikel 109L, vierde lid van het verdrag betreffende de Europese unie definitief vastgestelde omrekenkoers omgerekende bedrag van het geplaatst kapitaal, dan wordt het verschil ten laste gebracht van de uitkeerbare reserves of de reserves bedoeld in artikel 389 of 390. Zijn deze reserves niet toereikend, dan vormt de vennootschap een negatieve bijschrijvingsreserve ter grootte van het verschil dat niet ten laste van de uitkeerbare of niet-uitkeerbare reserves is gebracht. Totdat het verschil uit ingehouden winst of te vormen reserves is voldaan, mag de vennootschap geen uitkeringen bedoeld in artikel 105 doen. Door het voldoen aan het bepaalde in dit lid worden de aandelen geacht te zijn volgestort.

– 3. Is na omrekening volgens lid 1 de som van de bedragen van de geplaatste aandelen lager dan het volgens de krachtens artikel 109L, vierde lid van het Verdrag betreffende de Europese Unie definitief vastgestelde omrekenkoers omgerekende bedrag van het geplaatst kapitaal, dan houdt de vennootschap een niet-uitkeerbare reserve aan ter grootte van het verschil. Artikel 99 is niet van toepassing. (BW 2: 67, 67b, 67c, 121, 121a, 125, 178a, 231, 231a, 235, 373)

Art. 67b

Afwijkende wijziging kapitaal; goedkeuring aandeelhouders

Indien de vennootschap in afwijking van artikel 67a het bedrag van de aandelen wijzigt, behoeft deze wijziging de goedkeuring van elke groep van aandeelhouders aan wier rechten de wijziging afbreuk doet. Bestaat krachtens de wijziging recht op geld of schuldvorderingen, dan mag het totale bedrag daarvan een tiende van het gewijzigde nominale bedrag van de aandelen niet te boven gaan. (BW 2: 178b)

Art. 67c

Gebruik euro in maatschappelijk verkeer

– 1. Een naamloze vennootschap waarvan de statuten het maatschappelijk kapitaal en het bedrag van de aandelen in gulden vermelden, kan in het maatschappelijk verkeer de tegenwaarde in euro gebruiken tot ten hoogste twee cijfers achter de komma, mits daarbij wordt verwezen naar dit artikel. Dit gebruik van de tegenwaarde in euro heeft geen rechtsgevolg.

Statutenwijziging na 1-1-2002

– 2. Indien een naamloze vennootschap waarvan de statuten het bedrag van het maatschappelijk kapitaal en het bedrag van de aandelen in gulden vermelden, na 1 januari 2002 een wijziging aanbrengt in een of meer bepalingen waarin bedragen in gulden worden uitgedrukt, worden in de statuten alle bedragen omgezet in euro. De artikelen 67a en 67b zijn van toepassing. (BW 2: 121, 231)

Art. 68

Ministeriële verklaring van geen bezwaar

– 1. Ter verkrijging van een verklaring van Onze Minister van Justitie dat hem van geen bezwaren is gebleken, moeten aan hem alle inlichtingen verstrekt worden die noodzakelijk zijn voor het beoordelen van de aanvraag. Tevens moet aan Onze Minister ten bate van 's Rijks kas een bedrag van € 90,76 worden voldaan. Wij kunnen bij algemene maatregel van bestuur dit bedrag verhogen in verband met de stijging van het loon- en prijspeil.

– 2. De verklaring mag alleen worden geweigerd op grond dat er, gelet op de voornemens of de antecedenten van de personen die het beleid van de vennootschap zullen bepalen of mede bepalen, gevaar bestaat dat de vennootschap zal worden gebruikt voor ongeoorloofde doeleinden of dat haar werkzaamheid zal leiden tot benadeling van haar schuldeisers.

– 3. Ten behoeve van de uitoefening van het toezicht, bedoeld in lid 2, verstrekt het Uitvoeringsinstituut werknemersverzekeringen desgevraagd aan Onze Minister van Justitie de in-

22

lichtingen die deze behoeft. Het Uitvoeringsinstituut werknemersverzekeringen verstrekt hem desgevraagd inzage of een uittreksel van de gegevens waarover het beschikt. (BW 2: 20, 64 lid 2, 100, 125, 179, 209, 235; 3: 40 v.; Sr 340 v.)

Op grond van de Wet van 8 mei 2003, houdende regels over de documentatie van vennootschappen (Wet documentatie vennootschappen) (i.w.tr. nog niet bekend), komt art. 68 lid 3 van Boek 2 BW te luiden:
– 3. Ten behoeve van de uitoefening van het toezicht, bedoeld in lid 2, verstrekken het Uitvoeringsinstituut werknemersverzekeringen en de rijksbelastingdienst op zijn verzoek aan Onze Minister de inlichtingen die deze behoeft. Het instituut en de rijksbelastingdienst verlenen Onze Minister op verzoek kosteloos inzage van gegevens waarover zij beschikken of verstrekken kosteloos uittreksels daaruit.

Art. 69

– 1. De bestuurders zijn verplicht de vennootschap te doen inschrijven in het handelsregister en een authentiek afschrift van de akte van oprichting en van de daaraan ingevolge de artikelen 93a, 94 en 94a gehechte stukken neer te leggen ten kantore van het handelsregister. Tegelijkertijd moeten zij opgave doen van het totaal van de vastgestelde en geraamde kosten die met de oprichting verband houden en ten laste van de vennootschap komen.

– 2. De bestuurders zijn naast de vennootschap hoofdelijk aansprakelijk voor elke tijdens hun bestuur verrichte rechtshandeling waardoor de vennootschap wordt verbonden in het tijdvak voordat:
a. de opgave ter eerste inschrijving in het handelsregister, vergezeld van de neer te leggen afschriften, is geschied,
b. het gestorte deel van het kapitaal ten minste het bij de oprichting voorgeschreven minimumkapitaal bedraagt, en
c. op het bij de oprichting geplaatste kapitaal ten minste een vierde van het nominale bedrag is gestort. (BW 2: 29, 54, 57, 77, 80, 180, 289 lid 1, 365 lid 1 sub *a*; 6: 6; Overg.w. 65 lid 2; K 29)

Inschrijving hoofdelijke aansprakelijkheid bestuurders

Art. 70

Vervallen.

Art. 71

– 1. Wanneer de naamloze vennootschap zich krachtens artikel 18 omzet in een vereniging, coöperatie of onderlinge waarborgmaatschappij, wordt iedere aandeelhouder lid, tenzij hij de schadeloosstelling heeft gevraagd, bedoeld in lid 2.

– 2. Op het besluit tot omzetting is artikel 100 van toepassing, tenzij de vennootschap zich omzet in een besloten vennootschap. Na zulk een besluit kan iedere aandeelhouder die niet met het besluit heeft ingestemd, de vennootschap schadeloosstelling vragen voor het verlies van zijn aandelen. Het verzoek tot schadeloosstelling moet schriftelijk aan de vennootschap worden gedaan binnen één maand nadat zij aan de aandeelhouder heeft meegedeeld, dat hij deze schadeloosstelling kan vragen. De mededeling geschiedt op de zelfde wijze als de oproeping tot een algemene vergadering.

– 3. Bij gebreke van overeenstemming wordt de schadeloosstelling bepaald door een of meer onafhankelijke deskundigen, ten verzoeke van de meest gerede partij te benoemen door de rechtbank bij de machtiging tot omzetting of door de voorzieningenrechter van die rechtbank. De artikelen 351 en 352 zijn van toepassing. (BW 2: 181, 183)

Omzetting NV in vereniging enz.

Schadeloosstelling aandeelhouder

Art. 72

– 1. Wanneer een besloten vennootschap zich krachtens artikel 18 omzet in een naamloze vennootschap, worden aan de akte van omzetting gehecht:
a. een verklaring van Onze Minister van Justitie, waarop artikel 235 van toepassing is, dat hem van bezwaren tegen de omzetting en statutenwijziging niet is gebleken;
b. een verklaring van een accountant als bedoeld in artikel 393 lid 1, waaruit blijkt dat het eigen vermogen van de vennootschap op een dag binnen vijf maanden voor de omzetting ten minste overeenkwam met het gestorte en opgevraagde deel van het kapitaal.

– 2. Wanneer een andere rechtspersoon zich krachtens artikel 18 omzet in een naamloze vennootschap, worden aan de akte van omzetting gehecht:
a. een verklaring van Onze Minister van Justitie, waarop artikel 68 van toepassing is, dat hem van bezwaren tegen de omzetting en statutenwijziging niet is gebleken;
b. een verklaring van een accountant als bedoeld in artikel 393 lid 1, waaruit blijkt dat het eigen vermogen van de rechtspersoon op een dag binnen vijf maanden voor de omzetting ten minste het bedrag beloopt van het gestorte deel van het geplaatste kapitaal volgens de akte van omzetting; bij het eigen vermogen mag de waarde worden geteld van hetgeen na die dag uiterlijk onverwijld na de omzetting op aandelen zal worden gestort;

Omzetting BV in NV; akte van omzetting

Omzetting vereniging enz. in NV

---

c. indien de rechtspersoon leden heeft, de schriftelijke toestemming van ieder lid wiens aandelen niet worden volgestort door omzetting van de reserves van de rechtspersoon;
d. indien een stichting wordt omgezet, de rechterlijke machtiging daartoe.
– 3. Wanneer een vereniging, coöperatie of onderlinge waarborgmaatschappij zich krachtens artikel 18 omzet in een naamloze vennootschap, wordt ieder lid aandeelhouder. De omzetting kan niet geschieden, zolang een lid nog kan opzeggen op grond van artikel 36 lid 4. (BW 2: 69, 183)

Art. 73
Vervallen.

Art. 74
Ontbinding bij gebrek aan baten of staking doelverwezenlijking

– 1. Op verzoek van het openbaar ministerie ontbindt de rechtbank de naamloze vennootschap wanneer deze haar doel, door een gebrek aan baten, niet kan bereiken, en kan de rechtbank de vennootschap ontbinden, wanneer deze haar werkzaamheid tot verwezenlijking van haar doel heeft gestaakt. Het openbaar ministerie deelt de Kamer van Koophandel en Fabrieken, in wier handelsregister de vennootschap is ingeschreven, mee dat het voornemens is een verzoek tot ontbinding in te stellen.

Geplaatst of gestort kapitaal te gering

– 2. De rechtbank ontbindt de vennootschap op verzoek van het openbaar ministerie wanneer het geplaatste kapitaal of het gestorte deel daarvan geringer is dan het minimumkapitaal.
– 3. Alvorens de ontbinding uit te spreken kan de rechter de vennootschap in de gelegenheid stellen binnen een door hem te bepalen termijn het verzuim te herstellen of zich om te zetten in een besloten vennootschap met beperkte aansprakelijkheid. (BW 2: 19 lid 1 sub *f*, 22, 23 v., 24, 185, 301 lid 1 sub *a*; Rv 429*a*, 995 v.)

Art. 75
Vermelding van naam, woonplaats en kapitaal

– 1. Uit alle geschriften, gedrukte stukken en aankondigingen, waarin de naamloze vennootschap partij is of die van haar uitgaan, met uitzondering van telegrammen en reclames, moeten de volledige naam van de vennootschap en haar woonplaats duidelijk blijken.
– 2. Indien melding wordt gemaakt van het kapitaal van de vennootschap, moet in elk geval worden vermeld welk bedrag is geplaatst, en hoeveel van het geplaatste bedrag is gestort. (BW 1: 10²; 2: 56²; 66, 76*a*², 78, 186; 8: 1166; WED 1, 4°)

Art. 76
Vervallen.

Art. 76a
Beleggingsmaatschappij met veranderlijk kapitaal

– 1. Onder beleggingsmaatschappij met veranderlijk kapitaal wordt verstaan een naamloze vennootschap,
a. die uitsluitend ten doel heeft haar vermogen zodanig te beleggen dat de risico's daarvan worden gespreid, ten einde haar aandeelhouders in de opbrengst te doen delen,
b. waarvan het bestuur krachtens de statuten bevoegd is aandelen in haar kapitaal uit te geven, te verwerven en te vervreemden,
c. waarvan de aandelen, met uitzondering van aandelen waaraan de statuten een bijzonder recht inzake de zeggenschap in de vennootschap verbinden, worden opgenomen in de prijscourant van een beurs, en
d. waarvan de statuten bepalen dat de vennootschap beleggingsmaatschappij met veranderlijk kapitaal is. (BW 2: 392¹ sub *e*)
– 2. De vennootschap moet aan het handelsregister opgeven dat zij 'beleggingsmaatschappij met veranderlijk kapitaal' is. Deze woorden moeten ook in alle geschriften, gedrukte stukken en aankondigingen, waarin de beleggingsmaatschappij met veranderlijk kapitaal partij is of die van haar uitgaan, met uitzondering van telegrammen en reclames, duidelijk bij haar naam worden vermeld. (BW 2: 96*b*, 98⁸, 100⁷, 392¹ sub *e*, 401; K 59 v.; WED 1, 4°)

Art. 77
Kantoor handelsregister

Wanneer in deze titel het kantoor van het handelsregister wordt vermeld, wordt onder het handelsregister verstaan het register dat wordt gehouden door de Kamer van Koophandel en Fabrieken die overeenkomstig de artikelen 6 en 7 van de Handelsregisterwet 1996 bevoegd is. (BW 1: 10²; 2: 19², 66, 69, 75, 93*a*, 105, 126, 188; Overg.w. 65³)

Art. 78
Geplaatst gedeelte kapitaal

Wanneer in de statuten wordt gesproken van de houders van zoveel aandelen als tezamen een zeker gedeelte van het maatschappelijk kapitaal der vennootschap uitmaken, wordt, tenzij het tegendeel uit de statuten blijkt, onder kapitaal verstaan het geplaatste gedeelte van het maatschappelijk kapitaal. (BW 2: 66, 67, 75², 189)

Art. 78a
Voor de toepassing van de artikelen 87, 96, 96*a*, 101 lid 6 en 129 wordt onder orgaan van de vennootschap verstaan de algemene vergadering van aandeelhouders, de vergadering van houders van aandelen van een bijzonder soort, het bestuur, de raad van commissarissen en de gemeenschappelijke vergadering van het bestuur en de raad van commissarissen.

AFDELING 2

De aandelen

Art. 79

– 1. Aandelen zijn de gedeelten, waarin het maatschappelijk kapitaal bij de statuten is verdeeld.

– 2. Onderaandelen zijn de onderdelen, waarin de aandelen krachtens de statuten zijn of kunnen worden gesplitst.

– 3. De bepalingen van deze titel over aandelen en aandeelhouders vinden overeenkomstige toepassing op onderaandelen en houders van onderaandelen voor zover uit die bepalingen niet anders blijkt. (BW 2: 64, 67, 118[6], 190)

Omschrijving

Art. 80

– 1. Bij het nemen van het aandeel moet daarop het nominale bedrag worden gestort alsmede, indien het aandeel voor een hoger bedrag wordt genomen, het verschil tussen die bedragen. Bedongen kan worden dat een deel, ten hoogste drie vierden, van het nominale bedrag eerst behoeft te worden gestort nadat de vennootschap het zal hebben opgevraagd.

– 2. Het is geoorloofd aan hen die zich in hun beroep belasten met het voor eigen rekening plaatsen van aandelen, bij overeenkomst toe te staan op de door hen genomen aandelen minder te storten dan het nominale bedrag, mits ten minste vier en negentig ten honderd van dit bedrag uiterlijk bij het nemen van de aandelen in geld wordt gestort. (BW 2: 80b, 94[3])

– 3. Een aandeelhouder kan niet geheel of gedeeltelijk worden ontheven van de verplichting tot storting, behoudens het bepaalde in artikel 99.

– 4. De aandeelhouder en, in het geval van artikel 90, de voormalige aandeelhouder zijn niet bevoegd tot verrekening van hun schuld uit hoofde van dit artikel. (BW 2: 69[2], 74[2], 80a, 80b, 82[3], 83, 84, 90, 94[3], 105, 191, 373[1 sub aen b]; 6: 127 v.; Fw 53)

Stortingsplicht; beroepsemittenten; geen compensatie

Art. 80a

– 1. Storting op een aandeel moet in geld geschieden voor zover niet een andere inbreng is overeengekomen.

– 2. Voor of bij de oprichting kan storting in vreemd geld slechts geschieden indien de akte van oprichting vermeldt dat storting in vreemd geld is toegestaan; na de oprichting kan dit slechts geschieden met toestemming van de naamloze vennootschap. Storting in een valuta die een eenheid is van de euro krachtens artikel 109L, vierde lid van het Verdrag betreffende de Europese Unie wordt niet beschouwd als storting in vreemd geld.

– 3. Met storting in vreemd geld wordt aan de stortingsplicht voldaan voor het bedrag waartegen het gestorte bedrag vrijelijk in Nederlands geld kan worden gewisseld. Bepalend is de wisselkoers op de dag van de storting dan wel, indien vroeger dan een maand voor de oprichting is gestort, op de dag van de oprichting of, na toepassing van de volgende zin, op de daar bedoelde dag. De vennootschap kan storting verlangen tegen de wisselkoers op een bepaalde dag binnen twee maanden voor de laatste dag waarop moet worden gestort, mits de aandelen of certificaten onverwijld na de uitgifte zullen worden opgenomen in de prijscourant van een beurs buiten Nederland. (BW 2: 80, 93a, 191a; K 59 v.)

Storting; geldsoort

Art. 80b

– 1. Indien inbreng anders dan in geld is overeengekomen, moet hetgeen wordt ingebracht naar economische maatstaven kunnen worden gewaardeerd. Een recht op het verrichten van werk of diensten kan niet worden ingebracht.

– 2. Inbreng anders dan in geld moet onverwijld geschieden na het nemen van het aandeel of na de dag waartegen een bijstorting is uitgeschreven of waarop zij is overeengekomen. (BW 2: 80, 80a, 94, 94a, 191b)

Inbreng anders dan in geld

Art. 81

Aan een aandeelhouder kan niet, zelfs niet door wijziging van de statuten, tegen zijn wil enige verplichting boven de storting tot het nominale bedrag van het aandeel worden opgelegd. (BW 2: 55 lid 3, 64, 121 v., 192; K 20 lid 3)

Aandeelhouder slechts verplicht tot volstorten

Art. 82

– 1. De statuten bepalen of aandelen op naam of aan toonder luiden.

– 2. Indien aandelen zowel op naam als aan toonder kunnen luiden, moet de naamloze vennootschap op verzoek van een aandeelhouder een op naam luidend volgestort aandeel aan toonder stellen of omgekeerd, voor zover de statuten niet anders bepalen, en wel ten hoogste tegen de kostprijs.

– 3. Bewijzen van aandeel aan toonder mogen niet aan de aandeelhouders worden afgegeven dan tegen storting van ten minste het volle bedrag van die aandelen, behoudens de bepaling van het tweede lid van artikel 80 van dit Boek. (BW 2: 83; 3: 86, 87; Rv 474c[6])

– 4. Indien aandelen aan toonder door een statutenwijziging op naam worden gesteld kan de aandeelhouder de aan een aandeel verbonden rechten niet uitoefenen, tot na inlevering van

Aandelen op naam en aan toonder; afgifte toonderaandelen

25

het aandeelbewijs aan de vennootschap. Deze regeling is van overeenkomstige toepassing indien houders van aandelen aan toonder door fusie of splitsing houders worden van aandelen op naam, met dien verstande dat overlegging van het aandeelbewijs volstaat.

Art. 83

Bescherming derden te goeder trouw

Tegenover de latere verkrijger te goeder trouw staat aan de naamloze vennootschap niet het bewijs open, dat een aandeel aan toonder niet is volgestort, of dat op een aandeel op naam niet is gestort hetgeen een vanwege de vennootschap op het aandeelbewijs gestelde verklaring als storting op het nominale bedrag vermeldt. (BW 2: 67[1], 80, 82[3]; 3: 11, 86, 87, 88)

Art. 84

Stortingsplicht bij vereffening of faillissement

De vereffenaar van een naamloze vennootschap en, in geval van faillissement, de curator zijn bevoegd tot uitschrijving en inning van alle nog niet gedane stortingen op de aandelen, onverschillig hetgeen bij de statuten daaromtrent is bepaald. (BW 2: 80, 90, 99, 127, 193; Fw 68)

Art. 85

Aandelenregister

– 1. Het bestuur van de vennootschap houdt een register waarin de namen en de adressen van alle houders van aandelen op naam zijn opgenomen, met vermelding van de datum waarop zij de aandelen hebben verkregen, de datum van de erkenning of betekening, alsmede van het op ieder aandeel gestorte bedrag. Daarin worden tevens opgenomen de namen en adressen van hen die een recht van vruchtgebruik of pandrecht op die aandelen hebben, met vermelding van de datum waarop zij het recht hebben verkregen, de datum van erkenning of betekening, alsmede met vermelding welke aan de aandelen verbonden rechten hun overeenkomstig de leden 2 en 4 van de artikelen 88 en 89 van dit boek toekomen.

– 2. Het register wordt regelmatig bijgehouden; daarin wordt mede aangetekend elk verleend ontslag van aansprakelijkheid voor nog niet gedane stortingen.

– 3. Het bestuur verstrekt desgevraagd aan een aandeelhouder, een vruchtgebruiker en een pandhouder om niet een uittreksel uit het register met betrekking tot zijn recht op een aandeel. Rust op het aandeel een recht van vruchtgebruik of pandrecht, dan vermeldt het uittreksel aan wie de in de leden 2 en 4 van de artikelen 88 en 89 van dit Boek bedoelde rechten toekomen.

– 4. Het bestuur legt het register ten kantore van de vennootschap ter inzage van de aandeelhouders, alsmede van de vruchtgebruikers en pandhouders aan wie de in lid 4 van de artikelen 88 en 89 van dit Boek bedoelde rechten toekomen. De vorige zin is niet van toepassing op het gedeelte van het register dat buiten Nederland ter voldoening aan de aldaar geldende wetgeving of ingevolge beursvoorschriften wordt gehouden. De gegevens van het register omtrent niet-volgestorte aandelen zijn ter inzage van een ieder; afschrift of uittreksel van deze gegevens wordt ten hoogste tegen kostprijs verstrekt. (BW 2: 61 sub *d*, 86, 88, 89, 90, 194; Hrgw 8; Overg.w. 51; Rv 474*c*; WED 1)

Art. 86

Uitgifte en levering aandelen op naam

– 1. Voor de uitgifte en levering van aandeel op naam, niet zijnde een aandeel als bedoeld in artikel 86*c*, of de levering van een beperkt recht daarop, is vereist een daartoe bestemde ten overstaan van een in Nederland standplaats hebbende notaris verleden akte waarbij de betrokkenen partij zijn. Geen afzonderlijke akte is vereist voor de uitgifte van aandelen die bij de oprichting worden geplaatst. (BW 2: 98)

Inhoud notariële akte

– 2. Akten van uitgifte of levering moeten vermelden:

a. de titel of rechtshandeling en op welke wijze het aandeel of het beperkt recht daarop is verkregen; (Rv 474*h*)

b. naam, voornamen, geboortedatum, geboorteplaats, woonplaats en adres van de natuurlijke personen die bij de rechtshandeling partij zijn; (BW 2: 84, 90)

c. rechtsvorm, naam, woonplaats en adres van de rechtspersonen die bij de rechtshandeling partij zijn;

d. het aantal en de soort aandelen waarop de rechtshandeling betrekking heeft, alsmede

e. naam, woonplaats en adres van de vennootschap op welker aandelen de rechtshandeling betrekking heeft.

Art. 86a

Erkenning door of betekening aan vennootschap

– 1. De levering van een aandeel op naam of de levering van een beperkt recht daarop overeenkomstig artikel 86 lid 1 werkt mede van rechtswege tegenover de vennootschap. Behoudens in het geval dat de vennootschap zelf bij de rechtshandeling partij is, kunnen de aan het aandeel verbonden rechten eerst worden uitgeoefend nadat zij de rechtshandeling heeft erkend of de akte aan haar is betekend overeenkomstig de bepalingen van artikel 86*b*, dan wel deze heeft erkend door inschrijving in het aandeelhoudersregister als bedoeld in lid 2.

Spontane erkenning

– 2. De vennootschap die kennis draagt van de rechtshandeling als bedoeld in het eerste lid kan, zolang haar geen erkenning daarvan is verzocht noch betekening van de akte aan haar is geschied, die rechtshandeling eigener beweging erkennen door inschrijving van de verkrijger van het aandeel of het beperkte recht daarop in het aandeelhoudersregister. Zij doet daarvan aanstonds bij aangetekende brief mededeling aan de bij de rechtshandeling betrokken partijen met het verzoek alsnog een afschrift of uittreksel als bedoeld in artikel 86b lid 1 aan haar over te leggen. Na ontvangst daarvan plaatst zij, ten bewijze van de erkenning, een aantekening op het stuk op de wijze als in artikel 86b voor de erkenning wordt voorgeschreven; als datum van erkenning wordt de dag van de inschrijving vermeld.

– 3. Indien een rechtshandeling als bedoeld in het eerste lid heeft plaatsgevonden zonder dat dit heeft geleid tot een daarop aansluitende wijziging in het register van aandeelhouders, kan deze noch aan de vennootschap noch aan anderen die te goeder trouw de in het aandeelhoudersregister ingeschreven persoon als aandeelhouder of eigenaar van een beperkt recht op een aandeel hebben beschouwd, worden tegengeworpen. (BW 2: 85, 196a; 3: 88)   **Positie derde-verkrijger; goede trouw**

Art. 86b

– 1. Behoudens het bepaalde in artikel 86a lid 2 geschiedt de erkenning in de akte dan wel op grond van overlegging van een notarieel afschrift of uittreksel van de akte.   **Notariële akte**

– 2. Bij erkenning op grond van overlegging van een notarieel afschrift of uittreksel wordt een gedagtekende verklaring geplaatst op het overgelegde stuk.

– 3. De betekening geschiedt van een notarieel afschrift of uittreksel van de akte. (BW 2: 196b)

Art. 86c

– 1. Voor de levering van een aandeel op naam of de levering van een beperkt recht daarop in een vennootschap, waarvan aandelen of certificaten van aandelen zijn toegelaten tot de officiële notering van een gereglementeerde effectenbeurs in de zin van artikel 1, onderdeel e, van de Wet toezicht effectenverkeer 1995, die onder toezicht staat van de overheid of van een door de overheid erkende autoriteit of instelling, of waarvan aandelen of certificaten van aandelen, naar ten tijde van de rechtshandeling op goede gronden kan worden verwacht, daartoe spoedig zullen worden toegelaten, gelden de volgende bepalingen.   **Formaliteiten bij genoteerde aandelen/certificaten**

– 2. Voor de levering van een aandeel op naam of de levering van een beperkt recht daarop zijn vereist een daartoe bestemde akte alsmede, behoudens in het geval dat de vennootschap zelf bij de rechtshandeling partij is, schriftelijke erkenning door de vennootschap van de levering. De erkenning geschiedt in de akte, of door een gedagtekende verklaring houdende de erkenning op de akte of op een notarieel of door de vervreemder gewaarmerkt afschrift of uittreksel daarvan, of op de wijze als bedoeld in lid 3. Met de erkenning staat gelijk de betekening van die akte of dat afschrift of uittreksel aan de vennootschap. Betreft het de levering van niet volgestorte aandelen, dan kan de erkenning slechts geschieden wanneer de akte een vaste dagtekening draagt.   **Levering van aandeel op naam**

– 3. Indien voor een aandeel een aandeelbewijs is afgegeven, kunnen de statuten bepalen dat voor de levering bovendien afgifte van dat aandeelbewijs aan de vennootschap is vereist. Dit vereiste geldt niet indien het aandeelbewijs is verloren, ontvreemd of vernietigd en niet volgens de statuten kan worden vervangen. Indien het aandeelbewijs aan de vennootschap wordt afgegeven, kan de vennootschap de levering erkennen door op dat aandeelbewijs een aantekening te plaatsen waaruit van die erkenning blijkt of door het afgegeven bewijs te vervangen door een nieuw aandeelbewijs luidende ten name van de verkrijger.

– 4. Een pandrecht kan ook worden gevestigd zonder erkenning door of betekening aan de vennootschap. Alsdan is artikel 239 van Boek 3 van overeenkomstige toepassing, waarbij erkenning door of betekening aan de vennootschap in de plaats treedt van de in lid 3 van dat artikel bedoelde mededeling. (BW 2: 87, 88, 89, 90, 195, 196, 199; 3: 83, 94, 98, 236, 239, 246; 6: 34; Overg.w. 51; Rv 474h)

Art. 86d

– 1. De houder van een bewijs van een aandeel aan toonder kan de vennootschap verzoeken hem een duplicaat te verstrekken van het verloren gegane aandeelbewijs.   **Vervanging verloren gegane aandeelbewijzen**

– 2. De houder dient aannemelijk te maken dat het aandeelbewijs is verloren gegaan, onder vermelding van de identiteit van het betrokken aandeelbewijs.

– 3. De vennootschap publiceert de aanvraag om een duplicaat in de prijscourant van een beurs als bedoeld in artikel 86c lid 1 of, indien de aandelen daarin niet zijn opgenomen, in een landelijk verspreid dagblad.   **Publicatie**

– 4. Iedere belanghebbende kan binnen zes weken vanaf de dag na de publicatie van de aanvraag door een verzoekschrift aan de rechtbank in verzet komen tegen de verstrekking van het duplicaat.   **Belanghebbende**

– 5. Indien niet tijdig verzet is ingesteld of indien een verzet bij onherroepelijk geworden uitspraak ongegrond is verklaard, wordt het duplicaat tegen vergoeding van de kosten verstrekt. Het duplicaat treedt in de plaats van het verloren gegane aandeelbewijs. Na het verstrekken van een duplicaat kunnen aan het vervangen bewijs van aandeel geen rechten worden ontleend.   **Verstrekking duplicaat**

– 6. Dit artikel is niet van toepassing voorzover de statuten van de vennootschap voorzien in een regeling ter vervanging van verloren gegane aandeelbewijzen.

Art. 87

Beperking over-
dracht of toede-
ling aandelen op
naam

– 1. Bij de statuten kan de overdraagbaarheid van aandelen op naam worden beperkt. Deze beperking kan niet zodanig zijn dat zij de overdracht onmogelijk of uiterst bezwaarlijk maakt. Hetzelfde geldt voor de toedeling van aandelen uit een gemeenschap. Een overdracht in strijd met een beperking is ongeldig. (BW 2: 64, 86, 89[5], 195[7]; 3: 83, 186; 6: 252; Rv 474g[4])

– 2. Indien de statuten de overdracht van aandelen onderwerpen aan de goedkeuring van een orgaan van de vennootschap of van derden, wordt de goedkeuring geacht te zijn verleend indien niet binnen een in de statuten gestelde termijn van ten hoogste drie maanden op het verzoek is beslist of indien de aandeelhouder niet gelijktijdig met de weigering van de goedkeuring opgave ontvangt van een of meer gegadigden die bereid zijn de aandelen waarop het verzoek om goedkeuring betrekking heeft te kopen. De regeling dient zodanig te zijn dat de aandeelhouder die dit verlangt een prijs ontvangt gelijk aan de waarde van zijn over te dragen aandeel of aandelen, vastgesteld door een of meer onafhankelijke deskundigen. (BW 2: 195[8]; 3: 88; 6: 203, 271)

– 3. Indien de statuten bepalen dat een aandeelhouder die een of meer aandelen wil ver-vreemden deze eerst moet aanbieden aan mede-aandeelhouders of aan een door een orgaan van de vennootschap aan te wijzen derde, dient de regeling zodanig te zijn dat de aandeelhouder die dit verlangt een prijs ontvangt gelijk aan de waarde van zijn over te dragen aandeel of aandelen, vastgesteld door een of meer onafhankelijke deskundigen. De aandeelhouder blijft bevoegd zijn aanbod in te trekken mits dit geschiedt binnen een maand nadat hem bekend is aan welke gegadigden hij al de aandelen waarop het aanbod betrekking heeft kan verkopen en tegen welke prijs. Indien is vastgesteld dat niet al de aandelen waarop het aanbod betrekking heeft worden gekocht, zal de aanbieder de aandelen binnen een in de statuten te stellen ter-mijn van ten minste drie maanden na die vaststelling vrijelijk mogen overdragen.

– 4. De vennootschap zelf kan slechts met instemming van de aandeelhouder, bedoeld in het tweede of derde lid, gegadigde zijn.

– 5. Bepalingen in de statuten omtrent de overdraagbaarheid van aandelen gelden niet, indien de houder krachtens de wet tot overdracht van zijn aandeel aan een eerdere houder verplicht is.

Art. 87a

– 1. De statuten kunnen bepalen dat in gevallen, in de statuten omschreven, de aandeelhou-der gehouden is zijn aandelen aan te bieden en over te dragen. De statuten kunnen daarbij bepalen dat zolang de aandeelhouder zijn verplichtingen tot aanbieding of overdracht niet nakomt, zijn stemrecht, zijn recht op deelname aan de algemene vergadering en zijn recht op uitkeringen is opgeschort.

– 2. De statuten kunnen bepalen dat indien een aandeelhouder niet binnen een in de statuten te bepalen redelijke termijn zijn statutaire verplichtingen tot aanbieding en overdracht van zijn aandelen is nagekomen, de vennootschap onherroepelijk gevolmachtigd is de aandelen aan te bieden en over te dragen. Wanneer er geen gegadigden zijn aan wie de aandeelhouder al zijn aandelen zal kunnen overdragen volgens een regeling in de statuten, ontbreekt de vol-macht en is de aandeelhouder onherroepelijk van het bepaalde in lid 1 ontheven.

– 3. De regeling dient zodanig te zijn dat de aandeelhouder die dit verlangt een prijs ontvangt, gelijk aan de waarde van zijn aandeel of aandelen, vastgesteld door een of meer onafhankelijke deskundigen.

Art. 87b

– 1. De statuten kunnen bepalen dat van de aandeelhouder die niet of niet langer aan in de statuten gestelde eisen voldoet het stemrecht, het recht op deelname aan de algemene verga-dering en het recht op uitkeringen is opgeschort.

– 2. Indien de aandeelhouder een of meer van de in lid 1 genoemde rechten niet kan uitoefe-nen en de aandeelhouder niet gehouden is zijn aandelen aan te bieden en over te dragen, is hij onherroepelijk van de in de statuten gestelde eisen ontheven wanneer de vennootschap niet binnen drie maanden na een verzoek daartoe van de aandeelhouder gegadigden heeft aange-wezen aan wie hij al zijn aandelen zal kunnen overdragen volgens een regeling in de statuten.

– 3. De regeling dient zodanig te zijn dat de aandeelhouder die dit verlangt een prijs ontvangt, gelijk aan de waarde van zijn aandeel of aandelen, vastgesteld door een of meer onafhankelijke deskundigen.

Art. 88

– 1. De bevoegdheid tot het vestigen van vruchtgebruik op een aandeel kan bij de statuten niet worden beperkt of uitgesloten. (BW 2: 319; 3: 201 v.)

– 2. De aandeelhouder heeft het stemrecht op de aandelen waarop een vruchtgebruik is ge-vestigd. (BW 2: 89[2], 117, 118; 3: 219)

– 3. In afwijking van het voorgaande lid komt het stemrecht toe aan de vruchtgebruiker, indien zulks bij de vestiging van het vruchtgebruik is bepaald en de vruchtgebruiker een per-soon is, aan wie de aandelen vrijelijk kunnen worden overgedragen. Indien de vruchtgebruiker een persoon is aan wie de aandelen niet vrijelijk kunnen worden overgedragen, komt hem het stemrecht uitsluitend toe, indien dit bij de vestiging van het vruchtgebruik is bepaald en zowel deze bepaling als – bij overdracht van het vruchtgebruik – de overgang van het stemrecht is goedgekeurd door het vennootschapsorgaan dat bij de statuten is aangewezen om goedkeuring te verlenen tot een voorgenomen overdracht van aandelen, dan wel – bij ontbreken van zodanige aanwijzing – door de algemene vergadering van aandeelhouders. Van het bepaalde in de vorige zin kan in de statuten worden afgeweken. Bij een vruchtgebruik als bedoeld in de artikelen 19 en 21 van Boek 4 komt het stemrecht eveneens aan de vruchtgebruiker toe, tenzij bij de vestiging van het vruchtgebruik door partijen of door de kantonrechter op de voet van artikel 23 lid 4 van Boek 4 anders wordt bepaald. (BW 2: 87, 89³, 107)

– 4. De aandeelhouder die geen stemrecht heeft, en de vruchtgebruiker die stemrecht heeft, hebben de rechten, die door de wet zijn toegekend aan de houders van met medewerking ener vennootschap uitgegeven certificaten van aandelen. De vruchtgebruiker die geen stemrecht heeft, heeft deze rechten, tenzij deze hem bij de vestiging of de overdracht van het vruchtgebruik of bij de statuten der vennootschap worden onthouden. (BW 2: 89⁴, 92², 99⁷, 103, 110, 112, 113, 114, 117, 123, 314², 346)

– 5. Indien de statuten der vennootschap niet anders bepalen, komen ook aan de aandeelhouder toe de uit het aandeel voortspruitende rechten, strekkende tot het verkrijgen van aandelen, met dien verstande dat hij de waarde van deze rechten moet vergoeden aan de vruchtgebruiker, voor zover deze krachtens zijn recht van vruchtgebruik daarop aanspraak heeft. (BW 2: 85, 96a, 197; 3: 9, 201, 216; Overg.w. 51)

Art. 89

Pandrecht op aandelen

– 1. De bevoegdheid tot verpanding van een aandeel aan toonder kan bij de statuten niet worden beperkt of uitgesloten. Op aandelen op naam kan pandrecht worden gevestigd, voor zover de statuten niet anders bepalen. (BW 2: 319; 3: 227 v., 236 v., 248 v.)

– 2. De aandeelhouder heeft het stemrecht op de verpande aandelen. (BW 2: 88², 117, 118; 3: 247)

– 3. In afwijking van het voorgaande lid komt het stemrecht toe aan de pandhouder, indien zulks bij de vestiging van het pandrecht is bepaald en de pandhouder een persoon is, aan wie de aandelen vrijelijk kunnen worden overgedragen. Indien de pandhouder een persoon is aan wie de aandelen niet vrijelijk kunnen worden overgedragen, komt hem het stemrecht uitsluitend toe, indien dit bij de vestiging van het pandrecht is bepaald, en de bepaling is goedgekeurd door het vennootschapsorgaan dat bij de statuten is aangewezen om goedkeuring te verlenen tot een voorgenomen overdracht van aandelen, dan wel – bij ontbreken van zodanige aanwijzing – door de algemene vergadering van aandeelhouders. Treedt een ander in de rechten van de pandhouder, dan komt hem het stemrecht slechts toe, indien het in de vorige zin bedoelde orgaan dan wel, bij gebreke daarvan, de algemene vergadering de overgang van het stemrecht goedkeurt. Van het bepaalde in de voorgaande drie zinnen kan in de statuten worden afgeweken. (BW 2: 87, 88³, 107)

– 4. De aandeelhouder die geen stemrecht heeft, en de pandhouder die stemrecht heeft, hebben de rechten die door de wet zijn toegekend aan de houders van met medewerking ener vennootschap uitgegeven certificaten van aandelen. De pandhouder die geen stemrecht heeft, heeft deze rechten, tenzij deze hem bij de vestiging of de overgang van het pandrecht of bij de statuten der vennootschap worden onthouden. (BW 2: 88⁴, 92², 99⁷, 100, 103, 110, 112, 113, 114, 117, 123, 314², 346)

– 5. De bepalingen van de statuten ten aanzien van de vervreemding en overdracht van aandelen zijn van toepassing op de vervreemding en overdracht van de aandelen door de pandhouder of de verblijving van de aandelen aan de pandhouder, met dien verstande dat de pandhouder alle ten aanzien van de vervreemding en overdracht aan de aandeelhouder toekomende rechten uitoefent en diens verplichtingen ter zake nakomt. (BW 2: 85, 86, 87, 89a, 198; Overg.w. 51; Rv 474g)

– 6. Is het pandrecht overeenkomstig artikel 86c lid 4 gevestigd, dan komen de rechten volgens dit artikel de pandhouder eerst toe nadat het pandrecht door de vennootschap is erkend of aan haar is betekend.

Art. 89a

Inpandneming eigen aandelen

– 1. De naamloze vennootschap kan eigen aandelen of certificaten daarvan slechts in pand nemen, indien:

a. de in pand te nemen aandelen volgestort zijn, (BW 2: 80 v.)

b. het nominale bedrag van de in pand te nemen en de reeds gehouden of in pand gehouden eigen aandelen en certificaten daarvan tezamen niet meer dan een tiende van het geplaatste kapitaal bedraagt, en

c. de algemene vergadering van aandeelhouders de pandovereenkomst heeft goedgekeurd. (BW 2: 89, 98, 98d⁵, 107 v.)

– 2. Dit artikel is niet van toepassing op aandelen en certificaten daarvan die een ingevolge artikel 52 van de Wet toezicht kredietwezen 1992 (*Stb.* 1992, 722) geregistreerde kredietinstelling als bedoeld in artikel 1, eerste lid, onderdeel *a*, onder 1°, van die wet in de gewone uitoefening van het kredietbedrijf in pand neemt. Deze aandelen en certificaten blijven buiten beschouwing bij de toepassing van de artikelen 98 lid 2 onder *b* en 98*a* lid 3. (BW 2: 98, 98*c*³, 118⁷, 198, 375, 378⁴; 3: 227 v., 236 v.)

Art. 90

Aansprakelijkheid na overdracht of toedeling niet-volgestort aandeel

– 1. Na overdracht of toedeling van een niet volgestort aandeel blijft ieder van de vorige aandeelhouders voor het daarop nog te storten bedrag hoofdelijk jegens de naamloze vennootschap aansprakelijk. Het bestuur kan tezamen met de raad van commissarissen de vorige aandeelhouder bij authentieke of geregistreerde onderhandse akte van verdere aansprakelijkheid ontslaan; in dat geval blijft de aansprakelijkheid niettemin bestaan voor stortingen, uitgeschreven binnen een jaar na de dag waarop de authentieke akte is verleden of de onderhandse is geregistreerd. (Overg.w. 69)
– 2. Indien een vorig aandeelhouder betaalt, treedt hij in de rechten die de vennootschap tegen latere houders heeft. (BW 2: 55, 80, 82, 84, 86, 199; 6: 6 v., 150 v., 160 v.)

Art. 91

Vervallen.

Art. 91a

Informatieplicht

– 1. De houder van aandelen aan toonder die alle aandelen in het kapitaal van de vennootschap heeft verkregen, geeft hiervan schriftelijk kennis aan de vennootschap binnen acht dagen na de laatste verkrijging.
– 2. De houder van aandelen aan toonder die ophoudt houder te zijn van alle aandelen in het kapitaal van de vennootschap doordat een derde een of meer van zijn aandelen verkrijgt, geeft hiervan schriftelijk kennis aan de vennootschap binnen acht dagen nadien. Indien de houder van alle aandelen overlijdt of door fusie of splitsing ophoudt te bestaan, geven de verkrijgers hiervan schriftelijk kennis aan de vennootschap binnen een maand na het overlijden onderscheidenlijk de fusie of de splitsing.
– 3. Indien alle aandelen in het kapitaal van de vennootschap behoren tot een huwelijksgemeenschap of in een gemeenschap van een geregistreerd partnerschap, wordt de vennootschap geacht een enkele aandeelhouder te hebben in de zin van dit artikel en rust op ieder van de deelgenoten de verplichting tot kennisgeving overeenkomstig dit artikel.
– 4. Voor de toepassing van dit artikel worden aandelen gehouden door de vennootschap of haar dochtermaatschappijen niet meegeteld. (BW 2: 118⁷, 228⁶, 311, 334*c*)

Art. 92

Gelijkheid van de aandeelhouders

– 1. Voor zover bij de statuten niet anders is bepaald, zijn aan alle aandelen in verhouding tot hun bedrag gelijke rechten en verplichtingen verbonden.
– 2. De naamloze vennootschap moet de aandeelhouders onderscheidenlijk certificaathouders die zich in gelijke omstandigheden bevinden, op dezelfde wijze behandelen. (BW 2: 8, 23*b*¹, 79, 96, 96*a*, 99, 103, 105, 110, 113, 117, 118, 201, 392¹)
– 3. De statuten kunnen bepalen dat aan aandelen van een bepaalde soort bijzondere rechten als in de statuten omschreven inzake de zeggenschap in de vennootschap zijn verbonden.

Art. 92a

Uitkoop

– 1. Hij die als aandeelhouder voor eigen rekening ten minste 95% van het geplaatste kapitaal van de naamloze vennootschap verschaft, kan tegen de gezamenlijke andere aandeelhouders een vordering instellen tot overdracht van hun aandelen aan de eiser. Hetzelfde geldt, indien twee of meer groepsmaatschappijen dit deel van het geplaatste kapitaal samen verschaffen en samen de vordering instellen tot overdracht aan een hunner. (BW 2: 24*a*, 24*b*, 24*d*)
– 2. Over de vordering oordeelt in eerste aanleg de ondernemingskamer van het gerechtshof te Amsterdam. Van de uitspraak staat uitsluitend beroep in cassatie open. (RO 72, 99)
– 3. Indien tegen een of meer gedaagden verstek is verleend, moet de rechter ambtshalve onderzoeken of de eiser of eisers de vereisten van lid 1 vervullen.
– 4. De rechter wijst de vordering tegen alle gedaagden af, indien een gedaagde ondanks de vergoeding ernstige stoffelijke schade zou lijden door de overdracht, een gedaagde houder is van een aandeel waaraan de statuten een bijzonder recht inzake de zeggenschap in de vennootschap verbonden of een eiser jegens een gedaagde afstand heeft gedaan van zijn bevoegdheid de vordering in te stellen.
– 5. Indien de rechter oordeelt dat de leden 1 en 4 de toewijzing van de vordering niet beletten, kan hij bevelen dat een of drie deskundigen zullen berichten over de waarde van de over te dragen aandelen. De eerste drie zinnen van artikel 350 lid 3 en de artikelen 351 en 352 zijn van toepassing. De rechter stelt de prijs vast die de over te dragen aandelen op een door hem te bepalen dag hebben. Zo lang en voor zover de prijs niet is betaald, wordt hij verhoogd met rente, gelijk aan de wettelijke rente, van die dag af tot de overdracht; uitkeringen op de aande-

len die in dit tijdvak betaalbaar worden gesteld, strekken op de dag van betaalbaarstelling tot gedeeltelijke betaling van de prijs. (Rv 221 v.)

– 6. De rechter die de vordering toewijst, veroordeelt de overnemer aan degenen aan wie de aandelen toebehoren of zullen toebehoren de vastgestelde prijs met rente te betalen tegen levering van het onbezwaarde recht op de aandelen. De rechter geeft omtrent de kosten van het geding zodanige uitspraak als hij meent dat behoort. Een gedaagde die geen verweer heeft gevoerd, wordt niet verwezen in de kosten. (Rv 56)

– 7. Staat het bevel tot overdracht bij gerechtelijk gewijsde vast, dan deelt de overnemer de dag en plaats van betaalbaarstelling en de prijs schriftelijk mee aan de houders van de over te nemen aandelen van wie hij het adres kent. Hij kondigt deze ook aan in een landelijk verspreid dagblad, tenzij hij van allen het adres kent.

– 8. De overnemer kan zich altijd van zijn verplichtingen ingevolge de leden 6 en 7 bevrijden door de vastgestelde prijs met rente voor alle nog niet overgenomen aandelen te consigneren, onder mededeling van hem bekende rechten van pand en vruchtgebruik en de hem bekende beslagen. Door deze mededeling gaat beslag over van de aandelen op het recht op uitkering. Door het consigneren gaat het recht op de aandelen onbezwaard op hem over en gaan rechten van pand of vruchtgebruik over op het recht op uitkering. Aan aandeel- en dividendbewijzen waarop na de overgang uitkeringen betaalbaar zijn gesteld, kan nadien geen recht jegens de vennootschap meer worden ontleend. De overnemer maakt het consigneren en de prijs per aandeel op dat tijdstip bekend op de wijze van lid 7. (BW 2: 201a; 6: 66 v.)

AFDELING 3

Het vermogen van de naamloze vennootschap
Art. 93

– 1. Uit rechtshandelingen, verricht namens een op te richten naamloze vennootschap, ontstaan slechts rechten en verplichtingen voor de vennootschap wanneer zij die rechtshandelingen na haar oprichting uitdrukkelijk of stilzwijgend bekrachtigt of ingevolge lid 4 wordt verbonden. *(= door opname in akte van oprichting art 9u)*

– 2. Degenen die een rechtshandeling verrichten namens een op te richten naamloze vennootschap zijn, tenzij met betrekking tot die rechtshandeling uitdrukkelijk anders is bedongen, daardoor hoofdelijk verbonden, totdat de vennootschap na haar oprichting de rechtshandeling heeft bekrachtigd.

– 3. Indien de vennootschap haar verplichtingen uit de bekrachtigde rechtshandeling niet nakomt, zijn degenen die namens de op te richten vennootschap handelden hoofdelijk aansprakelijk voor de schade die de derde dientengevolge lijdt, indien zij wisten of redelijkerwijs konden weten dat de vennootschap haar verplichtingen niet zou kunnen nakomen, onverminderd de aansprakelijkheid terzake van de bestuurders wegens de bekrachtiging. De wetenschap dat de vennootschap haar verplichtingen niet zou kunnen nakomen, wordt vermoed aanwezig te zijn, wanneer de vennootschap binnen een jaar na de oprichting in staat van faillissement wordt verklaard. (BW 2: 9, 138; 3: 55 v., 61, 66, 69; 6: 6 v., 95 v., 162; Fw 43, 45)

– 4. De oprichters kunnen de vennootschap in de akte van oprichting slechts verbinden door het uitgeven van aandelen, het aanvaarden van stortingen daarop, het aanstellen van bestuurders, het benoemen van commissarissen en het verrichten van rechtshandelingen als bedoeld in artikel 94 lid 1. Indien een oprichter hierbij onvoldoende zorgvuldigheid heeft betracht, zijn de artikelen 9 en 138 van overeenkomstige toepassing. (BW 2: 4, 67⁴, 69, 80-80b, 93a, 94, 130, 132, 135, 142, 203)

Art. 93a

– 1. Indien voor of bij de oprichting op aandelen wordt gestort in geld, moeten aan de akte van oprichting een of meer verklaringen worden gehecht, inhoudende dat de bedragen die op de bij de oprichting te plaatsen aandelen moeten worden gestort:

a. hetzij terstond na de oprichting ter beschikking zullen staan van de naamloze vennootschap,

b. hetzij alle op een zelfde tijdstip, ten vroegste vijf maanden voor de oprichting, op een afzonderlijke rekening stonden welke na de oprichting uitsluitend ter beschikking van de vennootschap zal staan, mits de vennootschap de stortingen in de akte aanvaardt.

– 2. Indien vreemd geld is gestort, moet uit de verklaring blijken tegen hoeveel geld het vrijelijk kon worden gewisseld op een dag waarop krachtens artikel 80a lid 3 de koers bepalend is voor de stortingsplicht.

– 3. Zulk een verklaring kan slechts worden afgelegd door een bankier, die een kredietinstelling is als bedoeld in artikel 1, eerste lid, onderdeel a, onder 1°, van de Wet toezicht kredietwezen 1992 en die hetzij als kredietinstelling is geregistreerd ingevolge artikel 52 van de Wet toezicht kredietwezen 1992, hetzij in een andere lidstaat van de Europese Gemeenschappen of

---

Sidebar notes:

Rechtshandelingen namens een op te richten vennootschap

Hoofdelijke aansprakelijkheid

Verklaring inzake gestorte gelden op aandelen

1 BW Boek 2

in een andere staat die partij is bij de Overeenkomst betreffende de Europese Economische Ruimte is onderworpen aan bedrijfseconomisch toezicht van overheidswege. Zij kan slechts worden afgegeven aan een notaris.

– 4. Worden voor de oprichting aan de rekening, bedoeld in onderdeel *b* van lid 1, bedragen onttrokken, dan zijn de oprichters hoofdelijk jegens de vennootschap verbonden tot vergoeding van die bedragen, totdat de vennootschap de onttrekkingen uitdrukkelijk heeft bekrachtigd.

– 5. De notaris moet de bankiers wier verklaring hij heeft ontvangen terstond verwittigen van de oprichting. Indien de oprichting niet doorgaat, moet hij hun de verklaring terugzenden.

– 6. Indien na de oprichting in vreemd geld is gestort, legt de vennootschap binnen twee weken na de storting een verklaring, als bedoeld in lid 2, van een in het derde lid bedoelde bankier neer ten kantore van het handelsregister. (BW 2: 4, 69, 77, 80*a*, 203*a*)

Art. 94

– 1. Rechtshandelingen:

a. in verband met het nemen van aandelen waarbij bijzondere verplichtingen op de naamloze vennootschap worden gelegd,

b. rakende het verkrijgen van aandelen op andere voet dan waarop de deelneming in de naamloze vennootschap voor het publiek wordt opengesteld,

c. strekkende om enigerlei voordeel te verzekeren aan een oprichter der naamloze vennootschap of aan een bij de oprichting betrokken derde,

d. betreffende inbreng op aandelen anders dan in geld, moeten in haar geheel worden opgenomen in de akte van oprichting of in een geschrift dat daaraan in origineel of in authentiek afschrift wordt gehecht en waarnaar de akte van oprichting verwijst. Indien de vorige zin niet in acht is genomen, kunnen voor de vennootschap uit deze rechtshandelingen geen rechten of verplichtingen ontstaan.

– 2. Na de oprichting kunnen de in het vorige lid bedoelde rechtshandelingen zonder voorafgaande goedkeuring van de algemene vergadering van aandeelhouders slechts worden verricht, indien en voor zover aan het bestuur de bevoegdheid daartoe uitdrukkelijk bij de statuten is verleend.

– 3. Van het bepaalde in dit artikel zijn uitgezonderd de in artikel 80 lid 2 bedoelde overeenkomsten. (BW 2: 4, 69, 80 *a*, 80*b*, 93, 94*a*, 101, 122, 204, 312² sub *d*, 392¹ sub *e* en *f*)

Art. 94a

– 1. Indien bij de oprichting inbreng op aandelen anders dan in geld wordt overeengekomen, maken de oprichters een beschrijving op van hetgeen wordt ingebracht, met vermelding van de daaraan toegekende waarde en van de toegepaste waarderingsmethoden. Deze methoden moeten voldoen aan normen die in het maatschappelijke verkeer als aanvaardbaar worden beschouwd. De beschrijving heeft betrekking op de toestand van hetgeen wordt ingebracht op een dag die niet eerder dan vijf maanden voor de oprichting ligt. De beschrijving wordt door alle oprichters ondertekend en aan de akte van oprichting gehecht. (BW 2: 69, 80*b*, 94*b*-94*c*, 105⁴, 362)

– 2. Over de beschrijving van hetgeen wordt ingebracht moet een accountant als bedoeld in artikel 393, eerste lid een verklaring afleggen, die aan de akte van oprichting moet worden gehecht. Hierin verklaart hij dat de waarde van hetgeen wordt ingebracht, bij toepassing van in het maatschappelijke verkeer als aanvaardbaar beschouwde waarderingsmethoden, ten minste beloopt het bedrag van de stortingsplicht, in geld uitgedrukt, waaraan met de inbreng moet worden voldaan. Indien bekend is dat de waarde na de beschrijving aanzienlijk is gedaald, is een tweede verklaring vereist. (BW 2: 4, 80 v., 94*b*-94*c*, 312, 313, 362¹)

– 3. De beschrijving en accountantsverklaring zijn niet vereist, indien aan de volgende voorwaarden is voldaan:

a. alle oprichters hebben besloten af te zien van de opstelling van de deskundigenverklaring; (BW 2: 403, 404)

b. een of meer rechtspersonen op wier jaarrekening titel 9 van toepassing is, of die krachtens de toepasselijke wet voldoen aan de eisen van de vierde richtlijn van de Raad van de Europese Gemeenschappen inzake het vennootschapsrecht, nemen alle uit te geven aandelen tegen inbreng anders dan in geld;

c. elke inbrengende rechtspersoon beschikt ten tijde van de inbreng over niet uitkeerbare reserves, voor zover nodig door het bestuur hiertoe afgezonderd uit de uitkeerbare reserves, ter grootte van het nominale bedrag der door de rechtspersoon genomen aandelen; (BW 2: 373)

d. elke inbrengende rechtspersoon verklaart dat hij een bedrag van ten minste de nominale waarde der door hem genomen aandelen ter beschikking zal stellen voor de voldoening van schulden van de vennootschap aan derden, die ontstaan in het tijdvak tussen de plaatsing van de aandelen en een jaar nadat de vastgestelde jaarrekening van de vennootschap over het boekjaar van de inbreng is neergelegd ten kantore van het handelsregister, voor zover de vennootschap deze niet kan voldoen en de schuldeisers hun vordering binnen twee jaren na deze nederlegging schriftelijk aan een van de inbrengende rechtspersonen hebben opgegeven; (BW 2: 77, 403)

e. elke inbrengende rechtspersoon heeft zijn laatste vastgestelde balans met toelichting, met de accountantsverklaring daarbij, neergelegd ten kantore van het handelsregister en sedert de balansdatum zijn nog geen achttien maanden verstreken; (BW 2: 58, 101, 163, 210, 273, 364-376, 378, 379, 393, 396)

f. elke inbrengende rechtspersoon zondert een reserve af ter grootte van het nominale bedrag der door hem genomen aandelen en kan dit doen uit reserves waarvan de aard dit niet belet; (BW 2: 373)

g. de vennootschap doet ten kantore van het handelsregister opgave van het onder *a* bedoelde besluit en elke inbrengende rechtspersoon doet aan hetzelfde kantoor opgave van zijn onder *d* vermelde verklaring. (BW 2: 77, 403)

– 4. Indien het vorige lid is toegepast, mag een inbrengende rechtspersoon zijn tegen de inbreng genomen aandelen niet vervreemden in het tijdvak, genoemd in dat lid onder *d,* en moet hij de reserve, genoemd in dat lid onder *f* aanhouden tot twee jaar na dat tijdvak. Nadien moet de reserve worden aangehouden tot het bedrag van de nog openstaande opgegeven vorderingen als bedoeld in het vorige lid onder *d.* De oorspronkelijke reserve wordt verminderd met betalingen op de opgegeven vorderingen.

Bewind

– 5. De inbrengende rechtspersoon en alle in lid 3 onder *d* bedoelde schuldeisers kunnen de kantonrechter van de woonplaats van de vennootschap verzoeken, een bewind over de vorderingen in te stellen, strekkende tot hun voldoening daarvan uit de krachtens lid 3 onder *d* ter beschikking gestelde bedragen. Voor zover nodig, zijn de bepalingen van de Faillissementswet omtrent de verificatie van vorderingen en de vereffening van overeenkomstige toepassing. Een schuldeiser kan zijn vordering niet met een schuld aan een inbrengende rechtspersoon verrekenen. Over de vorderingen kan slechts onder de last van het bewind worden beschikt en zij kunnen slechts onder die last worden uitgewonnen, behalve voor schulden die voortspruiten uit handelingen welke door de bewindvoerder in zijn hoedanigheid zijn verricht. De kantonrechter regelt de bevoegdheden en de beloning van de bewindvoerder; hij kan zijn beschikking te allen tijde wijzigen. (BW 1: 10²; BW 2: 22, 80*b*, 94*b* v., 98² sub *a*, 105², 204*a*)

Art. 94b

Beschrijving na oprichting van inbreng anders dan in geld; accountants-verklaring

– 1. Indien na de oprichting inbreng op aandelen anders dan in geld wordt overeengekomen, maakt de vennootschap overeenkomstig artikel 94*a* lid 1 een beschrijving op van hetgeen wordt ingebracht. De beschrijving heeft betrekking op de toestand op een dag die niet eerder dan vijf maanden ligt voor de dag waarop de aandelen worden genomen dan wel waartegen een bijstorting is uitgeschreven of waarop zij is overeengekomen. De bestuurders ondertekenen de beschrijving; ontbreekt de handtekening van een of meer hunner, dan wordt daarvan onder opgave van reden melding gemaakt. (BW 2: 94¹, 102², 312³)

– 2. Artikel 94*a* lid 2 is van overeenkomstige toepassing.

– 3. Indien alle aandeelhouders hebben besloten af te zien van de opstelling van de beschrijving en accountantsverklaring en overeenkomstig het derde lid, onder *b-g,* van artikel 94*a* is gehandeld, is geen beschrijving of accountantsverklaring vereist en is artikel 94*a* leden 4 en 5 van overeenkomstige toepassing.

– 4. De vennootschap legt, binnen acht dagen na de dag waarop de aandelen zijn genomen dan wel waarop de bijstorting opeisbaar werd, de accountantsverklaring bij de inbreng of een afschrift daarvan neer ten kantore van het handelsregister met opgave van de namen van de inbrengers en van het bedrag van het aldus gestorte deel van het geplaatste kapitaal. (BW 2: 77; WED 1, 4°)

– 5. Dit artikel is niet van toepassing voor zover de inbreng bestaat uit aandelen of certificaten van aandelen, daarin converteerbare rechten of winstbewijzen van een andere rechtspersoon, waarop de vennootschap een openbaar bod heeft uitgebracht, mits deze effecten of een deel daarvan zijn opgenomen in de prijscourant van een effectenbeurs of geregeld op de incourante markt worden verhandeld. (BW 2: 72, 77, 80*b*, 94*a*, 204*b*)

Art. 94c

Tot 2 jaar na de oprichting door de NV goed te keuren rechtshandelingen

– 1. Een rechtshandeling die de naamloze vennootschap heeft verricht zonder goedkeuring van de algemene vergadering van aandeelhouders of zonder de verklaring, bedoeld in lid 3, kan ten behoeve van de vennootschap worden vernietigd, indien de rechtshandeling:

a. strekt tot het verkrijgen van goederen, met inbegrip van vorderingen die worden verrekend, die een jaar voor de oprichting of nadien toebehoorden aan een oprichter, en

b. is verricht voordat twee jaren zijn verstreken na de inschrijving van de vennootschap in het handelsregister.

– 2. Indien de goedkeuring wordt gevraagd, maakt de vennootschap een beschrijving op van de te verkrijgen goederen en van de tegenprestatie. De beschrijving heeft betrekking op de toestand van het beschrevene op een dag die niet voor de oprichting ligt. In de beschrijving worden de waarden vermeld die aan de goederen en tegenprestatie worden toegekend alsmede de toegepaste waarderingsmethoden. Deze methoden moeten voldoen aan normen die in het maatschappelijke verkeer als aanvaardbaar worden beschouwd. De bestuurders ondertekenen de beschrijving; ontbreekt de handtekening van een of meer hunner, dan wordt daarvan onder opgave van reden melding gemaakt. (BW 2: 94b^1, 101^2, 362)

– 3. Artikel 94a lid 2 is van overeenkomstige toepassing, met dien verstande dat de verklaring moet inhouden dat de waarde van de te verkrijgen goederen, bij toepassing van in het maatschappelijke verkeer als aanvaardbaar beschouwde waarderingsmethoden, overeenkomt met ten minste de waarde van de tegenprestatie.

– 4. Op het ter inzage leggen en in afschrift ter beschikking stellen van de in de vorige leden bedoelde stukken is artikel 102 van overeenkomstige toepassing. (WED 1, 4°)

– 5. De vennootschap legt binnen acht dagen na de rechtshandeling of na de goedkeuring, indien achteraf verleend, de in het derde lid bedoelde verklaring of een afschrift daarvan neer ten kantore van het handelsregister. (BW 2: 77, 94a-94c, 101, 105^4, 362, 378^3; WED 1, 4°)

– 6. Voor de toepassing van dit artikel blijven buiten beschouwing:
a. verkrijgingen op een openbare veiling of ter beurze,
b. verkrijgingen die onder de bedongen voorwaarden tot de gewone bedrijfsuitoefening van de vennootschap behoren,
c. verkrijgingen waarvoor een deskundigenverklaring als bedoeld in artikel 94a is afgelegd, en
d. verkrijgingen ten gevolge van fusie of splitsing. (BW 2: 94, 204c, 309; WED 1, 4°)

Art. 94d

Vervallen.

Art. 95

Het nemen van eigen aandelen door de NV

– 1. De naamloze vennootschap mag geen eigen aandelen nemen.

– 2. Aandelen die de vennootschap in strijd met het vorige lid heeft genomen, gaan op het tijdstip van het nemen over op de gezamenlijke bestuurders. Iedere bestuurder is hoofdelijk aansprakelijk voor de volstorting van deze aandelen met de wettelijke rente van dat tijdstip af. Zijn de aandelen bij de oprichting geplaatst, dan is dit lid van overeenkomstige toepassing op de gezamenlijke oprichters. (BW 6: 6 v., 119, 120)

– 3. Neemt een ander een aandeel in eigen naam maar voor rekening van de vennootschap, dan wordt hij geacht het voor eigen rekening te nemen. (BW 2: 98a, 98d, 205; 3: 60 v.)

Art. 96

Uitgifte aandelen na de oprichting

– 1. De naamloze vennootschap kan na de oprichting slechts aandelen uitgeven ingevolge een besluit van de algemene vergadering van aandeelhouders of van een ander vennootschapsorgaan dat daartoe bij besluit van de algemene vergadering of bij de statuten voor een bepaalde duur van ten hoogste vijf jaren is aangewezen. Bij de aanwijzing moet zijn bepaald hoeveel aandelen mogen worden uitgegeven. De aanwijzing kan telkens voor niet langer dan vijf jaren worden verlengd. Tenzij bij de aanwijzing anders is bepaald, kan zij niet worden ingetrokken.

– 2. Zijn er verschillende soorten aandelen, dan is voor de geldigheid van het besluit van de algemene vergadering tot uitgifte of tot aanwijzing vereist een voorafgaand of gelijktijdig goedkeurend besluit van elke groep houders van aandelen van een zelfde soort aan wier rechten de uitgifte afbreuk doet. (BW 2: 92, 99^5, 317^5)

– 3. De vennootschap legt binnen acht dagen na een besluit van de algemene vergadering tot uitgifte of tot aanwijzing een volledige tekst daarvan neer ten kantore van het handelsregister. (WED 1, 4°; BW 2: 77)

– 4. De vennootschap doet binnen acht dagen na elke uitgifte van aandelen hiervan opgave ten kantore van het handelsregister, met vermelding van aantal en soort. (WED 1, 4°; BW 2: 77)

– 5. Dit artikel is van overeenkomstige toepassing op het verlenen van rechten tot het nemen van aandelen, maar is niet van toepassing op het uitgeven van aandelen aan iemand die een voordien reeds verkregen recht tot het nemen van aandelen uitoefent. (BW 2: 77, 80^5, 96a, 96b, 107, 164, 206, 320)

Art. 96a

Voorkeursrecht aandeelhouders op uit te geven aandelen

– 1. Behoudens de beide volgende leden heeft iedere aandeelhouder bij uitgifte van aandelen een voorkeursrecht naar evenredigheid van het gezamenlijke bedrag van zijn aandelen. Tenzij de statuten anders bepalen, heeft hij evenwel geen voorkeursrecht op aandelen die worden uitgegeven tegen inbreng anders dan in geld. Hij heeft geen voorkeursrecht op aandelen die worden uitgegeven aan werknemers van de naamloze vennootschap of van een groepsmaatschappij. (BW 2: 88^5)

– 2. Voor zover de statuten niet anders bepalen, hebben houders van aandelen die
a. niet boven een bepaald percentage van het nominale bedrag of slechts in beperkte mate daarboven delen in de winst, of

b. niet boven het nominale bedrag of slechts in beperkte mate daarboven delen in een overschot na vereffening, (BW 2: 23 v., 92, 105, 206*a*) geen voorkeursrecht op uit te geven aandelen.
– 3. Voor zover de statuten niet anders bepalen, hebben de aandeelhouders geen voorkeursrecht op uit te geven aandelen in een van de in het vorige lid onder *a* en *b* omschreven soorten.
– 4. De vennootschap kondigt de uitgifte met voorkeursrecht en het tijdvak waarin dat kan worden uitgeoefend, aan in de *Staatscourant* en in een landelijk verspreid dagblad, tenzij alle aandelen op naam luiden en de aankondiging aan alle aandeelhouders schriftelijk geschiedt aan het door hen opgegeven adres.
– 5. Het voorkeursrecht kan worden uitgeoefend gedurende ten minste twee weken na de dag van aankondiging in de *Staatscourant* of na de verzending van de aankondiging aan de aandeelhouders.
– 6. Het voorkeursrecht kan worden beperkt of uitgesloten bij besluit van de algemene vergadering van aandeelhouders. In het voorstel hiertoe moeten de redenen voor het voorstel en de keuze van de voorgenomen koers van uitgifte schriftelijk worden toegelicht. Het voorkeursrecht kan ook worden beperkt of uitgesloten door het ingevolge artikel 96 lid 1 aangewezen vennootschapsorgaan, indien dit bij besluit van de algemene vergadering of bij de statuten voor een bepaalde duur van ten hoogste vijf jaren is aangewezen als bevoegd tot het beperken of uitsluiten van het voorkeursrecht. De aanwijzing kan telkens voor niet langer dan vijf jaren worden verlengd. Tenzij bij de aanwijzing anders is bepaald, kan zij niet worden ingetrokken. (BW 2: 107)
– 7. Voor een besluit van de algemene vergadering tot beperking of uitsluiting van het voorkeursrecht of tot aanwijzing is een meerderheid van ten minste twee derden der uitgebrachte stemmen vereist, indien minder dan de helft van het geplaatste kapitaal in de vergadering is vertegenwoordigd. De vennootschap legt binnen acht dagen na het besluit een volledige tekst daarvan neer ten kantore van het handelsregister. (BW 2: 77, 99, 120, 317⁴; WED 1, 4°)
– 8. Bij het verlenen van rechten tot het nemen van aandelen hebben de aandeelhouders een voorkeursrecht; de vorige leden zijn van overeenkomstige toepassing. Aandeelhouders hebben geen voorkeursrecht op aandelen die worden uitgegeven aan iemand die een voordien reeds verkregen recht tot het nemen van aandelen uitoefent. (BW 2: 4, 80 v., 94*b*, 94*c*, 96, 96*b*, 206*a*, 320)

Art. 96b

De artikelen 96 en 96*a* gelden niet voor een beleggingsmaatschappij met veranderlijk kapitaal. (BW 2: 76*a*)

Art. 97

Indien, in het geval van uitgifte van aandelen na de oprichting, bekend is gemaakt welk bedrag zal worden uitgegeven en slechts een lager bedrag kan worden geplaatst, wordt dit laatste bedrag slechts geplaatst indien de voorwaarden van uitgifte dat uitdrukkelijk bepalen. (BW 2: 96)

Art. 98

– 1. Verkrijging door de naamloze vennootschap van niet volgestorte aandelen in haar kapitaal is nietig. (BW 2: 95; 3: 40 v.)
– 2. Volgestorte eigen aandelen mag de vennootschap slechts verkrijgen om niet of indien:
a. het eigen vermogen, verminderd met de verkrijgingsprijs, niet kleiner is dan het gestorte en opgevraagde deel van het kapitaal, vermeerderd met de reserves die krachtens de wet of de statuten moeten worden aangehouden, en EV na inkoop $\geq$ gestort + gebond. reserve
b. het nominale bedrag van de aandelen in haar kapitaal die de vennootschap verkrijgt, houdt of in pand houdt of die worden gehouden door een dochtermaatschappij, niet meer beloopt dan een tiende van het geplaatste kapitaal. (BW 2: 89*a*²) $\leq 10\%$
– 3. Voor het vereiste in lid 2 onder *a* is bepalend de grootte van het eigen vermogen volgens de laatst vastgestelde balans, verminderd met de verkrijgingsprijs voor aandelen in het kapitaal van de vennootschap en uitkeringen uit winst of reserves aan anderen die zij en haar dochtermaatschappijen na de balansdatum verschuldigd werden. Is een boekjaar meer dan zes maanden verstreken zonder dat de jaarrekening is vastgesteld en zo nodig goedgekeurd, dan is verkrijging overeenkomstig lid 2 niet toegestaan. (BW 2: 364 v.)
– 4. Verkrijging anders dan om niet moet door de statuten zijn toegelaten en de algemene vergadering van aandeelhouders moet het bestuur daartoe hebben gemachtigd. Deze machtiging geldt voor ten hoogste achttien maanden. De algemene vergadering moet in de machtiging bepalen hoeveel aandelen mogen worden verkregen, hoe zij mogen worden verkregen en tussen welke grenzen de prijs moet liggen. (BW 2: 107, 129)
– 5. De machtiging is niet vereist, voor zover de statuten toestaan dat de vennootschap eigen aandelen verkrijgt om, krachtens een voor hen geldende regeling, over te dragen aan werknemers in dienst van de vennootschap of van een groepsmaatschappij. Deze aandelen moeten zijn opgenomen in de prijscourant van een beurs.

Beleggingsmaatschappij met veranderlijk kapitaal

Plaatsing tot lager bedrag dan bedrag uitgifte

Inkoop eigen aandelen

Volgestorte eigen aandelen

Vervreemding door pandhouder

- 6. De leden 1-4 gelden niet voor aandelen die de vennootschap onder algemene titel verkrijgt. (BW 2: 23*b*, 311)
- 7. De leden 2-4 gelden niet voor aandelen die een ingevolge artikel 52 van de Wet toezicht kredietwezen 1992 (*Stb*. 1992, 722) geregistreerde kredietinstelling als bedoeld in artikel 1, eerste lid, onderdeel *a*, onder 1°, van die wet in opdracht en voor rekening van een ander verkrijgt. (BW 2: 89*a*, 98*a*³; 3: 600)
- 8. De leden 2-4 gelden niet voor een beleggingsmaatschappij met veranderlijk kapitaal. Het geplaatste kapitaal van zulk een beleggingsmaatschappij, verminderd met het bedrag van de aandelen die zij zelf houdt, moet ten minste een tiende van het maatschappelijke kapitaal bedragen. (BW 2: 76*a*)
- 9. Onder het begrip aandelen in dit artikel zijn certificaten daarvan begrepen. (BW 2: 82 v., 86, 98*a-d*, 118⁷, 207, 373, 378⁴, 385⁵)

Art. 98a

Rechtsgevolgen (onwettig) verkregen eigen aandelen

- 1. Verkrijging van aandelen op naam in strijd met de leden 2-4 van het vorige artikel is nietig. De bestuurders zijn hoofdelijk aansprakelijk jegens de vervreemder te goeder trouw die door de nietigheid schade lijdt. (BW 2: 207*a*; Rijkswetten zetelverplaatsing)
- 2. Aandelen aan toonder en certificaten van aandelen die de naamloze vennootschap in strijd met de leden 2-4 van het vorige artikel heeft verkregen, gaan op het tijdstip van de verkrijging over op de gezamenlijke bestuurders. Iedere bestuurder is hoofdelijk aansprakelijk voor de vergoeding aan de vennootschap van de verkrijgingsprijs met de wettelijke rente daarover van dat tijdstip af. (BW 2: 82, 98*b*, 98*d*)
- 3. De vennootschap kan niet langer dan gedurende drie jaren na omzetting in een naamloze vennootschap of nadat zij eigen aandelen om niet of onder algemene titel heeft verkregen, samen met haar dochtermaatschappijen meer aandelen in haar kapitaal houden dan een tiende van het geplaatste kapitaal; eigen aandelen die zij zelf in pand heeft, worden meegeteld. De aandelen die de vennootschap te veel houdt, gaan op het einde van de laatste dag van die drie jaren over op de gezamenlijke bestuurders. Dezen zijn hoofdelijk aansprakelijk voor de betaling aan de vennootschap van de waarde van de aandelen op dat tijdstip met de wettelijke rente van dat tijdstip af. Onder het begrip aandelen in dit lid zijn certificaten daarvan begrepen. (BW 2: 72, 89*a*², 98*d*)
- 4. Het vorige lid is van overeenkomstige toepassing op elk niet volgestort eigen aandeel dat de vennootschap onder algemene titel heeft verkregen en niet binnen drie jaren daarna heeft vervreemd of ingetrokken. (BW 2: 311)
- 5. Het derde lid is van overeenkomstige toepassing op elk eigen aandeel of certificaat daarvan dat de vennootschap ingevolge het vijfde lid van het vorige artikel heeft verkregen zonder machtiging van de algemene vergadering van aandeelhouders en dat zij gedurende een jaar houdt. (BW 2: 9, 82 v., 95, 98, 98*b*, 99, 129; 3: 11, 15, 40; 6: 6 v., 95, 102, 119, 120)

Art. 98b

Middellijke vertegenwoordiger verplicht tot overdracht

Indien een ander in eigen naam voor rekening van de naamloze vennootschap aandelen in haar kapitaal of certificaten daarvan verkrijgt, moet hij deze onverwijld tegen betaling aan de vennootschap overdragen. Indien deze aandelen op naam luiden, is het tweede lid van het vorige artikel van overeenkomstige toepassing. (BW 2: 98, 98*d*³; 3: 60 v.)

Art. 98c

Verboden handelingen NV bij verkrijgen aandelen door anderen

- 1. De naamloze vennootschap mag niet, met het oog op het nemen of verkrijgen door anderen van aandelen in haar kapitaal of van certificaten daarvan, leningen verstrekken, zekerheid stellen, een koersgarantie geven, zich op andere wijze sterk maken of zich hoofdelijk of anderszins naast of voor anderen verbinden. Dit verbod geldt ook voor haar dochtermaatschappijen.
- 2. Het verbod geldt niet indien aandelen of certificaten van aandelen worden genomen of verkregen door of voor werknemers in dienst van de vennootschap of van een groepsmaatschappij.
- 3. Het verbod geldt niet voor een ingevolge artikel 52 van de Wet toezicht kredietwezen 1992 (*Stb*. 1992, 722) geregistreerde kredietinstelling als bedoeld in artikel 1, eerste lid, onderdeel *a*, onder 1°, van die wet, voor zover zij in de gewone uitoefening van het kredietbedrijf handelt. (BW 2: 87, 89*a*², 98⁷, 98*d*⁷, 207*c*, 367 sub *f*, 370 sub *e*, 374, 376; 3: 227 v., 236 v., 253, 259, 277, 284; 6: 12; 7: 850 v.; 7A: 1777 v.)

Art. 98d

Verkrijgen door dochtermaatschappij van aandelen NV

- 1. Een dochtermaatschappij mag voor eigen rekening geen aandelen nemen of doen nemen in het kapitaal van de naamloze vennootschap. Zulke aandelen mogen dochtermaatschappijen voor eigen rekening slechts verkrijgen of doen verkrijgen, voor zover de naamloze vennootschap zelf ingevolge de leden 1-6 van artikel 98 eigen aandelen mag verkrijgen.
- 2. Indien is gehandeld in strijd met het vorige lid, zijn de bestuurders van de naamloze vennootschap hoofdelijk aansprakelijk tot vergoeding aan de dochtermaatschappij van de ver-

krijgingsprijs met de wettelijke rente daarover van het tijdstip af waarop de aandelen zijn genomen of verkregen. Betaling van de vergoeding geschiedt tegen overdracht van deze aandelen. Een bestuurder behoeft de verkrijgingsprijs niet te vergoeden, indien hij bewijst dat het nemen of verkrijgen niet aan de naamloze vennootschap is te wijten.

- 3. Een dochtermaatschappij mag,

a. nadat zij dochtermaatschappij is geworden,

b. nadat de vennootschap waarvan zij dochtermaatschappij is, is omgezet in een naamloze vennootschap, of

c. nadat zij als dochtermaatschappij aandelen in het kapitaal van de naamloze vennootschap om niet of onder algemene titel heeft verkregen, niet langer dan gedurende drie jaren samen met de naamloze vennootschap en haar andere dochtermaatschappijen meer van deze aandelen voor eigen rekening houden of doen houden dan een tiende van het geplaatste kapitaal. De bestuurders van de naamloze vennootschap zijn hoofdelijk aansprakelijk voor de vergoeding aan de dochtermaatschappij van de waarde van de aandelen die zij te veel houdt of doet houden op het einde van de laatste dag van die drie jaren, met de wettelijke rente van dat tijdstip af. Betaling van de vergoeding geschiedt tegen overdracht van de aandelen. Een bestuurder behoeft de vergoeding niet te betalen, indien hij bewijst dat het niet aan de naamloze vennootschap is te wijten dat de aandelen nog worden gehouden.

- 4. Onder het begrip aandelen in dit artikel zijn certificaten daarvan begrepen. (BW 2: 87, 89a, 95, 98, 98a, 98b, 98c, 207d, 373³, 378⁴ sub b, 385⁵)

Art. 99

Besluit tot kapitaalvermindering

- 1. De algemene vergadering van aandeelhouders kan besluiten tot vermindering van het geplaatste kapitaal door intrekking van aandelen of door het bedrag van aandelen bij statutenwijziging te verminderen. In dit besluit moeten de aandelen waarop het besluit betrekking heeft, worden aangewezen en moet de uitvoering van het besluit zijn geregeld.

- 2. Een besluit tot intrekking kan slechts betreffen aandelen die de vennootschap zelf houdt of waarvan zij de certificaten houdt, dan wel alle aandelen van een soort waarvan voor de uitgifte in de statuten is bepaald dat zij kunnen worden ingetrokken met terugbetaling, of wel de uitgelote aandelen van een soort waarvan voor de uitgifte in de statuten is bepaald dat zij kunnen worden uitgeloot met terugbetaling.

- 3. Vermindering van het bedrag van aandelen zonder terugbetaling en zonder ontheffing van de verplichting tot storting moet naar evenredigheid op alle aandelen van een zelfde soort geschieden. Van het vereiste van evenredigheid mag worden afgeweken met instemming van alle betrokken aandeelhouders.

- 4. Gedeeltelijke terugbetaling op aandelen of ontheffing van de verplichting tot storting is slechts mogelijk ter uitvoering van een besluit tot vermindering van het bedrag van de aandelen. Zulk een terugbetaling of ontheffing moet naar evenredigheid op alle aandelen geschieden, tenzij voor de uitgifte van een bepaalde soort aandelen in de statuten is bepaald dat terugbetaling of ontheffing kan geschieden uitsluitend op die aandelen; voor die aandelen geldt de eis van evenredigheid. Van het vereiste van evenredigheid mag worden afgeweken met instemming van alle betrokken aandeelhouders.

- 5. Zijn er verschillende soorten aandelen, dan is voor een besluit tot kapitaalvermindering een voorafgaand of gelijktijdig goedkeurend besluit vereist van elke groep houders van aandelen van een zelfde soort aan wier rechten afbreuk wordt gedaan. (BW 2: 96², 317⁵)

- 6. Voor een besluit tot kapitaalvermindering is een meerderheid van ten minste twee derden der uitgebrachte stemmen vereist, indien minder dan de helft van het geplaatste kapitaal in de vergadering is vertegenwoordigd. Deze bepaling is van overeenkomstige toepassing op een besluit als bedoeld in het vijfde lid. (BW 2: 96a⁷, 118, 317 lid 4)

- 7. De oproeping tot een vergadering waarin een in dit artikel genoemd besluit wordt genomen, vermeldt het doel van de kapitaalvermindering en de wijze van uitvoering. Het tweede, derde en vierde lid van artikel 123 zijn van overeenkomstige toepassing. (BW 2: 67, 80¹·³, 88, 89, 92, 100, 107 v., 164, 208, 325, 378)

Art. 100

Publicatie; kapitaalvermindering; zekerheidstelling; verzet door crediteuren

- 1. De naamloze vennootschap legt de in artikel 99 lid 1 bedoelde besluiten neer ten kantore van het handelsregister en kondigt de nederlegging aan in een landelijk verspreid dagblad. (BW 2: 77, 113²)

- 2. De vennootschap moet, op straffe van gegrondverklaring van een verzet als bedoeld in het volgende lid, voor iedere schuldeiser die dit verlangt zekerheid stellen of hem een andere waarborg geven voor de voldoening van zijn vordering. Dit geldt niet, indien de schuldeiser voldoende waarborgen heeft of de vermogenstoestand van de vennootschap voldoende zekerheid biedt dat de vordering zal worden voldaan.

- 3. Binnen twee maanden na de in het eerste lid vermelde aankondiging kan iedere schuldei-

---

ser door een verzoekschrift aan de rechtbank tegen het besluit tot kapitaalvermindering in verzet komen met vermelding van de waarborg die wordt verlangd. (Rv 429a v., 995, 997)
– 4. Voordat de rechter beslist, kan hij de vennootschap in de gelegenheid stellen binnen een door hem bepaalde termijn een door hem omschreven waarborg te geven. Op een ingesteld rechtsmiddel kan hij, indien het kapitaal al is verminderd, het stellen van een waarborg bevelen en daaraan een dwangsom verbinden. (Rv 611a)
– 5. Een besluit tot vermindering van het geplaatste kapitaal wordt niet van kracht zolang verzet kan worden gedaan. Indien tijdig verzet is gedaan, wordt het besluit eerst van kracht, zodra het verzet is ingetrokken of de opheffing van het verzet uitvoerbaar is. Een voor de vermindering van het kapitaal vereiste akte van statutenwijziging kan niet eerder worden verleden.
– 6. Indien de vennootschap haar kapitaal wegens geleden verliezen vermindert tot een bedrag dat niet lager is dan dat van haar eigen vermogen, behoeft zij geen waarborg te geven en wordt het besluit onmiddellijk van kracht.
– 7. Dit artikel is niet van toepassing, indien een beleggingsmaatschappij met veranderlijk kapitaal wettig verkregen eigen aandelen intrekt. (BW 2: 15, 76a, 99, 209, 316, 325; WED 1)

Art. 101

Jaarrekening

– 1. Jaarlijks binnen vijf maanden na afloop van het boekjaar der vennootschap, behoudens verlenging van deze termijn met ten hoogste zes maanden door de algemene vergadering op grond van bijzondere omstandigheden, maakt het bestuur een jaarrekening op en legt het deze voor de aandeelhouders ter inzage ten kantore van de vennootschap. Binnen deze termijn legt het bestuur ook het jaarverslag ter inzage voor de aandeelhouders, tenzij de artikelen 396 lid 6 of 403 voor de vennootschap gelden. De termijn kan voor beleggingsmaatschappijen waaraan ingevolge de Wet toezicht beleggingsinstellingen (Stb. 1990, 380) een vergunning is verleend, bij of krachtens die wet worden bekort. (BW 2: 58, 98[3], 210, 391, 394[2, 3], 401; Rv 1001[1])
– 2. De jaarrekening wordt ondertekend door de bestuurders en door de commissarissen; ontbreekt de ondertekening van een of meer hunner, dan wordt daarvan onder opgave van reden melding gemaakt. (BW 2: 94b[1], 139, 140, 150, 157[2], 163, 312[4]; Sr 336)
– 3. De jaarrekening wordt vastgesteld door de algemene vergadering, tenzij deze bevoegdheid overeenkomstig artikel 163 van dit Boek toekomt aan de raad van commissarissen; in dat geval behoeft de jaarrekening echter de goedkeuring van de algemene vergadering van aandeelhouders. Vaststelling of goedkeuring van de jaarrekening strekt niet tot kwijting aan een bestuurder onderscheidenlijk commissaris. (BW 2: 10, 48, 58, 94[2], 157[2]; WED 1, 4°)
– 4. Onverminderd het bepaalde in artikel 163 worden besluiten waarbij de jaarrekening wordt vastgesteld in de statuten niet onderworpen aan de goedkeuring van een orgaan van de vennootschap of van derden. (BW 2: 102 v., 210, 361 v., 391; Wet ondern.raden 31a)
– 5. De statuten bevatten geen bepalingen die toelaten dat voorschriften of bindende voorstellen voor de jaarrekening of enige post daarvan worden gegeven.
– 6. De statuten kunnen bepalen dat een ander orgaan van de vennootschap dan de algemene vergadering van aandeelhouders de bevoegdheid heeft te bepalen welk deel van het resultaat van het boekjaar wordt gereserveerd of hoe het verlies zal worden verwerkt.
– 7. Onze Minister van Economische Zaken kan desverzocht om gewichtige redenen ontheffing verlenen van de verplichting tot het opmaken, het overleggen en het vaststellen van de jaarrekening.

Art. 102

Inzage ten kantore van de NV

– 1. De naamloze vennootschap zorgt dat de opgemaakte jaarrekening, het jaarverslag en de krachtens artikel 392 lid 1 toe te voegen gegevens vanaf de oproep voor de algemene vergadering, bestemd tot hun behandeling, te haren kantore aanwezig zijn. De houders van haar aandelen of van met haar medewerking uitgegeven certificaten daarvan kunnen de stukken aldaar inzien en er kosteloos een afschrift van verkrijgen. (BW 2: 88, 89, 114)
– 2. Luiden deze aandelen of certificaten aan toonder of heeft de vennootschap schuldbrieven aan toonder uitstaan, dan kan tevens ieder de stukken, voor zover zij na vaststelling openbaar gemaakt moeten worden, inzien en daarvan tegen ten hoogste de kostprijs een afschrift verkrijgen. Deze bevoegdheid vervalt zodra deze stukken zijn neergelegd ten kantore van het handelsregister. (BW 2: 77, 108, 212, 394, 369-398, 402, 403; Wet ondern.raden 31a; WED 1, 4°)

Art. 103

Openbaarmaking halfjaar- en kwartaalcijfers; openbaarmaking uitk. op aandelen e.d.

– 1. Indien aandelen van de vennootschap, schuldbrieven of certificaten van deze aandelen of schuldbrieven, die met haar medewerking zijn uitgegeven, zijn opgenomen in de prijscourant van enige beurs, maakt de vennootschap haar halfjaar- en kwartaalcijfers openbaar zodra zij beschikbaar zijn. Deze verplichting geldt niet, zolang deze cijfers slechts aan bestuurders, commissarissen en de ondernemingsraad worden verstrekt. (BW 2: 102, 394; 3: 259)
– 2. Zulk een vennootschap maakt het voorstel tot een uitkering op aandelen of op andere

effecten en besluiten tot tussentijdse uitkering onverwijld openbaar. (BW 2: 105, 394; WED 1, 4°)

Art. 104

Ten laste van de door de wet voorgeschreven reserves mag een tekort slechts worden gedelgd voor zover de wet dat toestaat. (BW 2: 58⁴, 94a, 215, 365², 389, 390)

Beschikking over door de wet voorgeschr. reserves

Art. 105

– 1. Voor zover bij de statuten niet anders is bepaald, komt de winst de aandeelhouders ten goede. (BW 2: 88, 92, 96a², 312² sub c; 7A: 1670)

Dividend

– 2. De naamloze vennootschap kan aan de aandeelhouders en andere gerechtigden tot de voor uitkering vatbare winst slechts uitkeringen doen voor zover haar eigen vermogen groter is dan het bedrag van het gestorte en opgevraagde deel van het kapitaal vermeerderd met de reserves die krachtens de wet of de statuten moeten worden aangehouden. (BW 2: 94a⁴, 98²; 65², 389⁴, 390)

– 3. Uitkering van winst geschiedt na de vaststelling of goedkeuring van de jaarrekening waaruit blijkt dat zij geoorloofd is. (BW 2: 101, 163)

– 4. De vennootschap mag tussentijds slechts uitkeringen doen, indien de statuten dit toelaten en aan het vereiste van het tweede lid is voldaan blijkens een tussentijdse vermogensopstelling. Deze heeft betrekking op de stand van het vermogen op ten vroegste de eerste dag van de derde maand voor de maand waarin het besluit tot uitkering bekend wordt gemaakt. Zij wordt opgemaakt met inachtneming van in het maatschappelijke verkeer als aanvaardbaar beschouwde waarderingsmethoden. In de vermogensopstelling worden de krachtens de wet of de statuten te reserveren bedragen opgenomen. Zij wordt ondertekend door de bestuurders; ontbreekt de handtekening van een of meer hunner, dan wordt daarvan onder opgave van reden melding gemaakt. De vennootschap legt de vermogensopstelling ten kantore van het handelsregister neer binnen acht dagen na de dag waarop het besluit tot uitkering wordt bekend gemaakt. (BW 2: 72¹ sub b, 77, 103, 139, 313, 362, 365 v.; WED 1, 4°)

– 5. Bij de berekening van de winstverdeling tellen de aandelen die de vennootschap in haar kapitaal houdt, mede, tenzij bij de statuten anders is bepaald.

– 6. Bij de berekening van het winstbedrag, dat op ieder aandeel zal worden uitgekeerd, komt slechts het bedrag van de verplichte stortingen op het nominale bedrag van de aandelen in aanmerking, tenzij bij de statuten anders is bepaald.

– 7. De statuten kunnen bepalen dat de vordering van een aandeelhouder niet door verloop van vijf jaren verjaart, doch eerst na een langere termijn vervalt. Een zodanige bepaling is alsdan van overeenkomstige toepassing op de vordering van een houder van een certificaat van een aandeel op de aandeelhouder. (BW 2: 101; 3: 308; Overg.w. 73)

– 8. Een uitkering in strijd met het tweede of vierde lid moet worden terugbetaald door de aandeelhouder of andere winstgerechtigde die wist of behoorde te weten dat de uitkering niet geoorloofd was. (BW 2: 80 lid 1, 88 lid 5, 216)

Terugbetaling bij ontbreken goede trouw

– 9. Geen van de aandeelhouders kan geheel worden uitgesloten van het delen in de winst.

– 10. De statuten kunnen bepalen dat de winst waartoe houders van aandelen van een bepaalde soort gerechtigd zijn, geheel of gedeeltelijk te hunnen behoeve wordt gereserveerd.

Art. 106

Vervallen.

AFDELING 4

De algemene vergadering van aandeelhouders

Art. 107

– 1. Aan de algemene vergadering van aandeelhouders behoort, binnen de door de wet en de statuten gestelde grenzen, alle bevoegdheid, die niet aan het bestuur of aan anderen is toegekend.

Bevoegdheden; verkrijgen van inlichtingen

– 2. Het bestuur en de raad van commissarissen verschaffen haar alle verlangde inlichtingen, tenzij een zwaarwichtig belang der vennootschap zich daartegen verzet. (BW 2: 13, 14, 15, 17, 40, 128, 129, 140 v., 158 v., 217)

Art. 108

– 1. Jaarlijks wordt ten minste één algemene vergadering gehouden.

Jaarvergadering

– 2. Wanneer bij de statuten niet een kortere termijn is gesteld, wordt de jaarvergadering gehouden binnen zes maanden na afloop van het boekjaar der vennootschap. (BW 2: 101 v., 128, 218)

Art. 108a

Binnen drie maanden nadat het voor het bestuur aannemelijk is dat het eigen vermogen van de naamloze vennootschap is gedaald tot een bedrag gelijk aan of lager dan de helft van het ge-

Vergadering bij sterke vermogensdaling

---

storte en opgevraagde deel van het kapitaal, wordt een algemene vergadering van aandeelhouders gehouden ter bespreking van zo nodig te nemen maatregelen. (BW 2: 112)

Art. 109

Bijeenroeping algemene vergadering

Het bestuur en de raad van commissarissen zijn bevoegd tot het bijeenroepen van een algemene vergadering; bij de statuten kan deze bevoegdheid ook aan anderen worden verleend. (BW 2: 41[1], 110, 111, 112, 129, 140, 219)

Art. 110

Rechterlijke machtiging tot bijeenroeping

– 1. Een of meer houders van aandelen die gezamenlijk ten minste een tiende gedeelte van het geplaatste kapitaal vertegenwoordigen, of een zoveel geringer bedrag als bij de statuten is bepaald, kunnen door de voorzieningenrechter van de rechtbank op hun verzoek worden gemachtigd tot de bijeenroeping van een algemene vergadering. De voorzieningenrechter wijst dit verzoek af, indien hem niet is gebleken, dat verzoekers voordien aan het bestuur en aan de raad van commissarissen schriftelijk en onder nauwkeurige opgave van de te behandelen onderwerpen het verzoek hebben gericht een algemene vergadering bijeen te roepen, en dat noch het bestuur noch de raad van commissarissen – daartoe in dit geval gelijkelijk bevoegd – de nodige maatregelen hebben getroffen, opdat de algemene vergadering binnen zes weken na het verzoek kon worden gehouden.
– 2. Voor de toepassing van dit artikel worden met houders van aandelen gelijkgesteld de houders van de certificaten van aandelen, welke met medewerking van de vennootschap zijn uitgegeven. (BW 2: 41 lid 2, 88, 89, 112, 113, 117 lid 2, 123, 220, 346; 3: 259; Rv 429a v., 995 v.)

Art. 111

Procedure (machtiging)

– 1. De voorzieningenrechter van de rechtbank verleent, na verhoor of oproeping van de naamloze vennootschap, de verzochte machtiging, indien de verzoekers summierlijk hebben doen blijken, dat de in het vorige artikel gestelde voorwaarden zijn vervuld, en dat zij een redelijk belang hebben bij het houden van de vergadering. De voorzieningenrechter van de rechtbank stelt de vorm en de termijnen voor de oproeping tot de algemene vergadering vast. Hij kan tevens iemand aanwijzen, die met de leiding van de algemene vergadering zal zijn belast. (BW 2: 110)
– 2. Bij de oproeping ingevolge het eerste lid wordt vermeld dat zij krachtens rechterlijke machtiging geschiedt. De op deze wijze gedane oproeping is rechtsgeldig, ook indien mocht blijken dat de machtiging ten onrechte was verleend.
– 3. Tegen de beschikking van de voorzieningenrechter is generlei voorziening toegelaten, behoudens cassatie in het belang der wet. (BW 2: 221; RO 98)

Art. 112

Bijeenroepen door aandeelhouder

Indien zij, die krachtens artikel 109 van dit Boek of de statuten tot de bijeenroeping bevoegd zijn, in gebreke zijn gebleven een bij artikel 108 of artikel 108a van dit Boek of de statuten voorgeschreven algemene vergadering te doen houden, kan iedere aandeelhouder door de voorzieningenrechter van de rechtbank worden gemachtigd zelf daartoe over te gaan. Artikel 110 lid 2 en artikel 111 van dit Boek zijn van overeenkomstige toepassing. (BW 2: 222; 3: 259)

Art. 113

Op te roepen personen; wijze van oproeping

– 1. Tot de algemene vergadering worden opgeroepen de aandeelhouders alsmede de houders van de certificaten van aandelen, welke met medewerking van de vennootschap zijn uitgegeven. (BW 2: 88, 89)
– 2. De oproeping geschiedt door aankondiging in een landelijk verspreid dagblad. (BW 2: 100[1], 223[2], 224[3], 314[3])
– 3. De statuten kunnen bepalen dat de houders van aandelen op naam worden opgeroepen door middel van oproepingsbrieven gericht aan de adressen van die aandeelhouders zoals deze zijn vermeld in het register van aandeelhouders. (BW 2: 117, 223; 3: 259)

Art. 114

Agenda; mededelingen

– 1. Bij de oproeping worden de te behandelen onderwerpen vermeld of wordt medegedeeld dat de aandeelhouders en de houders van met medewerking van de vennootschap uitgegeven certificaten van haar aandelen er ten kantore van de vennootschap kennis van kunnen nemen.
– 2. Omtrent onderwerpen waarvan de behandeling niet bij de oproeping of op de zelfde wijze is aangekondigd met inachtneming van de voor de oproeping gestelde termijn, kan niet wettig worden besloten, tenzij het besluit met algemene stemmen wordt genomen in een vergadering, waarin het gehele geplaatste kapitaal vertegenwoordigd is.
– 3. Mededelingen welke krachtens de wet of de statuten aan de algemene vergadering moeten worden gericht, kunnen geschieden door opneming hetzij in de oproeping hetzij in het stuk dat ter kennisneming ten kantore der vennootschap is neergelegd, mits daarvan in de oproeping melding wordt gemaakt. (BW 2: 14, 15, 99, 115, 116, 120[2], 123, 142[3], 158, 224; 3: 259)

Art. 115

Termijn voor oproeping

Behoudens het bepaalde bij de tweede zin van het eerste lid van artikel 111 van dit Boek, geschiedt de oproeping niet later dan op de vijftiende dag vóór die der vergadering. Was die termijn korter of heeft de oproeping niet plaats gehad, dan kunnen geen wettige besluiten worden genomen, tenzij met algemene stemmen in een vergadering, waarin het gehele geplaatste kapitaal vertegenwoordigd is. (BW 2: 14, 15, 120², 128, 225)

Art. 116

De algemene vergaderingen worden gehouden in Nederland ter plaatse bij de statuten vermeld, of anders in de gemeente waar de naamloze vennootschap haar woonplaats heeft. In een algemene vergadering, gehouden elders dan behoort, kunnen wettige besluiten slechts worden genomen, indien het gehele geplaatste kapitaal vertegenwoordigd is. (BW 1: 10²; 2: 14, 15, 24d, 120², 128, 226)

Art. 117

– 1. Iedere aandeelhouder is bevoegd, in persoon of bij een schriftelijk gevolmachtigde, de algemene vergaderingen bij te wonen, daarin het woord te voeren en het stemrecht uit te oefenen. Houders van onderaandelen, tezamen uitmakende het bedrag van een aandeel, oefenen deze rechten gezamenlijk uit, hetzij door één van hen, hetzij door een schriftelijk gevolmachtigde. Bij de statuten kan de bevoegdheid van aandeelhouders zich te doen vertegenwoordigen, worden beperkt. De bevoegdheid van aandeelhouders zich te doen vertegenwoordigen door een advocaat, notaris, kandidaat-notaris, registeraccountant of accountant-administratieconsulent kan niet worden uitgesloten.
– 2. Iedere houder van een met medewerking van de vennootschap uitgegeven certificaat van een aandeel is bevoegd, in persoon of bij een schriftelijk gevolmachtigde, de algemene vergadering bij te wonen en daarin het woord te voeren. De voorlaatste en de laatste zin van lid 1 zijn van overeenkomstige toepassing.
– 3. De statuten kunnen bepalen dat een aandeelhouder niet gerechtigd is tot deelname aan de algemene vergadering zolang hij in gebreke is te voldoen aan een wettelijke of statutaire verplichting. Wanneer bij de statuten is bepaald dat de houders van aandelen de bewijsstukken van hun recht vóór de algemene vergadering in bewaring moeten geven, worden bij de oproeping voor die vergadering vermeld de plaats waar en de dag waarop zulks uiterlijk moet geschieden. Die dag kan niet vroeger worden gesteld dan op de zevende dag voor die der vergadering. Indien de statuten voorschriften overeenkomstig de voorgaande bepalingen van dit lid bevatten, gelden deze mede voor de houders van de certificaten van aandelen die met medewerking van de vennootschap zijn uitgegeven.
– 4. De bestuurders en de commissarissen hebben als zodanig in de algemene vergaderingen een raadgevende stem. (BW 2: 12, 38, 79, 88⁴, 89⁴, 92, 227; 3: 39, 61, 259)

Art. 118

– 1. Slechts aandeelhouders hebben stemrecht. Iedere aandeelhouder heeft ten minste één stem. De statuten kunnen bepalen dat een aandeelhouder niet gerechtigd is tot uitoefening van het stemrecht zolang hij in gebreke is te voldoen aan een wettelijke of statutaire verplichting.
– 2. Indien het maatschappelijk kapitaal in aandelen van eenzelfde bedrag is verdeeld, brengt iedere aandeelhouder zoveel stemmen uit als hij aandelen heeft. (BW 2: 92)
– 3. Indien het maatschappelijk kapitaal in aandelen van verschillend bedrag is verdeeld, is het aantal stemmen van iedere aandeelhouder gelijk aan het aantal malen, dat het bedrag van het kleinste aandeel is begrepen in het gezamenlijk bedrag van zijn aandelen; gedeelten van stemmen worden verwaarloosd.
– 4. Echter kan het door een zelfde aandeelhouder uit te brengen aantal stemmen bij de statuten worden beperkt, mits aandeelhouders wier bedrag aan aandelen gelijk is, hetzelfde aantal stemmen uitbrengen en de beperking voor de houders van een groter bedrag aan aandelen niet gunstiger is geregeld dan voor de houders van een kleiner bedrag aan aandelen.
– 5. Van het bepaalde bij het tweede en het derde lid kan bij de statuten ook op andere wijze worden afgeweken, mits aan eenzelfde aandeelhouder niet meer dan zes stemmen worden toegekend indien het maatschappelijk kapitaal is verdeeld in honderd of meer aandelen, en niet meer dan drie stemmen indien het kapitaal in minder dan honderd aandelen is verdeeld.
– 6. Onderaandelen die tezamen het bedrag van een aandeel uitmaken worden met een zodanig aandeel gelijkgesteld. (BW 2: 79³)
– 7. Voor een aandeel dat toebehoort aan de vennootschap of aan een dochtermaatschappij daarvan kan in de algemene vergadering geen stem worden uitgebracht; evenmin voor een aandeel waarvan een hunner certificaten houdt. Vruchtgebruikers en pandhouders van aandelen die aan de vennootschap en haar dochtermaatschappijen toebehoren, zijn evenwel niet van hun stemrecht uitgesloten, indien het vruchtgebruik of pandrecht was gevestigd voordat het aandeel aan de vennootschap of een dochtermaatschappij daarvan toebehoorde. De vennootschap of een dochtermaatschappij daarvan kan geen stem uitbrengen voor een aandeel waarop zij een recht van vruchtgebruik of een pandrecht heeft. (BW 2: 13, 24a, 24d, 38, 88, 89, 105⁴, 117, 228; 8: 171²)

41

Registratiedatum

Art. 119

– 1. De algemene vergadering van aandeelhouders kan het bestuur voor een periode van ten hoogste vijf jaar machtigen bij de bijeenroeping van een algemene vergadering te bepalen dat voor de toepassing van artikel 117 leden 1 en 2 als stem- of vergadergerechtigde hebben te gelden zij die op een daarbij te bepalen tijdstip die rechten hebben en als zodanig zijn ingeschreven in een door het bestuur aangewezen register, ongeacht wie ten tijde van de algemene vergadering de rechthebbenden op de aandelen of certificaten zijn. De machtiging kan ook voor onbepaalde tijd worden verleend bij de statuten.

– 2. De uiterste dag van registratie mag niet vroeger worden gesteld dan op de zevende dag voor die der vergadering.

– 3. Bij de oproeping voor de vergadering wordt de dag van registratie vermeld alsmede de wijze waarop de stem- of vergadergerechtigden zich kunnen laten registreren en de wijze waarop zij hun rechten kunnen uitoefenen.

Art. 120

Meerderheid van stemmen; quorum

– 1. Alle besluiten waaromtrent bij de wet of de statuten geen grotere meerderheid is voorgeschreven, worden genomen bij volstrekte meerderheid van de uitgebrachte stemmen. Staken de stemmen bij verkiezing van personen, dan beslist het lot, staken de stemmen bij een andere stemming, dan is het voorstel verworpen; een en ander voor zover in de wet of de statuten niet een andere oplossing is aangegeven. Deze oplossing kan bestaan in het opdragen van de beslissing aan een derde.

– 2. Tenzij bij de wet of de statuten anders is bepaald, is de geldigheid van besluiten niet afhankelijk van het ter vergadering vertegenwoordigd gedeelte van het kapitaal.

– 3. Indien in de statuten is bepaald dat de geldigheid van een besluit afhankelijk is van het ter vergadering vertegenwoordigd gedeelte van het kapitaal en dit gedeelte ter vergadering niet vertegenwoordigd was, kan, tenzij de statuten anders bepalen, een nieuwe vergadering worden bijeengeroepen waarin het besluit kan worden genomen, onafhankelijk van het op deze vergadering vertegenwoordigd gedeelte van het kapitaal. Bij de oproeping tot de nieuwe vergadering moet worden vermeld dat en waarom een besluit kan worden genomen, onafhankelijk van het ter vergadering vertegenwoordigd gedeelte van het kapitaal.

– 4. Het bestuur van de vennootschap houdt van de genomen besluiten aantekening. De aantekeningen liggen ten kantore van de vennootschap ter inzage van de aandeelhouders en de houders van de met medewerking van de vennootschap uitgegeven certificaten van haar aandelen. Aan ieder van dezen wordt desgevraagd afschrift of uittreksel van deze aantekeningen verstrekt tegen ten hoogste de kostprijs. (BW 2: 13, 14, 15, 96a[7], 99[6], 114, 115, 116, 121, 133[3], 134[2], 230, 317; 8: 171)

Art. 121

Statutenwijziging

– 1. De algemene vergadering is bevoegd de statuten te wijzigen; voor zover bij de statuten de bevoegdheid tot wijziging mocht zijn uitgesloten, is wijziging niettemin mogelijk met algemene stemmen in een vergadering waarin het gehele geplaatste kapitaal is vertegenwoordigd. (BW 2: 127)

– 2. Een bepaling in de statuten, die de bevoegdheid tot wijziging van een of meer andere bepalingen van de statuten beperkt, kan slechts worden gewijzigd met inachtneming van gelijke beperking.

– 3. Een bepaling in de statuten, die de bevoegdheid tot wijziging van een of meer andere bepalingen uitsluit, kan slechts worden gewijzigd met algemene stemmen in een vergadering waarin het gehele geplaatste kapitaal is vertegenwoordigd. (BW 2: 14, 15, 17, 18, 42, 43, 122 v., 231, 293)

Art. 121a

Omzetting kapitaal; totstandkoming besluit

– 1. Het besluit tot verhoging van het bedrag van de aandelen en van het maatschappelijk kapitaal volgens artikel 67a wordt genomen bij volstrekte meerderheid van stemmen. Het besluit tot vermindering van het bedrag van de aandelen en van het maatschappelijk kapitaal wordt genomen met een meerderheid van ten minste twee-derde van de uitgebrachte stemmen indien minder dan de helft van het geplaatste kapitaal is vertegenwoordigd. Zijn er verschillende soorten aandelen, dan is naast het besluit tot verhoging of verlaging een voorafgaand of gelijktijdig goedkeurend besluit nodig van elke groep van houders van aandelen waaraan de omzetting afbreuk doet.

– 2. Voor de toepassing van deze bepaling wordt onder aandelen van een bepaalde soort tevens begrepen aandelen met een onderscheiden nominale waarde. (BW 2: 121, 231, 231a)

Art. 122

Bescherming verkregen rechten van derden

Wijziging van een bepaling der statuten, waarbij aan een ander dan aan aandeelhouders der vennootschap als zodanig enig recht is toegekend, kan indien de gerechtigde in de wijziging niet toestemt, aan diens recht geen nadeel toebrengen; tenzij ten tijde van de toekenning van het recht de bevoegdheid tot wijziging bij die bepaling uitdrukkelijk was voorbehouden. (BW 2: 14, 15, 232)

Art. 123

– 1. Wanneer aan de algemene vergadering een voorstel tot wijziging van de statuten zal worden gedaan, moet zulks steeds bij de oproeping tot de algemene vergadering worden vermeld. (BW 2: 114)

Aankondiging voorstel tot statutenwijziging

– 2. Degenen die zodanige oproeping hebben gedaan, moeten tegelijkertijd een afschrift van dat voorstel waarin de voorgedragen wijziging woordelijk is opgenomen, ten kantore van de vennootschap nederleggen ter inzage voor iedere aandeelhouder tot de afloop der vergadering. Artikel 114 lid 2 is van overeenkomstige toepassing.

– 3. De aandeelhouders moeten in de gelegenheid worden gesteld van de dag der nederlegging tot die der algemene vergadering een afschrift van het voorstel, gelijk bij het vorige lid bedoeld, te verkrijgen. Deze afschriften worden kosteloos verstrekt.

– 4. Hetgeen in dit artikel met betrekking tot aandeelhouders is bepaald, is van overeenkomstige toepassing op houders van met medewerking der vennootschap uitgegeven certificaten van aandelen. (BW 2: 14, 15, 18, 42, 72, 233; 3: 259 WED 1)

Art. 124

– 1. Van een wijziging in de statuten wordt, op straffe van nietigheid, een notariële akte opgemaakt. De akte wordt verleden in de Nederlandse taal. (BW 2: 64^2, 65)

Notariële akte

– 2. Die akte kan bestaan in een notarieel proces-verbaal van de algemene vergadering, waarin de wijziging aangenomen is, of in een later verleden notariële akte. Het bestuur is bevoegd de akte te doen verlijden, ook zonder daartoe door de algemene vergadering te zijn gemachtigd. De algemene vergadering kan het bestuur of een of meer andere personen machtigen de veranderingen aan te brengen, die nodig mochten blijken om de bij het volgende artikel bedoelde verklaring te verkrijgen. (BW 2: 129)

– 3. Wordt het maatschappelijke kapitaal gewijzigd, dan vermeldt de akte welk deel daarvan is geplaatst. (BW 2: 18, 43, 72, 125, 234, 293)

Art. 125

– 1. De wijziging in de statuten wordt niet van kracht, dan nadat door Onze Minister van Justitie is verklaard, dat hem van bezwaren niet is gebleken.

Ministeriële verklaring van geen bezwaar

– 2. De in lid één bedoelde verklaring mag alleen worden geweigerd op grond dat door de wijziging de vennootschap een verboden karakter zou verkrijgen of dat er gevaar bestaat dat door de wijziging de vennootschap gebruikt zal worden voor ongeoorloofde doeleinden. (BW 2: 20; 3: 40)

– 3. Ter verkrijging van deze verklaring moeten aan Onze Minister van Justitie alle inlichtingen verstrekt worden die noodzakelijk zijn voor het beoordelen van de aanvraag. Tevens moet aan Onze Minister ten bate van 's Rijks kas een bedrag van € 90,76 worden voldaan. Wij kunnen bij algemene maatregel van bestuur dit bedrag verhogen in verband met de stijging van het loon- en prijspeil. (BW 2: 18, 21, 68, 72, 235)

– 4. De verklaring is niet vereist bij een omzetting van de bedragen van de aandelen of van het maatschappelijk of het geplaatste kapitaal in euro volgens artikel 67a.

Art. 126

De bestuurders zijn verplicht een authentiek afschrift van de wijziging en de gewijzigde statuten neder te leggen ten kantore van het handelsregister. (BW 2: 6, 17, 18, 43, 69, 72, 77, 236, 293)

Nederlegging authentiek afschrift

Art. 127

Gedurende het faillissement der naamloze vennootschap kan in haar statuten geen wijziging worden aangebracht dan met toestemming van de curator. (BW 2: 14, 15, 18, $23a^5$, 72, 84, 121, 237; Fw 68 v.)

Statutenwijziging tijdens faillissement

Art. 128

De statuten kunnen bepalen dat besluitvorming van aandeelhouders op andere wijze dan in een vergadering kan geschieden, tenzij aandelen aan toonder, met medewerking van de vennootschap, certificaten van aandelen zijn uitgegeven. Indien de statuten een zodanige regeling bevatten, is zulk een besluitvorming slechts mogelijk met algemene stemmen van de stemgerechtigde aandeelhouders. De stemmen kunnen alleen schriftelijk worden uitgebracht. (BW 2: 40^2, 107, 238)

Besluitvorming buiten vergadering

AFDELING 5

Het bestuur van de naamloze vennootschap en het toezicht op het bestuur

Art. 129

– 1. Behoudens beperkingen volgens de statuten is het bestuur belast met het besturen van de vennootschap.

Taak bestuur

1 BW Boek 2

– 2. De statuten kunnen bepalen dat een met name of in functie aangeduide bestuurder meer dan één stem wordt toegekend. Een bestuurder kan niet meer stemmen uitbrengen dan de andere bestuurders tezamen.

– 3. Besluiten van het bestuur kunnen bij of krachtens de statuten slechts worden onderworpen aan de goedkeuring van een orgaan van de vennootschap.

– 4. De statuten kunnen bepalen dat het bestuur zich dient te gedragen naar de aanwijzingen van een orgaan van de vennootschap die de algemene lijnen van het te voeren beleid op nader in de statuten aangegeven terreinen betreffen. (BW 2: 8, 9, 44, 95, 130, 151, 164, 239, 291; 7A: 1673; 8: 192)

Art. 130

Vertegenwoordigingsbevoegdheid

wel uwopl bepevh :
– uotiv best uitsluit
– '2 handtek d.'

– 1. Het bestuur vertegenwoordigt de vennootschap, voor zover uit de wet niet anders voortvloeit.

– 2. De bevoegdheid tot vertegenwoordiging komt mede aan iedere bestuurder toe. De statuten kunnen echter bepalen dat zij behalve aan het bestuur slechts toekomt aan een of meer bestuurders. Zij kunnen voorts bepalen dat een bestuurder de vennootschap slechts met medewerking van een of meer anderen mag vertegenwoordigen.

– 3. Bevoegdheid tot vertegenwoordiging die aan het bestuur of aan een bestuurder toekomt, is onbeperkt en onvoorwaardelijk, voor zover uit de wet niet anders voortvloeit. Een wettelijk toegelaten of voorgeschreven beperking van of voorwaarde voor de bevoegdheid tot vertegenwoordiging kan slechts door de vennootschap worden ingeroepen.

– 4. De statuten kunnen ook aan andere personen dan bestuurders bevoegdheid tot vertegenwoordiging toekennen. (BW 2: 6^2, 9, 14, 15, 45, 129, 136, 146, 151, 240, 292; 3: 65; 5: 131; 8: 178; Hrgw 8, 13)

Art. 131

Bevoegde rechter

De rechtbank, binnen welker rechtsgebied de vennootschap haar woonplaats heeft, neemt kennis van alle rechtsvorderingen betreffende de overeenkomst tussen de naamloze vennootschap en de bestuurder, daaronder begrepen de vordering bedoeld bij artikel 138 van dit Boek, waarvan het bedrag onbepaald is of € 5000 te boven gaat. Dezelfde rechtbank neemt kennis van verzoeken als bedoeld in artikel 685 van Boek 7 betreffende de in de eerste zin genoemde overeenkomst. (BW 1: 10^2; 2: 149, 241; RO 38, 39, 2°, 53; Wet loonvorming 20)

Art. 132

Benoeming bestuurders

– 1. De benoeming van bestuurders geschiedt voor de eerste maal bij de akte van oprichting en later door de algemene vergadering van aandeelhouders, tenzij zij overeenkomstig artikel 162 van dit Boek door de raad van commissarissen geschiedt.

– 2. De statuten kunnen de kring van benoembare personen beperken door eisen te stellen waaraan de bestuurders moeten voldoen. De eisen kunnen terzijde worden gesteld door een besluit van de algemene vergadering genomen met twee derden van de uitgebrachte stemmen die meer dan de helft van het geplaatste kapitaal vertegenwoordigen. (BW 2: 37, 66, 107, 133, 142, 242; Wet ondern.raden 30)

Art. 133

Oligarchische clausule

– 1. Bij de statuten kan worden bepaald, dat de benoeming door de algemene vergadering zal geschieden uit een voordracht, die ten minste twee personen voor iedere te vervullen plaats bevat.

– 2. De algemene vergadering kan echter aan zodanige voordracht steeds het bindend karakter ontnemen bij een besluit genomen met twee derden van de uitgebrachte stemmen, die meer dan de helft van het geplaatste kapitaal vertegenwoordigen. (BW 2: 37^4, 120, 134^2)

– 3. De vorige leden zijn niet van toepassing, indien de benoeming geschiedt door de raad van commissarissen. (BW 2: 132, 142^2, 162, 243; Overg.w. 52^3)

Art. 134

Schorsing; ontslag; ontstentenis of belet bestuurder

– 1. Iedere bestuurder kan te allen tijde worden geschorst en ontslagen door degene die bevoegd is tot benoeming.

– 2. Indien in de statuten is bepaald dat het besluit tot schorsing of ontslag slechts mag worden genomen met een versterkte meerderheid in een algemene vergadering, waarin een bepaald gedeelte van het kapitaal is vertegenwoordigd, mag deze versterkte meerderheid twee derden van de uitgebrachte stemmen, vertegenwoordigende meer dan de helft van het kapitaal, niet te boven gaan.

– 3. Een veroordeling tot herstel van de arbeidsovereenkomst tussen naamloze vennootschap en bestuurder kan door de rechter niet worden uitgesproken. (BW 7: 667, 682)

– 4. De statuten moeten voorschriften bevatten omtrent de wijze, waarop in het bestuur van de vennootschap voorlopig wordt voorzien ingeval van ontstentenis of belet van bestuurders. (BW 2: 8, 9, 14, 15, 37^6, 132, 133, 147, 162, 244, 356 sub *b*; Wet ondern.raden 30)

Art. 135

Voor zover bij de statuten niet anders is bepaald, wordt de bezoldiging van bestuurders door de algemene vergadering vastgesteld. (BW 2: 245, 383; 7: 617, 618, 619, 624[4, 5])

Bezoldiging

Art. 136

Tenzij bij de statuten anders is bepaald, is het bestuur zonder opdracht der algemene vergadering niet bevoegd aangifte te doen tot faillietverklaring van de naamloze vennootschap. (BW 2: 107, 130, 164[1 sub i], 246; Fw 1, 4)

Aangifte tot faillietverklaring

Art. 137

– 1. Rechtshandelingen van de vennootschap jegens de houder van alle aandelen in het kapitaal van de vennootschap of jegens een deelgenoot in een huwelijksgemeenschap of in een gemeenschap van een geregistreerd partnerschap waartoe alle aandelen in het kapitaal van de vennootschap behoren, waarbij de vennootschap wordt vertegenwoordigd door deze aandeelhouder of door een van de deelgenoten, worden schriftelijk vastgelegd. Voor de toepassing van de vorige zin worden aandelen gehouden door de vennootschap of haar dochtermaatschappijen niet meegeteld. Indien de eerste zin niet in acht is genomen, kan de rechtshandeling ten behoeve van de vennootschap worden vernietigd. (BW 2: 91a; 3: 49 v.)

– 2. Lid 1 is niet van toepassing op rechtshandelingen die onder de bedongen voorwaarden tot de gewone bedrijfsuitoefening van de vennootschap behoren. (BW 2: 94c, 204c, 247)

Rechtshandelingen schriftelijk vastgelegd

Art. 138 / 248

– 1. In geval van faillissement van de naamloze vennootschap is iedere bestuurder jegens de boedel hoofdelijk aansprakelijk voor het bedrag van de schulden voor zover deze niet door vereffening van de overige baten kunnen worden voldaan, indien het bestuur zijn taak kennelijk onbehoorlijk heeft vervuld en aannemelijk is dat dit een belangrijke oorzaak is van het faillissement. (BW 6: 6 v.)

– 2. Indien het bestuur niet heeft voldaan aan zijn verplichtingen uit de artikelen 10 of 394, heeft het zijn taak onbehoorlijk vervuld en wordt vermoed dat onbehoorlijke taakvervulling een belangrijke oorzaak is van het faillissement. Hetzelfde geldt indien de vennootschap volledig aansprakelijke vennoot is van een vennootschap onder firma of commanditaire vennootschap en niet voldaan is aan de verplichtingen uit artikel 15a van Boek 3. Een onbelangrijk verzuim wordt niet in aanmerking genomen.

– 3. Niet aansprakelijk is de bestuurder die bewijst dat de onbehoorlijke taakvervulling door het bestuur niet aan hem te wijten is en dat hij niet nalatig is geweest in het treffen van maatregelen om de gevolgen daarvan af te wenden. (BW 2: 9)

– 4. De rechter kan het bedrag waarvoor de bestuurders aansprakelijk zijn verminderen indien hem dit bovenmatig voorkomt, gelet op de aard en de ernst van de onbehoorlijke taakvervulling door het bestuur, de andere oorzaken van het faillissement, alsmede de wijze waarop dit is afgewikkeld. De rechter kan voorts het bedrag van de aansprakelijkheid van een afzonderlijke bestuurder verminderen indien hem dit bovenmatig voorkomt, gelet op de tijd gedurende welke die bestuurder als zodanig in functie is geweest in de periode waarin de onbehoorlijke taakvervulling plaats vond.

– 5. Is de omvang van het tekort nog niet bekend, dan kan de rechter, al dan niet met toepassing van het vierde lid, bepalen dat van het tekort tot betaling waarvan hij de bestuurders veroordeelt, een staat wordt opgemaakt overeenkomstig de bepalingen van de zesde titel van het tweede boek van het Wetboek van Burgerlijke Rechtsvordering.

– 6. De vordering kan slechts worden ingesteld op grond van onbehoorlijke taakvervulling in de periode van drie jaren voorafgaande aan het faillissement. Een aan de bestuurder verleende kwijting staat aan het instellen van de vordering niet in de weg. (Fw 249; Rv 612 v.)

– 7. Met een bestuurder wordt voor de toepassing van dit artikel gelijkgesteld degene die het beleid van de vennootschap heeft bepaald of mede heeft bepaald, als ware hij bestuurder. De vordering kan niet worden ingesteld tegen de door de rechter benoemde bewindvoerder. (BW 2: 68[2], 179[2])

– 8. Dit artikel laat onverlet de bevoegdheid van de curator tot het instellen van een vordering op grond van de overeenkomst met de bestuurder of op grond van artikel 9.

– 9. Indien een bestuurder ingevolge dit artikel aansprakelijk is en niet in staat is tot betaling van zijn schuld terzake, kan de curator ten behoeve van de boedel de door de bestuurder onverplicht verrichte rechtshandelingen waardoor de mogelijkheid tot verhaal op hem is verminderd, ten behoeve van de boedel door een buitengerechtelijke verklaring vernietigen, indien aannemelijk is dat deze geheel of nagenoeg geheel met het oogmerk van vermindering van dat verhaal zijn verricht. Artikel 45 leden 4 en 5 van Boek 3 is van overeenkomstige toepassing.

– 10. Indien de boedel ontoereikend is voor het instellen van een rechtsvordering op grond van dit artikel of artikel 9 of voor het instellen van een voorafgaand onderzoek naar de mogelijkheid daartoe, kan de curator Onze Minister van Justitie verzoeken hem bij wijze van voorschot de benodigde middelen te verschaffen. Onze Minister kan regels stellen voor de beoorde-

Hoofdelijke aansprakelijkheid bestuurders in geval van faillissement wegens onbehoorlijk bestuur

Zie ook art. 9 als basis

art. 11

concern/zelfstandige aansprakelijkheid

← zie ook 151

45

ling van de gegrondheid van het verzoek en de grenzen waarbinnen het verzoek kan worden toegewezen. Het verzoek moet de gronden bevatten waarop het berust, alsmede een beredeneerde schatting van de kosten en de omvang van het onderzoek. Het verzoek, voor zover het betreft het instellen van een voorafgaand onderzoek, behoeft de goedkeuring van de rechter-commissaris. (Fw 64 v.)

Art. 139

Aansprakelijkheid voor jaarrekening e.d.

Indien door de jaarrekening, door tussentijdse cijfers die de vennootschap bekend heeft gemaakt of door het jaarverslag een misleidende voorstelling wordt gegeven van de toestand der vennootschap, zijn de bestuurders tegenover derden hoofdelijk aansprakelijk voor de schade, door dezen dientengevolge geleden. De bestuurder die bewijst dat dit aan hem niet te wijten is, is niet aansprakelijk. (BW 2: 9, 101, 103, 105⁴, 150, 249, 361, 362, 391; 6: 6 v., 95, 102, 194; Sr 336)

Art. 140

Raad van commissarissen; taakomschrijving

– 1. Bij de statuten kan worden bepaald dat er een raad van commissarissen zal zijn. De raad bestaat uit een of meer natuurlijke personen.
– 2. De raad van commissarissen heeft tot taak toezicht te houden op het beleid van het bestuur en op de algemene gang van zaken in de vennootschap en de met haar verbonden onderneming. Hij staat het bestuur met raad ter zijde. Bij de vervulling van hun taak richten de commissarissen zich naar het belang van de vennootschap en de met haar verbonden onderneming.
– 3. De statuten kunnen aanvullende bepalingen omtrent de taak en de bevoegdheden van de raad en van zijn leden bevatten. (BW 2: 8, 14, 15, 47, 107², 109, 146, 151, 158 v., 250)
– 4. De statuten kunnen bepalen dat een met name of in functie aangeduide commissaris meer dan één stem wordt toegekend. Een commissaris kan niet meer stemmen uitbrengen dan de andere commissarissen tezamen.

Art. 141

Verschaffen gegevens

Het bestuur verschaft de raad van commissarissen tijdig de voor de uitoefening van diens taak noodzakelijke gegevens. (BW 2: 57⁸, 251)

Art. 142

Benoeming commissarissen

– 1. De commissarissen die niet reeds bij de akte van oprichting zijn aangewezen, worden benoemd door de algemene vergadering van aandeelhouders, tenzij de benoeming overeenkomstig artikel 158 van dit Boek geschiedt. De statuten kunnen de kring van benoembare personen beperken door eisen te stellen waaraan de commissarissen moeten voldoen. De eisen kunnen terzijde worden gesteld door een besluit van de algemene vergadering genomen met twee derden van de uitgebrachte stemmen die meer dan de helft van het geplaatste kapitaal vertegenwoordigen.
– 2. De eerste twee leden van artikel 133 van dit Boek zijn van overeenkomstige toepassing, indien de benoeming door de algemene vergadering van aandeelhouders geschiedt.
– 3. Bij een aanbeveling of voordracht tot benoeming van een commissaris worden van de kandidaat medegedeeld zijn leeftijd, zijn beroep, het bedrag aan door hem gehouden aandelen in het kapitaal der vennootschap en de betrekkingen die hij bekleedt of die hij heeft bekleed voor zover die van belang zijn in verband met de vervulling van de taak van een commissaris. Tevens wordt vermeld aan welke rechtspersonen hij reeds als commissaris is verbonden; indien zich daaronder rechtspersonen bevinden, die tot een zelfde groep behoren, kan met de aanduiding van de groep worden volstaan. De aanbeveling en de voordracht worden met redenen omkleed. (BW 2: 114)

Art. 143

Afwijkende benoeming

Bij de statuten kan worden bepaald dat een of meer commissarissen, doch ten hoogste een derde van het gehele aantal, zullen worden benoemd door anderen dan de algemene vergadering. Is de benoeming van commissarissen geregeld overeenkomstig de artikelen 158 en 159 van dit Boek, dan vindt de vorige zin geen toepassing. (BW 2: 253)

Art. 144

Schorsing en ontslag

– 1. Een commissaris kan worden geschorst en ontslagen door degene, die bevoegd is tot benoeming, tenzij artikel 161 leden 2 en 3 van dit Boek van toepassing is.
– 2. Het tweede en het derde lid van artikel 134 van dit Boek zijn van overeenkomstige toepassing. (BW 2: 57a, 142, 143, 254, 356 sub b; 7: 677, 685)

Art. 145

Bezoldiging

Tenzij de statuten anders bepalen, kan de algemene vergadering van aandeelhouders aan de commissarissen als zodanig een bezoldiging toekennen. (BW 2: 135, 255, 383)

Art. 146

Vertegenwoordiging bij tegenstrijdig belang

Tenzij bij de statuten anders is bepaald, wordt de naamloze vennootschap in alle gevallen waarin zij een tegenstrijdig belang heeft met een of meer bestuurders, vertegenwoordigd door

1 BW Boek 2

commissarissen. De algemene vergadering is steeds bevoegd een of meer andere personen daartoe aan te wijzen. (BW 2: 47, 130, 256; 3: 68; 5: 133) *(ook als er geen RvC is)*

Art. 147

- 1. Tenzij bij de statuten anders is bepaald, is de raad van commissarissen bevoegd iedere bestuurder te allen tijde te schorsen.

Bevoegdheid tot schorsing bestuurder

- 2. De schorsing kan te allen tijde door de algemene vergadering worden opgeheven, tenzij de bevoegdheid tot benoeming van de bestuurders bij de raad van commissarissen berust. (BW 2: 57, 107, 134, 162, 257, 356 sub *b*)

Art. 148

Vervallen.

Art. 149

Het bepaalde bij de artikelen 9, 131 en 138 vindt overeenkomstige toepassing ten aanzien van de taakvervulling door de raad van commissarissen. (BW 2: 150, 259, 300*a*)

Aansprakelijkheid commissarissen

Art. 150

Indien door de jaarrekening een misleidende voorstelling wordt gegeven van de toestand der vennootschap, zijn de commissarissen naast de bestuurders tegenover derden hoofdelijk aansprakelijk voor de schade, door dezen dientengevolge geleden. De commissaris die bewijst dat zulks niet aan een tekortkoming zijnerzijds in het toezicht is te wijten, is niet aansprakelijk. (BW 2: 9, 101, 139, 140^2, 260, 362; 6: 6 v., 95, 102, 194; Sr 336)

Aansprakelijkheid voor jaarrekening

Art. 151

- 1. Allen, commissarissen of anderen, die, zonder deel uit te maken van het bestuur der naamloze vennootschap, krachtens enige bepaling der statuten of krachtens besluit der algemene vergadering, voor zekere tijd of onder zekere omstandigheden daden van bestuur verrichten, worden te dien aanzien, wat hun rechten en verplichtingen ten opzichte van de vennootschap en van derden betreft, als bestuurders aangemerkt.

Verrichten bestuurshandelingen

- 2. Het goedkeuren van bepaalde bestuurshandelingen of het daartoe machtigen geldt niet als het verrichten van daden van bestuur. (BW 2: 9, 129, 130^4, 164, 261)

AFDELING 6

De raad van commissarissen bij de grote naamloze vennootschap

Art. 152

In deze afdeling wordt onder een afhankelijke maatschappij verstaan:

Afhankelijke maatschappij

a. een rechtspersoon waaraan de naamloze vennootschap of een of meer afhankelijke maatschappijen alleen of samen voor eigen rekening ten minste de helft van het geplaatste kapitaal verschaffen,

b. een vennootschap waarvan een onderneming in het handelsregister is ingeschreven en waarvoor de naamloze vennootschap of een afhankelijke maatschappij als vennote jegens derden volledig aansprakelijk is voor alle schulden. (BW 2: 24*d*, 63*a*, 262)

Art. 153

- 1. Een naamloze vennootschap moet, indien het volgende lid op haar van toepassing is, binnen twee maanden na de vaststelling of goedkeuring van haar jaarrekening door de algemene vergadering van aandeelhouders ten kantore van het handelsregister opgaaf doen, dat zij aan de in dat lid gestelde voorwaarden voldoet. Totdat artikel 154 lid 3 van dit Boek toepassing heeft gevonden, vermeldt het bestuur in elk volgend jaarverslag wanneer de opgaaf is gedaan; wordt de opgaaf doorgehaald, dan wordt daarvan melding gemaakt in het eerste jaarverslag dat na de datum van die doorhaling wordt uitgebracht. (BW 2: 77)

Verplichting opgaaf voor grote NV

- 2. De verplichting tot het doen van een opgaaf geldt, indien:

a. het geplaatste kapitaal der vennootschap tezamen met de reserves volgens de balans met toelichting ten minste een bij koninklijk besluit vastgesteld grensbedrag beloopt,

b. de vennootschap of een afhankelijke maatschappij krachtens wettelijke verplichting een ondernemingsraad heeft ingesteld, en

c. bij de vennootschap en haar afhankelijke maatschappijen, tezamen in de regel ten minste honderd werknemers in Nederland werkzaam zijn.

- 3. De verplichting tot het doen van een opgaaf geldt niet voor:

a. een vennootschap die afhankelijke maatschappij is van een rechtspersoon waarop de artikelen 63*f* tot en met 63*j*, de artikelen 158 tot en met 161 of 164 of de artikelen 268 tot en met 271 en 274 van toepassing zijn,

b. een vennootschap wier werkzaamheid zich uitsluitend of nagenoeg uitsluitend beperkt tot het beheer en de financiering van vennootschappen en groepsmaatschappijen, mits zij haar en hun deelnemingen in andere rechtspersonen, mits de werknemers in dienst van de vennootschap en de groepsmaatschappijen in meerderheid buiten Nederland werkzaam zijn,

c. een vennootschap die uitsluitend of nagenoeg uitsluitend aan een vennootschap als bedoeld

1 BW Boek 2

onder *b* of in artikel 263 lid 3 onder *b*, en aan de in die bepalingen genoemde groepsmaatschappijen en rechtspersonen diensten ten behoeve van het beheer en de financiering verleent, en(BW 2: 24*b*)

d. een vennootschap waarin voor ten minste de helft van het geplaatste kapitaal volgens een onderlinge regeling tot samenwerking wordt deelgenomen door twee of meer rechtspersonen waarop de artikelen 63*f* tot en met 63*j*, de artikelen 158 tot en met 161 en 164 of de artikelen 268 tot en met 271 en 274 van toepassing zijn of die afhankelijke maatschappij zijn van zulk een rechtspersoon.

– 4. Het in onderdeel *a* van lid 2 genoemde grensbedrag wordt ten hoogste eenmaal in de twee jaren verhoogd of verlaagd, evenredig aan de ontwikkeling van een bij algemene maatregel van bestuur aan te wijzen prijsindexcijfer sedert een bij die maatregel te bepalen datum; het wordt daarbij afgerond op het naaste veelvoud van een miljoen euro. Het bedrag wordt niet opnieuw vastgesteld zo lang als het onafgeronde bedrag minder dan een miljoen euro afwijkt van het laatst vastgestelde bedrag.

– 5. Onder het geplaatste kapitaal met de reserves wordt in lid 2 onder *a* begrepen de gezamenlijke verrichte en nog te verrichten inbreng van vennoten bij wijze van geldschieting in afhankelijke maatschappijen die commanditaire vennootschap zijn, voor zover dit niet tot dubbeltelling leidt. (BW 2: 63*b*, 101, 152, 154, 263, 373, 382, 391; K 20; WED 1. 4°)

Art. 154

– 1. De artikelen 158-164 van dit Boek zijn van toepassing op een vennootschap waaromtrent een opgaaf als bedoeld in het vorige artikel gedurende drie jaren onafgebroken is ingeschreven; deze termijn wordt geacht niet te zijn onderbroken, indien een doorhaling van de opgaaf, welke tijdens die termijn ten onrechte heeft plaatsgevonden, is ongedaan gemaakt.

– 2. De doorhaling van de inschrijving op grond van de omstandigheid dat de vennootschap niet meer voldoet aan de voorwaarden, genoemd in het tweede lid van het vorige artikel, doet de toepasselijkheid van de artikelen 158-164 van dit Boek slechts eindigen, indien drie jaren na de doorhaling zijn verstreken en de vennootschap gedurende die termijn niet opnieuw tot het doen van de opgaaf is verplicht geweest.

– 3. De vennootschap brengt haar statuten in overeenstemming met de artikelen 158-164 welke voor haar gelden, uiterlijk met ingang van de dag waarop die artikelen krachtens lid 1 op haar van toepassing worden. (BW 2: 63*c*, 121, 153, 155, 157¹, 264; Overg.w. 52²; WED 1, 4°)

Art. 155

– 1. In afwijking van het vorige artikel gelden de artikelen 162 en 163 van dit Boek niet voor een vennootschap waarin een deelneming voor ten minste de helft van het geplaatste kapitaal wordt gehouden:

a. door een rechtspersoon waarvan de werknemers in meerderheid buiten Nederland werkzaam zijn, of door afhankelijke maatschappijen daarvan

b. volgens een onderlinge regeling tot samenwerking door een aantal van zulke rechtspersonen of maatschappijen, of

c. volgens een onderlinge regeling tot samenwerking door een of meer van zulke rechtspersonen en een of meer rechtspersonen waarvoor artikel 153 lid 3 onder *a* of artikel 263 lid 3 onder *a* geldt of waarop de artikelen 63*f* tot en met 63*j*, de artikelen 158 tot en met 161 en 164 of de artikelen 268 tot en met 271 en 274 van toepassing zijn.

– 2. De uitzondering volgens het vorige lid geldt echter niet, indien de werknemers in dienst van de vennootschap, tezamen met die in dienst van de rechtspersoon of rechtspersonen, in meerderheid in Nederland werkzaam zijn.

– 3. Voor de toepassing van dit artikel worden onder werknemers, in dienst van een rechtspersoon, begrepen de werknemers in dienst van groepsmaatschappijen. (BW 2: 3, 24*b*, 24*c*, 24*d*, 152, 153, 154, 157²; 265)

Art. 156

Onze Minister van Justitie kan, gehoord de Sociaal-Economische Raad, aan een vennootschap op haar verzoek ontheffing verlenen van een of meer der artikelen 158-164 van dit Boek; de ontheffing kan onder beperkingen worden verleend en daaraan kunnen voorschriften worden verbonden; zij kan voorts worden gewijzigd en ingetrokken. (BW 2: 266)

Art. 157

– 1. Een vennootschap waarvoor artikel 154 van dit Boek niet geldt, kan bij haar statuten de wijze van benoeming en ontslag van commissarissen en de taak en bevoegdheden van de raad van commissarissen regelen overeenkomstig de artikelen 158-164 van dit Boek indien zij of een afhankelijke maatschappij een ondernemingsraad heeft ingesteld waarop de bepalingen van de Wet op de ondernemingsraden van toepassing zijn. Zij mag daarbij artikel 162 van dit Boek, artikel 163 van dit Boek of deze beide artikelen buiten toepassing laten. De in dit lid bedoelde regeling in de statuten verliest haar gelding zodra de ondernemingsraad ophoudt te

bestaan of op de ondernemingsraad niet langer de bepalingen van de Wet op de ondernemingsraden van toepassing zijn. (BW 2: 152)

– 2. Een vennootschap waarvoor artikel 155 van dit Boek geldt, kan de bevoegdheid tot benoeming en ontslag van bestuurders en die tot vaststelling van de jaarrekening regelen overeenkomstig de artikelen 162 en 163 van dit Boek. (BW 2: 267; Wet ondern.raden 2)

Art. 158

– 1. De vennootschap heeft een raad van commissarissen.

– 2. De commissarissen worden, behoudens het bepaalde in het voorlaatste lid, benoemd
door de raad van commissarissen, voor zover de benoeming niet reeds is geschied bij de akte
van oprichting of voordat dit artikel op de vennootschap van toepassing is geworden. De bevoegdheid tot benoeming kan niet door enige bindende voordracht worden beperkt. Onverminderd het bepaalde in artikel 160 kunnen de statuten de kring van benoembare personen
niet beperken. (BW 2: 142, 143, 159, 160)

– 3. De raad van commissarissen bestaat uit ten minste drie leden. Is het aantal commissarissen minder dan drie, dan neemt de raad onverwijld maatregelen tot aanvulling van zijn
ledental.

– 4. De algemene vergadering van aandeelhouders, de ondernemingsraad en het bestuur
kunnen aan de raad van commissarissen personen voor benoeming tot commissaris aanbevelen. De raad van commissarissen deelt hun daartoe tijdig mede, wanneer en ten gevolge waarvan in zijn midden een plaats moet worden vervuld. (BW 2: 107, 129)

– 5. De raad geeft aan de algemene vergadering van aandeelhouders en de ondernemingsraad
kennis van de naam van degene die hij wenst te benoemen, met inachtneming van het derde lid
van artikel 142 van dit Boek.

– 6. De raad benoemt deze persoon, tenzij de algemene vergadering of de ondernemingsraad
tegen de voorgenomen benoeming bezwaar maakt op grond dat de voorschriften van lid 4,
tweede volzin, of lid 5 niet behoorlijk zijn nageleefd, dan wel op grond van de verwachting dat
de voorgedragen persoon ongeschikt zal zijn voor de vervulling van de taak van commissaris of
dat de raad van commissarissen bij benoeming overeenkomstig het voornemen niet naar behoren zal zijn samengesteld.

– 7. Het besluit van de algemene vergadering tot het kenbaar maken van bezwaar moet worden genomen in de eerstvolgende vergadering na het verstrijken van een termijn van veertien
dagen na de kennisgeving. De ondernemingsraad moet het besluit tot het kenbaar maken van
bezwaar nemen binnen twee maanden na de kennisgeving.

– 8. Het bezwaar wordt aan de raad van commissarissen onder opgave van redenen medegedeeld.

– 9. Niettegenstaande het bezwaar van de algemene vergadering of de ondernemingsraad
kan de benoeming overeenkomstig het voornemen geschieden, indien de ondernemingskamer van het gerechtshof te Amsterdam op verzoek van een daartoe aangewezen vertegenwoordiger van de raad van commissarissen het bezwaar ongegrond verklaart. (Rv 429a v.; RO
72)

– 10. Een verweerschrift kan worden ingediend door een daartoe aangewezen vertegenwoordiger van de algemene vergadering of van de ondernemingsraad die het in lid 6 bedoelde bezwaar heeft gemaakt. De ondernemingskamer doet ook de vertegenwoordigers oproepen die
door de algemene vergadering of de ondernemingsraad die geen bezwaar heeft gemaakt, zijn
aangewezen. Tegen de beslissing van de ondernemingskamer is geen hogere voorziening toegelaten. De ondernemingskamer kan geen veroordeling in de proceskosten uitspreken.

– 11. De algemene vergadering van aandeelhouders kan de bevoegdheden en verplichtingen
die haar en haar vertegenwoordigers volgens dit artikel toekomen, voor een door haar te bepalen duur van telkens ten hoogste twee achtereenvolgende jaren, overdragen aan een commissie van aandeelhouders waarvan zij de leden aanwijst; in dat geval geeft de raad van commissarissen, met inachtneming van het derde lid van artikel 142 van dit Boek, aan de commissie
kennis van de naam van degene die hij tot commissaris wenst te benoemen. De algemene vergadering kan te allen tijde de overdracht ongedaan maken.

– 12. De statuten kunnen bepalen dat een of meer commissarissen van overheidswege worden benoemd. Met betrekking tot een zodanige benoeming heeft degene die met deze benoeming is belast, de bevoegdheden en verplichtingen die volgens de voorgaande leden voor de
raad van commissarissen gelden, en hebben jegens hem de algemene vergadering van aandeelhouders, de ondernemingsraad en het bestuur de bevoegdheden en verplichtingen die zij volgens de voorgaande leden hebben jegens de raad van commissarissen; de raad van commissarissen kan voor de benoeming een aanbeveling doen.

– 13. Voor de toepassing van dit artikel wordt onder de ondernemingsraad verstaan de ondernemingsraad van de onderneming der vennootschap of van de onderneming van een afhankelijke maatschappij. Indien er meer dan één ondernemingsraad is, zijn deze raden gelijkelijk

**Benoeming (Raad
van) Commissa-
rissen door coöp-
tatie**

49

bevoegd. Is voor de betrokken onderneming of ondernemingen een centrale ondernemings-raad ingesteld, dan komen de bevoegdheden van de ondernemingsraad volgens dit artikel toe aan de centrale ondernemingsraad. De ondernemingsraad neemt geen besluit als bedoeld in dit artikel, dan nadat over de betrokken aangelegenheid ten minste éénmaal overleg is ge-pleegd tussen de vennootschap en de ondernemingsraad. (BW 2: 63f, 140, 142, 268; Wet on-dern.raden 33 v.)

Art. 159

Benoeming com-missarissen bij ontbreking RvC

– 1. Ontbreken alle commissarissen, dan geschiedt de benoeming door de algemene vergade-ring van aandeelhouders.
– 2. De ondernemingsraad en het bestuur kunnen personen voor benoeming tot commissaris aanbevelen. Degene die de algemene vergadering van aandeelhouders bijeenroept, deelt de ondernemingsraad tijdig mede dat de benoeming van commissarissen onderwerp van behan-deling in de algemene vergadering zal zijn. (BW 2: 109, 114)
– 3. De benoeming is van kracht, tenzij de ondernemingsraad, na overeenkomstig het vijfde lid van het vorige artikel in kennis te zijn gesteld van de naam van de benoemde persoon, onder opgave van redenen een bezwaar tegen de benoeming aan de vennootschap kenbaar maakt. Niettegenstaande het bezwaar van de ondernemingsraad wordt de benoeming van kracht, indien de ondernemingskamer van het gerechtshof te Amsterdam op verzoek van een daartoe aangewezen vertegenwoordiger van de algemene vergadering het bezwaar ongegrond ver-klaart. (Rv 429a v., 995; RO 72)
– 4. Het zesde, zevende, tiende, elfde en dertiende lid van het vorige artikel zijn van overeen-komstige toepassing. (BW 2: 107, 142¹, 158, 269; Wet ondern.raden 23 v.)

Art. 160

Onverenigbaar-heid van functies

Commissaris kunnen niet zijn:
a. personen die in dienst zijn van de vennootschap;
b. personen die in dienst zijn van een afhankelijke maatschappij;
c. bestuurders en personen in dienst van een werknemersorganisatie welke pleegt betrokken te zijn bij de vaststelling van de arbeidsvoorwaarden van de onder a en b bedoelde personen. (BW 2: 152, 270)

Art. 161

Zittingsperiode; ontslag; schorsing

– 1. Een commissaris treedt uiterlijk af, indien hij na zijn laatste benoeming vier jaren com-missaris is geweest. De termijn kan bij de statuten worden verlengd tot de dag van de eerstvol-gende algemene vergadering van aandeelhouders na afloop van de vier jaren of na de dag waar-op dit artikel voor de rechtspersoon is gaan gelden. (BW 2: 142⁴)
– 2. De ondernemingskamer van het gerechtshof te Amsterdam kan op een desbetreffend ver-zoek een commissaris ontslaan wegens verwaarlozing van zijn taak, wegens andere gewichtige redenen of wegens ingrijpende wijziging der omstandigheden op grond waarvan handhaving als commissaris redelijkerwijze niet van de vennootschap kan worden verlangd. Het verzoek kan worden ingediend door de vennootschap, ten deze vertegenwoordigd door de raad van commissarissen, alsmede door een daartoe aangewezen vertegenwoordiger van de algemene vergadering van aandeelhouders of van de ondernemingsraad, bedoeld in het laatste lid van artikel 158 van dit Boek. Het elfde en het dertiende lid van artikel 158 zijn van overeenkomstige toepassing. (BW 2: 345, 356⁶; 6: 258; 7: 685; Rv 429a v., 995; RO 72)
– 3. Een commissaris kan worden geschorst door de raad van commissarissen; de schorsing vervalt van rechtswege, indien de vennootschap niet binnen een maand na de aanvang der schorsing een verzoek als bedoeld in het vorige lid bij de ondernemingskamer heeft ingediend. (BW 2: 144)
– 4. Onverminderd het bepaalde in het eerste en het tweede lid kan een commissaris die van overheidswege is aangewezen, worden geschorst en ontslagen door degene die met de benoe-ming is belast; het voorgaande lid is niet op hem van toepassing. (BW 2: 63i, 144, 158¹², 271, 356 sub b)

Art. 162

Benoeming en ontslag bestuur

De raad van commissarissen benoemt de bestuurders der vennootschap; deze bevoegdheid kan niet door enige bindende voordracht worden beperkt. Hij geeft de algemene vergadering van aandeelhouders kennis van een voorgenomen benoeming van een bestuurder der ven-nootschap; hij ontslaat een bestuurder niet dan nadat de algemene vergadering over het voor-genomen ontslag is gehoord. Het elfde lid van artikel 158 van dit Boek is van overeenkomstige toepassing. (BW 2: 132, 133, 134, 147, 155, 157², 272; Wet ondern.raden 30)

Art. 163

Taken inzake jaar-rekening

De raad van commissarissen stelt de jaarrekening vast. Hij legt deze gelijktijdig ter goedkeu-ring aan de algemene vergadering van aandeelhouders en ter bespreking aan de in artikel 158 lid 13 bedoelde ondernemingsraad over. (BW 2: 101, 155, 157², 273, 361 v.; Wet ondern.raden 23 v., 31a)

Art. 164

Goedkeuring bestuursbesluiten

– 1. Aan de goedkeuring van de raad van commissarissen zijn onderworpen de besluiten van het bestuur omtrent:

a. uitgifte en verkrijging van aandelen in en schuldbrieven ten laste van de vennootschap of van schuldbrieven ten laste van een commanditaire vennootschap of vennootschap onder firma waarvan de vennootschap volledig aansprakelijke vennote is; (BW 2: 79; K 16 v., 19 v.)

b. medewerking aan de uitgifte van certificaten van aandelen;

c. aanvrage van notering of van intrekking der notering van de onder *a* en *b* bedoelde stukken in de prijscourant van enige beurs;

d. het aangaan of verbreken van duurzame samenwerking van de vennootschap of een afhankelijke maatschappij met een andere rechtspersoon of vennootschap dan wel als volledig aansprakelijke vennote in een commanditaire vennootschap of vennootschap onder firma, indien deze samenwerking of verbreking van ingrijpende betekenis is voor de vennootschap;

e. het nemen van een deelneming ter waarde van ten minste een vierde van het bedrag van het geplaatste kapitaal met de reserves volgens de balans met toelichting van de vennootschap, door haar of een afhankelijke maatschappij in het kapitaal van een andere vennootschap, alsmede het ingrijpend vergroten of verminderen van zulk een deelneming; (BW 2: 152)

f. investeringen welke een bedrag gelijk aan ten minste een vierde gedeelte van het geplaatste kapitaal met de reserves der vennootschap volgens haar balans met toelichting vereisen;

g. een voorstel tot wijziging van de statuten; (BW 2: 121, 123)

h. een voorstel tot ontbinding van de vennootschap; (BW 2: 19[1 onder b])

i. aangifte van faillissement en aanvraag van surséance van betaling; (Fw 1, 4, 213)

j. beëindiging van de arbeidsovereenkomst van een aanmerkelijk aantal werknemers van de vennootschap of van een afhankelijke maatschappij tegelijkertijd of binnen een kort tijdsbestek; (BW 2: 152; Wet ondern.raden 25)

k. ingrijpende wijziging in de arbeidsomstandigheden van een aanmerkelijk aantal werknemers van de vennootschap of van een afhankelijke maatschappij; (BW 2: 152)

l. een voorstel tot vermindering van het geplaatste kapitaal. (BW 2: 99)

– 2. Het ontbreken van de goedkeuring van de raad van commissarissen op een besluit als bedoeld in lid 1 tast de vertegenwoordigingsbevoegdheid van bestuur of bestuurders niet aan. (BW 2: 6[2], 130[2 en 3], 140, 141, 152[2], 274)

Art. 165

Vervallen.

AFDELING 7

De ontbinding van de naamloze vennootschap

Art. 166-174

Vervallen.

AFDELING 8

Het beroep

Art. 174a

Beroep bij CBB

De aanvrager kan beroep instellen bij het College van Beroep voor het bedrijfsleven tegen:

a. de weigering van een verzoek als bedoeld in artikel 64, lid 3, tweede zin;

b. de weigering van een verklaring als bedoeld in artikel 68, lid 2;

c. de weigering van een verklaring als bedoeld in artikel 125, lid 2 en

d. een beschikking tot weigering, wijziging of intrekking van de ontheffing, alsmede een beschikking tot verlening van de ontheffing voor zover daaraan voorschriften zijn verbonden dan wel daarbij beperkingen zijn opgelegd als bedoeld in artikel 156.

TITEL 5

Besloten vennootschappen met beperkte aansprakelijkheid

AFDELING 1

Algemene bepalingen

Art. 175

Definitie BV; aansprakelijkheid; oprichting

– 1. De besloten vennootschap met beperkte aansprakelijkheid is een rechtspersoon met een in aandelen verdeeld maatschappelijk kapitaal. Aandeelbewijzen worden niet uitgegeven; de aandelen zijn niet vrij overdraagbaar. Een aandeelhouder is niet persoonlijk aansprakelijk voor hetgeen in naam van de vennootschap wordt verricht en is niet gehouden boven het bedrag dat op zijn aandelen behoort te worden gestort in de verliezen van de vennootschap bij te dragen. (BW 2: 190 v., 192, 195; 8: 181)

– 2. De vennootschap wordt door een of meer personen opgericht bij notariële akte. Voor oprichting is vereist een verklaring van Onze Minister van Justitie dat hem van geen bezwaren is gebleken. De akte wordt getekend door iedere oprichter en door ieder die blijkens deze akte een of meer aandelen neemt. (BW 2: 176, 181, 234, 309)

– 3. De akte van oprichting moet binnen drie maanden na de dagtekening van de verklaring van geen bezwaar zijn verleden, op straffe van verval van de verklaring. Onze Minister kan op verzoek van belanghebbenden op grond van gewichtige redenen deze termijn met ten hoogste drie maanden verlengen. (BW 2: 3, 4, 18, 21, 64, 179, 309; Overg.w. 29[1]; K 18)

Art. 176

Akte van oprichting
De akte van oprichting van de vennootschap wordt verleden in de Nederlandse taal. Een volmacht tot medewerking aan die akte moet schriftelijk zijn verleend. (BW 2: 27[2], 65, 286[2]; 3: 39, 60, 61)

Art. 177

Statuten; naam, zetel en doel
– 1. De akte van oprichting moet de statuten van de vennootschap bevatten. De statuten bevatten de naam, de zetel en het doel van de vennootschap.

– 2. De naam vangt aan of eindigt met de woorden Besloten Vennootschap met beperkte aansprakelijkheid, hetzij voluit geschreven, hetzij afgekort tot 'B.V.'. (BW 2: 186)

– 3. De zetel moet zijn gelegen in Nederland. (BW 1: 10[2], 14; BW 2: 27, 54, 66, 186[1], 188, 286)

Art. 178

Aandelen; maatschappelijk, geplaatst, gestort kapitaal
– 1. De statuten vermelden het bedrag van het maatschappelijk kapitaal en het aantal en het bedrag van de aandelen in euro tot ten hoogste twee cijfers achter de komma. Zijn er verschillende soorten aandelen, dan vermelden de statuten het aantal en het bedrag van elke soort. De akte van oprichting vermeldt het bedrag van het geplaatste kapitaal en van het gestorte deel daarvan. Zijn er verschillende soorten aandelen dan worden de bedragen van het geplaatste en van het gestorte kapitaal uitgesplitst per soort. De akte vermeldt voorts van ieder die bij de oprichting aandelen neemt de in artikel 196 lid 2 onder *b* en *c* bedoelde gegevens met het aantal en de soort van de door hem genomen aandelen en het daarop gestorte bedrag. (BW 2: 175, 186[2], 205, 234[2])

Minimumkapitaal
– 2. Het maatschappelijke en het geplaatste kapitaal en het gestorte deel daarvan moeten bij de oprichting ten minste het minimumkapitaal bedragen dat bij koninklijk besluit is vastgesteld. Het minimumkapitaal wordt ten hoogste eenmaal in de twee jaren verhoogd of verlaagd, evenredig aan de ontwikkeling sedert 1 januari 1985 van een bij algemene maatregel van bestuur aan te wijzen prijsindexcijfer; het wordt daarbij afgerond op het naaste veelvoud van tweeduizendvijfhonderd euro. Het minimumkapitaal wordt niet opnieuw vastgesteld zo lang als het minder dan tweeduizend euro afwijkt van het onafgeronde bedrag.

– 3. Is de som van het gestorte en opgevraagde deel van het kapitaal en de reserves die krachtens een andere wetsbepaling of de statuten moeten worden aangehouden, geringer dan het laatst vastgestelde minimumkapitaal, dan moet de vennootschap een reserve aanhouden ter grootte van het verschil. (BW 2: 215, 216)

– 4. Van het maatschappelijke kapitaal moet ten minste een vijfde gedeelte zijn geplaatst. (BW 2: 67, 179[2], 180[2], 185, 189, 190 v., 205)

– 5. Een besloten vennootschap die is ontstaan voor 1 januari 2002 kan het bedrag van het maatschappelijk kapitaal en het bedrag van de aandelen in gulden vermelden tot ten hoogste twee cijfers achter de komma.

Art. 178a

Omzetting kapitaal van gulden naar euro
– 1. Indien een besloten vennootschap in de statuten het bedrag van het maatschappelijk kapitaal en het bedrag van de aandelen in gulden omzet in euro, wordt het bedrag van de geplaatste aandelen en het gestorte deel daarvan in euro berekend volgens de krachtens artikel 109L, vierde lid van het Verdrag betreffende de Europese Unie definitief vastgestelde omrekenkoers, afgerond tot ten hoogste twee cijfers achter de komma. Het afgeronde bedrag van elk aandeel in euro mag ten hoogste 15% hoger of lager liggen dan het oorspronkelijke bedrag van het aandeel in gulden. Het totaal van de bedragen van de aandelen in euro bedoeld in artikel 178 is het maatschappelijk kapitaal in euro. De som van de bedragen van de geplaatste aandelen en het gestorte deel daarvan in euro is het bedrag van het geplaatste kapitaal en het gestorte deel daarvan in euro. De akte vermeldt het bedrag van het geplaatste kapitaal en het gestorte deel daarvan in euro.

– 2. Is na omrekening volgens lid 1 de som van de bedragen van de geplaatste aandelen hoger dan het volgens de krachtens artikel 109L, vierde lid van het verdrag betreffende de Europese unie definitief vastgestelde omrekenkoers omgerekende bedrag van het geplaatst kapitaal, dan wordt het verschil ten laste gebracht van de uitkeerbare reserves of de reserves bedoeld in

artikel 389 of 390. Zijn deze reserves niet toereikend, dan vormt de vennootschap een negatieve bijschrijvingsreserve ter grootte van het verschil dat niet ten laste van de uitkeerbare of niet-uitkeerbare reserves is gebracht. Totdat het verschil uit ingehouden winst of te vormen reserves is voldaan, mag de vennootschap geen uitkeringen bedoeld in artikel 216 doen. Door het voldoen aan het bepaalde in dit lid worden de aandelen geacht te zijn volgestort.
– 3. Is na omrekening volgens lid 1 de som van de bedragen van de geplaatste aandelen lager dat het volgens de krachtens artikel 109L, vierde lid van het Verdrag betreffende de Europese Unie definitief vastgestelde omrekenkoers omgerekende bedrag van het geplaatst kapitaal, dan houdt de vennootschap een niet-uitkeerbare reserve aan ter grootte van het verschil. Artikel 208 is niet van toepassing. (BW 2: 67a, 121, 121a, 125, 178b, 178c, 231, 231a, 235, 373)

Art. 178b

Indien de vennootschap in afwijking van artikel 178a het bedrag van de aandelen wijzigt, behoeft deze wijziging de goedkeuring van elke groep van aandeelhouders aan wier rechten de wijziging afbreuk doet. Bestaat krachtens de wijziging recht op geld of schuldvorderingen, dan mag het gezamenlijk bedrag daarvan een tiende van het gewijzigde nominale bedrag van de aandelen niet te boven gaan. (BW 2: 67b)

Afwijkende wijziging kapitaal; goedkeuring aandeelhouders

Art. 178c

– 1. Een besloten vennootschap waarvan de statuten het maatschappelijk kapitaal en het bedrag van de aandelen in gulden vermelden, kan in het maatschappelijk verkeer de tegenwaarde in euro gebruiken tot ten hoogste twee cijfers achter de komma, mits daarbij wordt verwezen naar dit artikel. Dit gebruik van de tegenwaarde in euro heeft geen rechtsgevolg.
– 2. Indien een besloten vennootschap waarvan de statuten het bedrag van het maatschappelijk kapitaal en het bedrag van de aandelen in gulden vermelden, na 1 januari 2002 een wijziging aanbrengt in een of meer bepalingen waarin bedragen in gulden worden uitgedrukt, worden in de statuten alle bedragen omgezet in euro. De artikelen 178a en 178b zijn van toepassing. (BW 2: 121, 231)

Gebruik euro in maatschappelijk verweer

Statutenwijziging na 1-1-2002

Art. 179

– 1. Ter verkrijging van een verklaring van Onze Minister van Justitie dat hem van geen bezwaren is gebleken, moeten aan hem alle inlichtingen verstrekt worden die noodzakelijk zijn voor het beoordelen van de aanvraag. Tevens moet aan Onze Minister ten bate van 's Rijks kas een bedrag van € 90,76 worden voldaan. Wij kunnen bij algemene maatregel van bestuur dit bedrag verhogen in verband met de stijging van het loon- en prijspeil.
– 2. De verklaring mag alleen worden geweigerd op grond dat er, gelet op de voornemens of de antecedenten van de personen die het beleid van de vennootschap zullen bepalen of mede bepalen, gevaar bestaat dat de vennootschap zal worden gebruikt voor ongeoorloofde doeleinden of dat haar werkzaamheid zal leiden tot benadeling van haar schuldeisers.
– 3. Ten behoeve van de uitoefening van het toezicht, bedoeld in lid 2, verstrekt het Uitvoeringsinstituut werknemersverzekeringen desgevraagd aan Onze Minister van Justitie de inlichtingen die deze behoeft. Het Uitvoeringsinstituut werknemersverzekeringen verstrekt hem desgevraagd inzage of uittreksel van de gegevens waarover het beschikt. (BW 2: 20, 68, 175², 235; 3: 40 v.; Sr 340 v.)

Ministeriële verklaring van geen bezwaar

Op grond van de Wet van 8 mei 2003, houdende regels over de documentatie van vennootschappen (Wet documentatie vennootschappen) (i.w.tr. nog niet bekend), komt art. 179 derde lid van Boek 2 BW te luiden:
– 3. Ten behoeve van de uitoefening van het toezicht, bedoeld in lid 2, verstrekken het Uitvoeringsinstituut werknemersverzekeringen en de rijksbelastingdienst op zijn verzoek aan Onze Minister de inlichtingen die deze behoeft. Het instituut en de rijksbelastingdienst verlenen Onze Minister op verzoek kosteloos inzage van gegevens waarover zij beschikken of verstrekken kosteloos uittreksels daaruit.

Art. 180

– 1. De bestuurders zijn verplicht de vennootschap te doen inschrijven in het handelsregister en een authentiek afschrift van de akte van oprichting en van de daaraan ingevolge de artikelen 203a, 204 en 204a gehechte stukken neer te leggen ten kantore van het handelsregister. Tegelijkertijd moeten zij opgave doen van het totaal van de vastgestelde en geraamde kosten die met de oprichting verband houden en ten laste van de vennootschap komen. (BW 2: 29, 53a, 69, 188, 289)
– 2. De bestuurders zijn naast de vennootschap hoofdelijk aansprakelijk voor elke tijdens hun bestuur verrichte rechtshandeling waardoor de vennootschap wordt verbonden in het tijdvak voordat:
a. de opgave ter eerste inschrijving in het handelsregister, vergezeld van de neer te leggen afschriften, is geschied,

Inschrijving; hoofdelijke aansprakelijkheid bestuurders
zie voor inschr vooral 6en 7 hfgwerd
vr 302

1 BW Boek 2

b. het gestorte deel van het kapitaal ten minste het bij de oprichting voorgeschreven minimumkapitaal bedraagt, en
c. op het bij de oprichting geplaatste kapitaal ten minste een vierde van het nominale bedrag is gestort.

Art. 181

Omzetting BV in vereniging enz. – 1. Wanneer de besloten vennootschap zich krachtens artikel 18 omzet in een vereniging, coöperatie of onderlinge waarborgmaatschappij, wordt iedere aandeelhouder lid, tenzij hij de schadeloosstelling heeft gevraagd, bedoeld in lid 2.

Schadeloosstelling aandeelhouder – 2. Op het besluit tot omzetting is artikel 209 van toepassing, tenzij de vennootschap zich omzet in een naamloze vennootschap. Na zulk een besluit kan iedere aandeelhouder die niet met het besluit heeft ingestemd, de vennootschap schadeloosstelling vragen voor het verlies van zijn aandelen. Het verzoek tot schadeloosstelling moet schriftelijk aan de vennootschap worden gedaan binnen één maand nadat zij aan de aandeelhouder heeft meegedeeld dat hij deze schadeloosstelling kan vragen. De mededeling geschiedt op de zelfde wijze als de oproeping tot een algemene vergadering.

– 3. Bij gebreke van overeenstemming wordt de schadeloosstelling bepaald door een of meer onafhankelijke deskundigen, ten verzoeke van de meest gerede partij te benoemen door de rechtbank bij de machtiging tot omzetting of door de voorzieningenrechter van die rechtbank. De artikelen 351 en 352 zijn van toepassing. (BW 2: 71)

Art. 182

Vervallen.

Art. 183

Omzetting NV in BV; akte van omzetting – 1. Wanneer een naamloze vennootschap zich krachtens artikel 18 omzet in een besloten vennootschap, worden aan de akte van omzetting gehecht:
a. een verklaring van Onze Minister van Justitie, waarop artikel 125 van toepassing is, dat hem van bezwaren tegen de omzetting en statutenwijziging niet is gebleken;
b. een verklaring van een deskundige als bedoeld in artikel 393, waaruit blijkt dat het eigen vermogen van de vennootschap op een dag binnen vijf maanden voor de omzetting ten minste overeenkwam met het gestorte en opgevraagde deel van het kapitaal volgens de akte van omzetting. (BW 2: 125, 175 v.)

Omzetting vereniging enz. in BV – 2. Wanneer een andere rechtspersoon zich krachtens artikel 18 omzet in een besloten vennootschap, worden aan de akte van omzetting gehecht:
a. een verklaring van Onze Minister van Justitie waarop artikel 179 van toepassing is, dat hem van bezwaren tegen de omzetting en statutenwijziging niet is gebleken;
b. een verklaring van een deskundige als bedoeld in artikel 393, waaruit blijkt dat het eigen vermogen van de rechtspersoon op een dag binnen vijf maanden voor de omzetting ten minste het bedrag beloopt van het gestorte deel van het geplaatste kapitaal volgens de akte van omzetting; bij het eigen vermogen mag de waarde worden geteld van hetgeen na die dag uiterlijk onverwijld na de omzetting op aandelen zal worden gestort; (BW 2: 67)
c. indien de rechtspersoon leden heeft, de schriftelijke toestemming van ieder lid wiens aandelen niet worden volgestort door omzetting van de reserves van de rechtspersoon; (BW 2: 36⁴)
d. indien een stichting wordt omgezet, de rechterlijke machtiging daartoe.

Akte van omzetting – 3. Wanneer een vereniging, coöperatie of onderlinge waarborgmaatschappij zich krachtens artikel 18 omzet in een besloten vennootschap, wordt ieder lid aandeelhouder. De omzetting kan niet geschieden, zolang een lid nog kan opzeggen op grond van artikel 36 lid 4.

– 4. Na de omzetting kunnen een aandeelhouder, een vruchtgebruiker of een pandhouder de aan een aandeel verbonden rechten niet uitoefenen, zolang zij niet in het in artikel 194 bedoelde register zijn ingeschreven. Voor zover aandeelbewijzen zijn uitgegeven, vindt geen inschrijving plaats dan tegen afgifte van de aandeelbewijzen aan de vennootschap. (BW 2: 18, 72, 180, 197, 198)

Art. 184

Vervallen.

Art. 185

Ontbinding bij gebrek aan baten of staking doelverwezenlijking – 1. Op verzoek van het openbaar ministerie ontbindt de rechtbank de vennootschap, wanneer deze haar doel, door een gebrek aan baten, niet kan bereiken, en kan de rechtbank de vennootschap ontbinden, wanneer deze haar werkzaamheden tot verwezenlijking van haar doel heeft gestaakt. Het openbaar ministerie deelt de Kamer van Koophandel en Fabrieken, in wier handelsregister de vennootschap is ingeschreven, mee dat het voornemens is een verzoek tot ontbinding in te stellen. (BW 2: 177)

Te gering eigen vermogen – 2. Op verzoek van het openbaar ministerie wordt een vennootschap waarvan het eigen vermogen geringer is dan het laatst vastgestelde minimumkapitaal door de rechtbank ontbonden, indien:

1 BW Boek 2

a. zij in strijd met de wet winst of reserves heeft uitgekeerd,
b. zij in strijd met de wet haar kapitaal heeft verminderd,
c. zij of een dochtermaatschappij aandelen in haar kapitaal of certificaten daarvan in strijd met de wet heeft verkregen, of
d. het eigen vermogen nooit ten minste het bij de oprichting vereiste minimumkapitaal heeft geëvenaard. (BW 2: 178, 207 v., 207*d*, 208, 215, 216)
– 3. Alvorens de ontbinding uit te spreken kan de rechter de vennootschap in de gelegenheid stellen binnen een door hem te bepalen termijn het verzuim te herstellen. (BW 2: 19, 22, 23 v., 24, 74; Rv 429*a*, 995 v.)

Art. 186

– 1. Uit alle geschriften, gedrukte stukken en aankondigingen, waarin de vennootschap partij is of die van haar uitgaan, met uitzondering van telegrammen en reclames, moeten de volledige naam van de vennootschap en haar woonplaats duidelijk blijken.
– 2. Indien melding wordt gemaakt van het kapitaal van de vennootschap, moet daarbij in elk geval worden vermeld welk bedrag is geplaatst, en hoeveel van het geplaatste bedrag is gestort. (BW 1: 10²; 2: 56², 75, 177, 189; WED 1, 4°)

Vermelding naam, woonplaats en kapitaal

Art. 187

Vervallen.

Art. 188

Wanneer in deze titel het kantoor van het handelsregister wordt vermeld, wordt onder het handelsregister verstaan het register dat wordt gehouden door de Kamer van Koophandel en Fabrieken die overeenkomstig de artikelen 6 en 7 van de Handelsregisterwet 1996 bevoegd is. (BW 1: 10²; 2: 77, 177, 180, 186, 236; Overg.w. 65³)

Kantoor handelsregister

Art. 189

Wanneer in de statuten wordt gesproken van de houders van zoveel aandelen als tezamen een zeker gedeelte van het maatschappelijk kapitaal der vennootschap uitmaken, wordt, tenzij het tegendeel uit de statuten blijkt, onder kapitaal verstaan het geplaatste gedeelte van het maatschappelijk kapitaal. (BW 2: 78, 177, 178, 186²)

Geplaatst kapitaal

Art. 189a

Voor de toepassing van de artikelen 195, 206, 210 lid 6 en 239 wordt onder orgaan van de vennootschap verstaan de algemene vergadering van aandeelhouders, de vergadering van houders van aandelen van een bijzonder soort, het bestuur, de raad van commissarissen en de gemeenschappelijke vergadering van het bestuur en de raad van commissarissen.

AFDELING 2

De aandelen

Art. 190

Aandelen zijn de gedeelten, waarin het maatschappelijk kapitaal bij de statuten is verdeeld. (BW 2: 79¹, 175, 178, 201)

Omschrijving

Art. 191

– 1. Bij het nemen van het aandeel moet daarop het nominale bedrag worden gestort. Bedongen kan worden dat een deel, ten hoogste drie vierden, van het nominale bedrag eerst behoeft te worden gestort nadat de vennootschap het zal hebben opgevraagd.
– 2. Een aandeelhouder kan niet geheel of gedeeltelijk worden ontheven van de verplichting tot storting, behoudens het bepaalde in artikel 208.
– 3. De aandeelhouder en, in het geval van artikel 199, de voormalige aandeelhouder zijn niet bevoegd tot verrekening van hun schuld uit hoofde van dit artikel. (BW 2: 80, 191*a* en 191*b*, 193, 199; 6: 127 v.; Fw 53)

Stortingsplicht; geen compensatie

Art. 191a

– 1. Storting op een aandeel moet in geld geschieden voor zover niet een andere inbreng is overeengekomen.
– 2. Voor of bij de oprichting kan storting in vreemd geld slechts geschieden, indien de akte van oprichting vermeldt dat storting in vreemd geld is toegestaan; na de oprichting kan dit slechts geschieden met toestemming van de vennootschap. Storting in een valuta die een eenheid is van de euro krachtens artikel 109L, vierde lid van het Verdrag betreffende de Europese Unie wordt niet beschouwd als storting in vreemd geld.
– 3. Met storting in vreemd geld wordt aan de stortingsplicht voldaan voor het bedrag waartegen het gestorte bedrag vrijelijk in Nederlands geld kan worden gewisseld. Bepalend is de wisselkoers op de dag van de storting dan wel, indien vroeger dan een maand voor de oprichting is gestort, op de dag van de oprichting. (BW 2: 80*a*, 176, 178, 203*a*)

Storting; geldsoort

1 BW Boek 2

Art. 191b

Inbreng anders dan in geld

– 1. Indien inbreng anders dan in geld is overeengekomen, moet hetgeen wordt ingebracht naar economische maatstaven kunnen worden gewaardeerd. Een recht op het verrichten van werk of diensten kan niet worden ingebracht.

– 2. Inbreng anders dan in geld moet onverwijld geschieden na het nemen van het aandeel of na de dag waartegen een bijstorting is uitgeschreven of waarop zij is overeengekomen. (BW 2: 80b, 191, 204, 204a, 204b)

Art. 192

Aandeelhouder slechts verplicht tot volstorten

Aan een aandeelhouder kan niet, zelfs niet door wijziging van de statuten, tegen zijn wil enige verplichting boven de storting tot het nominale bedrag van het aandeel worden opgelegd. (BW 2: 55³, 81, 175¹, 231)

Art. 193

Faillissement en stortingsplicht

De vereffenaar van een vennootschap en, in geval van faillissement, de curator, zijn bevoegd tot uitschrijving en inning van alle nog niet gedane stortingen op de aandelen, onverschillig hetgeen bij de statuten daaromtrent is bepaald. (BW 2: 19, 23 v., 84, 199, 237; Fw 68)

Art. 194

Aandelenregister; datum verkrijging, erkenning of betekening

– 1. Het bestuur van de vennootschap houdt een register waarin de namen en de adressen van alle aandeelhouders zijn opgenomen, met vermelding van de datum waarop zij de aandelen hebben verkregen, de datum van de erkenning of betekening, alsmede van het op ieder aandeel gestorte bedrag. Daarin worden tevens opgenomen de namen en adressen van hen die een recht van vruchtgebruik of pandrecht op aandelen hebben, met vermelding van de datum waarop zij het recht hebben verkregen, de datum van erkenning of betekening, alsmede met vermelding welke aan de aandelen verbonden rechten hun overeenkomstig de leden 2 en 4 van de artikelen 197 en 198 van dit boek toekomen.

– 2. Het register wordt regelmatig bijgehouden; daarin wordt mede aangetekend elk verleend ontslag van aansprakelijkheid voor nog niet gedane stortingen.

– 3. Het bestuur verstrekt desgevraagd aan een aandeelhouder, een vruchtgebruiker en een pandhouder om niet een uittreksel uit het register met betrekking tot zijn recht op een aandeel. Rust op het aandeel een recht van vruchtgebruik of een pandrecht, dan vermeldt het uittreksel aan wie de in de leden 2 en 4 van de artikelen 197 en 198 van dit Boek bedoelde rechten toekomen.

– 4. Het bestuur legt het register ten kantore van de vennootschap ter inzage van de aandeelhouders, alsmede van de vruchtgebruikers en pandhouders aan wie de in lid 4 van de artikelen 197 en 198 van dit Boek bedoelde rechten toekomen. De gegevens van het register omtrent niet-volgestorte aandelen zijn ter inzage van een ieder; afschrift of uittreksel van deze gegevens wordt ten hoogste tegen kostprijs verstrekt. (BW 2: 85, 196, 197, 198; Overg.w. 51; Rv 474c; WED 1, 4°)

Art. 195

Beperking bij overdracht of toedeling van aandelen; blokkeringsregeling

– 1. Een aandeelhouder kan, voor zover de statuten deze bevoegdheid niet beperken of uitsluiten, een of meer van zijn aandelen vrijelijk overdragen aan zijn echtgenoot of geregistreerde partner, aan zijn bloed- en aanverwanten, in de rechte lijn onbeperkt en in de zijlijn in de tweede graad, aan een mede-aandeelhouder en aan de vennootschap. De kring van personen aan wie de aandeelhouder een of meer van zijn aandelen vrijelijk kan overdragen, kan bij de statuten worden uitgebreid tot zijn bloed- en aanverwanten in de zijlijn, of sommigen van hen, in de derde en vierde graad. (BW 1: 93; 4: 880, 923, 1002)

– 2. Voor iedere andere overdracht dan die welke ingevolge het vorige lid vrijelijk kan geschieden, dienen de statuten een blokkeringsregeling te bevatten. (BW 2: 175¹)

– 3. De overdracht krachtens legaat geldt voor de toepassing van de blokkeringsregeling als een overdracht door de erflater. (BW 2: 197³, 198³)

– 4. Deze blokkeringsregeling dient zodanig te zijn dat de aandeelhouder voor de overdracht, wil zij geldig zijn, de goedkeuring behoeft van een bij de statuten daartoe aangewezen orgaan der vennootschap. De overdracht moet plaatsvinden binnen drie maanden nadat de goedkeuring is verleend. De goedkeuring wordt geacht te zijn verleend indien het orgaan der vennootschap dat met de beslissing is belast niet gelijktijdig met de weigering van de goedkeuring aan de verzoeker opgave doet van een of meer gegadigden die bereid zijn al de aandelen waarop het verzoek om goedkeuring betrekking heeft tegen contante betaling te kopen.

– 5. Het derde lid vindt geen toepassing, voor zover de statuten een blokkeringsregeling bevatten, volgens welke de aandeelhouder die een of meer aandelen wil vervreemden, deze eerst moet aanbieden aan zijn mede- aandeelhouders. Deze regeling kan voorts inhouden dat, zo de mede-aandeelhouders het aanbod niet aanvaarden, het aanbod moet geschieden aan andere gegadigden, aangewezen door een bij de statuten daarmede belast orgaan der vennootschap. De aanbieder blijft bevoegd zijn aanbod in te trekken, mits dit geschiedt binnen een maand nadat hem bekend is aan welke gegadigden hij al de aandelen waarop het aanbod betrekking heeft kan verkopen en tegen welke prijs. Indien vaststaat dat niet al de aandelen waarop het aanbod betrekking heeft tegen contante betaling worden gekocht, zal de aanbieder de aandelen binnen drie maanden na die vaststelling vrijelijk mogen overdragen.

– 6. De blokkeringsregeling dient zodanig te zijn dat de aandeelhouder, indien hij dit verlangt, van degenen die als gegadigden in de zin van het derde lid worden opgegeven of aan wie ingevolge de blokkeringsregeling als bedoeld in het vierde lid moet worden aangeboden een prijs ontvangt, gelijk aan de waarde van zijn aandeel of aandelen, vastgesteld door een of meer onafhankelijke deskundigen.

– 7. De vennootschap zelf kan slechts met de instemming van de aandeelhouder ingevolge het derde of het vierde lid gegadigde zijn.

– 8. Beperking van de overdraagbaarheid van de aandelen kan niet zodanig geschieden, dat die overdracht onmogelijk of uiterst bezwaarlijk wordt gemaakt. Hetzelfde geldt voor toedeling van aandelen uit een gemeenschap. (BW 2: 86, 87; 3: 83; 6: 252)

– 9. Bepalingen in de statuten omtrent overdraagbaarheid van aandelen gelden niet, indien de houder krachtens de wet tot overdracht van zijn aandeel aan een eerdere houder verplicht is.

Art. 195a

– 1. De statuten kunnen bepalen dat in gevallen, in de statuten omschreven, de aandeelhouder gehouden is zijn aandelen aan te bieden en over te dragen. De statuten kunnen daarbij bepalen dat zolang de aandeelhouder zijn verplichtingen tot aanbieding of overdracht niet nakomt, zijn stemrecht, zijn recht op deelname aan de algemene vergadering en zijn recht op uitkeringen is opgeschort.

– 2. De statuten kunnen bepalen dat indien een aandeelhouder niet binnen een bepaalde redelijke termijn zijn statutaire verplichtingen tot aanbieding en overdracht van zijn aandelen is nagekomen, de vennootschap onherroepelijk gevolmachtigd is de aandelen aan te bieden en over te dragen. Wanneer er geen gegadigden zijn aan wie de aandeelhouder al zijn aandelen zal kunnen overdragen volgens een regeling in de statuten, ontbreekt de volmacht en is de aandeelhouder onherroepelijk van het bepaalde in lid 1 ontheven.

– 3. De regeling dient zodanig te zijn dat de aandeelhouder die dit verlangt een prijs ontvangt, gelijk aan de waarde van zijn aandeel of aandelen, vastgesteld door een of meer onafhankelijke deskundigen.

Art. 195b

– 1. De statuten kunnen bepalen dat van de aandeelhouder die niet of niet langer aan in de statuten gestelde eisen voldoet het stemrecht, het recht op deelname aan de algemene vergadering en het recht op uitkeringen is opgeschort.

– 2. Indien de aandeelhouder een of meer van de in lid 1 genoemde rechten niet kan uitoefenen en de aandeelhouder niet gehouden is zijn aandelen aan te bieden en over te dragen, is hij onherroepelijk van de in de statuten gestelde eisen ontheven wanneer de vennootschap niet binnen drie maanden na een verzoek daartoe van de aandeelhouder gegadigden heeft aangewezen aan wie hij al zijn aandelen zal kunnen overdragen volgens een regeling in de statuten.

– 3. De regeling dient zodanig te zijn dat de aandeelhouder die dit verlangt een prijs ontvangt, gelijk aan de waarde van zijn aandeel of aandelen, vastgesteld door een of meer onafhankelijke deskundigen.

Art. 196

– 1. Voor de uitgifte en levering van een aandeel of de levering van een beperkt recht daarop is vereist een daartoe bestemde ten overstaan van een in Nederland standplaats hebbende notaris verleden akte waarbij de betrokkenen partij zijn. Geen afzonderlijke akte is vereist voor de uitgifte van aandelen die bij de oprichting worden geplaatst. (BW 2: 207)

– 2. Akten van uitgifte of levering moeten vermelden:

a. de titel van de rechtshandeling en op welke wijze het aandeel of het beperkt recht daarop is verkregen; (Overg.w. 51)

b. naam, voornamen, geboortedatum, geboorteplaats, woonplaats en adres van de natuurlijke personen die bij de rechtshandeling partij zijn;

c. rechtsvorm, naam, woonplaats en adres van de rechtspersonen die bij de rechtshandeling partij zijn;

d. het aantal en de soort aandelen waarop de rechtshandeling betrekking heeft, alsmede

e. naam, woonplaats en adres van de vennootschap op welker aandelen de rechtshandeling betrekking heeft. (BW 2: 86, 197, 198; 3: 83, 94, 98, 236, 239, 246)

Art. 196a

– 1. De levering van een aandeel of de levering van een beperkt recht daarop overeenkomstig artikel 196 lid 1 werkt mede van rechtswege tegenover de vennootschap. Behoudens in het geval dat de vennootschap zelf bij de rechtshandeling partij is, kunnen de aan het aandeel verbonden rechten eerst worden uitgeoefend nadat zij de rechtshandeling heeft erkend of de

---

akte aan haar is betekend overeenkomstig de bepalingen van artikel 196b, dan wel deze heeft erkend door inschrijving in het aandeelhoudersregister als bedoeld in lid 2.

Spontane erkenning
– 2. De vennootschap die kennis draagt van de rechtshandeling als bedoeld in het eerste lid kan, zolang haar geen erkenning daarvan is verzocht noch betekening van de akte aan haar is geschied, die rechtshandeling eigener beweging erkennen door inschrijving van de verkrijger van het aandeel of het beperkte recht in het aandeelhoudersregister. Zij doet daarvan aanstonds bij aangetekende brief mededeling aan de bij de rechtshandeling betrokken partijen met het verzoek alsnog een afschrift of uittreksel als bedoeld in artikel 196b lid 1 aan haar over te leggen. Na ontvangst daarvan plaatst zij, ten bewijze van de erkenning, een aantekening op het stuk op de wijze als in artikel 196b voor de erkenning wordt voorgeschreven; als datum van erkenning wordt de dag van de inschrijving vermeld.

Positie derde-verkrijger; goede trouw
– 3. Indien een rechtshandeling als bedoeld in het eerste lid heeft plaatsgevonden zonder dat dit heeft geleid tot een daarop aansluitende wijziging in het register van aandeelhouders, kan deze noch aan de vennootschap noch aan anderen die te goeder trouw de in het aandeelhoudersregister ingeschreven persoon als aandeelhouder of eigenaar van een beperkt recht op een aandeel hebben beschouwd, worden tegengeworpen. (BW 2: 86a, 194; 3: 88)

Art. 196b

Notarieel geschrift
– 1. Behoudens het bepaalde in artikel 196a lid 2 geschiedt de erkenning in de akte dan wel op grond van overlegging van een notarieel afschrift of uittreksel van de akte.

– 2. Bij erkenning op grond van overlegging van een notarieel afschrift of uittreksel wordt een gedagtekende verklaring geplaatst op het overgelegde stuk.

– 3. De betekening geschiedt van een notarieel afschrift of uittreksel van de akte. (BW 2: 86b)

Art. 197

Vruchtgebruik op aandelen
– 1. De bevoegdheid tot het vestigen van vruchtgebruik op een aandeel kan bij de statuten niet worden beperkt of uitgesloten. (BW 3: 201 v.)

– 2. De aandeelhouder heeft het stemrecht op de aandelen waarop een vruchtgebruik is gevestigd. (BW 2: 198², 227, 228; 3: 219)

– 3. In afwijking van het voorgaande lid komt het stemrecht toe aan de vruchtgebruiker, indien zulks bij de vestiging van het vruchtgebruik is bepaald en de vruchtgebruiker een persoon is, aan wie de aandelen overeenkomstig artikel 195 lid 1 van dit Boek vrijelijk kunnen worden overgedragen. Indien de vruchtgebruiker niet zulk een persoon is, komt hem het stemrecht uitsluitend toe, indien dit bij de vestiging van het vruchtgebruik is bepaald en de statuten dit niet verbieden, mits zowel deze bepaling als – bij overdracht van het vruchtgebruik – de overgang van het stemrecht is goedgekeurd door het vennootschapsorgaan dat bij de statuten is aangewezen om goedkeuring te verlenen tot een voorgenomen overdracht van aandelen, dan wel – bij ontbreken van zodanige aanwijzing – door de algemene vergadering van aandeelhouders. Bij een vruchtgebruik als bedoeld in de artikelen 19 en 21 van Boek 4 komt het stemrecht eveneens aan de vruchtgebruiker toe, tenzij bij de vestiging van het vruchtgebruik door partijen of door de kantonrechter op de voet van artikel 23 lid 4 van Boek 4 anders wordt bepaald. (BW 2: 198³, 217)

– 4. De aandeelhouder die geen stemrecht heeft en de vruchtgebruiker die stemrecht heeft, hebben de rechten, die door de wet zijn toegekend aan de houders van met medewerking ener vennootschap uitgegeven certificaten van aandelen. De vruchtgebruiker die geen stemrecht heeft, heeft deze rechten, indien de statuten dit bepalen en bij de vestiging of overdracht van het vruchtgebruik niet anders is bepaald. (BW 2: 198⁴, 212, 220, 223, 227, 346)

– 5. Uit het aandeel voortspruitende rechten, strekkende tot het verkrijgen van aandelen, komen aan de aandeelhouder toe met dien verstande dat hij de waarde daarvan moet vergoeden aan de vruchtgebruiker, voor zover deze krachtens zijn recht van vruchtgebruik daarop aanspraak heeft. (BW 2: 88, 194; 3: 9, 201, 216; Overg.w. 51; Wet giraal eff. verk. art. 23)

Art. 198

Pandrecht op aandelen
– 1. Op aandelen kan pandrecht worden gevestigd, indien de statuten niet anders bepalen. (BW 3: 227 v., 236 v., 248 v.)

– 2. De aandeelhouder heeft het stemrecht op de verpande aandelen. (BW 2: 197², 227, 228; 3: 247)

– 3. In afwijking van het voorgaande lid komt het stemrecht toe aan de pandhouder, indien zulks bij de vestiging van het pandrecht is bepaald en de pandhouder een persoon is, aan wie de aandelen overeenkomstig artikel 195 lid 1 van dit Boek vrijelijk kunnen worden overgedragen. Indien de pandhouder niet zulk een persoon is, komt hem het stemrecht uitsluitend toe indien dit bij de vestiging van het pandrecht is bepaald en de vestiging van het pandrecht is goedgekeurd door het vennootschapsorgaan dat bij de statuten is aangewezen om goedkeuring te verlenen tot een voorgenomen overdracht van aandelen, dan wel – bij ontbreken van zodanige aanwijzing – door de algemene vergadering van aandeelhouders. Treedt een ander in de rechten van de pandhouder, dan komt hem het stemrecht slechts toe, indien het in de vorige zin bedoelde orgaan dan wel, bij gebreke daarvan, de algemene vergadering de overgang van het stemrecht goedkeurt. De bevoegdheid tot toekenning van het stemrecht aan de pandhouder kan in de statuten worden uitgesloten. (BW 2: 197[3], 217)

– 4. De aandeelhouder die geen stemrecht heeft en de pandhouder die stemrecht heeft, hebben de rechten, die door de wet zijn toegekend aan de houders van met medewerking ener vennootschap uitgegeven certificaten van aandelen. De pandhouder die geen stemrecht heeft, heeft deze rechten indien de statuten dit bepalen en bij de vestiging of overgang van het pandrecht niet anders is bepaald. (BW 2: 197[4], 212, 220, 223, 227, 346)

– 5. Artikel 195 van dit Boek en de statutaire bepalingen ten aanzien van de vervreemding en overdracht van aandelen zijn van toepassing op de vervreemding en overdracht van de aandelen door de pandhouder of de verblijving van de aandelen aan de pandhouder, met dien verstande dat de pandhouder alle ten aanzien van de vervreemding en overdracht aan de aandeelhouder toekomende rechten uitoefent en diens verplichtingen ter zake nakomt. (BW 2: 89, 89*a*, 195, 196, 319; Overg.w. 51; Rv 474g; Wet giraal eff.verk. 20, 21, 42)

Art. 199

Aansprakelijkheid na overdracht of toedeling niet-volgestort aandeel

– 1. Na overdracht of toedeling van een niet volgestort aandeel blijft ieder van de vorige aandeelhouders voor het daarop nog te storten bedrag hoofdelijk jegens de vennootschap aansprakelijk. Het bestuur kan te zamen met de raad van commissarissen de vorige aandeelhouders bij authentieke of geregistreerde onderhandse akte van verdere aansprakelijkheid ontslaan; in dat geval blijft de aansprakelijkheid niettemin bestaan voor stortingen, uitgeschreven binnen een jaar na de dag waarop de authentieke akte is verleden of de onderhandse is geregistreerd. (BW 2: 191, 193, 194; 6: 6 v., 160)

– 2. Indien een vorige aandeelhouder betaalt, treedt hij in de rechten die de vennootschap tegen latere houders heeft. (BW 2: 90; 6: 150)

Art. 200

Vervallen.

Art. 201

Positie aandeelhouders in principe gelijk

– 1. Voor zover bij de statuten niet anders is bepaald, zijn aan alle aandelen in verhouding tot hun bedrag gelijke rechten en verplichtingen verbonden.

– 2. De vennootschap moet de aandeelhouders onderscheidenlijk certificaathouders die zich in gelijke omstandigheden bevinden, op de zelfde wijze behandelen. (BW 2: 8, 23*b*[1], 92, 190, 216, 220, 227, 228, 346)

– 3. De statuten kunnen bepalen dat aan aandelen van een bepaalde soort bijzondere rechten als in de statuten omschreven inzake de zeggenschap in de vennootschap zijn verbonden.

Art. 201a

Uitkoop

– 1. Hij die als aandeelhouder voor eigen rekening ten minste 95% van het geplaatste kapitaal van de vennootschap verschaft, kan tegen de gezamenlijke andere aandeelhouders een vordering instellen tot overdracht van hun aandelen aan de eiser. Hetzelfde geldt, indien twee of meer groepsmaatschappijen dit deel van het geplaatste kapitaal samen verschaffen en samen de vordering instellen tot overdracht aan een hunner. (BW 2: 24*a*, 24*d*)

– 2. Over de vordering oordeelt in eerste aanleg de ondernemingskamer van het gerechtshof te Amsterdam. Van de uitspraak staat uitsluitend beroep in cassatie open. (RO 72, 99)

– 3. Indien tegen een of meer gedaagden verstek is verleend, moet de rechter ambtshalve onderzoeken of de eiser of eisers de vereisten van lid 1 vervullen.

– 4. De rechter wijst de vordering tegen alle gedaagden af, indien een gedaagde ondanks de vergoeding ernstige stoffelijke schade zou lijden door de overdracht, een gedaagde houder is van een aandeel waaraan de statuten een bijzonder recht inzake de zeggenschap in de vennootschap verbinden of een eiser jegens een gedaagde afstand heeft gedaan van zijn bevoegdheid de vordering in te stellen.

– 5. Indien de rechter oordeelt dat de leden 1 en 4 de toewijzing van de vordering niet beletten, kan hij bevelen dat een of drie deskundigen zullen berichten over de waarde van de over te dragen aandelen. De eerste drie zinnen van artikel 350 lid 3 en de artikelen 351 en 352 zijn van toepassing. De rechter stelt de prijs vast die de over te dragen aandelen op een door hem te bepalen dag hebben. Zo lang en voor zover de prijs niet is betaald, wordt hij verhoogd met rente, gelijk aan de wettelijke rente, van die dag af tot de overdracht; uitkeringen op de aandelen die in dit tijdvak betaalbaar worden gesteld, strekken op de dag van betaalbaarstelling tot gedeeltelijke betaling van de prijs. (Rv 221 v.)

– 6. De rechter die de vordering toewijst, veroordeelt de overnemer aan degenen aan wie de aandelen toebehoren of zullen toebehoren de vastgestelde prijs met rente te betalen tegen levering van het onbezwaarde recht op de aandelen. De rechter geeft omtrent de kosten van het geding zodanige uitspraak als hij meent dat behoort. Een gedaagde die geen verweer heeft gevoerd, wordt niet verwezen in de kosten. (BW 6: 119, 120; Rv 56)

– 7. Staat het bevel tot overdracht bij gerechtelijk gewijsde vast, dan deelt de overnemer de dag en plaats van betaalbaarstelling en de prijs schriftelijk mee aan de houders van de over te nemen aandelen van wie hij het adres kent. Hij kondigt deze ook aan in een landelijk verspreid dagblad, tenzij hij van allen het adres kent.

– 8. De overnemer kan zich altijd van zijn verplichtingen ingevolge de leden 6 en 7 bevrijden door de vastgestelde prijs met rente voor alle nog niet overgenomen aandelen te consigneren, onder mededeling van hem bekende rechten van pand en vruchtgebruik en de hem bekende beslagen. Door deze mededeling gaat beslag over van de aandelen op het recht op uitkering. Door het consigneren gaat het recht op de aandelen onbezwaard op hem over en gaan rechten van pand of vruchtgebruik over op het recht op uitkering. Aan aandeel- en dividendbewijzen waarop na de overgang uitkeringen betaalbaar zijn gesteld, kan nadien geen recht jegens de vennootschap meer worden ontleend. De overnemer maakt het consigneren en de prijs per aandeel op dat tijdstip bekend op de wijze van lid 7. (BW 2: 92a; 6: 66 v.)

Art. 202

Toondercertifica-
ten niet toege-
staan
Certificaten aan toonder van aandelen mogen niet worden uitgegeven. Indien in strijd hiermede is gehandeld, kunnen, zolang certificaten aan toonder uitstaan, de aan het aandeel verbonden rechten niet worden uitgeoefend.

AFDELING 3

Het vermogen van de vennootschap

Art. 203

Rechtshandelin-
gen namens een
op te richten ven-
nootschap; hoof-
delijke aansprake-
lijkheid
– 1. Uit rechtshandelingen, verricht namens een op te richten besloten vennootschap met beperkte aansprakelijkheid, ontstaan slechts rechten en verplichtingen voor de vennootschap wanneer zij die rechtshandelingen na haar oprichting uitdrukkelijk of stilzwijgend bekrachtigt of ingevolge lid 4 wordt verbonden.

– 2. Degenen die een rechtshandeling verrichten namens een op te richten besloten vennootschap met beperkte aansprakelijkheid zijn, tenzij met betrekking tot die rechtshandeling uitdrukkelijk anders is bedongen, daardoor hoofdelijk verbonden, totdat de vennootschap na haar oprichting de rechtshandeling heeft bekrachtigd.

– 3. Indien de vennootschap haar verplichtingen uit de bekrachtigde rechtshandeling niet nakomt, zijn degenen die namens de op te richten vennootschap handelden hoofdelijk aansprakelijk voor de schade die de derde dientengevolge lijdt, indien zij wisten of redelijkerwijs konden weten dat de vennootschap haar verplichtingen niet zou kunnen nakomen, onverminderd de aansprakelijkheid terzake van de bestuurders wegens de bekrachtiging. De wetenschap dat de vennootschap haar verplichtingen niet zou kunnen nakomen, wordt vermoed aanwezig te zijn, wanneer de vennootschap binnen een jaar na de oprichting in staat van faillissement wordt verklaard. (BW 2: 9, 248; Fw 43, 45)

– 4. De oprichters kunnen de vennootschap in de akte van oprichting slechts verbinden door het uitgeven van aandelen, het aanvaarden van stortingen daarop, het aanstellen van bestuurders, het benoemen van commissarissen en het verrichten van rechtshandelingen als bedoeld in artikel 204 lid 1. Indien een oprichter hierbij onvoldoende zorgvuldigheid heeft betracht, zijn de artikelen 9 en 248 van overeenkomstige toepassing. (BW 2: 4, 93, 176, 180², 3: 55 v., 61, 66, 69; 6: 6 v., 95 v., 162)

Art. 203a

Verklaring inzake
gestorte gelden
op aandelen
– 1. Indien voor of bij de oprichting op aandelen wordt gestort in geld, moeten aan de akte van oprichting een of meer verklaringen worden gehecht, inhoudende dat de bedragen die op de bij de oprichting te plaatsen aandelen moeten worden gestort:

a. hetzij terstond na de oprichting ter beschikking zullen staan van de vennootschap;

b. hetzij alle op een zelfde tijdstip, ten vroegste vijf maanden voor de oprichting, op een afzonderlijke rekening stonden welke na de oprichting uitsluitend ter beschikking van de vennootschap de stortingen in de akte aanvaardt.

– 2. Indien vreemd geld is gestort, moet uit de verklaring blijken tegen hoeveel geld het vrijelijk kon worden gewisseld op een dag waarop daarmee krachtens artikel 191a lid 3 kon worden voldaan aan de stortingsplicht.

– 3. Zulk een verklaring kan slechts worden afgelegd door een bankier, die een kredietinstelling is als bedoeld in artikel 1, eerste lid, onderdeel *a,* onder 1°, van de Wet toezicht kredietwezen 1992 en die hetzij als kredietinstelling is geregistreerd ingevolge artikel 52 van de Wet toezicht kredietwezen 1992, hetzij in een lidstaat van de Europese Gemeenschappen of in een andere staat die partij is bij de Overeenkomst betreffende de Europese Economische Ruimte is onderworpen aan bedrijfseconomisch toezicht van overheidswege. Zij kan slechts worden afgegeven aan een notaris.

– 4. Worden voor de oprichting aan de rekening, bedoeld in onderdeel *b* van lid 1, bedragen onttrokken, dan zijn de oprichters hoofdelijk jegens de vennootschap verbonden tot vergoeding van die bedragen, totdat de vennootschap de onttrekkingen uitdrukkelijk heeft bekrachtigd.

– 5. De notaris moet de bankiers wier verklaring hij heeft ontvangen terstond verwittigen van de oprichting. Indien de oprichting niet doorgaat, moet hij hun de verklaring terugzenden.

– 6. Indien na de oprichting in vreemd geld is gestort, legt de vennootschap binnen twee weken na de storting een verklaring, als bedoeld in lid 2, van een in het derde lid bedoelde bankier neer ten kantore van het handelsregister. (BW 2: 4, 93a, 188, 191a)

Art. 204

Opneming rechtshandelingen in oprichtingsakte

– 1. Rechtshandelingen:

a. in verband met het nemen van aandelen waarbij bijzondere verplichtingen op de vennootschap worden gelegd,

b. strekkende om enigerlei voordeel te verzekeren aan een oprichter der vennootschap of aan een bij de oprichting betrokken derde,

c. betreffende inbreng op aandelen anders dan in geld, moeten in haar geheel worden opgenomen in de akte van oprichting of in een geschrift dat daaraan in origineel of in authentiek afschrift wordt gehecht en waarnaar de akte van oprichting verwijst. Indien de vorige zin niet in acht is genomen, kunnen voor de vennootschap uit deze rechtshandelingen geen rechten of verplichtingen ontstaan.

– 2. Na de oprichting kunnen de in het vorige lid bedoelde rechtshandelingen zonder voorafgaande goedkeuring van de algemene vergadering van aandeelhouders slechts worden verricht, indien en voor zover aan het bestuur de bevoegdheid daartoe uitdrukkelijk bij de statuten is verleend. (BW 2: 4, 94, 178, 378³; 3: 69)

Art. 204a

Beschrijving van inbreng anders dan in geld

– 1. Indien bij de oprichting inbreng op aandelen anders dan in geld wordt overeengekomen, maken de oprichters een beschrijving op van hetgeen wordt ingebracht, met vermelding van de daaraan toegekende waarde en van de toegepaste waarderingsmethoden. Deze methoden moeten voldoen aan normen die in het maatschappelijke verkeer als aanvaardbaar worden beschouwd. De beschrijving heeft betrekking op de toestand van hetgeen wordt ingebracht op een dag die niet eerder ligt dan hetzij vijf maanden voor de oprichting hetzij een maand voordat de ministeriële verklaring van geen bezwaar is aangevraagd en een maand voor oprichting die uiterlijk een maand na de verklaring van geen bezwaar geschiedt. De beschrijving wordt door alle oprichters ondertekend. De vennootschap legt deze te haren kantore ter inzage van de houders van haar aandelen of van certificaten daarvan die met haar medewerking zijn uitgegeven. (BW 2: 180)

– 2. Over de beschrijving van hetgeen wordt ingebracht moet een registeraccountant, of een accountant-administratieconsulent een verklaring afleggen. Indien wordt ingebracht in een vennootschap waarvan de jaarrekening moet worden onderzocht, mag slechts hij die bevoegd is tot het verplichte onderzoek van de jaarrekening, de verklaring over de beschrijving afleggen. Hetzelfde geldt, indien de waarde van alle in te brengen activa, zonder aftrek van passiva, ten minste f 8 000 000 bedraagt. De verklaring houdt in dat de waarde van hetgeen wordt ingebracht, bij toepassing van in het maatschappelijke verkeer als aanvaardbaar beschouwde waarderingsmethoden, ten minste beloopt het in de verklaring genoemde bedrag van de stortingsplicht, in geld uitgedrukt, waaraan met de inbreng moet worden voldaan. De verklaring moet aan de akte van oprichting worden gehecht. Indien bekend is dat de waarde na de beschrijving aanzienlijk is gedaald, is een tweede verklaring vereist. (BW 2: 4, 362)

– 3. De beschrijving en accountantsverklaring zijn niet vereist, indien alle oprichters hiervan hebben afgezien en een rechtspersoon die aandelen heeft genomen of waarvan een groepsmaatschappij aandelen heeft genomen, de volgende vereisten vervult:

a. de rechtspersoon heeft bij het handelsregister waar de vennootschap is ingeschreven een verklaring neergelegd dat hij zich hoofdelijk aansprakelijk stelt voor de uit rechtshandelingen van de vennootschap voortvloeiende schulden;

b. zijn laatste vastgestelde balans met toelichting is krachtens de toepasselijke wet vastgesteld en onderzocht in overeenstemming met de vierde richtlijn van de Europese Gemeenschappen inzake het vennootschapsrecht; een in het Nederlands, Frans, Duits of Engels gesteld exemplaar daarvan en van de accountantsverklaring daarover overeenkomstig die wet is neergelegd ten kantore van het handelsregister en sedert de balansdatum zijn nog geen achttien maanden verlopen;

c. blijkens de onder *b* bedoelde balans overtreft het eigen vermogen van de rechtspersoon het nominaal gestorte bedrag van de aandelen waarop na de balansdatum wordt ingebracht met toepassing van dit lid in vennootschappen waarvoor de rechtspersoon een verklaring heeft afgelegd als bedoeld onder *a.* (BW 2: 188)

– 4. Artikel 404 is van overeenkomstige toepassing met dien verstande, dat de verklaring niet kan worden ingetrokken binnen twee jaren na de inbreng. (BW 2: 94a, 191b)

61

Art. 204b

Beschrijving na oprichting van inbreng anders dan in geld; deskundigen-verklaring

– 1. Indien na de oprichting inbreng op aandelen anders dan in geld wordt overeengekomen, maakt de vennootschap overeenkomstig artikel 204a lid 1 een beschrijving op van hetgeen wordt ingebracht. De beschrijving heeft betrekking op de toestand op een dag die niet eerder dan vijf maanden ligt voor de dag waarop de aandelen worden genomen dan wel waartegen een bijstorting is uitgeschreven of waarop zij is overeengekomen. De bestuurders ondertekenen de beschrijving; ontbreekt de handtekening van een of meer hunner, dan wordt daarvan onder opgave van reden melding gemaakt.

– 2. Artikel 204a lid 2 is van overeenkomstige toepassing.

– 3. De leden 3 en 4 van artikel 204a zijn van toepassing, met dien verstande dat niet de oprichters maar alle aandeelhouders moeten hebben afgezien van het opstellen van de beschrijving en de accountantsverklaring.

– 4. De vennootschap legt, binnen acht dagen na de dag waarop de aandelen zijn genomen dan wel waarop de bijstorting opeisbaar werd, de dag of een afschrift daarvan neer ten kantore van het handelsregister met opgave van de namen van de inbrengers en van het bedrag van het aldus gestorte deel van het geplaatste kapitaal. (BW 2: 188; WED 1, 4°)

– 5. Dit artikel is niet van toepassing voor zover de inbreng bestaat uit aandelen, certificaten van aandelen, daarin converteerbare rechten of winstbewijzen van een andere rechtspersoon, waarop de vennootschap een openbaar bod heeft uitgebracht, mits deze effecten of een deel daarvan zijn opgenomen in de prijscourant van een effectenbeurs of geregeld op de incourante markt worden verhandeld. (BW 2: 94b, 204a)

Art. 204c

Tot 2 jaar na de oprichting door de BV goed te keuren rechtshandelingen

– 1. Een rechtshandeling die de vennootschap heeft verricht zonder goedkeuring van de algemene vergadering van aandeelhouders of zonder de verklaring, bedoeld in lid 3, kan ten behoeve van de vennootschap worden vernietigd, indien de rechtshandeling:
a. strekt tot het verkrijgen van goederen, met inbegrip van vorderingen die worden verrekend, die een jaar voor de oprichting of nadien toebehoorden aan een oprichter of aandeelhouder, en
b. is verricht voordat twee jaren zijn verstreken na de inschrijving van de vennootschap in het handelsregister.

– 2. Indien de goedkeuring wordt gevraagd, maakt de vennootschap een beschrijving op van de te verkrijgen goederen en van de tegenprestatie. De beschrijving heeft betrekking op de toestand van het beschrevene op een dag die niet voor de oprichting ligt. In de beschrijving worden de waarden vermeld die aan de goederen en tegenprestatie worden toegekend alsmede de toegepaste waarderingsmethoden. Deze methoden voldoen aan normen die in het maatschappelijke verkeer als aanvaardbaar worden beschouwd. De bestuurders ondertekenen de beschrijving; ontbreekt de handtekening van een of meer hunner, dan wordt daarvan onder opgave van reden melding gemaakt. (BW 2: 362)

– 3. Artikel 204a lid 2 is van overeenkomstige toepassing, met dien verstande dat de verklaring moet inhouden dat de waarde van de te verkrijgen goederen, bij toepassing van in het maatschappelijke verkeer als aanvaardbaar beschouwde waarderingsmethoden, overeenkomt met ten minste de waarde van de tegenprestatie.

– 4. Op het ter inzage leggen en in afschrift ter beschikking stellen van de in de vorige leden bedoelde stukken is artikel 212 van overeenkomstige toepassing.

– 5. De vennootschap legt binnen acht dagen na de rechtshandeling of na de goedkeuring, indien achteraf verleend, de in het derde lid bedoelde verklaring of een afschrift daarvan neer ten kantore van het handelsregister. (BW 2: 188; WED 1, 4°)

– 6. Voor de toepassing van dit artikel blijven buiten beschouwing:
a. verkrijgingen op een openbare veiling of ter beurze,
b. verkrijgingen die onder de bedongen voorwaarden tot de gewone bedrijfsuitoefening van de vennootschap behoren,
c. verkrijgingen waarvoor een accountantsverklaring als bedoeld in artikel 204a is afgelegd, en
d. verkrijgingen ten gevolge van fusie of splitsing. (BW 2: 309, 334a)

– 7. De leden 3 en 4 van artikel 204a zijn van overeenkomstige toepassing, met dien verstande dat niet de oprichters maar alle aandeelhouders moeten hebben afgezien van het opstellen van de beschrijving en de accountantsverklaring en dat de waarde van alle tegenprestaties waarbij dat is geschied, wordt overtroffen door het eigen vermogen van de medeaansprakelijke rechtspersoon. (BW 2: 94c, 204, 378³)

Art. 205

Eigen aandelen

De vennootschap kan geen eigen aandelen nemen. (BW 2: 95, 207-207d)

Art. 206

Uitgifte aandelen na de oprichting

– 1. De vennootschap kan slechts ingevolge een besluit van de algemene vergadering van aandeelhouders na de oprichting aandelen uitgeven, voor zover bij de statuten geen ander orgaan

is aangewezen. De algemene vergadering kan haar bevoegdheid hiertoe overdragen aan een ander orgaan en kan deze overdracht herroepen.
– 2. Het vorige lid is van overeenkomstige toepassing op het verlenen van rechten tot het nemen van aandelen, maar is niet van toepassing op het uitgeven van aandelen aan iemand die een voordien reeds verkregen recht tot het nemen van aandelen uitoefent. (BW 2: 96, 206a, 217)

Art. 206a

– 1. Voor zover de statuten niet anders bepalen, heeft iedere aandeelhouder bij uitgifte van aandelen een voorkeursrecht naar evenredigheid van het gezamenlijke bedrag van zijn aandelen, behoudens de beide volgende leden. Hij heeft geen voorkeursrecht op aandelen die worden uitgegeven aan werknemers van de vennootschap of van een groepsmaatschappij. Het voorkeursrecht kan, telkens voor een enkele uitgifte, worden beperkt of uitgesloten bij besluit van de algemene vergadering van aandeelhouders, voor zover de statuten niet anders bepalen. (BW 2: 217)

Voorkeursrecht aandeelhouders op uit te geven aandelen

– 2. Voor zover de statuten niet anders bepalen, hebben houders van aandelen die
a. niet boven een bepaald percentage van het nominale bedrag of slechts in beperkte mate daarboven delen in de winst, of
b. niet boven het nominale bedrag of slechts in beperkte mate daarboven delen in een overschot na vereffening, geen voorkeursrecht op uit te geven aandelen.
– 3. Voor zover de statuten niet anders bepalen, hebben de aandeelhouders geen voorkeursrecht op uit te geven aandelen in een van de in het vorige lid onder a en b omschreven soorten.
– 4. De vennootschap kondigt de uitgifte met voorkeursrecht en het tijdvak waarin dat kan worden uitgeoefend, aan in een schriftelijke mededeling aan alle aandeelhouders aan het door hen opgegeven adres.
– 5. Het voorkeursrecht kan worden uitgeoefend gedurende ten minste vier weken na de dag van de verzending van de aankondiging.
– 6. Voor zover de statuten niet anders bepalen, hebben de aandeelhouders een voorkeursrecht bij het verlenen van rechten tot het nemen van andere aandelen dan de in lid 2 onder a en b omschreven soorten; de vorige leden zijn van overeenkomstige toepassing. Aandeelhouders hebben geen voorkeursrecht op aandelen die worden uitgegeven aan iemand die een voordien reeds verkregen recht tot het nemen van aandelen uitoefent. (BW 2: 4, 96a, 206)

Art. 207

– 1. Verkrijging door de vennootschap van niet volgestorte aandelen in haar kapitaal is nietig. (BW 3: 40 v.)

Verkrijging eigen aandelen door de BV

– 2. Volgestorte eigen aandelen mag de vennootschap slechts verkrijgen om niet of indien:
a. het eigen vermogen, verminderd met de verkrijgingsprijs, niet kleiner is dan het gestorte en opgevraagde deel van het kapitaal vermeerderd met de reserves die krachtens de wet of de statuten moeten worden aangehouden, (BW 2: 207c³, 389², 390)
b. het nominale bedrag van de te verkrijgen en de reeds door de vennootschap en haar dochtermaatschappijen tezamen gehouden aandelen in haar kapitaal niet meer dan de helft van het geplaatste kapitaal bedraagt,
c. de statuten de verkrijging toestaan, en
d. machtiging tot de verkrijging is verleend door de algemene vergadering van aandeelhouders of door een ander vennootschapsorgaan dat daartoe bij de statuten of door de algemene vergadering van aandeelhouders is aangewezen. (BW 2: 98², 178², 194, 199)
– 3. Voor de geldigheid van de verkrijging is bepalend de grootte van het eigen vermogen volgens de laatst vastgestelde balans, verminderd met de verkrijgingsprijs voor aandelen in het kapitaal van de vennootschap en uitkeringen uit winst of reserves aan anderen, die zij en haar dochtermaatschappijen na de balansdatum verschuldigd werden. Is een boekjaar meer dan zes maanden verstreken zonder dat de jaarrekening is vastgesteld en zo nodig goedgekeurd, dan is verkrijging overeenkomstig lid 2 niet toegestaan. (BW 2: 364 v., 373)
– 4. De vorige leden gelden niet voor aandelen die de vennootschap onder algemene titel verkrijgt. (BW 2: 23b)
– 5. Onder het begrip aandelen in dit artikel zijn certificaten daarvan begrepen. (BW 2: 98. 205, 207a)

Art. 207a

– 1. Verkrijging van aandelen in strijd met het tweede lid van het vorige artikel is nietig. De bestuurders zijn hoofdelijk aansprakelijk jegens de vervreemder te goeder trouw die door de nietigheid schade lijdt.

Rechtsgevolgen van (onwettig) verkregen eigen aandelen

– 2. De vennootschap mag niet langer dan gedurende drie jaren nadat zij eigen aandelen om niet of onder algemene titel heeft verkregen, samen met haar dochtermaatschappijen meer aandelen in haar kapitaal houden dan de helft van het geplaatste kapitaal. De bestuurders zijn hoofdelijk aansprakelijk voor de vergoeding aan de vennootschap van de waarde van de aande-

1 BW Boek 2

len die zij te veel houdt of doet houden op het einde van de laatste dag van die drie jaren, met de wettelijke rente van dat tijdstip af. Betaling van de vergoeding geschiedt tegen overdracht van de aandelen.

– 3. Lid 2 is van overeenkomstige toepassing op elk niet volgestort aandeel dat de vennootschap onder algemene titel heeft verkregen en niet binnen drie jaren daarna heeft vervreemd of ingetrokken.

– 4. Onder het begrip aandelen in dit artikel zijn certificaten daarvan begrepen. (BW 2: 98a, 207; 3: 11, 15, 40; 6: 6 v, 95, 102, 119, 120)

Art. 207b

Verkrijging door middellijke vertegenwoordiger

Indien een ander in eigen naam aandelen in het kapitaal van de vennootschap of certificaten daarvan neemt of verkrijgt voor rekening van de vennootschap zelf, wordt hij geacht deze voor eigen rekening te nemen dan wel te verkrijgen. (BW 2: 98b; 3: 60 v.; 7: 400 v.)

Art. 207c

Verboden handelingen bij verkrijgen aandelen door anderen

– 1. De vennootschap mag niet, met het oog op het nemen of verkrijgen door anderen van aandelen in haar kapitaal of van certificaten daarvan, zekerheid stellen, een koersgarantie geven, zich op andere wijze sterk maken of zich hoofdelijk of anderszins naast of voor anderen verbinden. Dit verbod geldt ook voor haar dochtermaatschappijen.

– 2. Leningen met het oog op het nemen of verkrijgen van aandelen in haar kapitaal of van certificaten daarvan, mag de vennootschap slechts verstrekken tot ten hoogste het bedrag van de uitkeerbare reserves en voor zover de statuten dit toestaan.

– 3. De vennootschap houdt een niet uitkeerbare reserve aan tot het uitstaande bedrag van de in het vorige lid genoemde leningen. (BW 2: 98c, 215; 3: 227 v., 236 v., 253, 259, 277, 284; 6: 12; 7: 850 v., 7A: 1777 v.)

Art. 207d

Verkrijging eigen aandelen door dochtermaatschappij

– 1. Een dochtermaatschappij mag voor eigen rekening geen aandelen nemen of doen nemen in het kapitaal van de vennootschap. Zulke aandelen mogen dochtermaatschappijen voor eigen rekening onder bijzondere titel slechts verkrijgen of doen verkrijgen, voor zover de vennootschap zelf ingevolge de leden 1-3 van artikel 207 eigen aandelen mag verkrijgen.

– 2. Indien is gehandeld in strijd met het vorige lid, zijn bestuurders van de vennootschap hoofdelijk aansprakelijk tot vergoeding aan de dochtermaatschappij van de verkrijgingsprijs met de wettelijke rente daarover van het tijdstip af waarop de aandelen zijn genomen of verkregen. Betaling van de vergoeding geschiedt tegen overdracht van deze aandelen. Een bestuurder behoeft de verkrijgingsprijs niet te vergoeden, indien hij bewijst dat het nemen of verkrijgen niet aan de vennootschap is te wijten.

– 3. Een dochtermaatschappij mag, nadat zij dochtermaatschappij is geworden of nadat zij als dochtermaatschappij aandelen in het kapitaal van de vennootschap om niet of onder algemene titel heeft verkregen, niet langer dan gedurende drie jaren samen met de vennootschap en haar andere dochtermaatschappijen meer van deze aandelen voor eigen rekening houden of doen houden dan de helft van het geplaatste kapitaal. De bestuurders van de vennootschap zijn hoofdelijk aansprakelijk voor de vergoeding aan de dochtermaatschappij van de waarde van de aandelen die zij te veel houdt of doet houden op het einde van de laatste dag van die drie jaren, met de wettelijke rente van dat tijdstip af. Betaling van de vergoeding geschiedt tegen overdracht van de aandelen. Een bestuurder behoeft de vergoeding niet te betalen, indien hij bewijst dat het niet aan de vennootschap is te wijten dat de aandelen nog worden gehouden.

– 4. Onder het begrip aandelen in dit artikel zijn certificaten daarvan begrepen. (BW 2: 98d, 207, 385^5, 6: 119, 120)

Art. 208

Besluit tot kapitaalvermindering

– 1. De algemene vergadering van aandeelhouders kan besluiten tot vermindering van het geplaatste kapitaal door intrekking van aandelen of door het bedrag van aandelen bij statutenwijziging te verminderen. In dit besluit moeten de aandelen waarop het besluit betrekking heeft, worden aangewezen en moet de uitvoering van het besluit zijn geregeld. Het gestorte en opgevraagde deel van het kapitaal mag niet kleiner worden dan het ten tijde van het besluit voorgeschreven minimumkapitaal. (BW 2: 178)

– 2. Een besluit tot intrekking kan slechts betreffen aandelen die de vennootschap zelf houdt of waarvan zij de certificaten houdt, dan wel alle aandelen van een soort waarvan alle aandeelhouders instemmen of waarvan voor de uitgifte in de statuten is bepaald dat zij kunnen worden ingetrokken met terugbetaling, of wel de uitgelote aandelen van een soort waarvan voor de uitgifte in de statuten is bepaald dat zij kunnen worden uitgeloot met terugbetaling.

– 3. Vermindering van het bedrag van aandelen zonder terugbetaling en zonder ontheffing van de verplichting tot storting moet naar evenredigheid op alle aandelen van een zelfde soort geschieden. Van het vereiste van evenredigheid mag worden afgeweken met instemming van alle betrokken aandeelhouders.

– 4. Gedeeltelijke terugbetaling op aandelen of ontheffing van de verplichting tot storting is

1 BW Boek 2

slechts mogelijk ter uitvoering van een besluit tot vermindering van het bedrag van de aandelen. Zulk een terugbetaling of ontheffing moet naar evenredigheid op alle aandelen geschieden, tenzij voor de uitgifte van een bepaalde soort aandelen in de statuten is bepaald dat terugbetaling of ontheffing kan geschieden uitsluitend op die aandelen; voor die aandelen geldt de eis van evenredigheid. Van het vereiste van evenredigheid mag worden afgeweken met instemming van alle betrokken aandeelhouders.
– 5. De oproeping tot een vergadering waarin een in dit artikel genoemd besluit wordt genomen, vermeldt het doel van de kapitaalvermindering en de wijze van uitvoering. Het tweede, derde en vierde lid van artikel 233 zijn van overeenkomstige toepassing. (BW 2: 99, 191, 209, 218 v., 325)

Art. 209

Publicatie kapitaalvermindering; zekerheidstelling; verzet door crediteuren

– 1. De vennootschap legt de in het vorige artikel bedoelde besluiten neer ten kantore van het handelsregister en kondigt de nederlegging aan in een landelijk verspreid dagblad. (BW 2: 188)
– 2. De vennootschap moet, op straffe van gegrondverklaring van een verzet als bedoeld in het volgende lid, voor iedere schuldeiser die dit verlangt zekerheid stellen of hem een andere waarborg geven voor de voldoening van zijn vordering. Dit geldt niet, indien de schuldeiser voldoende waarborgen heeft of de vermogenstoestand van de vennootschap voldoende zekerheid biedt dat de vordering zal worden voldaan.
– 3. Binnen twee maanden na de in het eerste lid vermelde aankondiging kan iedere schuldeiser door een verzoekschrift aan de rechtbank tegen het besluit tot kapitaalvermindering in verzet komen met vermelding van de waarborg die wordt verlangd. (Rv 429a v., 995, 997)
– 4. Voordat de rechter beslist, kan hij de vennootschap in de gelegenheid stellen binnen een door hem gestelde termijn een door hem omschreven waarborg te geven. Op een ingesteld rechtsmiddel kan hij, indien het kapitaal al is verminderd, het stellen van een waarborg bevelen en daaraan een dwangsom verbinden. (Rv 611a)
– 5. Een besluit tot vermindering van het geplaatste kapitaal wordt niet van kracht zolang verzet kan worden gedaan. Indien tijdig verzet is gedaan, wordt het besluit eerst van kracht, zodra het verzet is ingetrokken of de opheffing van het verzet uitvoerbaar is. Een voor de vermindering van het kapitaal vereiste akte van statutenwijziging kan niet eerder worden verleden.
– 6. Indien de vennootschap haar kapitaal wegens geleden verliezen vermindert tot een bedrag dat niet lager is dan dat van haar eigen vermogen, behoeft zij geen waarborg te geven en wordt het besluit onmiddellijk van kracht. (BW 2: 15, 100, 311, 316, 325)

Art. 210

Jaarrekening

– 1. Jaarlijks binnen vijf maanden na afloop van het boekjaar der vennootschap, behoudens verlenging van deze termijn met ten hoogste zes maanden door de algemene vergadering op grond van bijzondere omstandigheden, maakt het bestuur een jaarrekening op en legt het deze voor de aandeelhouders ter inzage ten kantore van de vennootschap. Binnen deze termijn legt het bestuur ook het jaarverslag ter inzage voor de aandeelhouders, tenzij de artikelen 396 lid 6 of 403 voor de vennootschap gelden. De termijn kan voor beleggingsmaatschappijen waaraan ingevolge de Wet toezicht beleggingsinstellingen (Stb. 1990, 380) een vergunning is verleend, bij of krachtens die wet worden bekort. (BW 2: 58, 101, 391, 394^{2,3}, 401)
– 2. De jaarrekening wordt ondertekend door de bestuurders en door de commissarissen; ontbreekt de ondertekening van een of meer hunner, dan wordt daarvan onder opgave van reden melding gemaakt. (BW 2: 249, 250, 260, 267^2, 273)
– 3. De jaarrekening wordt vastgesteld door de algemene vergadering, tenzij deze bevoegdheid overeenkomstig artikel 273 van dit Boek toekomt aan de raad van commissarissen; in dat geval behoeft de jaarrekening echter de goedkeuring van de algemene vergadering van aandeelhouders. Vaststelling of goedkeuring van de jaarrekening strekt niet tot kwijting aan een bestuurder onderscheidenlijk commissaris.
– 4. Onverminderd het bepaalde in artikel 273 worden besluiten waarbij de jaarrekening wordt vastgesteld in de statuten niet onderworpen aan de goedkeuring van een orgaan van de vennootschap of van derden. (BW 2: 10, 48, 58, 101, 212, 361 v., 391 v.; WED 1, 4°; Wet ondern.raden 31a)
– 5. De statuten bevatten geen bepalingen die toelaten dat voorschriften of bindende voorstellen voor de jaarrekening of enige post daarvan worden gegeven.
– 6. De statuten kunnen bepalen dat een ander orgaan van de vennootschap dan de algemene vergadering van aandeelhouders de bevoegdheid heeft te bepalen welk deel van het resultaat van het boekjaar wordt gereserveerd of hoe het verlies wordt verwerkt.
– 7. Onze Minister van Economische Zaken kan desverzocht om gewichtige redenen ontheffing verlenen van de verplichting tot het opmaken, het overleggen en het vaststellen van de jaarrekening.

Art. 211
Vervallen.

Art. 212
Inzage ten kantore BV

De vennootschap zorgt dat de opgemaakte jaarrekening, het jaarverslag en de krachtens artikel 392 lid 1 toe te voegen gegevens vanaf de oproep voor de algemene vergadering, bestemd tot hun behandeling, te haren kantore aanwezig zijn. De houders van haar aandelen of van met haar medewerking uitgegeven certificaten op naam daarvan kunnen de stukken aldaar inzien en er kosteloos een afschrift van verkrijgen. (BW 2: 102, 197, 198, 218, 223, 394; Wet ondern.raden 31*a*; WED 1, 4°)

Art. 213-214
Vervallen.

Art. 215
Tekort ten laste van de reserves

Ten laste van de door de wet voorgeschreven reserves mag een tekort slechts worden gedelgd voor zover de wet dat toestaat. (BW 2: 104, 178³, 365³, 389⁴·⁶, 390)

Art. 216
Dividend

– 1. Voor zover bij de statuten niet anders is bepaald, komt de winst de aandeelhouders ten goede. (BW 2: 201, 312² sub *i*; 7A: 1670)

– 2. De vennootschap kan aan de aandeelhouders en andere gerechtigden tot de voor uitkering vatbare winst slechts uitkeringen doen voor zover het eigen vermogen groter is dan het gestorte en opgevraagde deel van het kapitaal vermeerderd met de reserves die krachtens de wet of de statuten moeten worden aangehouden. (BW 2: 178, 365³, 389³·⁶, 390)

– 3. Uitkering van winst geschiedt na de vaststelling of goedkeuring van de jaarrekening waaruit blijkt dat zij geoorloofd is. (BW 2: 210, 273)

– 4. De vennootschap mag tussentijds slechts uitkeringen doen, indien de statuten dit toelaten en aan het vereiste van het tweede lid is voldaan. (BW 2: 249)

– 5. Bij de berekening van de winstverdeling tellen de aandelen die de vennootschap in haar kapitaal houdt, mede, tenzij bij de statuten anders is bepaald. (BW 2: 105, 197⁵; 228⁶; Overg.w. 52)

– 6. Bij de berekening van het winstbedrag, dat op ieder aandeel zal worden uitgekeerd, komt slechts het aandeel in aanmerking op het nominale bedrag van de aandelen in aanmerking, tenzij bij de statuten anders is bepaald. (BW 2: 191)

– 7. De statuten kunnen bepalen dat de vordering van een aandeelhouder niet door verloop van vijf jaren verjaart, doch eerst na een langere termijn vervalt. Een zodanige bepaling is alsdan van overeenkomstige toepassing op de vordering van de houder van een certificaat van een aandeel op de aandeelhouder. (BW 2: 105, 3: 308)

– 8. Geen van de aandeelhouders kan geheel worden uitgesloten van het delen in de winst.

– 9. De statuten kunnen bepalen dat de winst waartoe houders van aandelen van een bepaalde soort gerechtigd zijn, geheel of gedeeltelijk te hunnen behoeve wordt gereserveerd.

AFDELING 4

De algemene vergadering van aandeelhouders

Art. 217
Bevoegdheid; verkrijgen van inlichtingen

– 1. Aan de algemene vergadering van aandeelhouders behoort, binnen de door de wet en de statuten gestelde grenzen, alle bevoegdheid, die niet aan het bestuur of aan anderen is toegekend.

– 2. Het bestuur en de raad van commissarissen verschaffen haar alle verlangde inlichtingen, tenzij een zwaarwichtig belang der vennootschap zich daartegen verzet. (BW 2: 13, 14, 15, 17, 40, 107, 238, 239 v., 250 v., 268 v.)

Art. 218
Algemene vergadering

– 1. Jaarlijks wordt ten minste één algemene vergadering gehouden.

– 2. Wanneer bij de statuten niet een kortere termijn is gesteld, wordt de jaarvergadering gehouden binnen zes maanden na afloop van het boekjaar der vennootschap. (BW 2: 108, 210, 238)

Art. 219
Bijeenroeping algemene vergadering

Het bestuur en de raad van commissarissen zijn bevoegd tot het bijeenroepen van een algemene vergadering; bij de statuten kan deze bevoegdheid ook aan anderen worden verleend. (BW 2: 41, 109, 220, 221, 223, 239, 250, 268)

Art. 220
Rechterlijke machtiging tot bijeenroeping

– 1. Een of meer houders van aandelen die gezamenlijk ten minste een tiende gedeelte van het geplaatste kapitaal vertegenwoordigen, of een zoveel geringer bedrag als bij de statuten is bepaald, kunnen door de voorzieningenrechter van de rechtbank op hun verzoek worden gemachtigd tot de bijeenroeping van een algemene vergadering. De voorzieningenrechter wijst dit verzoek af, indien hem niet is gebleken, dat verzoekers voordien aan het bestuur en aan de raad van commissarissen, schriftelijk en onder nauwkeurige opgave van de te behandelen onderwerpen het verzoek hebben gericht een algemene vergadering bijeen te roepen, en dat noch het bestuur noch de raad van commissarissen – daartoe in dit geval gelijkelijk bevoegd – de nodige maatregelen hebben getroffen, opdat de algemene vergadering binnen zes weken na het verzoek kon worden gehouden.

– 2. Voor de toepassing van dit artikel worden met houders van aandelen gelijkgesteld de houders van de certificaten op naam van aandelen, welke met medewerking van de vennootschap zijn uitgegeven. (BW 2: 41², 110, 197, 198, 222, 224, 227², 238, 346; Rv 429a v., 995 v)

Art. 221

Procedure

– 1. De voorzieningenrechter van de rechtbank verleent, na verhoor of oproeping van de vennootschap, de verzochte machtiging, indien de verzoekers summierlijk hebben doen blijken, dat de in het vorige artikel gestelde voorwaarden zijn vervuld, en dat zij een redelijk belang hebben bij het houden van de vergadering. De voorzieningenrechter van de rechtbank stelt de vorm en de termijnen voor de oproeping tot de algemene vergadering vast. Hij kan tevens iemand aanwijzen, die met de leiding van de algemene vergadering zal zijn belast. (BW 2: 220)

– 2. Bij de oproeping ingevolge het eerste lid wordt vermeld dat zij krachtens rechterlijke machtiging geschiedt. De op deze wijze gedane oproeping is rechtsgeldig, ook indien mocht blijken dat de machtiging ten onrechte was verleend.

– 3. Tegen de beschikking van de voorzieningenrechter is generlei voorziening toegelaten, behoudens cassatie in het belang der wet. (BW 2: 111; RO 98)

Art. 222

Bijeenroeping door aandeelhouder

Indien zij, die krachtens artikel 219 tot de bijeenroeping bevoegd zijn, in gebreke zijn gebleven een bij artikel 218 of de statuten voorgeschreven algemene vergadering te doen houden, kan iedere aandeelhouder door de voorzieningenrechter van de rechtbank worden gemachtigd zelf daartoe over te gaan. Artikel 220 lid 2 en artikel 221 zijn van overeenkomstige toepassing. (BW 2: 112, 197, 198)

Art. 223

Oproeping aandeelhouders, certificaathouders

– 1. De oproeping tot een algemene vergadering van aandeelhouders geschiedt door middel van oproepingsbrieven gericht aan de adressen der aandeelhouders, zoals deze zijn vermeld in het register van aandeelhouders.

– 2. Zijn er met medewerking van de vennootschap certificaten op naam van haar aandelen uitgegeven, dan worden de houders daarvan opgeroepen door aankondiging in een landelijk verspreid dagblad. De statuten kunnen deze oproeping anders regelen. (BW 2: 113, 114, 194, 224, 225)

Art. 224

Inhoud oproepingsbrief

– 1. De oproepingsbrieven vermelden de te behandelen onderwerpen. Bij de oproeping in een dag- of nieuwsblad worden de te behandelen onderwerpen vermeld of wordt meegedeeld dat de houders van met medewerking van de vennootschap uitgegeven certificaten van haar aandelen er ten kantore van de vennootschap kennis van kunnen nemen.

– 2. Omtrent onderwerpen waarvan de behandeling niet bij de oproeping of op de zelfde wijze is aangekondigd met inachtneming van de voor oproeping gestelde termijn, kan niet wettig worden besloten, tenzij het besluit met algemene stemmen wordt genomen in een vergadering waarin het gehele geplaatste kapitaal vertegenwoordigd is. (BW 2: 14, 15)

– 3. Mededelingen welke krachtens de wet of de statuten aan de algemene vergadering moeten worden gericht, kunnen geschieden door opneming in de oproepingsbrieven alsmede, in voorkomend geval, hetzij in de aankondiging in een dag- of nieuwsblad, hetzij in het stuk dat ter kennisneming ten kantore van de vennootschap is neergelegd, mits daarvan in de aankondiging melding wordt gemaakt. (BW 2: 113, 114, 197, 198, 225, 230³, 252³, 314)

Art. 225

Termijn voor oproeping

Behoudens het bepaalde bij de tweede zin van het eerste lid van artikel 221 geschiedt de oproeping niet later dan op de vijftiende dag vóór die der vergadering. Was die termijn korter of heeft de oproeping niet plaats gehad, dan kunnen geen wettige besluiten worden genomen, tenzij met algemene stemmen in een vergadering, waarin het gehele geplaatste kapitaal vertegenwoordigd is. (BW 2: 14, 15, 115, 223, 230 lid 2)

Art. 226

Plaats van de vergadering

De algemene vergaderingen worden gehouden in Nederland ter plaatse bij de statuten vermeld, of anders in de gemeente waar de vennootschap haar woonplaats heeft. In een algemene vergadering, gehouden elders dan behoort, kunnen wettige besluiten slechts worden genomen, indien het gehele geplaatste kapitaal vertegenwoordigd is. (BW 1: 10²; 2: 14, 15, 24d, 116, 230 lid 2)

1 BW Boek 2

Bijwoning in persoon of bij gevolmachtigde; raadgevende stem

– 1. Iedere aandeelhouder is bevoegd, in persoon of bij schriftelijk gevolmachtigde, de algemene vergadering van aandeelhouders bij te wonen, daarin het woord te voeren en het stemrecht uit te oefenen. Bij de statuten kan de bevoegdheid van aandeelhouders zich te doen vertegenwoordigen, worden beperkt.

De bevoegdheid van aandeelhouders zich te doen vertegenwoordigen door een advocaat, notaris, kandidaat-notaris, registeraccountant of accountant-administratieconsulent kan niet worden uitgesloten.

– 2. Iedere houder van een met medewerking van de vennootschap uitgegeven certificaat op naam van een aandeel is bevoegd, in persoon of bij schriftelijk gevolmachtigde, de algemene vergadering bij te wonen en daarin het woord te voeren. De laatste zin van lid 1 is van overeenkomstige toepassing.

– 3. De statuten kunnen bepalen dat een aandeelhouder niet gerechtigd is tot deelname aan de algemene vergadering zolang hij in gebreke is te voldoen aan een wettelijke of statutaire verplichting. De statuten kunnen bepalen, dat voor bijwoning van de aandeelhoudersvergadering vereist is, dat de aandeelhouder van zijn voornemen hiertoe kennis geeft aan het bestuur van de vennootschap. Bij de oproeping van de vergadering wordt alsdan vermeld de dag waarop de kennisgeving uiterlijk moet geschieden. Deze dag kan niet vroeger worden gesteld dan op de derde dag voor die der vergadering. Indien de statuten een voorschrift overeenkomstig de voorgaande bepalingen van dit lid voor de aandeelhouders bevatten, geldt dat mede voor de houders van de certificaten op naam van aandelen, die met medewerking van de vennootschap zijn uitgegeven.

– 4. De bestuurders en de commissarissen hebben als zodanig in de algemene vergaderingen een raadgevende stem. (BW 2: 12, 38, 117, 190, 197², 198²; 3: 39, 61)

Stemrecht

– 1. Slechts aandeelhouders hebben stemrecht. Iedere aandeelhouder heeft ten minste één stem. De statuten kunnen bepalen dat een aandeelhouder niet gerechtigd tot uitoefening van het stemrecht zolang hij in gebreke is te voldoen aan een wettelijke of statutaire verplichting.

– 2. Indien het maatschappelijk kapitaal in aandelen van een zelfde bedrag is verdeeld, brengt iedere aandeelhouder zoveel stemmen uit als hij aandelen heeft. (BW 2: 201)

– 3. Indien het maatschappelijk kapitaal in aandelen van verschillend bedrag is verdeeld, is het aantal stemmen van iedere aandeelhouder gelijk aan het aantal malen, dat het bedrag van het kleinste aandeel is begrepen in het gezamenlijk bedrag van zijn aandelen; gedeelten van stemmen worden verwaarloosd.

– 4. Echter kan het door een zelfde aandeelhouder uit te brengen aantal stemmen bij de statuten worden beperkt, mits aandeelhouders wier bedrag aan aandelen gelijk is, hetzelfde aantal stemmen uitbrengen en de beperking voor de houders van een groter bedrag aan aandelen niet gunstiger is geregeld dan voor de houders van een kleiner bedrag aan aandelen.

– 5. Van het bepaalde bij het tweede en het derde lid kan bij de statuten ook op andere wijze worden afgeweken, mits aan eenzelfde aandeelhouder niet meer dan zes stemmen worden toegekend indien het maatschappelijk kapitaal is verdeeld in honderd of meer aandelen, en niet meer dan drie stemmen indien het kapitaal in minder dan honderd aandelen is verdeeld.

– 6. Voor een aandeel dat toebehoort aan de vennootschap of aan een dochtermaatschappij daarvan kan in de algemene vergadering geen stem worden uitgebracht; evenmin voor een aandeel waarvan een hunner de certificaten houdt. Vruchtgebruikers en pandhouders van aandelen die aan de vennootschap en haar dochtermaatschappijen toebehoren, zijn evenwel niet van hun stemrecht uitgesloten, indien het vruchtgebruik of pandrecht was gevestigd voordat het aandeel aan de vennootschap of een dochtermaatschappij daarvan toebehoorde. De vennootschap of een dochtermaatschappij daarvan kan geen stem uitbrengen voor een aandeel waarop zij een recht van vruchtgebruik of een pandrecht heeft. (BW 2: 13, 24a, 24d, 38, 88, 89, 118, 190 v., 197, 198, 216⁵, 227; Wet giraal eff.verk. 15, 39)

Vervallen.

Meerderheid van stemmen; quorum

– 1. Alle besluiten waaromtrent bij de statuten geen grotere meerderheid is voorgeschreven, worden genomen bij volstrekte meerderheid van de uitgebrachte stemmen. Staken de stemmen bij verkiezing van personen, dan beslist het lot, staken de stemmen bij een andere stemming, dan is het voorstel verworpen; een en ander voor zover in de statuten niet een andere oplossing is aangegeven. Deze oplossing kan bestaan in het opdragen van de beslissing aan een derde.

– 2. Tenzij bij de statuten anders is bepaald, is de geldigheid van besluiten niet afhankelijk van het ter vergadering vertegenwoordigd gedeelte van het kapitaal.

– 3. Indien in de statuten is bepaald dat de geldigheid van een besluit afhankelijk is van het ter vergadering vertegenwoordigd gedeelte van het kapitaal en dit gedeelte ter vergadering niet vertegenwoordigd was, kan, tenzij de statuten anders bepalen, een nieuwe vergadering worden bijeengeroepen waarin het besluit kan worden genomen, onafhankelijk van het op deze vergadering vertegenwoordigd gedeelte van het kapitaal. Bij de oproeping tot de nieuwe vergadering moet worden vermeld dat en waarom een besluit kan worden genomen, onafhankelijk van het ter vergadering vertegenwoordigd gedeelte van het kapitaal.

– 4. Het bestuur van de vennootschap houdt van de genomen besluiten aantekening. De aantekeningen liggen ten kantore van de vennootschap ter inzage van de aandeelhouders en de houders van de met medewerking van de vennootschap uitgegeven certificaten van haar aandelen. Aan ieder van dezen wordt desgevraagd afschrift of uittreksel van deze aantekeningen verstrekt tegen ten hoogste de kostprijs. (BW 2: 13, 14, 15, 120, 223, 224, 225, 231, 243², 244²; Overg.w. 52¹)

Art. 231

Statutenwijziging

– 1. De algemene vergadering is bevoegd de statuten te wijzigen; voor zover bij de statuten de bevoegdheid tot wijziging mocht zijn uitgesloten, is wijziging niettemin mogelijk met algemene stemmen in een vergadering waarin het gehele geplaatste kapitaal is vertegenwoordigd. (BW 2: 237)

– 2. Een bepaling in de statuten, die de bevoegdheid tot wijziging van een of meer andere bepalingen der statuten beperkt, kan slechts worden gewijzigd met inachtneming van gelijke beperking.

– 3. Een bepaling in de statuten, die de bevoegdheid tot wijziging van een of meer andere bepalingen uitsluit, kan slechts worden gewijzigd met algemene stemmen in een vergadering waarin het gehele geplaatste kapitaal is vertegenwoordigd. (BW 2: 14, 15, 17, 18, 42, 43, 121, 232 v)

Art. 231a

Omzetting kapitaal; totstandkoming besluit

– 1. Het besluit tot verhoging van het bedrag van de aandelen en van het maatschappelijk kapitaal volgens artikel 178a wordt genomen bij volstrekte meerderheid van stemmen. Het besluit tot vermindering van het bedrag van de aandelen en van het maatschappelijk kapitaal wordt genomen met een meerderheid van ten minste twee-derde van de uitgebrachte stemmen indien minder dan de helft van het geplaatste kapitaal is vertegenwoordigd. Zijn er verschillende soorten aandelen, dan is naast het besluit tot verhoging of verlaging een voorafgaand of gelijktijdig goedkeurend besluit nodig van elke groep van houders van aandelen waaraan de omzetting afbreuk doet.

– 2. Voor de toepassing van deze bepaling wordt onder aandelen van een bepaalde soort tevens begrepen aandelen met een onderscheiden nominale waarde. (BW 2: 121, 121a, 231)

Art. 232

Statutenwijziging en rechten van derden

Wijziging van een bepaling der statuten, waarbij aan een ander dan aan aandeelhouders der vennootschap als zodanig enig recht is toegekend, kan indien de gerechtigde in de wijziging niet toestemt, aan diens recht geen nadeel toebrengen; tenzij ten tijde van de toekenning van het recht de bevoegdheid tot wijziging bij die bepaling uitdrukkelijk was voorbehouden. (BW 2: 14, 15, 122, 231; 6: 253 v.)

Art. 233

Aankondiging voorstel tot statutenwijziging

– 1. Wanneer aan de algemene vergadering een voorstel tot wijziging van de statuten zal worden gedaan, moet zulks steeds bij de oproeping tot de algemene vergadering worden vermeld. (BW 2: 224)

– 2. Degenen die zodanige oproeping hebben gedaan, moeten tegelijkertijd een afschrift van dat voorstel waarin de voorgedragen wijziging woordelijk is opgenomen, ten kantore van de vennootschap nederleggen ter inzage voor iedere aandeelhouder tot de afloop der vergadering. Artikel 224 lid 2 is van overeenkomstige toepassing.

– 3. De aandeelhouders moeten in de gelegenheid worden gesteld van de dag der nederlegging tot die der algemene vergadering een afschrift van het voorstel, gelijk bij het vorige lid bedoeld, te verkrijgen. Deze afschriften worden kosteloos verstrekt.

– 4. Hetgeen in dit artikel met betrekking tot aandeelhouders is bepaald, is van overeenkomstige toepassing op houders van met medewerking der vennootschap uitgegeven certificaten op naam van aandelen. (BW 2: 14, 15, 18, 42, 72, 123, 183; 3: 259)

Art. 234

Notariële akte; wijziging maatschappelijk kapitaal

– 1. Van een wijziging in de statuten wordt, op straffe van nietigheid, een notariële akte opgemaakt. De akte wordt verleden in de Nederlandse taal. (BW 2: 18, 72, 175², 176)

– 2. Die akte kan bestaan in een notarieel proces-verbaal van de algemene vergadering, waarin de wijziging aangenomen is, of in een later verleden notariële akte. Het bestuur is bevoegd de akte te doen verlijden, ook zonder daartoe door de algemene vergadering te zijn gemachtigd. De algemene vergadering kan het bestuur of een of meer andere personen machtigen de veran-

deringen aan te brengen, die nodig mochten blijken om de bij het volgende artikel bedoelde verklaring te verkrijgen.
– 3. Wordt het maatschappelijke kapitaal gewijzigd, dan vermeldt de akte welk deel daarvan is geplaatst. (BW 2: 43, 124, 183, 293)

Art. 235

Ministeriële verklaring van geen bezwaar

– 1. De wijziging in de statuten wordt niet van kracht, dan nadat door Onze Minister van Justitie is verklaard dat hem van bezwaren niet is gebleken.
– 2. De in lid één bedoelde verklaring mag alleen worden geweigerd op grond dat door de wijziging de vennootschap een verboden karakter zou verkrijgen of dat er gevaar bestaat dat door de wijziging de vennootschap gebruikt zal worden voor ongeoorloofde doeleinden. (BW 2: 20, 3: 40)
– 3. Ter verkrijging van deze verklaring moeten aan Onze Minister van Justitie alle inlichtingen verstrekt worden die noodzakelijk zijn voor het beoordelen van de aanvraag. Tevens moet aan Onze Minister ten bate van 's Rijks kas een bedrag van € 90,76 worden voldaan. Wij kunnen bij algemene maatregel van bestuur dit bedrag verhogen in verband met de stijging van het loon- en prijspeil. (BW 2: 18, 21, 72, 125, 179, 183, 284a, 317)
– 4. De verklaring is niet vereist bij een omzetting van de bedragen van de aandelen of van het maatschappelijk of het geplaatste kapitaal in euro volgens artikel 178a.

Art. 236

Nederlegging authentiek afschrift

De bestuurders zijn verplicht een authentiek afschrift van de wijziging en de gewijzigde statuten neder te leggen ten kantore van het handelsregister. (BW 2: 6, 18, 43, 72, 126, 180, 188, 293)

Art. 237

Statutenwijziging tijdens faillissement

Gedurende het faillissement der vennootschap kan in haar statuten geen wijziging worden aangebracht dan met toestemming van de curator. (BW 2: 14, 15, 18, 23a[5], 72, 127, 193, 231, 310[2]; Fw 68 v.)

Art. 238

Besluitvorming buiten een vergadering

De statuten kunnen bepalen dat besluitvorming van aandeelhouders op andere wijze dan in een vergadering kan geschieden, tenzij met medewerking van de vennootschap certificaten op naam van aandelen zijn uitgegeven. Indien de statuten een zodanige regeling bevatten, is zulk een besluitvorming slechts mogelijk met algemene stemmen van de stemgerechtigde aandeelhouders. De stemmen kunnen alleen schriftelijk worden uitgebracht. (BW 2: 40[2], 128, 197[4], 198[4], 218)

AFDELING 5

Het bestuur van de vennootschap en het toezicht op het bestuur

Art. 239

Taak bestuur

– 1. Behoudens beperkingen volgens de statuten is het bestuur belast met het besturen van de vennootschap.
– 2. De statuten kunnen bepalen dat een met name of in functie aangeduide bestuurder meer dan één stem wordt toegekend. Een bestuurder kan niet meer stemmen uitbrengen dan de andere bestuurders tezamen.
– 3. Besluiten van het bestuur kunnen bij of krachtens de statuten slechts worden onderworpen aan de goedkeuring van een ander orgaan van de vennootschap.
– 4. De statuten kunnen bepalen dat het bestuur zich dient te gedragen naar de aanwijzingen van een orgaan van de vennootschap die de algemene lijnen van het te voeren beleid op nader in de statuten aangegeven terreinen betreffen. (BW 2: 8, 9, 44, 129, 240, 256, 261, 274, 291; 7A: 1673; 8: 192)

Art. 240

Vertegenwoordigingsbevoegdheid

– 1. Het bestuur vertegenwoordigt de vennootschap, voor zover uit de wet niet anders voortvloeit.
– 2. De bevoegdheid tot vertegenwoordiging komt mede aan iedere bestuurder toe. De statuten kunnen echter bepalen dat zij behalve aan het bestuur slechts toekomt aan een of meer bestuurders. Zij kunnen voorts bepalen dat een bestuurder de vennootschap slechts met medewerking van een of meer anderen mag vertegenwoordigen.
– 3. Bevoegdheid tot vertegenwoordiging die aan het bestuur of aan een bestuurder toekomt, is onbeperkt en onvoorwaardelijk, voor zover uit de wet niet anders voortvloeit. Een wettelijk toegelaten of voorgeschreven beperking van of voorwaarde voor de bevoegdheid tot vertegenwoordiging kan slechts door de vennootschap worden ingeroepen.
– 4. De statuten kunnen ook aan andere personen dan bestuurders bevoegdheid tot vertegenwoordiging toekennen. (BW 2: 6[2], 9, 14, 15, 45, 130, 239, 246, 256, 261, 292; 3: 65; 5: 131; Alg. wet rijksbel. 42; Hrgw 8, 13)

Art. 241

De rechtbank, binnen welker rechtsgebied de vennootschap haar woonplaats heeft, neemt kennis van alle rechtsvorderingen betreffende de overeenkomst tussen de vennootschap en de bestuurder, daaronder begrepen de vordering bedoeld bij artikel 248 van dit Boek, waarvan het bedrag onbepaald is of € 5000 te boven gaat. Dezelfde rechtbank neemt kennis van verzoeken als bedoeld in artikel 685 van Boek 7 betreffende de in de eerste zin genoemde overeenkomst. (BW 1: 10^2; BW 2: 131, 259; RO 38, 39^2, 53; Wet loonvorming 20)

Bevoegde rechter

Art. 242

– 1. De benoeming van bestuurders geschiedt voor de eerste maal bij de akte van oprichting en later door de algemene vergadering van aandeelhouders, tenzij zij overeenkomstig artikel 272 van dit Boek door de raad van commissarissen geschiedt.

– 2. De statuten kunnen de kring van benoembare personen beperken door eisen te stellen waaraan de bestuurders moeten voldoen. De eisen kunnen terzijde worden gesteld door een besluit van de algemene vergadering genomen met twee derden van de uitgebrachte stemmen die meer dan de helft van het geplaatste kapitaal vertegenwoordigen. (BW 2: 37, 132, 177, 217; Wet ondern.raden 30)

Benoeming van bestuurders

Art. 243

– 1. Bij de statuten kan worden bepaald, dat de benoeming door de algemene vergadering zal geschieden uit een voordracht, die ten minste twee personen voor iedere te vervullen plaats bevat.

– 2. De algemene vergadering kan echter aan zodanige voordracht steeds het bindend karakter ontnemen bij een besluit genomen met twee derden van de uitgebrachte stemmen, die meer dan de helft van het geplaatste kapitaal vertegenwoordigen.

– 3. De vorige leden zijn niet van toepassing, indien de benoeming geschiedt door de raad van commissarissen. (BW 2: 133, 242, 252^2, 272; Overg.w. 52^3)

Oligarchische clausule

Art. 244

– 1. Iedere bestuurder kan te allen tijde worden geschorst en ontslagen door degene die bevoegd is tot benoeming. (BW 7: 667, 685)

– 2. Indien in de statuten is bepaald dat het besluit tot schorsing of ontslag slechts mag worden genomen met een versterkte meerderheid in een algemene vergadering, waarin een bepaald gedeelte van het kapitaal is vertegenwoordigd, mag deze versterkte meerderheid twee derden der uitgebrachte stemmen, vertegenwoordigende meer dan de helft van het kapitaal, niet te boven gaan.

– 3. Een veroordeling tot herstel van de arbeidsovereenkomst tussen vennootschap en bestuurder kan door de rechter niet worden uitgesproken. (BW 7: 682)

– 4. De statuten moeten voorschriften bevatten omtrent de wijze, waarop in het bestuur van de vennootschap voorlopig wordt voorzien in geval van ontstentenis of belet van bestuurders. (BW 2: 8, 9, 14, 15, 37^6, 134, 242, 243, 257, 272, 356, sub b; Wet ondern.raden 30)

Schorsing; ontslag; ontstentenis of belet

Art. 245

Voor zover bij de statuten niet anders is bepaald, wordt de bezoldiging van bestuurders door de algemene vergadering vastgesteld. (BW 2: 135, 217, 383; 7: 617, 618, 619, $624^{4, 5}$)

Bezoldiging

Art. 246

Tenzij bij de statuten anders is bepaald, is het bestuur zonder opdracht der algemene vergadering niet bevoegd aangifte te doen tot faillietverklaring van de vennootschap. (BW 2: 136; Fw 1, 4)

Aangifte tot faillietverklaring

Art. 247

– 1. Rechtshandelingen van de vennootschap jegens de houder van alle aandelen in het kapitaal van de vennootschap of jegens een deelgenoot in een huwelijksgemeenschap of in een gemeenschap van een geregistreerd partnerschap waartoe alle aandelen in het kapitaal van de vennootschap behoren, waarbij de vennootschap wordt vertegenwoordigd door deze aandeelhouder of door een van de deelgenoten, worden schriftelijk vastgelegd. Voor de toepassing van de vorige zin worden aandelen gehouden door de vennootschap of haar dochtermaatschappijen niet meegeteld. Indien de eerste zin niet in acht is genomen, kan de rechtshandeling ten behoeve van de vennootschap worden vernietigd.

– 2. Lid 1 is niet van toepassing op rechtshandelingen die onder de bedongen voorwaarden tot de gewone bedrijfsuitoefening van de vennootschap behoren. (BW 2: 94c, 137, 204c)

Rechtshandelingen schriftelijk vastgelegd

Art. 248

– 1. In geval van faillissement van de vennootschap is iedere bestuurder jegens de boedel hoofdelijk aansprakelijk voor het bedrag van de schulden voor zover deze niet door vereffening van de overige baten kunnen worden voldaan, indien het bestuur zijn taak kennelijk onbehoorlijk heeft vervuld en aannemelijk is dat dit een belangrijke oorzaak is van het faillissement. (BW 6: 6 v.)

– 2. Indien het bestuur niet heeft voldaan aan zijn verplichtingen uit de artikelen 10 of 394,

Hoofdelijke aansprakelijkheid bestuurders in geval van faillissement wegens onbehoorlijk bestuur

1 BW Boek 2

heeft het zijn taak onbehoorlijk vervuld en wordt vermoed dat onbehoorlijke taakvervulling een belangrijke oorzaak is van het faillissement. Hetzelfde geldt indien de vennootschap volledig aansprakelijk vennoot is van een vennootschap onder firma of commanditaire vennootschap en niet voldaan is aan de verplichtingen uit artikel 15a van Boek 3. Een onbelangrijk verzuim wordt niet in aanmerking genomen.

– 3. Niet aansprakelijk is de bestuurder die bewijst dat de onbehoorlijke taakvervulling door het bestuur niet aan hem te wijten is en dat hij niet nalatig is geweest in het treffen van maatregelen om de gevolgen daarvan af te wenden.

– 4. De rechter kan het bedrag waarvoor de bestuurders aansprakelijk zijn verminderen indien hem dit bovenmatig voorkomt, gelet op de aard en de ernst van de onbehoorlijke taakvervulling door het bestuur, de andere oorzaken van het faillissement, alsmede de wijze waarop dit is afgewikkeld. De rechter kan voorts het bedrag van de aansprakelijkheid van een afzonderlijke bestuurder verminderen indien hem dit bovenmatig voorkomt, gelet op de tijd gedurende welke die bestuurder als zodanig in functie is geweest in de periode waarin de onbehoorlijke taakvervulling plaats vond.

– 5. Is de omvang van het tekort nog niet bekend, dan kan de rechter, al dan niet met toepassing van het vierde lid, bepalen dat van het tekort tot betaling waarvan hij de bestuurders veroordeelt, een staat wordt opgemaakt overeenkomstig de bepalingen van de zesde titel van het tweede boek van het Wetboek van Burgerlijke Rechtsvordering.

– 6. De vordering kan slechts worden ingesteld op grond van onbehoorlijke taakvervulling in de periode van drie jaren voorafgaande aan het faillissement. Een aan de bestuurder verleende kwijting staat aan het instellen van de vordering niet in de weg. (Fw 249)

– 7. Met een bestuurder wordt voor de toepassing van dit artikel gelijkgesteld degene die het beleid van de vennootschap heeft bepaald of mede heeft bepaald, als ware hij bestuurder. De vordering kan niet worden ingesteld tegen de door de rechter benoemde bewindvoerder. (BW 2: 68^2, 179^2)

– 8. Dit artikel laat onverlet de bevoegdheid van de curator tot het instellen van een vordering op grond van de overeenkomst met de bestuurder of op grond van artikel 9.

– 9. Indien een bestuurder ingevolge dit artikel aansprakelijk is en niet in staat is tot betaling van zijn schuld terzake, kan de curator de door de bestuurder onverplicht verrichte rechtshandelingen waardoor de mogelijkheid tot verhaal op hem is verminderd, ten behoeve van de boedel door een buitengerechtelijke verklaring vernietigen, indien aannemelijk is dat deze geheel of nagenoeg geheel met het oogmerk van vermindering van dat verhaal zijn verricht. Artikel 45 leden 4 en 5 van Boek 3 is van overeenkomstige toepassing. (Fw 42 v.)

– 10. Artikel 138 lid 10 is van toepassing. (BW 2: 9, 138, 241, 259; Sr 342, 343, 347)

Art. 249

Indien door de jaarrekening, door tussentijdse cijfers of door het jaarverslag voor zover deze bekend zijn gemaakt, een misleidende voorstelling wordt gegeven van de toestand der vennootschap, zijn de bestuurders tegenover derden hoofdelijk aansprakelijk voor de schade, door dezen dientengevolge geleden. De bestuurder die bewijst dat dit aan hem niet te wijten is, is niet aansprakelijk. (BW 2: 9, 139, 210, 260, 361, 362, 391; 6: 6 v., 95, 102, 194; Sr 336)

Art. 250

– 1. Bij de statuten kan worden bepaald dat er een raad van commissarissen zal zijn. De raad bestaat uit een of meer natuurlijke personen.

– 2. De raad van commissarissen heeft tot taak toezicht te houden op het beleid van het bestuur en op de algemene gang van zaken in de vennootschap en de met haar verbonden onderneming. Hij staat het bestuur met raad ter zijde. Bij de vervulling van hun taak richten de commissarissen zich naar het belang van de vennootschap en de met haar verbonden onderneming.

– 3. De statuten kunnen aanvullende bepalingen omtrent de taak en de bevoegdheden van de raad en van zijn leden bevatten. (BW 2: 8, 14, 15, 47, 57, 140, 210^2, 217^2, 219, 256, 261, 268 v.)

– 4. De statuten kunnen bepalen dat een met name of in functie aangeduide commissaris meer dan één stem wordt toegekend. Een commissaris kan niet meer stemmen uitbrengen dan de andere commissarissen tezamen.

Art. 251

Het bestuur verschaft de raad van commissarissen tijdig de voor de uitoefening van diens taak noodzakelijke gegevens. (BW 2: 57^8, 141)

Art. 252

– 1. De commissarissen die niet reeds bij de akte van oprichting zijn aangewezen, worden benoemd door de algemene vergadering van aandeelhouders, tenzij de benoeming overeenkomstig artikel 268 van dit Boek geschiedt. De statuten kunnen de kring van benoembare personen beperken door eisen te stellen waaraan de commissarissen moeten voldoen. De eisen kunnen terzijde worden gesteld door een besluit van de algemene vergadering genomen met

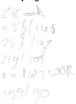

72

twee derden van de uitgebrachte stemmen die meer dan de helft van het geplaatste kapitaal vertegenwoordigen.

– 2. De eerste twee leden van artikel 243 van dit Boek zijn van overeenkomstige toepassing, indien de benoeming door de algemene vergadering van aandeelhouders geschiedt.

– 3. Bij een aanbeveling of voordracht tot benoeming van een commissaris worden van de kandidaat medegedeeld zijn leeftijd, zijn beroep, het bedrag aan door hem gehouden aandelen in het kapitaal der vennootschap en de betrekkingen die hij bekleedt of die hij heeft bekleed voor zover die van belang zijn in verband met de vervulling van de taak van een commissaris. Tevens wordt vermeld aan welke rechtspersonen hij reeds als commissaris is verbonden; indien zich daaronder rechtspersonen bevinden, die tot een zelfde groep behoren, kan met de aanduiding van die groep worden volstaan. De aanbeveling en de voordracht worden met redenen omkleed. (BW 2: 224)

Art. 253

Bij de statuten kan worden bepaald dat een of meer commissarissen, doch ten hoogste een derde van het gehele aantal, zullen worden benoemd door anderen dan de algemene vergadering. Is de benoeming van commissarissen geregeld overeenkomstig de artikelen 268 en 269 van dit Boek, dan vindt de vorige zin geen toepassing. (BW 2: 37³, 47, 143, 252, 254, 268¹²)

Afwijkende benoeming

Art. 254

– 1. Een commissaris kan worden geschorst en ontslagen door degene die bevoegd is tot benoeming, tenzij artikel 271 leden 2 en 3 van dit Boek van toepassing is.

– 2. Het tweede en het derde lid van artikel 244 van dit Boek zijn van overeenkomstige toepassing. (BW 2: 47², 144, 252, 253, 271, 356 sub *b*; 7: 677, 680, 685)

Schorsing en ontslag

Art. 255

Tenzij de statuten anders bepalen, kan de algemene vergadering van aandeelhouders aan de commissarissen als zodanig een bezoldiging toekennen. (BW 2: 145, 245, 383; 3: 357⁴)

Bezoldiging

Art. 256

Tenzij bij de statuten anders is bepaald, wordt de vennootschap in alle gevallen waarin zij een tegenstrijdig belang heeft met een of meer bestuurders, vertegenwoordigd door commissarissen. De algemene vergadering is steeds bevoegd een of meer andere personen daartoe aan te wijzen. (BW 2: 146, 217, 240; 3: 68) *(ook als er geen RvC is)*

Vertegenwoordiging bij tegenstrijdig belang

Art. 257

– 1. Tenzij bij de statuten anders is bepaald, is de raad van commissarissen bevoegd iedere bestuurder te allen tijde te schorsen.

– 2. De schorsing kan te allen tijde door de algemene vergadering worden opgeheven, tenzij de bevoegdheid tot benoeming van de bestuurders bij de raad van commissarissen berust. (BW 2: 147, 217, 244, 272, 356 sub *b*)

Bevoegdheid tot schorsing bestuurders

Art. 258

Vervallen.

Art. 259

Het bepaalde bij de artikelen 9, 241 en 248 vindt overeenkomstige toepassing ten aanzien van de taakvervulling door de raad van commissarissen. (BW 2: 149, 260)

Aansprakelijkheid commissarissen

Art. 260

Indien door de openbaar gemaakte jaarrekening een misleidende voorstelling wordt gegeven van de toestand der vennootschap, zijn de commissarissen naast de bestuurders tegenover derden hoofdelijk aansprakelijk voor de schade, door dezen dientengevolge geleden. De commissaris die bewijst dat zulks niet aan een tekortkoming zijnerzijds in het toezicht is te wijten, is niet aansprakelijk. (BW 2: 9, 150, 210, 249, 250², 361, 362; 6: 6 v., 95, 102, 194; Sr 336)

Aansprakelijkheid voor de jaarrekening

Art. 261

– 1. Allen, commissarissen of anderen, die, zonder deel uit te maken van het bestuur der vennootschap, krachtens enige bepaling der statuten of krachtens besluit der algemene vergadering, voor zekere tijd of onder zekere omstandigheden daden van bestuur verrichten, worden te dien aanzien, wat hun rechten en verplichtingen ten opzichte van de vennootschap en van derden betreft, als bestuurders aangemerkt.

– 2. Het goedkeuren van bepaalde bestuurshandelingen of het daartoe machtigen geldt niet als het verrichten van daden van bestuur. (BW 2: 9, 151, 234, 239, 240⁴, 274)

Verrichten bestuurshandelingen

AFDELING 6

De raad van commissarissen bij de grote besloten vennootschap met beperkte aansprakelijkheid

Art. 262

In deze afdeling wordt onder een afhankelijke maatschappij verstaan:

a. een rechtspersoon waaraan de vennootschap of een of meer afhankelijke maatschappijen

Afhankelijke maatschappij

alleen of samen voor eigen rekening ten minste de helft van het geplaatste kapitaal verschaffen, (BW 2: 24d)

b. een vennootschap waarvan een onderneming in het handelsregister is ingeschreven en waarvoor de vennootschap of een afhankelijke maatschappij als vennote jegens derden volledig aansprakelijk is voor alle schulden. (BW 2: 63a, 152)

Art. 263

Verplichting opgaaf voor grote BV

– 1. Een besloten vennootschap met beperkte aansprakelijkheid moet, indien het volgende lid op haar van toepassing is, binnen twee maanden na de vaststelling of goedkeuring van haar jaarrekening door de algemene vergadering van aandeelhouders ten kantore van het handelsregister opgaaf doen, dat zij aan de in dat lid gestelde voorwaarden voldoet. Totdat artikel 264 lid 3 van dit Boek toepassing heeft gevonden, vermeldt het bestuur in elk volgend jaarverslag wanneer de opgaaf is gedaan; wordt de opgaaf doorgehaald, dan wordt daarvan melding gemaakt in het eerste jaarverslag dat na de datum van die doorhaling wordt uitgebracht.

– 2. De verplichting tot het doen van opgaaf geldt, indien:
a. het geplaatste kapitaal der vennootschap te zamen met de reserves volgens de balans met toelichting ten minste een bij koninklijk besluit vastgesteld grensbedrag beloopt,
b. de vennootschap of een afhankelijke maatschappij krachtens wettelijke verplichting een ondernemingsraad heeft ingesteld, en
c. bij de vennootschap en haar afhankelijke maatschappijen, tezamen in de regel ten minste honderd werknemers in Nederland werkzaam zijn. (BW 2: 24b)

– 3. De verplichting tot het doen van een opgaaf geldt niet voor:
a. een vennootschap die afhankelijke maatschappij is van een rechtspersoon waarop de artikelen 63f tot en met 63j, de artikelen 158 tot en met 161 en 164 of de artikelen 268 tot en met 271 en 274 van toepassing zijn,
b. een vennootschap wier werkzaamheid zich uitsluitend of nagenoeg uitsluitend beperkt tot het beheer en de financiering van groepsmaatschappijen, en van haar en hun deelnemingen in andere rechtspersonen, mits de werknemers in dienst van de vennootschap en de groepsmaatschappijen in meerderheid buiten Nederland werkzaam zijn,
c. een vennootschap die uitsluitend of nagenoeg uitsluitend aan een vennootschap als bedoeld onder b of in artikel 153 lid 3 onder b, en aan de in die bepalingen genoemde groepsmaatschappijen en rechtspersonen diensten ten behoeve van het beheer en de financiering verleent, en
d. een vennootschap waarin voor ten minste de helft van het geplaatste kapitaal volgens een onderlinge regeling tot samenwerking wordt deelgenomen door twee of meer rechtspersonen waarop de artikelen 63f tot en met 63j, de artikelen 158 tot en met 161 en 164 of de artikelen 268 tot en met 271 en 274 van toepassing zijn of die afhankelijke maatschappij zijn van zulk een rechtspersoon.

– 4. Het in onderdeel a van lid 2 genoemde grensbedrag wordt ten hoogste eenmaal in de twee jaren verhoogd of verlaagd, evenredig aan de ontwikkeling van een bij algemene maatregel van bestuur aan te wijzen prijsindexcijfer sedert een bij die maatregel te bepalen datum; het wordt daarbij afgerond op het naaste veelvoud van een miljoen euro. Het bedrag wordt niet opnieuw vastgesteld zo lang als het onafgeronde bedrag minder dan een miljoen euro afwijkt van het laatst vastgestelde bedrag.

– 5. Onder het geplaatste kapitaal met de reserves wordt in lid 2 onder a begrepen de gezamenlijke verrichte en nog te verrichten inbreng van vennoten bij wijze van geldschieting in afhankelijke maatschappijen die commanditaire vennootschap zijn, voor zover dit niet tot dubbeltelling leidt. (BW 2: 63b, 153, 210, 262, 264, 373, 382, 391; K 20³; Wet ondern.raden 2 v.; WED 1, 4°)

Art. 264

Rechtsgevolgen van 3 jaar; inschrijving; structuurvennootschap

– 1. De artikelen 268-274 van dit Boek zijn van toepassing op een vennootschap waaromtrent een opgaaf als bedoeld in het vorige artikel gedurende drie jaren onafgebroken is ingeschreven; deze termijn wordt geacht niet te zijn onderbroken, indien een doorhaling van de opgaaf, welke tijdens die termijn ten onrechte heeft plaatsgevonden, is ongedaan gemaakt.

– 2. De doorhaling van de inschrijving op grond van de omstandigheid dat de vennootschap niet meer voldoet aan de voorwaarden, genoemd in het tweede lid van het vorige artikel, doet de toepasselijkheid van de artikelen 268-274 van dit Boek slechts eindigen, indien drie jaren na de doorhaling zijn verstreken en de vennootschap gedurende die termijn niet opnieuw tot het doen van de opgaaf is verplicht geweest.

– 3. De vennootschap brengt haar statuten in overeenstemming met de artikelen 268-274 welke voor haar gelden, uiterlijk met ingang van de dag waarop die artikelen krachtens lid 1 op haar van toepassing worden. (BW 2: 154, 231, 263, 265, 267¹; Overg.w. 52²; WED 1, 4°)

Art. 265

– 1. In afwijking van het vorige artikel gelden de artikelen 272 en 273 van dit Boek niet voor een vennootschap waarin een deelneming voor ten minste de helft van het geplaatste kapitaal wordt gehouden:

a. door een rechtspersoon waarvan de werknemers in meerderheid buiten Nederland werkzaam zijn, of door afhankelijke maatschappijen daarvan

b. volgens een onderlinge regeling tot samenwerking door een aantal van zulke rechtspersonen of maatschappijen, of

c. volgens een onderlinge regeling tot samenwerking door een of meer van zulke rechtspersonen en een of meer rechtspersonen waarvoor artikel 153 lid 3 onder *a* of artikel 263 lid 3 onder *a* geldt of waarop de artikelen 63*f* tot en met 63*j*, de artikelen 158 tot en met 161 en 164 of de artikelen 268 tot en met 271 en 274 van toepassing zijn.

– 2. De uitzondering volgens het vorige lid geldt echter niet, indien de werknemers in dienst van de vennootschap, tezamen met die in dienst van de rechtspersoon of rechtspersonen, in meerderheid in Nederland werkzaam zijn.

– 3. Voor de toepassing van dit artikel worden onder werknemers, in dienst van een rechtspersoon, begrepen de werknemers in dienst van groepsmaatschappijen. (BW 2: 24*b*, 24*c*, 24*d*, 155, 262, 263, 264, 267², 380, 382)

Art. 266

Onze Minister van Justitie kan, gehoord de Sociaal-Economische Raad, aan een vennootschap op haar verzoek ontheffing verlenen van een of meer der artikelen 268-274 van dit Boek; de ontheffing kan onder beperkingen worden verleend en daaraan kunnen voorschriften worden verbonden; zij kan voorts worden gewijzigd en ingetrokken. (BW 2: 63*d*², 156, 284*a*)

Art. 267

– 1. Een vennootschap waarvoor artikel 264 van dit Boek niet geldt, kan bij haar statuten de wijze van benoeming en ontslag van commissarissen en de taak en bevoegdheden van de raad van commissarissen regelen overeenkomstig de artikelen 268-274 van dit Boek indien zij of een afhankelijke maatschappij een ondernemingsraad heeft ingesteld waarop de bepalingen van de Wet op de ondernemingsraden van toepassing zijn. Zij mag daarbij artikel 272 van dit Boek, artikel 273 van dit Boek of deze beide artikelen buiten toepassing laten. De in dit lid bedoelde regeling in de statuten verliest haar gelding zodra de ondernemingsraad ophoudt te bestaan of op de ondernemingsraad niet langer de bepalingen van de Wet op de ondernemingsraden van toepassing zijn. (BW 2: 262)

– 2. Een vennootschap waarvoor artikel 265 van dit Boek geldt, kan de bevoegdheid tot benoeming en ontslag van bestuurders en die tot vaststelling van de jaarrekening regelen overeenkomstig de artikelen 272 en 273 van dit Boek. (BW 2: 63*e*, 157, 263, 264, 265; Wet ondern.raden 2)

Art. 268

– 1. De vennootschap heeft een raad van commissarissen.

– 2. De commissarissen worden, behoudens het bepaalde in het voorlaatste lid, benoemd door de raad van commissarissen, voor zover de benoeming niet reeds is geschied bij de akte van oprichting of voordat dit artikel op de vennootschap van toepassing is geworden. De bevoegdheid tot benoeming kan niet door enige bindende voordracht worden beperkt. Onverminderd het bepaalde in artikel 270 kunnen de statuten de kring van benoembare personen niet beperken. (BW 2: 252, 253, 269, 270)

– 3. De raad van commissarissen bestaat uit ten minste drie leden. Is het aantal commissarissen minder dan drie, dan neemt de raad onverwijld maatregelen tot aanvulling van zijn ledental. (BW 2: 270)

– 4. De algemene vergadering van aandeelhouders, de ondernemingsraad en het bestuur kunnen aan de raad van commissarissen personen voor benoeming tot commissaris aanbevelen. De raad van commissarissen deelt hun daartoe tijdig mede, wanneer en ten gevolge waarvan in zijn midden een plaats moet worden vervuld. (BW 2: 217, 239; Wet ondern.raden 23 v.)

– 5. De raad geeft aan de algemene vergadering van aandeelhouders en de ondernemingsraad kennis van de naam van degene die hij wenst te benoemen, met inachtneming van het derde lid van artikel 252 van dit Boek.

– 6. De raad benoemt deze persoon, tenzij de algemene vergadering of de ondernemingsraad tegen de voorgenomen benoeming bezwaar maakt op grond dat de voorschriften van lid 4, tweede volzin, of lid 5 niet behoorlijk zijn nageleefd, dan wel op grond van de verwachting dat de voorgedragen persoon ongeschikt zal zijn voor de vervulling van de taak van commissaris of dat de raad van commissarissen bij benoeming overeenkomstig het voornemen niet naar behoren zal zijn samengesteld.

– 7. Het besluit van de algemene vergadering tot het kenbaar maken van bezwaar moet worden genomen in de eerstvolgende vergadering na het verstrijken van een termijn van veertien dagen na de kennisgeving. De ondernemingsraad moet het besluit tot het kenbaar maken van bezwaar nemen binnen twee maanden na de kennisgeving.

– 8. Het bezwaar wordt aan de raad van commissarissen onder opgave van redenen medegedeeld.

– 9. Niettegenstaande het bezwaar van de algemene vergadering of de ondernemingsraad kan de benoeming overeenkomstig het voornemen geschieden, indien de ondernemingskamer van het gerechtshof te Amsterdam op verzoek van een daartoe aangewezen vertegenwoordiger van de raad van commissarissen het bezwaar ongegrond verklaart. (Rv 429a, 995; RO 72)

– 10. Een verweerschrift kan worden ingediend door een daartoe aangewezen vertegenwoordiger van de algemene vergadering of van de ondernemingsraad die het in lid 6 bedoelde bezwaar heeft gemaakt. De ondernemingskamer doet ook de vertegenwoordigers oproepen die door de algemene vergadering of de ondernemingsraad die geen bezwaar heeft gemaakt, zijn aangewezen. Tegen de beslissing van de ondernemingskamer is geen hogere voorziening toegelaten. De ondernemingskamer kan geen veroordeling in de proceskosten uitspreken. (BW 2: 269³)

– 11. De algemene vergadering van aandeelhouders kan de bevoegdheden en verplichtingen die haar en haar vertegenwoordigers volgens dit artikel toekomen, voor een door haar te bepalen duur van telkens ten hoogste twee achtereenvolgende jaren, overdragen aan een commissie van aandeelhouders waarvan zij de leden aanwijst; in dat geval geeft de raad van commissarissen, met inachtneming van het derde lid van artikel 252 van dit Boek, aan de commissie kennis van de naam van degene die hij tot commissaris wenst te benoemen. De algemene vergadering kan te allen tijde de overdracht ongedaan maken.

– 12. De statuten kunnen bepalen dat een of meer commissarissen van overheidswege worden benoemd. Met betrekking tot een zodanige benoeming heeft degene die met deze benoeming is belast, de bevoegdheden en verplichtingen die volgens de voorgaande leden voor de raad van commissarissen gelden, en hebben jegens hem de algemene vergadering van aandeelhouders, de ondernemingsraad en het bestuur de bevoegdheden en verplichtingen die zij volgens de voorgaande leden hebben jegens de raad van commissarissen; de raad van commissarissen kan voor deze benoeming een aanbeveling doen.

– 13. Voor de toepassing van dit artikel wordt onder de ondernemingsraad verstaan de ondernemingsraad van de onderneming der vennootschap of van de onderneming van een afhankelijke maatschappij. Indien er meer dan één ondernemingsraad is, zijn deze raden gelijkelijk bevoegd. Is voor de betrokken onderneming of ondernemingen een centrale ondernemingsraad ingesteld, dan komen de bevoegdheden van de ondernemingsraad volgens dit artikel toe aan de centrale ondernemingsraad. De ondernemingsraad neemt geen besluit als bedoeld in dit artikel, dan nadat over de betrokken aangelegenheid ten minste éénmaal overleg is gepleegd tussen de vennootschap en de ondernemingsraad. (BW 2: 158, 250, 252¹, 253, 262; Wet ondern.raden 33 v.)

Art. 269

Benoeming commissarissen bij ontbreken RvC

– 1. Ontbreken alle commissarissen, dan geschiedt de benoeming door de algemene vergadering van aandeelhouders.

– 2. De ondernemingsraad en het bestuur kunnen personen voor benoeming tot commissaris aanbevelen. Degene die de algemene vergadering van aandeelhouders bijeenroept, deelt de ondernemingsraad tijdig mede dat de benoeming van commissarissen onderwerp van behandeling in de algemene vergadering zal zijn. (BW 2: 219, 220, 223, 224)

– 3. De benoeming is van kracht, tenzij de ondernemingsraad, na overeenkomstig het vijfde lid van het vorige artikel in kennis te zijn gesteld van de naam van de benoemde persoon, onder opgave van redenen een bezwaar tegen de benoeming aan de vennootschap kenbaar maakt. Niettegenstaande het bezwaar van de ondernemingsraad wordt de benoeming van kracht, indien de ondernemingskamer van het gerechtshof te Amsterdam op verzoek van een daartoe aangewezen vertegenwoordiger van de algemene vergadering het bezwaar ongegrond verklaart. (Rv 429a v., 995; RO 72)

– 4. Het zesde, zevende, tiende, elfde en dertiende lid van het vorige artikel zijn van overeenkomstige toepassing. (BW 2: 63g, 159, 217, 252¹, 268; Wet ondern.raden 23 v.)

Art. 270

Onverenigbaarheid van functies

Commissaris kunnen niet zijn:

a. personen die in dienst zijn van de vennootschap;

b. personen die in dienst zijn van een afhankelijke maatschappij;

c. bestuurders en personen in dienst van een werknemersorganisatie welke pleegt betrokken te zijn bij de vaststelling van de arbeidsvoorwaarden van de onder a en b bedoelde personen. (BW 2: 63h, 160, 252⁴, 262, 271)

Art. 271

Zittingsperiode; ontslag; schorsing

– 1. Een commissaris treedt uiterlijk af, indien hij na zijn laatste benoeming vier jaren commissaris is geweest. De termijn kan bij de statuten worden verlengd tot de dag van de eerstvolgende algemene vergadering van aandeelhouders na afloop van de vier jaren of na de dag waarop dit artikel voor de rechtspersoon is gaan gelden. (BW 2: 252⁴)

– 2. De ondernemingskamer van het gerechtshof te Amsterdam kan op een desbetreffend verzoek een commissaris ontslaan wegens verwaarlozing van zijn taak, wegens andere gewichtige redenen of wegens ingrijpende wijziging der omstandigheden op grond waarvan handhaving als commissaris redelijkerwijze niet van de vennootschap kan worden verlangd. Het verzoek kan worden ingediend door de vennootschap, ten deze vertegenwoordigd door de raad van commissarissen, alsmede door een daartoe aangewezen vertegenwoordiger van de algemene vergadering van aandeelhouders of van de ondernemingsraad, bedoeld in het laatste lid van artikel 268 van dit Boek. Het elfde en het dertiende lid van artikel 268 zijn van overeenkomstige toepassing. (BW 2: 345; 6: 258; 7: 685; Rv 429a v., 995 v.; RO 72)

– 3. Een commissaris kan worden geschorst door de raad van commissarissen; de schorsing vervalt van rechtswege, indien de vennootschap niet binnen een maand na de aanvang der schorsing een verzoek als bedoeld in het vorige lid bij de ondernemingskamer heeft ingediend.

– 4. Onverminderd het bepaalde in het eerste en het tweede lid kan een commissaris die van overheidswege is aangewezen, worden geschorst en ontslagen door degene die met de benoeming is belast; het voorgaande lid is niet op hem van toepassing. (BW 2: 63i, 161, 254, 268², 356 sub b)

Art. 272

Benoeming en ontslag bestuur

De raad van commissarissen benoemt de bestuurders der vennootschap; deze bevoegdheid kan niet door enige bindende voordracht worden beperkt. Hij geeft de algemene vergadering van aandeelhouders kennis van een voorgenomen benoeming van een bestuurder der vennootschap; hij ontslaat een bestuurder niet dan nadat de algemene vergadering over het voorgenomen ontslag is gehoord. Het elfde lid van artikel 268 van dit Boek is van overeenkomstige toepassing. (BW 2: 162, 242, 243, 244, 265; Wet ondern.raden 31)

Art. 273

Jaarrekening

De raad van commissarissen stelt de jaarrekening vast. Hij legt deze gelijktijdig ter goedkeuring aan de algemene vergadering van aandeelhouders en ter bespreking aan de in artikel 268 lid 13 bedoelde ondernemingsraad over. (BW 2: 58, 163, 210, 265, 361 v.; Wet ondern.raden 23 v., 31a)

Art. 274

Door raad goed te keuren bestuursbesluiten

– 1. Aan de goedkeuring van de raad van commissarissen zijn onderworpen de besluiten van het bestuur omtrent:

a. uitgifte en verkrijging van aandelen in en schuldbrieven ten laste van de vennootschap of van schuldbrieven ten laste van een commanditaire vennootschap of vennootschap onder firma waarvan de vennootschap volledig aansprakelijke vennote is; (BW 2: 190, 206, 207 v.; K 16 v., 19 v.)

b. medewerking aan de uitgifte van certificaten op naam van aandelen;

c. aanvrage van notering of van intrekking der notering van de onder a bedoelde schuldbrieven en de onder b bedoelde certificaten in de prijscourant van enige beurs;

d. het aangaan of verbreken van duurzame samenwerking van de vennootschap of een afhankelijke maatschappij met een andere rechtspersoon of vennootschap dan wel als volledig aansprakelijke vennote in een commanditaire vennootschap of vennootschap onder firma, indien deze samenwerking of verbreking van ingrijpende betekenis is voor de vennootschap;

e. het nemen van een deelneming ter waarde van ten minste een vierde van het bedrag van het geplaatste kapitaal met de reserves volgens de balans met toelichting van de vennootschap, door haar of een afhankelijke maatschappij in het kapitaal van een andere vennootschap, alsmede het ingrijpend vergroten of verminderen van zulk een deelneming; (BW 2: 262)

f. investeringen welke een bedrag gelijk aan ten minste een vierde gedeelte van het geplaatste kapitaal met de reserves der vennootschap volgens haar balans met toelichting vereisen;

g. een voorstel tot wijziging van de statuten; (BW 2: 231, 233)

h. een voorstel tot ontbinding van de vennootschap; (BW 2: 19¹ onder b)

i. aangifte van faillissement en aanvraag van surséance van betaling; (Fw 1, 213)

j. beëindiging van de arbeidsovereenkomst van een aanmerkelijk aantal werknemers van de vennootschap of van een afhankelijke maatschappij tegelijkertijd of binnen een kort tijdsbestek; (BW 2: 262; 7: 667; Wet ondern.raden 25)

k. ingrijpende wijziging in de arbeidsomstandigheden van een aanmerkelijk aantal werknemers van de vennootschap of van een afhankelijke maatschappij; (BW 2: 262)

l. een voorstel tot vermindering van het geplaatste kapitaal. (BW 2: 208)

– 2. Het ontbreken van goedkeuring van de raad van commissarissen op een besluit als be-

doeld in lid 1 tast de vertegenwoordigingsbevoegdheid van het bestuur of bestuurders niet aan.
(BW 2: 6², 164, 240² en ³, 250, 251, 261²)

Art. 275

Vervallen.

AFDELING 7

De ontbinding van de vennootschap

Art. 276-284

Vervallen.

AFDELING 8

Het beroep

Art. 284a

Beroep bij CBB De aanvrager kan beroep instellen bij het College van Beroep voor het bedrijfsleven tegen:
a. een weigering van het verzoek als bedoeld in artikel 175, lid 3, tweede zin;
b. een weigering van de verklaring als bedoeld in artikel 179, lid 2;
c. een weigering van de verklaring als bedoeld in artikel 235, lid 2 en
d. een beschikking tot weigering, wijziging of intrekking van de ontheffing, alsmede een beschikking tot verlening van de ontheffing voor zover daaraan voorschriften zijn verbonden dan wel daarbij beperkingen zijn opgelegd in artikel 266.

TITEL 6

Stichtingen

Art. 285

Geen leden; beperking doelstelling – 1. Een stichting is een door een rechtshandeling in het leven geroepen rechtspersoon, welke geen leden kent en beoogt met behulp van een daartoe bestemd vermogen een in de statuten vermeld doel te verwezenlijken.
– 2. Indien de statuten een of meer personen de bevoegdheid geven in de vervulling van ledige plaatsen in organen van de stichting te voorzien, wordt zij niet uit dien hoofde aangemerkt leden te kennen.
– 3. Het doel van de stichting mag niet inhouden het doen van uitkeringen aan oprichters of aan hen die deel uitmaken van haar organen noch ook aan anderen, tenzij wat deze laatsten betreft de uitkeringen een ideële of sociale strekking hebben. (BW 2: 3, 4, 18, 21, 286⁴, 301, 304; Overg.w. 29, 53 v.)

Art. 286

Notariële oprichtingsakte – 1. Een stichting moet worden opgericht bij notariële akte.
– 2. De akte moet worden verleden in de Nederlandse taal. Indien de stichting haar zetel heeft in de provincie Fryslân kan de akte in de Friese taal worden verleden. Een volmacht tot medewerking aan de akte moet schriftelijk zijn verleend. De stichting kan worden opgericht door een uiterste wilsbeschikking, gemaakt bij een notariële akte die in een andere dan de Nederlandse of de Friese taal is verleden; de statuten van de stichting moeten ook dan in de Nederlandse of Friese taal luiden. (BW 3: 39, 4: 985)
– 3. De akte bevat de statuten van de stichting.
– 4. De statuten moeten inhouden:
a. de naam der stichting, met het woord stichting als deel van de naam;
b. het doel der stichting; (BW 2: 7, 20, 285³)
c. de wijze van benoeming en ontslag der bestuurders; (BW 2: 285², 299)
d. de gemeente in Nederland waar zij haar zetel heeft; (BW 1: 10²; 2: 287)
e. de bestemming van het overschot na vereffening van de stichting in geval van ontbinding, of de wijze waarop de bestemming zal worden vastgesteld.
– 5. De notaris, ten overstaan van wie de akte is verleden, draagt zorg dat de statuten bevatten hetgeen in de leden 2-4 is genoemd. Bij verzuim is hij persoonlijk jegens hen die daardoor schade hebben geleden, aansprakelijk. (BW 2: 27, 65, 66, 176, 177; 6: 162; Overg.w. 57, 58, 61)

Art. 287

Zetel Bij gebreke van een aanwijzing van een zetel in de statuten, heeft de stichting haar zetel in de gemeente, waar de notaris voor wie de akte is verleden, ten tijde van het passeren der akte zijn standplaats had.

Art. 288

Vervallen.

Art. 289

– 1. De bestuurders zijn verplicht de stichting benevens de naam, de voornamen en de woonplaats of laatste woonplaats van de oprichter of oprichters te doen inschrijven in het handelsregister en een authentiek afschrift dan wel een authentiek uittreksel van de akte van oprichting bevattende de statuten, ten kantore van dat register neer te leggen. (BW 1: 10^2)

– 2. Zolang de opgave ter eerste inschrijving en nederlegging niet zijn geschied, is iedere bestuurder voor een rechtshandeling, waardoor hij de stichting verbindt, naast de stichting hoofdelijk aansprakelijk. (BW 2: 29, 69^2, 180^2; 6: 6, 7)

Inschrijving in handelsregister

Art. 290

Vervallen.

Art. 291

– 1. Behoudens beperkingen volgens de statuten is het bestuur belast met het besturen van de stichting.

– 2. Slechts indien dit uit de statuten voortvloeit, is het bestuur bevoegd te besluiten tot het aangaan van overeenkomsten tot verkrijging, vervreemding en bezwaring van registergoederen, en tot het aangaan van overeenkomsten waarbij de stichting zich als borg of hoofdelijk medeschuldenaar verbindt, zich voor een derde sterk maakt of zich tot zekerheidstelling voor een schuld van een ander verbindt. De statuten kunnen deze bevoegdheid aan beperkingen en voorwaarden binden. De uitsluiting, beperkingen en voorwaarden gelden mede voor de bevoegdheid tot vertegenwoordiging van de stichting ter zake van deze handelingen, tenzij de statuten anders bepalen. (BW 1: 88; 2: 6^2, 8, 9, 14, 15, 44, 129, 239, 292; 3: 10, 32 v., 80 v., 260 v.; 6: 6-14; Overg.w. 63)

Taak en bevoegdheden bestuur

Art. 292

– 1. Het bestuur vertegenwoordigt de stichting, voor zover uit de wet niet anders voortvloeit.

– 2. De statuten kunnen de bevoegdheid tot vertegenwoordiging bovendien toekennen aan een of meer bestuurders. Zij kunnen bepalen dat een bestuurder de stichting slechts met medewerking van een of meer anderen mag vertegenwoordigen.

– 3. Bevoegdheid tot vertegenwoordiging die aan het bestuur of aan een bestuurder toekomt, is onbeperkt en onvoorwaardelijk, voor zover uit de wet niet anders voortvloeit. Een wettelijk toegelaten of voorgeschreven beperking van of voorwaarde voor de bevoegdheid tot vertegenwoordiging kan slechts door de stichting worden ingeroepen.

– 4. De statuten kunnen ook aan andere personen dan bestuurders bevoegdheid tot vertegenwoordiging toekennen. (BW 2: 6, 45, 130, 240, 289^2, 291; 3: 65; 5: 131; Overg.w. 63; Rv 4, $3°$, 5^1, $2°$)

Vertegenwoordigingsbevoegdheid bestuur

Art. 293

De statuten van de stichting kunnen door haar organen slechts worden gewijzigd, indien de statuten daartoe de mogelijkheid openen. De wijziging moet op straffe van nietigheid bij notariële akte tot stand komen. De bestuurders zijn verplicht een authentiek afschrift van de wijziging en de gewijzigde statuten neer te leggen ten kantore van het in artikel 289 van dit Boek bedoelde register. (BW 2: 6^1, 14, 15, 17, 18, 42, 43, 121, 124, 126, 231, 234, 236, 294, 295)

Statutenwijziging

Art. 294

– 1. Indien ongewijzigde handhaving van de statuten zou leiden tot gevolgen, die bij de oprichting redelijkerwijze niet kunnen zijn gewild, en de statuten de mogelijkheid van wijziging niet voorzien of zij die tot wijziging de bevoegdheid hebben, zulks nalaten, kan de rechtbank op verzoek van een oprichter, het bestuur of het openbaar ministerie de statuten wijzigen.

– 2. De rechtbank wijkt daarbij zo min mogelijk van de bestaande statuten af; indien wijziging van het doel noodzakelijk is, wijst zij een doel aan dat aan het bestaande verwant is. Met inachtneming van het vorenstaande is de rechtbank bevoegd, zo nodig, de statuten op andere wijze te wijzigen dan is verzocht.

– 3. Met overeenkomstige toepassing van de beide vorige leden kan de rechtbank de statuten wijzigen om ontbinding van de stichting op een grond als vermeld in artikel 21 of artikel 301 lid 1 onder *a* te voorkomen. (BW 2: 295, 296, 301^2, 302; 3: 42; 6: 258; Overg.w. 54^2, 55^2; Rv 429*a* v., 995 v.)

Statutenwijziging door rechtbank

Art. 295

Een besluit tot wijziging van de statuten kan te allen tijde op verzoek van de stichting, van een belanghebbende of van het openbaar ministerie door de rechtbank worden vernietigd, indien de wijziging tot gevolg heeft dat de stichting kan worden ontbonden op een grond als bedoeld in de artikelen 21 of 301 lid 1, en die wijziging niet tot omzetting leidt. Overigens zijn artikel 15 leden 3 en 4 en artikel 16 van toepassing. (BW 2: 14, 15, 16, 17, 18, 19, 296, 302; 3: 53; Rv 429*a* v., 995)

Vernietiging statutenwijziging

79

Art. 296

Ambtshalve uitoefening bevoegdheden

In een geding, waarin ontbinding van een stichting op een grond als vermeld in artikel 21 of 301 lid 1 onder *a* wordt verzocht, kan de rechtbank de bevoegdheden in de beide voorgaande artikelen genoemd, ambtshalve uitoefenen. (BW 2: 18, 295, 302)

Art. 297

Inlichtingen OM aan bestuur

– 1. Het openbaar ministerie bij de rechtbank is, bij ernstige twijfel of de wet of de statuten te goeder trouw worden nageleefd, dan wel het bestuur naar behoren wordt gevoerd, bevoegd aan het bestuur inlichtingen te verzoeken.

– 2. Bij niet- of niet-behoorlijke voldoening aan het verzoek kan de voorzieningenrechter van de rechtbank, desverzocht, bevelen dat aan het openbaar ministerie de boeken, bescheiden en andere gegevensdragers van de stichting voor raadpleging beschikbaar worden gesteld en de waarden der stichting worden getoond. Tegen de beschikking van de voorzieningenrechter staat geen hoger beroep of cassatie open. (BW 2: 9, 10, 19, 20, 298¹ sub *b*; Rv 429a v., 995 v., 999)

Art. 298

Ontslag en schorsing bestuurder

– 1. Een bestuurder die:

a. iets doet of nalaat in strijd met de bepalingen van de wet of van de statuten, dan wel zich schuldig maakt aan wanbeheer, of

b. niet of niet behoorlijk voldoet aan een door de voorzieningenrechter van de rechtbank, ingevolge het vorige artikel, gegeven bevel, kan door de rechtbank worden ontslagen. Dit kan geschieden op verzoek van het openbaar ministerie of iedere belanghebbende.

– 2. De rechtbank kan, hangende het onderzoek, voorlopige voorzieningen in het bestuur treffen en de bestuurder schorsen.

– 3. Een door de rechtbank ontslagen bestuurder kan gedurende vijf jaar na het ontslag geen bestuurder van een stichting worden. (BW 2: 9, 302; Rv 429a v., 995 v.)

Art. 299

Aanvulling bestuur door rechtbank

Telkens wanneer het door de statuten voorgeschreven bestuur geheel of gedeeltelijk ontbreekt en daarin niet overeenkomstig de statuten wordt voorzien, kan de rechtbank, op verzoek van iedere belanghebbende of het openbaar ministerie in de vervulling van de ledige plaats voorzien. De rechtbank neemt daarbij zoveel mogelijk de statuten in acht. (BW 2: 19, 285², 286⁴ sub *c*, 302; Rv 429a v., 995 v.)

Art. 299a

Vermelding netto-omzet ondernemingen

Een stichting die een of meer ondernemingen in stand houdt welke ingevolge de wet in het handelsregister moeten worden ingeschreven, vermeldt bij de staat van baten en lasten de netto-omzet van deze ondernemingen.

Art. 300

Jaarrekening; tekort ten laste van reserves brengen

– 1. Jaarlijks binnen zes maanden na afloop van het boekjaar van een stichting als bedoeld in artikel 360 lid 3, behoudens verlenging van deze termijn met ten hoogste vijf maanden door het in lid 3 bedoelde orgaan op grond van bijzondere omstandigheden, maakt het bestuur een jaarrekening op en legt het deze voor hen die deel uitmaken van het in lid 3 bedoelde orgaan ter inzage ten kantore van de stichting. Binnen deze termijn legt het bestuur ook de krachtens artikel 392 lid 1 toe te voegen gegevens ter inzage voor hen die deel uitmaken van het in lid 3 bedoelde orgaan en het jaarverslag, tenzij artikel 396 lid 6, eerste volzin, voor zover het betreft het jaarverslag, of artikel 403 voor de stichting gelden. De termijn van het in lid 3 bedoelde orgaan kan bij beleggingsmaatschappijen waaraan ingevolge de Wet toezicht beleggingsinstellingen een vergunning is verleend, bij of krachtens die wet worden bekort. Zij die deel uitmaken van het in lid 3 bedoelde orgaan kunnen kosteloos een afschrift van deze stukken verkrijgen.

– 2. De jaarrekening wordt ondertekend door de bestuurders en door hen die deel uitmaken van het toezicht houdende orgaan; ontbreekt de ondertekening van een of meer hunner, dan wordt daarvan onder opgave van reden melding gemaakt.

– 3. De jaarrekening wordt uiterlijk een maand na afloop van de termijn vastgesteld door het daartoe volgens de statuten bevoegde orgaan. Indien de statuten deze bevoegdheid niet aan enig orgaan verlenen, komt deze bevoegdheid toe aan het toezicht houdende orgaan en bij gebreke daarvan aan het bestuur.

– 4. Een stichting als bedoeld in artikel 360 lid 3 mag ten laste van de door de wet voorgeschreven reserves een tekort slechts delgen voor zover de wet dat toestaat. (BW 2: 49⁴, 58⁴, 104, 215, 389, 390)

– 5. Onze Minister van Economische Zaken kan desverzocht om gewichtige redenen ontheffing verlenen van de verplichting tot het opmaken, het overleggen en het vaststellen van de jaarrekening. (BW 2: 49, 58, 210, 392⁵)

Art. 300a

Toepasselijkheid van enkele artikelen op stichting

De artikelen 131, 138, 139, 149 en 150 zijn van overeenkomstige toepassing in geval van faillissement van een stichting die aan de heffing van vennootschapsbelasting is onderworpen. (BW 2: 50a; Wet venn.bel. 1969 2, 4)

Art. 301
Ontbinding door rechtbank

– 1. De rechtbank ontbindt de stichting op verzoek van een belanghebbende of het openbaar ministerie, indien:

a. het vermogen van de stichting ten enenmale onvoldoende is voor de verwezenlijking van haar doel, en de mogelijkheid dat een voldoend vermogen door bijdragen of op andere wijze in afzienbare tijd zal worden verkregen, in hoge mate onwaarschijnlijk is; (BW 2: 74¹, 185, 294³)

b. het doel der stichting is bereikt of niet meer kan worden bereikt, en wijziging van het doel niet in aanmerking komt.

– 2. De rechtbank kan ook ambtshalve de stichting ontbinden tegelijk met de afwijzing van een verzoek als bedoeld in artikel 294. (BW 2: 21, 22, 23 v., 24 v.; Rv 429a v., 995 v.)

Art. 302
Inschrijving rechterlijke uitspraken

In kracht van gewijsde gegane rechterlijke uitspraken, inhoudende:

doorhaling, aanvulling of wijziging van het in het register ingeschrevene,

wijziging van de statuten van de stichting,

wijziging van of voorziening in het bestuur, of

vernietiging van een besluit tot wijziging van de statuten,

worden door de zorg van de griffier van het college waarvoor de zaak laatstelijk aanhangig was ingeschreven in het in artikel 289 van dit Boek genoemde register. (BW 2: 6, 294, 295, 296, 298, 299)

Art. 303
Inschrijving krachtens de Fw

In geval van faillissement of surséance van betaling van een stichting worden de aankondigingen welke krachtens de Faillissementswet in de *Nederlandse Staatscourant* worden opgenomen, door hem die met de openbaarmaking is belast, mede ter inschrijving in het register, bedoeld in artikel 289 van dit Boek, opgegeven. (BW 2: 6, 51; Fw 14³, 18, 167³, 193¹, 216, 222², 245, 248², 256)

Art. 304
Deelnemers pensioenfonds; pensioenrechten en aanspraken

– 1. De deelnemers aan een pensioenfonds of aan een fonds als bedoeld in artikel 631, lid 3, onder *c*, van Boek 7, worden voor de toepassing van artikel 285 van dit Boek niet beschouwd als leden van een stichting die als een zodanig fonds werkzaam is.

– 2. Voor de toepassing van artikel 285 lid 3 van dit Boek gelden als uitkeringen aan oprichters van zulk een stichting of aan hen die deel uitmaken van haar organen, niet de uitkeringen die voortvloeien uit een recht op pensioen of uit een aanspraak krachtens een arbeidsovereenkomst waarin een beding als bedoeld in artikel 631, lid 3, onder *c*, van Boek 7, is opgenomen. (Overg.w. 53)

Art. 305-307
Vervallen.

TITEL 7

Fusie en splitsing 312 / 326 ; 314, 316, 317 / 330 / 381, 318, 323

AFDELING 1

Algemene bepaling

Art. 308
Toepassingsgebied

– 1. De bepalingen van deze titel zijn van toepassing op de vereniging, de coöperatie, de onderlinge waarborgmaatschappij, de stichting, de naamloze vennootschap en de besloten vennootschap met beperkte aansprakelijkheid. (BW 2: 26, 53, 64, 175, 285, 324)

– 2. Zij zijn niet van toepassing op verenigingen zonder volledige rechtsbevoegdheid en op verenigingen van appartementseigenaars. (BW 2: 30; 5: 124 v.)

AFDELING 2

Algemene bepalingen omtrent fusies

Art. 309
Omschrijving juridische fusie

Fusie is de rechtshandeling van twee of meer rechtspersonen waarbij een van deze het vermogen van de andere onder algemene titel verkrijgt of waarbij een nieuwe rechtspersoon die bij deze rechtshandeling door hen samen wordt opgericht, hun vermogen onder algemene titel verkrijgt. (BW 2: 310, 311, 318; 3: 80²; 4: 946; 7: 662 v.) *let op 309 (ander 3 jaar)*

Art. 310
Geoorloofde en verboden fusies

– 1. Rechtspersonen kunnen fuseren met rechtspersonen die de zelfde rechtsvorm hebben.

– 2. Wordt de verkrijgende rechtspersoon nieuw opgericht, dan moet hij de rechtsvorm hebben van de fuserende rechtspersonen.

1 BW Boek 2

– 3. Voor de toepassing van dit artikel worden de naamloze en de besloten vennootschap als rechtspersonen met de zelfde rechtsvorm aangemerkt.

– 4. Een verkrijgende vereniging, coöperatie, onderlinge waarborgmaatschappij of stichting kan ook fuseren met een naamloze of besloten vennootschap waarvan zij alle aandelen houdt. Een verkrijgende stichting, naamloze of besloten vennootschap kan ook fuseren met een vereniging, coöperatie of onderlinge waarborgmaatschappij waarvan zij het enige lid is. (BW 2: 213[2])

– 5. Een ontbonden rechtspersoon mag niet fuseren, indien reeds uit hoofde van de vereffening een uitkering is gedaan. (BW 2: 19, 23 v.)

– 6. Een rechtspersoon mag niet fuseren gedurende faillissement of surséance van betaling. (BW 2: 323; Fw 1 v., 213 v.)

Art. 311

Rechtsgevolgen van fusie voor rechtspersonen, leden en aandeelhouders

– 1. Met uitzondering van de verkrijgende rechtspersoon houden de fuserende rechtspersonen door het van kracht worden van de fusie op te bestaan. (BW 2: 318[1])

– 2. De leden of aandeelhouders van de verdwijnende rechtspersonen worden door de fusie lid of aandeelhouder van de verkrijgende rechtspersoon, uitgezonderd in de gevallen van de artikelen 310 lid 4, 333 of 334, of wanneer krachtens de ruilverhouding van de aandelen zelfs geen recht bestaat op een enkel aandeel. (BW 2: 312[2 sub g], 325)

Art. 312

Het voorstel tot fusie

– 1. De besturen van de te fuseren rechtspersonen stellen een voorstel tot fusie op.

– 2. Dit voorstel vermeldt ten minste:

a. de rechtsvorm, naam en zetel van de te fuseren rechtspersonen; (BW 2: 27, 66, 177, 286)

b. de statuten van de verkrijgende rechtspersoon zoals die luiden en zoals zij na de fusie zullen luiden of, indien de verkrijgende rechtspersoon nieuw wordt opgericht, het ontwerp van de akte van oprichting; (BW 2: 66, 68, 177, 334[3])

c. welke rechten of vergoedingen ingevolge artikel 320 ten laste van de verkrijgende rechtspersoon worden toegekend aan degenen die anders dan als lid of aandeelhouder bijzondere rechten hebben jegens de verdwijnende rechtspersonen, zoals rechten op een uitkering van winst of tot het nemen van aandelen, en met ingang van welk tijdstip; (BW 2: 96a, 105, 216)

d. welke voordelen in verband met de fusie worden toegekend aan een bestuurder of commissaris van een te fuseren rechtspersoon of aan een ander die bij de fusie is betrokken;

e. de voornemens over de samenstelling na de fusie van het bestuur en, als er een raad van commissarissen zal zijn, van die raad;

f. voor elk van de verdwijnende rechtspersonen het tijdstip met ingang waarvan financiële gegevens zullen worden verantwoord in de jaarrekening of andere financiële verantwoording van de verkrijgende rechtspersoon; (BW 2: 321, 361 v.)

g. de voorgenomen maatregelen in verband met de overgang van het lidmaatschap of aandeelhouderschap van de verdwijnende rechtspersonen;

h. de voornemens omtrent voortzetting of beëindiging van werkzaamheden;

i. wie in voorkomend geval het besluit tot fusie moeten goedkeuren. (BW 2: 326)

– 3. Het voorstel tot fusie wordt ondertekend door de bestuurders van elke te fuseren rechtspersoon; ontbreekt de handtekening van een of meer hunner, dan wordt daarvan onder opgave van reden melding gemaakt.

– 4. Tenzij alle fuserende rechtspersonen verenigingen of stichtingen zijn, moet het voorstel tot fusie zijn goedgekeurd door de raden van commissarissen en wordt het door de commissarissen mede ondertekend; ontbreekt de handtekening van een of meer hunner, dan wordt daarvan onder opgave van redenen melding gemaakt. Voorts vermeldt het voorstel de invloed van de fusie op de grootte van de goodwill en de uitkeerbare reserves van de verkrijgende rechtspersoon. (BW 2: 37, 129, 239, 291, 326)

Art. 313

Schriftelijke toelichting; opmaken jaarrekening of tussentijdse vermogensopstelling

– 1. In een schriftelijke toelichting geeft het bestuur van elke te fuseren rechtspersoon de redenen van de fusie met een uiteenzetting over de verwachte gevolgen voor de werkzaamheden en een toelichting uit juridisch, economisch en sociaal oogpunt.

– 2. Indien het laatste boekjaar van de rechtspersoon, waarover een jaarrekening of andere financiële verantwoording is vastgesteld, meer dan zes maanden voor de nederlegging van het voorstel tot fusie is verstreken, maakt het bestuur een jaarrekening of tussentijdse vermogensopstelling op. Deze heeft betrekking op de stand van het vermogen op ten vroegste de eerste dag van de derde maand voor de maand waarin zij wordt neergelegd. De vermogensopstelling wordt opgemaakt met inachtneming van de indeling en de waarderingsmethoden die in de laatst vastgestelde jaarrekening of andere financiële verantwoording zijn toegepast, tenzij daarvan gemotiveerd wordt afgeweken op de grond dat de aktuele waarde belangrijk afwijkt van de boekwaarde. In de vermogensopstelling worden de krachtens de wet of de statuten te reserveren bedragen opgenomen. (BW 2: 326 v., 384)

– 3. In de gevallen van de artikelen 310 lid 4 en 333 is geen toelichting vereist voor de verdwijnende rechtspersoon, tenzij anderen dan de verkrijgende rechtspersoon een bijzonder recht jegens de verdwijnende rechtspersoon hebben, zoals een recht op uitkering van winst of tot het nemen van aandelen. (BW 2: 327)

Art. 313a
Vervallen.

Art. 314
– 1. Elke te fuseren rechtspersoon legt ten kantore van het handelsregister neer: (BW 1: 10²; 2: 29, 289; Hrgw 4, 7)
a. het voorstel tot fusie, (BW 2: 312)
b. de laatste drie vastgestelde jaarrekeningen of andere financiële verantwoordingen van de te fuseren rechtspersonen, met de accountantsverklaring daarbij, voor zover deze stukken ter inzage liggen of moeten liggen, (BW 2: 361 v., 393, 394)
c. de jaarverslagen van de te fuseren rechtspersonen over de laatste drie afgesloten jaren, voor zover deze ter inzage liggen of moeten liggen, (BW 2: 391)
d. tussentijdse vermogensopstellingen of niet vastgestelde jaarrekeningen, voor zover vereist ingevolge artikel 313 lid 2 en voor zover de jaarrekening van de rechtspersoon ter inzage moet liggen.
– 2. Tegelijkertijd legt het bestuur de stukken, met inbegrip van jaarrekeningen en jaarverslagen die niet ter openbare inzage behoeven te liggen, samen met de toelichtingen van de besturen op het voorstel neer ten kantore van de rechtspersoon of, bij gebreke van een kantoor, aan de woonplaats van een bestuurder. De stukken liggen tot het tijdstip van de fusie, en op het adres van de verkrijgende rechtspersoon onderscheidenlijk van een bestuurder daarvan nog zes maanden nadien, ter inzage voor de leden of aandeelhouders, en voor hen die een bijzonder recht jegens de rechtspersoon hebben, zoals een recht op een uitkering van winst of tot het nemen van aandelen. In dit tijdvak kunnen zij kosteloos een afschrift daarvan krijgen. (BW 2: 102, 212, 329)
– 3. De te fuseren rechtspersonen kondigen in een landelijk verspreid dagblad aan dat de stukken zijn neergelegd, met opgave van de openbare registers waar zij liggen en van het adres waar zij krachtens lid 2 ter inzage liggen.
– 4. Indien de ondernemingsraad of medezeggenschapsraad van een te fuseren rechtspersoon of een vereniging van werknemers die werknemers van de rechtspersoon of van een dochtermaatschappij onder haar leden telt, schriftelijk een advies of opmerkingen indient, worden deze tegelijk met het voorstel tot fusie of onmiddellijk na ontvangst, neergelegd op het adres bedoeld in lid 2. De tweede en derde zin van lid 2 zijn van overeenkomstige toepassing. (Wet ondern.raden 25)
– 5. Indien de besturen van de te fuseren rechtspersonen het voorstel tot fusie wijzigen, zijn de leden 1-4 van overeenkomstige toepassing.
– 6. De leden 2 en 4 gelden niet voor stichtingen.

Nederlegging voorstel tot fusie e.d.

Art. 315
– 1. Het bestuur van elke te fuseren rechtspersoon is verplicht de algemene vergadering en de andere te fuseren rechtspersonen te lichten over na het voorstel tot fusie gebleken belangrijke wijzigingen in de omstandigheden die de mededelingen in het voorstel tot fusie of in de toelichting hebben beïnvloed. (BW 2: 40, 107, 217, 312, 313)
– 2. Voor een stichting geldt deze verplichting jegens degenen die blijkens de statuten de fusie moeten goedkeuren.

Gewijzigde omstandigheden na fusievoorstel

Art. 316
– 1. Ten minste een van de te fuseren rechtspersonen moet, op straffe van gegrondverklaring van een verzet als bedoeld in het volgende lid, voor iedere schuldeiser van deze rechtspersonen die dit verlangt zekerheid stellen of hem een andere waarborg geven voor de voldoening van zijn vordering. Dit geldt niet, indien de schuldeiser voldoende waarborgen heeft of de vermogenstoestand van de verkrijgende rechtspersoon na de fusie niet minder waarborg zal bieden dat de vordering zal worden voldaan, dan er voordien is.
– 2. Tot een maand nadat alle te fuseren rechtspersonen de nederlegging van het voorstel tot fusie hebben aangekondigd kan iedere schuldeiser door een verzoekschrift aan de rechtbank tegen het voorstel tot fusie in verzet komen met vermelding van de waarborg die wordt verlangt. (BW 2: 314³; Rv 429a v., 995, 997)
– 3. Voordat de rechter beslist, kan hij de rechtspersonen in de gelegenheid stellen binnen een door hem gestelde termijn een door hem omschreven waarborg te geven.
– 4. Indien tijdig verzet is gedaan, mag de akte van fusie eerst worden verleden, zodra het verzet is ingetrokken of de opheffing van het verzet uitvoerbaar is. (BW 2: 323¹, *b*)
– 5. Indien de akte van fusie al is verleden, kan de rechter op een ingesteld rechtsmiddel het

Waarborgen voor schuldeisers; verzet door schuldeisers

stellen van een door hem omschreven waarborg bevelen en daaraan een dwangsom verbinden. (BW 2: 100, 209, 318, 334³, 404; Rv 611a)

Art. 317

Besluit tot fusie; bevoegde organen

– 1. Het besluit tot fusie wordt genomen door de algemene vergadering; in een stichting wordt het besluit genomen door degene die de statuten mag wijzigen of, als geen ander dat mag, door het bestuur. Het besluit mag niet afwijken van het voorstel tot fusie. (BW 2: 40, 107, 217, 312)

– 2. Een besluit tot fusie kan eerst worden genomen na verloop van een maand na de dag waarop de fuserende rechtspersonen de nederlegging van het voorstel tot fusie hebben aangekondigd. (BW 2: 314³)

– 3. Een besluit tot fusie wordt genomen op dezelfde wijze als een besluit tot wijziging van de statuten. Vereisen de statuten hiervoor goedkeuring, dan geldt dit ook voor het besluit tot fusie. Vereisen de statuten voor de wijziging van afzonderlijke bepalingen verschillende meerderheden, dan is voor een besluit tot fusie de grootste daarvan vereist, en sluiten de statuten wijziging van bepalingen uit, dan zijn de stemmen van alle stemgerechtigde leden of aandeelhouders vereist; een en ander tenzij die bepalingen na de fusie onverminderd zullen gelden. (BW 2: 42 v., 121 v., 231 v., 293 v.)

– 4. Lid 3 geldt niet, voor zover de statuten een andere regeling voor besluiten tot fusie geven.

– 5. Een besluit tot fusie van een stichting behoeft de goedkeuring van de rechtbank, tenzij de statuten het mogelijk maken alle bepalingen daarvan te wijzigen. De rechtbank wijst het verzoek af, indien er gegronde redenen zijn om aan te nemen dat de fusie strijdig is met het belang van de stichting. (BW 2: 323¹ᵈ, 330, 334³; Rv 429a, 995)

Art. 317a

Vervallen.

Art. 318

Notariële akte van fusie; van kracht worden fusie

– 1. De fusie geschiedt bij notariële akte en wordt van kracht met ingang van de dag na die waarop de akte is verleden. De akte mag slechts worden verleden binnen zes maanden na de aankondiging van de nederlegging van het voorstel of, indien dit als gevolg van gedaan verzet niet mag, binnen een maand na intrekking of nadat de opheffing van het verzet uitvoerbaar is geworden. (BW 2: 27, 64, 179, 286, 314³, 316)

– 2. Aan de voet van de akte verklaart de notaris dat hem is gebleken dat de vormvoorschriften in acht zijn genomen voor alle besluiten die deze en de volgende afdeling en de statuten voor het totstandkomen van de fusie vereisten en dat voor het overige de daarvoor in deze en de volgende afdeling en in de statuten gegeven voorschriften zijn nageleefd. (BW 2: 323¹ᵇ)

– 3. De verkrijgende rechtspersoon doet de fusie binnen acht dagen na het verlijden inschrijven in het handelsregister waar elke gefuseerde rechtspersoon en hijzelf staan ingeschreven, naar gelang van elks inschrijfplicht. Daarbij wordt een afschrift van de akte van fusie met de notariële verklaring aan de voet daarvan ten kantore van elk register neergelegd. (BW 1: 102; 2: 29, 69, 180, 289)

– 4. De verkrijgende rechtspersoon doet binnen een maand opgave van de fusie aan de beheerders van andere openbare registers waarin overgang van rechten of de fusie kan worden ingeschreven. Gaat door de fusie een registergoed op de verkrijgende rechtspersoon over, dan is deze verplicht binnen deze termijn aan de bewaarder van de openbare registers, bedoeld in afdeling 2 van titel 1 van Boek 3, de voor de inschrijving van de fusie vereiste stukken aan te bieden. (BW 2: 332, 334³)

Art. 319

Pandrecht en vruchtgebruik

– 1. Pandrecht en vruchtgebruik op een recht van lidmaatschap of op aandelen van de verdwijnende rechtspersonen gaan over op hetgeen daarvoor in de plaats treedt. (BW 3: 201 v., 227 v., 236 v.)

– 2. Rust het pandrecht of vruchtgebruik op een recht van lidmaatschap of op aandelen waarvoor niets in de plaats treedt, dan moet de verkrijgende rechtspersoon een gelijkwaardige vervanging geven. (BW 2: 88, 89, 197, 198)

Art. 320

Bijzondere rechten jegens een verdwijnende vennootschap

– 1. Hij die, anders dan als lid of aandeelhouder, een bijzonder recht jegens een verdwijnende rechtspersoon heeft, zoals een recht op een uitkering van winst of tot het nemen van aandelen, moet een gelijkwaardig recht in de verkrijgende rechtspersoon krijgen, of schadeloosstelling.

– 2. De schadeloosstelling wordt bij gebreke van overeenstemming bepaald door een of meer onafhankelijke deskundigen, ten verzoeke van de meest gerede partij te benoemen door de voorzieningenrechter van de rechtbank van het arrondissement waarin de woonplaats van de verkrijgende rechtspersoon is gelegen. (BW 1: 10²)

– 3. Artikel 319 is van overeenkomstige toepassing op pandrecht of vruchtgebruik dat op de bijzondere rechten was gevestigd. (BW 2: 312, 334³)

84

Art. 321

– 1. Op het tijdstip met ingang waarvan de verkrijgende rechtspersoon de financiële gegevens van een verdwijnende rechtspersoon zal verantwoorden in de eigen jaarrekening of andere financiële verantwoording, is het laatste boekjaar van die verdwijnende rechtspersoon geëindigd.

– 2. De verplichtingen omtrent de jaarrekening of andere financiële verantwoording van de verdwijnende rechtspersonen rusten na de fusie op de verkrijgende rechtspersoon.

– 3. Waarderingsverschillen tussen de verantwoording van activa en passiva in de laatste jaarrekening of andere financiële verantwoording van de verdwijnende rechtspersonen en in de eerste jaarrekening of andere financiële verantwoording waarin de verkrijgende rechtspersoon deze activa en passiva verantwoordt, moeten worden toegelicht. (BW 2: 378 v., 384⁶)

– 4. De verkrijgende rechtspersoon moet wettelijke reserves vormen op de zelfde wijze als waarop de verdwijnende rechtspersonen wettelijke reserves moesten aanhouden, tenzij de wettelijke grond voor het aanhouden daarvan is vervallen. (BW 2: 207c, 334, 361 v., 365³, 389², 390)

Art. 322

– 1. Indien ten gevolge van de fusie een overeenkomst van een fuserende rechtspersoon naar maatstaven van redelijkheid en billijkheid niet ongewijzigd in stand behoort te blijven, wijzigt of ontbindt de rechter de overeenkomst op vordering van een der partijen. Aan de wijziging of ontbinding kan terugwerkende kracht worden verleend.

– 2. De bevoegdheid tot het instellen van de vordering vervalt door verloop van zes maanden na de nederlegging van de akte van fusie ten kantore van de openbare registers van de woonplaatsen van de gefuseerde rechtspersonen. (BW 2: 318³)

– 3. Indien uit de wijziging of ontbinding van de overeenkomst schade ontstaat voor de wederpartij, is de rechtspersoon gehouden tot vergoeding daarvan. (BW 6: 78, 95 v., 258, 265 v., 277)

Art. 323

– 1. De rechter kan een fusie alleen vernietigen:

a. indien de door een notaris ondertekende akte van fusie geen authentiek geschrift is;

b. wegens het niet naleven van artikel 310, leden 5 en 6, artikel 316, lid 4 of 318 lid 2;

c. wegens nietigheid, het niet van kracht zijn of een grond tot vernietiging van een voor de fusie vereist besluit van de algemene vergadering of, in een stichting, van het bestuur;

d. wegens het niet naleven van artikel 317 lid 5. (BW 2: 295, 317)

– 2. Vernietiging geschiedt door een uitspraak van de rechter van de woonplaats van de verkrijgende rechtspersoon op vordering tegen de rechtspersoon van een lid, aandeelhouder, bestuurder of andere belanghebbende. Een niet door de rechter vernietigde fusie is geldig.

– 3. De bevoegdheid tot het instellen van de vordering tot vernietiging vervalt door herstel van het verzuim of door verloop van zes maanden na de nederlegging van de akte van fusie ten kantore van de openbare registers van de woonplaatsen van de gefuseerde rechtspersonen. (BW 2: 15⁵, 318³)

– 4. De fusie wordt niet vernietigd:

a. indien de rechtspersoon binnen een door de rechter te bepalen tijdvak het verzuim heeft hersteld, (BW 2: 21²)

b. indien de reeds ingetreden gevolgen van de fusie bezwaarlijk ongedaan kunnen worden gemaakt. (BW 3: 53²)

– 5. Heeft de eiser tot vernietiging van de fusie schade geleden door een verzuim dat tot vernietiging had kunnen leiden, en vernietigt de rechter de fusie niet, dan kan de rechter de rechtspersoon veroordelen tot vergoeding van de schade. De rechtspersoon heeft daarvoor verhaal op de schuldigen aan het verzuim en, tot ten hoogste het genoten voordeel, op degenen die door het verzuim zijn bevoordeeld.

– 6. De vernietiging wordt, door de zorg van de griffier van het gerecht waar de vordering laatstelijk aanhangig was, ingeschreven in het handelsregister waarin de fusie ingevolge artikel 318 lid 3 moet zijn ingeschreven.

– 7. De rechtspersonen zijn hoofdelijk aansprakelijk voor verbintenissen die, ten laste van de rechtspersoon waarin zij gefuseerd zijn geweest, zijn ontstaan na de fusie en voordat de vernietiging in de registers is ingeschreven. (BW 2: 334; 6: 6)

– 8. De onherroepelijke uitspraak tot vernietiging van een fusie is voor ieder bindend. Verzet door derden en herroeping zijn niet toegestaan. (BW 2: 13 v.; 3: 59; Rv 376 v., 382 v., 429a v., 995 v.)

Art. 323a-323b

Vervallen.

---

1 BW Boek 2

Bijzondere bepalingen voor fusies van naamloze en besloten vennootschappen

Art. 324

Deze afdeling is van toepassing, indien een naamloze of besloten vennootschap fuseert.

Art. 325

– 1. Indien aandelen of certificaten van aandelen in het kapitaal van een te fuseren vennootschap zijn opgenomen in de prijscourant van een beurs, kan de ruilverhouding afhankelijk zijn van de prijs van die aandelen onderscheidenlijk certificaten op die beurs op een of meer in het voorstel tot fusie te bepalen tijdstippen, gelegen voor de dag waarop de fusie van kracht wordt. (BW 2: 326[1 a])

– 2. Indien krachtens de ruilverhouding van de aandelen recht bestaat op geld of schuldvorderingen, mag het gezamenlijke bedrag daarvan een tiende van het nominale bedrag van de toegekende aandelen niet te boven gaan. (BW 2, 326, 334)

– 3. Bij de akte van fusie kan de verkrijgende vennootschap aandelen in haar kapitaal die zij zelf of een andere fuserende vennootschap houdt, intrekken tot ten hoogste het bedrag van de aandelen die zij toekent aan haar nieuwe aandeelhouders. De artikelen 99, 100, 208 en 209 gelden niet voor dit geval.

– 4. Aandelen in het kapitaal van de verdwijnende vennootschappen die worden gehouden door of voor rekening van de fuserende vennootschappen, vervallen.

Art. 326

Het voorstel tot fusie vermeldt naast de in artikel 312 genoemde gegevens:

a. de ruilverhouding van de aandelen en eventueel de omvang van de betalingen krachtens de ruilverhouding; (BW 2: 325[1], 327, 328[1])

b. met ingang van welk tijdstip en in welke mate de aandeelhouders van de verdwijnende vennootschappen zullen delen in de winst van de verkrijgende vennootschap; (BW 2: 334)

c. hoeveel aandelen eventueel zullen worden ingetrokken met toepassing van artikel 325 lid 3. (BW 2: 234y)

Art. 327

In de toelichting op het voorstel tot fusie moet het bestuur mededelen:

a. volgens welke methode of methoden de ruilverhouding van de aandelen is vastgesteld;

b. of deze methode of methoden in het gegeven geval passen;

c. tot welke waardering elke gebruikte methode leidt;

d. indien meer dan een methode is gebruikt, of het bij de waardering aangenomen betrekkelijke gewicht van de methoden in het maatschappelijke verkeer als aanvaardbaar kan worden beschouwd; en

e. welke bijzondere moeilijkheden er eventueel zijn geweest bij de waardering en bij de bepaling van de ruilverhouding. (BW 2: 312, 313, 328, 333)

Art. 328

– 1. Een door het bestuur aangewezen accountant als bedoeld in artikel 393 moet het voorstel tot fusie onderzoeken en moet verklaren of de voorgestelde ruilverhouding van de aandelen, mede gelet op de bijgevoegde stukken, naar zijn oordeel redelijk is. Hij moet tevens verklaren dat de som van de eigen vermogens van de verdwijnende vennootschappen, elk bepaald naar de dag waarop haar jaarrekening of tussentijdse vermogensopstelling betrekking heeft, bij toepassing van in het maatschappelijke verkeer als aanvaardbaar beschouwde waarderingsmethoden ten minste overeen kwam met het nominaal gestorte bedrag op de gezamenlijke aandelen die hun aandeelhouders ingevolge de fusie verkrijgen, vermeerderd met betalingen waarop zij krachtens de ruilverhouding recht hebben.

– 2. De accountant moet tevens een verslag opstellen, waarin hij zijn oordeel geeft over de mededelingen, bedoeld in artikel 327.

– 3. Indien twee of meer van de fuserende vennootschappen naamloze vennootschappen zijn, wordt slechts dezelfde persoon als accountant aangewezen, indien de voorzitter van de ondernemingskamer van het gerechtshof te Amsterdam de aanwijzing op hun eenparige verzoek heeft goedgekeurd. (BW 2: 334; RO 72)

– 4. De accountants zijn bij alle fuserende vennootschappen gelijkelijk tot onderzoek bevoegd.

– 5. Op de verklaring van de accountant is artikel 314 van overeenkomstige toepassing en op zijn verslag de leden 2 en 3 van artikel 314. (BW 2: 325, 326, 393)

Art. 329

Artikel 314 lid 2 geldt ook ten behoeve van houders van met medewerking van de vennootschap uitgegeven certificaten van haar aandelen.

Art. 330

Besluit tot fusie door a.v.

– 1. Voor het besluit tot fusie van de algemene vergadering is in elk geval een meerderheid van ten minste twee derden vereist, indien minder dan de helft van het geplaatste kapitaal ter vergadering is vertegenwoordigd. (BW 2: 317)

– 2. Zijn er verschillende soorten aandelen, dan is naast het besluit tot fusie van de algemene vergadering vereist een voorafgaand of gelijktijdig goedkeurend besluit van elke groep houders van aandelen van een zelfde soort aan wier rechten de fusie afbreuk doet. Goedkeuring kan eerst geschieden na verloop van een maand na de dag waarop alle fuserende vennootschappen de nederlegging van het voorstel tot fusie hebben aangekondigd. (BW 2: 96^2)

– 3. De algemene vergadering kan machtiging verlenen de veranderingen aan te brengen die nodig mochten blijken om de ministeriële verklaring van geen bezwaar te verkrijgen op de statutenwijziging van de verkrijgende vennootschap, indien voorgenomen, of voor de oprichting van de verkrijgende vennootschap. (BW 2: 124^2, 234^2)

– 4. De notulen van de algemene vergaderingen waarin tot fusie wordt besloten of waarin deze ingevolge lid 2 wordt goedgekeurd, worden opgemaakt bij notariële akte. (BW 2: 107, 217, 331, 334)

Art. 331

Besluit tot fusie door bestuur

– 1. Tenzij de statuten anders bepalen, kan een verkrijgende vennootschap bij bestuursbesluit tot fusie besluiten.

– 2. Dit besluit kan slechts worden genomen, indien de vennootschap het voornemen hiertoe heeft vermeld in de aankondiging dat het voorstel tot fusie is neergelegd. (BW 2: 314^3)

– 3. Het besluit kan niet worden genomen, indien een of meer aandeelhouders die tezamen ten minste een twintigste van het geplaatste kapitaal vertegenwoordigen, of een zoveel geringer bedrag als in de statuten is bepaald, binnen een maand na de aankondiging aan het bestuur hebben verzocht de algemene vergadering bijeen te roepen om over de fusie te besluiten. De artikelen 317 en 330 zijn dan van toepassing. (BW 2: 107, 129, 217, 239)

Art. 332

Ministeriële verklaring van geen bezwaar

De ministeriële verklaring dat van geen bezwaren is gebleken tegen de wijziging van de statuten van de verkrijgende vennootschap moet zijn verleend voordat de akte van fusie wordt verleden. (BW 2: 125, 235)

Art. 333

Niet toepasselijkheid van bepalingen

– 1. Indien de verkrijgende vennootschap fuseert met een vennootschap waarvan zij alle aandelen houdt of met een vereniging, coöperatie of onderlinge waarborgmaatschappij waarvan zij het enige lid is, zijn de artikelen 326-328 niet van toepassing.

– 2. Indien iemand, of een ander voor zijn rekening, alle aandelen houdt in het kapitaal van de te fuseren vennootschappen en de verkrijgende vennootschap geen aandelen toekent ingevolge de akte van fusie, zijn de artikelen 326-328 niet van toepassing.

– 3. Indien een verkrijgende vereniging, coöperatie, onderlinge waarborgmaatschappij of stichting fuseert met een naamloze of besloten vennootschap waarvan zij alle aandelen houdt, is van deze afdeling slechts van toepassing artikel 329.

Art. 334

Aandeelhouderschap na fusie

– 1. De akte van fusie kan bepalen dat de aandeelhouders van de verdwijnende vennootschappen aandeelhouder worden van een groepsmaatschappij van de verkrijgende vennootschap. Zij worden dan geen aandeelhouder van de verkrijgende vennootschap. (BW 2: 311^2)

– 2. Zulk een fusie is slechts mogelijk, indien de groepsmaatschappij alleen of samen met een andere groepsmaatschappij het gehele geplaatste kapitaal van de verkrijgende vennootschap verschaft. De artikelen 317, leden 1 tot en met 4, 330 en 331 zijn op het besluit van de groepsmaatschappij van overeenkomstige toepassing.

– 3. De groepsmaatschappij die de aandelen toekent geldt naast de verkrijgende vennootschap als fuserende rechtspersoon. Op haar rusten de verplichtingen die ingevolge de artikelen 312-329 op een verkrijgende vennootschap rusten, met uitzondering van de verplichtingen uit de artikelen 316, 317, 318 lid 4, 321 lid 2 en lid 4, 323, lid 7; voor de toepassing van artikel 328 lid 3 blijft zij buiten beschouwing. De artikelen 312 lid 2 onder *b*, 320, 325 lid 3 en 326 lid 1 onder *b* gelden alsdan niet voor de verkrijgende vennootschap. (BW 2: 24*b*)

AFDELING 4

Algemene bepalingen omtrent splitsingen

Art. 334a

Begripsbepalingen

Zuivere splitsing

– 1. Splitsing is zuivere splitsing en afsplitsing.

– 2. Zuivere splitsing is de rechtshandeling waarbij het vermogen van een rechtspersoon die bij de splitsing ophoudt te bestaan onder algemene titel overeenkomstig de aan de akte van splitsing gehechte beschrijving wordt verkregen door twee of meer andere rechtspersonen.

———— 87 ————

Afsplitsing

– 3. Afsplitsing is de rechtshandeling waarbij het vermogen of een deel daarvan van een rechtspersoon die bij de splitsing niet ophoudt te bestaan onder algemene titel overeenkomstig de aan de akte van splitsing gehechte beschrijving wordt verkregen door een of meer andere rechtspersonen waarvan ten minste één overeenkomstig het bepaalde in deze of de volgende afdeling lidmaatschapsrechten of aandelen in zijn kapitaal toekent aan de leden of aan aandeelhouders van de splitsende rechtspersoon of waarvan ten minste één bij de splitsing door de splitsende rechtspersoon wordt opgericht.

– 4. Partij bij de splitsing is de splitsende rechtspersoon alsmede elke verkrijgende rechtspersoon, met uitzondering van rechtspersonen die bij de splitsing worden opgericht. (BW 2: 308, 334c, 334n; 3: 32 v., 80; 4: 94⁶; 7: 662)

Art. 334b

Vereisten voor splitsing

– 1. De partijen bij een splitsing moeten dezelfde rechtsvorm hebben.

– 2. Wordt een verkrijgende rechtspersoon bij de splitsing opgericht, dan moet hij de rechtsvorm hebben van de splitsende rechtspersoon.

– 3. Voor de toepassing van dit artikel worden de naamloze en de besloten vennootschap als rechtspersonen met de zelfde rechtsvorm aangemerkt.

– 4. Bij splitsing van een vereniging, coöperatie, onderlinge waarborgmaatschappij of stichting kunnen ook naamloze of besloten vennootschappen worden opgericht, mits de splitsende rechtspersoon daarvan bij de splitsing alle aandelen verkrijgt.

– 5. Een ontbonden rechtspersoon mag niet partij zijn bij een splitsing, indien reeds uit hoofde van de vereffening een uitkering is gedaan.

– 6. Een rechtspersoon mag niet partij zijn bij een splitsing gedurende faillissement of surséance van betaling.

– 7. Een splitsende rechtspersoon mag in faillissement of surséance van betaling zijn, mits alle verkrijgende rechtspersonen bij de splitsing opgerichte naamloze of besloten vennootschappen zijn en de splitsende rechtspersoon daarvan bij de splitsing enig aandeelhouder wordt. Indien de splitsende rechtspersoon in faillissement is, kan de curator tot splitsing besluiten en rusten de verplichtingen die ingevolge deze en de volgende afdeling op het bestuur rusten, op de curator; indien de rechtspersoon in surséance van betaling is, behoeft het besluit tot splitsing de goedkeuring van de bewindvoerder. De tweede zin van artikel 334d, artikel 334f lid 2 onderdeel e voor zover het betreft de waarde van het deel van het vermogen dat de splitsende rechtspersoon zal behouden, artikel 334g lid 2, artikel 334i lid 1, artikel 334k, artikel 334w en artikel 334ff lid 3 gelden niet in faillissement; de tweede zin van artikel 334d en artikel 334w gelden niet in surséance. (BW 2: 19, 23 v., 334u; Fw 1, 213 v.)

Art. 334c

Ophouden te bestaan

– 1. Indien het gehele vermogen van de splitsende rechtspersoon overgaat, houdt hij door het van kracht worden van de splitsing op te bestaan.

– 2. Lid 1 geldt niet, indien ten minste een verkrijgende rechtspersoon een bij de splitsing opgerichte naamloze of besloten vennootschap is en de splitsende rechtspersoon daarvan bij de splitsing alle aandelen verkrijgt.

Art. 334d

Vermogensvereisten

Behalve voor zover de verkrijgende rechtspersonen naamloze of besloten vennootschappen zijn, moet de waarde van het deel van het vermogen van de splitsende rechtspersoon dat elke verkrijgende rechtspersoon verkrijgt ten tijde van de splitsing ten minste nul zijn. Behalve voor zover de splitsende vennootschap een naamloze of besloten vennootschap is, geldt hetzelfde voor de waarde van het deel van het vermogen dat een voortbestaande splitsende rechtspersoon behoudt, vermeerderd met de waarde van aandelen in het kapitaal van verkrijgende rechtspersonen die hij bij de splitsing verkrijgt. (BW 2: 334b⁷, 334 v.)

Art. 334e

Aandeelhouders

– 1. De leden of aandeelhouders van de splitsende rechtspersoon worden door de splitsing lid of aandeelhouder van alle verkrijgende rechtspersonen.

– 2. Geen aandelen in het kapitaal van een verkrijgende vennootschap worden verkregen voor aandelen in het kapitaal van een splitsende vennootschap die door of voor rekening van die verkrijgende vennootschap of door of voor rekening van de splitsende vennootschap worden gehouden.

– 3. Lid 1 geldt voorts niet voor zover:

a. de verkrijgende rechtspersonen bij splitsing opgerichte naamloze of besloten vennootschappen zijn en de splitsende rechtspersoon daarvan bij de splitsing alle aandelen verkrijgt;

b. ten aanzien van verkrijgende vennootschappen artikel 334cc of artikel 334ii wordt toegepast;

c. krachtens de ruilverhouding van de aandelen zelfs geen recht bestaat op een enkel aandeel. (BW 2: 34, 36⁴, 79 v., 190 v.)

Art. 334f

- 1. De besturen van de partijen bij de splitsing stellen een voorstel tot splitsing op.

- 2. Dit voorstel vermeldt ten minste:

a. de rechtsvorm, naam en zetel van de partijen bij de splitsing en, voor zover de verkrijgende rechtspersonen bij de splitsing worden opgericht, van deze rechtspersonen; (BW 2: 27, 66, 177, 286)

b. de statuten van de verkrijgende rechtspersonen en van de voortbestaande splitsende rechtspersoon, zoals die statuten luiden en zoals zij na de splitsing zullen luiden dan wel, voor zover de verkrijgende rechtspersonen bij de splitsing worden opgericht, het ontwerp van de akte van oprichting; (BW 2: 66, 68, 177)

c. of het gehele vermogen van de splitsende rechtspersoon zal overgaan of een gedeelte daarvan;

d. een beschrijving aan de hand waarvan nauwkeurig kan worden bepaald welke vermogensbestanddelen van de splitsende rechtspersoon zullen overgaan op elk van de verkrijgende rechtspersonen en, indien niet het gehele vermogen van de splitsende rechtspersoon zal overgaan, welke vermogensbestanddelen door hem zullen worden behouden, alsmede een pro forma winst- en verliesrekening dan wel exploitatierekening van de verkrijgende rechtspersonen en de voortbestaande splitsende rechtspersoon;

e. de waarde, bepaald naar de dag waarop de in artikel 334g lid 2 bedoelde jaarrekening of tussentijdse vermogensopstelling van de splitsende rechtspersoon betrekking heeft en berekend met inachtneming van de derde zin van die bepaling, van het deel van het vermogen dat elke verkrijgende rechtspersoon zal verkrijgen en van het deel dat de voortbestaande splitsende rechtspersoon zal behouden, alsmede de waarde van aandelen in het kapitaal van verkrijgende rechtspersonen die de voortbestaande splitsende rechtspersoon bij de splitsing zal verkrijgen;

f. welke rechten of vergoedingen ingevolge artikel 334p ten laste van de verkrijgende rechtspersonen worden toegekend aan degenen die anders dan als lid of aandeelhouder bijzondere rechten hebben jegens de splitsende rechtspersoon, zoals rechten op een uitkering van winst of tot het nemen van aandelen, en met ingang van welk tijdstip de toekenning geschiedt; (BW 2: 96a, 105, 216)

g. welke voordelen in verband met de splitsing worden toegekend aan een bestuurder of commissaris van een partij bij de splitsing of aan een ander die bij de splitsing is betrokken;

h. de voornemens over de samenstelling na de splitsing van de besturen van de verkrijgende rechtspersonen en van de voortbestaande splitsende rechtspersoon, alsmede, voor zover er raden van commissarissen zullen zijn, van die raden;

i. het tijdstip met ingang waarvan financiële gegevens betreffende elk deel van het vermogen dat zal overgaan zullen worden verantwoord in de jaarrekening of andere financiële verantwoording van de verkrijgende rechtspersonen;

j. de voorgenomen maatregelen in verband met het verkrijgen door de leden of aandeelhouders van de splitsende rechtspersoon van het lidmaatschap of aandeelhouderschap van de verkrijgende rechtspersonen;

k. de voornemens omtrent voortzetting of beëindiging van werkzaamheden;

l. wie in voorkomend geval het besluit tot splitsing moet goedkeuren.

- 3. Het voorstel tot splitsing wordt ondertekend door de bestuurders van elke partij bij de splitsing; ontbreekt de handtekening van een of meer hunner, dan wordt daarvan onder opgave van redenen melding gemaakt.

- 4. Tenzij alle partijen bij de splitsing verenigingen of stichtingen zijn, moet het voorstel tot splitsing zijn goedgekeurd door de raden van commissarissen en wordt het door de commissarissen mede ondertekend; ontbreekt de handtekening van een of meer hunner, dan wordt daarvan onder opgave van redenen melding gemaakt. Voorts vermeldt het voorstel de invloed van de splitsing op de grootte van de goodwill en de uitkeerbare reserves van de verkrijgende rechtspersonen en van de voortbestaande splitsende rechtspersoon. (BW 2: 37, 63a v., 129, 140, 152 v., 239, 250, 262, 291, 312, 334b[7], 334y, 334hh, 334ii[3])

Art. 334g

- 1. In een schriftelijke toelichting geeft het bestuur van elke partij bij de splitsing de redenen voor de splitsing met een uiteenzetting over de verwachte gevolgen voor de werkzaamheden en een toelichting uit juridisch, economisch en sociaal oogpunt.

- 2. Indien het laatste boekjaar van de rechtspersoon, waarover een jaarrekening of andere financiële verantwoording is vastgesteld, meer dan zes maanden voor de nederlegging van het voorstel tot splitsing is verstreken, maakt het bestuur een jaarrekening of tussentijdse vermogensopstelling op. Deze heeft betrekking op de stand van het vermogen op ten vroegste de eerste dag van de derde maand voor de maand waarin zij wordt neergelegd. De vermogensopstelling wordt opgemaakt met inachtneming van de indeling en de waarderingsmethoden die

Het voorstel tot splitsing

Schriftelijke toelichting omtrent gevolgen

Tussentijdse financiële verantwoording

1 BW Boek 2

in de laatst vastgestelde jaarrekening of andere financiële verantwoording zijn toegepast, tenzij daarvan gemotiveerd wordt afgeweken op grond dat de actuele waarde belangrijk afwijkt van de boekwaarde. In de vermogensopstelling worden de krachtens de wet of de statuten te reserveren bedragen opgenomen. (BW 2: 313, 334b[7], 334z, 362 v., 384)

Art. 334h

Terinzagelegging
- 1. Elke partij bij de splitsing legt ten kantore van het handelsregister neer:
  a. het voorstel tot splitsing; (BW 2: 334f)
  b. de laatste drie vastgestelde jaarrekeningen of andere financiële verantwoordingen van de partijen bij de splitsing, met de accountantsverklaring daarbij, voor zover deze stukken ter inzage liggen of moeten liggen; (BW 2: 361 v., 393, 394)
  c. de jaarverslagen van de partijen bij de splitsing over de laatste drie afgesloten jaren, voor zover deze ter inzage liggen of moeten liggen; (BW 2: 391)
  d. tussentijdse vermogensopstellingen of niet vastgestelde jaarrekeningen, voor zover vereist ingevolge artikel 334g lid 2 en voor zover de jaarrekening van de rechtspersoon ter inzage moet liggen. (BW 2: 29, 77, 188, 289)
- 2. Tegelijkertijd legt het bestuur de stukken, met inbegrip van jaarrekeningen en jaarverslagen die niet ter openbare inzage hoeven te liggen, samen met de toelichtingen van de besturen op het voorstel neer ten kantore van de rechtspersoon of, bij gebreke van een kantoor, aan de woonplaats van een bestuurder. De stukken liggen tot het tijdstip van de splitsing op het adres van elke verkrijgende rechtspersoon en de voortbestaande gesplitste rechtspersoon, onderscheidenlijk op het adres van een bestuurder daarvan, nog zes maanden nadien ter inzage voor de leden of aandeelhouders en voor hen die een bijzonder recht jegens de rechtspersoon hebben, zoals een recht op een uitkering van winst of tot het nemen van aandelen. In dit tijdvak kunnen zij kosteloos een afschrift daarvan krijgen. (BW 2: 102, 212, 334dd)
- 3. De partijen bij de splitsing kondigen in een landelijk verspreid dagblad aan dat de stukken zijn neergelegd, met opgave van de openbare registers waar zij liggen en van het adres waar zij krachtens lid 2 ter inzage liggen.
- 4. Indien de ondernemingsraad of medezeggenschapsraad van een partij bij de splitsing of een vereniging van werknemers die werknemers van die partij of van een dochtermaatschappij onder haar leden telt, schriftelijk een advies of opmerkingen indient, worden deze tegelijk met het voorstel tot splitsing of onmiddellijk na ontvangst neergelegd op het adres bedoeld in lid 2. De tweede en derde zin van lid 2 zijn van overeenkomstige toepassing.
- 5. Indien de besturen van de partijen bij de splitsing het voorstel tot splitsing wijzigen, zijn de leden 1 tot en met 4 van overeenkomstige toepassing. (BW 2: 314, 334aa, 334dd, 334ii[3])
- 6. De leden 2 en 4 gelden niet voor stichtingen.

Art. 334i

Wijziging van omstandigheden
- 1. Het bestuur van elke partij bij de splitsing is verplicht de algemene vergadering en de andere partijen bij de splitsing in te lichten over na het voorstel tot splitsing gebleken belangrijke wijzigingen in de omstandigheden die de mededelingen in het voorstel tot splitsing of in de toelichting hebben beïnvloed.
- 2. Voor een stichting geldt deze verplichting jegens degenen die blijkens de statuten de splitsing moeten goedkeuren. (BW 2: 40, 107, 217, 315, 334b[7], 334f, 334g, 334ii[3])

Art. 334j

Overgang rechtsverhouding
- 1. Een rechtsverhouding waarbij de splitsende rechtspersoon partij is mag, op straffe van gegrondverklaring van een verzet als bedoeld in artikel 334l, slechts in haar geheel overgaan.
- 2. Is echter een rechtsverhouding verbonden met verschillende vermogensbestanddelen die op onderscheiden verkrijgende rechtspersonen overgaan, dan mag zij worden gesplitst in dier voege dat zij overgaat op alle betrokken verkrijgende rechtspersonen naar evenredigheid van het verband dat de rechtsverhouding heeft met de vermogensbestanddelen die elke rechtspersoon verkrijgt.
- 3. Indien een rechtsverhouding mede verbonden is met vermogensbestanddelen die de voortbestaande splitsende rechtspersoon behoudt, is lid 2 te zijnen aanzien van overeenkomstige toepassing.
- 4. De leden 1 tot en met 3 laten de rechten die de wederpartij bij een rechtsverhouding kan ontlenen aan de artikelen 334k en 334r onverlet. (BW 2: 334ii[3])

Art. 334k

Zekerheidstelling
Ten minste een van de partijen bij de splitsing moet, op straffe van gegrondverklaring van een verzet als bedoeld in artikel 334l, voor iedere schuldeiser van deze partijen die dit verlangt zekerheid stellen of hem een andere waarborg geven voor de voldoening van zijn vordering. Dit geldt niet, indien de schuldeiser voldoende waarborgen heeft of de vermogenstoestand van de rechtspersoon die na de splitsing zijn schuldenaar zal zijn niet minder waarborg zal bieden dat de vordering zal worden voldaan, dan er voordien is. (BW 2: 316[1], 334b[7], 334ii[3])

1 BW Boek 2

Art. 334l

– 1. Tot een maand nadat alle partijen bij de splitsing de nederlegging van het voorstel tot splitsing hebben aangekondigd kan iedere wederpartij bij een rechtsverhouding van zulk een partij door een verzoekschrift aan de rechtbank tegen het voorstel tot splitsing in verzet komen op grond dat het voorstel ten aanzien van zijn rechtsverhouding strijdt met artikel 334*j* of dat een krachtens artikel 334*k* verlangde waarborg niet is gegeven. In het laatste geval vermeldt het verzoekschrift de waarborg die wordt verlangd. (Rv 429*a* v.)

– 2. Voordat de rechter beslist, kan hij de partijen bij de splitsing in de gelegenheid stellen binnen een door hem gestelde termijn een door hem omschreven wijziging in het voorstel tot splitsing aan te brengen en het gewijzigde voorstel overeenkomstig artikel 334*h* openbaar te maken, onderscheidenlijk een door hem omschreven waarborg te geven.

– 3. Indien tijdig verzet is gedaan, mag de akte van splitsing eerst worden verleden, zodra het verzet is ingetrokken of de opheffing het verzet uitvoerbaar is.

– 4. Indien de akte van splitsing al is verleden, kan de rechter op een ingesteld rechtsmiddel:

a. bevelen dat een rechtsverhouding die in strijd met artikel 334*j* is overgegaan geheel of gedeeltelijk wordt overgedragen aan een of meer door hem aan te wijzen verkrijgende rechtspersonen of aan de voortbestaande gesplitste rechtspersoon, of bepalen dat twee of meer van deze rechtspersonen hoofdelijk tot nakoming van de uit de rechtsverhouding voortvloeiende verbintenissen verbonden zijn;

b. bevelen dat een door hem omschreven waarborg wordt gegeven.
De rechter kan aan een bevel een dwangsom verbinden.

– 5. Indien door een overdracht als bedoeld in lid 4 onder *a* de overdragende of verkrijgende rechtspersoon nadeel lijdt, is de andere rechtspersoon gehouden dit goed te maken. (BW 2: 100, 209, 316, 334*u*, 334*ii*³)

Art. 334m

– 1. Het besluit tot splitsing wordt genomen door de algemene vergadering; in een stichting wordt het besluit genomen door degene die de statuten mag wijzigen of, als geen ander dat mag, door het bestuur. Het besluit mag niet afwijken van het voorstel tot splitsing. (BW 2: 40, 107, 217, 312)

– 2. Een besluit tot splitsing kan eerst worden genomen na verloop van een maand na de dag waarop alle partijen bij de splitsing de nederlegging van het voorstel tot splitsing hebben aangekondigd. (BW 2: 334*h*)

– 3. Een besluit tot splitsing wordt genomen op dezelfde wijze als een besluit tot wijziging van de statuten. Vereisen de statuten voor goedkeuring, dan geldt dit ook voor het besluit tot splitsing. Vereisen de statuten voor de wijziging van afzonderlijke bepalingen verschillende meerderheden, dan is voor een besluit tot splitsing de grootste daarvan vereist, en sluiten de statuten wijziging van bepalingen uit, dan zijn de stemmen van alle stemgerechtigde leden of aandeelhouders vereist; een en ander tenzij die bepalingen na de splitsing onverminderd zullen gelden. (BW 2: 42 v., 121 v., 231 v., 293 v.)

– 4. Lid 3 geldt niet voor zover de statuten een andere regeling voor besluiten tot splitsing geven.

– 5. Een besluit tot splitsing van een stichting behoeft de goedkeuring van de rechtbank, tenzij de statuten het mogelijk maken alle bepalingen daarvan te wijzigen. De rechtbank wijst het verzoek af, indien er gegronde redenen zijn om aan te nemen dat de splitsing strijdig is met het belang van de stichting. (BW 2: 317, 334*u*, 334*ff*, 334*ii*)

Art. 334n

– 1. De splitsing geschiedt bij notariële akte en wordt van kracht met ingang van de dag na die waarop de akte is verleden. De akte mag slechts worden verleden binnen zes maanden na de aankondiging van de nederlegging van het voorstel tot splitsing of, indien dit als gevolg van gedaan verzet niet mag, binnen een maand na intrekking of nadat de opheffing van het verzet uitvoerbaar is geworden. (BW 2: 27, 64, 179, 286, 334*h*³, 334*l*)

– 2. Aan de voet van de akte verklaart de notaris dat hem is gebleken dat de vormvoorschriften in acht zijn genomen voor alle besluiten die deze en de volgende afdeling en de statuten voor het tot stand komen van de splitsing vereisen en dat voor het overige de daarvoor in deze en de volgende afdeling en in de statuten gegeven voorschriften zijn nageleefd. Aan de akte wordt de in artikel 334*f* lid 2 onder *d* bedoelde beschrijving gehecht.

– 3. Elke verkrijgende rechtspersoon en de gesplitste rechtspersoon doen de splitsing binnen acht dagen na het verlijden inschrijven in het handelsregister, al naar gelang van elks inschrijfplicht. Indien de gesplitste rechtspersoon bij de splitsing is opgehouden te bestaan, is elke verkrijgende rechtspersoon tot inschrijving verplicht. Bij elke inschrijving wordt een afschrift van de akte van splitsing met de notariële verklaring aan de voet daarvan ten kantore van het register neergelegd. (BW 2: 29, 69, 180, 289)

– 4. De verkrijgende rechtspersonen, elk voor zover het goederen betreft die bij de splitsing op

1 BW Boek 2

hen zijn overgegaan, doen binnen een maand na de splitsing opgave aan de beheerders van andere openbare registers waarin overgang van rechten of de splitsing kan worden ingeschreven. Gaat door de splitsing een registergoed op een verkrijgende vennootschap over, dan is de gesplitste rechtspersoon of, zo deze bij de splitsing is opgehouden te bestaan, elk van de verkrijgende rechtspersonen in zijn plaats verplicht binnen deze termijn aan de bewaarder van de openbare registers, bedoeld in afdeling 2 van titel 1 van Boek 3, de voor de inschrijving van de splitsing vereiste stukken aan te bieden. (BW 2: 318, 334*u*, 334*gg*, 334*ii*)

Art. 334o

Pandrecht of vruchtgebruik

– 1. De rechthebbende van een pandrecht of vruchtgebruik op een recht van lidmaatschap of op aandelen in het kapitaal van de splitsende rechtspersoon verkrijgt eenzelfde recht op hetgeen het lid of de aandeelhouder krachtens de akte van splitsing verkrijgt. Indien de splitsende rechtspersoon na de splitsing voortbestaat, blijft daarnaast het bestaande pandrecht of recht van vruchtgebruik in stand.

– 2. Vervallen aandelen waarop een pandrecht of vruchtgebruik rust, en treedt daarvoor niets in de plaats, dan moeten de verkrijgende rechtspersonen de rechthebbende een gelijkwaardige vervanging geven. (BW 2: 88 v., 197 v., 319, 334*p*, 334*ii*)

Art. 334p

Bijzonder rechthebbenden

– 1. Hij die, anders dan als lid of aandeelhouder, een bijzonder recht jegens de splitsende rechtspersoon heeft, zoals een recht op een uitkering van winst of tot het nemen van aandelen, moet hetzij zodanige rechten in verkrijgende rechtspersonen krijgen, dat deze, waar toepasselijk samen met het recht dat hij jegens de voortbestaande splitsende rechtspersoon heeft, gelijkwaardig zijn aan zijn recht voor de splitsing, hetzij schadeloosstelling krijgen.

– 2. De schadeloosstelling wordt bij gebreke van overeenstemming bepaald door een of meer onafhankelijke deskundigen, ten verzoeke van de meest gerede partij te benoemen door de voorzieningenrechter van de rechtbank van het arrondissement waarin de woonplaats van de splitsende rechtspersoon is gelegen.

– 3. Artikel 334*o* is van overeenkomstige toepassing op pandrecht of vruchtgebruik dat op de bijzondere rechten was gevestigd. (BW 2: 320, 334*ii*)

Art. 334q

Financiële verantwoording

– 1. Indien de gesplitste rechtspersoon bij de splitsing ophoudt te bestaan, is zijn laatste boekjaar geëindigd op het tijdstip met ingang waarvan de financiële gegevens betreffende zijn vermogen zullen worden verantwoord in de jaarrekening of andere financiële verantwoording van de verkrijgende rechtspersonen.

– 2. Indien de gesplitste rechtspersoon bij de splitsing ophoudt te bestaan, rusten de verplichtingen omtrent zijn jaarrekening of andere financiële verantwoording na de splitsing op de gezamenlijke verkrijgende rechtspersonen.

– 3. Waarderingsverschillen tussen de verantwoording van activa en passiva in de laatste jaarrekening of andere financiële verantwoording van de gesplitste rechtspersoon en in de eerste jaarrekening of andere financiële verantwoording waarin een verkrijgende rechtspersoon deze activa en passiva verantwoordt, moeten worden toegelicht.

– 4. De verkrijgende rechtspersonen moeten wettelijke reserves vormen op dezelfde wijze als waarop de gesplitste rechtspersoon wettelijke reserves moest aanhouden, tenzij de wettelijke grond voor het aanhouden daarvan is vervallen. (BW 2: 207*c*, 321, 334*ii*, 361 v., 365³, 378, 389², 390)

Art. 334r

Redelijkheid en billijkheid

– 1. Indien ten gevolge van de splitsing een overeenkomst van een partij bij de splitsing naar maatstaven van redelijkheid en billijkheid niet ongewijzigd in stand behoort te blijven, wijzigt of ontbindt de rechter de overeenkomst op vordering van een der partijen bij de overeenkomst. Aan de wijziging of ontbinding kan terugwerkende kracht worden verleend.

– 2. De bevoegdheid tot het instellen van de vordering vervalt door verloop van zes maanden na de nederlegging van de akte van splitsing ten kantore van de openbare registers van de woonplaatsen van de verkrijgende rechtspersonen en de gesplitste rechtspersoon.

– 3. Indien uit de wijziging of ontbinding van de overeenkomst schade ontstaat voor de wederpartij, is de betrokken rechtspersoon gehouden tot vergoeding daarvan. (BW 2: 322, 344*j*, 344*ii*; 6: 78, 95 v., 248, 258)

Art. 334s

Rechthebbende vermogensbestanddeel

– 1. De leden 2 tot en met 4 zijn van toepassing indien van een vermogensbestanddeel aan de hand van de aan de akte van splitsing gehechte beschrijving niet kan worden bepaald welke rechtspersoon daarop na de splitsing rechthebbende is.

– 2. Indien het gehele vermogen van de gesplitste rechtspersoon is overgegaan, zijn de verkrijgende rechtspersonen gezamenlijk rechthebbende. Elke verkrijgende rechtspersoon deelt in het vermogensbestanddeel naar evenredigheid van de waarde van het deel van het vermogen van de gesplitste rechtspersoon dat hij verkrijgt.

- 3. Indien niet het gehele vermogen is overgegaan, is de gesplitste rechtspersoon rechthebbende.
- 4. Voor zover verkrijgende rechtspersonen uit hoofde van lid 2 aansprakelijk zijn voor schulden, zijn zij hoofdelijk verbonden. (BW 2: 334*ii*)

Art. 334t

- 1. De verkrijgende rechtspersonen en de voortbestaande gesplitste rechtspersoon zijn aansprakelijk tot nakoming van de verbintenissen van de gesplitste rechtspersoon ten tijde van de splitsing.
- 2. Voor ondeelbare verbintenissen zijn de verkrijgende rechtspersonen en de voortbestaande gesplitste rechtspersoon elk voor het geheel aansprakelijk.
- 3. Voor deelbare verbintenissen is de verkrijgende rechtspersoon waarop de verbintenis is overgegaan of, zo de verbintenis niet op een verkrijgende rechtspersoon is overgegaan, de voortbestaande gesplitste rechtspersoon voor het geheel aansprakelijk. De aansprakelijkheid voor deelbare verbintenissen is voor elke andere rechtspersoon beperkt tot de waarde van het vermogen dat hij bij de splitsing heeft verkregen of behouden.
- 4. Andere rechtspersonen dan de rechtspersoon waarop de verbintenis is overgegaan of, zo de verbintenis niet op een verkrijgende rechtspersoon is overgegaan, dan de voortbestaande gesplitste rechtspersoon zijn niet tot nakoming gehouden voordat de laatstbedoelde rechtspersoon in de nakoming van de verbintenis is tekortgeschoten.
- 5. Ten aanzien van de aansprakelijkheid zijn de bepalingen betreffende hoofdelijke verbondenheid van overeenkomstige toepassing. (BW 2: 334*ii*; 6: 6)

Aansprakelijkheid tot nakoming verbintenissen

Art. 334u

- 1. De rechter kan een splitsing alleen vernietigen:
a. indien de door een notaris ondertekende akte van splitsing geen authentiek geschrift is;
b. wegens het niet naleven van artikel 334*b* leden 5 of 6, artikel 334*l* lid 3 of de eerste zin van artikel 334*n* lid 2;
c. wegens nietigheid, het niet van kracht zijn of een grond tot vernietiging van een voor de splitsing vereist besluit van de algemene vergadering of, in een stichting, van het bestuur;
d. wegens het niet naleven van artikel 334*m* lid 5.
- 2. Vernietiging geschiedt door een uitspraak van de rechter van de woonplaats van de gesplitste rechtspersoon op vordering tegen alle verkrijgende rechtspersonen en de voortbestaande gesplitste rechtspersoon van een lid, aandeelhouder, bestuurder of andere belanghebbende. Een niet door de rechter vernietigde splitsing is geldig.
- 3. De bevoegdheid tot het instellen van de vordering tot vernietiging vervalt door herstel van het verzuim of door verloop van zes maanden na de nederlegging van de akte van splitsing ten kantore van de openbare registers van de woonplaatsen van de verkrijgende rechtspersonen en de gesplitste rechtspersoon. (BW 2: 318³)
- 4. De splitsing wordt niet vernietigd:
a. indien het verzuim binnen een door de rechter te bepalen termijn is hersteld; (BW 2: 21²)
b. indien de reeds ingetreden gevolgen van de splitsing bezwaarlijk ongedaan kunnen worden gemaakt. (BW 3: 53²)
- 5. Heeft de eiser tot vernietiging van de splitsing schade geleden door een verzuim dat tot vernietiging had kunnen leiden, en vernietigt de rechter de splitsing niet, dan kan de rechter de verkrijgende rechtspersonen en de voortbestaande gesplitste rechtspersoon veroordelen tot vergoeding van de schade. De rechtspersonen hebben daarvoor verhaal op de schuldigen aan het verzuim en, tot ten hoogste het genoten voordeel, op degenen die door het verzuim zijn bevoordeeld.
- 6. De vernietiging wordt, door de zorg van de griffier van het gerecht waar de vordering laatstelijk aanhangig was, ingeschreven in het handelsregister waarin de splitsing ingevolge artikel 334*n* lid 3 moet zijn ingeschreven.
- 7. De gesplitste rechtspersoon is naast de betrokken verkrijgende rechtspersoon hoofdelijk verbonden tot nakoming van verbintenissen die ten laste van de verkrijgende rechtspersonen zijn ontstaan na de splitsing en voordat de vernietiging in de registers is ingeschreven.
- 8. De onherroepelijke uitspraak tot vernietiging van een splitsing is voor een ieder bindend. Verzet door derden en herroeping zijn niet toegestaan. (BW 2: 323; 3: 59; Rv 376 v., 382 v., 429*a* v., 995 v.)

Vernietigingsgronden

1 BW Boek 2

Bijzondere bepalingen voor splitsingen waarbij een naamloze of besloten vennootschap wordt gesplitst of wordt opgericht

Splitsing NV of BV

Art. 334v

Deze afdeling is van toepassing, indien bij een splitsing een naamloze of besloten vennootschap wordt gesplitst of wordt opgericht. (BW 2: 324)

Art. 334w

Vermogensvereisten

Ten tijde van de splitsing moet de waarde van het deel van het vermogen dat de voortbestaande splitsende vennootschap behoudt vermeerderd met de waarde van aandelen in het kapitaal van verkrijgende rechtspersonen die zij bij de splitsing verkrijgt, ten minste overeen komen met het gestorte en opgevraagde deel van het kapitaal vermeerderd met de reserves die de vennootschap onmiddellijk na de splitsing krachtens de wet of de statuten moet aanhouden. (BW 2: 334b[7], 334d, 334hh, 334ii)

Art. 334x

Beursvennootschap

– 1. Indien aandelen of certificaten van aandelen in het kapitaal van een splitsende vennootschap zijn opgenomen in de prijscourant van een beurs, kan de ruilverhouding afhankelijk zijn van de prijs van die aandelen onderscheidenlijk certificaten op die beurs op een of meer in het voorstel tot splitsing te bepalen tijdstippen, gelegen voor de dag waarop de splitsing van kracht wordt.

– 2. Indien krachtens de ruilverhouding van de aandelen recht bestaat op geld of schuldvorderingen, mag het gezamenlijke bedrag daarvan een tiende van het nominale bedrag van de door de betrokken vennootschap toegekende aandelen niet te boven gaan.

– 3. Bij de akte van splitsing kan een verkrijgende vennootschap aandelen in haar kapitaal die zij zelf houdt of krachtens de akte van splitsing verkrijgt, intrekken tot ten hoogste het bedrag van de aandelen die zij toekent aan haar nieuwe aandeelhouders. De artikelen 99, 100, 208 en 209 gelden niet voor dit geval.

– 4. Aandelen in het kapitaal van de splitsende vennootschap die worden gehouden door of voor rekening van een verkrijgende rechtspersoon of door of voor rekening van de splitsende vennootschap vervallen, indien de splitsende vennootschap bij de splitsing ophoudt te bestaan. (BW 2: 325, 334ii)

Art. 334y

Vereisten voorstel tot splitsing

Het voorstel tot splitsing vermeldt naast de in artikel 334f genoemde gegevens:

a. de ruilverhouding van de aandelen en eventueel de omvang van de betalingen krachtens de ruilverhouding;

b. met ingang van welk tijdstip en in welke mate de aandeelhouders van de splitsende vennootschap zullen delen in de winst van de verkrijgende vennootschappen;

c. hoeveel aandelen eventueel zullen worden ingetrokken met toepassing van artikel 334x lid 3. (BW 2: 326, 334hh, 334ii)

Art. 334z

Toelichting

In de toelichting op het voorstel tot splitsing moet het bestuur mededelen:

a. volgens welke methode of methoden de ruilverhouding van de aandelen is vastgesteld;

b. of deze methode of methoden in het gegeven geval passen;

c. tot welke waardering elke gebruikte methode leidt;

d. indien meer dan een methode is gebruikt, of het bij de waardering aangenomen betrekkelijke gewicht van de methoden in het maatschappelijk verkeer als aanvaardbaar kan worden beschouwd; en

e. welke bijzondere moeilijkheden er eventueel zijn geweest bij de waardering en bij de bepaling van de ruilverhouding. (BW 2: 327, 334g, 334hh, 334ii)

Art. 334aa

Accountantsonderzoek naar ruilverhouding aandelen

– 1. Een door het bestuur aangewezen accountant als bedoeld in artikel 393 moet het voorstel tot splitsing onderzoeken en moet verklaren of de voorgestelde ruilverhouding van de aandelen, mede gelet op de bijgevoegde stukken, naar zijn oordeel redelijk is.

– 2. Indien de splitsende vennootschap na de splitsing voortbestaat, moet de accountant voorts verklaren dat de waarde van het deel van het vermogen dat de vennootschap zal behouden vermeerderd met de waarde van aandelen in het kapitaal van verkrijgende rechtspersonen die zij bij de splitsing verkrijgt, bepaald naar de dag waarop haar jaarrekening of tussentijdse vermogensopstelling betrekking heeft en bij toepassing van in het maatschappelijk verkeer als aanvaardbaar beschouwde waarderingsmethoden, ten minste overeen kwam met het gestorte en opgevraagde deel van het kapitaal vermeerderd met de reserves die de vennootschap onmiddellijk na de splitsing krachtens de wet of de statuten moet aanhouden.

– 3. De accountant moet tevens een verslag opstellen, waarin hij zijn oordeel geeft over de mededelingen, bedoeld in artikel 334z.

- 4. Indien twee of meer van de partijen bij de splitsing naamloze vennootschappen zijn, wordt slechts dezelfde persoon als accountant aangewezen, indien de voorzitter van de ondernemingskamer van het gerechtshof te Amsterdam de aanwijzing op hun eenparig verzoek heeft goedgekeurd. (RO 72)
- 5. De accountants zijn bij alle partijen bij de splitsing gelijkelijk tot onderzoek bevoegd.
- 6. Op de verklaring van de accountant is artikel 334h van overeenkomstige toepassing en op zijn verslag de leden 2 en 3 van artikel 334h. (BW 2: 328, 334y, 334hh, 334ii, 393)

Art. 334bb

- 1. Ten aanzien van de door een verkrijgende naamloze vennootschap toegekende aandelen zijn de artikelen 94a en 94b van overeenkomstige toepassing en ten aanzien van de door een verkrijgende besloten vennootschap toegekende aandelen de artikelen 204a en 204b. Een ingevolge de artikelen 94a of 204a vereiste verklaring van een accountant behoeft echter niet aan de akte van oprichting te worden gehecht.
- 2. Op een ingevolge lid 1 vereiste verklaring van een accountant is artikel 334h van overeenkomstige toepassing. (BW 2: 334ii)

Overeenkomstige toepassing

Art. 334cc

In het geval van een zuivere splitsing kan de akte van splitsing bepalen dat onderscheiden aandeelhouders van de splitsende rechtspersoon aandeelhouder worden van onderscheiden verkrijgende rechtspersonen. In dat geval:
a. vermeldt het voorstel tot splitsing naast de in de artikelen 334f en 334y genoemde gegevens welke aandeelhouders van welke verkrijgende rechtspersonen aandeelhouder worden;
b. deelt het bestuur in de toelichting op het voorstel tot splitsing mee volgens welke criteria deze verdeling is vastgesteld;
c. moet de accountant bedoeld in artikel 334aa mede verklaren dat de voorgestelde verdeling, mede gelet op de bijgevoegde stukken, naar zijn oordeel redelijk is; en
d. wordt het besluit tot splitsing door de algemene vergadering van de splitsende vennootschap genomen met een meerderheid van drie vierden van de uitgebrachte stemmen in een vergadering waarin 95% van het geplaatste kapitaal is vertegenwoordigd. (BW 2: 334a², 334ii)

Aandeelhouders bij zuivere splitsing

Art. 334dd

Artikel 334h lid 2 geldt ook ten behoeve van houders van met medewerking van de vennootschap uitgegeven certificaten van haar aandelen. (BW 2: 329, 334ii)

Certificaten van aandelen

Art. 334ee

- 1. Voor het besluit tot splitsing van de algemene vergadering is in elk geval een meerderheid van ten minste twee derden vereist, indien minder dan de helft van het geplaatste kapitaal ter vergadering is vertegenwoordigd.
- 2. Zijn er verschillende soorten aandelen, dan is naast het besluit tot splitsing van de algemene vergadering vereist een voorafgaand of gelijktijdig goedkeurend besluit van elke groep van houders van aandelen van een zelfde soort aan wier rechten de splitsing afbreuk doet. Goedkeuring kan eerst geschieden na verloop van een maand na de dag waarop alle partijen bij de splitsing de nederlegging van het voorstel tot splitsing hebben aangekondigd. (BW 2: 96²)
- 3. De algemene vergadering kan machtiging verlenen de veranderingen aan te brengen die nodig mochten blijken om de ministeriële verklaring van geen bezwaar te verkrijgen op de statutenwijzigingen van de verkrijgende vennootschappen en de voortbestaande splitsende vennootschap, indien voorgenomen, of voor de oprichting van een verkrijgende vennootschap.
- 4. De notulen van de algemene vergaderingen waarin tot splitsing wordt besloten of waarin deze ingevolge lid 2 wordt goedgekeurd, worden opgemaakt bij notariële akte. (BW 2: 107, 217, 330, 334m, 334ff, 334ii)

Stemquotum besluit tot splitsing

Art. 334ff

- 1. Tenzij de statuten anders bepalen, kan een verkrijgende vennootschap bij bestuursbesluit tot splitsing besluiten. Hetzelfde geldt voor de splitsende vennootschap, mits alle verkrijgende rechtspersonen bij de splitsing opgerichte naamloze of besloten vennootschappen zijn en de splitsende vennootschap daarvan bij de splitsing enig aandeelhouder wordt. (BW 2: 334h³)
- 2. Dit besluit kan slechts worden genomen, indien de vennootschap het voornemen hiertoe heeft vermeld in de aankondiging dat het voorstel tot splitsing is neergelegd.
- 3. Het besluit kan niet worden genomen, indien een of meer aandeelhouders die tezamen ten minste een twintigste van het geplaatste kapitaal vertegenwoordigen, of een zoveel geringer bedrag als in de statuten is bepaald, binnen een maand na de aankondiging aan het bestuur hebben verzocht de algemene vergadering bijeen te roepen om over de splitsing te besluiten. De artikelen 334m en 334ee zijn dan van toepassing. (BW 2: 107, 129, 217, 329, 334b⁷, 334ii)

Bestuursbesluit tot splitsing

Art. 334gg

De ministeriële verklaring dat van geen bezwaren is gebleken tegen de wijziging van de statuten van de verkrijgende vennootschappen en de voortbestaande splitsende vennootschap moet zijn verleend voordat de akte van splitsing wordt verleden. (BW 2: 125, 325, 332, 334n)

Ministeriële verklaring van geen bezwaar

95

Verkrijgende vennootschap enig aandeelhouder

Art. 334hh

Indien alle verkrijgende vennootschappen bij de splitsing worden opgericht en de splitsende rechtspersoon daarvan bij de splitsing enig aandeelhouder wordt, zijn de artikelen 334f lid 4 eerste zin, 334w en 334y tot en met 334aa niet van toepassing.

Aandeelhouder groepsmaatschappij i.p.v. verkrijgende vennootschap

Art. 334ii

– 1. De akte van splitsing kan bepalen dat de aandeelhouders van de splitsende vennootschap aandeelhouder worden van een groepsmaatschappij van een verkrijgende vennootschap. Zij worden dan geen aandeelhouder van die verkrijgende vennootschap.

– 2. Zulk een splitsing is slechts mogelijk, indien de groepsmaatschappij alleen of samen met een andere groepsmaatschappij het gehele geplaatste kapitaal van de verkrijgende vennootschap verschaft. De artikelen 334m, leden 1 tot en met 4, 334ee en 334ff zijn op het besluit van de groepsmaatschappij van overeenkomstige toepassing.

– 3. De groepsmaatschappij die de aandelen toekent geldt naast de verkrijgende vennootschap als partij bij de splitsing. Op haar rusten de verplichtingen die ingevolge de artikelen 334f tot en met 334dd op een verkrijgende rechtspersoon rusten, met uitzondering van de verplichtingen uit de artikelen 334k tot en met 334m en 334q leden 2 en 4; voor de toepassing van artikel 334aa lid 4 blijft zij buiten beschouwing; de artikelen 334s, 334t en 334u lid 7 gelden voor haar niet. De artikelen 334f lid 2 onder b, 334x lid 3 en 334y onder b gelden alsdan niet voor de verkrijgende vennootschap. Voor de toepassing van de artikelen 94b en 204b worden de verkrijging door de verkrijgende vennootschap en de toekenning van aandelen door de groepsmaatschappij beschouwd als werden zij door dezelfde vennootschap gedaan. (BW 2: 24b, 334)

TITEL 8

Geschillenregeling en het recht van enquête

AFDELING 1

Geschillenregeling

Toepassingsgebied

Art. 335

– 1. De bepalingen van deze afdeling zijn van toepassing op de besloten vennootschap met beperkte aansprakelijkheid. (BW 2: 175)

– 2. De bepalingen van deze afdeling zijn eveneens van toepassing op de naamloze vennootschap waarvan de statuten:

a. uitsluitend aandelen op naam kennen, (BW 2: 82, 85 v.)

b. een blokkeringsregeling bevatten, en(BW 2: 87)

c. niet toelaten dat met medewerking van de vennootschap certificaten aan toonder worden uitgegeven.

Vordering tot overdracht van aandelen in het belang van de vennootschap

Art. 336

– 1. Een of meer houders van aandelen die alleen of gezamenlijk ten minste een derde van het geplaatste kapitaal verschaffen, kunnen van een aandeelhouder die door zijn gedragingen het belang van de vennootschap zodanig schaadt, dat het voortduren van zijn aandeelhouderschap in redelijkheid niet kan worden geduld, in rechte vorderen dat hij zijn aandelen overeenkomstig artikel 341 overdraagt. (BW 2: 24d)

– 2. De vordering kan niet worden ingesteld door de vennootschap of een dochtermaatschappij van de vennootschap. De houder van aandelen waarvan de vennootschap of een dochtermaatschappij certificaten houdt, kan de vordering slechts instellen indien en voor zover certificaten door anderen worden gehouden. Een aandeelhouder ten titel van beheer kan de vordering slechts voor door hem beheerde aandelen instellen indien de desbetreffende certificaathouders daarmee tevoren hebben ingestemd. (BW 2: 24a, 118[7], 228[6])

– 3. Tot de kennisneming van de vordering is in eerste aanleg bevoegd de arrondissementsrechtbank van de woonplaats van de vennootschap. Hoger beroep kan uitsluitend worden ingesteld bij de ondernemingskamer van het gerechtshof te Amsterdam. Artikel 344 van het Wetboek van Burgerlijke Rechtsvordering is van toepassing met dien verstande dat voor 'een meervoudige kamer' wordt gelezen: de ondernemingskamer. (BW 1: 10; Rv 997a; RO 72)

– 4. De rechter kan zijn beslissing omtrent de vordering voor een door hem te bepalen termijn aanhouden, indien ten processe blijkt dat de vennootschap of één of meer aandeelhouders op zich nemen maatregelen te treffen waardoor het nadeel dat de vennootschap lijdt zoveel mogelijk wordt ongedaan gemaakt of beperkt. (BW 2: 337-341)

Statutaire regeling

Art. 337

Indien de statuten of een overeenkomst een regeling bevatten voor de oplossing van geschillen tussen aandeelhouders, zijn de eisers niet ontvankelijk in hun vordering, tenzij gebleken is dat die regeling niet kan worden toegepast. (BW 2: 210[1], 230[1], 343[1]; Rv 1020)

Art. 338

– 1. Nadat de dagvaarding aan hem is betekend en tot de dag waarop het vonnis onherroepelijk is geworden, kan de gedaagde zijn aandelen niet vervreemden, verpanden of daarop een
vruchtgebruik vestigen, tenzij de eisers daarvoor toestemming verlenen. Indien de eisers de
toestemming weigeren, kan de rechter voor wie het geschil aanhangig is op vordering van
gedaagde de toestemming verlenen, indien gedaagde bij de rechtshandeling een redelijk belang heeft. Tegen de beslissing van de rechter staat geen hogere voorziening open. (BW 2: 88,
89, 197, 198)
– 2. Nadat het vonnis waarbij de vordering is toegewezen onherroepelijk is geworden, kan de
gedaagde de aandelen slechts overdragen met inachtneming van de bepalingen van artikel 339
tot en met 341.

Art. 339

– 1. Indien de vordering wordt toegewezen benoemt de rechter een of drie deskundigen die
over de prijs van de aandelen schriftelijk bericht moeten uitbrengen. De artikelen 194 tot en
met 200 van het Wetboek van Burgerlijke Rechtsvordering zijn voor het overige van toepassing. De deskundigen vangen hun werkzaamheden pas aan, nadat het vonnis onherroepelijk is
geworden. Tegen de deskundigenbenoeming staat geen hogere voorziening open.
– 2. Indien de eisers zulks gevorderd hebben, kan de rechter bij het vonnis waarbij de vordering wordt toegewezen, de gedaagde verbieden het stemrecht nog uit te oefenen. Dit verbod
kan uitvoerbaar bij voorraad worden verklaard. (BW 2: 118, 228)
– 3. De deskundigen stellen hun bericht op met inachtneming van hetgeen omtrent de vaststelling van de waarde van de aandelen in de blokkeringsregeling is bepaald. De artikelen 351
en 352 zijn van overeenkomstige toepassing. (BW 2: 195; Rv 221-225)

Art. 340

– 1. Nadat de deskundigen hun bericht hebben uitgebracht, bepaalt de rechter de prijs van de
aandelen. Bij hetzelfde vonnis bepaalt hij tevens wie van de partijen de kosten van het deskun-
digenbericht moet dragen. Hij kan ook bepalen dat de vennootschap de kosten moet dragen na
deze ter zake te hebben gehoord. Hij kan de kosten verdelen tussen partijen onderling of tussen
partijen of een van hen en de vennootschap. (Rv 57c, 224, 225)
– 2. Het vonnis houdt tevens een veroordeling in van de eisers tot contante betaling van de
hun zo nodig na toepassing van artikel 341 lid 5 over te dragen aandelen. Indien artikel 341 lid 6
van toepassing is, omvat die veroordeling mede de certificaathouders die met het instellen van
de vordering hebben ingestemd.

Art. 341

Levering en beta-
ling van de aande-
len

– 1. De gedaagde is verplicht binnen twee weken nadat hem een afschrift van het onherroepelijk geworden vonnis als bedoeld in artikel 340 lid 1 is betekend, zijn aandelen aan de eisers te
leveren en de eisers zijn verplicht de aandelen tegen gelijktijdige betaling van de vastgestelde
prijs te aanvaarden, behoudens het bepaalde in lid 2. De aanvaarding geschiedt zoveel mogelijk
naar evenredigheid van ieders aandelenbezit, tenzij anders wordt overeengekomen. Met eisers
worden gelijkgesteld de aandeelhouders die zich in het rechtsgeding aan de zijde van de eisers
hebben gevoegd en daarbij de wens te kennen hebben gegeven in dezelfde positie als de eisers
te worden geplaatst. (BW 2: 343³)
– 2. Indien in de statutaire blokkeringsregeling is bepaald dat de aandeelhouder die een of
meer aandelen wil vervreemden, deze moet aanbieden aan zijn mede-aandeelhouders of anderen, biedt de vennootschap de aandelen onverwijld nadat een afschrift van het onherroepelijk geworden vonnis aan haar is betekend, schriftelijk namens de gedaagde aan de aandeelhouders of anderen aan, zoveel mogelijk met overeenkomstige toepassing van de statutaire
regeling en deelt hun daarbij tevens de vastgestelde prijs mee. Zij kunnen het aanbod binnen
een maand na verzending van de mededeling aanvaarden door schriftelijke kennisgeving aan
de vennootschap. De vennootschap kan slechts met instemming van de gedaagde aandelen
aanvaarden. Binnen een week na het verstrijken van deze termijn deelt de vennootschap aan de
gedaagde en de eisers mee of en zo ja hoeveel aandelen zijn aanvaard en aan wie deze zijn
toegewezen. De gedaagde is verplicht onverwijld na ontvangst van deze mededeling zijn aandelen aan de mede-aandeelhouders of de anderen te leveren tegen gelijktijdige betaling. (BW
2: 195)
– 3. Indien in het geval van lid 2 geen aandelen zijn aanvaard of minder aandelen zijn aanvaard
dan zijn aangeboden, of de vastgestelde prijs niet binnen twee weken na ontvangst van de
mededeling van de vennootschap omtrent de toewijzing van de aandelen aan de gedaagde die
tot gelijktijdige levering wilde overgaan wordt voldaan, vindt lid 1 toepassing ten aanzien van
de aandelen, de overgebleven aandelen of de aandelen waarvoor niet tijdig betaling is ontvangen.
– 4. Blijft de gedaagde in gebreke met de levering van zijn aandelen, dan levert de vennootschap namens hem de aandelen tegen gelijktijdige betaling.

- 5. Blijven een of meer eisers in gebreke met de aanvaarding van de aandelen tegen gelijktijdige betaling van de vastgestelde prijs, dan zijn de overige eisers verplicht om binnen twee weken nadat dit is komen vast te staan die aandelen tegen gelijktijdige betaling te aanvaarden, ieder zoveel mogelijk naar evenredigheid van zijn aandelenbezit. (BW 2: 340²)
- 6. Is een eiser aandeelhouder ten titel van beheer, dan zijn naast hem de certificaathouders die met het instellen van de vordering hebben ingestemd, aansprakelijk voor het krachtens dit artikel verschuldigde, ieder zoveel mogelijk naar evenredigheid van zijn bezit aan certificaten. Blijven een of meer van deze certificaathouders in gebreke, dan zijn de overige certificaathouders die met het instellen van de vordering hebben ingestemd verplicht dat deel te voldoen, ieder zoveel mogelijk naar evenredigheid van zijn bezit aan certificaten. (BW 2: 340², 343)
- 7. Op verzoek van de meest gerede partij beslist de rechter die de vordering in eerste instantie of in hoger beroep heeft toegewezen over geschillen betreffende de uitvoering van de regeling. Tegen deze beslissing staat geen hogere voorziening open.

Art. 342

Vordering tot overgang stemrecht

- 1. Een of meer houders van aandelen die alleen of gezamenlijk ten minste een derde van het geplaatste kapitaal verschaffen, kunnen van een stemgerechtigde vruchtgebruiker of pandhouder van een aandeel in rechte vorderen dat het stemrecht op het aandeel overgaat op de houder van het aandeel, indien die vruchtgebruiker of pandhouder door zijn gedragingen het belang van de vennootschap zodanig schaadt dat in redelijkheid niet kan worden geduld dat hij het stemrecht blijft uitoefenen. (BW 2: 24d, 88, 89, 197, 198)
- 2. Een afschrift van het exploit van dagvaarding moet onverwijld door eiser aan de houder van het aandeel, die niet zelf tevens eiser is, worden betekend. Artikel 336, leden 2, 3 en 4 en artikel 339 lid 2 zijn van toepassing en de artikelen 337 en 338 lid 1 zijn van overeenkomstige toepassing, in dier voege dat in het geval van artikel 338 lid 1 de vruchtgebruiker of pandhouder het vruchtgebruik of het pandrecht niet op een ander kan doen overgaan.
- 3. Indien de vordering tot overgang van het stemrecht is toegewezen, vindt de overgang plaats door het in kracht van gewijsde gaan van het vonnis. (Rv 997a)

Art. 342a

Vervallen.

Art. 343

Vordering tot overname aandelen in het belang van aandeelhouder

- 1. De aandeelhouder die door gedragingen van een of meer mede-aandeelhouders zodanig in zijn rechten of belangen wordt geschaad dat het voortduren van zijn aandeelhouderschap in redelijkheid niet meer van hem kan worden gevergd, kan van die mede-aandeelhouders in rechte vorderen dat zijn aandelen overeenkomstig de leden 3, 4 en 5 van dit artikel worden overgenomen. De artikelen 336 leden 3 en 4, 337, 338 lid 1, 339 leden 1 en 3, en 340 lid 1 zijn van toepassing. Het vonnis houdt tevens in een veroordeling van de eisers tot levering aan gedaagden van de hun, zo nodig na toepassing van het zevende lid, over te dragen aandelen. (Rv 997a)
- 2. De aandeelhouder tegen wie een vordering is ingesteld kan een andere aandeelhouder in het geding oproepen, indien hij van oordeel is dat de vordering ook of uitsluitend tegen die aandeelhouder had behoren te worden ingesteld.

De artikelen 210 tot en met 216 van het Wetboek van Burgerlijke Rechtsvordering zijn van overeenkomstige toepassing.

Betaling en levering

- 3. Binnen twee weken nadat hem een afschrift van het onherroepelijk geworden vonnis als bedoeld in artikel 340 lid 1 is betekend, is ieder van de gedaagden verplicht het door de rechter vastgestelde aantal aandelen tegen gelijktijdige betaling van de vastgestelde prijs over te nemen, behoudens het bepaalde in lid 4 en is de eiser verplicht zijn aandelen aan de gedaagden te leveren. Met gedaagden worden gelijkgesteld de aandeelhouders die zich in het rechtsgeding aan de zijde van de gedaagden hebben gevoegd en daarbij de wens te kennen hebben gegeven in dezelfde positie als de gedaagden te worden geplaatst.
- 4. Indien in de statutaire blokkeringsregeling is bepaald dat de aandeelhouder die een of meer aandelen wil vervreemden deze moet aanbieden aan zijn mede-aandeelhouders of anderen, biedt de vennootschap de aandelen onverwijld nadat een afschrift van het onherroepelijk geworden vonnis aan haar is betekend, schriftelijk namens de eiser aan de aandeelhouders of anderen aan, zoveel mogelijk met overeenkomstige toepassing van de statutaire regeling en deelt hun daarbij tevens de vastgestelde prijs mee. Zij kunnen het aanbod binnen een maand na verzending van de mededeling aanvaarden door schriftelijke kennisgeving aan de vennootschap. De vennootschap kan slechts met instemming van de eiser aandelen aanvaarden. Binnen een week na het verstrijken van deze termijn deelt de vennootschap aan de eiser en de gedaagden mee of en zo ja hoeveel aandelen zijn aanvaard en aan wie deze zijn toegewezen. De eiser is verplicht onverwijld na ontvangst van deze mededeling zijn aandelen aan de mede-aandeelhouders of de anderen te leveren tegen gelijktijdige betaling. (BW 2: 195)
- 5. Indien in het geval van lid 4 geen aandelen zijn aanvaard of minder aandelen zijn aanvaard

dan zijn aangeboden, of de vastgestelde prijs niet binnen twee weken na ontvangst van de mededeling van de vennootschap omtrent de toewijzing van de aandelen aan de eiser die tot gelijktijdige levering wilde overgaan wordt voldaan, vindt ten aanzien van de aandelen, de overgebleven aandelen of de aandelen waarvoor niet tijdig betaling is ontvangen lid 3 toepassing, met dien verstande dat de aanvaarding van de niet afgenomen aandelen door de gedaagden zoveel mogelijk geschiedt naar evenredigheid van het voor ieder overeenkomstig lid 3 vastgestelde aantal aandelen.

– 6. Blijft de eiser in gebreke met de levering van zijn aandelen, dan levert de vennootschap namens hem de aandelen, tegen gelijktijdige betaling.

– 7. Blijven een of meer gedaagden in gebreke met de aanvaarding van de aandelen tegen gelijktijdige betaling van de vastgestelde prijs, dan zijn de overige gedaagden verplicht om binnen twee weken nadat dit is komen vast te staan die aandelen tegen gelijktijdige betaling te aanvaarden, zoveel mogelijk naar evenredigheid van het voor ieder overeenkomstig lid 3 vastgestelde aantal aandelen.

– 8. Is een gedaagde aandeelhouder ten titel van beheer, dan zijn naast hem de certificaathouders aansprakelijk voor het krachtens dit artikel verschuldigde, ieder zoveel mogelijk naar evenredigheid van zijn bezit aan certificaten. Blijven een of meer certificaathouders in gebreke, dan zijn de overige certificaathouders verplicht dat deel te voldoen, ieder zoveel mogelijk naar evenredigheid van zijn bezit aan certificaten.

– 9. Op verzoek van de meest gerede partij beslist de rechter die de vordering in eerste instantie of in hoger beroep heeft toegewezen over geschillen betreffende de uitvoering van de regeling. Tegen deze beslissing staat geen hogere voorziening open. (BW 2: 341)

AFDELING 2

Het recht van enquête
Art. 344
De bepalingen van deze afdeling zijn van toepassing op:

Toepassingsgebied

a. de coöperatie, de onderlinge waarborgmaatschappij, de naamloze vennootschap en de besloten vennootschap met beperkte aansprakelijkheid; (BW 2: 53, 64, 175)

b. de stichting en de vereniging met volledige rechtsbevoegdheid die een onderneming in stand houden waarvoor ingevolge de wet een ondernemingsraad moet worden ingesteld. (BW 2: 26, 285; WOR 2 v.)

Art. 345
– 1. Op schriftelijk verzoek van degenen die krachtens de artikelen 346 en 347 daartoe bevoegd zijn, kan de ondernemingskamer van het gerechtshof te Amsterdam een of meer personen benoemen tot het instellen van een onderzoek naar het beleid en de gang van zaken van een rechtspersoon, hetzij in de gehele omvang daarvan, hetzij met betrekking tot een gedeelte of een bepaald tijdvak. Onder het beleid en de gang van zaken van een rechtspersoon zijn mede begrepen het beleid en de gang van zaken van een commanditaire vennootschap of een vennootschap onder firma waarvan de rechtspersoon volledig aansprakelijke vennoot is. (RO 72)

Verzoekschrift tot enquête

– 2. De advocaat-generaal bij het gerechtshof te Amsterdam kan om redenen van openbaar belang een verzoek doen tot het instellen van een onderzoek als bedoeld in het eerste lid. Hij kan ter voorbereiding van een verzoek een of meer deskundige personen belasten met het inwinnen van inlichtingen over het beleid en de gang van zaken van de rechtspersoon. De rechtspersoon is verplicht de gevraagde inlichtingen te verschaffen en desgevraagd ook inzage in zijn boeken en bescheiden te geven aan de deskundigen. (BW 2: 297; Rv 324[1] sub *a*, 5°, 429*a* v., 995 v.; RO 72)

Art. 346
Tot het indienen van een verzoek als bedoeld in artikel 345 zijn bevoegd

Enquêterecht; bevoegd tot verzoek

a. indien het betreft een vereniging, een coöperatie of een onderlinge waarborgmaatschappij: de leden van de rechtspersoon ten getale van ten minste 300, of zoveel leden als ten minste een tiende gedeelte van het ledental uitmaken, of zoveel leden als tezamen bevoegd zijn tot het uitbrengen van ten minste een tiende gedeelte der stemmen in de algemene vergadering; (BW 2: 24*d*, 110, 220)

b. indien het betreft een naamloze vennootschap of een besloten vennootschap met beperkte aansprakelijkheid: een of meer houders van aandelen of van certificaten van aandelen, die alleen of gezamenlijk ten minste een tiende gedeelte van het geplaatste kapitaal vertegenwoordigen of rechthebbenden op een bedrag van aandelen of certificaten daarvan tot een nominale waarde van € 225 000 of zoveel minder als de statuten bepalen;

c. degenen, aan wie daartoe bij de statuten of bij overeenkomst met de rechtspersoon de bevoegdheid is toegekend. (BW 2: 355[1], 359)

1 BW Boek 2

Art. 347

Tot het indienen van een verzoek als bedoeld in artikel 345 is voorts bevoegd een vereniging van werknemers die in de onderneming van de rechtspersoon werkzame personen onder haar leden telt en ten minste twee jaar volledige rechtsbevoegdheid bezit, mits zij krachtens haar statuten ten doel heeft de belangen van haar leden als werknemers te behartigen en als zodanig in de bedrijfstak of onderneming werkzaam is. (BW 2: 24d, 27, 28, 41 lid 2, 355 lid 1, 359)

Art. 348

Indien de rechtspersoon wegens het bedrijf dat hij uitoefent, is onderworpen aan het toezicht van de Pensioen- & Verzekeringskamer of van De Nederlandsche Bank N.V., doet de griffier een afschrift van het verzoekschrift ook aan de toezichthoudende instelling toekomen. (BW 2: 353², 355³, ⁴, 358³)

Art. 349

– 1. De verzoekers en de advocaat-generaal zijn niet ontvankelijk, indien niet blijkt dat zij schriftelijk tevoren hun bezwaren tegen het beleid of de gang van zaken hebben kenbaar gemaakt aan het bestuur en de raad van commissarissen en sindsdien een zodanige termijn is verlopen dat de rechtspersoon redelijkerwijze de gelegenheid heeft gehad deze bezwaren te onderzoeken en naar aanleiding daarvan maatregelen te nemen.

– 2. Een vereniging van werknemers is voorts niet ontvankelijk, indien zij niet tevoren de ondernemingsraad die is verbonden aan een onderneming die de rechtspersoon zelfstandig of als volledig aansprakelijke vennoot in stand houdt, in de gelegenheid heeft gesteld schriftelijk van zijn gevoelen te doen blijken. De advocaat-generaal deelt bij zijn verzoek mede of hij de ondernemingsraad in de gelegenheid heeft gesteld van zijn gevoelen te doen blijken. (WOR 26)

Art. 349a

– 1. De ondernemingskamer behandelt het verzoek met de meeste spoed. De verzoekers en de rechtspersoon verschijnen hetzij bij procureur, hetzij bijgestaan door hun procureurs. Alvorens te beslissen kan de ondernemingskamer ook ambtshalve getuigen en deskundigen horen. (Rv 189 v., 221 v., 429j)

– 2. Indien in verband met de toestand van de rechtspersoon of in het belang van het onderzoek een onmiddellijke voorziening is vereist, kan de ondernemingskamer in elke stand van het geding op verzoek van de indieners van het in artikel 345 bedoelde verzoek een zodanige voorziening treffen voor ten hoogste de duur van het geding. (Rv 116, 289)

Art. 350

– 1. De ondernemingskamer wijst het verzoek slechts toe, wanneer blijkt van gegronde redenen om aan een juist beleid te twijfelen.

– 2. Indien de ondernemingskamer het verzoek afwijst, en daarbij beslist dat het naar haar oordeel niet op redelijke grond is gedaan, kan de rechtspersoon tegen de verzoeker of verzoekers bij de ondernemingskamer een eis instellen tot vergoeding van de schade die hij ten gevolge van het verzoek lijdt. Voor de instelling van een vordering tegen een verzoeker geldt als diens woonplaats mede de woonplaats die hij voor de indiening van het verzoek heeft gekozen. (BW 2: 354; 6: 95 v.)

– 3. Wordt het verzoek toegewezen, dan stelt de ondernemingskamer het bedrag vast dat het onderzoek ten hoogste mag kosten. De ondernemingskamer kan hangende het onderzoek dit bedrag op verzoek van de door haar benoemde personen verhogen, na verhoor, althans oproeping van de oorspronkelijke verzoekers. De ondernemingskamer bepaalt de vergoeding van de door haar benoemde personen. De rechtspersoon betaalt de kosten van het onderzoek; in geval van geschil beslist de ondernemingskamer op verzoek van de meest gerede partij. De ondernemingskamer kan bepalen dat de rechtspersoon voor de betaling der kosten zekerheid moet stellen. (Rv 429a v., 995 v.; BW 2: 92a⁵)

Art. 351

– 1. De door de ondernemingskamer benoemde personen zijn gerechtigd tot raadpleging van de boeken, bescheiden en andere gegevensdragers van de rechtspersoon en de vennootschap bedoeld in artikel 345 lid 1 waarvan zij de kennisneming tot een juiste vervulling van hun taak nodig achten. De bezittingen van de rechtspersoon en de vennootschap moeten hun desverlangd worden getoond. De bestuurders, de commissarissen zo die er zijn, alsmede degenen die in dienst zijn van de rechtspersoon of de vennootschap, zijn verplicht desgevraagd alle inlichtingen te verschaffen die nodig zijn voor de uitvoering van het onderzoek. Eenzelfde verplichting rust op hen die bestuurders of commissarissen van de rechtspersoon of vennootschap waren, of bij deze in dienst waren, gedurende het tijdvak waarover het onderzoek zich uitstrekt.

– 2. De ondernemingskamer kan, indien dit voor de juiste vervulling van hun taak nodig is, de door haar benoemde personen op hun verzoek machtigen tot het raadplegen van de boeken, bescheiden en andere gegevensdragers en het zich doen tonen van de bezittingen van een rechtspersoon die nauw verbonden is met de rechtspersoon ten aanzien waarvan het onderzoek plaatsvindt. De bepalingen van de derde en de vierde volzin van het lid 1 zijn van overeenkomstige toepassing.

– 3. Het is de met het onderzoek belaste personen verboden, hetgeen hun bij hun onderzoek blijkt, verder bekend te maken dan hun opdracht met zich brengt. (BW 2: 339, 393; Sr 272, 273)

Art. 352

– 1. Wanneer aan een met het onderzoek belaste persoon wordt geweigerd overeenkomstig het vorige artikel de boeken, bescheiden en andere gegevensdragers te raadplegen of zich de bezittingen te doen tonen, geeft de voorzitter van de ondernemingskamer op verzoek van die persoon de bevelen die de omstandigheden nodig maken.

Rechterlijke bevelen

– 2. De bevelen kunnen inhouden de opdracht aan de openbare macht om voor zoveel nodig bijstand te verlenen en de last om een woning binnen te treden, wanneer de plaats waar de boeken, bescheiden en andere gegevensdragers of de bezittingen zich bevinden, een woning is, of alleen door een woning toegankelijk. De woning wordt niet tegen de wil van de bewoner binnengetreden dan na vertoon van de last van de voorzitter. (BW 2: 339; Grw. 12; Rv 429 a v., 995 v.)

Art. 352a

De met het onderzoek belaste personen kunnen de ondernemingskamer verzoeken een of meer personen als getuigen te horen. In het verzoek worden de namen en adressen van de te horen personen alsmede de feiten en omstandigheden waarover deze moeten worden gehoord vermeld. De onderzoekers zijn bevoegd bij het verhoor aanwezig te zijn en aan de getuigen vragen te stellen. (Rv 189 v.)

Horen van getuigen

Art. 353

– 1. Het verslag van de uitkomst van het onderzoek wordt ter griffie van het gerechtshof te Amsterdam nedergelegd.

Verslag uitkomst enquête

– 2. De advocaat-generaal bij het gerechtshof, de rechtspersoon, alsmede de verzoekers en hun procureurs, ontvangen een exemplaar van het verslag. In het geval, bedoeld in artikel 348, ontvangt ook de Pensioen- & Verzekeringskamer, onderscheidenlijk De Nederlandsche Bank N.V. een exemplaar van het verslag. De ondernemingskamer kan bepalen dat het verslag voorts geheel of gedeeltelijk ter inzage ligt voor de door haar aan te wijzen andere personen of voor een ieder.

– 3. Het is aan anderen dan de rechtspersoon verboden mededelingen aan derden te doen uit het verslag, voor zover dat niet voor een ieder ter inzage ligt, tenzij zij daartoe op hun verzoek door de voorzitter van de ondernemingskamer zijn gemachtigd. Een vereniging van werknemers is echter zonder een zodanige machtiging bevoegd tot het verstrekken van mededelingen uit het verslag aan de ondernemingsraad, die aan een door de rechtspersoon gedreven onderneming is verbonden.

– 4. Ten spoedigste na de nederlegging geeft de griffier daarvan kennis aan de verzoeker of verzoekers en aan de rechtspersoon; indien de ondernemingskamer dit beveelt, draagt hij voorts zorg voor de bekendmaking van de nederlegging en van de in het tweede lid bedoelde beschikking in de *Nederlandse Staatscourant*. (Rv 429a v., 995 v.; Sr 272)

Art. 354

De ondernemingskamer kan na kennisneming van het verslag op verzoek van de rechtspersoon beslissen, dat deze de kosten van het onderzoek geheel of gedeeltelijk kan verhalen op de verzoekers, indien uit het verslag blijkt dat het verzoek niet op redelijke grond is gedaan, dan wel op een bestuurder, een commissaris of een ander die in dienst van de rechtspersoon is, indien uit het verslag blijkt dat deze verantwoordelijk is voor een onjuist beleid of een onbevredigende gang van zaken van de rechtspersoon. De laatste zin van het tweede lid van artikel 350 van dit Boek is van toepassing. (BW 2: 9, 350; Rv 429a v., 995 v.)

Verhaal kosten enquête

Art. 355

– 1. Indien uit het verslag van wanbeleid is gebleken, kan de ondernemingskamer op verzoek van de oorspronkelijke verzoekers en, indien het verslag voor hen ter inzage ligt, op verzoek van anderen die aan de in artikel 346 of 347 van dit Boek gestelde vereisten voldoen, of op verzoek van de advocaat-generaal, ingesteld om redenen van openbaar belang, een of meer van de in het volgende artikel genoemde voorzieningen treffen, welke zij op grond van de uitkomst van het onderzoek geboden acht.

Voorzieningen in geval van wanbeleid

– 2. Het verzoek moet worden gedaan binnen twee maanden na nederlegging van het verslag ter griffie.

– 3. De artikelen 348 en 349a zijn van overeenkomstige toepassing.

– 4. In het geval, bedoeld in artikel 348, neemt de ondernemingskamer geen beslissing, alvorens de Pensioen- & Verzekeringskamer onderscheidenlijk De Nederlandsche Bank N.V. in de gelegenheid te hebben gesteld over het verzoek te worden gehoord.

– 5. De ondernemingskamer kan haar beslissing voor een door haar te bepalen termijn aanhouden, indien de rechtspersoon op zich neemt, bepaalde maatregelen te treffen die een einde maken aan het wanbeleid of die de gevolgen welke daaruit zijn voortgevloeid, zoveel mogelijk ongedaan maken of beperken. (Rv 429a v., 995 v.)

Art. 356

De voorzieningen

De voorzieningen, bedoeld in het vorige artikel, zijn:

a. schorsing of vernietiging van een besluit van de bestuurders, van commissarissen, van de algemene vergadering of van enig ander orgaan van de rechtspersoon; (BW 2: 13 v.; 3: 53)

b. schorsing of ontslag van een of meer bestuurders of commissarissen; (BW 2: 37⁵, 57, 63*f*, 63*i*, 134, 144, 147, 161, 162, 244, 254, 257, 271, 272)

c. tijdelijke aanstelling van een of meer bestuurders of commissarissen; (BW 2: 37, 57, 132, 142, 158, 162, 242, 252, 268, 272, 357 lid 4)

d. tijdelijke afwijking van de door de ondernemingskamer aangegeven bepalingen van de statuten;

e. tijdelijke overdracht van aandelen ten titel van beheer;

f. ontbinding van de rechtspersoon. (BW 2: 23 v., 357 lid 6)

Art. 357

Geldigheidsduur voorzieningen

– 1. De ondernemingskamer bepaalt de geldingsduur van de door haar getroffen tijdelijke voorzieningen; zij kan op verzoek van de verzoekers, bedoeld in artikel 355 van dit Boek, of van de rechtspersoon dan wel van de advocaat-generaal die duur verlengen en verkorten.

– 2. De ondernemingskamer regelt zo nodig de gevolgen van de door haar getroffen voorzieningen.

– 3. Een door de ondernemingskamer getroffen voorziening kan door de rechtspersoon niet ongedaan worden gemaakt; een besluit daartoe is nietig. (BW 2: 13 v.; 3: 53)

– 4. De ondernemingskamer kan aan degenen die zij tijdelijk aanstelt tot bestuurder of commissaris, een beloning ten laste van de rechtspersoon toekennen.

– 5. Zij kan aan hen opdragen haar regelmatig verslag uit te brengen.

– 6. De ondernemingskamer spreekt de ontbinding van de rechtspersoon niet uit, wanneer het belang van de leden of aandeelhouders of van degenen die in dienst van de rechtspersoon zijn, dan wel het openbaar belang zich daartegen verzet. (Rv 429a v., 995 v.)

Art. 358

Voorlopige tenuit-voerlegging; voorzieningen

– 1. De ondernemingskamer kan de voorlopige tenuitvoerlegging der voorzieningen genoemd in artikel 356 onder *a-e* bevelen. (Rv 404)

– 2. De griffier der ondernemingskamer doet ten kantore van het handelsregister, waar de rechtspersoon of vennootschap is ingeschreven, een afschrift van de beschikkingen der ondernemingskamer nederleggen. Van beschikkingen die niet voorlopig ten uitvoer kunnen worden gelegd, geschiedt de nederlegging zodra zij in kracht van gewijsde zijn gegaan. (BW 2: 29, 54³, 69, 77, 180, 188)

– 3. In het geval, bedoeld in artikel 348, ontvangt de Pensioen- & Verzekeringskamer, onderscheidenlijk De Nederlandsche Bank N.V. van de griffier een afschrift van de beschikkingen van de ondernemingskamer.

Art. 359

Cassatie

Tot het instellen van een beroep in cassatie tegen de beschikkingen van de ondernemingskamer uit hoofde van deze afdeling is, buiten de personen bedoeld in artikel 426, eerste lid, van het Wetboek van Burgerlijke Rechtsvordering, de rechtspersoon bevoegd, ongeacht of deze bij de ondernemingskamer is verschenen. (Rv 426 v.; RO 98)

TITEL 9

De jaarrekening en het jaarverslag

AFDELING 1

Algemene bepaling

Art. 360

Toepassingsgebied

– 1. Deze titel is van toepassing op de coöperatie, de onderlinge waarborgmaatschappij, de naamloze vennootschap en de besloten vennootschap met beperkte aansprakelijkheid. Ongeacht hun rechtsvorm is deze titel op banken als bedoeld in artikel 415 van toepassing. (BW 2: 53 v., 64 v., 175 v.)

– 2. Deze titel is eveneens van toepassing op een commanditaire vennootschap of een vennootschap onder firma waarvan alle vennoten die volledig jegens schuldeisers aansprakelijk zijn voor de schulden, kapitaalvennootschappen naar buitenlands recht zijn. (K 16, 19)

– 3. Deze titel is eveneens van toepassing op de stichting en de vereniging die een of meer ondernemingen in stand houden welke ingevolge de wet in het handelsregister moeten worden ingeschreven, indien de netto-omzet van deze ondernemingen gedurende twee opeenvolgende boekjaren zonder onderbreking nadien gedurende twee opeenvolgende boekjaren, de helft of meer bedraagt van het in artikel 396 lid 1, onder b, bedoelde bedrag, zoals gewijzigd op grond van artikel 398 lid 4. Indien de stichting of vereniging bij of krachtens de wet verplicht is een financiële verantwoording op te stellen die gelijkwaardig is aan een jaarrekening als bedoeld in deze titel en indien deze openbaar wordt gemaakt, blijft de eerste volzin buiten toepassing. (BW 2: 49, 50, 300, 361^2, 383a, 392^5, 398^5)

AFDELING 2

Algemene bepalingen omtrent de jaarrekening
Art. 361
– 1. In dit boek wordt onder jaarrekening verstaan: de balans en de winst- en verliesrekening met de toelichting. (BW 2: 10, 364, 377)

– 2. Coöperaties en de in artikel 360 lid 3 bedoelde stichtingen en verenigingen vervangen de winst- en verliesrekening door een exploitatierekening, indien het in artikel 362 lid 1 bedoelde inzicht daardoor wordt gediend; op deze rekening zijn de bepalingen omtrent de winst- en verliesrekening zoveel mogelijk van overeenkomstige toepassing. Bepalingen omtrent winst en verlies zijn zoveel mogelijk van overeenkomstige toepassing op het exploitatiesaldo. (BW 2: 53 v.)

– 3. De bepalingen van deze titel gelden voor jaarrekeningen en hun onderdelen, zowel in de vorm waarin zij door het bestuur zijn opgemaakt als in de vorm waarin zij door het bevoegde orgaan van de rechtspersoon zijn vastgesteld of goedgekeurd. (BW 2: 58, 101, 163, 210, 273)

– 4. Bij de toepassing van de artikelen 367, 370 lid 1, 375, 376, 377 lid 5 en 381 moeten overeenkomstige vermeldingen als met betrekking tot groepsmaatschappijen worden opgenomen met betrekking tot andere maatschappijen:

a. die op voet van de leden 1, 3 en 4 van artikel 24a rechten in de rechtspersoon kunnen uitoefenen, ongeacht of zij rechtspersoonlijkheid hebben, of

b. die dochtermaatschappij zijn van de rechtspersoon, van een groepsmaatschappij of van een maatschappij als bedoeld in onderdeel *a*. (BW 2: 24a, 24b, 363^3; Rv 999 v.)

Art. 362
– 1. De jaarrekening geeft volgens normen die in het maatschappelijk verkeer als aanvaardbaar worden beschouwd een zodanig inzicht dat een verantwoord oordeel kan worden gevormd omtrent het vermogen en het resultaat, alsmede voor zover de aard van een jaarrekening dat toelaat, omtrent de solvabiliteit en de liquiditeit van de rechtspersoon. Indien de internationale vertakking van zijn groep dit rechtvaardigt kan de rechtspersoon de jaarrekening opstellen naar de normen die in het maatschappelijk verkeer in een van de andere lidstaten van de Europese Gemeenschappen als aanvaardbaar worden beschouwd en het in de eerste volzin bedoelde inzicht geven. Indien de rechtspersoon van deze mogelijkheid gebruik maakt wordt door hem hiervan in de toelichting melding gemaakt. (BW 2: 24b)

– 2. De balans met de toelichting geeft getrouw, duidelijk en stelselmatig de grootte van het vermogen en zijn samenstelling in actief- en passiefposten op het einde van het boekjaar weer. De balans mag het vermogen weergeven, zoals het wordt samengesteld met inachtneming van de bestemming van de winst of de verwerking van het verlies, of, zolang deze niet vaststaat, met inachtneming van het voorstel daartoe. Bovenaan de balans wordt aangegeven of daarin de bestemming van het resultaat is verwerkt. (BW 2: 363^4, 364 v.)

– 3. De winst- en verliesrekening met de toelichting geeft getrouw, duidelijk en stelselmatig de grootte van het resultaat van het boekjaar en zijn afleiding uit de posten van baten en lasten weer. (BW 2: 363^4, 377)

– 4. Indien het verschaffen van het in lid 1 bedoelde inzicht dit vereist, verstrekt de rechtspersoon in de jaarrekening gegevens ter aanvulling van hetgeen in de bijzondere voorschriften van en krachtens deze titel wordt verlangd. Indien dit noodzakelijk is voor het verschaffen van dat inzicht, wijkt de rechtspersoon van die voorschriften af; de reden van deze afwijking wordt in de toelichting uiteengezet, voor zover nodig onder opgaaf van de invloed ervan op vermogen en resultaat.

– 5. De baten en lasten van het boekjaar worden in de jaarrekening opgenomen, onverschillig of zij tot ontvangsten of uitgaven in dat boekjaar hebben geleid.

– 6. De jaarrekening wordt vastgesteld en aan goedkeuring onderworpen met inachtneming van hetgeen omtrent de financiële toestand op de balansdatum is gebleken tussen het opmaken van de jaarrekening en de algemene vergadering waarin zij wordt behandeld, voor zover dat onontbeerlijk is voor het in lid 1 bedoelde inzicht. Blijkt nadien dat de jaarrekening in ernstige mate tekortschiet in het geven van dit inzicht, dan bericht het bestuur daaromtrent onverwijld aan de leden of aandeelhouders en legt het een mededeling daaromtrent neder ten

Jaarrekening; groepsjaarrekening

Gegevens in de jaarrekening

kantore van het handelsregister; bij de mededeling wordt een accountantsverklaring gevoegd, indien de jaarrekening overeenkomstig artikel 393 is onderzocht. (WED 1, 4°)
– 7. Indien de werkzaamheid van de rechtspersoon of de internationale vertakking van zijn groep dat rechtvaardigt, mag de jaarrekening of alleen de geconsolideerde jaarrekening worden opgesteld in een vreemde geldeenheid. De posten worden in de Nederlandse taal omschreven, tenzij de algemene vergadering tot het gebruik van een andere taal heeft besloten. (BW 2: 10, 373⁵, 384, 391¹; Alg.wet rijksbel. 53a)

Art. 363
– 1. De samenvoeging, de ontleding en de rangschikking van de gegevens in de jaarrekening en de toelichting op die gegevens zijn gericht op het inzicht dat de jaarrekening krachtens artikel 362 lid 1 beoogt te geven. Daarbij worden de voorschriften krachtens lid 6 en de andere afdelingen van deze titel in acht genomen.
– 2. Het is niet geoorloofd in de jaarrekening activa en passiva of baten en lasten tegen elkaar te laten wegvallen, indien zij ingevolge deze titel in afzonderlijke posten moeten worden opgenomen. (BW 2: 364 v., 377 v.)
– 3. Een post behoeft niet afzonderlijk te worden vermeld, indien deze in het geheel van de jaarrekening van te verwaarlozen betekenis is voor het wettelijk vereiste inzicht. Krachtens deze titel vereiste vermeldingen mogen achterwege blijven voor zover zij op zichzelf genomen en tezamen met soortgelijke vermeldingen voor dit inzicht van te verwaarlozen betekenis zouden zijn. Vermeldingen krachtens de artikelen 378, 382 en 383 mogen evenwel niet achterwege blijven.
– 4. De indeling van de balans en van de winst- en verliesrekening mag slechts wegens gegronde redenen afwijken van die van het voorafgaande jaar; in de toelichting worden de verschillen aangegeven en worden de redenen die tot afwijking hebben geleid, uiteengezet. (BW 2: 362²⁺³)
– 5. Zoveel mogelijk wordt bij iedere post van de jaarrekening het bedrag van het voorafgaande boekjaar vermeld; voor zover nodig, wordt dit bedrag ter wille van de vergelijkbaarheid herzien en wordt de afwijking ten gevolge van de herziening toegelicht.
– 6. Wij kunnen voor de indeling van de jaarrekening bij algemene maatregel van bestuur modellen en nadere voorschriften vaststellen, die gelden voor de daarbij omschreven rechtspersonen. Bij de toepassing daarvan worden de indeling, benaming en omschrijving van de daarin voorkomende posten aangepast aan de aard van het bedrijf van de rechtspersoon, voor zover dat krachtens de algemene maatregel is toegelaten.

AFDELING 3

Voorschriften omtrent de balans en de toelichting daarop

§ 1. *Hoofdindeling van de balans*
Art. 364
Vaste en vlottende activa; passiva
– 1. Op de balans worden de activa onderscheiden in vaste en vlottende activa, al naar gelang zij zijn bestemd om de uitoefening van de werkzaamheid van de rechtspersoon al of niet duurzaam te dienen.
– 2. Onder de vaste activa worden afzonderlijk opgenomen de immateriële, materiële en financiële vaste activa.
– 3. Onder de vlottende activa worden afzonderlijk opgenomen de voorraden, vorderingen, effecten, liquide middelen, en, voor zover zij niet onder de vorderingen zijn vermeld, de overlopende activa.
– 4. Onder de passiva worden afzonderlijk opgenomen het eigen vermogen, de voorzieningen, de schulden en, voor zover zij niet onder de schulden zijn vermeld, de overlopende passiva. (BW 2: 365 v., 373 v.)

§ 2. *Activa*
Art. 365
Immateriële vaste activa; reserve
– 1. Onder de immateriële vaste activa worden afzonderlijk opgenomen:
a. kosten die verband houden met de oprichting en met de uitgifte van aandelen; (BW 2: 69¹, 180¹)
b. kosten van onderzoek en ontwikkeling;
c. kosten van verwerving ter zake van concessies, vergunningen en rechten van intellectuele eigendom;
d. kosten van goodwill die van derden is verkregen;
e. vooruitbetalingen op immateriële vaste activa.
– 2. Voor zover de rechtspersoon de kosten, vermeld in de onderdelen *a* en *b* van lid 1, acti-

veert, moet hij deze toelichten en moet hij ter hoogte daarvan een reserve aanhouden. (BW 2: 104, 215, 364, 368, 373⁴, 385⁴, 386³, 387⁴·⁵, 397⁵)

Art. 366

– 1. Onder de materiële vaste activa worden afzonderlijk opgenomen:
a. bedrijfsgebouwen en -terreinen;
b. machines en installaties;
c. andere vaste bedrijfsmiddelen, zoals technische en administratieve uitrusting;
d. materiële vaste bedrijfsactiva in uitvoering en vooruitbetalingen op materiële vaste activa;
e. niet aan het produktieproces dienstbare materiële vaste activa.
– 2. Indien de rechtspersoon op of met betrekking tot materiële vaste activa slechts een beperkt zakelijk of persoonlijk duurzaam genotsrecht heeft, wordt dit vermeld. (BW 2: 364, 368, 385³, 386⁴, 387⁴·⁵, 396³, 397⁵)

Materiële vaste activa

Art. 367

Onder de financiële vaste activa worden afzonderlijk opgenomen:
a. aandelen, certificaten van aandelen en andere vormen van deelneming in groepsmaatschappijen;
b. andere deelnemingen;
c. vorderingen op groepsmaatschappijen;
d. vorderingen op andere rechtspersonen en vennootschappen die een deelneming hebben in de rechtspersoon of waarin de rechtspersoon een deelneming heeft;
e. overige effecten;
f. overige vorderingen, met afzonderlijke vermelding van de vorderingen uit leningen en voorschotten aan leden of houders van aandelen op naam. (BW 2: 24*b*, 24*c*, 364, 368, 389, 396³, 397⁵)

Financiële vaste activa

Art. 368

– 1. Het verloop van elk der posten, behorende tot de vaste activa, gedurende het boekjaar wordt in een sluitend overzicht weergegeven. Daaruit blijken:
a. de boekwaarde aan het begin van het boekjaar;
b. de som van de waarden waartegen de in het boekjaar verkregen activa zijn te boek gesteld, en de som van de boekwaarden der activa waarover de rechtspersoon aan het einde van het boekjaar niet meer beschikt;
c. de herwaarderingen over het boekjaar overeenkomstig artikel 390 lid 1;
d. de afschrijvingen, de waardeverminderingen en de terugneming daarvan over het boekjaar; (BW 2: 386, 387)
e. de boekwaarde aan het einde van het boekjaar.
– 2. Voorts worden voor elk der posten behorende tot de vaste activa opgegeven:
a. de som der herwaarderingen die betrekking hebben op de activa welke op de balansdatum aanwezig zijn; (BW 2: 390)
b. de som der afschrijvingen en waardeverminderingen op de balansdatum. (BW 2: 396³, 397⁵)

Overzicht verloop posten vaste activa

Art. 369

Onder de tot de vlottende activa behorende voorraden worden afzonderlijk opgenomen:
a. grond- en hulpstoffen;
b. onderhanden werk;
c. gereed produkt en handelsgoederen;
d. vooruitbetalingen op voorraden. (BW 2: 364, 385²⁺³, 387²⁺³, 396³, 397⁵)

Tot de vlottende activa behorende voorraden

Art. 370

– 1. Onder de tot de vlottende activa behorende vorderingen worden afzonderlijk opgenomen:
a. vorderingen op handelsdebiteuren;
b. vorderingen op groepsmaatschappijen; (BW 2: 24*b*)
c. vorderingen op andere rechtspersonen en vennootschappen die een deelneming hebben in de rechtspersoon of waarin de rechtspersoon een deelneming heeft; (BW 2: 24*c*)
d. opgevraagde stortingen van geplaatst kapitaal; (BW 2: 80, 191)
e. overige vorderingen, met uitzondering van die waarop de artikelen 371 en 372 van toepassing zijn, en met afzonderlijke vermelding van de vorderingen uit leningen en voorschotten aan leden of houders van aandelen op naam. (BW 2: 53, 85 v., 194 v.)
– 2. Bij elk van de in lid 1 vermelde groepen van vorderingen wordt aangegeven tot welk bedrag de resterende looptijd langer is dan een jaar. (BW 2: 364, 396³, 397⁵)

Tot de vlottende activa behorende vorderingen

Art. 371

– 1. Behoren tot de vlottende activa aandelen en andere vormen van belangen in niet in de consolidatie betrokken maatschappijen als bedoeld in artikel 361 lid 4, dan worden deze afzonderlijk onder de effecten opgenomen. Vermeld wordt de gezamenlijke waarde van de overige

Tot de vlottende activa behorende effecten

1 BW Boek 2

tot de vlottende activa behorende effecten die in de prijscourant van een Nederlandse of buitenlandse beurs zijn opgenomen. (BW 2: 406 v.)

– 2. Omtrent de effecten wordt vermeld, in hoeverre deze niet ter vrije beschikking van de rechtspersoon staan. (BW 2: 364, 396³, 397⁵)

Art. 372

Liquide middelen

– 1. Onder de liquide middelen worden opgenomen de kasmiddelen, de tegoeden op bank- en girorekeningen, alsmede de wissels en cheques. (K 100 v., 178 v.)

– 2. Omtrent de tegoeden wordt vermeld, in hoeverre deze niet ter vrije beschikking van de rechtspersoon staan. (BW 2: 364, 396³, 397⁵)

§ 3. Passiva

Art. 373

Eigen vermogen

– 1. Onder het eigen vermogen worden afzonderlijk opgenomen:

a. het geplaatste kapitaal; (BW 2: 67, 80, 98, 207³, 263² ˢᵘᵇ ᵃ, 378¹ ²,)

b. agio; (BW 2: 80)

c. herwaarderingsreserves; (BW 2: 263, 389⁶, 390)

d. andere wettelijke reserves, onderscheiden naar hun aard;

e. statutaire reserves;

f. overige reserves;

g. niet verdeelde winsten, met afzonderlijke vermelding van het resultaat na belastingen van het boekjaar, voor zover de bestemming daarvan niet in de balans is verwerkt. (BW 2: 105, 216)

– 2. Is het geplaatste kapitaal niet volgestort, dan wordt in plaats daarvan het gestorte kapitaal vermeld of, indien stortingen zijn uitgeschreven, het gestorte en opgevraagde kapitaal. Het geplaatste kapitaal wordt in deze gevallen vermeld.

– 3. Het kapitaal wordt niet verminderd met het bedrag van eigen aandelen of certificaten daarvan die de rechtspersoon of een dochtermaatschappij houdt. (BW 2: 24a, 98-98d, 207-207d)

– 4. Wettelijke reserves zijn de reserves die moeten worden aangehouden ingevolge de artikelen 67a lid 2, 67a lid 3, 94a lid 3 onderdeel f., 178 lid 3, 178a lid 2, 178a lid 3, 207c lid 3, 365 lid 2, 389 lid 6, en 390.

– 5. In een jaarrekening die in een vreemde geldeenheid wordt opgesteld, wordt de in lid 1 onderdeel a bedoelde post opgenomen in die geldeenheid, naar de koers op de balansdatum. Tevens worden dan deze koers en het bedrag in Nederlands geld vermeld. Voor de toepassing van artikel 178 lid 3 wordt naar de zelfde koers gerekend. (BW 2: 362⁷, 364⁴, 378, 411)

Art. 374

Verplichte voorzieningen op balans

– 1. Op de balans worden voorzieningen opgenomen tegen:

a. verplichtingen en verliezen waarvan de omvang op de balansdatum onzeker is, doch redelijkerwijs is te schatten;

b. op de balansdatum bestaande risico's ter zake van bepaalde te verwachten verplichtingen of verliezen waarvan de omvang redelijkerwijs is te schatten;

c. kosten welke in een volgend boekjaar zullen worden gemaakt, mits het maken van die kosten zijn oorsprong mede vindt in het boekjaar of in een voorafgaand boekjaar en de voorziening strekt tot gelijkmatige verdeling van lasten over een aantal boekjaren.

– 2. Waardevermindering van een actief wordt niet door vorming van een voorziening tot uitdrukking gebracht.

– 3. De voorzieningen worden gesplitst naar de aard der verplichtingen, verliezen en kosten waartegen zij worden getroffen; zij worden overeenkomstig de aard nauwkeurig omschreven. In de toelichting wordt zoveel mogelijk aangegeven in welke mate de voorzieningen als langlopend moeten worden beschouwd.

– 4. In ieder geval worden afzonderlijk opgenomen:

a. de voorziening voor belastingverplichtingen, die na het boekjaar kunnen ontstaan, doch aan het boekjaar of een voorafgaand boekjaar moeten worden toegerekend, met inbegrip van de voorziening voor belastingen die uit waardering boven de verkrijgings- of vervaardigingsprijs kan voortvloeien; (BW 2: 389², 390⁵)

b. de voorziening voor pensioenverplichtingen. (BW 2: 364⁴, 396³, 397⁵)

Art. 375

Schulden

– 1. Onder de schulden worden afzonderlijk opgenomen:

a. obligatieleningen, pandbrieven en andere leningen met afzonderlijke vermelding van de converteerbare leningen;

b. schulden aan kredietinstellingen;

c. ontvangen vooruitbetalingen op bestellingen voor zover niet reeds op actiefposten in mindering gebracht;

d. schulden aan leveranciers en handelskredieten;

e. te betalen wissels en cheques; (K 100, 178)

f. schulden aan groepsmaatschappijen; (BW 2: 24*b*)

g. schulden aan rechtspersonen en vennootschappen die een deelneming hebben in de rechtspersoon of waarin de rechtspersoon een deelneming heeft, voor zover niet reeds onder *f* vermeld; (BW 2:24*a*)

h. schulden ter zake van belastingen en premiën van sociale verzekering;

i. schulden ter zake van pensioenen;

j. overige schulden.

– 2. Bij elke in lid 1 vermelde groep van schulden wordt aangegeven tot welk bedrag de resterende looptijd langer is dan een jaar, met aanduiding van de rentevoet daarover en met afzonderlijke vermelding tot welk bedrag de resterende looptijd langer is dan vijf jaar.

– 3. Onderscheiden naar de in lid 1 genoemde groepen, wordt aangegeven voor welke schulden zakelijke zekerheid is gesteld en in welke vorm dat is geschied. Voorts wordt medegedeeld ten aanzien van welke schulden de rechtspersoon zich, al dan niet voorwaardelijk, heeft verbonden tot het bezwaren of niet bezwaren van goederen, voor zover dat noodzakelijk is voor het verschaffen van het in artikel 362 lid 1 bedoelde inzicht.

– 4. Aangegeven wordt tot welk bedrag schulden in rang zijn achtergesteld bij de andere schulden; de aard van deze achterstelling wordt toegelicht.

– 5. Is het bedrag waarmee de schuld moet worden afgelost hoger dan het ontvangen bedrag, dan mag het verschil, mits afzonderlijk vermeld, uiterlijk tot de aflossing worden geactiveerd. (BW 2: 386⁵)

– 6. Het bedrag wordt vermeld dat de rechtspersoon op leningen die zijn opgenomen onder de schulden met een resterende looptijd van meer dan een jaar, moet aflossen tijdens het boekjaar, volgend op dat waarop de jaarrekening betrekking heeft.

– 7. Bij converteerbare leningen worden de voorwaarden van conversie medegedeeld. (BW 2: 364⁴, 376, 396³, 397⁴)

Art. 376

Heeft de rechtspersoon zich aansprakelijk gesteld voor schulden van anderen of loopt hij nog risico voor verdisconteerde wissels of chèques, dan worden de daaruit voortvloeiende verplichtingen, voor zover daarvoor op de balans geen voorzieningen zijn opgenomen, vermeld en ingedeeld naar de vorm der geboden zekerheid. Afzonderlijk worden vermeld de verplichtingen die ten behoeve van groepsmaatschappijen zijn aangegaan. (BW 2: 24*b*, 374; K 100 v., 109, 142, 178, 189)

Vermelding zekerheidstelling voor schulden van derden

AFDELING 4

Voorschriften omtrent de winst- en verliesrekening en de toelichting daarop

Art. 377

– 1. Op de winst- en verliesrekening worden afzonderlijk opgenomen:

a. de baten en lasten uit de gewone bedrijfsuitoefening, de belastingen daarover en het resultaat uit de gewone bedrijfsuitoefening na belastingen;

b. de buitengewone baten en lasten, de belastingen daarover en het buitengewone resultaat na belastingen; (BW 2: 377)

c. de overige belastingen;

d. het resultaat na belastingen.

– 2. De baten en lasten uit de gewone bedrijfsuitoefening worden hetzij overeenkomstig lid 3, hetzij overeenkomstig lid 4 gesplitst.

– 3. Afzonderlijk worden opgenomen:

a. de netto-omzet; (BW 2: 380)

b. de toe- of afneming van de voorraad gereed produkt en onderhanden werk ten opzichte van de voorafgaande balansdatum; (BW 2: 369, 385)

c. de geactiveerde produktie ten behoeve van het eigen bedrijf;

d. de overige bedrijfsopbrengsten;

e. de lonen; (BW 2: 382, 383)

f. de sociale lasten met afzonderlijke vermelding van de pensioenlasten;

g. de kosten van grond- en hulpstoffen en de overige externe kosten; (BW 2: 385)

h. de afschrijvingen en de waardeverminderingen ten laste van de immateriële en de materiële vaste activa, gesplitst naar die groepen activa; (BW 2: 386, 387)

i. waardeverminderingen van vlottende activa, voor zover zij de bij de rechtspersoon gebruikelijke waardeverminderingen overtreffen; (BW 2: 387²⁺³)

j. de overige bedrijfskosten;

k. het resultaat uit deelnemingen; (BW 2: 24*c*, 389)

Gegevens op de winst- en verliesrekening

1 BW Boek 2

l. opbrengsten van andere effecten en vorderingen, die tot de vaste activa behoren; (BW 2: 367)

m. de overige rentebaten en soortgelijke opbrengsten;

n. de wijzigingen in de waarde van de financiële vaste activa en van de effecten die tot de vlottende activa behoren; (BW 2: 367, 371)

o. de rentelasten en soortgelijke kosten.

– 4. Afzonderlijk worden opgenomen:

a. de netto-omzet; (BW 2: 380)

b. de kostprijs van de omzet, met uitzondering van de daarin opgenomen rentelasten, doch met inbegrip van de afschrijvingen en waardeverminderingen; (BW 2: 386, 387)

c. het bruto-omzetresultaat als saldo van de posten *a* en *b*;

d. de verkoopkosten, met inbegrip van de afschrijvingen en buitengewone waardeverminderingen;

e. de algemene beheerskosten, met inbegrip van de afschrijvingen en waardeverminderingen;

f. de overige bedrijfsopbrengsten;

g. het resultaat uit deelnemingen; (BW 2: 24*c*, 389)

h. opbrengsten uit andere effecten en vorderingen die tot de vaste activa behoren; (BW 2: 367)

i. de overige rentebaten en soortgelijke opbrengsten;

j. de wijzigingen in de waarde van de financiële vaste activa en van de effecten die tot de vlottende activa behoren; (BW 2: 367, 371)

k. de rentelasten en soortgelijke kosten.

– 5. Bij de posten *k-o* van lid 3 en de posten *g-k* van lid 4 worden afzonderlijk vermeld de baten en lasten uit de verhouding met groepsmaatschappijen. (BW 2: 24*b*)

– 6. Onder de netto-omzet wordt verstaan de opbrengst uit levering van goederen en diensten uit het bedrijf van de rechtspersoon, onder aftrek van kortingen en dergelijke en van over de omzet geheven belastingen. (BW 2: 380)

– 7. Als buitengewone baten en lasten worden aangemerkt de baten en lasten die niet uit de gewone uitoefening van het bedrijf van de rechtspersoon voortvloeien. Tenzij deze baten en lasten van ondergeschikte betekenis zijn voor de beoordeling van het resultaat, worden zij naar aard en omvang toegelicht; hetzelfde geldt voor de baten en lasten welke aan een ander boekjaar moeten worden toegerekend, voor zover zij niet tot de buitengewone baten en lasten zijn gerekend. (BW 2: 362, 364, 396⁴, 397³)

AFDELING 5

Bijzondere voorschriften omtrent de toelichting
Art. 378

Overzicht verloop eigen vermogen – 1. Het verloop van het eigen vermogen gedurende het boekjaar wordt weergegeven in een overzicht. Daaruit blijken:

a. het bedrag van elke post aan het begin van het boekjaar;

b. de toevoegingen en de verminderingen van elke post over het boekjaar, gesplitst naar hun aard;

c. het bedrag van elke post aan het einde van het boekjaar.

– 2. In het overzicht wordt de post gestort en opgevraagd kapitaal uitgesplitst naar de soorten aandelen. Afzonderlijk worden vermeld de eindstand en de gegevens over het verloop van de aandelen in het kapitaal van de rechtspersoon en van de certificaten daarvan, die deze zelf of een dochtermaatschappij voor eigen rekening houdt of doet houden. Vermeld wordt op welke post van het eigen vermogen de verkrijgingsprijs of boekwaarde daarvan in mindering is gebracht.

– 3. Opgegeven wordt op welke wijze stortingen op aandelen zijn verricht die in het boekjaar opeisbaar werden of vrijwillig zijn verricht, met de zakelijke inhoud van de in het boekjaar verrichte rechtshandelingen, waarop een der artikelen 94, 94*c*, 204 of 204*c* van toepassing is. Een naamloze vennootschap vermeldt iedere verwerving en vervreemding voor haar rekening van eigen aandelen en certificaten daarvan; daarbij worden medegedeeld de redenen van verwerving, het aantal, het nominale bedrag en de overeengekomen prijs van de bij elke handeling betrokken aandelen en certificaten en het gedeelte van het kapitaal dat zij vertegenwoordigen.

– 4. Een naamloze vennootschap vermeldt de gegevens omtrent het aantal, de soort en het nominale bedrag van de eigen aandelen of de certificaten daarvan:

a. die zij of een ander voor haar rekening op de balansdatum in pand heeft;

b. die zij of een dochtermaatschappij op de balansdatum houdt op grond van verkrijging met toepassing van artikel 98 lid 5. (BW 2: 10*a*, 24*a*, 93-94*c*, 98 v., 191*a*, 191*b*, 204- 204*c*, 362, 363³, 364, 373, 396⁴⁺⁵, 397³, 400⁵)

1 BW Boek 2

Art. 379

Gegevens omtrent deelneming

– 1. De rechtspersoon vermeldt naam, woonplaats en het verschafte aandeel in het geplaatste kapitaal van elke maatschappij:

a. waaraan hij alleen of samen met een of meer dochtermaatschappijen voor eigen rekening ten minste een vijfde van het geplaatste kapitaal verschaft of doet verschaffen, of

b. waarin hij als vennoot jegens de schuldeisers volledig aansprakelijk is voor de schulden. (K 18)

– 2. Van elke in onderdeel *a* van lid 1 bedoelde maatschappij vermeldt de rechtspersoon ook het bedrag van het eigen vermogen en resultaat volgens haar laatst vastgestelde jaarrekening, tenzij:

a. de rechtspersoon de financiële gegevens van de maatschappij consolideert; (BW 2: 405 v.)

b. de rechtspersoon de maatschappij op zijn balans of geconsolideerde balans overeenkomstig artikel 389 leden 1 tot en met 8 verantwoordt;

c. de rechtspersoon de financiële gegevens van de maatschappij wegens te verwaarlozen belang dan wel op grond van artikel 408 niet consolideert; of

d. minder dan de helft van het kapitaal van de maatschappij voor rekening van de rechtspersoon wordt verschaft en de maatschappij wettig haar balans niet openbaar maakt.

– 3. Tenzij zulk een maatschappij haar belang in de rechtspersoon wettig niet pleegt te vermelden, vermeldt de rechtspersoon:

a. naam en woonplaats van de maatschappij die aan het hoofd van zijn groep staat, en

b. naam en woonplaats van elke maatschappij die zijn financiële gegevens consolideert in haar openbaar gemaakte geconsolideerde jaarrekening, alsmede de plaats waar afschriften daarvan tegen niet meer dan de kostprijs zijn te verkrijgen.

– 4. Onze Minister van Economische Zaken kan van de verplichtingen, bedoeld in de leden 1, 2 en 3, desverzocht ontheffing verlenen, indien gegronde vrees bestaat dat door de vermelding ernstig nadeel kan ontstaan. Deze ontheffing kan telkens voor ten hoogste vijf jaren worden gegeven. In de toelichting wordt vermeld dat ontheffing is verleend of aangevraagd. Hangende de aanvraag is openbaarmaking niet vereist. (BW 2: 400⁶)

– 5. De vermeldingen, vereist in dit artikel en in artikel 414 mogen gezamenlijk worden opgenomen. De rechtspersoon mag het deel van de toelichting dat deze vermeldingen bevat afzonderlijk ter inzage van ieder neerleggen ten kantore van het handelsregister, mits beide delen van de toelichting naar elkaar verwijzen. (BW 2: 24*a*, 24*b*, 24*d*, 402, 414)

Art. 380

Bijdrage van verschillende bedrijfstakken tot de netto-omzet

– 1. Indien de inrichting van het bedrijf van de rechtspersoon is afgestemd op werkzaamheden in verschillende bedrijfstakken, wordt met behulp van cijfers inzicht gegeven in de mate waarin elk van de soorten van die werkzaamheden tot de netto-omzet heeft bijgedragen.

– 2. De netto-omzet wordt op overeenkomstige wijze gesplitst naar de onderscheiden gebieden waarin de rechtspersoon goederen en diensten levert.

– 3. Artikel 379 lid 4 is van overeenkomstige toepassing. (BW 2: 377³ ᵃ⁺ ⁴ ᵃ, 396⁵, 397⁴, 400²)

Art. 381

Belangrijke financiële verplichtingen

Vermeld wordt tot welke belangrijke, niet in de balans opgenomen, financiële verplichtingen de rechtspersoon voor een aantal toekomstige jaren is verbonden, zoals die welke uit langlopende overeenkomsten voortvloeien. Daarbij worden afzonderlijk vermeld de verplichtingen jegens groepsmaatschappijen. Artikel 375 lid 3 is van overeenkomstige toepassing. (BW 2: 24*b*, 361⁴, 376)

Art. 382

Gemiddeld aantal werknemers

Medegedeeld wordt het gemiddelde aantal gedurende het boekjaar bij de rechtspersoon werkzame werknemers, ingedeeld op een wijze die is afgestemd op de inrichting van het bedrijf. Heeft artikel 377 lid 3 geen toepassing in de winst- en verliesrekening gevonden, dan worden de aldaar onder *e* en *f* verlangde gegevens vermeld. (BW 2: 363³, 410⁵)

Art. 383

Betalingen e.d. aan bestuurders en commissarissen

– 1. Opgegeven worden het bedrag van de bezoldigingen, met inbegrip van de pensioenlasten, en van de andere uitkeringen voor de gezamenlijke bestuurders en gewezen bestuurders en, afzonderlijk, voor de gezamenlijke commissarissen en gewezen commissarissen. De vorige zin heeft betrekking op de bedragen die in het boekjaar ten laste van de rechtspersoon zijn gekomen. Indien de rechtspersoon dochtermaatschappijen heeft of de financiële gegevens van andere maatschappijen consolideert, worden de bedragen die in het boekjaar te hunnen laste zijn gekomen, in de opgave begrepen. Een opgave die herleid kan worden tot een enkele natuurlijke persoon mag achterwege blijven.

– 2. Met uitzondering van de laatste zin is lid 1 tevens van toepassing op het bedrag van de leningen, voorschotten en garanties, ten behoeve van bestuurders en commissarissen van de rechtspersoon verstrekt door de rechtspersoon, zijn dochtermaatschappijen en de maatschappijen waarvan hij de gegevens consolideert. Opgegeven worden de nog openstaande bedragen,

1 BW Boek 2

de rentevoet, de belangrijkste overige bepalingen en de aflossingen gedurende het boekjaar. (BW 2: 24a, 37, 57, 63f, 135, 145, 245, 255, 363³, 406)

Art. 383a

**Vermelding gege-
vens m.b.t. be-
stemming resul-
taat**

De in artikel 360 lid 3 bedoelde stichtingen en verenigingen vermelden zowel de statutaire regeling omtrent de bestemming van het resultaat als de wijze waarop het resultaat na belastingen wordt bestemd. (BW 2: 49, 50, 300, 392⁵)

Art. 383b

In afwijking van artikel 383 gelden de artikelen 383c tot en met 383e voor de naamloze vennootschap, met uitzondering van de naamloze vennootschap waarvan de statuten uitsluitend aandelen op naam kennen, een blokkeringsregeling bevatten en niet toelaten dat met medewerking van de vennootschap certificaten aan toonder worden uitgegeven.

Art. 383c

– 1. De vennootschap doet opgave van het bedrag van de bezoldiging voor iedere bestuurder. Dit bedrag wordt uitgesplitst naar
a. periodiek betaalde beloningen,
b. beloningen betaalbaar op termijn,
c. uitkeringen bij beëindiging van het dienstverband,
d. winstdelingen en bonusbetalingen, voor zover deze bedragen in het boekjaar ten laste van de vennootschap zijn gekomen.
Indien de vennootschap een bezoldiging in de vorm van bonus heeft betaald die geheel of gedeeltelijk is gebaseerd op het bereiken van de door of vanwege de vennootschap gestelde doelen, doet zij hiervan mededeling. Daarbij vermeldt de vennootschap of deze doelen in het verslagjaar zijn bereikt.
– 2. De vennootschap doet opgave van het bedrag van de bezoldiging voor iedere gewezen bestuurder, uitgesplitst naar beloningen betaalbaar op termijn en uitkeringen bij beëindiging van het dienstverband, voor zover deze bedragen in het boekjaar ten laste van de vennootschap zijn gekomen.
– 3. De vennootschap doet opgave van het bedrag van de bezoldiging voor iedere commissaris, voor zover deze bedragen in het boekjaar ten laste van de vennootschap zijn gekomen. Indien de vennootschap een bezoldiging in de vorm van winstdeling of bonus heeft toegekend, vermeldt zij deze afzonderlijk onder opgave van de redenen die ten grondslag liggen aan het besluit tot het toekennen van bezoldiging in deze vorm aan een commissaris. De laatste twee volzinnen uit lid 1 zijn van overeenkomstige toepassing.
– 4. De vennootschap doet opgave van het bedrag van de bezoldiging van iedere gewezen commissaris, voor zover dit bedrag in het boekjaar ten laste van de vennootschap is gekomen.
– 5. Indien de vennootschap dochtermaatschappijen heeft of de financiële gegevens van andere maatschappijen consolideert, worden de bedragen die in het boekjaar te hunnen laste zijn gekomen, in de opgaven begrepen, toegerekend naar de betreffende categorie van bezoldiging bedoeld in de leden 1 tot en met 4.

Art. 383d

– 1. De vennootschap die bestuurders of werknemers rechten toekent om aandelen in het kapitaal van de vennootschap of van een dochtermaatschappij te nemen of te verkrijgen, doet voor iedere bestuurder en voor de werknemers gezamenlijk opgave van:
a. de uitoefenprijs van de rechten en de prijs van de onderliggende aandelen in het kapitaal van de vennootschap indien die uitoefenprijs lager ligt dan de prijs van die aandelen op het moment van toekenning van de rechten;
b. het aantal aan het begin van het boekjaar nog niet uitgeoefende rechten;
c. het aantal door de vennootschap in het boekjaar verleende rechten met de daarbij behorende voorwaarden; indien dergelijke voorwaarden gedurende het boekjaar worden gewijzigd, dienen deze wijzigingen afzonderlijk te worden vermeld;
d. het aantal gedurende het boekjaar uitgeoefende rechten, waarbij in ieder geval worden vermeld het bij die uitoefening behorende aantal aandelen en de uitoefenprijzen;
e. het aantal aan het einde van het boekjaar nog niet uitgeoefende rechten, waarbij worden vermeld:
– de uitoefenprijs van de verleende rechten;
– de resterende looptijd van de nog niet uitgeoefende rechten;
– de belangrijkste voorwaarden die voor uitoefening van de rechten gelden;
– een financieringsregeling die in verband met de toekenning van de rechten is getroffen; enandere gegevens die voor de beoordeling van de waarde van de rechten van belang zijn;
f. indien van toepassing: de door de vennootschap gehanteerde criteria die gelden voor de toekenning of uitoefening van de rechten.
– 2. De vennootschap die commissarissen rechten toekent om aandelen in het kapitaal van de vennootschap of van een dochtermaatschappij te verkrijgen, doet voorts voor iedere commissaris

1 BW Boek 2

opgave van deze rechten, alsmede van de redenen die ten grondslag liggen aan het besluit tot het toekennen van deze rechten aan de commissaris. Lid 1 is van overeenkomstige toepassing.
– 3. De vennootschap vermeldt hoeveel aandelen in het kapitaal van de vennootschap per balansdatum zijn ingekocht of na balansdatum zullen worden ingekocht dan wel hoeveel nieuwe aandelen per balansdatum zijn geplaatst of na balansdatum zullen worden geplaatst ten behoeve van de uitoefening van de rechten bedoeld in lid 1 en lid 2.
– 4. Voor de toepassing van dit artikel wordt onder aandelen tevens verstaan de certificaten van aandelen welke met medewerking van de vennootschap zijn uitgegeven.

Art. 383e
De vennootschap doet opgave van het bedrag van de leningen, voorschotten en garanties, ten behoeve van iedere bestuurder en iedere commissaris van de vennootschap verstrekt door de vennootschap, haar dochtermaatschappijen en de maatschappijen waarvan zij de gegevens consolideert. Opgegeven worden de nog openstaande bedragen, de rentevoet, de belangrijkste overige bepalingen, en de aflossingen gedurende het boekjaar.

AFDELING 6

Voorschriften omtrent de grondslagen van waardering en van bepaling van het resultaat
Art. 384
– 1. Bij de keuze van een grondslag voor de waardering van een actief en van een passief en voor de bepaling van het resultaat laat de rechtspersoon zich leiden door de voorschriften van artikel 362 leden 1-4. Als grondslag komen in aanmerking de verkrijgings- of vervaardigingsprijs en, voor de materiële en financiële vaste activa en de voorraden, tevens de actuele waarde. (BW 2: 366, 367, 369, 388)

Waardering activa en passiva

– 2. Bij de toepassing van de grondslagen wordt voorzichtigheid betracht. Winsten worden slechts opgenomen, voor zover zij op de balansdatum zijn verwezenlijkt. Verliezen en risico's die hun oorsprong vinden vóór het einde van het boekjaar, worden in acht genomen, indien zij vóór het opmaken van de jaarrekening zijn bekend geworden.
– 3. Bij de waardering van activa en passiva wordt uitgegaan van de veronderstelling dat het geheel der werkzaamheden van de rechtspersoon waaraan die activa en passiva dienstbaar zijn, wordt voortgezet, tenzij die veronderstelling onjuist is of haar juistheid aan gerede twijfel onderhevig is; alsdan wordt dit onder mededeling van de invloed op vermogen en resultaat in de toelichting uiteengezet.
– 4. Bij algemene maatregel van bestuur kunnen regels worden gesteld omtrent de inhoud, de grenzen en de wijze van toepassing van waardering tegen actuele waarden. (BW 2: 390)
– 5. De grondslagen van de waardering van de activa en de passiva en de bepaling van het resultaat worden met betrekking tot elk der posten uiteengezet. De grondslagen voor de omrekening van in vreemde valuta luidende bedragen worden uiteengezet; tevens wordt vermeld op welke wijze koersverschillen zijn verwerkt.
– 6. Slechts wegens gegronde redenen mogen de waardering van activa en passiva en de bepaling van het resultaat geschieden op andere grondslagen dan die welke in het voorafgaande boekjaar zijn toegepast. De reden der verandering wordt in de toelichting uiteengezet. Tevens wordt inzicht gegeven in haar betekenis voor vermogen en resultaat, aan de hand van aangepaste cijfers voor het boekjaar of voor het voorafgaande boekjaar. (BW 2: 362, 377, 385 v.)
Art. 385
– 1. De activa en passiva worden, voor zover zij in hun betekenis voor het in artikel 362 lid 1 bedoelde inzicht verschillen, afzonderlijk gewaardeerd.
– 2. De waardering van gelijksoortige bestanddelen van voorraden en effecten mag geschieden met toepassing van gewogen gemiddelde prijzen, van de regels 'eerst-in, eerst-uit' (Fifo), 'laatst-in, eerst-uit' (Lifo), of van soortgelijke regels. (BW 2: 367, 369, 371)
– 3. Materiële vaste activa en voorraden van grond- en hulpstoffen die geregeld worden vervangen en waarvan de gezamenlijke waarde van ondergeschikte betekenis is, mogen tegen een vaste hoeveelheid en waarde worden opgenomen, indien de hoeveelheid, samenstelling en waarde slechts aan geringe veranderingen onderhevig zijn. (BW 2: 366, 369)
– 4. De in artikel 365 lid 1 onder *c-e* genoemde activa worden opgenomen tot ten hoogste de daarvoor gedane uitgaven, verminderd met de afschrijvingen.
– 5. Eigen aandelen of certificaten daarvan die de rechtspersoon houdt of doet houden, mogen niet worden geactiveerd. De aan het belang in een dochtermaatschappij toegekende waarde wordt, al dan niet evenredig aan het belang, verminderd met de verkrijgingsprijs van aandelen in de rechtspersoon en van certificaten daarvan, die de dochtermaatschappij voor eigen rekening houdt of doet houden; heeft zij deze aandelen of certificaten verkregen voor het tijdstip waarop zij dochtermaatschappij werd, dan komt evenwel hun boekwaarde op dat tijdstip in mindering of een evenredig deel daarvan. (BW 2: 24a, 98-98d, 207d 373)

Art. 386

Afschrijvingen

– 1. De afschrijvingen geschieden onafhankelijk van het resultaat van het boekjaar.

– 2. De methoden volgens welke de afschrijvingen zijn berekend, worden in de toelichting uiteengezet.

– 3. De geactiveerde kosten in verband met de oprichting en met de uitgifte van aandelen en de kosten van onderzoek en ontwikkeling worden afgeschreven in ten hoogste vijf jaren. De geactiveerde kosten van goodwill worden afgeschreven naar gelang van de verwachte gebruiksduur. De afschrijvingsduur mag vijf jaren slechts te boven gaan, indien de goodwill aan een aanzienlijk langer tijdvak kan worden toegerekend; alsdan moet de afschrijvingsduur met de redenen hiervoor worden opgegeven. (BW 2: 365$^{1\,a}$, 365$^{1\,d}$)

– 4. Op vaste activa met beperkte gebruiksduur wordt jaarlijks afgeschreven volgens een stelsel dat op de verwachte toekomstige gebruiksduur is afgestemd. (BW 2: 364)

– 5. Op het overeenkomstig artikel 375 lid 5 geactiveerde deel van een schuld wordt tot de aflossing jaarlijks een redelijk deel afgeschreven. (BW 2: 387)

Art. 387

Waardeverminde-ringen

– 1. Waardeverminderingen van activa worden onafhankelijk van het resultaat van het boekjaar in aanmerking genomen. (BW 2: 386^1)

– 2. Vlottende activa worden gewaardeerd tegen marktwaarde, indien deze op de balansdatum lager is dan de verkrijgings- of vervaardigingsprijs. De waardering geschiedt tegen een andere lagere waarde, indien het in artikel 362 lid 1 bedoelde inzicht daardoor wordt gediend.

– 3. Indien redelijkerwijs een buitengewone waardevermindering van vlottende activa op korte termijn valt te voorzien, mag bij de waardering hiermede rekening worden gehouden.

– 4. Bij de waardering van de vaste activa wordt rekening gehouden met een vermindering van hun waarde, indien deze naar verwachting duurzaam is. Bij de waardering van de financiële vaste activa mag in ieder geval met op de balansdatum opgetreden waardevermindering rekening worden gehouden.

– 5. De afboeking overeenkomstig de voorgaande leden wordt, voor zover zij niet krachtens artikel 390 lid 3 aan de herwaarderingsreserve wordt onttrokken, ten laste van de winst- en verliesrekening gebracht. De afboeking wordt ongedaan gemaakt, zodra de waardevermindering heeft opgehouden te bestaan. De afboekingen ingevolge lid 3 en die ingevolge lid 4, alsmede de terugnemingen, worden afzonderlijk in de winst- en verliesrekening of in de toelichting opgenomen. (BW 2: 364, 377 lid 3 sub *i*)

Art. 388

Verkrijgingsprijs; vervaardigings-prijs

– 1. De verkrijgingsprijs waartegen een actief wordt gewaardeerd, omvat de inkoopprijs en de bijkomende kosten.

– 2. De vervaardigingsprijs waartegen een actief wordt gewaardeerd, omvat de aanschaffingskosten van de gebruikte grond- en hulpstoffen en de overige kosten, welke rechtstreeks aan de vervaardiging kunnen worden toegerekend. In de vervaardigingsprijs kunnen voorts worden opgenomen een redelijk deel van de indirecte kosten en de rente op schulden over het tijdvak dat aan de vervaardiging van het actief kan worden toegerekend; in dat geval vermeldt de toelichting dat deze rente is geactiveerd. (BW 2: 377^4, 384^1)

Art. 389

Waardering van deelnemingen

– 1. De deelnemingen in maatschappijen waarin de rechtspersoon invloed van betekenis uitoefent op het zakelijke en financiële beleid, worden verantwoord overeenkomstig de leden 2 en 3. Indien de rechtspersoon of een of meer van zijn dochtermaatschappijen alleen of samen een vijfde of meer van de stemmen van de leden, vennoten of aandeelhouders naar eigen inzicht kunnen uitbrengen of doen uitbrengen, wordt vermoed dat de rechtspersoon invloed van betekenis uitoefent. (BW 2: 24a, 24d)

– 2. De rechtspersoon bepaalt de netto-vermogenswaarde van de deelneming door de activa, voorzieningen en schulden van de maatschappij waarin hij deelneemt te waarderen en haar resultaat te berekenen op de zelfde grondslagen als zijn eigen activa, voorzieningen, schulden en resultaat. Deze wijze van waardering moet worden vermeld.

– 3. Wanneer de rechtspersoon onvoldoende gegevens ter beschikking staan om de netto-vermogenswaarde te bepalen, mag hij uitgaan van een waarde die op andere wijze overeenkomstig deze titel is bepaald en wijzigt hij deze waarde met het bedrag van zijn aandeel in het resultaat en in de uitkeringen van de maatschappij waarin hij deelneemt. Deze wijze van waardering moet worden vermeld.

– 4. In de jaarrekening van een rechtspersoon die geen bank is als bedoeld in artikel 415 mag de verantwoording van een deelneming in een bank overeenkomstig afdeling 14 van deze titel geschieden. In de jaarrekening van een bank als bedoeld in artikel 415 wordt een deelneming in een rechtspersoon die geen bank is, verantwoord overeenkomstig de voorschriften voor banken met uitzondering van artikel 424 en onverminderd de eerste zin van lid 5.

112

Deze uitzondering behoeft niet te worden toegepast ten aanzien van deelnemingen, waarin werkzaamheden worden verricht, die rechtstreeks liggen in het verlengde van het bankbedrijf.
– 5. In de jaarrekening van een rechtspersoon die geen verzekeringsmaatschappij is als bedoeld in artikel 427 mag de verantwoording van een deelneming in een verzekeringsmaatschappij overeenkomstig afdeling 15 van deze titel geschieden. In de jaarrekening van een verzekeringsmaatschappij als bedoeld in artikel 427 wordt een deelneming in een rechtspersoon die geen verzekeringsmaatschappij is, verantwoord overeenkomstig de voorschriften voor verzekeringsmaatschappijen, onverminderd de eerste zin van lid 4 van dit artikel.
– 6. De rechtspersoon moet een reserve aanhouden ter hoogte van zijn aandeel in de resultaten uit de deelnemingen sedert de eerste waardering overeenkomstig lid 2 of lid 3, verminderd met de uitkeringen waarop hij sedertdien tot het vaststellen van zijn jaarrekening recht heeft verkregen; uitkeringen waarvan hij zonder beperking ontvangst in Nederland kan bewerkstelligen, mogen eveneens in mindering worden gebracht. Deze reserve kan in kapitaal worden omgezet. Onder de in dit lid bedoelde uitkeringen worden niet begrepen uitkeringen in aandelen.
– 7. Indien de waarde bij de eerste waardering overeenkomstig lid 2 of lid 3 lager is dan de verkrijgingsprijs of de voorafgaande boekwaarde van de deelneming, wordt het verschil zichtbaar ten laste van de winst- en verliesrekening of van het eigen vermogen gebracht, dan wel als goodwill geactiveerd. Voor deze berekening wordt ook de verkrijgingsprijs verminderd overeenkomstig artikel 385 lid 5. (BW 2: 373¹ ᶜ)
– 8. Indien de waarde bij de eerste waardering overeenkomstig lid 2 of lid 3 hoger is dan de verkrijgingsprijs, is artikel 390 van toepassing op het verschil, voor zover dit geen nadelen weerspiegelt die voor de rechtspersoon aan de deelneming zijn verbonden. Voor deze berekening wordt ook de verkrijgingsprijs verminderd overeenkomstig artikel 385 lid 5.
– 9. Wegens in de toelichting te vermelden gegronde redenen mag worden afgeweken van toepassing van lid 1. (BW 2: 384)

Art. 390

– 1. De rechtspersoon die een actief herwaardeert op een hoger bedrag, neemt op de balans een herwaarderingsreserve op ter grootte van het verschil tussen de boekwaarde van voor en na de herwaardering.
– 2. De herwaarderingsreserve kan in kapitaal worden omgezet.
– 3. De herwaarderingsreserve wordt verminderd voor zover de gereserveerde bedragen niet meer noodzakelijk zijn voor de toepassing van het gekozen waarderingsstelsel en voor het bereiken van het doel der herwaardering. De herwaarderingsreserve mag niet verder worden verminderd dan tot de som der in de reserve opgenomen herwaarderingen van activa welke op de balansdatum nog aanwezig zijn.
– 4. De verminderingen van de herwaarderingsreserve die ten gunste van de winst- en verliesrekening worden gebracht, worden in een afzonderlijke post opgenomen.
– 5. In de toelichting wordt uiteengezet, of en op welke wijze in samenhang met de herwaardering rekening wordt gehouden met de invloed van belastingen op vermogen en resultaat. (BW 2: 58⁴, 104, 215, 368 lid 1 sub *c*, 373 lid 1 sub *c*, 374⁴, 389)

Herwaarderings-reserve

AFDELING 7

Jaarverslag
Art. 391

– 1. Het jaarverslag geeft een getrouw beeld omtrent de toestand op de balansdatum en de gang van zaken gedurende het boekjaar van de rechtspersoon en van de groepsmaatschappijen waarvan de financiële gegevens in zijn jaarrekening zijn opgenomen. Het jaarverslag wordt in de Nederlandse taal gesteld, tenzij de algemene vergadering tot het gebruik van een andere taal heeft besloten. (BW 2: 24*b*, 362⁷, 405, 406)
– 2. In het jaarverslag worden mededelingen gedaan omtrent de verwachte gang van zaken; daarbij wordt, voor zover gewichtige belangen zich hiertegen niet verzetten, in het bijzonder aandacht besteed aan de investeringen, de financiering en de personeelsbezetting en aan de omstandigheden waarvan de ontwikkeling van de omzet en van de rentabiliteit afhankelijk is. Mededelingen worden gedaan omtrent de werkzaamheden op het gebied van onderzoek en ontwikkeling. Vermeld wordt hoe bijzondere gebeurtenissen waarmee in de jaarrekening geen rekening behoeft te worden gehouden, de verwachtingen hebben beïnvloed. De naamloze vennootschap waarop artikel 383*b* van toepassing is, doet voorts mededeling van het beleid van de vennootschap aangaande de bezoldiging van haar bestuurders en commissarissen en de wijze waarop dit beleid in het verslagjaar in de praktijk is gebracht.
– 3. Het jaarverslag mag niet in strijd zijn met de jaarrekening. (BW 2: 58, 101, 139, 210, 249, 362 v., 392; Wet ondern.raden 31*a*)

Getrouw beeld

1 BW Boek 2

Overige gegevens

Art. 392

Aanvullende gegevens

– 1. Het bestuur voegt de volgende gegevens toe aan de jaarrekening en het jaarverslag:

a. de accountantsverklaring, bedoeld in artikel 393 lid 5 of een mededeling waarom deze ontbreekt;

b. een weergave van de statutaire regeling omtrent de bestemming van de winst;

c. een opgave van de bestemming van de winst of de verwerking van het verlies, of, zolang deze niet vaststaat, het voorstel daartoe;

d. een weergave van de statutaire regeling omtrent de bijdrage in een tekort van een coöperatie of onderlinge waarborgmaatschappij, voor zover deze van de wettelijke bepalingen afwijkt; (BW 2: 53, 55, 56)

e. een lijst van namen van degenen aan wie een bijzonder statutair recht inzake de zeggenschap in de rechtspersoon toekomt, met een omschrijving van de aard van dat recht;

f. een opgave van het aantal winstbewijzen en soortgelijke rechten met vermelding van de bevoegdheden die zij geven;

g. een opgave van de gebeurtenissen na de balansdatum met belangrijke financiële gevolgen voor de rechtspersoon en de in zijn geconsolideerde jaarrekening betrokken maatschappijen tezamen, onder mededeling van de omvang van die gevolgen. (BW 2: 362^6, 391^2, 405, 406)

h. opgave van het bestaan van nevenvestigingen en van de landen waar nevenvestigingen zijn, alsmede van hun handelsnaam indien deze afwijkt van die van de rechtspersoon. (Rv 999)

– 2. De gegevens mogen niet in strijd zijn met de jaarrekening en met het jaarverslag.

– 3. Is een recht als bedoeld in lid 1 onder *e* in een aandeel belichaamd, dan wordt vermeld hoeveel zodanige aandelen elk der rechthebbenden houdt. Komt een zodanig recht aan een vennootschap, vereniging, coöperatie, onderlinge waarborgmaatschappij of stichting toe, dan worden tevens de namen van de bestuurders daarvan medegedeeld.

– 4. Het bepaalde in lid 1 onder *e* en in lid 3 is niet van toepassing, voor zover Onze Minister van Economische Zaken desverzocht aan de rechtspersoon wegens gewichtige redenen ontheffing heeft verleend; deze ontheffing kan telkens voor ten hoogste vijf jaren worden verleend.

– 5. Het bestuur van een stichting of een vereniging als bedoeld in artikel 360 lid 3 behoeft de gegevens, bedoeld in lid 1, onder *b* en *c*, niet aan de jaarrekening en het jaarverslag toe te voegen. (BW 2: 361 v., 391, 403; Wet ondern.raden 31*a*; Rv 999 v.)

Deskundigenonderzoek

Art. 393

Accountantsonderzoek

– 1. De rechtspersoon verleent opdracht tot onderzoek van de jaarrekening aan een registeraccountant of aan een Accountant-Administratieconsulent ten aanzien van wie bij de inschrijving in het in artikel 36, eerste lid, van de Wet op de Accountants-Administratieconsulenten bedoelde register een aantekening is geplaatst als bedoeld in artikel 36, derde lid, van die wet. De opdracht kan worden verleend aan een organisatie waarin accountants die mogen worden aangewezen, samenwerken. (WED 1, 4°)

– 2. Tot het verlenen van de opdracht is de algemene vergadering van leden of aandeelhouders bevoegd. Gaat deze daartoe niet over, dan is de raad van commissarissen bevoegd of, zo deze ontbreekt of in gebreke blijft, het bestuur. De aanwijzing van een accountant wordt door generlei voordracht beperkt; de opdracht kan te allen tijde worden ingetrokken door de algemene vergadering en door degene die haar heeft verleend; de door het bestuur verleende opdracht kan bovendien door de raad van commissarissen worden ingetrokken. De algemene vergadering hoort de accountant op diens verlangen omtrent de intrekking van een hem verleende opdracht of omtrent het hem kenbaar gemaakte voornemen daartoe. (BW 2: 107, 129, 140, 153, 217, 239, 250)

– 3. De accountant onderzoekt of de jaarrekening het in artikel 362 lid 1 vereiste inzicht geeft. Hij gaat voorts na, of de jaarrekening aan de bij en krachtens de wet gestelde voorschriften voldoet, of het jaarverslag, voor zover hij dat kan beoordelen, overeenkomstig deze titel is opgesteld en met de jaarrekening verenigbaar is, en of de in artikel 392 lid 1, onderdelen *b* tot en met *g* vereiste gegevens zijn toegevoegd.

– 4. De accountant brengt omtrent zijn onderzoek verslag uit aan de raad van commissarissen en aan het bestuur. Hij maakt daarbij ten minste melding van zijn bevindingen met betrekking tot de betrouwbaarheid en continuïteit van de geautomatiseerde gegevensverwerking.

– 5. De accountant geeft de uitslag van zijn onderzoek weer in een verklaring omtrent de getrouwheid van de jaarrekening; voor het onderzoek volgens de tweede zin van lid 3 mag hij volstaan met de vermelding van hem gebleken tekortkomingen.

– 6. De jaarrekening kan niet worden vastgesteld of goedgekeurd, indien het daartoe bevoegde orgaan geen kennis heeft kunnen nemen van de verklaring van de accountant, die aan de jaarrekening moest zijn toegevoegd, tenzij onder de overige gegevens een wettige grond wordt medegedeeld waarom de verklaring ontbreekt.

– 7. Iedere belanghebbende kan van de rechtspersoon nakoming van de in lid 1 omschreven verplichting vorderen. (BW 2: 361 v., 392, 396⁶, 403; Rv 999 v.)

AFDELING 10

Openbaarmaking
Art. 394

– 1. De rechtspersoon is verplicht tot openbaarmaking van de jaarrekening binnen acht dagen na de vaststelling; behoeft de jaarrekening goedkeuring, dan loopt de termijn van de goedkeuring af. De openbaarmaking geschiedt door nederlegging van een volledig in de Nederlandse taal gesteld exemplaar of, als dat niet is vervaardigd, een exemplaar in het Frans, Duits of Engels, ten kantore van het handelsregister dat wordt gehouden door de Kamer van Koophandel en Fabrieken die overeenkomstig de artikelen 6 en 7 van de Handelsregisterwet 1996 bevoegd is. Op het exemplaar moet de dag van vaststelling en goedkeuring zijn aangetekend.

– 2. Is de jaarrekening niet binnen twee maanden na afloop van de voor het opmaken voorgeschreven termijn overeenkomstig de wettelijke voorschriften vastgesteld en goedgekeurd, dan maakt het bestuur onverwijld de opgemaakte jaarrekening op de in lid 1 voorgeschreven wijze openbaar; op de jaarrekening wordt vermeld dat zij nog niet is vastgesteld of goedgekeurd. Binnen twee maanden na gerechtelijke vernietiging van een jaarrekening moet de rechtspersoon een afschrift van de in de uitspraak opgenomen bevelen met betrekking tot de jaarrekening neerleggen ten kantore van het handelsregister, met vermelding van de uitspraak. (BW 2: 58, 101, 210; Rv 1002)

– 3. Uiterlijk dertien maanden na afloop van het boekjaar moet de rechtspersoon de jaarrekening op de in lid 1 voorgeschreven wijze openbaar hebben gemaakt.

– 4. Gelijktijdig met en op dezelfde wijze als de jaarrekening wordt een in de zelfde taal of in het Nederlands gesteld exemplaar van het jaarverslag en van de overige in artikel 392 bedoelde gegevens openbaar gemaakt. Het voorafgaande geldt, behalve voor de in artikel 392 lid 1 onder *a, c, f* en *g* genoemde gegevens, niet, indien de stukken ten kantore van de rechtspersoon ter inzage van een ieder worden gehouden en op verzoek een volledig of gedeeltelijk afschrift daarvan ten hoogste tegen de kostprijs wordt verstrekt; hiervan doet de rechtspersoon opgaaf ter inschrijving in het handelsregister.

– 5. De vorige leden gelden niet, indien Onze Minister van Economische Zaken de in artikel 58, artikel 101 of artikel 210 genoemde ontheffing heeft verleend; alsdan wordt een afschrift van die ontheffing ten kantore van het handelsregister nedergelegd.

– 6. De in de vorige leden bedoelde bescheiden worden gedurende zeven jaren bewaard. De Kamer van Koophandel en Fabrieken mag de op deze bescheiden geplaatste gegevens overbrengen op andere gegevensdragers, die zij in hun plaats in het handelsregister bewaart, mits die overbrenging geschiedt met juiste en volledige weergave der gegevens en deze gegevens gedurende de volledige bewaartijd beschikbaar zijn en binnen redelijke tijd leesbaar kunnen worden gemaakt.

– 7. Iedere belanghebbende kan van de rechtspersoon nakoming van de in de leden 1-5 omschreven verplichtingen vorderen. (BW 2: 138², 248², 362, 391, 392, 395, 396⁷, 403³; Rv 1001; WED 1, 4°)

Art. 395

– 1. Wordt de jaarrekening op andere wijze dan ingevolge het vorige artikel openbaar gemaakt, dan wordt daaraan in ieder geval de in artikel 393 lid 5 bedoelde accountantsverklaring toegevoegd. Voor de toepassing van de vorige zin geldt als de jaarrekening van een rechtspersoon waarop artikel 397 van toepassing is, mede de jaarrekening in de vorm waarin zij ingevolge dat artikel openbaar mag worden gemaakt. Is de verklaring niet afgelegd, dan wordt de reden daarvan vermeld.

– 2. Wordt slechts de balans of de winst- en verliesrekening, al dan niet met toelichting, of wordt de jaarrekening in beknopte vorm op andere wijze dan ingevolge het vorige artikel openbaar gemaakt, dan wordt dit ondubbelzinnig vermeld onder verwijzing naar de openbaarmaking krachtens wettelijk voorschrift, of, zo deze niet is geschied, onder mededeling van dit feit. De in artikel 393 lid 5 bedoelde accountantsverklaring mag alsdan niet worden toegevoegd. Bij de openbaarmaking wordt medegedeeld of de accountant deze verklaring heeft afgelegd. Is de verklaring afgelegd, dan wordt een mededeling van de accountant toegevoegd

Termijn openbaarmaking

Andere wijze van openbaarmaking

welke strekking zijn verklaring bij de jaarrekening heeft. Is de verklaring niet afgelegd, dan wordt de reden daarvan vermeld.
– 3. Is de jaarrekening nog niet vastgesteld of goedgekeurd, dan wordt dit bij de in lid 1 en lid 2 bedoelde stukken vermeld. Indien een mededeling als bedoeld in de laatste zin van artikel 362 lid 6 is gedaan, wordt dit eveneens vermeld. (BW 2: 394; Wed 1, 4°)

AFDELING 11

Vrijstellingen op grond van de omvang van het bedrijf van de rechtspersoon
Art. 396

Vrijstelling publicatieplicht
– 1. De leden 3 tot en met 8 gelden voor een rechtspersoon die op twee opeenvolgende balansdata, zonder onderbreking nadien op twee opeenvolgende balansdata, heeft voldaan aan twee of drie van de volgende vereisten:
a. de waarde van de activa volgens de balans met toelichting bedraagt, op de grondslag van verkrijgings- en vervaardigingsprijs, niet meer dan € 3,5 miljoen; (BW 2: 365 v.)
b. de netto-omzet over het boekjaar bedraagt niet meer dan € 7 miljoen; (BW 2: 377[3 a+ 4 a])
c. het gemiddeld aantal werknemers over het boekjaar bedraagt minder dan 50.
– 2. Voor de toepassing van lid 1 worden meegeteld de waarde van de activa, de netto-omzet en het getal der werknemers van groepsmaatschappijen, die in de consolidatie zouden moeten worden betrokken als de rechtspersoon een geconsolideerde jaarrekening zou moeten opmaken. Dit geldt niet, indien de rechtspersoon artikel 408 toepast. (BW 2: 246)
– 3. Van de ingevolge afdeling 3 voorgeschreven opgaven behoeft geen andere te worden gedaan dan voorgeschreven in de artikelen 364, 373, 375 lid 3 en 376, alsmede, zonder uitsplitsing naar soort schuld of vordering, in de artikelen 370 lid 2 en 375 lid 2 en de opgave van het ingehouden deel van het resultaat.
– 4. In de winst- en verliesrekening worden de posten genoemd in artikel 377 lid 3 onder *a-d* en *g,* onderscheidenlijk lid 4 onder *a-c* en *f,* samengetrokken tot een post bruto-bedrijfsresultaat; de rechtspersoon vermeldt in een verhoudingscijfer in welke mate de netto-omzet ten opzichte van die van het vorige jaar is gestegen of gedaald.
– 5. Het in artikel 378 lid 1 genoemde overzicht wordt slechts gegeven voor de herwaarderingsreserve, behoudens de tweede zin van artikel 378 lid 3; opgegeven worden het aantal geplaatste aandelen en het bedrag per soort, aantal en bedrag van de in het boekjaar uitgegeven aandelen en van de aandelen en certificaten daarvan die de rechtspersoon of een dochtermaatschappij voor eigen rekening houdt. De artikelen 380 en 383 lid 1 zijn niet van toepassing.
– 6. De artikelen 383*b* tot en met 383*e*, 391 en 393 lid 1 zijn niet van toepassing.
– 7. Artikel 394 is slechts van toepassing met betrekking tot een overeenkomstig lid 3 beperkte balans en de toelichting. In de openbaar gemaakte toelichting blijven achterwege de nadere gegevens omtrent de winst- en verliesrekening, alsmede de gegevens bedoeld in artikel 378 lid 3, tweede zin.
– 8. Indien de rechtspersoon geen winst beoogt, behoeft hij artikel 394 niet toe te passen, mits hij
a. de in lid 7 bedoelde stukken aan schuldeisers en houders van aandelen in zijn kapitaal of van certificaten daarvan op hun verzoek onmiddellijk kosteloos toezendt of ten kantore van de rechtspersoon ter inzage geeft; en
b. ten kantore van het handelsregister een verklaring van een openbare accountant heeft neergelegd, inhoudende dat de rechtspersoon in het boekjaar geen werkzaamheden heeft verricht buiten de doelomschrijving en dat dit artikel op hem van toepassing is. (BW 2: 397, 398)
Art. 397

Vervolg vrijstelling
– 1. Behoudens artikel 396 gelden de leden 3, 4, 5 en 6 voor een rechtspersoon die op twee opeenvolgende balansdata, zonder onderbreking nadien op twee opeenvolgende balansdata, heeft voldaan aan twee of drie van de volgende vereisten:
a. de waarde van de activa volgens de balans met toelichting, bedraagt, op de grondslag van verkrijgings- en vervaardigingsprijs, niet meer dan € 14 miljoen; (BW 2: 365 v.)
b. de netto-omzet over het boekjaar bedraagt niet meer dan € 28 miljoen; (BW 2: 377[3 a+ 4 a])
c. het gemiddeld aantal werknemers over het boekjaar bedraagt minder dan 250.
– 2. Voor de toepassing van lid 1 worden meegeteld de waarde van de activa, de netto-omzet en het getal der werknemers van groepsmaatschappijen, die in de consolidatie zouden moeten worden betrokken als de rechtspersoon een geconsolideerde jaarrekening zou moeten opmaken. Dit geldt niet, indien de rechtspersoon artikel 408 toepast. (BW 2: 24*b*, 405)
– 3. In de winst- en verliesrekening worden de posten genoemd in artikel 377 lid 3, onder *a-d* en *g,* onderscheidenlijk lid 4, onder *a-c* en *f,* samengetrokken tot een post bruto-bedrijfsresultaat; de rechtspersoon vermeldt in een verhoudingscijfer, in welke mate de netto-omzet ten opzichte van die van het vorige jaar is gestegen of gedaald.

- 4. Artikel 380 is niet van toepassing.
- 5. Van de in afdeling 3 voorgeschreven opgaven behoeven in de openbaar gemaakte balans met toelichting slechts vermelding die welke voorkomen in de artikelen 364, 365 lid 1 onder *d*, 366, 367 onder *a-d*, 370 lid 1 onder *b* en *c*, 373, 374 leden 3 en 4, 375 lid 1 onder *a*, *b*, *f* en *g* en lid 3, alsmede 376 en de overlopende posten. De leden 2 van de artikelen 370 en 375 vinden toepassing zowel op het totaal van de vorderingen en schulden als op de posten uit lid 1 van die artikelen welke afzonderlijke vermelding behoeven. De openbaar te maken winst- en verliesrekening en de toelichting mogen worden beperkt overeenkomstig lid 3 en lid 4.
- 6. De gegevens, bedoeld in artikel 392 lid 1, onderdelen *e* en *f*, en lid 3, worden niet openbaar gemaakt. (BW 2: 24*b*, 395¹, 398, 405 v.)

Art. 398
- 1. Artikel 396 of artikel 397 geldt voor het eerste en tweede boekjaar ook voor een rechtspersoon die op de balansdatum van het eerste boekjaar aan de desbetreffende vereisten heeft voldaan.
- 2. Artikel 396 leden 3 tot en met 7 en artikel 397 leden 3 tot en met 6 zijn van toepassing voor zover de algemene vergadering uiterlijk zes maanden na het begin van het boekjaar niet anders heeft besloten.
- 3. De artikelen 396 en 397 zijn niet van toepassing op een rechtspersoon waarvoor artikel 401 lid 1 geldt.
- 4. Bij algemene maatregel van bestuur worden de in artikel 396 lid 1 en artikel 397 lid 1 genoemde bedragen verlaagd, indien het recht van de Europese Gemeenschappen daartoe verplicht, en kunnen zij worden verhoogd, voor zover geoorloofd, telkens tot een veelvoud van een half miljoen gulden.
- 5. Voor de toepassing van de artikelen 396 lid 1 en 397 lid 1 op een stichting of een vereniging als bedoeld in artikel 360 lid 3 wordt uitgegaan van het totaal van de activa van de stichting of vereniging en, met inachtneming van artikel 396 lid 2, van de netto-omzet en het gemiddeld aantal werknemers van de onderneming of ondernemingen die deze stichting of vereniging in stand houdt.

Geldingsbereik

AFDELING 12

Bepalingen omtrent rechtspersonen van onderscheiden aard
Art. 399
Vervallen.

Art. 400
Onze Minister van Financiën kan financiële instellingen die geen bank als bedoeld in artikel 415 zijn, op haar verzoek al dan niet onder voorwaarden toestaan afdeling 14, met uitzondering van artikel 424, toe te passen.

Financiële instellingen

Art. 401
- 1. Een beleggingsmaatschappij waaraan ingevolge de Wet toezicht beleggingsinstellingen (*Stb.* 1990, 380) een vergunning is verleend, moet in aanvulling op de bepalingen van deze titel tevens voldoen aan de vereisten voor haar jaarrekening, gesteld bij of krachtens de Wet toezicht beleggingsinstellingen. Voor deze beleggingsmaatschappij kan bij of krachtens die wet van artikel 394, tweede, derde en vierde lid, worden afgeweken.
- 2. Een beleggingsmaatschappij mag haar beleggingen tegen marktwaarde waarderen. Nadelige koersverschillen ten opzichte van de voorafgaande balansdatum behoeven niet ten laste van de winst- en verliesrekening te worden gebracht, mits zij op de reserves worden afgeboekt; voordelige koersverschillen mogen op de reserves worden bijgeboekt. De bedragen worden in de balans of in de toelichting vermeld. Onder beleggingsmaatschappij wordt in dit lid verstaan een rechtspersoon die uitsluitend ten doel heeft het vermogen zodanig te beleggen dat de risico's daarvan worden gespreid, teneinde de leden of aandeelhouders in de opbrengst te doen delen.
- 3. Op een beleggingsmaatschappij met veranderlijk kapitaal is artikel 378 lid 3, tweede zin, niet van toepassing. (BW 2: 76*a*)

Beleggingsmaatschappij

Art. 402
Zijn de financiële gegevens van een rechtspersoon verwerkt in zijn geconsolideerde jaarrekening, dan behoeft in de eigen winst- en verliesrekening slechts het resultaat uit deelnemingen na aftrek van de belastingen daarover als afzonderlijke post te worden vermeld. In de toelichting van de geconsolideerde jaarrekening wordt de toepassing van de vorige zin meegedeeld. (BW 2: 361⁴, 379, 389, 405 v.)

Rechtspersoon wiens financiële gegevens zijn verwerkt in een geconsolideerde jaarrekening

Art. 403
- 1. Een tot een groep behorende rechtspersoon behoeft de jaarrekening niet overeenkomstig de voorschriften van deze titel in te richten, mits:

Groepsmaatschappijen

1 BW Boek 2

a. de balans in elk geval vermeldt de som van de vaste activa, de som van de vlottende activa, en het bedrag van het eigen vermogen, van de voorzieningen en van de schulden, en de winst- en verliesrekening in elk geval vermeldt het resultaat uit de gewone bedrijfsuitoefening en het saldo der overige baten en lasten, een en ander na belastingen; (BW 2: 365 v., 377)

b. de leden of aandeelhouders na de aanvang van het boekjaar en voor de vaststelling of goedkeuring van de jaarrekening schriftelijk hebben verklaard met afwijking van de voorschriften in te stemmen;

c. de financiële gegevens van de rechtspersoon door een andere rechtspersoon of vennootschap zijn geconsolideerd in een geconsolideerde jaarrekening waarop krachtens het toepasselijke recht de zevende richtlijn van de Raad van de Europese Gemeenschappen inzake het vennootschapsrecht of een der beide richtlijnen van de Raad van de Europese Gemeenschappen betreffende de jaarrekening en de geconsolideerde jaarrekening van banken en andere financiële instellingen dan wel van verzekeringsondernemingen van toepassing is; (BW 2: 405 v.)

d. de geconsolideerde jaarrekening, voor zover niet gesteld of vertaald in het Nederlands, is gesteld of vertaald in het Frans, Duits of Engels;

e. de accountantsverklaring en het jaarverslag, zijn gesteld of vertaald in de zelfde taal als de geconsolideerde jaarrekening; (BW 2: 391, 393⁵)

f. de onder *c* bedoelde rechtspersoon of vennootschap schriftelijk heeft verklaard zich hoofdelijk aansprakelijk te stellen voor de uit rechtshandelingen van de rechtspersoon voortvloeiende schulden; en

g. de verklaringen, bedoeld in de onderdelen *b* en *f* zijn neergelegd ten kantore van het handelsregister waar de rechtspersoon is ingeschreven alsmede, telkens binnen zes maanden na de balansdatum of binnen een maand na een geoorloofde latere openbaarmaking, de stukken of vertalingen, genoemd in de onderdelen *d* en *e* dan wel een verwijzing naar het kantoor van het handelsregister waar zij liggen.

– 2. Zijn in de groep of het groepsdeel waarvan de gegevens in de geconsolideerde jaarrekening zijn opgenomen, de in lid 1 onder *f* bedoelde rechtspersoon of vennootschap en een andere nevengeschikt, dan is lid 1 slechts van toepassing, indien ook deze andere rechtspersoon of vennootschap een verklaring van aansprakelijkstelling heeft afgelegd; in dat geval zijn lid 1 onder *g* en artikel 404 van overeenkomstige toepassing.

– 3. Voor een rechtspersoon waarop lid 1 van toepassing is, gelden de artikelen 391 tot en met 394 niet.

– 4. Indien de tot de groep behorende rechtspersoon een bank als bedoeld in artikel 415 is, vermeldt de balans in afwijking van lid 1, onder *a*, in elk geval de som van de activa en van de passiva en het bedrag van het eigen vermogen en vermeld de winst- en verliesrekening in elk geval het resultaat uit de gewone bedrijfsuitoefening, het bedrag der belastingen en het saldo der overige baten en lasten. (BW 2: 24*b*, 404, 414)

– 5. Indien de tot de groep behorende rechtspersoon een verzekeringsmaatschappij als bedoeld in artikel 427 is, vermeldt de balans in afwijking van lid 1, onder *a*, in elk geval de som van de beleggingen en van de vorderingen, en het bedrag van het eigen vermogen, van de technische voorzieningen en van de schulden, en bestaat de winst- en verliesrekening in elk geval uit de niet-technische rekening, waarop ten minste worden vermeld de resultaten voor belastingen uit de gewone uitoefening van het schade- en levensverzekeringsbedrijf, het saldo der overige baten en lasten en het resultaat uit de gewone bedrijfsuitoefening na belastingen.

Art. 404

– 1. Behoudens de artikelen 204*a* lid 4 en 204*c* lid 7 kan een in artikel 403 bedoelde aansprakelijkstelling worden ingetrokken door nederlegging van een daartoe strekkende verklaring ten kantore van het handelsregister.

– 2. Niettemin blijft de aansprakelijkheid bestaan voor schulden die voortvloeien uit rechtshandelingen welke zijn verricht voordat jegens de schuldeiser een beroep op de intrekking kan worden gedaan.

– 3. De overblijvende aansprakelijkheid wordt ten opzichte van de schuldeiser beëindigd, indien de volgende voorwaarden zijn vervuld:

a. de rechtspersoon behoort niet meer tot de groep;

b. een mededeling van het voornemen tot beëindiging heeft ten minste twee maanden lang ter inzage gelegen ten kantore van het handelsregister waar de rechtspersoon is ingeschreven;

c. ten minste twee maanden zijn verlopen na de aankondiging in een landelijk verspreid dagblad dat en waar de mededeling ter inzage ligt;

d. tegen het voornemen heeft de schuldeiser niet tijdig verzet gedaan of zijn verzet is ingetrokken dan wel bij onherroepelijke rechterlijke uitspraak ongegrond verklaard.

– 4. Indien de schuldeiser dit verlangt moet, op straffe van gegrondverklaring van een verzet als bedoeld in lid 5, voor hem zekerheid worden gesteld of hem een andere waarborg worden

1 BW Boek 2

gegeven voor de voldoening van zijn vorderingen waarvoor nog aansprakelijkheid loopt. Dit geldt niet, indien hij na het beëindigen van de aansprakelijkheid, gezien de vermogenstoestand van de rechtspersoon of uit anderen hoofde, voldoende waarborgen heeft dat deze vorderingen zullen worden voldaan.

– 5. Tot twee maanden na de aankondiging kan de schuldeiser voor wiens vordering nog aansprakelijkheid loopt, tegen het voornemen tot beëindiging verzet doen door een verzoekschrift aan de rechtbank van de woonplaats van de rechtspersoon die hoofdschuldenaar is.

– 6. De rechter verklaart het verzet slechts gegrond nadat een door hem omschreven termijn om een door hem omschreven waarborg te geven is verlopen, zonder dat deze is gegeven. (BW 2: 100, 209, 316, 403; Rv 429a, 995, 997)

Art. 404a

Vervallen.

AFDELING 13

Geconsolideerde jaarrekening
Art. 405

– 1. Een geconsolideerde jaarrekening is de jaarrekening waarin de activa, passiva, baten en lasten van de rechtspersonen en vennootschappen die een groep of groepsdeel vormen, als één geheel worden opgenomen.

Omschrijving

– 2. De geconsolideerde jaarrekening moet overeenkomstig artikel 362 lid 1 inzicht geven betreffende de groep of het groepsdeel. (BW 2: 24b, 360, 361, 362; 406 v.)

Art. 406

– 1. De rechtspersoon die, alleen of samen met een andere groepsmaatschappij, aan het hoofd staat van zijn groep, neemt in de toelichting van zijn jaarrekening een geconsolideerde jaarrekening op van de eigen financiële gegevens met die van zijn dochtermaatschappijen in de groep en andere groepsmaatschappijen.

Herwaarderings-reserve

– 2. Een rechtspersoon waarop lid 1 niet van toepassing is, maar die in zijn groep een of meer dochtermaatschappijen heeft, neemt in de toelichting van zijn jaarrekening een geconsolideerde jaarrekening op. Deze omvat de financiële gegevens van het groepsdeel, bestaande uit de rechtspersoon, zijn dochtermaatschappijen in de groep en andere groepsmaatschappijen die onder de rechtspersoon vallen.

– 3. Indien consolidatie van een groepsmaatschappij wegens verschil in werkzaamheden strijdig zou zijn met het wettelijk vereiste inzicht, moet haar jaarrekening, of in voorkomend geval haar geconsolideerde jaarrekening, afzonderlijk in de toelichting worden opgenomen. Belangrijke niet zichtbare gevolgen van de afzondering moeten worden toegelicht. (BW 2: 24a, 24b, 379, 405, 407 v.; Wet ondern.raden 31a)

– 4. De rechtspersoon die geen bank als bedoeld in artikel 415 is, en waarvan de geconsolideerde jaarrekening voor een belangrijk deel de financiële gegevens van banken bevat, geeft in de toelichting ten minste dat inzicht in de financiële gegevens van de banken als één geheel dat vereist is volgens de voorschriften van de richtlijn van de Raad van de Europese Gemeenschappen betreffende de jaarrekening en de geconsolideerde jaarrekening van banken en andere financiële instellingen; belangrijke gevolgen van de uitsplitsing van deze gegevens moeten worden toegelicht.

– 5. De rechtspersoon die geen verzekeringsmaatschappij als bedoeld in artikel 427 lid 1 is, en waarvan de geconsolideerde jaarrekening voor een belangrijk deel de financiële gegevens van verzekeringsmaatschappijen bevat, geeft in de toelichting ten minste dat inzicht in de financiële gegevens van de verzekeringsmaatschappijen als één geheel dat vereist is volgens de voorschriften van de richtlijn van de Raad van de Europese Gemeenschappen betreffende de jaarrekening en de geconsolideerde jaarrekening van verzekeringsondernemingen; belangrijke gevolgen van de uitsplitsing van de gegevens moeten worden toegelicht.

– 6. De uitsplitsing van de gegevens, bedoeld in de leden 4 en 5, geschiedt wat betreft de balans zoveel mogelijk in overeenstemming met de vormvoorschriften opgenomen in de richtlijnen, bedoeld in de leden 4 en 5, en biedt in ieder geval inzicht in het eigen vermogen van de banken onderscheidenlijk de verzekeringsmaatschappijen als één geheel.

– 7. In de geconsolideerde jaarrekening van een rechtspersoon, die geen bank als bedoeld in artikel 415 is, mag ten aanzien van groepsmaatschappijen die bank zijn, te zamen met de in artikel 426 lid 1 bedoelde andere groepsmaatschappijen, artikel 424 worden toegepast.

Art. 407

– 1. De verplichting tot consolidatie geldt niet voor gegevens:

Uitgezonderde gegevens

a. van groepsmaatschappijen wier gezamenlijke betekenis te verwaarlozen is op het geheel,

b. van groepsmaatschappijen waarvan de nodige gegevens slechts tegen onevenredige kosten of met grote vertraging te verkrijgen of te ramen zijn, *c.* van groepsmaatschappijen waarin het belang slechts wordt gehouden om het te vervreemden.

Geen consolidatie – 2. Consolidatie mag achterwege blijven, indien
a. bij consolidatie de grenzen van artikel 396 niet zouden worden overschreden;
b. geen in de consolidatie te betrekken maatschappij effecten heeft uitstaan die zijn opgenomen in de prijscourant van een beurs; en
c. niet binnen zes maanden na de aanvang van het boekjaar daartegen schriftelijk bezwaar bij de rechtspersoon is gemaakt door ten minste een tiende der leden of door houders van ten minste een tiende van het geplaatste kapitaal. (BW 2: 24*d*)
– 3. Indien de rechtspersoon groepsmaatschappijen beheert krachtens een regeling tot samenwerking met een rechtspersoon waarvan de financiële gegevens niet in zijn geconsolideerde jaarrekening worden opgenomen, mag hij zijn eigen financiële gegevens buiten de geconsolideerde jaarrekening houden. Dit geldt slechts, indien de rechtspersoon geen andere werkzaamheden heeft dan het beheren en financieren van groepsmaatschappijen en deelnemingen, en indien hij in zijn balans artikel 389 toepast. (BW 2: 24*b*, 24*c*, 408)

Art. 408

Geen consolidatie groepsdeel – 1. Consolidatie van een groepsdeel mag achterwege blijven, mits:
a. niet binnen zes maanden na de aanvang van het boekjaar daartegen schriftelijk bezwaar bij de rechtspersoon is gemaakt door ten minste een tiende der leden of door houders van ten minste een tiende van het geplaatste kapitaal; (BW 2: 24*d*)
b. de financiële gegevens die de rechtspersoon zou moeten consolideren zijn opgenomen in de geconsolideerde jaarrekening van een groter geheel;
c. de geconsolideerde jaarrekening en het jaarverslag zijn opgesteld overeenkomstig de voorschriften van de zevende richtlijn van de Raad van de Europese Gemeenschappen inzake het vennootschapsrecht of overeenkomstig de voorschriften van een der richtlijnen van de Raad van de Europese Gemeenschappen betreffende de jaarrekening en de geconsolideerde jaarrekening van banken en andere financiële instellingen dan wel van verzekeringsondernemingen dan wel, indien deze voorschriften niet behoeven te zijn gevolgd, op gelijkwaardige wijze;
d. de geconsolideerde jaarrekening met accountantsverklaring en jaarverslag, voor zover niet gesteld of vertaald in het Nederlands, zijn gesteld of vertaald in het Frans, Duits of Engels, en wel in de zelfde taal; en
e. telkens binnen zes maanden na de balansdatum of binnen een maand na een geoorloofde latere openbaarmaking ten kantore van het handelsregister waar de rechtspersoon is ingeschreven de in onderdeel *d* genoemde stukken of vertalingen zijn neergelegd dan wel een verwijzing is neergelegd naar het kantoor van het handelsregister waar zij liggen.
– 2. Onze Minister van Justitie kan voorschriften voor de jaarrekening aanwijzen die, zo nodig aangevuld met door hem gegeven voorschriften, als gelijkwaardig zullen gelden aan voorschriften overeenkomstig de zevende richtlijn. Intrekking van een aanwijzing kan slechts boekjaren betreffen die nog niet zijn begonnen.
– 3. De rechtspersoon moet de toepassing van lid 1 in de toelichting vermelden. (BW 2: 379[1 *d*]; 403)

Art. 409

Opname in geconsolideerde jaarrekening De financiële gegevens van een rechtspersoon of vennootschap mogen in de geconsolideerde jaarrekening worden opgenomen naar evenredigheid tot het daarin gehouden belang, indien:
a. in die rechtspersoon of vennootschap een of meer in de consolidatie opgenomen maatschappijen krachtens een regeling tot samenwerking met andere aandeelhouders, leden of vennoten samen de rechten of bevoegdheden kunnen uitoefenen als bedoeld in artikel 24*a*, lid 1; en
b. hiermee voldaan wordt aan het wettelijke inzichtvereiste. (BW 2: 362, 405[2])

Art. 410

De bepalingen van deze titel zijn van toepassing op de geconsolideerde jaarrekening – 1. De bepalingen van deze titel over de jaarrekening en onderdelen daarvan, uitgezonderd de artikelen 365 lid 2, 378, 379, 383, 383*b* tot en met 383*e*, 389 leden 6, 8 en 9, en 390, zijn van overeenkomstige toepassing op de geconsolideerde jaarrekening.
– 2. Voorraden hoeven niet te worden uitgesplitst, indien dat wegens bijzondere omstandigheden onevenredige kosten zou vergen.
– 3. Wegens gegronde, in de toelichting te vermelden redenen mogen andere waarderingsmethoden en grondslagen voor de berekening van het resultaat worden toegepast dan in de eigen jaarrekening van de rechtspersoon.
– 4. Staat een buitenlandse rechtspersoon mede aan het hoofd van de groep, dan mag het groepsdeel waarvan hij aan het hoofd staat, in de consolidatie worden opgenomen overeenkomstig zijn recht, met een uiteenzetting van de invloed daarvan op het vermogen en resultaat.
– 5. De in artikel 382 bedoelde gegevens worden voor het geheel van de volledig in de consolidatie betrokken maatschappijen vermeld; afzonderlijk worden de in de eerste zin van artikel

382 bedoelde gegevens vermeld voor het geheel van de naar evenredigheid in de consolidatie betrokken maatschappijen. (BW 2: 405)

Art. 411

– 1. In de geconsolideerde jaarrekening behoeft het eigen vermogen niet te worden uitgesplitst.

Eigen vermogen

– 2. Het aandeel in het groepsvermogen en in het geconsolideerde resultaat dat niet aan de rechtspersoon toekomt, wordt vermeld.

– 3. Verschillen tussen het eigen vermogen volgens de balans en volgens de geconsolideerde balans en tussen het resultaat na belastingen volgens de winst- en verliesrekening en volgens de geconsolideerde winst- en verliesrekening moeten worden toegelicht. (BW 2: 373)

Art. 412

– 1. De balansdatum voor de geconsolideerde jaarrekening is de zelfde als voor de jaarrekening van de rechtspersoon zelf.

Balansdatum

– 2. In geen geval mag de geconsolideerde jaarrekening worden opgemaakt aan de hand van gegevens, opgenomen meer dan drie maanden voor of na de balansdatum.

Art. 413

Indien de gegevens van een maatschappij voor het eerst in de consolidatie worden opgenomen en daarbij een waardeverschil ontstaat ten opzichte van de daaraan voorafgaande waardering van het belang daarin, moeten dit verschil en de berekeningswijze worden vermeld. Is de waarde lager, dan is artikel 389 lid 7 van toepassing op het verschil; is de waarde hoger, dan wordt het verschil opgenomen in het groepsvermogen, voor zover het geen nadelen weerspiegelt die aan de deelneming zijn verbonden. (BW 2: 24c, 389)

Waardeverschil ten gevolge van eerste opname in geconsolideerde jaarrekening

Art. 414

– 1. De rechtspersoon vermeldt, onderscheiden naar de hierna volgende categorieën, de naam en woonplaats van rechtspersonen en vennootschappen:

Voorgeschreven vermelding van naam en woonplaats en gronden voor consolidatie

a. die hij volledig in zijn geconsolideerde jaarrekening betrekt; (BW 2: 409)

b. waarvan de financiële gegevens in de geconsolideerde jaarrekening worden opgenomen voor een deel, evenredig aan het belang daarin;

c. waarin een deelneming wordt gehouden die in de geconsolideerde jaarrekening overeenkomstig artikel 389 wordt verantwoord;

d. die dochtermaatschappij zijn zonder rechtspersoonlijkheid en niet ingevolge de onderdelen *a, b* of *c* zijn vermeld;

e. waaraan een of meer volledig in de consolidatie betrokken maatschappijen of dochtermaatschappijen daarvan alleen of samen voor eigen rekening ten minste een vijfde van het geplaatste kapitaal verschaffen of doen verschaffen, en die niet ingevolge de onderdelen *a, b* of *c* zijn vermeld.

– 2. Tevens wordt vermeld:

a. op grond van welke omstandigheid elke maatschappij volledig in de consolidatie wordt betrokken, tenzij deze bestaat in het kunnen uitoefenen van het merendeel van de stemrechten en het verschaffen van een daaraan evenredig deel van het kapitaal;

b. waaruit blijkt dat een rechtspersoon of vennootschap waarvan financiële gegevens overeenkomstig artikel 409 in de geconsolideerde jaarrekening zijn opgenomen, daarvoor in aanmerking komt;

c. in voorkomend geval de reden voor het niet consolideren van een dochtermaatschappij, vermeld ingevolge lid 1 onder *c, d* of *e*;

d. het deel van het geplaatste kapitaal dat wordt verschaft;

e. het bedrag van het eigen vermogen en resultaat van elke krachtens onderdeel *e* van lid 1 vermelde maatschappij volgens haar laatst vastgestelde jaarrekening.

– 3. Indien vermelding van naam, woonplaats en het gehouden deel van het geplaatste kapitaal van een dochtermaatschappij waarop onderdeel *c* van lid 1 van toepassing is, dienstig is voor het wettelijk vereiste inzicht, mag zij niet achterwege blijven, al is de deelneming van te verwaarlozen betekenis. Onderdeel *e* van lid 2 geldt niet ten aanzien van maatschappijen waarin een belang van minder dan de helft wordt gehouden en die wettig de balans niet openbaar maken.

– 4. Artikel 379 lid 4 is van overeenkomstige toepassing op de vermeldingen op grond van de leden 1 en 2.

– 5. Vermeld wordt ten aanzien van welke rechtspersonen de rechtspersoon een aansprakelijkstelling overeenkomstig artikel 403 heeft afgegeven. (BW 2: 24a, 24c, 24d, 379, 389, 403)

1 BW Boek 2

Bepalingen voor banken

Art. 415

Begripsbepaling   In deze afdeling wordt onder bank verstaan: de ingevolge artikel 52, tweede lid, onder *a*, van de Wet toezicht kredietwezen 1992 (*Stb.* 1992, 722) geregistreerde kredietinstellingen. (BW 2: 360, 400, 425; Rv 999 v.)

Art. 416

Toepasselijke artikelen   – 1. Voor zover in deze afdeling niet anders is bepaald, gelden de afdelingen 1, 2, 5 tot en met 10 en 13 van deze titel voor banken, alsmede de artikelen 365 lid 2, 366 lid 2, 368, 373 leden 2 tot en met 5, 374, leden 1, 2, en 4, 375 leden 5 en 7, 376, tweede volzin, 377 lid 7, en de artikelen 402, 403 en 404. (BW 2: 241)

Vaste activa   – 2. Voor banken gelden de deelnemingen, de immateriële en de materiële activa als vaste activa. Andere effecten en verdere activa gelden als vaste activa, voor zover zij bestemd zijn om duurzaam voor de bedrijfsuitoefening te worden gebruikt. (BW 2: 365 v., 384 v., 442 v.)

– 3. Over een ontwerp van een algemene maatregel van bestuur als bedoeld in artikel 363, zesde lid, voor zover deze strekt ter uitvoering van de bepalingen van deze afdeling, en over een ontwerp van een algemene maatregel van bestuur als bedoeld in artikel 417 wordt De Nederlandsche Bank N.V. gehoord.

Hoorplicht Ned. Bank   – 4. Ten aanzien van een bank geeft Onze Minister van Economische Zaken geen beslissing op een verzoek om ontheffing als bedoeld in de artikelen 58 lid 5, 101 lid 4, 210 lid 4, 379 lid 4 of 392 lid 4 dan nadat hij daarover De Nederlandsche Bank N.V. heeft gehoord.

Art. 417

Bij algemene maatregel van bestuur worden ter uitvoering van richtlijnen van de raad van de Europese Gemeenschappen inzake de jaarrekening en de geconsolideerde jaarrekening van banken regels gesteld met betrekking tot de balans en de winst- en verliesrekening alsmede de toelichtingen daarop. (BW 2: 416³)

Art. 418

Niet gepubliceerd.

Art. 419

Afwijkingen   De indeling, de benaming en de omschrijving van de posten van de balans en de winst- en verliesrekening mogen voor banken die niet één van de in artikel 360, eerste zin, genoemde rechtsvormen hebben, of voor gespecialiseerde banken afwijkingen bevatten, voor zover deze wegens hun rechtsvorm respectievelijk de bijzondere aard van hun bedrijf noodzakelijk zijn. (BW 2: 362, 364 v., 377 v.)

Art. 420

Waardeverminderingen   – 1. Waardeverminderingen op de tot de vaste activa behorende effecten en deelnemingen mogen in de winst- en verliesrekening met de ongedaanmakingen van de afboekingen worden gesaldeerd, voor zover de waardeverminderingen niet aan de herwaarderingsreserve worden onttrokken.

– 2. Het eerste lid is eveneens van toepassing op de waardeverminderingen en ongedaanmakingen van de afboekingen ter zake van vorderingen op bankiers, klanten en voorzieningen voor voorwaardelijke verplichtingen en onherroepelijk toegezegde verplichtingen die tot een kredietrisico kunnen leiden.

– 3. Waardestijgingen van de niet tot de vaste activa, maar wel tot de handelsportefeuille behorende effecten die tegen marktwaarde worden gewaardeerd, worden in de winst- en verliesrekening in aanmerking genomen. Waardeverminderingen van deze effecten worden overeenkomstig artikel 387 leden 1 tot en met 3 in aanmerking genomen. (BW 2: 363², 387¹⁻³, 241)

Art. 421

– 1. Artikel 368 is van toepassing op de posten, behorende tot de vaste activa; gesaldeerde bedragen als bedoeld in artikel 420 lid 1 mogen met andere posten in het overzicht worden samengevoegd.

– 2. Artikel 376 tweede volzin is alleen van toepassing op de posten buiten de balanstelling.

– 3. Gelijksoortige handelingen als bedoeld in artikel 378 lid 3, tweede zin, mogen gezamenlijk worden verantwoord. Artikel 378 lid 4 onder *a* geldt niet voor de aandelen of certificaten daarvan die de bank in de gewone bedrijfsuitoefening in pand heeft genomen.

– 4. Artikel 381, eerste volzin, is slechts van toepassing voor zover de desbetreffende gegevens niet in de posten buiten de balanstelling zijn opgenomen.

– 5. Met uitzondering van de nog openstaande bedragen is de tweede zin van artikel 383 lid 2 niet van toepassing. (BW 2: 416¹)

1 BW Boek 2

Art. 422

– 1. Waardepapieren met een vaste of van de rentestand afhankelijke rente die tot de vaste activa behoren, worden op de grondslag van de verkrijgingsprijs of tegen aflossingswaarde gewaardeerd, onverminderd de toepassing van artikel 387 lid 4.

– 2. Indien deze waardepapieren tegen aflossingswaarde in de balans worden opgenomen, wordt het verschil tussen de verkrijgingsprijs en de aflossingswaarde vermeld en over de jaren sinds de aanschaf gespreid als resultaat verantwoord. Het verschil mag ook in één keer worden verantwoord, indien de verkrijgingsprijs hoger was dan de aflossingswaarde.

– 3. De niet tot de vaste activa behorende effecten worden gewaardeerd op de grondslag van de verkrijgingsprijs of tegen marktwaarde. Het verschil tussen beide waarden wordt voor het geheel van deze effecten vermeld.

Art. 423

– 1. Vaste activa in vreemde valuta die niet door contante of termijntransacties worden gedekt, worden opgenomen tegen de dagkoers op de balansdatum of op de datum van verkrijging van deze activa.

– 2. Niet afgewikkelde termijntransacties in vreemde valuta worden opgenomen tegen de dag- of termijnkoers op de balansdatum.

– 3. De overige activa en passiva in vreemde valuta worden opgenomen tegen de dagkoers op de balansdatum.

– 4. Verschillen, ontstaan bij de omrekening van activa en passiva worden in de winst- en verliesrekening verantwoord. Zij mogen evenwel ten gunste of ten laste van een niet-uitkeerbare reserve worden gebracht, voor zover zij betrekking hebben op vaste activa of termijntransacties ter dekking daarvan; het totaal van de positieve verschillen en dat van de negatieve verschillen wordt alsdan vermeld.

Art. 424

Een bank mag op de balans onder de passiva onmiddellijk na de voorzieningen een post omvattende de dekking voor algemene bankrisico's opnemen, voor zover zulks geboden is om redenen van voorzichtigheid wegens de algemene risico's van haar bankbedrijf. Het saldo van de toegevoegde en onttrokken bedragen aan deze post wordt als afzonderlijke post in de winst- en verliesrekening opgenomen. (BW 2: 362[1, 4], 389)

Art. 425

Een bank ten aanzien waarvan een beslissing als bedoeld in artikel 12, eerste lid, van de Wet toezicht kredietwezen 1992 is genomen, behoeft de jaarrekening en het jaarverslag niet volgens de voorschriften van deze titel in te richten, mits de financiële gegevens zijn opgenomen in de geconsolideerde jaarrekening, het jaarverslag en de overige gegevens van de bank op wier aansprakelijkheid de ontheffing is gegrond; de artikelen 393 en 394 gelden niet voor de bank waaraan de ontheffing is verleend. Aan de geconsolideerde jaarrekening worden een jaarverslag en overige gegevens toegevoegd, die betrekking hebben op de in de geconsolideerde jaarrekening begrepen rechtspersonen en instellingen gezamenlijk. (BW 2: 405 v.)

Art. 426

– 1. In de geconsolideerde jaarrekening van een bank worden ten minste groepsmaatschappijen wier werkzaamheden rechtstreeks in het verlengde van het bankbedrijf liggen of die bestaan uit het verrichten van nevendiensten in het verlengde van het bankbedrijf geconsolideerd overeenkomstig de voorschriften voor banken. Andere groepsmaatschappijen die geen bank zijn en die in de geconsolideerde jaarrekening van een bank worden opgenomen, worden eveneens verantwoord overeenkomstig de voorschriften voor banken, met uitzondering evenwel van artikel 424. Is de groepsmaatschappij die in de geconsolideerde jaarrekening van een bankengroep wordt opgenomen, een verzekeringsmaatschappij als bedoeld in artikel 427, dan wordt deze geconsolideerd overeenkomstig de voorschriften voor verzekeringsmaatschappijen.

– 2. De groepsmaatschappij aan het hoofd van de groep die de gegevens consolideert van een groep of een groepsdeel, welke geen of nagenoeg geen andere werkzaamheid heeft dan de uitoefening van het bankbedrijf, wordt in de geconsolideerde jaarrekening opgenomen overeenkomstig de voorschriften voor banken. Dit geldt slechts, indien deze groepsmaatschappij geen andere werkzaamheid heeft dan het beheren en financieren van groepsmaatschappijen en deelnemingen.

– 3. De leden 2 en 3 van artikel 407 zijn niet van toepassing. Indien een bank artikel 407 lid 1 onder c toepast ten aanzien van een dochtermaatschappij die eveneens bank is, en waarin het belang wordt gehouden vanwege een financiële bijstandsverlening, wordt de jaarrekening van laatstgenoemde bank gevoegd bij de geconsolideerde jaarrekening van eerstgenoemde bank. De belangrijke voorwaarden, waaronder de financiële bijstandsverlening plaatsvindt, worden vermeld. (BW 2: 389, 405 v., 424)

AFDELING 15

Bepalingen voor verzekeringsmaatschappijen

§ 1. Algemene bepalingen

Art. 427

Begrip verzeke-
ringsmaatschappij
– 1. In deze afdeling wordt onder verzekeringsmaatschappij verstaan: de rechtspersoon waarop artikel 72 van de Wet toezicht verzekeringsbedrijf 1993 van toepassing is alsmede de rechtspersoon, bedoeld in artikel 14, eerste lid, onder *a* van die wet alsmede de rechtspersoon waarop artikel 33 van de Wet toezicht natura-uitvaartverzekeringsbedrijf van toepassing is.
– 2. Een rechtspersoon die het verzekeringsbedrijf uitoefent, doch die geen verzekerings-maatschappij is, mag de voor verzekeringsmaatschappijen geldende voorschriften toepassen, indien het in artikel 362 lid 1 bedoelde inzicht daardoor wordt gediend.
– 3. De uitoefening van het natura-uitvaartverzekeringsbedrijf wordt voor de toepassing van deze afdeling aangemerkt als de uitoefening van het levensverzekeringsbedrijf. Een natura-uitvaartverzekering wordt voor de toepassing van deze afdeling aangemerkt als een levensver-zekering. (BW 2: 360, 403⁵, 408¹ sub c; Rv 999 v.)

Art. 428

Toepassing
– 1. Voor zover in deze afdeling niet anders is bepaald, gelden de afdelingen 1, 2, 5 tot en met 10 en 13 van deze titel voor verzekeringsmaatschappijen, alsmede de artikelen 365, 366 lid 2, 368 lid 1, 373, 374, 375, leden 2, 3 en 5 tot en met 7, 376, 377 lid 7, 402, 403 en 404. (BW 2: 431, 436 lid 4, 441¹, 445⁴)
– 2. Voor verzekeringsmaatschappijen gelden de deelnemingen, de immateriële activa en de beleggingen als vaste activa. Verdere activa gelden als vaste activa, voor zover zij bestemd zijn om duurzaam voor de bedrijfsuitoefening te worden gebruikt.

Invloed van Pensi-
oen- en Verzeke-
ringskamer
– 3. Over ontwerpen van een algemene maatregel van bestuur als bedoeld in de artikelen 363 lid 6 of 442 lid 1, voor zover deze strekken ter uitvoering van de bepalingen van deze afdeling, en over een ontwerp van een algemene maatregel van bestuur als bedoeld in artikel 444 lid 2 wordt de Pensioen- & Verzekeringskamer gehoord.
– 4. Ten aanzien van een verzekeringsmaatschappij geeft Onze Minister van Economische Za-ken geen beslissing op een verzoek om ontheffing als bedoeld in de artikelen 58 lid 5, 101 lid 4, 210 lid 4 of 392 lid 4 dan nadat hij daarover de Pensioen- & Verzekeringskamer heeft gehoord. (BW 2: 416)

§ 2. Voorschriften omtrent de balans en de toelichting daarop

Art. 429

Activa/passiva
– 1. Onder de activa worden afzonderlijk opgenomen:
a. de immateriële activa op de wijze bepaald in artikel 365;
b. de beleggingen;
c. de beleggingen waarbij de tot uitkering gerechtigde het beleggingsrisico draagt, alsmede de spaarkasbeleggingen;
d. de vorderingen;
e. de overige activa; en
f. de overlopende activa.
– 2. Onder de passiva worden afzonderlijk opgenomen:
a. het eigen vermogen, op de wijze bepaald in artikel 373;
b. de achtergestelde schulden;
c. de technische voorzieningen eigen aan het verzekeringsbedrijf;
d. de technische voorzieningen voor verzekeringen waarbij de tot uitkering gerechtigde het beleggingsrisico draagt en die voor spaarkassen;
e. de voorzieningen, op de wijze bepaald in artikel 374;
f. de niet-opeisbare schulden in het kader van een herverzekeringsovereenkomst van een maatschappij die haar verplichtingen herverzekert;
g. de schulden; en
h. de overlopende passiva. (BW 2: 364, 365, 373 v., 378 v.)

Art. 430

Vorderingen
– 1. Onder de beleggingen worden afzonderlijk opgenomen:
a. terreinen en gebouwen, al dan niet in aanbouw, en de vooruitbetalingen daarop, met afzon-derlijke vermelding van de terreinen en gebouwen voor eigen gebruik;
b. beleggingen in groepsmaatschappijen en deelnemingen;
c. overige financiële beleggingen. (BW 2: 431)
– 2. Op de balans van een maatschappij die herverzekeringen aanneemt, worden onder de

1 BW Boek 2

beleggingen tevens afzonderlijk opgenomen de niet ter vrije beschikking staande vorderingen in het kader van een herverzekeringsovereenkomst.

– 3. Bij de beleggingen in groepsmaatschappijen en deelnemingen worden afzonderlijk vermeld:

a. aandelen, certificaten van aandelen en andere vormen van deelneming in groepsmaatschappijen;

b. andere deelnemingen;

c. waardepapieren met een vaste of van de rentestand afhankelijke rente uitgegeven door en vorderingen op groepsmaatschappijen; en

d. waardepapieren met een vaste of van de rentestand afhankelijke rente uitgegeven door en vorderingen op andere rechtspersonen en vennootschappen die een deelneming hebben in de verzekeringsmaatschappij of waarin de verzekeringsmaatschappij een deelneming heeft.

– 4. Van de overige financiële beleggingen worden afzonderlijk vermeld:

a. aandelen, certificaten van aandelen, deelnemingsbewijzen en andere niet-vastrentende waardepapieren;

b. waardepapieren met een vaste of van de rentestand afhankelijke rente;

c. belangen in beleggingspools;

d. vorderingen uit leningen voor welke zakelijke zekerheid is gesteld;

e. andere vorderingen uit leningen;

f. deposito's bij banken;

g. andere financiële beleggingen.

– 5. Tenzij de post andere financiële beleggingen van ondergeschikte betekenis is op het geheel van de overige financiële beleggingen, wordt zij naar aard en omvang toegelicht. (BW 2: 366, 367)

Art. 431

Artikel 368 lid 1 is niet van toepassing op de overige financiële beleggingen, bedoeld in artikel 430 lid 1, onder *c.*

Art. 432

– 1. Onder de vorderingen worden afzonderlijk opgenomen:

a. vorderingen uit verzekeringsovereenkomsten, anders dan herverzekering, met afzonderlijke vermelding van de vorderingen op verzekeringnemers en op tussenpersonen;

b. vorderingen uit herverzekeringsovereenkomsten;

c. overige vorderingen.

– 2. Onderscheiden naar de in lid 1 genoemde groepen, worden aangegeven de vorderingen op groepsmaatschappijen en de vorderingen op andere rechtspersonen en vennootschappen die een deelneming hebben in de verzekeringsmaatschappij of waarin de verzekeringsmaatschappij een deelneming heeft.

Vorderingen

Art. 433

– 1. Onder de overige activa worden afzonderlijk opgenomen:

a. materiële activa als bedoeld in artikel 366 lid 1 die niet onder de post terreinen en gebouwen moeten worden opgenomen, alsmede voorraden als bedoeld in artikel 369;

b. liquide middelen, als bedoeld in artikel 372 lid 1;

c. andere activa.

– 2. Tenzij de post andere activa van ondergeschikte betekenis is op het geheel van de overige activa, wordt zij naar aard en omvang toegelicht.

Overige activa

Art. 434

– 1. Onder de overlopende activa worden afzonderlijk opgenomen:

a. vervallen, maar nog niet opeisbare rente en huur;

b. overlopende acquisitiekosten, voor zover niet reeds in mindering gebracht op de technische voorziening niet-verdiende premies dan wel op de technische voorziening levensverzekering;

c. overige overlopende activa.

– 2. Vermeld worden de overlopende acquisitiekosten voor onderscheidenlijk levensverzekering en schadeverzekering.

Overlopende activa

Art. 435

– 1. Onder de technische voorzieningen worden afzonderlijk opgenomen:

a. de voorziening voor niet-verdiende premies en lopende risico's;

b. de voorziening voor levensverzekering;

c. de voorziening voor te betalen schaden of voor te betalen uitkeringen;

d. de voorziening voor winstdeling en kortingen;

e. de egalisatievoorziening, voor zover egalisatie van winsten en verliezen bij of krachtens de wet is toegestaan;

f. de overige technische voorzieningen.

Technische voorzieningen

1 BW Boek 2

– 2. Artikel 374 is van toepassing op de verzekeringstechnische voorzieningen, voor zover de aard van de technische voorzieningen zich daartegen niet verzet.

– 3. Op de technische voorzieningen, daaronder begrepen de technische voorzieningen, bedoeld in artikel 429 lid 2, onder *d*, wordt het deel dat door herverzekeringsovereenkomsten wordt gedekt op de balans in mindering gebracht. Eveneens worden op deze voorzieningen de rentestandkortingen in mindering gebracht.

– 4. Indien op de technische voorzieningen acquisitiekosten in mindering zijn gebracht, worden deze afzonderlijk vermeld. (BW 2: 375)

– 5. Indien de technische voorziening voor lopende risico's niet wordt opgenomen bij de technische voorziening niet-verdiende premies, wordt zij in de overige technische voorzieningen opgenomen. Tenzij de voorziening voor lopende risico's van ondergeschikte betekenis is op het geheel van de voorziening niet-verdiende premies wordt de omvang toegelicht.

– 6. In het levensverzekeringsbedrijf behoeft geen technische voorziening voor niet-verdiende premies onderscheidenlijk voor te betalen uitkeringen te worden vermeld.

– 7. Onder de technische voorziening levensverzekering mag de voorziening, bedoeld in artikel 374 lid 4, onder *b*, worden opgenomen. In dat geval wordt in de toelichting het bedrag van de voorziening vermeld.

Art. 436

Schulden

– 1. Onder de schulden worden afzonderlijk opgenomen:

a. schulden uit verzekeringsovereenkomsten, anders dan herverzekering;

b. schulden uit herverzekeringsovereenkomsten;

c. obligatieleningen, pandbrieven en andere leningen met afzonderlijke vermelding van converteerbare leningen;

d. schulden aan banken;

e. overige schulden, met afzonderlijke vermelding van schulden ter zake van belastingen en premiën sociale verzekering.

– 2. Onderscheiden naar de in lid 1 genoemde groepen, worden aangegeven de schulden aan groepsmaatschappijen en de schulden aan andere rechtspersonen en vennootschappen die een deelneming hebben in de verzekeringsmaatschappij of waarin de verzekeringsmaatschappij een deelneming heeft.

– 3. Artikel 375 lid 2 is van toepassing op elke in lid 1 vermelde groep van schulden.

– 4. Artikel 376 is niet van toepassing op verplichtingen uit verzekeringsovereenkomsten.

§ 3. *Voorschriften omtrent de winst- en verliesrekening en de toelichting daarop*

Art. 437

Winst- en verlies-rekening

– 1. In deze afdeling wordt onder de winst- en verliesrekening verstaan: een technische rekening schadeverzekering, een technische rekening levensverzekering en een niet-technische rekening. De technische rekeningen worden toegepast naar gelang van de aard van het bedrijf van de verzekeringsmaatschappij.

– 2. Een verzekeringsmaatschappij die uitsluitend herverzekert of die naast herverzekering het schadeverzekeringsbedrijf uitoefent, mag de technische rekeningen toepassen naar gelang de aard van de overeenkomsten die worden herverzekerd, dan wel uitsluitend de technische rekening schadeverzekering. Indien uitsluitend de technische rekening schadeverzekering wordt toegepast, worden afzonderlijk de brutopremies vermeld, onderscheiden naar levensverzekering en schadeverzekering.

– 3. Op de technische rekening schadeverzekering worden afzonderlijk opgenomen de baten en de lasten uit de gewone uitoefening van het schadeverzekeringsbedrijf en het resultaat daarvan voor belastingen.

– 4. Op de technische rekening levensverzekering worden afzonderlijk opgenomen de baten en de lasten uit de gewone uitoefening van het levensverzekeringsbedrijf en het resultaat daarvan voor belastingen.

– 5. Op de niet-technische rekening worden afzonderlijk opgenomen:

a. de resultaten voor belastingen uit de gewone uitoefening van het schadeverzekeringsbedrijf en het levensverzekeringsbedrijf, de opbrengsten en lasten uit beleggingen alsmede de niet-gerealiseerde opbrengsten en verliezen van beleggingen welke niet worden toegewezen aan of toekomen aan het schade- of levensverzekeringsbedrijf, en de toegerekende opbrengsten uit beleggingen overgeboekt van of aan de technische rekeningen, de andere baten en lasten, de belastingen op het resultaat van de gewone bedrijfsuitoefening, en dit resultaat na belastingen;

b. de buitengewone baten en lasten, de belastingen daarover en het buitengewone resultaat na belastingen;

c. de overige belastingen;

d. het resultaat na belastingen.

1 BW Boek 2

– 6. Op de niet gerealiseerde opbrengsten en verliezen van beleggingen is artikel 438 lid 4 van toepassing.

Art. 438

– 1. Afzonderlijk worden op de technische rekeningen, onder aftrek van herverzekeringsbaten en -lasten, opgenomen:
a. de verdiende premies;
b. de opbrengsten uit beleggingen;
c. de niet-gerealiseerde opbrengsten van beleggingen;
d. de overige baten;
e. de schaden of uitkeringen;
f. de toe- of afneming van de technische voorzieningen die niet onder andere posten moeten worden vermeld;
g. de toe- of afneming van de technische voorziening voor winstdeling en kortingen;
h. de bedrijfskosten;
i. de lasten in verband met beleggingen;
j. het niet-gerealiseerde verlies van beleggingen, op de wijze, bedoeld in lid 4;
k. de overige lasten;
l. de aan de niet-technische rekening toe te rekenen opbrengsten uit beleggingen;
m. de toe- of afneming van de egalisatievoorziening.
– 2. Tenzij aan het schadeverzekeringsbedrijf beleggingen rechtstreeks kunnen worden toegewezen, worden in de technische rekening schadeverzekering de posten b en c van lid 1 vervangen door een post die de aan het schadeverzekeringsbedrijf toegerekende opbrengsten van beleggingen omvat, en vervallen de posten i, j en l van lid 1. Post m wordt slechts in de technische rekening schadeverzekering opgenomen.
– 3. Bij de toerekening van opbrengsten van beleggingen van het ene deel van de winst- en verliesrekening aan het andere, worden de reden en de grondslag vermeld.
– 4. Waardestijgingen van beleggingen die op de grondslag van de actuele waarde worden gewaardeerd, mogen in de winst- en verliesrekening in aanmerking worden genomen onder post c van lid 1 of, indien de uitzondering van het tweede lid zich niet voordoet dan wel artikel 445 lid 3 wordt toegepast, in de niet-technische rekening. Indien de eerste volzin toepassing vindt, worden de waardeverminderingen van deze beleggingen niet als een last in verband met beleggingen overeenkomstig artikel 440 lid 5 onder b verantwoord, maar opgenomen onder post j van lid 1. Waardestijgingen en waardeverminderingen van de beleggingen, bedoeld in artikel 429 lid 1, onder c, moeten in de winst- en verliesrekening in aanmerking worden genomen op de wijze als in de eerste twee volzinnen aangegeven. (BW 2: 384⁵, 387⁴, ⁵)

Art. 439

– 1. Op de technische en niet-technische rekeningen worden de volgende posten, naar gelang zij daarop voorkomen, overeenkomstig de volgende leden uitgesplitst.
– 2. De verdiende premies worden uitgesplitst in:
a. de brutopremies die tijdens het boekjaar zijn vervallen, uitgezonderd de samen met de premies geïnde belastingen of andere bij of krachtens de wet vereiste bijdragen;
b. de door de verzekeringsmaatschappij betaalde en verschuldigde herverzekeringspremies, onder aftrek van de bij de aanvang van het boekjaar verschuldigde herverzekeringspremies;
c. de toe- of afneming van de technische voorziening voor niet-verdiende premies, alsmede, indien van toepassing, van de technische voorziening voor lopende risico's;
d. het herverzekeringsdeel van de toe- of afneming, bedoeld onder c.
– 3. In de technische rekening levensverzekering mag de toe- of afneming van de technische voorziening niet-verdiende premies onderdeel uitmaken van de toe- of afneming van de technische voorziening levensverzekering en behoeft de uitsplitsing, bedoeld in lid 2, onder d, niet te worden gemaakt.
– 4. De schaden dan wel uitkeringen worden gesplitst in:
a. de voor eigen rekening betaalde schaden of uitkeringen, met afzonderlijke opneming van de totaal betaalde schaden of uitkeringen en van het daarin begrepen herverzekeringsdeel;
b. de toe- of afneming van de voorziening voor te betalen schaden of uitkeringen voor eigen rekening, met afzonderlijke opneming van het herverzekeringsdeel en van de som van deze beide bedragen.
– 5. Bij de post toe- of afneming van de technische voorzieningen die niet onder andere posten moet worden vermeld, wordt afzonderlijk opgenomen:
a. de toe- of afneming van de technische voorziening voor levensverzekering voor eigen rekening met afzonderlijke opneming van het herverzekeringsdeel en van de som van beide bedragen;
b. de toe- of afneming van de overige technische voorzieningen.
– 6. Tenzij van ondergeschikte betekenis op het geheel van toe- of afneming van de voorzie-

---

ning voor te betalen schaden of uitkeringen, worden de aard en omvang aangegeven van het verloop in het boekjaar van het deel van de voorziening dat betreft de nog niet afgewikkelde schaden uit eerdere boekjaren.

Art. 440

Bedrijfskosten

– 1. Bij de bedrijfskosten worden afzonderlijk vermeld:
a. de acquisitiekosten;
b. de toe- of afneming van de overlopende acquisitiekosten;
c. de beheerskosten, de personeelskosten en de afschrijvingen op bedrijfsmiddelen, voor zover deze niet onder de acquisitiekosten, de schaden of de lasten in verband met beleggingen zijn opgenomen;
d. de op de bedrijfskosten in mindering gebrachte provisie en winstdeling die ter zake van herverzekeringsovereenkomsten is ontvangen.
– 2. Als acquisitiekosten worden aangemerkt de middellijk of onmiddellijk met het sluiten van verzekeringsovereenkomsten samenhangende kosten.
– 3. Bij de opbrengsten uit beleggingen worden afzonderlijk vermeld:
a. de opbrengsten uit deelnemingen;
b. de opbrengsten uit andere beleggingen, gesplitst naar opbrengsten uit terreinen en gebouwen en uit de overige beleggingen;
c. de terugnemingen van de waardeverminderingen van beleggingen, voor zover niet krachtens artikel 390 lid 3 in de herwaarderingsreserve opgenomen;
d. de opbrengsten bij verkoop van beleggingen.
– 4. Onderscheiden naar de in lid 3 onder *a* en *b* genoemde groepen worden de opbrengsten uit de verhouding met groepsmaatschappijen aangegeven.
– 5. Bij de lasten in verband met beleggingen worden afzonderlijk vermeld:
a. de kosten in verband met het beheer van beleggingen, met inbegrip van de rentekosten;
b. de waardeverminderingen van beleggingen, voor zover niet krachtens artikel 390 lid 3 aan de herwaarderingsreserve onttrokken, alsmede de afschrijvingen op beleggingen;
c. het verlies bij verkoop van beleggingen.
– 6. Het bedrag van de winstdeling en dat van de kortingen worden in de toelichting opgenomen.

§ 4. Bijzondere voorschriften omtrent de toelichting

Art. 441

Voorschriften toelichting

– 1. Artikel 380 is niet van toepassing.
– 2. Een verzekeringsmaatschappij die het schadeverzekerings- of schadeherverzekeringsbedrijf uitoefent, vermeldt in een overzicht de volgende gegevens, waarin het herverzekeringsdeel is begrepen:
a. de geboekte premies;
b. de verdiende premies;
c. de schaden;
d. de bedrijfskosten; en
e. de som van de herverzekeringsbaten- en lasten.
– 3. Deze gegevens worden gesplitst naar schadeverzekering en herverzekering, indien ten minste een tiende deel van de geboekte premies uit herverzekeringsovereenkomsten afkomstig is.
– 4. De gegevens met betrekking tot schadeverzekering worden onderscheiden naar de volgende groepen:
a. ongevallen en ziekte;
b. wettelijke aansprakelijkheid motorrijtuigen;
c. motorrijtuigen overig;
d. zee-, transport- en luchtvaartverzekering;
e. brand en andere schade aan zaken;
f. algemene aansprakelijkheid, met uitzondering van de wettelijke aansprakelijkheid motorrijtuigen en van de aansprakelijkheid voor zee, transport en luchtvaart;
g. krediet en borgtocht;
h. rechtsbijstand;
i. hulpverlening; en
j. diverse geldelijke verliezen, indien de geboekte premies voor een groep meer dan € 10 000 000 bedragen. De verzekeringsmaatschappij vermeldt ten minste de gegevens van haar drie belangrijkste groepen.
– 5. Een verzekeringsmaatschappij die het levensverzekerings- of levensherverzekeringsbedrijf uitoefent, vermeldt in een overzicht de geboekte premies, met inbegrip van het herverzekeringsdeel, en het saldo van de herverzekeringsbaten en -lasten. De geboekte premies wor-

den gesplitst naar levensverzekering en herverzekering, indien ten minste een tiende deel van de geboekte premies uit herverzekeringsovereenkomsten afkomstig is.

– 6. De geboekte premies levensverzekering worden onderscheiden naar:

a. premies uit collectieve verzekeringsovereenkomsten en die uit individuele overeenkomsten;

b. koopsommen en weerkerende betalingen; en

c. premies van overeenkomsten waarbij de tot uitkering gerechtigde het beleggingsrisico draagt, van overeenkomsten met en van overeenkomsten zonder winstdeling; een onder *a*, *b* of *c* vermelde categorie die een tiende gedeelte of minder bedraagt van het totaal van de geboekte premies behoeft niet te worden vermeld.

– 7. Vermeld wordt het bedrag van de premies, met inbegrip van het herverzekeringsdeel, die zijn geboekt op verzekeringsovereenkomsten gesloten vanuit:

a. Nederland;

b. het overige grondgebied van de Europese Gemeenschappen; en

c. de landen daarbuiten, telkens indien dat bedrag groter is dan het twintigste deel van het totaal van de geboekte premies.

– 8. Opgegeven wordt het bedrag van de betaalde en verschuldigde provisies, ongeacht de aard van de provisie. (BW 2: 378 v.)

§ 5. *Bijzondere voorschriften omtrent de grondslagen van waardering en van bepaling van het resultaat*

Art. 442

– 1. Als actuele waarde van de beleggingen komt slechts in aanmerking de marktwaarde overeenkomstig de regels gesteld bij algemene maatregel van bestuur, onverminderd het bepaalde in artikel 389.

Grondslagen van waardering

– 2. De beleggingen waarbij de tot uitkering gerechtigde het beleggingsrisico draagt, alsmede spaarkasbeleggingen worden gewaardeerd op de grondslag van de actuele waarde. (BW 2: 384 v.)

– 3. Voor elk der posten behorende tot de beleggingen die op de balansdatum aanwezig zijn, worden opgegeven:

a. de verkrijgings- of vervaardigingsprijs, indien de waardering op de grondslag van de actuele waarde geschiedt;

b. de actuele waarde op de balansdatum, indien de waardering op de grondslag van de verkrijgings- of vervaardigingsprijs geschiedt.

– 4. Indien beleggingen in terreinen en gebouwen op de grondslag van de actuele waarde worden gewaardeerd, behoeft artikel 386 lid 4 niet te worden toegepast. Indien het beleggingen in terreinen en gebouwen in eigen gebruik betreft, wordt in de toelichting op de winst- en verliesrekening het bedrag van de aan deze beleggingen toegerekende opbrengst aangegeven alsmede het toegerekende bedrag van de huisvestingskosten.

Art. 443

– 1. Waardepapieren met een vaste van de rentestand afhankelijke rente die tot de beleggingen behoren, mogen tegen aflossingswaarde worden gewaardeerd, onverminderd de toepassing van artikel 387 lid 4.

Waardepapieren

– 2. Indien deze waardepapieren tegen aflossingswaarde op de balans worden opgenomen, wordt het verschil tussen de verkrijgingsprijs en de aflossingswaarde vermeld en over de jaren sinds de aanschaf gespreid als resultaat verantwoord. Het verschil mag ook in één keer als resultaat worden verantwoord, indien de verkrijgingsprijs hoger was dan de aflossingswaarde.

– 3. Indien deze waardepapieren voor het einde van de looptijd worden verkocht en de opbrengst wordt aangewend voor de aankoop van soortgelijke waardepapieren, mag het verschil tussen de opbrengst en de boekwaarde gelijkelijk gespreid over de resterende looptijd van de oorspronkelijke waardepapieren als resultaat worden verantwoord. De vorige zin is niet van toepassing indien de waardepapieren op de grondslag van de actuele waarde worden gewaardeerd.

– 4. De vorderingen uit leningen voor welke zakelijke zekerheid is gesteld en de andere vorderingen uit leningen, bedoeld in artikel 430 lid 4, onder *d* en *e*, mogen eveneens tegen aflossingswaarde worden gewaardeerd. (BW 2: 422[1, 2])

Art. 444

– 1. De technische voorzieningen worden gewaardeerd op voor de bedrijfstak aanvaardbare grondslagen. Bij de waardering van de technische voorzieningen wordt ervan uitgegaan dat de verzekeringsmaatschappij in staat moet zijn te voldoen aan haar naar maatstaven van redelijkheid en billijkheid voorzienbare verplichtingen uit verzekeringsovereenkomsten. De bepaling van de technische voorziening voor levensverzekering en van die voor periodiek te betalen schaden of uitkeringen geschiedt door terzake deskundigen.

Waarderingsgrondslag

1 BW Boek 2

– 2. Ten behoeve van verzekeringsmaatschappijen als bedoeld in artikel 14, eerste lid, onder *a*, van de Wet toezicht verzekeringsbedrijf 1993 worden bij algemene maatregel van bestuur regels gesteld omtrent de waardering van de technische voorziening voor te betalen schaden.

§ 6. *Bijzondere bepalingen voor de geconsolideerde jaarrekening*

Art. 445

Geconsolideerde jaarrekening

– 1. In de geconsolideerde jaarrekening van een verzekeringsmaatschappij worden groepsmaatschappijen die geen verzekeringsmaatschappij zijn en die in de geconsolideerde jaarrekening worden opgenomen, verantwoord overeenkomstig de voorschriften voor verzekeringsmaatschappijen. Is de groepsmaatschappij die in de geconsolideerde jaarrekening van een verzekeringsgroep wordt opgenomen, een bank als bedoeld in artikel 415, dan wordt deze geconsolideerd overeenkomstig de voorschriften voor banken.

– 2. De groepsmaatschappij aan het hoofd van de groep die de gegevens consolideert van een groep of een groepsdeel, welke geen of nagenoeg geen andere werkzaamheid heeft dan de uitoefening van het verzekeringsbedrijf, wordt in de geconsolideerde jaarrekening opgenomen overeenkomstig de voorschriften voor verzekeringsmaatschappijen. Dit geldt slechts, indien deze groepsmaatschappij geen of nagenoeg geen andere werkzaamheid heeft dan het beheren en financieren van groepsmaatschappijen en deelnemingen.

– 3. In een geconsolideerde winst- en verliesrekening die zowel schade- als levensverzekeringsmaatschappijen betreft, mogen alle opbrengsten van beleggingen in de niet-technische rekening worden opgenomen. Zowel in de technische rekening schadeverzekering als in de technische rekening levensverzekering vervallen dan de posten *i, j* en *l* van artikel 438 lid 1 en worden de posten *b* en *c* dan artikel 438 lid 1 vervangen door een post die onderscheidenlijk de aan de technische rekening schadeverzekering en levensverzekering toegerekende opbrengsten van beleggingen omvat.

– 4. Artikel 407 lid 2 is niet van toepassing. (BW 2: 389, 405 v., 426)

Art. 446

Uitzondering elimineren winst en verlies

– 1. Winsten en verliezen die voortvloeien uit overeenkomsten tussen in de consolidatie opgenomen groepsmaatschappijen behoeven niet te worden geëlimineerd, indien de overeenkomsten op basis van marktvoorwaarden zijn aangegaan en daaruit ten gunste van tot uitkering gerechtigden rechten voortvloeien. De toepassing van deze uitzondering wordt vermeld, alsmede de invloed daarvan op het vermogen en resultaat, tenzij deze invloed van ondergeschikte betekenis is.

– 2. De termijn van drie maanden, bedoeld in artikel 412 lid 2, wordt verlengd tot zes maanden voor in de geconsolideerde jaarrekening op te nemen gegevens ter zake van herverzekering.

– 3. Indien een buitenlandse verzekeringsmaatschappij deel uitmaakt van de groep, mogen de technische voorzieningen van deze maatschappij in de consolidatie worden opgenomen overeenkomstig de waarderingsvoorschriften van haar recht, voor zover dat recht afwijking van die voorschriften niet toestaat. Het gemaakte gebruik van de uitzondering wordt in de toelichting vermeld.

– 4. Het derde lid is van overeenkomstige toepassing ten aanzien van de beleggingen waarbij de tot uitkering gerechtigde het beleggingsrisico draagt en ten aanzien van de spaarkasbeleggingen.

Wet van 3 april 1969, Stb. 167, houdende vervanging van het eerste boek van het Burgerlijk Wetboek door Boek 1 van het nieuwe Burgerlijk Wetboek en, in verband daarmede, wijziging van dit boek en de overige boeken van het Burgerlijk Wetboek, het Wetboek van Burgerlijke Rechtsvordering, het Wetboek van Strafrecht, het Wetboek van Strafvordering en andere wetten, alsmede van overgangsbepalingen (Invoeringswet Boek 1 nieuw B.W.), zoals deze wet laatstelijk is gewijzigd bij de Wetten van 26 januari 1995, Stb. 71 jo 24 mei 1995, Stb. 283, 26 maart 1997, Stb. 147 jo 3 juli 1997, Stb. 287 (Tekstplaatsing art. 198), 21 december 2000, Stb. 617, 12 januari 2001, Stb. 25 (Tekstplaatsing art. 196 en 199), 6 december 2001, Stb. 581, 18 april 2002, Stb. 215 en 229 jo 16 augustus 2002, Stb. 428 (Tekstplaatsing), 31 oktober 2002, Stb. 542, 6 maart 2003, Stb. 110

[Inwerkingtreding: 01-01-1970]

Wij JULIANA, Bij de gratie Gods, Koningin der Nederlanden, Prinses van Oranje-Nassau, enz., enz., enz.
Allen, die deze zullen zien of horen lezen, saluut! doen te weten:
Alzo Wij in overweging genomen hebben, dat het wenselijk is het eerste boek van het Burgerlijk Wetboek te vervangen door Boek 1 van het nieuwe Burgerlijk Wetboek en, in verband daarmede, dit boek alsmede het tweede, derde en vierde boek en de slotbepaling van het Burgerlijk Wetboek, het Wetboek van Burgerlijke Rechtsvordering, het Wetboek van Strafrecht, het Wetboek van Strafvordering en andere wetten te wijzigen, en overgangsbepalingen vast te stellen;
Zo is het, dat Wij, de Raad van State gehoord, en met gemeen overleg dert Staten-Generaal, hebben goedgevonden en verstaan, gelijk Wij goedvinden en verstaan bij deze:

TITEL 2

Overgangsbepalingen in verband met Boek 2
Art. 29
– 1. Ten aanzien van rechtspersonen die op het tijdstip van in werking treden van Boek 2 (Rechtspersonen) van het Burgerlijk Wetboek bestaan, zijn, voor zover niet anders is bepaald, dit boek en de bij de hoofdstukken 2-4 van de Invoeringswet Boek 2 nieuw B.W. vastgestelde bepalingen van toepassing op feiten die na dat tijdstip voorvallen.
– 2. Onder bestaande rechtspersonen zijn lichamen die door het in werking treden van Boek 2 rechtspersoonlijkheid verkrijgen, begrepen.

Bestaande rechts-personen

Art. 30
Vanaf het tijdstip van in werking treden van Boek 2 zijn de bepalingen van dit boek die de gevolgen regelen van gebreken in de oprichtingshandeling van een rechtspersoon, mede van toepassing op een lichaam dat ten tijde van het in werking treden van Boek 2 als rechtspersoon optreedt.

Gebreken in op-richtingshande-ling; lichaam als rechtspersoon

Art. 31
Artikel 5 leden 2 en 4 van Boek 2 is gedurende drie jaren na het tijdstip van in werking treden van Boek 2 niet van toepassing ten aanzien van een niet overeenkomstig de bepalingen van Boek 2 ingeschreven:
a. vereniging die op dat tijdstip bestaat en niet een coöperatieve vereniging of onderlinge waarborgmaatschappij is;
b. rechtspersoon die vanaf dat tijdstip ingevolge artikel 48 of 49 een onderlinge waarborgmaatschappij is;
c. stichting die op dat tijdstip bestaat en is ingeschreven in het openbaar centraal register bedoeld in artikel 7 lid 1 van de Wet op stichtingen;
d. rechtspersoon die vanaf dat tijdstip ingevolge de artikelen 53-56 of 58 een stichting is.

Openbaarmaking en derdenbe-scherming

Art. 32
– 1. Ontbinding van een op het tijdstip van in werking treden van Boek 2 bestaande rechtspersoon op grond van artikel 19 van Boek 2 kan niet worden gevorderd voordat drie jaren na dat tijdstip zijn verstreken.
– 2. Het vorige lid geldt niet voor stichtingen waarop de Wet op stichtingen van toepassing was.

Ontbinding we-gens soortbe-schrijving

Art. 33
Artikel 21 van Boek 2 is mede van toepassing indien de ontbinding van de rechtspersoon is verzocht of gevorderd voor het tijdstip van in werking treden van Boek 2.

Rechtshandelin-gen tijdens ont-bindingsprocedu-re

Art. 34

Het verzoek, bedoeld in artikel 22 van Boek 2, kan ook worden gedaan indien de rechtspersoon is ontbonden vóór het tijdstip van in werking treden van Boek 2.

Art. 35

– 1. Artikel 23 lid 3 van Boek 2 is mede van toepassing, indien de vereffening van een voor het tijdstip van in werking treden van Boek 2 ontbonden rechtspersoon geschiedt door niet bij een rechterlijke uitspraak benoemde vereffenaars.

– 2. Artikel 23 laatste lid, van Boek 2 is mede van toepassing indien de vereffening voor het tijdstip van in werking treden van Boek 2 is voltooid.

Art. 36

Artikel 25 van Boek 2 is mede van toepassing indien de duur is verstreken voor het tijdstip van in werking treden van Boek 2.

Art. 37

– 1. Een op het tijdstip van in werking treden van Boek 2 bestaande vereniging die geen rechtspersoon was, bezit van dat tijdstip af rechtspersoonlijkheid.

– 2. Goederen die op dat tijdstip aan de vereniging zouden toebehoren, indien zij, toen het goed te haren behoeve werd verkregen, reeds rechtspersoon was geweest, gaan bij het in werking treden van Boek 2 van rechtswege op haar over.

– 3. Rechtshandelingen die voor het tijdstip van in werking treden van Boek 2 door of jegens de bestuurders van de vereniging in hun hoedanigheid binnen de grenzen van hun bevoegd-heid jegens, onderscheidenlijk door derden zijn verricht, worden vanaf dat tijdstip aangemerkt als rechtshandelingen van, onderscheidenlijk jegens de vereniging, onverminderd de aanspra-kelijkheid voor de uit die rechtshandelingen voortspruitende verbintenissen van hen die daar-voor reeds aansprakelijk waren.

Art. 38

Vanaf het tijdstip van in werking treden van Boek 2 staat een vereniging die krachtens de wet van 22 april 1855, *Stb.* 32, tot regeling en beperking der uitoefening van het regt van vereni-ging en vergadering is erkend of waarvan de statuten voor dat tijdstip zijn opgenomen in een of meer notariële akten, gelijk met een vereniging die is opgericht bij een notariële akte.

Art. 39

– 1. Op een ten tijde van in werking treden van Boek 2 reeds rechtspersoonlijkheid bezit-tende vereniging waarvoor het vorige artikel niet geldt, is artikel 30 van Boek 2 eerst van toe-passing nadat drie jaren sedert het tijdstip van in werking treden van Boek 2 zijn verstreken.

– 2. Ook is gedurende die tijd artikel 43 lid 5 van Boek 2 op een zodanige vereniging niet van toepassing, zolang de vereniging haar statuten niet overeenkomstig artikel 28 van Boek 2 heeft doen opnemen in een notariële akte.

Art. 40

– 1. Voor een vereniging die is erkend krachtens de Wet van 22 april 1855, *Stb.* 32, tot regeling en beperking der uitoefening van het regt van vereeniging en vergadering en die geen coöpera-tieve vereniging of onderlinge waarborgmaatschappij is, gelden de volgende bepalingen.

– 2. Artikel 29 lid 4 van Boek 2 vindt geen toepassing ten aanzien van rechtshandelingen, verricht voordat drie jaren sedert het in werking treden van Boek 2 zijn verstreken.

– 3. Artikel 27 lid 6 van Boek 2 is op de vereniging van toepassing nadat de statuten der vereni-ging na het tijdstip van in werking treden van Boek 2 zijn gewijzigd, doch niet eerder dan drie jaren na dat tijdstip.

Art. 41

– 1. Voor een vereniging waarvan de statuten voor het tijdstip van in werking treden van Boek 2 zijn opgenomen in een of meer notariële akten en die volgens artikel 53 van Boek 2 geen coöperatieve vereniging of onderlinge waarborgmaatschappij is en ook niet is erkend krach-tens de Wet van 22 april 1855, *Stb.* 32, tot regeling en beperking der uitoefening van het regt van vereeniging en vergadering gelden de volgende bepalingen.

– 2. Artikel 29 lid 4 van Boek 2 vindt geen toepassing ten aanzien van rechtshandelingen, verricht voordat drie jaren sedert het in werking treden van Boek 2 zijn verstreken.

– 3. Artikel 27 lid 6 van Boek 2 is eerst van toepassing nadat drie jaren sedert het in werking treden van Boek 2 zijn verstreken.

Art. 42

– 1. Ontbreekt een notariële akte van oprichting van een op het tijdstip van in werking treden van Boek 2 bestaande vereniging die op grond van artikel 53 van Boek 2 een coöperatieve ver-eniging of onderlinge waarborgmaatschappij is, of voldoet die akte niet aan de vereisten van artikel 27 lid 2, eerste zin, en de leden 3 en 4, en van artikel 54 lid 2 van Boek 2, dan is de vereniging verplicht alsnog een notariële akte te doen verlijden die aan deze vereisten voldoet.

– 2. Deze notariële akte moet worden bekendgemaakt op de wijze, door titel 2 van Boek 2 voorgeschreven voor een akte van oprichting.

2 Overgangswet NBW

- 3. Iedere bestuurder is voor een rechtshandeling, waardoor hij een in het eerste lid bedoelde vereniging verbindt, naast de vereniging hoofdelijk aansprakelijk, indien de rechtshandeling wordt verricht nadat drie jaren sedert het tijdstip van in werking treden van Boek 2 zijn verstreken en voordat aan het eerste en tweede lid is voldaan.

- 4. Indien aan het eerste lid niet is voldaan en drie jaren na het tijdstip van in werking treden van Boek 2 zijn verstreken, kan de vereniging op verzoek van het openbaar ministerie door een beschikking van de rechtbank worden ontbonden.

Art. 43

Op de coöperatieve vereniging die op het tijdstip van in werking treden van Boek 2 de letters W.A. in haar naam voert is het voor dat tijdstip geldende recht betreffende de aansprakelijkheid van de leden voor het tekort van de vereniging van toepassing indien zij voor dat tijdstip is ontbonden, of, indien zij wordt ontbonden door haar insolventie ingevolge een voor dat tijdstip uitgesproken faillissement.

Wettelijke aansprakelijkheid leden coöperatie of onderlinge waarborgmaatschappij; ontbinding, faillissement

Art. 44

- 1. Op de coöperatieve vereniging of onderlinge waarborgmaatschappij die op het tijdstip van in werking treden van Boek 2 niet de letters W.A. of U.A. in haar naam voert blijft, totdat zij haar naam overeenkomstig artikel 42 lid 1 heeft gewijzigd, het voor dat tijdstip geldende recht betreffende de aansprakelijkheid van de leden en de oud-leden van toepassing.

- 2. Wordt de vereniging ontbonden of failliet verklaard nadat drie jaren sedert het in werking treden van deze wet zijn verlopen en voordat zij haar naam overeenkomstig artikel 42 lid 1 heeft gewijzigd, dan is artikel 55 van Boek 2 van toepassing op de aansprakelijkheid van de leden en de oud-leden tegenover de vereffenaars.

Art. 45

Ten aanzien van op het tijdstip van in werking treden van Boek 2 bestaande verenigingen zijn, tenzij de statuten anders bepalen, de artikelen 33, 34, 35, 36 lid 1, eerste zin en lid 3, 37, 38, 39, 43 lid 1, 44, 45 leden 1-3, 46, 47 leden 1, 2 en 5, 49 en 62 onder *b* van Boek 2 niet van toepassing op feiten die zijn voorgevallen voordat drie jaren na dat tijdstip zijn verstreken.

Benutten mogelijkheid vereniging tot afwijking bij statuten van regelend recht

Art. 46

De artikelen 48 en 58 van Boek 2 zijn niet van toepassing op het jaarverslag en de rekening en verantwoording over een boekjaar dat voor het tijdstip van in werking treden van Boek 2 is verstreken.

Jaarverslag en jaarrekening

Art. 47

- 1. Artikel 59 lid 1 van Boek 2 is niet van toepassing op overeenkomsten die zijn gesloten voor het tijdstip van in werking treden van Boek 2.

- 2. Artikel 62 onder *a* van Boek 2 is niet van toepassing op overeenkomsten van verzekering die zijn gesloten voor het tijdstip van in werking treden van Boek 2.

Wijziging overeenkomsten met leden

Lidmaatschap verzekeringnemer

Art. 48

- 1. Een ziekenfonds in de zin van artikel 1 van de Ziekenfondswet dat op het tijdstip van in werking treden van Boek 2 geen stichting is, is van dat tijdstip af een onderlinge waarborgmaatschappij.

- 2. Met betrekking tot het in het vorige lid bedoelde ziekenfonds vindt artikel 29 lid 4 van Boek 2 geen toepassing ten aanzien van rechtshandelingen, verricht voordat drie jaren sedert het in werking treden van Boek 2 zijn verstreken.

Rechtsvorm ziekenfonds

Hoofdelijke aansprakelijkheid

Art. 49

- 1. Een ziektekostenverzekeraar in de zin van artikel 1 van de Algemene Wet Bijzondere Ziektekosten is vanaf het tijdstip van in werking treden van Boek 2 een onderlinge waarborgmaatschappij indien hij op dat tijdstip niet een coöperatieve vereniging of een andere vereniging, een naamloze vennootschap, een besloten vennootschap met beperkte aansprakelijkheid of een stichting is.

- 2. Met betrekking tot de in het vorige lid bedoelde ziektekostenverzekeraar vindt artikel 29 lid 4 van Boek 2 geen toepassing ten aanzien van rechtshandelingen verricht voordat drie jaren sedert het in werking treden van Boek 2 zijn verstreken.

Rechtsvorm ziektekostenverzekeraar

Hoofdelijke aansprakelijkheid

Art. 50

Zolang de statutaire naam van een naamloze vennootschap, opgericht voor het in werking treden van de Wet van 2 juli 1928 (*Stb.* 216), niet in overeenstemming is met artikel 66 lid 2 van Boek 2 worden de letters N.V. aan de naam toegevoegd.

Naamgeving n.v.

Art. 51

De artikelen 85, 86 lid 5, 88, 89, 183 lid 3, 194, 196 lid 2, 197 en 198 van Boek 2 zijn vanaf het tijdstip van inwerkingtreding van Boek 2 mede van toepassing op een vruchtgebruik van en een pandrecht op aandelen, gevestigd voor dat tijdstip.

Vruchtgebruik van en pandrecht op aandelen

2 Overgangswet NBW

Benutten moge-
lijkheid n.v. of b.v.
tot afwijking bij
statuten van rege-
lend recht

– 1. Ten aanzien van een op het tijdstip van in werking treden van Boek 2 bestaande naamloze vennootschap of besloten vennootschap met beperkte aansprakelijkheid zijn, tenzij de statuten anders bepalen, de artikelen 105 lid 4, 119, 120 leden 1 en 3, 216 lid 4, 229 en 230 leden 1 en 3 van Boek 2 niet van toepassing op feiten die zijn voorgevallen voordat hetzij drie jaren na dat tijdstip zijn verstreken hetzij de statuten zijn gewijzigd in verband met een omzetting als bedoeld in de artikelen 72 of 180 van Boek 2.

Opgave structuur-
vennootschap

– 2. Een opgaaf, voor het tijdstip van inwerkingtreding der wet gedaan ter nakoming van artikel 52c, eerste lid, van het Wetboek van Koophandel, geldt voor de toepassing van artikelen 154 en 264 van Boek 2 als een opgaaf gedaan krachtens artikel 153, lid 1, onderscheidenlijk artikel 263, lid 1 van Boek 2.

Geen bindendheid
voordracht be-
stuursbenoeming

– 3. Ten aanzien van een naamloze vennootschap of besloten vennootschap met beperkte aansprakelijkheid waarop ingevolge artikel XVIII van de Wet van 2 juli 1928 (*Stb.* 216) of artikel VI van de Wet van 3 mei 1971 (*Stb.* 286) voor het tijdstip van in werking treden van Boek 2 artikel 48a, tweede lid, van het Wetboek van Koophandel niet van toepassing of van overeenkomstige toepassing was, is na dat tijdstip artikel 133, lid 2, onderscheidenlijk 243 lid 2 van Boek 2 niet van toepassing noch van overeenkomstige toepassing.

Art. 53

Rechtsvorm pen-
sioen- of spaar-
fonds

– 1. Een pensioen- of spaarfonds waarop de Pensioen- en spaarfondsenwet van toepassing is en dat op het tijdstip van in werking treden van Boek 2 reeds rechtspersoon was en niet een vereniging, een onderlinge waarborgmaatschappij, een naamloze vennootschap of een besloten vennootschap met beperkte aansprakelijkheid is, is van dat tijdstip af een stichting.

– 2. Indien de statuten en reglementen van een pensioen- en spaarfonds op een daartoe aan Onze Minister van Sociale Zaken en Volksgezondheid voor het tijdstip van in werking treden van Boek 2 gedaan verzoek na dat tijdstip worden goedgekeurd, wordt het fonds, indien het ten tijde van de goedkeuring niet reeds rechtspersoon was, daardoor een stichting.

Art. 54

Rechtsvorm
weldadigheidsin-
stelling

– 1. Een op het tijdstip van in werking treden van Boek 2 bestaande instelling van weldadigheid als bedoeld in de Rompwet Instellingen van weldadigheid is vanaf dat tijdstip een stichting, tenzij de instelling op dat tijdstip een vereniging, een zelfstandig onderdeel van een kerkgenootschap, of een ziekenfonds in de zin van artikel 1 van de Ziekenfondswet was.

– 2. De rechtbank kan in afwijking van artikel 294, lid 2, van Boek 2 ook wijziging brengen in het doel of de doelomschrijving van een in het vorige lid genoemde stichting, indien de statuten die wijziging hebben uitgesloten.

Art. 55

Rechtsvorm vica-
rieën e.d. instellin-
gen

– 1. Een instelling, waarvan het vermogen bestaat uit goederen, als bedoeld zijn in artikel 1 van de Wet van 29 oktober 1892 (*Stb.* 240), is vanaf het tijdstip van in werking treden van Boek 2 een stichting.

– 2. De rechtbank kan in afwijking van artikel 294, lid 2, van Boek 2 ook wijziging brengen in het doel of de doelomschrijving van een in het vorige lid genoemde stichting, indien de statuten die wijziging hebben uitgesloten.

Art. 56

Rechtsvorm nota-
rieel pensioen-
fonds

Het fonds waarop van toepassing is de Wet tot invoering van een leeftijdsgrens voor het notarisambt en oprichting van een notarieel pensioenfonds (Wet van 16 september 1954, *Stb.* 407), is vanaf het tijdstip van in werking treden van Boek 2 een stichting.

Art. 57

Ontbreken of ge-
breken notariële
oprichtingsakte
stichting

– 1. Ontbreekt een notariële akte van oprichting van een in de artikelen 53-56 genoemde stichting, dan wel van een kerkelijke stichting of voldoet die akte niet aan de vereisten van artikel 286 lid 2, eerste en derde zin, en de leden 3 en 4 van Boek 2, dan is het bestuur verplicht alsnog een notariële akte te doen verlijden die aan deze vereisten voldoet. Een authentiek afschrift van deze akte moet door het bestuur worden neergelegd ten kantore van het register bedoeld in artikel 289 lid 1 van Boek 2.

– 2. Iedere bestuurder is voor een rechtshandeling, waardoor hij een zodanige stichting verbindt, naast de stichting hoofdelijk aansprakelijk, indien de rechtshandeling wordt verricht nadat drie jaren sedert het tijdstip van in werking treden van Boek 2 zijn verstreken en voordat aan het eerste lid is voldaan.

– 3. Indien aan de eerste zin van het eerste lid niet is voldaan en drie jaren na het tijdstip van in werking treden van Boek 2 zijn verstreken, kan de stichting op verzoek van het openbaar ministerie door een beschikking van de rechtbank worden ontbonden.

Art. 58

Stichtingen voor
beurzen en
studiën

– 1. De instellingen bedoeld in de Koninklijke besluiten van 26 december 1818, *Stb.* 48, 2 december 1823, *Stb.* 49, en 12 februari 1829, *Stb.* 3, zijn stichtingen vanaf het tijdstip van in werking treden van Boek 2.

– 2. Het bestuur van een in het eerste lid genoemde stichting is verplicht een notariële akte te laten verlijden waarin de statuten zijn opgenomen.

– 3. De notaris verlijdt deze akte niet voordat Onze Minister van Onderwijs en Wetenschappen heeft verklaard geen bezwaar te hebben tegen de in de akte op te nemen statuten.

– 4. De akte moet voldoen aan de vereisten van artikel 286, lid 2, eerste en derde zin, en de leden 3 en 4 van Boek 2. De tweede zin van artikel 57, lid 1, en de leden 2 en 3 van dat artikel zijn van overeenkomstige toepassing.

– 5. Totdat aan de verplichting van het tweede lid is voldaan blijven op de stichting van toepassing de in het eerste lid genoemde Koninklijke besluiten, met uitzondering, voor zover op bestuurders betrekking hebbend, van artikel 1, tweede zin, artikel 15, tweede lid, en artikel 26 van het Koninklijk besluit van 2 december 1823.

Art. 59

Bij de inschrijving in het register bedoeld in artikel 289 lid 1 van Boek 2 van een op het tijdstip van in werking treden van Boek 2 bestaande stichting die is ingeschreven in het openbaar centraal register bedoeld in artikel 7 lid 1 van de Wet op stichtingen, leggen de bestuurders een authentiek afschrift van de akte van oprichting dan wel een gewaarmerkt exemplaar van de statuten ten kantore van het register neer.

Inschrijving in stichtingenregister; centraal register

Art. 60

Artikel 289 lid 4 van Boek 2 vindt op de bestuurders van een stichting, als bedoeld in artikel 57, 58 of 59 geen toepassing ten aanzien van rechtshandelingen, verricht voordat drie jaren sedert het in werking treden van Boek 2 zijn verstreken.

Hoofdelijke aansprakelijkheid

Art. 61

Op een stichting ten aanzien waarvan artikel 25 van de Wet op stichtingen van toepassing was doch niet is nageleefd, is artikel 57 van overeenkomstige toepassing, met dien verstande, dat de hoofdelijke aansprakelijkheid als bedoeld in het tweede lid ook bestaat voor rechtshandelingen, verricht binnen drie jaren na het tijdstip van in werking treden van Boek 2, en dat de ontbinding als bedoeld in het derde lid ook binnen die termijn kan worden gevorderd.

Overeenkomstige toepassing art. 57

Art. 62

Een op het tijdstip van in werking treden van Boek 2 als rechtspersoon optredend lichaam dat na 1 januari 1957 is opgericht en waarop de Wet op stichtingen van toepassing was, doch waarvan de akte van oprichting niet voldoet aan de vereisten van artikel 3 leden 2 en 3 van die wet, is vanaf dat tijdstip een stichting.

Nietigheid oprichtingsakte Wet op stichtingen

Art. 63

Ten aanzien van op het tijdstip van in werking treden van Boek 2 bestaande stichtingen zijn, tenzij de statuten anders bepalen, de artikelen 291 lid 2 en 292 leden 1-3 van Boek 2 niet van toepassing op feiten die zijn voorgevallen voordat drie jaren na dat tijdstip zijn verstreken.

Bevoegdheden stichtingsbestuur; vertegenwoordigingsbevoegdheid

Art. 64

Ten aanzien van een coöperatieve vereniging en een onderlinge waarborgmaatschappij, waarop de Wet op de jaarrekening van ondernemingen niet van toepassing was, is titel 6 van Boek 2 niet van toepassing op de jaarrekening die betrekking heeft op een boekjaar dat voor het tijdstip van in werking treden van Boek 2 is verstreken.

Toepasselijkheid titel 6 Boek 2

Art. 65

– 1. Ten aanzien van een op het tijdstip van in werking treden van Boek 2 bestaande naamloze vennootschap, besloten vennootschap met beperkte aansprakelijkheid, coöperatieve vereniging of onderlinge waarborgmaatschappij, waarvan geen onderneming in het Handelsregister is ingeschreven bij de Kamer van Koophandel in welker rechtsgebied de statutaire zetel gevestigd is, blijft gedurende drie jaren na dat tijdstip de omstandigheid dat de rechtspersoon niet is ingeschreven, buiten beschouwing bij de toepassing van artikel 5 leden 2 en 4 van Boek 2 en de artikelen 31 en 34 van de Handelsregisterwet.

– 2. Wegens het ontbreken van de in artikel 57 van Boek 2 in verband met artikel 29 lid 4 van Boek 2 of de in artikel 69 lid 2 of artikel 180 lid 2 van Boek 2 bedoelde inschrijving in het Handelsregister kan in het eerste lid bedoelde rechtspersoon ontstaat geen aansprakelijkheid van een bestuurder als in die bepalingen bedoeld, indien de onderneming van die rechtspersoon op het tijdstip van in werking treden van Boek 2 in het Handelsregister was ingeschreven.

Openbaarmaking en derdenbescherming

Geen aansprakelijkheid bestuurder wegens ontbreken inschrijving

– 3. Ten aanzien van een in het eerste lid bedoelde naamloze vennootschap of besloten vennootschap met beperkte aansprakelijkheid wordt in afwijking van de artikelen 77 en 188 van Boek 2 in de titels 3 en 4 van dat boek onder het kantoor van het Handelsregister verstaan het kantoor waar de onderneming van de vennootschap volgens het Handelsregister gevestigd is totdat hetzij de inschrijving van de rechtspersoon is geschied hetzij drie jaren na het in werking treden van Boek 2 zijn verstreken.

Kantoor van het handelsregister

Art. 66

– 1. Gedingen, waarin de inleidende dagvaarding is betekend dan wel het inleidende verzoekschrift is ingediend voor het tijdstip van in werking treden van Boek 2, worden geheel afgedaan met toepassing van de voorschriften van procesrechtelijke aard, die voor dat tijdstip golden.

– 2. Het in het vorige lid bepaalde geldt ook voor de afdoening van een eis of verzoek, in het geding bij wege van reconventie gedaan.

Art. 67

Vervallen.

Wet van 2 april 1991, Stb. 198, houdende invoering van de Boeken 3, 5 en 6 van het nieuwe Burgerlijk Wetboek houdende het overgangsrecht, tweede stuk, zoals deze wet laatstelijk is gewijzigd bij de Wet van 3 april 1999, Stb. 190

[Inwerkingtreding: 01-01-1992]

Wij Beatrix, bij de gratie Gods, Koningin der Nederlanden, Prinses van Oranje-Nassau, enz. enz. enz.

Allen, die deze zullen zien of horen lezen, saluut! doen te weten:

Alzo Wij in overweging genomen hebben, dat de aanpassingen in de wetgeving aan de Boeken 3, 5 en 6 van het nieuwe Burgerlijk Wetboek bepalingen van overgangsrecht vereisen;

Zo is het, dat Wij, de Raad van State gehoord, en met gemeen overleg der Staten-Generaal, hebben goedgevonden en verstaan, gelijk Wij goedvinden en verstaan bij deze:

TITEL 1

Algemene bepalingen
Art. 1
– 1. In de volgende bepalingen wordt onder 'de wet' verstaan de Invoeringswet Boeken 3, 5 en 6 nieuw B.W., doch met uitzondering van het tweede, vierde en vijfde gedeelte van die wet.   **Begrip wet**
– 2. De artikelen 68a tot en met 75, 78 lid 1, 79 tot en met 81, 117, 120, 173 en 182 Overgangswet nieuw Burgerlijk Wetboek gelden mede ter regeling van het overgangsrecht in verband met de wijziging door de wet in de wetgeving buiten de Boeken 3, 5, 6 en 7 van het nieuwe Burgerlijk Wetboek.

Art. 2
Ter zake van een dwangbevel, een bevelschrift of rechterlijk verlof tot verkoop, vóór het in werking treden der wet uitgevaardigd, blijft het voordien geldende recht van toepassing. Onverminderd het bepaalde in artikel 19 geschiedt de tenuitvoerlegging nadien met toepassing van de voorschriften der wet.   **Schakelbepaling**

TITEL 2

Overgangsbepalingen in verband met de wijziging van het Burgerlijk Wetboek

AFDELING 2

Overgangsbepalingen in verband met de wijziging van Boek 2
Art. 7
Artikel 4 lid 1 van Boek 2 bepaalt mede de gevolgen van de daar genoemde gebreken in de oprichting van een rechtspersoon, welke vóór het in werking treden van de wet is geschied.   **Oprichtingsgebreken rechtspersoon**

Art. 8
Op een besluit van een orgaan van een rechtspersoon dat vóór het in werking treden van de wet is genomen, blijven de artikelen 11 tot en met 13 van Boek 2, zoals die toen golden, van toepassing.   **Vernietigbaarheid besluiten**

Art. 9
Op de vereffening van het vermogen van een rechtspersoon, die nog niet is voltooid op het tijdstip van het in werking treden van de wet, zijn de artikelen 23 tot en met 23c van Boek 2 van toepassing, behalve voor zover zou zou nopen tot het ongedaan maken van alsdan reeds in overeenstemming met het voordien geldende recht getroffen maatregelen. De wet wordt niet van toepassing ten aanzien van onderwerpen waaromtrent vóór haar in werking treden een rechterlijke uitspraak is gevraagd.   **Vereffening vermogen ontbonden rechtspersoon**

Art. 10
Op een vereniging die op het tijdstip van het in werking treden van de wet bestaat, worden de wijzigingen van de artikelen 37, 38, 39 en 41a van Boek 2 van toepassing nadat drie jaren na dat tijdstip zijn verstreken.   **Vereniging**

Art. 11
Op het tijdstip van het in werking treden van de wet wordt een aandeel in een naamloze vennootschap of een beperkt recht daarop verkregen, indien alsdan is voldaan aan het voorschrift van artikel 86 of artikel 196, en dat aandeel niet reeds voordien op grond van de toen geldende tekst van dat artikel was geleverd.   **Verkrijging aandeel in vennootschap**

Art. 12

Ontbinding stichting bij onvolledigheid statuten

Artikel 21 lid 1, aanhef en onderdeel *b* van Boek 2, is gedurende drie jaren van het tijdstip van het in werking treden van deze wet af niet van toepassing op een stichting, waarvan de statuten niet voldoen aan de wijzigingen welke in artikel 286 van Boek 2 bij deze wet worden aangebracht.

TIENDE TITEL

Van rechtspleging in zaken van rechtspersonen
Art. 995

– 1. In de zaken die ingevolge het bij of krachtens Boek 2 van het Burgerlijk Wetboek bepaalde met een verzoekschrift worden ingeleid, is, tenzij anders is bepaald, bevoegd de rechter van de woonplaats van de rechtspersoon. Nadat de rechtspersoon is opgehouden te bestaan blijft deze rechter bevoegd in zaken betreffende de vereffening, de benoeming van bewaarders van boeken en bescheiden en het verlenen van machtiging tot inzage in boeken en bescheiden. **Bevoegde rechter**

– 2. Het verzoekschrift vermeldt, onverminderd het in artikel 278 bepaalde, de naam en de woonplaats van de rechtspersoon. **Inhoud verzoekschrift**

– 3. De rechter gelast in ieder geval de oproeping van de rechtspersoon. **Oproeping**

Art. 996

Hoger beroep moet worden ingesteld binnen drie maanden, te rekenen van de dag van de uitspraak van de eindbeschikking in zaken. **Appeltermijn**

a. tot ontbinding van een rechtspersoon of tot verkrijging van een verklaring dat en op welk tijdstip een rechtspersoon ingevolge haar statuten is ontbonden;

b. tot verkrijging van een machtiging tot omzetting van een rechtspersoon;

c. tot doorhaling, aanvulling of wijziging van hetgeen is ingeschreven in het in artikel 29 lid 1 of in artikel 289 lid 1 van Boek 2 van het Burgerlijk Wetboek bedoelde register;

d. tot wijziging van de statuten van een stichting;

e. tot nietigverklaring van een wijziging van de statuten van een stichting, en

f. tot wijziging van of voorziening in het bestuur van een stichting.

Art. 997

– 1. Het verzet van een schuldeiser onderscheidenlijk een wederpartij overeenkomstig de artikelen 100 lid 3, 209 lid 3, 316 lid 2, 334*l*, of 404 lid 5 van boek 2 van het Burgerlijk Wetboek wordt door de rechter met de meeste spoed behandeld. Indien verschillende verzoekschriften zijn ingediend, wordt op alle tezamen beschikt. **Verzet schuldeiser of wederpartij**

– 2. Van de dag waarop de behandeling zal plaatsvinden, wordt door de griffier aankondiging gedaan in de *Nederlandse Staatscourant* en in een landelijk verspreid dagblad.

– 3. Voorts geeft de griffier kennis aan het kantoor van het handelsregister, waar de vennootschap is ingeschreven.

– 4. De rechtbank hoort de schuldeisers onderscheidenlijk de wederpartijen die zijn verschenen.

– 5. Hoger beroep moet binnen drie weken na de dagtekening van de eindbeschikking worden ingesteld bij de ondernemingskamer van het gerechtshof te Amsterdam. De voorgaande leden vinden in hoger beroep overeenkomstige toepassing. **Hoger beroep**

Art. 997a

– 1. Een afschrift van het exploit van dagvaarding waarbij een vordering bij de rechtbank wordt ingesteld als bedoeld in de artikelen 336, 342 en 343 van boek 2 van het Burgerlijk Wetboek wordt onverwijld door de eiser aan de vennootschap betekend. **Afschrift dagvaarding aan vennootschap**

– 2. Binnen twee weken na de betekening stelt de vennootschap de niet gedagvaarde aandeelhouders schriftelijk in kennis van de inhoud van de dagvaarding.

– 3. Van ieder vonnis wordt een afschrift door de griffier behalve aan partijen tevens aan de vennootschap toegezonden. Een afschrift van het onherroepelijk geworden vonnis als bedoeld in artikel 340 lid 1 van boek 2 van het Burgerlijk Wetboek wordt onverwijld door de eiser aan de gedaagden en de vennootschap betekend.

– 4. Tegen het vonnis is geen verzet van derden mogelijk als bedoeld in artikel 376 van dit wetboek.

Art. 998

Vervallen.

ELFDE TITEL

Van rechtspleging inzake jaarrekeningen en jaarverslagen
Art. 999

– 1. Iedere belanghebbende die van oordeel is dat de jaarrekening, het jaarverslag of de daaraan toe te voegen overige gegevens van een rechtspersoon of een bank waarop titel 9 van boek 2 van het Burgerlijk Wetboek van toepassing is of een instelling of onderneming waarvoor de jaarrekening voorschriften van de Wet toezicht beleggingsinstellingen (*Stb.* 1990, 380) gelden, **Inrichting jaarrekening bij rechterlijke aanwijzing** niet voldoen aan de daaromtrent bij of krachtens het Burgerlijk Wetboek of de Wet toezicht beleggingsinstellingen gestelde voorschriften, kan van deze rechtspersoon, bank of instelling of onderneming in rechte vorderen deze stukken in te richten overeenkomstig bij rechterlijk bevel te geven aanwijzingen. De vorige zin is niet van toepassing op de accountantsverklaring als bedoeld in artikel 393, vijfde lid, van Boek 2 van het Burgerlijk Wetboek. Dezelfde bevoegdheid heeft een belanghebbende ten aanzien van de jaarrekening, het jaarverslag of de daaraan toe te voegen overige gegevens van een commanditaire vennootschap of vennootschap onder firma als bedoeld in artikel 360 lid 2 van boek 2 van het Burgerlijk Wetboek.

– 2. De advocaat-generaal bij het gerechtshof te Amsterdam is bevoegd tot instelling van de rechtsvordering in het openbaar belang.

Art. 1000

De ondernemingskamer van het gerechtshof te Amsterdam oordeelt in eerste en hoogste ressort over vorderingen, als bedoeld in het vorige artikel.

Art. 1001

– 1. De rechtsvordering moet worden ingesteld binnen twee maanden na de dag waarop de jaarrekening is vastgesteld dan wel, indien goedkeuring is vereist, na de dag waarop zij is goedgekeurd. Rechtsvorderingen omtrent stukken die ten kantore van het handelsregister of van de vennootschap ter inzage van een ieder moeten worden neergelegd, kunnen worden ingesteld tot twee maanden na de dag der nederlegging. Is de jaarrekening reeds voor de vaststelling of goedkeuring neergelegd, dan eindigt deze termijn twee maanden na de dag waarop uit een neergelegde mededeling of uit de neergelegde jaarrekening blijkt van haar vaststelling dan wel goedkeuring. Ter zake van tekortkomingen die niet uit de stukken blijken, eindigt de termijn twee maanden na de dag waarop de belanghebbende daarvan in redelijkheid niet meer onkundig kon zijn, maar uiterlijk twee jaar na verloop van de termijn ingevolge de vorige zinnen.

– 2. De dagvaarding vermeldt in welk opzicht de jaarrekening, het jaarverslag of de overige gegevens herziening behoeven.

– 3. De zaak wordt overeenkomstig artikel 113 ingeschreven op de rol van een enkelvoudige kamer en na het nemen van de conclusie van antwoord naar de ondernemingskamer verwezen.

– 4. De zaak zal met gesloten deuren worden behandeld; de uitspraak geschiedt echter in het openbaar.

– 5. De ondernemingskamer beslist niet dan nadat zij de accountant die met het onderzoek van de jaarrekening is belast geweest, in de gelegenheid heeft gesteld te worden gehoord over de in de eis genoemde onderwerpen.

– 6. De ondernemingskamer geeft ten aanzien van een rechtspersoon waarop artikel 72 van de Wet toezicht verzekeringsbedrijf 1993 van toepassing is, alsmede ten aanzien van een rechtspersoon waarop artikel 33 van de Wet toezicht natura-uitvaartverzekeringsbedrijf van toepassing is, geen beslissing zonder de Pensioen- & Verzekeringskamer in de gelegenheid te hebben gesteld ter zake te worden gehoord.

– 7. De ondernemingskamer geeft ten aanzien van een een kredietinstelling als bedoeld in artikel 1, eerste lid, onderdeel *a*, van de Wet toezicht kredietwezen 1992 of een onderneming of instelling waarvoor de Wet toezicht beleggingsinstellingen (*Stb.* 1990, 380) geldt, geen beslissing zonder De Nederlandsche Bank N.V. in de gelegenheid te hebben gesteld te worden gehoord.

Art. 1002

– 1. Voor zover de ondernemingskamer de vordering toewijst, geeft zij aan de rechtspersoon, instelling of onderneming of bank een bevel omtrent de wijze waarop deze de jaarrekening, het jaarverslag of de overige gegevens moet inrichten; het bevel bevat daaromtrent nauwkeurige aanwijzingen.

– 2. De rechtspersoon, instelling of onderneming of bank is verplicht de jaarrekening, het jaarverslag of de overige gegevens met inachtneming van het bevel op te maken, en voor zover het de jaarrekening betreft, te besluiten omtrent de vaststelling en goedkeuring.

– 3. De ondernemingskamer kan, ook ambtshalve, beslissen dat het bevel mede of uitsluitend een of meer toekomstige jaarrekeningen, jaarverslagen of daaraan toe te voegen overige gegevens betreft.

– 4. Indien het bevel betrekking heeft op de jaarrekening die aan het geschil ten grondslag ligt, vernietigt dit bevel de vaststelling en de goedkeuring van die jaarrekening. De ondernemingskamer kan de gevolgen van de vernietiging beperken.

– 5. Op verzoek van de rechtspersoon of de bank kan de ondernemingskamer wegens wijziging der omstandigheden haar bevel, voor zover dit betrekking heeft op toekomstige jaarrekeningen, jaarverslagen of daaraan toe te voegen overige gegevens intrekken. Zij beslist niet dan na degene op wiens vordering het bevel is gegeven, in de gelegenheid te hebben gesteld te worden gehoord.

4 Rv

NEGENDE TITEL

Van maatschap *(overvedig deel)* *b) op 167b*

EERSTE AFDEELING

Algemeene bepalingen

Art. 1655

Maatschap is eene overeenkomst, waarbij twee of meerdere personen zich verbinden om iets in gemeenschap te brengen, met het oogmerk om het daaruit ontstaande voordeel met elkander te deelen.

Omschrijving

Art. 1656

Vervallen.

Art. 1657

Maatschappen zijn of algeheel, of bijzonder.

Indeling

Art. 1658

De wet kent slechts de algeheele maatschap van winst. Zij verbiedt alle maatschappen, het zij van alle de goederen, het zij van een bepaald gedeelte van dezelve, onder eenen algemeenen titel; onverminderd de bepalingen, vastgesteld in den zevenden en achtsten titel van het eerste boek van dit Wetboek.

Alleen algehele maatschap van winst

Art. 1659

De algeheele maatschap van winst bevat slechts hetgeen partijen, onder welke benaming ook, gedurende den loop der maatschap door hare vlijt zullen verkrijgen.

Inbreng van arbeid

Art. 1660

De bijzondere maatschap is de zoodanige welke slechts betrekking heeft tot zekere bepaalde goederen, of tot derzelver gebruik, of tot de vruchten die daarvan zullen getrokken worden, of tot eene bepaalde onderneming, of tot de uitoefening van eenig bedrijf of beroep.

Bijzondere maatschap

TWEEDE AFDEELING

Van de verbindtenissen der vennooten onderling

Art. 1661

De maatschap begint van het oogenblik der overeenkomst, indien daarbij geen ander tijdstip bepaald is. *eigend. i.con. eigend (wrws) voor maat.)*

Begin

Art. 1662

– 1. De inbreng van de vennoot kan bestaan in geld, goederen, genot van goederen en arbeid.
– 2. Op de inbreng van een goed zijn de bepalingen omtrent koop, op de inbreng van genot van een goed de artikelen 1584-1623 van overeenkomstige toepassing, voor zover de aard van de rechtsverhouding zich daartegen niet verzet.

Inbreng

Art. 1663-1664

Vervallen.

Art. 1665

Wanneer een der vennooten, voor zijne eigene rekening, eene opeischbare som te vorderen heeft van iemand die mede eene insgelijks opeischbare som verschuldigd is aan de maatschap, moet de betaling, welke hij ontvangt, op de inschuld der maatschap en op die van hemzelven, naar evenredigheid van beide die vorderingen, toegerekend worden, al ware het ook dat hij, bij de kwijting, alles in mindering of voldoening van zijne eigene inschuld mogt gebragt hebben; maar indien hij bij de kwijting bepaald heeft dat de geheele betaling zoude strekken voor de inschuld der maatschap, zal deze bepaling worden nagekomen.

Toerekening van betaling

Art. 1666

Indien een der vennooten zijn geheel aandeel in eene gemeene inschuld der maatschap ontvangen heeft, en de schuldenaar naderhand onvermogend is geworden, is die vennoot gehouden het ontvangene in de gemeene kas in te brengen, al had hij ook voor zijn aandeel kwijting gegeven.

Afdracht van ontvangen betaling

Art. 1667-1669

Vervallen.

Art. 1670

– 1. Indien bij de overeenkomst van maatschap het aandeel van ieder vennoot in de winsten en de verliezen niet is bepaald, is elks aandeel geëvenredigd aan hetgeen hij in de maatschap heeft ingebragt.
– 2. Ten aanzien van degenen die slechts zijne nijverheid heeft ingebragt, wordt het aandeel in

Aandeel in winst en verlies

de winsten en de verliezen berekend gelijk te staan met het aandeel van dengenen der vennooten die het minst heeft ingebragt.

Geen begroting aan vennoot of derde

Art. 1671

– 1. De vennooten kunnen niet bedingen dat zij de regeling der hoegrootheid van hun aandeel aan een hunner of aan eenen derde zullen overlaten.

– 2. Een zoodanig beding wordt voorondersteld niet geschreven te zijn, en zullen alzoo de verordeningen van het voorgaande artikel worden in acht genomen.

Alle voordeel aan een vennoot

Art. 1672

– 1. Het beding, waarbij aan een der vennooten alle de voordeelen mogten toegezegd zijn, is nietig.°

– 2. Maar het is geoorloofd te bedingen dat alle de verliezen bij uitsluiting door een of meer der vennooten zullen gedragen worden.

Beherend vennoot

Art. 1673

– 1. De vennoot die bij een bijzonder beding van de overeenkomst van maatschap met het beheer belast is, kan, zelfs in weerwil der overige vennooten, alle daden verrigten, welke tot zijn beheer betrekkelijk zijn.

– 2. Deze magt kan, zoo lang de maatschap duurt, niet zonder gewichtige reden herroepen worden; maar indien dezelve niet bij de overeenkomst der maatschap, maar bij eene latere akte, is gegeven, is zij, even als eene eenvoudige lastgeving, herroepelijk.

Meer beherende vennoten

Art. 1674

Indien verscheidene vennooten met het beheer belast zijn, zonder dat hunne bijzondere werkzaamheden bepaald zijn, of zonder beding dat de een buiten den anderen niets zoude mogen verrigten, is ieder van hen afzonderlijk tot alle handelingen, dat beheer betreffende, bevoegd.

Gemeenschappelijk beheer

Art. 1675

Indien er bedongen is dat een der beheerders niets buiten den anderen zoude mogen verrigten, vermag de eene, zonder eene nieuwe overeenkomst, niet te handelen zonder medewerking van den anderen, al mogt deze zich ook voor het oogenblik in de onmogelijkheid bevinden om aan de daden van het beheer deel te nemen.

Regels omtrent beheer

Art. 1676

Bij gebreke van bijzondere bedingen omtrent de wijze van beheer, moeten de volgende regelen worden in acht genomen:

1°. De vennooten worden geacht zich over en weder de magt te hebben verleend om, de een voor den anderen, te beheeren. *Daden van Beheer* Hetgeen ieder van hen verrigt is ook verbindende voor het aandeel der overige vennooten, zonder dat hij hunne toestemming hebbe bekomen; onverminderd het regt van deze laatstgemelden, of van een hunner, om zich tegen de handeling, zoo lang die nog niet gesloten is, te verzetten;

2°. ieder der vennooten mag gebruik maken van de goederen aan de maatschap toebehoorende, mits hij dezelve tot zoodanige einden gebruike, als waartoe zij gewoonlijk bestemd zijn, en mits hij zich van dezelve niet bediene tegen het belang der maatschap of op zoodanige wijze, dat de overige vennooten daardoor verhinderd worden om van die goederen, volgens hun regt, mede gebruik te maken;

3°. ieder vennoot heeft de bevoegdheid om de overige vennooten te verpligten in de onkosten te dragen, welke tot behoud der aan de maatschap behoorende goederen noodzakelijk zijn;

4°. Geen der vennooten kan, zonder toestemming der overige, eenige nieuwigheden ten aanzien der onroerende zaken, welke tot de maatschap behooren, al beweerde hij ook dat dezelve voor de maatschap voordeelig waren. *Daden v. Beschikking (onzrichtelijke)*

Art. 1677

Vervallen.

Onder-maatschap

Art. 1678

Elk der vennooten mag, zelfs zonder toestemming der overige, eenen derden persoon aannemen als deelgenoot het aandeel hetwelk hij in de maatschap heeft; doch hij kan denzelven, zonder zoodanige toestemming, niet als medelid der maatschap toelaten, al mogt hij ook met het beheer der zaken van de maatschap belast zijn.

DERDE AFDEELING

Van de verbindtenissen der vennooten ten aanzien van derden

Art. 1679

Aansprakelijkheid voor schulden

De vennooten zijn niet ieder voor het geheel voor de schulden der maatschap verbonden; en een der vennooten kan de overige niet verbinden, indien deze hem daartoe geene volmagt gegeven hebben.

Art. 1680

De vennooten kunnen door den schuldeischer, met wien zij gehandeld hebben, aangesproken worden, ieder voor gelijke som en gelijk aandeel, al ware het dat het aandeel in de maatschap van den eenen minder dan dat van den anderen bedroeg; ten zij, bij het aangaan der schuld, derzelver verpligting, om in evenredigheid van het aandeel in de maatschap van elk vennoot te dragen, uitdrukkelijk zij bepaald.

Aansprakelijk voor gelijke delen

Art. 1681

Het beding dat eene handeling voor rekening der maatschap is aangegaan, verbindt slechts den vennoot die dezelve aangegaan heeft, maar niet de overige, ten zij de laatstgenoemde hem daartoe volmagt hadden gegeven, of de zaak ten voordeele der maatschap gestrekt hebbe.

Handeling voor rekening der maatschap

Art. 1682

Indien een der vennooten in naam der maatschap eene overeenkomst heeft aangegaan, kan de maatschap de uitvoering daarvan vorderen.

Maatschap kan nakoming vorderen

VIERDE AFDEELING

Van de verschillende wijzen waarop de maatschap eindigt

Art. 1683

Een maatschap wordt ontbonden:

1°. Door verloop van den tijd voor welken dezelve is aangegaan;

2°. Door het tenietgaan van een goed of de volbrenging der handeling, die het onderwerp der maatschap uitmaakt;

3°. Door opzegging van een vennoot aan de andere vennoten;

4°. Door den dood of de curatele van één hunner, of indien hij in staat van faillissement is verklaard dan wel ten aanzien van hem de schuldsaneringsregeling natuurlijke personen van toepassing is verklaard.

Ontbinding maatschap

Art. 1684

– 1. De rechter kan op vordering van ieder der vennoten de maatschap wegens gewichtige redenen ontbinden.

– 2. Een zodanige ontbinding heeft geen terugwerkende kracht. De rechter kan de vordering toewijzen onder door hem te stellen voorwaarden en een partij die in de naleving van haar verplichtingen is tekortgeschoten, met overeenkomstige toepassing van artikel 277 van Boek 6 tot schadevergoeding veroordelen.

– 3. De artikelen 265-279 van Boek 6 zijn op een maatschap niet van toepassing.

Ontbinding wegens gewichtige redenen

Art. 1685

Vervallen.

Art. 1686

– 1. Een opzegging is vernietigbaar, indien zij in strijd met de redelijkheid en billijkheid is geschied.

– 2. Een vennootschap voor bepaalde tijd of voor een bepaald werk aangegaan, kan niet worden opgezegd, tenzij dit is bedongen.

Opzegging

Art. 1687

Vervallen.

Art. 1688

– 1. Indien bedongen is, dat, in geval van overlijden van een der vennooten, de maatschap met deszelfs erfgenaam, of alleen tusschen de overblijvende vennooten, zoude voortduren, moet dat beding worden nagekomen.

– 2. In het tweede geval, heeft de erfgenaam des overledenen geen verder regt dan op de verdeeling der maatschap, overeenkomstig de gesteldheid waarin dezelve zich ten tijde van dat overlijden bevond; doch hij deelt in de voordeelen en draagt in de verliezen, die de noodzakelijke gevolgen zijn van verrigtingen, welke vóór het overlijden van den vennoot, wiens erfgenaam hij is, hebben plaats gehad.

Voortzetting na overlijden

Art. 1689

Vervallen.

AFDELING 1A

Het voeren van een administratie
Art. 15a
– 1. Een ieder die een bedrijf of zelfstandig een beroep uitoefent, is verplicht van zijn vermo- **Plicht tot voeren**
genstoestand en van alles betreffende zijn bedrijf of beroep, naar de eisen van dat bedrijf of **administratie**
beroep, op zodanige wijze een administratie te voeren en de daartoe behorende boeken, bescheiden en andere gegevensdragers op zodanige wijze te bewaren, dat te allen tijde zijn rechten en verplichtingen kunnen worden gekend.
– 2. De leden 2 tot en met 4 van artikel 10 van Boek 2 zijn van overeenkomstige toepassing.

TITEL 7 (3.7)

Gemeenschap

AFDELING 1 (3.7.1)

Algemene bepalingen
    Art. 166 (3.7.1.1)
– 1. Gemeenschap is aanwezig, wanneer een of meer goederen toebehoren aan twee of meer   **Gemeenschap**
deelgenoten gezamenlijk. (BW 1: 100; 230; 5: 13^1, 14^3, 15, 59^1, 60 v., 76, 106 v.; 6: 15 v.; Rv 429c^4
en 5)
– 2. De aandelen van de deelgenoten zijn gelijk, tenzij uit hun rechtsverhouding anders voortvloeit. (BW 1: 100; BW 7A: 1670)
– 3. Op de rechtsbetrekkingen tussen de deelgenoten is artikel 2 van Boek 6 van overeenkom-   **Redelijkheid en**
stige toepassing. (Ontw. 3.7.1.1; BW 6: 248)   **billijkheid**
    Art. 167 (3.7.1.1a)
Goederen die geacht moeten worden in de plaats van een gemeenschappelijk goed te treden   **Zaaksvervanging**
behoren tot de gemeenschap. (Ontw. 3.7.1.1a; BW 1: 124, 433; 3: 177, 213^1, 215^1, 229^3, 246^5)
    Art. 168 (3.7.1.2)
– 1. De deelgenoten kunnen het genot, het gebruik en het beheer van gemeenschappelijke   **Beheersregeling**
goederen bij overeenkomst regelen. (BW 3: 170, 174)
– 2. Voor zover een overeenkomst ontbreekt, kan de kantonrechter op verzoek van de meest
gerede partij een zodanige regeling treffen, zo nodig met onderbewindstelling van de goederen. Hij houdt daarbij naar billijkheid rekening zowel met de belangen van partijen als met het
algemeen belang. (BW 3: 12, 185; 5: 78; 6: 259; Rv 658 v.)
– 3. Een bestaande regeling kan op verzoek van de meest gerede partij door de kantonrechter
wegens onvoorziene omstandigheden gewijzigd of buiten werking gesteld worden. (BW 6:
258)
– 4. Een regeling is ook bindend voor de rechtverkrijgenden van een deelgenoot. (BW 1: 116^1,
120$^{2, 3}$, 171 onder *d*, 24, 25, 26, 44, 80, 175^2, 178^5, 191^2)
– 5. Op een overeenkomstig lid 2 ingesteld bewind zijn, voor zover de kantonrechter niet anders heeft bepaald, de artikelen 154, 157 tot en met 166, 168, 172, 173 en 174 van Boek 4 van
overeenkomstige toepassing, met dien verstande dat de kantonrechter de in artikel 159 van
Boek 4 bedoelde beloning ook op grond van bijzondere omstandigheden anders kan regelen,
alsmede dat hij de in artikel 160 van Boek 4 bedoelde zekerheidstelling te allen tijde kan bevelen. Het kan door een gezamenlijk besluit van de deelgenoten of op verzoek van een hunner
door de kantonrechter worden opgeheven. (Ontw. 3.7.1.2)
    Art. 169 (3.7.1.3)
Tenzij een regeling anders bepaalt, is iedere deelgenoot bevoegd tot het gebruik van een ge-   **Gebruik**
meenschappelijk goed, mits dit gebruik met het recht van de overige deelgenoten te verenigen
is. (Ontw. 3.7.1.3; BW 3: 168; 5: 60 v.)
    Art. 170 (3.7.1.3a)
– 1. Handelingen dienende tot gewoon onderhoud of tot behoud van een gemeenschappelijk   **Beheer**
goed, en in het algemeen handelingen die geen uitstel kunnen lijden, kunnen door ieder der
deelgenoten zo nodig zelfstandig worden verricht. Ieder van hen is bevoegd ten behoeve van de
gemeenschap verjaring te sluiten. (BW 3: 61, 69, 70, 175^3, 316 v.)
– 2. Voor het overige geschiedt het beheer door de deelgenoten tezamen, tenzij een regeling
anders bepaalt. Onder beheer zijn begrepen alle handelingen die voor de normale exploitatie
van het goed dienstig kunnen zijn, alsook het aannemen van aan de gemeenschap verschuldigde prestaties. (BW 6: 15^2, 34)
– 3. Tot andere handelingen betreffende een gemeenschappelijk goed dan in de vorige leden
vermeld, zijn uitsluitend de deelgenoten tezamen bevoegd. (Ontw. 3.7.1.3a; BW 3: 174, 183,
190, 192, 193)
    Art. 171 (3.7.1.3b)
Tenzij een regeling anders bepaalt, is iedere deelgenoot bevoegd tot het instellen van rechts-   **Procederen**
vorderingen en het indienen van verzoekschriften ter verkrijging van een rechterlijke uitspraak ten behoeve van de gemeenschap. Een regeling die het beheer toekent aan een of meer
der deelgenoten, sluit, tenzij zij anders bepaalt, deze bevoegdheid voor de anderen uit. (Ontw.
3.7.1.3b; BW 3: 168, 170^2; 6: 15 v.)

Art. 172 (3.7.1.4)

Tenzij een regeling anders bepaalt, delen de deelgenoten naar evenredigheid van hun aandelen in de vruchten en andere voordelen die het gemeenschappelijke goed oplevert, en moeten zij in dezelfde evenredigheid bijdragen tot de uitgaven die voortvloeien uit handelingen welke bevoegdelijk ten behoeve van de gemeenschap zijn verricht. (Ontw. 3.7.1.4; BW 3: 9, 166, 168, 170)

Art. 173 (3.7.1.5)

Ieder der deelgenoten kan van degene onder hen die voor de overigen beheer heeft gevoerd, jaarlijks en in ieder geval bij het einde van het beheer rekening en verantwoording vorderen. (Ontw. 3.7.1.5; Rv 771)

Art. 174 (3.7.1.7)

– 1. De rechter die ter zake van een vordering tot verdeling bevoegd zou zijn of voor wie een zodanige vordering reeds aanhangig is kan een deelgenoot op diens verzoek ten behoeve van de voldoening van een voor rekening van de gemeenschap komende schuld of om andere gewichtige redenen machtigen tot het te gelde maken van een gemeenschappelijk goed. Indien een deelgenoot voor wie een te verkopen goed een bijzondere waarde heeft, bereid is het goed tegen vergoeding van de geschatte waarde over te nemen, kan de voormelde rechter deze overneming bevelen. (BW 3: 166^3, 168; 181, 182^1, 183, 185; Rv 429a v., 429c^5, 677-680)

– 2. De in lid 1 bedoelde rechter kan een deelgenoot op diens verzoek machtigen een gemeenschappelijk goed te bezwaren met een recht van pand of hypotheek tot zekerheid voor de voldoening van een voor rekening van de gemeenschap komende schuld die reeds bestaat of waarvan het aangaan geboden is voor het behoud van een goed der gemeenschap. (Ontw. 3.7.1.7; BW 3: 231, 236 v., 251, 260 v.)

Art. 175 (3.7.1.8)

– 1. Tenzij uit de rechtsverhouding tussen de deelgenoten anders voortvloeit, kan ieder van hen over zijn aandeel in een gemeenschappelijk goed beschikken. (BW 3: 89 v., 166^3, 168, 176, 177, 190, 191^2; Wet giraal effectenverkeer 16, 17, 26, 41)

– 2. Indien uit de rechtsverhouding tussen de deelgenoten voortvloeit dat zij niet, tenzij met aller toestemming, bevoegd zijn over hun aandeel te beschikken, zijn de leden 3 en 4 van artikel 168 van overeenkomstige toepassing.

– 3. De schuldeisers van een deelgenoot kunnen zijn aandeel in een gemeenschappelijk goed uitwinnen. Na de uitwinning van een aandeel kunnen beperkingen van de bevoegdheid om over de aandelen te beschikken niet worden ingeroepen tussen de verkrijger van dat aandeel en de overige deelgenoten. (Ontw. 3.7.1.8; BW 3: 276; 5: 117^1)

Art. 176 (3.7.1.8a)

– 1. De verkrijger van een aandeel of een beperkt recht daarop moet van de verkrijger onverwijld mededeling doen aan de overige deelgenoten of aan degene die door de deelgenoten of de rechter met het beheer over het goed is belast.

– 2. Een overgedragen aandeel wordt verkregen onder de last aan de gemeenschap te vergoeden hetgeen de vervreemder haar schuldig was. Vervreemder en verkrijger zijn hoofdelijk voor deze vergoeding aansprakelijk. De verkrijger kan zich aan deze verplichting onttrekken door zijn aandeel op zijn kosten aan de overige deelgenoten over te dragen; dezen zijn verplicht aan een zodanige overdracht mede te werken.

– 3. De vorige leden zijn niet van toepassing bij uitwinning van de gezamenlijke aandelen in een gemeenschappelijk goed. (Ontw. 3.7.1.8a; BW 3: 37^1, 94, 122, 182, 224; 5: 66^2, 82, 122; 6: 10, 11, 208)

Art. 177 (3.7.1.8b)

– 1. Wordt een gemeenschappelijk goed verdeeld of overgedragen, terwijl op het aandeel van een deelgenoot een beperkt recht rust, dan komt dat recht te rusten op het goed voor zover dit door die deelgenoot wordt verkregen, en wordt het goed voor het overige van dat recht bevrijd, onverminderd hetgeen de beperkt gerechtigde of de deelgenoot op wiens aandeel zijn recht rust, krachtens hun onderlinge verhouding van de onder wegens een door deze aldus ontvangen overwaarde heeft te vorderen.

– 2. Een verdeling, alsmede een overdracht waartoe de deelgenoten zich na bezwaring met het beperkte recht hebben verplicht, behoeft de medewerking van de beperkt gerechtigde.

– 3. Een bij toedeling van het goed aan de in het eerste lid genoemde deelgenoot bedongen recht van pand of hypotheek tot waarborg van hetgeen hij aan een of meer der deelgenoten ten gevolge van de verdeling schuldig is of mocht worden, heeft, mits het gelijktijdig met de levering van het hem toegedeelde daarop wordt gevestigd, voorrang boven een beperkt recht dat een deelgenoot tevoren op zijn aandeel had gevestigd. (Ontw. 3.7.1.8b; BW 3: 182, 213^1, 229, 261; 5: 114; 8: 206, 796; Overg.w. 100)

Art. 178 (3.7.1.9)

– 1. Ieder der deelgenoten, alsmede hij die een beperkt recht op een aandeel heeft, kan te allen tijde verdeling van een gemeenschappelijk goed vorderen, tenzij uit de aard van de gemeenschap of uit het in de volgende leden bepaalde anders voortvloeit. (BW 1: 99²; 3: 182, 186, 189, 193; 5: 63²; Rv 677 v., 733)

– 2. Op verlangen van een deelgenoot kan de rechter voor wie een vordering tot verdeling aanhangig is, bepalen dat alle of sommige opeisbare schulden die voor rekening van de gemeenschap komen, moeten worden voldaan alvorens tot de verdeling wordt overgegaan. (BW 3: 174¹, 192, 193)

– 3. Indien de door een onmiddellijke verdeling getroffen belangen van een of meer deelgenoten aanmerkelijk groter zijn dan de belangen die door de verdeling worden gediend, kan de rechter voor wie een vordering tot verdeling aanhangig is, op verlangen van een deelgenoot een of meermalen, telkens voor ten hoogste drie jaren, een vordering tot verdeling uitsluiten. (BW 3: 13, 180, 193)

– 4. Indien geen vordering tot verdeling aanhangig is, kan een beslissing als bedoeld in de leden 2 en 3 op verzoek van ieder van de deelgenoten worden gegeven door de rechter die ter zake van de vordering tot verdeling bevoegd zou zijn.

– 5. Zij die bevoegd zijn verdeling te vorderen, kunnen hun bevoegdheid daartoe een of meer malen bij overeenkomst, telkens voor ten hoogste vijf jaren, uitsluiten. De leden 3 en 4 van artikel 168 zijn op een zodanige overeenkomst van overeenkomstige toepassing. (Ontw. 3.7.1.9)

Verdeling vorderen

Art. 179 (3.7.1.9a)

– 1. Indien verdeling van een gemeenschappelijk goed wordt gevorderd, kan ieder der deelgenoten verlangen dat alle tot de gemeenschap behorende goederen en de voor rekening van de gemeenschap komende schulden in de verdeling worden begrepen, tenzij er gewichtige redenen zijn voor een gedeeltelijke verdeling. Van de verdeling worden die goederen uitgezonderd, die wegens een der in artikel 178 genoemde gronden onverdeeld moeten blijven.

– 2. De omstandigheid dat bij een verdeling een of meer goederen zijn overgeslagen, heeft alleen ten gevolge dat daarvan een nadere verdeling kan worden gevorderd. (BW 1158 oud)

– 3. Op de toedeling van een schuld is afdeling 3 van titel 2 van Boek 6 van toepassing. (Ontw. 3.7.1.9a; BW 1: 99, 137, 345¹, 351; 3: 185; Rv 680; Overg.w. 101)

Verdeling gehele gemeenschap

Art. 180 (3.7.1.9b)

– 1. Een schuldeiser die een opeisbare vordering op een deelgenoot heeft, kan verdeling van de gemeenschap vorderen, doch niet verder dan nodig is voor het verhaal van zijn vordering. Artikel 178 lid 3 is van toepassing.

– 2. Heeft een schuldeiser een bevel tot verdeling van de gemeenschap verkregen dan behoeft de verdeling zijn medewerking. (Ontw. 3.7.1.9b; BW 6: 38 v.; Rv 677 v., 733; Overg.w. 101)

Verdeling gevorderd door schuldeiser

Art. 181 (3.7.1.10)

– 1. Voor het geval dat deelgenoten of zij wier medewerking vereist is, niet medewerken tot een verdeling nadat deze bij rechterlijke uitspraak is bevolen, benoemt de rechter die in eerste aanleg van de vordering tot verdeling heeft kennis genomen, indien deze benoeming niet reeds bij die uitspraak heeft plaatsgehad, op verzoek van de meest gerede partij een onzijdig persoon die hen bij de verdeling vertegenwoordigt en daarbij hun belangen naar eigen beste inzicht behartigt. Hebben degenen die niet medewerken tegenstrijdige belangen, dan wordt voor ieder van hen een onzijdig persoon benoemd.

– 2. Een onzijdig persoon is verplicht hetgeen aan de door hem vertegenwoordigde persoon ingevolge de verdeling toekomt, voor deze in ontvangst te nemen en daarover tot de afgifte aan de rechthebbende op de voet van artikel 410 van Boek 1 het bewind te voeren.

– 3. De beloning die de onzijdige persoon ten laste van de rechthebbende toekomt, wordt op zijn verzoek vastgesteld door de rechter die hem benoemde. (Ontw. 3.7.1.10; BW 3: 177, 183², 300¹; Rv 677; Overg.w. 102)

Onzijdig persoon

Art. 182 (3.7.1.11)

Als een verdeling wordt aangemerkt iedere rechtshandeling waartoe alle deelgenoten, hetzij in persoon, hetzij vertegenwoordigd, medewerken en krachtens welke een of meer van hen een of meer goederen der gemeenschap met uitsluiting van de overige deelgenoten verkrijgen. De handeling is niet een verdeling, indien zij strekt tot nakoming van een voor rekening van de gemeenschap komende schuld aan een der deelgenoten, die niet voortspruit uit een rechtshandeling als bedoeld in de vorige zin. (Ontw. 3.7.1.11; BW 3: 176², 183², 186², 188, 194¹, 196; 6: 45, 216, 261²; Wet op belastingen van rechtsverkeer 3 sub b, 7, 12, 15¹ sub f en g; Overg.w. 101)

Begrip verdeling

Art. 183 (3.7.1.12)

– 1. De verdeling kan geschieden op de wijze en in de vorm die partijen goeddunkt, mits de deelgenoten en zij wier medewerking vereist is, allen het vrije beheer over hun goederen heb-

Vorm van verdeling

5b BW Boek 3

ben en in persoon of bij een door hen aangewezen vertegenwoordiger medewerken, dan wel in geval van bewind over hun recht, worden vertegenwoordigd door de bewindvoerder, voorzien van de daartoe vereiste toestemming of machtiging. (BW 1: 418[4]; 3: 58, 97, 177, 181, 195; Rv 677 v.)

– 2. In andere gevallen moet, tenzij de rechter anders bepaalt, de verdeling geschieden bij notariële akte en worden goedgekeurd door de kantonrechter die bevoegd is de wettelijke vertegenwoordiger van degene die het vrije beheer over zijn goederen mist, tot beschikkingshandelingen te machtigen. (BW 1: 250, 385, 386; Rv 429c[3], 966a)

Art. 184 (3.7.1.13)

Toerekening

– 1. Ieder der deelgenoten kan bij een verdeling verlangen dat op het aandeel van een andere deelgenoot wordt toegerekend hetgeen deze aan de gemeenschap schuldig is. De toerekening geschiedt ongeacht de gegoedheid van de schuldenaar. Is het een schuld onder tijdsbepaling, dan wordt zij voor haar contante waarde op het tijdstip der verdeling toegerekend.

– 2. Het vorige lid is niet van toepassing op schulden onder een opschortende voorwaarde die nog niet vervuld is. (Ontw. 3.7.1.13; BW 3: 178; 6: 21 v., 127; Fw 56; Overg.w. 101)

Art. 185 (3.7.1.14)

Verdeling door rechter

– 1. Voor zover de deelgenoten en zij wier medewerking vereist is, over een verdeling niet tot overeenstemming kunnen komen, gelast op vordering van de meest gerede partij de rechter de wijze van verdeling of stelt hij zelf de verdeling vast, rekening houdende naar billijkheid zowel met de belangen van partijen als met het algemeen belang. (BW 3: 12, 168[2], 177, 179, 181; Rv 680, 733)

– 2. Als wijzen van verdeling komen daarbij in aanmerking:

a. toedeling van een gedeelte van het goed aan ieder der deelgenoten;

b. overbedeling van een of meer deelgenoten tegen vergoeding van de overwaarde;

c. verdeling van de netto-opbrengst van het goed of een gedeelte daarvan, nadat dit op een door de rechter bepaalde wijze zal zijn verkocht. (BW 2: 23b[3])

– 3. Zo nodig kan de rechter bepalen dat degene die overbedeeld wordt, de overwaarde geheel of ten dele in termijnen mag voldoen. Hij kan daaraan de voorwaarde verbinden dat zekerheid tot een door hem bepaald bedrag en van een door hem bepaalde aard wordt gesteld. (Ontw. 3.7.1.14; BW 6: 51; Rv 616)

Art. 186 (3.7.1.14a)

Levering

– 1. Voor de overgang van het aan ieder der deelgenoten toegedeelde is een levering vereist op dezelfde wijze als voor overdracht is voorgeschreven. (BW 3: 89, 90, 94, 95, 96; 6: 261, 265; Rv 808d; Fw 35; Auteurswet 2[2])

– 2. Hetgeen een deelgenoot verkrijgt, houdt hij onder dezelfde titel als waaronder de deelgenoten dit tezamen vóór de verdeling hielden. (Ontw. 3.7.1.14a; BW 3: 111, 116; Overg.w. 101)

Art. 187 (3.7.1.15)

Papieren en bewijzen van eigendom

– 1. De papieren en bewijzen van eigendom, tot de toegedeelde goederen behorende, worden overgegeven aan hem, aan wie de goederen zijn toegedeeld.

– 2. Algemene boedelpapieren en stukken als bedoeld in lid 1, die betrekking hebben op aan meer deelgenoten toegedeelde goederen, verblijven bij hem die de meerderheid der betrokken deelgenoten daartoe heeft benoemd, onder verplichting aan de overige deelgenoten inzage, en zo iemand dit verlangt, afschriften of uittreksels op diens kosten af te geven.

– 3. Bij gebreke van een meerderheid als bedoeld in het vorige lid geschiedt de daar bedoelde benoeming op verlangen van een deelgenoot door de rechter die de verdeling vaststelt, of in andere gevallen op verzoek van een deelgenoot door de kantonrechter. Tegen een beslissing krachtens dit lid is geen hogere voorziening toegelaten. (Ontw. 3.7.1.15; Overg.w. 101)

Art. 188 (3.7.1.16)

Schadevergoeding

– 1. Tenzij anders is overeengekomen, zijn deelgenoten verplicht in evenredigheid van hun aandelen elkander de schade te vergoeden die het gevolg is van een uitwinning of stoornis, voortgekomen uit een vóór de verdeling ontstane oorzaak, alsmede, wanneer een vordering voor het volle bedrag is toegedeeld, de schade die voortvloeit uit onvoldoende gegoedheid van de schuldenaar op het ogenblik van de verdeling. (BW 6: 95 v.)

– 2. Wordt een deelgenoot door zijn eigen schuld uitgewonnen of gestoord, dan zijn de overige deelgenoten niet verplicht tot vergoeding van zijn schade. (BW 6: 101)

– 3. Een verplichting tot vergoeding van schade die voortvloeit uit onvoldoende gegoedheid van de schuldenaar vervalt door verloop van drie jaren na de verdeling en na het opeisbaar worden van de toegedeelde vordering.

– 4. Indien verhaal op een deelgenoot voor zijn aandeel in een krachtens het eerste lid verschuldigde schadevergoeding onmogelijk blijkt, wordt het aandeel van ieder der andere deelgenoten naar evenredigheid verhoogd. (Ontw. 3.7.1.16; BW 3: 196, 310; 6: 6[1]; Rv 70, 71)

Enige bijzondere gemeenschappen

Art. 189 (3.7.2.0)

– 1. De bepalingen van deze titel gelden niet voor een huwelijksgemeenschap, gemeenschap van een geregistreerd partnerschap, maatschap, vennootschap of rederij, zolang zij niet ontbonden zijn, noch voor de gemeenschap van een in appartementsrechten gesplitst gebouw, zolang de splitsing niet is opgeheven.   **Bijzondere gemeenschappen**

– 2. Voor de gemeenschap van een nalatenschap, voor een ontbonden huwelijksgemeenschap, ontbonden gemeenschap van een geregistreerd partnerschap, maatschap, vennootschap of rederij en voor de gemeenschap van een gebouw waarvan de splitsing in appartementsrechten is opgeheven, gelden de volgende bepalingen van deze afdeling, alsmede die van de eerste afdeling, voor zover daarvan in deze afdeling niet wordt afgeweken. (Ontw. 3.7.2.0; BW 1: 99 v.; 5: 143; 8: 160, 770; 4: 1132-1157; 7A: 1683 v.)

Art. 190 (3.7.2.1)

– 1. Een deelgenoot kan niet beschikken over zijn aandeel in een tot de gemeenschap behorend goed afzonderlijk, en zijn schuldeisers kunnen een zodanig aandeel niet uitwinnen, zonder toestemming van de overige deelgenoten.   **Beschikkingsbevoegdheid deelgenoot over aandeel gemeenschapsgoed**

– 2. Nochtans kan een deelgenoot op een zodanig aandeel ook zonder toestemming van de andere deelgenoten een recht van pand of hypotheek vestigen. Zolang het goed tot de gemeenschap behoort, kan de pand- of hypotheekhouder niet tot verkoop overgaan, tenzij de overige deelgenoten hierin toestemmen. (Ontw. 3.7.2.1; BW 3: 170, 177, 178, 179, 246[4])

Art. 191 (3.7.2.2)

– 1. Tenzij uit de rechtsverhouding tussen de deelgenoten anders voortvloeit, kan ieder der deelgenoten over zijn aandeel in de gehele gemeenschap beschikken en kunnen zijn schuldeisers een zodanig aandeel uitwinnen.   **Beschikkingsbevoegdheid deelgenoot over aandeel gemeenschap**

– 2. Indien uit de rechtsverhouding tussen de deelgenoten voortvloeit dat zij niet, tenzij met aller toestemming bevoegd zijn over hun aandeel te beschikken, zijn de leden 3 en 4 van artikel 168 van overeenkomstige toepassing. (Ontw. 3.7.2.2; BW 3: 96, 175[2], 176, 190[1]; Rv 474*bb*)

Art. 192 (3.7.2.2a)

Tot de gemeenschap behorende schulden kunnen op de goederen van de gemeenschap worden verhaald. (Ontw. 3.7.2.2a; BW 1: 100[2]; 3: 178, 179, 276, 277)   **Verhaal**

Art. 193 (3.7.2.2b)

– 1. Een schuldeiser wiens vordering op de goederen der gemeenschap kan worden verhaald, kan de rechter verzoeken een vereffenaar te benoemen wanneer tot verdeling van de gemeenschap wordt overgegaan voordat de opeisbare schulden daarvan zijn voldaan of wanneer voor hem het gevaar bestaat dat hij niet ten volle of niet binnen een redelijke tijd zal worden voldaan, hetzij omdat de gemeenschap niet toereikend is of niet behoorlijk beheerd of afgewikkeld wordt, hetzij omdat een schuldeiser zich op de goederen van de gemeenschap gaat verhalen. Afdeling 3 van titel 6 van Boek 4 betreffende de vereffening van een nalatenschap is van toepassing of overeenkomstige toepassing.   **Verzoek benoeming vereffenaar**

– 2. Ook een schuldeiser van een deelgenoot kan de rechter verzoeken een vereffenaar te benoemen, wanneer zijn belangen door een gedraging van de deelgenoten ernstig worden geschaad.

– 3. Voor de ontbonden gemeenschap van een maatschap of vennootschap zijn de leden 1 en 2 niet van toepassing en gelden de volgende zinnen. Een schuldeiser wiens vordering op de goederen van de gemeenschap kan worden verhaald, is bevoegd zich tegen verdeling van de gemeenschap te verzetten. Een verdeling die na dit verzet is tot stand gekomen, is vernietigbaar met dien verstande dat de vernietigingsgrond slechts kan worden ingeroepen door de schuldeiser die zich verzette en dat hij de verdeling slechts te zijnen behoeve kan vernietigen en niet verder dan nodig is tot opheffing van de door hem ondervonden benadeling. (Ontw. 3.7.2.2b; BW 3: 45, 180)

Art. 194 (3.7.2.3)

– 1. Ieder der deelgenoten kan vorderen dat een verdeling aanvangt met een boedelbeschrijving.   **Boedelbeschrijving**

– 2. Een deelgenoot die opzettelijk tot de gemeenschap behorende goederen verzwijgt, zoek maakt of verborgen houdt, verbeurt zijn aandeel in die goederen aan de andere deelgenoten. (Ontw. 3.7.2.3; BW 3: 44[3];Rv 671 v.; Overg.w. 103)

AFDELING 3 (3.7.3)

Nietige en vernietigbare verdelingen
Art. 195 (3.7.3.1)

Nietige verdeling – 1. Een verdeling waaraan niet alle deelgenoten en alle andere personen wier medewerking vereist was, hebben deelgenomen, is nietig, tenzij zij is geschied bij een notariële akte, in welk geval zij slechts kan worden vernietigd op vordering van degene die niet aan de verdeling heeft deelgenomen. Deze rechtsvordering verjaart door verloop van één jaar nadat de verdeling te zijner kennis gekomen is. (BW 3: 49 v., 52¹, 53 v., 58, 177, 178, 182, 183, 198, 316 v.; Overg.w. 91)
– 2. Heeft aan een verdeling iemand deelgenomen die niet tot de gemeenschap gerechtigd was, of is een deelgenoot bij de verdeling opgekomen voor een groter aandeel dan hem toekwam, dan kan het ten onrechte uitgekeerde ten behoeve van de gemeenschap worden teruggevorderd; voor het overige blijft de verdeling van kracht. (Ontw. 3.7.3.1; BW 3: 171; 6: 203)
Art. 196 (3.7.3.2)

Vernietigbare verdeling – 1. Behalve op de algemene voor vernietiging van rechtshandelingen geldende gronden is een verdeling ook vernietigbaar, wanneer een deelgenoot omtrent de waarde van een of meer der te verdelen goederen en schulden heeft gedwaald en daardoor voor meer dan een vierde gedeelte is benadeeld. (BW 3: 32², ³, 34, 40², 44, 49, 50, 53, 54, 188, 197- 199, 200; 6: 203 v.)
– 2. Wanneer een benadeling voor meer dan een vierde is bewezen, wordt de benadeelde vermoed omtrent de waarde van een of meer der te verdelen goederen en schulden te hebben gedwaald.
– 3. Om te beoordelen of benadeling heeft plaatsgehad, worden de goederen en schulden der gemeenschap geschat naar hun waarde op het tijdstip van de verdeling. Goederen en schulden die onverdeeld zijn gelaten worden niet meegerekend.
– 4. Een verdeling is niet op grond van dwaling omtrent de waarde van een of meer der te verdelen goederen en schulden vernietigbaar, indien de benadeelde de toedeling te zijnen bate of schade heeft aanvaard. (Ontw. 3.7.3.2)
Art. 197 (3.7.3.3)

Opheffing benadeling De bevoegdheid tot vernietiging van een verdeling uit hoofde van benadeling vervalt, wanneer de andere deelgenoten aan de benadeelde hetzij in geld, hetzij in natura opleggen hetgeen aan diens aandeel ontbrak. (Ontw. 3.7.3.3; BW 3: 53, 54)
Art. 198 (3.7.3.3a)

Wijziging i.p.v. vernietiging Wordt een beroep in rechte op vernietigbaarheid van een verdeling gedaan, dan kan de rechter, onverminderd het in de artikelen 53 en 54 bepaalde, op verlangen van een der partijen de verdeling wijzigen, in plaats van de vernietiging uit te spreken. (Ontw. 3.7.3.3a; BW 3: 185)
Art. 199 (3.7.3.3b)

Dwaling n.v.t. Op een verdeling zijn de artikelen 228-230 van Boek 6 niet van toepassing. (Ontw. 3.7.3.3b; BW 6: 216)
Art. 200 (3.7.3.4)

Vervaltermijn Een rechtsvordering tot vernietiging van een verdeling vervalt door verloop van drie jaren na de verdeling. (Ontw. 3.7.3.4; BW 3: 52, 188³, 195¹)

Wet van 22maart 1826, Stb. 18-48, zoals deze wet laatstelijk is gewijzigd bij de Wetten van 14 februari 1994, Stb. 125 (Verbeterblad), 22 juni 1994, Stb. 507, 12 april 1995, Stb. 227, 14 september 1995, Stb. 506, 2 november 1995, Stb. 554, 23 november 1995, Stb. 598, 21 december 1995, Stb. 690, 8 februari 1996, Stb. 134, 31 oktober 1996, Stb. 548, 14 november 1996, Stb. 562, 11 december 1997, Stb. 757 jo. 5 april 2001, Stb. 180, 17 december 1997, Stb. 660, 24 december 1997, Stb. 773 en 794, 25 juni 1998, Stb. 446, 24 december 1998, Stb. 741, 28 januari 1999, Stb. 30, 7 december 2000, Stb. 540, 5 april 2001, Stb. 180, 27 september 2001, Stb. 481, 16 november 2001, Stb. 568, 6 december 2001, Stb. 581 en 584, 20 december 2001, Stb. 2002, 19

[Inwerkingtreding: 01-10-1838]

ALGEMEENE BEPALING
Art. 1
Het Burgerlijk Wetboek is, voor zoo verre daarvan bij dit Wetboek niet bijzonderlijk is afgeweken, ook op de in dit Wetboek behandelde onderwerpen toepasselijk. (BW 7A: 1811; K 15, 168a, 228a, 229k)

Toepasselijkheid BW

EERSTE BOEK

Van den koophandel in het algemeen

EERSTE TITEL

Van kooplieden en van daden van koophandel
Art. 2-5
Vervallen.

TWEEDE TITEL
Art. 6-13
Vervallen.

DERDE TITEL

Van de vennootschap onder ene firma en van die bij wijze van geldschieting of 'en commandite' genaamd
Art. 14
Vervallen.
Art. 15
De in dezen titel genoemde vennootschappen worden geregeerd door de overeenkomsten van partijen, door dit Wetboek en door het Burgerlijk Regt. (K 1)

Toepasselijke regels

Art. 16
De vennootschap onder eene firma is de maatschap, tot de uitoefening van een bedrijf onder eenen gemeenschappelijken naam aangegaan. (K 19 v., 22 v., 29, 66a, 311; Rv 4, 4°, 5, 2°, 126¹¹; Fw 2³, 4²)

Vennootschap onder firma

Art. 17
– 1. Elk der vennooten, die daarvan niet is uitgesloten, is bevoegd ten name der vennootschap te handelen, gelden uit te geven en te ontvangen, en de vennootschap aan derden, en derden aan de vennootschap te verbinden.
– 2. Handelingen welke niet tot de vennootschap betrekkelijk zijn, of tot welke de vennooten volgens de overeenkomst onbevoegd zijn, worden onder deze bepaling niet begrepen. (BW 7A: 1673, 1676, 1679; K 29, 32)

Handelingsbevoegdheid der vennoten

Art. 18
In vennootschappen onder eene firma is elk der vennooten, wegens de verbindtenissen der vennootschap, hoofdelijk verbonden.

Hoofdelijke aansprakelijkheid

Art. 19
– 1. De vennootschap bij wijze van geldschieting, anders *en commandite* genaamd, wordt aangegaan tusschen eenen persoon, of tusschen meerdere hoofdelijk verbonden vennoten, en eenen of meer andere personen als geldschieters.
– 2. Eene vennootschap kan alzoo te gelijker tijd zijn eene vennootschap onder eene firma, ten

Commanditaire vennootschap

_____ 153 _____

aanzien van de vennooten onder de firma, en eene vennootschap bij wijze van geldschieting, ten aanzien van den geldschieter.

– 3. De vennootschap bij wijze van geldschieting heeft geen in aandelen verdeeld kapitaal.

Art. 20

Positie commanditaire vennoot

– 1. Behoudens de uitzondering, in het tweede lid van art. 30 voorkomende, mag de naam van den vennoot bij wijze van geldschieting in de firma niet worden gebezigd. (K 19)

– 2. Deze vennoot mag geene daad van beheer verrigten of in de zaken van de vennootschap werkzaam zijn, zelfs niet uit kracht eener volmagt. (K 17, 21, 32)

– 3. Hij draagt niet verder in de schade dan ten beloope der gelden, welke hij in de vennootschap heeft ingebragt of heeft moeten inbrengen, zonder dat hij immer tot teruggave van genotene winsten verpligt zij. (BW 7A: 1679 v.)

Art. 21

Aansprakelijkheid commanditaire vennoot

De vennoot bij wijze van geldschieting, die de bepalingen van het eerste of van het tweede lid van het vorige artikel overtreedt, is wegens alle de schulden en verbindtenissen van de vennootschap hoofdelijk verbonden.

Art. 22

Oprichting vennootschap onder firma

De vennootschappen onder eene firma moeten worden aangegaan bij authentieke of bij onderhandsche akte, zonder dat het gemis eener akte aan derden kan worden tegengeworpen. (K 1, 29, 31)

Art. 23

Inschrijving Handelsregister

De vennooten onder eene firma zijn verpligt de vennootschap te doen inschrijven in het handelsregister, overeenkomstig de daarvoor geldende wettelijke bepalingen. (K 9, 30)

Art. 24-28

Vervallen.

Art. 29

Positie v.o.f. vóór de inschrijving

Zoolang de inschrijving in het handelsregister niet is geschied, zal de vennootschap onder eene firma, ten aanzien van derden, worden aangemerkt als algemeen voor alle zaken, als aangegaan voor eenen onbepaalden tijd, en als geenen der vennooten uitsluitende van het regt om voor de firma te handelen en te teekenen. (BW 2: 69², 85; K 30 v.)

Art. 30

Voortzetting ontbonden vennootschap

– 1. De firma van eene ontbondene vennootschap kan, het zij uit kracht der overeenkomst, het zij indien de gewezen vennoot, wiens naam in de firma voorkwam, daarin uitdrukkelijk toestemt, of, bij overlijden, deszelfs erfgenamen zich niet daartegen verzetten, door eenen of meer personen worden aangehouden, welke, ten blijke daarvan, eene akte moeten uitbrengen, en dezelve doen inschrijven in het handelsregister, overeenkomstig de daarvoor geldende wettelijke bepalingen. (Handelsnaamwet 2)

– 2. De bepaling van het eerste lid van art. 20 is niet toepasselijk, indien de afgetredene, van vennoot onder eene firma, vennoot bij wijze van geldschieting is geworden. (BW 7A: 1688)

Art. 31

Inschrijving van wijzigingen

De ontbinding eener vennootschap onder eene firma vóór den tijd bij de overeenkomst bepaald, of door afstand of opzegging tot stand gebragt, derzelver verlenging na verloop van het bepaalde tijdstip, mitsgaders alle veranderingen in de oorspronkelijke overeenkomst gemaakt, welke derden aangaan, zijn aan de voormelde inschrijving onderworpen. (BW 7A: 1683 v.; K 22, 29 v.)

Art. 32

Vereffening

– 1. Bij de ontbinding der vennootschap zullen de vennooten, die het regt van beheer hebben gehad, de zaken der gewezen vennootschap moeten vereffenen in naam van dezelfde firma, ten zij bij de overeenkomst anders ware bepaald, of de gezamenlijke vennooten (die bij wijze van geldschieting niet daaronder begrepen), hoofdelijk en bij meerderheid van stemmen, een- en anderen vereffenaar hadden benoemd.

– 2. Indien de stemmen staken beschikt de arrondissements-regtbank, zoodanig als zij in het belang der ontbondene vennootschap meest geraden zal achten. (K 17, 20, 22, 29, 31; Rv 4, 4°, 126¹¹)

Art. 33

Invordering tekorten

Indien de staat der kas van de ontbondene vennootschap niet toereikt om de opeischbare schulden te betalen, zullen zij, die met de vereffening belast zijn, de benoodigde penningen kunnen vorderen, welke door elk der vennooten, voor zijn aandeel in de vennootschap, zullen moeten worden ingebragt. (K 18, 32)

Art. 34

Voorlopige verdeling

De gelden die gedurende de vereffening uit de kas der vennootschap kunnen gemist worden, zullen voorloopig worden verdeeld. (K 33)

Art. 35-58

Vervallen.

Van beurzen van koophandel en tussenpersonen

EERSTE AFDEELING

Van beurzen van koophandel
Art. 59
De beurs van koophandel is de zamenkomst van kooplieden, schippers, tussenpersonen, kassiers en andere personen tot den koophandel in betrekking staande. Zij heeft plaats op gezag van het plaatselijk bestuur.
Art. 60
– 1. Uit de handelingen en afspraken, ter beurze gesloten, worden opgemaakt de bepaling van den wisselkoers, de prijs der koopmanschappen, der assurantien, der zeevrachten, der kosten van vervoer te water en te lande, der binnen- en buitenlandsche obligatien, fondsen en andere papieren, die voor bepaling van koers vatbaar zijn. **Koers- en prijsbepaling**
– 2. Deze onderscheidene koersen of prijzen worden volgens plaatselijke reglementen of gebruiken opgemaakt. (K 140, 151³, 213, 262, 621 v.)
Art. 61
Het uur van het aangaan en afloopen der beurs, en alles wat de goede orde aldaar betreft, wordt door plaatselijke reglementen bepaald. **Reglement van orde**

TWEEDE AFDELING

Van tussenpersonen
Art. 62
– 1. Onder tussenpersoon wordt verstaan degene die: **Omschrijving**
a. zijn bedrijf maakt van het verlenen van bemiddeling bij het totstandbrengen en het sluiten van overeenkomsten in opdracht en op naam van personen tot wie hij niet in een vaste dienstbetrekking staat,
b. beherend vennoot van een vennootschap of bestuurder van een rechtspersoon is die haar bedrijf maakt van het verrichten van de in onderdeel *a* genoemde handelingen, of
c. in arbeidsovereenkomst staande tot een persoon, vennootschap of rechtspersoon als bedoeld in dit artikel, namens zijn werkgever de in onderdeel *a* genoemde handelingen verricht.
– 2. Het in het eerste lid bedoelde bedrijf kan mede omvatten het bemonsteren en waarderen van goederen en het uitbrengen van deskundigenberichten. (BW 2: 64 v.; 7A: 1655 v.; K 16 v., 59, 64, 260, 261, 618 v.; Sr 436*a*)
Art. 63-67a
Vervallen.
Art. 68
De tussenpersoon is verplicht van iedere door hem gesloten overeenkomst aantekening te houden; hij doet van de aantekening aan ieder der partijen terstond een door hem gewaarmerkt afschrift toekomen. (K 7 v., 681 sub 3° en 4°) **Aantekeningen**
Art. 68a
Vervallen.
Art. 68b
– 1. Tenzij hij daarvan door partijen is ontslagen, is de tussenpersoon verplicht van elke door hem op monster verkochte partij goederen het monster, voorzien van een duidelijk herkenningsteken, te bewaren gedurende een redelijke termijn overeenkomstig de gebruiken in de handel. **Verkoop op monster**
– 2. De rechter kan aan een tussenpersoon de overlegging van het door hem bewaarde monster in rechte bevelen teneinde dit te bezichtigen en hij kan daaromtrent zijn toelichting vorderen.
Art. 69
De tussenpersoon die een door hem verhandelde wisselbrief of ander handelspapier aan de koper ter hand stelt, staat in voor de echtheid van de zich daarop bevindende handtekening van de verkoper. (K 100, 106, 112, 178 sub 6°) **Waardepapieren**
Art. 70
De artikelen 68, 68*b*, 69, 260, 261 en 681 tot en met 685 zijn van overeenkomstige toepassing op de vennootschap en de rechtspersoon die bemiddeling door middel van tussenpersonen tot bedrijf hebben. **Toepasselijkheid bepalingen**
Art. 71-73
Vervallen.

DERDE AFDELING

Van de agentuurovereenkomst
Art. 74-75c
Vervallen.

VIJFDE TITEL

Van commissionairs
Art. 76-99a
Vervallen.

ZESDE TITEL

Van wisselbrieven en orderbriefjes

EERSTE AFDEELING

Van de uitgifte en den vorm van den wisselbrief
Art. 100

Inhoud wisselbrief De wisselbrief behelst: (Wet AB 10; K 101, 102a, 109, 132², 163, 174, 178)
1°. de benaming 'wisselbrief', opgenomen in den tekst zelf en uitgedrukt in de taal, waarin de titel is gesteld;
2°. de onvoorwaardelijke opdracht tot betaling van een bepaalde som; (K 105, 140)
3°. den naam van dengene, die betalen moet (betrokkene); (K 102, 180)
4°. de aanwijzing van den vervaldag; (K 132 v.)
5°. die van de plaats, waar de betaling moet geschieden; (K 101, 103, 126)
6°. den naam van dengene, aan wien of aan wiens order de betaling moet worden gedaan; (K 102, 109a, 182)
7°. de vermelding van de dagteekening, alsmede van de plaats, waar de wisselbrief is getrokken; (K 104, 229e)
8°. de handteekening van dengene, die den wisselbrief uitgeeft (trekker). (K 101, 106, 108, 109a, 110, 121, 122, 133², 154, 174, 178; Rv 586, 1°)
Art. 101

Onvolledige wissel – 1. De titel, waarin ééne der vermeldingen, in het voorgaande artikel aangegeven, ontbreekt, geldt niet als wisselbrief, behoudens in de hieronder genoemde gevallen:
– 2. De wisselbrief, waarvan de vervaldag niet is aangewezen, wordt beschouwd als betaalbaar op zicht.
– 3. Bij gebreke van een bijzondere aanwijzing wordt de plaats, aangegeven naast den naam van den betrokkene, geacht te zijn de plaats van betaling en tevens de plaats van het domicilie des betrokkenen. (BW 1: 10 v.)
– 4. De wisselbrief, welke niet de plaats aanwijst, waar hij is getrokken, wordt geacht te zijn onderteekend in de plaats, aangegeven naast den naam des trekkers. (K 133, 175⁴, 179⁴)
Art. 102

Wissel aan eigen order – 1. De wisselbrief kan aan de order van den trekker luiden. (K 117, 183¹)
– 2. Hij kan worden getrokken op den trekker zelf. (K 183³)
– 3. Hij kan worden getrokken voor rekening van eenen derde. De trekker wordt geacht voor zijne eigene rekening te hebben getrokken, indien uit den wisselbrief of uit den adviesbrief niet blijkt, voor wiens rekening zulks is geschied. (K 109b, 127b, 127d, 146, 183)
Art. 102a

Incassowissel – 1. Wanneer de trekker op den wisselbrief de vermelding 'waarde ter incasseering', 'ter incasso', 'in lastgeving', of eenige andere vermelding met zich brengend een bloote opdracht tot inning, heeft geplaatst, kan de nemer alle uit den wisselbrief voortvloeiende rechten uitoefenen, maar hij kan dezen niet anders endosseeren dan bijwege van lastgeving.
– 2. Bij een zoodanigen wisselbrief kunnen de wisselschuldenaren aan den houder slechts de verweermiddelen tegenwerpen, welke aan den trekker zouden kunnen worden tegengeworpen.
– 3. De opdracht, vervat in een incasso-wisselbrief, eindigt niet door den dood of de latere onbekwaamheid van den lastgever. (K 117, 183a, 200)
Art. 103

Gedomicilieerde wissel Een wisselbrief kan betaalbaar zijn aan de woonplaats van eenen derde, hetzij in de plaats, waar de betrokkene zijn domicilie heeft, hetzij in een andere plaats. (BW 1: 10 v.; K 100, 5°, 109b, 121, 126, 143a, 176, 185)

Art. 104

– 1. In eenen wisselbrief, betaalbaar op zicht of een zekeren tijd na zicht, kan de trekker bepalen, dat de som rente draagt. In elken anderen wisselbrief wordt deze clausule voor niet geschreven gehouden. (K 100, 4°, 101²)

– 2. De rentevoet moet in den wisselbrief worden aangegeven. Bij gebreke hiervan wordt de renteclausule voor niet geschreven gehouden.

– 3. De rente loopt te rekenen van de dagteekening van den wisselbrief, tenzij een andere dag is aangegeven. (K 147, 1° en 2°, 176, 184, 958)

Art. 105

– 1. De wisselbrief, waarvan het bedrag voluit in letters en tevens in cijfers is geschreven, geldt, in geval van verschil, ten beloope van de som, voluit in letters geschreven. (K 100, 2°, 186¹)

– 2. De wisselbrief, waarvan het bedrag meermalen is geschreven, hetzij voluit in letters, hetzij in cijfers, geldt, in geval van verschil, slechts ten beloope van de kleinste som. (K 176, 186²)

Art. 106

Indien de wisselbrief handteekeningen bevat van personen, die onbekwaam zijn zich door middel van eenen wisselbrief te verbinden, valsche handteekeningen, of handteekeningen van verdichte personen, of handteekeningen, welke, onverschillig om welke andere reden, de personen, die die handteekeningen hebben geplaatst of in wier naam zulks is geschied, niet kunnen verbinden, zijn de verbintenissen der andere personen, wier handteekeningen op den wisselbrief voorkomen, desniettemin geldig. (K 69, 168, 176, 187; Sr 226, 5°)

Art. 107

Ieder, die zijne handteekening op eenen wisselbrief plaatst als vertegenwoordiger van eenen persoon, voor wien hij niet de bevoegdheid had te handelen, is zelf krachtens den wisselbrief verbonden, en heeft, betaald hebbende, dezelfde rechten, als de beweerde vertegenwoordigde zou hebben gehad. Hetzelfde geldt ten aanzien van den vertegenwoordiger, die zijne bevoegdheid heeft overschreden. (K 176, 188)

Art. 108

– 1. De trekker staat in voor de acceptatie en voor de betaling.

– 2. Hij kan zijne verplichting, voor de acceptatie in te staan, uitsluiten; elke clausule, waarbij hij de verplichting, voor de betaling in te staan, uitsluit, wordt voor niet-geschreven gehouden. (K 114, 120 v., 131, 137 v., 142 v., 146, 169, 189, 229f; Rv 586)

Art. 109

Indien een wisselbrief, onvolledig ten tijde der uitgifte, is volledig gemaakt in strijd met de aangegane overeenkomsten, kan de niet-naleving van die overeenkomsten niet worden tegengeworpen aan den houder, die de wissel te goeder trouw heeft verkregen.

Art. 109a

De trekker is verplicht, ter keuze van den nemer, den wisselbrief te stellen betaalbaar aan den nemer zelven, of aan eenigen anderen persoon, in beide gevallen aan order of zonder bijvoeging van order dan wel met bijvoeging van eene uitdrukking, als bedoeld in artikel 110, tweede lid. (K 102, 110)

Art. 109b

De trekker, of degene voor wiens rekening de wisselbrief is getrokken, is verplicht zorg te dragen, dat de betrokkene, ten vervaldage, in handen hebbe het noodige fonds tot betaling, zelfs indien de wisselbrief bij eenen derde is betaalbaar gesteld, met dien verstande echter, dat de trekker zelf in alle gevallen aan den houder en de vroegere endossanten persoonlijk verantwoordelijk blijft. (K 102 v., 109c, 127a, 146a, 152a, 169, 172a, 176a, 190a, 221a)

Art. 109c

De betrokkene wordt geacht, het noodige fonds in handen te hebben, indien hij bij het vervallen van den wisselbrief of het tijdstip, waarop ingevolge het derde lid van artikel 142 de houder regres kan nemen, aan den trekker of aan dengene voor wiens rekening is getrokken, eene opeischbare som schuldig is, ten minste gelijkstaande met het beloop van den wisselbrief. (K 109b, 127a, 146a, 190b)

TWEEDE AFDEELING

Van het endossement

Art. 110

– 1. Elke wisselbrief, ook die welke niet uitdrukkelijk aan order luidt, kan door middel van endossement worden overgedragen. (K 100, 6°, 109a, 111 v. 166², 176, 191¹)

– 2. Indien de trekker in den wisselbrief de woorden: 'niet aan order' of een soortgelijke uitdrukking heeft opgenomen, kan het stuk slechts worden overgedragen in den vorm en met de

Renteclausule

Verschil tussen letters en cijfers

Handtekeningen

Handtekening onbevoegde vertegenwoordiger

Instaan voor acceptatie en betaling

Blanco wissel

Betaalbaarstelling

Fonds

Endossement; rectawissel

gevolgen van een gewone cessie. Een op zulk een wisselbrief geplaatst endossement geldt als een gewone cessie. (K 191²)

– 3. Het endossement kan worden gesteld zelfs ten voordeele van den betrokkene, al of niet acceptant, van den trekker, of van elken anderen wisselschuldenaar. Deze personen kunnen den wisselbrief opnieuw endosseeren. (K 109a, 118², 119, 168a, 176, 191 v.)

Art. 111

Onvoorwaarde-lijk; voor het ge-heel; aan toonder

– 1. Het endossement moet onvoorwaardelijk zijn. Elke daarin opgenomen voorwaarde wordt voor niet-geschreven gehouden. (K 114², 192¹)

– 2. Het gedeeltelijke endossement is nietig. (K 192²)

– 3. Het endossement aan toonder geldt als endossement in blanco. (K 112, 114, 176, 192)

Art. 112

Vorm

– 1. Het endossement moet worden gesteld op den wisselbrief of op een daaraan vastgehecht blad (verlengstuk). Het moet worden onderteekend door den endossant. (K 124, 130, 193¹, 203)

– 2. Het endossement kan den geëndosseerde onvermeld laten of bestaan uit de enkele hand-teekening van den endossant (endossement in blanco). In het laatste geval moet het endosse-ment, om geldig te zijn, op de rugzijde van den wisselbrief of op het verlengstuk worden ge-steld. (K 111, 124, 130, 163, 176, 193)

Art. 113

Rechtsgevolg; endossement in blanco

– 1. Door het endossement worden alle uit den wisselbrief voortvloeiende rechten overgedra-gen. (K 194¹)

– 2. Indien het endossement in blanco is, kan de houder:

1°. het blanco invullen, hetzij met zijn eigen naam, hetzij met den naam van een anderen per-soon;

2°. den wisselbrief wederom in blanco of aan een anderen persoon endosseeren;

3°. den wisselbrief aan eenen derde overgeven, zonder het blanco in te vullen en zonder hem te endosseeren. (K 176, 194)

Art. 114

Instaan voor acceptatie en be-taling

– 1. Tenzij het tegendeel bedongen is, staat de endossant in voor de acceptatie en voor de betaling.

– 2. Hij kan een nieuw endossement verbieden; in dat geval staat hij tegenover de personen, aan wie de wisselbrief later is geëndosseerd, niet in voor de acceptatie en voor de betaling. (K 108, 111, 131, 142, 146, 164, 169, 176, 195; Rv 586)

Art. 115

Legitimatie van houder

– 1. Hij, die eenen wisselbrief onder zich heeft, wordt beschouwd als de rechtmatige houder, indien hij van zijn recht doet blijken door een ononderbroken reeks van endossementen, zelfs indien het laatste endossement in blanco is gesteld. De doorgehaalde endossementen worden te dien aanzien voor niet geschreven gehouden. Wanneer een endossement in blanco door een ander endossement is gevolgd, wordt de onderteekenaar van dit laatste geacht den wisselbrief door een endossement in blanco verkregen te hebben.

– 2. Indien iemand, op welke wijze dan ook, het bezit van den wisselbrief heeft verloren, is de houder, die van zijn recht doet blijken op de wijze, bij het voorgaande lid aangegeven, niet verplicht den wisselbrief af te geven, indien hij deze te goeder trouw heeft verkregen.

Art. 116

Verweermiddelen

Zij, die uit hoofde van den wisselbrief worden aangesproken, kunnen de verweermiddelen, gegrond op hun persoonlijke verhouding tot den trekker of tot vroegere houders, niet aan den houder tegenwerpen, tenzij deze bij de verkrijging van den wisselbrief desbewust ten nadeele van den schuldenaar heeft gehandeld. (K 102a, 117 v., 176, 199)

Art. 117

Incasso-endosse-ment

– 1. Wanneer het endossement de vermelding bevat: 'waarde ter incasseering', 'ter incasso', 'in lastgeving', of eenige andere vermelding, met zich brengend een bloote opdracht tot inning, kan de houder alle uit den wisselbrief voortvloeiende rechten uitoefenen, maar hij kan dezen niet anders endosseeren dan bij wege van lastgeving.

– 2. De wisselschuldenaren kunnen in dat geval aan den houder slechts de verweermiddelen tegenwerpen, welke aan den endossant zouden kunnen worden tegengeworpen.

– 3. De opdracht, vervat in een incasso-endossement, eindigt niet door den dood of door de latere onbekwaamheid van den lastgever. (K 102a, 116, 176, 183a, 200)

Art. 118

Pand-endosse-ment

– 1. Wanneer een endossement de vermelding bevat: 'waarde tot zekerheid', 'waarde tot pand', of eenige andere vermelding, welke inpandgeving met zich brengt, kan de houder alle uit den wisselbrief voortvloeiende rechten uitoefenen, maar een door hem gesteld endossement geldt slechts als endossement bij wege van lastgeving.

– 2. De wisselschuldenaren kunnen den houder de verweermiddelen, gegrond op hun per-

6 WvK

soonlijke verhouding tot den endossant, niet tegenwerpen, tenzij de houder bij de ontvangst van den wisselbrief desbewust ten nadeele van den schuldenaar heeft gehandeld. (K 176)

Art. 119

– 1. Een endossement, gesteld na den vervaldag, heeft dezelfde gevolgen als een endossement, gesteld vóór den vervaldag. Echter heeft het endossement, gesteld na het protest van non-betaling of na het verstrijken van den termijn, voor het opmaken van het protest bepaald, slechts de gevolgen eener gewone cessie.

– 2. Behoudens tegenbewijs wordt het endossement zonder dagteekening geacht te zijn gesteld vóór het verstrijken van den termijn, voor het opmaken van het protest bepaald. (K 110, 113, 143, 176, 201, 958)

Endossement na vervaldag of protest

DERDE AFDEELING

Van de acceptatie

Art. 120

De wisselbrief kan tot den vervaldag door den houder of door iemand, die hem enkel onder zich heeft, aan den betrokkene te zijner woonplaats ter acceptatie worden aangeboden. (K 100, 4°, 101, 108, 124, 126, 127, 133, 143, 152, 171, 181, 205)

Aanbieding tot acceptatie

Art. 121

– 1. In elken wisselbrief kan de trekker, al dan niet met vaststelling van een termijn, bepalen, dat deze ter acceptatie moet worden aangeboden. (K 136, 177, 958)

– 2. Hij kan in den wisselbrief de aanbieding ter acceptatie verbieden, behoudens in wisselbrieven, betaalbaar bij eenen derde, of betaalbaar in een andere plaats dan die van het domicilie des betrokkenen of betaalbaar een zekeren tijd na zicht. (K 103, 108, 958)

– 3. Hij kan ook bepalen, dat de aanbieding ter acceptatie niet kan plaats hebben vóór een bepaalden dag. (K 142, 958)

– 4. Tenzij de trekker heeft verklaard, dat de wisselbrief niet vatbaar is voor acceptatie, kan elke endossant, al dan niet met vaststelling van eenen termijn, bepalen, dat hij ter acceptatie moet worden aangeboden. (K 122, 133 v., 152, 958)

Verplichte of verboden aanbieding

Art. 122

– 1. Wisselbrieven, betaalbaar een zekeren tijd na zicht, moeten ter acceptatie worden aangeboden binnen een jaar na hunne dagteekening.

– 2. De trekker kan dezen termijn verkorten of verlengen.

– 3. De endossanten kunnen deze termijnen verkorten. (K 121, 133 v., 136, 152, 172, 177, 958)

Zekere tijd na zicht

Art. 123

– 1. De betrokkene kan verzoeken, dat hem een tweede aanbieding wordt gedaan den dag, volgende op de eerste. Belanghebbenden zullen zich er niet op mogen beroepen, dat aan dit verzoek geen gevolg is gegeven, tenzij het verzoek in het protest is vermeld.

– 2. De houder is niet verplicht, den ter acceptatie aangeboden wisselbrief aan den betrokkene af te geven. (K 120, 143, 958)

Tweede aanbieding

Art. 124

– 1. De acceptatie wordt op den wisselbrief gesteld. Zij wordt uitgedrukt door het woord: 'geaccepteerd', of door een soortgelijk woord; zij wordt door den betrokkene onderteekend. De enkele handteekening van den betrokkene, op de voorzijde van den wisselbrief gesteld, geldt als acceptatie.

– 2. Wanneer de wisselbrief betaalbaar is een zekeren tijd na zicht, of wanneer hij krachtens een uitdrukkelijk beding ter acceptatie moet worden aangeboden binnen een bepaalden termijn, moet de acceptatie als dagteekening inhouden den dag, waarop zij is geschied, tenzij de houder dien van de aanbieding eischt. Bij gebreke van dagteekening moet de houder dit verzuim door een tijdig protest doen vaststellen, op straffe van verlies van zijn recht van regres op de endossanten en op den trekker, die fonds heeft bezorgd. (K 112, 121, 123, 130, 134, 156, 177, 958)

Vorm der acceptatie

Art. 125

– 1. De acceptatie is onvoorwaardelijk, maar de betrokkene kan haar beperken tot een gedeelte van de som. (K 150, 211[2])

– 2. Elke andere wijziging, door den acceptant met betrekking tot het in den wisselbrief vermelde aangebracht, geldt als weigering van acceptatie. De acceptant is echter gehouden overeenkomstig den inhoud zijner acceptatie. (K 138, 142, 143)

Onvoorwaardelijk; gedeeltelijk

Art. 126

– 1. Wanneer de trekker den wisselbrief op een andere plaats dan die van het domicilie des betrokkenen heeft betaalbaar gesteld, zonder eenen derde aan te wijzen, bij wien de betaling moet worden gedaan, kan de betrokkene dezen bij de acceptatie aanwijzen. Bij gebreke van

Gedomicilieerde wissel

6 WvK

zoodanige aanwijzing wordt de acceptant geacht zich verbonden te hebben zelf te betalen op de plaats van betaling.

– 2. Indien de wisselbrief betaalbaar is aan het domicilie des betrokkenen, kan deze, in de acceptatie, een adres aanwijzen, in dezelfde plaats, waar de betaling moet worden gedaan. (K 100, 103, 143a, 176, 185)

Art. 127

Rechtsgevolg van acceptatie; wisselschuld

– 1. Door de acceptatie verbindt de betrokkene zich, den wisselbrief op den vervaldag te betalen. (K 124)

– 2. Bij gebreke van betaling heeft de houder, al ware hij de trekker, tegen den acceptant een rechtstreeksche vordering, uit den wisselbrief voortspruitend, voor al hetgeen kan worden gevorderd krachtens de artikelen 147 en 148. (K 146, 164, 169, 177; Rv 586)

Art. 127a

Verplichting tot acceptatie

Hij, die het noodige fonds in handen heeft, bijzonderlijk bestemd tot de betaling van eenen getrokken wisselbrief, is, op straffe van schadevergoeding jegens den trekker, tot de acceptatie verplicht.

Art. 127b

Belofte van acceptatie

– 1. Belofte om eenen wisselbrief te zullen accepteeren geldt niet als acceptatie, maar geeft aan den trekker eene rechtsvordering tot schadevergoeding tegen den belover, die weigert zijne belofte gestand te doen.

– 2. Deze schade bestaat in de kosten van protest en herwissel, wanneer de wisselbrief voor des trekkers eigene rekening was getrokken.

– 3. Wanneer de trekking voor rekening van eenen derde was gedaan, bestaat de schade in de kosten van protest en herwissel, en in het beloop van hetgeen de trekker, uit hoofde van de bekomene toezegging van den belover, aan dien derde, op het crediet van den wisselbrief, heeft voorgeschoten.

Art. 127c

Wisseladvies

De trekker is verplicht aan den betrokkene tijdig kennis of advies te geven van den door hem getrokken wisselbrief, en, bij nalatigheid daarvan, gehouden tot vergoeding van de kosten, door weigering van acceptatie of betaling uit dien hoofde gevallen.

Art. 127d

Wissel voor rekening van derde

Indien de wisselbrief voor rekening van eenen derde is getrokken, is deze alleen daarvoor aan den acceptant verbonden. (K 102)

Art. 128

Doorhaling acceptatie

– 1. Indien de betrokkene zijn op den wisselbrief gestelde acceptatie heeft doorgehaald vóór de teruggave van den wisselbrief, wordt de acceptatie geacht te zijn geweigerd. Behoudens tegenbewijs wordt de doorhaling geacht te zijn geschied vóór de teruggave van den wisselbrief.

– 2. Indien echter de betrokkene van zijne acceptatie schriftelijk heeft doen blijken aan den houder of aan iemand, wiens handteekening op den wisselbrief voorkomt, is hij tegenover dezen gehouden overeenkomstig den inhoud van zijne acceptatie. (K 124)

VIERDE AFDEELING

Van het aval

Art. 129

Borgtocht (aval)

– 1. De betaling van eenen wisselbrief kan voor het geheel of een gedeelte van de wisselsom door eenen borgtocht (aval) worden verzekerd.

– 2. Deze borgtocht kan door eenen derde, of zelfs door iemand, wiens handteekening op den wisselbrief voorkomt, worden gegeven. (K 125[1], 176[3], 202; Rv 586)

Art. 130

Vorm

– 1. Het aval wordt op den wisselbrief of op een verlengstuk gesteld. (K 112[1], 166[3], 193, 203[1])

– 2. Het wordt uitgedrukt door de woorden: 'goed voor aval' of door een soortgelijke uitdrukking; het wordt door den avalgever onderteekend. (K 124[1], 203[2])

– 3. De enkele handteekening van den avalgever, gesteld op de voorzijde van den wisselbrief, geldt als aval, behalve wanneer de handteekening die is van den betrokkene of van den trekker. (K 112[2], 203[3])

– 4. Het kan ook geschieden bij een afzonderlijk geschrift of bij een brief, vermeldende de plaats, waar het is gegeven. (K 203[4])

– 5. In het aval moet worden vermeld, voor wien het is gegeven. Bij gebreke hiervan wordt het geacht voor den trekker te zijn gegeven. (K 176, 203[5])

Art. 131

Rechtsgevolg; subrogatie

– 1. De avalgever is op dezelfde wijze verbonden als degenen, voor wien het aval is gegeven. (K 152[1])

– 2. Zijne verbintenis is geldig, zelfs indien, wegens een andere oorzaak dan een vormgebrek, de door hem gewaarborgde verbintenis nietig is.

– 3. Door te betalen verkrijgt de avalgever de rechten, welke krachtens den wisselbrief kunnen worden uitgeoefend tegen dengene, voor wien het aval is gegeven en tegen degenen, die tegenover dezen krachtens den wisselbrief verbonden zijn. (K 146, 157, 162, 176, 204)

VIJFDE AFDEELING

Van den vervaldag

Art. 132

– 1. Een wisselbrief kan worden getrokken:

op zicht;

op een zekeren tijd na zicht;

op een zekeren tijd na dagteekening;

op een bepaalden dag.

– 2. Wisselbrieven met anders bepaalde vervaldagen of in termijnen betaalbaar zijn nietig. (K 100, 176, 205, 958)

Verschillende vervaldagen

Art. 133

– 1. De wisselbrief, getrokken op zicht, is betaalbaar bij de aanbieding. Hij moet ter betaling worden aangeboden binnen een jaar na zijne dagteekening. De trekker kan dezen termijn verkorten of verlengen. De endossanten kunnen deze termijnen verkorten. (K 136³, 958)

– 2. De trekker kan voorschrijven, dat een wisselbrief niet ter betaling mag worden aangeboden vóór een bepaalden dag. In dat geval loopt de termijn van aanbieding van dien dag af. (K 101, 121 v., 152, 171 v., 176, 205 v., 958)

Op zicht

Art. 134

– 1. De vervaldag van eenen wisselbrief, getrokken op een zekeren tijd na zicht, wordt bepaald, hetzij door de dagteekening der acceptatie, hetzij door die van het protest.

– 2. Bij gebreke van protest wordt de niet-gedagteekende acceptatie ten aanzien van den acceptant geacht te zijn gedaan op den laatsten dag van den termijn, voor de aanbieding ter acceptatie voorgeschreven. (K 122, 124, 136, 142, 143, 171 v., 176, 958)

Zekere tijd na zicht

Art. 135

– 1. De wisselbrief, getrokken op een of meer maanden na dagteekening of na zicht, vervalt op den overeenkomstigen dag van de maand, waarin de betaling moet worden gedaan. Bij gebreke van een overeenkomstigen dag vervalt een zoodanige wisselbrief op den laatsten dag van die maand.

– 2. Bij eenen wisselbrief, getrokken op een of meer maanden en een halve maand na dagteekening of na zicht, worden eerst de geheele maanden gerekend.

– 3. Is de vervaldag bepaald op het begin, het midden (half Januari, half Februari enz.) of op het einde van eene maand, dan wordt onder die uitdrukkingen verstaan: de eerste, de vijftiende, de laatste van die maand.

– 4. Onder de uitdrukkingen: 'acht dagen', 'vijftien dagen', moet worden verstaan niet ééne of twee weken, maar een termijn van acht of van vijftien dagen.

– 5. De uitdrukking 'halve maand' duidt eenen termijn van vijftien dagen aan. (K 136, 171, 176, 958)

Termijn na dagteekening

Art. 136

– 1. De vervaldag van eenen wisselbrief, betaalbaar op een bepaalden dag, in eene plaats, waar de tijdrekening een andere is dan die van de plaats van uitgifte, wordt geacht te zijn vastgesteld volgens de tijdrekening van de plaats van betaling.

– 2. De dag van uitgifte van eenen wisselbrief, getrokken tusschen twee plaatsen met verschillende tijdrekening en betaalbaar een zekeren tijd na dagteekening, wordt herleid tot den overeenkomstigen dag van de tijdrekening van de plaats van betaling en de vervaldag wordt dienovereenkomstig vastgesteld.

– 3. De termijnen van aanbieding der wisselbrieven worden berekend overeenkomstig de bepalingen van het voorgaande lid.

– 4. Dit artikel is niet van toepassing, indien uit eene in den wisselbrief opgenomen clausule of uit zijne bewoordingen een afwijkende bedoeling kan worden afgeleid. (K 176, 207, 958)

Op bepaalde dag; tijdrekening

ZESDE AFDEELING

Van de betaling

Art. 137

– 1. De houder van eenen wisselbrief, betaalbaar op een bepaalden dag of een zekeren tijd na dagteekening of na zicht, moet dezen ter betaling aanbieden, hetzij den dag, waarop hij betaal-

Aanbieding ter betaling; verrekeningskamer

baar is, hetzij eenen der twee daaropvolgende werkdagen. (K 100, 4°, 120, 122, 139, 141, 152, 171, 176, 958)

– 2. De aanbieding van eenen wisselbrief aan eene verrekeningskamer geldt als aanbieding ter betaling. Bij algemeenen maatregel van bestuur zullen de instellingen worden aangewezen, die in den zin van dezen Titel als verrekeningskamers worden beschouwd. (K 208, 217, 3°)

Art. 138

Kwijting

– 1. Buiten het geval, in artikel 167*b* vermeld, kan de betrokkene, den wisselbrief betalende, vorderen, dat hem deze, van behoorlijke kwijting van den houder voorzien, wordt uitgeleverd. (K 149¹, 161, 164, 211¹)

– 2. De houder mag niet weigeren een gedeeltelijke betaling aan te nemen. (K 211²)

– 3. In geval van gedeeltelijke betaling kan de betrokkene vorderen, dat van die betaling op den wisselbrief melding wordt gemaakt en dat hem daarvoor kwijting wordt gegeven. (K 125¹, 150, 176, 211³)

Art. 139

Vóór vervaldag;
op vervaldag

– 1. De houder van eenen wisselbrief kan niet genoodzaakt worden, vóór den vervaldag betaling te ontvangen.

– 2. De betrokkene, die vóór den vervaldag betaalt, doet zulks op eigen verantwoordelijkheid.

– 3. Hij, die op den vervaldag betaalt, is deugdelijk gekweten, mits er zijnerzijds geen bedrog plaats heeft of grove schuld aanwezig is. Hij is gehouden, de regelmatigheid van de reeks van endossementen, maar niet de handteekening der endossanten te onderzoeken.

– 4. Indien hij, niet bevrijdend betaald hebbende, verplicht wordt, ten tweede male te betalen, heeft hij verhaal op allen die de wissel niet te goeder trouw hebben verkregen.

Art. 140

Vreemde valuta

– 1. Een wisselbrief, waarvan de betaling is bedongen in ander geld dan dat van de plaats van betaling, kan worden betaald in het geld van het land volgens zijne waarde op den vervaldag. Indien de schuldenaar in gebreke is, kan de houder te zijner keuze vorderen, dat de wisselsom betaald wordt in het geld van het land volgens den koers, hetzij van den vervaldag, hetzij van den dag van betaling. (BW 7A: 1793; K 100, 2°, 151³, 213¹)

– 2. De waarde van het vreemde geld wordt bepaald volgens de gebruiken van de plaats van betaling. De trekker kan echter voorschrijven, dat het te betalen bedrag moet worden berekend volgens een in den wisselbrief voorgeschreven koers. (K 60, 213²)

– 3. Het bovenstaande is niet van toepassing, indien de trekker heeft voorgeschreven, dat de betaling moet geschieden in een bepaald aangeduid geld (clausule van werkelijke betaling in vreemd geld). (K 213³)

– 4. Indien het bedrag van den wisselbrief is aangegeven in geld, hetwelk dezelfde benaming, maar eene verschillende waarde heeft in het land van uitgifte en in dat van betaling, wordt men vermoed het geld van de plaats van betaling te hebben bedoeld. (K 176, 213⁴)

Art. 141

Consignatie

Bij gebreke van aanbieding ter betaling van den wisselbrief binnen den termijn, bij artikel 137 vastgesteld, heeft elke schuldenaar de bevoegdheid, het bedrag te bevoegder plaatse in consignatie te geven, op kosten en onder verantwoordelijkheid van den houder. (K 176, 958)

ZEVENDE AFDEELING

Van het recht van regres in geval van non-acceptatie of non-betaling

Art. 142

Regres

– 1. De houder kan zijn recht van regres op de endossanten, den trekker en de andere wisselschuldenaren uitoefenen:(K 108, 114, 127, 131, 147, 155, 157, 176, 217)(K 100, 4°, 120, 132)

– 2. Op den vervaldag:
indien de betaling niet heeft plaats gehad; (K 143*a*)

– 3. Zelfs vóór den vervaldag:
1°. indien de acceptatie geheel of gedeeltelijk is geweigerd; (K 125)
2°. in geval van faillissement van den betrokkene, al of niet acceptant, of het ten aanzien van hem van toepassing verklaren van de schuldsaneringsregeling natuurlijke personen en van het oogenblik af, waarop eene hem verleende surséance van betaling is ingegaan; (Fw 131, 213)
3°. in geval van faillissement van den trekker of het ten aanzien van hem van toepassing verklaren van de schuldsaneringsregeling natuurlijke personen van een niet voor acceptatie vatbaren wisselbrief. (K 143; Fw 131, 213)

Art. 143

Protest

– 1. De weigering van acceptatie of van betaling moet worden vastgesteld bij authentieke acte (protest van non-acceptatie of van non-betaling). (K 120, 143*b*, 143*d*, 145, 169⁴, 217)

– 2. Het protest van non-acceptatie moet worden opgemaakt binnen de termijnen, voor de aanbieding ter acceptatie vastgesteld. Indien, in het geval bij artikel 123, lid 1, voorzien, de

6 WvK

eerste aanbieding heeft plaats gehad op den laatsten dag van den termijn, kan het protest nog op den volgenden dag worden gedaan. (K 132, 152², 218, 958)

– 3. Het protest van non-betaling van eenen wisselbrief, betaalbaar op een bepaalden dag of zekeren tijd na dagteekening of na zicht, moet worden gedaan op éénen der twee werkdagen, volgende op den dag, waarop de wisselbrief betaalbaar is. Indien het eenen wisselbrief, betaalbaar op zicht, betreft, moet het protest worden gedaan, overeenkomstig de bepalingen bij het voorgaande lid vastgesteld voor het opmaken van het protest van non-acceptatie. (K 100, 4°, 137, 171, 171a, 958)

– 4. Het protest van non-acceptatie maakt de aanbieding ter betaling en het protest van non-betaling overbodig.

– 5. In geval van benoeming van bewindvoerders op verzoek van den betrokkene, al of niet acceptant, tot surséance van betaling kan de houder zijn recht van regres niet uitoefenen, dan nadat de wisselbrief ter betaling aan den betrokkene is aangeboden en protest is opgemaakt. (Fw 215)

– 6. Indien de betrokkene, al of niet acceptant, is failliet verklaard, of indien de trekker van eenen wisselbrief, welke niet vatbaar is voor acceptatie, is failliet verklaard, kan de houder, voor de uitoefening van zijn recht van regres, volstaan met overlegging van het vonnis, waarbij het faillissement is uitgesproken. (K 176)

– 7. Het zesde lid is van overeenkomstige toepassing indien de schuldsaneringsregeling natuurlijke personen van toepassing is verklaard.

Art. 143a

– 1. De betaling van eenen wisselbrief moet gevraagd en het daarop volgende protest gedaan worden ter woonplaats van den betrokkene.

– 2. Indien de wisselbrief getrokken is om in eene andere aangewezene woonplaats of door eenen anderen aangewezen persoon, hetzij in dezelfde, hetzij in eene andere gemeente te worden betaald, moet de betaling gevraagd en het protest opgemaakt worden ter aangewezene woonplaats of aan den aangewezen persoon.

– 3. Artikel 54 van het Wetboek van Burgerlijke Rechtsvordering is van overeenkomstige toepassing.

Art. 143b

Vorm en inhoud van protest

– 1. De protesten, zowel van non-acceptatie als van non-betaling, worden gedaan door een deurwaarder. Deze kan zich desverkiezende doen vergezellen door een of twee getuigen.

– 2. De protesten behelzen:

1°. een letterlijk afschrift van den wisselbrief, van de acceptatie, van de endossementen, van het aval en van de adressen daarop gesteld;

2°. de vermelding dat zij de acceptatie of betaling aan de personen, of ter plaatse in het voorgaand artikel gemeld, afgevraagd en niet bekomen hebben;

3°. de vermelding van de opgegevene reden van non-acceptatie of non-betaling;

4°. de aanmaning om het protest te teekenen, en de redenen van weigering;

5°. de vermelding, dat hij, deurwaarder, wegens die non-acceptatie of non-betaling heeft geprotesteerd.

– 3. Indien het protest een vermisten wisselbrief betreft, volstaat, in plaats van het bepaalde onder 1°. van het voorgaande lid, eene zoo nauwkeurig mogelijke omschrijving van den inhoud des wisselbriefs. (K 112, 124, 130, 156, 159, 167a, 167b, 176, 218b; D.R. 14 onder B)

Art. 143c

Afschrift; register

De deurwaarders zijn verplicht, op straffe van schadevergoeding, afschrift van het protest te laten, en hiervan melding in het afschrift te maken, en hetzelve, naar orde des tijds, in te schrijven in een bijzonder register, genommerd en gewaarmerkt door de kantonrechter van de rechtbank van het arrondissement waarin hun woonplaats is gelegen, en om wijders, zulks begeerd wordende, een of meer afschriften van het protest aan de belanghebbenden te leveren.

Art. 143d

Onderhands protest

Als protest van non-acceptatie, onderscheidenlijk van non-betaling geldt de door dengene, aan wien de acceptatie of de betaling wordt afgevraagd, met toestemming van den houder op den wisselbrief gestelde, gedagteekende en onderteekende verklaring, dat hij dezelve weigert, tenzij de trekker heeft aangeteekend, dat hij een authentiek protest verlangt. (K 176, 217, 2°)

Art. 144

Kennisgeving

– 1. De houder moet van de non-acceptatie of van de non-betaling kennis geven aan zijnen endossant en aan den trekker binnen de vier werkdagen, volgende op den dag van het protest of, indien de wisselbrief getrokken is met de clausule zonder kosten, volgende op dien der aanbieding. Elke endossant moet binnen de twee werkdagen, volgende op den dag van ontvangst der kennisgeving, de door hem ontvangen kennisgeving aan zijnen endossant mededeelen, met aanwijzing van de namen en adressen van degenen, die de voorafgaande kennisge-

6 WvK

vingen hebben gedaan, en zoo vervolgens, teruggaande tot den trekker. Deze termijnen loopen van de ontvangst der voorafgaande kennisgeving af.

– 2. Indien overeenkomstig het voorgaande lid eene kennisgeving is gedaan aan iemand, wiens handteekening op den wisselbrief voorkomt, moet gelijke kennisgeving binnen denzelfden termijn aan diens avalgever worden gedaan.

– 3. Indien een endossant zijn adres niet of op onleesbare wijze heeft aangeduid, kan worden volstaan met kennisgeving aan den voorafgaanden endossant.

– 4. Hij, die eene kennisgeving heeft te doen, kan zulks doen in iederen vorm, zelfs door enkele terugzending van den wisselbrief.

– 5. Hij moet bewijzen, dat hij de kennisgeving binnen den vastgestelden termijn heeft gedaan. Deze termijn wordt gehouden te zijn in acht genomen, wanneer een brief, die de kennisgeving behelst, binnen den genoemden termijn ter post is bezorgd.

– 6. Hij, die de kennisgeving niet binnen den bovenvermelden termijn doet, stelt zich niet bloot aan verval van zijn recht; hij is, indien daartoe aanleiding bestaat, verantwoordelijk voor de schade, door zijne nalatigheid veroorzaakt, zonder dat echter de schadevergoeding de wisselsom kan te boven gaan.

Art. 145

Clausule 'zonder kosten'

– 1. De trekker, een endossant of een avalgever kan, door de clausule 'zonder kosten', 'zonder protest', of een andere soortgelijke op den wisselbrief gestelde en onderteekende clausule, den houder van het opmaken van een protest van non-acceptatie of van non-betaling, ter uitoefening van zijn recht van regres, ontslaan. (K 220[1])

– 2. Deze clausule ontslaat den houder niet van de aanbieding van den wisselbrief binnen de voorgeschreven termijnen, noch van het doen van de kennisgevingen. Het bewijs van de nietinachtneming der termijnen moet worden geleverd door dengene, die zich daarop tegenover den houder beroept. (K 152, 220[2], 958)

– 3. Is de clausule door den trekker gesteld, dan heeft zij gevolgen ten aanzien van allen, wier handteekeningen op den wisselbrief voorkomen; is zij door eenen endossant of door eenen avalgever gesteld, dan heeft zij gevolgen alleen voor dezen endossant of avalgever. Indien de houder, ondanks de door den trekker gestelde clausule, toch protest doet opmaken, zijn de kosten daarvan voor zijne rekening. Indien de clausule van eenen endossant of eenen avalgever afkomstig is, kunnen de kosten van het protest, indien dit is opgemaakt, op allen, wier handteekeningen op den wisselbrief voorkomen, worden verhaald. (K 176, 220[3])

Art. 146

Springregres

– 1. Allen, die eenen wisselbrief hebben getrokken, geaccepteerd, geëndosseerd, of voor aval geteekend, zijn hoofdelijk tegenover den houder verbonden. Bovendien is ook de derde, voor wiens rekening de wisselbrief is getrokken en die de waarde daarvoor heeft genoten, jegens den houder aansprakelijk. (K 102[3], 108, 114, 116, 127, 131, 157, 221[1])

– 2. De houder kan deze personen, zoowel ieder afzonderlijk, als gezamenlijk, aanspreken, zonder verplicht te zijn de volgorde, waarin zij zich hebben verbonden, in acht te nemen. (K 127, 221[2]; Fw 136)

– 3. Hetzelfde recht komt toe aan ieder, wiens handteekening op den wisselbrief voorkomt en die dezen, ter voldoening aan zijnen regresplicht, heeft betaald. (K 221[3], 229h)

– 4. De vordering, ingesteld tegen éénen der wisselschuldenaren, belet niet de anderen aan te spreken, al hadden dezen zich later verbonden dan de eerst aangesprokene. (K 149, 162, 169, 176, 221[4]; Rv 586)

Art. 146a

Geen recht op fonds

– 1. De houder van eenen geprotesteerden wisselbrief heeft in geen geval eenig recht op het fonds, dat de betrokkene van den trekker in handen heeft.

– 2. Indien de wisselbrief niet is geaccepteerd, behooren die penningen, bij faillissement van den trekker of indien ten aanzien van hem de schuldsaneringsregeling natuurlijke personen van toepassing is verklaard, aan diens boedel.

– 3. In geval van acceptatie, blijft het fonds, tot het beloop van den wisselbrief, aan den betrokkene, behoudens de verplichting van dezen om jegens den houder aan zijne acceptatie te voldoen. (K 109b v., 127a, 152a, 176, 221a)

Art. 147

Omvang regres van houders; korting

– 1. De houder kan van dengene, tegen wien hij zijn recht van regres uitoefent, vorderen:

1°. de som van den niet-geaccepteerden of niet betaalden wisselbrief met de rente, zoo deze bedongen is;

2°. de wettelijke rente, te rekenen van den vervaldag, voor wissels die in Nederland uitgegeven en betaalbaar zijn, en een rente van zes ten honderd, te rekenen van den vervaldag, voor alle overige wissels;

3°. de kosten van protest, die van de gedane kennisgevingen alsmede de andere kosten.

– 2. Zoo de uitoefening van het recht van regres vóór den vervaldag plaats heeft, wordt op de

6 WvK

wisselsom eene korting toegepast. Deze korting wordt berekend volgens het officiëele disconto (bankdisconto), geldende ter woonplaats van den houder, op den dag van de uitoefening van het recht van regres.

Art. 148

Hij, die ter voldoening aan zijnen regresplicht den wisselbrief heeft betaald, kan van degenen, die tegenover hem regresplichtig zijn, vorderen:

1°. het geheele bedrag, dat hij betaald heeft;

2°. de wettelijke rente, te rekenen van de dag der betaling, voor wissels die in Nederland uitgegeven en betaalbaar zijn, en een rente van zes ten honderd, te rekenen van de dag der betaling, voor alle overige wissels;

3°. de door hem gemaakte kosten.

Remboursregres

Art. 149

– 1. Elke wisselschuldenaar, tegen wien het recht van regres wordt of kan worden uitgeoefend, kan, tegen betaling ter voldoening aan zijnen regresplicht, de afgifte vorderen van den wisselbrief met het protest, alsmede een voor voldaan geteekende rekening.

– 2. Elke endossant, die ter voldoening aan zijnen regresplicht den wisselbrief heeft betaald, kan zijn endossement en dat van de volgende endossanten doorhalen. (K 115, 138, 146, 157, 176, 224)

Afgifte en kwijting; doorhaling endossement

Art. 150

Bij gedeeltelijke acceptatie kan degene, die ter voldoening aan zijnen regresplicht het niet geaccepteerde gedeelte van de wisselsom heeft betaald, vorderen, dat die betaling op den wisselbrief wordt vermeld en dat hem daarvan kwijting wordt gegeven. De houder moet hem daarenboven uitleveren een voor eensluidend geteekend afschrift van den wisselbrief, alsmede het protest, om hem de uitoefening van zijn verdere regresrechten mogelijk te maken. (K 125, 138, 146, 166 v.)

Regres bij gedeeltelijke acceptatie

Art. 151

– 1. Ieder, die een recht van regres kan uitoefenen, kan, tenzij het tegendeel bedongen is, zich de vergoeding bezorgen door middel van een nieuwen wisselbrief (herwissel), getrokken op zicht op éénen van degenen, die tegenover hem regresplichtig zijn en betaalbaar te diens woonplaats.

– 2. De herwissel omvat, behalve de bedragen in de artikelen 147 en 148 aangegeven, de bedragen van provisie en het zegel van den herwissel.

– 3. Indien de herwissel door den houder is getrokken, wordt het bedrag bepaald volgens den koers van eenen zichtwissel, getrokken van de plaats, waar de oorspronkelijke wisselbrief betaalbaar was, op de woonplaats van den regresplichtige. Indien de herwissel is getrokken door eenen endossant, wordt het bedrag bepaald volgens den koers van eenen zichtwissel, getrokken van de woonplaats van den trekker van den herwissel op de woonplaats van den regresplichtige. (K 127b, 140, 146, 176)

Herwissel

Art. 152

– 1. Na afloop van de termijnen vastgesteld:

voor de aanbieding van eenen wisselbrief getrokken op zicht of zekeren tijd na zicht;

voor het opmaken van het protest van non-acceptatie of van non-betaling;

voor de aanbieding ter betaling in geval van beding zonder kosten;

vervalt het recht van den houder tegen de endossanten, tegen den trekker, en tegen de andere wisselschuldenaren, met uitzondering van den acceptant. (K 131¹, 143, 958)

– 2. Bij gebreke van aanbieding ter acceptatie binnen den door den trekker voorgeschreven termijn, vervalt het recht van regres van den houder, zoowel wegens non-betaling als wegens non-acceptatie, tenzij uit de bewoordingen van den wisselbrief blijkt, dat de trekker zich slechts heeft willen bevrijden van zijne verplichting, voor de acceptatie in te staan.

– 3. Indien de bepaling van eenen termijn voor de aanbieding in een endossement is vervat, kan alleen de endossant daarop een beroep doen. (K 121 v., 124, 133, 137, 143, 145, 159 v., 176, 217, 229i, 958)

Verval van regresrecht

Art. 152a

– 1. De wisselbrief van non-acceptatie of van non-betaling zijnde geprotesteerd, is niettemin de trekker, al ware het protest niet intijds gedaan, tot vrijwaring gehouden, tenzij hij bewees, dat de betrokkene op den vervaldag het noodige fonds tot betaling des wisselbriefs in handen had. Indien het vereischte fonds slechts gedeeltelijk aanwezig was, is de trekker voor het ontbrekende gehouden.

– 2. Was de wisselbrief niet geaccepteerd, dan is, ingeval van niet tijdig protest, de trekker, op straffe van tot vrijwaring te zijn gehouden, verplicht, den houder af te staan en over te dragen de vordering op het fonds, dat de betrokkene van hem ten vervaldage heeft in handen gehad, en zulks tot het beloop van den wisselbrief; en hij moet aan den houder, te diens koste, de noodige bewijzen verschaffen om die vordering te doen gelden. Indien de trekker in staat van faillisse-

Aansprakelijkheid trekker; vordering op fonds

6 WvK

ment is verklaard of ten aanzien van hem de schuldsaneringsregeling natuurlijke personen van toepassing is verklaard, zijn de curatoren onderscheidenlijk de bewindvoerders in zijnen boedel tot dezelfde verplichtingen gehouden, ten ware deze mochten verkiezen, den houder als schuldeischer, voor het beloop van den wisselbrief, toe te laten. (K 109*b*, 127*a*, 146*a*, 176, 217*a*, 229*g*)

Art. 153

Overmacht

– 1. Wanneer de aanbieding van den wisselbrief of het opmaken van het protest binnen de voorgeschreven termijnen wordt verhinderd door een onoverkomelijk beletsel (wettelijk voorschrift van eenigen Staat of ander geval van overmacht), worden deze termijnen verlengd.

– 2. De houder is verplicht, van de overmacht onverwijld aan zijnen endossant kennis te geven, en deze kennisgeving gedagteekend en onderteekend op den wisselbrief of op een verlengstuk te vermelden; voor het overige zijn de bepalingen van artikel 144 toepasselijk.

– 3. Na het ophouden van de overmacht moet de houder onverwijld den wisselbrief ter acceptatie of ter betaling aanbieden en, indien daartoe aanleiding bestaat, protest doen opmaken.

– 4. Indien de overmacht meer dan dertig dagen, te rekenen van den vervaldag, aanhoudt, kan het recht van regres worden uitgeoefend, zonder dat de aanbieding of het opmaken van protest noodig is.

– 5. Voor wisselbrieven, getrokken op zicht of op zekeren tijd na zicht, loopt de termijn van dertig dagen van den dag, waarop de houder, al ware het vóór het einde van den aanbiedingstermijn, van de overmacht aan zijnen endossant heeft kennis gegeven; voor wisselbrieven, getrokken op zekeren tijd na zicht, wordt de termijn van dertig dagen verlengd met den zichttermijn, in den wisselbrief aangegeven.

– 6. Feiten, welke voor den houder, of voor dengene, dien hij met de aanbieding van den wisselbrief of met het opmaken van het protest belastte, van zuiver persoonlijken aard zijn, worden niet beschouwd als gevallen van overmacht. (K 122, 1°, 133, 143, 152, 176, 225, 958)

ACHTSTE AFDEELING

Van de tusschenkomst

1 Algemeene bepalingen

Art. 154

Noodadres

– 1. De trekker, een endossant, of een avalgever, kan iemand aanwijzen om, in geval van nood, te accepteeren of te betalen.

– 2. Onder de hierna vastgestelde voorwaarden kan de wisselbrief worden geaccepteerd of betaald door iemand, die tusschenkomt voor eenen schuldenaar, op wien recht van regres kan worden uitgeoefend.

– 3. De interveniënt kan een derde zijn, zelfs de betrokkene, of een reeds krachtens den wisselbrief verbonden persoon, behalve de acceptant.

– 4. De interveniënt geeft binnen den termijn van twee werkdagen van zijne tusschenkomst kennis aan dengene, voor wien hij tusschenkwam. In geval van niet-inachtneming van dien termijn is hij, indien daartoe aanleiding bestaat, verantwoordelijk voor de schade, door zijne nalatigheid veroorzaakt, zonder dat echter de schadevergoeding de wisselsom kan te boven gaan.

2 Acceptatie bij tusschenkomst

Art. 155

Acceptatie 'ter ere'

– 1. De acceptatie bij tusschenkomst kan plaats hebben in alle gevallen, waarin de houder van eenen voor acceptatie vatbaren wisselbrief vóór den vervaldag recht van regres kan uitoefenen.

– 2. Wanneer op den wisselbrief iemand is aangewezen om dezen, in geval van nood, ter plaatse van betaling te accepteeren of te betalen, kan de houder zijn recht tegen dengene, die de aanwijzing heeft gedaan en tegen hen, die daarna hunne handteekeningen op den wisselbrief hebben geplaatst, niet vóór den vervaldag uitoefenen, tenzij hij den wisselbrief aan den aangewezen persoon heeft aangeboden, en van diens weigering tot acceptatie protest is opgemaakt.

– 3. In de andere gevallen van tusschenkomst kan de houder de acceptatie bij tusschenkomst weigeren. Indien hij haar echter aanneemt, verliest hij zijn recht van regres, hetwelk hem vóór den vervaldag toekomt tegen dengene, voor wien de acceptatie is gedaan, en tegen hen, die daarna hunne handteekeningen op den wisselbrief hebben geplaatst. (K 132 v., 142 v., 154)

Art. 156

Vorm

De acceptatie bij tusschenkomst wordt op den wisselbrief vermeld; zij wordt door den interveniënt onderteekend. Zij wijst aan, voor wien zij is geschied; bij gebreke van die aanwijzing wordt zij geacht voor den trekker te zijn geschied. (K 124, 161)

Art. 157

Vorm

– 1. De acceptant bij tusschenkomst is tegenover den houder en tegenover de endossanten, die den wisselbrief hebben geëndosseerd na dengene, voor wien de tusschenkomst is geschied, op dezelfde wijze als deze laatste verbonden.

– 2. Niettegenstaande de acceptatie bij tusschenkomst kunnen degene, voor wien zij werd gedaan en degenen, die tegenover dezen regresplichtig zijn, van den houder, indien daartoe aanleiding bestaat, tegen terugbetaling van de bij artikel 147 aangewezen som, de afgifte van den wisselbrief, van het protest en van een voor voldaan geteekende rekening vorderen. (K 131, 146, 149, 159)

3 Betaling bij tusschenkomst

Art. 158

Betaling 'ter ere'

– 1. De betaling bij tusschenkomst kan plaats hebben in alle gevallen, waarin, hetzij op den vervaldag, hetzij vóór den vervaldag, de houder recht van regres heeft.

– 2. De betaling moet de geheele som beloopen, welke degene, voor wien zij heeft plaats gehad, moest voldoen.

– 3. Zij moet plaats hebben uiterlijk op den dag volgende op den laatsten dag, waarop het protest van non-betaling kan worden opgemaakt. (K 142, 143, 147, 176, 958; D.R. 14 onder B)

Art. 159

Aanbieding en protest

– 1. Indien de wisselbrief is geaccepteerd door interveniënten, wier domicilie ter plaatse van betaling is gevestigd, of indien personen, wier domicilie in dezelfde plaats is gevestigd, zijn aangeduid om in geval van nood te betalen, moet de houder den wisselbrief aan al die personen aanbieden, en, indien daartoe aanleiding bestaat, protest van non-betaling doen opmaken uiterlijk op den dag volgende op den laatsten dag, waarop dit kan geschieden.

– 2. Bij gebreke van protest binnen dien termijn zijn degene, die het noodadres heeft gesteld of voor wien de wisselbrief is geaccepteerd, en de latere endossanten van hunne verbintenis bevrijd. (BW 1:10 v.; K 143, 145, 146, 152, 176, 958)

Art. 160

Weigering betaling aan te nemen

De houder, die weigert de betaling bij tusschenkomst aan te nemen, verliest zijn recht van regres op hen, die daardoor zouden zijn bevrijd. (K 146, 152, 158, 162, 176)

Art. 161

Kwijting

– 1. De betaling bij tusschenkomst moet worden vastgesteld door eene kwijting, geplaatst op den wisselbrief met aanwijzing van dengene, voor wien zij is gedaan. Bij gebreke van die aanwijzing wordt de betaling geacht voor den trekker te zijn gedaan. (K 130⁵, 156)

– 2. De wisselbrief en het protest, indien dit is opgemaakt, moeten worden uitgeleverd aan hem, die bij tusschenkomst betaalt. (K 138, 149, 176)

Art. 162

Rechtsgevolgen

– 1. Hij, die bij tusschenkomst betaalt, verkrijgt de rechten, uit den wisselbrief voortvloeiende, tegen dengene, voor wien hij heeft betaald, en tegen degenen, die tegenover dezen laatste krachtens den wisselbrief verbonden zijn. Hij mag echter den wisselbrief niet opnieuw endosseeren. (K 131³)

– 2. De endossanten, volgende op dengene, voor wien de betaling heeft plaats gehad, zijn bevrijd.

– 3. Indien zich meer personen tot de betaling bij tusschenkomst aanbieden, heeft de voorkeur de betaling, welke het grootste aantal bevrijdingen teweegbrengt. De interveniënt, die desbewust in strijd hiermede handelt, verliest zijn recht van regres tegen hen, die anders zouden zijn bevrijd. (K 110 v., 131, 146, 176)

NEGENDE AFDEELING

Van wisselexemplaren, wisselafschriften en vermiste wisselbrieven

1 Wisselexemplaren

Art. 163

Meer exemplaren

– 1. De wisselbrief kan in meer gelijkluidende exemplaren worden getrokken.

– 2. Die exemplaren moeten in den tekst zelf van den titel worden genummerd, bij gebreke waarvan elk exemplaar wordt beschouwd als een afzonderlijke wisselbrief.

– 3. Iedere houder van eenen wisselbrief, waarin niet is vermeld, dat deze in een enkel exemplaar getrokken is, kan op zijne kosten de levering van meer exemplaren vorderen. Te dien einde moet hij zich tot zijn onmiddellijken endossant wenden, die verplicht is zijne medewerking te verleenen om zijn eigen endossant aan te spreken, en zoo vervolgens, teruggaande tot den trekker. De endossanten zijn verplicht, de endossementen ook op de nieuwe exemplaren aan te brengen. (K 226)

—————————————————————— 167 ——————————

Betaling op één exemplaar

– 1. De betaling, op één der exemplaren gedaan, bevrijdt, ook al ware niet bedongen, dat die betaling de kracht der andere exemplaren te niet doet. Echter blijft de betrokkene verbonden wegens elk geaccepteerd exemplaar, dat hem niet is uitgeleverd. (K 124, 138, 227¹)

– 2. De endossant, die de exemplaren aan verschillende personen heeft overgedragen, alsook de latere endossanten, zijn verbonden wegens alle exemplaren, die hunne handteekening dragen en die niet zijn uitgeleverd. (K 114, 115, 227²)

Art. 165

Protest van nietuitlevering

– 1. Hij, die één der exemplaren ter acceptatie heeft gezonden, moet op de andere exemplaren den naam van den persoon aanwijzen, in wiens handen dat exemplaar zich bevindt. Deze is verplicht, dit aan den rechtmatigen houder van een ander exemplaar uit te leveren.

– 2. Weigert hij dit, dan kan de houder slechts zijn recht van regres uitoefenen, nadat hij door een protest heeft doen vaststellen:

1°. dat het ter acceptatie gezonden exemplaar hem desgevraagd niet is uitgeleverd;

2°. dat hij de acceptatie of de betaling op een ander exemplaar niet heeft kunnen verkrijgen. (K 115, 120, 143, 146, 167)

2 Wisselafschriften

Art. 166

– 1. Elke houder van eenen wisselbrief heeft het recht, daarvan afschriften te vervaardigen.

– 2. Het afschrift moet het oorspronkelijke nauwkeurig weergeven met de endossementen en alle andere vermeldingen, die er op voorkomen. Het moet aangeven, waar het afschrift ophoudt.

– 3. Het kan worden geëndosseerd en voor aval geteekend op dezelfde wijze en met dezelfde gevolgen, als het oorspronkelijke. (K 110, 130, 150, 176)

Art. 167

Oorspronkelijk stuk; protest van niet-uitlevering

– 1. Het afschrift moet dengene, in wiens handen het oorspronkelijke stuk zich bevindt, vermelden. Deze is verplicht het oorspronkelijke stuk aan den rechtmatigen houder van het afschrift uit te leveren.

– 2. Weigert hij dit, dan kan de houder zijn recht van regres tegen hen, die het afschrift hebben geëndosseerd of voor aval geteekend, slechts uitoefenen, nadat hij door een protest heeft doen vaststellen, dat het oorspronkelijke stuk hem desgevraagd niet is uitgeleverd.

– 3. Indien na het laatste daarop geplaatste endossement, alvorens het afschrift is vervaardigd, het oorspronkelijke stuk de clausule draagt: 'van hier af geldt het endossement slechts op de copie', of eenige andere soortgelijke clausule, is een nadien op het oorspronkelijk stuk geplaatst endossement nietig. (K 146, 165, 176)

3 Vermiste wisselbrieven

Art. 167a

Betaling van vermiste wissel

Degene die een wisselbrief, waarvan hij houder was, vermist, kan met inachtneming van artikel 49, derde lid, van Boek 6 van het Burgerlijk Wetboek van de betrokkene betaling vragen.

Art. 167b

Degene die een wisselbrief waarvan hij houder was, en welke is vervallen, en, zooveel nodig, geprotesteerd, vermist, kan met inachtneming van artikel 49, derde lid, van Boek 6 van het Burgerlijk Wetboek, zijn rechten alleen tegen de acceptant en tegen de trekker uitoefenen.

TIENDE AFDEELING

Van veranderingen

Art. 168

In geval van verandering van den tekst van eenen wisselbrief, zijn zij, die daarna hunne handteekeningen op den wisselbrief geplaatst hebben, volgens den veranderden tekst verbonden; zij, die daarvoor hunne handteekeningen op den wisselbrief geplaatst hebben, zijn verbonden volgens den oorspronkelijken tekst. (K 106, 109, 176, 228; Sr 225 v.)

ELFDE AFDEELING

Van verjaring

Art. 168a

Tenietgaan wisselschuld

Behoudens de bepaling van het volgende artikel gaat wisselschuld te niet door alle middelen van schuldbevrijding, bij het Burgerlijk Wetboek aangewezen. (K 176, 228a)

Art. 169

Verjaring

– 1. Alle rechtsvorderingen, welke uit den wisselbrief tegen den acceptant voortspruiten, verjaren door een tijdsverloop van drie jaren, te rekenen van den vervaldag.

– 2. De rechtsvorderingen van den houder tegen de endossanten en tegen den trekker verjaren door een tijdsverloop van één jaar, te rekenen van de dagteekening van het tijdig opgemaakte protest of, ingeval van de clausule zonder kosten, van den vervaldag.

– 3. De rechtsvorderingen van de endossanten tegen elkander en tegen den trekker verjaren door tijdsverloop van zes maanden, te rekenen van den dag, waarop de endossant ter voldoening aan zijnen regresplicht den wisselbrief heeft betaald, of van den dag, waarop hij zelf in rechte is aangesproken.

– 4. De in het eerste lid bedoelde verjaring kan niet worden ingeroepen door den acceptant, indien of voor zoover hij fonds heeft ontvangen of zich ongerechtvaardigd zou hebben verrijkt; evenmin kan de in het tweede en derde lid bedoelde verjaring worden ingeroepen door den trekker, indien of voor zoover hij geen fonds heeft bezorgd noch door den trekker of de endossanten, die zich ongerechtvaardigd zouden hebben verrijkt; alles onverminderd het bepaalde in artikel 306 van Boek 3 van het Burgerlijk Wetboek.

Art. 170

Stuiting verjaring

– 1. De stuiting der verjaring is slechts van kracht tegen dengene, ten aanzien van wien de stuitingshandeling heeft plaats gehad.

– 2. Op de in het vorige artikel bedoelde verjaringen is artikel 321, eerste lid, onder *a-d* van Boek 3 van het Burgerlijk Wetboek niet van toepassing; in de gevallen bedoeld in artikel 321, eerste lid, onder *b* en *c*, van Boek 3 van het Burgerlijk Wetboek heeft de onbekwame of rechthebbende wiens rechtsvordering is verjaard, verhaal op de wettelijke vertegenwoordiger of bewindvoerder.

TWAALFDE AFDEELING

Algemene bepalingen

Art. 171

Betaling van wisselbrief

– 1. De betaling van eenen wisselbrief, waarvan de vervaldag een wettelijke feestdag is, kan eerst worden gevorderd op den eerstvolgenden werkdag. Evenzoo kunnen alle andere handelingen met betrekking tot wisselbrieven, met name de aanbieding ter acceptatie en het protest, niet plaats hebben dan op eenen werkdag.

– 2. Wanneer ééne van die handelingen moet worden verricht binnen een zekeren termijn, waarvan de laatste dag een wettelijke feestdag is, wordt deze termijn verlengd tot den eersten werkdag, volgende op het einde van dien termijn. De tusschenliggende feestdagen zijn begrepen in de berekening van den termijn. (K 120, 122, 132 v., 133, 135, 137, 143, 144, 152 v., 158, 169, 176, 229*b*, 229*j*, 958; Rv 14, 22¹, 601, 723)

Art. 171a

Feestdagen

Als wettelijke feestdag in den zin van deze Afdeeling worden beschouwd de Zondag, de Nieuwjaarsdag, de Christelijke tweede Paasch- en Pinksterdagen, de beide Kerstdagen, de Hemelvaartsdag en de verjaardag des Konings. (K 176, 229*bbis*, 958)

Art. 172

Begin van termijnen

In de wettelijke of bij overeenkomst vastgestelde termijnen is niet begrepen de dag, waarop deze termijnen beginnen te loopen. (K 122, 132¹, 133, 135, 137, 143², 144, 152, 153, 154, 158, 169, 176, 229*c*, 958)

Art. 173

Geen respijt

Geen enkele respijtdag, noch wettelijke, noch rechterlijke, is toegestaan. (K 143, 176, 229*d*, 958)

DERTIENDE AFDEELING

Van orderbriefjes

Art. 174

Inhoud orderbriefjes

Het orderbriefje behelst: (K 100, 178)

1°. hetzij de orderclausule, hetzij de benaming 'orderbriefje' of 'promesse aan order', opgenomen in den tekst zelf, en uitgedrukt in de taal, waarin de titel is gesteld; (A.B. 10)

2°. de onvoorwaardelijke belofte een bepaalde som te betalen;

3°. de aanwijzing van den vervaldag; (K 132, 175²)

4°. die van de plaats, waar de betaling moet geschieden; (K 103, 126, 175³, 185)

5°. den naam van dengene, aan wien of aan wiens order de betaling moet worden gedaan; (K 102, 109*a*, 183)

6°. de vermelding van de dagteekening, alsmede van de plaats, waar het orderbiljet is onderteekend;

7°. de handteekening van hem, die den titel uitgeeft (onderteekenaar). (Rv 586, 2°)

Art. 175

Onvolledig order-briefje

– 1. De titel, waarin ééne der vermeldingen, in het voorgaande artikel aangegeven, ontbreekt, geldt niet als orderbriefje, behoudens in de hieronder genoemde gevallen.

– 2. Het orderbriefje, waarvan de vervaldag niet is aangewezen, wordt beschouwd als betaalbaar op zicht.

– 3. Bij gebreke van een bijzondere aanwijzing wordt de plaats van de onderteekening van den titel geacht te zijn de plaats van betaling en tevens de plaats van het domicilie van den onderteekenaar.

– 4. Het orderbriefje, dat de plaats van zijne onderteekening niet vermeldt, wordt geacht te zijn onderteekend in de plaats, aangegeven naast den naam van den onderteekenaar. (K 101)

Art. 176

Toepasselijke bepalingen

– 1. Voor zooverre zij niet onvereenigbaar zijn met den aard van het orderbriefje, zijn daarop toepasselijk de bepalingen over wisselbrieven betreffende:

het endossement (artikelen 110-119);

den vervaldag (artikelen 132-136);

de betaling (artikelen 137-141);

het recht van regres in geval van non-betaling (artikelen 142-149, 151-153);

de betaling bij tusschenkomst (artikelen 154, 158-162);

de wisselafschriften (artikelen 166 en 167);

de vermiste wisselbrieven (artikel 167a);

de veranderingen (artikel 168);

de verjaring (artikelen 168a en 169-170);

de feestdagen, de berekening der termijnen en het verbod van respijtdagen (artikelen 171, 171a, 172 en 173).

– 2. Eveneens zijn op het orderbriefje toepasselijk de bepalingen betreffende den wisselbrief, betaalbaar bij eenen derde of in een andere plaats dan die van het domicilie van den betrokkene (artikelen 103 en 126), de renteclausule (artikel 104), de verschillen in de vermelding met betrekking tot de som, welke moet worden betaald (artikel 105), de gevolgen van het plaatsen eener handteekening onder de omstandigheden bedoeld in artikel 106, die van de handteekening van eenen persoon, die handelt zonder bevoegdheid of die zijne bevoegdheid overschrijdt (artikel 107), en den wisselbrief in blanco (artikel 109).

– 3. Eveneens zijn op het orderbriefje toepasselijk de bepalingen betreffende het aval (artikelen 129-131); indien overeenkomstig hetgeen is bepaald bij artikel 130, laatste lid, het aval niet vermeld, voor wien het is gegeven, wordt het geacht voor rekening van den onderteekenaar van het orderbriefje te zijn gegeven. (Rv 303)

Art. 177

Aansprakelijkheid onderteekenaar

– 1. De onderteekenaar van een orderbriefje is op dezelfde wijze verbonden als de acceptant van eenen wisselbrief. (K 127)

– 2. De orderbriefjes, betaalbaar zekeren tijd na zicht, moeten ter teekening voor 'gezien' aan den onderteekenaar worden aangeboden binnen den bij artikel 122 vastgestelden termijn. De zichttermijn loopt van de dagteekening van het visum, hetwelk door den onderteekenaar op het orderbriefje moet worden geplaatst. De weigering van dezen zijn visum te plaatsen, moet worden vastgesteld door een protest (artikel 124), van welks dagteekening de zichttermijn begint te loopen. (K 124², 127, 127b, 958; Rv 586²)

ZEVENDE TITEL

Van chèques, en van promessen en quitantiën aan toonder

EERSTE AFDEELING

Van de uitgifte en den vorm van de chèque
Art. 178

Inhoud cheque

De chèque behelst: (K 100, 174, 229e)

1°. de benaming 'chèque', opgenomen in den tekst zelf en uitgedrukt in de taal, waarin de titel is gesteld; (A.B. 10)

2°. de onvoorwaardelijke opdracht tot betaling van een bepaalde som; (K 213)

3°. den naam van dengene, die betalen moet (betrokkene);

4°. de aanwijzing van de plaats, waar de betaling moet geschieden; (K 179, 185, 213)

6 WvK

5°. de vermelding van de dagteekening, alsmede van de plaats, waar de chèque is getrokken; (K 179⁴, 229e)

6°. de handteekening van dengene, die de chèque uitgeeft (trekker). (K 100, 174, 179, 180, 213, 214 v.)

Art. 179

– 1. De titel, waarin ééne der vermeldingen, in het voorgaande artikel aangegeven, ontbreekt, geldt niet als chèque, behoudens in de hieronder genoemde gevallen.

Onvolledige cheque

– 2. Bij gebreke van een bijzondere aanwijzing, wordt de plaats, aangegeven naast den naam van den betrokkene, geacht te zijn de plaats van betaling. Indien meerdere plaatsen zijn aangegeven naast den naam van den betrokkene, is de chèque betaalbaar op de eerstaangegeven plaats.

– 3. Bij gebreke van die aanwijzingen of van iedere andere aanwijzing, is de chèque betaalbaar in de plaats, waar het hoofdkantoor van den betrokkene is gevestigd.

– 4. De chèque, welke niet de plaats aanwijst, waar zij is getrokken, wordt geacht te zijn onderteekend in de plaats, aangegeven naast den naam des trekkers. (K 101, 175, 180)

Art. 180

De chèque moet worden getrokken op eenen bankier, die fonds onder zich heeft ter beschikking van den trekker, en krachtens een uitdrukkelijke of stilzwijgende overeenkomst, volgens welke de trekker het recht heeft per chèque over dat fonds te beschikken. In geval van niet-inachtneming van die voorschriften blijft de titel echter als chèque geldig. (K 190a, v., 214, 229abis)

Trekking slechts op bankier

Art. 181

De chèque kan niet worden geaccepteerd. Eene vermelding van acceptatie, op de chèque gesteld, wordt voor niet geschreven gehouden. (K 120, 205)

Geen acceptatie

Art. 182

– 1. De chèque kan betaalbaar worden gesteld:

aan een met name genoemden persoon, met of zonder uitdrukkelijke clausule: 'aan order';

aan een met name genoemden persoon, met de clausule: 'niet aan order', of een soortgelijke clausule;

aan toonder.

Cheque betaalbaar

– 2. De chèque, betaalbaar gesteld aan een met name genoemden persoon, met de vermelding: 'of aan toonder', of een soortgelijke uitdrukking, geldt als chèque aan toonder. (K 111³, 197)

– 3. De chèque zonder vermelding van den nemer geldt als chèque aan toonder. (BW 7A: 1724; K 191, 197, 226)

Art. 183

– 1. De chèque kan aan de order van den trekker luiden.

Eigen order van trekker; voor rekening van derde; op trekker zelf

– 2. De chèque kan worden getrokken voor rekening van eenen derde. De trekker wordt geacht voor zijn eigene rekening te hebben getrokken, indien uit de chèque of uit den adviesbrief niet blijkt, voor wiens rekening zulks is geschied. (K 102, 127d, 146¹)

– 3. De chèque kan op den trekker zelf getrokken worden. (K 102, 190a, 221)

Art. 183a

– 1. Wanneer de trekker op de chèque de vermelding 'waarde ter incasseering', 'ter incasso', 'in lastgeving' of eenige andere vermelding, met zich brengend een bloote opdracht tot inning, heeft geplaatst, kan de nemer alle uit de chèque voortvloeiende rechten uitoefenen, maar hij kan deze niet anders overdragen dan bijwege van lastgeving.

Incassocheque

– 2. Bij een zoodanige chèque kunnen de chèqueschuldenaren aan den houder slechts de verweermiddelen tegenwerpen, welke aan den trekker zouden kunnen worden tegengeworpen.

– 3. De opdracht, vervat in een incasso-chèque, eindigt niet door dood of latere onbekwaamheid van den lastgever. (K 102a, 117, 200)

Art. 184

Eene in de chèque opgenomen renteclausule wordt voor niet geschreven gehouden. (K 104)

Geen rente

Art. 185

De chèque kan betaalbaar zijn aan de woonplaats van eenen derde, hetzij in de plaats, waar de betrokkene zijn domicilie heeft, hetzij in een andere plaats. (BW 1: 10 v.; K 100, 4°, 103, 190a, 218a)

Plaats van betaling

Art. 186

– 1. De chèque, waarvan het bedrag voluit in letters en tevens in cijfers is geschreven, geldt, in geval van verschil, ten beloope van de som, voluit in letters geschreven.

Verschil tussen cijfers en letters

– 2. De chèque, waarvan het bedrag meermalen is geschreven, hetzij voluit in letters, hetzij in cijfers, geldt, in geval van verschil, slechts ten beloope van de kleinste som. (K 105, 178, 2°)

---

6 WvK

Handtekeningen Indien de chèque handteekeningen bevat van personen, die onbekwaam zijn zich door middel van een chèque te verbinden, valsche handteekeningen of handteekeningen van verdichte personen, of handteekeningen, welke, onverschillig om welke andere reden, de personen, die die handteekeningen hebben geplaatst of in wier naam zulks is geschied, niet kunnen verbinden, zijn de verbintenissen der andere personen, wier handteekeningen op de chèque voorkomen, desniettemin geldig. (K 70, 106, 210, 228; Sr 226, 5°)

Art. 188

Handtekening van onbevoegde Ieder, die zijne handteekening op eene chèque plaatst als vertegenwoordiger van eenen persoon, voor wien hij niet de bevoegdheid had te handelen, is zelf krachtens de chèque verbonden, en heeft, betaald hebbende, dezelfde rechten, als de beweerde vertegenwoordigde zou hebben gehad. Hetzelfde geldt ten aanzien van den vertegenwoordiger, die zijne bevoegdheid heeft overschreden. (K 107)

Art. 189

Instaan voor betaling De trekker staat in voor de betaling. Elke clausule, waarbij hij deze verplichting uitsluit, wordt voor niet geschreven gehouden. (K 108, 190a, 195, 204, 217 v., 221, 229f; Rv 586)

Art. 190

Blanco-cheque Indien eene chèque, onvolledig ten tijde der uitgifte, is volledig gemaakt in strijd met de aangegane overeenkomsten, kan de niet-naleving van die overeenkomsten niet worden tegengeworpen aan den houder, die de cheque te goeder trouw heeft verkregen.

Art. 190a

Fonds De trekker, of degene voor wiens rekening de chèque is getrokken, is verplicht zorg te dragen dat het noodige fonds tot betaling op den dag der aanbieding in handen van den betrokkene zij, zelfs indien de chèque bij eenen derde is betaalbaar gesteld, onverminderd de verplichting van den trekker overeenkomstig artikel 189. (K 109b, 180, 183, 185, 221a, 229)

Art. 190b

De betrokkene wordt geacht, het noodige fonds in handen te hebben, indien hij bij de aanbieding van de chèque aan den trekker of aan dengene voor wiens rekening is getrokken, een opeischbare som schuldig is, ten minste gelijkstaande met het beloop van de chèque. (K 109c, 180, 217a, 221a)

TWEEDE AFDEELING

Van de overdracht

Art. 191

Endossement; rectacheque – 1. De chèque, die betaalbaar is gesteld aan een met name genoemden persoon met of zonder uitdrukkelijke clausule: 'aan order', kan door middel van endossement worden overgedragen. (K 109a, 110¹, 166², 176, 182)
– 2. De chèque, die betaalbaar is gesteld aan een met name genoemden persoon met de clausule: 'niet aan order', of een soortgelijke clausule, kan slechts worden overgedragen in den vorm en met de gevolgen van een gewone cessie. Een op zulk een chèque geplaatst endossement geldt als een gewone cessie. (K 110², 111, 201, 211)
– 3. Het endossement kan worden gesteld zelfs ten voordeele van den trekker of van iederen anderen chèqueschuldenaar. Deze personen kunnen de chèque opnieuw endosseeren. (K 110, 182, 201)

Art. 192

Onvoorwaardelijk; voor het geheel; aan toonder – 1. Het endossement moet onvoorwaardelijk zijn. Elke daarin opgenomen voorwaarde wordt voor niet geschreven gehouden. (K 111¹, 114²)
– 2. Het gedeeltelijke endossement is nietig. (K 111²)
– 3. Eveneens is nietig het endossement van den betrokkene.
– 4. Het endossement aan toonder geldt als endossement in blanco. (K 111³)
– 5. Het endossement aan den betrokkene geldt slechts als kwijting, behoudens wanneer de betrokkene meer kantoren heeft en wanneer het endossement is gesteld ten voordeele van een ander kantoor dan dat, waarop de chèque is getrokken. (K 116 v., 176, 195, 211)

Art. 193

Vorm – 1. Het endossement moet gesteld worden op de chèque of op een vastgehecht blad (verlengstuk). Het moet worden onderteekend door den endossant. (K 112¹, 124, 130, 203)
– 2. Het endossement kan den geëndosseerde onvermeld laten, of bestaan uit de enkele handteekening van den endossant (endossement in blanco). In het laatste geval moet het endossement om geldig te zijn, op de rugzijde van de chèque of op het verlengstuk worden gesteld. (K 112, 176, 192, 203)

Art. 194

– 1. Door het endossement worden alle uit de chèque voortvloeiende rechten overgedragen. (K 113¹)

– 2. Indien het endossement in blanco is, kan de houder:

1°. het blanco invullen, hetzij met zijn eigen naam, hetzij met den naam van een anderen persoon;

2°. de chèque wederom in blanco of aan een anderen persoon endosseeren;

3°. de chèque aan eenen derde overgeven, zonder het blanco in te vullen, en zonder haar te endosseeren. (K 113², 176)

Rechtsgevolg; endossement in blanco

Art. 195

– 1. Tenzij het tegendeel bedongen is, staat de endossant in voor de betaling.

– 2. Hij kan een nieuw endossement verbieden; in dat geval staat hij tegenover de personen, aan wie de chèque later is geëndosseerd, niet in voor de betaling. (K 114, 189, 192, 204, 217 v., 211, 227, 229; Rv 586)

Instaan voor betaling

Art. 196

Hij, die een door endossement overdraagbare chèque onder zich heeft, wordt beschouwd als de rechtmatige houder, indien hij van zijn recht doet blijken door een ononderbroken reeks van endossementen, zelfs indien het laatste endossement in blanco is gesteld. De doorgehaalde endossementen worden te dien aanzien voor niet geschreven gehouden. Wanneer een endossement in blanco door een ander endossement is gevolgd, wordt de onderteekenaar van dit laatste geacht, de chèque door het endossement in blanco verkregen te hebben. (K 115, 139³, 191, 196, 198, 212, 224, 227a,)

Legitimatie van houder

Art. 197

Een op eene chèque aan toonder voorkomend endossement maakt den endossant verantwoordelijk overeenkomstig de bepalingen betreffende het recht van regres; het maakt overigens den titel niet tot eene chèque aan order. (K 182, 217)

Endossement van cheque aan toonder

Art. 198

Indien iemand, op welke wijze dan ook, het bezit van de chèque heeft verloren, is de houder, in wiens handen de chèque zich bevindt, niet verplicht de chèque af te geven, indien hij deze te goeder trouw heeft verkregen en zulks onverschillig of het betreft eene chèque aan toonder, dan wel een voor endossement vatbare chèque, ten aanzien van welke de houder op de wijze in artikel 196 voorzien van zijn recht doet blijken.

Verlies

Art. 199

Zij, die uit hoofde van de chèque worden aangesproken, kunnen de verweermiddelen, gegrond op hun persoonlijke verhouding tot den trekker of tot vroegere houders, niet aan den houder tegenwerpen, tenzij deze bij de verkrijging van de chèque desbewust ten nadeele van den schuldenaar heeft gehandeld. (K 116, 200, 221)

Verweermiddelen

Art. 200

– 1. Wanneer het endossement de vermelding bevat: 'waarde ter incasseering', 'ter incasso', 'in lastgeving' of eenige andere vermelding, met zich brengend een bloote opdracht tot inning, kan de houder alle uit de chèque voortvloeiende rechten uitoefenen, maar hij kan deze niet anders endosseeren dan bijwege van lastgeving.

– 2. De chèqueschuldenaren kunnen in dat geval aan den houder slechts de verweermiddelen tegenwerpen, welke aan den endossant zouden kunnen worden tegengeworpen.

– 3. De opdracht, vervat in een incasso-endossement, eindigt niet door den dood of door de latere onbekwaamheid van den lastgever. (K 102a, 117, 183a, 199)

Incasso-endossement

Art. 201

– 1. Het endossement, na het protest of de daarmede gelijkstaande verklaring, of na het einde van den aanbiedingstermijn op de chèque gesteld, heeft slechts de gevolgen eener gewone cessie.

– 2. Behoudens tegenbewijs, wordt het endossement zonder dagteekening geacht te zijn gesteld vóór het protest of de daarmede gelijkstaande verklaringen, of vóór het verstrijken van den in het voorgaande lid bedoelden termijn. (K 119, 143, 191, 206, 217 v., 958)

Endossement na protest of aanbiedingstermijn

DERDE AFDEELING

Van het aval

Art. 202

– 1. De betaling van de chèque kan zoowel voor haar geheele bedrag als voor een gedeelte daarvan door eenen borgtocht (aval) worden verzekerd.

– 2. Deze borgtocht kan door eenen derde, behalve door den betrokkene, of zelfs door iemand, wiens handteekening op de chèque voorkomt, worden gegeven. (K 129; Rv 586)

Borgtocht (aval)

Vorm

Art. 203
- 1. Het aval wordt op de chèque of op een verlengstuk gesteld. (K 112¹, 130¹, 193)
- 2. Het wordt uitgedrukt door de woorden: 'goed voor aval', of door een soortgelijke uitdrukking; het wordt door den avalgever onderteekend. (K 130²)
- 3. De enkele handteekening van den avalgever, gesteld op de voorzijde van de chèque, geldt als aval, behalve wanneer de handteekening die is van den trekker. (K 102², 130³)
- 4. Het kan ook geschieden bij een afzonderlijk geschrift of bij een brief, vermeldende de plaats, waar het is gegeven. (K 130⁴)
- 5. In het aval moet worden vermeld, voor wien het is gegeven. Bij gebreke hiervan wordt het geacht voor den trekker te zijn gegeven. (K 130⁵, 193)

Art. 204

Rechtsgevolg; subrogatie
- 1. De avalgever is op dezelfde wijze verbonden als degene, voor wien het aval is gegeven.
- 2. Zijne verbintenis is geldig, zelfs indien, wegens een andere oorzaak dan een vormgebrek de door hem gewaarborgde verbintenis nietig is.
- 3. Door te betalen verkrijgt de avalgever de rechten, welke krachtens de chèque kunnen worden uitgeoefend tegen dengene, voor wien het aval is gegeven en tegen degenen, die tegenover dezen krachtens de chèque verbonden zijn. (K 131, 189, 195, 217 v., 221)

VIERDE AFDEELING

Van de aanbieding en van de betaling

Art. 205

Betaalbaar op zicht
- 1. De chèque is betaalbaar op zicht. Elke vermelding van het tegendeel wordt voor niet geschreven gehouden.
- 2. De chèque, die ter betaling wordt aangeboden vóór den dag, vermeld als datum van uitgifte, is betaalbaar op den dag van de aanbieding. (K 132 v., 181, 958)

Art. 206

Termijn van aanbieding
- 1. De chèque, die in hetzelfde land uitgegeven en betaalbaar is, moet binnen den termijn van acht dagen ter betaling worden aangeboden. Indien echter uit de chèque zelve blijkt, dat zij bestemd is om in een ander land te circuleeren, wordt deze termijn verlengd, hetzij tot twintig, hetzij tot zeventig dagen, al naar gelang zij bestemd was in hetzelfde of in een ander werelddeel te circuleeren. Te dien aanzien worden de chèques, uitgegeven en betaalbaar in een land in Europa en bestemd om te circuleeren in een kustland van de Middellandsche Zee of omgekeerd, beschouwd als bestemd om te circuleeren in hetzelfde werelddeel.
- 2. De chèque, uitgegeven in het Rijk in Europa en betaalbaar in Nederlandsch-Indië, Suriname of Curaçao, of omgekeerd, moet ter betaling aangeboden worden binnen den tijd van zeventig dagen.
- 3. De chèque, die uitgegeven is in een ander land dan dat, waar zij betaalbaar is, moet worden aangeboden binnen een termijn, hetzij van twintig dagen, hetzij van zeventig dagen, naar gelang de plaats van uitgifte en de plaats van betaling gelegen zijn in hetzelfde of in een ander werelddeel.
- 4. Te dien aanzien worden de chèques, uitgegeven in een land in Europa en betaalbaar in een kustland van de Middellandsche Zee of omgekeerd, beschouwd als uitgegeven en betaalbaar in hetzelfde werelddeel.
- 5. De bovengenoemde termijnen beginnen te loopen van den dag, op de chèque als datum van uitgifte vermeld. (K 133, 137, 217 v., 226, 229b, 229i, 958)

Art. 207

Tijdrekening
De dag van uitgifte van eene chèque, getrokken tusschen twee plaatsen met verschillende tijdrekening, wordt herleid tot den overeenkomstigen dag van de tijdrekening van de plaats van betaling. (K 136, 958)

Art. 208

Verrekeningskamer
- 1. De aanbieding aan eene verrekeningskamer geldt als aanbieding ter betaling.
- 2. Bij algemeenen maatregel van bestuur zullen de instellingen worden aangewezen, die in den zin van dezen Titel als verrekeningskamers worden beschouwd. (K 137, 217)

Art. 209

Herroeping
- 1. De herroeping van de chèque is slechts van kracht na het einde van den termijn van aanbieding.
- 2. Indien geene herroeping plaats heeft, kan de betrokkene zelfs na het einde van dien termijn betalen. (K 206)

Art. 210

Dood en onbekwaamheid van trekker
Noch de dood van den trekker, noch zijn na de uitgifte opkomende onbekwaamheid zijn van invloed op de gevolgen van de chèque. (K 187)

Art. 211

– 1. Buiten het geval, in artikel 227*a* vermeld, kan de betrokkene de chèque betalende, vorderen, dat hem deze, van behoorlijke kwijting van den houder voorzien, wordt uitgeleverd. (K 138¹, 224)

– 2. De houder mag niet weigeren een gedeeltelijke betaling aan te nemen. (K 138²)

– 3. In geval van gedeeltelijke betaling kan de betrokkene vorderen, dat van die betaling op de chèque melding wordt gemaakt en dat hem daarvoor kwijting wordt gegeven. (K 138³, 192, 224, 227)

Kwijting; gedeeltelijke betaling

Art. 212

– 1. De betrokkene, die een door endossement overdraagbare chèque betaalt, is gehouden de regelmatigheid van de reeks van endossementen, maar niet de handteekening der endossanten te onderzoeken.

– 2. Indien hij, niet bevrijdend betaald hebbende, verplicht wordt, ten tweede male te betalen, heeft hij verhaal op allen die de cheque niet te goeder trouw hebben verkregen.

Onderzoek naar endossement

Art. 213

– 1. Eene chèque, waarvan de betaling is bedongen in ander geld dan dat van de plaats van betaling, kan binnen den termijn van aanbieding worden betaald in het geld van het land volgens zijne waarde op den dag van betaling. Indien de betaling niet heeft plaats gehad bij de aanbieding, kan de houder te zijner keuze vorderen, dat de chèquesom voldaan wordt in het geld van het land volgens den koers, hetzij van den dag van aanbieding, hetzij van den dag van betaling. (BW 7A: 1793; K 140¹, 151³, 178, 2°, 958)

– 2. De waarde van het vreemde geld wordt bepaald volgens de gebruiken van de plaats van betaling. De trekker kan echter voorschrijven, dat het te betalen bedrag moet worden berekend volgens een in de chèque voorgeschreven koers. (K 60, 140²)

– 3. Het bovenstaande is niet van toepassing, indien de trekker heeft voorgeschreven, dat de betaling moet geschieden in een bepaald aangeduid geld (clausule van werkelijke betaling in vreemd geld). (K 140³)

– 4. Indien het bedrag van de chèque is aangegeven in geld, hetwelk dezelfde benaming maar een verschillende waarde heeft in het land van uitgifte en in dat van betaling, wordt men vermoed het geld van de plaats van betaling te hebben bedoeld. (K 140⁵, 178, 206)

Vreemde valuta

VIJFDE AFDEELING

Van de gekruiste chèque en van de verrekeningschèque

Art. 214

– 1. De trekker of de houder van eene chèque kan deze kruisen met de in het volgende artikel genoemde gevolgen.

– 2. De kruising geschiedt door het plaatsen van twee evenwijdige lijnen op de voorzijde van de chèque. Zij kan algemeen zijn of bijzonder.

– 3. De kruising is algemeen, indien zij tusschen de twee lijnen geen enkele aanwijzing bevat, of wel de vermelding: 'bankier', of een soortgelijk woord; zij is bijzonder, indien de naam van eenen bankier voorkomt tusschen de twee lijnen.

– 4. De algemeene kruising kan worden veranderd in een bijzondere, maar de bijzondere kruising kan niet worden veranderd in een algemeene.

– 5. De doorhaling van de kruising of van den naam van den aangewezen bankier wordt geacht niet te zijn geschied. (K 180, 229*abis*)

Algemene en bijzondere kruising

Art. 215

– 1. Eene chèque met algemeene kruising kan door den betrokkene slechts worden betaald aan eenen bankier of aan eenen cliënt van den betrokkene.

– 2. Eene chèque met bijzondere kruising kan door den betrokkene slechts worden betaald aan den aangewezen bankier of, indien deze de betrokkene is, slechts aan een zijner cliënten. Echter kan de aangegeven bankier de chèque ter incasseering aan een anderen bankier overdragen.

– 3. Een bankier mag een gekruiste chèque slechts in ontvangst nemen van een van zijne cliënten of van een anderen bankier. Hij mag haar niet innen voor rekening van andere personen dan deze.

– 4. Een chèque, welke meer dan één bijzondere kruising draagt, mag door den betrokkene slechts worden betaald, indien er niet meer dan twee kruisingen zijn, waarvan de ééne strekt tot inning door eene verrekeningskamer.

– 5. De betrokkene of de bankier, die de bovenstaande bepalingen niet naleeft, is verantwoordelijk voor de schade tot beloop van het bedrag van de chèque. (K 180, 200, 229*abis*)

Rechtsgevolgen

Art. 216

Verrekeningsche-que – 1. De trekker, alsmede de houder van eene chèque, kan verbieden, dat deze in baar geld betaald wordt door op de voorzijde in schuinsche richting te vermelden: 'in rekening te brengen', of een soortgelijke uitdrukking op te nemen.

– 2. In dat geval mag de chèque den betrokkene slechts aanleiding geven tot eene boeking (rekening-courant, giro of schuldvergelijking). De boeking geldt als betaling.

– 3. De doorhaling van de vermelding: 'in rekening te brengen' wordt geacht niet te zijn geschied.

– 4. De betrokkene, die de bovenstaande bepalingen niet naleeft, is verantwoordelijk voor de schade tot beloop van het bedrag van de chèque. (K 218a, 218b)

ZESDE AFDEELING

Van het recht van regres in geval van non-betaling

Art. 217

Regres De houder kan zijn recht van regres uitoefenen op de endossanten, den trekker en de andere chèqueschuldenaren, indien de chèque, tijdig aangeboden, niet wordt betaald en indien de weigering van betaling wordt vastgesteld:

1°. hetzij door een authentieke akte (protest); (K 143b, 218b)

2°. hetzij door eene verklaring van den betrokkene, gedagteekend en geschreven op de chèque onder vermelding van den dag van aanbieding; (K 143d)

3°. hetzij door een gedagteekende verklaring van eene verrekeningskamer, waarbij vastgesteld wordt, dat de chèque tijdig aangeboden en niet betaald is. (K 142 v., 143d, 152, 189, 195, 197, 205, 206, 208, 218 v., 218b v., 220, 229)

Art. 217a

Aansprakelijkheid trekker; vordering op fonds – 1. Indien de non-betaling van de chèque door protest of een daarmede gelijkstaande verklaring is vastgesteld, is niettemin de trekker, al ware het protest niet in tijds gedaan of de met protest gelijkstaande verklaring niet in tijds afgegeven, tot vrijwaring gehouden, tenzij hij bewees, dat de betrokkene op den dag der aanbieding het noodige fonds tot betaling van de chèque in handen had. Indien het vereischte fonds slechts gedeeltelijk aanwezig was, is de trekker voor het ontbrekende gehouden.

– 2. In geval van niet tijdig protest of niet tijdige met protest gelijkstaande verklaring is de trekker, op straffe van tot vrijwaring te zijn gehouden, verplicht, den houder af te staan en over te dragen de vordering op het fonds, dat de betrokkene van hem op den dag der aanbieding heeft in handen gehad, en zulks tot het beloop van de chèque; en hij moet aan den houder, te diens koste, de noodige bewijzen verschaffen om die vordering te doen gelden. Indien de trekker in staat van faillissement is verklaard of ten aanzien van hem de schuldsaneringsregeling natuurlijke personen van toepassing is verklaard, zijn de curatoren onderscheidenlijk de bewindvoerders in zijnen boedel tot dezelfde verplichtingen gehouden, ten ware deze mochten verkiezen, den houder als schuldeischer, voor het beloop van de chèque, toe te laten. (K 152a, 190b, 221a)

Art. 218

Tijdstip protest – 1. Het protest of de daarmede gelijkstaande verklaring moet worden gedaan vóór het einde van den termijn van aanbieding.

– 2. Indien de aanbieding plaats heeft op den laatsten dag van den termijn, kan het protest of de daarmede gelijkstaande verklaring op den eerstvolgenden werkdag worden gedaan. (K 143, 206, 217, 229b, 958)

Art. 218a

Plaats protest – 1. De betaling van eene chèque moet gevraagd en het daaropvolgend protest gedaan worden ter woonplaatse van den betrokkene. (BW 1: 10; K 143a¹, 178, 3°; Fw 99²)

– 2. Indien de chèque getrokken is om in een andere aangewezen woonplaats of door een anderen aangewezen persoon, hetzij in dezelfde, hetzij in een andere gemeente te worden betaald, moet de betaling gevraagd en het protest opgemaakt worden ter aangewezene woonplaats of aan den aangewezen persoon. (K 143a², 178, 4°, 185)

– 3. Artikel 54 van het Wetboek van Burgerlijke Rechtsvordering is van overeenkomstige toepassing. (K 143a³, 185)

Art. 218b

Vorm en inhoud protest – 1. Het protest van non-betaling wordt gedaan door een deurwaarder. Deze kan zich desverkiezende doen vergezellen door een of twee getuigen.

– 2. Het protest behelst:

1°. een letterlijk afschrift van de chèque, van de endossementen, van het aval en van de adressen daarop gesteld;

2°. de vermelding dat zij de betaling aan de personen, of ter plaatse in het voorgaand artikel gemeld, afgevraagd en niet bekomen hebben;
3°. de vermelding van de opgegeven reden van non-betaling;
4°. de aanmaning om het protest te teekenen, en de redenen van weigering;
5°. de vermelding, dat hij, deurwaarder, wegens die non-betaling heeft geprotesteerd.
– 3. Indien het protest een vermiste chèque betreft, volstaat, in plaats van het bepaalde onder 1°. van het voorgaande lid, een zoo nauwkeurig mogelijke omschrijving van den inhoud der chèque. (K 143b, 227b; D.R. 14 onder B)

Art. 218c
Afschrift; register
De deurwaarders zijn verplicht, op straffe van schadevergoeding, afschrift van het protest te laten, en hiervan melding in het afschrift te maken, en hetzelve, naar orde des tijds, in te schrijven in een bijzonder register, genommerd en gewaarmerkt door de kantonrechter van de rechtbank van het arrondissement waarin hun woonplaats is gelegen, en om wijders, zulks begeerd wordende, een of meer afschriften van het protest aan de belanghebbenden te leveren.

Art. 219
Kennisgeving
– 1. De houder moet van de non-betaling kennisgeven aan zijnen endossant en aan den trekker binnen de vier werkdagen, volgende op den dag van het protest of de daarmede gelijkstaande verklaring en, indien de chèque getrokken is met de clausule zonder kosten, volgende op dien der aanbieding. Elke endossant moet binnen de twee werkdagen, volgende op den dag van ontvangst der kennisgeving, de door hem ontvangen kennisgeving aan zijnen endossant mededeelen, met aanwijzing van de namen en adressen van degenen, die de voorafgaande kennisgevingen hebben gedaan, en zoo vervolgens, teruggaande tot den trekker. Deze termijnen loopen van de ontvangst der voorafgaande kennisgeving af.
– 2. Indien overeenkomstig het voorgaande lid eene kennisgeving is gedaan aan iemand, wiens handteekening op de chèque voorkomt, moet gelijke kennisgeving binnen denzelfden termijn aan diens avalgever worden gedaan.
– 3. Indien een endossant zijn adres niet of op onleesbare wijze heeft aangeduid, kan worden volstaan met kennisgeving aan den voorafgaanden endossant.
– 4. Hij, die eene kennisgeving heeft te doen, kan zulks doen in iederen vorm, zelfs door enkele terugzending van de chèque.
– 5. Hij moet bewijzen, dat hij de kennisgeving binnen den vastgestelden termijn heeft gedaan. Deze termijn wordt gehouden te zijn in acht genomen, wanneer een brief, die de kennisgeving behelst, binnen den genoemden termijn ter post is bezorgd.
– 6. Hij, die de kennisgeving niet binnen den bovenvermelden termijn doet, stelt zich niet bloot aan verval van zijn recht, hij is, indien daartoe aanleiding bestaat, verantwoordelijk voor de schade, door zijne nalatigheid veroorzaakt, zonder dat echter de schadevergoeding de chèquesom kan te boven gaan.

Art. 220
Clausule 'zonder kosten'
– 1. De trekker, een endossant of een avalgever kan door de clausule 'zonder kosten', 'zonder protest', of een andere soortgelijke op de chèque gestelde en onderteekende clausule, den houder van het opmaken van een protest of een daarmede gelijkstaande verklaring ter uitoefening van zijn recht van regres ontslaan. (K 145¹)
– 2. Deze clausule ontslaat den houder niet van de aanbieding van de chèque binnen de voorgeschreven termijnen, noch van het doen van de kennisgevingen. Het bewijs van de nietinachtneming der termijnen moet worden geleverd door dengene, die zich daarop tegenover den houder beroept. (K 145², 152, 958)
– 3. Is de clausule door den trekker gesteld, dan heeft zij gevolgen ten aanzien van allen, wier handteekeningen op de chèque voorkomen; is zij door eenen endossant of door eenen avalgever gesteld, dan heeft zij gevolgen alleen voor dezen endossant of avalgever. Indien de houder, ondanks de door den trekker gestelde clausule, toch de weigering van betaling doet vaststellen door protest of een daarmede gelijkstaande verklaring, zijn de kosten daarvan voor zijne rekening. Indien de clausule van eenen endossant of eenen avalgever afkomstig is, kunnen de kosten van het protest of van de daarmede gelijkstaande verklaring, indien een akte van dien aard is opgesteld, op allen, wier handteekeningen op de chèque voorkomen, worden verhaald. (K 145³, 217)

Art. 221
Springregres
– 1. Allen, die uit hoofde van eene chèque verbonden zijn, zijn hoofdelijk jegens den houder verbonden. Bovendien is ook de derde, voor wiens rekening de chèque is getrokken en die de waarde daarvoor heeft genoten, jegens den houder aansprakelijk. (K 146¹, 189, 195, 197, 199 v., 204)
– 2. De houder kan deze personen, zoowel ieder afzonderlijk, als gezamenlijk, aanspreken, zonder verplicht te zijn de volgorde, waarin zij zich hebben verbonden, in acht te nemen. (K 146²; Fw 136)

6 WvK

– 3. Hetzelfde recht komt toe aan ieder, wiens handteekening op de chèque voorkomt en die deze, ter voldoening aan zijnen regresplicht, heeft betaald. (K 146³, 229*h*)

– 4. De vordering, ingesteld tegen éénen der chèqueschuldenaren, belet niet de anderen aan te spreken, al hadden dezen zich later verbonden dan de eerst aangesprokene. (K 224; Fw 136; Rv 586)

Art. 221a

Geen recht op fonds

– 1. De houder van eene chèque, waarvan de non-betaling door protest of een daarmede gelijk staande verklaring is vastgesteld, heeft in geen geval eenig recht op het fonds, dat de betrokkene van den trekker in handen heeft.

– 2. Bij faillissement van den trekker of indien ten aanzien van hem van de schuldsaneringsregeling natuurlijke personen van toepassing is verklaard behooren die penningen aan diens boedel. (K 146a, 190a v., 217a)

Art. 222

Omvang regres

De houder kan van dengene, tegen wien hij zijn recht van regres uitoefent, vorderen:

1°. de som van de niet betaalde chèque;

2°. de wettelijke rente, te rekenen van de dag der aanbieding, voor chèques die in Nederland uitgegeven en betaalbaar zijn, en een rente van zes ten honderd, te rekenen van de dag der aanbieding, voor alle overige chèques;

3°. de kosten van protest of van de daarmede gelijkstaande verklaring, die van de gedane kennisgevingen, alsmede de andere kosten.

Art. 223

Remboursregres

Hij, die ter voldoening aan zijnen regresplicht de chèque heeft betaald, kan van degenen, die tegenover hem regresplichtig zijn, vorderen:

1°. het geheele bedrag, dat hij betaald heeft;

2°. de wettelijke rente, te rekenen van de dag der betaling, voor chèques die in Nederland uitgegeven en betaalbaar zijn, en een rente van zes ten honderd, te rekenen van de dag der betaling, voor alle overige chèques;

3°. de door hem gemaakte kosten.

Art. 224

Afgifte en kwijting; doorhaling endossement

– 1. Elke chèqueschuldenaar, tegen wien het recht van regres wordt of kan worden uitgeoefend, kan, tegen betaling ter voldoening aan zijnen regresplicht, de afgifte vorderen van de chèque met het protest, of de daarmede gelijkstaande verklaring, alsmede een voor voldaan geteekende rekening.

– 2. Elke endossant, die ter voldoening aan zijnen regresplicht, de chèque heeft betaald, kan zijn endossement en dat van de volgende endossanten doorhalen. (K 149, 196, 211, 221)

Art. 225

Overmacht

– 1. Wanneer de aanbieding van de chèque, het opmaken van het protest, of de daarmede gelijkstaande verklaring, binnen de voorgeschreven termijnen wordt verhinderd door een onoverkomelijk beletsel (wettelijk voorschrift van eenigen Staat of ander geval van overmacht), worden deze termijnen verlengd.

– 2. De houder is verplicht van de overmacht onverwijld aan zijnen endossant kennis te geven, en zijn kennisgeving, gedagteekend en onderteekend op de chèque of op een verlengstuk te vermelden; voor het overige zijn de bepalingen van artikel 219 toepasselijk.

– 3. Na ophouden van de overmacht moet de houder onverwijld de chèque ter betaling aanbieden, en, indien daartoe aanleiding bestaat, de weigering van betaling doen vaststellen door protest of een daarmede gelijkstaande verklaring.

– 4. Indien de overmacht meer dan vijftien dagen aanhoudt, te rekenen van den dag, waarop de houder, al ware het vóór het einde van den aanbiedingstermijn, van de overmacht aan zijnen endossant heeft kennis gegeven, kan het recht van regres worden uitgeoefend, zonder dat de aanbieding of het opmaken van protest of de daarmede gelijkstaande verklaring noodig zijn.

– 5. Feiten, welke voor den houder of voor dengene, dien hij met de aanbieding van de chèque of met het opmaken van het protest of de daarmede gelijkstaande verklaring belastte, van zuiver persoonlijken aard zijn, worden niet beschouwd als gevallen van overmacht. (K 153, 206, 217, 958)

ZEVENDE AFDEELING

Van chèque-exemplaren en vermiste chèques

Art. 226

Meer exemplaren

Behoudens de chèques aan toonder, kan elke chèque, uitgegeven in een land en betaalbaar in een ander land of in een overzeesch gebied van hetzelfde land en omgekeerd, of wel uitgegeven en betaalbaar in een zelfde overzeesch gebied of in verschillende overzeesche gebieden van hetzelfde land, in meer gelijkluidende exemplaren worden getrokken. Wanneer eene chèque in meer exemplaren is getrokken, moeten die exemplaren in den tekst zelf van den titel worden genummerd bij gebreke waarvan elk exemplaar wordt beschouwd als een afzonderlijke chèque. (K 163, 182)

Art. 227

– 1. De betaling op één der exemplaren gedaan, bevrijdt, ook al ware niet bedongen, dat die betaling de kracht der andere exemplaren te niet doet. (K 164[1], 211)

Betaling op één exemplaar

– 2. De endossant, die de exemplaren aan verschillende personen heeft overgedragen, alsook de latere endossanten, zijn verbonden wegens alle exemplaren, die hunne handteekening dragen en die niet zijn uitgeleverd. (K 164[2], 195)

Art. 227a

Degene die de cheque waarvan hij houder was, vermist, kan met inachtneming van artikel 49, derde lid, van Boek 6 van het Burgerlijk Wetboek van de betrokkene betaling vragen.

Betaling van vermiste cheque

Art. 227b

Degene die een cheque waarvan hij houder was, en welke is vervallen en, zoveel nodig, geprotesteerd, vermist, kan met inachtneming van artikel 49, derde lid, van Boek 6 van het Burgerlijk Wetboek zijn rechten alleen tegen de trekker uitoefenen.

ACHTSTE AFDEELING

Van veranderingen

Art. 228

In geval van verandering van den tekst van eene chèque zijn zij, die daarna hunne handteekeningen op de chèque geplaatst hebben, volgens den veranderden tekst verbonden; zij, die daarvoor hunne handteekeningen op de chèque geplaatst hebben, zijn verbonden volgens den oorspronkelijken tekst. (K 168, 178, 6°, 187, 190, 193, 203; Sr 225)

NEGENDE AFDEELING

Van verjaring

Art. 228a

Behoudens de bepalingen van het volgende artikel gaat schuld uit eene chèque te niet door alle middelen van schuldbevrijding, bij het Burgerlijk Wetboek aangewezen. (K 168a)

Tenietgaan van de chequeschuld

Art. 229

– 1. De regresvorderingen van den houder tegen de endossanten, den trekker en de andere chèqueschuldenaren, verjaren door een tijdsverloop van zes maanden, te rekenen van het einde van den termijn van aanbieding.

Verjaring

– 2. De regresvorderingen van de verschillende chèqueschuldenaren tegen elkander, die gehouden zijn tot de betaling van eene chèque, verjaren door een tijdsverloop van zes maanden, te rekenen van den dag, waarop de chèqueschuldenaar ter voldoening aan zijnen regresplicht de chèque heeft betaald, of van den dag, waarop hij zelf in rechte is aangesproken.

– 3. De in het eerste en tweede lid bedoelde verjaring kan niet worden ingeroepen door den trekker, indien of voor zoover hij geen fonds heeft bezorgd noch door den trekker of de endossanten, die zich ongerechtvaardigd zouden hebben verrijkt; alles onverminderd het bepaalde in artikel 306 van Boek 3 van het Burgerlijk Wetboek.

Art. 229a

– 1. De stuiting der verjaring is slechts van kracht tegen dengene, ten aanzien van wien de stuitingshandeling heeft plaats gehad.

Stuiting

– 2. Op de in het vorige artikel bedoelde verjaringen is artikel 321, eerste lid, onder *a-d* van Boek 3 van het Burgerlijk Wetboek niet van toepassing; in de gevallen bedoeld in artikel 321, eerste lid, onder *b* en *c*, van Boek 3 van het Burgerlijk Wetboek heeft de onbekwame of rechthebbende, wiens rechtsvordering is verjaard, verhaal op de wettelijke vertegenwoordiger of bewindvoerder.

TIENDE AFDEELING

Algemeene bepalingen

Art. 229abis

Met bankiers, genoemd in de voorafgaande Afdeelingen van dezen Titel worden gelijkgesteld alle personen of instellingen, die in hun werkzaamheid regelmatig gelden ter onmiddellijke beschikking van anderen houden. (K 74 v., 180, 214 v.)

Art. 229b

– 1. De aanbieding en het protest van eene chèque kunnen niet plaats hebben dan op eenen werkdag.

Aanbieding en protest op werkdagen

6 WvK

– 2. Wanneer de laatste dag van den termijn, door de wet gesteld voor het verrichten van handelingen nopens de chèque, met name voor de aanbieding en voor het opmaken van het protest of een daarmede gelijkstaande verklaring, een wettelijke feestdag is, wordt deze termijn verlengd tot den eersten werkdag, volgende op het einde van dien termijn. De tusschenliggende feestdagen zijn begrepen in de berekening van den termijn. (K 171, 206, 218, 229*bbis*, 958; Rv 14)

Art. 229bbis

Feestdagen Als wettelijke feestdag in den zin van deze Afdeeling worden beschouwd de Zondag, de Nieuwjaarsdag, de Christelijke tweede Paasch- en Pinksterdagen, de beide Kerstdagen, de Hemelvaartsdag en de verjaardag des Konings. (K 171*a*, 229*j*, 958)

Art. 229c

Begin van termijnen In de termijnen, bij de voorafgaande Afdeelingen van dezen Titel voorzien, is niet begrepen de dag, waarop deze termijnen beginnen te loopen. (K 172, 205, 206, 218, 219, 225, 229, 958)

Art. 229d

Geen respijt Geen enkele respijtdag, noch wettelijke, noch rechterlijke, is toegestaan. (K 173, 958)

Art. 229dbis

Vervallen.

ELFDE AFDEELING

Van quitantiën en promessen aan toonder

Art. 229e

Dagtekening Quitantiën en promessen aan toonder moeten de juiste dagteekening der oorspronkelijke uitgifte bevatten. (K 100, 7°)

Art. 229f

Aansprakelijkheid uitgever De oorspronkelijke uitgever van quitantiën aan toonder, door eenen derde betaalbaar, is jegens iederen houder voor de voldoening aansprakelijk gedurende tien dagen na de dagteekening, die dag niet daaronder begrepen. (K 108, 189, 229*g*, 229*h*, 958)

Art. 229g

Voortduren der aansprakelijkheid; vordering op fonds – 1. De verantwoordelijkheid van den oorspronkelijken uitgever blijft echter voortduren, tenzij hij bewees, dat hij, gedurende den bij het vorige artikel bepaalden tijd, fonds ten beloope van het uitgegeven papier bij den persoon, op wien hetzelve is afgegeven, heeft gehad.

– 2. De oorspronkelijke uitgever is, op straffe van voortduring van zijne verantwoordelijkheid, verpligt den houder af te staan en over te dragen de vordering op zijn fonds, dat de persoon, op wien het papier is afgegeven van hem ten vervaldage heeft in handen gehad, en zulks ten beloope van het uitgegeven papier; en hij moet aan den houder, te diens koste, de noodige bewijzen verschaffen om die vordering te doen gelden. Indien de oorspronkelijke uitgever in staat van faillissement is verklaard of ten aanzien van hem de schuldsaneringsregeling natuurlijke personen van toepassing is verklaard, zijn de curatoren onderscheidenlijk de bewindvoerders in zijnen boedel tot dezelfde verpligtingen gehouden, ten ware deze mogten verkiezen, den houder als schuldeischer, ten beloope van het uitgegeven papier, toe te laten. (K 152*a*, 217*a*, 229*k*)

Art. 229h

Aansprakelijkheid van inbetalinggever Buiten den oorspronkelijken uitgever, blijft een ieder die het voormeld papier in betaling heeft gegeven, gedurende den tijd van drie dagen daarna, de dag der uitgifte niet daaronder begrepen, aansprakelijk jegens dengenen die het van hem heeft ontvangen. (K 146, 217, 229*f*, 958)

Art. 229i

Verplichtingen houder promesse – 1. De houder eener promesse aan toonder is verpligt voldoening te vorderen binnen den tijd van drie dagen na den dag, op welken hij dat papier heeft in betaling genomen, die dag niet daaronder gerekend, en hij moet, bij wanbetaling, binnen een gelijken termijn daarna, de promesse ter intrekking aanbieden aan dengenen die hem dezelve heeft in betaling gegeven, alles op verbeurte van zijn verhaal tegen denzelven, doch onverminderd zijn regt tegen dengenen die de promesse heeft geteekend.

– 2. Indien bij de promesse de dag is uitgedrukt op welken dezelve betaalbaar is, begint de termijn van drie dagen eerst te loopen daags na den uitgedrukten betaaldag. (K 958)

Art. 229j

Feestdagen Indien de laatste dag van eenigen termijn, waaromtrent in deze Afdeeling eenige bepaling voorkomt, invalt op eenen wettelijken feestdag in den zin van art. 229*b bis*, blijft de verpligting en verantwoordelijkheid voortduren tot en met den eersten daaropvolgenden dag, welke geen wettelijke feestdag is. (K 171, 958)

Art. 229k
– 1. Alle regtsvordering tegen de in deze Afdeeling vermelde uitgevers van papier, of tegen **Verjaring** hen, die buiten den oorspronkelijken uitgever het papier in betaling hebben gegeven, verjaart door tijdsverloop van zes maanden, te rekenen van den dag der oorspronkelijke uitgifte.

– 2. De in het vorig lid bedoelde verjaring kan niet worden ingeroepen door den uitgever, indien of voor zoover hij geen fonds heeft bezorgd noch door den uitgever of door hen, die buiten den oorspronkelijken uitgever het papier in betaling hebben gegeven, voor zoover ze zich ongeregtvaardigd zouden hebben verrijkt; alles onverminderd het bepaalde in artikel 306 van Boek 3 van het Burgerlijk Wetboek.

– 3. Op de in dit artikel genoemde verjaringen is het tweede lid van art. 229a van toepassing.

ACHTSTE TITEL

Van reclame of terugvordering in geval van faillissement
Art. 230-245
Vervallen.

NEGENDE TITEL

Van assurantie of verzekering in het algemeen
Art. 246
Assurantie of verzekering is eene overeenkomst bij welke de verzekeraar zich aan den verze- **Definitie verzeke-** kerde, tegen genot eener premie, verbindt om denzelven schadeloos te stellen wegens een **ring** verlies, schade of gemis van verwacht voordeel, welke dezelve, door een onzeker voorval, zou- de kunnen lijden. (BW 2: 345, 346, 348; 7A: 1811; K 60, 248 v., 252 v., 264, 268 v., 271, 276)

Art. 247
– 1. De verzekeringen kunnen, onder anderen, ten onderwerp hebben:(K 287 v.) **Soorten verzeke-** De gevaren van brand; (K 299 v.) **ring**

De gevaren waaraan de voortbrengselen van den landbouw te velde onderhevig zijn; (K 302 v.)

Het leven van één of méér personen; (K 592 v.)

De gevaren der zee, en die der slavernij; (K 686 v.)

De gevaren van vervoer te lande en op rivieren en binnenwateren.

– 2. Van de twee laatsten wordt in het volgende boek gehandeld. (A.B. 14; K 268, 599)

Art. 248
Op alle verzekeringen, waarover zoo in dit als in het tweede boek van dit Wetboek, wordt ge- **Toepasselijkheid** handeld, zijn toepasselijk de bepalingen bij de volgende artikelen vervat. **bepalingen**

Art. 249
Voor schade of verlies uit eenig gebrek, eigen bederf, of uit den aard en de natuur van de verze- **Gehoudenheid** kerde zaak zelve onmiddellijk voortspruitende, is de verzekeraar nimmer gehouden, ten ware **verzekeraar;** ook daarvoor uitdrukkelijk zij verzekerd. (K 276, 290, 294, 637, 643; Wet Luchtvervoer 29) **renunciatie**

Art. 250
Indien hij, die voor zich zelven heeft laten verzekeren, of hij, voor wiens rekening door eenen **Vereist verzekerd** ander is verzekerd, ten tijde der verzekering geen belang in het verzekerd voorwerp heeft, is de **belang** verzekeraar niet tot schadeloosstelling gehouden. (K 253¹, 257, 263 v., 281 v., 662)

Art. 251
Alle verkeerde of onwaarachtige opgave, of alle verzwijging van aan den verzekerde bekende **Verkeerde opgave** omstandigheden, hoezeer te goeder trouw aan diens zijde hebbende plaats gehad, welke van dien aard zijn, dat de overeenkomst niet, of niet onder dezelfde voorwaarden zoude zijn geslo- ten, indien de verzekeraar van den waren staat der zaak had kennis gedragen, maakt de verze- kering vernietigbaar.

Art. 252
Uitgezonderd de gevallen bij de wet bepaald, mag geene tweede verzekering gedaan worden, **Dubbele verzeke-** voor denzelfden tijd en voor hetzelfde gevaar, op voorwerpen, welke reeds voor derzelver volle **ring** waarde verzekerd zijn, en zulks op straffe van nietigheid der tweede verzekering.(K 250, 253 v., 256, 266, 271 v., 277 v., 280, 612)

Art. 253
– 1. Verzekering, welke het beloop van de waarde of het wezenlijk belang te boven gaat, is **Oververzekering,** alleen geldig tot het beloop van hetzelve. **onderverzekering,**

– 2. Indien de volle waarde van het voorwerp niet is verzekerd, is de verzekeraar, in geval van **premie risque** schade, slechts verbonden, in evenredigheid van het verzekerd tot het niet verzekerd gedeelte.

– 3. Het staat echter aan partijen vrij uitdrukkelijk te bedingen, dat, onaangezien de meerdere waarde van het verzekerd voorwerp, de aan hetzelve overgekomene schade, tot het vol beloop der verzekerde som, zal worden vergoed. (K 53, 250, 273 v.; Sr 327)

Art. 254

Afstand

Afstand, bij het aangaan der verzekering, of gedurende derzelver loop, gedaan van hetgeen bij de wet tot het wezen der overeenkomst wordt vereischt, of van hetgeen uitdrukkelijk is verboden, is nietig. (Wet AB 14; K 249, 253, 263, 306, 624 v., 634, 637, 640 v., 657, 688, 710)

Art. 255

Aangaan der verzekering

De verzekering moet schriftelijk worden aangegaan bij eene akte, welke den naam van *polis* draagt. (K 256 v.)

Art. 256

Inhoud polis

– 1. Alle polissen, met uitzondering van die der levens-verzekeringen, moeten uitdrukken: (K 287, 299, 304, 592, 686)

1°. Den dag waarop de verzekering is gesloten;

2°. Den naam van dengenen die de verzekering voor eigen rekening of voor die van eenen derde sluit; (K 267)

3°. Eene genoegzaam duidelijke omschrijving van het verzekerde voorwerp; (K 296, 593 v., 603 v.)

4°. Het bedrag der som, waarvoor verzekerd wordt; (K 253, 273 v., 619 v.)

5°. De gevaren welke de verzekeraar voor zijne rekening neemt; (K 247)

6°. Den tijd, op welken het gevaar voor rekening van den verzekeraar begint te loopen en eindigt; (K 302, 624, 688)

7°. De premie van verzekering, en

8°. In het algemeen, alle omstandigheden, welker kennis van wezenlijk belang voor den verzekeraar kan zijn, en alle andere tusschen de partijen gemaakte bedingen. (K 249 v., 251, 598 v.)

– 2. De polis moet door elken verzekeraar worden onderteekend. (K 278, 654)

Art. 257

Bestaan der verzekeringsovereenkomst

– 1. De overeenkomst van verzekering bestaat, zoodra dezelve is gesloten; de wederzijdsche regten en verpligtingen van den verzekeraar en van den verzekerde nemen van dat oogenblik hunnen aanvang, zelfs vóór dat de polis is onderteekend.

Uitlevering polis

– 2. Het sluiten der overeenkomst brengt de verpligting van den verzekeraar mede, om de polis binnen den bepaalden tijd te teekenen en aan den verzekerde uit te leveren. (K 255, 258 v., 681, 1°)

Art. 258

Bewijs van verzekeringsovereenkomst

– 1. De overeenkomst wordt tegenover de verzekeraar slechts door geschrift bewezen. Indien het geschrift de overeenkomst niet volledig omschrijft kan, zolang de polis niet door de verzekeringnemer als bewijs is aanvaard, bewijs van het niet omschreven deel van de overeenkomst en van de wijzigingen daarin met alle middelen worden bijgebracht.

– 2. Op wijzigingen in de overeenkomst, tot stand gekomen nadat de polis als bewijs is aanvaard, is het vorige lid van overeenkomstige toepassing.

Art. 259

Termijn uitlevering polis

Indien de verzekering onmiddellijk wordt gesloten tusschen den verzekerde, of die daartoe last of bevoegdheid heeft, en den verzekeraar, moet de polis binnen 24 uren na de aanbieding door laatstgemelden worden onderteekend en uitgeleverd, ten ware bij de wet, in eenig bijzonder geval, een langer termijn bepaald zij. (K 260 v., 681, 1°)

Art. 260

Tussenkomst makelaar

Indien de verzekering door tussenkomst van een tussenpersoon in assurantiën gesloten is, wordt de getekende polis binnen acht dagen na het sluiten van de overeenkomst uitgeleverd. (K 62, 68, 70, 261, 684)

Art. 261

Schadevergoeding bij nalatigheid

Bij nalatigheid, in de gevallen bij de beide voorgaande artikelen bepaald, is de verzekeraar, of de tussenpersoon ten behoeve van den verzekerde, gehouden tot vergoeding van de schade, welke uit dat verzuim zoude kunnen ontstaan. (K 681²)

Art. 262

Nalatige lasthebber

Hij die, van eenen ander order ontvangende tot het laten doen van verzekering, dezelve voor zijne eigene rekening houdt, wordt verstaan verzekeraar te zijn op de aan hem opgegevene voorwaarden, en, bij gebreke van die opgave, op zoodanige voorwaarden als waarop de verzekering had kunnen worden gesloten ter plaatse, alwaar hij den last had moeten uitvoeren en, indien deze plaats niet is aangeduid, te zijner woonplaats of op de naast gelegen beurs. (BW 2: 130⁵; K 60, 255, 264)

Art. 263

Verzekering volgt rechthebbende

Bij overgang van een zaak of een beperkt recht waaraan een zaak is onderworpen, loopt de verzekering van rechtswege ten voordele van de nieuwe rechthebbende.

Art. 264

Verzekering voor rekening van derde

Verzekering kan niet alleen voor eigen rekening, maar ook voor die van eenen derde worden gesloten, het zij uit krachte van eenen algemeenen of van eenen bijzonderen last, het zij zelfs buiten weten van den belanghebbende, en zulks met inachtneming der volgende bepalingen. (K 250, 262, 381, 598, 657, 662²)

Art. 265

Bij verzekering ten behoeve van eenen derde, moet uitdrukkelijk in de polis worden melding gemaakt, of zulks uit krachte eener lastgeving, of buiten weten van den belanghebbende plaats heeft. (K 256, 2°, 258², 264, 281 v., 662²)

Art. 266

De verzekering zonder lastgeving, en buiten weten van den belanghebbende gedaan, is nietig, indien en voor zoo verre hetzelfde voorwerp door den belanghebbende, of door eenen derde, op zijnen last, was verzekerd vóór het tijdstip waarop hij kennis droeg der buiten zijn weten, geslotene verzekering. (K 250, 252, 254, 264, 277 v., 281, 598, 652)

Art. 267

Indien bij de polis geene melding is gemaakt dat de verzekering voor rekening van eenen derde is geschied, wordt de verzekerde geacht die voor zich zelven te hebben gesloten. (K 256, 2°)

Art. 268

De verzekering kan tot voorwerp hebben alle belang, hetwelk op geld waardeerbaar, aan gevaar onderhevig en bij de wet niet is uitgezonderd. (BW 7A: 1825; K 247, 250, 253, 256, 3°, 273, 274, 305, 599; WAM 2)

Art. 269

Alle verzekering gedaan op eenig belang hoegenaamd, waarvan de schade, tegen welke verzekerd is, reeds op het tijdstip van het sluiten der overeenkomst bestond, is nietig, indien de verzekerde, of hij die met of zonder last heeft doen verzekeren, van het aanwezen der schade heeft kennis gedragen. (K 246, 251, 281 v., 306, 597, 604, 606; Sr 327)

Art. 270

– 1. Er bestaat vermoeden, dat men van het aanwezen dier schade heeft kennis gedragen, indien de regter, met in achtneming der omstandigheden, oordeelt dat er sedert het aanwezen der schade zoo veel tijd is verloopen, dat de verzekerde daarvan had kunnen kennis dragen.

– 2. In geval van twijfel, staat het den regter vrij om aan verzekerden en derzelver lasthebbers den eed op te leggen, dat zij, ten tijde van het sluiten der overeenkomst, van het aanwezen der schade geene kennis hebben gedragen.

– 3. Indien die eed door de partij aan hare wederpartij wordt opgedragen, moet dezelve in allen gevalle door den regter worden opgelegd. (K 282, 295, 597 v.)

Art. 271

De verzekeraar kan altijd hetgeen hij verzekerd heeft wederom laten verzekeren. (K 252, 279 v.)

Art. 272

– 1. Indien de verzekerde den verzekeraar, bij eene geregtelijke opzegging, van zijne verpligtingen voor het toekomende ontslaat, kan hij zijn belang voor denzelfden tijd en hetzelfde gevaar andermaal doen verzekeren.

– 2. In dat geval moet, op straffe van nietigheid, in de nieuwe polis worden melding gemaakt, zoo wel van de vroegere verzekering als van de geregtelijke opzegging. (K 252, 258, 279 v.)

Art. 273

Indien de waarde der verzekerde voorwerpen niet door partijen in de polis is uitgedrukt, kan dezelve door alle bewijsmiddelen worden gestaafd. (K 1, 253, 256, 4°, 274 v., 295, 621 v.)

Art. 274

– 1. Indien die waarde in de polis is uitgedrukt, heeft de regter niettemin de bevoegdheid om aan den verzekerde de nadere regtvaardiging der uitgedrukte waarde op te leggen, voor zoo verre door den verzekeraar redenen worden aangevoerd, waaruit gegrond vermoeden wegens het bovenmatige der opgave geboren wordt.

– 2. De verzekeraar heeft in allen gevalle het vermogen om de bovenmatigheid der uitgedrukte waarde in regten te bewijzen. (K 253, 273, 275, 295, 592, 7°, 615)

Art. 275

Indien echter het verzekerd voorwerp vooraf is gewaardeerd door deskundigen, bij partijen daartoe benoemd en, des gevorderd, door den regter beëedigd, kan de verzekeraar niet daartegen opkomen, ten zij in geval van bedrog; alles behoudens de bijzondere uitzonderingen bij de wet gemaakt. (K 273 v., 282, 295, 619; Sr 327)

Art. 276

Geene verliezen of schade, door eigen schuld van eenen verzekerde veroorzaakt, komen ten laste van den verzekeraar. Hij vermag zelfs de premie te behouden of te vorderen, indien hij reeds begonnen had eenig gevaar te loopen. (K 249, 282, 290, 294, 307, 637 v., 693; Sr 328)

6 WvK

Art. 277

Dubbele verzekering

– 1. Indien verscheidene verzekeringen, te goeder trouw, ten aanzien van hetzelfde voorwerp zijn aangegaan, en bij de eerste de volle waarde is verzekerd, houdt dezelve alléén stand, en de volgende verzekeraars zijn ontslagen.

– 2. Indien bij de eerste verzekering de volle waarde niet is verzekerd, zijn de volgende verzekeraars aansprakelijk voor de meerdere waarde, volgens de orde des tijds, waarop de volgende verzekeringen zijn gesloten. (K 252, 266, 278, 280)

Art. 278

Meer verzekeraars op één polis

– 1. Bijaldien op eene en dezelfde polis, door onderscheidene verzekeraars, al ware het op onderscheidene dagen, meer dan de waarde verzekerd is, dragen zij allen te zamen naar evenredigheid van de som voor welke zij geteekend hebben, alleen de juiste verzekerde waarde.

– 2. Dezelfde bepaling geldt, wanneer ten zelfde dage, ten opzigte van hetzelfde voorwerp, onderscheidene verzekeringen gesloten zijn. (K 277, 280)

Art. 279

Geen opzegging oudere verzekering t.g.v. jongere

– 1. De verzekerde mag, in de gevallen bij de twee voorgaande artikelen vermeld, de oudste verzekeringen niet vernietigen om daardoor de latere verzekeraars te verbinden.

– 2. Indien de verzekerde de eerste verzekeraars ontslaat, wordt hij geacht zich, voor dezelfde som en in dezelfde orde, in hunne plaats als verzekeraar gesteld te hebben.

– 3. Indien hij zich laat herverzekeren, treden de herverzekeraars in dezelfde orde in zijne plaats op. (K 271 v.)

Art. 280

Verzekering insolventie verzekeraar

– 1. Het wordt als geene ongeoorloofde overeenkomst beschouwd, indien, na de verzekering van een voorwerp voor deszelfs volle waarde, de belanghebbende hetzelve vervolgens geheel of gedeeltelijk laat verzekeren, onder de uitdrukkelijke bepaling, dat hij zijn regt tegen de verzekeraars alleen zal kunnen doen gelden, indien en voor zoo verre hij de schade op de vroegere niet zal kunnen verhalen.

– 2. In het geval van zoodanige overeenkomst moeten, op straffe van nietigheid, de vroeger geslotene overeenkomsten duidelijk worden omschreven, en zullen de bepalingen van art. 277 en 278 insgelijks daarop toepasselijk zijn. (K 252)

Art. 281

Premieteruggave

In alle gevallen in welke de overeenkomst van verzekering voor het geheel of ten deele vervalt, of nietig wordt, en mits de verzekerde te goeder trouw hebbe gehandeld, moet de verzekeraar de premie terug geven, het zij voor het geheel, het zij voor zoodanig gedeelte waarvoor hij geen gevaar heeft geloopen. (K 250 v., 254, 266 v., 269, 272, 276, 603, 606, 615, 617, 618, 635 v., 652 v., 662)

Art. 282

Geen premieteruggave

Bijaldien de nietigheid der overeenkomst, uit hoofde van list, bedrog of schelmerij van den verzekerde ontstaat, geniet de verzekeraar de premie, onverminderd de openbare regtsvordering, zoo daartoe gronden zijn. (K 270, 281, 653; Sr 327)

Art. 283

Verplichtingen verzekerde

– 1. Behoudens de bijzondere bepalingen ten aanzien van deze of gene soort van verzekering gemaakt, is de verzekerde verpligt om alle vlijt en naarstigheid in het werk te stellen, ten einde schade te voorkomen of te verminderen, en hij moet, dadelijk na derzelver ontstaan, daarvan aan den verzekeraar kennis geven; alles op straffe van schadevergoeding, zoo daartoe gronden zijn.

– 2. De onkosten door den verzekerde gemaakt, ten einde de schade te voorkomen of te verminderen, zijn ten laste van den verzekeraar, al ware het dat dezelve, gevoegd bij de geledene schade, het beloop der verzekerde som te boven gingen, of de aangewende pogingen vruchteloos zijn geweest.

Art. 284

Subrogatie

Indien de verzekerde ter zake van door hem geleden schade vorderingen tot schadevergoeding op derden heeft, anders dan uit verzekering, gaan die vorderingen bij wijze van subrogatie over op de verzekeraar voor zover deze die schade vergoedt.

Art. 285-286

Vervallen.

Van verzekering tegen de gevaren van brand, tegen die waaraan de voortbrengselen van den landbouw te velde onderhevig zijn, en van levensverzekering

EERSTE AFDEELING

Van verzekering tegen gevaren van brand
Art. 287
De brandpolis moet, behalve de vereischten bij art. 256 vermeld, uitdrukken:
1°. De ligging en belending der verzekerde onroerende zaken;
2°. Derzelver gebruik;
3°. Den aard en het gebruik der belendende gebouwen, voor zoo verre zulks invloed op de verzekering kan hebben;
4°. De waarde der verzekerde zaken;
5°. De ligging en belending der gebouwen en plaatsen, waar verzekerde roerende zaken zich bevinden, zijn geborgen of opgeslagen.

Inhoud brandpolis

Art. 288-289
Vervallen.

Art. 290
Voor rekening van den verzekeraar zijn alle verliezen en schaden, die aan de verzekerde voorwerpen overkomen door brand, veroorzaakt door onweder of eenig ander toeval, eigen vuur, onachtzaamheid, schuld of schelmerij van eigene bedienden, buren, vijanden, roovers, en alle anderen hoe ook genaamd, op welke wijze de brand ook zoude mogen ontstaan, bedacht of onbedacht, gewoon of ongewoon, geene uitgezonderd. (K 276, 282, 284, 291 v., 637)

Eigen risico verzekeraar

Art. 291
Met schade, door brand veroorzaakt, wordt gelijk gesteld die, welke als een gevolg van ontstanen brand wordt aangemerkt, ook wanneer die voortkomt uit brand in de naburige gebouwen, als daar zijn, bederf of vermindering van het verzekerde voorwerp door het water, en andere middelen tot stuiting of tot blussching van den brand gebruikt, of het vermissen van iets van hetzelve door dieverij of op eenige andere wijze gedurende de brandblussching of beredding, alsmede de schade welke veroorzaakt wordt door de geheele of gedeeltelijke vernieling van het verzekerde, op last van hooger hand geschied, ten einde den voortgang van den ontstanen brand te stuiten.

Andere brandoorzaken

Art. 292
Met schade door brand veroorzaakt, zal insgelijks worden gelijk gesteld die welke ontstaat door ontploffing van buskruid, door het springen van eenen stoomketel, door het inslaan van den bliksem, of dergelijke, al had dan ook die ontploffing, dat springen, of dat inslaan, geen brand ten gevolge gehad.

Ontploffing e.d.

Art. 293
Indien een verzekerd gebouw eene andere bestemming verkrijgt en daardoor aan meerder brandgevaar wordt blootgesteld, zoo dat de verzekeraar, indien zulks vóór de verzekering had bestaan, hetzelve of in het geheel niet, of niet op dezelfde voorwaarden, zoude hebben verzekerd, houdt deszelfs verpligting op. (K 281, 287, 2°)

Risico-verzwaring

Art. 294
De verzekeraar is ontslagen van de verpligting tot voldoening der schade, indien hij bewijst dat de brand door merkelijke schuld of nalatigheid van den verzekerde zelven veroorzaakt is. (K 276, 283, 290)

Eigen schuld en nalatigheid verzekerde

Art. 295
– 1. Bij verzekering op roerende goederen en koopmanschappen in een huis, pakhuis of andere bergplaats, kan de regter, bij gebreke of onvolledigheid van de bewijsmiddelen bij art. 273, 274 en 275 uitgedrukt, den eed aan den verzekerde opleggen.

Bewijs door eed van verzekerde

– 2. De schade wordt berekend naar de waarde welke de zaken, ten tijde van den brand, hebben gehad.

Waarde van zaken

Art. 296-298
Vervallen.

TWEEDE AFDEELING

Van verzekering tegen de gevaren waaraan de voortbrengselen van den landbouw te velde onderhevig zijn

Art. 299

Inhoud polis

Behalve de vereischten bij artikel 256 vermeld, moet de polis uitdrukken:

1°. De ligging en belending der landerijen welker voortbrengselen zijn verzekerd;
2°. Derzelver gebruik. (K 248, 251, 254)

Art. 300

Duur der verzekering

– 1. De verzekering kan voor één of meerdere jaren worden gesloten.
– 2. Bij gebreke van tijdsbepaling wordt de verzekering voorondersteld voor één jaar te zijn gesloten. (BW 7A: 1633)

Art. 301

Berekening schade

Bij het opmaken der schade wordt berekend hoeveel de vruchten, zonder het ontstaan van de ramp, ten tijde van derzelver inoogsting of genot, zouden zijn waard geweest, en derzelver waarde na de ramp. De verzekeraar betaalt als schadevergoeding het verschil. (K 273 v., 295, 709)

DERDE AFDEELING

Van levensverzekering

Art. 302

Levensverzekering

Het leven van iemand kan ten behoeve van eenen daarbij belanghebbende verzekerd worden, hetzij voor den ganschen duur van dat leven, hetzij voor een tijd bij de overeenkomst te bepalen. (BW 7A: 1811 v.; K 247 v., 304, 4°)

Art. 303

Toestemming

De belanghebbende kan de verzekering sluiten, zelfs buiten kennis of toestemming van dengenen, wiens leven wordt verzekerd.

Art. 304

Inhoud polis

De polis bevat: (K 254, 256, 287, 299)

1°. Den dag waarop de verzekering is gesloten; (K 257)
2°. Den naam van den verzekerde; (K 303)
3°. Den naam van den persoon wiens leven is verzekerd; (K 306)
4°. Den tijd waarop het gevaar voor den verzekeraar begint te loopen en eindigt; (K 302)
5°. De som waarvoor is verzekerd; (K 305)
6°. De premie der verzekering. (K 308)

Art. 305

Som en voorwaarden verzekering

De begrooting van de som en de bepaling der voorwaarden van de verzekering staan geheel aan het goedvinden der partijen. (BW 7A: 1817; K 268, 273 v.)

Art. 306

Reeds overleden begunstigde

Indien de persoon wiens leven verzekerd is, op het oogenblik van het sluiten der verzekering reeds was overleden, vervalt de overeenkomst, al had de verzekerde van het overlijden geene kennis kunnen dragen, ten zij anders ware bedongen. (K 251, 269, 281, 597; Sr 327)

Art. 307

Zelfmoord

Indien hij, die zijn leven heeft laten verzekeren zich van het leven berooft, of met den dood wordt gestraft, vervalt de verzekering. (K 276, 294)

Art. 308

Afdeling niet van toepassing

Onder deze afdeeling zijn niet begrepen weduwen-fondsen, tontines, maatschappijen van onderlinge levens-verzekering en andere dergelijke overeenkomsten op levens- en sterfte-kansen gegrond, waartoe eene inlage of eene bepaalde bijdrage, of beide, gevorderd wordt.

TWEEDE BOEK

Van de regten en verpligtingen uit scheepvaart voortspruitende

Algemeene Bepaling

Art. 309

Begrippen Boek 8 BW; zeewerkgever

– 1. De betekenis van begrippen voorkomende in Boek 8 van het Burgerlijk Wetboek, met uitzondering van die voorkomende in de artikelen 5, 6, 7 en 10, geldt evenzeer voor dit wetboek.

Scheepstoebehoren

– 2. Onder zeewerkgever is te verstaan de eigenaar of, in geval van rompbevrachting, de rompbevrachter.

Van verzekering tegen de gevaren der zee en die der slavernij

EERSTE AFDEELING

Van den vorm en den inhoud der verzekering
Art. 592
- 1. Behalve de vereischten bij artikel 256 vermeld, moet de polis uitdrukken: **Inhoud polis**
1°. Den naam van den gezagvoerder, dien van het schip, met vermelding van deszelfs soort, en, bij verzekering van het schip, de opgave of hetzelve van vuren hout is, of de verklaring dat de verzekerde van die omstandigheid onkundig is;
2°. De plaats, waar de goederen zijn ingeladen of moeten ingeladen worden;
3°. De haven, van waar het schip heeft moeten vertrekken, of moet vertrekken;
4°. De havens of de reeden, waar het moet laden of ontladen;
5°. Die waar het moet inloopen;
6°. De plaats van waar het gevaar voor rekening van den verzekeraar begint te loopen;
7°. De waarde van het verzekerde schip.
- 2. Alles behoudens de uitzonderingen in dezen titel voorkomende.
Art. 593
- 1. De zee-assurantie heeft bijzonderlijk tot onderwerp:(K 247, 268, 599)   **Verzekerbaar belang**
Het casco en de kiel van het schip, ledig of geladen, gewapend of niet; alleen of te zamen met anderen varende; (K 602, 619)
Het tuig en de takelaadje;
Het oorlogstuig;
Mondbehoeften en in het algemeen alles wat het schip, tot het in zee brengen toe, gekost heeft;
De ingeladene goederen; (K 612)
Verwacht wordende winst; (K 615, 621 v.)
De te verdienen vrachtpenningen; (K 616, 623, 630, 642)
Het gevaar der slavernij. (K 618)
- 2. Bij eene verzekering op het schip, zonder verdere aanduiding, wordt daaronder verstaan het casco en de kiel, het tuig, de takelaadje en het oorlogstuig. (K 268, 599, 640, 720)
Art. 594
Verzekering kan gedaan worden op het geheel of op een gedeelte der voorwerpen, gezamenlijk   **Mogelijke verzekeringen**
of afzonderlijk;
In tijd van vrede of in tijd van oorlog, vóór of gedurende de reis van het schip; (K 661)
Voor de heen- en terugreis; voor een van beiden; voor de geheele reis of voor eenen bepaalden tijd; (K 619, 2°, 626, 650)
Voor alle zeegevaren; (K 637)
Op goede en kwade tijdingen. (K 271; Sr 327)
Art. 595
- 1. Indien de verzekerde onkundig is, in welk schip van buiten 's lands verwacht wordende   **Verzekering in quovis**
goederen zullen worden geladen, zal de vermelding van den gezagvoerder of van het schip niet worden vereischt, mits bij de polis verklaring worde gedaan van des verzekerden onkunde daaromtrent, alsmede opgave van de dagteekening en den onderteekenaar van den laatsten advijs- of orderbrief.
- 2. Het belang van den verzekerde, kan op deze wijze slechts voor eenen bepaalden tijd verzekerd worden.
Art. 596
- 1. Indien de verzekerde onkundig is waarin de goederen, welke aan hem worden toegezon-   **Verzekering van goederen**
den of geconsigneerd zijn, bestaan, mag hij verzekering op dezelve laten doen onder de algemeene benaming van *goederen*. (K 251, 256, 3°, 612, 644)
- 2. Onder zoodanige verzekering zijn niet begrepen gemunt goud en zilver, gouden en zilveren staven, juweelen, paarlen of kleinooden en krijgsbehoeften.(K 251, 256, 3°, 612, 627 v., 644)
Art. 597
Indien de verzekering is gedaan op schepen of goederen, welke, ten tijde van het sluiten der   **Wetenschap van schade**
overeenkomst, reeds behouden ter plaatse hunner bestemming waren aangekomen, of op eenig belang, waarvan de schade, tegen welke verzekerd is, reeds op voorschreven tijdstip bestond, zijn op die gevallen toepasselijk de bepalingen van artikel 269 en 270, indien namelijk bewezen wordt of er vermoeden bestaat dat de verzekeraar van de behoudene aankomst, of de verzekerde of diens lasthebber van het aanwezen der schade, bij het sluiten der overeenkomst, heeft kennis gedragen. (K 251, 269, 598, 603 v.; Sr 327)

Art. 598

Goede of kwade tijding

– 1. Het vermoeden bij artikel 270 vermeld, heeft ten aanzien van den verzekerde geene plaats, indien de verzekering is gedaan op goede of kwade tijding, mits in dat geval in de polis worde vermeld het laatste berigt, hetwelk de verzekerde ten aanzien van het verzekerde voorwerp heeft bekomen, en de verzekering voor rekening van eenen derde zijnde gesloten, ingeval van schade, deugdelijk blijke van de dagteekening van den last, dien de lasthebber, tot het doen der verzekering, bekomen heeft.

– 2. Met dat beding kan de verzekering alleen dan worden vernietigd, indien er bewezen wordt, dat de verzekerde of diens lasthebber, ten tijde van het sluiten der overeenkomst, van de geledene schade heeft kennis gedragen. (K 256, 8°, 264 v., 269, 594; Sr 327)

Art. 599

Verboden verzekeringen

Verzekeringen zijn nietig, wanneer zij gedaan zijn:

1°. *Vervallen.*

2°. *Vervallen.*

3°. *Vervallen.*

4°. Op voorwerpen, waarin, volgens de wetten en verordeningen, geen handel mag worden gedreven, en (Wet AB 14; Sr 274)

5°. Op de schepen, het zij Nederlandsche, het zij vreemde, welke tot vervoer der voorwerpen, in nr. 4 vermeld, zijn gebruikt. (K 311 v., 593, 615; Sr 277)

Art. 600-601

Vervallen.

Art. 602

Cascoverzekering

Verzekering op het casco en de kiel van het schip kan gedaan worden voor de volle waarde van het schip, nevens al deszelfs toebehooren, en alle onkosten, tot in zee toe. (K 309, 593, 612, 619)

Art. 603

Vertrokken schepen of goederen

– 1. Verzekering mag gedaan worden op schepen en goederen, welke reeds vertrokken of vervoerd waren van de plaats, van waar het gevaar voor rekening van den verzekeraar zoude beginnen te loopen; mits in de polis worde uitgedrukt, het zij het juiste tijdstip van het vertrek des schips of der vervoering der goederen, het zij de onwetendheid van den verzekerde te dien opzigte.

– 2. In allen gevalle moet, op straffe van nietigheid, in de polis worden uitgedrukt de laatste tijding, die de verzekerde van het schip, of van de goederen bekomen heeft, en indien de verzekering voor rekening van eenen derde geschiedt, de dagteekening van den order- of advijsbrief, of de uitdrukkelijke vermelding, dat de verzekering, zonder lastgeving van den belanghebbende, plaats heeft. (K 251, 256, 8°, 265, 281, 592, 597, 604 v., 624 v.)

Art. 604

Eed

Indien de verzekerde, bij de polis, de bij het voorgaande artikel bepaalde verklaring van onwetendheid doet, en het naderhand blijkt dat de verzekering gedaan is, nadat de schepen vertrokken waren van de plaats, van waar het gevaar voor rekening van den verzekeraar zoude beginnen te loopen, moet, in geval van schade, de verzekerde, op de vordering van den verzekeraar, zijne verklaring van onwetendheid met eede bevestigen. (K 269; Sr 327)

Art. 605

Vermoeden van ligging

Indien in de polis, noch van het vertrek van het schip, noch van de onwetendheid deswege melding is gemaakt, wordt zulks gehouden voor eene erkenning dat hetzelve, bij het afgaan van den laatsten post, die vóór het sluiten der polis is aangekomen, of alwaar geene geregelde posten zijn, bij de laatste bekwame gelegenheid om tijding over te brengen, nog was liggende ter plaatse, van waar hetzelve moest vertrekken. (K 251, 603 v.)

Art. 606

Nog niet aangevangen risico

– 1. Indien verzekering is gedaan op schepen, welke nog niet op de plaats zijn van waar het gevaar moet beginnen, of die tot het aannemen der reis of tot het innemen der lading nog niet gereed zijn, – of op goederen, die niet terstond kunnen geladen worden, is de verzekering nietig, ten ware die omstandigheid in de polis vermeld zij, of daarbij zij opgegeven dat de verzekerde daarvan geene kennis draagt, met vermelding van den advijs- of order-brief, of de verklaring dat die niet bestaat; mitsgaders in allen gevalle van de laatste tijding, die hij van het schip of van het goed bekomen heeft.

– 2. De verzekerde en diens lasthebber, zijn, in geval van schade, verpligt om, op de vordering van den verzekeraar, hunne onwetendheid met eede te bevestigen. (K 250, 251, 269, 592, 603, 624 v.; Sr 327)

Art. 607-611

Vervallen.

Art. 612

Goederenverzekering

Goederen mogen verzekerd worden voor de volle waarde, welke dezelve hebben ten tijde en ter plaatse der verzending, met alle onkosten tot aan boord, de premie van verzekering daaronder begrepen, zonder dat eene afzonderlijke begrooting van ieder voorwerp kan gevorderd worden. (K 253, 593, 613 v., 627 v.)

Art. 613

De werkelijke waarde der verzekerde goederen mag verhoogd worden met de vracht, inkomende regten en andere onkosten, welke bij de behoudende aankomst noodzakelijk moeten worden betaald, mits daarvan melding in de polis worde gemaakt. (K 256, 592, 593, 612, 614, 616, 630, 642)   **Vracht en kosten**

Art. 614

– 1. De verhooging bij het voorgaande artikel omschreven, is niet verbindende, indien het verzekerde ter bestemde plaats niet aankomt, voor zooverre daardoor de betaling van de vracht, inkomende regten en andere onkosten, geheel of ten deele vervalt.

– 2. Maar indien de vracht, volgens overeenkomst met den gezagvoerder vóór zijn vertrek gemaakt, heeft moeten vooruit betaald worden, blijft de verzekering te dien aanzien stand grijpen; in geval van ramp of schade, moet de daadzaak der vooruitbetaling bewezen worden.

Art. 615

– 1. Verzekering op verwacht wordende winst moet afzonderlijk bij de polis begroot worden, met bijzondere opgave, op welke goederen dezelve wordt gedaan; bij gebreke hiervan, is de verzekering nietig.   **Winstverzekering**

– 2. Indien de waarde van het verzekerde in het algemeen is uitgedrukt, met stellige bepaling dat al hetgeen de waarde der goederen te boven gaat, voor verwacht wordende winst zal worden gehouden, is de verzekering geldig voor de waarde der verzekerde voorwerpen; doch zal het overschietende worden herleid tot de bewijsbare hoegrootheid der verwacht wordende winst, berekend naar den maatstaf bij artikel 621 en 622 vermeld. (K 592 v., 612 v., 633, 709⁴)

Art. 616

Vrachtpenningen kunnen voor hun vol beloop worden verzekerd. (K 593, 613 v., 617, 623, 630, 640, 642)   **Vrachtverzekering**

Art. 617

Het schip vergaande of strandende, wordt de verzekering ingekort, voor zoo veel het beloop betreft van hetgeen de gezagvoerder of de eigenaar van het schip, door dat ongeval voor onkosten van de reis minder heeft te betalen dan bij behouden aankomst het geval zou zijn geweest.   **Inkorting van bespaarde kosten**

Art. 618

– 1. Verzekering tegen slavernij wordt gedaan tot eene bepaalde som, voor welke de persoon, die in slavernij gebragt, en wiens vrijheid verzekerd is, mag vrijgekocht worden.   **Slavernij**

– 2. Het onderscheid tusschen den rantsoen-prijs en de verzekerde som komt ten voordeele van den verzekeraar; en in geval eene grootere som, dan die bij de overeenkomst bepaald, tot het vrijkoopen vereischt wordt, volstaat hij met de voldoening der in de polis uitgedrukte som. (K 592 v.)

TWEEDE AFDEELING

Van de begrooting der verzekerde voorwerpen

Art. 619

De volle waarde op de kiel of het casco van een schip verzekerd zijnde, kan, hoezeer bevorens getaxeerd, door geregtelijke uitspraak, des noods na berigt van deskundigen, nader bepaald of verminderd worden: **Casco**

1°. Indien het schip bij de polis is getaxeerd naar den inkoopsprijs, of naar hetgeen hetzelve van gebouwen kost heeft, en hetzelve, het zij door ouderdom, het zij door het afleggen van vele reizen, reeds minder waarde had;

2°. Indien het schip, voor onderscheidene reizen zijnde verzekerd, na eene of meer reizen te hebben afgelegd en uit dien hoofde vracht te hebben verdiend, vervolgens op eene der verzekerde reizen vergaat. (K 273 v., 593 v., 713; Rv 222 v.)

Art. 620

Indien de verzekering gedaan is voor de terugreis uit een land, waar handel alleen bij wijze van ruiling plaats heeft, wordt de begrooting van de waarde der verzekerde goederen berekend, op den voet van hetgeen de in ruiling gegevene goederen gekost hebben, met bijvoeging van de transportkosten.   **Geruilde goederen**

Art. 621

Verwacht wordende winst wordt bewezen door erkende prijscouranten, of, bij gebreke daarvan, door eene begrooting van deskundigen, waaruit blijkt van de winst welke de verzekerde goederen, bij behoudende aankomst, na het afleggen eener gewone reis, redelijkerwijze, op de plaats der bestemming, zouden hebben opgeleverd. (K 1, 273, 593, 615, 622; Rv 222 v.)   **Verwachte winst**

6 WvK

Art. 622

Indien uit de prijscouranten of uit de begrooting van deskundigen blijkt, dat, bij behoudene aankomst, de winst minder zoude hebben bedragen, dan de som, die de verzekerde bij de polis had opgegeven, volstaat de verzekeraar met de betaling van dat mindere. Hij is niets verschuldigd, indien de verzekerde voorwerpen geene winst hoegenaamd zouden hebben opgebragt. (K 60, 250, 615, 621)

Art. 623

Vracht

– 1. Het bedrag der vrachtpenningen wordt bewezen door de chertepartij of de cognoscementen.

– 2. Bij gebreke van chertepartij en cognoscementen, of indien het goederen geldt aan de scheepseigenaars zelve toebehoorende, wordt het bedrag der vracht door deskundigen begroot. (K 1, 593, 616, 630, 642; Rv 222 v.)

DERDE AFDEELING

Van het begin en het einde van het gevaar

Art. 624

Begin van risico op casco

Bij verzekering op het schip, begint het gevaar voor den verzekeraar te loopen, van het oogenblik dat de gezagvoerder een begin heeft gemaakt met het laden van koopmanschappen; of, zoo hij alleen in ballast moet vertrekken, zoodra hij een begin heeft gemaakt met den ballast te laden.

Art. 625

Einde van risico op casco

In de bij het voorgaande artikel gemelde verzekering eindigt het gevaar voor den verzekeraar één en twintig dagen nadat het verzekerde schip ter bestemde plaats is aangekomen, of zoo veel eerder als de laatste koopmanschappen of goederen gelost zijn. (K 592, 6°, 629, 632, 634, 638, 958)

Art. 626

Meer reizen

Bij verzekering van een schip voor eene uit- en te huis reis, of voor meer dan ééne reis, loopt de verzekeraar, zonder tusschenpoozing, het gevaar, tot en met den één en twintigsten dag nadat de laatste reis is volbragt, of tot zoo vele dagen minder als de laatste koopmanschappen of goederen gelost zijn. (K 594, 624 v., 958)

Art. 627

Termijn van risico bij goederen

Goederen of koopmanschappen verzekerd zijnde, begint het gevaar, voor rekening van den verzekeraar, te loopen, zoo dra de goederen zijn gebragt op de kade of den wal, om van daar ingeladen of vervoerd te worden naar de schepen waarin dezelve geladen worden, en eindigt vijftien dagen nadat het schip ter bestemde plaatse zal zijn aangekomen, of zoo veel eerder, als de verzekerde goederen aldaar zullen zijn gelost en op de kade of den wal geplaatst. (K 593, 596, 624, 629, 632 v., 644, 958)

Art. 628

Noodhaven

Bij verzekering op goederen of koopmanschappen loopt het gevaar onafgebroken voort, hoezeer de gezagvoerder genoodzaakt zij geweest in eene noodhaven in te loopen, aldaar te lossen en te repareren, tot dat of de reis wettig gestaakt, of door den verzekerde bevel tot het niet weder inschepen van de goederen gegeven, of de reis geheel volbragt zij.

Art. 629

Verhindering van lossing

Indien de gezagvoerder of de verzekerde op goederen, door wettige redenen verhinderd wordt, binnen den bij artikel 627 bepaalden tijd te lossen, zonder zich aan vertraging schuldig te maken, blijft het gevaar van den verzekeraar doorloopen, tot dat de goederen gelost zijn.

Art. 630

Termijn van risico bij vracht

– 1. In eene verzekering op te verdienen vrachtpenningen, begint de verzekeraar het gevaar te loopen, van het oogenblik en naar mate dat de vracht betalende goederen en koopmanschappen in het schip geladen zijn, en eindigt vijftien dagen nadat het schip ter bestemde losplaats zal zijn aangekomen, of zoo veel eerder als de vracht betalende goederen en koopmanschappen zullen zijn gelost.

– 2. De bepaling van artikel 629 is ook te dezen toepasselijk. (K 593, 616, 623, 627, 634, 638, 640, 642, 958)

Art. 631

Vervallen.

Art. 632

Staking van de reis

Wanneer de reis gestaakt wordt nadat een verzekeraar heeft begonnen gevaar te loopen, blijft het gevaar in eene verzekering op goederen loopen vijftien dagen, en in eene verzekering op het schip één en twintig dagen, nadat de staking der reis heeft plaats gehad, of zooveel korter als de laatste goederen of koopmanschappen gelost zijn. (K 624 v., 627 v., 635 v., 958)

6 WvK

Art. 633

De tijd van den aanvang en het eindigen van het gevaar op verwacht wordende winst, staat gelijk met den daartoe voor de goederen bepaalden tijd. (K 593, 627 v., 634)

Termijn van risico bij winstverzekering

Art. 634

Het staat, in alle verzekeringen, aan de wederzijdsche partijen vrij, om bij de polis andere bedingen, nopens het beginnen en het eindigen van den juisten tijd van het gevaar, te maken. (K 254, 592 v., 624)

Regelend recht

VIERDE AFDEELING

Van de regten en pligten van den verzekeraar en den verzekerde

Art. 635

– 1. Bij staking der reis, vóór dat de verzekeraar heeft begonnen eenig gevaar te loopen, vervalt de verzekering.

Staking reis vóór begin van risico

– 2. De premie wordt door den verzekerde ingehouden of door den verzekeraar teruggegeven, in beide gevallen tegen genot van een half ten honderd van de verzekerde som, of wel van de halve premie, indien dezelve minder dan één ten honderd mogt beloopen. (K 281, 624 v., 632, 634, 636 v., 652 v., 662)

Art. 636

– 1. Indien de reis gestaakt wordt, nadat de verzekeraar heeft begonnen gevaar te loopen, doch vóór dat het schip op de laatste uitklaringsplaats het anker of de touwen heeft losgemaakt, geniet de verzekeraar één ten honderd van de verzekerde som, indien de premie één ten honderd of meerder bedraagt; doch, minder bedragende, wordt dezelve, in haar geheel, door ·den verzekeraar genoten.

Staking reis na begin van risico

– 2. De volle premie is altijd verdiend, wanneer de verzekerde eenige schadevergoeding, hoe ook genaamd, vordert. (K 281, 635)

Art. 637

Voor rekening van den verzekeraar zijn alle verliezen en schaden, die aan de verzekerde voorwerpen overkomen door storm, onweder, schipbreuk, stranding, het overzeilen, aanzeilen, aanvaren, of aandrijven, gedwongene verandering van koers, van de reis of van het schip, door het werpen van goederen, door brand, geweld, overstrooming, neming, kapers, roovers, aanhouding op last van hooger hand, verklaring van oorlog, represailles; alle schade veroorzaakt door nalatigheid, verzuim of schelmerij van den gezagvoerder of de scheepsgezellen, en, in het algemeen, door alle van buiten aankomende onheilen, hoe ook genaamd ten zij door de bepaling der wet, of door beding bij de polis, de verzekeraar van het loopen van eenige dezer gevaren ware vrijgesteld.

Evenementen

Art. 638

– 1. Bij verzekering van het schip, houdt de verpligting van den verzekeraar op door alle willekeurige verandering van koers, of van de reis, en bij verzekering op vrachtpenningen, door alle willekeurige verandering van koers, van de reis of verwisseling van het schip, in beide gevallen door den gezagvoerder uit zich zelven of op last der eigenaars van het schip gedaan; tenzij, ten aanzien van den gezagvoerder, die zulks uit zich zelven heeft gedaan, het tegendeel uitdrukkelijk bij de polis ware bedongen.

Deviatie

– 2. Bij eene verzekering op goederen geldt hetzelfde, indien de willekeurige verandering van koers, reis of schip heeft plaats gehad op last, of met uitdrukkelijke of met stilzwijgende toestemming van den verzekerde.

– 3. De reis wordt gerekend veranderd te zijn, zoodra de gezagvoerder dezelve naar eene andere bestemming, dan waarvoor verzekerd is, heeft aangevangen.

Art. 639

– 1. De willekeurige verandering van koers bestaat niet in eene geringe afwijking, maar alleen indien de gezagvoerder, buiten erkende noodzakelijkheid of nuttigheid, en zonder voldoende aanleiding in het belang van het schip en de lading, eene haven, buiten den koers gelegen, aandoet; of eene andere streek volgt, dan waartoe hij verpligt was.

– 2. In geval van verschil hieromtrent beslist de regter, na verhoor van deskundigen.

Art. 640

– 1. In eene verzekering op het schip en de vrachtpenningen, is de verzekeraar ongehouden de schade te betalen, door de schelmerij van den gezagvoerder veroorzaakt, ten zij anders bij de polis ware bedongen.

Schelmerij van gezagvoerder

– 2. Dat beding is ongeoorloofd, indien de gezagvoerder de eenige eigenaar van het schip is, of voor zoo verre hij daarin aandeel heeft.

Art. 641

In eene verzekering op goederen, toebehoorende aan de eigenaars van het schip, waarin dezelve geladen zijn, zijn de verzekeraars mede niet aansprakelijk voor de schelmerij van den

6 WvK

gezagvoerder, of voor de verliezen of schaden, welke door zijne willekeurige verandering van koers, van de reis of van het schip veroorzaakt worden, al ware zulks buiten schuld of voorkennis van den verzekerde gedaan, ten zij anders bij de polis ware bedongen.

Art. 642

Verzuim van vaargelegenheid bij vrachtverzekering

Bij eene verzekering op de vrachtpenningen is de verzekeraar niet verantwoordelijk voor de schade, opgekomen sedert het oogenblik dat de gezagvoerder, van al het noodige tot de reis voorzien zijnde, zonder wettige redenen in het belang van het schip en de lading, de gelegenheid heeft verzuimd om de reis te vervorderen; ten ware de verzekeraar daartegen uitdrukkelijk mogt hebben verzekerd.

Art. 643

Lekkage en smelting

– 1. De verzekeraar is, in geval van verzekering van vloeibare waren, als: wijn, brandewijn, olie, honig, pek, teer, stroop of dergelijke, en van zout of suiker; niet gehouden tot vergoeding van eenige schade veroorzaakt door lekkaadje of smelting, ten zij uit stooten, schipbreuk, of stranden van het schip ontstaan, of doordien de verzekerde goederen in eene noodhaven zijn gelost en herladen.

– 2. Indien de oorzaken, of eene derzelve, bestaan, uit hoofde van welke de verzekeraar verpligt is de schade, door lekkaadje of smelting veroorzaakt, te betalen, moet daarvan zoo veel worden afgetrokken, als soortgelijke goederen volgens oordeel van deskundigen gewoonlijk verliezen. (K 249, 644, 710)

Art. 644

Bederfelijke goederen

– 1. Indien, in de gevallen waarin de wet dit toelaat, verzekering is gedaan onder de algemeene benaming van goederen of koopmanschappen, of in welke zaken ook het belang van den verzekerde mogen bestaan, en het gevaar is geloopen op voorwerpen, welke ligtelijk aan bederf of vermindering onderhevig zijn, is de verzekeraar niet gehouden tot zoodanig beloop in de schade daaruit ontstaande, als hetwelk volgens de bestaande gebruiken, op de plaats der verzekering, niet door de verzekeraars gedragen wordt. Bij verschil, zal zulks door den regter, na verhoor van deskundigen, worden bepaald.

– 2. Wanneer er onder de voorschrevene goederen zoodanige waren, die, ter plaatse alwaar de verzekering is gedaan, gewoonlijk niet anders verzekerd worden, dan vrij van beschadiging, lekkaadje of smelting, is de verzekeraar van die schade geheel bevrijd. (Wet AB 3; K 249, 596, 643, 646, 719)

Art. 645

Indien de goederen van de soort, in het voorgaande artikel gemeld, in de polis met derzelver namen zijn uitgedrukt, zonder eenig bijzonder beding, is de verzekeraar niet aansprakelijk voor de avarij onder de drie ten honderd. (K 696 v., 719)

Art. 646

Vrij van beschadigdheid

– 1. Indien eene verzekering is gesloten met het beding *vrij van beschadigdheid,* om het even of daarbij al of niet is gevoegd *bij behoudene aankomst,* is de verzekeraar niet verantwoordelijk voor eenige schade, wanneer de verzekerde voorwerpen bedorven of beschadigd ter plaatse hunner bestemming zijn aangekomen.

– 2. Dezelfde bepaling is toepasselijk op het geval, wanneer de voorwerpen onder weg of in eene noodhaven, uit hoofde van beschadigdheid, of uit vrees dat zij zouden bederven, of andere goederen aansteken, zijn verkocht geworden.

– 3. Avarij-grosse, mitsgaders schade door werping, neming, roof of dergelijke, of door het vergaan van het schip veroorzaakt, worden niettemin, bij dat beding, door den verzekeraar gedragen. (K 637, 643, 696 v.)

Art. 647

Vrij van molest

– 1. In eene verzekering onder het beding *vrij van molest,* is de verzekeraar bevrijd, zoodra het verzekerd voorwerp vergaat of bederft, door geweld, neming, kaperij, zeerooverij, aanhouding op last van hooger hand, verklaring van oorlog en represailles.

– 2. De verzekering vervalt, zoodra het verzekerde door het molest wordt opgehouden of van den koers gebragt.

– 3. Alles behoudens de verpligting van den verzekeraar, om de schade te voldoen, welke vóór het molest heeft plaats gehad. (K 368, 437, 637)

Art. 648

Doorlopen van het gewone risico

– 1. Indien bij het beding van *vrij van molest* door den verzekerde bedongen is, dat de verzekeraar, niettegenstaande de opbrenging, het gewone gevaar zoude blijven loopen, draagt de verzekeraar, zelfs na dit molest, alle gewone schaden, die aan het verzekerde overkomen tot dat het schip is opgebragt en het anker heeft laten vallen, met uitzondering echter van de zoodanige, welke ongetwijfeld uit het molest dadelijk voortspruiten.

– 2. Bijaldien de oorzaak van het vergaan twijfelachtig is, wordt vermoed dat het verzekerde door eene gewone ramp is vergaan, waarvoor de verzekeraar aansprakelijk is. (K 637, 647)

6 WvK

Art. 649

Indien een vrij van molest verzekerd schip of goed in eene haven ligt, en vóór deszelfs vertrek vijandig wordt bezet, of, indien hetzelve wordt aangehouden, wordt zulks met opbrengen gelijk gesteld, en het gevaar houdt voor den verzekeraar op. (K 647 v.)

Molest in haven

Art. 650

Verzekering gedaan zijnde voor eenen bepaalden tijd, in dier voege als zulks bij artikel 595 gemeld is, moet de verzekerde het bewijs leveren, dat het verzekerde goed in het schip, dat eenige ramp geleden heeft of vergaan is, binnen den bepaalden tijd, geladen is geweest. (K 594)

In quovis

Art. 651

Bij schadevergoeding wegens goederen door den gezagvoerder ingekocht of ingeladen, het zij voor zijne eigene rekening, het zij voor die van het schip, moet het bewijs van den inkoop, en een cognoscement van dezelve, door twee van de voornaamsten van het scheepsvolk onderteekend, worden overgelegd.

Goederen van gezagvoerde of rederij

Art. 652

Indien de verzekering bij verdeeling plaats heeft, ten aanzien van koopmanschappen, die geladen moeten worden in verscheidene aangeduide schepen, met uitdrukking van de som die op elk schip verzekerd wordt, en indien de geheele lading wordt geladen in één schip of in een minder getal schepen dan in de overeenkomst bepaald was, is de verzekeraar niet verder aansprakelijk dan voor de som, welke hij verzekerd heeft op het schip of de schepen, die de lading hebben ingenomen, niettegenstaande alle de genoemde schepen verongelukt zijn; – en zal hij desniettemin een half ten honderd of minder volgens de onderscheiding van artikel 635 ontvangen van de som waarvan de verzekering bevonden wordt krachteloos te zijn. (K 592, 1°)

Risico over verschillende schepen

Art. 653

– 1. De verzekeraar is ontslagen van het verder gevaar, en is geregtigd tot de premie, indien de verzekerde het schip zendt naar eene meer afgelegene plaats, dan bij de polis genoemd was.
– 2. De verzekering heeft volkomen gevolg indien de reis verkort is. (K 282, 592, 4°, 638)

Reisverlenging; reisverkorting

Art. 654

– 1. De verzekerde is verpligt aan den verzekeraar, of, indien er meerdere op eene en dezelfde polis geteekend hebben, aan den eersten onderteekenaar, onverwijld mede te deelen alle tijdingen die hij opzigtelijk eene ramp, aan schip of goed overgekomen, bekomt, en moet kopijen, of uittreksels van de brieven waarin de tijdingen vervat zijn, mededeelen aan diegenen der verzekeraars, die zulks mogten verlangen.
– 2. Bij verzuim daarvan, is de verzekerde gehouden de schade te vergoeden.

Mededelingsplicht

Art. 655

– 1. Zoo lang de verzekerde niet geregtigd is, om het verzekerde aan zijnen verzekeraar te abandonneeren, en dien tengevolge hetzelve niet werkelijk abandonneert, is hij verpligt, bij schipbreuk, stranding, opbrenging of aanhouding, alle mogelijke vlijt en gepaste pogingen aan te wenden om hetzelve te redden of te doen vrijgeven.
– 2. Hij heeft hiertoe geene bijzondere volmagt van den verzekeraar noodig, en is zelfs geregtigd, om van denzelven te vorderen eene toereikende som ter bestrijding der onkosten, die tot redding of reclame moeten worden uitgegeven. (K 283, 657, 718)

Reddingsplicht

Art. 656

De verzekerde, die buiten 's lands poging tot redding of reclame moet laten doen, den last daartoe opgedragen hebbende aan zijnen gewonen correspondent, of aan een ander huis of persoon, ter goeder naam en faam staande, is voor den lasthebber niet verantwoordelijk, doch is gehouden zijne regtsvorderingen tegen denzelven aan den verzekeraar af te staan. (K 284, 655 v.)

Verantwoordelijkheid voor lasthebber

Art. 657

In eene verzekering voor onbepaalde rekening, dat is, wanneer in de polis niet is uitgedrukt tot welke natie de eigenaar van het verzekerde behoort, is de verzekerde mede tot het doen der reclame verpligt, bijaldien de opbrenging of aanhouding is wederregtelijk, ten ware hij bij de polis daarvan zij ontslagen. (K 264, 655 v.)

Voor onbepaalde rekening

Art. 658

Een vonnis van eenen buitenlandschen regter, waarbij schepen of goederen, welke als bepaald onzijdig eigendom zijn verzekerd, verklaard worden geen onzijdig eigendom te zijn, en daarom zijn prijs verklaard, is niet voldoende om den verzekeraar niet te betalen der schade vrij te spreken, bijaldien de verzekerde bewijst, dat het verzekerde waarlijk onzijdig eigendom is geweest en dat hij, bij den regter, die het vonnis heeft uitgesproken, alle middelen aangewend en alle bewijsstukken ingediend heeft om zoodanige prijsverklaring af te weren. (K 251, 656 v.; Rv 431)

Vonnis van buitenlandse prijsrechter

Art. 659-660

Vervallen.

193

6 WvK

Art. 661

Bedongen premieverhoging

Indien verhooging van premie, voor het geval van opkomenden oorlog of andere te ontstane gebeurtenissen, bedongen is, wordt dezelve, voor zoo verre de hoegrootheid der verhooging niet bij de polis is uitgedrukt, des noods door den regter, na verhoor van deskundigen, geregeld, met inachtneming van het gevaar, de omstandigheden en de bij de polis gemaakte bedingen. (K 592, 637; Rv 222 v.)

Art. 662

Premierestorno

– 1. In alle gevallen in welke, of de verzekerde goederen niet zijn verzonden, of in mindere hoeveelheid verzonden worden, of bij mistasting te veel is verzekerd, en voorts in het algemeen in de gevallen bij artikel 281 voorzien, geniet de verzekeraar een half ten honderd van de verzekerde som of de halve premie, en zulks op dezelfde wijze als bij artikel 635 is bepaald, behoudens wanneer, in een bijzonder geval, hem bij de wet of bij de overeenkomst meerder is toegekend.

– 2. Degene die eene verzekering voor een ander heeft gesloten, zonder deszelfs naam bij de polis uit te drukken, kan de premie niet terug vorderen, op grond dat de belanghebbende de verzekerde goederen, niet, of in mindere hoeveelheid, heeft afgezonderd. (K 264 v., 267 v., 281 v., 599)

VIJFDE AFDEELING

Van abandonnement
Art. 663-680
Vervallen.

ZESDE AFDEELING

Van de plichten en rechten van tussenpersonen in zee-assurantiën
Art. 681

Verplichtingen

De tussenpersoon in zee-assurantiën zijn verpligt: (K 62, 259)

1°. Aan den verzekeraar, of indien meerdere dezelfde verzekering hebben gesloten, aan den eersten hunner, uitdrukkelijk binnen 24 uren na het sluiten derzelve, indien alsdan de polis nog niet is opgemaakt en afgegeven, uit te reiken eene onderteekende nota, houdende vermelding van het verzekerd voorwerp, de som waarvoor is verzekerd, de premie en de voorwaarden; (K 257 v.)

2°. De voorwaarden, verklaringen en opgaven duidelijk in de polis te vermelden, met inlassching van al hetgeen, bij de wet, als noodzakelijke vereischten eener polis is voorgeschreven; (K 256, 592)

3°. Naauwkeurig, in een daartoe aan te leggen register, afschrift te houden van de polissen, door hunne tusschenkomst gesloten; (K 8, 68)

4°. In hetzelfde register op te nemen en beknoptelijk te vermelden de aanteekeningen, papieren en bescheiden, die zij aan de verzekeraars, bij de invordering van schade, hebben overgegeven, en de berigten en brieven welke door hunne tusschenkomst aan de verzekeraars, uit naam der verzekerden, gedurende den loop der overeenkomst of daarna, mogten zijn medegedeeld; 5°. Bij de schadevergoeding, aan den eerstgeteekend hebbenden verzekeraar, benevens de schade-rekening, over te geven eenen door hen geteekenden staat van alle papieren en bescheiden, tot regtvaardiging dier schaderekening dienende; (K 721)

6°. Aan de verzekerden of aan de verzekeraars, zoo dikwijls deze dit ten hunnen koste vorderen, te geven voor waar geteekende afschriften der polissen, berigten, brieven en aanteekeningen, hierboven vermeld. (K 8, 68) Alles op straffe van vergoeding van kosten, schaden en interessen. (K 62 v., 259)

Art. 682

Aansprakelijkheid voor premiebetaling

– 1. Indien de premie, bij de teekening der polis eener zeeassurantie, niet is uitbetaald, is de tussenpersoon, door wiens tusschenkomst de verzekering is gesloten, tot de voldoening daarvan, als eigen schuld, gehouden, behoudens nogtans het verhaal van den verzekeraar op den verzekerde zelven, voor zoo verre deze niet bewijst dat de premie door hem aan den tussenpersoon is voldaan; blijvende in allen gevalle de verpligtingen van den verzekeraar jegens den verzekerde stand houden.

– 2. De tussenpersoon is voor de premie niet aansprakelijk, indien bij de polis is bedongen, dat dezelve niet dadelijk zal worden betaald. (K 66a, 70, 256, 7°, 8°)

Art. 683
Vervallen.

Art. 684

– 1. De tussenpersoon de premie aan den verzekeraar hebbende voldaan, behoeft de polis, welke hij mogt in handen hebben, aan den verzekerde niet uit te leveren, zoolang deze hem de uitgeschotene penningen niet terug geeft.

Retentierecht op polis; faillissement verzekerde

– 2. Bij faillissement van den verzekerde is de tussenpersoon die de polis nog in handen heeft, bevoegd om de door den verzekeraar nog verschuldigde schade te innen, ten einde daaruit aan zich zelven het beloop der premie te voldoen, behoudens zijne verpligting om het overschietende aan den boedel van den failliet te verantwoorden. (K 66a, 70, 260)

Art. 685

In geval de polis aan den verzekerde is uitgereikt, doch de door den verzekeraar verschuldigde schade nog niet geheel aan eerstgemelden, vóór zijn faillissement, is uitbetaald, heeft de tussenpersoon die de premie heeft voorgeschoten, regt van voorrang op de uit dien hoofde, nog te ontvangen gelden, zonder aanzien of de schade vóór of na het faillissement zij voorgevallen. Dit voorrecht neemt rang na het voorrecht van artikel 287 van Boek 3 van het Burgerlijk Wetboek.

Voorrang bij faillissement verzekerde; rangorde voorrecht

Art. 685a

De artikelen 684, tweede lid, en 685 zijn van overeenkomstige toepassing indien de schuldsaneringsregeling natuurlijke personen ten aanzien van de verzekerde van toepassing is verklaard.

Schuldsaneringsregeling

TIENDE TITEL

Van verzekering tegen de gevaren van den vervoer te lande en op binnenwateren

Art. 686

De polis moet, behalve de vereischten bij artikel 256 vermeld, uitdrukken:

Inhoud polis

1°. Den tijd binnen welken de reis moet zijn afgeloopen, indien dezelve bij de vervoerovereenkomst is bepaald;

2°. Of dezelve al of niet onafgebroken moet worden voortgezet;

3°. Den naam van den gezagvoerder, den vervoerder, of den expediteur, welke de vervoering heeft aangenomen.

Art. 687

De verzekeringen, welke tot voorwerp hebben de gevaren van vervoer te lande, of langs binnenwateren, worden in het algemeen en naar de omstandigheden geregeld door de voorschriften der wet omtrent de verzekeringen ter zee, behoudens de bepalingen, in de volgende artikelen voorkomende. (K 254, 593 v., 694 v.)

Toepasselijke bepalingen

Art. 688

Bij verzekering van goederen, begint het gevaar voor rekening van den verzekeraar te loopen, zoodra de goederen gebragt of besteld zijn aan het rij- of vaartuig, het kantoor of op zoodanige andere plaats alwaar men gewoon is het goed ter verzending te ontvangen, en eindigt wanneer dezelve ter plaatse hunner bestemming zijn aangekomen, en aldaar aan hun adres zijn afgegeven, of in de magt van den verzekerde, of van zijne gemagtigden, gesteld zijn. (K 624 v., 690, 695)

Begin en einde risico

Art. 689

Indien goederen verzekerd zijn, welke te lande, of langs binnenwateren, of bij afwisseling te lande en te water, moeten vervoerd worden, is de verzekeraar in zoo verre ongehouden, als de reis, buiten nood, langs andere dan de gewone wegen, en anders dan op de gewone wijze, wordt afgelegd. (K 638, 652, 695)

Deviatie

Art. 690

Indien de tijd van vervoer bij de vervoerovereenkomst is bepaald, en daarvan bij de polis is melding gemaakt, is de verzekeraar ongehouden tot voldoening der schade, voorgevallen na den tijd, binnen welken de goederen hadden behooren te zijn overgevoerd. (K 650, 686, 1°, 688, 695)

Vervoer binnen bepaalden tijd

Art. 691

Bij verzekering van goederen die te land, of wel bij afwisseling te land of te water, moeten vervoerd worden, blijft het gevaar voor rekening van den verzekeraar voortloopen, al ware het ook, dat de goederen, op reis, in andere rij- of vaartuigen worden overgeladen. (K 638 v., 695)

Overlading

Art. 692

– 1. Hetzelfde heeft plaats bij verzekering van goederen, welke langs binnenwateren moeten vervoerd worden, wanneer de goederen in andere vaartuigen worden overgeladen, ten ware de verzekering op goederen, in een bepaald vaartuig te laden, mogt gesloten zijn.

– 2. Zelfs in dit laatste geval blijft het gevaar, bij overlading in andere vaartuigen, voor rekening van den verzekeraar doorloopen, wanneer dezelve, ten einde het vaartuig bij laag water te ligten, of uit hoofde van andere noodzakelijke redenen, is geschied. (K 686, 3°, 689, 695)

6 WvK

Art. 693

Schuld of schelmerij

Bij verzekering van goederen, die te land verzonden worden, is de verzekeraar ook voor de schaden en verliezen aansprakelijk, veroorzaakt door schuld of schelmerij van de met de aanneming, den vervoer en bezorging belaste personen. (K 637, 640 v., 695)

Art. 694

Toepasselijke bepalingen

De bepalingen van de vijfde afdeeling van den negenden titel zijn insgelijks op de verzekeringen, in dezen titel vermeld, toepasselijk.

Art. 695

Regelend recht

Het staat aan partijen vrij om, bij beding, van de bepalingen, hier boven bij artikel 688 en volgende vermeld, af te wijken. (K 254, 687 v.)

ELFDE TITEL

Van avarijen

Art. 696

Omschrijving

Alle buitengewone onkosten ten dienste van het schip en de goederen gezamenlijk of afzonderlijk gemaakt; alle schade, die aan het schip en de goederen overkomt, gedurende den tijd, bij de derde afdeeling van den negenden titel ten aanzien van het beginnen en eindigen des gevaars bepaald, worden als avarij gerekend.

Art. 697

Regelend recht

Indien tusschen partijen niet anders is bedongen, worden de avarijen geregeld overeenkomstig de navolgende bepalingen.

Art. 698

Onderscheiding

– 1. Er zijn twee soorten van avarijen:
Avarij-grosse of gemeene avarij, en eenvoudige of bijzondere avarij.
– 2. De eerste wordt geregeld volgens afdeling 3 van Titel 6 van Boek 8 van het Burgerlijk Wetboek; de laatste komt ten laste van het schip of van het goed afzonderlijk hetwelk de schade geleden of de kosten veroorzaakt heeft.

Art. 699-700

Vervallen.

Art. 701

Voorbeelden van bijzondere avarijen

Bijzondere avarijen zijn:
1°. Alle schade en verliezen aan het schip of aan de lading overgekomen door storm, neming, schipbreuk of toevallige stranding;
2°. Loonen en kosten van berging;
3°. Het verlies van, en de schade geleden aan kabels, ankers, touwen, zeilen, boegspriet, strengen, ra's, booten en scheepsgereedschappen, veroorzaakt door storm of ander onheil op zee;
4°. Reclame-kosten en het onderhoud en de gagien van het scheepsvolk gedurende de reclame, indien slechts het schip of de lading zijn aangehouden;
5°. De bijzondere reparatiën der fustage en de kosten van beredding der beschadigde koopmanschappen, voor zoo verre dit een en ander niet het onmiddellijk gevolg is van eene ramp die tot avarij-gros aanleiding geeft;
6°. De onkosten, vallende op het verder vervoer der goederen, wanneer, in het geval van artikel 425 van Boek 8 van het Burgerlijk Wetboek, de bevrachtingsovereenkomst is vervallen; en
7°. In het algemeen alle schade, verliezen en de gemaakte kosten, die niet zijn avarij-grosse maar die zijn geleden door of gemaakt ten behoeve van het schip alleen of voor de lading alleen.

Art. 702

Laden en lossen met lichters

Wanneer een schip, uit hoofde van steeds bestaande droogten, ondiepten of banken, met zijne volle lading, noch van de plaats van waar het vertrekken moet, noch naar de plaats van deszelfs bestemming kan gevoerd worden, en alzoo een gedeelte der lading met ligters aangevoerd of in ligters moet gelost worden, worden zoodanige ligterloonen niet als avarij beschouwd. (K 698)

Art. 703-707

Vervallen.

Art. 708

Loodsgelden e.d.

– 1. De loods-, sleep- en andere gelden om de havens of rivieren in- of uit te loopen, alle tollen en uitgaven bij het afvaren en voorbij zeilen, alle tonne-, anker-, vuur- en baak-gelden, en alle andere regten, die tot de scheepvaart betrekkelijk zijn, zijn geene avarijen, maar gewone kosten voor rekening van het schip; ten zij bij het cognoscement of de chertepartij anders bedongen zij.
– 2. Deze kosten komen nimmer ten laste van de verzekeraars, ten zij in het bijzonder geval, dat dezelve zijn het gevolg van eenige onvoorziene en buitengewone omstandigheden gedurende de reis opgekomen. (K 318c, 3°, 318v, 696)

Art. 709

Waardebepaling; rafactie

– 1. Om de bijzondere avarij te vinden, welke een verzekeraar moet betalen, die de goederen voor alle gevaar verzekerd heeft, gelden de volgende bepalingen:(K 273)

– 2. Hetgeen onder weg is geroofd, vermist, of uit hoofde van beschadiging door zeeramp of uit eene andere oorzaak, waartegen verzekerd is, verkocht, wordt begroot volgens de factuurswaarde of, deze ontbrekende, naar de waarde, waarvoor de goederen, overeenkomstig de voorschriften van de wet, verzekerd zijn; en de verzekeraar betaalt dit bedrag. (K 613)

– 3. Bij behoudene aankomst van het verzekerde goed, wanneer hetzelve geheel of gedeeltelijk beschadigd is, wordt door deskundigen bepaald, hoe veel de goederen, indien dezelve gezond waren aangebragt, zouden zijn waard geweest, en voorts hoe veel zij nu waard zijn; en de verzekeraar betaalt zoodanig aandeel van de geteekende som, als in evenredigheid staat met het verschil tusschen de beide waarden, benevens de kosten op het doen van de begrooting der schade gevallen.

– 4. Alles onverminderd de begrooting der verwacht wordende winst, indien dezelve verzekerd is. (K 273 v., 613, 621 v.)

Art. 710

Geen gedwongen verkoop

In geen geval kan de verzekeraar den verzekerde noodzaken, om, ter bepaling van de waarde, de verzekerde voorwerpen te verkoopen, ten zij anders bij de polis ware bedongen. (K 256, 8°, 709)

Art. 711

Schadevaststelling in het buitenland

Indien de schade buiten 's lands moet worden opgemaakt, worden daarin gevolgd de aldaar bestaande wetten of plaats hebbende gebruiken. (A.B. 10)

Art. 712

Begroting door deskundigen

– 1. Wanneer de verzekerde goederen beschadigd of verminderd alhier aangebragt worden, en de schade uiterlijk zigtbaar is, moet de bezigtiging der goederen en begrooting der schade door deskundigen gedaan worden, alvorens de goederen onder het beheer van den verzekerde zijn gekomen.

– 2. De schade of de vermindering bij de lossing uiterlijk niet zigtbaar zijnde, mag de bezigtiging gedaan worden, nadat de goederen onder het beheer der verzekerden zullen zijn gekomen, mits geschiedende binnen driemaal vier en twintig uren na de lossing; onverminderd hetgeen verder van de eene of andere zijde tot bewijs noodig zal bevonden worden. (K 746, 957)

Art. 713

Aftrek nieuw voor oud

In geval van schade aan een verzekerd schip, door zeeramp, geleden, draagt de verzekeraar slechts twee derden der kosten, tot de reparatie vereischt, om het even of dezelve al of niet hebbe plaats gehad, en zulks in evenredigheid van het verzekerde tot het onverzekerde gedeelte. Een derde blijft voor rekening van den verzekerde wegens voorondersteld verbetering van oud tot nieuw. (K 253, 637, 715 v.)

Art. 714

Bewijs reparatiekosten

– 1. Indien de reparatie heeft plaats gehad, wordt het bedrag der kosten bewezen door rekeningen en alle andere middelen van bewijs, en, desnoods, door begrooting van deskundigen.

– 2. In geval de reparatie niet gedaan is, wordt het bedrag derzelve door deskundigen begroot. (K 283, 655, 715 v.)

Art. 715

Korting meerwaarde

Indien het, des noods na verhoor van deskundigen, blijkt, dat door de gedane reparatie, de waarde van het schip meer dan een derde is vermeerderd, betaalt de verzekeraar, in evenredigheid als bij art. 713 is vermeld, het volle beloop der gemaakte kosten, onder aftrek der door verbetering vermeerderde waarde.

Art. 716

Geen aftrek nieuw voor oud

Indien daarentegen de verzekerde, des noods na begrooting als voren, bewijst, dat de reparatie geene verbetering of vermeerdering der waarde van het schip, hoegenaamd, heeft te weeg gebragt, en wel bepaaldelijk doordien het schip nieuw en op deszelfs eerste reize de schade heeft geleden, of doordien de schade is aangekomen aan nieuwe zeilen of nieuw scheepsgereedschap, of wel aan ankers, ijzeren ketting-kabels of aan eene nieuwe koperen huid, heeft de aftrek van een derde geen plaats, en is de verzekeraar verpligt het geheele beloop der reparatiekosten, in evenredigheid als bij artikel 713 is vermeld, te vergoeden.

Art. 717

Afkeuring; waarde van wrak

Indien de reparatie-kosten meer dan drie vierden der waarde van het schip zouden beloopen, moet het schip, ten aanzien van den verzekeraar, gehouden worden als afgekeurd; en de verzekeraar is alsdan, voor zoo verre er geen abandonnement heeft plaats gehad, verpligt de som waarvoor hij verzekerd heeft, aan den verzekerde te betalen, onder korting van de waarde van het beschadigde schip of wrak. (K 710, 713)

Beperking tot verzekerde som	**Art. 718**
	– 1. In geval een schip in eene noodhaven is aangekomen en vervolgens op eenige wijze verloren gaat, is de verzekeraar niet verder gehouden, dan tot de betaling van de som, die hij verzekerd heeft.
	– 2. Hetzelfde heeft plaats, wanneer een schip, door onderscheidene reparatien, meer dan de verzekerde som voor reparatie heeft uitgegeven.
	Art. 719
Franchise	Onverminderd de bepalingen van art. 643, 644 en 645, is de verzekeraar ongehouden eenige bijzondere avarij te dragen, indien dezelve, behalve de kosten van bezigtiging, begrooting en opmaking, geen één ten honderd van de waarde van het beschadigde voorwerp beloopt; behoudens het vermogen der partijen, om te dezen andere bedingen te maken.
	Art. 720
Omslag over de verzekeraars	De verzekeraars, zoo op het schip als op de vracht en op de lading, betalen ieder zoo veel wegens avarij-grosse, als die voorwerpen, voor zoo verre als daarop verzekering is gedaan, respectievelijk in de avarij-grosse moeten dragen, en zulks in evenredigheid van het verzekerde tot het niet verzekerde gedeelte. (K 253, 698 v., 713)
	Art. 721
Betaling	De gemeene en de bijzondere avarij zijnde geregeld, moet de schade-rekening, benevens de daartoe betrekkelijke bescheiden, aan de verzekeraars overgegeven worden. Deze zijn verpligt het door hen verschuldigde binnen zes weken daarna te voldoen, en zijn na dat tijdsverloop wettelijke interessen verschuldigd. (BW 7A: 1804; K 701, 744)

TWAALFDE TITEL

Van het te niet gaan der verbindtenissen in den zeehandel

	Art. 744
Verjaring (vermoeden van betaling)	– 1. Door verloop van vijf jaren verjaart alle rechtsvordering voortspruitende uit eene polis van verzekering.
	– 2. Deze verjaring begint te loopen van den dag, waarop de vordering opeischbaar is geworden. (K 592 v., 955)
	Art. 746
Verplichting tot expertise	Alle aanspraak tegen de verzekeraars wegens schade, aan de ingeladen goederen overgekomen, vervalt, indien zij, zonder bezigtiging en begrooting der schade, op de wijze bij de wet voorgeschreven, zijn aangenomen, of, in geval niet uiterlijk van de schade bleek, de bezigtiging en de begrooting niet heeft plaats gehad binnen den tijd bij de wet bepaald. (K 712, 746, 957)

DERTIENDE TITEL

Van de binnenvaart

ELFDE AFDEELING

Van verjaring en verval

	Art. 955
Verjaring	– 1. Door verloop van vijf jaren verjaart alle rechtsvordering voortspruitende uit eene polis van verzekering.
	– 2. Deze verjaring begint te loopen van den dag, waarop de vordering opeischbaar is geworden. (K 744)
	Art. 957
Verplichting tot expertise	Alle aanspraak tegen de verzekeraars wegens schade, aan de ingeladen goederen overkomen, vervalt, indien zij zijn aangenomen zonder gerechtelijk onderzoek of voorbehoud van recht overeenkomstig het bij de wet bepaalde. (K 712, 746)

Wet van 30 september 1893, Stb. 140, op het faillissement en de surséance van betaling, zoals deze wet laatstelijk is gewijzigd bij de Wetten van 22 juni 1994, Stb. 573, 26 januari 1995, Stb. 71 jo 24 mei 1995, Stb. 283 jo 25 juni 1998, Stb. 446, 6 december 1995, Stb. 592, 31 oktober 1996, Stb. 548, 14 november 1996, Stb. 562, 11 december 1997, Stb. 674, 17 december 1997, Stb. 660, 14 mei 1998, Stb. 300, 25 juni 1998, Stb. 445 jo 447 en jo 1 juli 1998, Stb. 448, 17 december 1998, Stb. 714, 24 december 1998, Stb. 741, 28 januari 1999, Stb. 30, 29 juni 2000, Stb. 286, 27 september 2001, Stb. 481, 6 december 2001, Stb. 581 en 584, 28 maart 2002, Stb. 185, 18 april 2002, Stb. 215 en 230 jo 16 augustus 2002, Stb. 429 (Tekstplaatsing), 20 juni 2002, Stb. 330

[Inwerkingtreding: 01-09-1896]

In naam van Hare Majesteit WILHELMINA, bij de gratie Gods, Koningin der Nederlanden, Prinses van Oranje-Nassau, enz., enz., enz.

Wij EMMA, Koningin-Weduwe, Regentes van het Koninkrijk;

Allen, die deze zullen zien of hooren lezen, saluut! doen te weten:

Alzoo Wij in overweging genomen hebben, dat de wettelijke bepalingen omtrent het faillissement en de surséance van betaling herziening vereischen;

Zoo is het, dat Wij, den Raad van State gehoord, en met gemeen overleg der Staten-Generaal, hebben goedgevonden en verstaan, gelijk Wij goedvinden en verstaan bij deze:

TITEL I

Van faillissement

EERSTE AFDEELING

Van de faillietverklaring

Art. 1

– 1. De schuldenaar, die in den toestand verkeert dat hij heeft opgehouden te betalen, wordt, hetzij op eigen aangifte, hetzij op verzoek van een of meer zijner schuldeischers, bij rechterlijk vonnis in staat van faillissement verklaard. (Fw 6; Sr 340 v.)

– 2. De faillietverklaring kan ook worden uitgesproken, om redenen van openbaar belang, op de vordering van het Openbaar Ministerie. (BW 2: 136, 164¹ sub *i*, 246, 274¹ sub *i*; 3: 276, 277)

Art. 2

– 1. De faillietverklaring geschiedt door de rechtbank van de woonplaats des schuldenaars.

– 2. Indien de schuldenaar zich buiten het Rijk in Europa heeft begeven, is de rechtbank zijner laatste woonplaats bevoegd.

– 3. Ten aanzien van vennooten onder eene firma is de rechtbank, binnen welker gebied het kantoor der vennootschap is gevestigd, mede bevoegd.

– 4. Indien de schuldenaar binnen het Rijk in Europa geene woonplaats heeft, doch aldaar een beroep of bedrijf uitoefent, is de rechtbank, binnen welker gebied hij een kantoor heeft, bevoegd.

– 5. Wordt in het geval van het derde of vierde lid door meer dan ééne daartoe bevoegde rechtbank op verschillende dagen de faillietverklaring uitgesproken, dan heeft alleen de eerst gedane uitspraak rechtsgevolgen. Heeft de uitspraak van verschillende rechtbanken op denzelfden dag plaats, dan heeft alleen de uitspraak van de rechtbank, die in de wet van 10 augustus 1951, *Stb.* 347 het eerst genoemd wordt, rechtsgevolgen. (BW 1: 10 v.; K 17 v.; Rv 97, 98, 126; Belg. executieverdrag 20; Verdrag erkenning rechtspersoonlijkheid vreemde vennootschappen enz. 2 v., Fw 1, 214)

Art. 3

– 1. Indien een verzoek of een vordering tot faillietverklaring een natuurlijke persoon betreft en hij geen verzoekschrift heeft ingediend tot het uitspreken van de toepassing van de schuldsaneringsregeling bedoeld in titel III, geeft de griffier de schuldenaar terstond bij brief kennis dat hij binnen veertien dagen na de dag van de verzending van die brief een verzoekschrift als bedoeld in artikel 284 kan indienen.

– 2. De behandeling van het verzoek of de vordering tot faillietverklaring wordt geschorst totdat de in het eerste lid bedoelde termijn is verstreken. (Fw 3*b*, 156)

Eigen aangifte, verzoek schuldeisers, vordering O.M.

Bevoegde rechter

Toepasselijkheid schuldsaneringsregeling

Art. 3a

Samenloop

– 1. Indien een verzoek of een vordering tot faillietverklaring en een verzoek tot het uitspreken van de toepassing van de schuldsaneringsregeling bedoeld in titel III gelijktijdig aanhangig zijn, komt eerst het laatste in behandeling.

– 2. De behandeling van het verzoek of de vordering tot faillietverklaring wordt geschorst totdat bij in kracht van gewijsde gegane uitspraak is beslist op het verzoek tot het uitspreken van de toepassing van de schuldsaneringsregeling.

– 3. Het verzoek of de vordering tot faillietverklaring vervalt van rechtswege door de uitspraak tot de definitieve toepassing van de schuldsaneringsregeling. (Fw 3b, 7, 284, 287, 288)

Art. 3b

Schuldsanering al van toepassing

De artikelen 3 en 3a blijven buiten toepassing indien een verzoek of een vordering tot faillietverklaring een schuldenaar betreft ten aanzien van wie de schuldsaneringsregeling van toepassing is. (Fw 312)

Art. 4

Eigen aangifte; vonnis

– 1. De aangifte tot faillietverklaring wordt gedaan en het verzoek daartoe ingediend ter griffie en met den meesten spoed in raadkamer behandeld.

De griffier stelt de schuldenaar terstond ervan in kennis dat hij onverminderd artikel 15b, eerste lid, een verzoekschrift, als bedoeld in artikel 284, kan indienen. Het Openbaar Ministerie wordt daarop gehoord. (Fw 5)

– 2. Een schuldenaar die gehuwd is of een geregistreerd partnerschap is aangegaan kan slechts aangifte doen met medewerking van zijn echtgenoot onderscheidenlijk geregistreerde partner tenzij iedere gemeenschap tussen echtgenoten onderscheidenlijk geregistreerde partners, is uitgesloten. (Fw 6[2, 3]; BW 2: 80a v., 97, 98)

– 3. Ten aanzien eener vennootschap onder eene firma, moet de aangifte inhouden den naam en de woonplaats van elk der hoofdelijk voor het geheel verbondene vennooten. (K 16)

– 4. Het vonnis van faillietverklaring wordt ter openbare terechtzitting uitgesproken en is bij voorraad, op de minute uitvoerbaar, niettegenstaande eenige daartegen gerichte voorziening. (BW 2: 136, 164[1] sub i, 246, 247[1] sub i; Rv 324)

Art. 5

Verzoekschrift door procureur

– 1. De verzoekschriften, bedoeld in het vorige artikel en in de artikelen 8, 9, 10, 11, 15c, tweede lid, 67, 155, 166, 198 en 206, worden ingediend door een procureur.

– 2. Het eerste lid is niet van toepassing op een hoger beroep dat wordt ingesteld tegen een beschikking van de rechter-commissaris, houdende machtiging aan de curator tot opzegging van een arbeidsovereenkomst. (Fw 283)

Art. 6

Oproeping schuldenaar; voorwaarden voor faillietverklaring

– 1. De rechtbank kan bevelen, dat de schuldenaar worde opgeroepen, om in persoon of bij gemachtigde gehoord te worden. De griffier doet de oproeping op de wijze, bij algemeenen maatregel van bestuur te bepalen.

– 2. Indien de schuldenaar, die is opgeroepen om gehoord te worden, gehuwd is of een geregistreerde partnerschap is aangegaan, is zijn echtgenoot onderscheidenlijk geregistreerde partner mede bevoegd om in persoon of bij gemachtigde te verschijnen. (Fw 4[2])

– 3. De faillietverklaring wordt uitgesproken, indien summierlijk blijkt van het bestaan van feiten of omstandigheden, welke aantoonen, dat de schuldenaar in den toestand verkeert dat hij heeft opgehouden te betalen, en, zoo een schuldeischer het verzoek doet, ook van het vorderingsrecht van dezen. (Fw 9[3], 11[3], 12[2], 166)

Art. 7

Verzegeling van de boedel

– 1. Hangende het onderzoek kan de rechtbank de verzoeker desverlangd verlof verlenen de boedel te doen verzegelen. Zij kan daaraan de voorwaarde van zekerheidstelling tot een door haar te bepalen bedrag, verbinden.

– 2. De verzegeling geschiedt door een bij dit verlof aan te wijzen notaris. Buiten de verzegeling blijven zaken die onder artikel 21 vallen; in het proces-verbaal wordt een korte beschrijving daarvan opgenomen. (Fw 93; Sr 199)

Art. 8

Hoger beroep en verzet door schuldenaar

– 1. De schuldenaar, die in staat van faillissement is verklaard, nadat hij op de aanvraag tot faillietverklaring is gehoord, heeft gedurende acht dagen, na den dag der uitspraak, recht van hooger beroep.

– 2. Zoo hij niet is gehoord, heeft hij gedurende veertien dagen, na den dag der uitspraak, recht van verzet. Indien hij tijdens de uitspraak zich niet binnen het Rijk in Europa bevindt, wordt die termijn verlengd tot eene maand.

– 3. Van het vonnis, op het verzet gewezen, kan hij gedurende acht dagen, na den dag der uitspraak, in hooger beroep komen. (Rv 8)

– 4. Het verzet of hooger beroep geschiedt bij een verzoekschrift in te dienen ter griffie van het rechtscollege, dat van de zaak kennis moet nemen. De voorzitter bepaalt terstond dag en uur

voor de behandeling. Uiterlijk op den vierden dag, volgende op dien waarop hij zijn verzoek heeft ingediend, wordt door den schuldenaar van het gedane verzet of ingestelde hooger beroep, alsmede van den tijd voor de behandeling bepaald, bij deurwaarders-exploot aan den procureur, die het verzoek tot faillietverklaring heeft ingediend, kennis gegeven.
– 5. Deze kennisgeving geldt voor oproeping van den schuldeischer, die de faillietverklaring heeft uitgelokt.
– 6. De behandeling geschiedt op de wijze bij artikel 4 voorgeschreven. (Fw 5, 12², 154 v., 166, 219; Rv 81, 343 v.; RO 69)

Art. 9

– 1. Bij afwijzing van de aangifte of aanvraag tot faillietverklaring bestaat recht van hooger beroep, gedurende acht dagen na den dag der afwijzing.

Hoger beroep na afwijzing of vernietiging

– 2. Hetzelfde geldt bij vernietiging der faillietverklaring ten gevolge van verzet, in welk geval van het hooger beroep door den griffier van het gerechtshof, waarbij het is aangebracht, onverwijld wordt kennis gegeven aan den griffier van de rechtbank die de vernietiging heeft uitgesproken.
– 3. De instelling en behandeling van het hooger beroep geschiedt op de wijze in de artikelen 4 en 6 voorgeschreven. (Fw 5, 11², 166; Rv 343 v.; RO 69)

Art. 10

– 1. Elk schuldeischer, met uitzondering van hem die de faillietverklaring heeft verzocht, en elk belanghebbende heeft tegen de faillietverklaring recht van verzet gedurende acht dagen na den dag der uitspraak.

Verzet door schuldeisers en belanghebbenden

– 2. Het verzet geschiedt bij een verzoekschrift in te dienen ter griffie van het rechtscollege, dat de faillietverklaring heeft uitgesproken.
– 3. De voorzitter bepaalt terstond dag en uur voor de behandeling. Uiterlijk op den vierden dag, volgende op dien waarop hij zijn verzoek heeft ingediend, wordt door den verzoeker van het gedane verzet, alsmede van den tijd voor de behandeling bepaald, bij deurwaardersexploot kennis gegeven aan den schuldenaar en, indien de faillietverklaring door een schuldeischer is verzocht, ook aan den procureur, die namens dezen het verzoek tot faillietverklaring heeft ingediend.
– 4. Deze kennisgeving geldt voor oproeping van den schuldenaar en van dien schuldeischer.
– 5. De behandeling geschiedt op de wijze bij artikel 4 voorgeschreven. (Fw 5, 209; Rv 376 v.)

Art. 11

– 1. De schuldeischer of de belanghebbende, wiens in het vorige artikel bedoeld verzet door de rechtbank is afgewezen, heeft recht van hooger beroep, gedurende acht dagen na den dag der afwijzing.

Hoger beroep na afwijzing verzet

– 2. Hetzelfde geldt, bij vernietiging der faillietverklaring door de rechtbank ten gevolge van dat verzet, voor den schuldenaar, den schuldeischer, die de faillietverklaring verzocht heeft, en het Openbaar Ministerie, in welk geval tevens het tweede lid van artikel 9 van toepassing is.
– 3. De instelling en behandeling van het hooger beroep geschiedt op de wijze in de artikelen 4 en 6 voorgeschreven.
– 4. Is het verzet bij het gerechtshof gedaan, dan is hooger beroep uitgesloten. (Fw 5; Rv 343 v.)

Art. 12

– 1. Van het arrest, door het gerechtshof gewezen, kunnen de schuldenaar, de schuldeischer die de faillietverklaring verzocht, de in art. 10 bedoelde schuldeischer of belanghebbende en het Openbaar Ministerie, gedurende acht dagen na den dag der uitspraak, in cassatie komen.

Beroep in cassatie

– 2. Het beroep in cassatie wordt aangebracht en behandeld op de wijze bij de artikelen 4, 6 en 8 bepaald.
– 3. Indien de cassatie is gericht tegen een arrest, houdende vernietiging van het vonnis van faillietverklaring, geeft de griffier van den Hoogen Raad van het verzoek tot cassatie onverwijld kennis aan den griffier van het gerechtshof dat de vernietiging heeft uitgesproken. (Fw 166, 187, 211, 221; RO 99; Rv 428 v.)

Art. 13

– 1. Indien ten gevolge van verzet, hooger beroep of cassatie de faillietverklaring wordt vernietigd, blijven niettemin geldig en verbindend voor den schuldenaar de handelingen, door den curator verricht vóór of op den dag, waarop aan het voorschrift tot aankondiging overeenkomstig artikel 15 is voldaan. (Fw 168¹)

Gevolgen van vernietiging

– 2. Hangende het verzet, het hooger beroep of de cassatie kan geene raadpleging over een akkoord plaats hebben, noch tot de vereffening van den boedel buiten toestemming van den schuldenaar worden overgegaan. (Fw 138, 141, 173 v.)

Art. 13a

Indien de faillietverklaring wordt vernietigd wordt de opzegging van een arbeidsovereenkomst door een curator, in afwijking van artikel 13, eerste lid, met terugwerkende kracht beheerst door de wettelijke of overeengekomen regels die van toepassing zijn buiten faillissement, met dien verstande dat de termijnen, bedoeld in artikel 683 leden 1 en 2 van Boek 7 van het Burgerlijk Wetboek en in artikel 9, derde lid, van het Buitengewoon Besluit Arbeidsverhoudingen 1945, aanvangen op het tijdstip waarop het faillissement wordt vernietigd.

Art. 14

– 1. Het vonnis van faillietverklaring houdt in de benoeming van een der leden van de rechtbank tot rechter-commissaris in het faillissement, en de aanstelling van een of meer curators. De rechter die de faillietverklaring uitspreekt, geeft in de uitspraak tevens last aan de curator tot het openen van aan de gefailleerde gerichte brieven en telegrammen. (Fw 64, 68, 70, 73 v., 167)

– 2. Van de faillietverklaring wordt door den griffier onverwijld kennis gegeven aan de administratie der posterijen en der telegrafie. In de kennisgeving wordt melding gemaakt van de in het vorige lid bedoelde last. (Fw 99)

– 3. Een uittreksel uit het vonnis van faillietverklaring, houdende vermelding van den naam, de woonplaats of het kantoor en het beroep van den gefailleerde, van den naam van den rechter-commissaris, van den naam en de woonplaats of het kantoor des curators, van den dag der uitspraak, alsmede van den naam, het beroep en de woonplaats of het kantoor van ieder lid der voorloopige commissie uit de schuldeischers, zoo er eene benoemd is, wordt door den curator onverwijld geplaatst in de *Nederlandsche Staatscourant* en in een of meer door den rechter-commissaris aan te wijzen nieuwsbladen. (Fw 15¹, 84², 109, 161, 167³, 173c², 178, 183³, 193¹, 248²; BW 2: 51, 303; Hrgw 18)

Art. 15

– 1. Zoodra een vonnis van faillietverklaring ten gevolge van verzet, hooger beroep of cassatie is vernietigd, en in de twee eerste gevallen de termijn, om in hooger beroep of in cassatie te komen, verstreken is zonder dat daarvan gebruik is gemaakt, wordt door den griffier van het rechtscollege, dat de vernietiging heeft uitgesproken, van die uitspraak kennis gegeven aan den curator en aan de administratie der posterijen en der telegrafie. De curator doet daarvan aankondiging in de bladen in artikel 14 genoemd.

– 2. Gelijke kennisgeving geschiedt, in geval van vernietiging van een vonnis van faillietverklaring in hooger beroep of cassatie, aan den griffier van de rechtbank, die het vonnis heeft gewezen.

– 3. De rechter, die de vernietiging van een vonnis van faillietverklaring uitspreekt, stelt tevens het bedrag vast van de faillissementskosten en van het salaris des curators. Hij brengt dit bedrag ten laste van dengene, die de faillietverklaring heeft aangevraagd, van den schuldenaar, of van beide in de door den rechter te bepalen verhouding. Tegen deze beslissing staat geen rechtsmiddel open. Een bevelschrift van tenuitvoerlegging zal daarvan worden uitgegeven ten behoeve van den curator. (Fw 13¹, 71, 99¹, 168¹, 248²)

Art. 15a

Wordt faillietverklaring in hooger beroep of in cassatie uitgesproken met vernietiging van een vonnis of arrest, waarbij de aangifte of aanvrage tot faillietverklaring werd afgewezen, dan geeft de griffier van het rechtscollege, dat de faillietverklaring uitspreekt, van die uitspraak kennis aan den griffier van de rechtbank, waarbij de aangifte of aanvrage is ingediend.

Art. 15b

– 1. Indien redelijkerwijs niet geoordeeld kan worden dat de gefailleerde wegens hem toe te rekenen omstandigheden binnen de termijn bedoeld in artikel 3, eerste lid, geen verzoekschrift tot het van toepassing verklaren van de schuldsaneringsregeling heeft ingediend of indien het faillissement is uitgesproken op eigen aangifte van de schuldenaar, kan de rechtbank, totdat de verificatievergadering is gehouden of, indien de verificatievergadering achterwege blijft, totdat de rechter-commissaris de beschikkingen als bedoeld in artikel 137a, eerste lid, heeft gegeven, op verzoek van de gefailleerde diens faillissement opheffen onder het gelijktijdig uitspreken van de toepassing van de schuldsaneringsregeling bedoeld in titel III.

– 2. De gefailleerde zal zich daartoe bij een verzoekschrift als bedoeld in artikel 284 wenden tot de rechtbank waarbij de aangifte, het verzoek of de vordering tot faillietverklaring werd ingediend. Het derde lid van artikel 284 is niet van toepassing.

– 3. Het eerste lid is niet van toepassing:

a. indien het faillissement is uitgesproken terwijl de schuldsaneringsregeling ten aanzien van de schuldenaar van toepassing was;

b. indien de schuldenaar in staat van faillissement verkeert door beëindiging van de toepassing van de schuldsaneringsregeling;

c. indien het faillissement is uitgesproken op grond van artikel 340, vierde lid.

– 4. Alvorens te beslissen kan de rechtbank de gefailleerde, de rechter-commissaris en de curator oproepen om te worden gehoord. Artikel 6, tweede lid, is van toepassing.

– 5. Bij toewijzing van het verzoek, spreekt de rechtbank de definitieve toepassing van de schuldsaneringsregeling uit.

– 6. Van de opheffing van het faillissement wordt door de griffier kennis gegeven in de aankondiging die is voorgeschreven in artikel 293. Indien in het faillissement overeenkomstig artikel 108 reeds het tijdstip voor de verificatievergadering was bepaald, zal in die aankondiging tevens mededeling worden gedaan dat die verificatievergadering niet zal worden gehouden. (Fw 19, 108 v., 247a, 287, 288, 312, 338, 350)

Art. 15c

Rechtsmiddelen bij omzetting

– 1. Tegen het vonnis, houdende uitspraak tot de opheffing van het faillissement en tot de toepassing van de schuldsaneringsregeling, kunnen noch door schuldeisers noch door andere belanghebbenden rechtsmiddelen worden ingesteld.

– 2. Indien de toepassing van de schuldsaneringsregeling niet is uitgesproken, heeft de gefailleerde gedurende acht dagen na de dag van de uitspraak het recht van hoger beroep. Het hoger beroep wordt ingesteld bij een verzoekschrift, in te dienen ter griffie van het gerechtshof, dat van de zaak kennis moet nemen. De griffier van het gerechtshof geeft van die indiening onverwijld kennis aan de griffier van de rechtbank.

– 3. De voorzitter bepaalt terstond dag en uur voor de behandeling, welke zal moeten plaatshebben binnen twintig dagen na de dag van de indiening van het verzoekschrift. De uitspraak vindt niet later plaats dan op de achtste dag na die van de behandeling van het verzoekschrift ter terechtzitting. Van het arrest van het gerechtshof wordt door de griffier onverwijld mededeling gedaan aan de griffier van de rechtbank.

– 4. Indien het gerechtshof het faillissement handhaaft, kan de schuldenaar gedurende acht dagen na die van de uitspraak in cassatie komen. Het beroep in cassatie wordt ingesteld bij een verzoekschrift, in te dienen ter griffie van de Hoge Raad. De voorzitter bepaalt terstond dag en uur voor de behandeling. De griffier van de Hoge Raad geeft van het beroep in cassatie en van de uitspraak van de Hoge Raad onverwijld kennis aan de griffier van de rechtbank.

– 5. Zolang niet op het verzoekschrift bedoeld in artikel 15b, tweede lid, is beslist en, indien de schuldsaneringsregeling niet is uitgesproken, hangende het hoger beroep of de cassatie, kan in het faillissement geen raadpleging over een akkoord plaatshebben, noch tot uitdeling aan de schuldeisers worden overgegaan. (Fw 247b, 292)

Art. 15d

Gevolgen van omzetting

– 1. Indien het faillissement wordt opgeheven onder het gelijktijdig uitspreken van de toepassing van de schuldsaneringsregeling, gelden de volgende regelen:

a. handelingen door de curator tijdens het faillissement verricht, blijven geldend en verbindend;

b. boedelschulden, gedurende het faillissement ontstaan, gelden ook in de schuldsaneringsregeling als boedelschulden;

c. in het faillissement ingediende vorderingen gelden als ingediend in de schuldsaneringsregeling.

– 2. Het tijdstip, waarop de termijnen vermeld in de artikelen 43 en 45 aanvangen, wordt berekend met ingang van de dag van de faillietverklaring. (Fw 19, 247c, 312)

Art. 16

Kosteloze behandeling; opheffing

– 1. Indien niet voldoende baten beschikbaar zijn voor de voldoening van de faillissementskosten en de overige boedelschulden, kan de rechtbank, op voordracht van den rechter-commissaris en na de commissie uit de schuldeischers, zoo die er is, gehoord te hebben, bevelen, hetzij de kostelooze behandeling, hetzij, na verhoor of behoorlijke oproeping van den gefailleerde, en in dit geval bij beschikking in het openbaar uit te spreken, de opheffing van het faillissement.

– 2. De rechter, die de opheffing van het faillissement beveelt, stelt tevens het bedrag van de faillissementskosten vast en – zo daartoe gronden aanwezig zijn – van het salaris van de curator. Hij brengt deze bedragen ten laste van de schuldenaar. Zij worden bij voorrang boven alle andere schulden voldaan.

– 3. Tegen deze vaststelling staat geen rechtsmiddel open. Een bevelschrift van tenuitvoerlegging zal daarvan worden uitgegeven ten behoeve van den curator.

– 4. In afwijking van hetgeen in het tweede lid is bepaald, komen de kosten van de in deze titel bevolen publicaties, voorzover deze niet uit de boedel kunnen worden voldaan, ten laste van de Staat. De griffier van het rechtscollege dat de opheffing heeft bevolen, draagt zorg voor de voldoening van het door de rechtbank vast te stellen bedrag dat ten laste van de Staat komt. (Fw 17⁴, 18, 19 sub 5°, 168; BW 2: 19)

Art. 17

Vrijstelling van kosten

Het bevel tot kostelooze behandeling van het faillissement heeft ten gevolge vrijstelling van griffiekosten. (Fw 168¹)

Publicatie opheffing, rechtsmiddelen, nieuwe aanvrage

De beschikking, bevelende de opheffing van het faillissement, wordt op dezelfde wijze openbaar gemaakt als het vonnis van faillietverklaring en daartegen kunnen de schuldenaar en de schuldeischers op dezelfde wijze en binnen dezelfde termijnen opkomen, als bepaald is ten aanzien van het vonnis, waarbij eene faillietverklaring wordt geweigerd. Indien na een dergelijke opheffing opnieuw aangifte of – binnen drie jaar – aanvraag tot faillietverklaring wordt gedaan, is de schuldenaar of de aanvrager verplicht aan te toonen, dat er voldoende baten aanwezig zijn om de kosten van het faillissement te bestrijden. (Fw 14², 168¹)

Art. 19

Openbaar register

– 1. Bij elke rechtbank wordt door den griffier een openbaar register gehouden, waarin hij, voor ieder faillissement afzonderlijk, achtereenvolgens, met vermelding der dagteekening, inschrijft:

1°. een uittreksel van de rechterlijke beslissingen, waarbij de faillietverklaring uitgesproken of de uitgesprokene weder opgeheven is; (Fw 2, 8, 12)

2°. den summieren inhoud en de homologatie van het akkoord; (Fw 138 v., 150 v.)

3°. de ontbinding van het akkoord; (Fw 165, 280)

4°. het bedrag van de uitdeelingen bij vereffening; (Fw 173, 179, 192)

5°. de opheffing van het faillissement ingevolge artikel 15b of artikel 16;

6°. de rehabilitatie. (Fw 206 v., 212)

– 2. Omtrent vorm en inhoud van het register worden door Ons bij algemeenen maatregel van bestuur nadere regels gegeven.

– 3. De griffier is verplicht aan ieder kostelooze inzage van het register en tegen betaling een uittreksel daaruit te verstrekken. (Fw 222a; BW 2: 24² onder c)

TWEEDE AFDEELING

Van de gevolgen der faillietverklaring

Art. 20

Algemeen beslag

Het faillissement omvat het geheele vermogen van den schuldenaar ten tijde van de faillietverklaring, alsmede hetgeen hij gedurende het faillissement verwerft. (Fw 168¹; BW 2: 376)

Art. 21

Goederen buiten faillissement

Niettemin blijven buiten het faillissement:

1°. de zaken vermeld in artikel 447, nrs. 1-3, van het Wetboek van Burgerlijke Rechtsvordering, de toerusting van de leden van de krijgsmacht volgens hun dienst en rang en het auteursrecht in de gevallen, waarin het niet vatbaar is voor beslag; alsmede hetgeen in het eerste lid van artikel 448 van genoemd Wetboek omschreven is, tenzij in het faillissement schuldeischers opkomen wegens vorderingen, vermeld in het tweede lid van dat artikel; (Fw 7², 93³, 95; Auteurswet 2)

2°. hetgeen de gefailleerde door persoonlijke werkzaamheid, of als bezoldiging wegens een ambt of bediening, of als soldij, gagement, pensioen of onderstand, gedurende het faillissement verkrijgt, indien en voor zoover de rechter-commissaris zulks bepaalt; (Fw 100; Ambtenarenwet 120)

3°. de gelden, die aan den gefailleerde verstrekt worden ter voldoening aan eenen wettelijken onderhoudsplicht; (BW 1: 81, 157, 169, 182, 392 v., 404 v.)

4°. een door de rechter-commissaris te bepalen bedrag uit de opbrengst van het in artikel 253l, eerste en tweede lid, van Boek 1 van het Burgerlijk Wetboek bedoelde vruchtgenot, ter bestrijding van de in artikel 253l, derde lid van Boek 1 van dat wetboek vermelde lasten en van de kosten van verzorging en opvoeding van het kind. (Fw 63, 67)

5°. het ingevolge artikel 642c van het Wetboek van Burgerlijke Rechtsvordering in de kas der gerechtelijke consignaties gestorte bedrag;

6°. de goederen bedoeld in artikel 60a, derde lid.

Art. 21a

Goederen buiten schuldsanering

– 1. Ten aanzien van een overeenkomst van levensverzekering als omschreven in artikel 1, eerste lid, onder b, van de Wet toezicht verzekeringsbedrijf 1993, vallen voorts buiten de boedel:

a. het recht op het doen afkopen van een levensverzekering voor zover de begunstigde of de verzekeringnemer door afkoop onredelijk benadeeld wordt;

b. het recht om de begunstiging te wijzigen, tenzij de wijziging geschiedt ten behoeve van de boedel en de begunstigde of de verzekeringnemer daardoor niet onredelijk benadeeld wordt;

c. het recht om de verzekering te belenen.

– 2. Voor de uitoefening van het recht op het doen afkopen en het recht om de begunstiging te wijzigen, behoeft de curator de toestemming van de rechter-commissaris, die daarbij zonodig vaststelt tot welk bedrag deze rechten mogen worden uitgeoefend. Slechts met schriftelijke toestemming van de verzekeringnemer is de curator bevoegd tot overdracht van de verzekering.

– 3. Indien de curator de begunstiging heeft gewijzigd, vervalt deze aanwijzing met de beëindiging van het faillissement. (Fw 295*a*)

Art. 22

In het vorige artikel wordt onder 'gefailleerde' mede begrepen de echtgenoot of de geregistreerde partner van de in enige gemeenschap van goederen gehuwde onderscheidenlijk als partner geregistreerde. (Fw 61 v.)

Huwelijksgemeenschap of geregistreerd partnerschap

Art. 23

Door de faillietverklaring verliest de schuldenaar van rechtswege de beschikking en het beheer over zijn tot het faillissement behoorend vermogen, te rekenen van den dag waarop de faillietverklaring wordt uitgesproken, die dag daaronder begrepen. (Fw 52, 228[1]; BW 1: 327; 7A: 1683, 4°; RO 11)

Verlies beschikking en beheer

Art. 24

Voor verbintenissen van den schuldenaar, na de faillietverklaring ontstaan, is de boedel niet aansprakelijk dan voor zooverre deze ten gevolge daarvan is gebaat. (Fw 228[2]; BW 7A: 1681)

Verbintenissen na faillietverklaring ontstaan

Art. 25

– 1. Rechtsvorderingen, welke rechten of verplichtingen tot den faillieten boedel behoorende ten onderwerp hebben, worden zoowel tegen als door den curator ingesteld. (Rv 126, 13°)

– 2. Indien zij, door of tegen den gefailleerde ingesteld of voortgezet, eene veroordeeling van den gefailleerde ten gevolge hebben, heeft die veroordeeling tegenover den faillieten boedel geene rechtskracht. (Fw 28[4], 30[1], 68[2], 122, 126, 228[2], 231[3])

Procederen door en tegen curator

Art. 26

Rechtsvorderingen, die voldoening eener verbintenis uit den boedel ten doel hebben, kunnen gedurende het faillissement ook tegen den gefailleerde op geene andere wijze ingesteld worden, dan door aanmelding ter verificatie. (Fw 122, 126, 231)

Vordering tot voldoening van een verbintenis uit de boedel

Art. 27

– 1. Indien de rechtsvordering tijdens de faillietverklaring aanhangig en door den schuldenaar ingesteld is, wordt het geding ten verzoeke van den gedaagde geschorst, ten einde dezen gelegenheid te geven, binnen een door den rechter te bepalen termijn, den curator tot overneming van het geding op te roepen.

– 2. Zoo deze aan die oproeping geen gevolg geeft, heeft de gedaagde het recht ontslag van de instantie te vragen; bij gebreke daarvan kan het geding tusschen den gefailleerde en den gedaagde worden voortgezet, buiten bezwaar van den boedel.

– 3. Ook zonder opgeroepen te zijn, is de curator bevoegd het proces te allen tijde over te nemen en den gefailleerde buiten het geding te doen stellen. (Fw 30[1], 68[2], 231; Rv 254 v.)

Door schuldenaar reeds ingestelde vorderingen

Art. 28

– 1. Indien de rechtsvordering tijdens de faillietverklaring aanhangig en tegen den schuldenaar ingesteld is, is de eischer bevoegd schorsing te verzoeken, ten einde, binnen een door den rechter te bepalen termijn, den curator in het geding te roepen.

– 2. Door zijne verschijning neemt deze het proces over en is de gefailleerde van rechtswege buiten het geding.

– 3. Indien de curator verschijnende dadelijk in den eisch toestemt, zijn de proceskosten van de tegenpartij geen boedelschuld.

– 4. Zoo de curator niet verschijnt, is op het tegen den gefailleerde te verkrijgen vonnis de bepaling van het tweede lid van artikel 25 niet toepasselijk. (Fw 30, 68, 231; Rv 56 v., 254 v.)

Tegen schuldenaar reeds ingestelde vorderingen

Art. 29

Voor zooverre tijdens de faillietverklaring aanhangige rechtsvorderingen voldoening eener verbintenis uit den boedel ten doel hebben, wordt het geding na de faillietverklaring geschorst, om alleen dan voortgezet te worden, indien de verificatie der vordering betwist wordt. In dit geval wordt hij, die de betwisting doet, in de plaats van den gefailleerde, partij in het geding. (Fw 30, 31, 122[1], 126, 231; Rv 254 v.)

Aanhangige vordering tot voldoening verbintenis uit de boedel

Art. 30

– 1. Indien vóór de faillietverklaring de stukken van het geding tot het geven van eene beslissing aan den rechter zijn overgelegd, zijn het tweede lid van artikel 25 en de artikelen 27-29 niet toepasselijk.

– 2. De artikelen 27-29 worden weder toepasselijk, indien het geding voor den rechter, bij wien het aanhangig is, ten gevolge van zijne beslissing wordt voortgezet. (Rv 45, 144, 255)

Stukken ter beslissing overgelegd

Art. 31

Indien een geding door of tegen den curator, of ook in het geval van artikel 29 tegen een schuldeischer wordt voortgezet, kan door den curator of door dien schuldeischer de nietigheid worden ingeroepen van handelingen, door den schuldenaar vóór zijne faillietverklaring in het ge-

Nietigheid handelingen van schuldenaar

ding verricht, zoo bewezen wordt dat deze door die handelingen de schuldeischers desbewust heeft benadeeld en dat dit aan zijne tegenpartij bekend was. (Fw 42 v.)

Art. 32

Vervallen.

Art. 33

Verval gerechtelijke tenuitvoerlegging en beslagen

– 1. Het vonnis van faillietverklaring heeft ten gevolge, dat alle gerechtelijke tenuitvoerlegging op eenig deel van het vermogen van den schuldenaar, vóór het faillissement aangevangen, dadelijk een einde neemt, en dat, ook van hetzelfde oogenblik af, geen vonnis bij lijfsdwang kan worden ten uitvoer gelegd. (Fw 34, 57, 195; Rv 430 v., 585)

– 2. Gelegde beslagen vervallen; de inschrijving van een desbetreffende verklaring van de rechter-commissaris machtigt de bewaarder van de openbare registers tot doorhaling. Het beslag herleeft, zodra het faillissement een einde neemt ten gevolge van vernietiging of opheffing van het faillissement, mits het goed dan nog tot de boedel behoort. Indien de inschrijving van het beslag in de openbare registers is doorgehaald, vervalt de herleving, indien niet binnen veertien dagen na de herleving een exploit is ingeschreven, waarbij van de herleving mededeling aan de schuldenaar is gedaan. (BW 3: 17[1])

– 3. Indien de schuldenaar zich in gijzeling bevindt, wordt hij ontslagen, zoodra het vonnis van faillietverklaring in kracht van gewijsde is gegaan, behoudens toepassing van artikel 87.

– 4. Het bepaalde bij dit artikel geldt niet voor lijfsdwang bij vonnissen, beschikkingen en authentieke akten, waarbij een uitkering tot levensonderhoud, krachtens het Boek 1 van het Burgerlijk Wetboek verschuldigd, daaronder begrepen het verschuldigde voor verzorging en opvoeding van een minderjarige en voor levensonderhoud en studie van een meerderjarige die de leeftijd van een en twintig jaren niet heeft bereikt, is bevolen of toegezegd, alsmede beschikkingen, waarbij een uitkering, krachtens artikel 85 lid 2 van Boek 1 van het Burgerlijk Wetboek door de ene partner aan de andere partner verschuldigd, is bevolen, alsmede besluiten op grond van Hoofdstuk VII van de Algemene bijstandswet.

Art. 33a

Vervallen.

Art. 34

Reeds vastgestelde executoriale verkoop

Indien vóór het faillissement van den schuldenaar de uitwinning zijner goederen zoo ver was gevorderd, dat de dag van den verkoop reeds was bepaald, kan de curator, op machtiging van den rechter-commissaris, den verkoop voor rekening van den boedel laten voortgaan. (Fw 67, 72; Rv 449, 515, 570)

Art. 35

Ongeldige levering

– 1. Indien op de dag van de faillietverklaring nog niet alle handelingen die voor een levering door de schuldenaar nodig zijn, hebben plaatsgevonden, kan de levering niet geldig meer geschieden. (BW 2: 86[1], 196[1]; 3: 89 v., 98, 120[4], 186, 236 v., 266)

Bij voorbaat geleverd

– 2. Heeft de schuldenaar voor de dag van de faillietverklaring een toekomstig goed bij voorbaat geleverd, dan valt dit goed, indien het eerst na de aanvang van die dag door hem is verkregen, in de boedel, tenzij het gaat om nog te velde staande vruchten of beplantingen die reeds voor de faillietverklaring uit hoofde van een zakelijk recht of een huur- of pachtovereenkomst aan de schuldenaar toekwamen. (BW 3: 97, 237, 266)

– 3. Voor de toepassing van de artikelen 86 en 238 van Boek 3 van het Burgerlijk Wetboek wordt degene die van de schuldenaar heeft verkregen, geacht na de bekendmaking van de faillietverklaring, bedoeld in artikel 14, derde lid, diens onbevoegdheid te hebben gekend. (Fw 52)

Art. 35a

Verkoop registergoed vrij van beding

Indien een beding als bedoeld in artikel 252 van Boek 6 van het Burgerlijk Wetboek op de dag van de faillietverklaring nog niet in de openbare registers was ingeschreven, kan de curator het registergoed ten aanzien waarvan het is gemaakt, vrij van het beding overeenkomstig de artikelen 101 of 176 verkopen.

Art. 35b

Gift geeft geen recht

Aan een gift, door de schuldenaar gedaan onder een opschortende voorwaarde of een opschortende tijdsbepaling, die op de dag van de faillietverklaring nog niet was vervuld of verschenen, kan de begiftigde generlei recht tegen de boedel ontlenen. (BW 3: 38; 6: 22)

Art. 36

Verlenging verjaringstermijn

– 1. Wanneer een verjaringstermijn betreffende een rechtsvordering, als bedoeld in artikel 26, zou aflopen gedurende het faillissement of binnen zes maanden na het einde daarvan, loopt de termijn voort totdat zes maanden na het einde van het faillissement zijn verstreken. (BW 3: 316, 320)

– 2. Het eerste lid is van overeenkomstige toepassing op van rechtswege aanvangende vervaltermijnen. (Fw 36a; Rv 616)

Art. 36a

Wanneer een termijn die vóór de faillietverklaring uit hoofde van artikel 55, tweede lid, van Boek 3 of artikel 88 van Boek 6 van het Burgerlijk Wetboek aan de schuldenaar was gesteld, ten tijde van de faillietverklaring nog niet was verstreken, loopt de termijn voort voor zover dit redelijkerwijze noodzakelijk is om de curator in staat te stellen zijn standpunt te bepalen. De wederpartij kan de curator daartoe een nieuwe redelijke termijn stellen. (Fw 99[2])

Verlenging termijn

Art. 37

– 1. Indien een wederkerige overeenkomst ten tijde van de faillietverklaring zowel door de schuldenaar als door zijn wederpartij in het geheel niet of slechts gedeeltelijk is nagekomen en de curator zich niet binnen een hem daartoe schriftelijk door de wederpartij gestelde redelijke termijn bereid verklaart de overeenkomst gestand te doen, verliest de curator het recht zijnerzijds nakoming van de overeenkomst te vorderen. (Fw 78[1], 236[1]; BW 3: 55[2], 69[4]; 6: 40, 74-90, 265; 7: 20 v.)

Niet-nagekomen overeenkomst

– 2. Indien de curator zich wel tot nakoming van de overeenkomst bereid verklaart, is hij verplicht bij die verklaring voor deze nakoming zekerheid te stellen. (BW 6: 51)

– 3. De vorige leden zijn niet van toepassing op overeenkomsten waarbij de gefailleerde slechts verbintenissen op zich heeft genomen tot door hem persoonlijk te verrichten handelingen. (Fw 68, 78, 236)

Art. 37a

Voor vorderingen die de wederpartij uit hoofde van ontbinding of vernietiging van een vóór de faillietverklaring met de schuldenaar gesloten overeenkomst op deze heeft verkregen, of die strekken tot schadevergoeding ter zake van tekortschieten in de nakoming van een vóór de faillietverklaring op deze verkregen vordering, kan zij als concurrent schuldeiser in het faillissement opkomen. (Fw 108 v.; BW 3: 49 v.; 6: 87, 271)

Concurrente vordering

Art. 38

Indien in het geval van artikel 37 de levering van waren, die ter beurze op termijn worden verhandeld, bedongen is tegen een vastgesteld tijdstip of binnen een bepaalden termijn, en dit tijdstip invalt of die termijn verstrijkt na de faillietverklaring, wordt de overeenkomst door de faillietverklaring ontbonden en kan de wederpartij van den gefailleerde zonder meer voor schadevergoeding als concurrent schuldeischer opkomen. Lijdt de boedel door de ontbinding schade, dan is de wederpartij verplicht deze te vergoeden. (Fw 237; BW 6: 269 v.; K 59 v.)

Termijnhandel

Art. 38a

– 1. Indien de gefailleerde huurkooper is, kan zoowel de curator als de verkooper den huurkoop dan wel scheepshuurkoop ontbonden verklaren.

(Scheeps)huurkoop

– 2. Deze ontbinding heeft dezelfde gevolgen als ontbinding der overeenkomst wegens het niet nakomen door den kooper van zijne verplichtingen.

– 3. De verkooper kan voor het hem verschuldigde bedrag als concurrent schuldeischer opkomen. (BW 7A: 1576h v.; 8: 800 v., 810; Fw 232[1], 3°, 237a)

Art. 39

– 1. Indien de gefailleerde huurder is, kan zoowel de curator als de verhuurder de huur tusschentijds doen eindigen, mits de opzegging geschiede tegen een tijdstip, waarop dergelijke overeenkomsten naar plaatselijk gebruik eindigen. Bovendien moet bij de opzegging de daarvoor overeengekomen of gebruikelijke termijn in acht genomen worden, met dien verstande echter, dat een termijn van drie maanden in elk geval voldoende zal zijn. Zijn er huurpenningen vooruitbetaald, dan kan de huur niet eerder opgezegd worden, dan tegen den dag, waarop de termijn, waarvoor vooruitbetaling heeft plaats gehad, eindigt. Van den dag der faillietverklaring af is de huurprijs boedelschuld.

Huur; pacht

– 2. Indien de gefailleerde pachter is, vindt het bovenstaande overeenkomstige toepassing. (Fw 68 lid 2, 78 lid 1, 238, 284; BW 6: 265; 7A: 1584 v., 1607, 1621 v.; Pachtwet 51 v.)

Art. 40

– 1. Werknemers in dienst van de gefailleerde kunnen de arbeidsovereenkomst opzeggen en hun kan wederkerig door de curator de arbeidsovereenkomst worden opgezegd, en wel met inachtneming van de overeengekomen of wettelijke termijnen, met dien verstande echter dat in elk geval de arbeidsovereenkomst kan worden opgezegd met een termijn van zes weken.

Opzegging bij faillissement

– 2. Van de dag der faillietverklaring af zijn het loon en de met de arbeidsovereenkomst samenhangende premieschulden boedelschuld.

– 3. Dit artikel is van overeenkomstige toepassing op agentuurovereenkomsten. (Fw 37, 68 lid 2, 78 lid 1, 239, 284; BW 7: 428, 437, 669 v.; BBA 6; W. melding collectief ontslag 2[3])

Art. 41

– 1. Erfenissen, gedurende het faillissement aan den gefailleerde opkomende, worden door den curator niet anders aanvaard dan onder voorrecht van boedelbeschrijving.

Erfenis

– 2. Tot het verwerpen eener nalatenschap behoeft de curator machtiging van den rechtercommissaris. (Fw 20, 72; BW 4: 1070, 1075, 1090, 1103, 1153)

7 Fw Titel I

Faillissements-
pauliana

– 1. De curator kan ten behoeve van de boedel elke rechtshandeling die de schuldenaar vóór de faillietverklaring onverplicht heeft verricht en waarvan deze bij dit verrichten wist of behoorde te weten dat daarvan benadeling van de schuldeisers het gevolg zou zijn, door een buitengerechtelijke verklaring vernietigen. Artikel 50, tweede lid, van Boek 3 van het Burgerlijk Wetboek is niet van toepassing.

– 2. Een rechtshandeling anders dan om niet, die hetzij meerzijdig is, hetzij eenzijdig en tot een of meer bepaalde personen gericht, kan wegens benadeling slechts worden vernietigd, indien ook degenen met of jegens wie de schuldenaar de rechtshandeling verrichtte, wisten of behoorden te weten dat daarvan benadeling van de schuldeisers het gevolg zou zijn.

– 3. Wordt een rechtshandeling om niet wegens benadeling vernietigd, dan heeft de vernietiging ten aanzien van de bevoordeelde, die wist noch behoorde te weten dat van de rechtshandeling benadeling van de schuldeisers het gevolg zou zijn, geen werking, voor zover hij aantoont dat hij ten tijde van de faillietverklaring niet ten gevolge van de rechtshandeling gebaat was. (Fw 24, 31, 43, 49, 51, 169; BW 3: 45; Sr 340)

Art. 43

Vermoeden van
wetenschap

– 1. Indien de rechtshandeling waardoor de schuldeisers zijn benadeeld, is verricht binnen een jaar voor de faillietverklaring en de schuldenaar zich niet reeds voor de aanvang van die termijn daartoe had verplicht, wordt de aan het slot van artikel 42, eerste lid, eerste zin, bedoelde wetenschap, behoudens tegenbewijs, vermoed aan beide zijden te bestaan:

1°. bij overeenkomsten, waarbij de waarde der verbintenis aan de zijde van de schuldenaar aanmerkelijk die van de verbintenis aan de andere zijde overtreft; (Sr 340, 341, BW 1: 3)

2°. bij rechtshandelingen ter voldoening van of zekerheidstelling voor een niet opeisbare schuld; (BW 3: 227; 6: 25, 39; Sr 340, 341)

3°. bij rechtshandelingen, door de schuldenaar die een natuurlijk persoon is, verricht met of jegens:

a. zijn echtgenoot, zijn pleegkind of een bloed- of aanverwant tot in de derde graad;

b. een rechtspersoon waarin hij, zijn echtgenoot, zijn pleegkind of een bloed- of aanverwant tot in de derde graad bestuurder of commissaris is, dan wel waarin deze personen, afzonderlijk of tezamen, als aandeelhouder rechtstreeks of middellijk voor ten minste de helft van het geplaatste kapitaal deelnemen;

4°. bij rechtshandelingen, door de schuldenaar die rechtspersoon is, verricht met of jegens een natuurlijk persoon,

a. die bestuurder of commissaris van de rechtspersoon is, dan wel met of jegens diens echtgenoot, pleegkind of bloed- of aanverwant tot in de derde graad:

b. die al dan niet tezamen met zijn echtgenoot, zijn pleegkinderen en zijn bloed- of aanverwanten tot in de derde graad, als aandeelhouder rechtstreeks of middellijk voor ten minste de helft van het geplaatste kapitaal deelneemt;

c. wiens echtgenoot, pleegkinderen of bloed- of aanverwanten tot in de derde graad, afzonderlijk of tezamen, als aandeelhouder rechtstreeks of middellijk voor tenminste de helft van het geplaatste kapitaal deelnemen;

5°. bij rechtshandelingen, door de schuldenaar die rechtspersoon is, verricht met of jegens een andere rechtspersoon, indien

a. een van deze rechtspersonen bestuurder is van de andere;

b. een bestuurder, natuurlijk persoon, van een van deze rechtspersonen, of diens echtgenoot, pleegkind of bloed- of aanverwant tot in de derde graad, bestuurder is van de andere;

c. een bestuurder, natuurlijk persoon, of een commissaris van een van deze rechtspersonen, of diens echtgenoot, pleegkind of bloed- of aanverwant tot in de derde graad, afzonderlijk of tezamen, als aandeelhouder rechtstreeks of middellijk voor ten minste de helft van het geplaatste kapitaal deelneemt in de andere;

d. in beide rechtspersonen voor ten minste de helft van het geplaatste kapitaal rechtstreeks of middellijk wordt deelgenomen door dezelfde rechtspersoon, dan wel dezelfde natuurlijke persoon, al dan niet tezamen met zijn echtgenoot, zijn pleegkinderen en zijn bloed- of aanverwanten tot in de derde graad;

6°. bij rechtshandelingen, door de schuldenaar die rechtspersoon is, verricht met of jegens een groepsmaatschappij. (BW 2: 24*b*)

– 2. Met een echtgenoot wordt een geregistreerde partner of een andere levensgezel gelijkgesteld. (BW 1: 432¹)

– 3. Onder pleegkind wordt verstaan hij die duurzaam als eigen kind is verzorgd en opgevoed.

– 4. Onder bestuurder, commissaris of aandeelhouder wordt mede verstaan hij die minder dan een jaar vóór de rechtshandeling bestuurder, commissaris of aandeelhouder is geweest.

7 Fw Titel I

– 5. Indien de bestuurder van een rechtspersoon-bestuurder zelf een rechtspersoon is, wordt deze rechtspersoon met de rechtspersoon-bestuurder gelijkgesteld.

– 6. Artikel 138, tiende lid, van boek 2 van het Burgerlijk Wetboek is van toepassing ingeval de schuldenaar een rechtspersoon is.

Art. 44

Vervallen.

Art. 45

In geval van benadeling door een rechtshandeling om niet, die de schuldenaar heeft verricht binnen één jaar vóór de faillietverklaring, wordt vermoed dat hij wist of behoorde te weten dat benadeling van de schuldeisers het gevolg van de rechtshandeling zou zijn. (Fw 42, 43, 49 v.; BW 3: 47; 7A: 1073 v.; Sr 341, 343)

Vermoeden van wetenschap

Art. 46

Vervallen.

Art. 47

De voldoening door de schuldenaar aan een opeisbare schuld kan alleen dan worden vernietigd, wanneer wordt aangetoond, hetzij dat hij die de betaling ontving, wist dat het faillissement van de schuldenaar reeds aangevraagd was, hetzij dat de betaling het gevolg was van overleg tussen de schuldenaar en de schuldeiser, dat ten doel had laatstgenoemde door die betaling boven andere schuldeisers te begunstigen. (BW 6: 27 v.; Fw 42, 49, 52; Sr 341, 343)

Voldoening opeisbare schuld

Art. 48

– 1. Krachtens het vorige artikel kan geene terugvordering geschieden van hem, die als houder van een papier aan order of toonder, uit hoofde zijner rechtsverhouding tot vroegere houders, tot aanneming der betaling verplicht was.

– 2. In dit geval is hij, te wiens bate het papier is uitgegeven, verplicht de door den schuldenaar betaalde som aan den boedel terug te geven, wanneer wordt aangetoond, hetzij dat hij bij de uitgifte van het papier de in het vorige artikel genoemde wetenschap bezat, hetzij dat de uitgifte het gevolg was van een overleg als in dat artikel bedoeld. (Fw 49; K 137 v., 142 v., 160, 176, 229*i*)

Order- en toonderpapier

Art. 49

– 1. Rechtsvorderingen, gegrond op de bepalingen der artikelen 42-48, worden ingesteld door den curator.

– 2. Niettemin kunnen de schuldeischers op gronden, aan die bepalingen ontleend, de toelating eener vordering bestrijden. (Fw 25, 68 v., 78, 119, 122)

Nietigheid inroepen

Art. 50

Beëindiging van het faillissement door de homologatie van een akkoord doet de rechtsvorderingen in het vorige artikel bedoeld vervallen, tenzij het akkoord boedelafstand inhoudt, in welk geval zij ten behoeve van de schuldeischers vervolgd of ingesteld kunnen worden door de vereffenaars. (Fw 138 v., 152 v., 162², 193¹, 194)

Nietigheid en akkoord

Art. 51

– 1. Hetgeen door de vernietigde rechtshandeling uit het vermogen van de schuldenaar gegaan is, moet door hen jegens wie de vernietiging werkt, aan de curator worden teruggegeven met inachtneming van afdeling 2 van titel 4 van Boek 6 van het Burgerlijk Wetboek.

– 2. Rechten, door derden te goeder trouw anders dan om niet op de terug te geven goederen verkregen, worden geëerbiedigd. Tegen een derde te goeder trouw die om niet heeft verkregen, heeft geen terugvordering plaats voor zover hij aantoont dat hij ten tijde van de faillietverklaring niet ten gevolge van de rechtshandeling gebaat was.

– 3. Het door de schuldenaar uit hoofde van de vernietigde rechtshandeling ontvangene of de waarde daarvan, wordt door de curator teruggegeven, voor zover de boedel erdoor is gebaat. Voor het tekortkomende kunnen zij jegens wie de vernietiging werkt, als concurrent schuldeiser opkomen. (Fw 24, 42; BW 3: 45³· ⁵)

Gevolgen nietigheid

Art. 52

– 1. Voldoening na de faillietverklaring doch vóór de bekendmaking daarvan, aan den gefailleerde gedaan, tot nakoming van verbintenissen jegens dezen vóór de faillietverklaring ontstaan, bevrijdt hem, die haar deed, tegenover den boedel, zoolang zijne bekendheid met de faillietverklaring niet bewezen wordt.

– 2. Voldoening, als in het vorig lid bedoeld, na de bekendmaking der faillietverklaring aan den gefailleerde gedaan, bevrijdt tegenover den boedel alleen dan, wanneer hij, die haar deed, bewijst dat de faillietverklaring te zijner woonplaatse langs den weg der wettelijke aankondiging nog niet bekend kon zijn, behoudens het recht van den curator om aan te toonen, dat zij hem toch bekend was.

– 3. In elk geval bevrijdt voldoening aan den gefailleerde den schuldenaar tegenover den boedel, voor zooverre hetgeen door hem voldaan werd ten bate van den boedel is gekomen. (Fw 23, 24, 240; BW 6: 34 v.)

Betaling aan gefailleerde

– 1. Hij die zowel schuldenaar als schuldeiser van de gefailleerde is, kan zijn schuld met zijn vordering op de gefailleerde verrekenen, indien beide zijn ontstaan vóór de faillietverklaring of voortvloeien uit handelingen, vóór de faillietverklaring met de gefailleerde verricht.

– 2. De vordering op de gefailleerde wordt zonodig berekend naar de regels in de artikelen 130 en 131 gesteld.

– 3. De curator kan geen beroep doen op artikel 136 van Boek 6 van het Burgerlijk Wetboek. (Fw 234; BW 6: 127 v., 130)

Art. 54

– 1. Niettemin is degene die een schuld aan de gefailleerde of een vordering op de gefailleerde vóór de faillietverklaring van een derde heeft overgenomen, niet bevoegd tot verrekening, indien hij bij de overneming niet te goeder trouw heeft gehandeld.

– 2. Na de faillietverklaring overgenomen vorderingen of schulden kunnen niet worden verrekend. (Fw 204, 235; BW 6: 155 v.)

Art. 55

De schuldenaar van de gefailleerde die zijn schuld wil verrekenen met een vordering aan order of toonder, is gehouden te bewijzen dat hij het papier reeds op het ogenblik der faillietverklaring te goeder trouw had verkregen. (Fw 123, 234; BW 3: 118)

Art. 56

Hij die met de gefailleerde deelgenoot is in een gemeenschap waarvan tijdens het faillissement een verdeling plaatsvindt, kan toepassing van artikel 184, eerste lid, van Boek 3 van het Burgerlijk Wetboek verlangen, ook als de schuld van de gefailleerde aan de gemeenschap er een is onder een nog niet vervulde opschortende voorwaarde. De artikelen 130 en 131 zijn van toepassing. (Fw 63, 234; BW 3: 178)

Art. 57

– 1. Pand- en hypotheekhouders kunnen hun recht uitoefenen, alsof er geen faillissement was. (BW 3: 268, 270[1], 273, 274)

– 2. Bij de verdeling kunnen uit eigen hoofde mede de beperkt gerechtigden opkomen, wier recht vóór de faillietverklaring was gevestigd, maar door de executie door een pand- of hypotheekhouder is vervallen, voor hun recht op schadevergoeding, bedoeld in artikel 282 van Boek 3 van het Burgerlijk Wetboek.

– 3. Bij de verdeling van de opbrengst oefent de curator ten behoeve van de boedel mede de rechten uit, die de wet aan beslagleggers op het goed toekent. Hij is gehouden mede de belangen te behartigen van de bevoorrechte schuldeisers die in rang boven de voormelde pand- en hypotheekhouders en beperkt gerechtigden gaan. (Fw 23, 68, 69; BW 3: 236 v., 260 v., 270, 272, 284 v.)

– 4. Zo een rangregeling nodig is, wordt deze verzocht aan de voorzieningenrechter van de rechtbank waarvan de rechter-commissaris in het faillissement lid is. De verdeling geschiedt ten overstaan van deze rechter-commissaris op de wijze voorgeschreven in het Wetboek van Burgerlijke Rechtsvordering. (Fw 58, 59a, 110, 132, 180, 182, 188; Rv 481, 552)

Art. 58

– 1. De curator kan de pand- en hypotheekhouders een redelijke termijn stellen om tot uitoefening van hun rechten overeenkomstig het vorige artikel over te gaan. Heeft de pand- of hypotheekhouder het onderpand niet binnen deze termijn verkocht, dan kan de curator de goederen opeisen en met toepassing van de artikelen 101 of 176 verkopen, onverminderd het recht van de pand- en hypotheekhouders op de opbrengst. De rechter-commissaris is bevoegd de termijn op verzoek van de pand- of hypotheekhouder een of meer malen te verlengen. (Fw 188; BW 3: 268)

– 2. De curator kan een met pand of hypotheek bezwaard goed tot op het tijdstip van de verkoop lossen tegen voldoening van hetgeen waarvoor het pand- of hypotheekrecht tot zekerheid strekt, alsmede van de reeds gemaakte kosten van executie. (Fw 59a; BW 3: 249[2])

Art. 59

Indien de opbrengst niet toereikend is om een pand- of hypotheekhouder of een dergenen wier beperkt recht door de executie is vervallen, te voldoen, kan hij voor het ontbrekende als concurrent schuldeiser in de boedel opkomen. (Fw 57, 58, 59a, 110[1], 180[2])

Art. 59a

– 1. De artikelen 57-59 zijn niet van toepassing wanneer de hypotheek rust op een luchtvaartuig dat teboekstaat in het register, bedoeld in artikel 1302 van Boek 8 van het Burgerlijk Wetboek, of in een verdragsregister als bedoeld in artikel 1300 onder d van Boek 8 van het Burgerlijk Wetboek.

– 2. Hypotheekhouders wier rechten rusten op luchtvaartuigen als bedoeld in het vorige lid, en andere schuldeisers die op grond van artikel 1317 van Boek 8 van het Burgerlijk Wetboek

een voorrecht op het luchtvaartuig hebben, kunnen hun recht uitoefenen, alsof er geen faillissement was. Artikel 57, tweede en derde lid, is van overeenkomstige toepassing.
– 3. De curator kan deze schuldeisers een redelijke termijn stellen om tot uitoefening van hun rechten overeenkomstig het vorige lid over te gaan. Heeft de schuldeiser het luchtvaartuig niet binnen deze termijn verkocht, dan kan de curator het luchtvaartuig verkopen. De rechter-commissaris is bevoegd de termijn op verzoek van de schuldeiser een of meer malen te verlengen. (Fw 67², 182)
– 4. Op verkoop door de curator zijn de artikelen 584d en 584f-584q van het Wetboek van Burgerlijke Rechtsvordering van overeenkomstige toepassing, met dien verstande dat de curator wordt aangemerkt als beslaglegger uit hoofde van een vordering die niet van enige voorrang is voorzien, en dat met het vonnis van faillietverklaring wordt gehandeld als voorgeschreven voor het proces-verbaal van beslag.
– 5. De rechter-commissaris kan in het faillissement kan in dat geval bepalen dat een door hem vast te stellen gedeelte van de algemene faillissementskosten als kosten van de executie in de zin van artikel 584 n van het Wetboek van Burgerlijke Rechtsvordering zal gelden.
– 6. De curator kan het luchtvaartuig tot op het tijdstip van de verkoop lossen tegen voldoening van het daarop verschuldigde, alsmede van de reeds gemaakte kosten van executie.
– 7. Artikel 59 is van overeenkomstige toepassing.

Art. 60

Retentierecht

– 1. De schuldeiser die retentierecht heeft op een aan de schuldenaar toebehorende zaak, verliest dit recht niet door de faillietverklaring. (BW 3: 290-295; 6: 53)
– 2. De zaak kan door de curator worden opgeëist en met toepassing van artikel 101 of 176 worden verkocht, onverminderd de voorrang, aan de schuldeiser in artikel 292 van Boek 3 van het Burgerlijk Wetboek toegekend. De curator kan ook, voor zover dit in het belang is van de boedel, de zaak in de boedel terugbrengen door voldoening van de vordering waarvoor het retentierecht kan worden uitgeoefend. (Fw 68²)
– 3. De schuldeiser kan de curator een redelijke termijn stellen om tot toepassing van het vorige lid over te gaan. Heeft de curator de zaak niet binnen deze termijn verkocht, dan kan de schuldeiser haar verkopen met overeenkomstige toepassing van de bepalingen betreffende parate executie door een pandhouder of, als het een registergoed betreft, die betreffende parate executie door een hypotheekhouder. De rechter-commissaris is bevoegd de termijn op verzoek van de curator een of meer malen te verlengen. (Fw 67; BW 3: 248 v., 268 v.)
– 4. Betreft het een registergoed, dan dient de schuldeiser, op straffe van verval van het recht van parate executie, binnen veertien dagen na het verstrijken van de in het vorige lid bedoelde termijn, aan de curator bij exploit aan te zeggen dat hij tot executie overgaat, en dit exploit in de openbare registers te doen inschrijven. (BW 3: 24; Fw 110, 113, 119¹, 132)

Art. 60a

Onbelaste uitwinning

– 1. Indien tot het vermogen van de gefailleerde onder bewind staande goederen behoren en zich schuldeisers ter verificatie hebben aangemeld, die deze goederen onbelast met het bewind kunnen uitwinnen, zal de curator deze goederen van de bewindvoerder opeisen, onder zijn beheer nemen en te gelde maken, voor zover dit voor de voldoening van deze schuldeisers uit de opbrengst nodig is. Door de opeising eindigt het bewind over het goed. De opbrengst wordt overeenkomstig deze wet onder deze schuldeisers verdeeld, voor zover zij zijn geverifieerd. De curator draagt hetgeen na deze verdeling van de opbrengst over is, aan de bewindvoerder af, tenzij de andere schuldeisers de onder bewind staande goederen onder de last van het bewind kunnen uitwinnen in welk geval het restant overeenkomstig deze wet onder deze laatste schuldeisers verdeeld wordt. (Fw 68)
– 2. Indien zich slechts schuldeisers ter verificatie hebben aangemeld die de goederen onder de last van het bewind kunnen uitwinnen, worden deze goederen door de curator overeenkomstig de artikelen 101 of 176 onder die last verkocht. (Fw 182¹)
– 3. Buiten de gevallen, bedoeld in de vorige leden, blijven de onder bewind staande goederen buiten het faillissement en wordt slechts aan de curator uitgekeerd wat de goederen netto aan vruchten hebben opgebracht. (Fw 21⁶, 60b)
– 4. De bewindvoerder is te allen tijde, zodra de curator dit verlangt, verplicht aan deze rekening en verantwoording af te leggen.

Art. 60b

Beheer en vereffening van goederen

– 1. Zijn krachtens het vorige artikel goederen buiten het faillissement gebleven en heeft de bewindvoerder opgehouden de schuldeisers te betalen die deze goederen onbelast met bewind kunnen uitwinnen, dan kan de faillietverklaring heeft uitgesproken op verzoek van ieder van deze schuldeisers die niet in het faillissement kan opkomen, de curator opdragen ook het beheer van deze goederen op zich te nemen en voor de vereffening te hunnen behoeve zorg te dragen.

7 Fw Titel I

– 2. De bepalingen betreffende faillietverklaring en faillissement zijn van overeenkomstige toepassing.

Art. 61

Echtgenoot of geregistreerde partner van gefailleerde

– 1. De echtgenoot of geregistreerde partner van de gefailleerde neemt alle goederen die hem toebehoren en niet in de huwelijksgemeenschap onderscheidenlijk de gemeenschap van het geregistreerd partnerschap vallen, terug.

– 2. De aanbrengst van de bij huwelijkse voorwaarden of bij voorwaarden van geregistreerd partnerschap buiten de gemeenschap gehouden rechten aan toonder en zaken die geen registergoederen zijn, kan slechts worden bewezen zoals bij artikel 130 van Boek 1 van het Burgerlijk Wetboek ten opzichte van derden is voorgeschreven.

– 3. Van de aan de echtgenoot of geregistreerde partner van de gefailleerde opgekomen rechten aan toonder en zaken die geen registergoederen zijn, ten aanzien waarvan bij uiterste wilsbeschikking van de erflater of bij de gift is bepaald dat zij buiten de gemeenschap vallen, moet, in geval van geschil, door beschrijving of bescheiden blijken. Hetzelfde geldt voor zodanige rechten en zaken, hem staande huwelijk of geregistreerd partnerschap bij erfenis, legaat of schenking opgekomen, die ingevolge de huwelijkse voorwaarden onderscheidenlijk de voorwaarden van geregistreerd partnerschap buiten de gemeenschap vallen.

– 4. De goederen, voortgesproten uit de belegging of wederbelegging van gelden aan de echtgenoot of geregistreerde partner van de gefailleerde buiten de gemeenschap toebehorende, worden insgelijks door die echtgenoot onderscheidenlijk geregistreerd partner teruggenomen, mits de belegging of wederbelegging, in geval van geschil, door voldoende bescheiden, ten genoege van de rechter, zij bewezen.

– 5. Indien de goederen aan de echtgenoot of geregistreerde partner van de gefailleerde toebehorende, door de gefailleerde zijn vervreemd, doch de koopprijs nog niet is betaald, of wel de kooppenningen nog onvermengd met de failliete boedel aanwezig zijn, kan de echtgenoot onderscheidenlijk geregistreerde partner zijn recht van terugneming op die koopprijs of op de voorhanden kooppenningen uitoefenen.

– 6. Voor zijn persoonlijke schuldvorderingen treedt de echtgenoot of geregistreerde partner van de gefailleerde als schuldeiser op. (Fw 229²; BW 1: 93 v., 121, 148)

Art. 62

Vervallen.

Art. 63

Gemeenschap van goederen

– 1. Het faillissement van de persoon die in enige gemeenschap van goederen gehuwd is of in enige gemeenschap van goederen een geregistreerd partnerschap is aangegaan, wordt als faillissement van die gemeenschap behandeld. Het omvat, behoudens de uitzonderingen van artikel 21, alle goederen, die in de gemeenschap vallen, en strekt ten behoeve van alle schuldeischers, die op de goederen der gemeenschap verhaal hebben. Goederen die de gefailleerde buiten de gemeenschap heeft, strekken slechts tot verhaal van schulden die daarop verhaald zouden kunnen worden, indien er generlei gemeenschap was. (Fw 105²)

– 2. Bij het faillissement van een schuldenaar die in gemeenschap van goederen gehuwd is of die in gemeenschap van goederen een geregistreerd partnerschap is aangegaan, zijn de bepalingen van deze wet omtrent handelingen door de schuldenaar verricht, toepasselijk op de handelingen waardoor de gemeenschap wettig verbonden is, onverschillig wie van de echtgenoten onderscheidenlijk van de geregistreerde partners deze verrichtte. (BW 1: 80a v., 93 v., 114 v.; Fw 42 v.)

Art. 63a

Afkoelingsperiode

– 1. De rechter-commissaris kan op verzoek van elke belanghebbende of ambtshalve bij schriftelijke beschikking bepalen dat elke bevoegdheid van derden tot verhaal op tot de boedel behorende goederen of tot opeising van goederen die zich in de macht van de gefailleerde of de curator bevinden, voor een periode van ten hoogste één maand niet dan met zijn machtiging kan worden uitgeoefend. De rechter-commissaris kan deze periode éénmaal voor ten hoogste één maand verlengen.

– 2. De rechter-commissaris kan zijn beschikking beperken tot bepaalde derden en voorwaarden verbinden zowel aan zijn beschikking als aan de machtiging van een derde tot uitoefening van een aan deze toekomende bevoegdheid.

– 3. Gedurende de in het eerste lid bedoelde perioden lopen aan of door de derden ter zake van hun bevoegdheid gestelde termijnen voort, voor zover dit redelijkerwijze noodzakelijk is om de derde dan wel de curator in staat te stellen na afloop van de periode zijn standpunt te bepalen. Degene die de termijn heeft gesteld kan opnieuw een redelijke termijn stellen. (Fw 58, 60³)

– 4. De in de eerste zin van het eerste lid bedoelde beslissing kan ook op verlangen van de aanvrager van het faillissement of van de schuldenaar worden gegeven door de rechter die de faillietverklaring uitspreekt. (Fw 67, 241a; Rv 426)

7 Fw Titel I

Van het bestuur over den faillieten boedel

§ 1. *Van den rechter-commissaris*

Art. 64
De rechter-commissaris houdt toezicht op het beheer en de vereffening van den faillieten boedel. (Fw 14¹, 68¹, 87 v., 173 v., 223a)

Taak rechter-commissaris

Art. 65
Alvorens in eenige zaak, het beheer of de vereffening des faillieten boedels betreffende, eene beslissing te geven, is de rechtbank verplicht den rechter-commissaris te hooren.

Horen rechter-commissaris

Art. 66
– 1. De rechter-commissaris is bevoegd ter opheldering van alle omstandigheden, het faillissement betreffende, getuigen te hooren of een onderzoek van deskundigen te bevelen. (Fw 64, 233b)

Getuigen; deskundigen; verschoning

– 2. De getuigen worden gedagvaard namens den rechter-commissaris. Artikel 177 van het Wetboek van Burgerlijke Rechtsvordering is van overeenkomstige toepassing.

– 3. Bij niet-verschijning of weigering om de eed of getuigenis af te leggen, zijn de artikelen 171, 172, 173, eerste lid, eerste volzin, tweede en derde lid, 174 en 175 van het Wetboek van Burgerlijke Rechtsvordering toepasselijk.

– 4. De echtgenoot of gewezen echtgenoot van de gefailleerde of degene met wie de gefailleerde een geregistreerd partnerschap is of was aangegaan, de kinderen en verdere afkomelingen en de ouders en grootouders van de gefailleerde kunnen zich van het geven van getuigenis verschonen. (Rv 191, 199 v., 222 v.; Sr 192, 2°, 444; Sv 210 v.)

Art. 67
– 1. Van alle beschikkingen van de rechter-commissaris is gedurende vijf dagen hoger beroep op de rechtbank mogelijk, te rekenen vanaf de dag waarop de beschikking is gegeven. De rechtbank beslist na verhoor of behoorlijke oproeping van de belanghebbenden.

Hoger beroep

Niettemin staat geen hoger beroep open van de beschikkingen, vermeld in de artikelen 21, 2° en 4°, 34, 58, eerste lid, 59a, derde lid, 60, derde lid, 73a, tweede lid, 79, 93a, 94, 98, 100, 102, 125, 127, vierde lid, 137a, eerste lid, 174, 175, tweede lid, 176, eerste en tweede lid, 177, 179 en 180.

– 2. In afwijking van het eerste lid vangt in het geval van hoger beroep tegen een machtiging van de rechter-commissaris aan de curator tot opzegging van een arbeidsovereenkomst de termijn van vijf dagen aan op de dag dat de werknemer die het beroep instelt van de machtiging kennis heeft kunnen nemen. Op straffe van vernietigbaarheid wijst de curator de werknemer bij de opzegging op de mogelijkheid van beroep en op de termijn daarvan. Het beroep op de vernietigbaarheid geschiedt door een buitengerechtelijke verklaring aan de curator, en kan worden gedaan gedurende veertien dagen, te rekenen vanaf de dag waarop de arbeidsovereenkomst is opgezegd.

§ 2. *Van den curator*

Art. 68
– 1. De curator is belast met het beheer en de vereffening van den faillieten boedel. (BW 2: 84, 193)

Taak curator; machtiging rechter-commissaris

– 2. Alvorens in rechte op te treden, behalve waar het verificatiegeschillen betreft, alsmede in de gevallen van de artikelen 37, 39, 40, 58, tweede lid, 60, tweede en derde lid, en 60a, eerste lid, behoeft de curator machtiging van den rechter-commissaris. (Fw 25, 27, 28, 49, 67)

Art. 69
– 1. Ieder der schuldeischers, de commissie uit hun midden benoemd en ook de gefailleerde kunnen bij verzoekschrift tegen elke handeling van den curator bij den rechter-commissaris opkomen, of van dezen een bevel uitlokken, dat de curator eene bepaalde handeling verrichte of eene voorgenomen handeling nalate. (Fw 74 v.)

Beroep op rechter-commissaris

– 2. De rechter-commissaris beslist, na den curator gehoord te hebben, binnen drie dagen. (Fw 67, 74, 78)

Art. 70
– 1. Indien meer dan één curator benoemd is, wordt voor de geldigheid hunner handelingen toestemming der meerderheid of bij staking van stemmen eene beslissing van den rechter-commissaris vereischt.

Meer curatoren

– 2. De curator, aan wien bij het vonnis van faillietverklaring een bepaalde werkkring is aangewezen, is binnen de grenzen daarvan zelfstandig tot handelen bevoegd. (Fw 224¹)

213

Art. 71

Salaris curator

– 1. Onverminderd het bepaalde in artikel 15, derde lid, wordt het salaris van den curator in elk faillissement door de rechtbank vastgesteld.

– 2. In geval van akkoord wordt het salaris bij het vonnis van homologatie bepaald. (Fw 138 v., 180[1]; BW 4: 1025[2], 1068[2])

Art. 72

Aansprakelijkheid bij ontbreken machtiging

– 1. Het ontbreken van de machtiging van den rechter-commissaris, waar die vereischt is, of de niet-inachtneming van de bepalingen vervat in de artikelen 78 en 79, heeft, voor zooveel derden betreft, geen invloed op de geldigheid van de door den curator verrichte handeling. De curator is deswege alleen jegens den gefailleerde en de schuldeischers aansprakelijk.

– 2. In afwijking van het eerste lid is de opzegging van een arbeidsovereenkomst door de curator zonder dat de rechter-commissaris daarvoor de machtiging, bedoeld in artikel 68, tweede lid, heeft gegeven, vernietigbaar. Daarnaast is de curator jegens de gefailleerde en de werknemer aansprakelijk. Het beroep op de vernietigbaarheid geschiedt door een buitengerechtelijke verklaring aan de curator, en kan worden gedaan gedurende vijf dagen, te rekenen vanaf de dag waarop de arbeidsovereenkomst is opgezegd. (Fw 68[2], 98, 103, 104; BW 6: 162)

Art. 73

Ontslag; medecurator

– 1. De rechtbank heeft de bevoegdheid den curator te allen tijde, na hem gehoord of behoorlijk opgeroepen te hebben, te ontslaan en door een ander te vervangen, of hem een of meer medecurators toe te voegen, een en ander hetzij op voordracht van den rechter-commissaris, hetzij op een met redenen omkleed verzoek van een of meer schuldeischers, de commissie uit hun midden, of den gefailleerde.

– 2. De ontslagen curator legt rekening en verantwoording van zijn beheer af aan den in zijne plaats benoemden curator. (Fw 78[1] 162, 193[2]; Rv 771 v.)

Art. 73a

Periodiek verslag

– 1. De curator brengt, telkens na verloop van drie maanden, een verslag uit over de toestand van de boedel. De curator legt zijn verslag neder ter griffie van de rechtbank, ter kosteloze inzage van een ieder. De nederlegging geschiedt kosteloos. (Fw 107)

– 2. De termijn, bedoeld in het vorige lid, kan door de rechter-commissaris worden verlengd. (Fw 67[2])

§ 3. Van de commissie uit de schuldeischers

Art. 74

Voorlopige commissie

– 1. Bij het vonnis van faillietverklaring of bij eene latere beschikking kan de rechtbank, zoo de belangrijkheid of de aard des boedels daartoe aanleiding geeft, uit de haar bekende schuldeischers eene voorloopige commissie van een tot drie leden benoemen, ten einde den curator van advies te dienen, zoolang over de benoeming van de in het volgende artikel genoemde commissie geen beslissing is genomen.

– 2. Indien een lid van de voorloopige commissie zijne benoeming niet aanneemt, bedankt of overlijdt, voorziet de rechtbank, uit eene voordracht van een dubbeltal door den rechter-commissaris, in de daardoor ontstane vacature. (Fw 69, 167, 173a[2], 174)

Art. 75

Definitieve commissie

– 1. Hetzij al of niet eene voorloopige commissie uit de schuldeischers is benoemd, raadpleegt de rechter-commissaris op de verificatievergadering de schuldeischers, na afloop van de verificatie, over de benoeming van eene definitieve commissie uit hun midden. Zoo de vergadering deze wenschelijk acht, gaat hij dadelijk tot de benoeming over. Ook deze commissie bestaat uit een tot drie leden.

– 2. Een verslag van het hieromtrent verhandelde wordt in het proces-verbaal der vergadering opgenomen.

– 3. Indien een lid van de definitieve commissie zijne benoeming niet aanneemt, bedankt of overlijdt, voorziet de rechter-commissaris in de daardoor ontstane vacature. (Fw 74, 116 v., 173b[2])

Art. 76

Bevoegdheden commissie

De commissie kan te allen tijde raadpleging van de boeken, bescheiden en andere gegevensdragers, op het faillissement betrekking hebbende, vorderen. De curator is verplicht aan de commissie alle van hem verlangde inlichtingen te verstrekken. (Fw 92, 105, 137)

Art. 77

Vergadering curator en commissie

Tot het inwinnen van het advies der commissie vergadert de curator met haar, zoo dikwijls hij het noodig acht. In deze vergaderingen zit hij voor en voert hij de pen. (Fw 74 v., 78[2])

Art. 78

Verplicht advies

– 1. De curator is verplicht het advies der commissie in te winnen, alvorens eene rechtsvordering in te stellen of eene aanhangige voort te zetten of zich tegen eene ingestelde of aanhangige rechtsvordering te verdedigen, behalve waar het geldt verificatie-geschillen; omtrent het al of niet voortzetten van het bedrijf des gefailleerden; alsmede in de gevallen van de artikelen 37, 39, 40, 58, tweede lid, 73, tweede lid, 100, 101, 175, laatste lid en 177, en in het algemeen omtrent de wijze van vereffening en tegeldemaking van den boedel en het tijdstip en het bedrag der te houden uitdeelingen.

– 2. Dit advies wordt niet vereischt, wanneer de curator de commissie tot het uitbrengen daarvan, met inachtneming van een bekwamen termijn, ter vergadering heeft opgeroepen en er geen advies wordt uitgebracht. (Fw 25, 27, 28, 49¹, 68², 72, 140, 141, 1°, 173a)

Art. 79
De curator is niet gebonden aan het advies der commissie. Zoo hij zich daarmede niet vereenigt, geeft hij hiervan onmiddellijk kennis aan de commissie, die de beslissing van den rechter-commissaris kan inroepen. Zoo zij verklaart dit te doen, is de curator verplicht de uitvoering van de voorgenomen, met het advies der commissie strijdige, handeling gedurende drie dagen op te schorten. (Fw 67², 69, 72)

Advies niet bindend

§ 4. Van de vergaderingen der schuldeischers
Art. 80
– 1. In de vergaderingen der schuldeischers is de rechter-commissaris voorzitter.
– 2. De tegenwoordigheid van den curator of van iemand, die hem met goedvinden van den rechter-commissaris vervangt, is verplicht. (Fw 116, 141, 178)

Voorzitter, aanwezigheid curator

Art. 81
– 1. Op de vergaderingen van schuldeischers worden de besluiten genomen met volstrekte meerderheid van stemmen der aanwezige schuldeischers. Voor elke € 45 brengt ieder schuldeischer ééne stem uit. Voor vorderingen of overschietende gedeelten van vorderingen, beneden € 45, wordt mede ééne stem uitgebracht. (Fw 145, 146)
– 2. Splitsing van vorderingen, na de faillietverklaring gedaan, doet geen stemrecht verwerven.

Besluitvorming

Art. 82
Stemgerechtigd zijn de erkende en de voorwaardelijk toegelaten schuldeischers, alsmede de toonder eener ten name van 'toonder' geverifieerde schuldvordering. (Fw 121, 125, 130, 134 v.)

Stemrecht

Art. 83
– 1. De schuldeisers kunnen ter vergadering verschijnen in persoon, bij schriftelijk gevolmachtigde of bij procureur.
– 2. Ten behoeve van de schuldeischers, die zich op eene vergadering hebben doen vertegenwoordigen, worden alle oproepingen voor latere vergaderingen en alle kennisgevingen aan den gevolmachtigde gedaan, ten ware zij den curator schriftelijk verzoeken, dat die oproepingen en kennisgevingen aan hen zelve of aan een anderen gevolmachtigde geschieden. (Fw 142, 150³, 168², 178, 183)

Vertegenwoordiging schuldeisers

Art. 84
– 1. Behalve de door deze wet voorgeschreven vergaderingen, wordt er eene vergadering van schuldeischers gehouden, zoo dikwijls de rechter-commissaris dit noodig oordeelt of hem daartoe door de commissie uit de schuldeischers of door ten minste vijf schuldeischers, vertegenwoordigende één vijfde deel der erkende en der voorwaardelijk toegelaten schuldvorderingen, een met redenen omkleed verzoek wordt gedaan. (Fw 74 v., 121, 141, 178)
– 2. In elk geval bepaalt de rechter-commissaris dag, uur en plaats der vergadering, waartoe de stemgerechtigde schuldeischers ten minste tien dagen van te voren door den curator worden opgeroepen, bij advertentie in het nieuwsblad of de nieuwsbladen vermeld in artikel 14 en bij brieven, beide vermeldende het in de vergadering te behandelen onderwerp. (Handelsregisterw. 18)

Overige vergaderingen van schuldeisers

§ 5. Van de rechterlijke beschikkingen
Art. 85
Alle beschikkingen in zaken, het beheer of de vereffening des faillieten boedels betreffende, worden door de rechtbank in het hoogste ressort gewezen, behalve in de gevallen waarin het tegendeel is bepaald. (RO 53, 54, 55, 56², 95)

Geen hoger beroep

Art. 86
Alle beschikkingen in zaken, het beheer of de vereffening des faillieten boedels betreffende, ook die welke niet uitgaan van de rechtbank, zijn uitvoerbaar bij voorraad en op de minuut, tenzij het tegendeel is bepaald. (Fw 4³, 67, 87; Rv 52, 53, 297)

Uitvoerbaar bij voorraad

Van de voorzieningen na de faillietverklaring en van het beheer des curators

Art. 87

Verzekerde bewaring

– 1. De rechtbank kan bij het vonnis van faillietverklaring of te allen tijde daarna, doch in het laatste geval niet dan op voordracht van den rechter-commissaris, of op verzoek van den curator of van een of meer der schuldeischers en na den rechter-commissaris gehoord te hebben, bevelen, dat de gefailleerde, wegens het niet nakomen van verplichtingen welke de wet hem in verband met zijn faillissement oplegt, dan wel wegens gegronde vrees voor het niet nakomen van zodanige verplichtingen, in verzekerde bewaring worde gesteld, hetzij in een huis van bewaring, hetzij in zijne eigene woning onder het opzicht van een ambtenaar, aangesteld voor de uitvoering van de politietaak, of een andere ambtenaar, voor zover die ambtenaar behoort tot een categorie die daartoe door Onze Minister van Justitie is aangewezen.

– 2. Het bevel hiertoe wordt door het Openbaar Ministerie ten uitvoer gelegd.

– 3. Dit bevel is voor niet langer dan dertig dagen geldig, te rekenen van den dag waarop het ten uitvoer is gelegd. Aan het einde van dien termijn kan de rechtbank, op voordracht van den rechter-commissaris of op een verzoek en na verhoor als in het eerste lid bedoeld, het bevel voor ten hoogste dertig dagen verlengen. Daarna kan hetzelfde telkens op dezelfde wijze voor ten hoogste dertig dagen geschieden.

– 4. De in het eerste lid bedoelde ambtenaar die door het Openbaar Ministerie is aangewezen om zijn medewerking te verlenen aan de tenuitvoerlegging van het bevel, is bevoegd elke plaats te betreden, voor zover dat redelijkerwijs voor de vervulling van zijn taak nodig is. (Fw 33³, 88, 106, 168¹)

Art. 88

Ontslag uit bewaring; zekerheidstelling

– 1. De rechtbank heeft de bevoegdheid, op voordracht van den rechter-commissaris, of op verzoek van den gefailleerde, dezen uit de verzekerde bewaring te ontslaan, met of zonder zekerheidstelling, dat hij te allen tijde op de eerste oproeping zal verschijnen.

– 2. Het bedrag der zekerheidstelling wordt door de rechtbank bepaald en komt bij niet-verschijning des gefailleerden ten voordeele des boedels. (Fw 106)

Art. 89

Vervallen.

Art. 90

Overbrenging gefailleerde

– 1. In alle gevallen, waarin de tegenwoordigheid van den gefailleerde bij deze of gene bepaalde werkzaamheid, den boedel betreffende, vereischt wordt, zal hij, zoo hij zich in verzekerde bewaring bevindt, op last van den rechter-commissaris uit de bewaarplaats kunnen worden overgebracht.

– 2. De last hiertoe wordt door het Openbaar Ministerie ten uitvoer gelegd. (Fw 106)

Art. 91

Woonplaats verlaten

Gedurende het faillissement mag de gefailleerde zonder toestemming van den rechter-commissaris zijne woonplaats niet verlaten. (Fw 89, 106)

Art. 92

Bewaring boedel

De curator zorgt, dadelijk na de aanvaarding zijner betrekking, door alle noodige en gepaste middelen voor de bewaring des boedels. Hij neemt onmiddellijk de bescheiden en gegevensdragers, gelden, kleinoodiën, effecten en andere papieren van waarde tegen ontvangbewijs onder zich. Hij is bevoegd de gelden aan den ontvanger voor de gerechtelijke consignatiën in bewaring te geven. (Fw 93³, 95, 102, 103; K 11; Rv 445; Sr 341, 4°, 343, 4°)

Art. 93

Verzegeling

– 1. De curator doet, zoo hij of de rechter-commissaris dit noodig acht, dadelijk den boedel verzegelen door een notaris.

– 2. Buiten de verzegeling blijven, doch worden in het proces-verbaal kortelijk beschreven, de goederen vermeld in de artikelen 21, nr. 1 en 92, alsmede de voorwerpen tot het bedrijf van den gefailleerde vereischt, indien dit wordt voortgezet. (Fw 7, 67, 98; Rv 658 v.)

Art. 93a

Binnentreden

De curator heeft toegang tot elke plaats, voor zover dat redelijkerwijs voor de vervulling van zijn taak nodig is. De rechter-commissaris is bevoegd tot het geven van een machtiging als bedoeld in artikel 2 van de Algemene wet op het binnentreden.

Art. 94

Boedelbeschrijving

– 1. De curator gaat zoo spoedig mogelijk over tot het opmaken van eene beschrijving des faillieten boedels.

– 2. De boedelbeschrijving kan ondershands worden opgemaakt en de waardeering door den curator geschieden, een en ander onder goedkeuring van den rechter-commissaris.

– 3. De leden der voorloopige commissie uit de schuldeischers zijn bevoegd bij de beschrijving tegenwoordig te zijn. (Fw 67², 74, 76; Rv 678 v.)

Art. 95
Van de goederen, vermeld in artikel 21, nr. 1, wordt een staat aan de beschrijving gehecht; die, vermeld in artikel 92, worden in de beschrijving opgenomen.

Staat van goederen buiten faillissement

Art. 96
De curator gaat dadelijk na de beschrijving van den boedel over tot het opmaken van eenen staat, waaruit de aard en het bedrag van de baten en schulden des boedels, de namen en woonplaatsen der schuldeischers, alsmede het bedrag der vorderingen van ieder hunner blijken. (Fw 97, 214[1]; K 8)

Staat van baten en schulden

Art. 97
– 1. Door den curator gewaarmerkte afschriften van de boedelbeschrijving en van den staat, vermeld in het voorgaande artikel, worden ter kostelooze inzage van een ieder nedergelegd ter griffie van de rechtbank van het arrondissement waarin zich de woonplaats, het kantoor of het verblijf van den gefailleerde bevindt, naar gelang de faillietverklaring is uitgesproken door het rechterlijk college van de woonplaats, het kantoor of het verblijf van den gefailleerde.
– 2. De nederlegging geschiedt kosteloos. (Fw 107, 114, 139[1])

Terinzagelegging

Art. 98
De curator is bevoegd het bedrijf van den gefailleerde voort te zetten. Indien er geene commissie uit de schuldeischers is benoemd, heeft hij daartoe de machtiging van den rechter-commissaris noodig. (Fw 67[2], 74[1], 78, 93[3], 173 v.)

Voortzetting bedrijf

Art. 99
– 1. De curator opent krachtens de last bedoeld in artikel 14, de brieven en telegrammen aan de gefailleerde gericht. Die, welke niet op den boedel betrekking hebben, stelt hij terstond aan den gefailleerde ter hand. De administratie der posterijen en der telegrafie is, na van den griffier ontvangen kennisgeving, verplicht den curator de brieven en telegrammen, voor den gefailleerde bestemd, af te geven, totdat de curator of de rechter-commissaris haar van die verplichting ontslaat of zij de kennisgeving ontvangt, bedoeld in artikel 15. De rechterlijke last tot het openen van brieven en telegrammen verliest zijn kracht op het in de vorige zin bedoelde tijdstip waarop de verplichting van de administratie tot afgifte van brieven en telegrammen eindigt.
– 2. Protesten, exploiten, verklaringen en termijnstellingen betreffende de boedel geschieden door en aan de curator. (Fw 14[2]; BW 3: 37, 50, 55[2], 69[4]; 6: 88, 265; K 143, 176, 217)

Poststukken

Art. 100
De curator is bevoegd naar omstandigheden eene door den rechter-commissaris vast te stellen som ter voorziening in het levensonderhoud van den gefailleerde en zijn huisgezin uit te keeren. (Fw 67[2], 78[1], 173)

Uitkering tot levensonderhoud

Art. 101
– 1. De curator is bevoegd goederen te vervreemden, indien en voor zoo ver de vervreemding noodzakelijk is ter bestrijding der kosten van het faillissement, of de goederen niet dan met nadeel voor den boedel bewaard kunnen blijven.
– 2. De bepaling van artikel 176 is toepasselijk. (Fw 78[1])

Vervreemding goederen

Art. 102
– 1. De curator houdt alle gelden, kleinoodiën, effecten en andere papieren van waarde onder zijne onmiddellijke bewaring, tenzij door den rechter-commissaris eene andere wijze van bewaring wordt bepaald.
– 2. Gereede gelden, die voor het beheer niet noodig zijn, worden door den curator belegd ten name van den boedel op de wijze door den rechter-commissaris goed te keuren. (Fw 67[2], 92, 103)

Bewaring; belegging gelden

Art. 103
Over gelden, kleinoodiën, effecten en andere papieren van waarde, die, volgens bepaling van den rechter-commissaris, door een derde worden bewaard, en over belegde gelden mag de curator niet anders beschikken dan door middel van door den rechter-commissaris voor gezien geteekende stukken. (Fw 102)

Beschikking gelden enz.

Art. 104
De curator is, na ingewonnen advies van de commissie uit de schuldeischers, zoo die er is, en onder goedkeuring van den rechter-commissaris, bevoegd vaststellingsovereenkomsten of schikkingen aan te gaan. (Fw 72, 78; BW 7: 900 v.)

Vaststellingsovereenkomst, schikkingen

Art. 105
– 1. De gefailleerde is verplicht voor den rechter-commissaris, den curator of de commissie uit de schuldeischers te verschijnen en dezen alle inlichtingen te verschaffen, zoo dikwijls hij daartoe wordt opgeroepen. (Fw 106; Sr 194)
– 2. Bij een faillissement van een persoon die in gemeenschap van goederen is gehuwd of in gemeenschap van goederen een geregistreerd partnerschap is aangegaan, rust de verplichting

Verschaffen van inlichtingen

7 Fw Titel I

om inlichtingen te geven op ieder van de echtgenoten onderscheidenlijk van de geregistreerde partners voorzover hij gehandeld heeft. (Fw 76, 89)

Art. 106

Toepasselijkheid t.a.v. bestuur, commissarissen

Bij het faillissement van een rechtspersoon zijn de bepalingen van de artikelen 87-91 op de bestuurders, die van artikel 105, eerste lid, op bestuurders en commissarissen toepasselijk. (Fw 2⁶, 117; BW 2: 1, 3, 26, 129, 130¹, 140; Sr 194)

Art. 107

Afschriften

– 1. De griffier is verplicht aan elken schuldeischer op diens verzoek en op diens kosten afschrift te geven van de stukken, die ingevolge eenige bepaling dezer wet ter griffie worden nedergelegd of zich aldaar bevinden.

– 2. Evenzo is de griffier verplicht aan een ieder op diens verzoek en op diens kosten afschrift af te geven van de stukken waarvan een ieder ingevolge enige bepaling van deze wet ter griffie inzage kan verkrijgen. (Fw 73a, 97, 114, 137, 139, 148, 183, 215)

VIJFDE AFDEELING

Van de verificatie der schuldvorderingen

Art. 108

Indiening vorderingen; verificatievergadering

– 1. De rechter-commissaris bepaalt uiterlijk binnen veertien dagen nadat het vonnis van faillietverklaring in kracht van gewijsde is gegaan:

1. den dag, waarop uiterlijk de schuldvorderingen ingediend moeten worden;
2. dag, uur en plaats, waarop de verificatievergadering zal gehouden worden. (Fw 127¹, 173a⁵, 178)

– 2. Tusschen de dagen, onder 1 en 2 vermeld, moeten ten minste veertien dagen verloopen.

Art. 109

Kennisgeving; publicatie

De curator geeft van deze beschikkingen onmiddellijk aan alle bekende schuldeischers bij brieven kennis, en doet daarvan aankondiging in het nieuwsblad of de nieuwsbladen, bedoeld in artikel 14. (Handelsregisterw. 18; Fw 108, 115)

Art. 110

Wijze van indiening

– 1. De indiening der schuldvorderingen geschiedt bij den curator door de overlegging eener rekening of andere schriftelijke verklaring, aangevende den aard en het bedrag der vordering, vergezeld van de bewijsstukken of een afschrift daarvan, en van eene opgave, of op voorrecht, pand, hypotheek of retentierecht aanspraak wordt gemaakt.

– 2. De schuldeischers zijn bevoegd van den curator een ontvangbewijs te vorderen. (Fw 36, 108, 127, 173a, 178, 186, 257)

Art. 111

Onderzoek curator

De curator toetst de ingezonden rekeningen aan de administratie en opgaven van den gefailleerde, treedt, als hij tegen de toelating eener vordering bezwaar heeft, met den schuldeischer in overleg, en is bevoegd van dezen overlegging van ontbrekende stukken alsook inzage van zijn administratie en van de oorspronkelijke bewijsstukken te vorderen. (Fw 105, 110, 173a⁵, 178, 258; K 7 v.)

Art. 112

Voorlopig erkende en betwiste vorderingen

De curator brengt de vorderingen, die hij goedkeurt, op eene lijst van voorloopig erkende schuldvorderingen, en de vorderingen, die hij betwist, op eene afzonderlijke lijst, vermeldende de gronden der betwisting. (Fw 113, 114, 119, 173a⁵, 178)

Art. 113

Voorrecht, pand, hypotheek, retentie

In de lijsten, bedoeld in het vorige artikel, wordt elke vordering omschreven, en aangegeven of zij naar de meening van den curator bevoorrecht of door pand of hypotheek gedekt is, of wel ter zake der vordering retentierecht kan worden uitgeoefend. Betwist de curator alleen den voorrang, of het retentierecht, zoo wordt de vordering op de lijst der voorloopig erkende schuldvorderingen gebracht met aanteekening van deze betwisting en de gronden daarvan. (Fw 57, 119, 143; BW 3: 227 v., 276, 290 v.)

Art. 114

Nederlegging ter inzage

– 1. Van ieder der lijsten, in artikel 112 bedoeld, wordt een afschrift door den curator ter griffie van de rechtbank nedergelegd, om aldaar gedurende de zeven aan de verificatievergadering voorafgaande dagen kosteloos ter inzage te liggen van een ieder.

– 2. De nederlegging geschiedt kosteloos. (Fw 115, 173a⁴·⁵, 173c², 178)

Art. 115

Kennisgeving; oproeping

Van de krachtens artikel 114 gedane nederlegging der lijsten geeft de curator aan alle bekende schuldeischers schriftelijk bericht, waarbij hij eene nadere oproeping tot de verificatie-vergadering voegt en tevens vermeldt of een ontwerp-akkoord door den gefailleerde ter griffie is nedergelegd. (Fw 139)

218

7 Fw Titel I

Art. 116

De gefailleerde woont de verificatie-vergadering in persoon bij, ten einde aldaar alle inlichtingen over de oorzaken van het faillissement en den staat van den boedel te geven, die hem door den rechter-commissaris gevraagd worden. De schuldeischers kunnen den rechter-commissaris verzoeken omtrent bepaalde door hen op te geven punten inlichtingen aan den gefailleerde te vragen. De vragen aan den gefailleerde gesteld en de door hem gegeven antwoorden worden in het proces-verbaal opgeteekend. (Fw 89, 117; Sr 194)

Inlichtingen gefailleerde ter vergadering

Art. 117

Bij het faillissement van een rechtspersoon rust op de bestuurders de verplichting in het vorig artikel de gefailleerde opgelegd. (Fw 106; BW 2: 129, 130[1], 140; Sr 194)

Verplichting bestuurders

Art. 118

Vervallen.

Art. 119

– 1. Op de vergadering leest de rechter-commissaris de lijst der voorloopig erkende en die der door den curator betwiste schuldvorderingen voor. Ieder der op die lijsten voorkomende schuldeischers is bevoegd den curator omtrent elke vordering en hare plaatsing op een der lijsten inlichtingen te vragen, of wel hare juistheid, den beweerden voorrang of het beweerde retentierecht te betwisten, of te verklaren, dat hij zich bij de betwisting van den curator aansluit. (Fw 80, 112, 124)

Behandeling der vorderingen

– 2. De curator is bevoegd op de door hem gedane voorloopige erkenning of betwisting terug te komen, of wel te vorderen, dat de schuldeischer de deugdelijkheid zijner noch door den curator, noch door een der schuldeischers betwiste schuldvordering onder eede bevestige; indien de oorspronkelijke schuldeischer overleden is, zullen de rechthebbenden onder eede moeten verklaren, dat zij te goeder trouw gelooven dat de schuld bestaat en onvoldaan is. (Fw 120; Sr 207)

– 3. Bestaat er behoefte aan verdaging der vergadering, dan wordt deze binnen acht dagen, op het door den rechter-commissaris aan te wijzen tijdstip, zonder nadere oproeping, voortgezet.

Art. 120

– 1. De eed, bedoeld in het tweede lid van het vorige artikel, wordt in persoon of door een daartoe bijzonder gevolmachtigde afgelegd in handen van den rechter-commissaris, hetzij onmiddellijk op de vergadering, hetzij op een lateren door den rechter-commissaris te bepalen dag. De volmacht kan ondershands worden verleend. (BW 3: 60 v.)

Eedsaflegging

– 2. Indien de schuldeischer, aan wien de eed is opgedragen, niet ter vergadering aanwezig is, geeft de griffier hem onmiddellijk kennis van de eedsopdracht en van den voor de eedsaflegging bepaalden dag.

– 3. De rechter-commissaris geeft den schuldeischer eene verklaring van de eedsaflegging, tenzij de eed wordt afgelegd in eene vergadering van schuldeischers, in welk geval van de aflegging aanteekening wordt gehouden in het proces-verbaal dier vergadering.

Art. 121

– 1. De vorderingen, welke niet betwist worden, worden overgebracht op eene in het proces-verbaal op te nemen lijst van erkende schuldeischers. Op het papier aan order en aan toonder wordt door den curator de erkenning aangeteekend. (Fw 82, 134)

Lijst erkende schuldeisers; voorwaardelijke toelating

– 2. De schuldvorderingen, van welke de curator de beëediging heeft gevorderd, worden voorwaardelijk toegelaten, totdat door het al of niet afleggen van den eed, op den bij het eerste lid van artikel 120 bedoelden tijd, over hare toelating definitief zal zijn beslist. (Fw 84[1], 125, 142, 145)

– 3. Het proces-verbaal der vergadering wordt onderteekend door den rechter-commissaris en den griffier.

– 4. De in het proces-verbaal der vergadering opgeteekende erkenning eener vordering heeft in het faillissement kracht van gewijsde zaak. Alleen op grond van bedrog kan de curator vernietiging daarvan vorderen. (Fw 148, 196; Sr 326)

Art. 122

– 1. De rechter-commissaris verwijst, in geval van betwisting, de partijen, zoo hij ze niet kan vereenigen, en voor zoover het geschil niet reeds aanhangig is, naar eene door hem te bepalen terechtzitting van de rechtbank, zonder dat daartoe eene dagvaarding wordt vereischt. (Fw 26, 29, 67, 122a, 126; Rv 126[13])

Renvooiprocedure

– 2. De procureurs, die voor partijen optreden, verklaren dit bij de oproeping der zaak ter terechtzitting. (Rv 133, 137)

– 3. Verschijnt de schuldeischer, die de verificatie vraagt, op de bepaalde terechtzitting niet, dan wordt hij geacht zijne aanvrage te hebben ingetrokken; verschijnt hij, die de betwisting doet, niet, dan wordt hij geacht de betwisting te laten varen en erkent de rechter de vordering. (Rv 75, 76)

---

7 Fw Titel I

– 4. Schuldeischers, die ter verificatie-vergadering geene betwisting hebben gedaan, kunnen in het geding zich niet voegen noch tusschenkomen. (Fw 119[1])

Art. 122a

Schorsing bij homologatie

– 1. Wanneer de betwisting door den curator is gedaan, wordt de loop van het rechtsgeding van rechtswege geschorst door het in kracht van gewijsde gaan van de homologatie van een akkoord in het faillissement, tenzij de stukken van het geding reeds tot het geven van eene beslissing aan den rechter zijn overgelegd, in welk geval de vordering, indien zij wordt erkend, geacht wordt in het faillissement erkend te zijn, terwijl ten aanzien van de beslissing omtrent de kosten van het geding de schuldenaar in de plaats treedt van den curator.

– 2. Het geding wordt hervat in de stand waarin dit zich bij de schorsing bevond doordat een der partijen, met instemming van de andere partij, een daartoe strekkende akte ter rolle neemt, dan wel bij exploot verklaart dat het geding wordt hervat.

– 3. De partij die bij het in het tweede lid bedoelde exploot verklaart dat het geding wordt hervat, roept daarbij de andere partij op tegen de dag waarop zij de zaak ter rolle wil doen dienen. Voor deze oproeping moeten de voor de dagvaarding voorgeschreven termijnen in acht worden genomen. Partijen stellen opnieuw procureur.

– 4. *Vervallen.*

– 5. Wanneer de betwisting is gedaan door een mede-schuldeischer, kan het geding, nadat de homologatie van een akkoord in het faillissement in kracht van gewijsde is gegaan, door partijen worden voortgezet uitsluitend ten einde den rechter te doen beslissen over de proceskosten. (Fw 119, 159 v.)

Art. 123

Bewijs betwiste vordering

De schuldeischer, wiens vordering betwist wordt, is tot staving daarvan tot geen nader of meerder bewijs gehouden, dan hij tegen den gefailleerde zelf zoude moeten leveren. (Fw 55, 119[1], 112 v.)

Art. 124

Kennisgeving betwisting; verwijzing

– 1. Indien de schuldeischer, wiens vordering betwist wordt, niet ter vergadering aanwezig is, geeft de griffier hem onmiddellijk kennis van de gedane betwisting en verwijzing.

– 2. De schuldeischer kan zich in het geding op het ontbreken dier kennisgeving niet beroepen. (Fw 120[2])

Art. 125

Voorwaardelijke toelating, erkenning

Vorderingen, die betwist worden, kunnen door den rechter-commissaris voorwaardelijk worden toegelaten tot een bedrag door hem te bepalen. Wanneer de voorrang betwist wordt, kan deze door den rechter-commissaris voorwaardelijk worden erkend. (Fw 67[2], 82, 84[1], 119 v., 142, 145, 164, 181)

Art. 126

Betwisting door gefailleerde

– 1. Ook de gefailleerde is bevoegd, onder summiere opgaaf zijner gronden, tegen de toelating eener vordering, hetzij voor het geheel, hetzij voor een gedeelte, of tegen de erkenning van den beweerden voorrang, zich te verzetten. In dit geval geschiedt in het proces-verbaal aanteekening van de betwisting en van hare gronden, zonder verwijzing van partijen naar de rechtbank, en zonder dat daardoor de erkenning der vordering in het faillissement wordt verhinderd.

– 2. Betwisting, waarvoor geene gronden worden opgegeven, of welke niet de geheele vordering omvat en toch niet uitdrukkelijk aanwijst, welk deel wordt erkend, en welk betwist, wordt niet als betwisting aangemerkt. (Fw 119 v., 159, 197)

Art. 127

Later ingediende vorderingen

– 1. Vorderingen, na afloop van den in artikel 108, 1°. genoemden termijn, doch uiterlijk twee dagen vóór den dag, waarop de verificatie-vergadering zal worden gehouden, bij den curator ingediend, worden op daartoe ter vergadering gedaan verzoek geverifeerd, indien noch de curator noch een der aanwezige schuldeischers daartegen bezwaar maakt.

– 2. Vorderingen, daarna ingediend, worden niet geverifeerd.

– 3. De bepalingen van het eerste en tweede lid zijn niet toepasselijk, indien de schuldeischer buiten het Rijk in Europa woont en daardoor verhinderd was zich eerder aan te melden.

– 4. In geval van bezwaar, als in het eerste lid bedoeld, of van geschil over het al dan niet aanwezig zijn der verhindering, in het derde lid bedoeld, beslist de rechter-commissaris, na de vergadering te hebben geraadpleegd. (Fw 67[2], 173a[5], 178, 186, 191, 265)

Art. 128

Interesten

Interesten, na de faillietverklaring loopende, kunnen niet geverifeerd worden, tenzij door pand of hypotheek gedekt. In dit geval worden zij pro memorie geverifeerd. Voor zooverre de interesten op de opbrengst van het onderpand niet batig gerangschikt worden, kan de schuldeischer uit deze verificatie geene rechten ontleenen. (Fw 180[2], 260; BW 3: 263; 6: 119, 120)

Art. 129

Eene vordering onder eene ontbindende voorwaarde wordt voor het geheele bedrag geverifieerd, onverminderd de werking der voorwaarde, wanneer zij vervuld wordt. (Fw 260²; BW 6: 21 v.)

Ontbindende voorwaarde

Art. 130

– 1. Eene vordering onder eene opschortende voorwaarde kan geverifieerd worden voor hare waarde op het oogenblik der faillietverklaring.

Opschortende voorwaarde

– 2. Indien de curator en de schuldeischers het niet eens kunnen worden over deze wijze van verificatie, wordt zoodanige vordering voor het volle bedrag voorwaardelijk toegelaten. (Fw 53², 57², 82, 142, 145, 181, 261; BW 6: 21 v.)

Art. 131

– 1. Eene vordering, waarvan het tijdstip der opeischbaarheid onzeker is, of welke recht geeft op periodieke uitkeeringen, wordt geverifieerd voor hare waarde op den dag der faillietverklaring. (BW 6: 40)

Waardebepaling niet-opeisbare vorderingen

– 2. Alle schuldvorderingen, vervallende binnen één jaar na den dag, waarop het faillissement is aangevangen, worden behandeld, alsof zij op dat tijdstip opeischbaar waren. Alle later dan één jaar daarna vervallende schuldvorderingen worden geverifieerd voor de waarde, die zij hebben na verloop van een jaar sedert den aanvang van het faillissement.

– 3. Bij de berekening wordt uitsluitend gelet op het tijdstip en de wijze van aflossing, het kansgenot, waar dit bestaat, en, indien de vordering rentedragend is, op den bedongen rentevoet. (Fw 53², 57², 262; BW 7A: 1809, 1811 v.)

Art. 132

– 1. Schuldeischers, wier vorderingen door pand, hypotheek of retentierecht gedekt of op een bepaald voorwerp bevoorrecht zijn, maar die kunnen aantoonen dat een deel hunner vordering vermoedelijk niet batig gerangschikt zal kunnen worden op de opbrengst der verbonden goederen, kunnen verlangen dat hun voor dat deel de rechten van concurrente schuldeischers worden toegekend met behoud van hun recht van voorrang.

Niet batig gerangschikt gedeelte

– 2. Het bedrag waarvoor pand- en hypotheekhouders batig gerangschikt kunnen worden, wordt bepaald met inachtneming van artikel 483e van het Wetboek van Burgerlijke Rechtsvordering met dien verstande dat voor het tijdstip van het opmaken van de staat in de plaats treedt de aanvang van de dag waarop de faillietverklaring werd uitgesproken. (Fw 57, 60, 113, 143, 180²; BW 3: 227 v., 236, 260 v., 290 v.)

Art. 133

Vorderingen, waarvan de waarde onbepaald, onzeker, niet in Nederlandsch geld of in het geheel niet in geld is uitgedrukt, worden geverifieerd voor hunne geschatte waarde in Nederlandsch geld. (Fw 260²)

Geschatte waarde

Art. 134

Schuldvorderingen aan toonder kunnen ten name van 'toonder' geverifieerd worden. Iedere ten name van 'toonder' geverifieerde vordering wordt als de vordering van een afzonderlijk schuldeischer beschouwd. (Fw 82, 260²)

Verificatie t.n.v. toonder

Art. 135

Vervallen.

Art. 136

– 1. Indien van hoofdelijke schuldenaren een of meer in staat van faillissement verkeeren, kan de schuldeischer in het faillissement van dien schuldenaar, onderscheidenlijk in het faillissement van ieder dier schuldenaren opkomen voor en betaling ontvangen over het geheele bedrag, hem ten tijde der faillietverklaring nog verschuldigd, totdat zijne vordering ten volle zal zijn gekweten.

Hoofdelijke schuldenaren

– 2. Een hoofdelijke schuldenaar kan, zo nodig voorwaardelijk, worden toegelaten voor de bedragen waarvoor hij op de gefailleerde, krachtens hun onderlinge rechtsverhouding als hoofdelijke medeschuldenaren, een vordering heeft verkregen of zal verkrijgen. De toelating geschiedt echter slechts:

a. voor zover de schuldeiser daarvoor zelf niet kan opkomen of, hoewel hij het kan, niet opkomt;

b. voor het geval de schuldeiser gedurende het faillissement voor het gehele bedrag waarvoor hij is opgekomen, wordt voldaan;

c. voor zover om een andere reden de toelating geen voor de concurrente schuldeisers nadelige invloed heeft op de aan hen uit te keren percenten. (Fw 160, 180², 241, 260²; BW 6: 6 v.; 7: 850 v.)

Art. 137

– 1. Na afloop der verificatie brengt de curator verslag uit over den stand van den boedel, en geeft hij daaromtrent alle door de schuldeischers verlangde inlichtingen. Het verslag wordt,

Verslag; proces-verbaal verificatievergadering

221

met het proces-verbaal der verificatie-vergadering, na afloop dier vergadering ter griffie nedergelegd ter kosteloze inzage van een ieder. De nederlegging geschiedt kosteloos.
– 2. Zoowel de curator, als de schuldeischers en de gefailleerde kunnen na de nederlegging van het proces-verbaal, aan de rechtbank verbetering daarvan verzoeken, indien uit de stukken zelve blijkt dat in het proces-verbaal een vergissing is geslopen. (Fw 75, 107)

VIJFDE AFDELING A

Vereenvoudigde afwikkeling van faillissement
Art. 137a
– 1. Indien aannemelijk is dat de beschikbare baten niet voldoende zijn om daaruit de concurrente vorderingen geheel of gedeeltelijk te voldoen, kan de rechter-commissaris op verzoek van de curator dan wel ambtshalve bepalen dat afhandeling van concurrente vorderingen achterwege blijft en dat geen verificatievergadering wordt gehouden.
– 2. De curator geeft van de in het eerste lid bedoelde beschikking onmiddellijk aan alle bekende schuldeisers bij brieven kennis en doet daarvan aankondiging in het nieuwsblad of de nieuwsbladen, bedoeld in artikel 14.
– 3. Ingeval de in het eerste lid bedoelde beschikking is gegeven, is deze afdeling van toepassing. De vijfde afdeling vindt geen toepassing op concurrente vorderingen. Op niet-concurrente vorderingen zijn de artikelen 128 tot en met 136 van de vijfde afdeling van overeenkomstige toepassing. De zesde en de zevende afdeling vinden geen toepassing, tenzij hierna anders is bepaald.

Art. 137b
– 1. De curator gaat na welke vorderingen bevoorrecht zijn of door pand, hypotheek of retentierecht gedekt zijn.
– 2. Indien de curator een vordering dan wel de aan een vordering verbonden voorrang betwist, geeft hij de desbetreffende schuldeiser daarvan bericht en treedt hij met hem in overleg ter regeling van dit geschil.
– 3. Indien de curator geen overeenstemming bereikt met de in het vorige lid bedoelde schuldeiser, legt hij het geschil aan de rechter-commissaris voor. Artikel 122, eerste, tweede en derde lid, is van overeenkomstige toepassing.
– 4. De gefailleerde is bevoegd zijn bezwaren tegen een vordering dan wel tegen de aan een vordering verbonden voorrang aan de curator kenbaar te maken, die, als hij de bezwaren niet kan wegnemen, deze aan de rechter-commissaris voorlegt. Artikel 126 is van overeenkomstige toepassing.

Art. 137c
– 1. De curator gaat over tot tegeldemaking van de boedel. De artikelen 175, tweede lid, 176 en 177 zijn van overeenkomstige toepassing.
– 2. De curator maakt een uitdelingslijst op. De lijst houdt in een staat van de ontvangsten en uitgaven (daaronder begrepen het salaris van de curator), de namen van de schuldeisers die een bevoorrechte of door pand, hypotheek of retentierecht gedekte vordering hebben, het bedrag van ieders vordering en de daarop te ontvangen uitkering.
– 3. Voor de vorderingen waarover een geschil als bedoeld in artikel 122 aanhangig is, trekt de curator op de lijst percenten over het volle bedrag uit, alsmede percenten voor in verband daarmee nog aan te wenden kosten. Artikel 194 is van overeenkomstige toepassing.

Art. 137d
– 1. De curator legt de uitdelingslijst ter goedkeuring aan de rechter-commissaris voor.
– 2. De curator legt een afschrift van de door de rechter-commissaris goedgekeurde lijst alsmede een verslag over de toestand van de boedel ter griffie van de rechtbank neder om aldaar gedurende tien dagen kosteloos ter inzage te liggen voor een ieder.
– 3. Van de nederlegging doet de curator aankondiging in het nieuwsblad of de nieuwsbladen, bedoeld in artikel 14, derde lid.
– 4. De curator geeft daarvan schriftelijk bericht aan alle bekende schuldeisers, met mededeling dat de uitdelingslijst geen betrekking heeft op concurrente vorderingen.
– 5. Artikel 182 is van overeenkomstige toepassing.

Art. 137e
– 1. Gedurende de in artikel 137d, tweede lid, genoemde termijn kan iedere schuldeiser in verzet komen tegen de ter griffie nedergelegde uitdelingslijst door inlevering van een met redenen omkleed bezwaarschrift ter griffie; hem wordt door de griffier een bewijs van ontvangst gegeven.
– 2. Het bezwaarschrift wordt als bijlage bij de uitdelingslijst gevoegd.
– 3. Het verzet door een concurrente schuldeiser kan niet worden gegrond op het enkele feit

dat zijn vordering niet op de ter griffie nedergelegde uitdelingslijst is geplaatst.
- 4. De artikelen 185 en 187 zijn van overeenkomstige toepassing.

Art. 137f
- 1. Na afloop van de termijn, genoemd in artikel 137*d*, tweede lid, of, indien verzet is gedaan, nadat de beschikking op het verzet in kracht van gewijsde is gegaan, gaat de curator over tot het doen van de vastgestelde uitkering.
- 2. De artikelen 188, 189, 190, 192 en 193 zijn van overeenkomstige toepassing.

Art. 137g
- 1. Indien tijdens de vereffening baten opkomen die van zodanige omvang zijn dat uit de opbrengst daarvan ook concurrente vorderingen geheel of gedeeltelijk kunnen worden voldaan, bepaalt de rechter-commissaris dat alsnog een verificatievergadering wordt gehouden en stelt daartoe dag, uur en plaats vast, alsmede de dag waarop uiterlijk de vorderingen ingediend moeten worden. Artikel 108, tweede lid, is van toepassing.
- 2. De curator geeft van de in het vorige lid genoemde beschikking onmiddellijk aan alle bekende schuldeisers kennis en doet daarvan aankondiging in het nieuwsblad of de nieuwsbladen, bedoeld in artikel 14, derde lid.
- 3. De vijfde, zesde en zevende afdeling zijn van toepassing.

ZESDE AFDEELING

Van het akkoord

Art. 138
De gefailleerde is bevoegd aan zijne gezamenlijke schuldeischers een akkoord aan te bieden. (Fw 50, 170, 202)

Aanbieding akkoord

Art. 139
- 1. Indien de gefailleerde een ontwerp van akkoord, ten minste acht dagen vóór de vergadering tot verificatie der schuldvorderingen, ter griffie van de rechtbank heeft nedergelegd, ter kostelooze inzage van een ieder, wordt daarover in die vergadering na afloop der verificatie dadelijk geraadpleegd en beslist, behoudens de bepaling van artikel 141.
- 2. Een afschrift van het ontwerp van akkoord moet, gelijktijdig met de nederlegging ter griffie, worden toegezonden aan den curator en aan ieder der leden van de voorloopige commissie uit de schuldeischers. (Fw 107, 108, 115, 253)

Behandeling ontwerpakkoord

Art. 140
De curator en de commissie uit de schuldeischers zijn verplicht ieder afzonderlijk ter vergadering een schriftelijk advies over het aangeboden akkoord te geven.

Schriftelijk advies over akkoord

Art. 141
De raadpleging en beslissing worden tot eene volgende door den rechter-commissaris op ten hoogste drie weken later te bepalen vergadering uitgesteld:
1°. indien staande de vergadering eene definitieve commissie uit de schuldeischers is benoemd, niet bestaande uit dezelfde personen als de voorloopige, en de meerderheid der verschenen schuldeischers van haar een schriftelijk advies over het aangeboden akkoord verlangt;
2°. indien het ontwerp van akkoord niet tijdig ter griffie is neêrgelegd en de meerderheid der verschenen schuldeischers zich voor uitstel verklaart. (Fw 13 lid 2, 75, 139 lid 1)

Uitstel behandeling

Art. 142
Wanneer de raadpleging en stemming over het akkoord, ingevolge de bepalingen van het voorgaande artikel, worden uitgesteld tot eene nadere vergadering, wordt daarvan door den curator onverwijld aan de niet op de verificatie-vergadering verschenen, erkende of voorwaardelijk toegelaten schuldeischers kennis gegeven, bij brieven vermeldende den summieren inhoud van het akkoord. (Fw 83)

Kennisgeving van uitstel

Art. 143
- 1. Van de stemming over het akkoord zijn uitgesloten de schuldeisers aan wier vordering voorrang verbonden is daaronder begrepen diegenen, wier voorrang betwist wordt, tenzij zij, vóór den aanvang der stemming, van hun voorrang ten behoeve van den boedel afstand mochten doen.
- 2. Deze afstand maakt hen tot concurrente schuldeischers, ook voor het geval het akkoord niet mocht worden aangenomen. (Fw 57, 113, 119, 132, 257[2]; BW 3: 277-282)

Stemrecht

Art. 144
De gefailleerde is bevoegd tot toelichting en verdediging van het akkoord op te treden en het, staande de raadpleging, te wijzigen. (Fw 152[2], 265[1])

Toelichting, verdediging, wijziging

Art. 145
Tot het aannemen van het akkoord wordt vereischt de toestemming van twee derde der erkende en der voorwaardelijk toegelaten concurrente schuldeischers, welke drie vierde van het

Vereiste meerderheid

bedrag der door geen voorrang gedekte erkende en voorwaardelijk toegelaten schuldvorderingen vertegenwoordigen. (Sr 345; Fw 81 v., 125, 130, 134, 143, 218², 268)

Art. 146

Tweede stemming

Indien twee derde der ter vergadering verschenen schuldeischers, meer dan de helft van het gezamenlijk bedrag der schuldvorderingen, waarvoor stemrecht kan worden uitgeoefend, vertegenwoordigende, in het akkoord bewilligen, zal ten hoogste acht dagen later eene tweede stemming gehouden worden, zonder dat daartoe eene nadere oproeping vereischt wordt. Bij deze stemming is niemand gebonden aan zijne de eerste maal uitgebrachte stem. (Fw 81, 118, 143, 268²)

Art. 147

Aanneming of verwerping definitief

Latere veranderingen, in het getal der schuldeischers of in het bedrag der vorderingen, hebben geen invloed op de geldigheid van de aanneming of verwerping van het akkoord. (Fw 268²)

Art. 148

Inhoud procesverbaal

– 1. Het proces-verbaal der vergadering vermeldt den inhoud van het akkoord, de namen der verschenen stemgerechtigde schuldeischers, de door ieder hunner uitgebrachte stem, den uitslag der stemming en al wat verder op de vergadering is voorgevallen. Het wordt onderteekend door den rechter-commissaris en den griffier.

– 2. Gedurende acht dagen kan een ieder ter griffie kostelooze inzage van het proces-verbaal verkrijgen. (Fw 107, 121³, 269)

Art. 149

Verzoek verbetering procesverbaal

Zoowel de schuldeischers, die vóór gestemd hebben, als de gefailleerde, kunnen gedurende acht dagen na afloop der vergadering aan de rechtbank verbetering van het proces-verbaal verzoeken, indien uit de stukken zelve blijkt dat het akkoord door den rechter-commissaris ten onrechte als verworpen is beschouwd. (Fw 150²·³, 270)

Art. 150

Homologatie

– 1. Indien het akkoord is aangenomen, bepaalt de rechter-commissaris vóór het sluiten der vergadering de terechtzitting, waarop de rechtbank de homologatie zal behandelen.

– 2. Bij toepassing van artikel 149 geschiedt de bepaling der terechtzitting door de rechtbank in hare beschikking. Van deze beschikking geeft de curator aan de schuldeischers schriftelijk kennis. (Fw 83)

– 3. De terechtzitting zal gehouden worden ten minste acht en ten hoogste veertien dagen na de stemming over het akkoord of, bij toepassing van artikel 149, na de beschikking van de rechtbank. (Fw 145 v., 151 v.)

Art. 151

Indiening bezwaren

Gedurende dien tijd kunnen de schuldeischers aan den rechter-commissaris schriftelijk de redenen opgeven, waarom zij weigering der homologatie wenschelijk achten. (Fw 153³)

Art. 152

Behandeling

– 1. Op den bepaalden dag wordt ter openbare terechtzitting door den rechter-commissaris een schriftelijk rapport uitgebracht, en kan ieder der schuldeischers in persoon, bij schriftelijk gemachtigde of bij procureur de gronden uiteenzetten, waarop hij de homologatie wenscht of haar bestrijdt.

– 2. De gefailleerde is mede bevoegd, tot verdediging zijner belangen op te treden. (Fw 144, 155², 271²)

Art. 153

Weigering homologatie

– 1. Op denzelfden dag, of anders zoo spoedig mogelijk, geeft de rechtbank hare met redenen omkleede beschikking. (Fw 155²)

– 2. Zij zal de homologatie weigeren:

1°. indien de baten des boedels, de som, bij het akkoord bedongen, aanmerkelijk te boven gaan; (Fw 60)

2°. indien de nakoming van het akkoord niet voldoende is gewaarborgd; (Fw 165)

3°. indien het akkoord door bedrog, door begunstiging van een of meer schuldeischers of met behulp van andere oneerlijke middelen is tot stand gekomen, onverschillig of de gefailleerde dan wel een ander daartoe heeft medegewerkt. (Fw 158, Sr 326, 344, 345; BW 3: 44)

– 3. Zij kan ook op andere gronden en ook ambtshalve de homologatie weigeren. (Fw 151, 272)

Art. 154

Hoger beroep

Binnen acht dagen na de beschikking van de rechtbank kunnen, zoo de homologatie is geweigerd, zoowel de schuldeischers, die vóór het akkoord stemden, als de gefailleerde; zoo de homologatie is toegestaan, de schuldeischers, die tegenstemden of bij de stemming afwezig waren, tegen die beschikking in hooger beroep komen. In het laatste geval hebben ook de schuldeischers, die vóór stemden, ditzelfde recht, doch alleen op grond van het ontdekken na de homologatie van handelingen als in artikel 153 onder 3°. genoemd. (Fw 8, v. 272⁵, 281e⁵)

Art. 155

– 1. Het hooger beroep geschiedt bij een verzoekschrift, in te dienen ter griffie van het gerechtshof, dat van de zaak moet kennis nemen. De voorzitter bepaalt terstond dag en uur voor de behandeling, welke zal moeten plaats hebben binnen twintig dagen. Van het hooger beroep wordt door den griffier van het rechtscollege, waarbij het is aangebracht, onverwijld kennis gegeven aan den griffier van de rechtbank, die de beschikking omtrent de homologatie heeft gegeven.

– 2. Op de behandeling van het hooger beroep zijn, met uitzondering van het bepaalde omtrent den rechter-commissaris, artikel 152 en artikel 153, eerste lid, toepasselijk. (Fw 5, 8⁴, 272⁵)

Behandeling

Art. 156

Cassatie wordt binnen dezelfde termijnen en op dezelfde wijze aangeteekend en behandeld. (Fw 12, 272⁵; RO 95; Rv 426 v.)

Cassatie

Art. 157

Het gehomologeerde akkoord is verbindend voor alle geen voorrang hebbende schuldeischers, zonder uitzondering, onverschillig of zij al dan niet in het faillissement opgekomen zijn. (Fw 57, 147, 159 v., 163¹, 273)

Verbindendheid akkoord

Art. 158

Na verwerping of weigering van de homologatie van het akkoord kan de gefailleerde in hetzelfde faillissement geen akkoord meer aanbieden. (Fw 153, 170, 173, 281)

Geen tweede aanbieding

Art. 159

Het in kracht van gewijsde gegane vonnis van homologatie levert, in verband met het proces-verbaal der verificatie, ten behoeve der erkende vorderingen, voor zoover zij niet door den gefailleerde overeenkomstig artikel 126 betwist zijn, een voor tenuitvoerlegging vatbaren titel op tegen den schuldenaar en de tot het akkoord als borgen toegetreden personen. (Fw 107, 121³, 122a, 196, 274)

Executoriale titel

Art. 160

Niettegenstaande het akkoord behouden de schuldeischers al hunne rechten tegen de borgen en andere medeschuldenaren van den schuldenaar. De rechten, welke zij op goederen van derden kunnen uitoefenen, blijven bestaan als ware geen akkoord tot stand gekomen. (Fw 136, 241, 272⁵)

Alleen t.b.v. gefailleerde

Art. 161

Zoodra de homologatie van het akkoord in kracht van gewijsde is gegaan, eindigt het faillissement. De curator draagt zorg voor de bekendmaking daarvan in de in het derde lid van artikel 14 bedoelde bladen. (Fw 50, 122a, 193, 206, 276)

Einde faillissement

Art. 162

– 1. Nadat de homologatie in kracht van gewijsde is gegaan, is de curator verplicht, ten overstaan van den rechter-commissaris rekening en verantwoording aan den schuldenaar te doen. (Fw 73², 193²; Rv 771 v.)

– 2. Indien bij het akkoord geene andere bepalingen deswege zijn gemaakt, geeft de curator aan den schuldenaar tegen behoorlijke kwijting af alle goederen, gelden, boeken en papieren tot den boedel behoorende. (Fw 92)

Rekening en verantwoording

Art. 163

– 1. Het bedrag, waarop geverifieerde schuldeischers, krachtens een erkend voorrecht, aanspraak kunnen maken, alsmede de kosten van het faillissement, moeten in handen van den curator worden gestort, tenzij deswege door den schuldenaar zekerheid wordt gesteld. Zoolang hieraan niet is voldaan, is de curator verplicht alle goederen en gelden tot den boedel behoorende onder zich te houden, totdat dit bedrag en de bedoelde kosten aan de daarop rechthebbenden zijn voldaan.

– 2. Wanneer ééne maand na het in kracht van gewijsde gaan van het vonnis van homologatie is verloopen, zonder dat voormelde storting of de voldoening van een en ander is geschied, zal de curator daartoe overgaan uit de voorhanden baten des boedels.

– 3. Het bedrag in het eerste lid bedoeld, en het deel daarvan, aan ieder schuldeischer krachtens zijn recht van voorrang toe te kennen, wordt desnoodig door den rechter-commissaris begroot. (Fw 121)

Zekerheid voor preferente vorderingen

Art. 164

Voor zooveel betreft vorderingen, waarvan het voorrecht voorwaardelijk erkend is, bepaalt de in het vorige artikel bedoelde verplichting van den schuldenaar zich tot het stellen van zekerheid en is de curator bij gebreke daarvan slechts gehouden tot het reserveeren uit de baten des boedels van het bedrag waarop het voorrecht aanspraak geeft. (Fw 125, 130², 189)

Voorwaardelijk erkende preferentie

Art. 165

Ontbinding van akkoord

– 1. Ontbinding van het gehomologeerde akkoord kan door elken schuldeischer gevorderd worden, jegens wien de schuldenaar in gebreke blijft aan den inhoud daarvan te voldoen. (BW 6: 265 v.)
– 2. Op den schuldenaar rust het bewijs, dat aan het akkoord is voldaan. (Rv 177)
– 3. De rechter kan, ook ambtshalve, den schuldenaar uitstel van ten hoogste ééne maand verleenen, om alsnog aan zijne verplichtingen te voldoen. (Fw 153, 2°, 159, 280¹)

Art. 166

Behandeling

De vordering tot ontbinding van het akkoord wordt op dezelfde wijze aangebracht en beslist, als ten aanzien van het verzoek tot faillietverklaring in de artikelen 4, 6-9 en 12 is voorgeschreven. (Fw 5, 280¹)

Art. 167

Heropening faillissement

– 1. In het vonnis, waarbij de ontbinding van het akkoord wordt uitgesproken, wordt tevens heropening van het faillissement bevolen met benoeming van eenen rechter-commissaris en curator, alsmede van eene commissie uit de schuldeischers, indien er in het faillissement reeds eene geweest is.
– 2. Bij voorkeur zullen daartoe de personen gekozen worden, die vroeger in het faillissement die betrekkingen hebben waargenomen.
– 3. De curator draagt zorg voor de bekendmaking van het vonnis op de wijze in artikel 14, derde lid, voorgeschreven. (Fw 14, 19³, 74, 280)

Art. 168

Toepasselijkheid bepalingen

– 1. De artikelen 13, eerste lid, 15-18 en die, welke vervat zijn in de tweede, derde en vierde afdeeling van dezen titel, zijn bij heropening van het faillissement toepasselijk.
– 2. Evenzoo zijn toepasselijk de bepalingen van de afdeeling over de verificatie der schuldvorderingen, behoudens deze wijziging, dat de verificatie beperkt blijft tot de schuldvorderingen, die niet reeds vroeger geverifieerd werden. (Fw 108 v.)
– 3. Niettemin worden ook de reeds geverifieerde schuldeischers tot bijwoning der verificatie-vergadering opgeroepen en hebben zij het recht de vorderingen, waarvoor toelating verzocht wordt, te betwisten. (Fw 83)

Art. 169

Tussentijdse handelingen

De handelingen, door den schuldenaar in den tijd tusschen de homologatie van het akkoord en de heropening van het faillissement verricht, zijn voor den boedel verbindend, behoudens de toepassing van artikel 42 en volgende zoo daartoe gronden zijn. (Fw 13¹, 23)

Art. 170

Geen tweede aanbieding

– 1. Na de heropening van het faillissement kan niet op nieuw een akkoord aangeboden worden.
– 2. De curator gaat zonder verwijl tot de vereffening over. (Fw 158, 173, 281)

Art. 171

Voldoening akkoordpercentage

– 1. Indien tijdens de heropening jegens eenige schuldeischers reeds geheel of gedeeltelijk aan het akkoord is voldaan, worden bij de verdeeling aan de nieuwe schuldeischers en diegene onder de oude, die nog geene voldoening ontvingen, de bij het akkoord toegezegde percenten, en wordt aan hen, die gedeeltelijke betaling ontvingen, hetgeen aan het toegezegde bedrag nog ontbreekt, vooruitbetaald.
– 2. In hetgeen alsdan nog overschiet, wordt door alle schuldeischers, zoo oude als nieuwe, gelijkelijk gedeeld. (Fw 170², 172, 179)

Art. 172

Toepasselijkheid bepalingen

Het vorige artikel is eveneens toepasselijk, indien de boedel van den schuldenaar, terwijl door hem aan het akkoord nog niet volledig is voldaan, opnieuw in staat van faillissement wordt verklaard.

ZEVENDE AFDEELING

Van de vereffening des boedels

Art. 173

Staat van insolventie

– 1. Indien op de verificatie-vergadering geen akkoord aangeboden of indien het aangeboden akkoord verworpen of de homologatie definitief geweigerd is, verkeert de boedel van rechtswege in staat van insolventie.
– 2. De artikelen 98 en 100 houden op van toepassing te zijn, wanneer vaststaat, dat het bedrijf van den gefailleerde niet overeenkomstig de volgende artikelen zal worden voortgezet of wanneer de voortzetting wordt gestaakt. (Fw 139, 145, 153 v.)

Art. 173a

– 1. Indien ter verificatie-vergadering geen akkoord is aangeboden of indien het aangeboden akkoord is verworpen, kan de curator of een ter vergadering aanwezige schuldeischer voorstellen, dat het bedrijf van den gefailleerde worde voortgezet.

– 2. De commissie uit de schuldeischers, indien deze er is, en, zoo het voorstel is gedaan door een schuldeischer, de curator geven hun advies over dit voorstel. (Fw 74 v., 79)

– 3. Op verlangen van den curator of van een der aanwezige schuldeischers, stelt de rechter-commissaris de beraadslaging en beslissing over het voorstel uit, tot eene op ten hoogste veertien dagen later te bepalen vergadering.

– 4. De curator geeft onverwijld aan de schuldeischers, die niet ter vergadering aanwezig waren, kennis van deze nadere vergadering bij brieven, waarin het ingediend voorstel wordt vermeld en hun tevens de bepaling van artikel 114 wordt herinnerd. (Fw 109)

– 5. Op deze vergadering zal, zoo noodig, tevens de verificatie plaats hebben van de schuldvorderingen, die na afloop van den in artikel 108, n°. 1, bepaalden termijn zijn ingediend en niet reeds ingevolge artikel 127 geverifieerd zijn. De curator handelt ten opzichte van deze vorderingen overeenkomstig de bepalingen van de artikelen 111-114. (Fw 173c³)

Voortzetting bedrijf; nagekomen vorderingen

Art. 173b

– 1. Het voorstel is aangenomen, indien schuldeischers, vertegenwoordigende meer dan de helft der erkende en voorwaardelijk toegelaten schuldvorderingen, welke niet door pand, hypotheek of retentierecht zijn gedekt, zich daarvóór verklaren. (Fw 57, 119, 132, 143)

– 2. In dit geval vindt, indien eene commissie uit de schuldeischers niet bestaat, artikel 75 overeenkomstige toepassing.

– 3. Het proces-verbaal der vergadering vermeldt de namen der verschenen schuldeischers, de door ieder hunner uitgebrachte stem, den uitslag der stemming en al wat verder ter vergadering is voorgevallen.

– 4. Gedurende acht dagen kan een ieder ter griffie kosteloos inzage van het proces-verbaal vragen.

Vereiste meerderheid

Art. 173c

– 1. Indien binnen acht dagen, nadat de homologatie van een akkoord definitief is geweigerd, de curator of een schuldeischer bij den rechter-commissaris een voorstel indient tot voortzetting van het bedrijf van den gefailleerde, zal de rechter-commissaris op door hem terstond te bepalen dag, uur en plaats eene vergadering van schuldeischers beleggen ten einde over het voorstel te doen beraadslagen en beslissen. (Fw 153, 175)

– 2. De curator roept de schuldeischers, ten minste tien dagen vóór de vergadering, op bij brieven, waarin het ingediend voorstel wordt vermeld en hun tevens de bepaling van artikel 114 wordt herinnerd. Bovendien plaatst hij gelijke oproeping in het nieuwsblad of de nieuwsbladen, bedoeld in artikel 14. (Fw 109; Hrgw 18)

– 3. Artikel 173a, lid 2 en 5, alsmede artikel 173b zijn van toepassing.

Vergadering over voortzetting bedrijf

Art. 173d

De curator en de schuldeischers kunnen gedurende acht dagen na afloop der vergadering aan de rechtbank vragen, alsnog te verklaren, dat het voorstel is aangenomen of verworpen, indien uit de stukken zelve blijkt, dat de rechter-commissaris dit ten onrechte als verworpen of aangenomen heeft beschouwd. (Fw 149, 173a-c)

Voorstel ten onrechte verworpen of aangenomen beschouwd

Art. 174

– 1. De rechter-commissaris kan op verzoek van een schuldeischer of van den curator gelasten, dat de voortzetting van het bedrijf worde gestaakt. Op dit verzoek worden gehoord de commissie uit de schuldeischers, indien deze er is, alsmede de curator, als het verzoek niet door hem is gedaan.

– 2. Bovendien kan de rechter-commissaris ieder schuldeischer en den schuldenaar hooren. (Fw 67², 74, 173c, 175)

Staking voortzetting bedrijf

Art. 175

– 1. Indien een voorstel tot voortzetting van het bedrijf niet of niet tijdig wordt gedaan of indien het wordt verworpen, of de voortzetting wordt gestaakt, gaat de curator onmiddellijk over tot vereffening en tegeldemaking van alle baten des boedels, zonder dat daartoe de toestemming of medewerking des gefailleerden noodig is.

– 2. Niettemin kan den gefailleerde eenig huisraad, door den rechter-commissaris aan te wijzen, worden gelaten. (Fw 67²)

– 3. Ook in geval van voortzetting van het bedrijf kunnen baten van den boedel, welke voor de voortzetting niet noodig zijn, worden te gelde gemaakt. (Fw 20 v., 78¹, 173 v.)

Vereffening; huisraad

Art. 176

– 1. De goederen worden in het openbaar of met toestemming van den rechter-commissaris ondershands verkocht. (Fw 101)

Verkoop; retentierecht

7 Fw Titel I

– 2. Over alle niet spoedig of in het geheel niet voor vereffening vatbare baten beschikt de curator op de wijze door den rechter-commissaris goed te keuren. (Fw 58², 60, 67, 78)

Art. 177

Diensten gefailleerde
De curator kan ten behoeve der vereffening van de diensten des gefailleerden gebruik maken, tegen eene door den rechter-commissaris vast te stellen vergoeding. (Fw 67², 78¹)

Art. 178

Vereffeningsvergadering
Nadat de boedel insolvent is geworden, kan de rechter-commissaris, op door hem te bepalen dag, uur en plaats, eene vergadering van schuldeischers beleggen, ten einde hen zoo noodig te raadplegen over de wijze van vereffening des boedels, en zoo noodig de verificatie te doen plaats hebben der schuldvorderingen, die na afloop van den in artikel 108, n°. 1 bepaalden termijn nog zijn ingediend en niet reeds ingevolge artikel 127 geverifieerd zijn. De curator handelt ten opzichte van deze vorderingen overeenkomstig de bepalingen van de artikelen 111-114. Hij roept de schuldeischers, ten minste tien dagen vóór de vergadering, bij brieven op, waarin het onderwerp der vergadering wordt vermeld en hun tevens de bepaling van artikel 114 wordt herinnerd. Bovendien plaatst hij gelijke oproeping in het nieuwsblad of de nieuwsbladen bedoeld in artikel 14. (Fw 67¹, 78, 80 v., 173, 186)

Art. 179

Uitdeling
Zoo dikwijls er, naar het oordeel van den rechter-commissaris, voldoende gereede penningen aanwezig zijn, beveelt deze eene uitdeeling aan de geverifieerde schuldeischers. (Fw 67², 190 v.)

Art. 180

Uitdelingslijst
– 1. De curator maakt telkens de uitdeelingslijst op en onderwerpt die aan de goedkeuring van den rechter-commissaris. De lijst houdt in een staat der ontvangsten en uitgaven (daaronder begrepen het salaris van den curator), de namen der schuldeischers, het geverifieerde bedrag van ieders vordering, benevens de daarop te ontvangen uitkeering.

– 2. Voor de concurrente schuldeisers worden de door den rechter-commissaris te bepalen percenten uitgetrokken. Voor de schuldeisers die voorrang hebben, ongeacht of deze betwist wordt, en die niet reeds overeenkomstig artikel 57 of 60 lid 3 voldaan zijn wordt het bedrag uitgetrokken waarvoor zij batig gerangschikt kunnen worden op de opbrengst der goederen waarop hun voorrang betrekking heeft. Zo dit minder is dan het gehele bedrag van hun vorderingen, worden voor het ontbrekende – zo de goederen waarop hun vordering betrekking heeft nog niet verkocht zijn, voor hun hele vordering – gelijke percenten als voor de concurrente schuldeisers uitgetrokken. (Fw 67, 132, 189 v., 192 v.)

Art. 181

Voorwaardelijk toegelaten vorderingen
Voor de voorwaardelijk toegelaten schuldvorderingen worden op de uitdeelingslijst de percenten over het volle bedrag uitgetrokken. (Fw 121², 125, 130², 136², 188 v.)

Art. 182

Omslag faillissementskosten; separatisten
– 1. De algemene faillissementskosten worden omgeslagen over ieder deel van de boedel, met uitzondering van hetgeen na een executie overeenkomstig artikel 57 of artikel 60, derde lid, tweede zin, toekomt aan de pand- of hypotheekhouders, aan de schuldeisers met retentierecht en aan de beperkt gerechtigden, huurders en pachters wier recht door de executie is vervallen of verloren gegaan, maar met inbegrip van hetgeen krachtens een zodanige executie aan de curator is uitgekeerd ten behoeve van een schuldeiser die boven een of meer van voormelde personen bevoorrecht was.

– 2. De in het vorige lid genoemde uitzondering geldt eveneens ten aanzien van luchtvaartuigen, welke overeenkomstig de bepaling van artikel 59a door een schuldeiser zelf zijn verkocht. (BW 3: 227 v., 236 v., 260 v., 264⁷, 282, 290 v.)

Art. 183

Nederlegging uitdelingslijst
– 1. De door den rechter-commissaris goedgekeurde uitdeelingslijst ligt gedurende tien dagen ter griffie van de rechtbank ter kostelooze inzage van de schuldeischers. (Fw 107, 187⁴)

– 2. *Vervallen.*

– 3. Van de nederlegging wordt door de zorg van den curator aankondiging gedaan in het nieuwsblad of de nieuwsbladen bedoeld in artikel 14, terwijl daarvan bovendien aan ieder der erkende en voorwaardelijk toegelaten schuldeischers schriftelijk kennis wordt gegeven, met vermelding van het voor hen uitgetrokken bedrag. (Fw 184¹, 185¹, 192)

Art. 184

Bezwaar tegen uitdelingslijst
– 1. Gedurende den in het vorige artikel genoemden termijn kan ieder schuldeischer in verzet komen tegen de uitdeelingslijst, door inlevering van een met redenen omkleed bezwaarschrift ter griffie; hem wordt door den griffier een bewijs van ontvangst afgegeven.

– 2. Het bezwaarschrift wordt als bijlage bij de lijst gevoegd.

Art. 185

Behandeling
– 1. Zoo er verzet gedaan is, bepaalt de rechter-commissaris, onmiddellijk na afloop van den termijn van inzage, den dag, waarop het ter openbare terechtzitting behandeld zal worden.

228

Deze beschikking ligt ter griffie ter kostelooze inzage van een ieder. Bovendien doet de griffier daarvan aan de opposanten en den curator schriftelijk mededeeling. De dag van behandeling mag niet later gesteld worden dan veertien dagen na afloop van den termijn van artikel 183.
– 2. Op den bepaalden dag wordt ter openbare terechtzitting door den rechter-commissaris een schriftelijk rapport uitgebracht, en kan de curator en ieder der schuldeischers in persoon, bij schriftelijk gemachtigde of bij procureur de gronden uiteenzetten ter verdediging of bestrijding van de uitdeelingslijst. (Fw 152)
– 3. Op denzelfden dag, of anders zoo spoedig mogelijk, geeft de rechtbank hare met redenen omkleede beschikking.

Art. 186
– 1. Ook een niet-geverifieerde schuldeischer, zoomede een schuldeischer, wiens vordering voor een te laag bedrag is geverifieerd, doch overeenkomstig zijn opgave, kan verzet doen, mits hij uiterlijk twee dagen vóór dien waarop het verzet ter openbare terechtzitting zal behandeld worden, de vordering of het niet-geverifieerde deel der vordering bij den curator indiene, een afschrift daarvan bij het bezwaarschrift voege, en in dit bezwaarschrift tevens verzoek doe om geverifieerd te worden. (Fw 184)

Verzet door niet geverifieerde schuldeiser

– 2. De verificatie geschiedt alsdan op de wijze, bij artikel 119 en volgende voorgeschreven, ter openbare terechtzitting, bestemd voor de behandeling van het verzet en voordat daarmede een aanvang wordt gemaakt.
– 3. Indien dit verzet alleen ten doel heeft als schuldeischer geverifieerd te worden, en er niet tevens door anderen verzet is gedaan, komen de kosten van het verzet ten laste van den nalatigen schuldeischer. (Fw 127, 191)

Art. 187
– 1. Van de beschikking der rechtbank kan binnen acht dagen, nadat zij is gegeven, beroep in cassatie worden ingesteld door den curator en door iederen schuldeischer.

Cassatie; verbindend worden

– 2. Het beroep geschiedt bij een verzoekschrift, in te dienen ter griffie van den Hoogen Raad. De Voorzitter bepaalt terstond dag en uur voor de behandeling, welke zal moeten plaats hebben binnen twintig dagen. De griffier geeft van het beroep onverwijld kennis aan den griffier van de rechtbank, welke de beschikking op het verzet heeft gegeven.
– 3. Het beroep wordt ter openbare terechtzitting behandeld. De curator en alle schuldeischers kunnen aan de behandeling deelnemen.
– 4. Door verloop van den termijn van artikel 183, of, zoo verzet is gedaan, doordat de beschikking op het verzet in kracht van gewijsde is gegaan, wordt de uitdeelingslijst verbindend. (Fw 195)

Art. 188
– 1. Door levering ingevolge verkoop door de curator en de voldoening van de koopprijs gaan alle op het verkochte goed rustende hypotheken teniet en vervallen de beperkte rechten die niet tegen alle geverifieerde schuldeisers ingeroepen kunnen worden.

Doorhaling hypotheken

– 2. De rechter-commissaris geeft desverlangd aan de koper een verklaring af van dit tenietgaan en vervallen. De verklaring kan bij of na de levering in de registers worden ingeschreven. Zij machtigt dan de bewaarder der registers tot doorhaling van de betrokken inschrijvingen.
– 3. Op verkoop, door den curator, van tot den boedel behoorende schepen, is artikel 575 van het Wetboek van Burgerlijke Rechtsvordering toepasselijk. (Fw 57, 67, 132, 180²; BW 3: 7, 273)

Art. 189
– 1. De uitdeeling, uitgetrokken voor een voorwaardelijk toegelaten schuldeischer, wordt niet uitgekeerd, zoolang niet omtrent zijne vordering beslist zal zijn. Blijkt het ten slotte dat hij niets of minder te vorderen heeft, dan komen de voor hem bestemde gelden geheel of ten deele ten bate van de andere schuldeischers.

Voorwaardelijk toegelaten schuldeisers; betwiste voorrang

– 2. Uitdeelingen bestemd voor vorderingen, welker voorrang betwist wordt, worden, voor zooverre zij meer bedragen dan de percenten over de concurrente vorderingen uit te keeren, gereserveerd tot na de uitspraak over den voorrang. (Fw 125, 130², 136², 180², 192, 194)

Art. 190
Indien enig goed met betrekking waartoe een schuldeiser voorrang heeft, wordt verkocht nadat hem ingevolge artikel 179 in verband met het slot van artikel 180, reeds een uitkering is gedaan, wordt hem bij een volgende uitdeling het bedrag waarvoor hij op de opbrengst van dat goed batig gerangschikt is, niet anders uitgekeerd dan onder aftrek van de percenten die hij reeds tevoren over dit bedrag ontving. (Fw 59, 132)

Uitkering onder aftrek ontvangene

Art. 191
– 1. Aan schuldeischers, die, ten gevolge van hun verzuim om op te komen, eerst geverifieerd worden nadat er reeds uitdeelingen hebben plaats gehad, wordt uit de nog voorhanden baten een bedrag, evenredig aan het door de overige erkende schuldeischers reeds genotene, vooruitbetaald.

Uitkering op nagekomen vorderingen

– 2. Indien zij voorrang hebben, verliezen zij dien, voor zooverre de opbrengst van de zaak,

7 Fw Titel I

waarop die voorrang kleefde, bij eene vroegere uitdeelingslijst aan andere schuldeischers bij voorrang is toegekend. (Fw 127, 178, 186³, 265²)

Art. 192

Na afloop van den termijn van inzage, bedoeld bij artikel 183, of na uitspraak van het vonnis op het verzet, is de curator verplicht de vastgestelde uitkeering onverwijld te doen. De uitkeeringen, waarover niet binnen ééne maand daarna is beschikt of welke ingevolge artikel 189 gereserveerd zijn, worden door hem in de kas der gerechtelijke consignatiën gestort. (Fw 187)

Art. 193

– 1. Zoodra aan de geverifieerde schuldeischers het volle bedrag hunner vorderingen is uitgekeerd, of zoodra de slotuitdeelingslijst verbindend is geworden, neemt het faillissement een einde, behoudens de bepaling van artikel 194. Door den curator geschiedt daarvan aankondiging op de wijze bij artikel 14 bepaald.

– 2. Na verloop van eene maand doet de curator rekening en verantwoording van zijn beheer aan den rechter-commissaris.

– 3. De boeken en papieren, door den curator in den boedel gevonden, worden door hem tegen behoorlijk bewijs aan den schuldenaar afgegeven. (Fw 50, 73²; 92, 161, 187⁴, 195, 206; Rv 771)

Art. 194

Indien na de slotuitdeeling ingevolge artikel 189 gereserveerde uitdeelingen aan den boedel terugvallen, of mocht blijken dat er nog baten van den boedel aanwezig zijn, welke ten tijde der vereffening niet bekend waren, gaat de curator, op bevel van de rechtbank, tot vereffening en verdeeling daarvan over op den grondslag van de vroegere uitdeelingslijsten. (Fw 167, 193¹, 195; BW 2: 23)

ACHTSTE AFDEELING

Van den rechtstoestand des schuldenaars na afloop van de vereffening

Art. 195

Door het verbindend worden der slotuitdeelingslijst herkrijgen de schuldeischers voor hunne vorderingen, in zooverre deze onvoldaan zijn gebleven, hunne rechten van executie op de goederen van den schuldenaar. (Fw 33, 187⁴, 193¹; Rv 439 v., 491 v., 563 v.)

Art. 196

De in het vierde lid van artikel 121 bedoelde erkenning eener vordering heeft kracht van gewijsde zaak tegen den schuldenaar; het proces-verbaal der verificatie-vergadering levert voor de daarin als erkend vermelde vorderingen den voor tenuitvoerlegging vatbaren titel op tegen den schuldenaar. (Fw 159, 274; Rv 430)

Art. 197

De bepaling van het vorige artikel geldt niet voor zoover de vordering door den gefailleerde overeenkomstig artikel 126 betwist is. (Fw 159)

NEGENDE AFDEELING

Art. 198-202

Vervallen.

TIENDE AFDEELING

Bepalingen van internationaal recht

Art. 203

Schuldeischers, die na de faillietverklaring hunne vordering geheel of gedeeltelijk afzonderlijk verhaald hebben op in het buitenland zich bevindende, aan hen niet bij voorrang verbonden, goederen van den in Nederland gefailleerden schuldenaar, zijn verplicht het aldus verhaalde aan den boedel te vergoeden. (Fw 20, 251; Rv 431)

Art. 204

– 1. De schuldeischer, die zijne vordering tegen den gefailleerde, geheel of gedeeltelijk, aan een derde overdraagt, ten einde dezen in de gelegenheid te stellen die vordering, geheel of gedeeltelijk, afzonderlijk of bij voorrang te verhalen op in het buitenland zich bevindende goederen van den gefailleerde, is verplicht het aldus verhaalde aan den boedel te vergoeden.

– 2. De overdracht wordt, behoudens tegenbewijs, vermoed met dit doel te zijn geschied, als zij is gedaan met de wetenschap, dat de faillietverklaring reeds was aangevraagd of aangevraagd zou worden. (Fw 54, 205²; 251; BW 6: 95 v.)

Art. 205

– 1. Gelijke verplichting tot vergoeding jegens de boedel rust op hem die zijn vordering of zijn schuld geheel of gedeeltelijk aan een derde overdraagt, die daardoor in staat wordt gesteld in het buitenland een door deze wet niet toegelaten verrekening in te roepen.

– 2. Het tweede lid van het vorige artikel is hier toepasselijk. (Fw 53, 251; BW 6: 95 v., 127 v.)

Cessie tot compensatie

ELFDE AFDEELING

Van rehabilitatie
Art. 206

Nadat het faillissement overeenkomstig de artikelen 161 of 193 geëindigd is, is de schuldenaar of zijn zijne erfgenamen bevoegd een verzoek van rehabilitatie in te leveren bij de rechtbank, die het faillissement heeft berecht. (Fw 5)

Verzoek van rehabilitatie

Art. 207

De schuldenaar of zijne erfgenamen zijn tot dit verzoek niet ontvankelijk, tenzij bij het verzoekschrift zij overgelegd het bewijs, waaruit blijkt, dat alle erkende schuldeischers, ten genoegen van elk hunner, zijn voldaan. (Fw 193, 209²)

Ontvankelijkheid verzoek

Art. 208

Van het verzoek wordt aankondiging gedaan in de *Nederlandsche Staatscourant* en in een of meer door de rechtbank aan te wijzen nieuwsbladen. (Fw 14²)

Publicatie

Art. 209

– 1. Ieder erkend schuldeischer is bevoegd om binnen den tijd van twee maanden na voorschreven aankondiging verzet tegen het verzoek te doen, door inlevering van een met redenen omkleed bezwaarschrift ter griffie; hem wordt door den griffier een bewijs van ontvangst afgegeven.

– 2. Dit verzet zal alleen daarop kunnen gegrond zijn, dat door den verzoeker niet behoorlijk aan het voorschrift van artikel 207 is voldaan. (Fw 10)

Verzet

Art. 210

Na verloop van de voormelde twee maanden zal de rechtbank, om het even of er verzet of geen verzet is gedaan, op de conclusie van het Openbaar Ministerie het verzoek toestaan of weigeren. (Rv 324)

Beslissing

Art. 211

Van de beslissing der rechtbank wordt noch hooger beroep, noch cassatie toegelaten. (RO 53 v.; Fw 85)

Geen rechtsmiddelen

Art. 212

Het vonnis, waarbij de rehabilitatie wordt toegestaan, wordt ter openbare terechtzitting uitgesproken, terwijl mede daarvan aanteekening geschiedt in het in artikel 19 bedoelde register.

Uitspraak; register

AFDELING 11A

Van het faillissement van een kredietinstelling, een financiële instelling, een effecteninstelling of een andere instelling, genoemd in artikel 212a, onder a
Art. 212a

Voor de toepassing van deze afdeling wordt verstaan onder:

a. instelling:

1°. een kredietinstelling als bedoeld in artikel 1, eerste lid, onderdeel *a*, van de Wet toezicht kredietwezen 1992;

2°. een financiële instelling als bedoeld in artikel 1, eerste lid, onderdeel *c*, van de Wet toezicht kredietwezen 1992;

3°. een effecteninstelling als bedoeld in artikel 1, onderdeel *d*, van de Wet toezicht effectenverkeer 1995;

4°. een centrale tegenpartij, indien deze in het kader van deelname aan het systeem op grond van een overboekingsopdracht effectentegoeden verkrijgt;

5°. een overheidsinstantie of onderneming met overheidsgarantie;

6°. een in een staat die niet een lidstaat is van de Europese Unie gevestigde onderneming of instelling die het bedrijf van kredietinstelling of effecteninstelling uitoefent door middel van een bijkantoor in Nederland;

b. systeem:

1°. een door de Minister van Financiën op grond van artikel 212*d* aangewezen systeem;

2°. een formele overeenkomst waarop het recht van een lidstaat van de Europese Unie van toepassing is en die door een andere lidstaat van de Europese Unie als systeem in de zin van richtlijn nr. 98/26/EG van het Europees Parlement en de Raad van de Europese Unie van 19 mei 1998 (*PbEG* L 166) is aangemeld bij de Commissie van de Europese Gemeenschappen;

Definities

c. centrale tegenpartij: een lichaam dat tussen de instellingen die deelnemen aan een systeem, in staat en dat optreedt als de exclusieve tegenpartij van deze instellingen met betrekking tot hun overboekingsopdrachten;

d. afwikkelende instantie: een lichaam dat aan instellingen of centrale tegenpartijen die deelnemen aan systemen, afwikkelingsrekeningen beschikbaar stelt via welke overboekingsopdrachten binnen die systemen worden afgewikkeld;

e. verrekeningsinstituut: een lichaam dat verantwoordelijk is voor de berekening van de netto posities van de instellingen, een eventuele centrale tegenpartij of een eventuele afwikkelende instantie;

f. deelnemer: een instelling, een centrale tegenpartij, een afwikkelende instantie, dan wel een verrekeningsinstituut;

g. indirecte deelnemer: een kredietinstelling als bedoeld in artikel 1, eerste lid, onderdeel *a*, van de Wet toezicht kredietwezen 1992, dan wel een financiële instelling als bedoeld in artikel 1, eerste lid, onderdeel *c*, van de Wet toezicht kredietwezen 1992, die op grond van een overeenkomst met een instelling die deelneemt in een systeem via het systeem een geldsom ter beschikking van een ontvanger kan stellen door middel van een boeking in de rekening van een kredietinstelling, een financiële instelling, een centrale bank of een afwikkelende instantie;

h. centrale bank: een centrale bank van een lidstaat van de Europese Unie, de centrale bank van een andere Staat die partij is bij de Overeenkomst betreffende de Europese Economische Ruimte, dan wel de Europese Centrale Bank;

i. bijkantoor: één of meer onderdelen zonder rechtspersoonlijkheid van een instelling die in een andere staat zijn gevestigd dan die waarin die instelling gevestigd is;

j. effecten: effecten als bedoeld in artikel 1, onderdeel *a*, van de Wet toezicht effectenverkeer 1995;

k. overboekingsopdracht: een opdracht door een deelnemer om door middel van een boeking op de rekeningen van een kredietinstelling, een centrale bank of een afwikkelende instantie een geldsom ter beschikking van een ontvanger te stellen, of iedere opdracht die resulteert in het op zich nemen of het nakomen van een betalingsverplichting zoals gedefinieerd in de regels van het systeem, dan wel een opdracht door een deelnemer om door middel van een boeking in een register of anderszins, de rechten op of de rechten ten aanzien van één of meer effecten over te boeken;

l. insolventieprocedure: elke collectieve maatregel waarin de wetgeving van een lidstaat of van een derde land voorziet, met het oog op de liquidatie of de sanering van de deelnemer indien een dergelijke maatregel gepaard gaat met opschorting van, of oplegging van beperkingen aan overboekingen en betalingen;

m. verrekening: het in één nettovordering of nettoverplichting omzetten van vorderingen en verplichtingen die voortvloeien uit overboekingsopdrachten die een deelnemer geeft aan of ontvangt van, dan wel die deelnemers geven aan of ontvangen van, één of meer andere deelnemers, met als gevolg dat er alleen een nettovordering of een nettoverplichting ontstaat;

n. afwikkelingsrekening: een rekening bij een centrale bank, een afwikkelende instantie of een centrale tegenpartij, die gebruikt wordt voor het houden van geld of effecten en waarmee ook transacties tussen deelnemers aan een systeem worden afgewikkeld.

Art. 212b

Uitzondering 00.00-uurregel

– 1. In afwijking van de artikelen 23 en 35 werkt de faillietverklaring van een instelling niet terug tot aan het begin van de dag waarop zij wordt uitgesproken, ten aanzien van een door die instelling vóór het tijdstip van faillietverklaring van die instelling gegeven overboekingsopdracht, opdracht tot verrekening of enige uit een dergelijke opdracht voortvloeiende betaling, levering, verrekening of andere rechtshandeling die benodigd is om de opdracht volledig in het systeem uit te voeren.

– 2. De artikelen 23, 24, 35, 53, eerste lid, en 54, tweede lid, van deze wet, alsmede artikel 72, aanhef en onder *a*, van boek 3 van het Burgerlijk Wetboek, kunnen niet aan derden worden tegengeworpen ten aanzien van een door een instelling na het tijdstip van faillietverklaring van die instelling gegeven overboekingsopdracht, opdracht tot verrekening of enige uit een dergelijke opdracht voortvloeiende betaling, levering, verrekening of andere rechtshandeling die benodigd is om de opdracht volledig uit te voeren, indien de opdracht in het systeem wordt uitgevoerd op de dag van faillietverklaring en de centrale tegenpartij, de afwikkelende instantie of het verrekeningsinstituut kan aantonen dat deze ten tijde van de uitvoering van de opdracht de faillietverklaring niet kende of behoorde te kennen.

– 3. Het eerste en tweede lid zijn van overeenkomstige toepassing op een goederenrechtelijk zekerheidsrecht dat door een instelling in verband met deelname aan het systeem is gevestigd ten behoeve van een centrale bank of ten behoeve van een andere instelling die deelneemt aan het systeem.

– 4. De rechtbank vermeldt op het vonnis het tijdstip van de faillietverklaring tot op de minuut nauwkeurig.

Art. 212c

– 1. De griffier van de rechtbank stelt De Nederlandsche Bank N.V. terstond in kennis van de faillietverklaring.

Kennisgeving DNB

– 2. De Nederlandsche Bank N.V. stelt daarna terstond de door de Minister van Financiën op grond van artikel 212d aangewezen systemen, alsmede de bevoegde autoriteiten van de overige lidstaten van de Europese Unie en van de andere staten die partij zijn bij de Overeenkomst betreffende de Europese Economische Ruimte, in kennis van de faillietverklaring.

Art. 212d

– 1. De Minister van Financiën kan, De Nederlandsche Bank N.V. gehoord, als systeem aanwijzen een formele overeenkomst tussen drie of meer deelnemers, een afwikkelende instantie, een centrale tegenpartij, een verrekeningsinstituut of een indirecte deelnemer niet meegerekend, met gemeenschappelijke regels en standaardprocedures voor het uitvoeren van overboekingsopdrachten tussen de deelnemers, waarop het recht van toepassing is van een door de deelnemers gekozen lidstaat van de Europese Unie waarin ten minste één van de deelnemers zijn hoofdvestiging heeft.

Aanwijzing systeem

– 2. Indien dit noodzakelijk is met het oog op het vermijden van systeemrisico's, kan de Minister van Financiën, De Nederlandsche Bank N.V. gehoord, als systeem aanwijzen een formele overeenkomst tussen twee deelnemers, een afwikkelende instantie, een centrale tegenpartij, een verrekeningsinstituut of een indirecte deelnemer niet meegerekend, met gemeenschappelijke regels en standaardprocedures voor het uitvoeren van overboekingsopdrachten tussen de deelnemers, waarop het recht van toepassing is van een door de deelnemers gekozen lidstaat waarin ten minste één van de deelnemers zijn hoofdvestiging heeft.

– 3. Aan de beschikking tot aanwijzing als systeem kan de Minister van Financiën voorschriften verbinden.

– 4. Het systeem stelt de Minister van Financiën in kennis van de instellingen die direct of indirect deelnemen aan het systeem, alsmede van elke aanvang of beëindiging van deelname door een instelling aan het systeem.

– 5. Van een beschikking als bedoeld in het eerste lid wordt in de *Staatscourant* mededeling gedaan.

– 6. De Minister van Financiën meldt de aangewezen systemen aan bij de Commissie van de Europese Gemeenschappen.

Art. 212e

Ingeval een insolventieprocedure wordt geopend tegen een instelling, worden de rechten en de verplichtingen die zij uit of in verband met deelname aan dat systeem heeft, bepaald door het recht waardoor dat systeem wordt beheerst.

Toepasselijk recht

Art. 212f

Wanneer, in verband met deelname aan het systeem, ten behoeve van een deelnemer of een centrale bank, dan wel ten behoeve van een derde die namens een deelnemer of een centrale bank optreedt, een goederenrechtelijk zekerheidsrecht is gevestigd op effecten of op rechten ten aanzien van effecten, en deze effecten of rechten ten aanzien van effecten op grond van een wettelijke bepaling zijn opgenomen in een register, rekening of gecentraliseerd effectendepot dat zich bevindt in een lidstaat van de Europese Unie dan wel in een andere staat die partij is bij de Overeenkomst betreffende de Europese Economische Ruimte, wordt de bepaling van de rechten van die personen als houders van goederenrechtelijke zekerheidsrechten ten aanzien van deze effecten beheerst door het recht van die lidstaat, onderscheidenlijk die andere lidstaat.

Goederenrechtelijk zekerheidsrecht

TITEL II

Van surséance van betaling

EERSTE AFDEELING

Van de verleening van surséance van betaling en hare gevolgen

Art. 213

Op verzoek van schuldenaar

– 1. De schuldenaar die voorziet, dat hij met betalen van zijne opeischbare schulden niet zal kunnen voortgaan, kan surséance van betaling aanvragen.

– 2. Surséance van betaling wordt niet verleend aan een natuurlijke persoon die geen zelfstandig beroep of bedrijf uitoefent. (Fw 223, 247; Belg. executieverdrag 24)

Art. 214

Verzoekschrift; ontwerpakkoord

– 1. Hij zal zich daartoe, onder overlegging van een door behoorlijke bescheiden gestaafden staat, als bedoeld in artikel 96, bij verzoekschrift, door hem zelf en zijn procureur onderteekend, wenden tot de rechtbank, aangewezen in artikel 2. (Fw 250a)

– 2. Bij het verzoekschrift kan een ontwerp van akkoord worden gevoegd. (Fw 219⁴, 221³, 252 v., 281a; K 8; Sr 336)

Art. 215

Terinzagelegging; voorlopige verlening

– 1. Het verzoekschrift met bijbehoorende stukken wordt ter griffie van de rechtbank neergelegd, ter kostelooze inzage van een ieder.

– 2. De rechtbank zal dadelijk de gevraagde surséance voorloopig verleenen en een of meer bewindvoerders benoemen, ten einde met den schuldenaar het beheer over diens zaken te voeren. Bovendien beveelt zij, dat de bekende schuldeischers, benevens de schuldenaar, tegen een door haar op korten termijn bepaalden dag, door den griffier bij brieven worden opgeroepen, ten einde, alvorens beslist wordt omtrent het definitief verleenen van de gevraagde surséance, op het verzoekschrift te worden gehoord. Behalve de dag worden uur en plaats der bijeenkomst daarbij vermeld, alsmede of een ontwerp van akkoord bij het verzoekschrift is gevoegd. (Fw 246¹, 249, 250a⁴, 252, 253¹, 281c)

Art. 216

Publicatie

De griffier doet van de indiening van het verzoek, van de voorloopige verleening van surséance, van de naam van de rechter-commissaris zo die is benoemd, van de namen en woonplaatsen der benoemde bewindvoerders en van den overeenkomstig het tweede lid van het voorgaande artikel bepaalden dag onmiddellijk aankondiging in de *Nederlandsche Staatscourant* en in een of meer door de rechtbank aan te wijzen nieuwsbladen. Indien bij het verzoekschrift een ontwerp van akkoord is gevoegd, wordt daarvan in de aankondiging melding gemaakt. (Fw 219⁴, 221³, 222², 225 v., 245, 256, 278³, Hrgw 18)

Art. 217

Aanvang

De surséance wordt geacht te zijn ingegaan bij den aanvang van den dag, waarop zij voorloopig is verleend. (Fw 215²)

Art. 218

Behandeling; faillietverklaring

– 1. Ten bepaalden dage hoort de rechtbank in raadkamer de schuldenaar, de rechter-commissaris zo die is benoemd, de bewindvoerders en de in persoon bij schriftelijk gemachtigde of bij procureur opgekomen schuldeisers. Iedere schuldeischer is bevoegd om, zelfs zonder opgeroepen te zijn, op te komen.

– 2. De rechtbank kan den schuldenaar definitief surséance verleenen, tenzij zich daartegen verklaren hetzij houders van meer dan één vierde van het bedrag der ter vergadering vertegenwoordigde, in artikel 233 bedoelde, schuldvorderingen, hetzij meer dan één derde der houders van zoodanige vorderingen. (Fw 145 v., 215, 223)

– 3. Over de toelating tot de stemming beslist, bij verschil, de rechtbank.

– 4. Surséance kan nimmer definitief worden verleend, indien er gegronde vrees bestaat, dat de schuldenaar zal trachten de schuldeischers tijdens de surséance te benadeelen of het vooruitzicht niet bestaat, dat hij na verloop van tijd zijne schuldeischers zal kunnen bevredigen. (Fw 242)

– 5. De rechtbank, het verzoek afwijzende, kan bij dezelfde beschikking den schuldenaar in staat van faillissement verklaren. Wordt het faillissement niet uitgesproken, dan blijft de voorloopig verleende surséance gehandhaafd tot de beschikking der rechtbank in kracht van gewijsde is gegaan. (Fw 216, 272⁴)

– 6. Indien eene aanvrage tot faillietverklaring en een verzoek tot surséance gelijktijdig aanhangig zijn, komt eerst het laatste in behandeling.

– 7. De beschikking op het verzoek is met redenen omkleed en wordt uitgesproken ter openbare terechtzitting. (Fw 4³, 220, 255¹, 281e²)

Art. 219

– 1. Gedurende acht dagen na den dag der uitspraak heeft, in geval van afwijzing van het ver- **Hoger beroep**
zoek, de schuldenaar, of, ingeval de surséance verleend is, iedere schuldeischer, die zich niet
vóór het verleenen daarvan heeft verklaard, recht van hooger beroep. (Rv 339)

– 2. Het hooger beroep wordt ingesteld bij een verzoekschrift, in te dienen ter griffie van het
gerechtshof, dat van de zaak kennis moet nemen. De voorzitter bepaalt terstond dag en uur
voor de behandeling.

– 3. Indien het hooger beroep door een schuldeischer is ingesteld, geeft deze uiterlijk op den
vierden dag volgende op dien, waarop hij zijn verzoek heeft gedaan, aan den procureur, die het
verzoek tot surséance heeft ingediend, bij deurwaarders-exploot kennis van het hooger beroep
en van den tijd voor de behandeling bepaald. Deze kennisgeving geldt voor oproeping van den
schuldenaar. (Fw 221⁴)

– 4. De griffier van het gerechtshof doet van het hooger beroep en van den tijd, voor de behandeling bepaald, aankondiging in de nieuwsbladen, waarin het verzoek tot surséance volgens
artikel 216 is aangekondigd. Tevens geeft hij van het ingestelde hooger beroep aan den griffier
der rechtbank kennis, neemt van dezen de in artikel 214 bedoelde stukken over en legt die op
zijne griffie voor een ieder ter kostelooze inzage. (Fw 250a, 283¹)

Art. 220

– 1. Bij de behandeling van het hooger beroep wordt het verzoek niet opnieuw in stemming **Behandeling**
gebracht, maar ieder schuldeischer is bevoegd in persoon, bij schriftelijk gemachtigde of bij
procureur aan de bestrijding of verdediging van de uitspraak, waartegen het beroep gericht is,
deel te nemen.

– 2. De behandeling heeft plaats in raadkamer; het arrest wordt uitgesproken ter openbare
terechtzitting. (Fw 219, 221⁴)

Art. 221

– 1. Van het arrest, door het gerechtshof gewezen, kan, ingeval van afwijzing van het verzoek, **Cassatie**
de schuldenaar, of, ingeval de surséance is verleend, iedere schuldeischer, die zich niet vóór het
verleenen daarvan heeft verklaard, gedurende acht dagen na den dag der uitspraak, in cassatie
komen.

– 2. Het beroep in cassatie wordt ingesteld bij een verzoekschrift, in te dienen ter griffie van
den Hoogen Raad. De voorzitter bepaalt terstond dag en uur voor de behandeling. (Fw 283²)

– 3. De griffier van den Hoogen Raad doet van het beroep in cassatie en van den tijd, voor de
behandeling bepaald, aankondiging in de nieuwsbladen, waarin het verzoek tot surséance volgens artikel 216 is aangekondigd. Tevens geeft hij van het ingestelde beroep kennis aan den
griffier van het gerechtshof, neemt van dezen de in artikel 214 bedoelde stukken over en legt
die op zijne griffie voor een ieder ter kostelooze inzage.

– 4. De bepalingen van het derde lid van artikel 219 en van het tweede lid van artikel 220
vinden overeenkomstige toepassing. (Fw 244, 250a⁵, 279)

Art. 222

– 1. De beschikking, waarbij de surséance definitief wordt toegestaan, is bij voorraad uitvoer- **Uitvoerbaar bij
voorraad; publica-
tie**
baar, niettegenstaande eenige daartegen gerichte voorziening.

– 2. Zij wordt aangekondigd op de wijze, in artikel 216 voorgeschreven. (Fw 4³, 86)

Art. 222a

– 1. Bij elke rechtbank wordt door de griffier een openbaar register aangehouden, waarin hij **Openbaar regis-
ter**
voor iedere surséance van betaling afzonderlijk, achtereenvolgens, met vermelding van de
dagtekening, inschrijft:

1°. een uittreksel van de rechterlijke beslissingen, waarbij voorlopig of definitief surséance van
betaling is verleend, waarbij deze is verlengd of waarbij de surséance van betaling is ingetrokken; (Fw 215, 218, 220, 223, 242)

2°. de benoeming van een rechter-commissaris; (Fw 223a)

3°. de summiere inhoud en homologatie van het akkoord; (Fw 252, 272)

4°. de ontbinding van het akkoord. (Fw 280)

– 2. Omtrent vorm en inhoud van het register worden bij algemene maatregel van bestuur
nadere regels gegeven.

– 3. De griffier is verplicht aan ieder kosteloze inzage van het register en tegen betaling een
uittreksel daaruit te verstrekken. (Fw 19)

Art. 223

– 1. Bij het definitief verleenen der surséance bepaalt de rechtbank haar duur ten hoogste op **Duur; verlenging**
anderhalf jaar. Indien de surséance is geëindigd door het verloop van de termijn waarvoor zij is
verleend, doen de bewindvoerders daarvan aankondiging in de in artikel 216 bedoelde bladen.

– 2. Vóór het einde der surséance kan door de schuldenaar eenmaal of meermalen haar verlenging voor ten hoogste anderhalf jaar worden gevraagd. Het verzoek wordt behandeld op
dezelfde wijze als een verzoek tot verleening van surséance. Zoolang bij afloop der surséance

op een verzoek tot verlenging nog niet is beschikt, blijft de suréance gehandhaafd. De door de rechtbank gewezen beschikking wordt bekendgemaakt op de wijze als in het eerste lid is bepaald. (Fw 213, 218, 226, 275, 283[1])

Art. 223a

Benoeming rechter-commissaris

Bij het voorlopig verlenen der suréance of bij een latere beschikking kan de rechtbank een harer leden tot rechter-commissaris benoemen, teneinde de bewindvoerders op hun verzoek van advies te dienen. (Fw 64)

Art. 223b

Getuigenverhoor; verschoning

– 1. Op verzoek van de bewindvoerders is de rechter-commissaris bevoegd ter opheldering van alle omstandigheden, de suréance betreffende, getuigen te horen of een onderzoek van deskundigen te bevelen. De getuigen worden gedagvaard namens de rechter-commissaris. Artikel 177 van het Wetboek van Burgerlijke Rechtsvordering is van overeenkomstige toepassing. (Fw 66)

– 2. Bij niet-verschijning of weigering om de eed of getuigenis af te leggen, zijn de artikelen 171, 172, 173, eerste lid, eerste volzin, tweede en derde lid, 174 en 175 van het Wetboek van Burgerlijke Rechtsvordering toepasselijk.

– 3. De echtgenoot of gewezen echtgenoot van de schuldenaar of degene met wie de schuldenaar een geregistreerd partnerschap is of was aangegaan, de kinderen en verdere afkomelingen en de ouders en grootouders van de schuldenaar kunnen zich van het geven van getuigenis verschonen. (Sv 217)

Art. 224

Bewindvoerders

– 1. Indien meer dan één bewindvoerder is benoemd, wordt voor de geldigheid hunner handelingen toestemming der meerderheid of bij staking van stemmen eene beslissing van de rechter-commissaris zo die is benoemd of, bij gebreke van dien, van de voorzieningenrechter der rechtbank vereischt. Het tweede lid van artikel 70 vindt overeenkomstige toepassing.

– 2. De rechtbank kan te allen tijde een bewindvoerder, na hem gehoord of behoorlijk opgeroepen te hebben, ontslaan en door een ander vervangen of hem één of meer bewindvoerders toevoegen, een en ander op verzoek van hem zelven, van de andere bewindvoerders of van één of meer schuldeischers, op voordracht van de rechter-commissaris zo die is benoemd, dan wel ambtshalve. (Fw 215[2], 226[4])

Art. 225

Bescherming belangen schuldeisers

– 1. Bij het voorloopig verleenen der suréance kan de rechtbank zoodanige bepalingen maken, als zij ter beveiliging van de belangen der schuldeischers noodig oordeelt.

– 2. Zij kan dit ook gedurende de suréance doen op voordracht van de rechter-commissaris zo die is benoemd, op verzoek van de bewindvoerders of van één of meer schuldeisers dan wel ambtshalve. (Fw 226, 283[1])

Art. 226

Deskundigenverslag

– 1. Bij het voorloopig verleenen der suréance kan de rechtbank één of meer deskundigen benoemen teneinde binnen een door haar te bepalen termijn, die zoo noodig kan worden verlengd, een onderzoek naar den staat van den boedel in te stellen en een beredeneerd verslag van hunne bevinding uit te brengen. Het laatste lid van artikel 225 vindt overeenkomstige toepassing.

– 2. Het verslag van de deskundigen bevat een met redenen omkleed oordeel over de betrouwbaarheid van de door den schuldenaar overgelegde staat en bescheiden, en over de vraag of er vooruitzicht bestaat, dat de schuldenaar na verloop van tijd zijne schuldeischers zal kunnen bevredigen. Het verslag geeft zoo mogelijk de maatregelen aan, welke tot die bevrediging kunnen leiden. (Fw 218[4])

– 3. De deskundigen leggen hun verslag neder ter griffie van de rechtbank, ter kostelooze inzage van een ieder. De nederlegging geschiedt kosteloos. (Fw 227[1])

– 4. Het laatste lid van artikel 224 vindt ten aanzien van de deskundigen overeenkomstige toepassing. (Fw 250[1]; Rv 222 v.)

Art. 227

Periodiek verslag bewindvoerders

– 1. De bewindvoerders brengen, telkens na verloop van drie maanden, een verslag uit over den toestand van den boedel. Met dit verslag wordt gehandeld, gelijk in het derde lid van artikel 226 is voorgeschreven.

– 2. De termijn, bedoeld in het vorige lid, kan door de rechter-commissaris zo die is benoemd of, bij gebreke van dien, de rechtbank worden verlengd. (Fw 73a)

Art. 228

Medewerking bewindvoerders

– 1. Gedurende de suréance is de schuldenaar onbevoegd eenige daad van beheer of beschikking betreffende den boedel te verrichten zonder medewerking, machtiging of bijstand van de bewindvoerders. Indien de schuldenaar in strijd daarmede gehandeld heeft, zijn de bewindvoerders bevoegd alles te doen, wat vereischt wordt, om den boedel te dier zake schadeloos te houden.

236

– 2. Voor verbintenissen van den schuldenaar, zonder medewerking, machtiging of bijstand van de bewindvoerders na den aanvang der surséance ontstaan, is de boedel niet aansprakelijk, dan voorzooverre deze tengevolge daarvan is gebaat. (Fw 23v., 215, 231, 238[1], 239[1], 240, 242[1], 3°, 249[1], 2°)

Art. 229

– 1. Indien de schuldenaar in enige gemeenschap gehuwd is of in enige gemeenschap een geregistreerd partnerschap is aangegaan, worden onder de boedel de baten en lasten van die gemeenschap begrepen.

– 2. Artikel 61 vindt overeenkomstige toepassing. (BW 1: 93 v.)

Huwelijksgemeenschap of geregistreerd partnerschap

Art. 230

– 1. Gedurende de surséance kan de schuldenaar niet tot betaling zijner in artikel 233 bedoelde schulden worden genoodzaakt en blijven alle tot verhaal van die schulden aangevangen executiën geschorst.

– 2. De gelegde beslagen vervallen en de schuldenaar, die zich in gijzeling bevindt, wordt daaruit ontslagen, zoodra de uitspraak, houdende definitieve verleening der surséance of homologatie van het akkoord, in kracht van gewijsde is gegaan, beide tenzij de rechtbank op verzoek van de bewindvoerders reeds een vroeger tijdstip daarvoor heeft bepaald. De inschrijving van een desbetreffende, op verzoek van de bewindvoerders af te geven verklaring van de rechter-commissaris of, zo geen rechter-commissaris is benoemd, van de voorzieningenrechter van de rechtbank, machtigt de bewaarder van de openbare registers tot doorhaling.

– 3. Het in de voorgaande leden bepaalde vindt geen toepassing ten aanzien van executies en beslagen ten behoeve van vorderingen waaraan voorrang is verbonden, voor zover het de goederen betreft, waarop de voorrang rust. (BW 3: 227 v., 236 v., 260 v., 276 v., 282, 290 v.)

– 4. Ter zake van schulden waarvoor het eerste lid geldt, is artikel 36 van overeenkomstige toepassing. (Fw 33)

Schorsing executies; verval beslagen

Art. 231

– 1. De surséance stuit den loop niet van reeds aanhangige rechtsvorderingen, noch belet het aanleggen van nieuwe.

– 2. Indien niettemin de rechtsgedingen blootelijk betreffen de vordering van betaling eener schuld, door den schuldenaar erkend, en de aanlegger geen belang heeft om vonnis te verkrijgen, teneinde rechten tegen derden te doen gelden, kan de rechter, na van de erkenning der schuld akte te hebben verleend, het uitspreken van het vonnis opschorten tot na het einde der surséance.

– 3. De schuldenaar kan, voor zooveel betreft rechtsvorderingen, welke rechten of verplichtingen tot den boedel behoorende ten onderwerp hebben, noch eischende, noch verwerende in rechte optreden, zonder medewerking der bewindvoerders. (Fw 25, 228, 230, 233 v.; Rv 254)

Aanhangige procedures

Art. 232

De surséance werkt niet ten aanzien van:

1°. vorderingen waaraan voorrang is verbonden, behoudens voor zover zij niet verhaald kunnen worden op de goederen waarop de voorrang rust; (Fw 230[3])

2°. vorderingen wegens kosten van levensonderhoud of van verzorging of opvoeding, verschuldigd krachtens de wet of vastgesteld bij overeenkomst of rechterlijke uitspraak, behoudens voor zover het gaat om vóór de aanvang der surséance vervallen termijnen, waarvan de rechtbank het bedrag heeft vastgesteld, waarvoor de surséance werkt; (BW 1: 158, 401, 402)

3°. termijnen van huurkoop en van scheepshuurkoop. (BW 7A: 1576h; 8: 800; Fw 237a)

Vorderingen buiten surséance

Art. 233

De betaling van alle andere schulden, bestaande vóór den aanvang der surséance, kan, zoolang de surséance duurt, niet anders plaats hebben dan aan alle schuldeischers gezamenlijk, in evenredigheid hunner vorderingen.

Gelijke behandeling schuldeisers

Art. 234

– 1. Hij die zowel schuldenaar als schuldeiser van de boedel is, kan zijn schuld met zijn vordering op de boedel verrekenen, indien beide zijn ontstaan vóór de aanvang van de surséance of voortvloeien uit een handeling vóór de aanvang van de surséance met de schuldenaar verricht.

– 2. De vordering op de schuldenaar wordt zo nodig berekend naar de regels in de artikelen 261 en 262 gesteld.

– 3. Van de zijde van de boedel kan geen beroep worden gedaan op artikel 136 van Boek 6 van het Burgerlijk Wetboek. (Fw 53; BW 6: 127 v.)

Schuldvergelijking of compensatie

Art. 235

– 1. Niettemin is degene die een schuld aan de boedel of een vordering op de boedel vóór de aanvang van de surséance van een derde heeft overgenomen, niet bevoegd tot verrekening, indien hij bij de overneming niet te goeder trouw heeft gehandeld.

– 2. Na de aanvang van de surséance overgenomen vorderingen of schulden kunnen niet worden verrekend.

Schuldoverneming en compensatie

– 3. De artikelen 55 en 56 zijn van overeenkomstige toepassing. (Fw 54, 234)

Art. 236

Wederkerige overeenkomsten

– 1. Indien een wederkerige overeenkomst bij de aanvang van de surséance zowel door de schuldenaar als door zijn wederpartij in het geheel niet of slechts gedeeltelijk is nagekomen en de schuldenaar en de bewindvoerder zich niet binnen een hun daartoe schriftelijk door de wederpartij gestelde redelijke termijn bereid verklaren de overeenkomst gestand te doen, verliezen zij het recht hunnerzijds nakoming van de overeenkomst te vorderen.

– 2. Indien de schuldenaar en de bewindvoerder zich wel tot nakoming van de overeenkomst bereid verklaren, zijn zij verplicht desverlangd voor deze nakoming zekerheid te stellen.

– 3. De vorige leden zijn niet van toepassing op overeenkomsten waarbij de schuldenaar slechts verbintenissen op zich heeft genomen tot door hem persoonlijk te verrichten handelingen. (Fw 37)

Art. 236a

Voor vorderingen die de wederpartij uit hoofde van ontbinding of vernietiging van een vóór de aanvang van de surséance met de schuldenaar gesloten overeenkomst op deze heeft verkregen, of die strekken tot schadevergoeding ter zake van tekortschieten in de nakoming van een vóór de aanvang van de surséance op deze verkregen vordering, kan zij opkomen op de voet, in artikel 233 bepaald. (Fw 37a)

Art. 237

Termijnhandel

Indien in het geval van artikel 236 de levering van waren, die ter beurze op termijn worden verhandeld, bedongen is tegen een vastgesteld tijdstip of binnen een bepaalden termijn, en dit tijdstip invalt of die termijn verstrijkt na den aanvang der surséance, wordt de overeenkomst door de voorloopige verleening van surséance ontbonden en kan de wederpartij van den schuldenaar zonder meer voor schadevergoeding opkomen op den voet, in artikel 233 bepaald. Lijdt de boedel door de ontbinding schade dan is de wederpartij verplicht deze te vergoeden. (Fw 38)

Art. 237a

(Scheeps)huur- koop

– 1. Zoodra de surséance een aanvang heeft genomen, kan zoowel de schuldenaar, die huurkooper is, als de verkooper den huurkoop dan wel scheepshuurkoop ontbonden verklaren.

– 2. Deze ontbinding heeft dezelfde gevolgen als ontbinding der overeenkomst wegens het niet nakomen door den kooper van zijne verplichtingen.

– 3. De verkooper kan voor het hem verschuldigde bedrag opkomen op den voet als in artikel 233 bepaald. (Fw 38a, 232¹, 3°; BW 7A: 1576h)

Art. 238

Huur; pacht

– 1. Zoodra de surséance een aanvang heeft genomen, kan de schuldenaar, die huurder is, met inachtneming van het bij artikel 228 bepaalde, de huur tusschentijds doen eindigen, mits de opzegging geschiede tegen een tijdstip, waarop dergelijke overeenkomsten naar plaatselijk gebruik eindigen. Bovendien moet bij de opzegging de daarvoor overeengekomen of gebruikelijke termijn in acht genomen worden, met dien verstande echter, dat een termijn van drie maanden in elk geval voldoende zal zijn. Zijn de huurpenningen vooruit betaald, dan kan de huur niet eerder worden opgezegd dan tegen den dag, waarop de termijn, waarvoor vooruitbetaling heeft plaats gehad, eindigt.

– 2. Van den aanvang der surséance af is de huurprijs boedelschuld.

– 3. Indien de schuldenaar pachter is, vindt het bovenstaande overeenkomstige toepassing. (Fw 39, 284; BW 7A: 1584 v., 1607, 1621 v.; Pachtwet 51 v.)

Art. 239

Opzegging bij surséance

– 1. Zodra de surséance een aanvang heeft genomen, kan de schuldenaar, met inachtneming van het bij artikel 228 bepaalde, aan werknemers in zijn dienst, de arbeidsovereenkomst opzeggen, met inachtneming van de overeengekomen of wettelijke termijnen, met dien verstande echter, dat in elk geval de arbeidsovereenkomst kan worden geëindigd door opzegging met een termijn van zes weken of, indien de termijn, omschreven in artikel 672 lid 2 van Boek 7 van het Burgerlijk Wetboek langer is dan zes weken, met inachtneming van die termijn.

– 2. Zodra de surséance een aanvang heeft genomen, behoeft bij opzegging der arbeidsovereenkomst door werknemers in dienst van de schuldenaar het bepaalde in artikel 672 lid 3 van Boek 7 van het Burgerlijk Wetboek niet in acht te worden genomen.

– 3. Van de aanvang der surséance af zijn het loon en de met de arbeidsovereenkomst samenhangende premieschulden boedelschuld. (Fw 40, 236, 284)

– 4. Dit artikel is van overeenkomstige toepassing op agentuurovereenkomsten.

Art. 240

Betaling aan schuldenaar

– 1. Voldoening nadat de surséance voorloopig is verleend doch vóór de bekendmaking daarvan, aan den schuldenaar gedaan, ter vervulling van verbintenissen jegens dezen vóórdien ontstaan, bevrijdt hem, die haar deed, tegenover den boedel, zoolang zijne bekendheid met de voorloopige verleening van de surséance niet bewezen wordt.

– 2. Voldoening, als in het vorig lid bedoeld, nà de bekendmaking aan den schuldenaar gedaan, bevrijdt tegenover den boedel alleen dan, wanneer hij, die haar deed, bewijst, dat de voorloopige verleening van de surséance te zijner woonplaats langs den weg der wettelijke aankondiging nog niet bekend kon zijn, behoudens het recht van bewindvoerders om aan te toonen, dat zij hem toch bekend was.

– 3. In elk geval bevrijdt voldoening aan den schuldenaar hem, die haar deed, tegenover den boedel, voor zooverre hetgeen door hem voldaan werd ten bate van den boedel is gekomen. (Fw 47, 52, 160, 215², 216, 228; BW 6: 6 v.; 7: 850 v.)

Art. 241

De surséance werkt niet ten voordeele van de borgen en andere medeschuldenaren.

Medeschuldena-ren en borg

Art. 241a

– 1. De rechtbank kan op verzoek van de schuldenaar of de bewindvoerder bepalen dat elke bevoegdheid van derden tot verhaal op tot de boedel behorende goederen of tot opeising van goederen die zich in de macht van de schuldenaar bevinden, voor een periode van ten hoogste één maand niet kan worden uitgeoefend dan met machtiging van de rechtbank of, zo een rechter-commissaris is benoemd, van deze. De rechtbank kan deze periode éénmaal voor ten hoogste één maand verlengen.

– 2. De rechtbank kan haar beschikking beperken tot bepaalde derden en daaraan voorwaarden verbinden. De rechtbank en rechter-commissaris kunnen voorwaarden verbinden aan een door hen gegeven machtiging van een derde tot uitoefening van een aan deze toekomende bevoegdheid.

– 3. Gedurende de in het eerste lid bedoelde perioden lopen aan of door de derden ter zake van hun bevoegdheid gestelde termijnen voort, voor zover dit redelijkerwijze noodzakelijk is om de derde dan wel de schuldenaar en de bewindvoerder in staat te stellen na afloop van de periode hun standpunt te bepalen. De wederpartij kan hun daartoe opnieuw een redelijke termijn stellen. (Fw 63*a*)

Art. 242

– 1. Nadat de surséance is verleend, kan zij, op voordracht van de rechter-commissaris zo die is benoemd, op verzoek van de bewindvoerders, van één of meer der schuldeisers of ook ambtshalve door de rechtbank worden ingetrokken:

Intrekking surséance; failliet-verklaring

1°. indien de schuldenaar zich, gedurende den loop der surséance, aan kwade trouw in het beheer van den boedel schuldig maakt;

2°. indien hij zijne schuldeischers tracht te benadeelen; (Fw 218⁴)

3°. indien hij handelt in strijd met artikel 228, eerste lid;

4°. indien hij nalaat te doen, wat in de bepalingen, door de rechtbank bij het verleenen der surséance of later gesteld, aan hem is opgelegd of wat naar het oordeel der bewindvoerders door hem in het belang des boedels moeten worden gedaan;

5°. indien, hangende de surséance, de staat des boedels zoodanig blijkt te zijn, dat handhaving der surséance niet langer wenschelijk is of het vooruitzicht, dat de schuldenaar na verloop van tijd zijne schuldeischers zal kunnen bevredigen, blijkt niet te bestaan. (Fw 218⁴)

– 2. In de gevallen, vermeld onder 1° en 5°, zijn de bewindvoerders verplicht de intrekking te vragen.

– 3. De verzoeker, de schuldenaar en de bewindvoerders worden gehoord of behoorlijk opgeroepen. De oproeping geschiedt door den griffier tegen een door de rechtbank te bepalen dag. De beschikking is met redenen omkleed.

– 4. Indien op grond van dit artikel de surséance wordt ingetrokken, kan bij dezelfde beschikking de faillietverklaring van den schuldenaar worden uitgesproken. Wordt het faillissement niet uitgesproken, dan blijft de surséance gehandhaafd tot de beschikking der rechtbank in kracht van gewijsde is gegaan. (Fw 247, 276, 283¹)

Art. 243

– 1. Gedurende acht dagen na den dag der beschikking heeft, in geval van intrekking der surséance, de schuldenaar, en, ingeval de intrekking der surséance geweigerd is, hij, die het verzoek tot intrekking heeft gedaan, recht van hooger beroep tegen de beschikking der rechtbank.

Hoger beroep

– 2. Het hooger beroep wordt ingesteld bij een verzoekschrift, in te dienen ter griffie van het gerechtshof, dat van de zaak moet kennis nemen. De griffier van het gerechtshof geeft van die indiening terstond kennis aan dien van de rechtbank.

– 3. De voorzitter van het gerechtshof bepaalt terstond dag en uur voor de behandeling van het verzoekschrift. De griffier roept ten spoedigste hen, die het verzoek tot intrekking hebben gedaan, den schuldenaar en de bewindvoerders bij brieven tegen den bepaalden dag op.

– 4. De beschikking van het gerechtshof wordt door den griffier terstond medegedeeld aan dien van de rechtbank. (Fw 219 v., 244 v., 283¹)

Art. 244

– 1. Gedurende acht dagen na de beschikking van het gerechtshof kan de daarbij in het ongelijk gestelde partij in cassatie komen.

– 2. Het beroep in cassatie wordt ingesteld bij een verzoekschrift, in te dienen ter griffie van den Hoogen Raad. De griffier van den Hoogen Raad geeft van die indiening terstond kennis aan dien van de rechtbank.

– 3. De voorzitter van den Hoogen Raad bepaalt terstond dag en uur voor de behandeling van het verzoekschrift. De griffier roept ten spoedigste de partijen bij brieven tegen den bepaalden dag op. De beschikking van den Hoogen Raad wordt door den griffier terstond medegedeeld aan dien van de rechtbank. (Fw 221 v.)

Art. 245

Zoodra eene beschikking, waarbij de surséance is ingetrokken, in kracht van gewijsde is gegaan, wordt zij aangekondigd, gelijk is voorgeschreven in artikel 216. (Fw 222*a*)

Art. 246

– 1. Indien de rechtbank van oordeel is, dat de behandeling van het verzoek tot intrekking van de surséance niet zal zijn beëindigd vóór den dag, waarop de schuldeischers krachtens artikel 215, tweede lid, worden gehoord, gelast zij, dat de griffier den schuldeischers bij brieven zal mededeelen, dat dit verhoor op dien dag niet zal worden gehouden.

– 2. Zoo noodig bepaalt zij later den dag waarop dit verhoor alsnog zal plaats vinden; de schuldeischers worden door den griffier bij brieven opgeroepen. (Fw 242, 247)

Art. 247

– 1. De schuldenaar is steeds bevoegd aan de rechtbank de intrekking van de surséance te verzoeken, op grond dat de toestand des boedels hem weder in staat stelt zijne betalingen te hervatten. De bewindvoerders en, indien het eene definitief verleende surséance betreft, de schuldeischers worden gehoord of behoorlijk opgeroepen.

– 2. Deze oproeping geschiedt bij brieven door den griffier tegen een door de rechtbank te bepalen dag. (Fw 242, 276, 283[1])

Art. 247a

– 1. Uiterlijk op de achtste dag voorafgaande aan de dag bepaald overeenkomstig artikel 215, tweede lid, doch in ieder geval niet later dan twee maanden na de dag waarop de surséance voorlopig is verleend, kan de rechtbank op verzoek van de schuldenaar, zijnde een natuurlijke persoon, de hem voorlopig verleende surséance intrekken onder het gelijktijdig uitspreken van de toepassing van de schuldsaneringsregeling bedoeld in titel III.

– 2. De schuldenaar zal zich daartoe bij een verzoekschrift als bedoeld in artikel 284 wenden tot de rechtbank die de surséance voorlopig heeft verleend.

– 3. Alvorens te beslissen kan de rechtbank de schuldenaar, de rechter-commissaris en de bewindvoerder oproepen om te worden gehoord.

– 4. Artikel 6, tweede lid, is van toepassing.

– 5. Bij toewijzing van het verzoek, spreekt de rechtbank de definitieve toepassing van de schuldsaneringsregeling uit.

– 6. Van de intrekking van de voorlopig verleende surséance wordt door de griffier kennis gegeven in de aankondiging die is voorgeschreven in artikel 293. In die aankondiging wordt tevens mededeling gedaan dat het verhoor van de schuldeisers, bepaald overeenkomstig artikel 215, tweede lid, niet zal worden gehouden. Indien op de voet van artikel 255 of 264 reeds een tijdstip was bepaald voor de raadpleging en stemming over een akkoord, wordt in die aankondiging mededeling gedaan dat die raadpleging en stemming niet zullen plaatsvinden. (Fw 156)

Art. 247b

– 1. Tegen het vonnis, houdende uitspraak tot de intrekking van de voorlopig verleende surséance of tot de toepassing van de schuldsaneringsregeling, kunnen noch door schuldeisers noch door andere belanghebbenden rechtsmiddelen worden ingesteld.

– 2. Indien het verzoek tot de toepassing van de schuldsaneringsregeling is afgewezen, heeft de schuldenaar gedurende acht dagen na de dag van de uitspraak het recht van hoger beroep. Het hoger beroep wordt ingesteld bij een verzoekschrift, in te dienen ter griffie van het gerechtshof, dat van de zaak kennis moet nemen. De griffier van het gerechtshof geeft van de indiening onverwijld kennis aan de griffier van de rechtbank.

– 3. De voorzitter bepaalt terstond dag en uur voor de behandeling, welke zal moeten plaatshebben binnen twintig dagen na de dag van de indiening van het verzoekschrift. De uitspraak vindt niet later plaats dan op de achtste dag na die van de behandeling van het verzoekschrift ter terechtzitting. Van het arrest van het gerechtshof wordt door de griffier onverwijld mededeling gedaan aan de griffier van de rechtbank.

– 4. De schuldenaar kan van de uitspraak van het gerechtshof gedurende acht dagen na die van de uitspraak in cassatie komen. Het beroep in cassatie wordt ingesteld bij een verzoekschrift, in te dienen ter griffie van de Hoge Raad. De voorzitter bepaalt terstond dag en uur voor de behandeling. De griffier van de Hoge Raad geeft van het beroep in cassatie en van de uitspraak van de Hoge Raad onverwijld kennis aan de griffier van de rechtbank.

– 5. Zolang niet op het verzoekschrift bedoeld in artikel 247a, tweede lid, is beslist en, indien de schuldsaneringsregeling niet is uitgesproken, hangende het hoger beroep of de cassatie, kan de surséance van betaling niet definitief worden verleend en kan geen raadpleging over een akkoord plaatshebben. (Fw 15c, 283, 292)

Art. 247c

– 1. Indien de surséance van betaling wordt ingetrokken onder het gelijktijdig uitspreken van de toepassing van de schuldsaneringsregeling, gelden de volgende regelen:
   a. de bewindvoerder in de schuldsaneringsregeling oefent de bevoegdheid uit, in artikel 228, eerste lid, tweede volzin, aan de bewindvoerder in de surséance toegekend;
   b. boedelschulden, gedurende de toepassing van de surséance ontstaan, gelden ook in de toepassing van de schuldsaneringsregeling als boedelschulden;
   c. in de surséance ingediende vorderingen gelden als ingediend in de schuldsaneringsregeling.
– 2. Artikel 249, eerste lid, onder 1° en 4°, is van overeenkomstige toepassing. (Fw 15d)

Gevolgen van omzetting

Art. 248

– 1. Gedurende eene surséance kan faillietverklaring niet rauwelijks worden gevorderd.
– 2. Indien ingevolge eene der bepalingen van dezen titel eene faillietverklaring uitgesproken wordt, vindt artikel 14 overeenkomstige toepassing; wordt ingevolge die bepalingen een faillissement vernietigd, dan vinden de artikelen 13 en 15 overeenkomstige toepassing. (BW 2: 51)

Faillietverklaring

Art. 249

– 1. Indien de faillietverklaring wordt uitgesproken ingevolge eene der bepalingen van dezen titel of wel binnen ééne maand na het einde der surséance, gelden de volgende regelen:
1°. het tijdstip, waarop de termijnen vermeld in de artikelen 43 en 45 van deze wet en in de artikelen 138, zesde lid, en 248, zesde lid, van boek 2 van het Burgerlijk Wetboek aanvangen, wordt berekend van de aanvang der surséance af;
2°. de curator oefent de bevoegdheid uit, in het eerste lid van artikel 228 aan de bewindvoerders toegekend;
3°. handelingen, door den schuldenaar met medewerking, machtiging of bijstand van de bewindvoerders verricht, worden beschouwd als handelingen van den curator en boedelschulden, gedurende de surséance ontstaan, zullen ook in het faillissement als boedelschulden gelden;
4°. de boedel is niet aansprakelijk voor verbintenissen van den schuldenaar, zonder medewerking, machtiging of bijstand van de bewindvoerders gedurende de surséance ontstaan, dan voor zooverre deze ten gevolge daarvan gebaat is. (Fw 228)
– 2. Is opnieuw surséance verzocht, binnen eene maand na afloop van eene vroeger verleende, dan geldt hetgeen in het eerste lid is bepaald mede voor het tijdvak der eerstvolgende surséance. (Fw 218⁵, 242⁴, 272⁴, 277, 280²)

Opvolgend faillissement, nieuwe surséance

Art. 250

– 1. Het loon van de deskundigen, benoemd ingevolge de bepaling van artikel 226, en van de bewindvoerders wordt bepaald door de rechtbank en bij voorrang voldaan. (Fw 180, 272, 4°)
– 2. Dit laatste is ook van toepassing op hunne verschotten en op die, door den griffier ten gevolge van de bepalingen van dezen titel gedaan.

Betaling loon en verschotten

Art. 250a

– 1. Ingeval een niet ingevolge artikel 52, tweede lid, onder a, b of c, van de Wet toezicht kredietwezen 1992 (Stb. 1992, 722) geregistreerde onderneming of instelling, waarbij De Nederlandsche Bank N.V. op grond van die wet inlichtingen heeft ingewonnen, naar het oordeel van De Nederlandsche Bank N.V. niet zal kunnen voortgaan met het betalen van haar opeisbare schulden, kan De Nederlandsche Bank N.V. met machtiging van de voorzieningenrechter van de bevoegde rechtbank voor zodanige onderneming of instelling surséance van betaling aanvragen op de wijze, voorzien in artikel 214, eerste lid.
– 2. De voorzieningenrechter van de rechtbank beslist over een verzoek tot machtiging als bedoeld in het eerste lid, zo spoedig mogelijk, doch niet dan nadat de onderneming of instelling in de gelegenheid is gesteld haar zienswijze ter zake aan hem kenbaar te maken.
– 3. In het geval, bedoeld in het eerste lid, zal surséance nimmer definitief worden verleend, indien de onderneming of instelling zich daartegen verzet.
– 4. De artikelen 215-250 en 251 zijn van overeenkomstige toepassing.
– 5. Indien het verzoek wordt afgewezen anders dan op grond van het derde lid, heeft De Nederlandsche Bank N.V. recht van hoger beroep en kan zij in cassatie komen overeenkomstig het bepaalde in de artikelen 219 en 221. De Nederlandsche Bank N.V. is bevoegd zowel in hoger beroep als in cassatie aan de behandeling van het beroep deel te nemen.

Surséance kredietinstelling

7 Fw Titel II

Internationaal recht

De bepalingen van internationaal recht van de artikelen 203-205 vinden bij surséance overeenkomstige toepassing.

TWEEDE AFDEELING

Van het akkoord

Art. 252

Aanbieding akkoord

De schuldenaar is bevoegd bij of na het verzoek tot surséance aan hen, die vorderingen hebben, ten aanzien waarvan de surséance werkt, een akkoord aan te bieden. (Fw 138 v., 214², 232)

Art. 253

Nederlegging ontwerpakkoord

– 1. Het ontwerp van akkoord wordt, indien het niet ingevolge artikel 215 ter griffie van de rechtbank berust, aldaar nedergelegd ter kostelooze inzage van een ieder. (Fw 139)
– 2. Een afschrift moet zoodra mogelijk aan de bewindvoerders en de deskundigen worden toegezonden.

Art. 254

Verval ontwerp

Het ontwerp van akkoord vervalt, indien, voordat het vonnis van homologatie van het akkoord in kracht van gewijsde is gegaan, eene rechterlijke beslissing houdende beëindiging der surséance in kracht van gewijsde gaat. (Fw 223, 242v., 247)

Art. 255

Behandeling

– 1. Indien het ontwerp van akkoord tegelijk met het verzoekschrift tot verleening van surséance ter griffie is nedergelegd, kan de rechtbank, de rechter-commissaris zo die is benoemd en bewindvoerders gehoord, gelasten, dat de in artikel 218 bedoelde behandeling van het verzoek niet zal plaats hebben, in welk geval zij tevens zal vaststellen:
1°. den dag, waarop uiterlijk de schuldvorderingen, ten aanzien waarvan de surséance werkt, bij de bewindvoerders moeten worden ingediend; (Fw 265²)
2°. dag en uur, waarop over het aangeboden akkoord ten overstaan van de rechter-commissaris of, bij gebreke van dien, in raadkamer zal worden geraadpleegd en beslist.
– 2. Tusschen de dagen, onder 1°. en 2°. vermeld, moeten ten minste veertien dagen verloopen.
– 3. Indien de rechtbank van deze bevoegdheid geen gebruik maakt of het ontwerp van akkoord niet tegelijk met het verzoekschrift tot het verleenen van surséance ter griffie is nedergelegd, zal de rechtbank de rechter-commissaris zo die is benoemd en, bewindvoerders gehoord, de dagen en uren, in het eerste lid bedoeld, vaststellen zoodra de beschikking, waarbij de surséance definitief is verleend, kracht van gewijsde heeft verkregen of, indien het ontwerp van akkoord eerst daarna ter griffie is nedergelegd, dadelijk na die nederlegging. (Fw 215², 263¹, 264 v.)

Art. 256

Publicatie

– 1. De bewindvoerders doen dadelijk zoowel van de in het vorige artikel bedoelde beschikking als van de nederlegging ter griffie van het ontwerp van akkoord – tenzij deze reeds ingevolge artikel 216 is bekend gemaakt – aankondiging in de *Nederlandsche Staatscourant* en in de door de rechtbank ingevolge artikel 216 aangewezen nieuwsbladen.
– 2. Zij geven tevens van een en ander bij brieven kennis aan alle bekende schuldeischers. Daarbij wordt op het bepaalde bij artikel 257, tweede lid, gewezen. (Fw 281c)
– 3. De schuldeischers kunnen verschijnen in persoon, bij schriftelijk gemachtigde of bij procureur.
– 4. De bewindvoerders kunnen vorderen, dat de schuldenaar hun een door hen te bepalen bedrag ter bestrijding van de kosten dezer aankondigingen en kennisgevingen vooraf ter hand stelt. (Fw 214², 253, 264²)

Art. 257

Indiening vorderingen; preferente vorderingen

– 1. De indiening der schuldvorderingen geschiedt bij de bewindvoerders door de overlegging eener rekening of andere schriftelijke verklaring, aangevende den aard en het bedrag der vordering, vergezeld van de bewijsstukken of een afschrift daarvan.
– 2. Vorderingen, ten aanzien waarvan de surséance werkt, komen voor indiening niet in aanmerking. Heeft nochtans indiening plaats gehad, dan werkt de surséance ook ten aanzien van die vorderingen en gaat een aan de vordering verbonden voorrecht, retentierecht, pandrecht of hypotheek verloren. Een en ander geldt niet voor zoover de vordering vóór den aanvang der stemming wordt teruggenomen. (Fw 232)
– 3. De schuldeischers zijn bevoegd van de bewindvoerders een ontvangbewijs te vorderen. (Fw 110)

Art. 258

Onderzoek bewindvoerders

De bewindvoerders toetsen de ingezonden rekeningen aan de administratie en opgaven van den schuldenaar, treden, als zij tegen de toelating eener vordering bezwaar hebben, met den schuldeischer in overleg, en zijn bevoegd van dezen overlegging van ontbrekende stukken alsook raadpleging van zijn administratie en van de oorspronkelijke bewijsstukken te vorderen. (Fw 111)

Art. 259

De bewindvoerders brengen de bij hen ingediende vorderingen op eene lijst, vermeldende de namen en woonplaatsen der schuldeischers, het bedrag en de omschrijving der vorderingen, alsmede of en in hoever de bewindvoerders die vorderingen erkennen of betwisten. (Fw 112, 257, 263, 281*d*)

Lijst van vorderingen

Art. 260

– 1. Eene rentedragende vordering wordt op de lijst gebracht met bijrekening der rente tot den aanvang der surséance. (BW 6: 119; 7A: 1804)

Bijrekening rente

– 2. De artikelen 129, 133-135 en 136, eerste en tweede lid, vinden overeenkomstige toepassing.

Art. 261

– 1. Eene vordering onder eene opschortende voorwaarde kan op de lijst gebracht worden voor hare waarde bij den aanvang der surséance.

Opschortende voorwaarde

– 2. Indien de bewindvoerders en de schuldeischers het niet eens kunnen worden over deze waardebepaling, wordt zoodanige vordering voor het volle bedrag voorwaardelijk toegelaten. (Fw 131 v., 234²)

Art. 262

– 1. Eene vordering, waarvan het tijdstip der opeischbaarheid onzeker is, of welke recht geeft op periodieke uitkeeringen, wordt op de lijst gebracht voor hare waarde bij den aanvang der surséance.

Waardebepaling vorderingen

– 2. Alle schuldvorderingen, vervallende binnen één jaar na den aanvang der surséance, worden behandeld, alsof zij op dat tijdstip opeischbaar waren. Alle later dan één jaar daarna vervallende schuldvorderingen worden op de lijst gebracht voor de waarde, die zij hebben na verloop van een jaar na dat tijdstip.

– 3. Bij de berekening wordt uitsluitend gelet op het tijdstip en de wijze van aflossing, het kansgenot, waar dit bestaat, en, indien de vordering rentedragend is, op den bedongen rentevoet. (Fw 131, 234²; BW 7A: 1809, 1811 v.)

Art. 263

– 1. Van de in artikel 259 bedoelde lijst wordt een afschrift door de bewindvoerders ter griffie van de rechtbank nedergelegd, om aldaar gedurende de zeven dagen voorafgaande aan de vergadering, in artikel 255 bedoeld, kosteloos ter inzage te liggen voor een ieder.

Nederlegging ter inzage

– 2. De nederlegging geschiedt kosteloos. (Fw 114)

Art. 264

– 1. De rechter-commissaris zo die is benoemd of, bij gebreke van dien, de rechtbank kan, op verzoek van de bewindvoerders of ambtshalve, de raadpleging en stemming over het akkoord tot een lateren dag uitstellen.

Uitstel behandeling

– 2. Artikel 256 vindt alsdan overeenkomstige toepassing. (Fw 281*c*)

Art. 265

– 1. Ter vergadering brengen zoowel de bewindvoerders als de deskundigen, zoo die er zijn, schriftelijk verslag uit over het aangeboden akkoord. Artikel 144 vindt overeenkomstige toepassing.

Behandeling; nagekomen vorderingen

– 2. Vorderingen, na afloop van den in artikel 255, 1°., genoemden termijn, doch uiterlijk twee dagen vóór den dag, waarop de vergadering zal worden gehouden, bij de bewindvoerders ingediend, worden op daartoe ter vergadering gedaan verzoek op de lijst geplaatst, indien noch de bewindvoerders, noch een der aanwezige schuldeischers daartegen bezwaar maken.

– 3. Vorderingen, daarna ingediend, worden niet op de lijst geplaatst.

– 4. De bepalingen van de twee voorgaande leden zijn niet toepasselijk, indien de schuldeischer buiten het Rijk in Europa woont en daardoor verhinderd was zich eerder aan te melden.

– 5. Ingeval van bezwaar, als in het tweede lid bedoeld, of van geschil over het al of niet aanwezig zijn der verhindering, in het vierde lid bedoeld, beslist de rechter-commissaris zo die is benoemd of bij gebreke van dien de rechtbank, na de vergadering te hebben geraadpleegd. (Fw 127)

Art. 266

– 1. De bewindvoerders zijn bevoegd ter vergadering op elke door hen gedane erkenning of betwisting terug te komen.

Betwisting; erkenning

– 2. Zoowel de schuldenaar als ieder verschenen schuldeischer kan eene door de bewindvoerders geheel of gedeeltelijk erkende vordering betwisten.

– 3. Betwistingen of erkenningen, op de vergadering gedaan, worden op de lijst aangeteekend. (Fw 119², 259)

7 Fw Titel II

Art. 267

Toelating tot stemming

De rechter-commissaris zo die is benoemd of bij gebreke van dien de rechtbank bepaalt of en tot welk bedrag de schuldeisers, wier vorderingen betwist zijn, tot de stemming zullen worden toegelaten.

Art. 268

Vereiste meerderheid

– 1. Tot het aannemen van het akkoord wordt vereischt de toestemming van twee derde der erkende en der toegelaten schuldeischers, welke drie vierde van het bedrag der erkende en der toegelaten schuldvorderingen vertegenwoordigen. Geen toestemming is vereist van een erkende of toegelaten schuldeiser, voor zover zijn schuldvordering is gegrond op een verbeurde dwangsom.
– 2. De artikelen 146 en 147 vinden overeenkomstige toepassing. (Fw 145, 281e^2, Sr 345)

Art. 269

Inhoud proces-verbaal

– 1. Het proces-verbaal van het verhandelde vermeldt den inhoud van het akkoord, de namen der verschenen stemgerechtigde schuldeischers, de door ieder hunner uitgebrachte stem, den uitslag der stemming en al wat verder is voorgevallen. De door de bewindvoerders opgemaakte lijst van schuldeisers, zoals zij tijdens de raadpleging is aangevuld of gewijzigd, wordt, door de rechter-commissaris zo die is benoemd en bij gebreke van dien, door de voorzieningenrechter en de griffier gewaarmerkt, aan het proces-verbaal gehecht. (Fw 281e^5)
– 2. Gedurende acht dagen kan een ieder ter griffie kosteloos inzage van het proces-verbaal verkrijgen. (Fw 148, 274)

Art. 269a

Kennisgeving verwerping

Indien ten overstaan van een rechter-commissaris is geraadpleegd en beslist en het akkoord verworpen is verklaard, stelt de rechter-commissaris de rechtbank onverwijld in kennis van deze verwerping door toezending van het ontwerp van akkoord en het in artikel 269 bedoelde proces-verbaal. Zowel de schuldeisers, die vóór gestemd hebben, als de schuldenaar kunnen gedurende acht dagen na afloop der vergadering aan de rechtbank verbetering van het proces-verbaal verzoeken, indien uit de stukken zelve blijkt dat het akkoord door de rechter-commissaris ten onrechte als verworpen is beschouwd. (Fw 149)

Art. 269b

Homologatie

– 1. Indien het akkoord is aangenomen, bepaalt de rechter-commissaris vóór het sluiten der vergadering de terechtzitting, waarop de rechtbank de homologatie zal behandelen.
– 2. Bij toepassing van artikel 269a geschiedt de bepaling der terechtzitting door de rechtbank in haar beschikking. Van deze beschikking geven de bewindvoerders schriftelijk kennis aan de schuldeisers.
– 3. De terechtzitting zal gehouden worden ten minste acht en ten hoogste veertien dagen na de stemming over het akkoord of, bij toepassing van artikel 269a, na de beschikking der rechtbank.
– 4. Gedurende die tijd kunnen de schuldeisers aan de rechter-commissaris schriftelijk de redenen opgeven, waarom zij weigering der homologatie wenselijk achten. (Fw 150)

Art. 270

Verbetering proces-verbaal

– 1. Indien de raadpleging en beslissing over het akkoord in raadkamer der rechtbank heeft plaats gehad, kunnen zowel de schuldeisers, die vóór gestemd hebben, als de schuldenaar gedurende acht dagen na afloop der stemming aan het gerechtshof verbetering van het proces-verbaal verzoeken, indien uit de stukken zelve blijkt, dat het akkoord door de rechtbank ten onrechte als verworpen is beschouwd.
– 2. Indien het gerechtshof het proces-verbaal verbetert, bepaalt het bij zijne beschikking den dag, waarop de rechtbank de homologatie zal behandelen, welke dag gesteld wordt op niet vroeger dan acht en niet later dan veertien dagen na de beschikking. Van deze beschikking geven de bewindvoerders schriftelijk kennis aan de schuldeischers. Deze beschikking brengt van rechtswege vernietiging mede van een ingevolge artikel 277 uitgesproken faillissement. (Fw 149, 278^1, 281e^5, 283^1)

Art. 271

Homologatie

– 1. Indien het akkoord is aangenomen, wordt op de bepaalde dag ter openbare terechtzitting door de rechter-commissaris zo die is benoemd een schriftelijk rapport uitgebracht en kunnen zoowel de bewindvoerders als elke schuldeischer de gronden uiteenzetten, waarop zij de homologatie wenschen of haar bestrijden. Artikel 152, tweede lid, vindt overeenkomstige toepassing.
– 2. De rechtbank kan bepalen, dat de behandeling der homologatie op een lateren, terstond door haar vast te stellen, dag zal plaats vinden. (Fw 150, 151, 152, 281e^5)

Art. 272

Weigering homologatie; faillietverklaring

– 1. De rechtbank geeft zoo spoedig mogelijk hare met redenen omkleede beschikking.
– 2. Zij zal de homologatie weigeren:
1°. indien de baten van de boedel de bij het akkoord bedongen som te boven gaan;

2°. indien de nakoming van het akkoord niet voldoende is gewaarborgd; (Fw 153)

3°. indien het akkoord door bedrog, door begunstiging van één of meer schuldeisers of met behulp van andere oneerlijke middelen is tot stand gekomen, onverschillig of de schuldenaar dan wel een ander daartoe heeft medegewerkt; (Sr 344, 345)

4°. indien het loon en de verschotten van de deskundigen en de bewindvoerders niet in handen van de bewindvoerders zijn gestort of daarvoor zekerheid is gesteld. (Fw 250)

– 3. Zij kan ook op andere gronden en ook ambtshalve de homologatie weigeren. (Fw 153)

– 4. De rechtbank, de homologatie weigerende, kan bij dezelfde beschikking den schuldenaar in staat van faillissement verklaren. Wordt het faillissement niet uitgesproken, dan eindigt de surséance zoodra de beschikking, waarbij de homologatie geweigerd is, in kracht van gewijsde is gegaan. Van deze beëindiging doen de bewindvoerders aankondiging in de in artikel 216 bedoelde bladen.

– 5. De artikelen 154-156 en 160 vinden overeenkomstige toepassing. (Fw 222a, 281e⁵, 283)

Art. 273

Het gehomologeerde akkoord is verbindend voor alle schuldeisers te wier aanzien de surséance werkt. (Fw 157, 232)

Verbindende
kracht akkoord

Art. 274

Het in kracht van gewijsde gegane vonnis van homologatie levert, in verband met het in artikel 269 bedoelde proces-verbaal, ten behoeve der door den schuldenaar niet betwiste vorderingen een voor tenuitvoerlegging vatbaren titel op tegen den schuldenaar en de tot het akkoord als borgen toegetreden personen. (Fw 159, 196; Rv 430, 436)

Executoriale titel

Art. 275

Zoolang niet over het aangeboden akkoord uiteindelijk is beslist, eindigt de surséance niet door verloop van den termijn, waarvoor zij is verleend. (Fw 161, 223, 274)

Verlenging
surséance

Art. 276

De surséance neemt een einde zoodra de homologatie in kracht van gewijsde is gegaan. Van deze beëindiging doen de bewindvoerders aankondiging in de in artikel 216 bedoelde bladen. (Fw 161, 242)

Einde surséance

Art. 277

De rechtbank kan, wanneer het akkoord niet wordt aangenomen, den schuldenaar bij vonnis in staat van faillissement verklaren. Wordt het faillissement niet uitgesproken, dan eindigt de surséance zodra de termijn, in artikel 269a dan wel in artikel 270 bedoeld, ongebruikt verstreken is of verbetering van het proces-verbaal geweigerd is. Van deze beëindiging doen de bewindvoerders aankondiging in de in artikel 216 bedoelde bladen. (Fw 218⁵, 242⁴, 248, 281)

Faillietverklaring

Art. 278

– 1. Indien de rechtbank de schuldenaar in staat van faillissement heeft verklaard, heeft deze recht van hoger beroep tegen de faillietverklaring gedurende acht dagen na de dag waarop de termijn van artikel 269a dan wel van artikel 270 ongebruikt verstreken is of verbetering van het proces-verbaal geweigerd is.

– 2. Het hooger beroep wordt ingesteld bij een verzoekschrift, in te dienen ter griffie van het gerechtshof, dat van de zaak kennis moet nemen. De voorzitter bepaalt terstond dag en uur van de behandeling.

– 3. De griffier doet van het hooger beroep en van dag en uur, voor de behandeling bepaald, aankondiging in de nieuwsbladen, waarin het verzoek tot surséance volgens artikel 216 is aangekondigd. Elke schuldeischer is bevoegd bij de behandeling op te komen. (Fw 219, 283¹)

Hoger beroep

Art. 279

– 1. Tot het instellen van het beroep in cassatie is, indien het gerechtshof de faillietverklaring handhaaft, de schuldenaar en, indien het gerechtshof de faillietverklaring vernietigt, elke in hooger beroep opgekomen schuldeischer bevoegd.

– 2. Het beroep in cassatie wordt binnen denzelfden termijn en op dezelfde wijze als het hooger beroep ingesteld en behandeld, met dien verstande, dat de aankondiging in de dagbladen wordt vervangen door een exploot, binnen vier dagen na de aanteekening van het beroep uit te brengen aan de wederpartij. (Fw 221, 283²)

Cassatie

Art. 280

– 1. Ten aanzien van de ontbinding van het akkoord vinden de artikelen 165 en 166 overeenkomstige toepassing.

– 2. Bij het vonnis, waarbij de ontbinding van het akkoord wordt uitgesproken, wordt de schuldenaar tevens in staat van faillissement verklaard. (Fw 281, 283 lid 1)

Ontbinding ak-
koord

Art. 281

In een faillissement, uitgesproken krachtens de artikelen 272, 277 of 280 kan een akkoord niet worden aangeboden. (Fw 170)

Geen tweede ak-
koord

Bijzondere bepalingen

Art. 281a

Vermelding groepen schuldeisers

– 1. Indien er meer dan 10 000 schuldeisers zijn, behoeven op de staat, welke de schuldenaar krachtens artikel 214 bij zijn verzoek moet overleggen, de namen en woonplaatsen der schuldeisers, alsmede het bedrag der vorderingen van ieder hunner, niet te worden vermeld, doch kan worden volstaan met vermelding van de verschillende groepen van crediteuren, al naar gelang van de aard hunner vorderingen, en van het globale aantal en het globale bedrag van de gezamenlijke vorderingen van iedere groep.

– 2. Indien het aantal schuldeisers niet meer dan 10 000, doch wel meer dan 5000 bedraagt, kan de rechtbank toestaan dat de schuldenaar een staat overeenkomstig het vorige lid overlegt.

Art. 281b

Treffen voorzieningen

– 1. Indien blijkt dat het aantal schuldeisers meer dan 5000 bedraagt, kan de rechtbank op verzoek van de bewindvoerders de voorzieningen treffen, omschreven in de artikelen 281c-281f.

– 2. De voorzieningen krachtens de artikelen 281d en e kunnen slechts gezamenlijk worden getroffen.

Art. 281c

Oproeping bij aankondiging

De rechtbank kan bepalen dat de oproepingen van de schuldeisers, bedoeld in de artikelen 215, tweede lid, 256, tweede lid, en 264, tweede lid, niet bij brieven, doch door aankondigingen in de door de rechtbank aan te wijzen nieuwsbladen zullen plaatsvinden. In dat geval bepaalt de rechtbank tevens op welke datum uiterlijk deze aankondigingen moeten geschieden en welke punten in de aankondigingen moeten worden opgenomen. (Fw 281b¹)

Art. 281d

Kleine vorderingen

De rechtbank kan bepalen, dat bepaalde soorten van vorderingen of vorderingen beneden een bepaald bedrag – dat echter niet hoger zal mogen zijn dan € 450 – niet op de lijst bedoeld in artikel 259, zullen behoeven te worden geplaatst. (Fw 281b)

Art. 281e

Commissie van vertegenwoordiging

– 1. De rechtbank kan een commissie van vertegenwoordiging benoemen, bestaande uit ten minste 9 leden. Bij de samenstelling van de commissie wordt er op gelet, dat daarin personen zitting hebben die geacht kunnen worden de belangrijkste groepen van de schuldeisers te vertegenwoordigen.

– 2. Bij de stemmingen, bedoeld in de artikelen 218 en 268, hebben alleen de leden van de commissie stemrecht.

– 3. Surséance kan niet definitief worden verleend, indien zich daartegen verklaren meer dan een vierde van de ter vergadering, waarin daarover moet worden beslist, verschenen leden der commissie.

– 4. Tot het aannemen van een akkoord wordt vereist de toestemming van drie vierde van de ter vergadering, waarin daarover moet worden beslist, verschenen leden der commissie. Indien ter vergadering niet ten minste twee derde van de leden verschenen is, wordt de stemming over het akkoord tot een latere dag uitgesteld. Een nadere oproeping van de schuldeisers is niet vereist, doch de leden der commissie zullen door de bewindvoerders bij brieven tot de volgende vergadering worden opgeroepen. In deze vergadering wordt de stemming gehouden onafhankelijk van het aantal verschenen leden der commissie.

– 5. Voor de toepassing van de artikelen 269, eerste lid, eerste zin, 270 en 272, en voor de overeenkomstige toepassing van artikel 154 wordt telkens in plaats van 'schuldeisers' gelezen 'leden der commissie' en voor de toepassing van artikel 271 in plaats van 'elke schuldeiser': elke schuldeiser en elk lid der commissie. (Fw 281b)

Art. 281f

Tweede uitkering aan toonder

Indien te voorzien is dat er meer dan één uitkering aan de schuldeisers zal moeten geschieden, kan de rechtbank bij de homologatie van het akkoord bepalen, dat bij de eerste uitkering aan de schuldeisers een of meer papieren aan toonder zullen worden ter hand gesteld en dat betaling van de volgende uitkeringen uitsluitend door middel van aanbieding van zodanig papier zal kunnen worden gevorderd. (Fw 281b¹)

Van de verlening van surséance van betaling aan een kredietinstelling, die ingevolge artikel 6, twee-de of derde lid, is vrijgesteld onderscheidenlijk ontheven van artikel 6, eerste lid, van de Wet toezicht kredietwezen 1992, een kredietinstelling, die ingevolge artikel 31, vierde of vijfde lid, is vrijgesteld onderscheidenlijk ontheven van artikel 31, eerste lid, van de Wet toezicht kredietwezen 1992, een kredietinstelling, die ingevolge artikel 38, derde of vierde lid, is vrijgesteld onderscheidenlijk onthe-ven van artikel 38, eerste lid, van de Wet toezicht kredietwezen 1992, een financiële instelling, een effecteninstelling of een andere instelling, genoemd in artikel 281g

Art. 281g

Deze afdeling is van toepassing op:

Definities

a. een kredietinstelling, die door de Minister van Financiën op grond van artikel 6, tweede lid, van de Wet toezicht kredietwezen 1992 is vrijgesteld van het verbod van artikel 6, eerste lid, van die wet;

b. een kredietinstelling, die door de Minister van Financiën op grond van artikel 31, vierde lid, van de Wet toezicht kredietwezen 1992 is vrijgesteld van het verbod van artikel 31, eerste lid, van die wet;

c. een kredietinstelling, die door de Minister van Financiën op grond van artikel 38, derde lid, van de Wet toezicht kredietwezen 1992 is vrijgesteld van het verbod van artikel 38, eerste lid, van die wet;

d. een kredietinstelling, die door De Nederlandsche Bank N.V. op grond van artikel 6, derde lid, van de Wet toezicht kredietwezen 1992 is ontheven van het verbod van artikel 6, eerste lid, van die wet;

e. een kredietinstelling, die door De Nederlandsche Bank N.V. op grond van artikel 31, vijfde lid, van de Wet toezicht kredietwezen 1992 is ontheven van het verbod van artikel 31, eerste lid, van die wet;

f. een kredietinstelling, die door De Nederlandsche Bank N.V. op grond van artikel 38, vierde lid, van de Wet toezicht kredietwezen 1992 is ontheven van het verbod van artikel 38, eerste lid, van die wet;

g. een financiële instelling als bedoeld in artikel 1, eerste lid, onderdeel *c*, van de Wet toezicht kredietwezen 1992;

h. een effecteninstelling als bedoeld in artikel 1, onderdeel *d*, van de Wet toezicht effectenver-keer 1995;

i. een centrale tegenpartij, indien deze in het kader van deelname aan het systeem op grond van een overboekingsopdracht effectentegoeden verkrijgt;

j. een overheidsinstantie of onderneming met overheidsgarantie;

k. een in een staat die niet een lidstaat is van de Europese Unie gevestigde onderneming of instelling die het bedrijf van effecteninstelling uitoefent door middel van een bijkantoor in Nederland.

Art. 281h

De artikelen 212*a*, onderdelen *b* tot en met *f*, en 212*b* tot en met 212*f* zijn van overeenkomstige toepassing op de verlening van de surséance van betaling, met dien verstande dat:

Overeenkomstige toepassing

– voor 'artikel 23' wordt gelezen: artikel 217.
– voor 'artikel 24' wordt gelezen: artikel 228, tweede lid.
– voor 'artikel 53, eerste lid' wordt gelezen: artikel 234, eerste lid.
– voor 'artikel 54, tweede lid' wordt gelezen: artikel 235, tweede lid.

DERDE AFDEELING

Slotbepalingen

Art. 282

Tegen de beslissingen van den rechter, ingevolge de bepalingen van dezen titel gegeven, staat geen hoogere voorziening open, behalve in de gevallen, waarin het tegendeel is bepaald, en behoudens de mogelijkheid van cassatie in het belang der wet.

Rechtsmiddelen

Art. 283

– 1. De verzoeken, te doen ingevolge de artikelen 219, 223, 225, 242, 243, 247, 247*b*, tweede lid, 270, 272, laatste lid, 278 en 280, eerste lid, moeten door een procureur zijn onderteekend, behalve wanneer een verzoek wordt gedaan door de bewindvoerders.

– 2. Voor het instellen van beroep in cassatie is steeds de medewerking noodig van een advocaat bij den Hoogen Raad.

Procesvertegen-woordiging

7 Fw Titel II

Schuldsaneringsregeling natuurlijke personen

EERSTE AFDELING

Het uitspreken van de toepassing van de schuldsaneringsregeling

Art. 284

Termijnen

– 1. Een natuurlijke persoon kan, indien redelijkerwijs is te voorzien dat hij niet zal kunnen voortgaan met het betalen van zijn schulden of indien hij in de toestand verkeert dat hij heeft opgehouden te betalen, verzoeken de toepassing van de schuldsaneringsregeling uit te spreken.

– 2. Hij zal zich daartoe bij een door hem of een gevolmachtigde ondertekend verzoekschrift wenden tot de rechtbank, aangewezen in artikel 2. Indien de gevolmachtigde niet als advocaat of procureur is ingeschreven, moet een geschrift waaruit de volmacht blijkt, bij het verzoekschrift worden overgelegd.

– 3. Een gehuwde schuldenaar of een schuldenaar die een geregistreerd partnerschap is aangegaan kan het verzoek slechts doen met medewerking van zijn echtgenoot onderscheidenlijk zijn geregistreerde partner, tenzij iedere gemeenschap van goederen tussen de echtgenoten onderscheidenlijk de geregistreerde partners is uitgesloten.

– 4. Een verzoek als bedoeld in het eerste lid kan ten behoeve van een natuurlijke persoon ook worden gedaan door burgemeester en wethouders van de gemeente waar die persoon woon- of verblijfplaats heeft. (Fw 1¹, 6, 63, 213, 288¹ sub *a*, 361; BW 1: 80*a*, 97, 98)

Art. 285

**Inhoud verzoek-
schrift**

– 1. In het verzoekschrift of in een daarbij te voegen bijlage worden opgenomen:

a. een staat als bedoeld in artikel 96;

b. een gespecificeerde opgave van de inkomsten van de schuldenaar, hoe ook genaamd en ongeacht de titel van verkrijging, die de schuldenaar pleegt te verwerven of kan verwerven;

c. een gespecificeerde opgave van de vaste lasten van de schuldenaar;

d. indien de schuldenaar is gehuwd of een geregistreerd partnerschap is aangegaan, een opgave van de gegevens, bedoeld onder *b* en *c* betreffende de echtgenoot onderscheidenlijk de geregistreerde partner;

e. een met redenen omklede verklaring dat er geen reële mogelijkheden zijn om tot een buitengerechtelijke schuldsanering te komen, alsmede over welke aflossingsmogelijkheden de verzoeker beschikt, afgegeven door het college van burgemeester en wethouders van de gemeente van de woon- of verblijfplaats van de schuldenaar. Het college kan deze bevoegdheid mandateren aan een kredietbank als bedoeld in de Wet op het consumentenkrediet of aan krachtens artikel 48, eerste lid, onderdeel *d,* van de Wet op het consumentenkrediet aangewezen natuurlijke personen of rechtspersonen, dan wel categorieën daarvan.

– 2. In het verzoekschrift of in een daarbij te voegen bijlage dan wel in een nadien, binnen een door de rechter in de uitspraak bedoeld in artikel 287, eerste of vierde lid, te bepalen termijn, doch uiterlijk op de vijftiende dag voorafgaande aan de dag waarop de verificatievergadering zal worden gehouden, ter griffie neer te leggen stuk worden opgenomen:

a. een ontwerp van een saneringsplan;

b. een beredeneerde opgave van redelijkerwijs voorzienbare wijzigingen omtrent de in het eerste lid, onder *b,* bedoelde inkomsten gedurende een termijn van vijf jaar, te rekenen vanaf de dag van de indiening van het verzoek tot het uitspreken van de toepassing van de schuldsaneringsregeling;

c. een opgave van de goederen van de schuldenaar, met vermelding van eventueel daarop rustende rechten van pand en hypotheek en retentierechten die daarop uitgeoefend kunnen worden;

d. een opgave van de aard en het bedrag van de vorderingen ter zake waarvan de schuldenaar zich als borg of anderszins als medeschuldenaar heeft verbonden;

e. indien de schuldenaar aan zijn schuldeisers een buitengerechtelijk akkoord heeft aangeboden dat niet is aanvaard, de inhoud van het ontwerp van het akkoord, de reden waarom het akkoord niet is aanvaard alsmede met welke middelen, bij aanvaarding van het akkoord, bevrediging van schuldeisers zou kunnen plaatsvinden;

f. indien de schuldenaar is gehuwd of een geregistreerd partnerschap is aangegaan, een opgave van de gegevens, bedoeld onder *b* betreffende de echtgenoot onderscheidenlijk de geregistreerde partner;

g. een opgave van andere gegevens van belang voor het vaststellen door de rechter van een saneringsplan.

- 3. In het ontwerp van een saneringsplan doet de schuldenaar voorstellen omtrent door de rechtbank in het saneringsplan op te nemen regelingen.
- 4. De colleges van burgemeester en wethouders, een daartoe gemandateerde kredietbank of een daartoe aangewezen natuurlijke persoon of rechtspersoon zijn verplicht hun medewerking te verlenen aan de afgifte van verklaringen als bedoeld in het eerste lid, onderdeel e. (Fw 287², 295³, 324³, 328, 329⁴; BW 1: 80a)

Art. 286

Het verzoekschrift met bijbehorende stukken en die bedoeld in artikel 285, tweede lid, worden ter griffie van de rechtbank neergelegd en zijn vanaf de uitspraak tot de toepassing van de schuldsaneringsregeling ter kosteloze inzage van een ieder. De nederlegging geschiedt kosteloos. (Fw 294, 337, 345)

Inzage verzoek-schrift

Art. 287

- 1. De rechtbank zal met de meeste spoed op het verzoekschrift uitspraak doen. Zij kan de voorlopige toepassing van de schuldsaneringsregeling uitspreken.
De uitspraak geschiedt bij vonnis. De toepassing van de schuldsaneringsregeling wordt geacht te zijn ingegaan bij de aanvang van de dag waarop de rechter die toepassing heeft uitgesproken.

Terstond uit-spraak

- 2. Indien in of bij het verzoekschrift gegevens als bedoeld in artikel 285, eerste lid, ontbreken, kan de rechtbank de schuldsaneringsregeling slechts voorlopig van toepassing verklaren, in welk geval zij de schuldenaar een termijn van ten hoogste eenentwintig dagen gunt om de ontbrekende gegevens te verstrekken.
- 3. Het vonnis bedoeld in het eerste lid houdt in de benoeming van een van de leden van de rechtbank tot rechter-commissaris en de benoeming van een bewindvoerder.
- 4. Heeft de rechtbank de schuldsaneringsregeling voorlopig van toepassing verklaard, dan beslist zij uiterlijk op de achtentwintigste dag na de dag van die uitspraak of de definitieve toepassing van de schuldsaneringsregeling wordt uitgesproken. Zij kan alvorens te beslissen de schuldenaar, de rechter-commissaris, de bewindvoerder en een of meer schuldeisers oproepen om te worden gehoord. Artikel 6, tweede lid, is van toepassing.
- 5. De rechtbank spreekt de definitieve toepassing niet uit indien de schuldenaar niet binnen de termijn bedoeld in het tweede of achtste lid de ontbrekende gegevens heeft verstrekt.
De rechtbank kan de definitieve toepassing wel uitspreken indien de verklaring, bedoeld in artikel 285, eerste lid, onderdeel e, ontbreekt op grond van een weigering of verzuim van de gemeente, de door haar gemandateerde kredietbank of van de aangewezen natuurlijke persoon of rechtspersoon om de verklaring af te geven, en de rechtbank van oordeel is dat de afgifte van de door de schuldenaar verzochte verklaring in redelijkheid niet geweigerd had mogen worden.
- 6. Wordt geen definitieve toepassing van de schuldsaneringsregeling uitgesproken, dan vervalt de voorlopige toepassing pas met ingang van de dag waarop de uitspraak waarbij de definitieve toepassing is afgewezen, in kracht van gewijsde is gegaan.
- 7. Indien het verzoekschrift op de voet van artikel 284, vierde lid, door burgemeester en wethouders is ingediend, kan de rechtbank de schuldsaneringsregeling slechts voorlopig van toepassing verklaren, in welk geval de schuldenaar wordt opgeroepen om te worden gehoord als bedoeld in het vierde lid, tweede volzin.
- 8. Indien het zevende lid toepassing vindt en in het verzoekschrift of in een daarbij gevoegde bijlage gegevens als bedoeld in artikel 285, eerste lid, ontbreken, stelt de rechtbank de schuldenaar in de gelegenheid om binnen een termijn van eenentwintig dagen de ontbrekende gegevens te verstrekken.
- 9. De rechtbank geeft in het vonnis, bedoeld in het eerste lid, last aan de bewindvoerder tot het openen van aan de schuldenaar gerichte brieven en telegrammen. (Fw 14, 217, 285², 290¹, 294¹ sub a, 302)

Art. 288

- 1. Het verzoek wordt afgewezen:
a. indien de schuldenaar in staat geacht wordt te kunnen voortgaan met het betalen van zijn schulden;
b. indien er gegronde vrees bestaat dat de schuldenaar tijdens de toepassing van de schuldsaneringsregeling zal trachten zijn schuldeisers te benadelen of zijn uit de schuldsaneringsregeling voortvloeiende verplichtingen niet naar behoren zal nakomen;
c. indien de schuldsaneringsregeling reeds op de schuldenaar van toepassing is.
- 2. Het verzoek kan worden afgewezen:
a. indien minder dan tien jaar voorafgaande aan de dag waarop het verzoekschrift is ingediend, de schuldenaar ingevolge een bij in kracht van gewijsde gegane uitspraak in staat van faillissement heeft verkeerd of ten aanzien van hem de schuldsaneringsregeling van toepassing is geweest;

Afwijzing verzoek

7 Fw Titel III

b. indien aannemelijk is dat de schuldenaar ten aanzien van het ontstaan of onbetaald laten van schulden niet te goeder trouw is geweest.

– 3. Het van toepassing verklaren van de schuldsaneringsregeling kan niet worden geweigerd uitsluitend op grond dat er geen of onvoldoende vooruitzicht bestaat dat schuldeisers algehele of gedeeltelijke betaling op hun vorderingen zullen ontvangen.

– 4. Indien het verzoek wordt afgewezen, kan de schuldenaar niet ambtshalve in staat van faillissement worden verklaard. (Fw 3*a*, 292[7])

Art. 289

Inhoud vonnis
– 1. Het vonnis waarbij de definitieve toepassing van de schuldsaneringsregeling wordt uitgesproken, kan tevens de vaststelling inhouden van de dag, uur en plaats waarop de verificatievergadering zal worden gehouden.

In de verificatievergadering worden tevens behandeld het ontwerp van een saneringsplan en, indien de schuldenaar dat heeft ingediend, het ontwerp van een akkoord. (Fw 116)

– 2. Indien de dag, uur en plaats waarop de verificatievergadering zal worden gehouden niet in het vonnis, bedoeld in het eerste lid, zijn vastgesteld, kunnen deze op een later tijdstip door de rechtbank worden vastgesteld, ambtshalve, of op voordracht van de rechter-commissaris of op verzoek van de schuldenaar of van de bewindvoerder. De rechtbank kan, zolang geen verificatievergadering is bepaald, te allen tijde ambtshalve, op voordracht van de rechter-commissaris of op verzoek van de schuldenaar of van de bewindvoerder een saneringsplan vaststellen.

– 3. Indien de rechtbank de verificatievergadering bepaalt, stelt zij tevens vast de dag waarop uiterlijk de schuldvorderingen bij de bewindvoerder moeten worden ingediend.

– 4. Tussen de in het derde lid bedoelde dag en de dag van de verificatievergadering moeten ten minste veertien dagen verlopen.

– 5. De verificatievergadering zal niet eerder worden gehouden dan twee maanden na de dag van de uitspraak tot definitieve toepassing van de schuldsaneringsregeling. (Fw 293, 348)

Art. 290

Voorzieningen
– 1. De rechter die de toepassing van de schuldsaneringsregeling uitspreekt, kan in deze uitspraak tevens voorzieningen treffen die hij ter beveiliging van de belangen van de schuldeisers nodig oordeelt.

– 2. De rechtbank kan dit ook terwijl de schuldsaneringsregeling van toepassing is op voordracht van de rechter-commissaris, op verzoek van de bewindvoerder of van één of meer schuldeisers dan wel ambtshalve. (Fw 225)

Art. 291

Benoeming deskundigen
– 1. De rechter kan in de uitspraak tot de toepassing van de schuldsaneringsregeling één of meer deskundigen benoemen ten einde binnen een door hem te bepalen termijn, die zo nodig kan worden verlengd, een onderzoek naar de staat van de boedel in te stellen en een beredeneerd verslag van hun bevindingen uit te brengen. Het tweede lid van artikel 290 vindt overeenkomstige toepassing.

– 2. Het verslag bevat een met redenen omkleed oordeel over de betrouwbaarheid van de door de schuldenaar overgelegde staat en bescheiden en, indien de rechter daarom heeft verzocht, een voorstel omtrent door de rechtbank in het saneringsplan op te nemen regelingen.

Art. 292

Rechtsmiddelen
– 1. Tegen de uitspraak tot de voorlopige of definitieve toepassing van de schuldsaneringsregeling kan noch door schuldeisers noch door andere belanghebbenden verzet, hoger beroep of cassatie worden ingesteld.

– 2. Indien het verzoek wordt afgewezen, heeft de schuldenaar gedurende acht dagen na de dag van de uitspraak het recht van hoger beroep. Het hoger beroep wordt ingesteld bij een verzoekschrift, in te dienen ter griffie van het gerechtshof, dat van de zaak kennis moet nemen.

– 3. De voorzitter bepaalt terstond dag en uur voor de behandeling, welke zal moeten plaatshebben binnen twintig dagen na de dag van de indiening van het verzoekschrift. De uitspraak vindt niet later plaats dan op de achtste dag na die van de behandeling van het verzoekschrift ter terechtzitting.

– 4. Van het arrest, waarbij het verzoek van de schuldenaar door het gerechtshof is afgewezen, kan de schuldenaar gedurende acht dagen na die van de uitspraak in cassatie komen. Het beroep in cassatie wordt ingesteld bij een verzoekschrift, in te dienen ter griffie van de Hoge Raad.

– 5. Indien de schuldsaneringsregeling voorlopig van toepassing is verklaard en het hoger beroep of de cassatie zich richt tegen de afwijzing tot het definitief van toepassing verklaren van die regeling, geeft de griffier van het gerechtshof onderscheidenlijk de Hoge Raad van de indiening van het verzoek in hoger beroep en van het arrest van het gerechtshof onderscheidenlijk de Hoge Raad onverwijld kennis aan de griffier van de rechtbank.

– 6. De schuldsaneringsregeling kan in hoger beroep of in cassatie slechts definitief van toepassing worden verklaard.

- 7. Indien het verzoek van de schuldenaar in hoger beroep of cassatie wordt verworpen, kan de schuldenaar niet ambtshalve in staat van faillissement worden verklaard.
- 8. Wordt de toepassing van de schuldsaneringsregeling pas in hoger beroep of cassatie uitgesproken, dan geeft de griffier van het rechtscollege daarvan onverwijld kennis aan de griffier van de rechtbank, waarbij de schuldenaar zijn verzoek heeft ingediend. De rechtbank gaat terstond na die kennisgeving over tot benoeming van een rechter-commissaris en een bewindvoerder. (Fw 15c, 242, 287, 288⁴, 361)

Art. 293

Publicatie

- 1. De griffier van de rechtbank doet van de uitspraak tot de toepassing van de schuldsaneringsregeling, van de naam, de woonplaats en het beroep van de schuldenaar, van de naam van de rechter-commissaris, van de naam en de woonplaats of het kantoor van de bewindvoerder alsmede van de dagen, uur en plaats bedoeld in artikel 289, onverwijld aankondiging in de *Staatscourant* en in een of meer door de rechter-commissaris aan te wijzen nieuwsbladen.
- 2. De griffier van de rechtbank geeft van de verlening van de schuldsanering onverwijld kennis aan de administratie der posterijen. In de kennisgeving wordt melding gemaakt van de in artikel 287, negende lid, bedoelde last. (Fw 329⁵, ⁶, 331, 340¹, 345³, 348, 350, 352⁴, 356²)

Art. 294

Register

- 1. Bij elke rechtbank wordt door de griffier een openbaar register gehouden, waarin hij, voor iedere van toepassing verklaarde schuldsaneringsregeling afzonderlijk, achtereenvolgens, met vermelding van de dagtekening, inschrijft:
a. een uittreksel van de rechterlijke uitspraken tot de voorlopige en definitieve toepassing van de schuldsaneringsregeling en tot beëindiging daarvan;
b. de beëindiging en de herleving van de toepassing van de schuldsaneringsregeling bedoeld in artikel 312;
c. de summiere inhoud en de homologatie van het akkoord;
d. de ontbinding van het akkoord;
e. de summiere inhoud van het vastgestelde en gewijzigde saneringsplan;
f. het bedrag van de uitdelingen;
g. de summiere inhoud van de uitspraak bedoeld in artikel 354;
h. de datum waarop de schuldsaneringsregeling ingevolge het bepaalde in artikel 356, tweede lid, is geëindigd.
- 2. Omtrent vorm en inhoud van het register worden bij algemene maatregel van bestuur nadere regels gegeven.
- 3. De griffier is verplicht aan een ieder kosteloze inzage van het register en tegen betaling een uittreksel daaruit te verstrekken. (Fw 19, 222a, 287, 338, 340, 343 v., 349, 350, 356)

TWEEDE AFDELING

De gevolgen van de toepassing van de schuldsaneringsregeling

Art. 295

Boedel

- 1. De boedel omvat de goederen van de schuldenaar ten tijde van de uitspraak tot de toepassing van de schuldsaneringsregeling, alsmede de goederen die hij tijdens de toepassing van die regeling verkrijgt.
- 2. Van het inkomen en van periodieke uitkeringen onder welke benaming ook die de schuldenaar verkrijgt, wordt, onverminderd het derde lid, slechts buiten de boedel gelaten een bedrag gelijk aan de beslagvrije voet bedoeld in artikel 475d van het Wetboek van Burgerlijke Rechtsvordering.
- 3. Totdat het saneringsplan is vastgesteld, kan de rechter-commissaris op verzoek van de schuldenaar, de bewindvoerder dan wel ambtshalve bij schriftelijke beschikking het bedrag bedoeld in het tweede lid verhogen met een in die beschikking vast te stellen nominaal bedrag. De rechter-commissaris kan aan zijn beschikking voorwaarden verbinden. Een verhoging kan ook door de rechter worden vastgesteld in de uitspraak tot de voorlopige of definitieve toepassing van de schuldsaneringsregeling.
- 4. Buiten de boedel vallen voorts:
a. de goederen die de schuldenaar, anders dan om niet, verkrijgt krachtens een tijdens de toepassing van de schuldsaneringsregeling tot stand gekomen overeenkomst indien de met die verkrijging samenhangende prestatie van de schuldenaar niet ten laste van de boedel komt;
b. de inboedel, voor zover niet bovenmatig, bedoeld in artikel 5 van Boek 3 van het Burgerlijk Wetboek;
c. hetgeen is vermeld in artikel 21, onder 1°, 3°, 5° en 6°;
d. het door de rechter of, totdat het saneringsplan is vastgesteld, door de rechter-commissaris overeenkomstig artikel 21, onder 4°, vastgestelde bedrag.
- 5. Niettemin valt een goed als bedoeld in het vierde lid, onder *a*, in de boedel indien de

waarde van dat goed de waarde van de met de verkrijging samenhangende prestatie aanmerkelijk overtreft. In dat geval ontvangt de schuldenaar uit de boedel, indien dat goed op de voet van artikel 347 te gelde wordt gemaakt en voor zover de opbrengst daarvan toereikend is, de waarde van zijn prestatie tot verkrijging van dat goed, bij voorrang te voldoen voordat met betalingen uit de boedel aan schuldeisers kan worden begonnen.

– 6. Ten aanzien van het tweede en vierde lid, onder c en d, is artikel 22 van overeenkomstige toepassing. (Fw 297 v., 311, 312, 315, 320, 324, 343, 350; BW 3: 1)

Art. 295a

Levensverzekering

– 1. Ten aanzien van een overeenkomst van levensverzekering als omschreven in artikel 1, eerste lid, onder b, van de Wet toezicht verzekeringsbedrijf 1993, vallen voorts buiten de boedel:

a. het recht op het doen afkopen van een levensverzekering voor zover de begunstigde of de verzekeringnemer door afkoop onredelijk benadeeld wordt;

b. het recht om de begunstiging te wijzigen, tenzij de wijziging geschiedt ten behoeve van de boedel en de begunstigde of de verzekeringnemer daardoor niet onredelijk benadeeld wordt;

c. het recht om de verzekering te belenen.

– 2. Voor de uitoefening van het recht op het doen afkopen en het recht om de begunstiging te wijzigen, behoeft de bewindvoerder de toestemming van de rechter-commissaris, die daarbij zonodig vaststelt tot welk bedrag deze rechten mogen worden uitgeoefend. Slechts met schriftelijke toestemming van de verzekeringnemer is de bewindvoerder bevoegd tot overdracht van de verzekering.

– 3. Indien de bewindvoerder de begunstiging heeft gewijzigd, vervalt deze aanwijzing met de beëindiging van de schuldsaneringsregeling. (Fw 21a, BW 3: 6)

Art. 296

Verlies beschikkingsbevoegdheid

– 1. Door de uitspraak tot de toepassing van de schuldsaneringsregeling verliest de schuldenaar van rechtswege:

a. de bevoegdheid om over de tot de boedel behorende goederen te beschikken;

b. de bevoegdheid om ten aanzien van die goederen feitelijke handelingen te verrichten en toe te laten.

– 2. De schuldenaar is verplicht alle goederen die tot de boedel behoren op verzoek van de bewindvoerder aan hem af te leveren.

– 3. De rechter-commissaris kan op verzoek van de schuldenaar of de bewindvoerder dan wel ambtshalve bij schriftelijke beschikking ten aanzien van bepaaldelijk daartoe aan te wijzen goederen bepalen dat de schuldenaar daarover het beheer heeft. (Fw 311², 315, 343, 350³ sub c)

Art. 297

Verrichten rechtshandelingen

– 1. Onverminderd het bepaalde in artikel 296 is de schuldenaar zelfstandig bevoegd tot het verrichten van rechtshandelingen.

– 2. De schuldenaar behoeft niettemin de toestemming van de bewindvoerder voor de volgende rechtshandelingen:

a. het aangaan van een krediettransactie als bedoeld in artikel 1 van de Wet op het consumentenkrediet (Stb. 1990, 395);

b. overeenkomsten waarbij hij zich als borg of anderszins als medeschuldenaar verbindt, zich voor een derde sterk maakt of zich tot zekerheidstelling voor de schuld van een derde verbindt;

c. giften, met uitzondering van de gebruikelijke, voor zover niet bovenmatig.

– 3. Een rechtshandeling in strijd met het tweede lid verricht, is vernietigbaar. Slechts de bewindvoerder kan deze vernietigingsgrond inroepen. (Fw 312, 359²; BW 3: 32, 33, 50)

Art. 298

Aansprakelijkheid boedel

Voor verbintenissen van de schuldenaar die na de uitspraak tot toepassing van de schuldsaneringsregeling ontstaan, is de boedel niet aansprakelijk dan voor zover deze ten gevolge daarvan is gebaat. (Fw 24, 228²; BW 6: 31, 209, 276)

Art. 299

Werking schuldsaneringsregeling

– 1. De schuldsaneringsregeling werkt ten aanzien van:

a. vorderingen op de schuldenaar die ten tijde van de uitspraak tot de toepassing van de schuldsaneringsregeling bestaan;

b. vorderingen op de schuldenaar die na de uitspraak tot de toepassing van de schuldsaneringsregeling ontstaan uit hoofde van ontbinding of vernietiging van een vóór die uitspraak met de schuldenaar gesloten overeenkomst;

c. vorderingen die strekken tot schadevergoeding ter zake van tekortschieten in de nakoming van een vóór de uitspraak tot de toepassing van de schuldsaneringsregeling op de schuldenaar verkregen vordering;

d. vorderingen op de schuldenaar die na de uitspraak tot de toepassing van de schuldsaneringsregeling ontstaan door de vervulling van een vóór die uitspraak overeengekomen ontbindende voorwaarde;

e. vorderingen op de schuldenaar die ontstaan krachtens artikel 10 van Boek 6 van het Burgerlijk Wetboek uit hoofde van een ten tijde van de uitspraak tot de toepassing van de schuldsaneringsregeling reeds bestaande rechtsbetrekking.

– 2. Rechtsvorderingen die voldoening van een vordering uit de boedel ten doel hebben, kunnen gedurende de toepassing van de schuldsaneringsregeling ook tegen de schuldenaar op geen andere wijze worden ingesteld dan door aanmelding ter verificatie.

– 3. De artikelen 57 tot en met 59*a* zijn van overeenkomstige toepassing. (Fw 301)

Art. 299a

– 1. De schuldsaneringsregeling werkt niet ten aanzien van vorderingen uit hoofde van studieschulden waarop hoofdstuk 6 van de Wet studiefinanciering 2000 van toepassing is, behoudens voor zover die vorderingen betrekking hebben op de in artikel 6.8 van die wet bedoelde achterstallige schulden die bestaan ten tijde van de uitspraak tot de toepassing van de schuldsaneringsregeling.

– 2. Zolang de schuldsaneringsregeling van toepassing is, wordt de aflosfase bedoeld in artikel 6.7 van de Wet studiefinanciering 2000 opgeschort. Gedurende deze periode is over de studieschuld geen rente verschuldigd.

Studiefinanciering

Art. 299b

– 1. De schuldeiser die het retentierecht heeft op een aan de schuldenaar toebehorende zaak, verliest dit recht niet door het van toepassing verklaren van de schuldsaneringsregeling.

– 2. De bewindvoerder kan, voor zover dit in het belang is van de boedel, de zaak in de boedel terugbrengen door voldoening van de vordering waarvoor het retentierecht kan worden uitgeoefend.

– 3. De schuldeiser kan de bewindvoerder een redelijke termijn stellen om tot toepassing van het tweede lid over te gaan. Heeft de bewindvoerder niet binnen deze termijn de zaak in de boedel teruggebracht, dan kan de schuldeiser haar verkopen met overeenkomstige toepassing van de bepalingen betreffende parate executie door een pandhouder of, als het een registergoed betreft, die betreffende parate executie door een hypotheekhouder. De rechter-commissaris is bevoegd de termijn op verzoek van de bewindvoerder een of meermalen te verlengen. (Fw 60, 315, 332²)

– 4. Betreft het een registergoed, dan dient de schuldeiser, op straffe van verval van het recht van parate executie, binnen veertien dagen na het verstrijken van de in het derde lid bedoelde termijn, aan de bewindvoerder bij exploit aan te zeggen dat hij tot executie overgaat, en dit exploit in de openbare registers te doen inschrijven.

– 5. De bewindvoerder kan de schuldeiser die overeenkomstig het derde lid het recht van parate executie kan uitoefenen, een redelijk termijn stellen daartoe over te gaan. Heeft de schuldeiser de zaak niet binnen deze termijn verkocht, dan kan de bewindvoerder haar opeisen en met toepassing van artikel 326 of 347, tweede lid, verkopen, onverminderd de voorrang, aan de schuldeiser in artikel 292 van Boek 3 van het Burgerlijk Wetboek toegekend. De rechter-commissaris is bevoegd de termijn op verzoek van de schuldeiser een of meermalen te verlengen.

Retentierecht

Art. 300

De schuldsaneringsregeling werkt niet ten voordele van borgen en andere medeschuldenaren. (Fw 136, 160, 241; BW 6: 6 v.; 7: 850 v.)

Borgen

Art. 301

– 1. Een vordering van de ontvanger als bedoeld in artikel 19 van de Invorderingswet 1990 (*Stb.* 221) is niet toegelaten.

– 2. Alle ten tijde van de uitspraak tot de toepassing van de schuldsaneringsregeling tot verhaal van zijn schulden aangevangen executies worden geschorst.

– 3. De gelegde beslagen vervallen zodra de uitspraak, houdende de vaststelling van het saneringsplan, in kracht van gewijsde is gegaan, tenzij de rechter op voordracht van de rechter-commissaris of op verzoek van de bewindvoerder dan wel van de schuldenaar reeds een vroeger tijdstip daarvoor heeft bepaald. De inschrijving van een desbetreffende, op verzoek van de bewindvoerder af te geven verklaring van de rechter-commissaris machtigt de bewaarder van de openbare registers tot doorhaling.

– 4. Een vervallen beslag herleeft, zodra de toepassing van de schuldsaneringsregeling eindigt op grond van het bepaalde in artikel 350, derde lid, onder *b*, mits het goed dan nog tot de boedel behoort. Indien de inschrijving van het beslag in de openbare registers is doorgehaald, vervalt de herleving, indien niet binnen veertien dagen na de herleving een exploit is ingeschreven, waarbij van de herleving mededeling aan de schuldenaar is gedaan.

– 5. Het tweede, derde en vierde lid zijn eveneens van toepassing ten aanzien van executies en beslagen, aangevangen of gelegd ten behoeve van vorderingen welke door pand of hypotheek zijn gedekt, voor zover die executies en beslagen niet zijn aangevangen en gelegd op goederen, welke voor die vorderingen bijzonderlijk zijn verbonden. (Fw 299², 338, 347)

Schorsing executies; beslagen vervallen

Art. 302

Gijzeling

Indien de schuldenaar zich in gijzeling bevindt, is hij daaruit van rechtswege ontslagen door de uitspraak tot de definitieve toepassing van de schuldsaneringsregeling, tenzij de gijzeling plaatsvindt anders dan wegens een vordering ten aanzien waarvan de schuldsaneringsregeling werkt. (Fw 33[3], 87, 230, 287)

Art. 303

Rente

– 1. Met ingang van de dag van de uitspraak tot de toepassing van de schuldsaneringsregeling is de schuldenaar wettelijke noch bedongen rente verschuldigd over vorderingen ten aanzien waarvan de schuldsaneringsregeling werkt.

– 2. Het bepaalde in het eerste lid geldt niet indien:

a. de definitieve toepassing van de schuldsaneringsregeling niet wordt uitgesproken;

b. de schuldenaar tijdens het van toepassing zijn van de schuldsaneringsregeling bij in kracht van gewijsde gegane uitspraak failliet is verklaard of door beëindiging van de toepassing van de schuldsaneringsregeling in staat van faillissement komt te verkeren. (Fw 128, 260, 312, 338[6], 350[5]; BW 6: 119)

Art. 304

Gas, water enz.

– 1. Een wederpartij is niet bevoegd de nakoming van zijn verbintenis die voortvloeit uit een overeenkomst tot het geregeld afleveren van gas, water, elektriciteit of verwarming, benodigd voor de eerste levensbehoeften, jegens de schuldenaar op te schorten wegens het door de schuldenaar niet nakomen van een verbintenis tot betaling van een geldsom die is ontstaan vóór de uitspraak tot de toepassing van de schuldsaneringsregeling.

– 2. Een tekortkoming in de nakoming van de schuldenaar als in het eerste lid bedoeld, die plaatsvond vóór de uitspraak tot de toepassing van de schuldsaneringsregeling, levert geen grond op voor ontbinding van een overeenkomst als bedoeld in het eerste lid.

– 3. Een beroep door de wederpartij op een beding dat een uitspraak tot de toepassing van de schuldsaneringsregeling grond oplevert voor ontbinding van een overeenkomst als bedoeld in het eerste lid, dan wel dat die overeenkomst daardoor van rechtswege zal zijn ontbonden, is slechts toegelaten met goedvinden van de bewindvoerder. (BW 6: 267)

Art. 305

Opzegging huur

– 1. Indien de schuldenaar huurder is, kan hij met machtiging van de bewindvoerder en, indien de schuldsaneringsregeling definitief van toepassing is verklaard, kan de bewindvoerder de huur tussentijds doen eindigen, mits de opzegging geschiedt tegen een tijdstip, waarop dergelijke overeenkomsten naar plaatselijk gebruik eindigen. Bovendien moet bij de opzegging de daarvoor overeengekomen of gebruikelijke termijn in acht genomen worden, met dien verstande echter, dat een termijn van drie maanden in elk geval voldoende zal zijn. Zijn de huurpenningen vooruit betaald, dan kan de huur niet eerder worden opgezegd dan tegen de dag, waarop de termijn, waarvoor vooruitbetaling heeft plaats gehad, eindigt.

– 2. De verhuurder is bevoegd de huur tussentijds te beëindigen indien de schuldenaar jegens de verhuurder een verplichting die ontstaat na de uitspraak tot de toepassing van de schuldsaneringsregeling, niet nakomt, mits de opzegging geschiedt tegen een tijdstip, waarop dergelijke overeenkomsten naar plaatselijk gebruik eindigen. De tweede en derde volzin van het eerste lid zijn van toepassing.

– 3. Indien de schuldenaar pachter is, vinden het eerste en tweede lid overeenkomstige toepassing. (Fw 39, 238, 311[3], 316[2], 362; BW 7A: 1584 v., 1607, 1623*b* v.; Pw 51 v.)

Art. 306

Nietige betaling

Een betaling ten laste van niet tot de boedel behorende goederen van de schuldenaar verricht, op vorderingen ten aanzien waarvan de schuldsaneringsregeling werkt, is nietig. (BW 3: 40)

Art. 307

Verrekening

– 1. Hij die zowel schuldenaar als schuldeiser is van de persoon ten aanzien van wie de schuldsaneringsregeling is uitgesproken, kan zijn schuld met zijn vordering ten aanzien waarvan de schuldsaneringsregeling werkt, slechts verrekenen indien beide zijn ontstaan vóór de uitspraak tot de toepassing van de schuldsaneringsregeling.

– 2. Artikel 53, tweede en derde lid, is van overeenkomstige toepassing. (Fw 53, 54)

Art. 308

Betaling door schuldenaar

Een betaling door de schuldenaar anders dan ten laste van de boedel verricht, wordt niet toegerekend op een vordering ten aanzien waarvan de schuldsaneringsregeling werkt. (Fw 306)

Art. 309

Afkoelingsperiode

– 1. De rechter-commissaris kan op verzoek van elke belanghebbende of ambtshalve bij schriftelijke beschikking bepalen dat elke bevoegdheid van derden tot verhaal op tot de boedel behorende goederen of tot opeising van goederen die zich in de macht van de schuldenaar of de bewindvoerder bevinden, voor een periode van ten hoogste één maand niet dan met machtiging van de rechter-commissaris kan worden uitgeoefend.

– 2. De rechter-commissaris kan de periode telkens met een maand verlengen, met dien verstande dat de periode in ieder geval eindigt op het tijdstip waarop de uitspraak, houdende de vaststelling van het saneringsplan, in kracht van gewijsde is gegaan.

– 3. De rechter-commissaris kan de beschikking beperken tot bepaalde derden en voorwaarden verbinden zowel aan de beschikking als aan de machtiging van een derde tot uitoefening van een aan deze toekomende bevoegdheid.

– 4. Gedurende de in het eerste en tweede lid bedoelde perioden lopen aan of door de derden ter zake van hun bevoegdheid gestelde termijnen voort, voor zover dit redelijkerwijze noodzakelijk is om de derde dan wel de bewindvoerder in staat te stellen na afloop van de periode zijn standpunt te bepalen. Degene die de termijn heeft gesteld kan opnieuw een redelijke termijn stellen.

– 5. De in de eerste volzin van het eerste lid bedoelde beslissing kan ook op verzoek van de schuldenaar dan wel ambtshalve worden gegeven door de rechter die de toepassing van de schuldsaneringsregeling uitspreekt. (Fw 63a, 241a, 287, 347[1])

Art. 310

– 1. De rechter-commissaris kan op verzoek van de bewindvoerder, van de schuldenaar dan wel ambtshalve bij schriftelijke beschikking bepalen dat betaling op niet tot de boedel behorende vorderingen van de schuldenaar tot betaling van een geldsom, moet geschieden aan de bewindvoerder. De rechter-commissaris kan de beschikking beperken tot een bepaalde periode en tot bepaalde vorderingen.

– 2. De bewindvoerder brengt de schuldenaren die het aangaat bij brief van de beschikking bedoeld in het eerste lid op de hoogte.

– 3. De door de bewindvoerder ingevolge het eerste lid ontvangen gelden behoren niet tot de boedel. De bewindvoerder voert ter zake een afzonderlijke administratie.

– 4. De bewindvoerder voldoet uit de door hem ingevolge het eerste lid ontvangen gelden voor en namens de schuldenaar vorderingen ten aanzien waarvan de schuldsaneringsregeling niet werkt en die ter zake voldoening door de rechter-commissaris zijn aangewezen. (Fw 315)

Betaling niet ten laste boedel

Art. 311

– 1. De rechter-commissaris kan op verzoek van de bewindvoerder of de schuldenaar dan wel ambtshalve bij schriftelijke beschikking bepalen dat de schuldenaar gedurende een in die beschikking vast te stellen periode bevoegd is ten behoeve van de boedel de uitoefening van zijn zelfstandig beroep of bedrijf voort te zetten. De rechter-commissaris kan een periode telkens verlengen en aan zijn beschikking voorwaarden verbinden.

– 2. Een beschikking als bedoeld in het eerste lid heeft tot gevolg dat de schuldenaar bevoegd is alle handelingen waartoe de bewindvoerder toestemming heeft gegeven en die voor de normale uitoefening van het beroep of bedrijf nodig zijn, te verrichten.

– 3. Vorderingen die voortvloeien uit een voortzetting van de uitoefening van het beroep of bedrijf waartoe de schuldenaar op grond van dit artikel bevoegd is, waaronder te begrijpen de verschuldigde huurpenningen, voor zover aan die voortzetting toe te rekenen, zijn boedelschulden. (Fw 98, 295[1], 296[1], 305, 315)

Voortzetten beroep of bedrijf

Art. 312

– 1. Gedurende de toepassing van de schuldsaneringsregeling kan de schuldenaar in staat van faillissement worden verklaard ter zake van vorderingen ten aanzien waarvan de schuldsaneringsregeling niet werkt.

– 2. Door de faillietverklaring van de schuldenaar eindigt de toepassing van de schuldsaneringsregeling van rechtswege. Van de beëindiging wordt door de curator melding gemaakt in de publicatie bedoeld in artikel 14, derde lid.

– 3. Indien tengevolge van verzet, hoger beroep of cassatie de faillietverklaring wordt vernietigd, herleeft de toepassing van de schuldsaneringsregeling van rechtswege. Daarvan wordt melding gemaakt in de aankondiging bedoeld in artikel 15, eerste lid, tweede volzin. Artikel 15d, eerste lid, is van overeenkomstige toepassing. (Fw 6[3], 294[1] sub b, 295, 297[1], 303, 320[4], 340, 343, 350[3] sub d, 359)

Faillissement

Art. 313

De artikelen 25, 27 tot en met 31, 34 tot en met 38a, 40 tot en met 52, 54 tot en met 56 en 60a tot en met 63 zijn van overeenkomstige toepassing.

Opzegging schuldsanering natuurlijke personen

DERDE AFDELING

Het bestuur over de boedel

Art. 314

– 1. De rechter-commissaris houdt toezicht op de vervulling door de bewindvoerder van de door hem ingevolge deze titel te verrichten taken.

– 2. De artikelen 65 en 66 zijn van overeenkomstige toepassing. (Fw 64)

Toezicht op bewindvoerder

Hoger beroep

– 1. Van alle beschikkingen van de rechter-commissaris staat gedurende vijf dagen hoger beroep op de rechtbank open. De rechtbank beslist na verhoor of behoorlijke oproeping van de belanghebbenden.

– 2. Niettemin kan geen hoger beroep worden ingesteld tegen de beschikkingen die zijn genomen overeenkomstig de artikelen 21, onder 4°, 34, 58, eerste lid, 59*a*, derde lid, 94, tweede lid, 102, tweede lid, 125, 127, vierde lid, 176, tweede lid, en de beschikkingen bedoeld in de artikelen 295, derde lid, 296, derde lid, artikel 299*b*, derde en vijfde lid, 310, eerste lid, 311, eerste lid, 316, tweede lid, 318, tweede lid, 324, derde lid, 326, tweede lid, 332, vierde lid en 347, tweede lid. (Fw 67, 361)

Art. 316

Taak bewindvoerder

– 1. De bewindvoerder is belast met:

a. het toezicht op de naleving door de schuldenaar van diens verplichtingen die uit de schuldsaneringsregeling voortvloeien;

b. het beheer en de vereffening van de boedel;

c. de uitvoering van het saneringsplan. (Fw 68, 315)

– 2. Alvorens in rechte op te treden, behalve waar het verificatiegeschillen betreft, alsmede in de gevallen van de artikelen 37, 40, 58, tweede lid, 59*a*, zesde lid, 305, 326, eerste lid, en 349, eerste lid, behoeft de bewindvoerder machtiging van de rechter-commissaris. Artikel 72 is van overeenkomstige toepassing.

Art. 317

Beroep op R-C

– 1. Ieder der schuldeisers van vorderingen waarvoor de schuldsaneringsregeling werkt en de schuldenaar kunnen bij verzoekschrift tegen elke handeling van de bewindvoerder bij de rechter-commissaris opkomen, of van deze een bevel uitlokken dat de bewindvoerder een bepaalde handeling zal verrichten of een voorgenomen handeling zal nalaten.

– 2. De rechter-commissaris beslist, na de bewindvoerder te hebben gehoord, binnen drie dagen. (Fw 69)

Art. 318

Periodiek verslag

– 1. De bewindvoerder brengt uiterlijk tien dagen voor de dag waarop de verificatievergadering zal worden gehouden een verslag uit over de toestand van de boedel en vervolgens telkens na verloop van zes maanden, een verslag over de uitvoering van het saneringsplan. De bewindvoerder legt zijn verslag neder ter griffie van de rechtbank, ter kosteloze inzage van schuldeisers. De nederlegging geschiedt kosteloos.

– 2. De in het eerste lid bedoelde termijn van zes maanden, kan op verzoek van de bewindvoerder of ambtshalve door de rechter-commissaris worden verlengd. (Fw 73*a*, 315)

Art. 319

Ontslag bewindvoerder

– 1. De rechtbank is bevoegd de bewindvoerder, na hem gehoord of behoorlijk opgeroepen te hebben, te ontslaan en door een ander te vervangen, hetzij op voordracht van de rechter-commissaris hetzij op een met redenen omkleed verzoek van de bewindvoerder, een of meer schuldeisers dan wel de schuldenaar.

– 2. De ontslagen bewindvoerder legt rekening en verantwoording af aan de in zijn plaats benoemde bewindvoerder. (Fw 73)

Art. 320

Salaris bewindvoerder

– 1. De rechtbank stelt het salaris van de bewindvoerder vast in het vonnis bedoeld in artikel 354, eerste lid.

– 2. De rechtbank kan op verzoek van de bewindvoerder tijdens de toepassing van de schuldsaneringsregeling telkens voor een daarbij door de rechtbank vast te stellen periode een voorschot op het salaris toekennen.

– 3. Indien de toepassing van de schuldsaneringsregeling wordt beëindigd op de voet van artikel 338, vierde lid, of artikel 350, stelt de rechtbank daarbij tevens het salaris vast.

– 4. Eindigt de toepassing van de schuldsaneringsregeling op grond van het bepaalde in artikel 312, tweede lid, dan stelt de rechtbank het salaris vast zodra de uitspraak tot faillietverklaring in kracht van gewijsde is gegaan.

– 5. In geval van akkoord wordt het salaris bij het vonnis van homologatie bepaald.

– 6. Het salaris van de bewindvoerder wordt vastgesteld volgens bij algemene maatregel van bestuur te stellen regels.

– 7. Het salaris van de bewindvoerder is schuld van de boedel en wordt bij voorrang voldaan boven alle andere schulden en boven een betaling bedoeld in artikel 295, vijfde lid. Het in de vorige volzin bepaalde is ook van toepassing op de verschotten en op de publicaties die ingevolge deze titel zijn voorgeschreven.

– 8. De kosten van de ingevolge deze titel voorgeschreven publicaties die niet uit de boedel kunnen worden voldaan, en het salaris van deskundigen komen ten laste van de Staat. De griffier van de rechtbank waarbij de schuldenaar zijn verzoekschrift tot het uitspreken van de toe-

256

passing van de schuldsaneringsregeling heeft ingediend, draagt zorg voor de voldoening van het door de rechtbank vast te stellen bedrag dat ten laste van de Staat komt. (Fw 16, 71, 291)
Art. 321
De artikelen 85 en 86 zijn van overeenkomstige toepassing.

VIERDE AFDELING

De voorzieningen na de uitspraak tot de toepassing van de schuldsaneringsregeling en de taak van de bewindvoerder
Art. 322
De bewindvoerder geeft van de dagen, uur en plaats bedoeld in artikel 289 onverwijld aan alle bekende schuldeisers bij brieven kennis. In de kennisgeving wordt melding gemaakt dat gedurende een termijn van veertien dagen voorafgaande aan de verificatievergadering een ontwerp van een saneringsplan op de griffie ter inzage ligt. Indien de schuldenaar een ontwerp van akkoord ter griffie heeft neergelegd, wordt daarvan eveneens melding gemaakt. (Fw 87)   **Plaats, dag en uur**
Art. 323
De bewindvoerder zorgt, dadelijk na zijn benoeming, door alle nodige en gepaste middelen voor de bewaring van de boedel. Tenzij de rechter-commissaris anders bepaalt, neemt de bewindvoerder de tot de boedel behorende bescheiden en andere gegevensdragers, gelden, kleinodiën, effecten en andere papieren van waarde tegen ontvangstbewijs onder zich, behoudens voor zover het beheer daarover op grond van een beslissing als bedoeld in artikel 296, derde lid, toekomt aan de schuldenaar. (Fw 92)   **Bewaring van de boedel**
Art. 324
– 1. Artikel 94, eerste en tweede lid, is van overeenkomstige toepassing.   **Boedelbeschrijving**
– 2. Van de goederen bedoeld in artikel 295, vierde lid, wordt een staat aan de beschrijving gehecht.
– 3. De rechter-commissaris kan bepalen dat de bewindvoerder een staat opmaakt als bedoeld in artikel 96 ter vervanging van de staat bedoeld in artikel 285, eerste lid, onder *a*. (Fw 315)
Art. 325
Een afschrift van de boedelbeschrijving en, indien toepassing is gegeven aan artikel 324, derde lid, van de staat in dat artikellid bedoeld, worden ter kosteloze inzage van een ieder nedergelegd ter griffie van de rechtbank die de schuldsaneringsregeling van toepassing heeft verklaard. De nederlegging geschiedt kosteloos. (Fw 97)   **Afschrift boedelbeschrijving**
Art. 326
– 1. De bewindvoerder is, voordat de uitspraak houdende de vaststelling van het saneringsplan in kracht van gewijsde is gegaan, bevoegd tot de boedel behorende goederen te vervreemden, voor zover de vervreemding noodzakelijk is ter bestrijding van de kosten van de schuldsaneringsregeling of de goederen niet dan met nadeel voor de boedel bewaard kunnen blijven.   **Bevoegdheid tot vervreemding**
– 2. De goederen worden ondershands verkocht, tenzij de rechter-commissaris bepaalt dat de verkoop in het openbaar zal geschieden. (Fw 101, 315)
Art. 327
De artikelen 99 en 102 tot en met 105 en 107 zijn van overeenkomstige toepassing.   **Bezwaring, beschikking enz.**

VIJFDE AFDELING

Verificatie van vorderingen, behandeling van ontwerp van akkoord en raadpleging over voortzetting van de toepassing van de schuldsaneringsregeling en het ontwerp van saneringsplan

§ 1. *Verificatie van vorderingen*
Art. 328
– 1. Op de verificatie van vorderingen zijn de artikelen 110 tot en met 116, 119 tot en met 127 (in welk laatste artikel in de plaats van 108, 1°, wordt gelezen: 289, derde lid) en 129 tot en met 137 van overeenkomstige toepassing.   **Verificatie van vorderingen**
– 2. Renten, na de uitspraak tot de toepassing van de schuldsaneringsregeling lopende ten aanzien van door pand of hypotheek gedekte vorderingen, worden pro memorie geverifieerd. Voor zover de renten op de opbrengst daarvan niet batig gerangschikt worden, kan de schuldeiser aan deze verificatie geen rechten ontlenen. (Fw 289, 303)

§ 2. *Het ontwerp van akkoord*
Art. 329
– 1. De schuldenaar is bevoegd ten aanzien van vorderingen waarvoor de schuldsaneringsregeling werkt aan de schuldeisers van die vorderingen een akkoord aan te bieden.   **Akkoord**

– 2. Het ontwerp van akkoord wordt ter griffie van de rechtbank nedergelegd ter kosteloze inzage van een ieder. De nederlegging geschiedt kosteloos.

– 3. Aanbieding van een akkoord op een tijdstip nadat een saneringsplan is vastgesteld, is ook toegelaten indien vóór die vaststelling een akkoord is verworpen of de homologatie is geweigerd. De in de vorige volzin bedoelde bevoegdheid kan één keer worden uitgeoefend.

– 4. Vóórdat een saneringsplan is vastgesteld, kan aanbieding van een akkoord slechts geschieden door nederlegging van het ontwerp van akkoord ter griffie uiterlijk op de vijftiende dag vóór de dag waarop de verificatievergadering zal worden gehouden.

– 5. Is een ontwerp van akkoord gevoegd bij het verzoekschrift tot het uitspreken van de toepassing van de schuldsaneringsregeling, dan doet de griffier daarvan opgave in de aankondiging bedoeld in artikel 293.

– 6. Indien de nederlegging van een ontwerp van akkoord geschiedt na de indiening van het verzoekschrift tot het uitspreken van de toepassing van de schuldsaneringsregeling, doet de bewindvoerder daarvan onverwijld aankondiging in de *Staatscourant* en in de door de rechter-commissaris ingevolge artikel 293 aangewezen nieuwsbladen. Tevens geeft de bewindvoerder van de nederlegging onverwijld bij brieven kennis aan alle bekende schuldeisers, tenzij daarvan reeds melding is gemaakt in de kennisgeving bedoeld in artikel 322. (Fw 138 v., 252 v., 285², 331¹)

Art. 330

Verval ontwerp-akkoord

Het ontwerp van een akkoord vervalt:

a. indien de definitieve toepassing van de schuldsaneringsregeling niet wordt uitgesproken;

b. indien, voordat het vonnis van homologatie van het akkoord in kracht van gewijsde is gegaan, een rechterlijke uitspraak tot beëindiging van de toepassing van de schuldsaneringsregeling in kracht van gewijsde gaat;

c. indien de toepassing van de schuldsaneringsregeling eindigt op grond van het bepaalde in artikel 312, tweede lid. (Fw 350)

Art. 331

Beslissing over akkoord

– 1. Indien het ontwerp van akkoord is nedergelegd overeenkomstig artikel 329, vierde lid, wordt daarover in de vergadering na afloop van de verificatie dadelijk geraadpleegd en beslist.

– 2. Indien het ontwerp van akkoord is nedergelegd nadat een saneringsplan is vastgesteld, zal de rechter-commissaris dadelijk dag, uur en plaats vaststellen waarop over het aangeboden akkoord ten overstaan van de rechter-commissaris zal worden geraadpleegd en beslist.

– 3. Bij toepassing van het tweede lid doet de bewindvoerder van de dag, uur en plaats onverwijld aankondiging in de *Staatscourant* en in de door de rechter-commissaris ingevolge artikel 293 aangewezen nieuwsbladen.

Tevens geeft de bewindvoerder daarvan onverwijld bij brieven kennis aan alle bekende schuldeisers. (Fw 333)

Art. 332

Toelichting en wijziging

– 1. De schuldenaar is ter vergadering bevoegd tot toelichting en verdediging van het akkoord op te treden en het, staande de raadpleging, te wijzigen.

– 2. Tot stemming over het akkoord zijn bevoegd de schuldeisers van vorderingen ten aanzien waarvan de schuldsaneringsregeling werkt. Pandhouders, hypotheekhouders en schuldeisers als bedoeld in artikel 299*b* zijn tot stemmen bevoegd, indien zij vóór de aanvang van de stemming van hun recht van parate executie afstand doen. Zij herkrijgen dat recht niet, ongeacht of het akkoord wordt aanvaard, verworpen of overeenkomstig het vierde lid wordt vastgesteld.

– 3. Tot het aannemen van het akkoord wordt vereist:

a. de toestemming van de gewone meerderheid van de ter vergadering verschenen erkende en voorwaardelijk toegelaten schuldeisers van vorderingen waaraan voorrang is verbonden, welke tezamen ten minste de helft van het totale bedrag van hun vorderingen vertegenwoordigen; en

b. de toestemming van de gewone meerderheid van de ter vergadering verschenen erkende en voorwaardelijk toegelaten concurrente schuldeisers, welke tezamen ten minste de helft van het totale bedrag van hun vorderingen vertegenwoordigen.

– 4. In afwijking van het derde lid kan de rechter-commissaris op verzoek van de schuldenaar of de bewindvoerder bij gemotiveerde beschikking een aangeboden akkoord vaststellen als ware het aangenomen, indien:

a. drie vierde van de schuldeisers van vorderingen waaraan voorrang is verbonden en drie vierde van de concurrente schuldeisers voor het akkoord hebben gestemd; en

b. de verwerping van het akkoord het gevolg is van het tegenstemmen van een schuldeiser of meer schuldeisers die, alle omstandigheden in aanmerking genomen en in het bijzonder het percentage dat die schuldeisers, zou de toepassing van de schuldsaneringsregeling worden voortgezet, naar verwachting aan betaling op hun vorderingen zullen ontvangen, in redelijkheid niet tot dit stemgedrag hebben kunnen komen.

- 5. Het proces-verbaal van de vergadering vermeldt de inhoud van het akkoord, de namen van de verschenen stemgerechtigde schuldeisers, de door ieder hunner uitgebrachte stem, de uitslag van de stemming en, indien toepassing is gegeven aan het vierde lid, de beschikking van de rechter-commissaris.
- 6. Artikel 149 is van overeenkomstige toepassing. (Fw 57, 145, 268, 315)

Art. 333

Indien over het akkoord is gestemd in een vergadering als bedoeld in artikel 331, tweede lid, vinden de artikelen 335, eerste lid, aanhef en onder *a* en *b*, en tweede lid, 336, 337, eerste en tweede lid, aanhef en onder *a*, en derde lid, 338, eerste, tweede en derde lid, 339, eerste, twee-de, derde en vierde lid, eerste volzin, en 340 overeenkomstige toepassing.   **Stemming**

§ 3. *Raadpleging over voortzetting van de schuldsaneringsregeling en het ontwerp van sanerings-*
plan

Art. 334

- 1. In de verificatievergadering stelt de rechter-commissaris iedere verschenen schuldeiser van een of meer vorderingen ten aanzien waarvan de schuldsaneringsregeling werkt, in de gelegenheid zijn standpunt kenbaar te maken omtrent het al dan niet voortzetten van de toe-passing van de schuldsaneringsregeling alsmede omtrent het ontwerp van een saneringsplan.   **Standpunt schuld-eisers**
- 2. De schuldenaar is bevoegd tot verdediging van de voortzetting van de toepassing van de schuldsaneringsregeling en tot toelichting en verdediging van het ontwerp van een sanerings-plan. Hij kan het ontwerp staande de vergadering wijzigen.
- 3. Over de voortzetting van de toepassing van de schuldsaneringsregeling en over het ont-werp van een saneringsplan wordt niet door ter vergadering verschenen schuldeisers bij stem-ming beslist.
- 4. Het proces-verbaal van de verificatievergadering vermeldt het standpunt van de schuld-eisers bedoeld in het eerste lid. (Fw 337, 342)

Art. 335

- 1. De rechter-commissaris bepaalt vóór het sluiten van de verificatievergadering de terecht-zitting waarop de rechtbank achtereenvolgens zal behandelen: **Terechtzitting**
a. verzoekschriften, indien deze op de voet van artikel 149 zijn ingediend;
b. de homologatie van het akkoord, indien een akkoord is aangenomen of vastgesteld;
c. de voortzetting van de toepassing van de schuldsaneringsregeling;
d. het door de schuldenaar ingediende ontwerp van een saneringsplan.
- 2. De terechtzitting zal gehouden worden ten minste acht en ten hoogste veertien dagen na de dag waarop de verificatievergadering heeft plaatsgevonden. Artikel 151 is van overeenkom-stige toepassing. (Fw 149, 333, 337)

Art. 336

- 1. Het proces-verbaal van de verificatievergadering wordt ondertekend door de rechter-commissaris en de griffier. Bij het proces-verbaal worden gevoegd het ontwerp van een sane-ringsplan en, indien van toepassing, het akkoord.   **Proces-verbaal**
- 2. Gedurende acht dagen kan een ieder ter griffie kosteloze inzage verkrijgen van de stukken bedoeld in het eerste lid. (Fw 333)

ZESDE AFDELING

Behandeling door de rechtbank

Art. 337

- 1. Op de openbare terechtzitting, bepaald ingevolge artikel 335, eerste lid, wordt door de rechter-commissaris verslag uitgebracht.   **Openbare te-rechtzitting**
- 2. Ieder van de schuldeisers ten aanzien van wier vorderingen de schuldsaneringsregeling werkt, kan in persoon, bij schriftelijk gemachtigde of bij procureur:
a. de gronden uiteenzetten waarop hij de homologatie van een akkoord wenst of haar be-strijdt;
b. de gronden uiteenzetten waarop hij de voortzetting van de toepassing van de schuldsane-ringsregeling wenst of haar bestrijdt;
c. zijn standpunt verklaren omtrent het ontwerp van een saneringsplan.
- 3. De schuldenaar is bevoegd tot verdediging van zijn belangen op te treden. (Fw 149, 152, 271, 333, 339[1], 341, 342)

Art. 338

- 1. Op de dag van de terechtzitting bedoeld in artikel 337, of anders uiterlijk op de achtste dag daarna, doet de rechtbank uitspraak.   **Uitspraak**
- 2. Zij zal, voor zover van toepassing, eerst bij met redenen omklede beschikking uitspraak doen op verzoekschriften als bedoeld in artikel 149 en tot homologatie van het akkoord dan

wel tot weigering daarvan. Artikel 153, tweede en derde lid, is van overeenkomstige toepassing.
– 3. Indien de homologatie wordt geweigerd, kan de rechter de schuldenaar niet in staat van faillissement verklaren.
– 4. Indien de schuldenaar geen akkoord heeft aangeboden of de homologatie is geweigerd, bepaalt de rechtbank of de toepassing van de schuldsaneringsregeling wordt voortgezet of dat de toepassing wordt beëindigd. Artikel 350, derde lid, is van toepassing. De uitspraak geschiedt bij vonnis.
– 5. In de uitspraak tot voortzetting van de toepassing van de schuldsaneringsregeling wordt tevens een saneringsplan vastgesteld.
– 6. Wordt de toepassing van de schuldsaneringsregeling beëindigd, dan vervalt de toepassing pas met ingang van de dag waarop de desbetreffende uitspraak in kracht van gewijsde is gegaan. Artikel 350, vijfde en zesde lid, is van toepassing. (Fw 122a, 301, 303, 320, 333, 359)

Art. 339

Weigering of verlening van homologatie
– 1. Ten aanzien van de uitspraak tot weigering dan wel verlening van homologatie, zijn de artikelen 154, 155, eerste lid, en 156 van overeenkomstige toepassing, met dien verstande dat het recht van hoger beroep en cassatie slechts toekomt aan schuldeisers die op de terechtzitting bedoeld in artikel 337 zijn verschenen.
– 2. Op de behandeling van het hoger beroep zijn de artikelen 337, tweede lid, aanhef en onder a, en derde lid, en 338, eerste lid, van overeenkomstige toepassing.
– 3. Indien de homologatie in hoger beroep of cassatie is verleend, verliest een door de rechter vastgesteld saneringsplan van rechtswege zijn kracht zodra de uitspraak tot verlening van homologatie in kracht van gewijsde is gegaan.
– 4. Wordt de homologatie in hoger beroep of cassatie vernietigd, dan geeft de griffier van het rechtscollege daarvan onverwijld kennis aan de griffier van de rechtbank. Zodra de uitspraak tot vernietiging in kracht van gewijsde is gegaan, doet de rechtbank uitspraak als bedoeld in artikel 338, vierde lid. (Fw 333)

Art. 340

Einde schuldsaneringsregeling
– 1. De toepassing van de schuldsaneringsregeling eindigt van rechtswege zodra de homologatie in kracht van gewijsde is gegaan. Van de beëindiging doet de bewindvoerder aankondiging in de *Staatscourant* en in de door de rechter-commissaris ingevolge artikel 293 aangewezen nieuwsbladen.
– 2. Het gehomologeerde akkoord is verbindend voor alle schuldeisers ten aanzien van wier vorderingen de schuldsaneringsregeling werkt, onverschillig of zij al dan niet in de schuldsaneringsregeling opgekomen zijn.
– 3. De artikelen 159, 160 en 162 tot en met 166 zijn van overeenkomstige toepassing.
– 4. Bij het vonnis, waarbij de ontbinding van het akkoord wordt uitgesproken, wordt de schuldenaar tevens in staat van faillissement verklaard.
– 5. In een faillissement, uitgesproken overeenkomstig het vierde lid, kan geen akkoord worden aangeboden. (Fw 156, 157, 161, 276, 294[1] sub d, 312[2], 333)

Art. 341

Hoger beroep schuldenaar
– 1. Van het vonnis, houdende beëindiging van de toepassing van de schuldsaneringsregeling, kan de schuldenaar gedurende acht dagen na de dag van de uitspraak in hoger beroep komen.
– 2. Het hoger beroep wordt ingesteld bij een verzoekschrift, in te dienen ter griffie van het gerechtshof dat van de zaak kennis moet nemen. De griffier van het gerechtshof geeft van die indiening onverwijld kennis aan de griffier van de rechtbank.
– 3. De voorzitter bepaalt terstond dag en uur voor de behandeling, welk zal moeten plaatsvinden binnen twintig dagen na de dag van de indiening van het verzoekschrift.
– 4. De griffier van het gerechtshof doet van het hoger beroep en van de dag en uur, voor de behandeling bepaald, aankondiging in de *Staatscourant* en in de nieuwsbladen waarin de uitspraak tot de toepassing van de schuldsaneringsregeling is aangekondigd.
– 5. Op de behandeling van het hoger beroep is artikel 337, tweede lid, aanhef en onder b en c, van toepassing.
– 6. De uitspraak vindt niet later plaats dan op de achtste dag na die van de behandeling van het verzoekschrift ter terechtzitting. Van het arrest van het gerechtshof wordt door de griffier onverwijld mededeling gedaan aan de griffier van de rechtbank.
– 7. Van het arrest kunnen de schuldeisers die op de voet van het vijfde lid bij de behandeling van het hoger beroep zijn verschenen en de schuldenaar gedurende acht dagen na de dag van de uitspraak in cassatie komen. Het beroep in cassatie wordt ingesteld bij een verzoekschrift, in te dienen ter griffie van de Hoge Raad. De griffier van de Hoge Raad geeft van die indiening en van het arrest van de Hoge Raad onverwijld kennis aan de griffier van de rechtbank. (Fw 338[5], 345[4], 351[2], 355[2], 361)

Art. 342

– 1. Van het vonnis, houdende uitspraak tot voortzetting van de toepassing van de schuldsaneringsregeling en tot vaststelling van een saneringsplan, kunnen de schuldeisers die op de terechtzitting bedoeld in artikel 337 zijn verschenen, gedurende acht dagen na de dag van de uitspraak in hoger beroep komen. De schuldenaar heeft dezelfde bevoegdheid voor zover het de vaststelling van het saneringsplan betreft.

Hoger beroep schuldeisers

– 2. Artikel 341, tweede, derde en zesde lid, is van toepassing.

– 3. Gedurende acht dagen na het arrest van het gerechtshof kan de daarbij in het ongelijk gestelde partij in cassatie komen. Het beroep in cassatie wordt ingesteld bij een verzoekschrift, in te dienen ter griffie van de Hoge Raad. De griffier van de Hoge Raad geeft van die indiening en van het arrest van de Hoge Raad onverwijld kennis aan de griffier van de rechtbank. (Fw 338⁴, 345⁴, 350³, 351², 355², 361)

ZEVENDE AFDELING

Het saneringsplan

Art. 343

– 1. De rechtbank is vrij in het saneringsplan bepalingen op te nemen die haar, alle omstandigheden in aanmerking genomen, redelijk en billijk voorkomen.

Inhoud saneringsplan

– 2. In een saneringsplan stelt de rechter in ieder geval de termijn vast gedurende welke de toepassing van de schuldsaneringsregeling van kracht is, welke termijn ten hoogste drie jaar zal zijn, te rekenen van de dag van de uitspraak tot de toepassing van de schuldsaneringsregeling, die dag daaronder begrepen. In afwijking van de eerste volzin kan de termijn op ten hoogste vijf jaar worden vastgesteld, indien voor de gehele termijn vanaf de vaststelling van het saneringsplan in dat plan tevens een nominaal bedrag wordt vastgesteld als bedoeld in artikel 295, derde lid.

– 3. De rechter kan in een saneringsplan onder meer:
a. een nominaal bedrag vaststellen als bedoeld in artikel 295, derde lid;
b. ten aanzien van goederen van de boedel waarop geen recht van pand, hypotheek of retentie rust, bepalen dat deze niet gedurende een daarvoor vast te stellen termijn niet bij de vereffening en tegeldemaking betrokken zullen worden;
c. ten aanzien van goederen als bedoeld onder *b* bepalen dat de schuldenaar daarover het beheer zal voeren;
d. een bedrag vaststellen als bedoeld in artikel 21, onder 4°.

– 4. Een vóór de vaststelling van het saneringsplan gegeven beslissing op de voet van de artikelen 21, onder 4°, 295, derde lid, en 296, derde lid, verliest haar kracht zodra de uitspraak houdende vaststelling van het saneringsplan in kracht van gewijsde is gegaan. (Fw 291, 294¹ sub *e*, 295, 296, 334, 337)

Art. 344

Een door de rechter vastgesteld saneringsplan is verbindend voor alle schuldeisers van vorderingen ten aanzien waarvan de schuldsaneringsregeling werkt, zonder uitzondering en onverschillig of zij in de schuldsaneringsregeling zijn opgekomen. (Fw 334¹, 337², 342)

Verbindendheid plan

Art. 345

– 1. De rechtbank kan een saneringsplan op voordracht van de rechter-commissaris, op verzoek van de bewindvoerder, de schuldenaar dan wel een of meer schuldeisers wijzigen op grond van onvoorziene omstandigheden welke van dien aard zijn dat naar maatstaven van redelijkheid en billijkheid het plan niet ongewijzigd in stand kan blijven. De uitspraak geschiedt bij vonnis.

Wijziging saneringsplan

– 2. Alvorens te beslissen bepaalt de rechtbank dag en uur voor de terechtzitting waarop de zaak zal worden behandeld en kan zij tevens de oproeping bevelen van schuldeisers ten aanzien van wier vorderingen de schuldsaneringsregeling werkt.

– 3. De bewindvoerder doet van de dag, uur en plaats onverwijld aankondiging in de *Staatscourant* en in de door de rechter-commissaris ingevolge artikel 293 aangewezen nieuwsbladen. Tevens geeft de bewindvoerder bij brieven kennis aan alle bekende schuldeisers. Artikel 337, tweede lid, aanhef en onder *c*, en derde lid, is van overeenkomstige toepassing.

– 4. Van het vonnis bedoeld in het eerste lid kunnen de schuldeisers die bij de behandeling van de zaak zijn verschenen en de schuldenaar gedurende acht dagen na de dag van de uitspraak in hoger beroep komen. De artikelen 341, tweede, derde en zesde lid, en 342, derde lid, zijn van toepassing. (Fw 294¹ sub *e*, 343, 361; BW 6: 258)

Art. 346

Het saneringsplan verliest van rechtswege zijn kracht door de beëindiging van de toepassing van de schuldsaneringsregeling.

Beëindiging

7 Fw Titel III

De vereffening van de boedel

Art. 347

Vereffening

– 1. Zodra de uitspraak waarbij het saneringsplan is vastgesteld in kracht van gewijsde is gegaan, verkeert de boedel van rechtswege in staat van insolventie en gaat de bewindvoerder over tot vereffening en tegeldemaking van de tot de boedel behorende goederen voor zover daaromtrent in het saneringsplan niet anders is bepaald, zonder dat daartoe toestemming of medewerking van de schuldenaar nodig is.

– 2. De goederen worden ondershands verkocht, tenzij de rechter-commissaris bepaalt dat de verkoop in het openbaar zal geschieden.

– 3. Artikel 176, tweede lid, is van overeenkomstige toepassing. (Fw 173, 296, 301, 309, 315)

Art. 348

Wijze van vereffening

De rechter-commissaris kan op een door hem te bepalen dag, uur en plaats een vergadering van schuldeisers beleggen, ten einde hen zo nodig te raadplegen over de wijze van vereffening van de boedel en zo nodig verificatie te doen plaatsvinden van de schuldvorderingen die na afloop van de ingevolge artikel 289, derde lid, bepaalde termijn zijn ingediend en niet reeds overeenkomstig artikel 127 geverifieerd zijn. De bewindvoerder handelt ten opzichte van deze vorderingen overeenkomstig de bepalingen van de artikelen 111 tot en met 114. Hij roept de schuldeisers ten minste tien dagen vóór de vergadering, bij brieven op waarin het onderwerp van de vergadering wordt vermeld en hun tevens de bepaling van artikel 114 wordt herinnerd. Bovendien plaatst hij gelijke oproeping in de door de rechter-commissaris ingevolge artikel 293 aangewezen nieuwsbladen. (Fw 178)

Art. 349

Uitdeling

– 1. Zo dikwijls er voldoende gerede penningen aanwezig zijn, gaat de bewindvoerder over tot een uitdeling aan de geverifieerde schuldeisers.

Niettemin vindt geen uitdeling plaats, indien de verkoop van een goed nog moet plaatsvinden en daarop pand of hypotheek rust of ten aanzien van dat goed voorrang geldt als bedoeld in artikel 292 van Boek 3 van het Burgerlijk Wetboek, dan wel op dat bepaalde goed een voorrecht rust.

Indien een goed als bedoeld in de vorige volzin in de boedel valt nadat een uitdeling heeft plaatsgevonden, heeft dat geen invloed op de geldigheid van die uitdeling.

– 2. De uitdeling geschiedt naar evenredigheid van ieders vordering, met dien verstande dat, zolang de vorderingen waaraan voorrang is verbonden niet volledig zijn voldaan, daarop een twee keer zo groot percentage wordt betaald als op de concurrente vorderingen.

– 3. Voor de toepassing van het tweede lid worden de vorderingen van de schuldeisers die voorrang hebben, ongeacht of deze wordt betwist, en die niet reeds overeenkomstig artikel 57 of 299*b*, derde lid, voldaan zijn, bepaald op het bedrag waarvoor zij batig gerangschikt kunnen worden op de opbrengst der goederen waarop hun voorrang betrekking heeft. Zo dit minder is dan het gehele bedrag van hun vorderingen, worden zij voor het ontbrekende als concurrent behandeld.

– 4. De bewindvoerder maakt telkens een uitdelingslijst op. De lijst houdt in een staat van de ontvangsten en uitgaven, de namen van de schuldeisers, het geverifieerde bedrag van ieders vordering, benevens de daarop te ontvangen uitkering.

– 5. De artikelen 181, 182 (in welk artikel in de plaats van 60, derde lid, tweede zin, wordt gelezen: 299*b*, derde lid, tweede volzin), 183 tot en met 189, 191 en 192 zijn van overeenkomstige toepassing. (Fw 179, 180, 181, 294¹ sub *f*, 316, 356)

NEGENDE AFDELING

Beëindiging van de toepassing van de schuldsaneringsregeling

Art. 350

Beëindiging

– 1. De rechtbank kan de toepassing van de schuldsaneringsregeling beëindigen op voordracht van de rechter-commissaris of op verzoek van de bewindvoerder, van de schuldenaar dan wel van een of meer schuldeisers. Zij kan zulks ook ambtshalve doen.

– 2. Alvorens te beslissen roept de rechtbank de schuldenaar op ten einde door haar te worden gehoord. Tevens kan zij schuldeisers daartoe oproepen.

– 3. Een beëindiging bedoeld in het eerste lid kan geschieden indien:

a. de vorderingen ten aanzien waarvan de schuldsaneringsregeling werkt, zijn voldaan;

b. de schuldenaar in staat is zijn betalingen te hervatten;

c. de schuldenaar een of meer van zijn uit de schuldsaneringsregeling voortvloeiende verplichtingen niet naar behoren nakomt;

d. de schuldenaar bovenmatige schulden doet of laat ontstaan;

e. de schuldenaar tracht zijn schuldeisers te benadelen.
– 4. De uitspraak geschiedt bij vonnis. De toepassing van de schuldsaneringsregeling vervalt pas met ingang van de dag waarop de uitspraak tot de beëindiging in kracht van gewijsde is gegaan.
– 5. Indien de beëindiging geschiedt op grond van het bepaalde in het derde lid, onder *c, d* of *e,* verkeert de schuldenaar van rechtswege in staat van faillissement zodra de uitspraak in kracht van gewijsde is gegaan. De rechtbank benoemt terstond een rechter-commissaris en een curator.
– 6. Van de beëindiging wordt door de bewindvoerder aankondiging gedaan in de *Staatscourant* en in de door de rechter-commissaris ingevolge artikel 293 aangewezen nieuwsbladen of, indien het vijfde lid toepassing vindt, door de curator in de publicatie bedoeld in artikel 14, derde lid. (Fw 287, 294¹ sub *a,* 295, 296, 301⁴, 303, 312, 320³, 338⁴, 340¹, 354³, 358*a,* 361)

Art. 351

Hoger beroep

– 1. Van het vonnis bedoeld in artikel 350 heeft, in geval van beëindiging van de toepassing van de schuldsaneringsregeling, de schuldenaar, of, in geval de beëindiging van de toepassing van de schuldsaneringsregeling geweigerd is, hij die het verzoek tot die beëindiging heeft gedaan, gedurende acht dagen na de dag van de uitspraak recht van hoger beroep.
– 2. De artikelen 341, tweede, derde en zesde lid, en 342, derde lid, zijn van toepassing. (Fw 361)

Art. 352

Terechtzitting

– 1. Indien de toepassing van de schuldsaneringsregeling niet reeds is beëindigd, bepaalt de rechtbank op voordracht van de rechter-commissaris, op verzoek van de bewindvoerder dan wel van de schuldenaar hetzij ambtshalve uiterlijk een maand vóór het einde van de termijn bedoeld in het tweede lid van artikel 343, dag, uur en plaats voor de terechtzitting waarop de beëindiging van de toepassing van de schuldsaneringsregeling wordt behandeld.
– 2. Indien nog geen dag voor de verificatievergadering is bepaald en een jaar is verstreken sinds de uitspraak tot definitieve toepassing van de schuldsaneringsregeling, kan de rechter op voordracht van de rechter-commissaris, op verzoek van de bewindvoerder dan wel de schuldenaar een dag bepalen voor de terechtzitting waarop de beëindiging van de toepassing van de schuldsaneringsregeling wordt behandeld. De rechtbank bepaalt die zitting slechts als de voordracht of het verzoek vergezeld gaat van een beredeneerde verklaring van de bewindvoerder dat redelijkerwijs niet de verwachting bestaat dat de schuldenaar geheel of gedeeltelijk aan zijn verplichtingen kan voldoen.
– 3. De in het eerste en tweede lid bedoelde zitting zal niet eerder dan veertien dagen en niet later dan eenentwintig dagen na de beschikking van de rechtbank bedoeld in het eerste lid gehouden worden.
– 4. De bewindvoerder doet van de dag, uur en plaats onverwijld aankondiging in de *Staatscourant* en in de door de rechter-commissaris ingevolge artikel 293 aangewezen nieuwsbladen. Tevens geeft de bewindvoerder bij brieven kennis aan alle bekende schuldeisers.

Art. 353

Verslag

– 1. Op de terechtzitting, bepaald ingevolge artikel 352, wordt door de bewindvoerder een schriftelijk verslag uitgebracht. De schuldenaar woont de zitting in persoon bij.
– 2. De rechtbank kan iedere verschenen schuldeiser in de gelegenheid stellen in persoon, bij schriftelijk gemachtigde of bij procureur het woord te voeren.

Art. 354

Uitspraak

– 1. Op de dag van de terechtzitting, of anders uiterlijk op de achtste dag daarna, doet de rechtbank bij vonnis uitspraak of de schuldenaar in de nakoming van een of meer uit de schuldsaneringsregeling voortvloeiende verplichtingen is tekortgeschoten en, indien er sprake is van een tekortkoming, of deze aan de schuldenaar kan worden toegerekend.
– 2. Ingeval van een toerekenbare tekortkoming, kan de rechter daarbij bepalen dat de tekortkoming, gezien haar bijzondere aard of geringe betekenis, buiten beschouwing blijft.
– 3. Indien de terechtzitting is bepaald ingevolge artikel 352, tweede lid, beëindigt de rechtbank de schuldsanering slechts indien redelijkerwijs niet de verwachting bestaat dat de schuldenaar geheel of gedeeltelijk aan zijn verplichtingen kan voldoen en van omstandigheden als bedoeld in artikel 350, derde lid onderdeel *c, d* of *e* niet is gebleken. De rechtbank kan een of meer keren haar beslissing aanhouden, hetzij voor nader onderzoek, hetzij indien uit het verslag van de bewindvoerder blijkt dat de schuldenaar op een later tijdstip geheel of gedeeltelijk aan zijn verplichtingen zal kunnen voldoen. De rechtbank bepaalt de dag waarop de schuldsaneringsregeling eindigt met inachtneming van de termijn, bedoeld in artikel 343, tweede lid.
– 4. Indien de rechtbank de voordracht of het verzoek om beëindiging van de schuldsaneringsregeling afwijst, en geen toepassing geeft aan artikel 350, vijfde lid, bepaalt de rechtbank alsnog een verificatievergadering. Tussen de uitspraak en de verificatievergadering moeten ten minste veertien dagen verlopen. (Fw 320, 355, 356, 358; BW 6: 625)

7 Fw Titel III

Art. 355

Hoger beroep

– 1. Van het vonnis bedoeld in artikel 354 kunnen de schuldeisers die op de voet van artikel 353, tweede lid, bij de behandeling van de zaak zijn verschenen en de schuldenaar gedurende acht dagen na de dag van de uitspraak in hoger beroep komen.

– 2. De artikelen 341, tweede, derde en zesde lid, en 342, derde lid, zijn van toepassing. (Fw 361)

Art. 356

Slotuitdelingslijst

– 1. De bewindvoerder gaat, zodra de uitspraak bedoeld in artikel 354 in kracht van gewijsde is gegaan, onverwijld over tot het opmaken van een slotuitdelingslijst.

– 2. De toepassing van de schuldsaneringsregeling is van rechtswege beëindigd zodra de slotuitdelingslijst verbindend is geworden. De bewindvoerder doet daarvan aankondiging in de *Staatscourant* en in de door de rechter-commissaris ingevolge artikel 293 aangewezen nieuwsbladen.

– 3. Na verloop van een maand na de beëindiging doet de bewindvoerder rekening en verantwoording van zijn beheer aan de rechter-commissaris. (Fw 193, 349)

Art. 357

Nog aanwezige baten

Indien na de slotuitdeling ingevolge artikel 189 gereserveerde uitdelingen aan de boedel terugvallen, of mocht blijken dat er nog baten van de boedel aanwezig zijn, welke ten tijde van de vereffening niet bekend waren, gaat de bewindvoerder, op bevel van de rechtbank, tot vereffening en verdeling daarvan over op de grondslag van de vroegere uitdelingslijsten. (Fw 194)

Art. 358

Onafdwingbaar-heid vorderingen

– 1. Door de beëindiging van de toepassing van de schuldsaneringsregeling op grond van artikel 356, tweede lid, is een vordering ten aanzien waarvan de schuldsaneringsregeling werkt, voor zover deze onvoldaan is gebleven, niet langer afdwingbaar, onverschillig of de schuldeiser al dan niet in de schuldsaneringsregeling is opgekomen en onverschillig of de vordering al dan niet is geverifieerd.

– 2. Het eerste lid is niet van toepassing indien de rechter in het vonnis bedoeld in artikel 354 heeft vastgesteld dat de schuldenaar toerekenbaar is tekortgeschoten en de rechter daarbij geen toepassing heeft gegeven aan het tweede lid van artikel 354. (Fw 358a, BW 6: 3, 4, 74)

TIENDE AFDELING

Bijzondere bepalingen

Art. 358a

Benadeling schuldeisers

– 1. Indien na de beëindiging van de toepassing van de schuldsaneringsregeling waardoor het rechtsgevolg bedoeld in artikel 358, eerste lid, is ingetreden, blijkt dat zich voordien feiten of omstandigheden hebben voorgedaan die grond zouden hebben opgeleverd voor de beëindiging van de toepassing van de schuldsaneringsregeling op de voet van artikel 350, derde lid, onder *e*, kan de rechter op verzoek van iedere belanghebbende bepalen dat artikel 358, eerste lid, verder geen toepassing vindt.

– 2. Alvorens te beslissen roept de rechtbank de schuldenaar op ten einde door haar te worden gehoord.

– 3. Van het vonnis kan gedurende acht dagen na de uitspraak in hoger beroep worden gekomen. Het hoger beroep wordt ingesteld bij een verzoekschrift, in te dienen ter griffie van het gerechtshof, dat van de zaak kennis moet nemen.

– 4. Gedurende acht dagen na het arrest van het gerechtshof kan beroep in cassatie worden ingesteld. Het beroep in cassatie wordt ingesteld bij een verzoekschrift, in te dienen ter griffie van de Hoge Raad.

– 5. Zodra de uitspraak bedoeld in het eerste lid in kracht van gewijsde is gegaan, doet de griffier van het gerecht dat deze uitspraak heeft gedaan daarvan onverwijld aankondiging in de *Staatscourant.* (Fw 361)

Art. 359

Faillietverklaring

– 1. Indien de faillietverklaring van de schuldenaar tijdens de toepassing van de schuldsaneringsregeling wordt uitgesproken of indien de schuldenaar door beëindiging van de toepassing van de schuldsaneringsregeling in staat van faillissement komt te verkeren, gelden de volgende regelen:

a. handelingen tijdens de toepassing van de schuldsaneringsregeling door de bewindvoerder verricht, blijven geldend en verbindend;

b. boedelschulden, gedurende de toepassing van de schuldsaneringsregeling ontstaan, gelden als boedelschulden in het faillissement;

c. in de schuldsaneringsregeling ingediende vorderingen gelden als ingediend in het faillissement.

– 2. De curator oefent de bevoegdheid uit, in artikel 297, derde lid, aan de bewindvoerder toegekend.

– 3. Het tijdstip, waarop de termijnen vermeld in de artikelen 43 en 45 aanvangen, wordt berekend met ingang van de dag van de uitspraak tot de toepassing van de schuldsaneringsregeling. (Fw 15d, 247c, 312^2, 338^6, 350^5).

ELFDE AFDELING

Slotbepalingen

Art. 360

Tegen de beslissingen van de rechter, ingevolge de bepalingen van deze titel gegeven, staat geen hogere voorziening open, behalve in de gevallen, waarin het tegendeel is bepaald, en behoudens de mogelijkheid van cassatie in het belang der wet. (Fw 282)

Rechtsmiddelen

Art. 361

– 1. De verzoeken, te doen ingevolge de artikelen 292, tweede lid, 315, eerste lid, 341, eerste lid, 342, eerste lid, 345, vierde lid, 350, eerste lid, 351, eerste lid, 355, eerste lid, en 358a, eerste lid, moeten door een procureur zijn ondertekend, behalve wanneer een verzoek wordt gedaan door de bewindvoerder of, bij een verzoek ingevolge artikel 350, eerste lid, door de schuldenaar.

Procesvertegenwoordiging

– 2. Voor het instellen van beroep in cassatie is steeds de medewerking nodig van een advocaat bij de Hoge Raad. (Fw 283)

Art. 362

– 1. De Algemene termijnenwet is niet van toepassing op de termijnen, gesteld in de artikelen 39, 40, 238, 239 en 305.

Algemene termijnenwet

– 2. De derde titel van het eerste boek van het Wetboek van Burgerlijke Rechtsvordering is niet van toepassing op verzoeken ingevolge deze wet.

Wet van 28 januari 1971, Stb. 54, houdende nieuwe regelen omtrent de medezeggenschap van de werknemers in de onderneming door middel van ondernemingsraden, zoals deze wet laatstelijk is gewijzigd bij de Wetten van 11 mei 1994, Stb. 423, 15 december 1994, Stb. 916, 13 april 1995, Stb. 231, 10 juli 1995, Stb. 355, 23 november 1995, Stb. 598, 8 februari 1996, Stb. 134, 25 april 1996, Stb. 263, 14 november 1996, Stb. 562, 30 januari 1997, Stb. 53, 26 februari 1997, Stb. 96, 27 februari 1997, Stb. 117, 10 april 1997, Stb. 170, 24 april 1997, Stb. 178 jo 24 december 1997, Stb. 794 en jo 14 februari 1998, Stb. 107 (Verbeterblad), 6 november 1997, Stb. 510, 24 december 1997, Stb. 768, 5 februari 1998, Stb. 85, 14 februari 1998, Stb. 107 (Verbeterblad), 2 april 1998, Stb. 205, 9 april 1998, Stb. 241, 14 mei 1998, Stb. 300, 24 december 1998, Stb. 742, 18 maart 1999, Stb. 184, 22 juni 2000, Stb. 284, 2 november 2000, Stb. 490, 13 december 2000, Stb. 595, 5 april 2001, Stb. 180, 14 september 2001, Stb. 419, 29 november 2001, Stb. 625, 6 december 2001, Stb. 581, 582 en 584, 20 december 2001, Stb. 692, 14 november 2002, Stb. 584

[Inwerkingtreding: 01-04-1971]

Wij JULIANA, bij de gratie Gods, Koningin der Nederlanden, Prinses van Oranje-Nassau, enz., enz., enz.

Allen, die deze zullen zien of horen lezen, saluut! doen te weten:

Alzo Wij in overweging genomen hebben, dat het wenselijk is nieuwe regelen te stellen omtrent de medezeggenschap van de werknemers in de onderneming door middel van ondernemingsraden;

Zo is het, dat Wij, de Raad van State gehoord, en met gemeen overleg der Staten-Generaal, hebben goedgevonden en verstaan, gelijk Wij goedvinden en verstaan bij deze:

HOOFDSTUK I

Algemene bepalingen

Art. 1

– 1. Voor de toepassing van het bij of krachtens deze wet bepaalde wordt verstaan onder:

a. Onze Minister: Onze Minister van Sociale Zaken en Werkgelegenheid;

b. Raad: De Sociaal-Economische Raad, bedoeld in de Wet op de Bedrijfsorganisatie;

c. onderneming: elk in de maatschappij als zelfstandige eenheid optredend organisatorisch verband waarin krachtens arbeidsovereenkomst of krachtens publiekrechtelijke aanstelling arbeid wordt verricht;

d. ondernemer: de natuurlijke persoon of de rechtspersoon die een onderneming in stand houdt;

e. bestuurder: hij die alleen dan wel te zamen met anderen in een onderneming rechtstreeks de hoogste zeggenschap uitoefent bij de leiding van de arbeid;

f. bedrijfscommissie: de bevoegde bedrijfscommissie, bedoeld in de artikelen 37, 43 en 46.

– 2. Voor de toepassing van het bij of krachtens deze wet bepaalde wordt onder in de onderneming werkzame personen verstaan: degenen die in de onderneming werkzaam zijn krachtens een publiekrechtelijke aanstelling bij dan wel krachtens een arbeidsovereenkomst met de ondernemer die de onderneming in stand houdt. Personen die in meer dan één onderneming van dezelfde ondernemer werkzaam zijn, worden geacht uitsluitend werkzaam te zijn in die onderneming van waaruit hun werkzaamheden worden geleid.

– 3. Voor de toepassing van het bij of krachtens deze wet bepaalde wordt onder in de onderneming werkzame personen mede verstaan:

a. degenen die in het kader van werkzaamheden van de onderneming daarin ten minste 24 maanden werkzaam zijn krachtens een uitzendovereenkomst als bedoeld in artikel 690 van Titel 7.10 van het Burgerlijk Wetboek, en

b. degenen die krachtens een publiekrechtelijke aanstelling bij dan wel krachtens arbeidsovereenkomst met de ondernemer werkzaam zijn in een door een andere ondernemer in stand gehouden onderneming.

– 4. Voor de toepassing van het bij of krachtens deze wet bepaalde worden de bestuurder of de bestuurders van een onderneming geacht niet te behoren tot de in de onderneming werkzame personen.

Begripsbepalingen

267

De instelling van ondernemingsraden
Art. 2

– 1. De ondernemer die een onderneming in stand houdt waarin in de regel ten minste 50 personen werkzaam zijn, is in het belang van het goed functioneren van die onderneming in al haar doelstellingen verplicht om ten behoeve van het overleg met en de vertegenwoordiging van de in de onderneming werkzame personen een ondernemingsraad in te stellen en jegens deze raad de voorschriften, gesteld bij of krachtens deze wet, na te leven.

– 2. Indien in een onderneming na de instelling van een ondernemingsraad niet langer in de regel ten minste 50 personen werkzaam zijn, houdt de ondernemingsraad van rechtswege op te bestaan bij het eindigen van de lopende zittingsperiode van die raad, tenzij de ondernemer toepassing geeft aan artikel 5a, tweede lid.

Art. 3

– 1. De ondernemer die twee of meer ondernemingen in stand houdt waarin tezamen in de regel ten minste 50 personen werkzaam zijn stelt voor alle of voor een aantal van die ondernemingen tezamen een gemeenschappelijke ondernemingsraad in indien dit bevorderlijk is voor een goede toepassing van deze wet in de betrokken ondernemingen.

– 2. Het eerste lid is van overeenkomstige toepassing ten aanzien van in een groep verbonden ondernemers, die twee of meer ondernemingen in stand houden, waarin tezamen in de regel ten minste 50 personen werkzaam zijn. De betrokken ondernemers wijzen een tot hun groep behorende ondernemer aan, die voor de toepassing van deze wet namens hen als ondernemer optreedt ten opzichte van de gemeenschappelijke ondernemingsraad.

– 3. De ondernemingen waarvoor een gemeenschappelijke ondernemingsraad is ingesteld, worden beschouwd als één onderneming in de zin van deze wet.

Art. 4

– 1. De ondernemer die een onderneming in stand houdt waarin in de regel ten minste 50 personen werkzaam zijn stelt voor een onderdeel van die onderneming een afzonderlijke ondernemingsraad in indien dit bevorderlijk is voor een goede toepassing van deze wet in de onderneming.

– 2. Het onderdeel waarvoor een afzonderlijke ondernemingsraad is ingesteld, wordt beschouwd als een onderneming in de zin van deze wet.

Art. 5

– 1. De Raad kan, indien bijzondere omstandigheden een goede toepassing van deze wet in de betrokken onderneming in de weg staan, aan een ondernemer op diens verzoek ten aanzien van een door hem in stand gehouden onderneming schriftelijk voor ten hoogste vijf jaren ontheffing verlenen van de verplichting tot het instellen van een ondernemingsraad.

– 2. De Raad stelt de verenigingen van werknemers, bedoeld in artikel 9, tweede lid, onder a, in de gelegenheid over het verzoek om ontheffing te worden gehoord.

– 3. Aan een ontheffing kunnen voorschriften worden verbonden. De Raad doet van zijn besluit mededeling aan de bedrijfscommissie.

– 4. Zolang op een verzoek om ontheffing niet onherroepelijk is beslist, geldt de in artikel 2, eerste lid, bedoelde verplichting niet.

Art. 5a

– 1. Het bij of krachtens deze wet bepaalde is mede van toepassing wanneer een ondernemer op grond van een collectieve arbeidsovereenkomst of een regeling van arbeidsvoorwaarden vastgesteld door een publiekrechtelijk orgaan verplicht is om een door hem in stand gehouden onderneming een ondernemingsraad te stellen. Wanneer de collectieve arbeidsovereenkomst of een regeling van arbeidsvoorwaarden vastgesteld door een publiekrechtelijk orgaan de ondernemer niet langer verplicht tot het instellen van de ondernemingsraad, houdt deze van rechtswege op te bestaan bij het eindigen van de lopende zittingsperiode van die raad, tenzij de ondernemer toepassing geeft aan het tweede lid.

– 2. De ondernemer kan voor een door hem in stand gehouden onderneming, ten aanzien waarvan niet of niet langer een verplichting bestaat tot het instellen van een ondernemingsraad, besluiten vrijwillig een ondernemingsraad te stellen of in stand te houden. Het bij of krachtens deze wet bepaalde is van toepassing, zodra de ondernemer dat besluit schriftelijk heeft meegedeeld aan de bedrijfscommissie. De ondernemer kan deze ondernemingsraad op grond van een belangrijke wijziging van de omstandigheden opheffen bij het eindigen van de lopende zittingsperiode van die raad. De ondernemer deelt zijn besluit tot opheffing van de ondernemingsraad schriftelijk mee aan de bedrijfscommissie.

HOOFDSTUK III

Samenstelling en werkwijze van de ondernemingsraden
Art. 6

– 1. Een ondernemingsraad bestaat uit leden die door de in de onderneming werkzame personen rechtstreeks uit hun midden worden gekozen. Hun aantal bedraagt in een onderneming met minder dan 50 personen 3 leden;
met 50 tot 100 personen 5 leden;
met 100 tot 200 personen 7 leden;
met 200 tot 400 personen 9 leden;
met 400 tot 600 personen 11 leden;
met 600 tot 1000 personen 13 leden;
met 1000 tot 2000 personen 15 leden;
en zo vervolgens bij elk volgend duizendtal personen 2 leden meer, tot ten hoogste 25 leden. De ondernemingsraad kan met toestemming van de ondernemer in zijn reglement zowel een afwijkend aantal leden vaststellen, als bepalen dat voor een of meer leden van de ondernemingsraad een plaatsvervanger wordt gekozen. Een plaatsvervangend ondernemingsraadslid heeft dezelfde rechten en verplichtingen als het lid dat hij vervangt. **[Ledental OR]**

– 2. Kiesgerechtigd zijn de personen die gedurende ten minste 6 maanden in de onderneming werkzaam zijn geweest. **[Actief kiesrecht]**

– 3. Verkiesbaar tot lid van de ondernemingsraad zijn de personen die gedurende ten minste een jaar in de onderneming werkzaam zijn geweest. **[Passief kiesrecht]**

– 4. De ondernemer en de ondernemingsraad kunnen, indien dit bevorderlijk is voor een goede toepassing van deze wet in de onderneming, gezamenlijk een of meer groepen van personen die anders dan op grond van een arbeidsovereenkomst met de ondernemer, dan wel krachtens publiekrechtelijke aanstelling regelmatig in de onderneming arbeid verrichten, aanmerken als in de onderneming werkzame personen, dan wel een of meer groepen van die personen niet langer aanmerken als in de onderneming werkzame personen. Komen de ondernemer en de ondernemingsraad niet tot overeenstemming, dan kan ieder van hen een beslissing van de kantonrechter vragen. **[Uitbreiding werkingssfeer]**

– 5. De ondernemingsraad kan in zijn reglement afwijken van hetgeen in het tweede en derde lid van dit artikel ten aanzien van de diensttijd is bepaald indien dit bevorderlijk is voor een goede toepassing van deze wet in de onderneming.

– 6. Tijdens een zittingsperiode van de ondernemingsraad kan geen wijziging worden gebracht in het aantal leden van de raad op grond van vermeerdering of vermindering van het aantal in de onderneming werkzame personen.

Art. 7

De ondernemingsraad kiest uit zijn midden een voorzitter en een of meer plaatsvervangende voorzitters. De voorzitter, of bij diens verhindering een plaatsvervangende voorzitter, vertegenwoordigt de ondernemingsraad in rechte. **[Voorzitter]**

Art. 8

– 1. De ondernemingsraad maakt een reglement waarin de onderwerpen worden geregeld die bij of krachtens deze wet ter regeling aan de ondernemingsraad zijn opgedragen of overgelaten. Het reglement bevat geen bepalingen die in strijd zijn met de wet of die een goede toepassing van deze wet in de weg staan. Alvorens het reglement vast te stellen, stelt de ondernemingsraad de ondernemer in de gelegenheid zijn standpunt kenbaar te maken. De ondernemingsraad verstrekt onverwijld een exemplaar van het vastgestelde reglement aan de ondernemer en aan de bedrijfscommissie. **[Reglement]**

– 2. De Raad kan ten aanzien van de inhoud van het reglement bij verordening nadere regelen stellen voor alle of een groep van ondernemingen. In het laatste geval wordt de betrokken bedrijfscommissie gehoord. Een verordening van de Raad behoeft de goedkeuring van Onze Minister. Een goedgekeurde verordening wordt in de *Staatscourant* bekend gemaakt. *[De Raad = SER]*

– 3. Indien de Raad een verordening als bedoeld in het tweede lid vaststelt, brengen de betrokken ondernemingsraden binnen een jaar na de bekendmaking van de goedgekeurde verordening in de *Staatscourant*, de bepalingen in hun reglement die in strijd zijn met deze verordening daarmee in overeenstemming.

Art. 9

– 1. De verkiezing van leden van de ondernemingsraad geschiedt bij geheime schriftelijke stemming en aan de hand van een of meer kandidatenlijsten. **[Kiesstelsel]**

– 2. Een kandidatenlijst kan worden ingediend door: **[Kandidatenlijsten]**
a. een vereniging van werknemers, die in de onderneming werkzame kiesgerechtigde personen onder haar leden telt, krachtens haar statuten ten doel heeft de belangen van haar leden als werknemers te behartigen en als zodanig in de betrokken onderneming of bedrijfstak werk-

zaam is en voorts ten minste twee jaar in het bezit is van volledige rechtsbevoegdheid, mits zij met haar leden in de onderneming over de samenstelling van de kandidatenlijst overleg heeft gepleegd. Ten aanzien van een vereniging die krachtens haar statuten geacht kan worden een voortzetting te zijn van een of meer andere verenigingen met volledige rechtsbevoegdheid van werknemers, wordt de duur van de volledige rechtsbevoegdheid van die vereniging of verenigingen voor de vaststelling van de tijdsduur van twee jaar mede in aanmerking genomen;

b. een derde gedeelte of méér van diegenen van de in de onderneming werkzame kiesgerechtigde personen die geen lid zijn van een vereniging als bedoeld onder *a* welke een kandidatenlijst heeft ingediend, echter met dien verstande dat voor het indienen van een kandidatenlijst met 30 handtekeningen kan worden volstaan.

– 3. De ondernemingsraad kan in zijn reglement bepalen, dat voor bepaalde groepen van in de onderneming werkzame personen, dan wel voor bepaalde onderdelen van de onderneming afzonderlijke kandidatenlijsten worden ingediend, ten einde als grondslag te dienen voor de verkiezing door de betrokken personen of onderdelen van een tevens in het reglement te bepalen aantal leden van de ondernemingsraad. Indien de ondernemingsraad van deze bevoegdheid gebruik heeft gemaakt, gelden de in het tweede lid ten aanzien van het indienen van kandidatenlijsten gestelde eisen voor iedere aangewezen groep of ieder aangewezen onderdeel afzonderlijk.

– 4. De ondernemingsraad treft, indien dit bevorderlijk is voor een goede toepassing van deze wet in de onderneming, voorzieningen in zijn reglement opdat de verschillende groepen van de in de onderneming werkzame personen zoveel mogelijk in de ondernemingsraad vertegenwoordigd kunnen zijn.

Art. 10

Nadere regels

De ondernemingsraad stelt in zijn reglement nadere regelen betreffende de kandidaatstelling, de inrichting van de verkiezingen en de vaststelling van de uitslag daarvan, alsmede betreffende de vervulling van tussentijdse vacatures in de ondernemingsraad.

Art. 11

Uitslag verkiezingen

– 1. De ondernemingsraad draagt er zorg voor, dat de uitslag van de verkiezingen bekend wordt gemaakt aan de ondernemer, aan de in de onderneming werkzame personen, alsmede aan degenen die kandidatenlijsten hebben ingediend.

– 2. Hij draagt er zorg voor, dat de namen en de functies in de onderneming van de leden van de ondernemingsraad blijvend worden vermeld op een plaats die vrij toegankelijk is voor alle in de onderneming werkzame personen, op zodanige wijze dat daarvan gemakkelijk kennis kan worden genomen.

Art. 12

Zittingsduur; herkiesbaarheid

– 1. De leden van de ondernemingsraad treden om de drie jaren tegelijk af. Zij zijn terstond herkiesbaar.

– 2. De ondernemingsraad kan, in afwijking van het eerste lid, in zijn reglement bepalen, dat de leden om de twee jaren of om de vier jaren tegelijk aftreden, dan wel om de twee jaren voor de helft aftreden. De ondernemingsraad kan voorts beperkingen vaststellen ten aanzien van de herkiesbaarheid.

– 3. Wanneer een lid van de ondernemingsraad ophoudt in de onderneming werkzaam te zijn, eindigt van rechtswege zijn lidmaatschap van de ondernemingsraad.

– 4. De leden van de ondernemingsraad kunnen te allen tijde als zodanig ontslag nemen. Zij geven daarvan schriftelijk kennis aan de voorzitter en aan de ondernemer.

– 5. Hij die optreedt ter vervulling van een tussentijds opengevallen plaats, treedt af op het tijdstip waarop degene in wiens plaats hij komt had moeten aftreden.

Art. 13

Uitsluiting van werkzaamheden voor OR

– 1. Op verzoek van de ondernemer of van de ondernemingsraad kan de kantonrechter voor een door hem te bepalen termijn een lid van de ondernemingsraad uitsluiten van alle of van bepaalde werkzaamheden van de ondernemingsraad. Het verzoek kan uitsluitend worden gedaan, door de ondernemer op grond van het feit dat het betrokken ondernemingsraadlid het overleg van de ondernemingsraad met de ondernemer ernstig belemmert, en door de ondernemingsraad op grond van het feit dat de betrokkene de werkzaamheden van de ondernemingsraad ernstig belemmert.

– 2. Alvorens een verzoek in te dienen stelt de verzoeker de betrokkene in de gelegenheid over het verzoek te worden gehoord. De ondernemer en de ondernemingsraad stellen elkaar in kennis van een overeenkomstig het eerste lid ingediend verzoek.

Art. 14

Werkwijze OR; reglement

– 1. De ondernemingsraad regelt in zijn reglement zijn werkwijze.

– 2. Het reglement bevat in ieder geval voorschriften omtrent:

a. de gevallen waarin de ondernemingsraad ten behoeve van de uitoefening van zijn taak bijeenkomt;

b. de wijze van bijeenroeping van de ondernemingsraad;
c. het aantal leden dat aanwezig moet zijn om een vergadering te kunnen houden;
d. de uitoefening van het stemrecht in de vergaderingen;
e. de voorziening in het secretariaat;
f. het opmaken en het bekendmaken aan de ondernemer, de leden van de ondernemingsraad en aan de andere in de onderneming werkzame personen van de agenda van de vergaderingen van de ondernemingsraad;
g. het tijdstip waarop de ondernemer, de leden van de ondernemingsraad en de andere in de onderneming werkzame personen uiterlijk in kennis dienen te worden gesteld van de agenda, welk tijdstip niet later kan worden gesteld dan 7 dagen vóór de vergadering, behoudens in spoedeisende gevallen;
h. het opmaken en het bekend maken aan de ondernemer, de leden van de ondernemingsraad en aan de andere in de onderneming werkzame personen van de verslagen van de vergaderingen van de ondernemingsraad en van het jaarverslag van de ondernemingsraad.

Art. 15

– 1. De ondernemingsraad kan de commissies instellen die hij voor de vervulling van zijn taak redelijkerwijze nodig heeft. De ondernemingsraad legt zijn voornemen om een commissie in te stellen schriftelijk voor aan de ondernemer, met vermelding van de taak, samenstelling, bevoegdheden en werkwijze van de door hem in te stellen commissie. Bij bezwaar van de ondernemer kan de ondernemingsraad een beslissing van de kantonrechter vragen.

– 2. De ondernemingsraad kan met inachtneming van het eerste lid vaste commissies instellen voor de behandeling van door hem aangewezen onderwerpen. De ondernemingsraad kan in het instellingsbesluit van een vaste commissie zijn rechten en bevoegdheden ten aanzien van deze onderwerpen, met uitzondering van de bevoegdheid tot het voeren van rechtsgedingen, geheel of gedeeltelijk aan de betrokken commissie overdragen. In een vaste commissie kunnen naast een meerderheid van leden van de ondernemingsraad ook andere in de onderneming werkzame personen zitting hebben.

– 3. De ondernemingsraad kan met inachtneming van het eerste lid voor onderdelen van de onderneming onderdeelcommissies instellen voor de behandeling van de aangelegenheden van die onderdelen. De ondernemingsraad kan in het instellingsbesluit van een onderdeelcommissie aan deze commissie de bevoegdheid toekennen tot het plegen van overleg met degene die de leiding heeft van het betrokken onderdeel. In dat geval gaan de rechten en bevoegdheden van de ondernemingsraad ten aanzien van de aangelegenheden van het onderdeel, met uitzondering van de bevoegdheid tot het voeren van rechtsgedingen, over naar de onderdeelcommissie, tenzij de ondernemingsraad besluit een bepaalde aangelegenheid zelf te behandelen. In een onderdeelcommissie kunnen naast een of meer leden van de ondernemingsraad uitsluitend in het betrokken onderdeel werkzame personen zitting hebben.

– 4. De ondernemingsraad kan met inachtneming van het eerste lid voorbereidingscommissies instellen ter voorbereiding van door de ondernemingsraad te behandelen onderwerpen. Een voorbereidingscommissie kan geen rechten of bevoegdheden van de ondernemingsraad uitoefenen. Een voorbereidingscommissie kan slechts voor een bepaalde, door de ondernemingsraad in het instellingsbesluit te vermelden, tijd worden ingesteld. In een voorbereidingscommissie kunnen naast een of meer leden van de ondernemingsraad ook andere in de onderneming werkzame personen zitting hebben.

– 5. Ten aanzien van de leden van door de ondernemingsraad ingestelde commissies, die geen lid zijn van de ondernemingsraad, is artikel 13 van overeenkomstige toepassing.

Commissies

Art. 16

– 1. De ondernemingsraad kan een of meer deskundigen uitnodigen tot het bijwonen van een vergadering van die raad, met het oog op de behandeling van een bepaald onderwerp. Hij kan een zodanige uitnodiging ook doen aan een of meer bestuurders van de onderneming, dan wel aan een of meer personen als bedoeld in artikel 24, tweede lid.

– 2. De leden van de ondernemingsraad kunnen in de vergadering aan de in het eerste lid bedoelde personen inlichtingen en adviezen vragen.

– 3. Een deskundige kan eveneens worden uitgenodigd een schriftelijk advies uit te brengen.

– 4. De voorgaande leden zijn van overeenkomstige toepassing ten aanzien van de commissies van de ondernemingsraad.

Inschakelen deskundigen

Art. 17

– 1. De ondernemer is verplicht de ondernemingsraad, de commissies van die raad, en, indien de ondernemer aan de ondernemingsraad een secretaris heeft toegevoegd, de secretaris van die raad het gebruik toe te staan van de voorzieningen waarover hij als zodanig kan beschikken en die de ondernemingsraad, de commissies en de secretaris van die raad voor de vervulling van hun taak redelijkerwijze nodig hebben. De ondernemer stelt de ondernemingsraad en de commissies van die raad in staat de in de onderneming werkzame personen te raadplegen en

Faciliteiten

8a WOR

stelt deze personen in de gelegenheid hieraan hun medewerking te verlenen, een en ander voor zover dat redelijkerwijs noodzakelijk is voor de vervulling van de taak van de raad en de commissies.

– 2. De ondernemingsraad en de commissies van die raad vergaderen zoveel mogelijk tijdens de normale arbeidstijd.

– 3. De leden van de ondernemingsraad en de leden van de commissies van die raad behouden voor de tijd gedurende welke zij ten gevolge van het bijwonen van een vergadering van de ondernemingsraad of van een commissie van die raad niet de bedongen arbeid hebben verricht, hun aanspraak op loon dan wel bezoldiging.

Art. 18

Recht op arbeids-onderbreking

– 1. De ondernemer is verplicht de leden van de ondernemingsraad en de leden van de commissies van die raad, gedurende een door de ondernemer en de ondernemingsraad gezamenlijk vast te stellen aantal uren per jaar, in werktijd en met behoud van loon dan wel bezoldiging de gelegenheid te bieden voor onderling beraad en overleg met andere personen over aangelegenheden waarbij zij in de uitoefening van hun taak zijn betrokken, alsmede voor kennisneming van de arbeidsomstandigheden in de onderneming.

Recht op scholing

– 2. De ondernemer is verplicht de leden van de ondernemingsraad en de leden van een vaste commissie of onderdeelcommissie, bedoeld in artikel 15, tweede lid, onderscheidenlijk derde lid, gedurende een door de ondernemer en de ondernemingsraad gezamenlijk vast te stellen aantal dagen per jaar, in werktijd en met behoud van loon dan wel bezoldiging de gelegenheid te bieden de scholing en vorming te ontvangen welke zij in verband met de vervulling van hun taak nodig oordelen.

Benodigde tijd voor OR-lidmaatschap

– 3. De ondernemer en de ondernemingsraad stellen het aantal uren, bedoeld in het eerste lid, en het aantal dagen, bedoeld in het tweede lid, vast op een zodanig aantal als de betrokken leden van de ondernemingsraad en van de commissies van die raad voor de vervulling van hun taak redelijkerwijze nodig hebben. Daarbij wordt in acht genomen dat het aantal uren niet lager vastgesteld kan worden dan zestig per jaar en het aantal dagen:

a. voor leden van een in het tweede lid bedoelde commissie die niet tevens lid zijn van de ondernemingsraad, niet lager vastgesteld kan worden dan drie per jaar;

b. voor leden van de ondernemingsraad die niet tevens lid zijn van een in het tweede lid bedoelde commissie, niet lager vastgesteld kan worden dan vijf per jaar; en

c. voor leden van de ondernemingsraad die tevens lid zijn van een commissie, niet lager vastgesteld kan worden dan acht per jaar.

– 4. De ondernemingsraad, alsmede ieder lid van de ondernemingsraad of van een commissie van die raad kan de kantonrechter verzoeken te bepalen dat de ondernemer gevolg dient te geven aan hetgeen is bepaald in het eerste, het tweede en het derde lid.

Art. 19

Vervallen.

Art. 20

Geheimhoudings-plicht

– 1. De leden van de ondernemingsraad en de leden van de commissies van die raad, alsmede de overeenkomstig artikel 16 geraadpleegde deskundigen zijn verplicht tot geheimhouding van alle zaken- en bedrijfsgeheimen die zij in hun hoedanigheid vernemen, alsmede van alle aangelegenheden ten aanzien waarvan de ondernemer, dan wel de ondernemingsraad of de betrokken commissie hun geheimhouding heeft opgelegd of waarvan zij, in verband met opgelegde geheimhouding, het vertrouwelijk karakter moeten begrijpen. Het voornemen om geheimhouding op te leggen wordt zoveel mogelijk vóór de behandeling van de betrokken aangelegenheid meegedeeld. Degene die de geheimhouding oplegt, deelt daarbij tevens mee, welke schriftelijk of mondeling verstrekte gegevens onder de geheimhouding vallen en hoelang deze dient te duren, alsmede of er personen zijn ten aanzien van wie de geheimhouding niet in acht behoeft te worden genomen.

– 2. Het eerste lid is van overeenkomstige toepassing ten aanzien van degenen die met het secretariaat van de ondernemingsraad of van een commissie van die raad zijn belast.

– 3. De in het eerste lid bedoelde verplichting geldt niet tegenover hen die ingevolge een rechterlijke opdracht zijn belast met een onderzoek naar de gang van zaken in de onderneming.

– 4. De in het eerste lid bedoelde verplichting geldt voorts niet tegenover hem die door een lid van de ondernemingsraad of door een lid van een commissie van die raad wordt benaderd voor overleg, mits de ondernemer, onderscheidenlijk degene die geheimhouding heeft opgelegd, vooraf toestemming heeft gegeven voor het overleg met de betrokken persoon en deze laatste schriftelijk heeft verklaard, dat hij zich ten aanzien van de betrokken aangelegenheid tot geheimhouding verplicht. In dat geval is ten aanzien van de bedoelde persoon het eerste lid van overeenkomstige toepassing.

– 5. Een weigering de in het vorige lid bedoelde toestemming te verlenen, wordt door de ondernemer, onderscheidenlijk door degene die geheimhouding heeft opgelegd, met redenen omkleed.

– 6. De plicht tot geheimhouding vervalt niet door beëindiging van het lidmaatschap van de ondernemingsraad of van de betrokken commissie, noch door beëindiging van de werkzaamheden van de betrokkene in de onderneming.

Art. 21

De ondernemer draagt er zorg voor, dat de in de onderneming werkzame personen die staan of gestaan hebben op een kandidatenlijst als bedoeld in artikel 9, alsmede de leden en de gewezen leden van de ondernemingsraad en van de commissies van die raad niet uit hoofde van hun kandidaatstelling of van hun lidmaatschap van de ondernemingsraad of van een commissie van die raad worden benadeeld in hun positie in de onderneming. Indien de ondernemer aan de ondernemingsraad een secretaris heeft toegevoegd is de eerste volzin op die secretaris van overeenkomstige toepassing. Op degene die het initiatief neemt of heeft genomen tot het instellen van een ondernemingsraad is de eerste volzin van overeenkomstige toepassing. De ondernemingsraad, alsmede iedere in de onderneming werkzame persoon als in de eerste tot en met derde volzin bedoeld, kan de kantonrechter verzoeken te bepalen dat de ondernemer gevolg dient te geven aan hetgeen in de vorige volzin is bepaald. Ten aanzien van personen die krachtens publiekrechtelijke aanstelling in de onderneming werkzaam zijn, treedt een andere kamer van de rechtbank in de plaats van de kantonrechter.

Rechtspositie ondernemingsraadlid

Art. 22

– 1. De kosten die redelijkerwijze noodzakelijk zijn voor de vervulling van de taak van de ondernemingsraad en de commissies van die raad komen ten laste van de ondernemer.

Kosten OR

– 2. Met inachtneming van het bepaalde in het eerste lid komen de kosten van het overeenkomstig artikel 16 en artikel 23a, zesde lid, raadplegen van een deskundige door de ondernemingsraad of een commissie van die raad, alsmede de kosten van het voeren van rechtsgedingen door de ondernemingsraad slechts ten laste van de ondernemer, indien hij van de te maken kosten vooraf in kennis is gesteld. De eerste volzin is niet van toepassing wanneer uitvoering is gegeven aan het derde lid.

– 3. De ondernemer kan in overeenstemming met de ondernemingsraad de kosten die de ondernemingsraad en de commissies van die raad in enig jaar zullen maken, voor zover deze geen verband houden met het bepaalde in de artikelen 17 en 18, vaststellen op een bepaald bedrag, dat de ondernemingsraad naar eigen inzicht kan besteden. Kosten waardoor het hier bedoelde bedrag zou worden overschreden, komen slechts ten laste van de ondernemer voor zover hij in het dragen daarvan toestemt.

Art. 22a

In rechtsgedingen tussen de ondernemer en de ondernemingsraad kan de ondernemingsraad niet in de proceskosten worden veroordeeld.

HOOFDSTUK IV

Het overleg met de ondernemingsraad

Art. 23

– 1. De ondernemer en de ondernemingsraad komen met elkaar bijeen binnen twee weken nadat hetzij de ondernemingsraad hetzij de ondernemer daarom onder opgave van redenen heeft verzocht.

Overlegvergaderingen

– 2. In de in het eerste lid bedoelde overlegvergaderingen worden de aangelegenheden, de onderneming betreffende, aan de orde gesteld, ten aanzien waarvan hetzij de ondernemer, hetzij de ondernemingsraad overleg wenselijk acht of waarover ingevolge het bij of krachtens deze wet bepaalde overleg tussen de ondernemer en de ondernemingsraad moet plaatsvinden. De ondernemingsraad is bevoegd omtrent de bedoelde aangelegenheden voorstellen te doen en standpunten kenbaar te maken. Onder de aangelegenheden, de onderneming betreffende, is niet begrepen het beleid ten aanzien van, alsmede de uitvoering van een bij of krachtens een wettelijk voorschrift aan de ondernemer opgedragen publiekrechtelijke taak, behoudens voor zover deze uitvoering de werkzaamheden van de in de onderneming werkzame personen betreft.

recht van initiatief

– 3. De ondernemingsraad is ook buiten de overlegvergadering bevoegd aan de ondernemer voorstellen te doen omtrent de in het tweede lid bedoelde aangelegenheden. Een dergelijk voorstel wordt schriftelijk en voorzien van een toelichting aan de ondernemer voorgelegd. De ondernemer beslist over het voorstel niet dan nadat daarover ten minste éénmaal overleg is gepleegd in een overlegvergadering. Na het overleg deelt de ondernemer zo spoedig mogelijk schriftelijk en met redenen omkleed aan de ondernemingsraad mee, of en in hoeverre hij overeenkomstig het voorstel zal besluiten.

In vergadering te behandelen aangelegenheden

– 4. Het overleg wordt voor de ondernemer gevoerd door de bestuurder van de onderneming.

8a WOR

Wanneer een onderneming meer dan één bestuurder heeft, bepalen dezen te zamen wie van hen overleg pleegt met de ondernemingsraad.

Bestuurder voert overleg voor de ondernemer met OR

– 5. De in het vorige lid bedoelde bestuurder kan zich in geval van verhindering of ten aanzien van een bepaald onderwerp laten vervangen door een medebestuurder. Heeft de onderneming geen meerhoofdig bestuur, dan kan de bestuurder zich bij verhindering doen vervangen door een persoon als bedoeld in artikel 24, tweede lid, of door een in de onderneming werkzame persoon die beschikt over bevoegdheden om namens de ondernemer overleg te voeren met de ondernemingsraad.

– 6. De bestuurder of degene die hem vervangt kan zich bij het overleg laten bijstaan door een of meer medebestuurders, personen als bedoeld in artikel 24, tweede lid, of in de onderneming werkzame personen.

Art. 23a

Vereisten overlegvergadering

– 1. Een overlegvergadering kan slechts worden gehouden, indien ten aanzien van de ondernemingsraad wordt voldaan aan de bepalingen die ingevolge het reglement van de ondernemingsraad gelden voor het houden van een vergadering van die raad. Alle leden van de ondernemingsraad kunnen in de vergadering het woord voeren.

– 2. De overlegvergadering wordt, tenzij de ondernemer en de ondernemingsraad te zamen een andere regeling treffen, beurtelings geleid door de bestuurder of degene die hem ingevolge artikel 23, vijfde lid, vervangt en de voorzitter of de plaatsvervangende voorzitter van de ondernemingsraad.

– 3. De secretaris van de ondernemingsraad treedt op als secretaris van de overlegvergadering, tenzij de ondernemer en de ondernemingsraad te zamen een andere persoon als secretaris aanwijzen.

– 4. De agenda van de overlegvergadering bevat de onderwerpen die door de ondernemer of door de ondernemingsraad bij de secretaris voor het overleg zijn aangemeld. Het verslag van de overlegvergadering behoeft de goedkeuring van de ondernemer en de ondernemingsraad.

– 5. De ondernemer en de ondernemingsraad maken gezamenlijk afspraken over de gang van zaken bij de overlegvergadering en over de wijze en het tijdstip waarop de agenda en het verslag van de overlegvergadering aan de in de onderneming werkzame personen bekend worden gemaakt.

– 6. Ten aanzien van de overlegvergadering zijn de artikelen 17 en 22 van overeenkomstige toepassing. Zowel de ondernemingsraad als de ondernemer kan een of meer deskundigen uitnodigen tot het bijwonen van een overlegvergadering, indien dit voor de behandeling van een bepaald onderwerp redelijkerwijze nodig is. Zij stellen elkaar hiervan tijdig vooraf in kennis.

Art. 23b

Besluitvorming

– 1. Tijdens een overlegvergadering kunnen zowel door de ondernemer als door de ondernemingsraad besluiten worden genomen.

Schorsing overlegvergadering

– 2. Een overlegvergadering wordt door de voorzitter geschorst, wanneer de ondernemer of de ondernemingsraad ten aanzien van een bepaald onderwerp afzonderlijk beraad wenselijk acht.

Art. 23c

Indien de ondernemingsraad aan een onderdeelcommissie de bevoegdheid heeft toegekend tot het plegen van overleg met degene die de leiding heeft van het betrokken onderdeel, zijn ten aanzien van dat overleg de artikelen 17, 22, 23, 23a, tweede, vierde en zesde lid, 23b, 24, eerste lid, 25, 27, 28, 31a, eerste, zesde en zevende lid, 31b en 31c van overeenkomstige toepassing. In dit overleg kunnen geen aangelegenheden worden behandeld die in het overleg met de ondernemingsraad worden behandeld.

Art. 24

Bespreking gang van zaken en besluiten in voorbereiding

– 1. In de overlegvergadering wordt ten minste tweemaal per jaar de algemene gang van zaken van de onderneming besproken. De ondernemer doet in dit kader mededeling over besluiten die hij in voorbereiding heeft met betrekking tot de aangelegenheden als bedoeld in de artikelen 25 en 27. Daarbij worden afspraken gemaakt wanneer en op welke wijze de ondernemingsraad in de besluitvorming wordt betrokken.

Verschijningsplicht commissarissen c.q. bestuurders

– 2. Indien de onderneming in stand wordt gehouden door een naamloze vennootschap, een besloten vennootschap met beperkte aansprakelijkheid, een coöperatie of een onderlinge waarborgmaatschappij, zijn bij de in het eerste lid bedoelde besprekingen de commissarissen van de vennootschap, de coöperatie of de onderlinge waarborgmaatschappij, als die er zijn, dan wel een of meer vertegenwoordigers uit hun midden aanwezig. Wordt ten minste de helft van de aandelen van de vennootschap middellijk of onmiddellijk voor eigen rekening gehouden door een andere vennootschap, dan rust de hiervoor bedoelde verplichting op de bestuurders van de laatstbedoelde vennootschap, dan wel op een of meer door hen aangewezen vertegenwoordigers. Wordt de onderneming in stand gehouden door een vereniging of een stichting, dan zijn de bestuursleden van die vereniging of die stichting, dan wel een of meer vertegen woordigers uit hun midden aanwezig. De ondernemingsraad kan in een bepaald geval besluiten, dat aan dit lid geen toepassing behoeft te worden gegeven.

- 3. Het in het vorige lid bepaalde geldt niet ten aanzien van een onderneming die in stand wordt gehouden door een ondernemer die ten minste vijf ondernemingen in stand houdt waarvoor een ondernemingsraad is ingesteld waarop de bepalingen van deze wet van toepassing zijn, dan wel door een ondernemer die deel uitmaakt van in een groep verbonden ondernemers die te zamen ten minste vijf ondernemingsraden hebben ingesteld waarop de bepalingen van deze wet van toepassing zijn.

HOOFDSTUK IVA

Bijzondere bevoegdheden van de ondernemingsraad
Art. 25

- 1. De ondernemingsraad wordt door de ondernemer in de gelegenheid gesteld advies uit te brengen over elk door hem voorgenomen besluit tot:

Adviesrecht

a. overdracht van de zeggenschap over de onderneming of een onderdeel daarvan;

b. het vestigen van, dan wel het overnemen of afstoten van de zeggenschap over, een andere onderneming, alsmede het aangaan van, het aanbrengen van een belangrijke wijziging in of het verbreken van duurzame samenwerking met een andere onderneming, waaronder begrepen het aangaan, in belangrijke mate wijzigen of verbreken van een belangrijke financiële deelneming vanwege of ten behoeve van een dergelijke onderneming;

c. beëindiging van de werkzaamheden van de onderneming of van een belangrijk onderdeel daarvan;

d. belangrijke inkrimping, uitbreiding of andere wijziging van de werkzaamheden van de onderneming;

e. belangrijke wijziging in de organisatie van de onderneming, dan wel in de verdeling van bevoegdheden binnen de onderneming;

f. wijziging van de plaats waar de onderneming haar werkzaamheden uitoefent;

g. het groepsgewijze werven of inlenen van arbeidskrachten;

h. het doen van een belangrijke investering ten behoeve van de onderneming;

i. het aantrekken van een belangrijk krediet ten behoeve van de onderneming;

j. het verstrekken van een belangrijk krediet en het stellen van zekerheid voor belangrijke schulden van een andere ondernemer, tenzij dit geschiedt in de normale uitoefening van werkzaamheden in de onderneming;

k. invoering of wijziging van een belangrijke technologische voorziening;

l. het treffen van een belangrijke maatregel in verband met de zorg van de onderneming voor het milieu, waaronder begrepen het treffen of wijzigen van een beleidsmatige, organisatorische en administratieve voorziening in verband met het milieu;

m. vaststelling van een regeling met betrekking tot het zelf dragen van het risico, bedoeld in artikel 75, eerste lid, van de Wet op de arbeidsongeschiktheidsverzekering of artikel 63, eerste lid, van de Ziektewet;

n. het verstrekken en het formuleren van een adviesopdracht aan een deskundige buiten de onderneming betreffende een der hiervoor bedoelde aangelegenheden.

Het onder b bepaalde, alsmede het onder n bepaalde, voor zover dit betrekking heeft op een aangelegenheid als bedoeld onder b, is niet van toepassing wanneer de andere onderneming in het buitenland gevestigd is of wordt en redelijkerwijs niet te verwachten is dat het voorgenomen besluit zal leiden tot een besluit als bedoeld onder c-f ten aanzien van een onderneming die door de ondernemer in Nederland in stand wordt gehouden.

- 2. De ondernemer legt het te nemen besluit schriftelijk aan de ondernemingsraad voor. Het advies moet op een zodanig tijdstip worden gevraagd, dat het van wezenlijke invloed kan zijn op het te nemen besluit.

Procedure regels

- 3. Bij het vragen van advies wordt aan de ondernemingsraad een overzicht verstrekt van de beweegredenen voor het besluit, alsmede van de gevolgen die het besluit naar te verwachten valt voor de in de onderneming werkzame personen zal hebben en van de naar aanleiding daarvan voorgenomen maatregelen.

- 4. De ondernemingsraad brengt met betrekking tot een voorgenomen besluit als bedoeld in het eerste lid geen advies uit dan nadat over de betrokken aangelegenheid ten minste éénmaal overleg is gepleegd in een overlegvergadering. Ten aanzien van de bespreking van het voorgenomen besluit in de overlegvergadering is artikel 24, tweede lid, van overeenkomstige toepassing.

- 5. Indien na het advies van de ondernemingsraad een besluit als in het eerste lid bedoeld wordt genomen, wordt de ondernemingsraad door de ondernemer zo spoedig mogelijk van het besluit schriftelijk in kennis gesteld. Indien het advies van de ondernemingsraad niet of niet

geheel is gevolgd, wordt aan de ondernemingsraad tevens meegedeeld, waarom van dat advies is afgeweken. Voor zover de ondernemingsraad daarover nog niet heeft geadviseerd, wordt voorts het advies van de ondernemingsraad ingewonnen over de uitvoering van het besluit.
– 6. Tenzij het besluit van de ondernemer overeenstemt met het advies van de ondernemingsraad, is de ondernemer verplicht de uitvoering van zijn besluit op te schorten tot een maand na de dag waarop de ondernemingsraad van het besluit in kennis is gesteld. De verplichting vervalt wanneer de ondernemingsraad zulks te kennen geeft.

Art. 26

Beroep bij ondernemingskamer

– 1. De ondernemingsraad kan bij de ondernemingskamer van het gerechtshof te Amsterdam beroep instellen tegen een besluit van de ondernemer als bedoeld in artikel 25, vijfde lid, hetzij wanneer dat besluit niet in overeenstemming is met het advies van de ondernemingsraad, hetzij wanneer feiten of omstandigheden bekend zijn geworden, die, waren zij aan de ondernemingsraad bekend geweest ten tijde van het uitbrengen van zijn advies, aanleiding zouden kunnen zijn geweest om dat advies niet uit te brengen zoals het is uitgebracht.

– 2. Het beroep wordt ingediend bij verzoekschrift, binnen een maand nadat de ondernemingsraad van het in het eerste lid bedoelde besluit in kennis is gesteld.
– 3. De ondernemer wordt van het ingestelde beroep in kennis gesteld.
– 4. Het beroep kan uitsluitend worden ingesteld ter zake dat de ondernemer bij afweging van de betrokken belangen niet in redelijkheid tot zijn besluit had kunnen komen.
– 5. De ondernemingskamer behandelt het verzoek met de meeste spoed. Alvorens te beslissen kan zij, ook ambtshalve, deskundigen, alsmede in de onderneming werkzame personen horen. Indien de ondernemingskamer het beroep gegrond bevindt, verklaart zij dat de ondernemer bij afweging van de betrokken belangen niet in redelijkheid tot het betrokken besluit had kunnen komen. Zij kan voorts, indien de ondernemingsraad daarom heeft verzocht, een of meer van de volgende voorzieningen treffen:
a. het opleggen van de verplichting aan de ondernemer om het besluit geheel of ten dele in te trekken, alsmede om aan te wijzen gevolgen van dat besluit ongedaan te maken;
b. het opleggen van een verbod aan de ondernemer om handelingen te verrichten of te doen verrichten ter uitvoering van het besluit of van onderdelen daarvan. Een voorziening van de ondernemingskamer kan door derden verworven rechten niet aantasten.
– 6. Het is verboden een verplichting of een verbod als bedoeld in het vorige lid niet na te komen, onderscheidenlijk te overtreden.
– 7. De ondernemingskamer kan haar beslissing op een verzoek tot het treffen van voorzieningen voor een door haar te bepalen termijn aanhouden, indien beide partijen daarom verzoeken, dan wel indien de ondernemer op zich neemt het besluit waartegen beroep is ingesteld, in te trekken of te wijzigen, of bepaalde gevolgen van het besluit ongedaan te maken.
– 8. Nadat het verzoekschrift is ingediend kan de ondernemingskamer, zo nodig onverwijld, voorlopige voorzieningen treffen. Het vijfde lid, vierde en vijfde volzin, en het zesde lid, zijn van overeenkomstige toepassing.
– 9. Van een beschikking van de ondernemingskamer staat uitsluitend beroep in cassatie open.

Art. 27

Instemmingsrecht

– 1. De ondernemer behoeft de instemming van de ondernemingsraad voor elk door hem voorgenomen besluit tot vaststelling, wijziging of intrekking van:
a. een regeling met betrekking tot een pensioenverzekering, een winstdelingsregeling of een spaarregeling;
b. een werktijd- of een vakantieregeling;
c. een belonings- of een functiewaarderingssysteem;
d. een regeling op het gebied van de arbeidsomstandigheden, het ziekteverzuim of het reïntegratiebeleid;
e. een regeling op het gebied van het aanstellings-, ontslag- of bevorderingsbeleid;
f. een regeling op het gebied van de personeelsopleiding;
g. een regeling op het gebied van de personeelsbeoordeling;
h. een regeling op het gebied van het bedrijfsmaatschappelijk werk;
i. een regeling op het gebied van het werkoverleg;
j. een regeling op het gebied van de behandeling van klachten;
k. een regeling omtrent het verwerken van alsmede de bescherming van de persoonsgegevens van de in de onderneming werkzame personen;
l. een regeling inzake voorzieningen die gericht zijn op of geschikt zijn voor waarneming van of controle op aanwezigheid, gedrag of prestaties van de in de onderneming werkzame personen;
een en ander voor zover betrekking hebbende op alle of een groep van de in de onderneming werkzame personen.

– 2. De ondernemer legt het te nemen besluit schriftelijk aan de ondernemingsraad voor. Hij verstrekt daarbij een overzicht van de beweegredenen voor het besluit, alsmede van de gevolgen die het besluit naar te verwachten valt voor de in de onderneming werkzame personen zal hebben. De ondernemingsraad beslist niet dan nadat over de betrokken aangelegenheid ten minste éénmaal overleg is gepleegd in een overlegvergadering. Na het overleg deelt de ondernemingsraad zo spoedig mogelijk schriftelijk en met redenen omkleed zijn beslissing aan de ondernemer mee. Na de beslissing van de ondernemingsraad deelt de ondernemer zo spoedig mogelijk schriftelijk aan de ondernemingsraad mee welk besluit hij heeft genomen en met ingang van welke datum hij dat besluit zal uitvoeren.

– 3. De in het eerste lid bedoelde instemming is niet vereist, voor zover de betrokken aangelegenheid voor de onderneming reeds inhoudelijk is geregeld in een collectieve arbeidsovereenkomst of een regeling van arbeidsvoorwaarden vastgesteld door een publiekrechtelijk orgaan.

– 4. Heeft de ondernemer voor het voorgenomen besluit geen instemming van de ondernemingsraad verkregen, dan kan hij de kantonrechter toestemming vragen om het besluit te nemen. De kantonrechter geeft slechts toestemming, indien de beslissing van de ondernemingsraad om geen instemming te geven onredelijk is, of het voorgenomen besluit van de ondernemer gevergd wordt door zwaarwegende bedrijfsorganisatorische, bedrijfseconomische of bedrijfssociale redenen.

– 5. Een besluit als bedoeld in het eerste lid, genomen zonder de instemming van de ondernemingsraad of de toestemming van de kantonrechter, is nietig, indien de ondernemingsraad tegenover de ondernemer schriftelijk een beroep op de nietigheid heeft gedaan. De ondernemingsraad kan slechts een beroep op de nietigheid doen binnen een maand nadat hetzij de ondernemer hem zijn besluit overeenkomstig de laatste volzin van het tweede lid heeft meegedeeld, hetzij – bij gebreke van deze mededeling – de ondernemingsraad is gebleken dat de ondernemer uitvoering of toepassing geeft aan zijn besluit.

– 6. De ondernemingsraad kan de kantonrechter verzoeken de ondernemer te verplichten zich te onthouden van handelingen die strekken tot uitvoering of toepassing van een nietig besluit als bedoeld in het vijfde lid. De ondernemer kan de kantonrechter verzoeken te verklaren dat de ondernemingsraad ten onrechte een beroep heeft gedaan op nietigheid als bedoeld in het vijfde lid.

Art. 28

– 1. De ondernemingsraad bevordert zoveel als in zijn vermogen ligt de naleving van de voor de onderneming geldende voorschriften op het gebied van de arbeidsvoorwaarden, alsmede van de voorschriften op het gebied van de arbeidsomstandigheden en arbeids- en rusttijden van de in de onderneming werkzame personen.

– 2. De ondernemingsraad bevordert voorts naar vermogen het werkoverleg, alsmede het overdragen van bevoegdheden in de onderneming, zodat die in de onderneming werkzame personen zoveel mogelijk worden betrokken bij de regeling van de arbeid in het onderdeel van de onderneming waarin zij werkzaam zijn.

– 3. De ondernemingsraad waakt in het algemeen tegen discriminatie in de onderneming en bevordert in het bijzonder de gelijke behandeling van mannen en vrouwen alsmede de inschakeling van gehandicapten en minderheden in de onderneming.

– 4. De ondernemingsraad bevordert naar vermogen de zorg van de onderneming voor het milieu, waaronder begrepen het treffen of wijzigen van beleidsmatige, organisatorische en administratieve voorzieningen in verband met het milieu.

Art. 29

De ondernemingsraad heeft het recht, al dan niet uit zijn midden, een door de ondernemer te bepalen aantal, maar ten minste de helft, te benoemen van de bestuursleden van door de ondernemer ten behoeve van in de onderneming werkzame personen opgerichte instellingen, behoudens voor zover bij of krachtens de wet op andere wijze in het bestuur van een instelling is voorzien.

Art. 30

– 1. De ondernemingsraad wordt door de ondernemer in de gelegenheid gesteld advies uit te brengen over elk door hem voorgenomen besluit tot benoeming of ontslag van een bestuurder van de onderneming.

– 2. Het advies moet op een zodanig tijdstip worden gevraagd, dat het van wezenlijke invloed kan zijn op het te nemen besluit.

– 3. De ondernemer stelt de ondernemingsraad in kennis van de beweegredenen voor het besluit en verstrekt in het geval van een benoeming gegevens waaruit de ondernemingsraad zich een oordeel kan vormen over de betrokkene, in verband met diens toekomstige functie in de onderneming. Artikel 25, vierde lid en vijfde lid, eerste en tweede volzin, is van overeenkomstige toepassing.

Het verstrekken van gegevens aan de ondernemingsraad
Art. 31

Verstrekken van gegevens op verzoek van OR

– 1. De ondernemer is verplicht desgevraagd aan de ondernemingsraad en aan de commissies van die raad tijdig alle inlichtingen en gegevens te verstrekken die deze voor de vervulling van hun taak redelijkerwijze nodig hebben. De inlichtingen en gegevens worden desgevraagd schriftelijk verstrekt.

– 2. De ondernemer is verplicht aan de ondernemingsraad bij het begin van iedere zittingsperiode schriftelijk gegevens te verstrekken omtrent:

a. de rechtsvorm van de ondernemer, waarbij indien de ondernemer een niet-publiekrechtelijke rechtspersoon is, mede de statuten van die rechtspersoon moeten worden verstrekt;

b. indien de ondernemer een natuurlijke persoon, een maatschap of een niet-rechtspersoonlijkheid bezittende vennootschap is: de naam en de woonplaats van onderscheidenlijk die persoon, de maten of de beherende vennoten;

c. indien de ondernemer een rechtspersoon is: de naam en de woonplaats van de commissarissen of de bestuursleden;

d. indien de ondernemer deel uitmaakt van een aantal in een groep verbonden ondernemers: de ondernemers die deel uitmaken van die groep, de zeggenschapsverhoudingen waardoor zij onderling zijn verbonden, alsmede de naam en de woonplaats van degenen die ten gevolge van de bedoelde verhoudingen feitelijke zeggenschap over de ondernemer kunnen uitoefenen;

e. de ondernemers of de instellingen met wie de ondernemer, anders dan uit hoofde van zeggenschapsverhoudingen als bedoeld onder *d,* duurzame betrekkingen onderhoudt die van wezenlijk belang kunnen zijn voor het voortbestaan van de onderneming, alsmede de naam en de woonplaats van degenen die ten gevolge van zodanige betrekkingen feitelijke zeggenschap over de ondernemer kunnen uitoefenen;

f. de organisatie van de onderneming, de naam en de woonplaats van de bestuurders en van de belangrijkste overige leidinggevende personen, alsmede de wijze waarop de bevoegdheden tussen de bedoelde personen zijn verdeeld.

– 3. De ondernemer is verplicht de ondernemingsraad zo spoedig mogelijk in kennis te stellen van wijzigingen die zich in de in het tweede lid bedoelde gegevens hebben voorgedaan.

Art. 31a

Verstrekken van gegevens m.b.t. resultaten onderneming

Jaarrekening en jaarverslag

– 1. De ondernemer verstrekt, mede ten behoeve van de bespreking van de algemene gang van zaken van de onderneming, ten minste tweemaal per jaar aan de ondernemingsraad mondeling of schriftelijk algemene gegevens omtrent de werkzaamheden en de resultaten van de onderneming in het verstreken tijdvak, in het bijzonder met betrekking tot aangelegenheden als bedoeld in artikel 25.

– 2. Indien de onderneming in stand wordt gehouden door een stichting of vereniging als bedoeld in artikel 360, derde lid, van boek 2 van het Burgerlijk Wetboek, een coöperatie, een onderlinge waarborgmaatschappij, een naamloze vennootschap of een besloten vennootschap met beperkte aansprakelijkheid, verstrekt de ondernemer zo spoedig mogelijk na de vaststelling van zijn jaarrekening een exemplaar van de jaarrekening en het jaarverslag in de Nederlandse taal en de daarbij te voegen overige gegevens, als bedoeld in artikel 392 van Boek 2 van het Burgerlijk Wetboek, ter bespreking aan de ondernemingsraad. Wordt de onderneming in stand gehouden door een rechtspersoon waarop artikel 163 of artikel 273 van Boek 2 van het Burgerlijk Wetboek van toepassing is, dan geschiedt de overlegging gelijktijdig met die aan de algemene vergadering van aandeelhouders. Het voorgaande is van overeenkomstige toepassing op de mededeling die een rechtspersoon ingevolge artikel 362, zesde lid, laatste volzin, van Boek 2 van het Burgerlijk Wetboek, moet verstrekken.

Geconsolideerde jaarrekening

– 3. Indien de financiële gegevens van een ondernemer die deel uitmaakt van een in een groep verbonden ondernemers zijn opgenomen in een geconsolideerde jaarrekening als bedoeld in artikel 405 van Boek 2 van het Burgerlijk Wetboek, verstrekt de ondernemer ter bespreking aan de ondernemingsraad deze geconsolideerde jaarrekening, het jaarverslag en de overige gegevens, bedoeld in artikel 392 van dat boek, van de rechtspersoon die de geconsolideerde jaarrekening heeft opgesteld. Indien de financiële gegevens van zulk een ondernemer niet in een geconsolideerde jaarrekening zijn opgenomen, verstrekt de ondernemer in plaats hiervan ter bespreking aan de ondernemingsraad schriftelijke gegevens waaruit de ondernemingsraad zich een inzicht kan vormen in het gezamenlijke resultaat van de ondernemingen van die groep ondernemers.

– 4. Indien de jaarrekening van de ondernemer betrekking heeft op meer dan één onderneming, verstrekt de ondernemer aan de ondernemingsraad tevens schriftelijke gegevens waaruit deze zich een inzicht kan vormen in de mate waarin de onderneming waarvoor hij is ingesteld tot het gezamenlijke resultaat van die ondernemingen heeft bijgedragen. Het voorgaande

8a WOR

is van overeenkomstige toepassing, indien een geconsolideerde jaarrekening, als bedoeld in het derde lid, wordt verstrekt.

- 5. Indien de onderneming in stand wordt gehouden door een ondernemer op wie het tweede lid van dit artikel niet van toepassing is, verstrekt de ondernemer bij algemene maatregel van bestuur aangewezen vervangende schriftelijke gegevens ter bespreking aan de ondernemingsraad. Het derde en vierde lid van dit artikel zijn van overeenkomstige toepassing.

- 6. De ondernemer doet, mede ten behoeve van de bespreking van de algemene gang van zaken van de onderneming, ten minste tweemaal per jaar aan de ondernemingsraad mondeling of schriftelijk mededeling omtrent zijn verwachtingen ten aanzien van de werkzaamheden en de resultaten van de onderneming in het komende tijdvak, in het bijzonder met betrekking tot aangelegenheden als bedoeld in artikel 25, alsmede met betrekking tot alle investeringen in binnenland en buitenland.

- 7. Indien de ondernemer met betrekking tot de onderneming een meerjarenplan, dan wel een raming of een begroting van inkomsten of uitgaven pleegt op te stellen, wordt dat plan, onderscheidenlijk die raming of die begroting, dan wel een samenvatting daarvan, met een toelichting aan de ondernemingsraad verstrekt en in de bespreking betrokken. Het derde en vierde lid van dit artikel zijn van overeenkomstige toepassing.

- 8. Indien de ondernemer ingevolge artikel 12.2 of 12.4 van de Wet milieubeheer verplicht is tot het opstellen van een milieuverslag, verstrekt hij zo spoedig mogelijk na het opstellen van dit verslag een exemplaar daarvan ter bespreking aan de ondernemingsraad. Deze verplichting geldt ook met betrekking tot een milieuverklaring als bedoeld in artikel 12.3 van de Wet milieubeheer.

Art. 31b

- 1. De ondernemer verstrekt, mede ten behoeve van de bespreking van de algemene gang van zaken van de onderneming, ten minste éénmaal per jaar aan de ondernemingsraad schriftelijk algemene gegevens inzake de aantallen en de verschillende groepen van de in de onderneming werkzame personen, alsmede inzake het door hem in het afgelopen jaar ten aanzien van die personen gevoerde sociale beleid, in het bijzonder met betrekking tot aangelegenheden als bedoeld in de artikelen 27, 28 en 29. Deze gegevens worden kwantitatief zodanig gespecificeerd dat daaruit blijkt welke uitwerking de verschillende onderdelen van het sociale beleid hebben gehad voor afzonderlijke bedrijfsonderdelen en functiegroepen. **Personeelsbeleid en sociaal beleid**

- 2. De ondernemer doet daarbij tevens mondeling of schriftelijk mededeling van zijn verwachtingen ten aanzien van de ontwikkeling van de personeelsbezetting in het komende jaar, alsmede van het door hem in dat jaar te voeren sociale beleid, in het bijzonder met betrekking tot aangelegenheden als bedoeld in de artikelen 27, 28 en 29.

Art. 31c

De ondernemer doet aan de ondernemingsraad zo spoedig mogelijk mededeling van zijn voornemen tot het verstrekken van een adviesopdracht aan een deskundige buiten de onderneming, met betrekking tot een aangelegenheid als bedoeld in artikel 27. **Adviesopdracht externe organisatie-adviseur**

HOOFDSTUK IVC

Verdere bevoegdheden van de ondernemingsraad
Art. 32

- 1. Bij collectieve arbeidsovereenkomst of een regeling van arbeidsvoorwaarden vastgesteld door een publiekrechtelijk orgaan kunnen aan de ondernemingsraad of aan de ondernemingsraden van de bij die overeenkomst of die regeling betrokken onderneming of ondernemingen verdere bevoegdheden dan in deze wet genoemd worden toegekend. **Uitbreiding bevoegdheden bij CAO**

- 2. Bij schriftelijke overeenkomst tussen de ondernemer en de ondernemingsraad kunnen aan de ondernemingsraad meer bevoegdheden dan de in deze wet genoemde worden toegekend en kunnen aanvullende voorschriften over de toepassing van het krachtens deze wet bepaalde worden gegeven. De ondernemer zendt een afschrift van de overeenkomst aan de bedrijfscommissie. **Uitbreiding bevoegdheden bij ondernemings-overeenkomst**

- 3. Indien aan de ondernemingsraad op grond van dit artikel een adviesrecht of instemmingsrecht is toegekend, is het advies of de instemming van de ondernemingsraad niet vereist, voor zover de aangelegenheid voor de onderneming reeds inhoudelijk is geregeld in een collectieve arbeidsovereenkomst of in een regeling, vastgesteld door een publiekrechtelijk orgaan.

- 4. Indien in de overeenkomst aan de ondernemingsraad een recht op advies of instemming wordt gegeven over andere voorgenomen besluiten dan genoemd in de artikelen 25 onderscheidenlijk 27, zijn de artikelen 26 onderscheidenlijk 27, vierde tot en met zesde lid, van overeenkomstige toepassing.

Art. 32a-32c
Vervallen.

8a WOR

HOOFDSTUK V

De centrale ondernemingsraden en de groepsondernemingsraden

Art. 33

Instelling – 1. De ondernemer die twee of meer ondernemingsraden heeft ingesteld stelt tevens voor de door hem in stand gehouden ondernemingen een centrale ondernemingsraad in indien dit bevorderlijk is voor een goede toepassing van deze wet ten aanzien van deze ondernemingen.

– 2. De ondernemer die meer dan twee ondernemingsraden heeft ingesteld stelt voor een aantal van de door hem in stand gehouden ondernemingen een groepsondernemingsraad in indien dit bevorderlijk is voor een goede toepassing van deze wet ten aanzien van deze ondernemingen.

– 3. Het eerste en tweede lid zijn van overeenkomstige toepassing ten aanzien van in een groep verbonden ondernemers, die te zamen twee of meer ondernemingsraden hebben ingesteld. De betrokken ondernemers wijzen een tot hun groep behorende ondernemer aan, die voor de toepassing van deze wet namens hen als ondernemer optreedt ten opzichte van de centrale ondernemingsraad of de groepsondernemingsraad.

Art. 34

Samenstelling – 1. Een centrale ondernemingsraad bestaat uit leden, gekozen door de betrokken ondernemingsraden uit de leden van elk van die raden. Voor ieder lid kan een plaatsvervanger worden gekozen, die dezelfde rechten en verplichtingen heeft als het lid dat hij vervangt.

– 2. Indien een of meer groepsondernemingsraden zijn ingesteld, kan de centrale ondernemingsraad in zijn reglement bepalen, dat die raad, in afwijking van het bepaalde in het eerste lid, geheel of ten dele zal bestaan uit leden, gekozen door de betrokken groepsondernemingsraden uit de leden van die raden. Voor ieder aldus gekozen lid kan een plaatsvervanger worden gekozen, die dezelfde rechten en verplichtingen heeft als het lid dat hij vervangt.

– 3. Het aantal leden dat uit elke ondernemingsraad of groepsondernemingsraad kan worden gekozen, wordt vastgesteld in het reglement van de centrale ondernemingsraad. Het reglement bevat voorts voorzieningen dat de verschillende groepen van de in de betrokken ondernemingen werkzame personen zoveel mogelijk in de centrale ondernemingsraad vertegenwoordigd zijn. De betrokken ondernemingsraden of groepsondernemingsraden worden over de vaststelling van de betrokken bepalingen van het reglement gehoord.

– 4. Een centrale ondernemingsraad kan in zijn reglement bepalen dat van die raad, behalve de in het derde lid bedoelde leden, ook deel kunnen uitmaken vertegenwoordigers van ondernemingen die door de in artikel 33 bedoelde ondernemer of ondernemers in stand worden gehouden, maar ten aanzien waarvan geen verplichting tot het instellen van een ondernemingsraad geldt. De centrale ondernemingsraad regelt in zijn reglement het aantal en de wijze van verkiezing van de bedoelde vertegenwoordigers.

– 5. Wanneer een lid van een centrale ondernemingsraad of zijn plaatsvervanger ophoudt lid te zijn van de ondernemingsraad of van de groepsondernemingsraad die hem heeft gekozen, eindigt van rechtswege zijn lidmaatschap van de centrale ondernemingsraad. Het zelfde geldt wanneer een vertegenwoordiger van een onderneming als bedoeld in het vierde lid ophoudt in de betrokken onderneming werkzaam te zijn. De uitsluiting, bedoeld in artikel 13, van een ondernemingsraadlid of van een groepsondernemingsraadlid, die tevens lid is van een centrale ondernemingsraad, heeft tot gevolg dat de betrokkene ook van deelname aan de werkzaamheden van de centrale ondernemingsraad is uitgesloten.

– 6. Ten aanzien van de centrale ondernemingsraad zijn de artikelen 7, 8, 10-14, 15, eerste, tweede, vierde en vijfde lid, en 16-22 van overeenkomstige toepassing.

– 7. Ten aanzien van een groepsondernemingsraad zijn de voorgaande leden, met uitzondering van het tweede lid, van overeenkomstige toepassing.

Art. 35

Bevoegdheden – 1. Ten aanzien van de centrale ondernemingsraden en de groepsondernemingsraden zijn de artikelen 22a tot en met 32, met uitzondering van de artikelen 23c en 24, derde lid, van overeenkomstige toepassing, met dien verstande dat door die raden uitsluitend aangelegenheden worden behandeld die van gemeenschappelijk belang zijn voor alle of voor de meerderheid van de ondernemingen waarvoor zij zijn ingesteld en ongeacht of ten aanzien van die aangelegenheden bevoegdheden toekomen aan de afzonderlijke ondernemingsraden.

– 2. Indien bevoegdheden ten aanzien van aangelegenheden als bedoeld in het eerste lid toekomen aan afzonderlijke ondernemingsraden, gaan deze over naar de centrale ondernemingsraad, onderscheidenlijk de groepsondernemingsraad, met dien verstande dat een groepsondernemingsraad geen aangelegenheden behandelt die door de centrale ondernemingsraad worden behandeld.

De medezeggenschap in kleine ondernemingen
Art. 35a
Vervallen.

Art. 35b

– 1. De ondernemer die een onderneming in stand houdt waarin in de regel ten minste 10 personen maar minder dan 50 personen werkzaam zijn en waarvoor geen ondernemingsraad of personeelsvertegenwoordiging is ingesteld, is verplicht de in deze onderneming werkzame personen tenminste tweemaal per kalenderjaar in de gelegenheid te stellen gezamenlijk met hem bijeen te komen. Hij is voorts verplicht met de in de onderneming werkzame personen bijeen te komen, wanneer tenminste een vierde van hen daartoe een met redenen omkleed verzoek doet.

Bijzondere regeling voor ondernemingen met 10 tot 50 werknemers

– 2. In de in het eerste lid bedoelde vergaderingen worden de aangelegenheden, de onderneming betreffende, aan de orde gesteld ten aanzien waarvan de ondernemer of in de onderneming werkzame personen overleg wenselijk achten. Iedere in de onderneming werkzame persoon is bevoegd omtrent deze aangelegenheden voorstellen te doen en standpunten kenbaar te maken.

– 3. Indien de ondernemer de onderneming niet zelf bestuurt, wordt het overleg voor hem gevoerd door de bestuurder van de onderneming. De ondernemer en de bestuurder kunnen zich bij verhindering laten vervangen door een in de onderneming werkzame persoon die bevoegd is om namens de ondernemer overleg met de werknemers te voeren.

– 4. In de in het eerste lid bedoelde vergaderingen wordt tenminste eenmaal per jaar de algemene gang van zaken van de onderneming besproken. De ondernemer verstrekt daartoe mondeling of schriftelijk algemene gegevens omtrent de werkzaamheden en de resultaten van de onderneming in het afgelopen jaar, alsmede omtrent zijn verwachtingen dienaangaande in het komende jaar. Voor zover de ondernemer verplicht is zijn jaarrekening en jaarverslag ter inzage van een ieder neer te leggen, worden in de Nederlandse taal gestelde exemplaren van deze jaarstukken ter bespreking aan de in de onderneming werkzame personen verstrekt. De ondernemer verstrekt voorts mondeling of schriftelijk algemene gegevens inzake het door hem ten aanzien van de in de onderneming werkzame personen gevoerde en te voeren sociale beleid.

– 5. De in de onderneming werkzame personen worden door de ondernemer, in een vergadering als bedoeld in het eerste lid, in de gelegenheid gesteld advies uit te brengen over elk door hem voorgenomen besluit dat kan leiden tot verlies van de arbeidsplaats of tot een belangrijke verandering van de arbeid, de arbeidsvoorwaarden of de arbeidsomstandigheden van tenminste een vierde van de in de onderneming werkzame personen. Het advies wordt op een zodanig tijdstip gevraagd dat het van wezenlijke invloed kan zijn op het te nemen besluit. De in de eerste volzin bedoelde verplichting geldt niet, indien en voor zover de betrokken aangelegenheid voor de onderneming reeds inhoudelijk geregeld is in een collectieve arbeidsovereenkomst of in een regeling, vastgesteld door een publiekrechtelijk orgaan.

– 6. De in de voorgaande leden bedoelde verplichtingen gelden niet ten aanzien van personen die nog geen zes maanden in de onderneming werkzaam zijn. Zij vervallen wanneer de ondernemer met toepassing van artikel 5a een ondernemingsraad heeft ingesteld, maar treden weer in werking wanneer de ondernemingsraad op grond van artikel 5a, eerste lid, ophoudt te bestaan of overeenkomstig het tweede lid van dat artikel is opgeheven.

Art. 35c

– 1. De ondernemer die een onderneming in stand houdt waarin in de regel ten minste 10 personen maar minder dan 50 personen werkzaam zijn en waarvoor geen ondernemingsraad is ingesteld, kan een personeelsvertegenwoordiging instellen, bestaande uit ten minste drie personen die rechtstreeks gekozen zijn bij geheime schriftelijke stemming door en uit in de onderneming werkzame personen.

Personeelsvertegenwoordiging als alternatief

– 2. Op verzoek van de meerderheid van de in de onderneming werkzame personen stelt de ondernemer de in het eerste lid bedoelde personeelsvertegenwoordiging in.

– 3. Indien toepassing is gegeven aan het eerste lid, is artikel 5a, tweede lid, derde en vierde volzin, van overeenkomstige toepassing. De artikelen 7, 13, 17, 18, eerste en tweede lid, 21, 22, eerste lid, tweede lid, voor zover het betreft de kosten van het voeren van rechtsgedingen, en derde lid, 22a, 27, eerste lid, onderdeel *b*, voor zover het betreft een werktijdregeling, en onderdeel *d*, derde tot en met zesde lid, 31, eerste lid, 32, 35b, vierde en vijfde lid, behoudens de in dat lid bedoelde arbeidsomstandigheden, en 36 zijn van overeenkomstige toepassing.

– 4. De ondernemer legt een voorgenomen besluit als bedoeld in artikel 27, eerste lid, onderdeel *b*, voor zover het betreft een werktijdregeling, en onderdeel *d*, schriftelijk aan de personeelsvertegenwoordiging voor. Hij verstrekt daarbij een overzicht van de beweegredenen voor het besluit, alsmede van de gevolgen die het besluit naar te verwachten valt voor de in de onderneming werkzame personen zal hebben. De personeelsvertegenwoordiging beslist niet dan nadat over de betrokken aangelegenheid ten minste éénmaal met de ondernemer overleg is gepleegd. Na het overleg deelt de personeelsvertegenwoordiging zo spoedig mogelijk schriftelijk en met redenen omkleed zijn beslissing aan de ondernemer mee. Na de beslissing van de personeelsvertegenwoordiging deelt de ondernemer zo spoedig mogelijk schriftelijk aan de personeelsvertegenwoordiging mee welk besluit hij heeft genomen en met ingang van welke datum hij dat besluit zal uitvoeren.

– 5. De personeelsvertegenwoordiging kan met toestemming van de ondernemer commissies instellen of deskundigen uitnodigen. Ten aanzien van het uitnodigen van deskundigen is toestemming niet vereist, wanneer de deskundige geen kosten in rekening brengt of wanneer de kosten door de personeelsvertegenwoordiging bestreden worden uit een bedrag als bedoeld in artikel 22, derde lid. Heeft de ondernemer toestemming gegeven voor het raadplegen van een deskundige, dan komen de kosten daarvan te zijnen laste.

– 6. Inlichtingen en gegevens bestemd voor de personeelsvertegenwoordiging, die volgens artikel 31, eerste lid, schriftelijk moeten worden verstrekt, mogen door de ondernemer ook mondeling worden verstrekt.

Art. 35d

Personeelsvertegenwoordiging voor onderneming met minder dan 10 personen

– 1. De ondernemer die een onderneming in stand houdt waarin in de regel minder dan 10 personen werkzaam zijn en waarvoor geen ondernemingsraad is ingesteld, kan een personeelsvertegenwoordiging, als bedoeld in artikel 35c, eerste lid, instellen.

– 2. De artikelen 5a, tweede lid, derde en vierde volzin, 7, 13, 17, 18, eerste en tweede lid, 21, 22, eerste lid, tweede lid, voor zover het betreft de kosten van het voeren van rechtsgedingen, en derde lid, 22a, 27, eerste lid, onderdeel b, voor zover het betreft een werktijdregeling, onderdeel d, derde tot en met zesde lid, 31, eerste lid, 32 en 36 zijn van overeenkomstige toepassing.

– 3. Artikel 35c, vierde lid, is van overeenkomstige toepassing, en het vijfde en zesde lid zijn van toepassing.

HOOFDSTUK VI

De algemene geschillenregeling
Art. 36

Bevoegdheid tot instellen van rechtsvordering door belanghebbende

– 1. Iedere belanghebbende kan de kantonrechter verzoeken te bepalen dat de ondernemer of de ondernemingsraad gevolg dient te geven aan hetgeen bij of krachtens deze wet is bepaald omtrent het instellen of in stand houden van een ondernemingsraad, het vaststellen van een voorlopig of een definitief reglement van de ondernemingsraad, de kandidaatstelling voor en de verkiezing van de leden van de ondernemingsraad, alsmede omtrent het bekend maken van agenda's en verslagen van vergaderingen, een en ander voor zover dit van de ondernemer of de ondernemingsraad afhangt.

– 2. De ondernemingsraad en de ondernemer kunnen de kantonrechter verzoeken te bepalen dat de ondernemer, onderscheidenlijk de ondernemingsraad gevolg dient te geven aan hetgeen overigens bij of krachtens deze wet is bepaald, een en ander voor zover dit van de ondernemer onderscheidenlijk de ondernemingsraad afhangt.

Bedrijfscommissie

– 3. Een verzoek aan de kantonrechter op grond van deze wet, is niet ontvankelijk indien de verzoeker niet vooraf schriftelijk de bemiddeling van de bedrijfscommissie heeft gevraagd. De bedrijfscommissie stelt de wederpartij in de gelegenheid omtrent het verzoek te worden gehoord. De bedrijfscommissie tracht een minnelijke schikking tussen partijen tot stand te brengen. Indien geen minnelijke schikking wordt bereikt, brengt de bedrijfscommissie binnen twee maanden nadat haar bemiddeling is gevraagd, aan partijen schriftelijk verslag van haar bevindingen uit met een advies omtrent de oplossing van het geschil. De bedrijfscommissie kan de termijn voor het uitbrengen van haar advies met instemming van beide partijen voor ten hoogste twee maanden verlengen.

– 4. Het verzoekschrift aan de kantonrechter wordt ingediend binnen dertig dagen nadat de bedrijfscommissie haar advies aan partijen heeft uitgebracht, doch uiterlijk binnen dertig dagen na het verstrijken van de in het derde lid genoemde termijn. Het verslag van bevindingen en het advies van de bedrijfscommissie worden bij het verzoekschrift overgelegd.

– 5. Een verzoekschrift aan de kantonrechter met betrekking tot de naleving van artikel 25 ten aanzien van een besluit als in dat artikel bedoeld, wordt niet ontvankelijk verklaard, indien blijkt dat de ondernemingsraad voor of na de indiening van het verzoekschrift tegen dat besluit beroep heeft ingesteld bij de ondernemingskamer van het gerechtshof te Amsterdam.

– 6. Een verzoek aan de kantonrechter op grond van artikel 27, vierde lid en zesde lid is niet ontvankelijk indien met betrekking tot dezelfde aangelegenheid een eis is gesteld als bedoeld in de Arbeidsomstandighedenwet 1998.

– 7. De kantonrechter kan in zijn uitspraak aan de ondernemer, onderscheidenlijk de onder-

8a WOR

nemingsraad de verplichting opleggen om bepaalde handelingen te verrichten of na te laten. Het is de ondernemer verboden een zodanige verplichting niet na te komen. Wanneer de ondernemingsraad een zodanige verplichting niet nakomt, kan de kantonrechter de ondernemingsraad ontbinden, onder oplegging van de verplichting aan die raad tot het doen verkiezen van een nieuwe ondernemingsraad. Blijft de ondernemingsraad in gebreke, dan kan de kantonrechter de ondernemer machtigen een nieuwe ondernemingsraad te doen verkiezen.

– 8. De voorgaande leden zijn van overeenkomstige toepassing ten aanzien van de naleving van hetgeen bij of krachtens deze wet is bepaald met betrekking tot een centrale ondernemingsraad en een groepsondernemingsraad.

Art. 36a

Iedere in de onderneming werkzame persoon, met uitzondering van een persoon als bedoeld in artikel 35b, zesde lid, alsmede een vereniging van werknemers, die één of meer in de onderneming werkzame personen onder haar leden telt, die krachtens haar statuten ten doel heeft de belangen van haar leden als werknemers te behartigen en als zodanig in de betrokken onderneming of bedrijfstak werkzaam is en voorts tenminste twee jaar in het bezit is van volledige rechtsbevoegdheid, kan de kantonrechter verzoeken te bepalen dat de ondernemer gevolg dient te geven aan artikel 35b.

Vordering tot naleving art. 35b

HOOFDSTUK VII

De bedrijfscommissies

Art. 37

– 1. Voor groepen van ondernemingen worden door de Raad, ter behandeling van aangelegenheden betreffende de ondernemingsraden, de centrale ondernemingsraden, de groepsondernemingsraden van deze ondernemingen, de personeelsvertegenwoordiging en de vergadering als bedoeld in artikel 35b, commissies ingesteld, bedrijfscommissies genaamd.

Instelling

– 2. Een bedrijfscommissie bestaat uit een door de Raad na overleg met de in artikel 38 bedoelde organisaties van ondernemers en van werknemers te bepalen even aantal leden, ten minste zes bedragende, en een gelijk aantal plaatsvervangende leden.

Art. 38

– 1. De leden en de plaatsvervangende leden van een bedrijfscommissie worden voor de helft benoemd door de door de Raad daartoe aangewezen representatieve organisatie of organisaties van ondernemers en voor de helft door de door de Raad daartoe aangewezen representatieve organisatie of organisaties van werknemers.

Benoeming; aantal leden

– 2. De Raad bepaalt het aantal leden en plaatsvervangende leden dat elke aangewezen organisatie kan benoemen.

Art. 39

– 1. De Raad stelt bij verordening nadere regelen omtrent de samenstelling en de werkwijze van de bedrijfscommissies. Daarbij wordt aan deze commissies de bevoegdheid verleend commissies, al dan niet uit haar midden, in te stellen. De bedrijfscommissie kan de aldus ingestelde commissies machtigen haar bevoegdheden uit te oefenen.

Reglement; (sub) commissies; voorzitterschap

– 2. De Raad stelt voorts regelen omtrent het voorzitterschap van de bedrijfscommissies. Daarbij wordt aan deze commissies de bevoegdheid toegekend, een voorzitter buiten de leden der commissie te kiezen, al dan niet met stemrecht.

Art. 40

– 1. Iedere bedrijfscommissie brengt jaarlijks aan Onze Minister en aan de Raad verslag uit van haar werkzaamheden in het afgelopen kalenderjaar.

Verslag

– 2. Onze Minister kan regelen stellen ten aanzien van de verslaggeving.

Art. 41

– 1. De kosten van een bedrijfscommissie worden, voor zover daarin niet op andere wijze wordt voorzien, door de in artikel 38 bedoelde organisaties van ondernemers en werknemers gedragen, naar evenredigheid van het aantal leden dat zij benoemen.

Kosten

– 2. Wanneer een organisatie in gebreke blijft binnen de termijn, door de bedrijfscommissie gesteld, haar bijdrage in de kosten van de bedrijfscommissie te voldoen, kan de Raad de aanwijzing van die organisatie intrekken, onverminderd de aansprakelijkheid van de organisatie tot het betalen van haar aandeel in de reeds gemaakte kosten. Door de intrekking vervalt het lidmaatschap van de bedrijfscommissie van de door die organisatie benoemde leden en plaatsvervangende leden, te rekenen van het tijdstip waarop het besluit van de Raad bij de bedrijfscommissie inkomt.

Art. 42

Ten aanzien van de voorzitters, de leden en de plaatsvervangende leden van de bedrijfscommissies, alsmede ten aanzien van de personen die met het secretariaat van een bedrijfscommissie zijn belast, is artikel 20, eerste en zesde lid, van overeenkomstige toepassing.

Geheimhoudings- plicht

Art. 43

(Hoofd)bedrijf-
schap als bedrijfs-
commissie

Indien voor een groep van ondernemingen een hoofdbedrijfschap of een bedrijfschap als bedoeld in de Wet op de Bedrijfsorganisatie (*Stb.* 1950, K 22) bestaat, kan de Raad het bestuur van
dat hoofdbedrijfschap of bedrijfschap aanwijzen als bedrijfscommissie in de zin van deze wet.
In dat geval zijn de artikelen 37, 38 en 41 niet van toepassing en evenmin het bepaalde bij of
krachtens artikel 39 voor zover het betreft de samenstelling en het voorzitterschap van de
bedrijfscommissie.

Art. 44-45

Vervallen.

Art. 46

Regeling compe-
tentie

– 1. Indien voor de behandeling van aangelegenheden betreffende een ondernemingsraad,
een centrale ondernemingsraad, een groepsondernemingsraad, een personeelsvertegenwoordiging of een vergadering als bedoeld in artikel 35*b* meer dan één bedrijfscommissie bevoegd
zou zijn, wijst de Raad de commissie aan die voor de behandeling van de betrokken aangelegenheden als de krachtens deze wet bevoegde commissie zal optreden.

– 2. Indien een ondernemer of een aantal in een groep verbonden ondernemers meerdere
ondernemingen in stand houdt waarvoor meer dan één bedrijfscommissie bevoegd zou zijn,
kan de Raad voor die ondernemingen een afzonderlijke bedrijfscommissie instellen dan wel de
commissie aanwijzen die voor de behandeling van de aangelegenheden betreffende de ondernemingsraden, personeelsvertegenwoordigingen en vergaderingen als bedoeld in artikel 35*b*
van deze ondernemingen als de krachtens deze wet bevoegde commissie optreedt.

HOOFDSTUK VIIa

Heffingen ter bevordering van de scholing en vorming van ondernemingsraadleden

Art. 46a

Opleggen heffing
door SER

– 1. De Raad kan aan ondernemers op wie op grond van het bij of krachtens deze wet bepaalde
de verplichting rust een ondernemingsraad in te stellen, bij verordening een heffing opleggen
ter bevordering van de scholing en vorming van ondernemingsraadleden. Een zodanige verordening behoeft de goedkeuring van Onze Minister.

– 2. Een heffing als bedoeld in het eerste lid wordt vastgesteld op een percentage van het bij de
betrokken ondernemers genoten loon waarnaar, op grond van artikel 9 van de Coördinatiewet
Sociale Verzekering, de premies op grond van de Wet op de arbeidsongeschiktheidsverzekering of de Werkloosheidswet worden geheven, dan wel zouden worden geheven indien van
hen premies op grond van die wetten zouden worden geheven. Artikel 9, derde en vierde lid,
van de Coördinatiewet Sociale Verzekering blijft buiten toepassing.

– 3. Indien en voor zover de betrokken ondernemers werkgever zijn in de zin van de Ziektewet, wordt de heffing geïnd door het Uitvoeringsinstituut werknemersverzekeringen, genoemd in hoofdstuk 5 van de Wet structuur uitvoeringsorganisatie werk en inkomen.

– 4. De bedrijfscommissies zijn verplicht, aan het Uitvoeringsinstituut werknemersverzekeringen, genoemd in hoofdstuk 5 van de Wet structuur uitvoeringsorganisatie werk en inkomen
desgevraagd een opgave te verstrekken van de ondernemers op wie, naar hun bekend is, de
verplichting rust een ondernemingsraad in te stellen. Tevens zijn de bedrijfscommissies verplicht, aan het Uitvoeringsinstituut werknemersverzekeringen, genoemd in hoofdstuk 5 van
de Wet structuur uitvoeringsorganisatie werk en inkomen of aan een ondernemer desgevraagd
een schriftelijke verklaring te verstrekken waaruit blijkt of naar hun oordeel de hiervoor bedoelde verplichting op de betrokken ondernemer rust.

– 5. Ten aanzien van de invordering van de heffing door het Uitvoeringsinstituut werknemersverzekeringen, genoemd in hoofdstuk 5 van de Wet structuur uitvoeringsorganisatie
werk en inkomen, zijn de artikelen 11 tot en met 16*h* van de Coördinatiewet Sociale Verzekering van overeenkomstige toepassing. Met betrekking tot het beroep tegen een heffingsaanslag
wordt deze aanslag geacht te zijn opgelegd door de Sociaal-Economische Raad.

– 6. In een verordening als bedoeld in het eerste lid wordt door de Raad bepaald op welke
wijze de afdracht van de heffing door het Uitvoeringsinstituut werknemersverzekeringen, genoemd in hoofdstuk 5 van de Wet structuur uitvoeringsorganisatie werk en inkomen, aan de
Raad geschiedt.

– 7. Een verordening als bedoeld in het eerste lid wordt niet vastgesteld dan na overleg met
het Uitvoeringsinstituut werknemersverzekeringen, genoemd in hoofdstuk 5 van de Wet
structuur uitvoeringsorganisatie werk en inkomen.

– 8. Een verordening als bedoeld in het eerste lid wordt, voorzover de verordening betrekking
heeft op ondernemingen waarin uitsluitend of nagenoeg uitsluitend krachtens publiekrechtelijke aanstelling arbeid wordt verricht, niet vastgesteld dan na overleg met de betrokken werk-

284

8a WOR

gevers of verenigingen van werkgevers en de centrales van overheidspersoneel, verenigd in de Raad voor het Overheidspersoneelsbeleid.

Art. 46b

– 1. De Raad kan uit de opbrengst van de in artikel 46a bedoelde heffingen subsidies verstrekken aan rechtspersonen die zich ten doel stellen de werkzaamheden van andere rechtspersonen op het gebied van de scholing en vorming van ondernemingsraadleden te begeleiden en te ondersteunen. De Raad kan bij verordening regels stellen inzake het verstrekken van deze subsidies en daarbij een subsidieplafond vaststellen.

Geldelijke bijdrage

– 2. Aan de subsidie worden in ieder geval de volgende verplichtingen verbonden:
a. dat de betrokken rechtspersoon jaarlijks een begroting en een rekening van de met zijn in het eerste lid bedoelde taak verband houdende inkomsten en uitgaven opstelt en ter goedkeuring aan de Raad voorlegt;
b. dat de onder *a* bedoelde rekening door of vanwege de Raad kan worden gecontroleerd;
c. dat de betrokken rechtspersoon erop toeziet, dat de werkzaamheden op het gebied van de scholing en vorming van ondernemingsraadleden, waarvoor door hem geldelijke ondersteuning wordt verleend, wat de kwaliteit betreft tenminste voldoen aan de voorwaarden die gelden voor de subsidiëring van vormings- en ontwikkelingswerk voor volwassenen door het Rijk, en dat deze werkzaamheden voorts passen in de algemene opzet van het vormings- en ontwikkelingswerk voor volwassenen in Nederland, als aangegeven door de rijksoverheid.

Art. 46c

– 1. De door de Raad ter bevordering van de scholing en vorming van ondernemingsraadleden geraamde inkomsten en uitgaven worden door hem jaarlijks als een afzonderlijke dienst op de begroting gebracht.

Jaarlijkse begroting

– 2. De betrokken uitgaven, alsmede de middelen die tot dekking daarvan hebben gediend, worden jaarlijks afzonderlijk op de rekening van inkomsten en uitgaven van de Raad verantwoord.

HOOFDSTUK VII B

Bijzondere bepalingen voor ondernemingsraden bij de overheid
Art. 46d

Ten aanzien van een onderneming, waarin uitsluitend of nagenoeg uitsluitend krachtens publiekrechtelijke aanstelling arbeid wordt verricht, gelden de volgende bijzondere bepalingen:
a. Voor de toepassing van deze wet wordt als bestuurder in de zin van deze wet niet aangemerkt

Bijzondere bepalingen

1°. bij een ministerie: de minister of een staatssecretaris;
2°. bij een provincie: de commissaris van de Koning, een lid van gedeputeerde staten of een lid van provinciale staten;
3°. bij een gemeente: de burgemeester, een lid van het college van burgemeester en wethouders of een lid van de gemeenteraad;
4°. bij een waterschap: de voorzitter, een lid van het dagelijkse bestuur van een waterschap of een lid van het algemeen bestuur;
5°. bij de Kamers der Staten-Generaal: de voorzitter van de Kamer of een lid;
6°. bij de Raad van State: de vice-president of een staatsraad;
7°. bij de Algemene Rekenkamer: de president of een lid van de Algemene Rekenkamer;
8°. bij de Nationale ombudsman: de Nationale ombudsman of een substituut-ombudsman.
b. Voor de toepassing van artikel 23, tweede lid, zijn onder de aangelegenheden de onderneming betreffende niet begrepen de publiekrechtelijke vaststelling van taken van publiekrechtelijke lichamen en onderdelen daarvan, noch het beleid ten aanzien van en de uitvoering van die taken, behoudens voor zover het betreft de gevolgen daarvan voor de werkzaamheden van de in de onderneming werkzame personen.
c. Voor de toepassing van onderdeel *b* bij de rechtbanken, de gerechtshoven, de Centrale Raad van Beroep en het College van Beroep voor het bedrijfsleven, zijn onder de aangelegenheden de onderneming betreffende niet begrepen het beleid ten aanzien van en de uitvoering van de rechterlijke taken als bedoeld in artikel 23, tweede en derde lid, van de Wet op de rechterlijke organisatie, behoudens voorzover het de gevolgen daarvan betreft voor de werkzaamheden van de in de onderneming werkzame personen.
d. De in de artikelen 5, 8, tweede en derde lid, 37, 38, 39 en 41, tweede lid, van deze wet aan de Raad toegekende bevoegdheden worden uitgeoefend door de Minister van Binnenlandse Zaken.
e. Voor de toepassing van artikel 38, eerste lid, kunnen behalve een representatieve organisatie of organisaties van ondernemers ook een of meerdere ministers aangewezen worden.
f. De verordenende bevoegdheid van de Raad, met uitzondering van de bevoegdheid genoemd

8a WOR

in artikel 46a, strekt zich niet uit tot ondernemingen waarin uitsluitend of nagenoeg uitsluitend krachtens publiekrechtelijke aanstelling arbeid wordt verricht.

g. Indien op grond van het bepaalde in onderdeel d de Minister van Binnenlandse Zaken een bedrijfscommissie heeft ingesteld, dient deze onverminderd het bepaalde in artikel 40, eerste lid, aan de Minister van Binnenlandse Zaken verslag uit te brengen. De Minister van Binnenlandse Zaken doet dit verslag toekomen aan de betrokken werkgevers of verenigingen van werkgevers en de centrales van overheidspersoneel, verenigd in de Raad voor het Overheidspersoneelsbeleid.

h. Voor het behandelen en beslissen van verzoekschriften als bedoeld in de artikelen 27 en 36, ter zake van een rechtbank, is bevoegd de kantonrechter werkzaam bij de rechtbank, die binnen hetzelfde ressort als eerste wordt genoemd in de Wet op de rechterlijke indeling. Indien de rechtbank waarop het verzoekschrift betrekking heeft binnen het ressort als eerste wordt genoemd in de Wet op de rechterlijke indeling, is bevoegd de kantonrechter werkzaam bij de rechtbank, die binnen hetzelfde ressort als tweede wordt genoemd in Wet op de rechterlijke indeling.

i. Een beroep als bedoeld in artikel 26, eerste lid, ter zake van het gerechtshof te Amsterdam, wordt ingesteld bij het gerechtshof te 's-Gravenhage.

Art. 46e

Overleg

– 1. De in artikel 46d aan de Minister van Binnenlandse Zaken toegekende bevoegdheden worden uitgeoefend na overleg met de betrokken werkgevers of verenigingen van werkgevers en de centrales van overheidspersoneel, verenigd in de Raad voor het Overheidspersoneelsbeleid.

– 2. In het in het eerste lid bedoelde overleg hebben de centrales van overheidspersoneel evenveel stemmen als de betrokken werkgevers of verenigingen van werkgevers.

– 3. Voor een besluit als bedoeld in de artikelen 8, tweede en derde lid en 39 van deze Wet behoeft Onze Minister van Binnenlandse Zaken de instemming van twee derde van de deelnemers aan het in het eerste lid bedoelde overleg. Voor een besluit als bedoeld in de artikelen 5, 37, 38 en 41, tweede lid, van deze Wet behoeft Onze Minister van Binnenlandse Zaken de instemming van de meerderheid van de deelnemers aan het in het eerste lid bedoelde overleg.

HOOFDSTUK VIII

Overgangs- en slotbepalingen
Art. 47

Bij of krachtens algemene maatregel van bestuur kunnen nadere regelen worden gesteld ter bevordering van een goede uitvoering van deze wet.

Art. 48

Voorlopig reglement

– 1. De ondernemer op wie de verplichting tot het instellen van een ondernemingsraad rust, treft bij voorlopig reglement, voor zover nodig, de voorzieningen die tot de bevoegdheid van de ondernemingsraad behoren, totdat de ondernemingsraad zelf die bevoegdheid uitoefent. De vereniging of verenigingen van werknemers, bedoeld in artikel 9, tweede lid, onder a, worden over het voorlopige reglement gehoord.

– 2. Ten aanzien van het voorlopige reglement is artikel 8, eerste lid, eerste en tweede volzin en tweede lid, van overeenkomstige toepassing. De ondernemer zendt onverwijld een exemplaar van het voorlopige reglement aan de bedrijfscommissie. Het voorlopige reglement vervalt op het tijdstip waarop de ondernemingsraad het in artikel 8 bedoelde reglement heeft vastgesteld.

– 3. De voorgaande leden zijn van overeenkomstige toepassing ten aanzien van de ondernemer of de ondernemers die een centrale ondernemingsraad of een groepsondernemingsraad hebben ingesteld.

Art. 49

Inlichtingen aan Arbeidsinspectie

– 1. De ondernemer op wie de verplichting tot het instellen van een of meer ondernemingsraden rust, alsmede de betrokken ondernemingsraden, verstrekken desgevraagd aan een daartoe door Onze Minister aangewezen onder hem ressorterende ambtenaar inlichtingen omtrent het instellen en het functioneren van deze ondernemingsraden.

Jaarverslag

– 2. De ondernemingsraden zenden hun jaarverslag aan de betrokken bedrijfscommissie.

– 3. De voorgaande leden zijn van overeenkomstige toepassing ten aanzien van de ondernemer of de ondernemers die een centrale ondernemingsraad of een groepsondernemingsraad hebben ingesteld, alsmede ten aanzien van die raden.

Art. 49a-50

Vervallen.

Art. 51

De bedrijfscommissies, door de Raad ingesteld krachtens de Wet op de Ondernemingsraden (*Stb.* 1950, K 174), worden geacht door de Raad te zijn ingesteld krachtens deze wet.

Art. 52

Vervallen.

Art. 53

– 1. Deze wet is niet van toepassing op de in de Wet op het hoger onderwijs en wetenschappelijk onderzoek bedoelde hogescholen, Open Universiteit, openbare academische ziekenhuizen, Koninklijke Nederlandse Akademie van Wetenschappen en Koninklijke Bibliotheek noch op de Nederlandse organisatie voor wetenschappelijk onderzoek. De wet stelt regels omtrent het besluit van het bestuur van een op grond van de Wet op het hoger onderwijs en wetenschappelijk onderzoek bekostigde universiteit of deze wet met uitzondering van Hoofdstuk VII B al dan niet van toepassing is op die universiteit.

– 2. Bij algemene maatregel van bestuur kan op voordracht van de Minister van Onderwijs, Cultuur en Wetenschappen worden bepaald dat de in de eerste volzin van het eerste lid opgenomen uitzondering niet geldt voor één of meer van bedoelde instellingen. Daarbij kan tevens worden bepaald dat Hoofdstuk VII B van deze wet niet van toepassing is.

– 3. *Bevat wijzigingen in andere regelgeving.*

Art. 53a

Deze wet is niet van toepassing op het Ministerie van Defensie en de daaronder ressorterende diensten, bedrijven of instellingen.

Art. 53b

Deze wet is niet van toepassing op de rechterlijke ambtenaren werkzaam bij de Hoge Raad.

Art. 53c

Deze wet is niet van toepassing op:

a. de leden van de Raad van State;

b. de leden van de Algemene Rekenkamer;

c. de Nationale ombudsman en de substituut-ombudsmannen.

Art. 54

– 1. Deze wet kan worden aangehaald als Wet op de ondernemingsraden.

– 2. Zij treedt in werking op een door Ons te bepalen tijdstip.

Wet van 23 januari 1997, Stb. 32, tot uitvoering van richtlijn nr. 94/45/EG van de Raad van de Europese Unie van 22 september 1994 inzake de instelling van een Europese ondernemingsraad of van een procedure in ondernemingen of concerns met een communautaire dimensie ter informatie en raadpleging van de werknemers, zoals deze wet is gewijzigd bij de Wetten van 14 mei 1998, Stb. 300, 29 april 1999, Stb. 236, 6 december 2001, Stb. 581

[Inwerkingtreding: 05-02-1997]

Wij Beatrix, bij de gratie Gods, Koningin der Nederlanden, Prinses van Oranje-Nassau, enz. enz. enz.

Allen, die deze zullen zien of horen lezen, saluut! doen te weten:

Alzo Wij in overweging genomen hebben, dat het noodzakelijk is uitvoering te geven aan de richtlijn nr. 94/45/EG van de Raad van de Europese Unie van 22 september 1994 inzake de instelling van een Europese ondernemingsraad of van een procedure in ondernemingen of concerns met een communautaire dimensie ter informatie en raadpleging van de werknemers;

Zo is het, dat Wij, de Raad van State gehoord, en met gemeen overleg der Staten-Generaal, hebben goedgevonden en verstaan, gelijk Wij goedvinden en verstaan bij deze:

HOOFDSTUK 1

Algemene bepalingen
Art. 1
– 1. In deze wet wordt verstaan onder:

Begripsbepalingen

a. lid-staat: een lid-staat van de Europese Unie of een andere staat die partij is bij de Overeenkomst betreffende de Europese Economische Ruimte;

b. richtlijn: de richtlijn nr. 94/45/EG van de Raad van de Europese Unie van 22 september 1994 inzake de instelling van een Europese ondernemingsraad of van een procedure in ondernemingen of concerns met een communautaire dimensie ter informatie en raadpleging van de werknemers (*PbEG* L 254);

c. een communautaire onderneming: een onderneming, die sinds twee jaar in ten minste twee lid-staten elk gemiddeld ten minste 150 werknemers en in de lid-staten samen gemiddeld ten minste 1000 werknemers heeft, tenzij zij behoort tot een communautaire groep;

d. een communautaire groep: het geheel van ondernemingen bestaande uit een moederonderneming als bedoeld in artikel 2 en de onderneming of ondernemingen waarover zij de zeggenschap uitoefent en waarvan:

1°. ten minste twee ondernemingen in verschillende lid-staten zijn gevestigd en

2°. sinds twee jaar ten minste een onderneming gemiddeld ten minste 150 werknemers in een lid-staat en een andere onderneming gemiddeld ten minste 150 werknemers in een andere lid-staat heeft en

3°. alle ondernemingen tezamen sinds twee jaar gemiddeld ten minste 1000 werknemers in de lid-staten hebben;

e. hoofdbestuur: in het geval van een communautaire onderneming: het bestuur van deze onderneming; in het geval van een communautaire groep: het bestuur van de moederonderneming, bedoeld in artikel 2.

– 2. Indien een communautaire onderneming haar woonplaats of zetel buiten de lid-staten heeft, wordt als hoofdbestuur aangemerkt:

a. een daartoe door de communautaire onderneming aangewezen persoon, belast met de feitelijke leiding van een van haar vestigingen binnen een lid-staat, dan wel, bij gebreke van zodanige aanwijzing:

b. degene of degenen die zijn belast met de feitelijke leiding van de vestiging die het grootste aantal werknemers heeft in één lid-staat.

– 3. Indien de moederonderneming, bedoeld in artikel 2, haar woonplaats of zetel buiten de lid-staten heeft, kan zij een vertegenwoordiger aanwijzen het bestuur van een groepsonderneming met woonplaats of zetel binnen de lid-staten. Bij gebreke van zulk een aanwijzing wordt het bestuur van de groepsonderneming met woonplaats of zetel binnen de lid-staten die het grootste aantal werknemers heeft in één lid-staat, als zodanig aangemerkt.

– 4. Handelen of nalaten door het hoofdbestuur, bedoeld in het eerste lid, onderdeel *e* onderscheidenlijk het derde lid, wordt toegerekend aan de natuurlijke persoon of rechtspersoon, die de communautaire onderneming of de moederonderneming onderscheidenlijk de in het derde lid bedoelde groepsonderneming in stand houdt.

Definitie moeder-onderneming

– 1. In deze wet wordt onder moederonderneming verstaan: de onderneming die binnen een communautaire groep direct of indirect een overheersende zeggenschap kan uitoefenen op een andere onderneming en die zelf geen onderneming is waarover door een andere onderneming direct of indirect een overheersende zeggenschap wordt uitgeoefend. Een onderneming wordt, tenzij het tegendeel blijkt, vermoed moederonderneming te zijn, indien zij:

a. meer dan de helft van de leden van het bestuursorgaan of van het leidinggevend dan wel toezichthoudend orgaan van de andere onderneming kan benoemen, of

b. meer dan de helft van de stemrechten in de algemene vergadering van de andere onderneming kan uitoefenen of

c. de meerderheid van het geplaatste kapitaal van de andere onderneming verschaft.

– 2. Voor de toepassing van het eerste lid worden onder de rechten van de moederonderneming ten aanzien van het kapitaal, het stemrecht en de benoeming mede begrepen:

a. de overeenkomstige rechten van andere ondernemingen waarop zij overheersende zeggenschap uitoefent;

b. de overeenkomstige rechten van personen of organen die handelen onder eigen naam doch voor rekening van de moederonderneming of van een of meer van haar groepsondernemingen.

– 3. Voor de toepassing van het eerste lid worden de rechten ten aanzien van het kapitaal en het stemrecht niet toegerekend aan een onderneming, indien zij deze voor rekening van anderen houdt.

– 4. Voor de toepassing van het eerste lid worden stemrechten, verbonden aan verpande aandelen, toegerekend aan de pandhouder, indien hij mag bepalen hoe de rechten worden uitgeoefend. Zijn de aandelen evenwel verpand voor een lening die de pandhouder heeft verstrekt in de gewone uitoefening van zijn bedrijf, dan worden de stemrechten hem slechts toegerekend, indien hij deze in eigen belang heeft uitgeoefend.

– 5. Geen moederonderneming is een onderneming als bedoeld in artikel 3, vijfde lid, onder a. of c. van Verordening (EEG) 4064/89 van de Raad van 21 december 1989 betreffende de controle op concentraties van ondernemingen (*PbEG* L 395).

– 6. Het recht dat op een onderneming van toepassing is, bepaalt of die onderneming een moederonderneming is als bedoeld in het eerste lid. Indien dat recht niet het recht van een lid-staat is, wordt dat bepaald door het recht dat van toepassing is op de groepsonderneming, waarvan het bestuur de moederonderneming vertegenwoordigt krachtens artikel 1, derde lid.

– 7. Indien meer ondernemingen van een groep aan een of meer criteria van het eerste lid voldoen,

a. wordt de onderneming die voldoet aan het criterium onder a) aangemerkt als moederonderneming, waarbij het benoemingsrecht met betrekking tot het leidinggevend orgaan voorrang heeft;

b. heeft, indien toepassing van onderdeel a niet leidt tot aanmerking van één onderneming als moederonderneming, het criterium onder b) voorrang boven dat onder c);

een en ander onverminderd het bewijs dat een andere onderneming een overheersende invloed kan uitoefenen.

Art. 3

Definitie werkne-mer

– 1. In deze wet wordt, voor zover het in Nederland werkzame personen betreft, onder werknemer verstaan: degene die krachtens een arbeidsovereenkomst werkzaam is in de communautaire onderneming of de communautaire groep, en voor zover het in de overige lid-staten werkzame personen betreft: hetgeen het recht van die lid-staat daaronder verstaat.

– 2. Voor de toepassing van de artikelen 4, achtste lid, 7, 8, tweede lid, 11, zesde lid, en 19, zevende lid, wordt onder vertegenwoordigers van werknemers verstaan: hetgeen daaronder wordt verstaan krachtens het recht van de lid-staat waarin die werknemers werkzaam zijn; voor Nederland zijn dat ondernemingsraden.

Art. 4

Rechten en verplichtingen van Nederlandse leden

– 1. Ten aanzien van de in Nederland werkzame werknemers die lid zijn van een bijzondere onderhandelingsgroep of van een Europese ondernemingsraad dan wel optreden als vertegenwoordigers bij een andere wijze van informatieverstrekking en raadpleging van werknemers, gelden het tweede tot en met het zevende lid.

– 2. Deze werknemers behouden hun aanspraak op loon voor de tijd gedurende welke zij niet de bedongen arbeid hebben verricht ten gevolge van het bijwonen van een vergadering van de bijzondere onderhandelingsgroep of van de Europese ondernemingsraad, dan wel van een vergadering in het kader van een andere wijze van informatieverstrekking en raadpleging.

– 3. Voor zover dat redelijkerwijs noodzakelijk is voor de vervulling van hun taak, wordt hun in werktijd en met behoud van loon de gelegenheid geboden tot onderling beraad en overleg met andere personen over aangelegenheden waarbij zij in de uitoefening van hun functie zijn betrokken en om scholing en vorming te ontvangen.

- 4. Zij zijn verplicht tot geheimhouding van alle zaken- en bedrijfsgeheimen die zij in hun hoedanigheid vernemen, alsmede van alle aangelegenheden ten aanzien waarvan hun geheimhouding is opgelegd of waarvan zij, in verband met opgelegde geheimhouding, het vertrouwelijke karakter moeten begrijpen. Deze verplichting geldt ook voor personen die een functie als bedoeld in het eerste lid vervullen zonder werknemer te zijn.

- 5. De verplichting tot geheimhouding geldt niet tegenover hem die wordt benaderd voor overleg of als deskundige als bedoeld in de artikelen 12 en 20, mits het hoofdbestuur of degene die de geheimhouding heeft opgelegd, vooraf daarvoor toestemming heeft gegeven en de betrokken persoon schriftelijk heeft verklaard dat hij zich ten aanzien van de betrokken aangelegenheid tot geheimhouding verplicht. In dat geval is ten aanzien van de bedoelde persoon de geheimhoudingsplicht van toepassing.

- 6. De plicht tot geheimhouding vervalt niet door beëindiging van de in het eerste lid bedoelde functie, noch door beëindiging van de werkzaamheden van de betrokkene in de onderneming.

- 7. De werkgever draagt er zorg voor, dat degenen die kandidaat staan of gestaan hebben voor een functie als bedoeld in het eerste lid, alsmede degenen die deze functie vervullen of hebben vervuld, niet uit hoofde hiervan worden benadeeld in hun positie in de onderneming.

- 8. Iedere in Nederland werkzame werknemer of werknemersvertegenwoordiger kan van de werkgever verlangen dat deze hem een overzicht geeft van het aantal werknemers dat bij de communautaire onderneming of groep werkzaam is, alsmede van de verdeling van deze werknemers over de verschillende lid-staten.

- 9. De werkgever van een in Nederland werkzame werknemer die is aangewezen of gekozen als lid van een bijzondere onderhandelingsgroep of van een Europese ondernemingsraad doet van die verkiezing of aanwijzing mededeling aan het hoofdbestuur.

Art. 5

Iedere belanghebbende kan de ondernemingskamer van het gerechtshof te Amsterdam verzoeken te bepalen dat gevolg dient te worden gegeven aan hetgeen is bepaald bij deze wet, met uitzondering van artikel 4, eerste tot en met zevende lid, of bij een overeenkomst als bedoeld in de artikelen 11 of 24. Een bijzondere onderhandelingsgroep of de leden daarvan en een Europese ondernemingsraad, ingesteld krachtens deze wet, kunnen niet in de proceskosten van deze procedure worden veroordeeld.

Geschillenbe-slechting/bevoeg-de rechter

HOOFDSTUK 2

Informatieverstrekking en raadpleging van werknemers in Nederlandse communautaire ondernemingen en groepen

§ 1. *Algemene bepalingen*

Art. 6

- 1. Dit hoofdstuk is van toepassing op een communautaire onderneming en een moederonderneming met woonplaats of zetel in Nederland.

Toepasselijkheid Hoofdstuk 2

- 2. Ingeval een communautaire onderneming of moederonderneming haar woonplaats of zetel buiten de lid-staten heeft, is dit hoofdstuk van toepassing, indien de in artikel 1, tweede en derde lid, bedoelde vestiging onderscheidenlijk groepsonderneming woonplaats of zetel heeft in Nederland.

Art. 7

De communautaire onderneming of de moederonderneming is verplicht op verzoek van werknemers of werknemersvertegenwoordigers een overzicht te geven van het aantal werknemers dat bij de communautaire onderneming of de communautaire groep werkzaam is en de verdeling van deze werknemers over de verschillende lid-staten.

Overzicht aantal werknemers en spreiding ver-plicht

§ 2. *Overeenkomsten omtrent informatieverstrekking en raadpleging*

Art. 8

- 1. Het hoofdbestuur kan een bijzondere onderhandelingsgroep oprichten teneinde daarmee in onderhandeling te treden over een overeenkomst tot instelling van een Europese ondernemingsraad, al dan niet overeenkomstig paragraaf 3, of tot een regeling waarbij op een andere wijze wordt voorzien in het verstrekken van inlichtingen aan en het raadplegen van werknemers of hun vertegenwoordigers over grensoverschrijdende aangelegenheden.

Oprichting bijzon-dere onderhande-lingsgroep

- 2. Het hoofdbestuur is verplicht tot instelling van een bijzondere onderhandelingsgroep als bedoeld in het eerste lid, indien van ten minste 100 werknemers of hun vertegenwoordigers afkomstig uit tenminste twee ondernemingen of vestigingen in ten minste twee verschillende lid-staten een schriftelijk verzoek daartoe is ontvangen. Indien een verzoek daartoe is ontvangen door een tot de communautaire onderneming of groep behorende vestiging of onderne-

8b Wet op de Europese ondernemingsraden

ming, draagt het hoofdbestuur er zorg voor dat het verzoek onverwijld naar hem wordt doorgezonden en dat van de doorzending mededeling wordt gedaan aan de verzoekers.

– 3. De in het tweede lid bedoelde verplichting geldt, indien de bijzondere onderhandelingsgroep een besluit heeft genomen als bedoeld in artikel 11, tweede lid, niet gedurende twee jaar na het nemen van dat besluit, tenzij het hoofdbestuur en de bijzondere onderhandelingsgroep anders zijn overeengekomen.

Art. 9

Samenstelling bijzondere onderhandelingsgroep

– 1. De bijzondere onderhandelingsgroep bestaat uit één lid voor elke lid-staat waar werknemers van de communautaire onderneming of groep werkzaam zijn en één, twee, onderscheidenlijk drie aanvullende leden voor elke lid-staat waar ten minste een kwart, de helft, onderscheidenlijk driekwart van die werknemers werkzaam is.

Wijze van kiezen

– 2. Elk lid wordt gekozen of aangewezen overeenkomstig het recht van de lid-staat waarin hij werkzaam is.

Zetelverdeling

– 3. De zetelverdeling wordt in overeenstemming gehouden met het eerste lid; indien dat er toe leidt dat het aantal aanvullende leden voor een lid-staat wijzigt zonder dat met betrekking tot de bezetting van die zetels een nieuwe verkiezing of aanwijzing heeft plaatsgevonden, hebben de voor die lid-staat zitting hebbende leden voor de toepassing van artikel 13 samen zoveel stemmen als overeenkomt met het aantal zetels dat voor die lid-staat krachtens het eerste lid is vastgesteld.

Art. 10

(Intrekking) aanwijzing vanuit Nederlandse vestigingen of ondernemingen

– 1. Met betrekking tot de Nederlandse vestigingen en ondernemingen worden de leden van de bijzondere onderhandelingsgroep aangewezen, dan wel wordt hun aanwijzing ingetrokken, door de bij die vestigingen of ondernemingen ingestelde ondernemingsraden.

– 2. Indien met betrekking tot ondernemingsraden als bedoeld in het eerste lid een of meer centrale ondernemingsraden zijn ingesteld, geschiedt de aanwijzing of intrekking door die raad of raden.

– 3. Indien geen centrale ondernemingsraad is ingesteld, maar wel een of meer groepsondernemingsraden, geschiedt de aanwijzing of intrekking door die raad of raden.

– 4. Indien niet alle ondernemingsraden of groepsondernemingsraden zijn vertegenwoordigd in een centrale ondernemingsraad of groepsondernemingsraad, geschiedt de aanwijzing of intrekking door de centrale onderscheidenlijk groepsondernemingsraad of raden en de niet-vertegenwoordigde ondernemingsraden gezamenlijk.

Verkiezing als geen enkele OR is ingesteld

– 5. Indien er geen enkele ondernemingsraad is ingesteld, worden de leden van de bijzondere onderhandelingsgroep gekozen door de gezamenlijke in Nederland werkzame werknemers van de communautaire onderneming of groep. De verkiezing geschiedt bij geheime schriftelijke stemming, waarbij elke werknemer één stem heeft. Ten behoeve van de verkiezing is een vereniging van werknemers, die bedoelde werknemers onder haar leden telt, krachtens haar statuten ten doel heeft de belangen van haar leden als werknemers te behartigen en als zodanig binnen de betrokken onderneming of groep werkzaam is en voorts in het bezit is van volledige rechtsbevoegdheid, bevoegd een kandidatenlijst in te dienen, mits zij met haar leden binnen de onderneming of groep over de samenstelling van de kandidatenlijst overleg heeft gepleegd.

– 6. Bij de toepassing van het eerste tot en met vierde lid worden werknemers van Nederlandse vestigingen of ondernemingen die niet in een ondernemingsraad, groepsondernemingsraad of centrale ondernemingsraad vertegenwoordigd zijn in de gelegenheid gesteld zich over de als lid van de bijzondere onderhandelingsgroep aan te wijzen personen uit te spreken.

Uitsluiting koopvaardijpersoneel

– 7. Personen die behoren tot het varend personeel in de koopvaardij, kunnen niet als lid van een bijzondere onderhandelingsgroep worden aangewezen of verkozen.

Art. 11

Overeenkomst tot instellen Europese OR

– 1. Na de oprichting van de bijzondere onderhandelingsgroep belegt het hoofdbestuur met deze een vergadering teneinde te onderhandelen over een overeenkomst als bedoeld in artikel 8, eerste lid. Het stelt de groep in de gelegenheid om bijeen te komen voordat deze vergadering plaatsvindt.

– 2. Zolang een overeenkomst als bedoeld in artikel 8, eerste lid, niet tot stand is gekomen, kan de bijzondere onderhandelingsgroep besluiten om geen onderhandelingen aan te gaan, dan wel reeds lopende onderhandelingen te breken.

Reglement Europese OR

– 3. Indien het hoofdbestuur en de bijzondere onderhandelingsgroep overeenkomen een Europese ondernemingsraad in te stellen, dan wordt bij overeenkomst tevens het reglement van de raad vastgesteld. Tenzij het hoofdbestuur en de bijzondere onderhandelingsgroep anders overeenkomen, regelt het reglement tenminste de volgende aangelegenheden:

a. voor welke vestigingen of ondernemingen van de communautaire onderneming of groep de Europese ondernemingsraad is ingesteld;

b. de omvang en samenstelling van de raad en de zittingsduur van zijn leden;

c. het werkterrein en de bevoegdheden van de raad;

292

d. de wijze waarop de raad wordt ingelicht en geraadpleegd;

e. de frequentie, duur en plaats van de vergaderingen van de raad;

f. de financiële en materiële middelen waarover de raad kan beschikken.

– 4. Indien het hoofdbestuur en de bijzondere onderhandelingsgroep een andere procedure van informatieverstrekking en raadpleging van werknemers of hun vertegenwoordigers dan de instelling van een Europese ondernemingsraad overeenkomen, wordt bij overeenkomst tevens vastgelegd op welke wijze dit zal gebeuren. Daarbij wordt tenminste voorzien in het navolgende:

a. voor welke vestigingen of ondernemingen van de communautaire onderneming of groep de procedure geldt;

b. hoe de werknemers of hun vertegenwoordigers worden ingelicht en geraadpleegd over grensoverschrijdende aangelegenheden die belangrijke gevolgen voor de werknemers hebben;

c. de wijze waarop de werknemers of hun vertegenwoordigers over de in onderdeel *b* bedoelde aangelegenheden kunnen vergaderen;

d. de financiële en materiële middelen die voor de uitvoering van de procedure ter beschikking worden gesteld.

– 5. Het hoofdbestuur en de bijzondere onderhandelingsgroep kunnen overeenkomen dat voor delen van de communautaire onderneming of groep afzonderlijke Europese ondernemingsraden zullen worden ingesteld, dan wel afzonderlijke procedures zullen gelden. Eveneens kunnen zij overeenkomen dat voor een of meer delen van de communautaire onderneming of groep een of meer Europese ondernemingsraden worden ingesteld en voor andere delen een of meer procedures zullen gelden.

– 6. De overeenkomst tussen het hoofdbestuur en de bijzondere onderhandelingsgroep houdt bepalingen in omtrent de duur van de overeenkomst, de wijze van onderhandelen over een nieuwe overeenkomst en de wijze waarop de overeenkomst wordt aangepast aan wijzigingen in de structuur of grootte van de communautaire onderneming of groep en in de aantallen werknemers die in de lid-staten werkzaam zijn. Indien deze bepalingen niet inhouden, dat werknemers of hun vertegenwoordigers van ondernemingen of vestigingen, die na het sluiten van de overeenkomst tot de communautaire onderneming of groep zijn gaan behoren, binnen twee jaar worden betrokken bij de vernieuwing of aanpassing daarvan dan wel niet binnen twee jaar worden vertegenwoordigd in de Europese ondernemingsraad of bij de andere procedure van informatieverstrekking en raadpleging, is het hoofdbestuur verplicht om een nieuw samengestelde bijzondere onderhandelingsgroep in te stellen indien tenminste 100 zodanige werknemers of hun vertegenwoordigers daarom verzoeken.

– 7. Het hoofdbestuur behoeft geen informatie te verstrekken, voor zover dat in redelijkheid het functioneren van de communautaire onderneming of de groep ernstig zou belemmeren dan wel schaden. Het hoofdbestuur kan terzake van de informatieverstrekking geheimhouding opleggen, indien daarvoor een redelijke grond bestaat; zoveel mogelijk vóór de behandeling van de betrokken aangelegenheid wordt meegedeeld, welke grond bestaat voor het opleggen van de geheimhouding, welke schriftelijk of mondeling verstrekte gegevens onder de geheimhouding vallen, hoelang deze dient te duren, alsmede of er personen zijn ten aanzien van wie de geheimhouding niet in acht behoeft te worden genomen.

– 8. Het hoofdbestuur staat in voor de naleving van rechten en verplichtingen, opgenomen in de overeenkomst.

Art. 12

– 1. De bijzondere onderhandelingsgroep kan zich in de onderhandelingen doen bijstaan door een of meer deskundigen.

– 2. De kosten die redelijkerwijze noodzakelijk zijn voor de vervulling van de taak van de bijzondere onderhandelingsgroep komen ten laste van de communautaire onderneming of de moederonderneming. Voor de kosten van het raadplegen van een of meer deskundigen of van het voeren van rechtsgedingen geldt dit slechts, indien de communautaire onderneming of de moederonderneming vooraf van de te maken kosten in kennis is gesteld.

Art. 13

– 1. Ieder lid van de bijzondere onderhandelingsgroep heeft, onverminderd artikel 9, derde lid, één stem. De bijzondere onderhandelingsgroep besluit bij volstrekte meerderheid van het aantal uitgebrachte stemmen.

– 2. Een besluit als bedoeld in artikel 11, tweede lid, behoeft een meerderheid van twee derden van het aantal uitgebrachte stemmen.

– 3. Een besluit tot het aangaan van een overeenkomst als bedoeld in artikel 11, eerste lid, behoeft tenminste zoveel stemmen als overeenkomt met de meerderheid van het aantal stemmen dat kan worden uitgebracht wanneer de bijzondere onderhandelingsgroep voltallig vergadert.

8b Wet op de Europese ondernemingsraden

Art. 14

Bekendmaking Het hoofdbestuur draagt er zorg voor dat binnen de communautaire onderneming of groep de samenstelling van de bijzondere onderhandelingsgroep alsmede het tijdstip waarop een vergadering als bedoeld in artikel 11 zal worden gehouden, wordt bekendgemaakt.

§ 3. Subsidiaire bepalingen over informatieverstrekking en raadpleging buiten overeenkomst

Art. 15

Verplichting tot instellen Europese OR Het hoofdbestuur is verplicht overeenkomstig deze paragraaf een Europese ondernemingsraad in te stellen indien:

a. het hoofdbestuur er blijk van heeft gegeven niet binnen zes maanden na de ontvangst van een verzoek als bedoeld in artikel 8, tweede lid, te zullen onderhandelen met een bijzondere onderhandelingsgroep;

b. het hoofdbestuur en de bijzondere onderhandelingsgroep geen overeenkomst als bedoeld in artikel 11, eerste lid, hebben gesloten binnen drie jaar na de ontvangst van een verzoek als bedoeld in artikel 8, tweede lid, dan wel, indien het hoofdbestuur de bijzondere onderhandelingsgroep eigener beweging heeft ingesteld, binnen drie jaar na de datum van de instelling, tenzij een besluit als bedoeld in artikel 11, tweede lid, van kracht is.

Art. 16

Samenstelling Eur. OR indien minder dan 5000 werknemers – 1. Indien de communautaire onderneming of groep minder dan 5000 werknemers heeft, bestaat de Europese ondernemingsraad uit één lid voor elke lid-staat waar de werknemers werkzaam zijn en één, twee, onderscheidenlijk drie aanvullende leden voor elke lid-staat waar ten minste een kwart, de helft, onderscheidenlijk driekwart van die werknemers werkzaam zijn.

Samenstelling Eur. OR indien 5000 of meer werknemers – 2. Indien er 5000 of meer werknemers zijn, bestaat de Europese ondernemingsraad uit een lid voor elke lid-staat waar de werknemers werkzaam zijn en één, drie, zes, onderscheidenlijk negen aanvullende leden voor elke lid-staat waar tenminste een tiende, een kwart, de helft, onderscheidenlijk driekwart van die werknemers werkzaam zijn.

Wijze van kiezen – 3. Elk lid wordt gekozen of aangewezen overeenkomstig het recht van de lid-staat waar hij werkzaam is.

Zetelverdeling – 4. De zetelverdeling wordt in overeenstemming gehouden met het eerste en tweede lid; indien dat er toe leidt dat het aantal aanvullende leden voor een lid-staat wijzigt zonder dat met betrekking tot de bezetting van die zetels een nieuwe verkiezing of aanwijzing heeft plaatsgevonden, hebben de voor de lid-staat zitting hebbende leden, voor de toepassing van de relevante bepalingen inzake de stemverhoudingen binnen de Europese ondernemingsraad, samen zoveel stemmen als overeenkomt met het aantal zetels dat voor die lid-staat krachtens het eerste en tweede lid is vastgesteld.

Art. 17

Toepasselijkheid art. 10 – 1. Met betrekking tot de Nederlandse vestigingen en ondernemingen worden de leden van de Europese ondernemingsraad aangewezen of verkozen, dan wel wordt hun aanwijzing ingetrokken, overeenkomstig artikel 10, met dien verstande dat die leden zitting hebben voor de duur van vier jaren.

Passief kiesrecht – 2. Alleen werknemers van de communautaire onderneming of groep kunnen als lid worden aangewezen of verkozen. Het lidmaatschap eindigt van rechtswege wanneer het lid ophoudt werknemer te zijn. Personen die behoren tot het varend personeel in de koopvaardij, kunnen niet als lid worden aangewezen of verkozen.

Art. 18

Verkiezing voorzitter – 1. De Europese ondernemingsraad kiest uit zijn midden een voorzitter en een of meer plaatsvervangende voorzitters. De voorzitter, of bij diens verhindering de plaatsvervangende voorzitter, vertegenwoordigt de Europese ondernemingsraad in rechte.

Beperkt comité – 2. De Europese ondernemingsraad kan uit zijn midden een beperkt comité bestaande uit ten hoogste drie leden kiezen.

Reglement van orde – 3. De Europese ondernemingsraad stelt een reglement van orde vast. Alvorens het reglement wordt vastgesteld wordt het hoofdbestuur in de gelegenheid gesteld zijn standpunt kenbaar te maken. Indien een beperkt comité is gekozen regelt het reglement de bevoegdheden daarvan.

Art. 19

Beperking bevoegdheid Europese OR – 1. De bevoegdheid van de Europese ondernemingsraad is beperkt tot informatieverschaffing en raadpleging over de vraagstukken die van belang zijn voor de hele onderneming met een communautaire dimensie of de hele groep met een communautaire dimensie, of voor ten minste twee vestigingen of ondernemingen van de groep in verschillende lid-staten. Die bevoegdheid is beperkt tot de aangelegenheden die van belang zijn voor alle vestigingen of alle ondernemingen van het concern in de lid-staten dan wel voor ten minste twee van de vestigingen of ondernemingen van het concern in verschillende lid-staten.

8b Wet op de Europese ondernemingsraden

– 2. Het hoofdbestuur en de Europese ondernemingsraad komen ten minste één maal per kalenderjaar in vergadering bijeen. In de vergadering wordt de Europese ondernemingsraad aan de hand van een door het hoofdbestuur opgesteld schriftelijk rapport geïnformeerd en geraadpleegd over de ontwikkeling van de werkzaamheden en de vooruitzichten van de communautaire onderneming of groep. De informatie en raadpleging betreft in het bijzonder de structuur van de communautaire onderneming of groep, de financieel-economische positie, de vermoedelijke ontwikkeling van de activiteiten, produktie en afzet, de investeringen, wezenlijke veranderingen in de organisatie, de invoering van een nieuwe arbeids- of produktiewijze, de zorg voor het milieu, fusie, verplaatsing, inkrimping of sluiting van ondernemingen, vestigingen of belangrijke onderdelen daarvan, de stand en de ontwikkeling van de werkgelegenheid en collectief ontslag. **Jaarlijkse vergadering ter informatie en raadpleging**

– 3. Het hoofdbestuur licht zo spoedig mogelijk de Europese ondernemingsraad of het beperkte comité in over alle bijzondere omstandigheden en voorgenomen besluiten die aanzienlijke gevolgen hebben voor de belangen van de werknemers van tenminste twee vestigingen of ondernemingen van de communautaire onderneming of groep in verschillende lid-staten, in het bijzonder betreffende verplaatsing of sluiting van vestigingen of ondernemingen of collectief ontslag. **Bijzondere omstandigheden en voorgenomen besluiten met aanzienlijke gevolgen**

– 4. Indien de Europese ondernemingsraad of het beperkte comité dat verzoekt, komt deze met het hoofdbestuur of een ander geschikter bestuursniveau binnen de communautaire onderneming of groep met een eigen beslissingsbevoegdheid inzake de te behandelen onderwerpen in vergadering bijeen, om aan de hand van een door de communautaire onderneming of groep opgesteld schriftelijk rapport over de in het derde lid genoemde omstandigheden nader te worden geïnformeerd en geraadpleegd. Deze vergadering vindt plaats op een zodanig tijdstip dat die informatie en raadpleging nog zinvol is. Over het rapport kan na afloop van de vergadering of binnen een redelijke termijn na de vergadering een advies door de Europese ondernemingsraad of het beperkte comité worden uitgebracht. Voor een vergadering met het beperkte comité worden mede uitgenodigd de leden van de Europese ondernemingsraad die mede gekozen zijn door de werknemers van de vestigingen of ondernemingen die door de maatregelen rechtstreeks worden geraakt. De vergadering doet geen afbreuk aan de bevoegdheden van het hoofdbestuur. **Ad hoc vergadering**

– 5. Het hoofdbestuur behoeft geen informatie te verstrekken, voor zover dat in redelijkheid het functioneren van de communautaire onderneming of groep ernstig zou belemmeren dan wel schaden. Het hoofdbestuur kan terzake van de informatieverstrekking geheimhouding opleggen, indien daarvoor een redelijke grond bestaat; zoveel mogelijk vóór de behandeling van de betrokken aangelegenheid wordt meegedeeld, welke grond bestaat voor het opleggen van de geheimhouding, welke schriftelijk of mondeling verstrekte gegevens onder de geheimhouding vallen, hoelang deze dient te duren, alsmede of er personen zijn ten aanzien van wie de geheimhouding niet in acht behoeft te worden genomen. **Beperkingen t.a.v. informatieverstrekking**

– 6. De Europese ondernemingsraad of het beperkte comité is gerechtigd om voor elke vergadering met het hoofdbestuur te vergaderen zonder dat laatstbedoelde daarbij aanwezig is. De vierde volzin van het vierde lid is van overeenkomstige toepassing. **Voorbespreking zonder hoofdbestuur**

– 7. Onverminderd enige op hen rustende verplichting tot geheimhouding informeren de leden van de Europese ondernemingsraad de werknemersvertegenwoordigers binnen de communautaire onderneming of groep, of, bij afwezigheid van werknemersvertegenwoordigers, alle werknemers over de inhoud en de resultaten van de informatie- en raadplegingsprocedure die overeenkomstig deze paragraaf heeft plaatsgevonden. **Informatieverschaffing door leden Europese OR**

– 8. Het voorzitterschap van een bijeenkomst als bedoeld in het tweede of vierde lid wordt, tenzij anders wordt afgesproken, afwisselend bekleed door het hoofdbestuur en de Europese ondernemingsraad. **Wisselend voorzitterschap**

Art. 20

– 1. De Europese ondernemingsraad en het beperkt comité kunnen zich doen bijstaan door deskundigen van hun keuze voor zover dit voor het verrichten van hun taken noodzakelijk is. **Bijstand door deskundigen**

– 2. De kosten die redelijkerwijze noodzakelijk zijn voor de vervulling van de taak van de Europese ondernemingsraad en het beperkt comité komen ten laste van de communautaire onderneming of de moederonderneming. De verplichting tot het dragen van de kosten van door de Europese ondernemingsraad ingeschakelde deskundigen beperkt zich tot één deskundige per agendaonderwerp, tenzij de Europese ondernemingsraad en de communautaire onderneming of de moederonderneming anders overeenkomen. **Kosten**

– 3. De eerste volzin van het tweede lid is eveneens van toepassing op het voeren van rechtsgedingen, echter onder de voorwaarde dat de communautaire onderneming of de moederonderneming vooraf van de te maken kosten in kennis is gesteld.

8b Wet op de Europese ondernemingsraden

Art. 21

– 1. Uiterlijk vier jaar na zijn instelling besluit de Europese ondernemingsraad, al dan niet op voorstel van het hoofdbestuur, of het wenselijk is met het hoofdbestuur in onderhandeling te treden over het sluiten van een overeenkomst als bedoeld in artikel 11, eerste lid.

– 2. De artikelen 11, derde tot en met zesde lid, en 13, eerste en derde lid, zijn van overeenkomstige toepassing, met dien verstande dat de Europese ondernemingsraad hierbij in de plaats treedt van de bijzondere onderhandelingsgroep.

Art. 22

Bekendmaking

Het hoofdbestuur draagt er zorg voor dat binnen de communautaire onderneming of groep de samenstelling van de Europese ondernemingsraad alsmede het tijdstip waarop een vergadering als bedoeld in artikel 19 zal worden gehouden, wordt bekendgemaakt.

HOOFDSTUK 3

Informatieverstrekking en raadpleging van werknemers in niet-Nederlandse communautaire ondernemingen en groepen

Art. 23

Toepasselijkheid art. 10 en 17

Indien ter uitvoering van de richtlijn in een andere lid-staat dan Nederland bij een communautaire onderneming of groep een bijzondere onderhandelingsgroep dan wel een Europese ondernemingsraad als bedoeld in de bijlage bij de richtlijn wordt ingesteld, zijn op de Nederlandse vestigingen of ondernemingen van die communautaire onderneming of groep de artikelen 10 en 17 van overeenkomstige toepassing.

HOOFDSTUK 4

Slotbepalingen

Art. 24

Uitzondering

– 1. Deze wet is, behoudens artikel 5, niet van toepassing ten aanzien van een communautaire onderneming of groep die op het tijdstip van inwerkingtreding van deze wet partij is bij een of meer in werking getreden overeenkomsten, die voorzien in een regeling terzake van informatieverstrekking aan en raadpleging van de werknemers over grensoverschrijdende aangelegenheden, en gesloten zijn met een werknemersvertegenwoordiging die de communautaire onderneming of groep redelijkerwijs representatief mocht achten voor de werknemers uit de betrokken lid-staten.

– 2. Indien deze overeenkomsten niet inhouden of binnen vijf jaar na inwerkingtreding van deze wet gaan inhouden, dat werknemers of hun vertegenwoordigers van ondernemingen of vestigingen, die na het sluiten van de overeenkomsten tot de communautaire onderneming of groep zijn gaan behoren, binnen die termijn worden betrokken bij de vernieuwing of aanpassing daarvan dan wel worden vertegenwoordigd in de afgesproken procedure van informatie en raadpleging, wordt deze wet na die termijn op de betrokken communautaire onderneming of groep van toepassing.

– 3. Artikel 11, achtste lid, is van overeenkomstige toepassing.

– 4. Dit artikel is van overeenkomstige toepassing op een communautaire onderneming of groep, die met ingang van 15 december 1999 onder de werking van deze wet zou komen te vallen uitsluitend als gevolg van het gaan gelden van de richtlijn voor het Verenigd Koninkrijk, maar die op die datum partij is bij een of meer in werking getreden overeenkomsten als bedoeld in het eerste lid.

Art. 25

Toepasselijkheid art. 9

– 1. Voor de toepassing van artikel 9 behoeft slechts rekening te worden gehouden met die lid-staten, waar de communautaire onderneming of groep werknemers heeft en waarvan de wetgeving ter uitvoering van de richtlijn in werking is getreden.

Bevestiging of herziening

– 2. Indien een overeenkomst als bedoeld in artikel 11 niet een bepaling bevat, dat werknemers of hun vertegenwoordigers van ondernemingen of vestigingen van de communautaire onderneming of groep in lid-staten, waarmee overeenkomstig het eerste lid geen rekening is gehouden bij de samenstelling van de bijzondere onderhandelingsgroep, binnen twee jaar na de inwerkingtreding van de wetgeving van die lid-staat ter uitvoering van de richtlijn worden betrokken bij de vernieuwing of aanpassing van die overeenkomst dan wel binnen die termijn worden vertegenwoordigd in de Europese ondernemingsraad of bij de andere procedure van inlichting en raadpleging, wordt die overeenkomst herzien met inachtneming van artikel 9.

Art. 26

Bevat wijzigingen in andere regelgeving.

Art. 27

Deze wet treedt in werking met ingang van 22 september 1996. Indien het *Staatsblad* waarin deze wet wordt geplaatst wordt uitgegeven na 21 september 1996, treedt zij in werking met ingang van de dag na de datum van uitgifte van het *Staatsblad* waarin zij wordt geplaatst.

Inwerkingtreding

Art. 28

Deze wet wordt aangehaald als: Wet op de Europese ondernemingsraden.

Citeertitel

TITEL 10

Arbeidsovereenkomst

AFDELING 8

Rechten van de werknemer bij overgang van een onderneming

Art. 662

– 1. In afwijking van artikel 615 is deze afdeling ook van toepassing op de werknemer die arbeid verricht in een onderneming die in stand wordt gehouden door staat, provincie, gemeente, waterschap of enig ander publiekrechtelijk lichaam.

– 2. Voor de toepassing van deze afdeling wordt verstaan onder:

a. overgang: de overgang, ten gevolge van een overeenkomst, een fusie of een splitsing, van een economische eenheid die haar identiteit behoudt;

b. economische eenheid: een geheel van georganiseerde middelen, bestemd tot het ten uitvoer brengen van een al dan niet hoofdzakelijk economische activiteit.

– 3. Voor de toepassing van deze afdeling wordt een vestiging of een onderdeel van een onderneming of vestiging beschouwd als een onderneming. (BW 3: 201 v.; 7: 1 v.; 7A: 1584 v.)

Begripsbepalingen

Art. 663

Door de overgang van een onderneming gaan de rechten en verplichtingen die op dat tijdstip voor de werkgever in die onderneming voortvloeien uit een arbeidsovereenkomst tussen hem en een daar werkzame werknemer van rechtswege over op de verkrijger. Evenwel is die werkgever nog gedurende een jaar na de overgang naast de verkrijger hoofdelijk verbonden voor de nakoming van de verplichtingen uit de arbeidsovereenkomst, die zijn ontstaan vóór dat tijdstip. (BW 2: 309 v.; 7: 664; WOR 25; Wet CAO 14*a*; Wet AVV 2*a*)

Gevolgen overgang onderneming

Art. 664

– 1. Artikel 663, eerste volzin, is niet van toepassing op rechten en verplichtingen van de werkgever die voortvloeien uit een toezegging omtrent pensioen als bedoeld in artikel 1, eerste lid, onderdeel *a*, van de Pensioen- en spaarfondsenwet indien:

a. de verkrijger aan de werknemer, bedoeld in artikel 663, dezelfde toezegging doet, die hij reeds voor het tijdstip van overgang heeft gedaan aan zijn werknemers;

b. de verkrijger op grond van artikel 2 van de Wet verplichte deelneming in een bedrijfstakpensioenfonds 2000, verplicht is deel te nemen in een bedrijfstakpensioenfonds en de werknemer, bedoeld in artikel 663, gaat deelnemen in dat fonds;

c. bij collectieve arbeidsovereenkomst of bij regeling door of namens een daartoe bevoegd bestuursorgaan is afgeweken van de toezegging omtrent pensioen, bedoeld in de aanhef.

– 2. Het eerste lid is niet van toepassing indien de werknemer, bedoeld in artikel 663, voor de overgang op grond van artikel 2 van de Wet verplichte deelneming in een bedrijfstakpensioenfonds 2000, verplicht is deel te nemen in een bedrijfstakpensioenfonds en deze zelfde verplichting blijft gelden na de overgang.

– 3. Artikel 663, eerste volzin, is niet van toepassing op rechten en verplichtingen van de werkgever die voortvloeien uit een spaarregeling als bedoeld in artikel 3, eerste lid, van de Pensioen- en spaarfondsenwet indien de verkrijger de werknemer, bedoeld in artikel 663, opneemt in de spaarregeling die reeds voor het tijdstip van overgang gold voor zijn werknemers. (BW 2: 67, 79 v., 178, 190 v., 309 v.)

Pensioentoezeggingen

Art. 665

Indien de overgang van een onderneming een wijziging van de omstandigheden ten nadele van de werknemer tot gevolg heeft en de arbeidsovereenkomst deswege wordt ontbonden ingevolge artikel 685, geldt zij met het oog op de toepassing van lid 8 van dat artikel als ontbonden wegens een reden welke voor rekening van de werkgever komt.

Gewichtige reden

Art. 665a

Indien in een onderneming geen ondernemingsraad is ingesteld, noch een personeelsvertegenwoordiging is ingesteld krachtens artikel 35*c*, eerste lid, of artikel 35*d*, eerste lid, van de Wet op de ondernemingraden, stelt de werkgever de eigen werknemers die betrokken zijn bij de overgang van de onderneming tijdig in kennis van

a. het voorgenomen besluit tot overgang;

b. de voorgenomen datum van de overgang;

c. de reden van de overgang;

d. de juridische, economische, en sociale gevolgen van de overgang voor de werknemers, en

e. de ten aanzien van de werknemers overwogen maatregelen.

Art. 666

– 1. De artikelen 662 tot en met 665, en artikel 670, lid 8, zijn niet van toepassing op de overgang van een onderneming indien de werkgever in staat van faillissement is verklaard en de onderneming tot de boedel behoort.

– 2. Deze afdeling is niet van toepassing met betrekking tot de bemanning van een zeeschip.

(BW 8: 2; K 310; Fw 1 v.)

Wet van 8 februari 1996, Stb. 181, houdende vereenvoudiging van de Handelsregisterwet en wijziging van enige wetten, zoals deze wet is gewijzigd bij de Wetten van 24 december 1997, Stb. 783, 28 januari 1999, Stb. 30, 5 april 2001, Stb. 180, 29 november 2001, Stb. 625, 6 december 2001, Stb. 581 en 584

[Inwerkingtreding: 01-10-1997]

Wij Beatrix, bij de gratie Gods, Koningin der Nederlanden, Prinses van Oranje-Nassau, enz. enz. enz.
Allen, die deze zullen zien of horen lezen, saluut! doen te weten:
Alzo Wij in overweging genomen hebben, dat het wenselijk is de Handelsregisterwet op een aantal onderdelen in technische zin te herzien en daarbij tevens het stelsel van de wet ten behoeve van de ingeschrevenen, de Kamers van Koophandel en Fabrieken en andere belanghebbenden te vereenvoudigen onder meer door de thans voorgeschreven meervoudige inschrijving te vervangen door een enkelvoudige inschrijving en door het stichtingen- en het verenigingenregister met het handelsregister te integreren, en dat het in verband daarmee gewenst is de huidige Handelsregisterwet in te trekken en te vervangen door een nieuwe wet;
Zo is het, dat Wij, de Raad van State gehoord, en met gemeen overleg der Staten-Generaal, hebben goedgevonden en verstaan, gelijk Wij goedvinden en verstaan bij deze:

HOOFDSTUK 1

Algemene bepalingen
Art. 1
In deze wet en de daarop rustende bepalingen wordt verstaan onder:
a. Kamer: kamer van koophandel en fabrieken als bedoeld in de Wet op de kamers van koophandel en fabrieken 1997;
b. Onze Minister: Onze Minister van Economische Zaken;
c. hoofdvestiging: het door een onderneming als zodanig aangemerkte onderdeel van de onderneming;
d. nevenvestiging: een ondernemingsonderdeel, niet zijnde de hoofdvestiging, dat geheel of ten dele is ondergebracht in een gebouw of complex van gebouwen, waar duurzaam bedrijfsuitoefening van de onderneming plaatsvindt;
e. hoofdnederzetting: de in Nederland gelegen nevenvestiging van een buiten Nederland gevestigde onderneming of, indien er meer nevenvestigingen zijn, de door de onderneming als hoofdnederzetting aangemerkte nevenvestiging.

Begripsbepalingen

Art. 2
- 1. Er is een handelsregister ter bevordering van de rechtszekerheid in het economisch verkeer. Uit het handelsregister kunnen daarnaast ter bevordering van de economische belangen van handel, industrie, ambacht en dienstverlening gegevens van algemene, feitelijke aard worden verstrekt omtrent de samenstelling van ondernemingen.
- 2. In het handelsregister worden ingeschreven ondernemingen en rechtspersonen overeenkomstig het bepaalde in deze wet.
- 3. Het handelsregister wordt gehouden door de Kamers van Koophandel en Fabrieken.

Handelsregister

Art. 3
- 1. In het handelsregister worden de ondernemingen ingeschreven die in Nederland zijn gevestigd, in Nederland een nevenvestiging hebben of in Nederland worden vertegenwoordigd door een gevolmachtigde handelsagent.
- 2. Het eerste lid is niet van toepassing op ondernemingen die toebehoren aan een krachtens publiekrecht ingestelde rechtspersoon, ondernemingen waarin uitsluitend landbouw of visserij wordt uitgeoefend en die niet aan een rechtspersoon of vennootschap toebehoren, en ondernemingen waarin uitsluitend straathandel in de vorm van venten wordt uitgeoefend door de ondernemer of leden van zijn gezin.
- 3. Bij algemene maatregel van bestuur kunnen bedrijven waarmee niet wordt beoogd winst te maken, voor de toepassing van het eerste lid met een onderneming worden gelijkgesteld.

Ondernemingen

Art. 4
- 1. In het handelsregister worden ingeschreven de naamloze vennootschappen, besloten vennootschappen met beperkte aansprakelijkheid, coöperaties, onderlinge waarborgmaatschappijen, stichtingen, verenigingen met volledige rechtsbevoegdheid en Europese economische samenwerkingsverbanden die volgens hun statuten hun zetel in Nederland hebben.

Rechtspersonen

301

– 2. Verenigingen zonder volledige rechtsbevoegdheid kunnen in het handelsregister worden ingeschreven.

– 3. Indien aan een rechtspersoon als in het eerste of tweede lid bedoeld een onderneming toebehoort die als zodanig overeenkomstig artikel 3 moet worden ingeschreven, geldt de inschrijving van de onderneming tevens als inschrijving van de rechtspersoon.

HOOFDSTUK 2

De inschrijving in het handelsregister
Art. 5

Verplichte inschrijvingen

– 1. Tot het doen van opgave ter inschrijving in het handelsregister bij de ter zake bevoegde Kamer is verplicht degene aan wie een onderneming toebehoort of, indien het de inschrijving betreft een rechtspersoon of van een aan een rechtspersoon toebehorende onderneming, ieder der bestuurders van de rechtspersoon.

– 2. Indien geen van de in het eerste lid bedoelde personen in Nederland is gevestigd, is tot het doen van de opgave tevens verplicht degene die in Nederland belast is met de dagelijkse leiding.

– 3. Indien een onderneming buiten Nederland is gevestigd, is tot het doen van de opgave tevens verplicht degene die belast is met de dagelijkse leiding van de hoofdnederzetting of, indien die er niet is, de door de onderneming aangewezen handelsagent.

– 4. Bij algemene maatregel van bestuur kunnen andere personen worden aangewezen die verplicht of bevoegd zijn tot het doen van daarbij aangewezen opgaven.

Art. 6

Inschrijving onderneming

– 1. Tot inschrijving van een in Nederland gevestigde onderneming is bevoegd de Kamer in welker gebied de onderneming is gevestigd of in welker gebied de onderneming haar hoofdvestiging heeft.

– 2. Tot inschrijving van een buiten Nederland gevestigde onderneming is bevoegd de Kamer in welker gebied de onderneming haar hoofdnederzetting heeft of de door de haar aangewezen handelsagent is gevestigd.

– 3. Indien inschrijving van een onderneming niet overeenkomstig het eerste of tweede lid kan geschieden, is tot inschrijving bevoegd de daartoe door Onze Minister aangewezen Kamer van Koophandel en Fabrieken.

Art. 7

Inschrijving rechtspersonen

Tot inschrijving van een rechtspersoon is bevoegd de Kamer in welker gebied de rechtspersoon volgens zijn statuten zijn zetel heeft, tenzij aan de rechtspersoon een onderneming toebehoort die met toepassing van artikel 3 moet worden ingeschreven bij de in artikel 6 bedoelde Kamer.

Art. 8

Opgaven

– 1. De op grond van artikel 5 daartoe verplichte personen doen, met inachtneming van het bij algemene maatregel van bestuur bepaalde, de opgaven die de Kamer nodig heeft om ervoor te zorgen dat de bij die maatregel aangewezen gegevens te allen tijde juist en volledig in het handelsregister ingeschreven zijn.

– 2. Het eerste lid is van overeenkomstige toepassing op het deponeren van bescheiden.

Deponeren bescheiden

Art. 9

Termijn opgaven

– 1. De opgave voor de eerste inschrijving van een onderneming wordt gedaan binnen een periode van twee weken, die begint een week vóór en eindigt een week ná de aanvang van de bedrijfsuitoefening.

– 2. De andere voorgeschreven opgaven worden gedaan uiterlijk een week na het plaatsvinden van het feit ten gevolge waarvan de verplichting tot de opgave ontstaat, voor zover bij algemene maatregel van bestuur niet anders is bepaald.

– 3. De verplichting tot het doen van een opgave eindigt zodra die opgave is gedaan door iemand anders die daartoe verplicht of bevoegd was of, voor zover het een wijziging betreft als bedoeld in artikel 10 of 11, zodra de Kamer de desbetreffende wijziging heeft ingeschreven.

Art. 10

Ambtshalve inschrijving

– 1. Een Kamer is ambtshalve bevoegd tot het inschrijven van een wijziging van een gegeven betreffende een onderneming of rechtspersoon, indien die wijziging reeds elders in het door haarzelf of door een andere Kamer gehouden register is ingeschreven.

– 2. Voor zover het een bij algemene maatregel van bestuur aangewezen gegeven betreft is een Kamer tevens ambtshalve bevoegd tot het inschrijven van een wijziging waarvan de Kamer kennis heeft gekregen op andere wijze dan in het eerste lid bedoeld.

– 3. Bij een inschrijving als bedoeld in het eerste of tweede lid vermeldt de Kamer zo mogelijk de dag waarop de wijziging is ingegaan.

– 4. De Kamer doet van een inschrijving als in dit artikel bedoeld onverwijld schriftelijk mededeling aan een tot opgave verplichte persoon.

302

Art. 11

- 1. Indien uit de gemeentelijke basisadministratie blijkt dat degene aan wie een onderneming toebehoort of een andere in verband met de onderneming of rechtspersoon in het register ingeschreven persoon is overleden, is de Kamer ambtshalve bevoegd dit feit in het register in te schrijven.
- 2. Artikel 10, derde en, voor zover mogelijk, vierde lid, is van toepassing.

Art. 12

Heeft de inschrijving van een onderneming mede betrekking op een nevenvestiging die niet in haar gebied gelegen is, dan geeft de Kamer waarbij de inschrijving is gedaan daarvan onverwijld kennis aan de Kamer in welker gebied die nevenvestiging is gelegen, met vermelding van de bij algemene maatregel van bestuur bepaalde gegevens.

Art. 13

Een Kamer draagt onverwijld het beheer van de gegevens en bescheiden van een ingeschreven onderneming of rechtspersoon over aan een andere Kamer, zodra uit een opgave blijkt dat die andere Kamer voortaan overeenkomstig artikel 6 of 7 bevoegd is tot inschrijving.

HOOFDSTUK 3

Openbaarheid en externe werking van het register
Art. 14

Het handelsregister en de bescheiden die daarbij krachtens wettelijk voorschrift zijn gedeponeerd, kunnen door een ieder tegen betaling van een bij algemene maatregel van bestuur te bepalen vergoeding worden ingezien.

Art. 15

- 1. De Kamer verstrekt op verzoek tegen betaling van een bij algemene maatregel van bestuur te bepalen vergoeding afschrift van of uittreksel uit hetgeen in het handelsregister is ingeschreven of krachtens wettelijk voorschrift daarbij is gedeponeerd.
- 2. Bij het verstrekken van gegevens omtrent de samenstelling van ondernemingen, welke per onderneming één of meer van de in het handelsregister daartoe ingeschreven gegevens bevatten, worden deze gegevens niet gerangschikt naar natuurlijke personen, tenzij het verzoek daartoe wordt gedaan door:
a. Onze Minister van Justitie ten behoeve van de afgifte van een verklaring van geen bezwaar voor de oprichting of statutenwijziging van een naamloze vennootschap of besloten vennootschap met beperkte aansprakelijkheid,
b. een officier van justitie ten behoeve van de opsporing van strafbare feiten,
c. de belastingdienst voor de heffing of invordering van enige rijksbelasting of van premies volksverzekeringen,
d. het Uitvoeringsinstituut werknemersverzekeringen of de Sociale verzekeringsbank, bedoeld in de Wet structuur uitvoeringsorganisatie werk en inkomen, voor de uitvoering van hun bij die wet opgedragen taken, of
e. burgemeesters en wethouders voor de uitvoering van de Algemene bijstandswet, de Wet inkomensvoorziening oudere en gedeeltelijk arbeidsongeschikte werkloze werknemers en de Wet inkomensvoorziening oudere en gedeeltelijk arbeidsongeschikte gewezen zelfstandigen.

Art. 16

Ter bescherming van de persoonlijke levenssfeer van de personen die in het handelsregister staan ingeschreven kunnen bij algemene maatregel van bestuur voor daarbij aangewezen gegevens of bescheiden beperkingen worden vastgesteld ten aanzien van het bepaalde in de artikelen 14 en 15, eerste lid.

Art. 17

- 1. Heeft de opgave van een gegeven ter inschrijving in het handelsregister betrekking op een naamloze vennootschap, een besloten vennootschap, met beperkte aansprakelijkheid, een Europees economisch samenwerkingsverband of een andere bij algemene maatregel van bestuur aangewezen rechtspersoon of vennootschap, dan draagt de Kamer zorg dat daarvan zo spoedig mogelijk mededeling wordt gedaan in een door Onze Minister aangewezen publikatieblad.
- 2. Het eerste lid is mede van toepassing op een wijziging als bedoeld in de artikelen 10 en 11, een doorhaling, een aanvulling, een wijziging van het ingeschrevene of een inschrijving als bedoeld in artikel 23 alsmede op een deponering ten kantore van het handelsregister.
- 3. De door de uitgever van het aangewezen publikatieblad in rekening te brengen vergoeding is verschuldigd door de desbetreffende onderneming of rechtspersoon. De vergoeding is verschuldigd door degene aan wie de onderneming toebehoort. Behoort de onderneming aan meer dan een persoon toe, dan zijn allen hoofdelijk verbonden.
- 4. Bij algemene maatregel van bestuur kunnen gegevens en bescheiden worden aangewezen waarvoor het eerste of tweede lid niet geldt.

─────────────────── 303 ───────────────────

Art. 18

Derdenbescher-
ming

– 1. Op een feit dat door inschrijving of deponering moet worden bekendgemaakt, kan tegen-over derden die daarvan onkundig waren geen beroep worden gedaan zolang de inschrijving of deponering en, voor zover van toepassing, de in artikel 17 bedoelde mededeling niet hebben plaatsgevonden.

– 2. Indien de derde aantoont dat hij onmogelijk kennis heeft kunnen nemen van een mede-deling als bedoeld in artikel 17 kan hij zich erop beroepen dat hij van het bekendgemaakte feit onkundig was, mits dit beroep betrekking heeft op hetgeen heeft plaatsgevonden binnen vijf-tien dagen nadat de mededeling was geschied. De Algemene Termijnenwet is op deze termijn niet van toepassing.

– 3. Degene aan wie de onderneming toebehoort, de ingeschreven rechtspersoon of degene die enig feit heeft opgegeven of verplicht is enig feit op te geven, kan aan derden die daarvan onkundig waren niet de onjuistheid of onvolledigheid van de inschrijving of van de in artikel 17 bedoelde mededeling tegenwerpen. Met de inschrijving wordt de deponering ten kantore van het handelsregister gelijkgesteld.

– 4. Dit artikel is niet van toepassing ten aanzien van:

a. artikel 29 van het Wetboek van Koophandel;

b. opgaven betreffende aangelegenheden die ingevolge enig wettelijk voorschrift – niet zijnde Boek 2 van het Burgerlijk Wetboek of Verordening (EEG) nr. 2137/85 van de Raad van de Euro-pese Gemeenschappen van 25 juli 1985 tot instelling van Europese economische samenwer-kingsverbanden (*PbEG* L 199/1) – ook op andere wijze worden openbaar gemaakt;

c. de bij algemene maatregel van bestuur aangewezen gegevens.

HOOFDSTUK 4

Art. 19-22

Vervallen.

HOOFDSTUK 5

Overige bepalingen

Art. 23

Verzoek belang-
hebbende

– 1. Indien een Kamer of een andere belanghebbende van mening is dat de inschrijving van een onderneming of rechtspersoon onjuist, onvolledig of in strijd met de openbare orde of de goede zeden is of dat een onderneming of een rechtspersoon ten onrechte niet is ingeschreven, kan de belanghebbende zich bij verzoekschrift wenden tot de kantonrechter van de rechtbank van het arrondissement waar de inschrijving is geschied of zou moeten geschieden, met het verzoek de doorhaling, aanvulling of wijziging van het ingeschrevene of de inschrijving van de onderneming of de rechtspersoon te gelasten.

Art. 24

Onrechtmatige
inschrijving

Indien bij rechterlijke uitspraak hetgeen in het handelsregister is ingeschreven geheel of ge-deeltelijk onrechtmatig is verklaard, doet de Kamer op verzoek van een belanghebbende daar-van aantekening in het handelsregister.

Art. 25

Vermelding in-
schrijvingsnum-
mer

– 1. Degenen die krachtens artikel 5 verplicht zijn tot het doen van opgaven voor de inschrij-ving van een onderneming of een rechtspersoon in het handelsregister, zorgen ervoor dat op alle van de onderneming of de rechtspersoon uitgaande brieven, orders, facturen en offertes is vermeld onder welk nummer de onderneming of de rechtspersoon in het handelsregister is ingeschreven.

– 2. Het eerste lid is niet van toepassing op stukken die uitgaan van een stichting of vereniging waaraan niet een onderneming toebehoort.

– 3. Bij regeling van Onze Minister kan vrijstelling worden verleend van het in het eerste lid bepaalde.

– 4. Een vrijstelling kan niet worden verleend:

a. aan Europese economische samenwerkingsverbanden,

b. voor zover het betreft brieven en orders, aan naamloze vennootschappen en besloten ven-nootschappen met beperkte aansprakelijkheid, en

c. in bij algemene maatregel van bestuur aangewezen andere gevallen.

Art. 26

Nadere regels bij
min. reg.

– 1. Bij regeling van Onze Minister kunnen regels worden gesteld ter bevordering van de uni-forme toepassing van deze wet door de Kamers.

– 2. De regeling kan onder meer inhouden dat voor daarbij aangegeven onderwerpen de Ka-mers zelf op een daarbij te bepalen wijze zorgdragen voor een uniforme toepassing van de wet.

304

Art. 27

Indien in deze wet geregelde of daarmee verband houdende onderwerpen in het belang van een goede uitvoering van de wet of in het belang van de uitvoering van een bindend besluit van de Raad van de Europese Unie of de Commissie van de Europese Gemeenschappen regeling of nadere regeling behoeven, kan deze geschieden bij algemene maatregel van bestuur.

Nadere regels bij AMvB

Art. 28

– 1. Het is verboden te handelen in strijd met dan wel niet te voldoen aan een bij of krachtens deze wet gestelde verplichting tot het doen van een opgave ter inschrijving in het handelsregister.

Verbodsbepaling

– 2. Het eerste lid geldt niet ten aanzien van een opgave ter inschrijving van een vereniging of stichting waaraan niet een onderneming toebehoort.

HOOFDSTUK 6

Wijzigingen in andere wetten
Art. 29-36
Bevat wijzigingen in andere regelgeving.

HOOFDSTUK 7

Slotbepalingen
Art. 37

De Handelsregisterwet (*Stb.* 1984, 353) wordt ingetrokken.

Intrekking oude wet

Art. 38

– 1. Opgaven ter inschrijving in het handelsregister en deponering van bescheiden ten kantore van het handelsregister, waartoe de verplichting ontstaat als gevolg van de inwerkingtreding van deze wet, worden, voor zover betrekking hebbend op ondernemingen en rechtspersonen die reeds in het handelsregister zijn ingeschreven, gedaan binnen een jaar na inwerkingtreding van deze wet.

Overgangsrecht

– 2. De Kamer van Koophandel en Fabrieken schrijft de opgaaf binnen achttien maanden na inwerkingtreding van deze wet in het handelsregister in.

– 3. Indien op het tijdstip van inwerkingtreding van deze wet in het handelsregister gegevens staan ingeschreven die op grond van deze wet niet behoeven te worden ingeschreven, haalt de Kamer van Koophandel en Fabrieken die gegevens binnen drie maanden na het eerder genoemde tijdstip door.

Art. 39

– 1. In afwijking van artikel 25, eerste lid, kan tot drie jaar na de inwerkingtreding van deze wet op brieven, orders, facturen en offertes worden vermeld waar en onder welk nummer de onderneming of de rechtspersoon in het handelsregister was ingeschreven op het tijdstip vlak voor de inwerkingtreding van deze wet.

Overgangsrecht

– 2. Het eerste lid is niet van toepassing na een overdracht van het beheer als bedoeld in artikel 13.

Art. 40

Deze wet treedt in werking op een bij koninklijk besluit te bepalen tijdstip.

Inwerkingtreding

Art. 41

Deze wet wordt aangehaald als: Handelsregisterwet, met vermelding van het jaartal van het *Staatsblad* waarin zij zal worden geplaatst.

Citeertitel

Besluit van 18 september 1997, Stb. 417, houdende vaststelling van een nieuw Handelsregisterbesluit , zoals dit besluit is gewijzigd bij de Besluiten van 8 juli 2000, Stb. 343, 14 september 2001, Stb. 415, 5 juli 2002, Stb. 401, 10 april 2003, Stb. 166

[Inwerkingtreding: 01-10-1997]

Wij Beatrix, bij de gratie Gods, Koningin der Nederlanden, Prinses van Oranje-Nassau, enz. enz. enz.

Op de voordracht van Onze Minister van Economische Zaken van 21 mei 1997, nr. 97026855 WJA/W;

Gelet op de artikelen 8, eerste lid, 10, tweede lid, 12, 14, 15, eerste en tweede lid, 16, 17, eerste en vierde lid, 18, vierde lid, onderdeel c, 19, tweede en vierde lid, 20, eerste lid, en 27 van de Handelsregisterwet 1996;

De Raad van State gehoord (advies van 4 september 1997, nr. W10970297);

Gezien het nader rapport van Onze Minister van Economische Zaken van 15 september 1997, nr. 97056277 WJA/W;

Hebben goedgevonden en verstaan:

HOOFDSTUK 1

Begripsbepalingen
Art. 1

In dit besluit en de daarop berustende bepalingen wordt verstaan onder:

a. wet: de Handelsregisterwet 1996;

b. verordening 2137/85: verordening (EEG) nr. 2137/85 van de Raad van de Europese Gemeenschappen van 25 juli 1985 tot instelling van Europese economische samenwerkingsverbanden (*PbEG* L 199/1);

c. richtlijn 68/151/EEG: eerste richtlijn van de Raad van de Europese Gemeenschappen van 9 maart 1968, strekkende tot het coördineren van de waarborgen, welke in de Lid-Staten worden verlangd van de vennootschappen in de zin van de tweede alinea van artikel 58 van het Verdrag, om de belangen te beschermen zowel van de deelnemers in deze vennootschappen als van derden, zulks ten einde die waarborgen gelijkwaardig te maken (*PbEG* L 065);

d. persoonlijke gegevens: de naam en voornamen, de geslachtsaanduiding, het woonadres met vermelding – zo mogelijk – van de postcode, de datum, de plaats en – indien deze plaats is gelegen buiten Nederland – het land van geboorte, alsmede de handtekening en – voor zover in gebruik – de elektronische handtekening van een natuurlijk persoon.

Art. 2

Voor de toepassing van de wet wordt onder onderneming niet verstaan een bedrijf waarmee niet wordt beoogd het maken van winst, welke behoort aan:

a. een kredietgever die deelneemt aan krediettransacties als bedoeld in artikel 4, eerste lid, onder *a*, van de Wet op het consumentenkrediet en die zich uitsluitend ten doel stelt kredieten te verlenen ten behoeve van de leden van een vereniging of kerkgenootschap, dan wel ten bate van hen die in dienst van een werkgever werkzaam zijn of zijn geweest, of van hun betrekkingen;

b. een rechtspersoon die bij of krachtens de Ziekenfondswet is toegelaten om als ziekenfonds werkzaam te zijn.

HOOFDSTUK 2

De opgave ter inschrijving
Art. 3

– 1. Voor het doen van de voorgeschreven opgaven ter inschrijving in het handelsregister wordt gebruik gemaakt van door de Kamer vastgestelde formulieren die kosteloos verkrijgbaar zijn.

– 2. De Kamer kan ermee instemmen dat een opgave op andere wijze geschiedt dan in het eerste lid bepaald.

– 3. De Kamer kan nadere regels stellen over de wijze waarop de opgaven worden gedaan.

– 4. De Kamer verstrekt de belanghebbende op verzoek kosteloos een bevestiging van de opgave, met vermelding van de dag waarop deze is gedaan.

Begripsbepalingen

Uitzonderingen

Opgave/inschrijvingsformulieren

Bevestiging

307

Art. 4

– 1. Indien de Kamer er niet van overtuigd is dat de opgave afkomstig is van iemand die tot het doen van de opgave verplicht of bevoegd is, kan zij weigeren de opgave in behandeling te nemen.

– 2. Indien niet is voldaan aan enig wettelijk voorschrift voor het in behandeling nemen van de opgave of indien de verstrekte gegevens en bescheiden onvoldoende zijn voor de beoordeling van de opgave, kan de Kamer weigeren de opgave in behandeling te nemen, mits de belanghebbende de gelegenheid heeft gehad deze binnen een door de Kamer gestelde termijn aan te vullen.

Art. 5

– 1. Nadat de opgave in behandeling is genomen, onderzoekt de Kamer summierlijk of deze juist is. De Kamer kan daarbij om nadere bewijsstukken van de vermelde gegevens vragen.

– 2. Indien de Kamer van oordeel is dat de opgave niet juist is, geeft zij de belanghebbende in overweging de opgave te wijzigen of in te trekken. Daartoe stelt zij de opgave onverwijld weer ter beschikking van de belanghebbende en geeft zij de aanwijzingen die zij in het belang van het handelsregister dienstig oordeelt.

Art. 6

– 1. Indien de Kamer van oordeel is dat de opgave juist is, gaat zij over tot inschrijving.

– 2. De Kamer gaat eveneens over tot inschrijving, indien naar het oordeel van de Kamer, nadat toepassing is gegeven aan artikel 5, tweede lid, uit de nieuwe opgave blijkt dat de belanghebbende niet aan de gegeven aanwijzingen heeft voldaan. In dat geval geeft de Kamer toepassing aan artikel 23 van de wet.

– 3. De Kamer verstrekt de belanghebbende op verzoek kosteloos een bevestiging van de inschrijving, met vermelding van de dag waarop deze is geschied.

Art. 7

– 1. Een wijziging van hetgeen in het handelsregister is ingeschreven, wordt opgegeven met vermelding van de dag waarop de wijziging is ingegaan.

– 2. Een wijziging in de persoonlijke gegevens, voor zover betrekking hebbend op de wijziging van het woonadres binnen Nederland, behoeft niet te worden opgegeven.

Art. 8

Indien de Kamer zich op grond van artikel 23 van de wet tot de rechter heeft gewend met het verzoek de doorhaling, aanvulling of wijziging van het ingeschrevene of de inschrijving van de onderneming of de rechtspersoon te gelasten, doet de Kamer, zolang niet een rechterlijke beschikking is ten uitvoer gelegd of een afwijzende beschikking onherroepelijk is geworden, aan degenen die inzage van het aangaande de onderneming of rechtspersoon ingeschrevene, dan wel een afschrift of een uittreksel daarvan verlangen, mededeling van het door de Kamer gedane verzoek.

HOOFDSTUK 3

De in het handelsregister in te schrijven gegevens

§ 3.1. Algemeen

Art. 9

– 1. Van iedere onderneming, hoofdvestiging en in Nederland gelegen nevenvestiging worden ingeschreven:

a. de handelsnaam of -namen;

b. het adres en – voor zover van toepassing – het correspondentie-adres met vermelding – zo mogelijk – van de postcode alsmede dat van de gevolmachtigde handelsagenten die de onderneming in Nederland vertegenwoordigen;

c. het telefoonnummer alsmede – voor zover van toepassing – het faxnummer, het e-mailadres en het internetadres;

d. een korte omschrijving van het uitgeoefende bedrijf of de uitgeoefende bedrijven;

e. het tijdstip van aanvang van de bedrijfsuitoefening;

f. het aantal werkzame personen.

– 2. Indien de hoofdvestiging buiten Nederland is gelegen, wordt tevens ingeschreven welke nevenvestiging wordt aangemerkt als de hoofdnederzetting. Indien de onderneming in Nederland alleen door een of meer gevolmachtigde handelsagenten wordt vertegenwoordigd, wordt het adres van de daartoe aangewezen handelsagent aangemerkt als het adres van de hoofdnederzetting.

– 3. Voor de toepassing van het eerste lid, onder *f*, worden onder werkzame personen verstaan de al dan niet in dienst van de betrokken onderneming werkzame werknemers, de meewerkende eigenaren en de meewerkende gezinsleden van een eigenaar, steeds voor zover zij doorgaans ten minste 15 uur per week werkzaam zijn. Wijzigingen in het aantal werkzame personen worden tenminste eenmaal per jaar opgegeven.

Art. 10

Van een rechtspersoon waaraan geen onderneming toebehoort, worden ingeschreven:

a. het adres dan wel correspondentie-adres met vermelding – zo mogelijk – van de postcode;

b. het telefoonnummer alsmede – voor zover van toepassing – het faxnummer, het e-mailadres en het internetadres.

Gegevens rechtspersoon waaraan geen onderneming toebehoort

§ 3.2. Gegevens afhankelijk van de rechtsvorm

Art. 11

Indien een onderneming toebehoort aan een natuurlijke persoon, worden diens persoonlijke gegevens ingeschreven.

Onderneming toebehorend aan natuurlijk persoon

Art. 12

Van een vennootschap onder firma worden ingeschreven:

a. de naam van de vennootschap;

b. het tijdstip van aanvang van de vennootschap en de duur waarvoor zij is aangegaan;

c. de persoonlijke gegevens van de vennoten en ten aanzien van een na de aanvang van de vennootschap toegetreden vennoot tevens de dag van zijn toetreding;

d. al hetgeen de overeenkomst bevat ter bepaling van de rechten van derden.

Vennootschap onder firma

Art. 13

Van een commanditaire vennootschap worden ingeschreven:

a. de naam van de vennootschap;

b. het tijdstip van aanvang van de vennootschap en de duur waarvoor zij is aangegaan;

c. de persoonlijke gegevens van de vennoot of vennoten onder firma en ten aanzien van een na de aanvang van de vennootschap toegetreden vennoot onder firma tevens de dag van zijn toetreding;

d. voor zover het om twee of meer vennoten onder firma gaat, al hetgeen de overeenkomst bevat ter bepaling van de rechten van derden;

e. het aantal van de commanditaire vennoten;

f. het bedrag van de gelden en de waarde van de goederen die zij gezamenlijk hebben ingebracht.

Commanditaire vennootschap

Art. 14

Van een naamloze vennootschap of een besloten vennootschap met beperkte aansprakelijkheid worden ingeschreven:

a. de naam van de vennootschap en haar zetel volgens de statuten;

b. de persoonlijke gegevens van iedere bestuurder en commissaris en de dag waarop hij bij de vennootschap als zodanig in functie is getreden, alsmede of hij bevoegd is de vennootschap alleen of gezamenlijk handelend met een of meer anderen te vertegenwoordigen;

c. de persoonlijke gegevens van anderen dan de bestuurders aan wie de statuten bevoegdheid tot vertegenwoordiging toekennen, alsmede de inhoud van de bevoegdheid;

d. het maatschappelijke kapitaal alsmede tenminste eenmaal per jaar het bedrag van het geplaatste kapitaal en van het gestorte deel daarvan, onderverdeeld naar soort indien er verschillende soorten aandelen zijn;

e. indien niet-volgestorte aandelen zijn uitgegeven: de persoonlijke gegevens van de houders van zulke aandelen, met vermelding tevens van het aandelenbezit van iedere houder en van het daarop gestorte bedrag; wijzigingen in deze gegevens worden tenminste eenmaal per jaar opgegeven;

f. indien het een beleggingsmaatschappij met veranderlijk kapitaal als bedoeld in artikel 76a van boek 2 van het Burgerlijk Wetboek betreft, worden wijzigingen van het ingeschreven kapitaal tenminste eenmaal per jaar opgegeven;

g. de persoonlijke gegevens van de houder van alle aandelen in het kapitaal van de vennootschap of van een deelgenoot in een huwelijksgemeenschap dan wel gemeenschap van een geregistreerd partnerschap waartoe alle aandelen in het kapitaal van de vennootschap behoren, de aandelen gehouden door de vennootschap of haar dochtermaatschappijen niet meegeteld;

h. indien zulks het geval is, dat de statuten van de vennootschap beantwoorden aan de artikelen 158 tot en met 161 en 164 of de artikelen 268 tot en met 271 en 274 van boek 2 van het Burgerlijk Wetboek.

NV/BV

Art. 15

– 1. Van een vereniging met volledige rechtsbevoegdheid, coöperatie en onderlinge waarborgmaatschappij worden ingeschreven:

a. de naam van de vereniging en haar zetel volgens de statuten;

b. de persoonlijke gegevens van iedere bestuurder en commissaris en de dag waarop hij bij de

Vereniging

vereniging als zodanig in functie is getreden, alsmede of hij bevoegd is de vereniging alleen of gezamenlijk handelend met een of meer anderen te vertegenwoordigen;

c. de persoonlijke gegevens van anderen dan de bestuurders aan wie de statuten bevoegdheid tot vertegenwoordiging toekennen, alsmede de inhoud van de bevoegdheid;

d. indien zulks bij een coöperatie of onderlinge waarborgmaatschappij het geval is, dat de statuten van de vereniging beantwoorden aan de artikelen 63*f* tot en met 63*j* van boek 2 van het Burgerlijk Wetboek.

– 2. Van een vereniging zonder volledige rechtsbevoegdheid kunnen worden ingeschreven de in het eerste lid, onder *a* tot en met *c*, bedoelde gegevens.

Art. 16

Stichting

Van een stichting worden ingeschreven:

a. de naam van de stichting en haar zetel volgens de statuten;

b. de persoonlijke gegevens van iedere bestuurder en commissaris en de dag waarop hij bij de stichting als zodanig in functie is getreden, alsmede of hij bevoegd is de stichting alleen of gezamenlijk handelend met een of meer anderen te vertegenwoordigen;

c. de persoonlijke gegevens van anderen dan de bestuurders aan wie de statuten bevoegdheid tot vertegenwoordiging toekennen, alsmede de inhoud van de bevoegdheid.

Art. 17

EESV

– 1. Van een Europees economisch samenwerkingsverband worden ingeschreven:

a. de naam van het samenwerkingsverband;

b. de persoonlijke gegevens van iedere bestuurder en commissaris en de dag waarop hij bij het samenwerkingsverband als zodanig in functie is getreden, alsmede of hij bevoegd is het samenwerkingsverband alleen of gezamenlijk handelend met een of meer anderen te vertegenwoordigen;

c. indien een beding is gemaakt als bedoeld in artikel 26, tweede lid, tweede alinea, van verordening 2137/85: de inhoud van dat beding;

d. indien een bestuurder niet een natuurlijke persoon maar een rechtspersoon is: de persoonlijke gegevens van een ieder die als vertegenwoordiger in de zin van artikel 19, tweede lid, van verordening 2137/85 is aangewezen, en de dag waarop hij als vertegenwoordiger is aangewezen.

– 2. Bij het handelsregister wordt gedeponeerd een authentiek afschrift of een door een opgaveplichtige gewaarmerkt afschrift van de oprichtingsovereenkomst. Dit afschrift is in het Nederlands, Duits, Engels of Frans gesteld.

Art. 18

EER-vennoot-schap

– 1. Indien een in Nederland gevestigde onderneming of een in Nederland gelegen nevenvestiging van een buiten Nederland gevestigde onderneming toebehoort aan een vennootschap als bedoeld in richtlijn 68/151/EEG, opgericht naar het recht van een andere staat dan Nederland die partij is bij de Overeenkomst betreffende de Europese Economische Ruimte, zijn de artikelen 12 tot en met 17 niet van toepassing.

– 2. Van de in het eerste lid bedoelde onderneming of nevenvestiging worden ingeschreven:

a. de naam en de rechtsvorm van de vennootschap waaraan de onderneming of de hoofdnederzetting toebehoort, het register waarin en het nummer waaronder die vennootschap is ingeschreven;

b. de persoonlijke gegevens van iedere bestuurder en commissaris van de vennootschap en de dag waarop hij bij de vennootschap als zodanig in functie is getreden, alsmede of hij bevoegd is de vennootschap alleen of gezamenlijk handelend met een of meer anderen te vertegenwoordigen;

c. de persoonlijke gegevens van de bij de onderneming of de hoofdnederzetting werkzame beheerder of een andere dergelijke gevolmachtigde, zijn functie en de dag waarop hij bij de onderneming of de hoofdnederzetting als zodanig in functie is getreden, alsmede de inhoud van zijn volmacht.

– 3. Bij het handelsregister wordt gedeponeerd een authentiek afschrift of een door een opgaveplichtige gewaarmerkt afschrift van de oprichtingsakte van de vennootschap en van de statuten, indien deze in een afzonderlijke akte zijn opgenomen. Dit afschrift is in het Nederlands, Duits, Engels of Frans gesteld.

– 4. Bij het handelsregister wordt telkens het meest recente exemplaar van de boekhoudbescheiden van de vennootschap gedeponeerd, voor zover en in de vorm waarin de vennootschap deze in het land van haar statutaire zetel openbaar moet maken. De boekhoudbescheiden zijn in het Nederlands, Duits, Engels of Frans gesteld.

Art. 19

Op EER-gelijken-de vennootschap

– 1. Indien een in Nederland gevestigde onderneming of een in Nederland gelegen nevenvestiging van een buiten Nederland gevestigde onderneming toebehoort aan een vennootschap opgericht naar het recht van een staat die geen partij is bij de Overeenkomst betreffende de

Europese Economische Ruimte, met een rechtsvorm die vergelijkbaar is met een vennootschap als bedoeld in richtlijn 68/151/EEG, zijn de artikelen 12 tot en met 17 niet van toepassing.
– 2. Van de in het eerste lid bedoelde onderneming of nevenvestiging worden ingeschreven:
a. de naam en de rechtsvorm van de vennootschap waaraan de onderneming of de hoofdnederzetting toebehoort, het register waarin en het nummer waaronder die vennootschap is ingeschreven;
b. indien de hoofdvestiging van de onderneming buiten Nederland is gelegen, het adres van de hoofdvestiging van de onderneming;
c. de persoonlijke gegevens van iedere bestuurder en commissaris van de vennootschap en de dag waarop hij bij de vennootschap als zodanig in functie is getreden, alsmede of hij bevoegd is de vennootschap alleen of gezamenlijk handelend met een of meer anderen te vertegenwoordigen;
d. de omvang van de bevoegdheid van iedere bestuurder en commissaris van de vennootschap;
e. de persoonlijke gegevens van de bij de onderneming of de hoofdnederzetting werkzame beheerder of een andere dergelijke gevolmachtigde, zijn functie en de dag waarop hij bij de onderneming of de hoofdnederzetting als zodanig in functie is getreden, alsmede de inhoud van zijn volmacht;
f. het recht van het land waaronder de vennootschap valt;
g. tenminste eenmaal per jaar het bedrag van het geplaatste kapitaal van de vennootschap.
– 3. Artikel 18, derde en vierde lid, is van toepassing.

Art. 20
– 1. Indien een in Nederland gevestigde onderneming of een in Nederland gelegen nevenvestiging van een buiten Nederland gevestigde onderneming toebehoort aan een vennootschap of rechtspersoon opgericht naar het recht van een ander land dan Nederland, niet zijnde een vennootschap als bedoeld in de artikelen 18 en 19, zijn de artikelen 12 tot en met 17 niet van toepassing.
– 2. Van de in het eerste lid bedoelde onderneming of nevenvestiging worden ingeschreven:
a. de naam en de rechtsvorm van de vennootschap of rechtspersoon waaraan de onderneming of hoofdnederzetting toebehoort, het register waarin en het nummer waaronder die vennootschap of rechtspersoon is ingeschreven;
b. indien de hoofdvestiging van de onderneming buiten Nederland is gelegen, het adres van de hoofdvestiging van de onderneming en hetgeen ingevolge de wetgeving van het desbetreffende land omtrent de onderneming in het register, bedoeld onder *a,* wordt ingeschreven of op andere wijze wordt openbaar gemaakt;
c. de persoonlijke gegevens van iedere vennoot of bestuurder en commissaris van de vennootschap of rechtspersoon, de dag waarop hij bij de vennootschap of rechtspersoon als zodanig in functie is getreden, alsmede of hij bevoegd is de vennootschap of rechtspersoon alleen of gezamenlijk met een of meer anderen te vertegenwoordigen;
d. de omvang van de bevoegdheid van iedere vennoot of bestuurder en commissaris van de vennootschap of rechtspersoon;
e. de persoonlijke gegevens van de bij de onderneming of de hoofdnederzetting werkzame beheerder of een andere dergelijke gevolmachtigde, zijn functie en de dag waarop hij bij de onderneming of de hoofdnederzetting als zodanig in functie is getreden, alsmede de inhoud van zijn volmacht;
f. het recht van het land waaronder de vennootschap of rechtspersoon valt.
– 3. Artikel 18, derde, voor zover het een rechtspersoon betreft, en vierde lid, is van overeenkomstige toepassing.

§ 3.3. Bijzondere gegevens
Art. 21
– 1. Heeft een onderneming gevolmachtigde handelsagenten die in Nederland werkzaam zijn, dan worden ingeschreven hun persoonlijke gegevens en de inhoud van hun volmacht.
– 2. Heeft een onderneming of rechtspersoon een of meer andere gevolmachtigden, dan kunnen ook deze ter inschrijving worden opgeven. Van deze gevolmachtigden worden ingeschreven hun persoonlijke gegevens en de inhoud van hun volmacht.
Art. 22
Indien een in te schrijven persoon een vennootschap of rechtspersoon is, worden ingeschreven:
a. de naam en het adres van de vennootschap of rechtspersoon;
b. het register waarin en het nummer waaronder de vennootschap of rechtspersoon is ingeschreven.

Vennootschap of rechtspersoon naar buitenlands recht

Gevolmachtigde handelsagenten

Andere gevolmachtigden

Persoon die vennootschap of rechtspersoon is

Art. 23

Minderjarige

Indien een minderjarige, aan wie een onderneming toebehoort of die vennoot onder firma is, handlichting heeft verkregen, worden het tijdstip waarop de handlichting is verleend en de bevoegdheden die de minderjarige daarbij zijn toegekend, ingeschreven. Bij de opgave ter inschrijving wordt de *Staatscourant* overgelegd waarin de rechterlijke beschikking inzake de handlichting is openbaar gemaakt, of een authentiek afschrift van de beschikking met vermelding van de dagtekening van die *Staatscourant*.

Art. 24

Wijziging oprichtingsovereenkomst EESV

– 1. In geval van wijziging van de oprichtingsovereenkomst van een Europees economisch samenwerkingsverband en van de statuten van een rechtspersoon als bedoeld in de artikelen 18, 19 en 20 wordt bij het handelsregister gedeponeerd:

a. een authentiek afschrift van de notariële akte die van de wijziging is opgemaakt of, indien van de wijziging geen notariële akte is opgemaakt, een door een opgaveplichtige gewaarmerkt afschrift van de wijziging;

b. een doorlopende tekst van de oprichtingsovereenkomst en van de statuten zoals die tengevolge van de aangebrachte wijziging luiden.

– 2. Deze bescheiden zijn in het Nederlands, Duits, Engels of Frans gesteld.

Art. 25

Bewind

In geval van bewind van een onderneming of een aandeel in een vennootschap onder firma als bedoeld in titel 19 van boek 1 van het Burgerlijk Wetboek, worden in het handelsregister ingeschreven:

a. de persoonlijke gegevens van de bewindvoerders en de dag waarop zij bewindvoerder zijn geworden;

b. de rechterlijke beslissingen inzake hun bevoegdheid als bedoeld in de artikelen 437, tweede lid, en 441, tweede lid, onder *f*, en derde lid, van boek 1 van het Burgerlijk Wetboek;

c. de aanvang en het einde van het bewind.

Art. 26

Curatele

In geval van curatele van degene die als eigenaar van een onderneming of als vennoot onder firma in het handelsregister is ingeschreven, worden alle aankondigingen die krachtens artikel 390 van boek 1 van het Burgerlijk Wetboek in de *Staatscourant* worden opgenomen, door hem die met die bekendmaking belast is, mede in het handelsregister ter inschrijving opgegeven.

Art. 27

Faillissement en surséance van betaling

– 1. In het handelsregister wordt ingeschreven:

a. de rechterlijke uitspraak houdende faillietverklaring, verlening van surséance van betaling of het van toepassing verklaren van de schuld-saneringsregeling natuurlijke personen betreffende degene die als eigenaar van een onderneming of als vennoot onder firma in het handelsregister is ingeschreven of van een ingeschreven rechtspersoon;

b. de vernietiging van een zodanige uitspraak;

c. het einde van het faillissement, de surséance van betaling of de toepassing van de schuldsaneringsregeling natuurlijke personen;

d. in geval van faillietverklaring, verlening van surséance van betaling of het van toepassing verklaren van de schuldsaneringsregeling natuurlijke personen: de naam en het adres van de rechter-commissaris, zo die is benoemd, en van de curator onderscheidenlijk de bewindvoerder.

– 2. De opgave ter inschrijving wordt gedaan door de griffier van het betrokken rechtscollege.

– 3. Indien het een uitspraak van een buitenlandse rechter betreft inzake een vennootschap of rechtspersoon als bedoeld in de artikelen 18, 19 en 20, wordt de opgave, in afwijking van het tweede lid, gedaan door degene die op grond van artikel 5 van de wet verplicht is opgave te doen.

Art. 28

Ontbinding

– 1. De ontbinding van een vennootschap of rechtspersoon wordt ingeschreven, onder vermelding van het tijdstip van de ontbinding, de persoonlijke gegevens en de bevoegdheid van ieder der vereffenaars alsmede het tijdstip waarop hij vereffenaar is geworden.

– 2. Indien de ontbinding een vennootschap betreft als bedoeld in artikel 18, worden mede ingeschreven de bevoegdheden van de vereffenaars, indien die in het land waar de vennootschap is gevestigd openbaar gemaakt moeten worden. Indien de ontbinding een vennootschap of rechtspersoon als bedoeld in de artikelen 19 en 20 betreft, worden mede ingeschreven de bevoegdheden van de vereffenaars.

Afsluiting vereffening

– 3. De afsluiting van de vereffening van een Europees economisch samenwerkingsverband dan wel van een vennootschap of rechtspersoon als bedoeld in de artikelen 18, 19 en 20, wordt ingeschreven.

– 4. Tot het doen van de opgave van de ontbinding van een vennootschap of rechtspersoon en van de afsluiting van de vereffening van een Europees economisch samenwerkingsverband of van een vennootschap of rechtspersoon als bedoeld in de artikelen 18, 19 en 20, is mede de vereffenaar verplicht.

Art. 29

– 1. Alle aankondigingen die ingevolge de Wet toezicht kredietwezen 1992, de Wet toezicht verzekeringsbedrijf 1993 en de Wet toezicht natura-uitvaartverzekeringsbedrijf in de *Staatscourant* worden opgenomen, worden tevens ingeschreven in het handelsregister.

– 2. De opgave ter inschrijving in het handelsregister geschiedt door degene die met de bekendmaking in de *Staatscourant* belast is.

Aankondigingen die ook moeten worden ingeschreven

Art. 30

Een Kamer is ambtshalve bevoegd tot het inschrijven van een wijziging van de volgende gegevens betreffende een onderneming, hoofdvestiging, in Nederland gelegen nevenvestiging of rechtspersoon:

a. het adres;

b. de persoonlijke gegevens van een ingeschreven natuurlijk persoon;

c. de omschrijving van het uitgeoefende bedrijf of de uitgeoefende bedrijven;

d. het aantal werkzame personen;

e. de opheffing.

Ambtshalve bevoegdheid tot inschrijven wijziging

Art. 31

Bij de kennisgeving, bedoeld in artikel 12 van de wet, vermeldt de Kamer waarbij de inschrijving is gedaan aan de Kamer in welker gebied de nevenvestiging is gelegen, het nummer waaronder de onderneming in het handelsregister is ingeschreven.

Kennisgeving nummer nevenvestiging

Art. 32

Op verzoek van een bestuurder van een rechtspersoon of op gemeenschappelijk verzoek van een commissaris en een opgaveplichtige van een rechtspersoon, is het woonadres van de bestuurder of commissaris, behalve voor advocaten en deurwaarders en de in artikel 15, tweede lid, van de wet genoemden, niet voor derden kenbaar voor zover wordt voldaan aan de volgende voorwaarden:

a. dit gegeven in het handelsregister niet voor derden kenbaar is met betrekking tot een andere onderneming of rechtspersoon;

b. door het college van burgemeester en wethouders gevolg is gegeven aan het verzoek van betrokkene dit gegeven uit de gemeentelijke basisadministratie niet aan derden te verstrekken;

c. betrokkene niet over een openbaar telefoonnummer en – voor zover van toepassing – niet over een openbaar faxnummer beschikt.

Voorwaarden geheimhouding adres bestuurder en commissaris

Art. 33

Artikel 17, eerste lid, van de wet is van toepassing op een vennootschap als bedoeld in de artikelen 18 en 19.

Toepasselijkheid art. 17 lid 1 Hrgw

Art. 34

Artikel 17, eerste en tweede lid, van de wet geldt niet voor gegevens en bescheiden ten aanzien waarvan geen publicatieplicht geldt op grond van een bindend besluit van de Raad van de Europese Unie of de Commissie van de Europese Gemeenschappen.

Uitzondering

Art. 35

Artikel 18 van de wet is niet van toepassing ten aanzien van de in artikel 30, onder *a*, *c* en *d*, bedoelde gegevens, alsmede ten aanzien van het adres van een ingeschreven natuurlijk persoon.

Uitzondering

HOOFDSTUK 7

Slotbepalingen

Art. 54

Dit besluit treedt in werking op het tijdstip waarop de Handelsregisterwet 1996 in werking treedt.

Inwerkingtreding

Art. 55

Dit besluit wordt aangehaald als: Handelsregisterbesluit 1996.

Citeertitel

Rijkswet van 15 december 1994, Stb. 1995, 51, houdende regels met betrekking tot octrooien, zoals deze wet laatstelijk is gewijzigd bij de Wetten van 3 februari 1995, Stb. 52 (Tekstplaatsing), 14 december 1995, Stb. 668, 29 oktober 1998, Stb. 632, 5 april 2001, Stb. 180, 13 juni 2002, Stb. 366, 19 december 2002, Stb. 2003, 35

[Inwerkingtreding: 01-04-1995]

Wij Beatrix, bij de gratie Gods, Koningin der Nederlanden, Prinses van Oranje-Nassau, enz. enz. enz.

Allen, die deze zullen zien of horen lezen, saluut! doen te weten:

Alzo Wij in overweging genomen hebben, dat door de daling van het aantal octrooiaanvragen in Nederland het bestaande systeem van octrooiverlening na vooronderzoek niet gehandhaafd kan worden en dat het wenselijk is te voorzien in een op eenvoudige wijze door registratie te verkrijgen octrooi;

Zo is het, dat Wij, de Raad van State van het Koninkrijk gehoord, en met gemeen overleg der Staten-Generaal, de bepalingen van het Statuut voor het Koninkrijk in acht genomen zijnde, hebben goedgevonden en verstaan, gelijk Wij goedvinden en verstaan bij deze:

HOOFDSTUK 1

Algemene bepalingen
Art. 1
In deze rijkswet en de daarop berustende bepalingen wordt verstaan onder:

Europees Octrooiverdrag: het op 5 oktober 1973 te München tot stand gekomen Verdrag inzake de verlening van Europese octrooien (*Trb.* 1975, 108 en 1976, 101);

Gemeenschapsoctrooiverdrag: het op 15 december 1989 te Luxemburg tot stand gekomen Verdrag betreffende het Europees octrooi voor de gemeenschappelijke markt (*Trb.* 1990, 121);

Europees octrooi: een krachtens het Europees Octrooiverdrag verleend octrooi, voor zover dat voor het Koninkrijk is verleend, niet zijnde een Gemeenschapsoctrooi;

Gemeenschapsoctrooi: een octrooi als bedoeld in artikel 2 van het Gemeenschapsoctrooiverdrag;

Europese octrooiaanvrage: een Europese octrooiaanvrage als bedoeld in het Europees Octrooiverdrag;

Samenwerkingsverdrag: het op 19 juni 1970 te Washington tot stand gekomen Verdrag tot samenwerking inzake octrooien (*Trb.* 1973, 20);

bureau: het Bureau voor de industriële eigendom, bedoeld in artikel 4 van de wet van 25 april 1963 (*Stb.* 221);

octrooiregister: het in artikel 19 van deze wet bedoelde register;

orde: de Orde van octrooigemachtigden, bedoeld in artikel 23*d*;

Onze Minister: Onze Minister van Economische Zaken;

natuurlijke rijkdommen: de minerale en andere niet-levende rijkdommen van de zeebedding en de ondergrond, alsmede levende organismen die tot de sedentaire soort behoren, dat wil zeggen organismen die ten tijde dat zij geoogst kunnen worden, hetzij zich onbeweeglijk op of onder de zeebedding bevinden, hetzij zich niet kunnen verplaatsen dan in voortdurend fysiek contact met de zeebedding of de ondergrond.

Begripsbepalingen

Art. 2
– 1. Vatbaar voor octrooi zijn uitvindingen die nieuw zijn, op uitvinderswerkzaamheid berusten en toegepast kunnen worden op het gebied van de nijverheid.

– 2. In de zin van het eerste lid worden in het bijzonder niet als uitvindingen beschouwd:

a. ontdekkingen, alsmede natuurwetenschappelijke theorieën en wiskundige methoden;

b. esthetische vormgevingen;

c. stelsels, regels en methoden voor het verrichten van geestelijke arbeid, voor het spelen of voor de bedrijfsvoering, alsmede computerprogramma's;

d. presentaties van gegevens.

– 3. Het tweede lid geldt alleen voor zover het betreft de aldaar genoemde onderwerpen of werkzaamheden als zodanig.

Vatbaar voor octrooi

Art. 3
Niet vatbaar voor octrooi zijn:

a. uitvindingen waarvan de openbaarmaking of toepassing in strijd zou zijn met de openbare orde of goede zeden;

b. planten- of dierenrassen, alsmede werkwijzen van wezenlijk biologische aard voor de

Niet vatbaar voor octrooi

315

voortbrenging van planten of dieren en hierdoor verkregen voortbrengselen, met uitzondering van microbiologische werkwijzen tenzij die op grond van het bij of krachtens de Gezondheids- en welzijnswet voor dieren bepaalde niet zijn toegestaan.

Art. 4

Stand van de techniek

– 1. Een uitvinding wordt als nieuw beschouwd, indien zij geen deel uitmaakt van de stand van de techniek.

– 2. De stand van de techniek wordt gevormd door al hetgeen voor de dag van indiening van de octrooiaanvrage openbaar toegankelijk is gemaakt door een schriftelijke of mondelinge beschrijving, door toepassing of op enige andere wijze.

– 3. Tot de stand van de techniek behoort tevens de inhoud van eerder ingediende octrooiaanvragen, die op of na de in het tweede lid bedoelde dag overeenkomstig artikel 31 in het octrooiregister zijn ingeschreven.

– 4. Tot de stand van de techniek behoort voorts de inhoud van Europese octrooiaanvragen en van internationale aanvragen als bedoeld in artikel 158, eerste en tweede lid, van het Europees Octrooiverdrag, waarvan de datum van indiening, die geldt voor de toepassing van artikel 54, tweede en derde lid, van dat verdrag, ligt voor de in het tweede lid bedoelde dag, en die op of na die dag zijn gepubliceerd op grond van artikel 93 van dat verdrag onderscheidenlijk van artikel 21 van het Samenwerkingsverdrag, mits het Koninkrijk in de gepubliceerde aanvrage is aangewezen en het voor de aanwijzing verschuldigde bedrag is betaald.

– 5. Niettegenstaande het bepaalde in het eerste tot en met vierde lid zijn tot de stand van de techniek behorende stoffen of samenstellingen vatbaar voor octrooi, voor zover zij bestemd zijn voor de toepassing van een van de in artikel 7, tweede lid, bedoelde methoden, mits de toepassing daarvan voor enige in dat lid bedoelde methode niet tot de stand van de techniek behoort.

Art. 5

Uitzonderingen; tentoonstelling

– 1. Voor de toepassing van artikel 4 blijft een openbaarmaking van de uitvinding buiten beschouwing, indien deze niet eerder is geschied dan zes maanden voor de dag van indiening van de octrooiaanvrage als direct of indirect gevolg van:

a. een kennelijk misbruik ten opzichte van de aanvrager of diens rechtsvoorganger, of

b. het feit, dat de aanvrager of diens rechtsvoorganger de uitvinding heeft tentoongesteld op van overheidswege gehouden of erkende tentoonstellingen in de zin van het Verdrag inzake Internationale Tentoonstellingen, ondertekend te Parijs op 22 november 1928, zoals dat is gewijzigd, laatstelijk bij Protocol van 30 november 1972 (*Trb.* 1973, 100), op voorwaarde dat de aanvrager bij de indiening van zijn aanvrage verklaart dat de uitvinding inderdaad is tentoongesteld en een bewijsstuk daarvoor overlegt binnen een bij algemene maatregel van rijksbestuur vast te stellen termijn en overeenkomstig bij algemene maatregel van rijksbestuur te stellen voorschriften.

– 2. De erkenning van overheidswege van tentoonstellingen in Nederland geschiedt door Onze Minister en die van tentoonstellingen in de Nederlandse Antillen door de regering van de Nederlandse Antillen.

Art. 6

Resultaat van uitvinderswerkzaamheid

Een uitvinding wordt als het resultaat van uitvinderswerkzaamheid aangemerkt, indien zij voor een deskundige niet op een voor de hand liggende wijze voortvloeit uit de stand van de techniek. Indien documenten als bedoeld in artikel 4, derde en vierde lid, tot de stand van de techniek behoren, worden deze bij de beoordeling van de uitvinderswerkzaamheid buiten beschouwing gelaten.

Art. 7

Nijverheid

– 1. Een uitvinding wordt als vatbaar voor toepassing op het gebied van de nijverheid aangemerkt, indien het onderwerp daarvan kan worden vervaardigd of toegepast op enig gebied van de nijverheid, de landbouw daaronder begrepen.

Geneeskundige behandelingsmethoden

– 2. Methoden van behandeling van het menselijke of dierlijke lichaam door chirurgische ingrepen of geneeskundige behandeling en diagnosemethoden die worden toegepast op het menselijke of dierlijke lichaam worden niet beschouwd als uitvindingen die vatbaar zijn voor toepassing op het gebied van de nijverheid in de zin van het eerste lid. Deze bepaling is niet van toepassing op voortbrengselen, met name stoffen of samenstellingen, voor de toepassing van een van deze methoden.

Art. 8

Aanvrager

Onverminderd de artikelen 11, 12 en 13 wordt de aanvrager als uitvinder beschouwd en uit dien hoofde als degene die aanspraak heeft op octrooi.

Art. 9

Recht van voorrang

– 1. Degene die in een der landen, aangesloten bij de Internationale Unie tot bescherming van de industriële eigendom of aangesloten bij de Wereld Handelsorganisatie, overeenkomstig de in dat land geldende wetten, en degene die, overeenkomstig de tussen twee of meer voornoem-

316

de landen gesloten verdragen, octrooi of een gebruikscertificaat dan wel bescherming van een gebruiksmodel heeft aangevraagd, geniet gedurende een termijn van twaalf maanden na de dag van die aanvrage in Nederland en in de Nederlandse Antillen een recht van voorrang ter verkrijging van octrooi voor datgene, waarvoor door hem de in de aanhef bedoelde bescherming werd aangevraagd. Met een der landen als bedoeld in de eerste volzin wordt gelijkgesteld een land dat op grond van een mededeling van de bevoegde autoriteit in dat land een recht van voorrang erkent onder gelijkwaardige voorwaarden en met gelijkwaardige rechtsgevolgen als die, bedoeld in het op 30 maart 1883 te Parijs tot stand gekomen Verdrag tot bescherming van de industriële eigendom (*Trb.* 1974, 225 en *Trb.* 1980, 31). Het voorgaande vindt overeenkomstige toepassing ten aanzien van degene, die een uitvinderscertificaat heeft aangevraagd, indien de betrokken wetgeving de keus laat tussen verkrijging van zodanig certificaat of een octrooi.
– 2. Onder aanvrage in de zin van het eerste lid wordt iedere aanvrage verstaan, waarvan de datum van indiening kan worden vastgesteld, ongeacht het verdere lot van die aanvrage.
– 3. Indien de rechthebbende meer aanvragen voor hetzelfde onderwerp heeft ingediend, komt voor het recht van voorrang slechts de eerst ingediende in aanmerking. Niettemin kan het recht van voorrang ook berusten op een later ingediende aanvrage ter verkrijging van bescherming in hetzelfde land, mits de eerst ingediende aanvrage voor de indiening van de latere aanvrage is ingetrokken, vervallen of afgewezen zonder ter kennis van het publiek te zijn gebracht en zonder rechten te hebben laten bestaan en mits zij nog niet als grondslag heeft gediend voor de inroeping van een recht van voorrang. Indien een recht van voorrang, berustend op een later ingediende aanvrage, is ingeroepen, zal de eerst ingediende aanvrage niet meer als grondslag kunnen dienen voor de inroeping van een recht van voorrang.
– 4. De voorrang heeft voor de toepassing van de artikelen 4, tweede, derde en vierde lid, en 6 ten gevolge, dat de aanvrage waarvoor dit recht bestaat, wordt aangemerkt als te zijn ingediend op de dag van indiening van de aanvrage waarop het recht van voorrang berust.
– 5. De aanvrager kan een beroep doen op meer dan één recht van voorrang, zelfs wanneer de rechten van voorrang uit verschillende landen afkomstig zijn. Ook kan de aanvrage, waarbij een beroep op een of meer rechten van voorrang wordt gedaan, elementen bevatten, waarvoor in de conclusies van de aanvrage, waarvan de voorrang wordt ingeroepen, geen rechten werden verlangd, mits de tot de laatste aanvrage behorende stukken het betrokken voortbrengsel of de betrokken werkwijze voldoende nauwkeurig aangeven.
– 6. Degene die van het recht van voorrang wil gebruik maken, moet daarop schriftelijk beroep doen bij de indiening van de aanvrage of binnen drie maanden daarna, onder vermelding van de datum van indiening van de aanvrage waarop hij zich beroept en van het land waarin of waarvoor deze werd ingediend; binnen zestien maanden na indiening van de aanvrage waarop hij zich beroept, moet hij het nummer alsmede een in de Nederlandse, Franse, Duitse of Engelse taal gesteld afschrift van de aanvrage waarop hij zich beroept of een vertaling van die aanvrage in een van die talen aan het bureau verstrekken alsmede, als hij niet degene is die de aanvrage, op grond waarvan de voorrang wordt ingeroepen heeft ingediend, een document waaruit zijn rechten blijken. Het bureau kan verlangen dat de in de vorige volzin bedoelde vertaling wordt gewaarmerkt.
– 7. Het recht van voorrang vervalt, indien niet aan het zesde lid voldaan is.

Art. 10

Eerdere aanvraag

– 1. Indien voor een uit hoofde van deze rijkswet verleend octrooi de voorrang is ingeroepen van een eerder uit hoofde van deze rijkswet ingediende octrooiaanvrage, heeft het op genoemde aanvrage verleende octrooi geen rechtsgevolgen, voor zover het betrekking heeft op dezelfde uitvinding als eerstgenoemd octrooi.
– 2. Vorderingen ter vaststelling van het ontbreken van rechtsgevolg als bedoeld in het eerste lid kunnen door een ieder worden ingesteld.
– 3. Artikel 75, vierde lid, achtste lid, eerste volzin, en negende lid, is van overeenkomstige toepassing.

Art. 11

Inhoud ontleend aan een ander

De aanvrager heeft geen aanspraak op octrooi, voor zover de inhoud van zijn aanvrage aan hetgeen reeds door een ander werd vervaardigd of toegepast werd of wel aan beschrijvingen, tekeningen of modellen van een ander, zonder diens toestemming, ontleend is. Deze laatste behoudt, voor zover hetgeen ontleend werd voor octrooi vatbaar is, zijn aanspraak op octrooi. Voor de toepassing van artikel 4, derde en vierde lid, op het onderwerp van een aanvrage, ingediend door degene aan wie ontleend is, blijft de door de ontlener ingediende aanvrage buiten beschouwing.

Art. 12

Uitvinding in dienstbetrekking

– 1. Indien de uitvinding, waarvoor octrooi wordt aangevraagd, is gedaan door iemand die in dienst van een ander een betrekking bekleedt, heeft hij aanspraak op octrooi, tenzij de aard van

317

de betrekking medebrengt, dat hij zijn bijzondere kennis aanwendt tot het doen van uitvindingen van dezelfde soort als die waarop de octrooiaanvrage betrekking heeft. In het laatstbedoelde geval komt de aanspraak op octrooi toe aan de werkgever.

– 2. Indien de uitvinding, waarvoor octrooi wordt aangevraagd, is gedaan door iemand die in het kader van een opleiding bij een ander werkzaamheden verricht, komt de aanspraak op octrooi toe aan degene bij wie de werkzaamheden worden verricht, tenzij de uitvinding geen verband houdt met het onderwerp van de werkzaamheden.

– 3. Indien de uitvinding is gedaan door iemand die in dienst van een universiteit, hogeschool of onderzoeksinstelling onderzoek verricht, komt de aanspraak op octrooi toe aan de betrokken universiteit, hogeschool of onderzoeksinstelling.

– 4. Voor de toepassing van artikel 4, derde en vierde lid, op het onderwerp van een aanvrage, ingediend door de in het eerste lid, laatste volzin, bedoelde werkgever dan wel door degene die de gelegenheid bood om werkzaamheden te verrichten als bedoeld in het tweede lid, blijft een door de niet gerechtigde ingediende octrooiaanvrage buiten beschouwing.

– 5. Van het in het eerste, tweede en derde lid bepaalde kan bij schriftelijke overeenkomst worden afgeweken.

– 6. Ingeval de uitvinder niet geacht kan worden in het door hem genoten loon of de door hem genoten geldelijke toelage of in een bijzondere door hem te ontvangen uitkering vergoeding te vinden voor het gemis aan octrooi, is degene aan wie krachtens het eerste, tweede of derde lid, de aanspraak op octrooi toekomt, verplicht hem een, in verband met het geldelijke belang van de uitvinding en met de omstandigheden waaronder zij plaatshad, billijk bedrag toe te kennen. Een vorderingsrecht van de uitvinder krachtens dit lid vervalt na verloop van drie jaren sedert de datum waarop het octrooi is verleend.

– 7. Elk beding, waarbij van het zesde lid wordt afgeweken, is nietig.

Art. 13

Meerdere uitvinders

Indien een uitvinding is gedaan door verscheidene personen, die volgens een afspraak tezamen hebben gewerkt, hebben zij gezamenlijk aanspraak op octrooi.

Art. 14

Vermelding als uitvinder

– 1. Degene die de uitvinding heeft gedaan, waarvoor octrooi is aangevraagd, doch op grond van artikel 12, eerste, tweede of derde lid, of op grond van een overeenkomst, gesloten met de aanvrager of diens rechtsvoorgangers, geen aanspraak op octrooi kan doen gelden, heeft het recht in het octrooi als de uitvinder te worden vermeld.

– 2. Elk beding, waarbij van het vorige lid wordt afgeweken, is nietig.

HOOFDSTUK 2

Behandeling van octrooiaanvragen

§ 1. *Algemene bepalingen*

Art. 15

Bureau voor de industriële eigendom

Het bureau is een instelling van Nederland. Het dient, voor zover het octrooien betreft, voor Nederland en de Nederlandse Antillen als centrale bewaarplaats als bedoeld in artikel 12 van het Herzien Internationaal Verdrag van Parijs van 20 maart 1883 tot bescherming van de industriële eigendom; Stockholm, 14 juli 1967 (*Trb.* 1969, 144).

Art. 16

Termijnen

Indien het bureau gedurende de laatste dag van enige ingevolge deze rijkswet door of jegens het bureau in acht te nemen termijn is gesloten, wordt die termijn voor de toepassing van deze rijkswet verlengd tot het einde van de eerstvolgende dag, waarop het bureau weer geopend is.

Art. 17

Samenwerkingsverdrag

– 1. Het bureau treedt op als ontvangend bureau in de zin van artikel 2, onder *(xv)*, van het Samenwerkingsverdrag en verricht zijn werkzaamheden uit dien hoofde met inachtneming van de bepalingen van dat verdrag.

– 2. Bij algemene maatregel van rijksbestuur worden, voor zover het Samenwerkingsverdrag daartoe de bevoegdheid verleent, het bedrag en de vervaldatum vastgesteld van taksen die op grond van het Samenwerkingsverdrag en het daarbij behorende Reglement mogen worden geheven. Bij algemene maatregel van rijksbestuur kunnen voorts verdere regels worden gesteld ten aanzien van onderwerpen waarover het ontvangend bureau ingevolge genoemd Reglement bevoegd is voorschriften te geven.

Art. 18

Europees octrooi

De aanwijzing of, in voorkomend geval, de keuze van het Koninkrijk in een internationale aanvrage als bedoeld in artikel 2, onder *(vii)*, van het Samenwerkingsverdrag zal worden aangemerkt als een verzoek van de aanvrager tot verkrijging van een Europees octrooi.

Art. 19

Register

- 1. Het bureau is verantwoordelijk voor een octrooiregister waaruit de stand van zaken omtrent octrooiaanvragen en octrooien kan worden afgeleid en waaruit voor dit doel gegevens kunnen worden verstrekt aan derden.
- 2. In het register worden ingevolge deze rijkswet gegevens betreffende octrooiaanvragen en octrooien ingeschreven. Het register is voor een ieder kosteloos ter inzage.
- 3. Bij algemene maatregel van rijksbestuur kunnen nadere regels worden gesteld omtrent het register. Daarbij kan worden bepaald dat de inschrijving van bepaalde gegevens in het register afhankelijk is van het betalen van een bedrag door degene die om inschrijving verzoekt.
- 4. Tegen betaling van bij algemene maatregel van rijksbestuur vast te stellen bedragen kan een ieder het bureau verzoeken om schriftelijke inlichtingen omtrent dan wel gewaarmerkte uittreksels uit het octrooiregister of om stukken welke betrekking hebben op een in het octrooiregister ingeschreven octrooiaanvrage of octrooi, alsmede om afschriften van laatstgenoemde stukken.

Art. 20

Octrooiblad

- 1. Van alle gegevens die in het octrooiregister worden vermeld, wordt tevens melding gemaakt in een door het bureau periodiek uit te geven blad.
- 2. Bij algemene maatregel van rijksbestuur kunnen nadere regels worden gesteld omtrent het in het eerste lid bepaalde.

Art. 21

Openbaarheid

- 1. Vanaf het tijdstip waarop de octrooiaanvrage in het octrooiregister is ingeschreven, kan een ieder kosteloos kennisnemen van alle op de aanvrage of het daarop verleende octrooi betrekking hebbende stukken die het bureau hebben bereikt of die het bureau aan de aanvrager of aan derden heeft doen uitgaan in het kader van de bepalingen van deze rijkswet. Het bureau maakt van al deze stukken zo spoedig mogelijk doch niet voor de inschrijving van de aanvrage in het octrooiregister melding in het in artikel 20 bedoelde blad.
- 2. Van stukken die betrekking hebben op een aanvrage die nog niet in het octrooiregister is ingeschreven, kan alleen met toestemming van de aanvrager kennis worden genomen. Zonder toestemming van de aanvrager kan daarvan nochtans kennis worden genomen, indien de betrokkene aantoont dat de aanvrager zich tegenover hem heeft beroepen op zijn aanvrage. Het in dit lid bepaalde geldt niet ten aanzien van de in paragraaf 3 van dit hoofdstuk bedoelde octrooiaanvragen.
- 3. Geen kennis kan worden genomen van de verklaring van degene die de uitvinding heeft gedaan, inhoudende dat hij geen prijs stelt op vermelding als uitvinder in het octrooi.

Art. 22

Vervallen.

Gemachtigde

Art. 23

Inachtneming termijnen

- 1. Indien de aanvrager of de houder van een octrooi dan wel de houder van een Europees octrooi, ondanks het betrachten van alle in de gegeven omstandigheden geboden zorgvuldigheid, niet in staat is geweest een termijn ten opzichte van het bureau of het bureau bedoeld in artikel 99 in acht te nemen, wordt op zijn verzoek door het bureau de vorige toestand hersteld, indien het niet in acht nemen van de termijn ingevolge deze rijkswet rechtstreeks heeft geleid tot het verlies van enig recht of rechtsmiddel.
- 2. Het eerste lid is niet van toepassing op het niet indienen van de octrooiaanvrage binnen de in artikel 9, eerste lid, bedoelde termijn en op het niet in acht nemen van de hierna in het derde lid bedoelde termijn.
- 3. Het verzoek wordt zo spoedig mogelijk, doch uiterlijk binnen een jaar na afloop van de niet in acht genomen termijn, ingediend. Gelijktijdig met het verzoek wordt de verzuimde handeling alsnog verricht. Bij de indiening dient een bij algemene maatregel van rijksbestuur te bepalen bedrag te worden betaald.
- 4. Het bureau tekent het herstel in het octrooiregister aan.
- 5. Degene, die in het tijdvak, gelegen tussen het verlies van het recht of het rechtsmiddel en het herstel in de vorige toestand, begonnen is met de vervaardiging of toepassing binnen Nederland of de Nederlandse Antillen dan wel indien het een Europees octrooi betreft binnen Nederland, in of voor zijn bedrijf van datgene, waarvoor tengevolge van het herstel een octrooi van kracht is, dan wel een begin van uitvoering heeft gegeven aan zijn voornemen daartoe, blijft niettegenstaande het octrooi bevoegd de in artikel 53, eerste lid, bedoelde handelingen te verrichten. Artikel 55, tweede en vierde lid, is van overeenkomstige toepassing.

§ 1a. Octrooigemachtigden

Art. 23a

Register van octrooigemachtigden

- 1. Het bureau is verantwoordelijk voor een register van octrooigemachtigden waaruit kan worden afgeleid wie voldoet aan de eisen van vakbekwaamheid van octrooigemachtigden en als octrooigemachtigde voor het bureau kan optreden en waaruit voor dit doel gegevens kunnen worden verstrekt aan derden.

– 2. In het register kan een ieder op aanvraag als octrooigemachtigde worden ingeschreven die met goed gevolg een examen heeft afgelegd en die gedurende ten minste drie jaren octrooiaanvragen heeft behandeld onder verantwoordelijkheid van een octrooigemachtigde, dan wel van wie met goed gevolg een proeve van bekwaamheid is afgenomen. Het examen of de proeve van bekwaamheid is niet langer dan tien jaar voor het indienen van de aanvraag afgelegd.

– 3. Het bureau stelt de inrichting van het register vast. Het register is voor een ieder kosteloos ter inzage.

– 4. Het is anderen dan degenen die in het register van octrooigemachtigden zijn ingeschreven, verboden zichzelf in het economisch verkeer aan te duiden alsof zij in dat register zouden zijn ingeschreven.

– 5. De raad van toezicht kan op aanvraag ontheffing verlenen van de verplichting het examen of de proeve van bekwaamheid af te leggen of ten minste drie jaren octrooiaanvragen te behandelen onder verantwoordelijkheid van een octrooigemachtigde.

– 6. Bij of krachtens algemene maatregel van rijksbestuur worden nadere regels gesteld omtrent de aanvraag om inschrijving in het register, de aanvraag om een ontheffing, de beoordeling van de aanvraag door de raad van toezicht, het beroep bij het Gerechtshof te 's-Gravenhage tegen een afwijzend oordeel van de raad en de inschrijving in en de uitschrijving uit het register.

Art. 23b

– 1. Voor het bureau kunnen als gemachtigde slechts optreden personen die als octrooigemachtigde zijn ingeschreven in het register, bedoeld in artikel 23a, en personen die op grond van artikel 1 van de Advocatenwet als advocaat zijn ingeschreven bij een rechtbank.

– 2. De directeur van het bureau kan van een advocaat inzage vorderen van de geviseerde akte van zijn beëdiging als advocaat voordat hij hem als gemachtigde voor het bureau toelaat.

– 3. De directeur van het bureau kan in bijzondere gevallen ook anderen dan de personen, bedoeld in het eerste lid, toestaan als gemachtigde voor het bureau op te treden, indien zij van een dergelijk optreden niet hun beroep maken of indien zij in een lidstaat van de Europese Unie of in een andere staat die partij is bij de Overeenkomst betreffende de Europese Economische Ruimte bevoegd zijn om als gemachtigde in octrooizaken op te treden en zij slechts in incidentele gevallen als gemachtigde voor het bureau optreden.

– 4. Tenzij bij of krachtens wet anders is bepaald, is een octrooigemachtigde of een persoon die onder zijn verantwoordelijkheid werkzaam is, verplicht tot geheimhouding van al hetgeen waarvan hij uit hoofde van zijn werkzaamheden als zodanig kennis neemt. Deze verplichting blijft bestaan na beëindiging van de desbetreffende werkzaamheden.

Art. 23c

– 1. Er is een examencommissie voor het afnemen van het examen en de proeve van bekwaamheid, bedoeld in artikel 23a.

– 2. Op voordracht van het bestuur van de orde benoemt Onze Minister de leden van de examencommissie telkens voor een periode van twee jaar. Onze Minister kan een lid om gewichtige redenen tussentijds ontslaan. De benoeming en het ontslag van de leden van de examencommissie wordt bekendgemaakt in het blad, bedoeld in artikel 20.

– 3. De examencommissie bestaat uit ten minste zes personen. Een derde van de leden van de examencommissie is octrooigemachtigde, een derde is medewerker van het bureau en een derde is rechtsgeleerd deskundige, niet afkomstig uit de kring van octrooigemachtigden en medewerkers van het bureau. Ten hoogste de helft van de leden van de examencommissie kan tevens docent zijn van een opleiding voor toekomstige octrooigemachtigden.

– 4. De examencommissie kan uit haar midden commissies samenstellen ten behoeve van het in gedeelten afnemen van het examen of de proeve van bekwaamheid.

– 5. De examencommissie bepaalt het tijdstip van de aanmelding tot het examen en de proeve van bekwaamheid, bedoeld in het eerste lid, alsmede het tijdstip en de plaats waarop dit examen en deze proeve van bekwaamheid worden afgenomen. De examencommissie neemt een examen of proeve van bekwaamheid of een gedeelte daarvan niet af dan nadat degene van wie het examen of de proeve van bekwaamheid of het gedeelte daarvan wordt afgenomen, het daarvoor verschuldigde bedrag heeft betaald.

– 6. Bij of krachtens algemene maatregel van rijksbestuur worden nadere regels gesteld omtrent:

a. het toelaten tot het deelnemen aan en het afnemen van het examen en de proeve van bekwaamheid en het bedrag dat degene die aan een examen of proeve van bekwaamheid of een gedeelte daarvan wenst deel te nemen, verschuldigd is;

b. de kennis die wordt getoetst door het examen en de proeve van bekwaamheid, de uitwer-

320

king van de exameneisen door de examencommissie en de wijze waarop het examen of de proeve van bekwaamheid wordt afgenomen.

Art. 23d

- 1. Er is een Orde van octrooigemachtigden, die gevormd wordt door allen die zijn ingeschreven in het register, bedoeld in artikel 23*a*.
- 2. De orde heeft tot taak de bevordering van een goede beroepsuitoefening door de leden en van hun vakbekwaamheid. Haar taak omvat mede de zorg voor de eer en het aanzien van het beroep van octrooigemachtigde.
- 3. De orde is een openbaar lichaam als bedoeld in artikel 134 van de Grondwet.

Orde van octrooigemachtigden

Art. 23e

- 1. De algemene vergadering van de orde kiest uit haar midden een bestuur dat de dagelijkse leiding heeft over de orde en dat gerechtigd is tot het verrichten van daden van beheer en beschikking met betrekking tot het vermogen van de orde.
- 2. De leden van het bestuur treden om de twee jaar af. Zij zijn terstond herkiesbaar.
- 3. Het bestuur van de orde bestaat uit ten hoogste negen leden. De algemene vergadering van de orde wijst uit deze leden de voorzitter, secretaris en penningmeester van het bestuur aan.
- 4. De voorzitter of de secretaris van het bestuur vertegenwoordigt de orde in en buiten rechte.

Algemene vergadering van de orde; bestuur

Art. 23f

- 1. De algemene vergadering van de orde kiest een raad van toezicht die aanvragen om opgenomen te worden in het register van octrooigemachtigden beoordeelt, die toezicht houdt op de wijze waarop octrooigemachtigden hun beroep uitoefenen en die belast is met tuchtrechtspraak in eerste aanleg.
- 2. De leden van de raad van toezicht treden om de twee jaar af. Zij zijn terstond herkiesbaar.
- 3. De raad van toezicht van de orde bestaat uit vijf leden en vijf plaatsvervangende leden.
- 4. De voorzitter van de raad van toezicht is een jurist die op voordracht van de algemene vergadering van de orde wordt benoemd door Onze Minister. De algemene vergadering van de orde wijst de secretaris van de raad van toezicht aan uit de leden van de raad.

Algemene vergadering van de orde; raad van toezicht

Art. 23g

- 1. Het lidmaatschap van het bestuur is niet verenigbaar met het lidmaatschap of het plaatsvervangend lidmaatschap van de raad van toezicht.
- 2. Het bestuur ontheft een lid of plaatsvervangend lid van de raad van toezicht van zijn functie, indien het lid of plaatsvervangend lid:
a. vanwege ziekten of gebreken blijvend ongeschikt is zijn functie te vervullen;
b. uitgeschreven is uit het register van octrooigemachtigden;
c. in staat van faillissement is verklaard, onder de toepassing van de schuldsaneringsregeling natuurlijke personen is verklaard of onder curatele is gesteld;
d. zich in voorlopige hechtenis bevindt;
e. bij onherroepelijk geworden rechterlijke uitspraak wegens misdrijf is veroordeeld, dan wel hem bij een dergelijke uitspraak een maatregel is opgelegd die vrijheidsbeneming tot gevolg heeft.

Incompatibiliteit

Art. 23h

- 1. De algemene vergadering van de orde stelt een huishoudelijk reglement en gedragsregels voor octrooigemachtigden vast.
- 2. Het huishoudelijk reglement regelt in ieder geval:
a. de wijze waarop het bestuur en de raad van toezicht worden verkozen;
b. het ontslag om gewichtige redenen van een lid van het bestuur;
c. het houden van de vergaderingen van de orde;
d. het bedrag van de contributie die de leden van de orde verschuldigd zijn vanwege hun lidmaatschap van de orde, en de termijn waarbinnen de contributie wordt voldaan.
- 3. De algemene vergadering stelt een verordening vast ten aanzien van de begeleiding van stagiaires door octrooigemachtigden, de wederzijdse verplichtingen van de octrooigemachtigde en de stagiaire en de benoeming door de raad van toezicht van een octrooigemachtigde als begeleider van een stagiaire die octrooiwerkzaamheden verricht buiten het kantoor van een octrooigemachtigde.
- 4. De algemene vergadering kan verordeningen vaststellen in het belang van de goede beroepsuitoefening van de leden. Deze verordeningen kunnen slechts betrekking hebben op:
a. de wijze waarop de administratie van een octrooigemachtigde wordt ingericht, bijgehouden en bewaard;
b. de samenwerking van octrooigemachtigden met andere octrooigemachtigden en met beoefenaren van een ander beroep;
c. de publiciteit die octrooigemachtigden kunnen bedrijven omtrent hun werkzaamheden;

Huishoudelijk reglement en gedragsregels

10 Rijksoctrooiwet 1995

d. het bijhouden van de kennis en het inzicht van octrooigemachtigden met betrekking tot het recht betreffende de industriële eigendom en het toezicht van de raad van toezicht daarop.
  - 5. Verordeningen houden geen bepalingen in omtrent onderwerpen waarin bij of krachtens de wet is voorzien, bevatten geen verplichtingen of voorschriften die niet strikt noodzakelijk zijn voor de verwezenlijking van het doel dat met de verordening wordt beoogd en beperken niet onnodig de marktwerking. Indien in het onderwerp van bepalingen van verordeningen wordt voorzien bij of krachtens de wet, houden deze bepalingen van rechtswege op te gelden.

Art. 23i

  - 1. Het huishoudelijk reglement, de gedragsregels voor octrooigemachtigden en de verordeningen, alsmede iedere wijziging daarvan, worden na vaststelling onverwijld ter goedkeuring gezonden aan Onze Minister.
  - 2. Onze Minister kan zijn goedkeuring onthouden aan het huishoudelijk reglement, de gedragsregels voor octrooigemachtigden en de verordeningen, alsmede een wijziging daarvan, indien zij bepalingen bevatten die in strijd zijn met het recht of het algemeen belang.
  - 3. Na goedkeuring door Onze Minister worden het huishoudelijk reglement, de gedragsregels voor octrooigemachtigden en de verordeningen, alsmede een wijziging daarvan, geplaatst in het blad, bedoeld in artikel 20. Zij treden in werking met ingang van de eerste dag van de tweede maand na de dagtekening van het blad waarin zij worden geplaatst of zoveel eerder als zij zelf bepalen.
  - 4. De octrooigemachtigden zijn gehouden het huishoudelijk reglement, de gedragsregels voor octrooigemachtigden en de verordeningen na te leven en de contributie die verschuldigd is vanwege het lidmaatschap van de orde binnen de daarvoor gestelde termijn te voldoen.

Art. 23j

  - 1. De algemene vergadering van de orde stelt voor 1 oktober van ieder jaar een begroting vast voor het volgende kalenderjaar.
  - 2. De algemene vergadering van de orde brengt jaarlijks aan Onze Minister voor 1 mei een financieel verslag uit dat vergezeld gaat van een verklaring omtrent de getrouwheid en de rechtmatigheid, afgegeven door een accountant als bedoeld in artikel 393 van Boek 2 van het Burgerlijk Wetboek.
  - 3. De algemene vergadering van de orde stelt jaarlijks voor 1 mei een verslag op van de werkzaamheden, het gevoerde beleid in het algemeen en de doelmatigheid en doeltreffendheid van de werkzaamheden en werkwijze van de orde in het bijzonder in het afgelopen kalenderjaar. Het verslag wordt aan Onze Minister toegezonden.
  - 4. De algemene vergadering van de orde stelt de in het tweede en derde lid bedoelde stukken algemeen verkrijgbaar.

Art. 23k

De algemene vergadering van de orde, het bestuur van de orde, de raad van toezicht en de examencommissie verstrekken desgevraagd aan Onze Minister de voor de uitoefening van zijn taak benodigde inlichtingen. Onze Minister kan inzage vorderen van zakelijke gegevens en bescheiden, voor zover dat voor de vervulling van zijn taak redelijkerwijs nodig is.

Art. 23l

  - 1. Ten minste eenmaal per jaar vergadert de orde over onderwerpen die voor octrooigemachtigden van belang zijn.
  - 2. De vergaderingen van de orde, bedoeld in het eerste lid, zijn openbaar, tenzij de aanwezige leden van de orde om gewichtige redenen besluiten dat de vergadering geheel of gedeeltelijk met gesloten deuren zal plaatsvinden. De vergaderingen van het bestuur en de raad van toezicht van de orde zijn niet openbaar, behoudens in een geval als bedoeld in artikel 23s, vierde lid.

Art. 23m

  - 1. Een octrooigemachtigde die in staat van faillissement is verklaard, ten aanzien van wie de schuldsaneringsregeling natuurlijke personen van toepassing is verklaard, of die onder curatele is gesteld, is gedurende het faillissement, de toepassing van de schuldsaneringsregeling natuurlijke personen of de curatele van rechtswege geschorst in de uitoefening van het recht als gemachtigde voor het bureau op te treden of bij de behandeling ter terechtzitting van geschillen het woord te voeren. Gedurende deze tijd is hij tevens van rechtswege geschorst als lid van de orde.
  - 2. Ingeval een octrooigemachtigde niet in staat is de belangen te behartigen die hem in die hoedanigheid zijn toevertrouwd, dan wel ingeval hij overleden is, wijst de voorzitter van de raad van de toezicht, indien niet reeds in de vervanging is voorzien, een octrooigemachtigde aan, die, zolang de voorzitter dit nodig oordeelt, de maatregelen neemt die onder de gegeven omstandigheden geboden zijn.

10 Rijksoctrooiwet 1995

Art. 23n

– 1. Een octrooigemachtigde die zich schuldig maakt aan enig handelen of nalaten dat in strijd is met de zorg die hij als octrooigemachtigde behoort te betrachten ten opzichte van degenen wier belangen hij als zodanig behartigt of behoort te behartigen, dat in strijd is met het huishoudelijk reglement of de verordeningen van de orde, of dat in strijd is met hetgeen een octrooigemachtigde betaamt, kan, onverminderd zijn aansprakelijkheid op grond van andere wettelijke voorschriften, worden onderworpen aan een van de maatregelen, genoemd in artikel 23*u*.

Gevolgen onoirbaar gedrag octrooigemachtigde

– 2. Als enig handelen of nalaten in strijd met hetgeen een octrooigemachtigde betaamt, wordt in ieder geval aangemerkt het in octrooiaangelegenheden samenwerken of in dienst nemen van een persoon:

a. van wie bekend is dat hem de inschrijving in het register, bedoeld in artikel 23*a*, is geweigerd omdat gegronde vrees bestaat dat hij zich schuldig zal maken aan enig handelen of nalaten als bedoeld in het eerste lid,

b. die ontzet is uit het recht om als gemachtigde voor het bureau op te treden, of

c. die, hoewel onbevoegd om als gemachtigde voor het bureau op te treden, er zijn gewoonte van maakt zich in Nederland voor te doen als een gemachtigde.

Art. 23o

– 1. De raad van toezicht neemt een tegen een octrooigemachtigde gerezen bedenking in behandeling op een met redenen omklede schriftelijke klacht, bij hem ingediend.

Indiening klacht

– 2. Indien de voorzitter van het bestuur van de orde buiten het geval van een klacht op de hoogte is van een bedenking tegen een octrooigemachtigde of een advocaat, kan hij deze ter kennis van de raad van toezicht brengen. In dat geval behandelt de raad de bedenking als klacht en beschouwt hij de voorzitter van het bestuur van de orde als klager.

– 3. Indien het de raad van toezicht bekend is dat een advocaat zich bij de behandeling van octrooiaangelegenheden heeft schuldig gemaakt aan gedragingen als bedoeld in artikel 46 van de Advocatenwet, stelt hij de raad van toezicht, bedoeld in artikel 22 van die wet, van het arrondissement waarin de desbetreffende advocaat zijn praktijk uitoefent, hiervan op de hoogte.

– 4. De raad van toezicht neemt een klacht niet in behandeling indien het voorval waarop de klacht betrekking heeft, ten minste vijf jaar voor de indiening van de klacht heeft plaatsgevonden.

Art. 23p

– 1. De secretaris van de raad van toezicht stelt de octrooigemachtigde tegen wie een klacht is ingediend onverwijld schriftelijk op de hoogte van de bedenking.

Behandeling klacht; summier onderzoek voorzitter

– 2. De voorzitter van de raad kan na een summier onderzoek, zo nodig na de klager en de desbetreffende octrooigemachtigde te hebben gehoord, de klacht terstond bij met redenen omklede beslissing afwijzen indien hij van oordeel is dat deze kennelijk niet-ontvankelijk, kennelijk ongegrond of van onvoldoende gewicht is.

– 3. Indien de voorzitter van de raad van oordeel is dat een klacht vatbaar is voor minnelijke schikking, roept hij de klager en de desbetreffende octrooigemachtigde op teneinde een zodanige schikking te beproeven. Indien een minnelijke schikking mogelijk blijkt, wordt deze op schrift gesteld en door de klager, de octrooigemachtigde en de voorzitter ondertekend.

– 4. De voorzitter van de raad brengt klachten, die niet in der minne zijn opgelost of die niet zijn afgewezen, onverwijld ter kennis van de raad van toezicht.

– 5. De secretaris van de raad zendt aan de klager en de desbetreffende octrooigemachtigde onverwijld bij aangetekende brief een afschrift van de beslissing van de voorzitter.

Art. 23q

– 1. Tegen de beslissing van de voorzitter van de raad van toezicht tot afwijzing van een klacht kan de klager binnen veertien dagen na de dag van verzending van het afschrift van de beslissing schriftelijk verzet doen bij de raad van toezicht. Hij geeft daarbij gemotiveerd aan met welke overwegingen van de voorzitter van de raad hij zich niet kan verenigen en kan vragen over zijn verzet te worden gehoord.

Verzet tegen beslissing voorzitter

– 2. Indien overeenkomstig het eerste lid verzet is gedaan tegen de beslissing van de voorzitter van de raad, wijst deze een ander lid van de raad aan om hem bij de behandeling van het verzet te vervangen.

– 3. Ten gevolge van het verzet vervalt de beslissing van de voorzitter van de raad, tenzij de raad het verzet niet-ontvankelijk of ongegrond verklaart.

– 4. Indien de raad van oordeel is dat de klacht kennelijk niet-ontvankelijk, kennelijk ongegrond of van onvoldoende gewicht is, kan hij zonder nader onderzoek het verzet niet-ontvankelijk of ongegrond verklaren, echter niet dan na de klager die daarom vroeg, in de gelegenheid te hebben gesteld te worden gehoord.

– 5. De beslissing tot niet-ontvankelijkverklaring of tot ongegrondverklaring van het verzet is met redenen omkleed. Daartegen staat geen rechtsmiddel open. De secretaris van de raad zendt aan de klager en de desbetreffende octrooigemachtigde onverwijld bij aangetekende brief een afschrift van de beslissing van de raad.

– 6. Indien de raad van oordeel is dat het verzet gegrond is, wordt de zaak in verdere behandeling genomen.

Art. 23r

Bedenking tegen lid raad van toezicht

– 1. Indien een bedenking een lid of plaatsvervangend lid van de raad van toezicht betreft, schorst de raad dit lid of plaatsvervangend lid in het recht zitting te hebben in de raad gedurende de tijd dat de bedenking behandeld wordt.

– 2. De artikelen 512 tot en met 519 van het Wetboek van Strafvordering zijn van overeenkomstige toepassing ten aanzien van de wraking en verschoning van een lid of plaatsvervangend lid van de raad.

Art. 23s

Verhoor; zitting

– 1. De raad van toezicht neemt geen beslissing dan na verhoor of behoorlijke oproeping van de octrooigemachtigde en van de klager of de voorzitter van het bestuur van de orde. De oproepingen geschieden bij aangetekende brief ten hoogste acht weken nadat de klacht ter kennis van de raad is gebracht op grond van artikel 23p, vierde lid, of nadat de raad de klacht in verdere behandeling heeft genomen op grond van artikel 23q, zesde lid, en ten minste twee weken voor het verhoor.

– 2. De octrooigemachtigde en de klager of de voorzitter van het bestuur van de orde zijn bevoegd zich te doen bijstaan door een raadsman. De secretaris van de raad stelt hen tijdig in de gelegenheid om kennis te nemen van de stukken die betrekking hebben op de zaak. Zij kunnen afschriften of uittreksels van die stukken vragen tegen vergoeding van de kostprijs.

– 3. De raad kan weigeren personen, die geen advocaat of procureur zijn, als raadsman toe te laten. In dat geval houdt de raad de zaak tot een volgende zitting aan.

– 4. De behandeling door de raad van een bedenking tegen een octrooigemachtigde geschiedt in een openbare zitting. De raad kan om gewichtige redenen bevelen dat de behandeling geheel of gedeeltelijk met gesloten deuren zal plaatsvinden.

Art. 23t

Getuigen en deskundigen

– 1. De raad van toezicht kan getuigen en deskundigen horen. Zij worden daartoe bij aangetekende brief opgeroepen en zijn verplicht aan de oproeping gevolg te geven.

– 2. Verschijnt een getuige of deskundige op de oproeping niet, dan doet de officier van justitie op verzoek van de raad hem dagvaarden. Verschijnt een getuige of deskundige op de dagvaarding niet, dan doet de officier van justitie op verzoek van de raad hem andermaal dagvaarden, desverzocht met bevel tot medebrenging. Artikel 556 van het Wetboek van Strafvordering is van overeenkomstige toepassing.

– 3. De voorzitter van de raad kan een getuige onder ede horen.

– 4. De getuige is verplicht op de gestelde vragen te antwoorden. De deskundige is gehouden zijn taak onpartijdig en naar beste weten te verrichten. Ten aanzien van de getuigen en deskundigen zijn de artikelen 217 tot en met 219 van het Wetboek van Strafvordering van overeenkomstige toepassing.

– 5. De getuigen en deskundigen ontvangen op verzoek op vertoon van hun oproeping of dagvaarding schadeloosstelling overeenkomstig het bij en krachtens artikel 57 van de Wet tarieven in burgerlijke zaken bepaalde.

Art. 23u

Sancties

– 1. De raad van toezicht kan aan de octrooigemachtigde een van de volgende maatregelen opleggen, indien hij oordeelt dat een tegen de octrooigemachtigde gerezen bedenking gegrond is:

a. waarschuwing;

b. berisping;

c. schorsing in de uitoefening van het recht om als gemachtigde voor het bureau op te treden voor de tijd van ten hoogste vijf jaar;

d. ontzetting uit het recht om als gemachtigde voor het bureau op te treden.

– 2. Schorsing als bedoeld in het eerste lid, onder c, brengt voor de duur van de schorsing mee schorsing als lid van de orde en verlies van de betrekkingen, waarbij de hoedanigheid van octrooigemachtigde vereist is voor de verkiesbaarheid of benoembaarheid.

Art. 23v

Beslissing

– 1. De beslissingen van de raad van toezicht zijn met redenen omkleed en worden in het openbaar uitgesproken. De raad beslist binnen zes weken nadat het onderzoek ter openbare zitting is gesloten.

– 2. De waarschuwing of berisping, bedoeld in artikel 23u, eerste lid, onder a en b, wordt door de voorzitter van de raad uitgesproken in een vergadering van de raad, waarvoor de octrooigemachtigde bij aangetekende brief wordt opgeroepen. Van de vergadering wordt proces-verbaal opgemaakt. De secretaris van de raad zendt een afschrift van het proces-verbaal bij aangetekende brief aan de octrooigemachtigde.

– 3. Indien een maatregel is opgelegd als bedoeld in artikel 23u kan de raad beslissen dat daarvan mededeling wordt gedaan in het blad, bedoeld in artikel 20, zodra de beslissing onherroepelijk is geworden. Een dergelijke mededeling wordt in ieder geval gedaan indien een maatregel als bedoeld in artikel 23u, eerste lid, onder c of d, is opgelegd.

– 4. De secretaris van de raad zendt bij aangetekende brief terstond een afschrift van de beslissing van de raad aan de octrooigemachtigde en, in voorkomend geval, aan de klager of de voorzitter van het bestuur van de orde, alsmede, indien bij de beslissing een maatregel is opgelegd, aan het bureau. In het afschrift van de beslissing worden de ter beschikking staande rechtsmiddelen vermeld.

– 5. In geval van oplegging van de maatregelen, bedoeld in artikel 23u, eerste lid, onder c en d, deelt de raad aan de betrokken octrooigemachtigde bij aangetekende brief nadat de beslissing onherroepelijk is geworden, de datum mee waarop de maatregel van kracht wordt.

Art. 23w

Beroep

– 1. Tegen een beslissing van de raad van toezicht als bedoeld in artikel 23u kan een belanghebbende binnen dertig dagen na de dag van verzending van de brief, bedoeld in artikel 23v, vierde lid, beroep instellen bij het Gerechtshof te 's-Gravenhage.

– 2. Het beroep wordt ingesteld bij beroepschrift. De griffier van het gerechtshof geeft door toezending van een afschrift van het beroepschrift terstond kennis aan de raad van toezicht, aan het bureau en, voor zover het beroep niet door hem is ingesteld, aan de klager en aan de octrooigemachtigde.

– 3. Het gerechtshof behandelt de zaak opnieuw in volle omvang.

– 4. De artikelen 23s en 23t zijn van overeenkomstige toepassing op het beroep.

– 5. Tenzij het gerechtshof beslist dat het beroep niet ontvankelijk is of dat er geen aanleiding bestaat tot het opleggen van enige maatregel, legt het een maatregel op als bedoeld in artikel 23u.

– 6. Artikel 23v is van overeenkomstige toepassing op de beslissing van het gerechtshof, met dien verstande dat in plaats van 'de raad van toezicht' wordt gelezen: het gerechtshof, in plaats van 'voorzitter van de raad' wordt gelezen: vice-president van het gerechtshof, en in plaats van 'secretaris van de raad': griffier van het gerechtshof.

– 7. Tegen beslissingen van het gerechtshof is geen hogere voorziening toegelaten.

Art. 23x

Herziening verzoek

– 1. Van een beslissing van de raad van toezicht als bedoeld in artikel 23u en van een beslissing van het gerechtshof als bedoeld in artikel 23w, vijfde lid, kan door degene tegen wie de beslissing is genomen, herziening worden verzocht, indien een ernstig vermoeden bestaat dat op grond van enige omstandigheid, waarvan bij het nemen van de beslissing niet is gebleken, een andere beslissing zou zijn genomen, indien die omstandigheid bekend zou zijn geweest.

– 2. Van een beslissing tot oplegging van de maatregel, bedoeld in artikel 23u, eerste lid, onder d, kan door degene tegen wie de beslissing is genomen, wijziging worden verzocht na vijf jaar nadat de beslissing onherroepelijk is geworden.

– 3. Ten aanzien van de herziening, bedoeld in het eerste lid, en de wijziging, bedoeld in het tweede lid, is het Gerechtshof te 's-Gravenhage bevoegd. Deze procedures leiden niet tot het opleggen van een zwaardere maatregel. De artikelen 23s, 23t en 23w, tweede tot en met zevende lid, zijn van overeenkomstige toepassing op de herziening en de wijziging.

Art. 23y

Bezwaar belanghebbende

– 1. Een belanghebbende kan bij de examencommissie bezwaar maken tegen een beslissing als bedoeld in artikel 23c, vijfde lid, tegen een beslissing hem of haar niet toe te laten tot het examen of de proeve van bekwaamheid en tegen de beoordeling van het examen of de proeve van bekwaamheid.

– 2. Een belanghebbende kan bij de raad van toezicht bezwaar maken tegen een benoeming van een octrooigemachtigde als begeleider van een stagiaire als bedoeld in artikel 23h, derde lid.

– 3. De hoofdstukken 6 en 7 van de Algemene wet bestuursrecht zijn van overeenkomstige toepassing op het bezwaar, bedoeld in het eerste of tweede lid.

– 4. De curator kan de raad van toezicht verzoeken de schorsing, bedoeld in artikel 23m, eerste lid, op te heffen. De artikelen 23s, 23t en 23v, eerste lid, zijn van overeenkomstige toepassing op het verzoek tot opheffing van de schorsing. Indien de raad van toezicht de schorsing opheft, zendt de secretaris van de raad terstond een afschrift van de beslissing van de raad aan de curator, de betrokkene en het bureau.

– 5. Een belanghebbende kan tegen een beslissing op bezwaar als bedoeld in het eerste of tweede lid of tegen een beslissing op het verzoek als bedoeld in het vierde lid beroep instellen bij het Gerechtshof te 's-Gravenhage.

– 6. De artikelen 23*s*, 23*t*, 23*v*, eerste lid, en 23*w*, met uitzondering van het vijfde lid, zijn van overeenkomstige toepassing op het beroep.

Art. 23z

Evaluatiebepaling

Onze Minister zendt binnen vijf jaar na de inwerkingtreding van paragraaf 1*a* van hoofdstuk 2 van deze wet en vervolgens telkens na vier jaar aan de Staten-Generaal een verslag over de doeltreffendheid en doelmatigheid van het functioneren van de orde.

§ 2. Verlening

Art. 24

Octrooiaanvraag

– 1. Een aanvrage om octrooi moet bij het bureau worden ingediend en moet:
a. de naam en het adres van de aanvrager vermelden;
b. de naam en de woonplaats vermelden van degene, die de uitvinding heeft gedaan, tenzij deze blijkens een bij de aanvrage gevoegde schriftelijke verklaring geen prijs stelt op vermelding als uitvinder in het octrooi;
c. een verzoek om verlening van een octrooi bevatten;
d. een korte aanduiding bevatten van datgene, waarop de uitvinding betrekking heeft;
e. vergezeld zijn van een beschrijving van de uitvinding, die aan het slot in één of meer conclusies een omschrijving geeft van datgene, waarvoor uitsluitend recht wordt verlangd;
f. vergezeld zijn van een uittreksel van de beschrijving.
– 2. Het uittreksel is alleen bedoeld als technische informatie; het kan in het bijzonder niet dienen voor de uitlegging van de omvang van de gevraagde bescherming en voor de toepassing van de artikelen 4, derde lid, en 75, tweede lid.
– 3. De aanvrage dient, evenals de beschrijving, in het Nederlands te zijn gesteld.
– 4. De aanvrage, de beschrijving van de uitvinding, de tekeningen en het uittreksel moeten voorts voldoen aan de overige, bij ministeriële regeling te stellen, voorschriften.
– 5. Bij de aanvrage dient een bewijsstuk te worden overgelegd waaruit blijkt dat aan het bureau een bedrag is betaald overeenkomstig een bij algemene maatregel van rijksbestuur vastgesteld tarief.

Art. 25

Beschrijving uitvinding

– 1. De beschrijving van de uitvinding moet duidelijk en volledig zijn; de aan het slot daarvan in een of meer conclusies gegeven omschrijving moet nauwkeurig zijn. De beschrijving moet zo nodig van daarmee overeenstemmende tekeningen vergezeld zijn en overigens van zodanige aard zijn, dat de uitvinding daaruit door een deskundige kan worden begrepen en aan de hand van die beschrijving toegepast.
– 2. In het geval dat een uitvinding betreffende een micro-biologische werkwijze of een door een dergelijke werkwijze verkregen voortbrengsel het gebruik omvat van een micro-organisme dat niet openbaar toegankelijk is, dient bovendien een cultuur van het micro-organisme uiterlijk op de dag van indiening van de aanvrage te zijn gedeponeerd bij een bij of krachtens algemene maatregel van rijksbestuur aan te wijzen instelling en dient voorts te zijn voldaan aan bij algemene maatregel van rijksbestuur te stellen voorschriften inzake identificatie en beschikbaarheid van het micro-organisme.

Art. 26

Vervallen.

Art. 27

Enkele uitvinding

Elke aanvrage om octrooi mag slechts op een enkele uitvinding betrekking hebben of op een groep van uitvindingen, die zodanig onderling verbonden zijn, dat zij op een enkele algemene uitvindingsgedachte berusten. Bij algemene maatregel van rijksbestuur kunnen daarover nadere regels worden gesteld.

Art. 28

Gesplitste aanvraag

– 1. De aanvrager kan zijn reeds ingediende aanvrage splitsen door voor een gedeelte van de inhoud daarvan een afzonderlijke aanvrage in te dienen. Deze aanvrage wordt, behalve voor de toepassing van de artikelen 30, eerste lid, 31, derde lid, en 32, tweede lid, aangemerkt te zijn ingediend op de dag van de oorspronkelijke aanvrage.
– 2. De aanvrager kan de beschrijving, conclusies en tekeningen van zijn reeds ingediende aanvrage wijzigen.
– 3. Het onderwerp van de afgesplitste of de gewijzigde aanvrage moet gedekt worden door de inhoud van de oorspronkelijke aanvrage.
– 4. De splitsing of wijziging kan geschieden tot het tijdstip waarop de octrooiaanvrage ingevolge artikel 31, eerste of tweede lid, in het octrooiregister moet worden ingeschreven, met dien verstande dat voor de aanvrager die om een onderzoek naar de stand van de techniek als bedoeld in artikel 32 heeft verzocht, voor de splitsing of wijziging een termijn van tenminste twee maanden na de verzending van de in artikel 34, vierde lid, bedoelde mededeling open-

staat. Op verzoek van de aanvrager kan het bureau laatstgenoemde termijn verlengen tot vier maanden na de verzending van de in artikel 34, vierde lid, bedoelde mededeling.

Art. 29

– 1. Als datum van indiening van de aanvrage geldt die, waarop zijn overgelegd:

a. een aanduiding dat een octrooi wordt aangevraagd;

b. gegevens waaruit de identiteit van de aanvrager blijkt;

c. een beschrijving van de uitvinding en één of meer conclusies, ook als deze niet voldoen aan het bij of krachtens artikel 24 bepaalde.

– 2. Het bureau vermeldt de in het eerste lid bedoelde datum alsmede een nummer op de aanvrage en maakt deze zo spoedig mogelijk aan de aanvrager bekend.

– 3. Indien het bureau van oordeel is, dat de overgelegde bescheiden niet voldoen aan het in het eerste lid bepaalde, weigert het bureau tot vermelding van de in het eerste lid bedoelde datum over te gaan. Het maakt zijn beschikking zo spoedig mogelijk aan de aanvrager bekend.

Datum van indiening

Art. 30

– 1. Indien niet is voldaan aan het bij en krachtens artikel 24 bepaalde of het openbaar worden van de uitvinding in strijd zou zijn met de openbare orde of goede zeden, geeft het bureau daarvan binnen een maand na de in artikel 29, eerste lid, bedoelde datum van indiening of, in geval van afsplitsing van de aanvrage, binnen een maand na de datum van indiening van de afgesplitste aanvrage, schriftelijk kennis aan de aanvrager, onder opgave van de voorschriften waaraan niet is voldaan.

– 2. Indien de gebreken niet binnen drie maanden na verzending van de in het eerste lid bedoelde kennisgeving zijn hersteld of indien de aanvrager voordien heeft medegedeeld niet tot herstel te willen overgaan, besluit het bureau de aanvrage niet te behandelen. Het bureau maakt zijn beschikking zo spoedig mogelijk aan de aanvrager bekend.

Formele vereisten

Art. 31

– 1. Het bureau schrijft een octrooiaanvrage in het octrooiregister in zo spoedig mogelijk na verloop van achttien maanden:

a. na de in artikel 29, eerste lid, bedoelde datum van indiening of,

b. indien het een aanvrage betreft waarvoor een beroep is gedaan op een of meer rechten van voorrang, na de eerste datum van voorrang.

– 2. Op schriftelijk verzoek van de aanvrager vindt de inschrijving op een eerder tijdstip plaats.

– 3. De inschrijving van een afgesplitste aanvrage als bedoeld in artikel 28 geschiedt zo spoedig mogelijk na de indiening daarvan, doch niet eerder dan de inschrijving van de oorspronkelijke aanvrage.

Inschrijving register

Art. 32

– 1. De aanvrager kan het bureau binnen dertien maanden na:

a. de in artikel 29, eerste lid, bedoelde datum van indiening of,

b. indien het een aanvrage betreft waarvoor een beroep is gedaan op een of meer rechten van voorrang, de eerste datum van voorrang, verzoeken om een aan de verlening van het octrooi voorafgaand onderzoek naar de stand van de techniek met betrekking tot het onderwerp van de octrooiaanvrage.

– 2. Indien het een afgesplitste aanvrage betreft als bedoeld in artikel 28, kan het in het eerste lid bedoelde verzoek worden gedaan binnen dertien maanden na de in het eerste lid bedoelde datum van indiening of voorrang van de oorspronkelijke aanvrage of, indien dat later is, binnen twee maanden na de indiening van de afgesplitste aanvrage.

– 3. Het verzoek gaat, vergezeld van een bewijsstuk waaruit blijkt, dat aan het bureau een bedrag is betaald overeenkomstig een bij algemene maatregel van rijksbestuur vastgesteld tarief. Indien dit bewijsstuk niet binnen de in het eerste lid bedoelde termijn is overgelegd, wordt het verzoek niet in behandeling genomen.

– 4. Zo spoedig mogelijk nadat de octrooiaanvrage in het octrooiregister is ingeschreven, doet het bureau in het octrooiregister aantekening van het in het eerste lid bedoelde verzoek.

Aanvraag onderzoek stand van de techniek

Art. 33

– 1. Indien de aanvrager hetzij binnen de in artikel 32, eerste of tweede lid, bedoelde termijn het daar bedoelde verzoek niet heeft gedaan hetzij schriftelijk het bureau heeft meegedeeld een zodanig verzoek niet te zullen doen, verleent het bureau het octrooi, zodra de octrooiaanvrage in het octrooiregister is ingeschreven. Het doet hiervan aantekening in het octrooiregister.

– 2. Het octrooi heeft uitsluitend betrekking op die uitvinding of groep van uitvindingen als bedoeld in artikel 27, die als eerste in de conclusies wordt genoemd.

– 3. De octrooiverlening geschiedt door het plaatsen van een gedateerde aantekening op de aanvrage in de vorm waarin deze ingediend dan wel overeenkomstig de artikelen 28 of 30, tweede lid, is gewijzigd.

Octrooiverlening zonder onderzoek naar stand van zaken

10 Rijksoctrooiwet 1995

– 4. Het bureau geeft de bij de aanvrage behorende beschrijving en tekeningen bij wege van octrooischrift uit en verstrekt hiervan een gewaarmerkt afschrift aan de aanvrager.

– 5. Een ingevolge dit artikel verleend octrooi blijft, behoudens eerder verval of vernietiging door de rechter, van kracht tot het verstrijken van een termijn van zes jaren, te rekenen vanaf de in artikel 29, eerste lid, bedoelde datum van indiening.

Art. 34

Onderzoek stand van de techniek

– 1. Een onderzoek naar de stand van de techniek als bedoeld in artikel 32, eerste lid, wordt verricht door het bureau, waar nodig met inschakeling van het Europees Octrooibureau, bedoeld in het Europees Octrooiverdrag.

– 2. Indien de aanvrager daarom verzoekt, doet het bureau de aanvrage onderwerpen aan een nieuwheidsonderzoek van internationaal type als bedoeld in artikel 15, vijfde lid, onder *a*, van het Samenwerkingsverdrag. Zulk een nieuwheidsonderzoek wordt aangemerkt als een onderzoek naar de stand van de techniek als bedoeld in artikel 32, eerste lid.

– 3. Indien bij het onderzoek blijkt, dat de ingediende aanvrage niet voldoet aan het bij of krachtens artikel 27 bepaalde, wordt het uitgevoerd ten aanzien van die onderdelen van de aanvrage die betrekking hebben op de uitvinding of op de groep van uitvindingen als bedoeld in artikel 27, die als eerste in de conclusies wordt genoemd.

– 4. Het bureau deelt de aanvrager schriftelijk het resultaat van het onderzoek naar de stand van de techniek mede.

– 5. Indien toepassing is gegeven aan het derde lid, maakt het bureau daarvan in de mededeling, bedoeld in het vierde lid, melding onder vermelding van de uitvinding of groep van uitvindingen ten aanzien waarvan het onderzoek is uitgevoerd.

Art. 35

Onduidelijkheid aanvraag

– 1. Indien het bureau van oordeel is dat het onderzoek naar de stand van de techniek wegens onduidelijkheid van de aanvrage niet uitvoerbaar is, geeft het bureau daarvan zo spoedig mogelijk schriftelijk en met redenen omkleed kennis aan de aanvrager.

– 2. Indien de gebreken niet binnen twee maanden na verzending van de in het eerste lid bedoelde kennisgeving zijn hersteld of indien de aanvrager voordien heeft meegedeeld niet tot herstel te willen overgaan, besluit het bureau de aanvrage niet te behandelen. Het bureau maakt zijn beschikking zo spoedig mogelijk aan de aanvrager bekend.

Art. 36

Octrooiverlening na onderzoek naar stand techniek

– 1. Indien de aanvrager heeft verzocht om een onderzoek naar de stand van de techniek als bedoeld in artikel 32, eerste lid, verleent het bureau het octrooi zodra de octrooiaanvrage in het octrooiregister is ingeschreven, doch niet eerder dan twee maanden of, indien artikel 28, vierde lid, tweede volzin, is toegepast, vier maanden na verzending van de in artikel 34, vierde lid, bedoelde mededeling. Het doet hiervan aantekening in het octrooiregister.

– 2. Artikel 33, derde en vierde lid, is van toepassing.

– 3. Indien toepassing is gegeven aan artikel 34, derde lid, heeft het octrooi uitsluitend betrekking op die uitvinding of groep van uitvindingen als bedoeld in artikel 27, die als eerste in de conclusies wordt genoemd.

– 4. Het resultaat van het onderzoek naar de stand van de techniek wordt bij het octrooischrift gevoegd.

– 5. Een ingevolge dit artikel verleend octrooi blijft, behoudens eerder verval of vernietiging door de rechter, van kracht tot het verstrijken van een termijn van twintig jaren, te rekenen vanaf de in artikel 29, eerste lid , bedoelde datum van indiening.

Art. 37

Onderzoek na octrooiverlening

– 1. Een ieder kan te allen tijde het bureau verzoeken om een onderzoek naar de stand van de techniek met betrekking tot het onderwerp van een door het bureau verleend octrooi.

– 2. Indien de verzoeker in zijn verzoek nauwkeurig aangeeft op welk gedeelte van het octrooi het onderzoek in de eerste plaats betrekking moet hebben, wordt het onderzoek overeenkomstig het verzoek uitgevoerd.

– 3. Bij het verzoek dient een bewijsstuk te worden overgelegd, waaruit blijkt dat aan het bureau een bedrag is betaald overeenkomstig een bij algemene maatregel van rijksbestuur vastgesteld tarief. Zolang het bewijsstuk niet is overgelegd, wordt het verzoek niet in behandeling genomen.

– 4. Het bureau geeft van de indiening van een verzoek als bedoeld in het eerste lid terstond kennis aan de octrooihouder en doet van de indiening van het verzoek zo spoedig mogelijk aantekening in het octrooiregister.

– 5. De artikelen 34, eerste, derde, vierde en vijfde lid, en 35, eerste lid, zijn van overeenkomstige toepassing.

Art. 38

– 1. Een ieder kan het bureau schriftelijk mededeling doen van gegevens betreffende een octrooiaanvrage of het daarop verleende octrooi. Het bureau deelt deze gegevens mede aan de aanvrager of de octrooihouder, voor zover zij niet van deze afkomstig zijn.

– 2. Indien de in artikel 24, eerste lid, onder *b*, bedoelde vermelding van de uitvinder onjuist is, of door een ander dan de uitvinder is verklaard dat op vermelding als uitvinder in het octrooi geen prijs wordt gesteld, kunnen de aanvrager en de uitvinder gezamenlijk, onder betaling van een bij algemene maatregel van rijksbestuur vast te stellen bedrag, het bureau schriftelijk verzoeken terzake de nodige verbeteringen aan te brengen. In voorkomend geval dient het verzoek vergezeld te zijn van de schriftelijke toestemming van de ten onrechte als uitvinder aangemerkte persoon.

Gegevens betreffende het octrooi

Art. 39

– 1. De intrekking van een in het octrooiregister ingeschreven octrooiaanvrage heeft tegenover derden geen gevolg, zolang niet onherroepelijk is beslist op rechtsvorderingen ter zake van de aanvrage, die blijkens in het octrooiregister ingeschreven stukken zijn ingesteld.

– 2. Wanneer ingevolge een onherroepelijke beslissing op een rechtsvordering als bedoeld in het eerste lid de aanspraak op octrooi toekomt of mede toekomt aan een ander dan de aanvrager, wordt de intrekking aangemerkt als niet te zijn geschied.

– 3. Het bureau doet van een intrekking aantekening in het octrooiregister.

Intrekking aanvraag

§ 3. Geheimhouding van de inhoud van octrooiaanvragen
Art. 40

– 1. Indien het bureau van oordeel is, dat het geheim blijven van de inhoud van een octrooiaanvrage in het belang van de verdediging van het Koninkrijk of zijn bondgenoten kan zijn, maakt het dit zo spoedig mogelijk, doch uiterlijk binnen drie maanden na de indiening van de aanvrage bekend. Onze Minister van Defensie kan ten aanzien van de beoordeling van de vraag, of zodanig belang aanwezig kan zijn, aanwijzingen geven aan het bureau.

– 2. Tegelijk met de bekendmaking als bedoeld in het eerste lid zendt het bureau afschrift van het besluit en van de tot de aanvrage behorende beschrijving en tekeningen aan Onze genoemde minister.

– 3. Ingeval het eerste lid toepassing vindt, wordt de inschrijving in het octrooiregister van de aanvrage opgeschort.

Landsbelang

Art. 41

– 1. Binnen acht maanden na indiening van een octrooiaanvrage als bedoeld in artikel 40 besluit Onze Minister van Defensie of de inhoud van de aanvrage in het belang van de verdediging van het Koninkrijk of zijn bondgenoten geheim moet blijven. Hij maakt zijn besluit aan het bureau bekend.

– 2. Een besluit dat de inhoud van de aanvrage geheim moet blijven heeft tot gevolg dat de inschrijving in het octrooiregister van de aanvrage blijft opgeschort tot drie jaren na de bekendmaking van het besluit.

– 3. De opschorting eindigt indien:
a. Onze genoemde minister besluit, dat de aanvrage niet geheim behoeft te blijven;
b. een besluit binnen de in het eerste lid genoemde termijn is uitgebleven.

– 4. Onze genoemde minister kan telkens binnen zes maanden voor het verstrijken van de termijn van opschorting deze termijn met drie jaren verlengen. Hij maakt zijn besluit aan het bureau bekend.

– 5. Onze genoemde minister kan te allen tijde besluiten dat de inhoud van de aanvrage niet langer geheim behoeft te blijven. Het besluit heeft tot gevolg dat de opschorting eindigt.

– 6. Van een besluit krachtens het eerste, derde, vierde of vijfde lid, doet het bureau onverwijld mededeling aan de aanvrager. Het deelt deze eveneens onverwijld mede indien een besluit is uitgebleven zoals bedoeld in het derde of vijfde lid.

– 7. Zolang de opschorting niet is geëindigd, zendt het bureau op verzoek van Onze genoemde minister aan deze afschrift van alle ter zake tussen het bureau en de aanvrager gewisselde stukken.

– 8. Indien de opschorting eindigt, geschiedt niettemin de inschrijving van de aanvrage in het octrooiregister, tenzij op verzoek van de aanvrager, niet voordat drie maanden zijn verstreken.

Geheimhouding

Opschorting inschrijving

Art. 42

– 1. De Staat verleent degene, ten aanzien van wiens octrooiaanvrage de artikelen 40, 41 of 46 zijn toegepast, op zijn verzoek vergoeding van schade, die hij door toepassing van die artikelen heeft geleden.

– 2. Het bedrag van de schadeloosstelling wordt vastgesteld na het eindigen van de opschorting. Ingeval echter verlenging van de termijn van opschorting krachtens artikel 41, derde lid, heeft plaatsgevonden, wordt het bedrag van de schadeloosstelling op verzoek van de aanvrager

Schadevergoeding

vastgesteld in gedeelten, waarvan het eerste betrekking heeft op de tijdsruimte vóór de aanvang van de eerste verlenging, de volgende op de tijdsruimte tussen twee opeenvolgende verlengingen en het laatste op de tijdsruimte vanaf de aanvang van de laatste verlenging tot het eindigen van de opschorting; de vaststelling geschiedt dan telkens na het verstrijken van de betrokken tijdsruimte.

– 3. De vaststelling geschiedt zo mogelijk door Onze Minister van Defensie en de aanvrager in onderling overleg. Indien binnen zes maanden na het einde van de tijdsruimte, waarvoor de vergoeding moet gelden, geen overeenstemming is bereikt, is artikel 58, zesde lid, eerste volzin, van overeenkomstige toepassing.

Art. 43

Geheimhouding in belang van andere staat

– 1. Indien een aanvrager verzoekt de inhoud van een octrooiaanvrage geheim te houden in het belang van de verdediging van een andere staat, dan wel de regering van die staat zodanig verzoek doet, zendt het bureau, mits de aanvrager schriftelijk heeft verklaard afstand te doen van alle vergoeding van schade, die hij door toepassing van dit artikel zou kunnen lijden, onverwijld afschrift van dat verzoek en van de tot de aanvrage behorende beschrijving en tekeningen, alsmede van bedoelde afstandsverklaring, aan Onze Minister van Defensie. In dat geval wordt de inschrijving in het octrooiregister van de aanvrage opgeschort. Ingeval een afstandsverklaring ontbreekt, stelt het bureau Onze genoemde minister onverwijld van een en ander in kennis.

– 2. Binnen drie maanden na de indiening van het verzoek kan Onze genoemde minister, mits hem is gebleken, dat aan de aanvrager ook door de betrokken staat geheimhouding is opgelegd en dat deze van die staat toestemming heeft verkregen een aanvrage onder geheimhouding in te dienen, besluiten, dat de inhoud der aanvrage in het belang van de verdediging van de staat geheim moet blijven. Het besluit wordt bekendgemaakt aan de aanvrager en aan het bureau.

– 3. Een besluit als bedoeld in het tweede lid heeft tot gevolg dat de inschrijving in het octrooiregister van de aanvrage blijft opgeschort, totdat Onze genoemde minister besluit dat de aanvrage niet langer geheim hoeft te blijven. Indien een besluit niet binnen in het tweede lid bedoelde termijn is genomen, eindigt de opschorting.

– 4. Artikel 41, zevende en achtste lid, is ten aanzien van een aanvrage als in het eerste lid bedoeld van overeenkomstige toepassing.

Art. 44

Gebruik geheim octrooi door Staat

– 1. Ingeval Onze Minister van Defensie van oordeel is, dat het belang van de verdediging van het Koninkrijk vordert, dat de Staat datgene, waarvoor octrooi wordt aangevraagd in een aanvrage, waarop artikel 40, 41 of 43 is toegepast, gebruikt, toepast dan wel doet gebruiken of toepassen, kan hij daartoe overgaan na het desbetreffende besluit bekend te hebben gemaakt. In dit besluit worden de handelingen, die de Staat moet kunnen verrichten of doen verrichten, nauwkeurig omschreven.

– 2. De Staat betaalt de aanvrager een vergoeding voor het gebruik of de toepassing krachtens het eerste lid.

– 3. Het bedrag van deze vergoeding wordt zo mogelijk door Onze genoemde minister en de aanvrager in onderling overleg vastgesteld. Indien binnen zes maanden na de in het eerste lid bedoelde bekendmaking geen overeenstemming is bereikt, is artikel 58, zesde lid, eerste volzin, van overeenkomstige toepassing.

Art. 45

Octrooi van de Staat

Indien de Staat zelf houder van een octrooiaanvrage is en Onze Minister van Defensie aan het bureau bekendmaakt, dat de inhoud daarvan in het belang van de verdediging van het Koninkrijk of zijn bondgenoten geheim moet blijven, wordt de inschrijving in het octrooiregister van de aanvrage opgeschort, totdat Onze genoemde minister aan het bureau bekendmaakt, dat de inhoud van de aanvrage niet langer geheim behoeft te blijven.

Art. 46

Geheimhouding Europees octrooi

– 1. Een Europese octrooiaanvrage, waarvan de inhoud – naar de aanvrager weet of redelijkerwijs moet vermoeden – in het belang van de verdediging van het Koninkrijk of zijn bondgenoten geheim moet blijven, moet worden ingediend bij het bureau.

– 2. Het bureau zendt onverwijld afschrift van de tot de aanvrage behorende beschrijving en tekeningen aan Onze Minister van Defensie.

– 3. Uiterlijk drie weken voor het verstrijken van de termijn, bedoeld in artikel 77, derde lid, van het Europees Octrooiverdrag, maakt Onze genoemde minister aan het bureau bekend of de inhoud van de aanvrage in het belang van de verdediging van het Koninkrijk of zijn bondgenoten geheim moet blijven.

– 4. Indien een bekendmaking krachtens het derde lid in ontkennende zin is gedaan of indien een bekendmaking is uitgebleven, zendt het bureau de Europese octrooiaanvrage, met inachtneming van de in artikel 77, derde lid, van het Europees Octrooiverdrag bedoelde termijn, door aan het Europees Octrooibureau, bedoeld in dat verdrag.

- 5. Het bureau geeft van enige bekendmaking krachtens het derde lid of van het uitblijven daarvan onverwijld kennis aan de aanvrager.

§ 4. Omgezette Europese octrooiaanvragen
Art. 47

Een Europese octrooiaanvrage, die voldoet aan het bepaalde in artikel 80 van het Europees Octrooiverdrag en op grond van artikel 77, vijfde lid, van dat Verdrag wordt aangemerkt als te zijn ingetrokken en die, als bijlage bij een regelmatig verzoek tot omzetting in een aanvrage om octrooi in het Koninkrijk, bij het bureau is binnengekomen, hierna te noemen omgezette aanvrage, geldt als een tot het bureau gerichte en bij het bureau ingediende aanvrage om octrooi als bedoeld in artikel 24. Een verzoek tot omzetting is regelmatig als het met inachtneming van de bepalingen van het Achtste Deel, hoofdstuk I, van het Europees Octrooiverdrag tijdig gedaan en aan het bureau doorgezonden is.

Omzetting van Europese in nationale aanvraag

Art. 48

- 1. Op de omgezette aanvrage wordt de datum, waarop zij bij het bureau is binnengekomen, alsmede een volgnummer vermeld. Het bureau geeft hiervan zo spoedig mogelijk kennis aan de aanvrager.

Behandeling omgezette aanvraag

- 2. Voor de omgezette aanvrage moet het in artikel 24, vijfde lid, bedoelde bewijs van betaling worden overgelegd binnen een termijn van drie maanden na de in het eerste lid bedoelde datum van binnenkomst. Indien de Europese octrooiaanvrage niet in het Nederlands is ingediend moet binnen dezelfde termijn een vertaling in het Nederlands van de oorspronkelijke stukken van die aanvrage worden overgelegd. De vertaling maakt deel uit van de omgezette aanvrage; zij moet op verzoek van het bureau binnen een door dat bureau te stellen termijn worden gewaarmerkt. Indien niet tijdig is voldaan aan het in dit lid bepaalde, stelt het bureau de aanvrager eenmaal in de gelegenheid om binnen een door het bureau te stellen termijn zijn verzuim te herstellen. Indien de aanvrager zijn verzuim niet tijdig heeft hersteld, besluit het bureau de aanvrage niet te behandelen. Het bureau maakt zijn beschikking zo spoedig mogelijk aan de aanvrager bekend.

- 3. Op de omgezette aanvrage zijn de bij of krachtens artikel 24 gestelde vormvoorschriften niet van toepassing, voor zover zij afwijken van of een aanvulling betekenen op het bij of krachtens het Europees Octrooiverdrag bepaalde; in dat geval zijn laatstbedoelde bepalingen op de omgezette aanvrage van toepassing.

- 4. Zodra de aanvrager heeft voldaan aan het tweede lid gaat het bureau na of de aanvrage voldoet aan het bij en krachtens artikel 24 bepaalde of, indien van toepassing, de in het derde lid bedoelde bepalingen van het Europees Octrooiverdrag. Indien dat niet het geval is of indien het openbaar worden van de uitvinding in strijd zou zijn met de openbare orde of goede zeden, geeft het bureau hiervan zo spoedig mogelijk schriftelijk kennis aan de aanvrager, onder opgave van de voorschriften waaraan niet is voldaan. Artikel 30, tweede lid, is van overeenkomstige toepassing.

- 5. Voor de toepassing van de artikelen 31, eerste lid, 33, vijfde lid, 36, vijfde lid, en 61, eerste lid, op de omgezette aanvrage wordt in plaats van 'de in artikel 29, eerste lid, bedoelde datum van indiening' gelezen: de datum van indiening die de aanvrage ingevolge artikel 80 van het Europees Octrooiverdrag met inachtneming van de artikelen 61 of 76 van dat Verdrag bezit. In afwijking van artikel 32, eerste en tweede lid, kan een verzoek om een aan de verlening van het octrooi voorafgaand onderzoek naar de stand van de techniek met betrekking tot het onderwerp van de omgezette octrooiaanvrage of een daarvan afgesplitste aanvrage worden ingediend binnen twee maanden na de ingevolge artikel 48, eerste lid, op de omgezette aanvrage vermelde datum onderscheidenlijk binnen twee maanden na indiening van de afgesplitste aanvrage.

- 6. De in artikel 31 bedoelde inschrijving in het octrooiregister vindt niet eerder plaats dan nadat is vastgesteld dat aan de in het vierde lid bedoelde voorschriften is voldaan of de gebreken zijn hersteld.

HOOFDSTUK 3

Bepalingen betreffende Europese octrooien en gemeenschapsoctrooien
Art. 49

- 1. Met inachtneming van het in deze rijkswet bepaalde hebben Europese octrooien vanaf de dag, waarop overeenkomstig artikel 97, vierde lid, van het Europees Octrooiverdrag de vermelding van de verlening is gepubliceerd, in Nederland dezelfde rechtsgevolgen en zijn zij aan hetzelfde recht onderworpen als de overeenkomstig artikel 36 van deze rijkswet verleende octrooien.

Rechtsgevolgen

- 2. Een Europees octrooi blijft, behoudens eerder verval of vernietiging door de rechter, van kracht tot het verstrijken van een termijn van twintig jaren, te rekenen vanaf de datum van indiening, die de Europese octrooiaanvrage, die tot het betrokken Europees octrooi heeft geleid, ingevolge artikel 80 van het Europees Octrooiverdrag met inachtneming van de artikelen 61 of 76 van dat verdrag bezit.

– 3. Voor de toepassing van de artikelen 55, eerste lid, 57, vierde lid, en 77, eerste lid, op Europese octrooien geldt als dag van indiening: de datum van indiening die de Europese octrooiaanvrage, die tot het betrokken Europees octrooi heeft geleid, ingevolge artikel 80 van het Europees Octrooiverdrag met inachtneming van de artikelen 61 of 76 van dat verdrag bezit.

Art. 50

Herroeping

– 1. Een Europees octrooi wordt geacht van de aanvang af geheel of gedeeltelijk niet de in de artikelen 53, 72 en 73 bedoelde rechtsgevolgen te hebben gehad naar gelang het octrooi geheel of gedeeltelijk is herroepen tijdens een oppositieprocedure.

– 2. De terugwerkende kracht van de herroeping heeft geen invloed op:

a. een beslissing, niet zijnde een voorlopige voorziening, ter zake van handelingen in strijd met het in artikel 53 bedoelde uitsluitend recht van de octrooihouder of van handelingen als bedoeld in de artikelen 72 en 73, die voor de herroeping in kracht van gewijsde is gegaan en ten uitvoer is gelegd;

b. een voor de herroeping gesloten overeenkomst, voor zover deze voor de herroeping is uitgevoerd; uit billijkheidsoverwegingen kan echter terugbetaling worden geëist van op grond van deze overeenkomst betaalde bedragen, en wel in de mate als door de omstandigheden gerechtvaardigd is.

– 3. Voor de toepassing van het tweede lid, onder *b*, wordt onder het sluiten van een overeenkomst mede verstaan het ontstaan van een licentie op een andere in de artikelen 56, tweede lid, 59 of 60 aangegeven wijze.

Art. 51

Aantekening in register

– 1. Het bureau doet van de overeenkomstig artikel 97, vierde lid, van het Europees Octrooiverdrag bedoelde publikatie van de vermelding dat een Europees octrooi is verleend onverwijld aantekening in het octrooiregister.

– 2. Het bureau doet in het octrooiregister onverwijld aantekening van het instellen van oppositie tegen een Europees octrooi, met vermelding van de datum waarop dit geschiedde en van beslissingen van het Europees Octrooibureau ter zake van een oppositie.

Art. 52

Vertaling

– 1. Degene aan wie een Europees octrooi is verleend, doet het bureau binnen een bij algemene maatregel van rijksbestuur te bepalen termijn een vertaling in het Nederlands toekomen van de tekst waarin het Europees Octrooibureau besluit dat octrooi te verlenen. De vertaling moet zijn gewaarmerkt door een octrooigemachtigde. Bij indiening van de vertaling wordt een bedrag betaald, waarvan de hoogte en de termijn waarbinnen betaling geschiedt, bij algemene maatregel van rijksbestuur worden bepaald.

– 2. De vertaling voldoet aan bij ministeriële regeling te stellen vormvoorschriften. Indien bij ontvangst binnen de in het eerste lid bedoelde termijn niet is voldaan aan een vormvoorschrift, geeft het bureau hiervan onverwijld kennis aan de octrooihouder onder opgave van het voorschrift waaraan niet is voldaan en van de termijn waarbinnen het geconstateerde gebrek kan worden opgeheven.

– 3. Onverwijld na ontvangst in behoorlijke vorm van de vertaling doet het bureau daarvan aantekening in het octrooiregister.

– 4. Het Europees octrooi wordt geacht van de aanvang af niet de in artikel 49 bedoelde rechtsgevolgen te hebben gehad, indien:

a. binnen de in het eerste lid bedoelde termijnen de vertaling niet door het bureau is ontvangen onderscheidenlijk het krachtens dat lid verschuldigde bedrag niet is betaald, of

b. binnen de in het tweede lid bedoelde termijn niet alsnog aan de opgegeven voorschriften is voldaan.

– 5. Indien zich een omstandigheid als bedoeld in het vierde lid voordoet, doet het bureau daarvan onverwijld aantekening in het octrooiregister.

– 6. Het eerste tot en met het vijfde lid zijn van overeenkomstige toepassing, indien in het Europees octrooi tijdens de oppositieprocedure wijziging is gekomen.

– 7. De octrooihouder kan te allen tijde het bureau een verbeterde vertaling doen toekomen onder betaling van een bedrag, waarvan de hoogte bij algemene maatregel van rijksbestuur wordt bepaald. Het eerste lid, tweede volzin, het tweede en het derde lid zijn van toepassing.

– 8. Vanaf het tijdstip, waarop de in artikel 51, eerste lid, bedoelde aantekening in het octrooiregister is gedaan, kan een ieder kosteloos kennisnemen van alle op het Europees octrooi betrekking hebbende stukken die het bureau hebben bereikt of die het bureau aan de houder van het Europees octrooi of aan derden heeft doen uitgaan in het kader van de bepalingen van deze rijkswet. Het bureau maakt van al deze stukken zo spoedig mogelijk doch niet voor het in de eerste volzin bedoelde tijdstip melding in het in artikel 20 bedoelde blad.

– 9. Indien in de vertaling, bedoeld in het eerste of zevende lid, de beschermingomvang van de Europese octrooiaanvrage of het Europees octrooi beperkter is dan de bescherming die wordt geboden door die aanvrage of door dat octrooi in de procestaal, geldt die vertaling als authentieke tekst, behalve in geval van toepassing van artikel 75.

HOOFDSTUK 4

Rechtsgevolgen van het octrooi

§ 1. *Rechten en verplichtingen van de octrooihouder*
Art. 53

– 1. Een octrooi geeft de octrooihouder, behoudens de bepalingen van de artikelen 54 tot en met 60, het uitsluitend recht:

Rechten octrooihouder

a. het geoctrooieerde voortbrengsel in of voor zijn bedrijf te vervaardigen, te gebruiken, in het verkeer te brengen of verder te verkopen, te verhuren, af te leveren of anderszins te verhandelen, dan wel voor een of ander aan te bieden, in te voeren of in voorraad te hebben;

b. de geoctrooieerde werkwijze in of voor zijn bedrijf toe te passen of het voortbrengsel, dat rechtstreeks verkregen is door toepassing van die werkwijze, behalve voor zover het een voortbrengsel betreft dat ingevolge artikel 3 niet vatbaar is voor octrooi, in of voor zijn bedrijf te gebruiken, in het verkeer te brengen of verder te verkopen, te verhuren, af te leveren of anderszins te verhandelen, dan wel voor een of ander aan te bieden, in te voeren of in voorraad te hebben.

– 2. Het uitsluitend recht wordt bepaald door de inhoud van de conclusies van het octrooischrift, waarbij de beschrijving en de tekeningen dienen tot uitleg van die conclusies.

– 3. Het uitsluitend recht strekt zich niet uit over handelingen, uitsluitend dienende tot onderzoek van het geoctrooieerde, daaronder begrepen het door toepassing van de geoctrooieerde werkwijze rechtstreeks verkregen voortbrengsel.

– 4. Is een voortbrengsel als in het eerste lid, onder a of b, bedoeld, in Nederland of de Nederlandse Antillen of, indien het een Europees octrooi betreft, in Nederland rechtmatig in het verkeer gebracht, dan wel door de octrooihouder of met diens toestemming in één der Lid-Staten van de Europese Gemeenschap of in een andere staat die partij is bij de Overeenkomst betreffende de Europese Economische Ruimte in het verkeer gebracht, dan handelt de verkrijger of latere houder niet in strijd met het octrooi, door dit voortbrengsel in of voor zijn bedrijf te gebruiken, te verkopen, te verhuren, af te leveren of anderszins te verhandelen, dan wel voor een of ander aan te bieden, in te voeren of in voorraad te hebben.

– 5. Een voortbrengsel als in het eerste lid, onder a of b, bedoeld, dat voor de verlening van het octrooi, of, indien het een Europees octrooi betreft, voor de dag, waarop overeenkomstig artikel 97, vierde lid, van het Europees Octrooiverdrag de vermelding van de verlening van het Europees octrooi is gepubliceerd, in een bedrijf is vervaardigd, mag niettegenstaande het octrooi ten dienste van dat bedrijf worden gebruikt.

Art. 54

Het uitsluitend recht van de octrooihouder strekt zich niet uit tot:

Beperkingen

a. het gebruik aan boord van schepen van andere landen van datgene, wat het voorwerp van zijn octrooi uitmaakt, in het schip zelf, in de machines, het scheepswant, de tuigage en andere bijbehorende zaken, wanneer die schepen tijdelijk of bij toeval in de wateren van Nederland of de Nederlandse Antillen verblijven, mits bedoeld gebruik uitsluitend zal zijn ten behoeve van het schip;

b. het gebruik van datgene, wat het voorwerp van zijn octrooi uitmaakt, in de constructie of werking van voor de voortbeweging in de lucht of te land dienende machines van andere landen, of van het toebehoren van die machines, wanneer deze tijdelijk of bij toeval in Nederland of de Nederlandse Antillen verblijven;

c. handelingen, vermeld in artikel 27 van het op 7 december 1944 te Chicago tot stand gekomen Verdrag inzake de internationale burgerlijke luchtvaart (*Stb.* 1947, H 165), mits deze handelingen betrekking hebben op een luchtvaartuig van een onder c van dat artikel bedoelde andere staat dan het Koninkrijk of van Aruba.

Art. 55

– 1. Degene, die datgene waarvoor door een ander een octrooi is gevraagd, in Nederland of de Nederlandse Antillen of, indien het een Europees octrooi betreft, in Nederland reeds in of voor zijn bedrijf vervaardigde of toepaste of aan zijn voornemen tot zodanige vervaardiging of toepassing een begin van uitvoering had gegeven op de dag van indiening van die aanvrage of, indien de aanvrager een recht van voorrang geniet ingevolge artikel 9, eerste lid, dan wel inge-

Voorgebruiker

volge artikel 87 van het Europees Octrooiverdrag, op de dag van indiening van de aanvrage, waarop het recht van voorrang berust, blijft niettegenstaande het octrooi, als voorgebruiker bevoegd de in artikel 53, eerste lid, bedoelde handelingen te verrichten, tenzij hij zijn wetenschap ontleend heeft aan hetgeen reeds door de octrooiaanvrager vervaardigd of toegepast werd, of wel aan beschrijvingen, tekeningen of modellen van de octrooiaanvrager.

– 2. Het eerste lid is van overeenkomstige toepassing ten aanzien van dat deel van het aan Nederland of de Nederlandse Antillen grenzende – of, indien het een Europees octrooi betreft, van het aan Nederland grenzende – continentaal plat, waarop het Koninkrijk soevereine rechten heeft, doch uitsluitend voor zover het handelingen betreft, gericht op en verricht tijdens het onderzoek naar de aanwezigheid van natuurlijke rijkdommen of het winnen daarvan.

– 3. Degene, die te goeder trouw datgene waarvoor aan een ander een Europees octrooi is verleend, in Nederland reeds in of voor zijn bedrijf vervaardigde of toepaste of aan zijn voornemen tot zodanige vervaardiging of toepassing een begin van uitvoering had gegeven voor de datum waarop van een verbeterde vertaling als bedoeld in artikel 52, zevende lid, aantekening is gedaan in het octrooiregister, blijft niettegenstaande het octrooi bevoegd de in artikel 53, eerste lid, bedoelde handelingen te verrichten, voor zover deze handelingen geen inbreuk maken op het uitsluitend recht van de octrooihouder, welk recht in dit geval bepaald wordt door de inhoud van de conclusies van het octrooischrift en de voor de uitleg daarvan bedoelde beschrijving en tekeningen in de eerdere, gebrekkige vertaling in het Nederlands.

– 4. De in het eerste en het derde lid bedoelde bevoegdheden gaan alleen met het bedrijf op anderen over.

Art. 56

Licentie

– 1. Door een licentie wordt van de octrooihouder de bevoegdheid verkregen handelingen te verrichten, die volgens artikel 53 aan anderen dan hem niet vrijstaan. Die bevoegdheid strekt zich uit tot alle in bedoeld artikel vermelde handelingen en geldt voor de duur van het octrooi, tenzij bij de verlening der licentie een minder omvangrijk recht is toegekend.

– 2. Een licentie ontstaat door een overeenkomst, door een aanvaarde uiterste wilsbeschikking of, overeenkomstig de artikelen 57 en 58, door een beschikking van Onze Minister of door een in kracht van gewijsde gegane rechterlijke uitspraak. De door een overeenkomst of aanvaarde wilsbeschikking ontstane licentie is tegenover derden geldig, nadat de titel in het octrooiregister is ingeschreven. Voor de inschrijving is een bij algemene maatregel van rijksbestuur vast te stellen bedrag verschuldigd.

– 3. Indien het recht op een vergoeding voor een licentie ingevolge artikel 75, achtste lid, of artikel 78, vierde lid, op een ander overgaat, wordt door de nieuwe rechthebbende aanspraak verkregen op een deel van de in het geheel voor de licentie betaalde en te betalen vergoeding in verhouding tot de tijd, gedurende welke de licentie in normale omstandigheden nog van kracht moet blijven. Is hetgeen de licentiehouder nog moet betalen niet voldoende om de nieuwe rechthebbende te verschaffen wat hem toekomt, dan heeft deze voor het ontbrekende verhaal op de vroegere.

Art. 57

Dwanglicentie

– 1. Onze Minister kan, indien het algemeen belang dit naar zijn oordeel vordert, onder een octrooi een licentie van een door hem nauwkeurig omschreven inhoud aan een door hem aangewezen persoon verlenen. Alvorens zijn beschikking te geven onderzoekt Onze Minister, tenzij de te dezen vereiste spoed zich daartegen verzet, of de octrooihouder bereid is de licentie onder redelijke voorwaarden vrijwillig te verlenen. Hij stelt daartoe de octrooihouder in de gelegenheid schriftelijk en, zo deze dit verzoekt, ook mondeling van zijn gevoelen te doen blijken. De beschikking wordt aan de octrooihouder en aan de verkrijger van de licentie bekendgemaakt. Bij zijn beschikking kan Onze Minister de verkrijger van de licentie het stellen van zekerheid binnen een bepaalde termijn opleggen. Het instellen van bezwaar en beroep heeft schorsende werking, tenzij de beschikking van Onze Minister op grond van de te dezen vereiste spoed anders bepaalt.

– 2. Indien noch de octrooihouder, noch een ander krachtens een hem verleende licentie na verloop van drie jaren na dagtekening van het octrooi in het Koninkrijk of in een andere, bij algemene maatregel van rijksbestuur aangewezen staat in werking heeft een inrichting van nijverheid, waarin te goeder trouw in voldoende mate het betrokken voortbrengsel wordt vervaardigd of de betrokken werkwijze wordt toegepast, is de octrooihouder verplicht de voor het in werking hebben van zodanige inrichting nodige licentie te verlenen, tenzij geldige redenen voor het onbreken van zodanige inrichting blijken te bestaan. Voor de houder van een Europees octrooi ontstaat deze verplichting, indien niet na verloop van drie jaren na de dag, waarop overeenkomstig artikel 97, vierde lid, van het Europees Octrooiverdrag de vermelding van de verlening van het Europees octrooi is gepubliceerd, een inrichting van nijverheid als hiervoor bedoeld in werking is in Nederland of in een andere, bij algemene maatregel van rijksbestuur aangewezen staat.

– 3. Het tweede lid is niet van toepassing, indien de octrooihouder of een ander krachtens een hem verleende licentie in dat deel van het aan Nederland of de Nederlandse Antillen grenzende – of, indien het een Europees octrooi betreft, van het aan Nederland grenzende – continentaal plat, waarop het Koninkrijk soevereine rechten heeft, in werking heeft een inrichting van nijverheid, waarin te goeder trouw in voldoende mate handelingen als in dat lid bedoeld worden verricht, mits die handelingen zijn gericht op en worden verricht tijdens het onderzoek naar de aanwezigheid van natuurlijke rijkdommen of het winnen daarvan.

– 4. De octrooihouder is te allen tijde verplicht de licentie te verlenen welke nodig mocht zijn voor de toepassing van een octrooi, verleend op een aanvrage met een gelijke of latere dag van indiening of, indien voor de aanvrage een recht van voorrang bestaat, gelijke of latere voorrangsdatum, voor zover in het octrooi ten behoeve waarvan de licentie is gevraagd, een belangrijke technische vooruitgang van aanzienlijke economische betekenis is belichaamd; de octrooihouder is evenwel tot verlening van een licentie welke nodig mocht zijn voor de toepassing van een Europees octrooi eerst verplicht nadat de voor het instellen van oppositie tegen het Europees octrooi gestelde termijn is verstreken of een ingestelde oppositieprocedure is afgesloten. Een zodanige licentie strekt zich niet verder uit dan noodzakelijk is voor de toepassing van het octrooi van de verkrijger. Deze is verplicht aan de houder van het andere octrooi wederkerig licentie onder zijn octrooi te verlenen.

Art. 57a

In afwijking van artikel 57 kan een gedwongen licentie onder een octrooi op het gebied van de halfgeleiderstechnologie alleen worden verleend voor niet-commercieel gebruik door de overheid of voor het tegengaan van een gedraging waarvan na een rechterlijke of administratieve procedure is vastgesteld dat deze concurrentiebeperkend is.

Halfgeleiderstechnologie

Art. 58

– 1. Indien de licentie, bedoeld in artikel 57, tweede of vierde lid, ten onrechte niet is verleend, wordt de licentie op vordering van de belanghebbende door de rechter verleend. Op verzoek van eiser wordt de dagvaarding door het bureau in het octrooiregister ingeschreven.

– 2. Indien het octrooi op grond van deze rijkswet is verleend, is de eiser in zijn rechtsvordering niet ontvankelijk als hij niet bij conclusie van eis als bijlage daarbij het resultaat van een door het bureau of het in het Europees Octrooiverdrag bedoelde Europees Octrooibureau ingesteld onderzoek naar de stand van de techniek met betrekking tot het onderwerp van het octrooi, ten behoeve waarvan de licentie is gevorderd, overlegt.

– 3. De verlening van een op grond van artikel 57, vierde lid, eerste volzin, gevorderde licentie kan met of zonder tijdsbepaling worden geschorst, indien binnen twee maanden na de betekening van de dagvaarding waarin de licentie is gevorderd, een vordering tot vernietiging van het octrooi, ten behoeve waarvan de licentie is gevorderd, is ingesteld.

– 4. De rechter kan bij de omschrijving van de verleende licentie afwijken van hetgeen gevraagd is en kan voorts de verkrijger van de licentie het stellen van zekerheid binnen een bepaalde termijn opleggen. Een op grond van artikel 57, vierde lid, eerste volzin, verleende licentie zal slechts kunnen worden overgedragen tezamen met het octrooi van de licentiehouder. Een op grond van artikel 57, vierde lid, eerste of derde volzin, verleende licentie vervalt niet doordat het octrooi, ten behoeve waarvan de licentie is verleend, als gevolg van het verstrijken van de in artikel 33, vijfde lid, of artikel 36, vijfde lid, bedoelde termijn is geëindigd of met goed gevolg is opgeëist, doch vervalt wel voor zover het octrooi geheel of gedeeltelijk is vernietigd als resultaat van de in het derde lid bedoelde vordering.

– 5. Een besluit als bedoeld in artikel 57, eerste lid, of een in kracht van gewijsde gegane rechterlijke uitspraak wordt door het bureau in het octrooiregister ingeschreven. Is het stellen van zekerheid opgelegd, dan heeft de inschrijving niet plaats, voordat aan die verplichting is voldaan. Voor de inschrijving is een bij algemene maatregel van rijksbestuur vast te stellen bedrag verschuldigd. De licentie werkt eerst na de inschrijving, maar dan ook tegenover hen, die na de inschrijving van de in het octrooiregister vermelde dagvaarding enig recht op het octrooi hebben verkregen. Een ingeschreven licentie, die op grond van artikel 57, vierde lid, is verleend, werkt echter terug tot en met de dag waarop de dagvaarding is ingeschreven.

– 6. Op vordering van de meest gerede partij bepaalt de rechter bij gebreke van overeenstemming de vergoeding, die de verkrijger van de licentie aan de octrooihouder dient te betalen. De rechter kan daarbij de verkrijger van de licentie het stellen van zekerheid binnen een bepaalde termijn opleggen, dan wel de op grond van artikel 57, eerste lid, of het vijfde lid van dit artikel bepaalde zekerheid bevestigen of wijzigen.

Dwanglicentie verleend door rechter

Art. 58a

– 1. Een op grond van artikel 57 verleende licentie is niet uitsluitend.

– 2. Een op grond van artikel 57 verleende licentie kan niet worden overgedragen dan tezamen met het gedeelte van de onderneming of de goodwill van het gedeelte van de onderneming, waarin de licentie wordt uitgeoefend.

Overdracht dwanglicentie

10 Rijksoctrooiwet 1995

– 3. Een op grond van artikel 57 verleende licentie kan worden ingetrokken wanneer, reke-ning houdend met een redelijke bescherming van de gerechtvaardigde belangen van de licen-tiehouder, de omstandigheden welke hebben geleid tot de verlening van de licentie ophouden te bestaan en het onwaarschijnlijk is dat zij herleven. De instantie welke de licentie heeft ver-leend onderzoekt op gemotiveerd verzoek het voortduren van bovengenoemde omstandighe-den.

Art. 59

– 1. Bij koninklijk besluit kan, indien het belang van de verdediging van het Koninkrijk dit vordert, op gemeenschappelijke voordracht van Onze Minister en van Onze minister, wie het rechtstreeks aangaat, worden bepaald, dat de Staat bevoegd is in dat besluit nauwkeurig te omschrijven handelingen, waartoe de houder van een in dat besluit aan te wijzen octrooi inge-volge artikel 53 uitsluitend gerechtigd is, zelf te verrichten of door anderen te doen verrichten. Deze bevoegdheid geldt voor de gehele duur van het octrooi, tenzij in het besluit een kortere duur is bepaald.

– 2. Na het van kracht worden van een besluit als bedoeld in het eerste lid zal Onze minister, wie het rechtstreeks aangaat, zich met de octrooihouder verstaan omtrent de door de Staat aan deze te betalen vergoeding. Indien Onze minister, wie het rechtstreeks aangaat, hierover niet binnen zes maanden na het van kracht worden van het desbetreffende besluit met de octrooi-houder tot overeenstemming is gekomen, is artikel 58, zesde lid, met uitzondering van het omtrent het stellen van zekerheid bepaalde, van overeenkomstige toepassing.

Art. 60

– 1. Onverminderd artikel 56, tweede lid, eerste volzin, ontstaat een licentie door:

a. een uitspraak van de Arbitrage-Commissie, bedoeld in artikel 20 van het Verdrag tot op-richting van de Europese Gemeenschap voor Atoomenergie (Euratom) (*Trb.* 1957, 92);

b. een besluit van Onze Minister ter uitvoering van een artikel 21 van een genoemd verdrag.

– 2. Ten aanzien van een licentie, ontstaan door een eindbeslissing als bedoeld in het eerste lid, onder a, is artikel 56, tweede lid, tweede en derde volzin, van overeenkomstige toepassing.

– 3. Ten aanzien van een besluit als bedoeld in het eerste lid, onder b, is artikel 58, eerste, vierde en vijfde lid, eerste, tweede en derde volzin, van overeenkomstige toepassing. Ten aan-zien van een door zodanig besluit ontstane licentie is artikel 58, vijfde lid, vierde volzin, en zesde lid, van overeenkomstige toepassing.

– 4. Een licentie als bedoeld in het eerste lid geldt niet voor de Nederlandse Antillen.

§ 2. Jaartaks en verval

Art. 61

– 1. Voor de instandhouding van een octrooi moet elk jaar, voor het eerst vanaf het vijfde jaar na de in artikel 29, eerste lid, bedoelde datum van indiening, op de laatste dag van de maand waarin de aanvrage die tot octrooi heeft geleid is ingediend, of ingevolge artikel 28, eerste lid, wordt aangemerkt te zijn ingediend, aan het bureau een bij algemene maatregel van rijksbe-stuur vast te stellen bedrag worden betaald.

– 2. Voor de instandhouding van een Europees octrooi moet elk jaar, voor het eerst na afloop van het in artikel 86, vierde lid, van het Europees Octrooiverdrag bedoelde jaar doch niet eerder dan vanaf het vijfde jaar na de in artikel 80 van het Europees Octrooiverdrag bedoelde datum van indiening, aan het bureau een bedrag als in het eerste lid bedoeld worden betaald en wel op de laatste dag van de maand waarin de datum van indiening valt, die de Europese octrooiaan-vrage, die tot het octrooi heeft geleid, ingevolge artikel 80 van het Europees Octrooiverdrag met inachtneming van de artikelen 61 of 76 van dat verdrag, bezit. Indien het voor de eerste maal verschuldigde bedrag zou moeten worden betaald binnen een termijn van twee maanden na de dag waarop overeenkomstig artikel 97, vierde lid, van het Europees Octrooiverdrag de vermel-ding van de verlening van het Europees octrooi is gepubliceerd, kan dit bedrag nog worden betaald op de laatste dag van de maand waarin deze termijn eindigt.

– 3. Bij betaling na de vervaldag zijn bij algemene maatregel van rijksbestuur vast te stellen verhogingen verschuldigd.

Art. 62

Een octrooi vervalt van rechtswege, wanneer de in artikel 61 genoemde bedragen niet binnen zes kalendermaanden na de daar genoemde vervaldag zijn betaald. Van dit vervallen wordt in het octrooiregister van het bureau aantekening gedaan.

Art. 63

– 1. Een octrooi vervalt geheel of gedeeltelijk wanneer de octrooihouder geheel onderschei-denlijk gedeeltelijk afstand doet.

– 2. De afstand geschiedt door de inschrijving van een daartoe strekkende akte in het octrooi-register. Het bureau schrijft de akte niet in zolang er personen zijn, die krachtens in het octrooi-register ingeschreven stukken rechten op het octrooi of licenties hebben verkregen of rechtsvorderingen, het octrooi betreffende, hebben ingesteld en deze personen tot de afstand geen toestemming hebben verleend.

§ 3. Het octrooi als deel van het vermogen
Art. 64

– 1. Het octrooi en de aanspraak op octrooi zijn zowel voor wat betreft het volle recht als voor wat betreft een aandeel daarin vatbaar voor overdracht of andere overgang.

Overgang

– 2. De overdracht en andere overgang van het octrooi of van het recht, voortvloeiende uit de octrooiaanvrage, kunnen door het bureau worden ingeschreven in het octrooiregister. Voor de inschrijving is een bij algemene maatregel van rijksbestuur vast te stellen bedrag verschuldigd.

Art. 65

– 1. De levering, vereist voor de overdracht van het octrooi of het recht, voortvloeiende uit een octrooiaanvrage, geschiedt bij een akte, houdende de verklaring van de rechthebbende, dat hij het octrooi of het recht, voortvloeiende uit de octrooiaanvrage, aan de verkrijger overdraagt, en van deze, dat hij deze overdracht aanneemt.

Levering bij akte

– 2. Elk voorbehoud, de overdracht betreffende, moet in de akte omschreven zijn; bij gebreke daarvan geldt de overdracht voor onbeperkt.

– 3. De overdracht werkt tegenover derden eerst wanneer de akte in het octrooiregister is ingeschreven. Tot het doen verrichten van deze inschrijving zijn beide partijen gelijkelijk bevoegd.

– 4. Artikel 88 van Boek 3 van het Nederlandse Burgerlijk Wetboek is van toepassing.

Art. 66

– 1. Indien het octrooi aan verscheidene personen gezamenlijk toekomt, wordt hun onderlinge verhouding beheerst door hetgeen tussen hen bij overeenkomst is bepaald.

Meerdere recht-hebbenden

– 2. Indien er geen overeenkomst is of indien in de overeenkomst niet anders is bepaald, heeft iedere rechthebbende de bevoegdheid de in artikel 53 genoemde handelingen te verrichten en tegen zulke handelingen alsmede handelingen als bedoeld in artikel 73, eerste en tweede lid, die onbevoegdelijk zijn verricht, ingevolge de artikelen 70 tot en met 73 op te treden, doch kan een licentie of toestemming als bedoeld in artikel 73, tweede lid, door de rechthebbenden slechts met gemeen goedvinden verleend worden.

– 3. Voor de betaling van de in artikel 61 genoemde bedragen zijn de rechthebbenden hoofdelijk verbonden.

Art. 67

– 1. Pandrecht op een octrooi wordt gevestigd bij een akte en werkt tegenover derden eerst wanneer de akte door het bureau in het octrooiregister is ingeschreven.

Pand

– 2. De pandhouder is verplicht in een door hem ondertekende verklaring, bij het bureau ter inschrijving in te zenden, woonplaats te kiezen te 's-Gravenhage. Indien die keuze niet is gedaan, geldt het bureau als gekozen woonplaats.

– 3. Bedingen in de pandakte betreffende na inschrijving te verlenen licenties gelden van het ogenblik af, dat zij in het octrooiregister zijn aangetekend, ook tegenover derden. Bedingen betreffende vergoedingen voor licenties die op het ogenblik van de inschrijving reeds waren verleend, gelden tegenover de houder van de licentie na aanzegging aan deze bij deurwaardersexploit.

– 4. Akten, waaruit blijkt, dat het pandrecht heeft opgehouden te bestaan of krachteloos is geworden, worden door het bureau in het octrooiregister ingeschreven.

Art. 68

– 1. Het beslag op een octrooi wordt gelegd en het proces-verbaal van inbeslagneming wordt door het bureau in het octrooiregister ingeschreven met overeenkomstige toepassing van de bepalingen van het Nederlandse Wetboek van Burgerlijke Rechtsvordering betreffende executoriaal en conservatoir beslag op onroerende zaken, met dien verstande dat in het proces-verbaal van inbeslagneming in plaats van de aard en de ligging van de onroerende zaak een aanduiding van het octrooi wordt opgenomen.

Beslag

– 2. Een vervreemding, bezwaring, onderbewindstelling of verlening van een licentie, totstandgekomen na de inschrijving van het proces-verbaal, kan tegen de beslaglegger niet worden ingeroepen.

– 3. De voor de inschrijving van het proces-verbaal nog niet betaalde licentievergoedingen vallen mede onder een op het octrooi gelegd beslag, nadat het ingeschreven beslag aan de houder van de licentie is betekend. Deze vergoedingen moeten worden betaald aan de notaris voor wie de executie zal plaatsvinden, mits dit bij de betekening uitdrukkelijk aan de licentiehouder is medegedeeld, en behoudens de rechten van derden die de executant moet eerbiedigen. Hetgeen aan de notaris wordt betaald, wordt tot de in artikel 69, tweede lid, bedoelde opbrengst gerekend. De artikelen 475i, 476 en 478 van het Nederlandse Wetboek van Burgerlijke Rechtsvordering zijn van overeenkomstige toepassing.

- 4. De inschrijving van het proces-verbaal van inbeslagneming kan worden doorgehaald:
a. krachtens een schriftelijke, ter inschrijving aangeboden verklaring van de deurwaarder dat hij in opdracht van de beslaglegger het beslag opheft of dat het beslag is vervallen;
b. krachtens een ter inschrijving aangeboden rechterlijke uitspraak die tot opheffing van het beslag strekt of het verval van het beslag vaststelt of meebrengt.
- 5. De artikelen 504*a*, 507*a*, 538 tot en met 540, 726, tweede lid, en 727 van het Nederlandse Wetboek van Burgerlijke Rechtsvordering zijn in geval van beslag op een octrooi van overeenkomstige toepassing.

Art. 69

- 1. De verkoop van een octrooi door een pandhouder of een beslaglegger tot verhaal van een vordering geschiedt in het openbaar ten overstaan van een bevoegde notaris. De artikelen 508, 509, 513, eerste lid, 514, tweede en derde lid, 515 tot en met 519 en 521 tot en met 529 van het Nederlandse Wetboek van Burgerlijke Rechtsvordering zijn van overeenkomstige toepassing, met dien verstande dat hetgeen daar ten aanzien van hypotheken en hypotheekhouders is voorgeschreven geldt voor de op het octrooi rustende pandrechten en de pandhouders.
- 2. De verdeling van de opbrengst geschiedt met overeenkomstige toepassing van de artikelen 551 tot en met 552 van het Nederlandse Wetboek van Burgerlijke Rechtsvordering.

§ 4. Handhaving van het octrooi
Art. 70

- 1. De octrooihouder kan zijn octrooi handhaven jegens een ieder die, zonder daartoe gerechtigd te zijn, een der in artikel 53, eerste lid, genoemde handelingen verricht.
- 2. De houder van een octrooi verleend op grond van deze rijkswet is in zijn rechtsvordering niet ontvankelijk als hij niet bij conclusie van eis als bijlage daarbij en in kort geding op de terechtzitting het resultaat van een door het bureau of het in het Europees Octrooiverdrag bedoelde Europees Octrooibureau ingesteld onderzoek naar de stand van de techniek met betrekking tot het onderwerp van het octrooi overlegt.
- 3. Schadevergoeding kan slechts worden gevorderd van hem, die de handelingen desbewust verricht. Men wordt in elk geval geacht desbewust te hebben gehandeld, indien de inbreuk is gepleegd na verloop van dertig dagen, nadat men bij deurwaardersexploit op de strijd tussen de handelingen en het octrooi is gewezen.
- 4. Naast schadevergoeding kan worden gevorderd, dat de gedaagde veroordeeld wordt de door de inbreuk genoten winst af te dragen en dienaangaande rekening en verantwoording af te leggen; indien de rechter evenwel van oordeel is, dat de omstandigheden van het geval tot zulk een veroordeling geen aanleiding geven, zal hij de gedaagde tot schadevergoeding kunnen veroordelen.
- 5. De octrooihouder kan de vorderingen tot schadevergoeding of het afdragen van winst ook namens of mede namens licentienemers of pandhouders instellen, onverminderd de bevoegdheid van deze laatsten in een al of niet namens hen of mede namens hen door de octrooihouder aldus ingestelde vordering tussen te komen om rechtstreeks de door hen geleden schade vergoed te krijgen of zich een evenredig deel van de door de gedaagde af te dragen winst te doen toewijzen. Licentienemers en pandhouders kunnen slechts een zelfstandige vordering instellen en exploiten als bedoeld in het derde lid met het oog daarop doen uitbrengen, als zij de bevoegdheid daartoe van de octrooihouder hebben bedongen.
- 6. De octrooihouder heeft de bevoegdheid onttrekking aan het verkeer, vernietiging of onbruikbaarmaking te vorderen van roerende zaken waarmee een inbreuk op zijn recht wordt gemaakt, dan wel onttrekking aan het verkeer te vorderen van materialen en werktuigen die voornamelijk zijn gebruikt bij de voortbrenging van die zaken. Bij de beoordeling van de vordering dient een afweging te worden gemaakt tussen de ernst van de inbreuk en de gevorderde maatregelen alsmede de belangen van derden.
- 7. Indien een rechtsvordering wordt ingesteld tot handhaving van een octrooi voor een werkwijze tot vervaardiging van een nieuw voortbrengsel, dan wordt vermoed, dat het betrokken voortbrengsel volgens de geoctrooieerde werkwijze is vervaardigd, tenzij door de gedaagde het tegendeel aannemelijk wordt gemaakt. Bij de beoordeling van de vraag of een voortbrengsel nieuw is, blijft de inhoud van in artikel 4, derde en vierde lid, bedoelde octrooiaanvragen buiten beschouwing.

Art. 71

- 1. Behoudens het bepaalde in het vierde lid, kan de octrooihouder een redelijke vergoeding vorderen van hem, die in het tijdvak, gelegen tussen de inschrijving van de aanvrage die tot octrooi heeft geleid in het octrooiregister en de verlening van octrooi op die aanvrage of een daaruit ingevolge artikel 28 afgesplitste aanvrage, handelingen heeft verricht als vermeld in artikel 53, eerste lid, voor zover de octrooihouder daarvoor uitsluitende rechten heeft verkregen.

10 Rijksoctrooiwet 1995

- 2. Behoudens het bepaalde in het vierde lid kan de octrooihouder eveneens een redelijke vergoeding vorderen van hem, die na de in het eerste lid bedoelde verlening van het octrooi handelingen als in dat lid bedoeld heeft verricht met voortbrengselen, die gedurende het aldaar genoemde tijdvak in het verkeer zijn gebracht. De octrooihouder kan een zelfde vergoeding vorderen van hem, die na de verlening van het octrooi ten dienste van zijn bedrijf voortbrengselen als bedoeld in artikel 53, eerste lid, onder *a* of *b*, heeft gebruikt die in het eerste lid genoemde tijdvak in zijn bedrijf zijn vervaardigd.
- 3. De in het eerste en tweede lid bedoelde vergoeding is alleen verschuldigd voor handelingen die zijn verricht na verloop van dertig dagen nadat de betrokkene bij deurwaardersexploit, waarin nauwkeurig is aangegeven welk gedeelte van de octrooiaanvrage op die handelingen betrekking heeft, is gewezen op het krachtens dit artikel aan de octrooihouder toekomende recht.
- 4. Het krachtens dit artikel aan de octrooihouder toekomende recht strekt zich niet uit over handelingen, verricht door een daartoe krachtens artikel 55 of krachtens overeenkomst gerechtigde, alsmede handelingen met voortbrengselen, die hetzij voor de inschrijving in het octrooiregister van de betrokken octrooiaanvrage in het verkeer zijn gebracht, hetzij nadien door de aanvrager om octrooi of een gerechtigde als hiervoor bedoeld.

Art. 72

Inbreuk Europees octrooi

- 1. De houder van een Europees octrooi kan, behoudens het bepaalde in het vierde lid, een redelijke vergoeding vorderen van hem, die in het tijdvak, gelegen tussen de publikatie overeenkomstig artikel 93 van het Europees Octrooiverdrag van de aanvrage die tot octrooi heeft geleid en de in artikel 97, vierde lid, van dat verdrag bedoelde publikatie van de vermelding van de verlening van het Europees octrooi op die aanvrage of op een daaruit ingevolge artikel 76 van dit verdrag afgesplitste aanvrage, handelingen heeft verricht als vermeld in artikel 53, eerste lid, voor zover de octrooihouder daarvoor uitsluitende rechten heeft verkregen en de handelingen worden bestreken door de laatstelijk ingediende gepubliceerde conclusies.
- 2. Behoudens het bepaalde in het vierde lid kan de houder van een Europees octrooi eveneens een redelijke vergoeding vorderen van hem, die na de in het eerste lid bedoelde publikatie van de vermelding van de verlening van het Europees octrooi handelingen als in dat lid bedoeld heeft verricht met voortbrengselen, die gedurende het aldaar genoemde tijdvak in het verkeer zijn gebracht. De octrooihouder kan een zelfde vergoeding vorderen van hem, die na bedoelde publikatie ten dienste van zijn bedrijf voortbrengselen als bedoeld in artikel 53, eerste lid, onder *a* of *b*, heeft gebruikt die in het in het eerste lid genoemde tijdvak in zijn bedrijf zijn vervaardigd.
- 3. De in het eerste en tweede lid bedoelde vergoeding is alleen verschuldigd voor handelingen, die zijn verricht na verloop van dertig dagen, nadat de betrokkene bij deurwaardersexploit is gewezen op het krachtens dit artikel aan de octrooihouder toekomende recht. Bij dit deurwaardersexploit, waarin nauwkeurig is aangegeven welk gedeelte van de octrooiaanvrage op die handelingen betrekking heeft, moet zijn bekend een vertaling in het Nederlands van de conclusies zoals vervat in de publikatie van de Europese octrooiaanvrage overeenkomstig artikel 93 van het Europees Octrooiverdrag. Indien een Nederlandse vertaling als hiervoor bedoeld reeds voor het uitbrengen van het deurwaardersexploit aan het bureau is toegezonden en daarvan aantekening gedaan is in het octrooiregister, kan de betekening van de vertaling achterwege blijven, mits in het exploit melding wordt gemaakt van de aantekening in het octrooiregister.
- 4. Het krachtens dit artikel aan de octrooihouder toekomende recht strekt zich niet uit over handelingen, verricht door een daartoe krachtens artikel 55 of krachtens overeenkomst gerechtigde, alsmede handelingen met voortbrengselen, die hetzij voor de in het eerste lid bedoelde publikatie van de aanvrage overeenkomstig artikel 93 van het Europees Octrooiverdrag in het verkeer zijn gebracht, hetzij nadien door de aanvrager van het octrooi of een gerechtigde als hiervoor bedoeld.
- 5. Het bureau gaat zo spoedig mogelijk over tot de in het derde lid bedoelde aantekening in het octrooiregister.

Art. 73

Vorderingen

- 1. De octrooihouder kan de vorderingen die hem ten dienste staan bij de handhaving van zijn octrooi instellen tegen iedere persoon, die in Nederland of de Nederlandse Antillen of, als het een Europees octrooi betreft, in Nederland in of voor zijn bedrijf middelen betreffende een wezenlijk bestanddeel van de uitvinding aan anderen dan hen, die krachtens de artikelen 55 tot en met 60 tot toepassing van de geoctrooieerde uitvinding bevoegd zijn, aanbiedt of levert voor de toepassing van de geoctrooieerde uitvinding in Nederland of de Nederlandse Antillen of, als het een Europees octrooi betreft, in Nederland, een en ander mits die persoon weet dan wel het gezien de omstandigheden duidelijk is, dat die middelen voor die toepassing geschikt en bestemd zijn.

339

– 2. Het eerste lid geldt niet, indien het aanbieden of leveren geschiedt met toestemming van de octrooihouder. Dat lid geldt evenmin, indien de geleverde of aangeboden middelen algemeen in de handel verkrijgbare produkten zijn, tenzij de betrokkene degene aan wie hij levert aanzet tot het verrichten van in artikel 53, eerste lid, vermelde handelingen.
– 3. Artikel 70, vijfde lid, is van overeenkomstige toepassing.

Art. 74

Continentaal plat De rechten en verplichtingen, voortvloeiende uit de artikelen 53 tot en met 60 en 64 tot en met 73, gelden mede in, op en boven dat deel van het aan Nederland of de Nederlandse Antillen grenzende – of, indien het een Europees octrooi betreft, van het aan Nederland grenzende – continentaal plat, waarop het Koninkrijk soevereine rechten heeft, doch uitsluitend voor zover het betreft handelingen, gericht op en verricht tijdens het onderzoek naar de aanwezigheid van natuurlijke rijkdommen of het winnen daarvan.

HOOFDSTUK 5

Vernietiging en opeising
Art. 75

Vernietiging – 1. Een octrooi wordt door de rechter vernietigd voor zover:
a. hetgeen waarvoor octrooi is verleend ingevolge de artikelen 2 tot en met 7 niet vatbaar is voor octrooi dan wel, indien het een Europees octrooi betreft, het octrooi ingevolge de artikelen 52 tot en met 57 van het Europees Octrooiverdrag niet had behoren te worden verleend;
b. het octrooischrift niet een beschrijving bevat van de uitvinding, die, in voorkomend geval met toepassing van artikel 25, tweede lid, zodanig duidelijk en volledig is dat een deskundige deze uitvinding kan toepassen;
c. het onderwerp van het octrooi niet wordt gedekt door de inhoud van de ingediende aanvrage of, indien het octrooi is verleend op een afgesplitste of gewijzigde aanvrage dan wel op een nieuwe Europese octrooiaanvrage die is ingediend overeenkomstig artikel 61 van het Europees Octrooiverdrag, door de inhoud van de oorspronkelijke aanvrage;
d. na octrooiverlening uitbreiding van de beschermingsomvang is opgetreden;
e. de houder van het octrooi daarop geen aanspraak had hetzij krachtens de bepalingen van hoofdstuk 1 van deze rijkswet hetzij, indien het een Europees octrooi betreft, de krachtens artikel 60, eerste lid, van het Europees Octrooiverdrag.
– 2. Voor de toepassing van het eerste lid, onder *a*, wordt onder de stand van de techniek, bedoeld in artikel 54, derde lid, van het Europees Octrooiverdrag, mede begrepen de inhoud van uit hoofde van deze rijkswet ingediende octrooiaanvragen, waarvan de dag van indiening voor de datum van indiening van de desbetreffende Europese octrooiaanvrage, die voor de toepassing van dat lid geldt, ligt, en die eerst op of na die datum overeenkomstig artikel 31 zijn ingeschreven.
– 3. De rechtsvordering tot vernietiging komt in de in het eerste lid, onder *a* tot en met *d*, genoemde gevallen toe aan een ieder en in het eerste lid, onder *e*, genoemde geval aan degene, die krachtens de in dat onderdeel genoemde bepalingen aanspraak op het octrooi heeft. Indien laatstgenoemde zelf een octrooi voor de desbetreffende uitvinding heeft verkregen, komt de rechtsvordering tot vernietiging ook toe aan licentiehouders en pandhouders.
– 4. De dagvaarding moet binnen acht dagen na haar dagtekening in het octrooiregister worden ingeschreven. Bij gebreke van tijdige inschrijving is de eiser verplicht de schade te vergoeden, geleden door hen, die te goeder trouw na die termijn en voor de inschrijving rechten, waarop de vernietiging invloed uitoefent, hebben verkregen.
– 5. Een octrooi wordt geacht van de aanvang af geheel of gedeeltelijk niet de in de artikelen 53, 71, 72 en 73 bedoelde rechtsgevolgen te hebben gehad naar gelang het octrooi geheel of gedeeltelijk is vernietigd.
– 6. De terugwerkende kracht van de nietigheid heeft geen invloed op:
a. een beslissing, niet zijnde een voorlopige voorziening, ter zake van handelingen in strijd met het in artikel 53 bedoelde uitsluitend recht van de octrooihouder of van handelingen als bedoeld in de artikelen 71, 72 en 73, die voor de vernietiging in kracht van gewijsde is gegaan en ten uitvoer is gelegd;
b. een voor de vernietiging gesloten overeenkomst, voor zover deze voor de vernietiging is uitgevoerd; uit billijkheidsoverwegingen kan echter terugbetaling worden geëist van op grond van deze overeenkomst betaalde bedragen in de mate als door de omstandigheden gerechtvaardigd is.
– 7. Voor de toepassing van het zesde lid, onder *b*, wordt onder het sluiten van een overeenkomst mede verstaan het ontstaan van een licentie op een andere in artikel 56, tweede lid, 59 of 60 aangegeven wijze.
– 8. Ingeval een octrooi wordt vernietigd op grond van het eerste lid, onder *e*, en degene, die

340

krachtens de in dat onderdeel genoemde bepalingen aanspraak op het octrooi heeft, zelf een octrooi voor de desbetreffende uitvinding heeft verkregen, worden licenties, die te goeder trouw van het vernietigde octrooi waren verkregen voor de inschrijving van de dagvaarding in het octrooiregister, aangemerkt als licentie van het bestaande octrooi, en verkrijgt de houder daarvan overeenkomstig artikel 56, derde lid, recht op de voor de licenties verschuldigde vergoeding. De houder van het vernietigde octrooi, die bij zijn aanvrage te goeder trouw was of die het octrooi voor de inschrijving van de dagvaarding te goeder trouw van een vroegere houder verkreeg, blijft in dat geval ten aanzien van het bestaande octrooi bevoegd tot toepassing van de uitvinding overeenkomstig artikel 55.

– 9. Zodra een eindbeslissing aangaande een vordering tot vernietiging in kracht van gewijsde is gegaan of de instantie is vervallen, wordt daarvan op verzoek van de meest gerede partij in het octrooiregister aantekening gedaan.

Art. 76

Advies nietigheidsgronden

– 1. Degene die een rechtsvordering als bedoeld in artikel 75 tot vernietiging van een krachtens deze rijkswet verleend octrooi instelt, is in die vordering niet ontvankelijk als hij niet als bijlage bij de conclusie van eis het resultaat van een door het bureau uitgebracht advies omtrent de toepasselijkheid van de in artikel 75, eerste lid, genoemde nietigheidsgronden overlegt.

– 2. In kort geding kan de president van de arrondissementsrechtbank bedoeld in artikel 80, tweede lid, degene die stelt dat een krachtens deze rijkswet verleend octrooi vernietigd behoort te worden, opdragen een advies van het bureau omtrent de toepasselijkheid van de in artikel 75, eerste lid, genoemde nietigheidsgronden over te leggen.

Art. 77

Samenloop

– 1. Voor zover een uit hoofde van deze rijkswet verleend octrooi betrekking heeft op een uitvinding, waarvoor aan dezelfde uitvinder of zijn rechtverkrijgende een Europees octrooi of een Gemeenschapsoctrooi is verleend, terwijl de dag van indiening of in voorkomend geval de voorrangsdatum van de onderscheidene aanvragen om octrooi dezelfde is, heeft eerstbedoeld octrooi, voor zover het dezelfde uitvinding beschermt als het Europees octrooi of het Gemeenschapsoctrooi, in Nederland niet meer de in de artikelen 53, 71 en 73 bedoelde rechtsgevolgen vanaf de dag waarop:

a. de voor het instellen van oppositie tegen het Europees octrooi vastgestelde termijn is verstreken zonder dat oppositie is ingesteld;

b. de oppositieprocedure is afgesloten, waarbij het Europees octrooi in stand is gebleven;

c. het octrooi uit hoofde van deze rijkswet is verleend, indien deze dag ligt na die onder a of b bedoeld, al naar het geval.

– 2. Het tenietgaan, op welke wijze ook, van het Europees octrooi of het Gemeenschapsoctrooi op een later tijdstip het bepaalde in het vorige lid onverlet.

– 3. Vorderingen ter vaststelling van een in het eerste lid bedoeld verlies van rechtsgevolg kunnen door een ieder worden ingesteld.

– 4. Artikel 75, vierde lid, achtste lid, eerste volzin, en negende lid, is van overeenkomstige toepassing.

Art. 78

Revindicatie

– 1. Een octrooi kan geheel, gedeeltelijk of wat betreft een aandeel daarin worden opgeëist door degene die krachtens artikel 11, 12 of 13 dan wel, indien het een Europees octrooi betreft, krachtens artikel 60, eerste lid, van het Europees Octrooiverdrag aanspraak of mede aanspraak heeft op dat octrooi.

– 2. De dagvaarding moet in het octrooiregister worden ingeschreven.

– 3. De octrooihouder, die bij zijn aanvrage te goeder trouw was, of die het octrooi voor de inschrijving van de dagvaarding te goeder trouw van een vroegere houder verkreeg, blijft ten aanzien van de nieuwe octrooihouder bevoegd tot toepassing van de uitvinding op de voet als omschreven in artikel 55.

– 4. Te goeder trouw voor de inschrijving verkregen licenties blijven geldig tegenover de nieuwe octrooihouder, die overeenkomstig artikel 56, derde lid, recht verkrijgt op de voor de licenties verschuldigde vergoeding.

– 5. Het derde en het vierde lid zijn niet van toepassing ingeval degene, die het octrooi met goed gevolg heeft opgeëist, reeds door zelf octrooi aan te vragen zijn aanspraken had doen gelden en de dagvaarding, waarbij de vordering tot opeising werd ingesteld, binnen drie maanden na de verlening van het octrooi, of, indien het een Europees octrooi betreft, na de publikatie overeenkomstig artikel 97, vierde lid, van het Europees Octrooiverdrag van de vermelding van de verlening van het Europees octrooi in het octrooiregister was ingeschreven.

– 6. Pandrechten, door een vroegere octrooihouder gevestigd, zijn alleen geldig tegenover de nieuwe octrooihouder, indien zij te goeder trouw zijn verkregen en voor de inschrijving van de

10 Rijksoctrooiwet 1995

dagvaarding gevestigd. Zij zijn nimmer tegenover deze geldig in het geval, bedoeld in het vorige lid.

– 7. De vordering, bedoeld in het eerste lid, verjaart, wanneer vijf jaren zijn verstreken na de dag van verlening van het octrooi of, indien het een Europees octrooi betreft, na de datum, waarop overeenkomstig artikel 97, vierde lid, van het Europees Octrooiverdrag de vermelding van de verlening van het Europees octrooi is gepubliceerd; nochtans kan degene, die bij het verkrijgen van het octrooi wist of had moeten weten, dat hij of de persoon, die het hem overdroeg, geen aanspraak had op het octrooi, zich niet op deze verjaring beroepen. Artikel 2006 van het Burgerlijk Wetboek van de Nederlandse Antillen is op deze verjaring niet van toepassing.

– 8. Zodra een eindbeslissing aangaande een vordering tot opeising in kracht van gewijsde is gegaan of de instantie is vervallen, wordt daarvan op verzoek van de meest gerede partij in het octrooiregister aantekening gedaan.

Art. 79

Strafbepalingen
– 1. Hij die opzettelijk inbreuk maakt op het recht van de octrooihouder door het verrichten van der in artikel 53, eerste lid, bedoelde handelingen, wordt gestraft met gevangenisstraf van ten hoogste zes maanden of geldboete van de vierde categorie.

– 2. Hij die van het plegen van het in het vorige lid bedoelde misdrijf zijn beroep maakt of het plegen van dit misdrijf als bedrijf uitoefent, wordt gestraft met gevangenisstraf van ten hoogste vier jaar of geldboete van de vijfde categorie.

– 3. Bij veroordeling kan door de rechter de openbaarmaking van zijn uitspraak worden gelast.

– 4. Indien voorwerpen verbeurd zijn verklaard, kan de octrooihouder vorderen, dat die voorwerpen hem worden afgegeven indien hij zich daartoe ter griffie aanmeldt binnen een maand nadat het vonnis in kracht van gewijsde is gegaan. Door deze afgifte gaat de eigendom van de voorwerpen op de octrooihouder over. De rechter zal kunnen gelasten, dat die afgifte niet zal geschieden dan tegen een door hem bepaalde, door de octrooihouder te betalen vergoeding, welke ten bate komt van de Staat.

– 5. De in dit artikel bedoelde strafbare feiten zijn misdrijven. Van deze misdrijven neemt in Nederland in eerste aanleg uitsluitend de arrondissementsrechtbank te 's-Gravenhage kennis.

HOOFDSTUK 6

Octrooirechtelijke geschillen
Art. 80

Bevoegde rechter
– 1. De arrondissementsrechtbank te 's-Gravenhage is in eerste aanleg uitsluitend bevoegd voor:
a. vorderingen tot vaststelling van ontbreken van rechtsgevolg, vernietiging, vaststelling van een verlies van rechtsgevolg of opeising van octrooien, bedoeld in onderscheidenlijk de artikelen 10, 75, 77 en 78;
b. vorderingen tot opeising van Europese octrooiaanvragen;
c. vorderingen tot verlening van een licentie als bedoeld in artikel 58, eerste lid;
d. vorderingen tot vaststelling van een vergoeding als bedoeld in de artikelen 58, 59 en 60.

– 2. De arrondissementsrechtbank te 's-Gravenhage en de president van die rechtbank in kort geding zijn in eerste aanleg in Nederland uitsluitend bevoegd voor:
a. vorderingen, bedoeld in de artikelen 70, 71, 72 en 73;
b. vorderingen welke worden ingesteld door een ander dan de octrooihouder ten einde te doen vaststellen dat bepaalde door hem verrichte handelingen niet strijdig zijn met een octrooi.

Art. 81

Afwijking Awb
In afwijking van artikel 8:7 van de Algemene wet bestuursrecht, is voor beroepen ingesteld tegen besluiten op grond van deze wet de rechtbank te 's-Gravenhage bevoegd.

Art. 82

Bevoegdheid octrooigemachtigde
Bij de behandeling ter terechtzitting van geschillen bedoeld in artikel 80 mogen octrooigemachtigden het woord voeren onverminderd de verantwoordelijkheid van de procureur.

Art. 83

Bevoegde rechter
– 1. Van alle andere geschillen dan in de artikelen 80 en 81 bedoeld wordt kennis genomen door de rechter die daartoe volgens de algemene regeling der rechtspraak bevoegd is.

– 2. Rechtsvorderingen, die gegrond zijn op artikel 12, zesde lid, worden aangemerkt als rechtsvorderingen met betrekking tot een arbeidsovereenkomst, tenzij de rechtsbetrekking tussen de bij het geschil betrokkenen niet wordt bepaald door een arbeidsovereenkomst.

– 3. Indien de rechter meent, dat op de beslissing van een geschil van invloed kan zijn een rechtsvordering, die op grond van artikel 10, 75, 77 of 78 is of zou kunnen worden ingesteld, kan hij de behandeling van het aanhangige geschil met of zonder tijdsbepaling schorsen. Gelij-

10 Rijksoctrooiwet 1995

ke bevoegdheid bezit hij, indien op de beslissing inzake zulk een rechtsvordering een uit anderen hoofde ingestelde rechtsvordering van invloed kan zijn.
– 4. De rechter kan de behandeling van een geschil ter zake van een Europees octrooi met of zonder tijdsbepaling schorsen, indien bij het Europees Octrooibureau tegen dat octrooi oppositie is ingesteld ingevolge artikel 99 van het Europees Octrooiverdrag.

Art. 84
– 1. Een ieder kan het bureau schriftelijk verzoeken een advies uit te brengen omtrent de toepasselijkheid van de in artikel 75, eerste lid, genoemde nietigheidsgronden op een krachtens deze rijkswet verleend octrooi.

– 2. Het verzoek bevat een gemotiveerde aanduiding van de aan artikel 75, eerste lid, ontleende bezwaren tegen het verleende octrooi waaromtrent een advies wordt verlangd.
– 3. Bij algemene maatregel van rijksbestuur worden regels gesteld met betrekking tot de voor het advies verschuldigde vergoeding.

Art. 85
– 1. Het bureau stelt de in artikel 84 bedoelde verzoeker in de gelegenheid de geopperde bezwaren toe te lichten. De houder van het desbetreffende octrooi wordt ten minste eenmaal in de gelegenheid gesteld op de bezwaren te reageren.

– 2. Het bureau is bevoegd voor de inbreng van verzoeker en octrooihouder termijnen te stellen.
– 3. Het in artikel 84 bedoelde advies wordt zo spoedig mogelijk uitgebracht, doch uiterlijk binnen twee maanden nadat het bureau kennis heeft genomen van het standpunt van de verzoeker en de octrooihouder of, indien toepassing is gegeven aan het vorige lid, binnen twee maanden nadat de gestelde termijn is verstreken.

Art. 86
Het in artikel 84 bedoelde advies bestaat uit een gemotiveerde beoordeling van de in het verzoek genoemde bezwaren.

Art. 87
– 1. Het bureau is verplicht de rechter alle inlichtingen en technische adviezen te verstrekken, die deze tot beslissing van aan zijn oordeel onderworpen rechtsvorderingen inzake octrooien mocht verlangen.

– 2. De waarde van adviezen als bedoeld in het eerste lid wordt gelijkgesteld met die van deskundigen als bedoeld in artikel 221 en volgende van het Wetboek van Burgerlijke Rechtsvordering.

Art. 88
De in artikel 80 bedoelde rechtbank treedt op als centrale instantie, belast met het ontvangen van rogatoire commissies en bevoegd tot het uitvoeren van genoemde commissies van het Europees Octrooibureau, bedoeld in regel 99 van het bij het Europees Octrooiverdrag behorende Uitvoeringsreglement.

Art. 89
Van alle rechterlijke uitspraken betreffende octrooien wordt door de griffier van het desbetreffende gerecht binnen één maand kosteloos een afschrift aan het bureau gezonden, en, indien het een Europees octrooi betreft, tevens aan het Europees Octrooibureau, bedoeld in het Europees Octrooiverdrag.

HOOFDSTUK 7

Aanvullende beschermingscertificaten
Art. 90
Voor de toepassing van dit hoofdstuk, met uitzondering van artikel 98, en de daarop berustende bepalingen, wordt verstaan onder:
verordening: de verordening (EEG) nr. 1768/92 van de Raad van de Europese Gemeenschappen van 18 juni 1992 betreffende de invoering van een aanvullende beschermingscertificaat voor geneesmiddelen (*PbEG* L 182);
basisoctrooi: een octrooi als bedoeld in artikel 1, onder *c*, van de verordening;
certificaat: een aanvullend beschermingscertificaat als bedoeld in artikel 1, onder *d*, van de verordening.

Art. 91
De aanvrage om een certificaat wordt bij het bureau ingediend.

Art. 92
Bij de aanvrage om een certificaat dient een bewijsstuk te worden overgelegd waaruit blijkt dat aan het bureau een bedrag is betaald overeenkomstig een bij algemene maatregel van bestuur vastgesteld tarief.

10 Rijksoctrooiwet 1995

Toepasselijke bepalingen

Afwijzing aanvraag

Jaartaks

Register/octrooiblad

Toepasselijke bepalingen

Nadere regeling bij AMvB

Art. 93

Met betrekking tot aanvragen om een certificaat zijn de artikelen 24, derde lid, en 38, eerste lid, van deze rijkswet van overeenkomstige toepassing.

Art. 94

Indien niet is voldaan aan het bij artikel 8 van de verordening of het bij de artikelen 92 en 93 van deze rijkswet bepaalde, geeft het bureau daarvan binnen twee maanden na de datum van indiening van de aanvraag om een certificaat schriftelijk kennis aan de aanvrager, onder opgave van de voorschriften waaraan niet is voldaan.

Art. 95

Voor de instandhouding van een aanvullend beschermingscertificaat moet elk jaar, voor het eerst vanaf het jaar waarin de wettelijke duur van het basisoctrooi is verstreken, aan het bureau een bij algemene maatregel van bestuur vast te stellen bedrag worden betaald. Dit bedrag wordt uiterlijk voldaan op de laatste dag van de maand waarin de wettelijke duur van het basisoctrooi is verstreken. De artikelen 61, derde lid, en 62 van deze rijkswet zijn van overeenkomstige toepassing.

Art. 96

– 1. De in de artikelen 9, tweede lid, 11 en 16 van de verordening voorgeschreven mededelingen geschieden in het in artikel 20 van deze rijkswet bedoelde blad.

– 2. Het bureau schrijft de in de artikelen 9, tweede lid, 11 en 16 van de verordening bedoelde gegevens in het octrooiregister in.

Art. 97

De artikelen 64 tot en met 69 zijn van overeenkomstige toepassing op certificaten.

Art. 98

Indien een andere dan de in artikel 90 genoemde door de Raad van de Europese Gemeenschappen vastgestelde verordening betreffende aanvullende beschermingscertificaten in het belang van een goede uitvoering nadere regeling behoeft geschiedt dit bij algemene maatregel van bestuur. Daarbij kan worden voorzien in het opleggen van taksen, voor zover dat is toegelaten ingevolge de betrokken verordening.

HOOFDSTUK 8

Bijzondere bepalingen voor de Nederlandse Antillen

Art. 99

In de Nederlandse Antillen kan een bureau voor de industriële eigendom worden ingesteld. Dit bureau is een instelling van dat land.

Art. 100

– 1. De aanvragen om octrooi van inwonenden van de Nederlandse Antillen kunnen worden ingediend bij het aldaar ingestelde bureau voor de industriële eigendom.

– 2. Als datum van indiening van de aanvrage geldt die, waarop bij het betrokken bureau de in artikel 29, eerste lid, onder *a, b* en *c*, vermelde bescheiden zijn overgelegd. Artikel 29, tweede en derde lid, is van overeenkomstige toepassing.

– 3. Nadat het betrokken bureau de in het tweede lid bedoelde datum op de aanvrage heeft vermeld, zendt het de aanvrage met alle overgelegde bescheiden zo spoedig mogelijk door aan het bureau, bedoeld in artikel 1, tenzij het meent dat deze bescheiden niet voldoen aan het bij of krachtens artikel 24 bepaalde.

– 4. In het geval, bedoeld in het derde lid, geeft het betrokken bureau aan de aanvrager schriftelijk kennis van de vermeende gebreken, met het verzoek deze binnen een door het bureau te bepalen termijn te herstellen. Na het verstrijken van die termijn worden, onverschillig of aan het verzoek is voldaan, de door de aanvrager overgelegde bescheiden, alsmede een afschrift van het hem afgegeven ontvangstbewijs door het betrokken bureau zo spoedig mogelijk aan het bureau, bedoeld in artikel 1, toegezonden.

HOOFDSTUK 9

Overgangs- en slotbepalingen

Art. 101

De Rijksoctrooiwet vervalt met ingang van een bij koninklijk besluit te bepalen tijdstip.

Art. 102

– 1. Ten aanzien van octrooiaanvragen die zijn ingediend voor 1 april 1995 en van deze aanvragen afgesplitste octrooiaanvragen zijn de Rijksoctrooiwet en de artikelen 102*a* tot en met 102*e* van toepassing.

– 2. Ten aanzien van:

a. octrooiaanvragen, ingediend na de inwerkingtreding van deze rijkswet, met uitzondering van de in het eerste lid bedoelde afgesplitste octrooiaanvragen,

b. octrooien, verleend op de onder *a* bedoelde octrooiaanvragen en

c. licenties onder de onder *b* bedoelde octrooien is uitsluitend het bij en krachtens deze rijkswet bepaalde van toepassing.

– 3. Deze rijkswet is niet van toepassing op aanvragen om een certificaat als bedoeld in artikel 90 welke bij de Octrooiraad zijn ingediend voor de datum van inwerkingtreding van deze rijkswet.

– 4. De artikelen 95 en 97 zijn mede van toepassing op certificaten welke zijn verleend op aanvragen welke zijn ingediend voor de datum van inwerkingtreding van deze rijkswet.

Art. 102a

– 1. Op octrooiaanvragen ten aanzien waarvan het resultaat van het onderzoek naar de stand van de techniek aan de aanvrager is meegedeeld, maar de aanvraagafdeling van de Octrooiraad op de datum van inwerkingtreding van dit artikel nog geen besluit heeft genomen als bedoeld in artikel 24 van de Rijksoctrooiwet, verleent de Octrooiraad in afwijking van Hoofdstuk II, Afdeling II, van de die Rijkswet octrooi door het plaatsen van een gedateerde aantekening op de aanvrage in de vorm zoals deze door de aanvrager is ingediend of door hem nadien is gewijzigd.

– 2. Indien op de datum van inwerkingtreding van dit artikel het resultaat van het onderzoek naar de stand van de techniek nog niet aan de aanvrager is meegedeeld, wordt het octrooi verleend met ingang van twee maanden na de datum waarop het resultaat van het onderzoek van de stand van de techniek is meegedeeld aan de aanvrager, welke termijn op verzoek van de aanvrager door de Octrooiraad eenmaal met twee maanden kan worden verlengd.

Art. 102b

– 1. In afwijking van Hoofdstuk II, Afdeling II, van de Rijksoctrooiwet verleent de Octrooiraad octrooi op octrooiaanvragen ten aanzien waarvan de aanvraagafdeling of de afdeling van beroep van de Octrooiraad na de inwerkingtreding van dit artikel op grond van artikel 24 of 24A van die Rijkswet besluit tot gehele of gedeeltelijke openbaarmaking, door het plaatsen van een gedateerde aantekening op de aanvrage in de vorm zoals deze door de aanvraagafdeling of de afdeling van beroep geschikt is bevonden voor verlening.

– 2. Het octrooi begint te werken met ingang van de datum van het besluit tot gehele of gedeeltelijke openbaarmaking.

Art. 102c

– 1. Vanaf de datum van inwerkingtreding van artikel 102*a* is artikel 102*a* van overeenkomstige toepassing op octrooiaanvragen waarop de artikelen 29A tot en met 29F van de Rijksoctrooiwet van toepassing zijn, met dien verstande dat:

a. de Octrooiraad besluit tot verlening van het octrooi door het plaatsen van een gedateerde aantekening op de aanvrage, doch dat de inschrijving van de octrooiaanvrage in het octrooiregister en de verlening van het octrooi worden opgeschort, en

b. de artikelen 41 tot en met 45 op die octrooiaanvragen van overeenkomstige toepassing zijn.

– 2. Het eerste lid is van overeenkomstige toepassing op artikel 102*b*.

Art. 102d

– 1. Vanaf de datum van inwerkingtreding van dit artikel of, indien dat later is, vanaf de datum van verlening van het octrooi, hebben octrooien die zijn verleend op grond van de Rijksoctrooiwet of die worden verleend op grond van de artikelen 102*a*, 102*b* of 102*c*, in Nederland en de Nederlandse Antillen dezelfde rechtsgevolgen als octrooien die zijn verleend op grond van artikel 36 en zijn daarop de bepalingen van deze rijkswet van toepassing, met dien verstande dat:

a. de toepassing van artikel 76 beperkt is tot octrooien die zijn verleend op grond van artikel 102*a* of 102*c*, eerste lid, en

b. de toepassing van de artikelen 84 tot en met 86 beperkt is tot octrooien die zijn verleend op grond van de artikelen 102*a*, 102*b* of 102*c*.

– 2. Vanaf de datum van inwerkingtreding van dit artikel of, indien dat later is, vanaf de datum van verlening van het octrooi, hebben octrooien die zijn verleend op grond van de Rijksoctrooiwet of die worden verleend op grond van de artikelen 102*a*, 102*b* of 102*c*, in Aruba dezelfde rechtsgevolgen als octrooien die zijn verleend op grond van artikel 34 van de Landsverordening van Aruba van 5 mei 1997 houdende regels met betrekking tot octrooien (Octrooiverordening).

Art. 102e

– 1. Op een verzoek tot herstel in de vorige toestand dat is ingediend na de inwerkingtreding van dit artikel, is artikel 23 van de Rijksoctrooiwet 1995 van toepassing.

– 2. Het bureau verleent op een octrooiaanvrage die na de inwerkingtreding van deze wet wordt hersteld in de vorige toestand, octrooi door het plaatsen van een gedateerde aanteke-

10 Rijksoctrooiwet 1995

ning op de aanvrage in de vorm zoals deze door de aanvrager is ingediend of door hem nadien is gewijzigd.

- 3. Het octrooi begint te werken met ingang van de datum waarop het besluit tot herstel onherroepelijk is.

Art. 102f

Het openbare deel van de registers die worden gehouden op grond van de Rijksoctrooiwet maakt vanaf het tijdstip, bedoeld in artikel 101, deel uit van het register, bedoeld in artikel 19.

Art. 103

Verhouding Europees octrooiverdrag

- 1. Vanaf de datum van inwerkingtreding van dit artikellid is ten aanzien van Europese octrooien, waarvan de vermelding van de verlening overeenkomstig artikel 97, vierde lid, van het Europees Octrooiverdrag is gepubliceerd voor de inwerkingtreding van deze rijkswet, en licenties onder deze octrooien, het bij en krachtens deze rijkswet bepaalde van toepassing.

- 2. Ten aanzien van Europese octrooien, waarvan de vermelding van de verlening overeenkomstig artikel 97, vierde lid, van het Europees Octrooiverdrag is gepubliceerd na de inwerkingtreding van deze rijkswet, en licenties onder deze octrooien, is uitsluitend het bij en krachtens deze rijkswet bepaalde van toepassing.

Art. 104-107

Bevat wijzigingen in andere regelgeving.

Art. 108

Afwijking i.v.m. licenties

- 1. De artikelen 57 tot en met 58a zijn van toepassing op licenties onder octrooien die zijn verleend op grond van de Rijksoctrooiwet of die worden verleend op grond van de artikelen 102a, 102b of 102c.

- 2. Indien voor de inwerkingtreding van deze rijkswet een verzoek tot verlening van een licentie overeenkomstig artikel 34, vijfde lid, van de Rijksoctrooiwet is ingediend, vindt het eerste lid geen toepassing.

Art. 109

Stand van de techniek

Tot de stand van de techniek, bedoeld in de artikelen 4 en 75, tweede lid, behoort tevens de inhoud van voor de inwerkingtreding van deze rijkswet ingediende octrooiaanvragen, die op of na de in artikel 4, tweede lid, van deze wet onderscheidenlijk artikel 80 van het Europees Octrooiverdrag bedoelde dag overeenkomstig artikel 22C van de Rijksoctrooiwet ter inzage worden gelegd of, indien terinzagelegging nog niet had plaatsgevonden, overeenkomstig artikel 25 van die rijkswet openbaar worden gemaakt.

Art. 110

Nadere regeling bij AMvB

Indien in deze rijkswet geregelde onderwerpen in het belang van een goede uitvoering van deze rijkswet nadere regeling behoeven, kan deze geschieden bij algemene maatregel van rijksbestuur.

Art. 111

Inwerkingtreding

De artikelen van deze rijkswet treden in werking op een bij koninklijk besluit te bepalen tijdstip, dat voor de verschillende artikelen of onderdelen daarvan verschillend kan worden vastgesteld.

Art. 112

Citeertitel

Deze rijkswet wordt aangehaald als: Rijksoctrooiwet met vermelding van het jaartal van het *Staatsblad* waarin zij zal worden geplaatst.

Art. 113

Overzeese gebiedsdelen

- 1. Deze rijkswet is verbindend voor Nederland en, behoudens hoofdstuk 7, voor de Nederlandse Antillen.

- 2. Deze rijkswet is voor Aruba slechts verbindend voor zover het betreft de artikelen 40 tot en met 45, 59, 101, 102, eerste lid, artikel 102a tot en met 102f, 104 tot en met 108, 111 en 114. Voor de toepassing van de artikelen 40 tot en met 45 in Aruba wordt onder 'bureau' verstaan het Bureau voor de Intellectuele Eigendom van Aruba.

Art. 114

Rijkswet/wet

In Nederland kan bij wet en in de Nederlandse Antillen en Aruba kan bij landsverordening worden verklaard, dat de in deze rijkswet vervatte onderlinge regeling dient te worden beëindigd. Met ingang van het derde kalenderjaar na dat van afkondiging van zodanige wet of landsverordening verkrijgt deze rijkswet in Nederland de staat van wet en in de Nederlandse Antillen en Aruba de staat van landsverordening. Het bepaalde in de vorige volzinnen geldt niet met betrekking tot de artikelen 40 tot en met 45 en artikel 59.

Verdrag van 19 maart 1962, Trb. 1962, 58, laatstelijk gewijzigd 7 augustus 1996, Trb. 1996, 225

[Inwerkingtreding: 01-07-1969]

Zijne Majesteit de Koning der Belgen,
Hare Koninklijke Hoogheid de Groothertogin van Luxemburg,
Hare Majesteit de Koningin der Nederlanden,
Bezield door de wens hun wetgeving inzake de warenmerken te herzien en eenheid te brengen in het merkenrecht in hun landen;
Hebben besloten te dien einde een Verdrag te sluiten en hebben hiertoe als Hunne Gevolmachtigden aangewezen:
Zijne Majesteit de Koning der Belgen:
Zijne Excellentie de Heer H. FAYAT, Minister, Adjunkt voor Buitenlandse Zaken;
Hare Koninklijke Hoogheid de Groothertogin van Luxemburg:
Zijne Excellentie de Heer E. SCHAUS, Minister van Buitenlandse Zaken;
Hare Majesteit de Koningin der Nederlanden:
Zijne Excellentie de Heer J. M. A. H. LUNS, Minister van Buitenlandse Zaken;
die, na hun in goede en behoorlijke vorm bevonden volmachten te hebben overgelegd, de volgende bepalingen zijn overeengekomen:

Art. 1

De Hoge Verdragsluitende Partijen nemen de eenvormige Beneluxwet op de warenmerken, die als bijlage bij dit Verdrag is gevoegd, in hun nationale wetgeving op, hetzij in één van de oorspronkelijke, hetzij in beide teksten, en stellen een voor hun landen gemeenschappelijke dienst in onder de naam 'Benelux-Merkenbureau'. | **Benelux-Merkenbureau**

Art. 2

De uitvoering van de eenvormige wet wordt geregeld bij uitvoeringsreglementen, vastgesteld in onderlinge overeenstemming door de Hoge Verdragsluitende Partijen na raadpleging van de in artikel 3 bedoelde raad van bestuur van het Benelux-Merkenbureau, en bij toepassingsreglementen vastgesteld door deze raad. | **Uitvoerings- en toepassingsreglementen**

De reglementen verkrijgen in ieder land bindende kracht overeenkomstig de bepalingen van zijn binnenlands recht.

De reglementen worden bekend gemaakt in het *Staatsblad* van ieder der Hoge Verdragsluitende Partijen.

Art. 3

Het Benelux-Merkenbureau is belast met de uitvoering van de eenvormige wet en de reglementen. | **Taak Benelux-Merkenbureau**

Het Bureau staat onder leiding van een raad van bestuur, samengesteld uit door de Hoge Verdragsluitende Partijen aangewezen leden en wel één bestuurder en één plaatsvervangende bestuurder per land.

De raad van bestuur kiest ieder jaar zijn voorzitter.

Art. 4

De raad van bestuur beslist in alle aangelegenheden betreffende de algemene werkwijze van het Benelux-Merkenbureau. | **Taak raad van bestuur**

Hij stelt het huishoudelijke en het financiële reglement van het Bureau vast, alsmede de toepassingsreglementen.

Hij geeft advies over en doet voorstellen voor de uitvoeringsreglementen.

Hij benoemt de directeur van het Bureau, die onderdaan van een der Hoge Verdragsluitende Partijen moet zijn, en bepaalt zijn taak.

Hij stelt jaarlijks de begroting van inkomsten en van uitgaven vast, alsmede zo nodig de wijzigingen of aanvullingen daarvan, en regelt in het financiële reglement de wijze, waarop het toezicht op de begrotingen en op de uitvoering daarvan zal worden uitgeoefend. Hij keurt de door de directeur afgesloten rekeningen goed.

De raad besluit met algemene stemmen.

Art. 5

De kosten van oprichting van het Benelux-Merkenbureau worden voor de helft door het Koninkrijk der Nederlanden en voor de helft door de Belgisch-Luxemburgse Economische Unie gedragen. | **Kosten van oprichting en buitengewone uitgaven**

De raad van bestuur kan bij de Hoge Verdragsluitende Partijen een bijdrage aanvragen, bestemd tot dekking van buitengewone uitgaven; deze bijdrage wordt voor de helft door het

Koninkrijk der Nederlanden en voor de helft door de Belgisch-Luxemburgse Economische Unie gedragen.

Art. 6

Ontvangsten

De lopende uitgaven van het Bureau worden gedekt door zijn ontvangsten, te weten:
1. De rechten, geïnd op grond van de eenvormige wet;
2. de inkomsten, voor de Hoge Verdragsluitende Partijen voortvloeiend uit de toepassing van de Overeenkomst van Madrid betreffende de internationale inschrijving van merken, getekend op 14 april 1891;
3. de vergoedingen voor onderzoek naar eerdere inschrijvingen;
4. de opbrengst van de verkoop van publikaties en afschriften.

Zo nodig verlenen de Hoge Verdragsluitende Partijen een bijdrage aan het Bureau; deze wordt voor de helft door het Koninkrijk der Nederlanden en voor de helft door de Belgisch-Luxemburgse Economische Unie gedragen.

Art. 7

Uitkering aan nationale diensten; bescherming industriële eigendom

Over het bedrag van de rechten, geïnd terzake van door bemiddeling van de nationale diensten verrichte handelingen, wordt aan deze diensten een percentage uitgekeerd, bestemd tot dekking van de kosten, welke deze handelingen medebrengen; dit percentage wordt vastgesteld bij uitvoeringsreglement.

Terzake van deze handelingen kunnen door de nationale wetgevingen geen nationale rechten worden vastgesteld.

Het internationale emolument terzake van verzoeken om internationale inschrijving van merken wordt gestort bij het Benelux-Merkenbureau dat zorg draagt voor de overdracht aan het Internationaal Bureau, ingesteld bij het Verdrag van Parijs tot bescherming van de industriële eigendom, getekend op 20 maart 1883.

Art. 8

Zetel Benelux-Merkenbureau

Het Benelux-Merkenbureau staat onder de bescherming van de Regering van het Koninkrijk der Nederlanden; het is gevestigd te 's-Gravenhage.

Art. 9

Gezag van rechterlijke beslissingen

Het gezag van rechterlijke beslissingen die in een van de drie Staten met toepassing van artikel 14 of 27 van de eenvormige wet worden gegeven, wordt in de beide andere Staten erkend, en de door de rechter uitgesproken doorhaling wordt door het Bureau onder verantwoordelijkheid van de raad van bestuur op verzoek van de meest gerede partij verricht, indien:
1. het van de beslissing overgelegde afschrift, naar de wetten van het land waar deze beslissing is gegeven aan de voor de echtheid van het afschrift nodige voorwaarden voldoet;
2. de beslissing niet meer vatbaar is voor verzet, noch voor beroep, noch voor voorziening in cassatie.

Art. 10

Benelux-Gerechtshof

Zodra een Benelux-Gerechtshof is ingesteld, neemt het kennis van de vragen van uitlegging van de eenvormige wet.

Art. 11

Grondgebied in Europa

De toepassing van dit Verdrag is beperkt tot het grondgebied der Hoge Verdragsluitende Partijen in Europa.

Art. 12

Bekrachtiging

Dit Verdrag zal worden bekrachtigd. De akten van bekrachtiging zullen worden nedergelegd bij de Regering van het Koninkrijk België.

Art. 13

Inwerkingtreding

Dit Verdrag treedt in werking op de eerste dag van de maand volgende op de nederlegging van de derde akte van bekrachtiging.

De eenvormige wet treedt in werking achttien maanden na de inwerkingtreding van dit Verdrag.

Art. 14

Duur

Dit Verdrag wordt gesloten voor een tijdvak van vijftig jaren. Het blijft vervolgens voor achtereenvolgende tijdvakken van tien jaren van kracht, tenzij één der Hoge Verdragsluitende Partijen één jaar voor de afloop van het lopende tijdvak de andere Verdragsluitende Partijen in kennis stelt van haar voornemen dit Verdrag te beëindigen.

Eventuele herzieningsvoorstellen, die worden gedaan na het verstrijken van een termijn van tien jaren na de inwerkingtreding van dit Verdrag en die niet de instemming van al de Hoge Verdragsluitende Partijen hebben verkregen, dienen aan de Raadgevende Interparlementaire Beneluxraad te worden voorgelegd.

Het recht tot opzegging van dit Verdrag wordt toegekend aan diegene van de Hoge Verdragsluitende Partijen, over welker herzieningsvoorstellen de Raadgevende Interparlementaire Beneluxraad een gunstig advies heeft uitgebracht, dat niet de instemming van de twee andere

Verdragsluitende Partijen of van één daarvan heeft verkregen. Van dit recht moet binnen redelijke termijn gebruik worden gemaakt.

De opzegging heeft geen gevolg, voordat na de kennisgeving daarvan aan de twee andere Verdragsluitende Partijen vijf jaren zijn verstreken.

TEN BLIJKE WAARVAN de Gevolmachtigden dit Verdrag hebben ondertekend en voorzien van hun zegel.

GEDAAN te Brussel, op 19 maart 1962, in drievoud, in de Nederlandse en in de Franse taal, zijnde beide teksten gelijkelijk authentiek.

BIJLAGE

Zie de Eenvormige Beneluxwet op de merken.

Wet van 19 maart 1962, Trb. 1962, 58, laatstelijk gewijzigd 7 augustus 1996, Trb. 1996, 225

[Inwerkingtreding: 01-01-1971]

HOOFDSTUK I

Individuele merken

Art. 1

Als individuele merken worden beschouwd de benamingen, tekeningen, afdrukken, stempels, letters, cijfers, vormen van waren of van verpakking en alle andere tekens, die dienen om de waren van een onderneming te onderscheiden.

Evenwel kunnen niet als merken worden beschouwd vormen, die door de aard van de waar worden bepaald, die de wezenlijke waarde van de waar beïnvloeden of die een uitkomst op het gebied van de nijverheid opleveren.

Omschrijving

Art. 2

Onverminderd de bepalingen van het gemene recht, kan een geslachtsnaam als merk dienen.

Geslachtsnaam als merk

Art. 3

– 1. Onverminderd de in het Verdrag van Parijs tot bescherming van de industriële eigendom of de Overeenkomst van Madrid betreffende de internationale inschrijving van merken vastgestelde rechten van voorrang of het recht van voorrang voortvloeiend uit het Verdrag tot oprichting van de Wereldhandelsorganisatie,, wordt het uitsluitend recht op een merk verkregen door het eerste depot, verricht binnen het Beneluxgebied (Benelux-depot) of voortvloeiend uit een inschrijving bij het Internationaal Bureau voor de bescherming van de industriële eigendom (internationaal depot).

– 2. Bij de beoordeling van de rangorde van het depot wordt rekening gehouden met de op het tijdstip van het depot bestaande ten tijde van het geding gehandhaafde rechten op:

a. gelijke, voor dezelfde waren gedeponeerde merken;

b. gelijke of overeenstemmende, voor dezelfde of soortgelijke waren gedeponeerde merken, indien de mogelijkheid bestaat dat bij het publiek een associatie wordt gewekt tussen de merken;

c. overeenstemmende, voor niet-soortgelijke waren gedeponeerde merken, die bekendheid in het Beneluxgebied genieten, indien door het gebruik, zonder geldige reden, van het jongere merk ongerechtvaardigd voordeel kan worden getrokken uit of afbreuk kan worden gedaan aan het onderscheidend vermogen of de reputatie van het oudere merk.

Verkrijging merkenrecht

Art. 4

Binnen de in de artikelen 6*bis*, 6*ter* en 14 gestelde grenzen wordt geen recht op een merk verkregen door:

1. het depot van een merk dat, ongeacht het gebruik dat er van wordt gemaakt, in strijd is met de goede zeden of de openbare orde van één van de Beneluxlanden, of ten aanzien waarvan artikel 6*ter* van het Verdrag van Parijs in weigering of nietigverklaring voorziet;

2. het depot dat wordt verricht voor waren voor welke het gebruik van het merk tot misleiding van het publiek zou kunnen leiden;

3. het depot van een merk dat overeenstemt met een voor soortgelijke waren gedeponeerd collectief merk waaraan een recht was verbonden dat is vervallen in de loop van de drie jaren voorafgaande aan het depot;

4. het depot van een merk dat overeenstemt met een door een derde voor soortgelijke waren gedeponeerd individueel merk, waaraan een recht was verbonden, dat in de loop van de twee jaren voorafgaande aan het depot vervallen is door het verstrijken van de geldigheidsduur van de inschrijving, tenzij die derde heeft toegestemd of overeenkomstig artikel 5, tweede lid, onder *a* geen gebruik van dit merk is gemaakt;

5. het depot van een merk dat verwarring kan stichten met een algemeen bekend merk in de zin van artikel 6*bis* van het Verdrag van Parijs, en dat toebehoort aan een derde die zijn toestemming niet heeft verleend;

6. het te kwader trouw verrichte depot, onder andere:

a. het depot dat wordt verricht terwijl de deposant weet of behoort te weten, dat een derde binnen de laatste drie jaren in het Beneluxgebied een overeenstemmend merk voor soortgelijke waren te goeder trouw en op normale wijze heeft gebruikt, en die derde zijn toestemming niet heeft verleend;

b. het depot dat wordt verricht terwijl de deposant op grond van zijn rechtstreekse betrekking tot een derde weet, dat die derde binnen de laatste drie jaren buiten het Beneluxgebied een

Geen verkrijging recht op merk

overeenstemmend merk voor soortgelijke waren te goeder trouw en op normale wijze heeft gebruikt, tenzij die derde zijn toestemming heeft verleend, of bedoelde wetenschap eerst is verkregen nadat de deposant een begin had gemaakt met het gebruik van het merk binnen het Beneluxgebied;

7. het depot van merken voor wijnen die geografische aanduidingen ter benoeming van wijnen bevatten dan wel uit zulke aanduidingen bestaan, of het depot van merken voor spiritualiën die geografische aanduidingen ter benoeming van spiritualiën bevatten dan wel uit zulke aanduidingen bestaan, met betrekking tot wijnen of spiritualiën die niet deze geografische oorsprong hebben, tenzij dit depot te goeder trouw is gedaan voordat:
a. de onderhavige bepaling in werking is getreden; of
b. de desbetreffende geografische aanduiding in het land van oorsprong of de Gemeenschap is beschermd.

Art. 5

Verval merken-recht

– 1. Het recht op het merk vervalt:
a. door de vrijwillige doorhaling of het verstrijken van de geldigheidsduur van de inschrijving van het Benelux-depot;
b. door de doorhaling of het verstrijken van de geldigheidsduur van de internationale inschrijving of door afstand van de bescherming in het Beneluxgebied, of overeenkomstig het in artikel 6 van de Overeenkomst van Madrid bepaalde, door het feit dat het merk geen wettelijke bescherming meer geniet in het land van oorsprong.
– 2. Het recht op het merk wordt, binnen de in artikel 14, onder C, gestelde grenzen, vervallen verklaard:
a. voorzover gedurende een ononderbroken tijdvak van vijf jaren zonder geldige reden, geen normaal gebruik van het merk is gemaakt binnen het Beneluxgebied voor de waren waarvoor het merk is ingeschreven; in een geding kan de rechter de merkhouder geheel of gedeeltelijk met het bewijs van het gebruik belasten;
b. voorzover het merk, na op regelmatige wijze te zijn verkregen, door toedoen of nalaten van de merkhouder in het normale taalgebruik de gebruikelijke benaming van een waar is geworden;
c. voorzover het merk, als gevolg van het gebruik dat ervan wordt gemaakt, voor de waren waarvoor het is ingeschreven, het publiek kan misleiden, met name omtrent de aard, de hoedanigheid of de geografische herkomst van deze waren.
– 3. Voor de toepassing van het tweede lid, onder *a*, wordt onder gebruik van het merk mede verstaan:
a. het gebruik van het merk in een op onderdelen afwijkende vorm, zonder dat het onderscheidend kenmerk van het merk in de vorm waarin het is ingeschreven, wordt gewijzigd;
b. het aanbrengen van het merk op waren of de verpakking ervan, uitsluitend met het oog op uitvoer;
c. het gebruik van het merk door een derde met toestemming van de merkhouder.

Art. 6

Inachtneming vereisten/betaling

– A. 1. Het Benelux-depot van merken geschiedt, hetzij bij de nationale diensten, hetzij bij het Benelux-Merkenbureau, met inachtneming van de vereisten en tegen betaling van de rechten, bepaald bij uitvoeringsreglement. Er wordt onderzocht of de overgelegde stukken aan de voor het vaststellen van een datum van depot gestelde vereisten voldoen en de datum van depot wordt vastgesteld. Aan de deposant wordt onverwijld schriftelijk mededeling gedaan van de vastgestelde datum van depot dan wel van de gronden voor het niet toekennen van een depotdatum.
2. Indien bij het depot niet is voldaan aan de overige in het uitvoeringsreglement gestelde vereisten wordt de deposant hiervan onverwijld schriftelijk in kennis gesteld onder opgave van de voorschriften waaraan niet is voldaan en wordt hij in de gelegenheid gesteld daaraan alsnog te voldoen binnen een bij uitvoeringsreglement gestelde termijn.
3. Het depot vervalt, indien niet binnen de gestelde termijn voldaan is aan de bepalingen van het uitvoeringsreglement.
4. Wanneer het depot geschiedt bij een nationale dienst zendt deze het Benelux-depot door aan het Benelux-Merkenbureau, hetzij onverwijld na ontvangst van het depot, hetzij nadat is vastgesteld dat het depot voldoet aan de gestelde vereisten.
– B. Het Benelux-Merkenbureau verricht met betrekking tot het depot een onderzoek naar eerdere inschrijvingen overeenkomstig het bij uitvoeringsreglement bepaalde, tenzij de deposant een bewijsstuk kan overleggen dat een onderzoek naar eerdere inschrijvingen is aangevraagd of verricht binnen drie maanden voorafgaand aan het depot. In het laatste geval wordt een bij uitvoeringsreglement vastgesteld bedrag in mindering gebracht op het in onderdeel A, eerste lid, bedoelde recht.
– C. Onverminderd de toepassing van artikel 6*bis* wordt het gedeponeerde merk voor de door

352

de deposant vermelde waren ingeschreven, indien de deposant, na ontvangst van de resultaten van het onder B bedoelde onderzoek en binnen een bij uitvoeringsreglement te bepalen termijn, te kennen heeft gegeven zijn depot te handhaven. Aan de merkhouder wordt een bewijs van inschrijving verstrekt.

– D. Het op artikel 4 van het Verdrag van Parijs of op het Verdrag tot oprichting van de Wereldhandelsorganisatie gegronde beroep op voorrrang wordt gedaan bij het depot of bij een bijzondere verklaring af te leggen bij het Benelux-Bureau, in de maand volgende op het depot, met inachtneming van de vormvereisten en tegen betaling van de bij uitvoeringsreglement bepaalde rechten. Het ontbreken van een dergelijk beroep doet het recht op voorrang vervallen.

Art. 6bis

– 1. Het Benelux-Merkenbureau weigert een depot in te schrijven, indien naar zijn oordeel: **Weigering inschrijving**
a. het gedeponeerde teken niet beantwoordt aan de in artikel 1 gegeven omschrijving van een merk, met name wanneer het ieder onderscheidend vermogen in de zin van artikel 6 *quinquies* B, onder 2, van het Verdrag van Parijs mist;
b. het depot betrekking heeft op een merk als bedoeld in artikel 4, onder 1, 2 en 7.

– 2. De weigering om tot inschrijving over te gaan moet het teken dat een merk vormt in zijn geheel betreffen. Zij kan tot een of meer van de waren waarvoor het merk bestemd is worden beperkt.

– 3. Het Benelux-Bureau geeft van zijn voornemen de inschrijving geheel of gedeeltelijk te weigeren, onder opgave van redenen, onverwijld schriftelijk kennis aan de deposant en stelt hem in de gelegenheid hierop binnen een bij uitvoeringsreglement gestelde termijn te antwoorden.

– 4. Indien de bezwaren van het Benelux-Bureau tegen de inschrijving niet binnen de gestelde termijn zijn opgeheven, wordt de inschrijving van het depot geheel of gedeeltelijk geweigerd. Van de weigering geeft het Benelux-Bureau onder opgave van redenen onverwijld schriftelijk kennis aan de deposant, onder vermelding van het in artikel 6*ter* genoemde rechtsmiddel tegen die beslissing.

– 5. Met de al dan niet gedeeltelijke weigering het depot in te schrijven is het depot geheel of gedeeltelijk nietig. Deze nietigheid treedt eerst in nadat de termijn voor het instellen van het in artikel 6 *ter* bedoelde rechtsmiddel ongebruikt is verstreken dan wel nadat het verzoek om een bevel tot inschrijving te geven onherroepelijk is afgewezen.

Art. 6ter

De deposant kan zich binnen twee maanden na de kennisgeving bedoeld in artikel 6*bis*, vierde **Verzoekschrift**
lid, bij verzoekschrift wenden tot het Hof van Beroep te Brussel, het Gerechtshof 's-Gravenhage of het Cour d'appel te Luxemburg teneinde een bevel tot inschrijving van het depot te verkrijgen. In het kader van deze procedure kan het Benelux-Merkenbureau vertegenwoordigd worden door de directeur of een door hem gemachtigd personeelslid. Het territoriaal bevoegde Hof wordt bepaald door het bij het depot vermelde adres van de deposant of zijn gemachtigde dan wel door het bij het depot opgegeven correspondentie-adres.

Art. 7

– A. De internationale depots geschieden volgens de bepalingen van de Overeenkomst van **Internationaal depot**
Madrid en het Protocol van 27 juni 1989 bij de Overeenkomst van Madrid. De nationale rechten, bedoeld in artikel 8, onder 1, van de Overeenkomst van Madrid en het Protocol bij de Overeenkomst van Madrid, alsmede de rechten bedoeld onder artikel 8, onder 7 *a*, van het Protocol bij de Overeenkomst van Madrid, worden bij uitvoeringsreglement bepaald.

– B. De internationale depots worden ambtshalve aan een onderzoek naar eerdere inschrijvingen onderworpen.

Art. 8

– 1. Het Benelux-Bureau schrijft de internationale depots in ten aanzien waarvan is verzocht **Inschrijving van akten**
de bescherming uit te strekken tot het Beneluxgebied. Artikel 6*bis*, leden 1 en 2, is van overeenkomstige toepassing.

– 2. Het Benelux-Bureau geeft van zijn voornemen de inschrijving te weigeren, onder opgave van redenen, zo spoedig mogelijk schriftelijk kennis aan het Internationaal Bureau door middel van een voorlopige gehele of gedeeltelijke weigering van bescherming van het merk en stelt de deposant daarbij in de gelegenheid hierop te antwoorden overeenkomstig het bepaalde bij uitvoeringsreglement. Artikel 6*bis*, vierde lid, is van overeenkomstige toepassing.

– 3. Artikel 6*ter* is van overeenkomstige toepassing, met dien verstande dat het territoriaal bevoegde Hof wordt bepaald door het adres van de gemachtigde of door het correspondentie-adres.

– 4. Van de beslissing waartegen geen beroep meer openstaat geeft het Benelux-Bureau schriftelijk, onder opgave van redenen, onverwijld kennis aan het Internationaal Bureau.

11b Eenvormige Beneluxwet op de merken

Onderzoek naar eerdere inschrijvingen

Het Benelux-Bureau gaat op verzoek van de deposanten of van derden tegen vergoeding over tot het gevraagde onderzoek naar eerdere inschrijvingen van merken in het Benelux-register.

Het Bureau gaat bovendien over tot het in de artikelen 6, onder B. en 7, onder B. bedoelde onderzoek naar eerdere inschrijvingen van merken in het Benelux-register.

Het doet de uitkomst van het onderzoek zonder opgaaf van redenen of gevolgtrekkingen aan de verzoeker toekomen.

Met het oog op het onderzoek worden de ingeschreven merken in klassen gerangschikt volgens een door het Benelux-Bureau vastgesteld systeem.

Art. 10

Geldigheidsduur inschrijving Benelux-depot

De inschrijving van een Benelux-depot heeft een geldigheidsduur van 10 jaren, te rekenen van de datum van het depot.

Het teken waaruit het merk bestaat mag niet worden gewijzigd, noch gedurende de inschrijving noch ter gelegenheid van de vernieuwing daarvan.

De inschrijving wordt op verzoek vernieuwd, voor verdere termijnen van 10 jaren, met inachtneming van de vormvereisten en tegen betaling van de bij uitvoeringsreglement bepaalde rechten.

De vernieuwing moet worden verzocht en de rechten moeten worden betaald binnen zes maanden voorafgaand aan het verstrijken van de geldigheidsduur van de inschrijving. Binnen zes maanden na verstrijken van de geldigheidsduur van de inschrijving kan de vernieuwing alsnog worden verzocht, indien gelijktijdig een bij uitvoeringsreglement bepaald extra recht wordt betaald. De vernieuwing gaat in op de datum van het verstrijken van de geldigheidsduur van de inschrijving.

Zes maanden voor het verstrijken van de geldigheidsduur van de inschrijving herinnert het Benelux-Bureau de merkhouder schriftelijk aan de datum van dat verstrijken.

Het Benelux-Bureau zendt deze herinneringsbrieven aan het laatste aan het Bureau bekende adres van de merkhouder. Het niet-verzenden of niet-ontvangen van deze brieven geeft geen vrijheid de vernieuwing binnen de gestelde termijnen na te laten; daarop kan noch in rechte, noch ten opzichte van het Bureau beroep worden gedaan.

Het Bureau schrijft de vernieuwingen in.

Art. 11

Overgang merkenrecht; licentie

– A. Het uitsluitend recht op een merk kan, onafhankelijk van de overdracht van de onderneming of een deel daarvan, overgaan of voorwerp van een licentie zijn voor alle of een deel van de waren, waarvoor het merk is gedeponeerd.

Nietig is:

1. de overdracht onder levenden, die niet schriftelijk is vastgelegd;
2. de overdracht of andere overgang die niet op het gehele Beneluxgebied betrekking heeft.

– B. Het uitsluitend recht op een merk kan door de merkhouder ingeroepen worden tegen een licentiehouder die handelt in strijd met de bepalingen van de licentie-overeenkomst inzake de duur daarvan, de door de inschrijving gedekte vorm waarin het merk mag worden gebruikt, de waren waarvoor de licentie is verleend, het grondgebied waarbinnen het merk mag worden aangebracht of de kwaliteit van de door de licentiehouder in het verkeer gebrachte waren.

– C. De overdracht of andere overgang of de licentie kan niet aan derden worden tegengeworpen dan na inschrijving van het depot van een uittreksel der akte, waaruit van die overgang of die licentie blijkt, of van een daarop betrekking hebbende, door de betrokken partijen ondertekende verklaring, mits dit depot is verricht met inachtneming van de gestelde vormvereisten en tegen betaling van de rechten, bepaald bij uitvoeringsreglement. Het in de vorige volzin bepaalde is van overeenkomstige toepassing op pandrechten en beslagen.

– D. De licentiehouder is bevoegd in een door de merkhouder ingestelde vordering als bedoeld in artikel 13, onder A, vierde en vijfde lid, tussen te komen om rechtstreeks door hem geleden schade vergoed te krijgen of zich een evenredig deel van de door de gedaagde genoten winst te doen toewijzen.

Een zelfstandige vordering als bedoeld in de vorige volzin kan de licentiehouder slechts instellen, indien hij de bevoegdheid daartoe van de merkhouder heeft bedongen.

Art. 12

Rechtsbescherming

– A. Niemand kan, welke vordering hij ook instelt, in rechte bescherming inroepen voor een teken, dat als merk beschouwd wordt in de zin van artikel 1, tenzij hij het op regelmatige wijze heeft gedeponeerd en zo nodig de inschrijving er van heeft doen vernieuwen.

De niet-ontvankelijkheid kan ambtshalve door de rechter worden uitgesproken.

Zij wordt opgeheven door depot of vernieuwing tijdens het geding.

In geen geval kan schadevergoeding worden toegekend voor aan het depot voorafgegane feiten.

– B. De bepalingen van deze wet laten onverlet het recht van gebruikers van een teken, dat niet als merk wordt beschouwd in de zin van artikel 1, om de bepalingen van het gemene recht in te roepen voor zover dit toestaat zich te verzetten tegen onrechtmatig gebruik van dit teken.

Art. 13

– A. 1. Onverminderd de toepassing van het gemene recht betreffende de aansprakelijkheid uit onrechtmatige daad kan de merkhouder zich op grond van zijn uitsluitend recht verzetten tegen:

a. elk gebruik, dat in het economisch verkeer van het merk wordt gemaakt voor de waren waarvoor het merk is ingeschreven;

b. elk gebruik, dat in het economisch verkeer van het merk of een overeenstemmend teken wordt gemaakt voor de waren waarvoor het merk is ingeschreven of voor soortgelijke waren, indien daardoor de mogelijkheid bestaat dat bij het publiek een associatie wordt gewekt tussen het teken en het merk;

c. elk gebruik, dat zonder geldige reden in het economisch verkeer van een binnen het Beneluxgebied bekend merk of een overeenstemmend teken wordt gemaakt voor waren, die niet soortgelijk zijn aan die waarvoor het merk is ingeschreven, indien door dat gebruik ongerechtvaardigd voordeel kan worden getrokken uit of afbreuk kan worden gedaan aan het onderscheidend vermogen of de reputatie van het merk;

d. elk gebruik dat zonder geldige reden in het economisch verkeer van een merk of een overeenstemmend teken wordt gemaakt anders dan ter onderscheiding van waren, indien door dat gebruik ongerechtvaardigd voordeel kan worden getrokken uit of afbreuk kan worden gedaan aan het onderscheidend vermogen of de reputatie van het merk.

2. Voor de toepassing van het eerste lid wordt onder gebruik van een merk of een overeenstemmen teken met name verstaan:

a. het aanbrengen van het teken op de waren of op hun verpakking;

b. het aanbieden, in de handel brengen of daartoe in voorraad hebben van waren onder het teken;

c. het in- en uitvoeren van waren onder het teken;

d. het gebruik van het teken in stukken voor zakelijk gebruik en in de reclame.

3. Onverminderd de toepassing van het gemene recht betreffende de aansprakelijkheid uit onrechtmatige daad kan de merkhouder zich op grond van zijn uitsluitend recht tevens verzetten tegen het plaatsen onder een schorsingsregeling als bedoeld in artikel 1, eerste lid, onder *a*), van Verordening (EG) nr. 3295/94 van de Raad van 22 december 1994, van nagemaakte goederen als bedoeld in artikel 1, tweede lid, onder *a*) van genoemde verordening.

4. Onder dezelfde voorwaarden als in het eerste lid bedoeld kan de merkhouder schadevergoeding eisen voor elke schade, die hij door het gebruik als bedoeld in het eerste lid lijdt.

5. Naast of in plaats van een vordering tot schadevergoeding, kan de merkhouder een vordering instellen tot het afdragen van ten gevolge van dit gebruik genoten winst alsmede tot het afleggen van rekening en verantwoording dienaangaande; indien de rechter van oordeel is dat dit gebruik niet te kwader trouw is of dat de omstandigheden van het geval tot zulk een veroordeling geen aanleiding geven, wijst hij de vordering af.

6. De merkhouder kan de vordering tot schadevergoeding of het afdragen van winst namens licentiehouder instellen, onverminderd de aan deze laatste in artikel 11, onder D, toegekende bevoegdheid.

7. Het uitsluitend recht omvat niet het recht zich te verzetten tegen het gebruik in het economisch verkeer door een derde:

a. van diens naam en adres;

b. van aanduidingen inzake soort, kwaliteit, hoeveelheid, bestemming, waarde, geografische herkomst, tijdstip van vervaardiging van de waren of andere kenmerken daarvan;

c. van het merk, wanneer dit nodig is om de bestemming van een waar, met name als accessoire of onderdeel, aan te geven;

één en ander voor zover er sprake is van een eerlijk gebruik in nijverheid en handel.

8. Het uitsluitend recht op een merk omvat niet het recht zich te verzetten tegen het gebruik, in het economisch verkeer, van een overeenstemmend teken, dat zijn bescherming ontleent aan een ouder recht van slechts plaatselijke betekenis, indien en voorzover dat recht erkend is ingevolg de wettelijke bepalingen van één van de Beneluxlanden.

9. Het uitsluitend recht omvat niet het recht zich te verzetten tegen het gebruik van het merk voor waren, die onder het merk door de houder of met diens toestemming in de Gemeenschap in het verkeer zijn gebracht, tenzij er voor de houder gegronde redenen zijn zich te verzetten tegen verdere verhandeling van de waren, met name wanneer de toestand van de waren, nadat zij in het verkeer zijn gebracht, gewijzigd of verslechterd is.

– B. Met de administratieve, voor de inschrijving der merken toegepaste rangschikking in klassen wordt geen rekening gehouden bij de beoordeling van de soortgelijkheid der waren.

11b Eenvormige Beneluxwet op de merken

– C. Het uitsluitend recht op een merk, luidende in één der nationale of streektalen van het Beneluxgebied, strekt zich van rechtswege uit over zijn vertaling in een andere dezer talen. De beoordeling van de overeenstemming voortvloeiende uit vertalingen in een of meer aan het genoemde gebied vreemde talen geschiedt door de rechter.

Art. 13bis

Opvordering roerende zaken

– 1. De merkhouder heeft de bevoegdheid roerende zaken, waarmee een inbreuk op zijn recht wordt gemaakt of zaken die zijn gebruikt bij de produktie van die zaken, als zijn eigendom op te vorderen dan wel daarvan de vernietiging of onbruikbaarmaking te vorderen. Gelijke bevoegdheid tot opvordering bestaat ten aanzien van gelden, waarvan aannemelijk is dat zij zijn verkregen als gevolg van inbreuk op het merkrecht. De vordering wordt afgewezen, indien de inbreuk niet te kwader trouw is gemaakt.

– 2. De bepalingen van het nationale recht omtrent de middelen van bewaring van zijn recht en omtrent rechterlijke tenuitvoerlegging van vonnissen en authentieke akten zijn van toepassing.

– 3. De rechter kan gelasten dat de afgifte niet plaatsvindt dan tegen een door hem vast te stellen, door de eiser te betalen vergoeding.

– 4. De licentienemer heeft het recht de in het eerste lid bedoelde bevoegdheden uit te oefenen, voor zover deze strekken tot bescherming van de rechten waarvan hem de uitoefening is toegestaan, indien hij daartoe toestemming van de merkhouder heeft verkregen.

– 5. De rechter kan, op vordering van de merkhouder, degene die inbreuk op diens recht heeft gemaakt, bevelen al hetgeen hem bekend is omtrent de herkomst van de zaken, waarmee die inbreuk is gepleegd, aan de merkhouder mee te delen en alle daarop betrekking hebbende gegevens aan deze te verstrekken.

Art. 14

Nietigheid depot

– A. Iedere belanghebbende, met inbegrip van het Openbaar Ministerie, kan de nietigheid inroepen:

1. *a.* van het depot van een teken dat niet beantwoordt aan de in artikel 1 gegeven omschrijving van het merk, met name wanneer het ieder onderscheidend vermogen in de zin van artikel 6*quinquies* B onder 2, van het Verdrag van Parijs mist;

b. vervallen;

c. van het depot waardoor krachtens artikel 4, onder 1, 2 en 7 van deze wet geen merkrecht wordt verkregen;

2. van het depot waardoor krachtens artikel 4, onder 3, geen merkrecht wordt verkregen, op voorwaarde dat de nietigheid wordt ingeroepen binnen een termijn van vijf jaren, te rekenen van de datum van het depot. Wordt het geding tot nietigverklaring door het Openbaar Ministerie aanhangig gemaakt, dan zijn in de hierboven vermelde gevallen alleen de rechter te Brussel, te 's-Gravenhage en te Luxemburg bevoegd. Het aanhangig maken van het geding door het Openbaar Ministerie schorst ieder ander op dezelfde grondslag ingesteld geding.

– B. Wanneer de houder van de eerdere inschrijving of de in artikel 4, onder 4, 5 en 6 bedoelde derde aan het geding deelneemt, kan iedere belanghebbende de nietigheid inroepen:

1. van het depot dat in de rangorde na het depot van een overeenstemmend merk komt, overeenkomstig het bepaalde in artikel 3, lid 2;

2. van het depot waardoor krachtens artikel 4, onder 4, 5 en 6, geen merkrecht wordt verkregen; de nietigheid op grond van de hiervoor onder 4 genoemde bepaling moet worden ingeroepen binnen een termijn van drie jaren, te rekenen van de datum waarop de geldigheidsduur der eerdere inschrijving verstrijkt, de nietigheid op grond van de hiervoor onder 5 en 6 genoemde bepalingen binnen een termijn van vijf jaren, te rekenen van de datum van het depot.

– C. 1. Iedere belanghebbende kan het verval van het merkrecht inroepen in de gevallen vermeld in artikel 5, tweede lid. Het verval van een merkrecht op grond van artikel 5, tweede lid, onder *a*, kan niet meer worden ingeroepen, wanneer het merk in de periode tussen het verstrijken van de periode van vijf jaren en de instelling van de vordering tot vervallenverklaring voor het eerst of opnieuw is gebruikt. Begin van gebruik of hernieuwd gebruik binnen drie maanden voorafgaand aan de instelling van de vordering tot vervallenverklaring wordt echter niet in aanmerking genomen, indien de voorbereiding van het begin van gebruik pas wordt getroffen nadat de merkhouder er kennis van heeft genomen dat een vordering tot vervallenverklaring zou kunnen worden ingesteld.

2. De houder van het merkrecht ten aanzien waarvan het verval ingevolge het eerste lid niet meer kan worden ingeroepen, kan niet overeenkomstig het onder B bepaalde de nietigheid inroepen van een depot, dat is verricht tijdens de periode waarin het oudere merkrecht vervallen kon worden verklaard op grond van artikel 5, tweede lid, onder *a*, noch zich ingevolge artikel 13, onder A, eerste lid, onder *a*, *b* en *c* verzetten tegen gebruik van het aldus gedeponeerde merk.

– D. Alleen de rechter is bevoegd uitspraak te doen in de gedingen, welke op deze wet zijn gegrond; hij spreekt ambtshalve de doorhaling uit van de inschrijving van de nietig verklaarde depots, evenals van de depots waardoor de vervallen verklaarde rechten zijn verkregen.

Art. 14bis

– 1. De houder van het uitsluitend recht op een merk, die het gebruik van een later gedeponeerd merk heeft gedoogd gedurende vijf opeenvolgende jaren, kan niet meer op grond van zijn oudere recht de nietigheid van het latere depot inroepen ingevolge artikel 14, onder B, onder 1, noch zich verzetten tegen het gebruik van het later gedeponeerde merk ingevolge artikel 13, onder A, eerste lid, onder *a*, *b* en *c* met betrekking tot de waren waarvoor dat merk is gebruikt, tenzij het te kwader trouw gedeponeerd is.

Later gedeponeerd merk

– 2. Het gedogen van het gebruik van een later gedeponeerd merk als bedoeld in het eerste lid geeft de houder van het later gedeponeerde merk niet het recht zich te verzetten tegen het gebruik van het eerder gedeponeerde merk.

Art. 15

– A. De houder van de inschrijving van een Benelux-depot kan te allen tijde doorhaling van zijn inschrijving verzoeken. Indien evenwel een licentie is ingeschreven, kan doorhaling van de inschrijving van het merk of van de licentie alleen worden verzocht door de houder van de inschrijving en de licentiehouder tezamen. Het in de vorige volzin bepaalde ten aanzien van de doorhaling van de inschrijving van het merk is van overeenkomstige toepassing in het geval een pandrecht of beslag is ingeschreven.

Doorhaling van inschrijving

– B. De doorhaling geldt voor het gehele Beneluxgebied.

– C. Een tot een deel van het Beneluxgebied beperkte afstand van de uit een internationaal depot voortvloeiende bescherming geldt voor het gehele gebied, niettegenstaande enige door de houder afgelegde verklaring van het tegendeel.

Art. 16

De nietigverklaring van een depot, de vervallenverklaring van het recht op een merk of de vrijwillige doorhaling van een inschrijving moet het teken, dat het merk vormt, in zijn geheel betreffen.

Omvang nietigverklaring, vervallenverklaring en doorhaling

De nietig- of vervallenverklaring moet tot één of meer van de waren, waarvoor het merk is ingeschreven, worden beperkt, indien de grond voor de nietigheid of het verval slechts een deel van die waren betreft.

De vrijwillige doorhaling kan tot een of meer van de waren waarvoor het merk is ingeschreven, worden beperkt.

Art. 17

– A. Het Benelux-Bureau is, behalve met de bij de voorgaande artikelen opgedragen taak, belast met:

Verdere taak Benelux-Bureau

1. het aanbrengen van wijzigingen in de inschrijvingen, hetzij op verzoek van de houder, hetzij op grond van kennisgevingen van het Internationaal Bureau voor de bescherming van de industriële eigendom of van rechterlijke beslissingen, alsmede het zonodig daarvan verwittigen van het Internationaal Bureau;

2. het uitgeven van een maandblad in de Nederlandse en de Franse taal, waarin de inschrijvingen van de Benelux-depots worden vermeld en alle andere vermeldingen voorgeschreven bij uitvoeringsreglement;

3. het verstrekken op verzoek van iedere belanghebbende van afschriften van inschrijvingen.

– B. Een uitvoeringsreglement bepaalt het bedrag van de rechten, te innen voor de onder A van dit artikel bedoelde verrichtingen, alsmede de prijzen van het maandblad en van de afschriften.

Art. 18

Onderdanen van Beneluxlanden, alsmede onderdanen van landen welke geen deel uitmaken van de door het Verdrag van Parijs opgerichte Unie, die woonplaats hebben in het Beneluxgebied of aldaar een daadwerkelijke en wezenlijke nijverheids- of handelsonderneming hebben, kunnen ingevolge deze wet, voor dit gehele gebied, de toepassing te hunnen voordele inroepen van de bepalingen van het voornoemde Verdrag en van de Overeenkomst van Madrid.

Verdrag van Parijs en Overeenkomst van Madrid

HOOFDSTUK II

Collectieve merken

Art. 19

Als collectieve merken worden beschouwd alle tekens, die aldus bij het depot worden aangeduid en die dienen om een of meer gemeenschappelijke kenmerken te onderscheiden van waren, afkomstig van verschillende ondernemingen, die het merk onder toezicht van de houder aanbrengen.

Omschrijving

Deze laatste mag geen gebruik maken van het merk voor waren die afkomstig zijn uit zijn eigen onderneming of uit ondernemingen, aan welker bestuur of toezicht hij onmiddellijk of middellijk deelneemt.

11b Eenvormige Beneluxwet op de merken

Eveneens worden als collectieve merken beschouwd alle tekens die aldus bij het depot worden aangeduid en die dienen in het economisch verkeer tot aanduiding van de geografische herkomst van de waren. Een zodanig merk geeft de houder niet het recht zich te verzetten tegen het gebruik door een derde van die tekens in het economisch verkeer in overeenstemming met eerlijke gebruiken in handel en nijverheid; met name kan een zodanig merk niet worden ingeroepen tegen een derde die gerechtigd is de desbetreffende geografische benaming te gebruiken.

Art. 20

Gelijkheid individueel/collectief warenmerk

Behoudens bepaling van het tegendeel zijn individuele en collectieve warenmerken aan dezelfde regelen onderworpen.

Art. 21

Reglement op het gebruik en het toezicht

Het uitsluitend recht op een collectief merk wordt slechts verkregen, indien het depot van het merk vergezeld gaat van een reglement op het gebruik en het toezicht.

Indien het evenwel gaat om een internationaal depot kan de deposant dit reglement nog deponeren gedurende een termijn van zes maanden te rekenen van de in de Overeenkomst van Madrid in artikel 3, onder (4) bedoelde kennisgeving van de internationale inschrijving.

Art. 22

Inhoud reglement

Het bij een collectief merk behorende reglement op het gebruik en het toezicht moet de gemeenschappelijke kenmerken van de waren vermelden, tot waarborg waarvan het merk bestemd is.

Het moet eveneens bepalen op welke wijze een deugdelijk en doeltreffend toezicht op deze kenmerken wordt gehouden, met de bijbehorende passende sancties.

Art. 23

Herstel vervallen collectief merk

Artikel 4, onder 3 is niet van toepassing op het depot van een collectief merk, dat door de vroegere houder van de inschrijving van een overeenstemmend collectief merk of door zijn rechtverkrijgende wordt verricht.

Art. 24

Deponering reglement

Onverminderd de toepassing van artikelen 6, 6bis en 8, mag het Benelux-Bureau het Benelux-depot van een collectief merk niet inschrijven, indien het bij dat merk behorende reglement op het gebruik en het toezicht niet volgens de in artikel 21 gestelde voorwaarden is gedeponeerd.

Art. 25

Wijziging reglement

De houders van collectieve merken zijn verplicht van iedere wijziging van het bij het merk behorende reglement op het gebruik en het toezicht aan het Benelux-Bureau kennis te geven. Deze kennisgeving wordt door het Benelux-Bureau ingeschreven.

De wijziging treedt niet in werking voor de kennisgeving bedoeld in het vorige lid.

Art. 26

Rechtsbescherming

Het recht om ter bescherming van een collectief merk in rechte op te treden komt uitsluitend toe aan de houder van dat merk.

Het reglement op het gebruik en het toezicht kan evenwel aan personen, aan wie het gebruik van het merk is toegestaan, het recht toekennen tezamen met de houder een vordering in te stellen of in een door of tegen deze aangevangen geding zich te voegen of tussen te komen. Het reglement op het gebruik en het toezicht kan eveneens bepalen, dat de houder, die alleen optreedt, het bijzonder belang van de gebruikers van het merk kan laten gelden en in zijn eis tot schadevergoeding de bijzondere schade, die een of meer van hen hebben geleden, kan opnemen.

Art. 27

Verval van recht op een collectief merk

– A. Onverminderd het bij artikel 14 bepaalde, kan iedere belanghebbende, met inbegrip van het Openbaar Ministerie, het verval inroepen van het recht op een collectief merk, indien de houder het merk gebruikt onder de voorwaarden bedoeld in artikel 19 tweede lid, of instemt met een gebruik in strijd met de bepalingen van het reglement op het gebruik en het toezicht, dan wel zodanig gebruik gedoogt.

Wordt het geding tot vervallenverklaring aanhangig gemaakt door het Openbaar Ministerie, dan zijn alleen de rechter te Brussel, te 's-Gravenhage en te Luxemburg bevoegd.

Het aanhangig maken van het geding door het Openbaar Ministerie schorst ieder ander op dezelfde grondslag ingesteld geding.

Nietigheid van depot

– B. Het Openbaar Ministerie kan de nietigheid inroepen van het depot van een collectief merk wanneer het reglement op het gebruik en het toezicht in strijd is met de openbare orde, of wanneer het niet in overeenstemming is met de bepalingen van artikel 22. Het Openbaar Ministerie kan eveneens de nietigheid inroepen van de wijzigingen van het reglement op het gebruik en het toezicht, indien deze in strijd zijn met de openbare orde of met de bepalingen van artikel 22, of indien deze tot verzwakking van de door het reglement aan het publiek gegeven waarborgen leiden.

Alleen de rechter te Brussel, te 's-Gravenhage en te Luxemburg is bevoegd uitspraak te doen in

11b Eenvormige Beneluxwet op de merken

deze gedingen; hij spreekt ambtshalve de doorhaling uit van de inschrijvingen van de nietigverklaarde depots of van de nietig verklaarde wijzigingen.

Art. 28
De collectieve merken, die zijn vervallen, nietig verklaard of doorgehaald, evenals die, ten aanzien waarvan vernieuwing niet is geschied en een herstel als bedoeld in artikel 23 is uitgebleven, mogen gedurende de drie jaren die volgen op de datum van de inschrijving van het
verval, de nietigverklaring, de doorhaling of het verstrijken van de geldigheidsduur der niet
vernieuwde inschrijving, onder geen beding worden gebruikt, behalve door degene, die zich op
een ouder recht op een individueel, overeenstemmend merk kan beroepen.

**Gebruik van ver-
vallen, nietigver-
klaard of doorge-
haald merk**

HOOFDSTUK III

Overgangsbepalingen
Art. 29
Onverminderd artikel 30 worden de in één der Beneluxlanden vóór de datum van het in werking treden dezer wet op grond van het nationaal recht verkregen en op die datum niet vervallen uitsluitende rechten op individuele en collectieve merken gehandhaafd. Vanaf de voornoemde datum is deze wet op die rechten van toepassing.
Een uitsluitend recht wordt eveneens geacht te zijn verkregen door het eerste gebruik van een
teken, dat dient om de waren van een onderneming te onderscheiden en dat een merk zou
hebben gevormd, indien de artikelen 1 en 2 van deze wet van toepassing zouden zijn geweest.
Evenwel kan het uitsluitend recht, dat aldus geacht wordt te zijn verkregen, niet worden tegengeworpen aan hen, die van dit teken vóór het in werking treden dezer wet gebruik hebben
gemaakt, tenzij het ingeroepen gebruik gevolgd is door niet-gebruik gedurende een ononderbroken tijdvak van vijf jaren.
Art. 30
Het op een merk verkregen recht eindigt, met terugwerkende kracht tot de datum van het in
werking treden dezer wet, indien niet bij het verstrijken van een termijn van een jaar te rekenen van die datum, een Benelux-depot van dat merk is verricht, met beroep op het bestaan van
het verkregen recht en onder opgave, als inlichting, van de aard en het tijdstip der feiten, die het
hebben doen ontstaan en, in voorkomende gevallen van de depots en inschrijvingen, die met
betrekking tot dit merk zijn verricht. Dit depot treedt in de plaats van de depots van het merk in
één of meer van de Beneluxlanden, onverminderd de uit die depots verkregen rechten. Indien
evenwel de deposant beroep doet op een verkregen recht, terwijl hij weet of behoort te weten,
dat dit recht niet bestaat, wordt het depot geacht te kwader trouw te zijn verricht.
Indien een merkrecht op de datum van het in werking treden dezer wet berust op een internationaal depot, steunend op een buiten het Beneluxgebied verrichte inschrijving van oorsprong,
wordt dat recht onafhankelijk van de in het voorgaande lid gestelde vereisten gehandhaafd.
Bovendien eindigt het op een collectief merk verkregen recht, met terugwerkende kracht tot de
datum van het in werking treden van deze wet, indien bij het in het eerste lid bedoelde Benelux-depot geen reglement op het gebruik en toezicht is overgelegd. De artikelen 22, 24 en 27
onder B zijn te dezen van toepassing.
Indien het recht op een collectief merk berust op een internationaal depot, steunend op een
buiten het Beneluxgebied verrichte inschrijving van oorsprong, eindigt dit recht met terugwerkende kracht tot de datum van het in werking treden van deze wet, indien bij het verstrijken
van een termijn van een jaar te rekenen van die datum, de houder van het collectieve merk geen
reglement op het gebruik en toezicht heeft overgelegd. De artikelen 22 en 27 onder B zijn te
dezen van toepassing.
Art. 31
In afwijking van artikel 10 heeft de eerste inschrijving van de Benelux-depots, bedoeld in artikel 30, een geldigheidsduur van één tot tien jaren. Deze verstrijkt in de maand en op de dag van
het Benelux-depot, in het jaar waarvan het jaartal hetzelfde cijfer der eenheden bevat als dat
van het jaar, waarin het verkregen recht, waarop beroep wordt gedaan, is ontstaan.
De eerste vernieuwing van de inschrijving van deze depots kan op het tijdstip van het depot
gevraagd worden voor de duur vastgesteld in artikel 10.
Art. 32
Een op grond van de artikelen 29 en 30 gehandhaafd uitsluitend recht op een merk breidt zich,
te rekenen van de datum van het in werking treden dezer wet, over het gehele Beneluxgebied
uit.
Dit recht breidt zich echter niet uit over het gebied van datgene van de Beneluxlanden:
a. waar het in strijd komt met een door een derde verkregen en op grond van de artikelen 29 en
30 gehandhaafd recht;

11b Eenvormige Beneluxwet op de merken

b. waar een nietigheidsgrond blijkt te bestaan als bedoeld in artikel 14 onder A, onder 1, *a* en *c*, en onder 2, in artikel 14 onder B, onder 2 en in artikel 27 onder B.

Wanneer twee personen houder zijn van verkregen rechten op hetzelfde merk, onderscheidenlijk in twee van de Beneluxlanden, vindt uitbreiding over het derde land plaats ten voordele van degene die vóór het in werking treden dezer wet in dat land het eerst en op normale wijze van het merk gebruik heeft gemaakt.

Indien op het tijdstip van het in werking treden dezer wet in dat land geen gebruik van het merk heeft plaatsgevonden, vindt uitbreiding plaats ten voordele van de houder van het oudste verkregen recht.

Art. 33

Indien een merk krachtens artikel 32 aan verschillende merkhouders in twee of drie der Beneluxlanden toebehoort, kan de merkhouder in een van deze landen zich niet verzetten tegen de invoer van waren die hetzelfde merk dragen en die uit een ander Beneluxland afkomstig zijn, noch schadevergoeding eisen voor deze invoer, wanneer het merk in dat andere land door de merkhouder of met zijn goedkeuring is aangebracht, en wanneer tussen beide merkhouders ten aanzien van de exploitatie van de betrokken waren een band van economische aard bestaat.

Art. 34

– A. Het Benelux-register staat met ingang van de dag na die van het in werking treden dezer wet open voor depots. Vanaf de dag van dit in werking treden is geen enkel nationaal depot meer ontvankelijk.

– B. De in artikel 30 bedoelde Benelux-depots zijn vrij van betaling van rechten en geschieden met inachtneming van de bij uitvoeringsreglement bepaalde vormvereisten. De inschrijving dezer depots vermeldt, of beroep op een verkregen recht is gedaan en wat ter zake is opgegeven.

– C. De internationale depots, die op een inschrijving van oorsprong buiten het Beneluxgebied steunen en op de datum van het in werking treden dezer wet bestaan, worden ambtshalve en zonder kosten in het Benelux-register ingeschreven, tenzij de houder van die depots voor alle Beneluxlanden van de daaruit voortvloeiende bescherming afstand heeft gedaan.

Art. 35

De in artikel 30 bedoelde Benelux-depots, ongeacht hun werkelijke datum, en de overeenkomstig artikel 34, onder C in het Benelux-register ingeschreven internationale depots, worden voor de beoordeling van hun rangorde ten opzichte van de zonder beroep op verkregen rechten verrichte Benelux-depots geacht te zijn verricht op de datum van het in werking treden dezer wet.

De beoordeling van de rangorde van de in een Beneluxland in de zin van artikel 29 verkregen rechten geschiedt in dat land met inachtneming van het vóór het in werking treden dezer wet geldende nationale recht.

HOOFDSTUK IV

Algemene bepalingen

Art. 36

Benelux-gebied

Deze wet verstaat onder 'Beneluxgebied' het gezamenlijke gebied van het Koninkrijk België, het Groothertogdom Luxemburg en het Koninkrijk der Nederlanden in Europa.

Art. 37

Territoriale bevoegdheid rechter

– A. Behoudens uitdrukkelijk afwijkende overeenkomst wordt de territoriale bevoegdheid van de rechter inzake merken bepaald door de woonplaats van de gedaagde of door de plaats, waar de in geding zijnde verbintenis is ontstaan, is uitgevoerd of moet worden uitgevoerd.

De plaats waar een merk is gedeponeerd of ingeschreven kan in geen geval op zichzelf grondslag zijn voor het bepalen van de bevoegdheid.

Indien de hierboven gegeven regelen niet toereikend zijn ter bepaling van de territoriale bevoegdheid, kan de eiser de zaak bij de rechter van zijn woon- of verblijfplaats of, indien hij geen woon- of verblijfplaats binnen het Beneluxgebied heeft, naar keuze bij de rechter te Brussel, te 's-Gravenhage of te Luxemburg aanhangig maken.

– B. De rechters passen de onder A gegeven regelen ambtshalve toe en stellen hun bevoegdheid uitdrukkelijk vast.

– C. De rechter, voor wie de hoofdvordering onder A bedoeld, aanhangig is, neemt kennis van eisen tot vrijwaring, van eisen tot voeging en tussenkomst en van incidentele eisen alsmede van eisen in reconventie, tenzij hij onbevoegd is ten aanzien van het onderwerp van het geschil.

– D. De rechters van een der drie landen verwijzen op vordering van een der partijen de geschillen, waarmede men zich tot hen heeft gewend, naar die van een der twee andere landen, wanneer deze geschillen daar reeds aanhangig zijn of wanneer zij verknocht zijn aan andere, aan het oordeel van deze rechters onderworpen geschillen. De verwijzing kan slechts worden

11b Eenvormige Beneluxwet op de merken

gevorderd, wanneer de zaken in eerste aanleg aanhangig zijn. Zij geschiedt naar de rechter, waarbij de zaak het eerst bij een inleidend stuk is aanhangig gemaakt, tenzij een andere rechter ter zake een eerdere uitspraak heeft gegeven, die niet louter een maatregel van orde is; in het eerste geval geschiedt de verwijzing naar die andere rechter.

Art. 38

De bepalingen dezer wet doen geen afbreuk aan de toepassing van het Verdrag van Parijs, de Overeenkomst van Madrid en de bepalingen van Belgisch, Luxemburgs of Nederlands recht, waaruit een verbod een merk te gebruiken voortvloeit.

Toepasselijkheid nationaal en internationaal recht

HOOFDSTUK V

Dienstmerken

Algemeen
Art. 39

De hoofdstukken I, II, IV, VI en VII zijn van overeenkomstige toepassing op tekens ter onderscheiding van diensten, hierna genoemd 'dienstmerken', met dien verstande dat ook soortgelijkheid tussen diensten en waren kan bestaan.

Het recht van voorrang bedoeld in artikel 4 van het Verdrag van Parijs of voortvloeiend uit het Verdrag tot oprichting van de Wereldhandelsorganisatie kan eveneens worden ingeroepen voor dienstmerken.

Toepasselijkheid hfdst. I, II en IV en recht van voorrang

Overgangsbepalingen
Art. 40

– A. Een ieder die op de datum van het in werking treden van het Protocol, houdende wijziging van de eenvormige Beneluxwet op de warenmerken, in het Beneluxgebied gebruik maakt van een dienstmerk en binnen een termijn van een jaar, te rekenen van die datum, een Benelux-depot van dat merk verricht, wordt voor de beoordeling van de rangorde daarvan geacht dit depot op genoemde datum te hebben verricht.

– B. De bepalingen van dit hoofdstuk brengen geen wijziging in de rechten die voortvloeien uit het gebruik van een dienstmerk in het Beneluxgebied op voornoemde datum.

– C. De nietigheid van een onder A bedoeld depot kan niet worden ingeroepen op de enkele grond van het feit dat dit depot in rangorde na het depot van een overeenstemmend warenmerk komt.

Benelux-depot dienstmerk

Art. 41

Bij het in artikel 40 bedoelde Benelux-depot, dat moet geschieden met inachtneming van de bij uitvoeringsreglement bepaalde vormvereisten en tegen betaling van de daarbij vastgestelde rechten, moet bovendien:

– een beroep op het bestaan van het verkregen recht worden gedaan;

– opgave worden gedaan van het jaar van het eerste gebruik van het dienstmerk, teneinde aan het in artikel 42 bedoelde oogmerk te voldoen. Indien evenwel de deposant een beroep doet op een verkregen recht van het dienstmerk, terwijl hij weet of behoort te weten, dat dit recht niet bestaat, wordt het depot geacht te kwader trouw te zijn verricht.

Verdere vereisten

Art. 42

In afwijking van artikel 10 heeft de eerste inschrijving van de Benelux-depots, bedoeld in artikel 40, een geldigheidsduur van één tot tien jaren. Deze verstrijkt in de maand en op de dag van het Benelux-depot, in het jaar waarvan het jaartal hetzelfde cijfer der eenheden bevat als dat van het jaar waarin het bij depot opgegeven eerste gebruik heeft plaatsgevonden.

De eerste vernieuwing van de inschrijving van deze depots kan op het tijdstip van het depot gevraagd worden voor de in artikel 10 vastgestelde duur.

Art. 43

Het Beneluxregister staat met ingang van de dag, volgende op die van het in werking treden van het in artikel 40 genoemde Protocol, open voor depots van dienstmerken.

De inschrijving van de in artikel 40 bedoelde Benelux-depots vermeldt dat beroep op een verkregen recht is gedaan en het jaar van het eerste gebruik van het dienstmerk.

HOOFDSTUK VI

Bepalingen inzake Gemeenschapsmerken
Art. 44

Artikel 3, tweede alinea, en artikel 14, onder B, onder 1, zijn van overeenkomstige toepassing in geval de inschrijving berust op een eerder depot voor een Gemeenschapsmerk.

Gemeenschapsmerk

11b Eenvormige Beneluxwet op de merken

Art. 45

Anciënniteit

Artikel 3, tweede alinea en artikel 14, onder B, onder 1, zijn eveneens van toepassing op Gemeenschapsmerken, waarvoor overeenkomstig de verordening inzake het Gemeenschapsmerk op geldige wijze de anciënniteit voor het Beneluxgebied wordt ingeroepen, ook al is dan aan de anciënniteit ten grondslag liggende Benelux- of internationale inschrijving vrijwillig doorgehaald of de geldigheidsduur daarvan verstreken.

Art. 46

Anciënniteit ouder merkrecht

Indien voor een Gemeenschapsmerk de anciënniteit van een ouder merkrecht wordt ingeroepen, kan de nietigheid of het verval van dat ouder echt worden ingeroepen, zelfs indien dat recht reeds is vervallen door de vrijwillige doorhaling of het verstrijken van de geldigheidsduur van de inschrijving.

Art. 47

Benelux-Merkenbureau

Het Benelux-Merkenbureau schrijft de merken in het Benelux-register in, die zijn ingeschreven overeenkomstig de Verordening inzake het Gemeenschapsmerk.

Art. 48

Reikwijdte van de wet

De bepalingen van deze wet doen geen afbreuk aan de toepassing van de Verordening inzake het Gemeenschapsmerk.

HOOFDSTUK VII

Bepalingen inzake internationale depots

Art. 49

Overeenkomstige toepassing

De bepalingen van deze wet inzake internationale depots verricht ingevolge de Overeenkomst van Madrid zijn van overeenkomstige toepassing op internationale depots verricht ingevolge het Protocol van 27 juni 1989 bij de Overeenkomst van Madrid.

11b Eenvormige Beneluxwet op de merken

Wet van 25 april 1963, Stb. 221, houdende goedkeuring van het Beneluxverdrag met eenvormige wet inzake de warenmerken alsmede enkele daarmede verband houdende voorzieningen , zoals deze wet is gewijzigd bij de Wet van 18 april 1973, Stb. 203

[Inwerkingtreding: 12-06-1963]

Wij JULIANA, bij de gratie Gods, Koningin der Nederlanden, Prinses van Oranje-Nassau, enz., enz., enz.

Allen, die deze zullen zien of horen lezen, saluut! doen te weten:

Alzo Wij in overweging genomen hebben, dat het vanwege Ons op 19 maart 1962 te Brussel ondertekende Beneluxverdrag met eenvormige wet inzake de warenmerken ingevolge artikel 60, tweede lid, der Grondwet de goedkeuring der Staten-Generaal behoeft alvorens te kunnen worden bekrachtigd en dat het voorts wenselijk is in verband met het Verdrag enkele voorzieningen te treffen;

Zo is het, dat Wij, de Raad van State gehoord, en met gemeen overleg der Staten-Generaal, hebben goedgevonden en verstaan, gelijk Wij goedvinden en verstaan bij deze:

Art. 1

Het op 19 maart 1962 te Brussel ondertekende Beneluxverdrag met eenvormige wet inzake de warenmerken, van welk Verdrag met eenvormige wet de Nederlandse en de Franse tekst zijn geplaatst in *Tractatenblad* 1962, nr. 58, wordt voor Nederland goedgekeurd.

Goedkeuring

Art. 2

De eenvormige Beneluxwet op de warenmerken is in de wetgeving opgenomen in haar Nederlandse tekst.

Nederlandse tekst

Art. 3

De uitvoerings- en toepassingsreglementen van de eenvormige Beneluxwet op de warenmerken verkrijgen door hun vaststelling bindende kracht op het daarbij bepaalde tijdstip.

Verbindende werking

Art. 4

– 1. Er is een Bureau voor de Industriële eigendom, tevens dienende, behoudens voorzoveel de warenmerken en de tekeningen of modellen van nijverheid betreft, als centrale bewaarplaats als bedoeld in artikel 12 van het Unieverdrag van Parijs tot bescherming van de industriële eigendom.

– 2. Bij algemene maatregel van bestuur worden inrichting en werkwijze daarvan geregeld.

Bureau voor de Industriële eigendom

Art. 5

De Merkenwet (*Stb.* 1893, 146) en de Wet van 19 maart 1913 (*Stb.* 105) worden ingetrokken.

Art. 6

Artikel 1 dezer wet treedt in werking met ingang van de dag na heden. De artikelen 2-5 treden in werking op een door Ons te bepalen tijdstip.

Inwerkingtreding

Verdrag van 25 oktober 1966, Trb. 1966, 292, gewijzigd 28 maart 1995, Trb. 1995, 133, 7 augustus 1996, Trb. 1996, 226

[Inwerkingtreding: 01-01-1974]

Zijne Majesteit de Koning der Belgen,
Zijne Koninklijke Hoogheid de Groothertog van Luxemburg,
Hare Majesteit de Koningin der Nederlanden,
Bezield door de wens hun wetgeving inzake tekeningen of modellen te herzien en eenheid te brengen in het modellenrecht in hun landen;
Hebben besloten te dien einde een Verdrag te sluiten en hebben hiertoe als Hunne Gevolmachtigden aangewezen:
Zijne Majesteit de Koning der Belgen:
Zijne Excellentie de Heer P. Harmel, Minister van Buitenlandse Zaken;
Zijne Koninklijke Hoogheid de Groothertog van Luxemburg: `
Zijne Excellentie de Heer C. Dumont, buitengewoon en gevolmachtigd Ambassadeur te Brussel;
Hare Majesteit de Koningin der Nederlanden:
Zijne Excellentie J. A. Baron de Vos van Steenwijk, buitengewoon en gevolmachtigd Ambassadeur te Brussel,
die, na hun in de goede en behoorlijke vorm bevonden volmachten te hebben overgelegd, de volgende bepalingen zijn overeengekomen:

Art. 1

De Hoge Verdragsluitende Partijen nemen de eenvormige Beneluxwet op de tekeningen of modellen, die als bijlage bij dit Verdrag is gevoegd, in hun nationale wetgeving op, hetzij in een van de oorspronkelijke, hetzij in beide teksten, en stellen een voor hun landen gemeenschappelijke dienst in onder de naam 'Benelux-Bureau voor Tekeningen of Modellen'.

Benelux-Bureau voor Tekeningen of Modellen

Art. 2

De uitvoering van de eenvormige wet wordt geregeld bij uitvoeringsreglementen, vastgesteld in onderlinge overeenstemming door de Hoge Verdragsluitende Partijen na raadpleging van de in artikel 3 bedoelde raad van bestuur van het Benelux-Bureau voor Tekeningen of Modellen, en bij toepassingsreglementen vastgesteld door deze raad.
De reglementen verkrijgen in ieder land bindende kracht overeenkomstig de bepalingen van zijn binnenlandse recht.
De reglementen worden bekend gemaakt in het *Staatsblad* van ieder der Hoge Verdragsluitende Partijen.

Uitvoerings- en toepassingsreglementen

Art. 3

Het Benelux-Bureau voor Tekeningen of Modellen is belast met de uitvoering van de eenvormige wet en de reglementen.
Het Bureau staat onder leiding van een raad van bestuur, samengesteld uit door de Hoge Verdragsluitende Partijen aangewezen leden en wel één bestuurder en één plaatsvervangend bestuurder per land.
De raad van bestuur kiest ieder jaar zijn voorzitter.

Taak Benelux-Bureau voor Tekeningen of Modellen

Art. 4

De raad van bestuur beslist in alle aangelegenheden betreffende de algemene werkwijze van het Benelux-Bureau voor Tekeningen of Modellen.
Hij stelt het huishoudelijke en het financiële reglement van het Bureau vast, alsmede de toepassingsreglementen.
Hij geeft advies over en doet voorstellen inzake de uitvoeringsreglementen.
Hij benoemt de directeur van het Bureau, die onderdaan van een der Hoge Verdragsluitende Partijen moet zijn, en bepaalt zijn taak.
Hij stelt jaarlijks de begroting van inkomsten en van uitgaven vast, alsmede zo nodig de wijzigingen van aanvullingen daarop, en regelt in het financiële reglement de wijze, waarop het toezicht op de begrotingen en op de uitvoering daarvan zal worden uitgeoefend. Hij keurt de door de directeur afgesloten rekeningen goed.
De raad besluit met algemene stemmen.

Taak raad van bestuur

Art. 5

De kosten van oprichting van het Benelux-Bureau voor Tekeningen of Modellen worden voor de helft door het Koninkrijk der Nederlanden en voor de helft door de Belgisch-Luxemburgse Economische Unie gedragen.
De raad van bestuur kan bij de Hoge Verdragsluitende Partijen een bijdrage aanvragen, be-

Kosten van oprichting en buitengewone uitgaven

stemd tot dekking van buitengewone uitgaven; deze bijdrage wordt voor de helft door het Koninkrijk der Nederlanden en voor de helft door de Belgisch-Luxemburgse Economische Unie gedragen.

Art. 6

Ontvangsten

De lopende uitgaven van het Bureau worden gedekt door zijn ontvangsten, te weten:

1. de op grond van de eenvormige wet geïnde rechten;
2. de inkomsten die voor de Hoge Verdragsluitende Partijen eventueel voortvloeien uit de toepassing van de Overeenkomst van 's-Gravenhage betreffende het internationaal depot van tekeningen of modellen van nijverheid, ondertekend op 28 november 1960;
3. de opbrengst van de verkoop van publikaties en afschriften.

Zo nodig verlenen de Hoge Verdragsluitende Partijen een bijdrage aan het Bureau; deze wordt voor de helft door het Koninkrijk der Nederlanden en voor de helft door de Belgisch-Luxemburgse Economische Unie gedragen.

Art. 7

Uitkering aan nationale diensten

Over het bedrag van de rechten, geïnd uit hoofde van door bemiddeling van de nationale diensten verrichte handelingen, wordt aan deze diensten een percentage uitgekeerd, bestemd tot dekking van de kosten welke deze handelingen medebrengen; dit percentage wordt vastgesteld bij uitvoeringsreglement.

Terzake van deze handelingen kunnen door de nationale wetgevingen geen nationale rechten worden vastgesteld.

Art. 8

Zetel Benelux-Bureau voor Tekeningen of Modellen

Het Benelux-Bureau voor Tekeningen of Modellen staat onder bescherming van de Regering van het Koninkrijk der Nederlanden en is gevestigd te 's-Gravenhage.

Art. 9

Gezag van rechterlijke beslissingen

Het gezag van rechterlijke beslissingen, die in één van de drie Staten op grond van artikel 15 van de eenvormige wet worden gegeven, wordt in de beide andere Staten erkend, en de door de rechter uitgesproken doorhaling wordt door het Bureau onder verantwoordelijkheid van de raad van bestuur op verzoek van de meest gerede partij verricht, indien:

1. het van de beslissing overgelegde afschrift, naar de wetten van het land waar deze beslissing is gegeven, aan de voor de echtheid van het afschrift nodige voorwaarden voldoet;
2. de beslissing niet meer vatbaar is voor verzet noch voor beroep noch voor voorziening in cassatie.

Art. 10

Benelux-Gerechtshof

Zodra een Benelux-Gerechtshof is ingesteld, neemt het kennis van de vragen van uitlegging van de eenvormige wet.

Art. 11

Grondgebied in Europa

De toepassing van dit Verdrag is beperkt tot het grondgebied der Hoge Verdragsluitende Partijen in Europa.

Art. 12

Bekrachtiging

Dit Verdrag zal worden bekrachtigd. De akten van bekrachtiging zullen worden nedergelegd bij de Regering van het Koninkrijk België.

Art. 13

Inwerkingtreding

Dit Verdrag treedt in werking op de eerste dag van de maand, volgende op de nederlegging van de derde akte van bekrachtiging.

De eenvormige wet treedt in werking een jaar na de inwerkingtreding van dit Verdrag.

Art. 14

Duur

Dit Verdrag wordt gesloten voor een tijdvak van vijftig jaren. Het blijft vervolgens voor achtereenvolgende tijdvakken van tien jaren van kracht, tenzij een der Hoge Verdragsluitende Partijen één jaar voor het verstrijken van het lopende tijdvak de andere Verdragsluitende Partijen in kennis stelt van haar voornemen dit Verdrag te beëindigen.

Eventuele herzieningsvoorstellen, die worden gedaan na het verstrijken van een termijn van tien jaren na de inwerkingtreding van dit Verdrag en die niet de instemming van alle Hoge Verdragsluitende Partijen hebben verkregen, dienen aan de Raadgevende Interparlementaire Beneluxraad te worden voorgelegd.

Het recht tot opzegging van dit Verdrag wordt toegekend aan diegene van de Hoge Verdragsluitende Partijen, over welker herzieningsvoorstellen de Raadgevende Interparlementaire Beneluxraad een gunstig advies heeft uitgebracht, dat niet de instemming van de twee andere Verdragsluitende Partijen of van één daarvan heeft verkregen. Van dit recht moet binnen redelijke termijn gebruik worden gemaakt.

De opzegging heeft eerst gevolg vijf jaren na de datum, waarop daarvan kennisgeving is gedaan aan de beide andere Verdragsluitende Partijen.

13a Benelux-Verdrag inz. Tekeningen of Modellen

TEN BLIJKE WAARVAN de Gevolmachtigden dit Verdrag hebben ondertekend en voorzien van hun zegel.

GEDAAN te Brussel, op 25 oktober 1966, in drievoud in de Nederlandse en de Franse taal, zijnde beide teksten gelijkelijk authentiek.

BIJLAGE

Zie de Eenvormige Beneluxwet inzake Tekeningen of Modellen.

13a Benelux-Verdrag inz. Tekeningen of Modellen

Wet van 25 oktober 1966, Trb. 1966, 292, gewijzigd 28 maart 1995, Trb. 1995, 133, 7 augustus 1996, Trb. 1996, 226

[Inwerkingtreding: 01-01-1975]

HOOFDSTUK I

Tekeningen of modellen

Art. 1

Als tekening of model kan worden beschermd het nieuwe uiterlijk van een voortbrengsel dat een gebruiksfunctie heeft.

Omschrijving

Art. 2

– 1. Van de bescherming uit hoofde van deze wet is uitgesloten datgene wat noodzakelijk is voor het verkrijgen van een technisch effect.

Uitzonderingen

– 2. Het uiterlijk van bepaalde categorieën van voortbrengselen, ten aanzien waarvan de toepassing van de wet aanleiding zou geven tot aanzienlijke moeilijkheden, kan van de bescherming uit hoofde van deze wet blijvend of tijdelijk worden uitgesloten bij uitvoeringsreglement.

Art. 3

– 1. Onverminderd het in het Verdrag van Parijs tot bescherming van de industriële eigendom vastgestelde recht van voorrang of het recht van voorrang voortvloeiend uit het verdrag tot oprichting van de Wereldhandelsorganisatie, wordt het uitsluitend recht op een tekening of model verkregen door het eerste depot verricht binnen het Beneluxgebied en ingeschreven bij het Benelux-Bureau voor Tekeningen of Modellen (Benelux-depot), of ingeschreven bij het Internationaal Bureau voor de bescherming van de industriële eigendom (internationaal depot).

Verkrijging recht op tekening of model

– 2. Indien bij samenloop van depots het eerste depot niet wordt gevolgd door de publikatie als bedoeld in artikel 9, onder 3) van deze wet of in artikel 6, onder 3) van de Overeenkomst van 's-Gravenhage betreffende het internationaal depot van tekeningen of modellen van nijverheid, verkrijgt het latere depot de rang van eerste depot.

Art. 4

Door het depot van een tekening of model wordt geen uitsluitend recht verkregen indien:

Depot zonder verkrijging van recht

1) de tekening of het model niet nieuw is, dat wil zeggen wanneer:

a) op enig tijdstip in de periode van vijftig jaren, voorafgaande aan de datum van het depot of aan de datum van voorrang, welke voortvloeit uit het Verdrag van Parijs, een voortbrengsel dat hetzelfde uiterlijk vertoont als de gedeponeerde tekening of het gedeponeerde model, dan wel daarmede slechts ondergeschikte verschillen vertoont in de belanghebbende kring van nijverheid of handel van het Benelux-gebied feitelijk bekendheid heeft genoten;

b) een tekening of model, dat gelijk is aan de gedeponeerde tekening of het gedeponeerde model, dan wel daarmede slechts ondergeschikte verschillen vertoont, reeds eerder werd gedeponeerd en dit depot werd gevolgd door publikatie als bedoeld in artikel 9, onder 3) van deze wet of in artikel 6, onder 3) van de Overeenkomst van 's-Gravenhage;

2) de tekening of het model in strijd is met de goede zeden of de openbare orde van één der Beneluxlanden;

3) de kenmerkende eigenschappen van de tekening of het model onvoldoende uit het depot blijken.

Art. 4bis

Artikel 4, onder 1, sub *a.* vindt geen toepassing, indien de feitelijke bekendheid van een voortbrengsel dat hetzelfde uiterlijk vertoont als het gedeponeerde model of de gedeponeerde tekening dan wel daarmee ondergeschikte verschillen vertoont, in de belanghebbende kring van nijverheid of handel van het Beneluxgebied, het gevolg is van openbaarmaking van dat voortbrengsel door de deposant dan wel door een derde die zijn kennis omtrent het voortbrengsel direct of indirect aan de deposant heeft ontleend, binnen twaalf maanden voorafgaande aan de datum van het depot of de datum van voorrang, welke voortvloeit uit het Verdrag van Parijs.

Art. 5

– 1. Binnen een termijn van vijf jaren, te rekenen vanaf de datum van publikatie van het depot, kan de ontwerper van de tekening of het model, dan wel degene die volgens artikel 6 als ontwerper wordt beschouwd, het Benelux-depot of de voor het Benelux-gebied uit het internationaal depot van die tekening of dat model voortvloeiende rechten opeisen, indien het depot zonder zijn toestemming door een derde is verricht; om dezelfde redenen kan hij te allen tijde de nietigheid inroepen van dat depot of van die rechten. De vordering tot opeising moet bij het

Depot zonder toestemming ontwerper

Benelux Bureau worden ingeschreven op verzoek van de eiser, met inachtneming van de vormvereisten en tegen betaling van de rechten bepaald bij uitvoeringsreglement.

– 2. Indien de in het vorig lid bedoelde deposant gehele of gedeeltelijke doorhaling heeft verzocht van de inschrijving van het Benelux-depot of afstand heeft gedaan van de rechten, die voor het Beneluxgebied uit het internationaal depot voortvloeien, heeft deze doorhaling of afstand geen werking ten aanzien van de ontwerper of van degene die volgens artikel 6 als ontwerper wordt beschouwd onder voorbehoud van lid 3, mits het depot werd opgeëist binnen één jaar na de datum van publikatie van de doorhaling of afstand en vóór het verstrijken van bovenbedoelde termijn van vijf jaren.

– 3. Indien in het tijdvak gelegen tussen de doorhaling of afstand bedoeld in het tweede lid, en de inschrijving van de vordering tot opeising, een derde te goeder trouw een voortbrengsel heeft geëxploiteerd dat hetzelfde uiterlijk vertoont, wordt dit voortbrengsel als rechtmatig in het verkeer gebracht beschouwd.

Art. 6

Ontwerp door werknemer; ontwerp op bestelling

– 1. Indien een tekening of model door een werknemer in de uitoefening van zijn functie werd ontworpen, wordt, behoudens andersluidend beding, de werkgever als ontwerper beschouwd.

– 2. Indien een tekening of model op bestelling is ontworpen, wordt, behoudens andersluidend beding, degene die de bestelling heeft gedaan als ontwerper beschouwd, mits de bestelling is gedaan met het oog op een gebruik in handel of nijverheid van het voortbrengsel waarin de tekening of het model is belichaamd.

Art. 7

Verval van recht

Behoudens het bepaalde in artikel 5, onder 2), vervalt het uitsluitend recht op een tekening of model:

1. door vrijwillige doorhaling of door het verstrijken van de geldigheidsduur van de inschrijving van het Benelux-depot;

2. door het verstrijken van de geldigheidsduur van de inschrijving van het internationaal depot of door afstand van rechten, die voor het Beneluxgebied uit het internationaal depot voortvloeien of door ambtshalve doorhaling van het internationaal depot, bedoeld in artikel 6, vierde lid, onder c) van de Overeenkomst van 's-Gravenhage.

Art. 8

Benelux-depot

– 1. Het Benelux-depot van tekeningen of modellen geschiedt, hetzij bij de nationale diensten, hetzij bij het Benelux-Bureau voor Tekeningen of Modellen, met inachtneming van de vormvereisten en tegen betaling van de rechten, bepaald bij uitvoeringsreglement. Het dient een fotografische of grafische afbeelding van het uiterlijk van het voortbrengsel te bevatten, alsmede het reproduktiemiddel waarmede deze afbeelding is vervaardigd; het kan eventueel worden aangevuld met een aanspraak inzake de kleuren en een verklaring inhoudend de naam van de werkelijke ontwerper van de tekening of het model. De afbeelding kan vergezeld gaan van een beschrijving van de kenmerkende eigenschappen van de tekening of het model binnen de bij uitvoeringsreglement vast te stellen grenzen.

– 2. Het Benelux-depot kan één of meer tekeningen of modellen bevatten (respectievelijk enkelvoudig en meervoudig depot), een en ander met inachtneming van de vormvereisten en tegen betaling van de rechten, bepaald bij uitvoeringsreglement.

– 3. De met het in ontvangst nemen van de depots belaste organen onderzoeken of de overgelegde stukken aan de gestelde vormvereisten voldoen en maken de akte van depot op met vermelding van de datum waarop dit werd verricht en eventueel van de aanwezigheid van een aanspraak inzake de kleuren of van de in dit artikel onder 1. bedoelde beschrijving.

– 4. Het op artikel 4 van het Verdrag van Parijs of op het verdrag tot oprichting van de Wereldhandelsorganisatie gegronde beroep op voorrang wordt gedaan in de akte van depot of bij een bijzondere verklaring, af te leggen bij het Benelux-Bureau in de maand, volgende op het depot, met inachtneming van de vormvereisten en tegen betaling van de rechten, bepaald bij uitvoeringsreglement. Het ontbreken van een dergelijk beroep doet het recht van voorrang vervallen.

Art. 9

Taak Benelux-Bureau inzake depots

– 1. Onverminderd de toepassing op Benelux-depots van het in dit artikel onder 3) bepaalde, kan het depot van een tekening of model geen aanleiding geven tot enig onderzoek naar de inhoud van het depot, waarvan de uitkomst de deposant door het Benelux-Bureau zou kunnen worden tegengeworpen.

– 2. Het Benelux-Bureau schrijft de akten van de Benelux-depots onverwijld in en verstrekt een bewijs van inschrijving aan de houder; het schrijft eveneens de publikaties in van de ingeschreven internationale depots die gepubliceerd zijn in het 'Bulletin International des dessins ou modèles – International Design Gazette' ten aanzien waarvan de deposanten verzocht hebben dat zij hun werking zullen uitstrekken over het Beneluxgebied.

13b Eenv. Beneluxwet inz. Tekeningen of Modellen

De wettelijke datum van inschrijving is hetzij de datum van het Benelux-depot hetzij die van het internationaal depot.

In voorkomende gevallen vermeldt de inschrijving de datum en de grondslag van de gevraagde voorrang.

– 3. Het Benelux-Bureau publiceert zo spoedig mogelijk overeenkomstig het uitvoeringsreglement de inschrijvingen van Benelux-depots. Deze publikatie omvat onder andere een afbeelding van het voortbrengsel, waarin de tekening of het model belichaamd is, en eventueel de datum en de grondslag van de gevraagde voorrang en de aanspraak inzake de kleuren of de in artikel 8, onder 1) bedoelde beschrijving.

De publikatie wordt opgeschort indien de deposant gebruik maakt van de in artikel 11 geboden mogelijkheid of indien het Bureau oordeelt, dat op de tekening of het model artikel 4, onder 2) van toepassing is. In laatstbedoeld geval stelt het Bureau de deposant daarvan in kennis en verzoekt hem zijn depot binnen een termijn van twee maanden in te trekken. Indien belanghebbende na het verstrijken van deze termijn zijn depot niet heeft ingetrokken, verzoekt het Bureau zo spoedig mogelijk, het openbaar ministerie een vordering in te stellen tot nietigverklaring van het depot. Indien het openbaar ministerie van oordeel is, dat er geen aanleiding bestaat tot het instellen van een dergelijke vordering of indien de vordering werd afgewezen bij een rechterlijke beslissing die kracht van gewijsde heeft verkregen, gaat het Bureau onverwijld over tot publikatie van de inschrijving van de tekening of het model.

– 4. Indien de kenmerkende eigenschappen van de tekening of het model, zoals deze door het in artikel 8, onder 1), bedoelde reproduktiemiddel zijn weergegeven, in de publikatie niet voldoende tot hun recht komen, kan de deposant, binnen een bij uitvoeringsreglement vast te stellen termijn, het Bureau verzoeken kosteloos een tweede publikatie te verrichten.

– 5. Vanaf de datum van publikatie van de tekening of het model kan het publiek kennis nemen van de inschrijving en van de bij het depot overgelegde stukken.

Art. 10

Internationaal Depot

De internationale depots geschieden volgens de bepalingen van de Overeenkomst van 's-Gravenhage.

Art. 11

Verzoek tot opschorting publicatie van inschrijving

De deposant kan bij het verrichten van het Benelux-depot verzoeken de publikatie van de inschrijving op te schorten gedurende een periode die niet meer mag bedragen dan twaalf maanden te rekenen vanaf de datum van het depot of, indien de deposant een beroep doet op artikel 4 van het Verdrag van Parijs, vanaf de datum waarop het depot, waardoor het recht van voorrang is ontstaan, werd verricht.

Art. 12

Geldigheidsduur inschrijving

– 1. De inschrijving van een Benelux-depot heeft een geldigheidsduur van vijf jaren te rekenen van de datum van het depot. De gedeponeerde tekening of het gedeponeerde model kan noch gedurende de inschrijving noch ter gelegenheid van de vernieuwing daarvan worden gewijzigd.

– 2. De inschrijving kan voor twee achtereenvolgende termijnen van vijf jaren worden vernieuwd door betaling aan het Benelux-Bureau van het recht voor de vernieuwing. Het bedrag en de wijze van betaling van dit recht worden bepaald bij uitvoeringsreglement.

Deze betaling dient te geschieden in de loop van het jaar dat aan het verstrijken van de geldigheidsduur van de inschrijving voorafgaat. Tegen betaling van een bij uitvoeringsreglement vastgesteld verhoogd recht wordt voor de vernieuwing een termijn van uitstel van zes maanden toegestaan.

In alle gevallen werkt de vernieuwing vanaf de datum van het verstrijken van de geldigheidsduur van de inschrijving.

– 3. De vernieuwing kan tot een deel van de in een meervoudig depot vervatte tekeningen of modellen worden beperkt.

– 4. Zes maanden voor het verstrijken van de geldigheidsduur van de eerste en de tweede termijn van inschrijving herinnert het Benelux-Bureau aan de juiste datum van dat verstrijken door verzending van een kennisgeving aan de werkelijke of gekozen woonplaats van de houder van de tekening of het model, en aan de derden, die beweren rechten te bezitten op de tekening of het model, voor zover althans hun naam is ingeschreven in het register voorkomt.

– 5. Het Bureau verzendt deze kennisgevingen aan het laatste hem bekende adres van betrokkenen. Het niet-verzenden of niet-ontvangen van deze brieven geeft geen vrijheid de vernieuwing binnen de gestelde termijn na te laten; daarop kan noch in rechte noch ten opzichte van het Bureau beroep worden gedaan.

– 6. Het Bureau schrijft de vernieuwingen in en publiceert deze overeenkomstig het uitvoeringsreglement.

Overgang van recht; licentie

– 1. Het uitsluitend recht op een tekening of model kan overgaan of voorwerp van een licentie zijn. Nietig zijn:

a) overdrachten onder levenden, die niet schriftelijk zijn vastgelegd;

b) overdrachten of andere overgangen, die niet op het gehele Beneluxgebied betrekking hebben.

– 2. De beperking van een licentie, die geen beperking is naar duur, heeft geen gevolg voor wat betreft de toepassing van deze wet.

– 3. De overdracht of andere overgang of de licentie kan niet aan derden worden tegengeworpen dan na inschrijving van het depot van een uittreksel van de akte, waaruit van die overgang of die licentie blijkt, of van een daarop betrekking hebbende door de betrokken partijen ondertekende verklaring, mits dit depot is verricht met inachtneming van de gestelde vormvereisten en tegen betaling van de rechten, bepaald bij uitvoeringsreglement.

– 4. De licentiehouder is bevoegd in een door de houder van het uitsluitend recht op een tekening of model ingestelde vordering als bedoeld in artikel 14, onder 3 en 4, tussen te komen om rechtstreeks de door hem geleden schade vergoed te krijgen of zich een evenredig deel van de door de gedaagde genoten winst te doen toewijzen.

Een zelfstandige vordering als bedoeld in artikel 14, onder 3 en 4, kan de licentiehouder slechts instellen indien hij de bevoegdheid daartoe van de houder van het uitsluitend recht heeft bedongen.

Art. 14

Inhoud van recht

– 1. Op grond van zijn uitsluitend recht op een tekening of model kan de houder daarvan zich verzetten tegen elke vervaardiging, invoer, uitvoer, verkoop, het te koop aanbieden, verhuur, het te huur aanbieden, tentoonstelling, levering, gebruik of het in voorraad hebben voor een van deze doeleinden, met industrieel of commercieel oogmerk, van een voortbrengsel dat hetzelfde uiterlijk vertoont als de gedeponeerde tekening of het gedeponeerde model dan wel daarmede slechts ondergeschikte verschillen vertoont.

– 2. Op grond van zijn uitsluitend recht kan de houder zich tevens verzetten tegen het plaatsen onder een schorsingsregeling als bedoeld in artikel 1, eerste lid, onder *a*), van Verordening (EG) nr. 3295/94 van de Raad van 22 december 1994, van door piraterij verkregen goederen als bedoeld in artikel 1, tweede lid, onder *b*) van genoemde verordening.

– 3. De houder kan op grond van het uitsluitend recht slechts schadevergoeding vorderen voor de in dit artikel, onder 1) opgesomde handelingen, indien deze hebben plaatsgevonden na de in artikel 9 bedoelde publikatie, waarin de kenmerkende eigenschappen van de tekening of het model op voldoende wijze werden weergegeven, behalve indien de derde met wetenschap van het depot heeft gehandeld.

– 4. Naast of in plaats van een vordering tot schadevergoeding kan de houder van het uitsluitend recht een vordering instellen tot het afdragen van winst, welke is genoten als gevolg van handelingen bedoeld in dit artikel onder 1, onder de omstandigheden bedoeld in dit artikel onder 2, alsmede tot het afleggen van rekening en verantwoording dienaangaande. Indien de rechter van oordeel is dat de genoemde handelingen niet te kwader trouw zijn verricht of dat de omstandigheden van het geval geen aanleiding geven tot een veroordeling tot afdracht van onrechtmatig genoten winst, wijst hij de vordering af.

– 5. De houder van het uitsluitend recht op een tekening of model kan de vordering tot schadevergoeding of het afdragen van winst namens de licentiehouder instellen, onverminderd de aan deze laatste in artikel 13, onder 4, toegekende bevoegdheid.

– 6. Het uitsluitend recht op een tekening of model bevat evenwel niet in het recht zich te verzetten tegen de in dit artikel, onder 1) bedoelde handelingen met betrekking tot voortbrengselen die in het Beneluxgebied in het verkeer zijn gebracht door de houder of door iemand anders met zijn toestemming, dan wel door de personen bedoeld in artikel 17.

– 7. De vorderingen kunnen geen betrekking hebben op voortbrengselen, die vóór de datum van het depot in het Beneluxgebied in het verkeer werden gebracht.

– 8. Voor feiten die alleen inbreuk op een tekening of model inhouden kan geen vordering worden ingesteld op grond van de wettelijke bepalingen inzake de bestrijding van de oneerlijke mededinging.

Art. 14bis

– 1. De houder van een uitsluitend recht op een tekening of model heeft de bevoegdheid roerende zaken, waarmee inbreuk op zijn recht wordt gemaakt of zaken die gebruikt zijn bij de produktie van die zaken, als zijn eigendom op te vorderen dan wel daarvan de vernietiging of onbruikbaarmaking te vorderen. Gelijke bevoegdheid tot opvordering bestaat ten aanzien van gelden waarvan aannemelijk is dat zij zijn verkregen als gevolg van inbreuk op het uitsluitend recht op een tekening of model. De vordering wordt afgewezen indien de inbreuk niet te kwader trouw is gemaakt.

- 2. De bepalingen van het nationale recht omtrent de middelen van bewaring van zijn recht en omtrent de rechterlijke tenuitvoerlegging van vonnissen en authentieke akten zijn van toepassing.
- 3. De rechter kan gelasten dat de afgifte niet plaatsvindt dan tegen een door hem vast te stellen, door de eiser te betalen vergoeding.
- 4. De licentiehouder heeft het recht de in dit artikel onder 1 bedoelde bevoegdheden uit te oefenen voor zover deze strekken tot bescherming van de rechten waarvan hem de uitoefening is toegestaan, indien hij daartoe toestemming van de houder van het uitsluitend recht op een tekening of model heeft verkregen.
- 5. De rechter kan op vordering van de houder van het uitsluitend recht op een tekening of model, degene die inbreuk op diens recht heeft gemaakt, bevelen al hetgeen hem bekend is omtrent de herkomst van de zaken waarmee die inbreuk is gepleegd, aan de houder mee te delen en alle daarop betrekking hebbende gegevens aan deze te verstrekken.

Art. 15

Iedere belanghebbende met inbegrip van het openbaar ministerie kan de nietigheid inroepen van een Beneluxdepot of van de voor het Beneluxgebied uit een internationaal depot voortvloeiende rechten, indien zodanig depot niet voldoet aan het gestelde in de artikelen 1 en 2 of daardoor krachtens artikel 4 geen recht op een tekening of model wordt verkregen.

Nietigheid Benelux-depot

Wordt het geding tot nietigverklaring door het openbaar ministerie aanhangig gemaakt, dan zijn alleen de rechter te Brussel, te 's-Gravenhage of te Luxemburg bevoegd. Het aanhangig maken van het geding door het openbaar ministerie schorst ieder ander op dezelfde grondslag ingesteld geding.

Art. 16

Alleen de burgerlijke rechter is bevoegd uitspraken te doen in de gedingen, welke op deze wet zijn gegrond; hij spreekt ambtshalve de doorhaling uit van de inschrijving van de nietigverklaarde depots.

Bevoegdheid burgerlijke rechter

Art. 17

- 1. Een recht van voorgebruik, waarvan de inhoud hieronder nader wordt omschreven, wordt toegekend aan de derde die, vóór de datum van het depot van een tekening of model, of eventueel vóór de datum van het ontstaan van het in artikel 4 van het Verdrag van Parijs bedoelde recht van voorrang, binnen het Beneluxgebied voortbrengselen heeft vervaardigd die hetzelfde uiterlijk vertonen als de gedeponeerde tekening of het gedeponeerde model, dan wel daarmede slechts ondergeschikte verschillen vertonen.
- 2. Hetzelfde recht wordt toegekend aan degene die onder dezelfde omstandigheden een begin heeft gemaakt met de uitvoering van zijn voornemen tot vervaardiging.
- 3. Dit recht wordt echter niet toegekend aan de derde, die de tekening of het model zonder toestemming van de ontwerper heeft nagemaakt.
- 4. Op grond van het recht van voorgebruik kan de houder daarvan de vervaardiging van bedoelde voortbrengselen voortzetten of, in het geval bedoeld in dit artikel, onder 2), een aanvang maken met deze vervaardiging en, niettegenstaande de uit het depot voortvloeiende rechten, alle andere in artikel 14, onder 1) bedoelde handelingen verrichten, met uitzondering van invoer.
- 5. Het recht van voorgebruik kan slechts overgaan tezamen met het bedrijf waarin de handelingen, die hebben geleid tot het ontstaan van dat recht, hebben plaatsgevonden.

Recht van voorgebruik

Art. 18

- 1. De houder van de inschrijving van een Benelux-depot kan te allen tijde de doorhaling van deze inschrijving verzoeken, behalve indien er rechten van derden bestaan, die bij overeenkomst zijn vastgelegd of in rechte worden vervolgd en welke ter kennis van het Benelux-Bureau zijn gebracht.

Indien het een meervoudig depot betreft, kan de doorhaling betrekking hebben op een deel van de in dat depot vervatte tekeningen of modellen.

Indien een licentie is ingeschreven kan de doorhaling van de inschrijving van de tekening of het model of van de licentie slechts worden gevraagd door de houder van de inschrijving en door de licentiehouder gezamenlijk.

De doorhaling geldt voor het gehele Beneluxgebied ondanks andersluidende verklaring.

- 2. De in dit artikel onder 1) opgenomen bepalingen gelden eveneens ten aanzien van de afstand van de bescherming die voor het Beneluxgebied uit een internationaal depot voortvloeit.

Doorhaling

Art. 19

De nietigverklaring, vrijwillige doorhaling of afstand moet steeds betrekking hebben op de tekening of het model in zijn geheel.

Tekening of model in zijn geheel

373

Taak Benelux-Bureau

– 1. Het Benelux-Bureau is, behalve met de krachtens de voorgaande artikelen opgedragen taak, belast met:

a) het aanbrengen van wijzigingen in de inschrijvingen, hetzij op verzoek van de houder, hetzij op grond van kennisgevingen van het Internationaal Bureau voor de bescherming van de industriële eigendom, hetzij op grond van rechterlijke beslissingen, alsmede met het zonodig daarvan verwittigen van het Internationaal Bureau;

b) het uitgeven van een maandblad in de Nederlandse en de Franse taal, waarin de inschrijvingen en de Benelux-depots en alle andere bij uitvoeringsreglement voorgeschreven gegevens worden vermeld;

c) het verstrekken, op verzoek van iedere belanghebbende, van afschriften van inschrijvingen;

d) het verstrekken van inlichtingen met betrekking tot ingeschreven tekeningen of modellen.

– 2. Het bedrag van de rechten, die voor de in dit artikel onder 1) bedoelde handelingen worden geïnd, alsmede de prijzen van het maandblad en van de afschriften, worden bij uitvoeringsreglement bepaald.

HOOFDSTUK II

Tekeningen of modellen met een duidelijk kunstzinnig karakter
Art. 21

Samenloop met auteursrecht

– 1. Tekeningen of modellen, die een duidelijk kunstzinnig karakter vertonen, kunnen tegelijkertijd door deze wet en door de auteurswet worden beschermd, indien aan de in deze beide wetten gestelde voorwaarden is voldaan.

– 2. Van bescherming uit hoofde van de auteurswet zijn uitgesloten tekeningen of modellen die geen duidelijk kunstzinnig karakter vertonen.

– 3. De nietigverklaring van het depot van een tekening of model met een duidelijk kunstzinnig karakter of het verval van het uitsluitend recht voortvloeiend uit het depot van een dergelijke tekening of model houdt in, dat het auteursrecht voor die tekening of dat model gelijktijdig vervalt, voorzover beide rechten in handen van dezelfde houder zijn; dit recht vervalt echter niet, indien de houder van de tekening of het model overeenkomstig artikel 24 een bijzondere verklaring aflegt met het oog op de instandhouding van zijn auteursrecht.

Art. 22

Deponering en auteursrecht

– 1. De door de ontwerper van een krachtens de auteurswet beschermd kunstwerk aan een derde verleende toestemming tot het verrichten van een depot van een tekening of model, waarin dat kunstwerk is belichaamd, houdt overdracht in van het op dit kunstwerk betrekking hebbende auteursrecht, voorzover bedoeld kunstwerk in die tekening of dat model is belichaamd.

– 2. De deposant van een tekening of model met een duidelijk kunstzinnig karakter wordt vermoed tevens de houder te zijn van het desbetreffende auteursrecht; dit vermoeden geldt echter niet ten aanzien van de werkelijke ontwerper of zijn rechtverkrijgende.

– 3. Onverminderd de toepassing van artikel 13 houdt overdracht van het auteursrecht inzake een tekening of model met een duidelijk kunstzinnig karakter tevens overdracht in van het recht op de tekening of het model en omgekeerd.

Art. 23

Ontwerp door werknemer; ontwerp op bestelling

Wanneer een tekening of model met een duidelijk kunstzinnig karakter onder de omstandigheden als bedoeld in artikel 6 werd ontworpen, komt het auteursrecht inzake bedoelde tekening of model toe aan degene die overeenkomstig het in dat artikel bepaalde als de ontwerper wordt beschouwd.

Art. 24

Verklaring m.b.t. instandhouding auteursrecht

– 1. De in artikel 21 onder 3) bedoelde verklaring moet in de loop van het jaar, dat voorafgaat aan het verval van het uitsluitend recht op de tekening of het model, worden afgelegd op de wijze en tegen betaling van bij uitvoeringsreglement bepaalde rechten. In geval van nietigverklaring van dit recht dient de verklaring te worden afgelegd binnen drie maanden, volgende op de datum waarop de rechterlijke beslissing, waarbij de nietigverklaring wordt vastgesteld, in kracht van gewijsde is gegaan.

– 2. De verklaring wordt ingeschreven en de inschrijving gepubliceerd.

HOOFDSTUK III

Overgangsbepalingen
Art. 25

Onder voorbehoud van het in artikel 26 bepaalde, blijven tekeningen of modellen, die vóór het in werking treden van deze wet in één der Beneluxlanden, op welke wijze dan ook krachtens de nationale wetgeving werden beschermd, deze bescherming ook verder in dat land genieten.

Art. 26

De vóór het in werking treden van deze wet in België verrichte depots van tekeningen of modellen van nijverheid hebben geen werking meer met ingang van de datum van deze inwerkingtreding, indien bij het verstrijken van een termijn van een jaar, te rekenen vanaf die datum, geen bevestigend depot werd verricht bij de Belgische Dienst voor de industriële eigendom. Deze bevestigende depots zijn vrij van betaling van rechten.

Art. 27

Wanneer het uitsluitend recht op een tekening of model, dat krachtens de artikelen 25 en 26 in stand is gehouden, aan verschillende houders in twee of drie Beneluxlanden toebehoort, kan de houder van bedoeld recht in één van deze landen zich niet verzetten tegen de invoer van voortbrengselen, waarin bedoelde tekening of model is belichaamd en die uit een ander Beneluxland afkomstig zijn, noch schadevergoeding eisen voor deze invoer, wanneer het voortbrengsel in dat andere land door de houder van het recht op de tekening of het model, of met zijn goedkeuring, is vervaardigd of in het verkeer gebracht en wanneer tussen beide houders ten aanzien van de exploitatie van het betrokken voortbrengsel een band van economische aard bestaat.

HOOFDSTUK IV

Algemene bepalingen
Art. 28

Deze wet verstaat onder 'Beneluxgebied' het gezamenlijke gebied van het Koninkrijk België, het Groothertogdom Luxemburg en het Koninkrijk der Nederlanden in Europa.

Benelux-gebied

Art. 29

– 1. Behoudens uitdrukkelijk afwijkende overeenkomst wordt de territoriale bevoegdheid van de rechter inzake tekeningen of modellen bepaald door de woonplaats van de gedaagde of door de plaats, waar de in geding zijnde verbintenis is ontstaan, is uitgevoerd of moet worden uitgevoerd.

Territoriale bevoegdheid rechter

De plaats waar een tekening of model is gedeponeerd of ingeschreven kan in geen geval op zichzelf grondslag zijn voor het bepalen van de bevoegdheid.

Indien de hierboven gegeven regels niet toereikend zijn ter bepaling van de territoriale bevoegdheid, kan de eiser de zaak bij de rechter van zijn woon- of verblijfplaats of, indien hij geen woon- of verblijfplaats binnen het Beneluxgebied heeft, naar keuze bij de rechter te Brussel, te 's-Gravenhage of te Luxemburg aanhangig maken.

– 2. De rechters passen de in dit artikel, onder 1) gegeven regels ambtshalve toe en stellen hun bevoegdheid uitdrukkelijk vast.

– 3. De rechter, voor wie de in dit artikel, onder 1) bedoelde hoofdvordering aanhangig is, neemt kennis van eisen in vrijwaring, van eisen tot voeging en tussenkomst en van incidentele eisen, alsmede van eisen in reconventie, tenzij hij onbevoegd is ten aanzien van het onderwerp van het geschil.

– 4. De rechters van één der drie landen verwijzen op vordering van één der partijen de geschillen, waarmede men zich tot hen heeft gewend, naar die van één der twee andere landen, wanneer deze geschillen daar reeds aanhangig zijn of wanneer zij verknocht zijn aan andere, aan het oordeel van deze rechters onderworpen geschillen. De verwijzing kan slechts worden gevorderd, wanneer de zaken in eerste aanleg aanhangig zijn. Zij geschiedt naar de rechter, bij wie de zaak het eerst bij een inleidend stuk aanhangig is gemaakt, tenzij een andere rechter terzake een eerdere uitspraak heeft gegeven, die niet louter een maatregel van orde is; in het eerste geval geschiedt de verwijzing naar die andere rechter.

Art. 30

– 1. De bepalingen van deze wet doen geen afbreuk aan de toepassing van het Verdrag van Parijs en van de Overeenkomst van 's-Gravenhage.

– 2. Onderdanen van Beneluxlanden alsmede onderdanen van landen, welke geen deel uitmaken van de door het Verdrag van Parijs opgerichte Unie, die binnen het Beneluxgebied woonplaats hebben of aldaar een daadwerkelijke en wezenlijke nijverheids- of handelsonderneming hebben, kunnen ingevolge deze wet, voor dit gehele gebied, de toepassing te hunnen

13b Eenv. Beneluxwet inz. Tekeningen of Modellen

voordele inroepen van de bepalingen van het voornoemde Verdrag en van de Overeenkomst van 's-Gravenhage.

13b Eenv. Beneluxwet inz. Tekeningen of Modellen

Wet van 23 november 1992, Stb. 642, houdende regelen inzake de bestrijding van namaak van produkten, beschermd door rechten op een merk of rechten op een tekening of model, zoals deze wet is gewijzigd bij de Wet van 25 maart 1994, Stb. 267

[Inwerkingtreding: 01-01-1993; vervallen: 01-08-1999]

Wij Beatrix, bij de gratie Gods, Koningin der Nederlanden, Prinses van Oranje-Nassau, enz. enz. enz.

Allen, die deze zullen zien of horen lezen, saluut! doen te weten:

Alzo Wij in overweging genomen hebben, dat het met het oog op de bestrijding van namaak van produkten, beschermd door rechten op een merk of rechten op een tekening of model, wenselijk is regelen te stellen ter verbetering van de mogelijkheden tot handhaving van deze rechten en dat het tevens dienstig is een regeling te treffen, verband houdend met het in werking treden op 1 januari 1988 van verordening (EEG) nr. 3842/86 van de Raad van de Europese Gemeenschappen tot vaststelling van maatregelen om het in het vrije verkeer brengen van namaakartikelen te verbieden;

Zo is het, dat Wij, de Raad van State gehoord, en met gemeen overleg der Staten-Generaal, hebben goedgevonden en verstaan, gelijk Wij goedvinden en verstaan bij deze:

Art. 1

– 1. De rechthebbende op een tekening of model heeft de bevoegdheid roerende zaken, waarmee een inbreuk op zijn recht wordt gemaakt of zaken die zijn gebruikt bij de produktie van zaken, waarmee een inbreuk op zijn recht wordt gemaakt, als zijn eigendom op te vorderen dan wel daarvan de vernietiging of onbruikbaarmaking te vorderen. Gelijke bevoegdheid tot opvordering bestaat ten aanzien van gelden, waarvan aannemelijk is dat zij zijn verkregen door of als gevolg van inbreuk op het recht op de tekening of het model.

– 2. De bepalingen van het Wetboek van Burgerlijke Rechtsvordering omtrent middelen tot bewaring van zijn recht en omtrent gerechtelijke tenuitvoerlegging van vonnissen, beschikkingen en authentieke akten zijn van toepassing.

– 3. De rechter kan gelasten dat de afgifte niet plaats vindt dan tegen een door hem vast te stellen, door de eiser te betalen vergoeding.

– 4. De licentienemer heeft het recht de in het eerste lid bedoelde bevoegdheden uit te oefenen, voor zover deze strekken tot bescherming van de rechten waarvan hem de uitoefening is toegestaan, indien hij daartoe toestemming van de rechthebbende heeft verkregen.

– 5. De rechter kan, op vordering van de rechthebbende op een tekening of model, degene die inbreuk op dat recht heeft gemaakt, bevelen al hetgeen hem bekend is omtrent de herkomst van de zaken, waarmee de inbreuk is gepleegd, aan de rechthebbende mee te delen en alle daarop betrekking hebbende gegevens aan deze te verstrekken.

Revindicatie

Art. 2

– 1. Hij die verzoekt om toepassing van artikel 3, eerste lid, van verordening (EEG) nr. 3842/86 van de Raad van Europese Gemeenschappen van 1 december 1986 (*Pb.EG* L 357) is voor de administratieve kosten in verband met de afhandeling van dat verzoek een bedrag verschuldigd waarvan de hoogte bij algemene maatregel van bestuur wordt vastgesteld.

– 2. Inwilliging van het in het eerste lid bedoelde verzoek heeft tot gevolg dat de verzoeker gehouden is de Staat te vrijwaren voor aanspraken die een gevolg zijn van de naar aanleiding van zijn verzoek getroffen maatregelen, tenzij de schade is ontstaan als gevolg van grove schuld of opzet van de zijde van de Staat.

*Verzoek om op-
treden; kosten*

Art. 3

Bevat wijzigingen in andere regelgeving.

Art. 4

Deze wet treedt in werking met ingang van de eerste kalendermaand na de datum van uitgifte van het *Staatsblad* waarin zij wordt geplaatst.

Inwerkingtreding

Art. 5

Deze wet kan worden aangehaald als: Wet bestrijding namaakprodukten.

Wet van 5 juli 1921, Stb. 842, houdende bepalingen omtrent de handelsnaam, zoals deze wet laatstelijk is gewijzigd bij de Wet van 6 december 2001, Stb. 584

[Inwerkingtreding: 15-10-1922]

Wij WILHELMINA, bij de gratie Gods, Koningin der Nederlanden, Prinses van Oranje-Nassau, enz., enz., enz.

Allen, die deze zullen zien of hooren lezen, salut! doen te weten:

Alzoo Wij in overweging genomen hebben, dat het noodzakelijk is wettelijke bepalingen vast te stellen omtrent den handelsnaam;

Zoo is het, dat Wij, den Raad van State gehoord, en met gemeen overleg der Staten-Generaal, hebben goedgevonden en verstaan, gelijk Wij goedvinden en verstaan bij deze:

Art. 1

Onder handelsnaam verstaat deze wet de naam waaronder een onderneming wordt gedreven.

Omschrijving

Art. 2

De handelsnaam gaat over bij erfopvolging en is vatbaar voor overdracht, doch een en ander slechts in verbinding met de onderneming, die onder die naam wordt gedreven.

Rechtsopvolging

Art. 3

– 1. Het is de eigenaar ener onderneming verboden een handelsnaam te voeren, die in strijd met de waarheid aanduidt, dat de onderneming, geheel of gedeeltelijk aan een ander zou toebehoren.

– 2. Het eerste lid is mede van toepassing, indien de in de handelsnaam voorkomende aanduiding slechts in zo geringe mate van de naam van die ander afwijkt, dat dientengevolge bij het publiek verwarring van deze met die van de eigenaar der onderneming, te duchten is.

– 3. Het eerste lid is niet van toepassing, indien de handelsnaam en de onderneming afkomstig zijn van iemand, die die naam heeft gevoerd niet in strijd met deze wet.

Onware aanduiding eigenaar

Art. 4

– 1. Het is verboden een handelsnaam te voeren, die in strijd met de waarheid aanduidt, dat de onderneming zou toebehoren aan een of meer personen, handelende als een vennootschap onder een firma, als een vennootschap en commandite of een rederij, of wel aan een naamloze vennootschap, een besloten vennootschap met beperkte aansprakelijkheid, een onderlinge waarborgmaatschappij, een coöperatie, een vereniging of aan een stichting.

– 2. In de handelsnaam duidt de vermelding van meer dan één persoon, ook al worden hun namen niet genoemd, aan, dat de onderneming toebehoort aan personen, handelende als een vennootschap onder een firma; de woorden 'en compagnie', dat de onderneming toebehoort aan personen, handelende als een vennootschap onder een firma of aan een of meer personen, handelende als een vennootschap *en commandite*; het woord 'maatschappij', dat de onderneming toebehoort aan een naamloze vennootschap, aan een besloten vennootschap met beperkte aansprakelijkheid of aan een vereniging, en het woord 'fonds' aan een stichting; alles voor zover niet uit de handelsnaam in zijn geheel het tegendeel blijkt.

– 3. Het eerste lid is niet van toepassing, indien de handelsnaam wordt gevoerd door één persoon zonder vennoten, en die naam en de onderneming afkomstig zijn van een vennootschap onder een firma of van een vennootschap *en commandite*, die die handelsnaam heeft gevoerd niet in strijd met deze wet.

Onware aanduiding rechtsvorm

Art. 5

Het is verboden een handelsnaam te voeren, die, vóórdat de onderneming onder die naam werd gedreven, reeds door een ander rechtmatig gevoerd werd, of die van diens handelsnaam slechts in geringe mate afwijkt, een en ander voor zover dientengevolge, in verband met de aard der beide ondernemingen en de plaats, waar zij gevestigd zijn, bij het publiek verwarring tussen die ondernemingen te duchten is.

Handelsnaam van ander

Art. 5a

Het is verboden een handelsnaam te voeren, die het merk bevat, waarop een ander ter onderscheiding van zijn fabrieks- of handelswaren recht heeft, dan wel een aanduiding, die van zodanig merk slechts in geringe mate afwijkt, voor zover dientengevolge bij het publiek verwarring omtrent de herkomst van de waren te duchten is.

Handelsnaam en merk van ander

Art. 5b

Het is verboden een handelsnaam te voeren, welke een onjuiste indruk geeft van de onder die naam gedreven onderneming, voor zover dientengevolge misleiding van het publiek te duchten is.

Misleidende handelsnaam

Art. 6

Bevel tot wijziging verboden handelsnaam

– 1. Indien een handelsnaam wordt gevoerd in strijd met deze wet, kan ieder belanghebbende, onverminderd zijn vordering krachtens titel 3 van Boek 6 van het Burgerlijk Wetboek, zich bij verzoekschrift tot de kantonrechter wenden met het verzoek, degene die de verboden handelsnaam voert, te veroordelen, daarin zodanige door de rechter te bepalen wijziging aan te brengen, dat de gestelde onrechtmatigheid wordt opgeheven.

– 2. Het verzoekschrift wordt gericht tot de rechtbank van het arrondissement waarin de onderneming is gevestigd, die onder de verboden handelsnaam wordt gedreven. Is de onderneming buiten het rijk in Europa gevestigd, doch heeft zij in dat rijk een filiaal of bijkantoor, of wordt zij aldaar vertegenwoordigd door een gevolmachtigde handelsagent, dan is de rechtbank van het arrondissement waarin dat filiaal of bijkantoor of die handelsagent is gevestigd, bevoegd. Indien volgens de voorgaande bepalingen geen rechtbank bevoegd is, is de rechtbank van het arrondissement waarin de woonplaats des verzoekers is gelegen bevoegd. Is de onderneming in meer dan één arrondissement gevestigd, dan is bevoegd de rechtbank van elk van deze arrondissementen, ter keuze van de verzoeker. Hetzelfde geldt ingeval de onderneming buiten het rijk in Europa is gevestigd, doch in meer dan één arrondissement een filiaal of bijkantoor heeft of door een gevolmachtigde handelsagent vertegenwoordigd wordt. Het verzoekschrift wordt behandeld door de kantonrechter.

– 3. Het verzoekschrift wordt aan de wederpartij betekend. De kantonrechter beschikt niet op het verzoekschrift dan na verhoor of behoorlijke oproeping van partijen.

– 4. De griffier zendt een afschrift van de beslissing van de kantonrechter aan partijen. Binnen een maand na de dag van de verzending van dit afschrift kan door hem, die daarbij geheel of gedeeltelijk in het ongelijk is gesteld, hoger beroep worden ingesteld bij het gerechtshof, dat in raadkamer beslist. Het derde lid vindt overeenkomstige toepassing.

– 5. De griffier zendt een afschrift van de beslissing van de het gerechtshof aan partijen. Binnen één maand na de dag van de verzending van dit afschrift kan door hem, die daarbij geheel of gedeeltelijk in het ongelijk is gesteld, beroep in cassatie worden ingesteld. Het daartoe strekkend verzoekschrift wordt aan de wederpartij betekend.

– 6. De rechter kan de voorlopige tenuitvoerlegging van zijn beschikking bevelen.

Art. 6a

Bevel tot wijziging op verzoek van KvK

– 1. Het verzoek bedoeld in het eerste lid van het vorige artikel kan ook gedaan worden door de Kamer van Koophandel en Fabrieken.

– 2. De Kamer van Koophandel en Fabrieken, binnen welker ressort de ingevolge artikel 6, tweede lid, bevoegde rechter zetelt, is tot het doen van het verzoek bevoegd.

– 3. Het verzoekschrift wordt door de griffier toegezonden aan de eigenaar van de onderneming, van welke wijziging van de handelsnaam wordt verzocht, en zo nodig aan andere belanghebbenden. De kantonrechter beslist niet dan na verhoor of behoorlijke oproeping van degenen aan wie het verzoekschrift is toegezonden.

– 4. Het vierde, vijfde en zesde lid van het vorige artikel vinden overeenkomstige toepassing.

Art. 7

Strafbepaling

– 1. Hij die een handelsnaam voert in strijd met deze wet, wordt gestraft met een geldboete van de tweede categorie.

– 2. Het feit wordt beschouwd als overtreding.

– 3. Indien tijdens het plegen van de overtreding nog geen twee jaren zijn verlopen sedert een vroegere veroordeling van de schuldige wegens gelijke overtreding onherroepelijk is geworden, kan hechtenis van ten hoogste veertien dagen of geldboete van de tweede categorie worden opgelegd.

– 4. *Vervallen.*

– 5. De ambtenaar van het openbaar ministerie kan, alvorens tot vervolging van het strafbaar feit over te gaan, degene die de verboden handelsnaam voert, de wijziging mededelen, die de ambtenaar nodig voorkomt om de onrechtmatigheid van de handelsnaam op te heffen; daarbij wordt een bekwame termijn gesteld om die wijziging aan te brengen. Wordt die wijziging binnen de gestelde termijn aangebracht, dan is het recht tot strafvordering vervallen.

Art. 8

Vervallen.

Art. 9

Bevat wijzigingen in andere regelgeving.

Slot- en overgangsbepalingen
Art. 10

Citeertitel

Deze wet kan worden aangehaald onder de titel 'Handelsnaamwet'.

Art. 11

– 1. Deze wet treedt in werking op een door Ons te bepalen tijdstip.

– 2. Indien bij het in werking treden dezer wet een handelsnaam wordt gevoerd in strijd met deze wet kan te dier zake gedurende vier maanden na dat tijdstip geen rechtsmiddel worden aangewend.

– 3. Wanneer de uitdrukking 'niet in strijd met deze wet' aan het slot van de artikelen 3 en 4 betreft het voeren van een handelsnaam vóór het in werking treden dezer wet, betekent zij: niet in strijd met deze wet, indien zij tijdens het voeren van de handelsnaam van kracht geweest ware.

Wet van 23 september 1912, Stb. 308, houdende nieuwe regeling van het auteursrecht, zoals deze wet laatstelijk is gewijzigd bij de Wetten van 6 april 1994, Stb. 269, 7 juli 1994, Stb. 521 jo 12 april 1995, Stb. 227, 12 april 1995, Stb. 227, 21 december 1995, Stb. 652 jo 651, 21 december 1995, Stb. 653 jo 651, 20 juni 1996, Stb. 364, 17 april 1997, Stb. 192, 4 december 1997, Stb. 580, 17 december 1997, Stb. 660, 19 oktober 1998, Stb. 610, 28 januari 1999, Stb. 30, 25 februari 1999, Stb. 110, 8 juli 1999, Stb. 303, 6 december 2001, Stb. 581, 28 maart 2002, Stb. 186, 18 april 2002, Stb. 230 jo 16 augustus 2002, Stb. 429 (Tekstplaatsing)

[Inwerkingtreding: 01-11-1912]

Wij WILHELMINA, bij de gratie Gods, Koningin der Nederlanden, Prinses van Oranje-Nassau, enz., enz., enz.

Allen, die deze zullen zien of hooren lezen, salut! doen te weten:

Alzoo Wij in overweging genomen hebben, dat het wenschelijk is eene nieuwe regeling van het auteursrecht vast te stellen;

Zoo is het, dat Wij, den Raad van State gehoord, en met gemeen overleg der Staten-Generaal, hebben goedgevonden en verstaan, gelijk Wij goedvinden en verstaan bij deze:

HOOFDSTUK I

Algemeene bepalingen

§ 1. De aard van het auteursrecht
Art. 1
Het auteursrecht is het uitsluitend recht van den maker van een werk van letterkunde, weten- schap of kunst, of van diens rechtverkrijgenden, om dit openbaar te maken en te verveelvoudi- gen, behoudens de beperkingen, bij de wet gesteld.

Omschrijving

Art. 2
– 1. Het auteursrecht gaat over bij erfopvolging en is vatbaar voor gehele of gedeeltelijke over- dracht.

Rechtsopvolging; overdracht

– 2. De levering vereist voor gehele of gedeeltelijke overdracht, geschiedt door een daartoe bestemde akte. De overdracht omvat alleen die bevoegdheden waarvan dit in de akte is ver- meld of uit de aard of strekking van de titel noodzakelijk voortvloeit.

– 3. Het auteursrecht, hetwelk toekomt aan den maker van het werk, zoomede, na het overlij- den des makers, het auteursrecht op niet openbaar gemaakte werken, hetwelk toekomt aan dengene, die het als erfgenaam of legataris van den maker verkregen heeft, is niet vatbaar voor beslag.

Beslag

§ 2. De maker van het werk
Art. 3
Vervallen.

Art. 4
– 1. Behoudens bewijs van het tegendeel wordt voor den maker gehouden hij die op of in het werk als zoodanig is aangeduid, of bij gebreke van zulk eene aanduiding, degene, die bij de openbaarmaking van het werk als maker daarvan is bekend gemaakt door hem, die het open- baar maakt.

Vermoeden van auteurschap

– 2. Wordt bij het houden van een niet in druk verschenen mondelinge voordracht geen me- dedeling omtrent de maker gedaan, dan wordt, behoudens bewijs van het tegendeel, voor de maker gehouden hij die de mondelinge voordracht houdt.

Art. 5
– 1. Van een werk van letterkunde, wetenschap of kunst, hetwelk bestaat uit afzonderlijke werken van twee of meer personen, wordt, onverminderd het auteursrecht op ieder werk af- zonderlijk, als de maker aangemerkt degene, onder wiens leiding en toezicht het gansche werk is tot stand gebracht, of bij gebreke van dien, degene, die de verschillende werken verzameld heeft.

Auteur van verza- melwerk

– 2. Als inbreuk op het auteursrecht op het gansche werk wordt beschouwd het verveelvoudi- gen of openbaar maken van eenig daarin opgenomen afzonderlijk werk, waarop auteursrecht bestaat, door een ander dan den maker daarvan of diens rechtverkrijgenden.

– 3. Is zulk een afzonderlijk werk niet te voren openbaar gemaakt, dan wordt, tenzij tusschen partijen anders is overeengekomen, als inbreuk op het auteursrecht op het gansche werk be- schouwd het verveelvoudigen of openbaar maken van dat afzonderlijk werk door den maker daarvan of diens rechtverkrijgenden, indien daarbij niet het werk vermeld wordt, waarvan het deel uitmaakt.

Art. 6

Ontwerp, leiding en toezicht van ander

Indien een werk is tot stand gebracht naar het ontwerp van een ander en onder diens leiding en toezicht, wordt deze als de maker van dat werk aangemerkt.

Art. 7

Arbeid in dienst van ander

Indien de arbeid, in dienst van een ander verricht, bestaat in het vervaardigen van bepaalde werken van letterkunde, wetenschap of kunst, dan wordt, tenzij tusschen partijen anders is overeengekomen, als de maker van die werken aangemerkt degene, in wiens dienst de werken zijn vervaardigd.

Art. 8

Rechtspersoon als auteur

Indien eene openbare instelling, eene vereeniging, stichting of vennootschap, een werk als van haar afkomstig openbaar maakt, zonder daarbij eenig natuurlijk persoon als maker er van te vermelden, wordt zij, tenzij bewezen wordt, dat de openbaarmaking onder de bedoelde omstandigheden onrechtmatig was, als de maker van dat werk aangemerkt.

Art. 9

Recht van uitgever en drukker

Indien op of in eenig in druk verschenen werk de maker niet, of niet met zijn waren naam, is vermeld, kan tegenover derden het auteursrecht ten behoeve van den rechthebbende worden uitgeoefend door dengene, die op of in dat werk als de uitgever ervan is aangeduid, of bij gebreke van zoodanige aanduiding, door dengene, die op of in het werk als de drukker ervan is vermeld.

§ 3. De werken, waarop auteursrecht bestaat

Art. 10

Toepasselijkheid auteursrecht

– 1. Onder werken van letterkunde, wetenschap of kunst verstaat deze wet:

1°. boeken, brochures, nieuwsbladen, tijdschriften en alle andere geschriften;
2°. tooneelwerken en dramatisch-muzikale werken;
3°. mondelinge voordrachten;
4°. choreografische werken en pantomimes;
5°. muziekwerken met of zonder woorden;
6°. teeken-, schilder-, bouw- en beeldhouwwerken, lithografieën, graveer- en andere plaatwerken;
7°. aardrijkskundige kaarten;
8°. ontwerpen, schetsen en plastische werken, betrekkelijk tot de bouwkunde, de aardrijkskunde, de plaatsbeschrijving of andere wetenschappen;
9°. fotografische werken;
10°. filmwerken
11°. werken van toegepaste kunst en tekeningen en modellen van nijverheid;
12°. computerprogramma's en het voorbereidend materiaal;
en in het algemeen ieder voortbrengsel op het gebied van letterkunde, wetenschap of kunst, op welke wijze of in welken vorm het ook tot uitdrukking zij gebracht.

– 2. Verveelvoudigingen in gewijzigde vorm van een werk van letterkunde, wetenschap of kunst, zoals vertalingen, muziekschikkingen, verfilmingen en andere bewerkingen, zomede verzamelingen van verschillende werken, worden, onverminderd het auteursrecht op het oorspronkelijke werk, als zelfstandige werken beschermd.

Gegevensverzameling

– 3. Verzamelingen van werken, gegevens of andere zelfstandige elementen, systematisch of methodisch geordend, en afzonderlijk met elektronische middelen of anderszins toegankelijk, worden, onverminderd andere rechten op de verzameling en onverminderd het auteursrecht of andere rechten op de in de verzameling opgenomen werken, gegevens of andere elementen, als zelfstandige werken beschermd.

– 4. Verzamelingen van werken, gegevens of andere zelfstandige elementen als bedoeld in het derde lid, waarvan de verkrijging, de controle of de presentatie van de inhoud in kwalitatief of kwantitatief opzicht getuigt van een substantiële investering behoren niet tot de in het eerste lid, onder 1°, genoemde geschriften.

– 5. Computerprogramma's behoren niet tot de in het eerste lid, onder 1°, genoemde geschriften.

Art. 11

Uitzondering

Er bestaat geen auteursrecht op wetten, besluiten en verordeningen, door de openbare macht uitgevaardigd, noch op rechterlijke uitspraken en administratieve beslissingen.

§ 4. Het openbaar maken

Art. 12

- 1. Onder de openbaarmaking van een werk van letterkunde, wetenschap of kunst wordt mede verstaan:

Openbaarmaking

1°. de openbaarmaking van eene verveelvoudiging van het geheel of een gedeelte van het werk;

2°. de verbreiding van het geheel of een gedeelte van het werk of van eene verveelvoudiging daarvan, zoolang het niet in druk verschenen is;

3°. het verhuren of uitlenen van het geheel of een gedeelte van het werk met uitzondering van bouwwerken en werken van toegepaste kunst, of van een verveelvoudiging daarvan die door de rechthebbende of met zijn toestemming in het verkeer is gebracht;

4°. de voordracht, op- of uitvoering of voorstelling in het openbaar van het geheel of een gedeelte van het werk of van eene verveelvoudiging daarvan;

5°. het uitzenden van een in een radio- of televisieprogramma opgenomen werk door middel van een satelliet of andere zender of een omroepnetwerk als bedoeld in artikel 1.1, onderdeel o, van de Telecommunicatiewet.

- 2. Onder verhuren als bedoeld in het eerste lid, onder 3°, wordt verstaan het voor een beperkte tijd en tegen een direct of indirect economisch of commercieel voordeel voor gebruik ter beschikking stellen.

- 3. Onder uitlenen als bedoeld in het eerste lid, onder 3°, wordt verstaan het voor een beperkte tijd en zonder direct of indirect economisch of commercieel voordeel voor gebruik ter beschikking stellen door voor het publiek toegankelijke instellingen.

- 4. Onder een voordracht, op- of uitvoering of voorstelling in het openbaar wordt mede begrepen die in besloten kring, tenzij deze zich beperkt tot de familie-, vrienden- of daaraan gelijk te stellen kring en voor de toegang tot de voordracht, op- of uitvoering of voorstelling geen betaling, in welke vorm ook, geschiedt. Hetzelfde geldt voor een tentoonstelling.

- 5. Onder een voordracht, op- of uitvoering of voorstelling in het openbaar wordt niet begrepen die welke uitsluitend dient tot het onderwijs dat vanwege de overheid of vanwege een rechtspersoon zonder winstoogmerk wordt gegeven, voor zover de voordracht, op- of uitvoering of voorstelling deel uitmaakt van het schoolwerkplan of leerplan voor zover van toepassing, of tot een wetenschappelijk doel.

- 6. Als afzonderlijke openbaarmaking wordt niet beschouwd de gelijktijdige uitzending van een in een radio- of televisieprogramma opgenomen werk door hetzelfde organisme dat dat programma oorspronkelijk uitzendt.

- 7. Onder het uitzenden van een in een radio- of televisieprogramma opgenomen werk door middel van een satelliet wordt verstaan de handeling waarbij de programmadragende signalen voor ontvangst door het publiek onder controle en verantwoordelijkheid van de omroeporganisatie worden ingevoerd in een ononderbroken mededelingenketen die naar de satelliet en terug naar de aarde voert. Indien de programmadragende signalen in gecodeerde vorm worden uitgezonden, is er sprake van het uitzenden van een in een radio- of televisieprogramma opgenomen werk door middel van een satelliet, indien de middelen voor het decoderen van de uitzending door of met toestemming van de omroeporganisatie ter beschikking van het publiek worden gesteld.

Art. 12a

- 1. Indien de maker het verhuurrecht, bedoeld in artikel 12, eerste lid, onder 3°, met betrekking tot een op een fonogram vastgelegd werk van letterkunde, wetenschap of kunst aan de producent daarvan heeft overgedragen, is de producent de maker een billijke vergoeding verschuldigd voor de verhuur.

Verhuurrecht

- 2. Van het in het eerste lid bedoelde recht op een billijke vergoeding kan geen afstand worden gedaan.

Art. 12b

Indien een exemplaar van een verzameling als bedoeld in artikel 10, derde lid, door of met toestemming van de maker of zijn rechtverkrijgende voor de eerste maal in het verkeer is gebracht in een van de lidstaten van de Europese Unie of in een staat die partij is bij de Overeenkomst betreffende de Europese Economische Ruimte van 2 mei 1992, vormt anderszins in het verkeer brengen van dat exemplaar geen inbreuk op het auteursrecht.

Uitputting

§ 5. Het verveelvoudigen

Art. 13

Onder de verveelvoudiging van een werk van letterkunde, wetenschap of kunst wordt mede verstaan de vertaling, de muziekschikking, de verfilming of tooneelbewerking en in het algemeen iedere geheele of gedeeltelijke bewerking of nabootsing in gewijzigden vorm, welke niet als een nieuw, oorspronkelijk werk moet worden aangemerkt.

Verveelvoudiging

Art. 14

Andere vormen
verveelvoudiging

Onder het verveelvoudigen van een werk van letterkunde, wetenschap of kunst wordt mede verstaan het vastleggen van dat werk of een gedeelte daarvan op enig voorwerp dat bestemd is om een werk ten gehore te brengen of te vertonen.

§ 6. De beperkingen van het auteursrecht

Art. 15

Dag-, nieuws-, of
weekbladartike-
len, radio- en
TV-uitzendingen

– 1. Als inbreuk op het auteursrecht wordt niet beschouwd het overnemen van nieuwsberichten, gemengde berichten, of artikelen over actuele economische, politieke, godsdienstige of levensbeschouwelijke onderwerpen, die in een dag-, nieuws- of weekblad of tijdschrift zijn verschenen, alsmede van werken van dezelfde aard die zijn opgenomen in een uitgezonden radio- of televisieprogramma, indien:

1°. het overnemen geschiedt door een dag-, nieuws- of weekblad of tijdschrift, in een uitzending van een radio- of televisieprogramma;

2°. de bepalingen van artikel 25 in acht worden genomen;

3°. de bron op duidelijke wijze wordt vermeld, alsmede de aanduiding van de maker, indien deze in de bron voorkomt, en

4°. het auteursrecht niet uitdrukkelijk is voorbehouden.

– 2. Bij tijdschriften wordt als een uitdrukkelijk voorbehoud als bedoeld in het eerste lid, onder 4°. ook aangemerkt een voorbehoud in algemene bewoordingen dat aan het hoofd van het nummer voorkomt.

– 3. Ten aanzien van nieuwsberichten en gemengde berichten kan een voorbehoud als bedoeld in het eerste lid, onder 4°. niet worden gemaakt.

– 4. De bepalingen van dit artikel zijn mede van toepassing ten aanzien van het overnemen in een andere taal dan de oorspronkelijke.

Art. 15a

Citeren

– 1. Als inbreuk op het auteursrecht op een werk van letterkunde, wetenschap of kunst wordt niet beschouwd het citeren uit een werk in een aankondiging, beoordeling, polemiek of wetenschappelijke verhandeling, mits:

1°. het werk waaruit is geciteerd rechtmatig openbaar gemaakt was;

2°. het citeren in overeenstemming is met hetgeen naar de regels van het maatschappelijk verkeer redelijkerwijs geoorloofd is en aantal en omvang der geciteerde gedeelten door het te bereiken doel zijn gerechtvaardigd;

3°. de bepalingen van artikel 25 in acht worden genomen, en

4°. de bron op duidelijke wijze wordt vermeld, alsmede de aanduiding van de maker, indien deze in de bron voorkomt.

– 2. Waar het geldt een kort werk of een werk als bedoeld in artikel 10, eerste lid onder 6°., onder 9°. of onder 11°. mag voor hetzelfde doel en onder dezelfde voorwaarden als genoemd in het eerste lid het gehele werk, in zodanige verveelvoudiging dat deze door haar grootte of door de werkwijze volgens welke zij is vervaardigd een duidelijk verschil vertoont met het oorspronkelijke werk, worden overgenomen.

– 3. Onder citeren wordt in dit artikel mede begrepen het citeren uit een dag-, nieuws- of weekblad of tijdschrift verschenen artikelen in de vorm van persoverzichten.

– 4. De bepalingen van dit artikel zijn mede van toepassing ten aanzien van het citeren in een andere taal dan de oorspronkelijke.

– 5. Wij behouden Ons voor bij algemene maatregel van bestuur nader te bepalen wat in het eerste lid onder 2°. is te verstaan onder 'naar de regels van het maatschappelijk verkeer redelijkerwijs geoorloofd'.

Art. 15b

Publicatie van
overheid

Als inbreuk op het auteursrecht op een door of vanwege de openbare macht openbaar gemaakt werk van letterkunde, wetenschap of kunst wordt niet beschouwd verdere openbaarmaking of verveelvoudiging daarvan, tenzij het auteursrecht, hetzij in het algemeen bij wet, besluit of verordening, hetzij in een bepaald geval blijkens mededeling op het werk zelf of bij de openbaarmaking daarvan uitdrukkelijk is voorbehouden. Ook als een zodanig voorbehoud niet is gemaakt, behoudt de maker echter het uitsluitend recht, zijn werken, die door of vanwege de openbare macht openbaar gemaakt, in een bundel verenigd te doen verschijnen.

Art. 15c

Uitlenen

– 1. Als inbreuk op het auteursrecht op een werk van letterkunde, wetenschap of kunst wordt niet beschouwd het uitlenen als bedoeld in artikel 12, eerste lid, onder 3°. van het geheel of een gedeelte van het werk of van een verveelvoudiging daarvan die door de rechthebbende of met zijn toestemming in het verkeer is gebracht, mits degene die de uitlening verricht of doet verrichten een billijke vergoeding betaalt. De eerste zin is niet van toepassing op een werk als bedoeld in artikel 10, eerste lid, onder 12° tenzij dat werk onderdeel uitmaakt van een van gegevens voorziene informatiedrager en uitsluitend dient om die gegevens toegankelijk te maken.

– 2. Instellingen van onderwijs en instellingen van onderzoek en de aan die instellingen verbonden bibliotheken en de Koninklijke Bibliotheek zijn vrijgesteld van de betaling van een vergoeding voor uitlenen als bedoeld in het eerste lid.

– 3. Bibliotheken, bekostigd door de Stichting fonds voor het bibliotheekwerk voor blinden en slechtzienden, zijn voor het uitlenen ten behoeve van de bij deze bibliotheken ingeschreven blinden en slechtzienden vrijgesteld van betaling van de in het eerste lid bedoelde vergoeding.

– 4. De in het eerste lid bedoelde vergoeding is niet verschuldigd indien de betalingsplichtige kan aantonen dat de maker of diens rechtverkrijgende afstand heeft gedaan van het recht op een billijke vergoeding. De maker of diens rechtverkrijgende dient de afstand schriftelijk mee te delen aan de in de artikelen 15d en 15f bedoelde rechtspersonen.

Art. 15d

De hoogte van de in artikel 15c, eerste lid, bedoelde vergoeding wordt vastgesteld door een door Onze Minister van Justitie in overeenstemming met Onze Minister van Onderwijs, Cultuur en Wetenschappen aan te wijzen stichting waarvan het bestuur zodanig is samengesteld dat de belangen van de makers of hun rechtverkrijgenden en de ingevolge artikel 15c, eerste lid, betalingsplichtigen op evenwichtige wijze worden behartigd. De voorzitter van het bestuur van deze stichting wordt benoemd door Onze Minister van Justitie in overeenstemming met Onze Minister van Onderwijs, Cultuur en Wetenschappen. Het aantal bestuursleden van deze stichting dient oneven te zijn.

Vergoeding

Art. 15e

Geschillen met betrekking tot de in artikel 15c, eerste lid, bedoelde vergoeding worden in eerste aanleg bij uitsluiting beslist door de arrondissementsrechtbank te 's-Gravenhage.

Geschillen ex art. 15c

Art. 15f

– 1. De betaling van de in artikel 15c bedoelde vergoeding dient te geschieden aan een door Onze Minister van Justitie in overeenstemming met Onze Minister van Onderwijs, Cultuur en Wetenschappen aan te wijzen naar hun oordeel representatieve rechtspersoon, die met uitsluiting van anderen belast is met de inning en de verdeling van deze vergoeding. In aangelegenheden betreffende de vaststelling van de hoogte van de vergoeding en de inning daarvan alsmede de uitoefening van het uitsluitende recht vertegenwoordigt de in de vorige zin bedoelde rechtspersoon de rechthebbenden in en buiten rechte.

– 2. De in het eerste lid bedoelde rechtspersoon staat onder toezicht van een College van Toezicht, waarvan de leden worden benoemd door Onze Minister van Justitie in overeenstemming met Onze Minister van Onderwijs, Cultuur en Wetenschappen. Bij algemene maatregel van bestuur worden nadere regels gesteld omtrent het toezicht.

– 3. De verdeling van de geïnde vergoedingen geschiedt overeenkomstig een door het in het eerste lid bedoelde rechtspersoon opgesteld reglement. Het reglement behoeft de instemming van Onze Minister van Justitie in overeenstemming met Onze Minister van Onderwijs, Cultuur en Wetenschappen. Onze Minister van Justitie wint daartoe het gevoelen in van het in het tweede lid bedoelde College van Toezicht.

Betaling vergoeding aan rechtspersoon

Art. 15g

Degene die tot betaling van de in artikel 15c, eerste lid, bedoelde vergoeding verplicht is, is gehouden, voor zover geen ander tijdstip is overeengekomen, vóór 1 april van ieder kalenderjaar aan de in artikel 15f, eerste lid, bedoelde rechtspersoon opgave te doen van het aantal rechtshandelingen, bedoeld in artikel 15c. Hij is voorts gehouden desgevraagd aan deze rechtspersoon onverwijld de bescheiden of andere informatiedragers ter inzage te geven, waarvan kennisneming noodzakelijk is voor de vaststelling van de verschuldigdheid en de hoogte van de vergoeding.

Tijdstip opgave

Art. 16

– 1. Als inbreuk op het auteursrecht op een werk van letterkunde, wetenschap of kunst wordt niet beschouwd:

a. het overnemen van gedeelten van werken in publikaties of geluids- of beeldopnamen die gemaakt zijn om te worden gebruikt als toelichting bij het onderwijs, mits:

1°. het werk waaruit is overgenomen rechtmatig openbaar gemaakt was;

2°. het overnemen in overeenstemming is met hetgeen naar de regels van het maatschappelijk verkeer redelijkerwijs geoorloofd is;

3°. de bepalingen van artikel 25 in acht worden genomen;

4°. de bron op duidelijke wijze wordt vermeld, alsmede de aanduiding van de maker, indien deze in de bron voorkomt, en

5°. aan de maker of zijn rechtverkrijgenden een billijke vergoeding wordt betaald;

b. het openbaar maken van gedeelten van werken door uitzending van een radio- of televisie-

Onderwijs

programma in een programma dat gemaakt is om te dienen als toelichting bij het onderwijs, mits:

1°. het werk waaruit is overgenomen rechtmatig openbaar gemaakt was;

2°. het openbaar maken in overeenstemming is met hetgeen naar de regels van het maatschappelijk verkeer redelijkerwijs geoorloofd is;

3°. de bepalingen van artikel 25 in acht worden genomen;

4°. de bron op duidelijke wijze wordt vermeld, alsmede de aanduiding van de maker, indien deze in de bron voorkomt, en

5°. aan de maker of zijn rechtverkrijgenden een billijke vergoeding wordt betaald.

– 2. Waar het geldt een kort werk of een werk als bedoeld in artikel 10, eerste lid onder 6°., onder 9°. of onder 11°. mag voor hetzelfde doel en onder dezelfde voorwaarden het gehele werk worden overgenomen.

Compilatiewerken – 3. Waar het overnemen in een compilatiewerk betreft, mag van dezelfde maker niet meer worden overgenomen dan enkele korte werken of korte gedeelten van zijn werken, en waar het geldt werken als bedoeld in artikel 10, eerste lid onder 6°., onder 9°. of onder 11°. niet meer dan enkele van die werken en in zodanige verveelvoudiging, dat deze door haar grootte of door de werkwijze, volgens welke zij vervaardigd is, een duidelijk verschil vertoont met het oorspronkelijke met dien verstande, dat wanneer van deze werken er twee of meer verenigd openbaar zijn gemaakt, die verveelvoudiging slechts ten aanzien van een daarvan geoorloofd is.

– 4. De bepalingen van dit artikel zijn mede van toepassing ten aanzien van het overnemen in een andere taal dan de oorspronkelijke.

– 5. Wij behouden Ons voor bij algemene maatregel van bestuur regelen te stellen omtrent een overeenkomstig het eerste lid onder a, 5°. en onder b, 5°. te betalen billijke vergoeding alsmede nader te bepalen wat in het derde lid is te verstaan onder 'enkele korte werken of korte gedeelten van zijn werken'.

Art. 16a

Foto-, film-, radio- of TV-reportage Als inbreuk op het auteursrecht op een werk van letterkunde, wetenschap of kunst wordt niet beschouwd een korte opname, weergave en mededeling ervan in het openbaar in een foto-, film-, radio- of televisiereportage voor zover zulks voor het behoorlijk weergeven van de actuele gebeurtenis welke het onderwerp der reportage uitmaakt, noodzakelijk is.

Art. 16b

Kopiëren – 1. Als inbreuk op het auteursrecht op een werk van letterkunde, wetenschap of kunst wordt niet beschouwd,tenzij het een met elektronische middelen toegankelijke verzameling als bedoeld in artikel 10, derde lid, betreft, de verveelvoudiging, welke beperkt blijft tot enkele exemplaren en uitsluitend dient tot eigen oefening, studie of gebruik van degene die de verveelvoudiging vervaardigt of tot het verveelvoudigen uitsluitend ten behoeve van zichzelf opdracht geeft.

– 2. Waar het geldt een dag-, nieuws- of weekblad of een tijdschrift of een boek of de partituur of de partijen van een muziekwerk en de in die werken opgenomen andere werken, blijft die verveelvoudiging bovendien beperkt tot een klein gedeelte van het werk, behalve indien het betreft:

a. werken, waarvan naar redelijkerwijs mag worden aangenomen geen nieuwe exemplaren tegen betaling, in welke vorm ook, aan derden ter beschikking zullen worden gesteld;

b. in een dag-, nieuws- of weekblad of tijdschrift verschenen korte artikelen, berichten of andere stukken.

– 3. Waar het geldt een werk, als bedoeld bij artikel 10, eerste lid, onder 6°, moet de verveelvoudiging door haar grootte of door de werkwijze, volgens welke zij vervaardigd is, een duidelijk verschil vertonen met het oorspronkelijke werk.

– 4. De bepalingen van het eerste lid met betrekking tot een in opdracht vervaardigde verveelvoudiging zijn van toepassing ten aanzien van de verveelvoudiging welke plaatsvindt door het vastleggen van een werk of een gedeelte daarvan op enig voorwerp dat bestemd is een werk ten gehore te brengen of te vertonen.

– 5. Indien een ingevolge dit artikel toegelaten verveelvoudiging heeft plaatsgevonden, mogen de vervaardigde exemplaren zonder toestemming van de rechthebbende op het auteursrecht niet aan derden worden afgegeven, tenzij de afgifte geschiedt ten behoeve van een rechterlijke of administratieve procedure.

– 6. Wij kunnen bij algemene maatregel van bestuur bepalen dat ten aanzien van de verveelvoudiging van werken als bedoeld bij artikel 10, eerste lid, onder 1°, van het in een der voorgaande leden bepaalde mag worden afgeweken ten behoeve van de uitoefening van de openbare dienst, alsmede ten behoeve van de vervulling van taken waarmee in het algemeen belang werkzame instellingen zijn belast. Wij kunnen daarbij nadere regelen geven en voorwaarden stellen.

– 7. De voorgaande bepalingen van dit artikel zijn niet van toepassing ten aanzien van het nabouwen van bouwwerken.

Art. 16c

– 1. Voor de verveelvoudiging die met inachtneming van artikel 16b, eerste lid, voor eigen oefening, studie of gebruik geschiedt door vastlegging van een werk of een gedeelte daarvan op een voorwerp dat bestemd is om daarop vastgelegde beelden of geluiden ten gehore te brengen of te vertonen, is ten behoeve van de maker of diens rechtverkrijgenden een vergoeding verschuldigd.

Vergoeding voor beeld- of geluidsopnamen

– 2. De verplichting tot betaling van de vergoeding rust op de fabrikant of de importeur van de in het eerste lid bedoelde voorwerpen.

– 3. Voor de fabrikant ontstaat de verplichting tot betaling van de vergoeding op het tijdstip dat de door hem vervaardigde voorwerpen in het verkeer kunnen worden gebracht. Voor de importeur ontstaat deze verplichting op het tijdstip van invoer.

– 4. De verplichting tot betaling van de vergoeding vervalt indien de ingevolge het tweede lid betalingsplichtige de in het eerste lid bedoelde voorwerpen uitvoert.

– 5. De vergoeding is slechts eenmaal per voorwerp verschuldigd.

Art. 16d

– 1. De betaling van de in artikel 16c bedoelde vergoeding dient te geschieden aan een door Onze Minister van Justitie aan te wijzen, naar zijn oordeel representatieve rechtspersoon, die belast is met de inning en de verdeling van deze vergoeding overeenkomstig een een door deze rechtspersoon vastgesteld reglement. In aangelegenheden betreffende de inning van de vergoeding vertegenwoordigt deze rechtspersoon de makers of hun rechtverkrijgenden in en buiten rechte. Deze rechtspersoon staat onder toezicht van Onze Minister van Justitie.

Rechtspersoon belast met inning en verdeling

– 2. Het reglement als bedoeld in het eerste lid behoeft de instemming van Onze Minister van Justitie.

Instemming met reglement

– 3. Bij algemene maatregel van bestuur kunnen nadere voorschriften worden gegeven betreffende de uitoefening van het toezicht op de in het eerste lid bedoelde rechtspersoon.

Art. 16e

– 1. De hoogte van de in artikel 16c bedoelde vergoeding wordt vastgesteld door een door Onze Minister van Justitie aan te wijzen stichting waarvan het bestuur zodanig is samengesteld dat de belangen van de makers of hun rechtverkrijgenden en de ingevolge artikel 16c, tweede lid, betalingsplichtigen op evenwichtige wijze worden behartigd. De voorzitter van het bestuur van deze stichting wordt benoemd door Onze Minister van Justitie.

Hoogte vergoeding; stichting

– 2. Bij het bepalen van de hoogte van de vergoeding wordt in het bijzonder de speelduur van het voorwerp in aanmerking genomen.

Art. 16f

Degene die tot betaling van de in artikel 16c bedoelde vergoeding verplicht is, is gehouden onverwijld of binnen een met de in artikel 16d, eerste lid, bedoelde rechtspersoon overeengekomen tijdvak opgave te doen aan deze rechtspersoon van het aantal en de speelduur van de door hem geïmporteerde of vervaardigde voorwerpen, bedoeld in artikel 16c, eerste lid. Hij is voorts gehouden aan deze rechtspersoon op diens aanvrage onverwijld die bescheiden ter inzage te geven, waarvan kennisneming noodzakelijk is voor de vaststelling van de verschuldigdheid en de hoogte van de vergoeding.

Opgave en inzage

Art. 16g

Geschillen met betrekking tot de in artikel 16c bedoelde vergoeding worden in eerste aanleg bij uitsluiting beslist door de arrondissementsrechtbank te 's-Gravenhage.

Bevoegdheid bij geschillen

Art. 16h

– 1. Een reprografische verveelvoudiging van een artikel in een dag-, nieuws- of weekblad of een tijdschrift of van een klein gedeelte van een boek en van de in zo'n werk opgenomen andere werken wordt niet beschouwd als inbreuk op het auteursrecht, mits voor deze verveelvoudiging een vergoeding wordt betaald.

Vergoeding bij reprografische verveelvoudiging

– 2. Een reprografische verveelvoudiging van het gehele werk wordt niet beschouwd als inbreuk op het auteursrecht, indien van een boek naar redelijkerwijs mag worden aangenomen geen nieuwe exemplaren tegen betaling, in welke vorm dan ook, aan derden ter beschikking worden gesteld, mits voor deze verveelvoudiging een vergoeding wordt betaald.

Art. 16i

– 1. De vergoeding, bedoeld in artikel 16h, wordt berekend over iedere pagina waarop een werk als bedoeld in het eerste en tweede lid van dat artikel reprografisch verveelvoudigd is.

Berekening vergoeding

– 2. Bij algemene maatregel van bestuur wordt de hoogte van de vergoeding vastgesteld en kunnen nadere regels en voorwaarden worden gesteld.

Art. 16j

Een met inachtneming van artikel 16h vervaardigde reprografische verveelvoudiging mag, zonder toestemming van de maker of zijn rechtverkrijgende, alleen worden afgegeven aan

Afgifte verveelvoudiging

16 Auteurswet 1912

personen die in dezelfde onderneming, organisatie of instelling werkzaam zijn, tenzij de afgifte geschiedt ten behoeve van een rechterlijke of administratieve procedure.

Art. 16k

Vergoedingsplicht vervalt

– 1. De verplichting tot betaling van de vergoeding, bedoeld in artikel 16*h*, vervalt door verloop van drie jaar na het tijdstip waarop de verveelvoudiging vervaardigd is.

– 2. De vergoeding is niet verschuldigd indien de betalingsplichtige kan aantonen dat de maker of diens rechtverkrijgende afstand heeft gedaan van het recht op de vergoeding.

Art. 16l

Betaling vergoeding

– 1. De betaling van de vergoeding, bedoeld in artikel 16*h*, dient te geschieden aan een door Onze Minister van Justitie aan te wijzen, naar zijn oordeel representatieve rechtspersoon, die met uitsluiting van anderen belast is met de inning en de verdeling van deze vergoeding.

– 2. In aangelegenheden betreffende de inning van de vergoeding vertegenwoordigt de rechtspersoon, bedoeld in het eerste lid, de makers of hun rechtverkrijgenden in en buiten rechte.

– 3. De rechtspersoon, bedoeld in het eerste lid, hanteert voor de verdeling van de geïnde vergoedingen een reglement. Het reglement behoeft de instemming van Onze Minister van Justitie.

– 4. De rechtspersoon, bedoeld in het eerste lid, staat onder toezicht van een College van Toezicht, waarvan de leden worden benoemd door Onze Minister van Justitie. Bij algemene maatregel van bestuur worden nadere regels gesteld omtrent het toezicht.

– 5. Het eerste en tweede lid vinden geen toepassing voorzover degene die tot betaling van de vergoeding verplicht is, kan aantonen dat hij met de maker of zijn rechtverkrijgende overeengekomen is dat hij de vergoeding rechtstreeks aan deze zal betalen.

Art. 16m

Opgave totale aantal

– 1. Degene die de vergoeding, bedoeld in artikel 16*h*, dient te betalen aan de rechtspersoon, bedoeld in artikel 16*l*, eerste lid, is gehouden aan deze opgave te doen van het totale aantal reprografische verveelvoudigingen dat hij per jaar maakt.

– 2. De opgave, bedoeld in het eerste lid, behoeft niet gedaan te worden, indien per jaar minder dan een bij algemene maatregel van bestuur te bepalen aantal reprografische verveelvoudigingen gemaakt wordt.

Art. 17

Vervallen.

Art. 17a

Openbaarmaking door radio- of tv-uitzending

– 1. Bij algemene maatregel van bestuur kunnen in het algemeen belang regelen worden vastgesteld nopens de uitoefening van het recht van de maker van een werk van letterkunde, wetenschap of kunst of van zijn rechtverkrijgenden met betrekking tot de openbaarmaking van zulk een werk door uitzending van een radio- of televisieprogramma. Deze algemene maatregel van bestuur kan bepalen, dat zodanig werk mag worden openbaar gemaakt zonder voorafgaande toestemming van de maker of zijn rechtverkrijgenden. Zij die dientengevolge bevoegd zijn een werk openbaar te maken, zijn desniettemin verplicht de in artikel 25 bedoelde rechten van de maker te eerbiedigen en aan de maker of zijn rechtverkrijgenden een billijke vergoeding te betalen, welke bij gebreke van overeenstemming op vordering van de meest gerede partij door de rechter zal worden vastgesteld, die tevens het stellen van zekerheid kan bevelen.

– 2. Het in het vorige lid bepaalde is van overeenkomstige toepassing ten aanzien van de vervaardiging en het in het verkeer brengen van voorwerpen, met uitzondering echter van verveelvoudigingen van filmwerken, bestemd om het geheel of een gedeelte van een muziekwerk langs mechanische weg ten gehore te brengen, indien dergelijke voorwerpen met betrekking tot dit muziekwerk reeds eerder door of met toestemming van de maker of zijn rechtverkrijgenden vervaardigd en in het verkeer gebracht zijn.

– 3. Het eerste lid is niet van toepassing op:

a. de gelijktijdige, ongewijzigde en onverkorte uitzending van een door middel van een satelliet of een andere zender uit een andere lid-staat van de Europese Unie of uit een staat die partij is bij de Overeenkomst betreffende de Europese Economische Ruimte van 2 mei 1992 uitgezonden, in een radio- of televisieprogramma opgenomen werk, dat voor ontvangst door het publiek bestemd is, door een omroepnetwerk als bedoeld in artikel 1.1, onderdeel *o*, van de Telecommunicatiewet;

b. het uitzenden van een in een radio- of televisieprogramma opgenomen werk door middel van een satelliet.

Art. 17b

Vastlegging voor radio- en TV-uitzending bestemd werk

– 1. Tenzij anders is overeengekomen, sluit de bevoegdheid tot openbaarmaking door uitzending van een radio- of televisieprogramma niet de bevoegdheid het werk vast te leggen.

– 2. De zendorganisatie, die bevoegd is tot openbaarmaking zoals in het eerste lid bedoeld, is echter gerechtigd met haar eigen middelen en uitsluitend voor uitzending van haar eigen radio- of televisieprogramma's het ter uitzending bestemde werk vast te leggen, mits de vastlegging van geluiden of beelden wordt teniet gedaan binnen 28 dagen na de eerste, met behulp daarvan verrichte uitzending van een radio- of televisieprogramma en in ieder geval binnen een half jaar na de vervaardiging. De zendorganisatie, die dientengevolge gerechtigd is tot vastlegging, is desniettemin verplicht de in artikel 25 bedoelde rechten van de maker van het werk te eerbidigen.

– 3. Bij algemene maatregel van bestuur kan worden bepaald dat en onder welke voorwaarden aldus vervaardigde opnamen van uitzonderlijke documentaire waarde in officiële archieven mogen worden bewaard.

Art. 17c

Als inbreuk op het auteursrecht op een werk van letterkunde of kunst wordt niet beschouwd de gemeentezang en de instrumentale begeleiding daarvan tijdens een eredienst.

Art. 17d

Een krachtens artikel 16b, zevende lid, artikel 16i, tweede lid, artikel 16l, derde lid, artikel 16m, tweede lid, of artikel 17a, eerste en tweede lid, vastgestelde algemene maatregel van bestuur of een wijziging daarvan treedt niet eerder in werking dan acht weken na de datum van uitgifte van het *Staatsblad* waarin hij is geplaatst. Van de plaatsing wordt onverwijld mededeling gedaan aan de beide Kamers der Staten-Generaal.

Art. 18

Als inbreuk op het auteursrecht op een werk, als bedoeld bij artikel 10, 6°, hetwelk blijvend op of aan den openbaren weg zichtbaar is gesteld, wordt niet beschouwd de verveelvoudiging, of de openbaarmaking van zodanige verveelvoudiging, indien het werk daarbij niet de hoofdvoorstelling vormt en de verveelvoudiging door hare grootte of door de werkwijze, volgens welke zij vervaardigd is, een duidelijk verschil vertoont met het oorspronkelijk werk, en zich, wat bouwwerken betreft, tot het uitwendige daarvan bepaalt.

Art. 19

– 1. Als inbreuk op het auteursrecht op een portret wordt niet beschouwd de verveelvoudiging daarvan door, of ten behoeve van, den geportretteerde of, na diens overlijden, zijne nabestaanden.

– 2. Bevat eene zelfde afbeelding het portret van twee of meer personen, dan staat die verveelvoudiging aan ieder hunner ten aanzien van andere portretten dan zijn eigen slechts vrij met toestemming van die andere personen of, gedurende tien jaren na hun overlijden, van hunne nabestaanden.

– 3. Ten aanzien van een fotografisch portret wordt mede niet als inbreuk op het auteursrecht beschouwd het openbaar maken daarvan in een nieuwsblad of tijdschrift door of met toestemming van een der personen, in het eerste lid genoemd, mits daarbij de naam des makers, voor zoover deze op of bij het portret is aangeduid, vermeld wordt.

– 4. Dit artikel is slechts van toepassing ten aanzien van portretten, welke vervaardigd zijn ingevolge eene opdracht, door of vanwege de geportretteerde personen, of te hunnen behoeve aan den maker gegeven.

Art. 20

– 1. Tenzij anders is overeengekomen is degene, wien het auteursrecht op een portret toekomt, niet bevoegd dit openbaar te maken zonder toestemming van den geportretteerde of, gedurende tien jaren na diens overlijden, van diens nabestaanden.

– 2. Bevat eene zelfde afbeelding het portret van twee of meer personen, dan is ten aanzien van de gansche afbeelding de toestemming vereischt van alle geportretteerden of, gedurende tien jaren na hun overlijden, van hunne nabestaanden.

– 3. Het laatste lid van het voorgaande artikel is van toepassing.

Art. 21

Is een portret vervaardigd zonder daartoe strekkende opdracht, den maker door of vanwege den geportretteerde of te diens behoeve, gegeven, dan is openbaarmaking daarvan door degene, wien het auteursrecht daarop toekomt, niet geoorloofd, voor zoover een redelijk belang van den geportretteerde of, na zijn overlijden, van een zijner nabestaanden zich tegen de openbaarmaking verzet.

Art. 22

In het belang van de openbare veiligheid alsmede ter opsporing van strafbare feiten mogen afbeeldingen van welken aard ook door of vanwege de justitie worden verveelvoudigd en openlijk tentoongesteld en verspreid.

Art. 23

Tenzij anders is overeengekomen is de eigenaar van een teeken-, schilder-, bouw- of beeldhouwwerk of van een werk van toegepaste kunst gerechtigd dat werk zonder toestemming van dengene, wien het auteursrecht daarop toekomt, in het openbaar ten toon te stellen of, met het oogmerk het te verkoopen, in een catalogus te verveelvoudigen.

391

Art. 24

Rechten schilder na overdracht auteursrecht

Tenzij anders is overeengekomen blijft de maker van eenig schilderwerk, niettegenstaande de overdracht van zijn auteursrecht, bevoegd gelijke schilderwerken te vervaardigen.

Art. 24a

Rechtmatige gebruiker

– 1. Als inbreuk op het auteursrecht op een verzameling als bedoeld in artikel 10, derde lid, wordt niet beschouwd de verveelvoudiging, vervaardigd door de rechtmatige gebruiker van de verzameling, die noodzakelijk is om toegang te verkrijgen tot en normaal gebruik te maken van de verzameling.

– 2. Indien de rechtmatige gebruiker slechts gerechtigd is tot het gebruik van een deel van de verzameling geldt het eerste lid slechts voor de toegang tot en het normaal gebruik van dat deel.

– 3. Bij overeenkomst kan niet ten nadele van de rechtmatige gebruiker worden afgeweken van het eerste en tweede lid.

Art. 25

Persoonlijkheidsrecht auteur

– 1. De maker van een werk heeft, zelfs nadat hij zijn auteursrecht heeft overgedragen, de volgende rechten:

a. het recht zich te verzetten tegen openbaarmaking van het werk zonder vermelding van zijn naam of andere aanduiding als maker, tenzij het verzet zou zijn in strijd met de redelijkheid;

b. het recht zich te verzetten tegen de openbaarmaking van het werk onder een andere naam dan de zijne, alsmede tegen het aanbrengen van enige wijziging in de benaming van het werk of in de aanduiding van de maker, voor zover deze op of in het werk voorkomen, dan wel in verband daarmede zijn openbaar gemaakt;

c. het recht zich te verzetten tegen elke andere wijziging in het werk, tenzij deze wijziging van zodanige aard is, dat het verzet zou zijn in strijd met de redelijkheid;

d. het recht zich te verzetten tegen elke misvorming, verminking of andere aantasting van het werk, welke nadeel zou kunnen toebrengen aan de eer of de naam van de maker of aan zijn waarde in deze hoedanigheid.

– 2. De in het eerste lid genoemde rechten komen, na het overlijden van de maker tot aan het vervallen van het auteursrecht, toe aan de door de maker bij uiterste wilsbeschikking aangewezene.

– 3. Van het recht, in het eerste lid, onder a genoemd kan afstand worden gedaan. Van de rechten onder b en c genoemd kan afstand worden gedaan voor zover het wijzigingen in het werk of in de benaming daarvan betreft.

– 4. Heeft de maker van het werk het auteursrecht overgedragen dan blijft hij bevoegd in het werk zodanige wijzigingen aan te brengen als hem naar de regels van het maatschappelijk verkeer te goeder trouw vrijstaan. Zolang het auteursrecht voortduurt komt gelijke bevoegdheid toe aan de door de maker bij uiterste wilsbeschikking aangewezene, als redelijkerwijs aannemelijk is, dat ook de maker die wijzigingen zou hebben goedgekeurd.

Art. 25a

Nabestaanden

In deze paragraaf worden onder nabestaanden verstaan de ouders, de echtgenoot of de geregistreerde partner en de kinderen. De aan de nabestaanden toekomende bevoegdheden kunnen zelfstandig door ieder van hen worden uitgeoefend. Bij verschil van mening kan de rechter een voor hen bindende beslissing geven.

HOOFDSTUK II

De uitoefening en de handhaving van het auteursrecht en bepalingen van strafrecht

Art. 26

Gemeenschappelijk auteursrecht

Indien aan twee of meer personen een gemeenschappelijk auteursrecht op een zelfde werk toekomt, kan, tenzij anders is overeengekomen, de handhaving van dit recht door ieder hunner geschieden.

Art. 26a

Toestemmingverlening uitzenden van in programma opgenomen werk

– 1. Het recht om toestemming te verlenen voor de gelijktijdige, ongewijzigde en onverkorte uitzending van een in een radio- of televisieprogramma opgenomen werk door een omroepnetwerk als bedoeld in artikel 1.1, onderdeel o, van de Telecommunicatiewet kan uitsluitend worden uitgeoefend door rechtspersonen die zich ingevolge hun statuten ten doel stellen de belangen van rechthebbenden door de uitoefening van het aan hen toekomende hiervoor bedoelde recht te behartigen.

– 2. De in het eerste lid bedoelde rechtspersonen zijn ook bevoegd de belangen te behartigen van rechthebbenden die daartoe geen opdracht hebben gegeven, indien het betreft de uitoefening van dezelfde rechten als in de statuten vermeld. Indien meerdere rechtspersonen zich blijkens hun statuten de behartiging van de belangen van dezelfde categorie rechthebbenden ten doel stellen, kan de rechthebbende een van hen aanwijzen als bevoegd tot de behartiging van zijn belangen. Voor rechthebbenden die geen opdracht hebben gegeven als bedoeld in de tweede zin gelden de rechten en verplichtingen die voortvloeien uit een overeenkomst die een tot de uitoefening van dezelfde rechten bevoegde rechtspersoon heeft gesloten met betrekking tot de in het eerste lid bedoelde uitzending, onverkort.

– 3. Vorderingen jegens de in het eerste lid bedoelde rechtspersoon terzake van de door deze geïnde gelden vervallen door verloop van drie jaren na de aanvang van de dag volgende op die waarop de in het eerste lid bedoelde uitzending heeft plaatsgevonden.

– 4. Dit artikel is niet van toepassing op rechten als bedoeld in het eerste lid die toekomen aan een omroeporganisatie met betrekking tot haar eigen uitzendingen.

Art. 26b

Partijen zijn verplicht de onderhandelingen over de toestemming voor de gelijktijdige, ongewijzigde en onverkorte uitzending, bedoeld in artikel 26*a*, eerste lid, te goeder trouw te voeren en niet zonder geldige reden te verhinderen of te belemmeren.

Onderhandelingen

Art. 26c

– 1. Indien over de gelijktijdige, ongewijzigde en onverkorte uitzending, bedoeld in artikel 26*a*, eerste lid, geen overeenstemming kan worden bereikt, kan iedere partij een beroep doen op een of meer bemiddelaars. De bemiddelaars worden zodanig geselecteerd dat over hun onafhankelijkheid en onpartijdigheid in redelijkheid geen twijfel kan bestaan.

Bemiddeling

– 2. De bemiddelaars verlenen bijstand bij het voeren van de onderhandelingen en zijn bevoegd aan de partijen voorstellen te betekenen. Tot drie maanden na de dag van ontvangst van de voorstellen van de bemiddelaars kan een partij zijn bezwaren tegen deze voorstellen betekenen aan de andere partij. De voorstellen van de bemiddelaars binden de partijen, tenzij binnen de in de vorige zin bedoelde termijn door een van hen bezwaren zijn betekend. De voorstellen en de bezwaren worden aan de partijen betekend overeenkomstig het bepaalde in de eerste titel, zesde afdeling, van het eerste boek van het Wetboek van Burgerlijke Rechtsvordering.

Art. 27

– 1. Niettegenstaande de gehele of gedeeltelijke overdracht van zijn auteursrecht blijft de maker bevoegd een rechtsvordering ter verkrijging van schadevergoeding in te stellen tegen degene, die inbreuk op het auteursrecht heeft gemaakt.

Schadevergoeding na overdracht

– 2. De in het eerste lid bedoelde rechtsvordering ter verkrijging van schadevergoeding wegens inbreuk op het auteursrecht komt na het overlijden van de maker toe aan zijn erfgenamen of legatarissen tot aan het vervallen van het auteursrecht.

Art. 27a

– 1. Naast schadevergoeding kan de maker of zijn rechtverkrijgende vorderen dat degene die inbreuk op het auteursrecht heeft gemaakt, wordt veroordeeld de door deze ten gevolge van de inbreuk genoten winst af te dragen en dienaangaande rekening en verantwoording af te leggen.

– 2. De maker of diens rechtverkrijgende kan de in het eerste lid bedoelde vorderingen of een van deze ook of mede namens een licentienemer instellen, onverminderd de bevoegdheid van deze laatste in een al of niet namens hem of mede namens hem door de maker of diens rechtverkrijgende ingesteld geding tussen te komen om rechtstreeks de door hem geleden schade vergoed te krijgen of om zich een evenredig deel van de door de gedaagde af te dragen winst te doen toewijzen. De in het eerste lid bedoelde vorderingen of een van deze kan een licentienemer slechts instellen als hij de bevoegdheid daartoe van de maker of diens rechtverkrijgende heeft bedongen.

Art. 28

– 1. Het auteursrecht geeft aan de gerechtigde de bevoegdheid om roerende zaken, die geen registergoederen zijn en die in strijd met dat recht zijn openbaar gemaakt of een niet geoorloofde verveelvoudiging vormen, als zijn eigendom op te eisen dan wel vernietiging of onbruikbaarmaking daarvan te vorderen. Teneinde tot vernietiging of onbruikbaarmaking over te gaan kan de gerechtigde de afgifte van deze zaken vorderen.

Opeisen, vernietiging of onbruikbaarmaking

– 2. Gelijke bevoegdheid tot opeising bestaat:

a. ten aanzien van het bedrag van de toegangsgelden betaald voor het bijwonen van een voordracht, een op- of uitvoering of een tentoonstelling of voorstelling, waardoor inbreuk op het auteursrecht wordt gemaakt;

b. ten aanzien van andere gelden waarvan aannemelijk is dat zij zijn verkregen door of als gevolg van inbreuk op het auteursrecht.

– 3. Gelijke bevoegdheid tot het vorderen van vernietiging of onbruikbaarmaking bestaat ten aanzien van roerende zaken die geen registergoederen zijn en waarmee de inbreuk op het auteursrecht is gepleegd. Teneinde tot vernietiging of onbruikbaarmaking over te gaan kan de gerechtigde de afgifte van deze zaken vorderen.

– 4. De bepalingen van het Wetboek van Burgerlijke Rechtsvordering betreffende beslag en

Beslag

executie tot afgifte van roerende zaken die geen registergoederen zijn, zijn van toepassing. Bij samenloop met een ander beslag gaat degene die beslag heeft gelegd krachtens dit artikel voor.

Vergoeding

– 5. De rechter kan gelasten dat de afgifte niet plaats vindt dan tegen een door hem vast te stellen, door de eiser te betalen vergoeding.

Wijziging

– 6. Ten aanzien van onroerende zaken, schepen of luchtvaartuigen, waardoor inbreuk op een auteursrecht wordt gemaakt, kan de rechter op vordering van de gerechtigde gelasten dat de gedaagde daarin zodanige wijziging zal aanbrengen dat de inbreuk wordt opgeheven.

– 7. Tenzij anders is overeengekomen, heeft de licentienemer het recht de uit de leden 1-6 voortvloeiende bevoegdheden uit te oefenen, voor zover deze strekken tot bescherming van de rechten waarvan de uitoefening hem is toegestaan.

Art. 29

Voorwerpen tot eigen gebruik

– 1. De in artikel 28, eerste lid, bedoelde bevoegdheid kan niet worden uitgeoefend ten aanzien van zaken die onder personen berusten, die niet in soortgelijke zaken handeldrijven en deze uitsluitend voor eigen gebruik hebben verkregen, tenzij zij zelf inbreuk op het betreffende auteursrecht hebben gemaakt.

– 2. De vordering, bedoeld in artikel 28, zesde lid, kan slechts worden ingesteld tegen de eigenaar of houder van de zaak, die schuld heeft aan de inbreuk op het betreffende auteursrecht.

Art. 29a

Vervallen.

Art. 30

Portret

Indien iemand zonder daartoe gerechtigd te zijn een portret openbaar maakt gelden ten aanzien van het recht van den geportretteerde dezelfde bepalingen als in de artikelen 28 en 29 met betrekking tot het auteursrecht zijn gesteld.

Art. 30a

Bemiddeling inzake muziekauteursrecht

– 1. Voor het als bedrijf verleenen van bemiddeling in zake muziekauteursrecht, al of niet met het oogmerk om winst te maken, is de toestemming vereischt van Onzen Minister van Justitie.

– 2. Onder het verleenen van bemiddeling inzake muziekauteursrecht wordt verstaan het, al of niet op eigen naam, ten behoeve van de makers van muziekwerken of hunne rechtverkrijgenden, sluiten of ten uitvoer leggen van overeenkomsten betreffende de uitvoering in het openbaar of de uitzending in een radio- of televisieprogramma, door tekens, geluid of beelden, van die werken, of hunne verveelvoudigingen, in hun geheel of gedeeltelijk.

– 3. Met de uitvoering of de uitzending in een radio- of televisieprogramma van muziekwerken wordt gelijkgesteld de uitvoering of de uitzending in een radio- of televisieprogramma van dramatisch-muzikale werken, choregrafische werken en pantomimes en hunne verveelvoudigingen, indien deze werken, of hunne verveelvoudigingen, ten gehoore worden gebracht zonder te worden vertoond.

– 4. Overeenkomsten als bedoeld bij het tweede lid, welke worden aangegaan zonder dat de ingevolge het eerste lid vereischte ministerieele toestemming is verkregen, zijn nietig.

– 5. Bij algemeenen maatregel van bestuur worden verdere voorschriften gegeven, welke mede betreffen uitoefening van toezicht op degeen, die de ministerieele toestemming heeft verkregen. De kosten van dit toezicht kunnen te diens laste worden gebracht.

– 6. Het toezicht, in het vorige lid bedoeld, mag slechts betreffen de wijze, waarop degeen, die bemiddeling verleent, de hem opgedragen taak vervult. In de uitoefening van dit toezicht worden belanghebbenden betrokken.

Art. 30b

– 1. Op verzoek van een of meer naar het oordeel van Onze Minister van Justitie en van Onze Minister van Economische Zaken representatieve organisaties van bedrijfs- of beroepsgenoten die rechtspersonen met volledige rechtsbevoegdheid zijn en die ten doel hebben de behartiging van belangen van personen die beroeps- of bedrijfsmatig werken van letterkunde, wetenschap of kunst invoeren in Nederland, openbaar maken of verveelvoudigen, kunnen voornoemde ministers gezamenlijk bepalen dat door hen aangewezen beroeps- of bedrijfsgenoten verplicht zijn hun administratie te voeren op een nader door hen te geven wijze.

– 2. Hij die de in het vorige lid bedoelde verplichting niet nakomt, wordt gestraft met een geldboete van de tweede categorie. Het feit is een overtreding.

Art. 31

Misdrijf

Hij, die opzettelijk inbreuk maakt op eens anders auteursrecht, wordt gestraft met gevangenisstraf van ten hoogste zes maanden of geldboete van de vierde categorie.

Art. 31a

Hij die opzettelijk een voorwerp waarin met inbreuk op eens anders auteursrecht een werk is vervat,

a. openlijk ter verspreiding aanbiedt,

b. ter verveelvoudiging of ter verspreiding voorhanden heeft,

c. invoert, doorvoert, uitvoert of

16 Auteurswet 1912

d. bewaart uit winstbejag wordt gestraft met gevangenisstraf van ten hoogste één jaar of geldboete van de vijfde categorie.

Art. 31b
Hij die van het plegen van de misdrijven, als bedoeld in de artikelen 31 en 31*a*, zijn beroep maakt of het plegen van deze misdrijven als bedrijf uitoefent, wordt gestraft met gevangenisstraf van ten hoogste vier jaar of geldboete van de vijfde categorie.

Art. 32
Hij die een voorwerp waarvan hij redelijkerwijs kan vermoeden dat daarin met inbreuk op eens anders auteursrecht een werk is vervat,
a. openlijk ter verspreiding aanbiedt;
b. ter verveelvoudiging of ter verspreiding voorhanden heeft;
c. invoert, doorvoert, uitvoert of
d. bewaart uit winstbejag wordt gestraft met geldboete van de derde categorie.

Art. 32a
Hij die opzettelijk middelen die uitsluitend bestemd zijn om het zonder toestemming van de maker of zijn rechtverkrijgende verwijderen van of het ontwijken van een technische voorziening ter bescherming van een werk als bedoeld in artikel 10, eerste lid, onder 12°, te vergemakkelijken
a. openlijk ter verspreiding aanbiedt,
b. ter verspreiding voorhanden heeft,
c. invoert, doorvoert, uitvoert of
d. bewaart uit winstbejag wordt gestraft met gevangenisstraf van ten hoogste zes maanden of geldboete van de vierde categorie.

Vergemakkelijken illegaal kopiëren

Art. 33
De feiten strafbaar gesteld in de artikelen 31, 31*a*, 31*b*, 32 en 32*a* zijn misdrijven.

Art. 34
– 1. Hij die opzettelijk in enig werk van letterkunde, wetenschap of kunst, waarop auteursrecht bestaat, in de benaming daarvan of in de aanduiding van de maker wederrechtelijk enige wijziging aanbrengt of wel met betrekking tot een zodanig werk op enige andere wijze, welke nadeel zou kunnen toebrengen aan de eer of de naam van de maker of aan zijn waarde in deze hoedanigheid, het werk aantast, wordt gestraft met gevangenisstraf van ten hoogste zes maanden of geldboete van de vierde categorie.
– 2. Het feit is een misdrijf.

Misdrijf

Art. 35
– 1. Hij die zonder daartoe gerechtigd te zijn een portret in het openbaar ten toon stelt of op andere wijze openbaar maakt, wordt gestraft met geldboete van de vierde categorie.
– 2. Het feit is eene overtreding.

Art. 35a
– 1. Hij die, zonder dat de vereischte toestemming van Onzen Minister van Justitie is verkregen, handelingen verricht, die behooren tot een bedrijf als bedoeld bij artikel 30*a*, wordt gestraft met geldboete van de vierde categorie.
– 2. Het feit wordt beschouwd als eene overtreding.

Art. 35b
– 1. Hij die in een schriftelijke aanvrage of opgave, dienende om in het bedrijf van degene, die met toestemming van Onzen Minister van Justitie bemiddeling verleent inzake muziekauteursrecht, te worden gebezigd bij de vaststelling van het wegens auteursrecht verschuldigde, opzettelijk een onjuiste of onvolledige mededeling doet, wordt gestraft met hechtenis van ten hoogste drie maanden of of geldboete van de derde categorie.
– 2. Het feit is een overtreding.

Art. 35c
Degene die een schriftelijke opgave aan de in artikel 16*d*, eerste lid, bedoelde rechtspersoon, dienende voor de vaststelling van het op grond van artikel 16*c* verschuldigde, opzettelijk nalaat dan wel in een dergelijke opgave opzettelijk een onjuiste of onvolledige mededeling doet, wordt gestraft met hechtenis van ten hoogste drie maanden of geldboete van de derde categorie. Het feit wordt beschouwd als een overtreding.

Art. 35d
Degene die een opgave als bedoeld in artikel 15*g* opzettelijk nalaat dan wel in een dergelijke opgave opzettelijk een onjuiste mededeling doet, wordt gestraft met hechtenis van ten hoogste drie maanden of geldboete van de derde categorie. Het feit wordt beschouwd als een overtreding.

Strafbaar feit

Art. 36
– 1. De door den strafrechter verbeurd verklaarde verveelvoudigingen worden vernietigd; echter kan de rechter bij het vonnis bepalen, dat zij aan dengene, wien het auteursrecht toe-

Verbeurdverklaring en afgifte

395

16 Auteurswet 1912

komt, zullen worden afgegeven, indien deze zich daartoe ter griffie aanmeldt binnen eene maand nadat de uitspraak in kracht van gewijsde is gegaan.

– 2. Door de afgifte gaat de eigendom van de verveelvoudigingen op den rechthebbende over. De rechter zal kunnen gelasten, dat die afgifte niet zal geschieden dan tegen eene bepaalde, door den rechthebbende te betalen vergoeding, welke ten bate komt van den Staat.

Art. 36a
De opsporingsambtenaren kunnen te allen tijde tot het opsporen van bij deze wet strafbaar gestelde feiten inzage vorderen van alle bescheiden of andere gegevensdragers waarvan inzage voor de vervulling van hun taak redelijkerwijze nodig is, bij hen die in de uitoefening van hun beroep of bedrijf werken van letterkunde, wetenschap of kunst invoeren, doorvoeren, uitvoeren, openbaar maken of verveelvoudigen.

Art. 36b
Bevoegdheid op-sporingsambtena-ren

– 1. De opsporingsambtenaren zijn bevoegd, tot het opsporen van de bij deze wet strafbaar gestelde feiten en ter inbeslagneming van hetgeen daarvoor vatbaar is, elke plaats te betreden.

– 2. Indien hun de toegang wordt geweigerd, verschaffen zij zich die desnoods met inroeping van de sterke arm.

– 3. In woningen treden zij tegen de wil van de bewoner niet binnen dan op vertoon van een schriftelijke bijzondere last van of in tegenwoordigheid van een officier van justitie of een hulp-officier van justitie. Van dit binnentreden wordt door hen binnen vierentwintig uren proces-verbaal opgemaakt.

Art. 36c
Vervallen.

HOOFDSTUK III

De duur van het auteursrecht
Art. 37
Verval auteurs-recht

– 1. Het auteursrecht vervalt door verloop van 70 jaren, te rekenen van de 1e januari van het jaar, volgende op het sterfjaar van de maker.

– 2. De duur van een gemeenschappelijk auteursrecht op een zelfde werk, aan twee of meer personen als gezamenlijke makers daarvan toekomende, wordt berekend van de 1e januari van het jaar, volgende op het sterfjaar van de langstlevende hunner.

Art. 38
Bijzonderen rege-ling

– 1. Het auteursrecht op een werk, ten aanzien waarvan de maker niet is aangeduid of niet op zodanige wijze dat zijn identiteit buiten twijfel staat, vervalt door verloop van 70 jaren, te rekenen van de 1e januari van het jaar, volgende op dat, waarin de eerste openbaarmaking van het werk rechtmatig heeft plaatsgehad.

– 2. Hetzelfde geldt ten aanzien van werken, waarvan een openbare instelling, een vereniging, stichting of vennootschap als maker wordt aangemerkt, tenzij de natuurlijke persoon, die het werk heeft gemaakt, als zodanig is aangeduid op of in exemplaren van het werk, die zijn openbaar gemaakt.

– 3. Indien de maker vóór het verstrijken van de in het eerste lid genoemde termijn zijn identiteit openbaart, zal de duur van het auteursrecht op dat werk worden berekend naar de bepalingen van artikel 37.

Art. 39
Voor werken, waarvan de duur van het auteursrecht niet wordt berekend naar de bepalingen van artikel 37 en die niet binnen 70 jaren na hun totstandkoming op rechtmatige wijze zijn openbaar gemaakt, vervalt het auteursrecht.

Art. 40
Het auteursrecht op een filmwerk vervalt door verloop van 70 jaren, te rekenen van de 1e januari van het jaar, volgende op het sterfjaar van de langstlevende van de volgende personen: de hoofdregisseur, de scenarioschrijver, de schrijver van de dialogen en degene die ten behoeve van het filmwerk de muziek heeft gemaakt.

Art. 41
Banden, delen, nummers of afle-veringen

Ten aanzien van werken, in verschillende banden, delen, nummers of afleveringen verschenen, wordt voor de toepassing van artikel 38 iedere band, deel, nummer of aflevering als een afzon-derlijk werk aangemerkt.

Art. 42
Uitzondering

In afwijking voor zooverre van de bepalingen van dit hoofdstuk kan in Nederland geenerlei beroep worden gedaan op auteursrecht, waarvan de duur in het land van oorsprong van het werk reeds verstreken is. Het in de eerste zin bepaalde geldt niet voor werken waarvan de maker onderdaan is van een lid-staat van de Europese Unie of een staat die partij is bij de Overeenkomst betreffende de Europese Economische Ruimte van 2 mei 1992.

396

HOOFDSTUK IV

Wijziging van de Faillissementswet en van het Wetboek van Strafrecht
Art. 43-44
Bevat wijzigingen in andere regelgeving.
Art. 45
Vervallen.

HOOFDSTUK V

Bijzondere bepalingen betreffende filmwerken
Art. 45a

– 1. Onder filmwerk wordt verstaan een werk dat bestaat uit een reeks beelden met of zonder geluid, ongeacht de wijze van vastlegging van het werk, indien het is vastgelegd.

Begripsomschrijvingen

– 2. Onverminderd het in de artikelen 7 en 8 bepaalde worden als de makers van een filmwerk aangemerkt de natuurlijke personen die tot het ontstaan van het filmwerk een daartoe bestemde bijdrage van scheppend karakter hebben geleverd.

– 3. Producent van het filmwerk is de natuurlijke of rechtspersoon die verantwoordelijk is voor de totstandbrenging van het filmwerk met het oog op de exploitatie daarvan.

Art. 45b

Indien een van de makers zijn bijdrage tot het filmwerk niet geheel tot stand wil of kan brengen, kan hij zich, tenzij schriftelijk anders overeengekomen is, niet verzetten tegen het gebruik door de producent van die bijdrage, voor zover deze reeds tot stand is gebracht, ten behoeve van de voltooiing van het filmwerk. Voor de door hem tot stand gebrachte bijdrage geldt hij als maker in de zin van artikel 45*a*.

Gedeeltelijke bijdrage

Art. 45c

Het filmwerk geldt als voltooid op het tijdstip waarop het vertoningsgereed is. Tenzij schriftelijk anders overeengekomen is, beslist de producent wanneer het filmwerk vertoningsgereed is.

Tijdstip van voltooiing

Art. 45d

Tenzij de makers en de producent schriftelijk anders overeengekomen zijn, worden de makers geacht aan de producent het recht overgedragen te hebben om vanaf het in artikel 45*c* bedoelde tijdstip het filmwerk openbaar te maken, dit te verveelvoudigen in de zin van artikel 14, er ondertitels bij aan te brengen en de teksten ervan na te synchroniseren. Het vorenstaande geldt niet ten aanzien van degene die ten behoeve van het filmwerk de muziek gemaakt heeft en degene die de bij de muziek behorende tekst gemaakt heeft. De producent is aan de makers of hun rechtverkrijgenden een billijke vergoeding verschuldigd voor iedere vorm van exploitatie van het filmwerk. De producent is eveneens aan de makers of hun rechtverkrijgenden een billijke vergoeding verschuldigd indien hij overgaat tot exploitatie in een vorm die ten tijde van het in artikel 45*c* bedoelde tijdstip nog niet bestond of niet rederlijkerwijs voorzienbaar was of indien hij aan een derde het recht verleent tot zo'n exploitatie over te gaan. De in dit artikel bedoelde vergoedingen worden schriftelijk overeengekomen. Van het recht op een billijke vergoeding voor verhuur kan door de maker geen afstand worden gedaan.

Openbaarmaking, verveelvoudiging

Art. 45e

Iedere maker heeft met betrekking tot het filmwerk naast de rechten, bedoeld in artikel 25, eerste lid, onder *b, c* en *d*, het recht

Rechten van de makers

a. zijn naam op de daarvoor gebruikelijke plaats in het filmwerk te doen vermelden met vermelding van zijn hoedanigheid of zijn bijdrage aan het filmwerk;

b. te vorderen dat het onder *a* bedoelde gedeelte van het filmwerk mede wordt vertoond;

c. zich te verzetten tegen vermelding van zijn naam op het filmwerk, tenzij dit verzet in strijd met de redelijkheid zou zijn.

Art. 45f

De maker wordt, tenzij schriftelijk anders overeengekomen is, verondersteld tegenover de producent afstand gedaan te hebben van het recht zich te verzetten tegen wijzigingen als bedoeld in artikel 25, eerste lid onder *c*, in zijn bijdrage.

Verzet tegen wijzigingen

Art. 45g

Iedere maker behoudt, tenzij schriftelijk anders overeengekomen is, het auteursrecht op zijn bijdrage, indien deze een van het filmwerk scheidbaar werk vormt. Na het in artikel 45*c* bedoelde tijdstip mag iedere maker, tenzij schriftelijk anders overeengekomen is, zijn bijdrage afzonderlijk openbaar maken en verveelvoudigen, mits hij daardoor geen schade toebrengt aan de exploitatie van het filmwerk.

Auteursrecht op eigen bijdrage

16 Auteurswet 1912

HOOFDSTUK VI

Bijzondere bepalingen betreffende computerprogramma's
Art. 45h

Openbaarmaken software

Voor het openbaar maken door middel van verhuren van het geheel of een gedeelte van een werk als bedoeld in artikel 10, eerste lid, onder 12°, of van een verveelvoudiging daarvan die door de rechthebbende of met zijn toestemming in het verkeer is gebracht, is de toestemming van de maker of zijn rechtverkrijgende vereist.

Art. 45i

Definitie verveelvoudigen

Onverminderd het bepaalde in artikel 13 wordt onder het verveelvoudigen van een werk als bedoeld in artikel 10, eerste lid, onder 12°, mede verstaan het laden, het in beeld brengen, de uitvoering, de transmissie of de opslag, voor zover voor deze handelingen het verveelvoudigen van dat werk noodzakelijk is.

Art. 45j

Verveelvoudigen en rechtmatige gebruik

Tenzij anders is overeengekomen, wordt niet als inbreuk op het auteursrecht op een werk als bedoeld in artikel 10, eerste lid, onder 12°, beschouwd de verveelvoudiging, vervaardigd door de rechtmatige verkrijger van een exemplaar van eerder genoemd werk, die noodzakelijk is voor het met dat werk beoogde gebruik. De verveelvoudiging, als bedoeld in de eerste zin, die geschiedt in het kader van het laden, het in beeld brengen of het verbeteren van fouten, kan niet bij overeenkomst worden verboden.

Art. 45k

Back-up

Als inbreuk op het auteursrecht op een werk als bedoeld in artikel 10, eerste lid, onder 12°, wordt niet beschouwd de verveelvoudiging, vervaardigd door de rechtmatige gebruiker van eerder genoemd werk, die dient als reservekopie indien zulks voor het met dat werk beoogde gebruik noodzakelijk is.

Art. 45l

Werking software

Hij die bevoegd is tot het verrichten van de in artikel 45i bedoelde handelingen, is mede bevoegd tijdens deze handelingen de werking van dat werk waar te nemen, te bestuderen en te testen teneinde de daaraan ten grondslag liggende ideeën en beginselen te achterhalen.

Art. 45m

Interoperabiliteit

– 1. Als inbreuk op het auteursrecht op een werk als bedoeld in artikel 10, eerste lid, onder 12°, worden niet beschouwd het vervaardigen van een kopie van dat werk en het vertalen van de codevorm daarvan, indien deze handelingen onmisbaar zijn om de informatie te verkrijgen die nodig is om de interoperabiliteit van een onafhankelijk vervaardigd computerprogramma met andere computerprogramma's tot stand te brengen, mits:
a. deze handelingen worden verricht door een persoon die op rechtmatige wijze de beschikking heeft gekregen over een exemplaar van het computerprogramma of door een door hem daartoe gemachtigde derde;
b. de gegevens die noodzakelijk zijn om de interoperabiliteit tot stand te brengen niet reeds snel en gemakkelijk beschikbaar zijn voor de onder *a* bedoelde personen;
c. deze handelingen beperkt blijven tot die onderdelen van het oorspronkelijke computerprogramma die voor het tot stand brengen van de interoperabiliteit noodzakelijk zijn.
– 2. Het is niet toegestaan de op grond van het eerste lid verkregen informatie:
a. te gebruiken voor een ander doel dan het tot stand brengen van de interoperabiliteit van het onafhankelijk vervaardigde computerprogramma;
b. aan derden mede te delen, tenzij dit noodzakelijk is voor het tot stand brengen van de interoperabiliteit van het onafhankelijk vervaardigde computerprogramma;
c. te gebruiken voor de ontwikkeling, de produktie of het in de handel brengen van een computerprogramma, dat niet als een nieuw, oorspronkelijk werk kan worden aangemerkt of voor andere, op het auteursrecht inbreuk makende handelingen.

Art. 45n

Uitzonderingen

De artikelen 16*b*, eerste lid, en 17, eerste lid, zijn niet van toepassing op de in artikel 10, eerste lid, onder 12°, bedoelde werken.

HOOFDSTUK VII

Bescherming van na het verstrijken van de beschermingsduur openbaar gemaakte werken
Art. 45o

Niet eerder uitgegeven werk

– 1. Hij die een niet eerder uitgegeven werk voor de eerste maal rechtmatig openbaar maakt na het verstrijken van de duur van het auteursrecht, geniet het in artikel 1 genoemde uitsluitende recht.
– 2. Het in het eerste lid genoemde recht vervalt door verloop van 25 jaren, te rekenen van de

16 Auteurswet 1912

1e januari van het jaar, volgende op dat, waarin de eerste openbaarmaking van dat werk rechtmatig heeft plaatsgehad.
– 3. Het in het eerste lid en in het tweede lid bepaalde geldt tevens voor niet eerder uitgegeven werken die nooit door het auteursrecht zijn beschermd en waarvan de maker meer dan 70 jaren geleden is overleden.

HOOFDSTUK VIII

Overgangs- en slotbepalingen
Art. 46
– 1. Bij het in werking treden van deze wet vervalt de wet van 28 Juni 1881 (*Staatsblad* nr. 124), tot regeling van het auteursrecht.
– 2. Echter blijft artikel 11 van laatstgenoemde wet van kracht ten aanzien van werken en vertalingen, vóór bedoeld tijdstip ingezonden.
Art. 47
– 1. Deze wet is van toepassing op alle werken van letterkunde, wetenschap of kunst, welke hetzij vóór, hetzij na haar in werking treden voor de eerste maal, of binnen dertig dagen na de eerste uitgave in een ander land, zijn uitgegeven in Nederland, alsmede op alle zodanige niet of niet aldus uitgegeven werken, welker makers zijn Nederlanders.   **Toepassing**
– 2. Voor de toepassing van het voorgaande lid worden met Nederlanders gelijkgesteld de makers die geen Nederlander zijn maar die hun gewone verblijfplaats in Nederland hebben, voor zover het betreft niet uitgegeven werken of werken die zijn uitgegeven nadat de maker zijn gewone verblijfplaats in Nederland heeft verkregen.
– 3. Een werk is uitgegeven in de zin van dit artikel wanneer het met toestemming van de maker in druk is verschenen of in het algemeen wanneer met toestemming van de maker een zodanig aanbod van exemplaren daarvan, van welke aard ook, heeft plaatsgevonden dat daardoor, gelet op de aard van het werk, wordt voorzien in de redelijke behoeften van het publiek.
– 4. De opvoering van een toneelwerk of muziek-dramatisch werk, de uitvoering van een muziekwerk, de vertoning van een filmwerk, de voordracht of de uitzending in een radio- of televisieprogramma van een werk en de tentoonstelling van een kunstwerk worden niet als een uitgave aangemerkt.
– 5. Ten aanzien van bouwwerken en van werken van beeldende kunst die daarmede één geheel vormen, wordt het bouwen van het bouwwerk of het aanbrengen van het werk van beeldende kunst als uitgave aangemerkt.
– 6. Onverminderd het bepaalde in de voorgaande leden is deze wet van toepassing op filmwerken, indien de producent daarvan in Nederland zijn zetel of zijn gewone verblijfplaats heeft.
Art. 47a
Deze wet blijft van toepassing op alle werken van letterkunde, wetenschap of kunst, welke voor de eerste maal vóór 27 december 1949 in Nederlandsch-Indië of vóór 1 oktober 1962 in Nederlands-Nieuw-Guinea door of vanwege de maker zijn uitgegeven.
Art. 47b
– 1. Deze wet is van toepassing op het uitzenden van een in een radio- of televisieprogramma   **Toepassing**
opgenomen werk door middel van een satelliet, indien de handeling, bedoeld in artikel 12, zevende lid, in Nederland plaatsvindt.
– 2. Deze wet is voorts van toepassing op het uitzenden van een in een radio- of televisieprogramma opgenomen werk door middel van een satelliet, indien:
a. de handeling, bedoeld in artikel 12, zevende lid, plaatsvindt in een land dat niet tot de Europese Unie behoort of dat niet partij is bij de Overeenkomst betreffende de Europese Economische Ruimte van 2 mei 1992;
b. het land waar de handeling, bedoeld in artikel 12, zevende lid, plaatsvindt niet het niveau van bescherming biedt, voorzien in hoofdstuk II van richtlijn nr. 93/83/EEG van de Raad van de Europese Gemeenschappen van 27 september 1993 tot coördinatie van bepaalde voorschriften betreffende het auteursrecht en naburige rechten op het gebied van de satellietomroep en de doorgifte via de kabel (*PbEG* L 248);
en
c. hetzij de programmadragende signalen naar de stalliet worden doorgezonden vanuit een grondstation in Nederland, hetzij een omroeporganisatie, die in Nederland haar hoofdvestiging heeft, opdracht heeft gegeven tot de uitzending en geen gebruik wordt gemaakt van een grondstation in een lid-staat van de Europese Unie of in een staat die partij is bij de Overeenkomst betreffende de Europese Economische Ruimte van 2 mei 1992.

16 Auteurswet 1912

Geen toepassing

Deze wet erkent geen auteursrecht op werken, waarop het auteursrecht op het tijdstip van haar in werking treden krachtens een der artikelen 13 of 14 der wet van 28 Juni 1881 (*Staatsblad* nr. 124), tot regeling van het auteursrecht, was vervallen, noch op werken, waarvan op bedoeld tijdstip het kopijrecht vervallen was krachtens artikel 3 der wet van den 25sten Januari 1817 (*Staatsblad* nr. 5), de rechten bepalende die in de Nederlanden, ten opzichte van het drukken en uitgeven van letter- en kunstwerken, kunnen worden uitgeoefend.

Art. 49

Handhaving auteursrecht

Het auteursrecht, verkregen krachtens de wet van 28 Juni 1881 (*Staatsblad* nr. 124), tot regeling van het auteursrecht, zoomede het kopijrecht of eenig recht van dezen aard, onder eene vroegere wetgeving verkregen en door genoemde wet gehandhaafd, blijft na het in werking treden van deze wet gehandhaafd.

Art. 50-50b

Vervallen.

Art. 50c

Vrijstelling auteursrecht o.g.v. oude wet gehandhaafd tenzij

– 1. Hij die vóór 1 september 1912, niet in strijd met de bepalingen van de wet van 28 juni 1881 (*Stb.* 124) tot regeling van het auteursrecht, noch met die van een tractaat in Nederland of Nederlandsch-Indië enige verveelvoudiging van een werk van letterkunde, wetenschap of kunst, niet zijnde een nadruk van het geheel of een gedeelte van een zodanig werk, als bedoeld bij artikel 10, 1°, 2°, 5° of 7°, heeft uitgegeven, verliest door het in werking treden van deze wet niet de bevoegdheid om de vóór dat tijdstip uitgegeven verveelvoudiging, ook wat betreft later vervaardigde exemplaren, te verspreiden en te verkopen. Deze bevoegdheid gaat over bij erfopvolging en is vatbaar voor geheele of gedeeltelijke overdracht. Het tweede lid van artikel 47 vindt overeenkomstige toepassing.

– 2. Niettemin kan de rechter, op het schriftelijk verzoek van dengene wien het auteursrecht op het oorspronkelijk werk toekomt, hetzij de in het eerste lid genoemde bevoegdheid geheel of gedeeltelijk opheffen, hetzij den verzoeker ter zake van de uitoefening dier bevoegdheid eene schadeloosstelling toekennen, een en ander volgens de bepalingen der beide volgende artikelen.

Art. 50d

Grond voor rechterlijke beslissing

– 1. Het verzoek tot gehele of gedeeltelijke opheffing van de in artikel 50c genoemde bevoegdheid kan slechts worden gedaan, indien na 1 november 1915 een nieuwe uitgave der verveelvoudiging heeft plaatsgehad. Het tweede lid van artikel 47 vindt overeenkomstige toepassing.

– 2. Het verzoekschrift wordt vóór het verstrijken van het kalenderjaar, volgende op dat, waarin die uitgave heeft plaatsgehad, ingediend bij de rechtbank te Amsterdam. De griffier roept partijen op tegen een door de rechter te bepalen bekwame termijn. De zaak wordt in raadkamer behandeld.

– 3. Het verzoek tot opheffing der bevoegdheid wordt slechts ingewilligd, indien en voor zoover de rechter van oordeel is, dat het zedelijk belang des verzoekers door de verspreiding en den verkoop der verveelvoudiging wordt gekrenkt. Geschiedt het verzoek niet door den maker van het oorspronkelijk werk, dan wijst de rechter het af, indien het hem aannemelijk voorkomt, dat de maker die uitgave der verveelvoudiging heeft goedgevonden. De rechter wijst het verzoek ook af, indien de verzoeker pogingen heeft aangewend tot het bekomen eener schadeloosstelling van dengene die de bevoegdheid uitoefent. De rechter kan het verzoek afwijzen, indien door de opheffing degene die de bevoegdheid uitoefent, in verhouding tot het te beschermen belang des verzoekers, te zeer zou worden benadeeld. Indien de rechter de bevoegdheid geheel of gedeeltelijk opheft, bepaalt hij het tijdstip waarop die opheffing in werking treedt.

– 4. Bij zijne beslissing maakt de rechter zoodanige bepalingen als hij met het oog op de belangen van beide partijen en van derde belanghebbenden billijk oordeelt. Hij begroot de kosten van beide partijen en bepaalt in welke verhouding zij deze zullen dragen. Tegen de rechterlijke beslissingen, ingevolge dit artikel gegeven, staat geene hoogere voorziening open. Griffierechten zijn ter zake van de toepassing van dit artikel niet verschuldigd.

Art. 50e

Schadeloosstelling

– 1. Een schadeloosstelling ter zake van de uitoefening van de in artikel 50c genoemde bevoegdheid kan slechts worden toegekend, indien na 1 mei 1915 een nieuwe uitgave der verveelvoudiging heeft plaatsgehad. Het tweede lid van artikel 47 vindt overeenkomstige toepassing.

– 2. Het tweede en het vierde lid van het voorgaande artikel zijn van toepassing.

Art. 50f

Vervallen.

Art. 51

– 1. De in deze wet voorziene beschermingstermijnen zijn met ingang van het tijdstip van inwerkingtreding van dit artikel van toepassing op werken die op 1 juli 1995 in ten minste één lid-staat van de Europese Unie of een staat die partij is bij de Overeenkomst betreffende de Europese Economische Ruimte van 2 mei 1992 beschermd worden door de nationale wetgeving op het gebied van het auteursrecht.

– 2. Deze wet kan een op de dag vóór de dag van inwerkingtreding van dit artikel lopende beschermingstermijn niet verkorten.

– 3. Deze wet laat vóór het tijdstip van inwerkingtreding van dit artikel rechtmatig verrichte exploitatiehandelingen alsmede vóór dat tijdstip verworven rechten onverlet.

– 4. Hij die met betrekking tot een werk, waarvan de beschermingstermijn vóór het tijdstip van inwerkingtreding van dit artikel was verstreken en waarop met ingang van het tijdstip van inwerkingtreding van dit artikel deze wet weer van toepassing is, vóór 24 november 1993 rechtmatig exploitatiehandelingen heeft verricht, is bevoegd deze exploitatiehandelingen met ingang van het tijdstip van inwerking van dit artikel voort te zetten.

– 5. Rechten die op het tijdstip van inwerkingtreding van dit artikel herleven of verlengd worden komen tot het verval van deze rechten toe aan degene die laatste rechthebbende zou zijn geweest als de herleving of verlenging niet had plaatsgevonden, tenzij anders is overeengekomen.

Beschermingstermijnen

Art. 52

Deze wet kan worden aangehaald onder den titel 'Auteurswet 1912'.

Citeertitel

Art. 53

Deze wet treedt in het Rijk in Europa in werking op den eersten dag der maand volgende op die, waarin zij afgekondigd wordt.

Inwerkingtreding

16 Auteurswet 1912

Wet van 18 maart 1993, Stb. 178, houdende regelen inzake de bescherming van uitvoeren-
de kunstenaars, producenten van fonogrammen of van eerste vastleggingen van films en
omroeporganisaties en wijziging van de Auteurswet 1912, zoals deze wet laatstelijk is ge-
wijzigd bij de Wetten van 6 april 1994, Stb. 269, 12 april 1995, Stb. 227, 21 december 1995,
Stb. 652 jo 651, 21 december 1995, Stb. 653 jo 651, 20 juni 1996, Stb. 364, 21 februari 1997,
Stb. 120, 4 december 1997, Stb. 580, 19 oktober 1998, Stb. 610, 28 januari 1999, Stb. 30,
25 februari 1999, Stb. 110, 23 maart 2000, Stb. 138, 6 december 2001, Stb. 581, 18 april 2002,
Stb. 230 jo 16 augustus 2002, Stb. 429 (Tekstplaatsing)

[Inwerkingtreding: 01-07-1993]

Wij Beatrix, bij de gratie Gods, Koningin der Nederlanden, Prinses van Oranje-Nassau, enz. enz.
enz.
Allen, die deze zullen zien of horen lezen, saluut! doen te weten:
Alzo Wij in overweging genomen hebben, dat het in verband met het voornemen toe te treden
tot het in 1961 te Rome gesloten Internationaal Verdrag inzake de bescherming van uitvoerende kunstenaars, producenten van fonogrammen en omroeporganisaties (*Trb.* 1986, 182) en de
in 1971 te Genève gesloten Overeenkomst ter bescherming van producenten van fonogrammen tegen het ongeoorloofd kopiëren van hun fonogrammen (*Trb.* 1986, 183) wenselijk is regelen te treffen inzake de bescherming van uitvoerende kunstenaars, producenten van fonogrammen en omroeporganisaties en dat het voorts in verband hiermee wenselijk is de
Auteurswet 1912 te wijzigen;
Zo is het, dat Wij, de Raad van State gehoord, en met gemeen overleg der Staten-Generaal,
hebben goedgevonden en verstaan, gelijk Wij goedvinden en verstaan bij deze:

HOOFDSTUK 1

Definities
Art. 1
Voor de toepassing van het bij of krachtens deze wet bepaalde wordt verstaan onder:

Begripsbepaling

a. uitvoerende kunstenaar: de toneelspeler, zanger, musicus, danser en iedere andere persoon
die een werk van letterkunde of kunst opvoert, zingt, voordraagt of op enige andere wijze uitvoert, alsmede de artiest, die een variété- of circusnummer of een poppenspel uitvoert;
b. opnemen: geluiden, beelden of een combinatie daarvan voor de eerste maal vastleggen op
enig voorwerp dat geschikt is om deze te reproduceren of openbaar te maken;
c. fonogram: iedere opname van uitsluitend geluiden van een uitvoering of andere geluiden;
d. producent van fonogrammen: de natuurlijke of rechtspersoon die een fonogram voor de
eerste maal vervaardigt of doet vervaardigen;
e. omroeporganisatie: een instelling, die in overeenstemming met de wetgeving van het land
waar de uitzending plaatsvindt, programma's verzorgt en onder haar verantwoordelijkheid
uitzendt of doet uitzenden;
f. reproduceren: het vervaardigen van een of meer exemplaren van een opname of van een
gedeelte daarvan;
g. uitzenden: het verspreiden van programma's door middel van een omroepzender als bedoeld in artikel 1, onderdeel *o*, van de Mediawet of een omroepnetwerk als bedoeld in artikel
1.1, onderdeel *o*, van de Telecommunicatiewet;
h. heruitzenden: het door een instelling gelijktijdig uitzenden van een programma dat door
een andere instelling of omroeporganisatie wordt uitgezonden;
i. programma: een uitgezonden radio- of televisieprogramma, of -programma-onderdeel;
j. verhuren: het voor een beperkte tijd en tegen een direct of indirect economisch of commercieel voordeel voor gebruik ter beschikking stellen;
k. uitlenen: het voor een beperkte tijd en zonder direct of indirect economisch of commercieel
voordeel voor gebruik ter beschikking stellen door voor het publiek toegankelijke instellingen.

HOOFDSTUK 2

Inhoud van de naburige rechten
Art. 2
– 1. De uitvoerende kunstenaar heeft het uitsluitend recht om toestemming te verlenen voor
een of meer van de volgende handelingen:
a. het opnemen van een uitvoering;

Uitvoerend kun-
stenaar

b. het reproduceren van een opname van een uitvoering;

c. het verkopen, verhuren, uitlenen, afleveren of anderszins in het verkeer brengen van een opname van een uitvoering of van een reproduktie daarvan dan wel het voor die doeleinden invoeren, aanbieden of in voorraad hebben;

d. het uitzenden, het heruitzenden of het op een andere wijze openbaar maken van een uitvoering of een opname van een uitvoering of een reproduktie daarvan.

– 2. Is een opname van een uitvoering of een reproduktie daarvan door de houder van het uitsluitend recht, bedoeld in het eerste lid, of met zijn toestemming voor de eerste maal in een van de lid-staten van de Europese Unie of in een staat die partij is bij de Overeenkomst betreffende de Europese Economische Ruimte van 2 mei 1992 in het verkeer gebracht, dan handelt de verkrijger van die opname of die reproduktie niet in strijd met dit uitsluitend recht door ten aanzien daarvan de in het eerste lid, onder *c*, genoemde handelingen, met uitzondering van verhuur en uitlening, te verrichten.

– 3. Onverminderd het bepaalde in het tweede lid is het uitlenen van de in dat lid bedoelde opname van een uitvoering of een reproduktie daarvan toegestaan, mits degene die de uitlening verricht of doet verrichten een billijke vergoeding betaalt.

– 4. Instellingen van onderwijs en instellingen van onderzoek en de aan die instellingen verbonden bibliotheken en de Koninklijke Bibliotheek zijn vrijgesteld van de betaling van een vergoeding voor uitlenen als bedoeld in het derde lid.

– 5. Bibliotheken, bekostigd door de Stichting fonds voor het bibliotheekwerk voor blinden en slechtzienden, zijn voor het uitlenen ten behoeve van de bij deze bibliotheken ingeschreven blinden en slechtzienden vrijgesteld van betaling van de in het derde lid bedoelde vergoeding.

– 6. De in het derde lid bedoelde vergoeding is niet verschuldigd indien de betalingsplichtige kan aantonen dat de houder van het uitsluitend recht afstand heeft gedaan van het recht op een billijke vergoeding. De houder van het uitsluitend recht dient de afstand schriftelijk mee te delen aan de in de artikelen 15*a* en 15*b* bedoelde rechtspersonen.

– 7. Ten aanzien van het in het eerste lid, onder *d*, bepaalde wordt onder openbaar maken mede verstaan de uitvoering die plaatsvindt in besloten kring, tenzij deze zich beperkt tot de familie-, vrienden- of daaraan gelijk te stellen kring en voor het bijwonen daarvan geen betaling, in welke vorm ook, geschiedt.

– 8. Onder het openbaar maken van een uitvoering wordt niet begrepen de uitvoering welke uitsluitend gebruikt wordt voor het onderwijs dat vanwege de overheid of vanwege een rechtspersoon zonder winstoogmerk wordt gegeven, voorzover deze uitvoering deel uitmaakt van het schoolwerkplan, leerplan of instellingswerkplan of dient tot en wetenschappelijk doel.

– 9. Als afzonderlijke openbaarmaking wordt niet beschouwd de heruitzending van een programma door hetzelfde organisme dat dat programma oorspronkelijk uitzendt.

Art. 2a

Overdracht verhuurrecht

– 1. Indien een uitvoerende kunstenaar het verhuurrecht, bedoeld in artikel 2, eerste lid, onder *c*, met betrekking tot een op een fonogram opgenomen uitvoering heeft overgedragen aan de producent daarvan, is de producent de uitvoerende kunstenaar een billijke vergoeding verschuldigd voor de verhuur.

– 2. Van het in het eerste lid bedoelde recht op een billijke vergoeding kan geen afstand worden gedaan.

Art. 3

Exploitatierecht werkgever uitvoerend kunstenaar

De werkgever is bevoegd de rechten van de uitvoerende kunstenaar, bedoeld in artikel 2, te exploiteren, voor zover dit tussen partijen is overeengekomen dan wel voortvloeit uit de aard van de tussen hen gesloten arbeidsovereenkomst, de gewoonte of de eisen van redelijkheid en billijkheid. Tenzij anders is overeengekomen of uit de aard van de overeenkomst, de gewoonte of de eisen van redelijkheid en billijkheid anders voortvloeit, is de werkgever aan de uitvoerende kunstenaar of zijn rechtverkrijgende een billijke vergoeding verschuldigd voor iedere vorm van exploitatie van diens rechten. De werkgever eerbiedigt de in artikel 5 bedoelde rechten van de uitvoerende kunstenaar.

Art. 4

Art. 45a t/m g Aw overeenk. toep.

Op de uitvoering van een uitvoerende kunstenaar, die bestemd is als bijdrage voor de totstandkoming van een filmwerk als bedoeld in artikel 45*a* van de Auteurswet 1912, zijn de artikelen 45*a* tot en met 45*g* van voornoemde wet van overeenkomstige toepassing.

Art. 5

Rechten na overdracht

– 1. De uitvoerende kunstenaar heeft, zelfs nadat hij zijn in artikel 2 bedoelde recht heeft overgedragen:

a. het recht zich te verzetten tegen de openbaarmaking van de uitvoering zonder vermelding van zijn naam of andere aanduiding als uitvoerende kunstenaar tenzij het verzet zou zijn in strijd met de redelijkheid;

b. het recht zich te verzetten tegen de openbaarmaking van de uitvoering onder een andere

17 Wet op de naburige rechten

naam dan de zijne, alsmede tegen het aanbrengen van enige wijziging in de wijze waarop hij is aangeduid, voorzover deze naam of aanduiding in verband met de uitvoering is vermeld of openbaar is gemaakt;

c. het recht zich te verzetten tegen elke andere wijziging in de uitvoering, tenzij deze wijziging van zodanige aard is dat het verzet in strijd zou zijn met de redelijkheid;

d. het recht zich te verzetten tegen elke misvorming, verminking of andere aantasting van de uitvoering, die nadeel zou kunnen toebrengen aan de eer of de naam van de uitvoerende kunstenaar of aan zijn waarde in deze hoedanigheid.

– 2. De in het voorgaande lid genoemde rechten komen na het overlijden van de uitvoerende **Overlijden** kunstenaar tot aan het vervallen van zijn in artikel 2 bedoelde recht toe aan de door hem bij uiterste wilsbeschikking aangewezene.

– 3. Van de in het eerste lid onder *a-c* genoemde rechten kan schriftelijk afstand worden ge- **Afstand van rech-** daan. **ten**

Art. 6

– 1. De producent van fonogrammen heeft het uitsluitend recht om toestemming te verlenen **Producent van** voor **fonogrammen**

a. het reproduceren van een door hem vervaardigd fonogram;

b. het verkopen, verhuren, uitlenen, afleveren of anderszins in het verkeer brengen van een door hem vervaardigd fonogram of van een reproductie daarvan dan wel het voor die doeleinden invoeren, aanbieden of in voorraad hebben;

c. het uitzenden, het heruitzenden of het op een andere wijze openbaar maken van een door hem vervaardigd fonogram of een reproductie daarvan. Artikel 2, zevende tot en met negende lid, is van overeenkomstige toepassing.

– 2. Is een fonogram of een reproductie daarvan door de houder van het uitsluitend recht, bedoeld in het eerste lid, of met zijn toestemming voor de eerste maal in een van de lid-staten van de Europese Unie of in een staat die partij is bij de Overeenkomst betreffende de Europese Economische Ruimte van van 2 mei 1992 in het verkeer gebracht, dan handelt de verkrijger van dat fonogram of die reproductie niet in strijd met dit uitsluitend recht door ten aanzien daarvan de in het eerste lid, onder *b*, genoemde handelingen, met uitzondering van verhuur en uitlening, te verrichten.

– 3. Onverminderd het bepaalde in het tweede lid is het uitlenen van het in dat lid bedoelde fonogram of een reproductie daarvan toegestaan, mits degene die de uitlening verricht of doet verrichten een billijke vergoeding betaalt.

– 4. Instellingen van onderwijs en instellingen van onderzoek en de aan die instellingen verbonden bibliotheken en de Koninklijke Bibliotheek zijn vrijgesteld van de betaling van een vergoeding voor uitlenen als bedoeld in het derde lid.

– 5. Bibliotheken, bekostigd door de Stichting fonds voor het bibliotheekwerk voor blinden en slechtzienden zijn voor het uitlenen ten behoeve van de bij deze bibliotheken ingeschreven blinden en slechtzienden vrijgesteld van betaling van de in het derde lid bedoelde vergoeding.

– 6. De in het derde lid bedoelde vergoeding is niet verschuldigd indien de betalingsplichtige kan aantonen dat de houder van het uitsluitend recht afstand heeft gedaan van het recht op een billijke vergoeding. De houder van het uitsluitend recht dient de afstand schriftelijk mee te delen aan de in de artikelen 15*a* en 15*b* bedoelde rechtspersonen.

Art. 7

– 1. Een voor commerciële doeleinden uitgebracht fonogram of een reproductie daarvan kan **Billijke vergoe-** zonder toestemming van de producent van het fonogram en de uitvoerende kunstenaar of hun **ding** rechtverkrijgenden worden uitgezonden of op een andere wijze openbaar gemaakt, mits daarvoor een billijke vergoeding wordt betaald.

– 2. Bij gebreke van overeenstemming over de hoogte van de billijke vergoeding is de arrondissementsrechtbank te 's-Gravenhage in eerste aanleg bij uitsluiting bevoegd om op vordering van de meest gerede partij de hoogte van de vergoeding vast te stellen.

– 3. De vergoeding komt toe aan zowel de uitvoerende kunstenaar als de producent of hun rechtverkrijgenden en wordt tussen hen gelijkelijk verdeeld.

Art. 7a

– 1. De producent van de eerste vastleggingen van films heeft het uitsluitend recht om toe- **Filmproducent** stemming te verlenen voor:

a. het reproduceren van een door hem vervaardigde eerste vastlegging van een film of van een reproductie daarvan;

b. het verkopen, verhuren, uitlenen, afleveren of anderszins in het verkeer brengen van een door hem vervaardigde eerste vastlegging van een film of een reproductie daarvan, dan wel het voor die doeleinden invoeren, aanbieden of in voorraad hebben.

– 2. Is een eerste vastlegging van een film of een reproductie daarvan door de houder van het uitsluitend recht, bedoeld in het eerste lid, of met zijn toestemming voor de eerste maal in een

17 Wet op de naburige rechten

van de lid-staten van de Europese Unie of in een staat die partij is bij de Overeenkomst betreffende de Europese Economische Ruimte van 2 mei 1992 in het verkeer gebracht, dan handelt de verkrijger van die eerste vastlegging of die reproduktie niet in strijd met dit uitsluitend recht door ten aanzien daarvan de in het eerste lid, onder *b*, genoemde handelingen, met uitzondering van verhuur en uitlening, te verrichten.

– 3. Onverminderd het bepaalde in het tweede lid is het uitlenen van de in dat lid bedoelde eerste vastlegging of een reproduktie daarvan toegestaan, mits degene die de uitlening verricht of doet verrichten een billijke vergoeding betaalt.

– 4. Instellingen van onderwijs en instellingen van onderzoek en de aan die instellingen verbonden bibliotheken en de Koninklijke Bibliotheek zijn vrijgesteld van de betaling van een vergoeding voor uitlenen als bedoeld in het derde lid.

– 5. Bibliotheken, bekostigd door de Stichting fonds voor het bibliotheekwerk voor blinden en slechtzienden, zijn voor het uitlenen ten behoeve van de bij deze bibliotheken ingeschreven blinden en slechtzienden vrijgesteld van betaling van de in het derde lid bedoelde vergoeding.

– 6. De in het derde lid bedoelde vergoeding is niet verschuldigd indien de betalingsplichtige kan aantonen dat de houder van het uitsluitend recht afstand heeft gedaan van het recht op een billijke vergoeding. De houder van het uitsluitend recht dient de afstand schriftelijk mee te delen aan de in de artikelen 15*a* en 15*b* bedoelde rechtspersonen.

Art. 8

Omroeporganisatie – 1. Een omroeporganisatie heeft het uitsluitend recht om toestemming te verlenen voor een of meer van de volgende handelingen:

a. het heruitzenden van programma's;

b. het opnemen van programma's en het reproduceren van een dergelijke opname;

c. het verkopen, verhuren, uitlenen, afleveren of anderszins in het verkeer brengen van een opname van een uitzending of van een reproduktie daarvan dan wel het voor die doeleinden invoeren, aanbieden of in voorraad hebben;

d. het openbaarmaken van programma's, indien deze openbaarmaking geschiedt in voor het publiek toegankelijke plaatsen tegen betaling van entreegeld, ongeacht welke technische hulpmiddelen daarbij worden gebruikt;

e. het openbaar maken van opnamen van programma's of reprodukties daarvan, ongeacht welke technische hulpmiddelen daarbij worden gebruikt.

– 2. Is een opname van een uitzending of een reproduktie daarvan door de houder van het uitsluitend recht, bedoeld in het eerste lid, of met zijn toestemming voor de eerste maal in een van de lid-staten van de Europese Unie of in een staat die partij is bij de Overeenkomst betreffende de Europese Economische Ruimte van 2 mei 1992 in het verkeer gebracht, dan handelt de verkrijger van die opname of die reproduktie niet in strijd met dit uitsluitend recht door ten aanzien daarvan de in het eerste lid, onder *c*, genoemde handelingen, met uitzondering van verhuur en uitlening, te verrichten.

– 3. Onverminderd het bepaalde in het tweede lid is het uitlenen van de in dat lid bedoelde opname van een uitzending of een reproduktie daarvan toegestaan mits degene die de uitlening verricht of doet verrichten een billijke vergoeding betaalt.

– 4. Instellingen van onderwijs en instellingen van onderzoek en de aan die instellingen verbonden bibliotheken en de Koninklijke Bibliotheek zijn vrijgesteld van de betaling van een vergoeding voor uitlenen als bedoeld in het derde lid.

– 5. Bibliotheken, bekostigd door de Stichting fonds voor het bibliotheekwerk voor blinden en slechtzienden, zijn voor het uitlenen ten behoeve van de bij deze bibliotheken ingeschreven blinden en slechtzienden vrijgesteld van betaling van de in het derde lid bedoelde vergoeding.

– 6. De in het derde lid bedoelde vergoeding is niet verschuldigd indien de betalingsplichtige kan aantonen dat de houder van het uitsluitend recht afstand heeft gedaan van het recht op een billijke vergoeding. De houder van het uitsluitend recht dient de afstand schriftelijk mee te delen aan de in de artikelen 15*a* en 15*b* bedoelde rechtspersonen.

Art. 9

Erfopvolging De rechten die deze wet verleent gaan over bij erfopvolging. Deze rechten zijn, met uitzondering van die welke genoemd zijn in het eerste lid van artikel 5, vatbaar voor gehele of gedeeltelijke overdracht. Levering vereist voor gehele of gedeeltelijke overdracht, geschiedt door een daartoe bestemde akte. De overdracht omvat alleen die bevoegdheden waarvan dit in de akte is vermeld of uit de aard of strekking van de titel noodzakelijk voortvloeit. Ten aanzien van het verlenen van toestemming als bedoeld in de artikelen 2, 6, 7*a* en 8 is het bepaalde in de derde en vierde volzin van dit artikel van overeenkomstige toepassing.

Art. 10

Wanneer geen inbreuk op rechten Van inbreuk op de in de artikelen 2, 6, 7*a* en 8 bedoelde rechten is geen sprake indien de in deze artikelen bedoelde handelingen worden verricht voor:

a. eigen oefening, studie of gebruik van degene die opneemt of in enkele exemplaren reproduceert; artikel 16b, vijfde lid, van de Auteurswet 1912 is van overeenkomstige toepassing evenals de artikelen 16 c tot en met 16g van de Auteurswet 1912;

b. verslaggeving in het openbaar in een foto-, film-, radio- of televisie-reportage over actuele gebeurtenissen, voorzover zulks voor het behoorlijk weergeven van de actuele gebeurtenis die het onderwerp van de reportage uitmaakt noodzakelijk is en mits slechts gebruik wordt gemaakt van korte fragmenten;

c. een opname door of in opdracht van een omroeporganisatie, die bevoegd is tot uitzenden of doen uitzenden, ten behoeve van het eigen programma, mits de opname wordt teniet gedaan binnen 28 dagen na de eerste uitzending van het programma waarvoor de opname is gemaakt, doch in ieder geval binnen een half jaar na de vervaardiging; artikel 17b, derde lid, van de Auteurswet 1912, is van overeenkomstige toepassing; ten aanzien van de uitvoering van een uitvoerend kunstenaar dient artikel 5 in acht genomen te worden;

d. het citeren in een aankondiging, beoordeling, polemiek of wetenschappelijke verhandeling; artikel 15a, eerste lid, onder 1°, 2° en 4°, en vijfde lid van de Auteurswet 1912 is van overeenkomstige toepassing; ten aanzien van de uitvoering van een uitvoerend kunstenaar dient artikel 5 in acht genomen te worden.

Art. 11

- 1. Van inbreuk op de in de artikelen 2, 6 en 8 bedoelde rechten is geen sprake indien de in deze artikelen bedoelde handelingen worden verricht voor het openbaar maken van gedeelten van uitvoeringen, fonogrammen of programma's of reprodukties daarvan door middel van een uitzending in een programma dat gemaakt is om te dienen als toelichting bij het onderwijs; artikel 16, eerste lid, onder b, 1°, 2°, 4° en 5°, en vijfde lid van de Auteurswet 1912, voorzover dit laatste lid betrekking heeft op de te betalen billijke vergoeding, is van overeenkomstige toepassing; ten aanzien van de uitvoering van een uitvoerende kunstenaar dient artikel 5 in acht genomen te worden.

- 2. Van inbreuk op de in de artikelen 2, 6, 7a en 8 bedoelde rechten is geen sprake indien de in deze artikelen bedoelde handelingen worden verricht voor het overnemen van gedeelten van uitvoeringen, fonogrammen, eerste vastleggingen van films of programma's of reprodukties daarvan in publikaties of geluids- of beeldopnamen die gemaakt zijn om te worden gebruikt als toelichting bij het onderwijs; artikel 16, eerste lid, onder a, 1°, 2°, 4° en 5°, en vijfde lid van de Auteurswet 1912, voorzover dit laatste lid betrekking heeft op de te betalen billijke vergoeding, is van overeenkomstige toepassing; ten aanzien van de uitvoering van een uitvoerende kunstenaar dient artikel 5 in acht genomen te worden.

Art. 12

- 1. De rechten van uitvoerende kunstenaars vervallen door verloop van 50 jaren te rekenen van de 1e januari van het jaar, volgend op dat waarin de uitvoering heeft plaatsgehad. Indien echter binnen deze termijn een opname van de uitvoering op rechtmatige wijze in het verkeer is gebracht of is openbaar gemaakt, vervallen de rechten door verloop van 50 jaren te rekenen van de 1e januari van het jaar, volgend op dat waarin de opname voor het eerst op rechtmatige wijze in het verkeer is gebracht of, indien dit eerder valt, is openbaar gemaakt.

- 2. De rechten van producenten van fonogrammen vervallen door verloop van 50 jaren te rekenen van de 1e januari van het jaar, volgend op dat waarin het fonogram is vervaardigd. Indien echter binnen deze termijn het fonogram op rechtmatige wijze in het verkeer is gebracht of is openbaar gemaakt, vervallen de rechten door verloop van 50 jaren te rekenen van de 1e januari van het jaar, volgend op dat waarin het fonogram voor het eerst op rechtmatige wijze in het verkeer is gebracht of, indien dit eerder valt, is openbaar gemaakt.

- 3. De rechten van omroeporganisaties vervallen door verloop van 50 jaren te rekenen van de 1e januari van het jaar, volgend op dat waarin een programma voor het eerst is uitgezonden, ongeacht welke technische hulpmiddelen daarbij worden gebruikt.

- 4. De rechten van producenten van de eerste vastlegging van een film vervallen door verloop van 50 jaren te rekenen van de 1e januari van het jaar, volgend op dat waarin de eerste vastlegging heeft plaatsgehad. Indien echter binnen deze termijn de eerste vastlegging op rechtmatige wijze in het verkeer is gebracht of is openbaar gemaakt, vervallen de rechten door verloop van 50 jaren te rekenen van de 1e januari van het jaar, volgend op dat waarin de eerste vastlegging voor het eerst op rechtmatige wijze in het verkeer is gebracht, of indien dit eerder valt, is openbaar gemaakt.

HOOFDSTUK 3

De uitoefening en de handhaving van de naburige rechten
Art. 13

De in artikel 2 bedoelde rechten kunnen, ingeval het een gezamenlijke uitvoering door zes of meer personen betreft, uitsluitend worden uitgeoefend door een door de aan die uitvoering

Wanneer geen inbreuk op rechten

Beschermingstermijn

Vertegenwoordiger

407

17 Wet op de naburige rechten

deelnemende uitvoerende kunstenaars bij meerderheid gekozen vertegenwoordiger. Het bepaalde in de eerste zin van dit artikel is niet van toepassing op de aan de gezamenlijke uitvoering meewerkende solist, regisseur en dirigent. De handhaving van de in artikel 2 bedoelde rechten kan, ingeval het een gezamenlijke uitvoering betreft, door een ieder van de aan die uitvoering deelnemende uitvoerende kunstenaars geschieden, tenzij anders is overeengekomen.

Art. 14

Indien aan twee of meer producenten van fonogrammen of van eerste vastleggingen van films of omroeporganisaties een gemeenschappelijk recht ten aanzien van eenzelfde fonogram, eerste vastlegging van een film of programma toekomt, kan de handhaving van dit recht door ieder van hen geschieden, tenzij anders is overeengekomen.

Art. 14a

Toestemmingverlening heruitzenden

– 1. Het recht van de uitvoerende kunstenaar en de producent van fonogrammen om toestemming te verlenen voor het ongewijzigd en onverkort heruitzenden van een uitvoering onderscheidenlijk een fonogram of een reproduktie daarvan door middel van een omroepnetwerk als bedoeld in artikel 1.1, onderdeel o, van de Telecommunicatiewet, kan uitsluitend worden uitgeoefend door rechtspersonen die zich ingevolge hun statuten ten doel stellen de belangen van rechthebbenden door de uitoefening van het aan hen toekomende hiervoor bedoelde recht te behartigen.

– 2. De in het eerste lid bedoelde rechtspersonen zijn ook bevoegd de belangen te behartigen van rechthebbenden die daartoe geen opdracht hebben gegeven, indien het betreft de uitoefening van dezelfde rechten als in de statuten vermeld. Indien meerdere rechtspersonen zich blijkens de statuten de behartiging van de belangen van dezelfde categorie rechthebbenden ten doel stellen, kan de rechthebbende, bedoeld in de eerste zin van dit lid, een van hen aanwijzen als bevoegd tot de behartiging van zijn belangen.

– 3. Voor rechthebbenden die geen opdracht hebben gegeven als bedoeld in het tweede lid, gelden de rechten en verplichtingen die voortvloeien uit een overeenkomst die een tot de uitoefening van dezelfde rechten bevoegde rechtspersoon heeft gesloten met betrekking tot de in het eerste lid bedoelde uitzending, onverkort.

– 4. Vorderingen jegens de in het eerste lid bedoelde rechtspersoon terzake van de door deze geïnde gelden vervallen door verloop van drie jaren na de aanvang van de dag volgende op die waarop de in het eerste lid bedoelde heruitzending heeft plaatsgevonden.

– 5. Dit artikel is niet van toepassing op rechten als bedoeld in het eerste lid die toekomen aan een omroeporganisatie met betrekking tot haar eigen uitzendingen.

Art. 14b

Onderhandelingen

Partijen zijn verplicht de onderhandelingen over de toestemming voor het heruitzenden, bedoeld in artikel 14a, eerste lid, te goeder trouw te voeren en niet zonder geldige reden te verhinderen of te belemmeren.

Art. 14c

Bemiddeling

– 1. Indien over het heruitzenden, bedoeld in artikel 14a, eerste lid, geen overeenstemming kan worden bereikt, kan iedere partij een beroep doen op een of meer bemiddelaars. De bemiddelaars worden zodanig geselecteerd dat over hun onafhankelijkheid en onpartijdigheid in redelijkheid geen twijfel kan bestaan.

– 2. De bemiddelaars verlenen bijstand bij het voeren van de onderhandelingen en zijn bevoegd aan de partijen voorstellen te betekenen. Tot drie maanden na de dag van ontvangst van de voorstellen van de bemiddelaars kan een partij zijn bezwaren tegen deze voorstellen betekenen aan de andere partij. De voorstellen van de bemiddelaars binden de partijen, tenzij binnen de in de vorige zin bedoelde termijn door een van hen bezwaren zijn betekend. De voorstellen en de bezwaren worden aan de partijen betekend overeenkomstig het bepaalde in de zesde afdeling van de eerste titel van het eerste boek van het Wetboek van Burgerlijke Rechtsvordering.

Art. 14d

Schakelbepaling

De artikelen 14b en 14c zijn van overeenkomstige toepassing op het ongewijzigde en onverkorte heruitzenden van het programma van een omroeporganisatie door middel van een omroepnetwerk als bedoeld in artikel 1.1, onderdeel o, van de Telecommunicatiewet.

Art. 15

Rechtspersoon belast met inning en verdeling

– 1. De betaling van de in artikel 7 bedoelde billijke vergoeding dient te geschieden aan een door Onze Minister van Justitie aan te wijzen representatieve rechtspersoon die met uitsluiting van anderen met de inning en verdeling van deze vergoeding is belast. Ten aanzien van de vaststelling van de hoogte van de vergoeding en de inning daarvan alsmede de uitoefening van het uitsluitend recht vertegenwoordigt de in de vorige zin bedoelde rechtspersoon de rechthebbenden in en buiten rechte.

– 2. De in het eerste lid bedoelde rechtspersoon staat onder toezicht van een College van Toe-

17 Wet op de naburige rechten

zicht, waarvan de leden worden benoemd door Onze Minister van Justitie. Bij algemene maatregel van bestuur worden nadere regels gesteld omtrent het toezicht.

– 3. De verdeling van de geïnde vergoedingen geschiedt aan de hand van een door de in het eerste lid bedoelde rechtspersoon opgesteld reglement. Het reglement behoeft de instemming van Onze Minister van Justitie, die daartoe het gevoelen inwint van het in het tweede lid bedoelde College van Toezicht. *Instemming met reglement*

Art. 15a

– 1. De betaling van de in de artikelen 2, 6, 7a en 8 bedoelde vergoeding dient te geschieden aan een door Onze Minister van Justitie in overeenstemming met Onze Minister van Onderwijs, Cultuur en Wetenschappen aan te wijzen naar hun oordeel representatieve rechtspersoon, die met uitsluiting van anderen belast is met de inning en de verdeling van deze vergoeding. In aangelegenheden betreffende de vaststelling van de hoogte van de vergoeding en de inning daarvan alsmede de uitoefening van het uitsluitende recht vertegenwoordigt de in de vorige zin bedoelde rechtspersoon de rechthebbenden in en buiten rechte. *Betaling vergoeding aan rechtspersoon*

– 2. De in het eerste lid bedoelde rechtspersoon staat onder toezicht van een College van Toezicht, waarvan de leden worden benoemd door Onze Minister van Justitie in overeenstemming met Onze Minister van Onderwijs, Cultuur en Wetenschappen. Bij algemene maatregel van bestuur worden nadere regels gesteld omtrent het toezicht. *Toezicht*

– 3. De verdeling van de geïnde vergoedingen geschiedt overeenkomstig een door de in het eerste lid bedoelde rechtspersoon opgesteld reglement, dat de instemming behoeft van Onze Minister van Justitie in overeenstemming met Onze Minister van Onderwijs, Cultuur en Wetenschappen. Onze Minister van Justitie wint daartoe het gevoelen in van het in het tweede lid bedoelde College van Toezicht. *Instemming met reglement*

Art. 15b

De hoogte van de in de artikelen 2, derde lid, 6, derde lid, 7a, derde lid, en 8, derde lid, bedoelde vergoeding wordt vastgesteld door een door Onze Minister van Justitie in overeenstemming met Onze Minister van Onderwijs, Cultuur en Wetenschappen aan te wijzen stichting waarvan het bestuur zodanig is samengesteld dat de belangen van rechthebbenden en de ingevolge voornoemde artikelen betalingsplichtigen op evenwichtige wijze worden behartigd. De voorzitter van het bestuur van deze stichting wordt benoemd door Onze Minister van Justitie in overeenstemming met Onze Minister van Onderwijs, Cultuur en Wetenschappen. Het aantal bestuursleden van deze stichting dient oneven te zijn. *Vaststelling vergoeding*

Art. 15c

Geschillen met betrekking tot de in de artikelen 2, derde lid, 6, derde lid, 7a, derde lid, en 8, derde lid, bedoelde vergoeding worden in eerste aanleg bij uitsluiting beslist door de arrondissementsrechtbank te 's-Gravenhage. *Geschillen*

Art. 15d

Degene die tot betaling van de in de artikelen 2, derde lid, 6, derde lid, 7a, derde lid, en 8, derde lid, bedoelde vergoeding verplicht is, is gehouden, voor zover geen ander tijdstip is overeengekomen, vóór 1 april van ieder kalenderjaar aan de in de artikel 15a, eerste lid, bedoelde rechtspersoon opgave te doen van het aantal rechtshandelingen, bedoeld in eerstgenoemde artikelen. Hij is voorts gehouden desgevraagd aan deze rechtspersoon onverwijld de bescheiden of andere informatiedragers ter inzage te geven, waarvan kennisneming noodzakelijk is voor de vaststelling van de verschuldigdheid en de hoogte van de vergoeding. *Tijdstip opgave*

Art. 16

– 1. Naast schadevergoeding kan de rechthebbende, bedoeld in de artikelen 2, 6, 7a en 8, vorderen dat degene die de inbreuk op zijn recht heeft gemaakt wordt veroordeeld de door deze tengevolge van de inbreuk genoten winst af te dragen en dienaangaande rekening en verantwoording af te leggen. *Overige vorderingen rechthebbende*

– 2. De rechthebbende kan de in het eerste lid bedoelde vorderingen of een van deze ook namens mede namens een licentienemer instellen, onverminderd de bevoegdheid van deze laatste in een al of niet namens hem of mede namens hem door de rechthebbende ingesteld geding tussen te komen om rechtstreeks de door hem geleden schade vergoed te krijgen of om zich een evenredig deel van de door de gedaagde af te dragen winst te doen toewijzen. De in het eerste lid bedoelde vorderingen of een van deze kan een licentienemer slechts instellen als hij de bevoegdheid daartoe heeft bedongen.

Art. 17

– 1. De rechten, bedoeld in de artikelen 2, 5, 6, 7a en 8, geven de bevoegdheid om opnamen of reprodukties daarvan die in strijd met die rechten zijn openbaar gemaakt alsmede niet geoorloofde reprodukties, als zijn eigendom op te eisen dan wel daarvan de vernietiging of onbruikbaarmaking te vorderen. Gelijke bevoegdheid bestaat ten aanzien van roerende zaken die geen registergoederen zijn en die rechtstreeks hebben gediend tot de vervaardiging van de in de eerste zin bedoelde opnamen of reprodukties alsmede ten aanzien van het bedrag der toe- *Opeisen eigendom*

17 Wet op de naburige rechten

gangsgelden, betaald voor het bijwonen van een uitvoering en andere gelden waarvan aannemelijk is dat zij zijn verkregen door of als gevolg van inbreuk op een van de in de artikelen 2, 5, 6, 7a en 8 bedoelde rechten.

– 2. De bepalingen van het Wetboek van Burgerlijke Rechtsvordering betreffende beslag en executie tot afgifte van roerende zaken die geen registergoederen zijn, zijn van toepassing. Bij samenloop met een ander beslag gaat degene die beslag heeft gelegd krachtens dit artikel voor.

– 3. De rechter kan gelasten dat de afgifte niet plaatsvindt dan tegen een door hem vast te stellen door de eiser te betalen vergoeding.

– 4. Tenzij anders is overeengekomen, heeft de licentienemer het recht de uit het eerste lid voortvloeiende bevoegdheden uit te oefenen, voor zover deze strekken tot bescherming van de rechten waarvan de uitoefening hem is toegestaan.

Art. 18

Eigen gebruik

De in artikel 17, bedoelde bevoegdheid kan niet worden uitgeoefend ten aanzien van opnamen of reprodukties daarvan, die onder personen berusten, die niet in soortgelijke zaken handel drijven en deze uitsluitend voor eigen gebruik hebben verkregen, tenzij zij zelf inbreuk op het desbetreffende recht hebben gemaakt.

Art. 19

Vervallen.

Art. 20

Plicht tot voeren administratie op aanwijzing Minister

– 1. Op verzoek van een of meer naar het oordeel van de Minister van Justitie representatieve organisaties van bedrijfs- of beroepsgenoten, die rechtspersonen met volledige rechtsbevoegdheid zijn en die ten doel hebben de behartiging van de belangen van personen die beroeps- of bedrijfsmatig opnamen of reprodukties daarvan, verkopen, verhuren, uitlenen, afleveren of anderszins in het verkeer brengen dan wel voor die doeleinden invoeren, aanbieden of in voorraad hebben, kan voornoemde minister bepalen dat door hem aangewezen beroeps- of bedrijfsgenoten verplicht zijn hun administratie te voeren op een nader door hem aan te geven wijze.

Strafbepaling

– 2. Hij die de in het vorige lid bedoelde verplichting niet nakomt, wordt gestraft met een geldboete van de tweede categorie. Het feit is een overtreding.

HOOFDSTUK 4

Bepalingen van strafrecht

Art. 21

Strafbepaling

Hij die opzettelijk inbreuk maakt op de rechten, bedoeld in de artikelen 2, 6, 7a en 8 van deze wet, wordt gestraft met gevangenisstraf van ten hoogste zes maanden of geldboete van de vierde categorie.

Art. 22

Strafbepaling

Hij, die opzettelijk een opname of een reproduktie daarvan waarvan hij weet dat inbreuk wordt gemaakt op de rechten, bedoeld in de artikelen 2, 6, 7a en 8 van deze wet,
a. uitzendt, heruitzendt of op een andere wijze openbaar maakt;
b. openlijk ter verspreiding aanbiedt;
c. ter reproduktie of ter verspreiding voorhanden heeft;
d. invoert, doorvoert, uitvoert; of
e. bewaart uit winstbejag,
wordt gestraft met gevangenisstraf van ten hoogste één jaar of geldboete van de vijfde categorie.

Art. 23

Strafbepaling

Hij, die van het plegen van de misdrijven als bedoeld in de artikelen 21 en 22, zijn beroep maakt of het plegen van deze misdrijven als bedrijf uitoefent, wordt gestraft met gevangenisstraf van ten hoogste vier jaar of geldboete van de vijfde categorie.

Art. 24

Strafbepaling

Hij, die een opname of een reproduktie daarvan waarvan hij redelijkerwijs kan vermoeden dat inbreuk wordt gemaakt op de rechten, bedoeld in de artikelen 2, 6, 7a en 8 van deze wet,
a. uitzendt, heruitzendt of op een andere wijze openbaar maakt;
b. openlijk ter verspreiding aanbiedt;
c. ter reproduktie of ter verspreiding voorhanden heeft;
d. invoert, doorvoert, uitvoert; of
e. bewaart uit winstbejag, wordt gestraft met geldboete van de derde categorie.

Art. 25

Strafbepaling

Hij die opzettelijk in een uitvoering, in de benaming daarvan of in de aanduiding van de uitvoerende kunstenaar wederrechtelijk enige wijziging aanbrengt, of wel een zodanige uitvoering op enige andere wijze, welke nadeel zou kunnen toebrengen aan de eer of de naam van de

17 Wet op de naburige rechten

uitvoerende kunstenaar of aan zijn waarde in deze hoedanigheid, aantast, wordt gestraft met gevangenisstraf van ten hoogste zes maanden of geldboete van de vierde categorie.

Art. 26

De feiten strafbaar gesteld in de artikelen 21, 22, 23, 24 en 25 zijn misdrijven.

Misdrijven

Art. 27

Hij die in een schriftelijke aanvrage of opgave aan de in artikel 15, eerste lid, bedoelde rechts-persoon, dienende voor de vaststelling van het op grond van artikel 7 van deze wet verschuldigde, opzettelijk een onjuiste of onvolledige mededeling doet, wordt gestraft met hechtenis van ten hoogste drie maanden of geldboete van de derde categorie. Het feit wordt beschouwd als een overtreding.

Overtreding

Art. 27a

Degene die een opgave, bedoeld in artikel 15d, opzettelijk nalaat dan wel in een dergelijke opgave opzettelijk een onjuiste of onvolledige mededeling doet, wordt gestraft met hechtenis van ten hoogste drie maanden of geldboete van de derde categorie. Het feit wordt beschouwd als een overtreding.

Strafbaar feit

Art. 28

De opsporingsambtenaren zijn bevoegd, tot het opsporen van de bij deze wet strafbaar gestelde feiten en ter inbeslagneming van hetgeen daarvoor vatbaar is, elke plaats te betreden. Indien hun de toegang wordt geweigerd, verschaffen zij zich die desnoods met inroeping van de sterke arm. In woningen treden zij tegen de wil van de bewoner niet binnen dan op vertoon van een schriftelijke bijzondere last van of in tegenwoordigheid van een officier van justitie of een hulpofficier van justitie. Van dit binnentreden wordt door hen binnen vierentwintig uren proces-verbaal opgemaakt.

Betreden van plaatsen

Art. 29

De opsporingsambtenaren kunnen te allen tijde tot het opsporen van bij deze wet strafbaar gestelde feiten inzage vorderen van alle bescheiden of andere gegevensdragers, waarvan inzage voor de vervulling van hun taak redelijkerwijze nodig is, bij hen die in de uitoefening van hun beroep of bedrijf opnamen of reprodukties daarvan, waarop de in de artikelen 2, 6, 7a en 8 bedoelde rechten betrekking hebben, reproduceren, verkopen, afleveren of anderszins in het verkeer brengen dan wel voor die doeleinden invoeren, doorvoeren, uitvoeren aanbieden of in voorraad hebben of openbaar maken.

Bevoegdheid opsporingsambtenaren

Art. 30

– 1. De door de strafrechter verbeurd verklaarde reprodukties worden vernietigd; echter kan de rechter bij het vonnis bepalen, dat zij aan de rechthebbende zullen worden afgegeven, indien deze zich daartoe ter griffie aanmeldt binnen een maand nadat de uitspraak in kracht van gewijsde is gegaan.

– 2. Door de afgifte gaat de eigendom van de reprodukties op de rechthebbende over. De rechter zal kunnen gelasten, dat die afgifte niet zal geschieden dan tegen een bepaalde door de rechthebbende te betalen vergoeding, welke ten bate komt van de Staat.

Verbeurdverklaring; afgifte

Art. 31

Een ieder, die betrokken is bij de uitvoering van deze wet en daarbij de beschikking krijgt over gegevens waarvan hij het vertrouwelijk karakter kent of redelijkerwijs moet vermoeden, en voor wie niet reeds uit hoofde van ambt, beroep of wettelijk voorschrift ter zake van die gegevens een geheimhoudingsplicht geldt, is verplicht tot geheimhouding daarvan, behoudens voor zover enig wettelijk voorschrift hem tot bekendmaking verplicht of uit zijn taak bij de uitvoering van deze wet de noodzaak tot bekendmaking voortvloeit.

Geheimhoudingsplicht

HOOFDSTUK 5

Toepassingscriteria

Art. 32

– 1. De voorgaande artikelen zijn op de uitvoerende kunstenaar van toepassing ingeval:

a. hij onderdaan is van een van de lid-staten van de Europese Unie of van een staat die partij is bij de Overeenkomst betreffende de Europese Economische Ruimte van 2 mei 1992 of zijn gewone verblijfplaats in Nederland heeft dan wel onderdaan is van een Staat die partij is bij het Verdrag van Rome inzake de bescherming van uitvoerende kunstenaars, producenten van fonogrammen en omroeporganisaties; of

b. zijn uitvoering in Nederland plaats had dan wel in een Staat die partij is bij het Verdrag van Rome inzake de bescherming van uitvoerende kunstenaars, producenten van fonogrammen en omroeporganisaties; of

c. zijn uitvoering is opgenomen op een fonogram als bedoeld in het tweede lid van dit artikel; of

Uitvoerend kunstenaar

17 Wet op de naburige rechten

d. zijn uitvoering, die niet is opgenomen op een fonogram, is openbaar gemaakt door middel van een programma van een omroeporganisatie als bedoeld in het zesde lid van dit artikel.

– 2. De voorgaande artikelen zijn op de producenten van fonogrammen van toepassing ingeval:

a. hij onderdaan is van of rechtspersoon is opgericht naar het recht van een van de lid-staten van de Europese Unie of van een staat die partij is bij de Overeenkomst betreffende de Europese Economische Ruimte van 2 mei 1992 dan wel in Nederland zijn zetel of gewone verblijfplaats heeft of onderdaan is van dan wel rechtspersoon is opgericht naar het recht van een Staat die partij is bij het in het eerste lid, onder *a*, bedoelde Verdrag van Rome ter bescherming van producenten van fonogrammen tegen het ongeoorloofd kopiëren van hun fonogrammen; of

b. het opnemen in Nederland plaats had dan wel in een Staat die partij is bij het in het eerste lid, onder *a*, bedoelde Verdrag van Rome of bij de Overeenkomst ter bescherming van producenten van fonogrammen tegen het ongeoorloofd kopiëren van hun fonogrammen; of

c. het fonogram voor de eerste maal, of binnen dertig dagen na de eerste uitgave in een ander land, in het verkeer is gebracht in Nederland dan wel in een Staat die partij is bij het in het eerste lid, onder *a*, bedoelde Verdrag van Rome of bij de Overeenkomst ter bescherming van producenten van fonogrammen tegen het ongeoorloofd kopiëren van hun fonogrammen.

– 3. Van het in het verkeer brengen als bedoeld in het tweede lid is sprake, wanneer van op rechtmatige wijze vervaardigde reprodukties van een fonogram een zodanig aanbod van exemplaren daarvan heeft plaatsgevonden dat daardoor wordt voorzien in de redelijke behoeften van het publiek.

– 4. Met betrekking tot fonogrammen, waarvan de producent onderdaan is van dan wel rechtspersoon is opgericht naar het recht van een Staat die partij is bij het in het eerste lid, onder *a*, bedoelde Verdrag van Rome is artikel 7 slechts van toepassing in die mate waarin en voor de duur waarvoor deze Staat bescherming verleent ten aanzien van fonogrammen waarvan de producent Nederlander is dan wel zijn zetel heeft in Nederland.

– 5. Het recht op een billijke vergoeding, als bedoeld in artikel 7, geldt niet voor fonogrammen waarvan de producent geen onderdaan is van noch rechtspersoon is opgericht naar het recht van een Staat die partij is bij het in het eerste lid, onder *a*, bedoelde Verdrag van Rome.

– 6. De voorgaande artikelen zijn op omroeporganisaties van toepassing ingeval:

a. het hoofdkantoor van de omroeporganisatie is gevestigd in een van de lid-staten van de Europese Unie of in een staat die partij is bij de Overeenkomst betreffende de Europese Economische Ruimte van 2 mei 1992 dan wel in een Staat die partij is bij het in het eerste lid, onder *a*, bedoelde Verdrag van Rome; of

b. de uitzending van het programma heeft plaatsgevonden in Nederland dan wel in een Staat die partij is bij het in het eerste lid onder *a*, bedoelde Verdrag van Rome; of

– 7. Het bepaalde in het vierde en vijfde lid van dit artikel is niet van toepassing op fonogrammen waarvan de producent onderdaan is van of rechtspersoon is opgericht naar het recht van een van de lid-staten van de Europese Unie of van een staat die partij is bij de Overeenkomst betreffende de Europese Economische Ruimte van 2 mei 1992.

– 8. De voorgaande artikelen zijn op de producent van de eerste vastleggingen van films van toepassing ingeval:

a. hij onderdaan is van of rechtspersoon is opgericht naar het recht van een van de lid-staten van de Europese Unie of van een staat die partij is bij de Overeenkomst betreffende de Europese Economische Ruimte van 2 mei 1992 dan wel in Nederland zijn zetel of gewone verblijfplaats heeft; of

b. de vastlegging in Nederland plaats had; of

c. de vastlegging voor de eerste maal, of binnen dertig dagen na de eerste uitgave in een ander land, in het verkeer is gebracht in Nederland. Het derde lid is van overeenkomstige toepassing.

Art. 32a

Toepasselijke wetsbepalingen

– 1. De voorgaande artikelen zijn van toepassing op het uitzenden van een uitvoering, fonogram, of programma of een reproduktie daarvan door middel van een satelliet, indien in Nederland onder controle en verantwoordelijkheid van een omroeporganisatie de programmadragende signalen voor ontvangst door het publiek zijn ingevoerd in een ononderbroken mededelingenketen die naar de satelliet en terug naar de aarde loopt. Indien de programmadragende signalen in gecodeerde vorm worden uitgezonden, is er sprake van een uitzending, bedoeld in de eerste zin, indien de middelen voor het decoderen van de uitzending door of met toestemming van de omroeporganisatie ter beschikking van het publiek worden gesteld.

– 2. De voorgaande artikelen zijn voorts van toepassing op het uitzenden, bedoeld in het eerste lid, indien:

a. de handeling, bedoeld in het eerste lid, plaatsvindt in een land dat niet tot de Europese Unie behoort of dat niet partij is bij de Overeenkomst betreffende de Europese Economische Ruimte van 2 mei 1992;

b. het land waar de handeling, bedoeld in het eerste lid, plaatsvindt niet het niveau van bescherming biedt, voorzien in hoofdstuk II van richtlijn nr. 93/83/EEG van de Raad van de Europese Gemeenschappen van 27 september 1993 tot coördinatie van bepaalde voorschriften betreffende het auteursrecht en naburige rechten op het gebied van de satellietomroep en de doorgifte via de kabel (*PbEG* L 248); en

c. hetzij de programmadragende signalen naar de satelliet worden doorgezonden vanuit een grondstation in Nederland, hetzij een omroeporganisatie die in Nederland haar hoofdvestiging heeft, opdracht heeft gegeven tot de uitzending en geen gebruik wordt gemaakt van een grondstation in een lid-staat van de Europese Unie of in een staat die partij is bij de Overeenkomst betreffende de Europese Economische Ruimte van 2 mei 1992.

Art. 33

Ten aanzien van uitvoeringen, fonogrammen of programma's, die voor het tijdstip van in werking treden van deze wet hebben plaatsgevonden, zijn vervaardigd onderscheidenlijk zijn uitgezonden, zijn de door deze wet verleende rechten van toepassing voor zover het gedragingen betreft die plaatsvinden na het tijdstip van in werking treden van deze wet. *(margin: Toepasselijkheid van deze wet)*

Art. 33a

– 1. Uitvoerende kunstenaars die onderdaan zijn van een staat, niet zijnde een lid-staat van de Europese Unie of een staat die partij is bij de overeenkomst betreffende de Europese Economische Ruimte van 2 mei 1992, die geen partij is bij het Verdrag van Rome inzake de bescherming van uitvoerende kunstenaars, producenten van fonogrammen en omroeporganisaties, en omroeporganisaties, waarvan het hoofdkantoor is gevestigd in een staat als hiervoor bedoeld, kunnen geen beroep doen op de door deze wet verleende rechten, indien de duur daarvan ingevolge de nationale wetgeving reeds is verstreken. *(margin: Wanneer geen beroep op deze wet)*

– 2. Het in het eerste lid bepaalde is eveneens van toepassing op

a. producenten van fonogrammen die onderdaan zijn van een staat, niet zijnde ene lid-staat van de Europese Unie of een staat die partij is bij de overeenkomst betreffende de Europese Economische Ruimte van 2 mei 1992, die geen partij is bij het in het eerste lid bedoelde Verdrag of bij de Overeenkomst ter bescherming van producenten van fonogrammen tegen het ongeoorloofd kopiëren van hun fonogrammen;

b. producenten van eerste vastlegging van films die onderdaan zijn van een staat, niet zijnde een lid-staat van de Europese Unie of een staat die partij is bij de overeenkomst betreffende de Europese Economische Ruimte van 2 mei 1992, waarvan de nationale wetgeving in een kortere beschermingstermijn voorziet dan die bedoeld in artikel 12, vierde lid.

Art. 34

De voorgaande artikelen van deze wet laten een beroep op artikel 162 van Boek 6 van het Burgerlijk Wetboek onverlet. *(margin: Art. 6:162 BW)*

HOOFDSTUK 6

Overgangsbepaling
Art. 35

– 1. De in deze wet voorziene beschermingstermijnen zijn met ingang van het tijdstip van inwerkingtreding van dit artikel van toepassing op uitvoeringen, fonogrammen, eerste vastleggingen van films of programma's, die op 1 juli 1995 in ten minste één lid-staat van de Europese Unie of een staat die partij is bij de Overeenkomst betreffende de Europese Economische Ruimte van 2 mei 1992 beschermd worden door de nationale wetgeving op het gebied van de naburige rechten of die op die datum voldoen aan de beschermingscriteria van de Richtlijn van de Raad van de Europese Gemeenschappen van 19 november 1992, *PbEG* 1992, L 346/61, betreffende het verhuurrecht, het uitleenrecht en bepaalde naburige rechten op het gebied van intellectuele eigendom. *(margin: Beschermingstermijnen)*

– 2. Deze wet laat vóór inwerkingtreding van dit artikel rechtmatig verrichte exploitatiehandelingen alsmede vóór dat tijdstip verworven rechten onverlet.

– 3. Hij die met betrekking tot een uitvoering, fonogram, eerste vastlegging van een film of een programma, waarvan de beschermingstermijn vóór inwerkingtreding van dit artikel was verstreken en waarop met ingang van inwerkingtreding van dit artikel deze wet weer van toepassing is, vóór 24 november 1993 rechtmatig exploitatiehandelingen heeft verricht, is bevoegd deze exploitatiehandelingen met ingang van inwerkingtreding van dit artikel voort te zetten.

17 Wet op de naburige rechten

HOOFDSTUK 7

Slotbepalingen

Art. 36

Inwerkingtreding Deze wet treedt in werking op een bij koninklijk besluit te bepalen tijdstip.

Art. 37

Citeertitel Deze wet kan worden aangehaald als de Wet op de naburige rechten.

SER-besluit van 17 maart 2000, ter bescherming van de belangen van werknemers

[Inwerkingtreding: 05-09-2001]

De Sociaal-Economische Raad,
gelet op artikel 2 van de Wet op de bedrijfsorganisatie,
overwegende, dat de raad als orgaan van het bedrijfsleven op 15 mei 1970 een besluit heeft vastgesteld, houdende gedragsregels die bij het voorbereiden en tot stand brengen van fusies van ondernemingen in acht dienen te worden genomen,
overwegende, dat de raad dit besluit op 25 juni 1971 heeft ingetrokken en doen vervangen door een nieuw besluit, houdende gedragsregels in acht te nemen bij het voorbereiden en uitbrengen van een openbaar bod op aandelen en het voorbereiden en tot stand brengen van een fusie of een overneming van een onderneming,
overwegende, dat de raad op 21 november 1975 dit besluit heeft ingetrokken en doen vervangen door een nieuw besluit, het SER-besluit Fusiegedragsregels 1975, houdende gedragsregels in acht te nemen bij het voorbereiden en uitbrengen van een openbaar bod op aandelen en het voorbereiden en het tot stand komen van fusies van ondernemingen,
overwegende, dat de raad in zijn advies *Herziening van de fusiecode* van 16 februari 1996 heeft uitgesproken het wenselijk te achten dat een herziening van de Fusiegedragsregels 1975 plaatsvindt – onder meer – door:
de regels ter bescherming van de belangen van de aandeelhouders onder te brengen in een regeling bij of krachtens wet en het toezicht op de naleving daarvan op te dragen aan een onafhankelijk toezichthoudend orgaan;
de regels ter bescherming van de belangen van de werknemers te verbeteren en te doen voorzien van een wettelijke grondslag mede met het oog op de door de raad wenselijk geachte uitbreiding van de werkingssfeer van de gedragsregels naar de non-profitsector, het vrije beroep en de overheid, en het ambtshalve toezicht op de naleving van deze regels door de Commissie voor Fusieaangelegenheden te verbeteren door een klachtprocedure bij een in te stellen SER-Geschillencommissie Fusiegedragsregels;
overwegende, dat het kabinet – met het oog op zijn nadere besluitvorming over de door de raad gewenste wettelijke basis voor de gedragsregels ter bescherming van de belangen van werknemers – de raad heeft verzocht de herziening van de fusiecode ter hand te nemen en daarbij ervan uit te gaan dat de code niet zal gaan gelden voor de overheidssector,
overwegende dat de raad zijn Commissie Herziening Fusiecode heeft gevraagd deze herziening voor te bereiden,
overwegende, dat de organisaties van ondernemers en van werknemers, welke zijn aangewezen tot het benoemen van leden van de raad, bereid zijn hun medewerking te blijven verlenen aan de bevordering van de naleving van de gedragsregels, zoals deze na de wijzigingen zullen luiden, besluit op te stellen en af te kondigen de volgende gedragsregels ter bescherming van de belangen van werknemers in acht te nemen bij het voorbereiden en tot stand brengen van fusies van ondernemingen:

§ 1. Definities
Art. 1
– 1. In dit hoofdstuk wordt verstaan onder: **Onderneming**
a. onderneming:
elk in de maatschappij als zelfstandige eenheid optredend organisatorisch verband, waarin krachtens arbeidsovereenkomst of krachtens publiekrechtelijke aanstelling arbeid wordt verricht;
b. ondernemer:
de natuurlijke persoon of de rechtspersoon die een onderneming in stand houdt;
c. samenstel van ondernemingen:
twee of meer ondernemingen die in stand worden gehouden:
i. door één ondernemer;
ii. door twee of meer ondernemers die met elkaar zijn verbonden in een groep in de zin van artikel 2:24*b* van het Burgerlijk Wetboek (BW);
iii. door twee of meer ondernemers op basis van een onderlinge regeling tot samenwerking;
d. fusie:
verkrijging of overdracht van de zeggenschap, direct of indirect, over een onderneming of een onderdeel daarvan, alsmede de vorming van een samenstel van ondernemingen;

e. verenigingen van werknemers:

verenigingen met volledige rechtsbevoegdheid die krachtens hun statuten tot doel hebben de belangen van hun leden als werknemers te behartigen en:

i. van wier kandidatenlijst bij de laatstgehouden verkiezingen ten minste één lid is gekozen in de ondernemingsraad van een bij de fusie betrokken in Nederland gevestigde onderneming, of

ii. welke betrokken zijn bij een regeling van lonen en andere arbeidsvoorwaarden die geldt voor een bij de fusie betrokken in Nederland gevestigde onderneming, of

iii. waarvan is gebleken dat zij in de twee voorafgaande kalenderjaren als zodanig regelmatig werkzaam zijn geweest ten behoeve van hun leden in een bij de fusie betrokken in Nederland gevestigde onderneming.

– 2. Indien de gedragsregels ingevolge het bepaalde in artikel 2, tweede lid, op een onderneming van toepassing zijn, worden – in afwijking van de omschrijving van 'verenigingen van werknemers' in het vorige lid onder *e* – als verenigingen van werknemers aangemerkt: verenigingen met volledige rechtsbevoegdheid die krachtens hun statuten tot doel hebben de belangen van hun leden als werknemers te behartigen en welke partij zijn bij die collectieve arbeidsovereenkomst.

§ 2. *Werkingssfeer*

Art. 2

Omvangseis

– 1. De in paragraaf 3 opgenomen gedragsregels dienen in acht te worden genomen:

a. indien bij een fusie ten minste één in Nederland gevestigde onderneming is betrokken waarin in de regel 50 of meer werknemers werkzaam zijn;

b. indien een bij een fusie betrokken onderneming deel uitmaakt van een samenstel van ondernemingen en in de daartoe behorende in Nederland gevestigde ondernemingen tezamen in de regel 50 of meer werknemers werkzaam zijn.

– 2. Bij collectieve arbeidsovereenkomst kunnen de gedragsregels van toepassing worden verklaard op andere dan de in het eerste lid bedoelde ondernemingen.

– 3. De in paragraaf 3 opgenomen gedragsregels gelden niet indien:

a. alle bij de fusie betrokken ondernemingen behoren tot een samenstel van ondernemingen;

b. de fusie berust op het personen-, familie-, faillissements- of erfrecht;

c. bij de onderneming of de gezamenlijke ondernemingen waarin de zeggenschap door fusie overgaat in de regel minder dan 10 werknemers werkzaam zijn;

d. de fusie niet tot de Nederlandse rechtssfeer behoort.

§ 3. *De gedragsregels*

Art. 3

Kennisgeving vereniging van werknemers

– 1. Vóórdat over de voorbereiding of totstandkoming van een fusie een openbare mededeling wordt gedaan, worden de verenigingen van werknemers van de inhoud daarvan in kennis gesteld.

– 2. Indien een algemeen voor het effectenverkeer geldend voorschrift zich tegen voorafgaande kennisgeving verzet, vindt, in afwijking van lid 1, de kennisgeving aan de verenigingen van werknemers plaats uiterlijk op het moment waarop de openbare mededeling wordt gedaan.

– 3. De verplichtingen bedoeld in de voorgaande leden rusten op degenen op wie verplichtingen worden gelegd in de artikelen 4, 5 en 6.

Art. 4

Tijdstip

– 1. Voordat zij overeenstemming over een fusie bereiken, geven partijen van de voorbereiding van de fusie kennis aan de verenigingen van werknemers en geven zij gevolg aan hetgeen in de volgende leden van dit artikel is bepaald.

– 2. Partijen verstrekken aan de verenigingen van werknemers een uiteenzetting inzake de motieven voor de fusie, de voornemens met betrekking tot het in verband daarmee te voeren ondernemingsbeleid alsmede de in dat kader te verwachten sociale, economische en juridische gevolgen van de fusie en de in samenhang daarmee voorgenomen maatregelen. De bedoelde uiteenzetting wordt schriftelijk verstrekt, tenzij met de verenigingen van werknemers anders is overeengekomen.

– 3. Partijen stellen de verenigingen van werknemers in de gelegenheid hun oordeel te geven over de in voorbereiding zijnde fusie vanuit het gezichtspunt van het werknemersbelang.

– 4. Partijen stellen de verenigingen van werknemers in de gelegenheid in een bespreking aandacht te besteden aan:

a. de grondslagen van het in verband met de fusie te voeren ondernemingsbeleid met inbegrip van de sociale, economische en juridische aspecten daarvan;

b. de grondslagen van maatregelen tot het voorkomen, wegnemen of verminderen van eventuele nadelige gevolgen voor de werknemers, waaronder het verstrekken van financiële tegemoetkomingen;

416

c. het tijdstip en de wijze waarop het personeel zal worden ingelicht;
d. de verslaggeving van de in het kader van dit artikel gevoerde bespreking(en), met dien verstande dat eventueel gemaakte verslagen aan ieder van de deelnemers aan de betrokken bespreking(en) worden verstrekt.
– 5. Partijen verstrekken desgevraagd over de in lid 2 en lid 4 genoemde onderwerpen aan de verenigingen van werknemers nadere gegevens, voorzover die gegevens voor hun oordeelsvorming redelijkerwijs nodig moeten worden geacht en voorzover de verstrekking ervan redelijkerwijs kan worden gevergd.
– 6. Partijen geven aan de voorgaande leden op zodanige wijze uitvoering dat het oordeel van de verenigingen van werknemers van wezenlijke invloed kan zijn op het al dan niet totstandkomen van de fusie en op de modaliteiten daarvan.
– 7. Partijen stellen de betrokken ondernemingsraden in de gelegenheid kennis te nemen van het in lid 6 bedoelde oordeel van de verenigingen van werknemers, opdat die ondernemingsraden daarmee rekening kunnen houden bij het uitbrengen van een advies als bedoeld in artikel 25 van de Wet op de ondernemingsraden (WOR).
– 8. Met partijen in de zin van dit artikel zijn bedoeld de natuurlijke en/of rechtspersonen die partij zullen zijn bij de overeenkomst die strekt tot het tot stand brengen van de fusie. De in de voorgaande leden bedoelde verplichtingen ten opzichte van de verenigingen van werknemers rusten op ieder van deze partijen.

Art. 5
– 1. De bieder die het voornemen heeft om, anders dan op grond van overeenstemming als bedoeld in artikel 4 lid 1, door middel van een openbaar bod een fusie tot stand te brengen, geeft overeenkomstige toepassing aan artikel 4.

Vijandig bod

– 2. De bieder geeft het bestuur van de n.v. op de aandelen waarvan het bod zal worden uitgebracht ten minste vijftien dagen vóór het uitbrengen van het bod schriftelijk kennis van zijn voornemen.
– 3. Het in lid 2 bedoelde bestuur geeft overeenkomstige toepassing aan artikel 4, vóórdat het zijn standpunt met betrekking tot het bod openbaar bekend maakt of aan de aandeelhouders meedeelt.

Art. 6
– 1. Degene die voornemens is door middel van geleidelijke aankoop ter beurze van (rechten op) aandelen een fusie tot stand te brengen, geeft overeenkomstige toepassing aan artikel 4.
– 2. Het bepaalde in artikel 5 lid 2 is van overeenkomstige toepassing.

§ 4. Geheimhouding
Art. 7
– 1. Over de kennisgeving als bedoeld in artikel 4 lid 1, dienen de verenigingen van werknemers geheimhouding te betrachten, tenzij het tegendeel schriftelijk aan hen is meegedeeld.
– 2. Ten aanzien van gegevens die in het kader van artikel 4 moeten worden verstrekt geldt een geheimhoudingsplicht indien aan de verenigingen van werknemers vóór het verstrekken van die gegevens schriftelijk geheimhouding is verzocht.
– 3. Een vereniging van werknemers kan binnen drie werkdagen na verzending van het in lid 2 bedoelde verzoek de geheimhouding afwijzen. Ten opzichte van de vereniging van werknemers die dat doet, behoeven de in artikel 4 vermelde, respectievelijk de in de artikelen 5 en 6 van overeenkomstige toepassing verklaarde gedragsregels niet in acht te worden genomen, tenzij zij tijdig en schriftelijk alsnog geheimhouding aanvaardt. Een vereniging van werknemers die niet binnen de boven genoemde termijn geheimhouding afwijst, wordt verondersteld deze te aanvaarden.
– 4. Omtrent het tijdstip waarop de in de leden 1 en 2 bedoelde geheimhoudingsplichten geheel of gedeeltelijk een einde nemen, wordt in onderling overleg beslist. Leidt het overleg niet tot overeenstemming, dan beslist op verzoek van een der partijen de Geschillencommissie Fusiegedragsregels, als bedoeld in paragraaf 6.
– 5. In afwijking van lid 4 wordt over het opheffen van de geheimhoudingsplicht met betrekking tot uitdrukkelijk als vertrouwelijk verstrekte technische of economische gegevens uitsluitend beslist door degene die deze gegevens heeft verstrekt. De Geschillencommissie bedoeld in het vorige lid kan bij onredelijk gebruik van deze afwijkende regeling op verzoek de geheimhoudingsplicht geheel of ten dele opheffen.

§ 5. Melding van fusies aan de SER
Art. 8
– 1. Tezelfdertijd dat degene die aan de verenigingen van werknemers de in artikel 4 lid 1 bedoelde kennisgeving doet, of zou moeten doen indien een vereniging van werknemers aan-

Melding

18 SER-besluit Fusiegedragsregels 2000

wezig zou zijn, zendt deze een overeenkomstige kennisgeving aan het secretariaat van de Sociaal-Economische Raad, hierna te noemen de raad.
– 2. Het secretariaat van de raad heeft tot taak te bevorderen dat de in artikel 4 lid 1 bedoelde kennisgeving wordt gedaan en kan de inlichtingen verlangen die het voor de uitvoering van deze taak nodig heeft.

§ 6. De Geschillencommissie Fusiegedragsregels
Art. 9
– 1. Er is een commissie van de raad ter behandeling van geschillen over de naleving van de fusiegedragsregels.
– 2. De commissie is genaamd 'Geschillencommissie Fusiegedragsregels'.
– 3. De commissie wordt hierna aangeduid als 'de geschillencommissie'.

Art. 10

Samenstelling

– 1. De geschillencommissie bestaat uit vijf leden en vijf plaatsvervangende leden. De artikelen 5 en 9 van de Wet op de bedrijfsorganisatie zijn van overeenkomstige toepassing. De in lid 2 bedoelde leden hebben geen persoonsgebonden plaatsvervanger; de in lid 5 bedoelde leden wel.
– 2. Drie leden en drie plaatsvervangende leden zijn onafhankelijke juristen. Deze leden kunnen geen (plaatsvervangend) lid zijn van de raad. De raad kan overigens regels stellen omtrent de verenigbaarheid van het lidmaatschap van de geschillencommissie met andere functies.
– 3. De leden en de plaatsvervangende leden worden benoemd door de raad.
– 4. De raad benoemt uit de in lid 2 bedoelde leden de voorzitter van de geschillencommissie. De beide andere in lid 2 bedoelde leden fungeren als plaatsvervangend voorzitter.
– 5. Voor de benoeming van de overige leden en plaatsvervangende leden stelt de raad voor het ene (plaatsvervangend) lid de daarvoor naar zijn oordeel in aanmerking komende organisaties van ondernemers gezamenlijk en voor het andere (plaatsvervangend) lid de daarvoor naar zijn oordeel in aanmerking komende organisaties van werknemers gezamenlijk in de gelegenheid een voordracht te doen.

Art. 11
– 1. De voorzitter, de leden en de plaatsvervangende leden van de geschillencommissie worden benoemd voor een periode van vier jaar.
Zij kunnen terstond opnieuw worden benoemd.
– 2. Op voordracht van de geschillencommissie kan de raad een lid van de geschillencommissie, wiens handelen of nalaten ernstig nadeel toebrengt aan de goede gang van zaken bij de geschillencommissie of in het in haar gestelde vertrouwen, tussentijds ontslaan.

Art. 12
De raad kan zijn dagelijks bestuur machtigen namens hem toepassing te geven aan artikel 10 leden 3, 4 en 5 en artikel 11 lid 2.

Art. 13
Een lid van de geschillencommissie verschoont zich indien te zijnen aanzien sprake is van feiten of omstandigheden waardoor een onpartijdige behandeling van het geschil schade zou kunnen lijden. In zijn plaats treedt dan een plaatsvervangend lid van de geschillencommissie op.

Art. 14
– 1. Partijen kunnen een of meer leden van de geschillencommissie wraken op grond van feiten of omstandigheden waardoor een onpartijdige behandeling van het geschil schade zou kunnen lijden.
– 2. De wraking dient zo spoedig mogelijk met redenen omkleed bij de geschillencommissie aanhangig te worden gemaakt.
– 3. Indien het gewraakte lid van de geschillencommissie niet in de wraking berust, beslissen de overige leden van de geschillencommissie onverwijld over de opgeworpen wraking, gehoord het gewraakte lid en de partij(en) die om wraking hebben verzocht.
– 4. De beslissing is gemotiveerd en wordt onverwijld aan de partij(en) die om wraking hebben verzocht en de andere partij(en) meegedeeld.
– 5. Staken de stemmen bij een beslissing als bedoeld in het vorige lid, dan wordt de wraking geacht te zijn toegewezen.
– 6. In geval van berusting in of toewijzing van het wrakingsverzoek treedt in de plaats van het gewraakte lid een plaatsvervangend lid in de zaak op.

Art. 15
– 1. De leden van de geschillencommissie en hun plaatsvervangers zijn verplicht tot geheimhouding van alle zaken- en bedrijfsgeheimen welke zij in hun hoedanigheid vernemen.
– 2. Zij zijn voorts verplicht tot geheimhouding van alle aangelegenheden ten aanzien waar-

van de voorzitter van de geschillencommissie hun geheimhouding heeft opgelegd of waarvan zij het vertrouwelijk karakter moeten begrijpen.

Art. 16
– 1. De geschillencommissie wordt bijgestaan door een secretariaat.
– 2. De secretaris van de geschillencommissie en de overige leden van haar secretariaat worden benoemd door de algemeen secretaris van de raad.
– 3. Op de leden van het secretariaat is artikel 15 van overeenkomstige toepassing.

§ 7. De procedure bij de geschillencommissie
Art. 17
– 1. Indien de aard van een haar voorgelegd geschil zulks toelaat, kan de geschillencommissie de behandeling ervan opdragen aan een uit drie van haar leden te vormen kamer.
– 2. De geschillencommissie kan nadere regels stellen betreffende haar werkwijze. Deze regels mogen niet strijdig zijn met de bepalingen van dit besluit.
– 3. De geschillencommissie kan nadere regels stellen betreffende de werkwijze van haar secretariaat. Deze regels behoeven de goedkeuring van de algemeen secretaris van de raad.
– 4. De in lid 2 bedoelde regels omtrent de werkwijze van de geschillencommissie en de in lid 3 bedoelde regels omtrent de werkwijze van haar secretariaat worden opgenomen in het 'Reglement werkwijze Geschillencommissie Fusiegedragsregels'.

Art. 18
– 1. Bij de geschillencommissie kunnen geschillen slechts aanhangig worden gemaakt door een of meer verenigingen van werknemers en door een of meer bij de totstandbrenging van de fusie betrokken partijen.
– 2. Een vereniging van werknemers kan bij de geschillencommissie een geschil aanhangig maken over de niet- of niet behoorlijke naleving van de fusiegedragsregels door een of meer bij de totstandbrenging van de fusie betrokken partijen.
– 3. Een bij de totstandbrenging van een fusie betrokken partij kan bij de geschillencommissie een geschil aanhangig maken over de niet- of niet behoorlijke naleving van de fusiegedragsregels door een of meer verenigingen van werknemers.
– 4. Als bij de totstandbrenging van de fusie betrokken partijen worden beschouwd degenen die bedoeld worden in artikel 3 lid 3.

Art. 19
Het geschil wordt aanhangig gemaakt bij verzoekschrift, binnen een maand nadat de niet- of niet behoorlijke naleving van de fusiegedragsregels aan de verzoeker is gebleken of redelijkerwijs had kunnen blijken.

Art. 20
– 1. Een verzoekschrift bevat: **Verzoekschrift**
a. de naam en de woonplaats of vestigingsplaats van de verzoekende partij of partijen;
b. de naam en de woonplaats of de vestigingsplaats van de als verweerder aan te merken partij of partijen;
c. een omschrijving van de omstandigheden die tot het geschil aanleiding hebben gegeven en de conclusies die daaruit door de verzoekende partij of partijen worden getrokken;
d. een aanduiding van de beslissing die aan de geschillencommissie wordt gevraagd.
– 2. Indien het verzoekschrift wordt ingediend door een gemachtigde van de verzoekende partij, niet zijnde een advocaat of procureur, moet bij het verzoekschrift een machtiging zijn gevoegd.

Art. 21
– 1. Na ontvangst van het verzoekschrift gaat de voorzitter van de geschillencommissie na of   **Ontvankelijkheid**
de verzoekende partij ontvankelijk is.
– 2. De voorzitter kan de verzoekende partij schriftelijk en gemotiveerd niet- ontvankelijk te verklaren.
– 3. De secretaris van de geschillencommissie zendt een afschrift van de beslissing van de voorzitter tot niet-ontvankelijkverklaring aan de verzoekende partij of partijen en aan de verwerende partij of partijen.
– 4. Tegen de beslissing, vermeld in het voorgaande lid, kan de verzoeker binnen 14 dagen na de verzending van het afschrift verzet doen bij de geschillencommissie.
– 5. De geschillencommissie verklaart bij schriftelijke en gemotiveerde beslissing het verzet gegrond of ongegrond. Indien het verzet gegrond wordt verklaard, vervalt de beslissing van de voorzitter.
– 6. De secretaris van de geschillencommissie zendt een afschrift van de beslissing van de geschillencommissie terzake van het verzet aan de verzoekende partij of partijen en aan de verwerende partij of partijen.

18 SER-besluit Fusiegedragsregels 2000

Art. 22

– 1. De secretaris van de geschillencommissie zendt een afschrift van het verzoek schrift aan de als verweerder aan te merken partij of partijen.

– 2. Binnen een maand nadat het verzoekschrift in afschrift is toegezonden kan door de verwerende partij of partijen bij de geschillencommissie een schriftelijk en gemotiveerd verweerschrift worden ingediend.

– 3. Indien het verweerschrift wordt ingediend door een gemachtigde, niet zijnde een advocaat of procureur, moet bij het verzoekschrift een machtiging worden gevoegd.

– 4. De secretaris zendt terstond een afschrift van het verweerschrift aan de verzoekende partij of partijen.

Art. 23

Mondelinge behandeling

– 1. Zo spoedig mogelijk na de schriftelijke behandeling als bedoeld in het vorige artikel houdt de geschillencommissie een mondelinge behandeling in de zaak.

– 2. De secretaris van de geschillencommissie stelt ieder der partijen tijdig in kennis van plaats, datum en tijdstip van de mondelinge behandeling.

Art. 24

– 1. De geschillencommissie kan in iedere stand van de procedure een of meer partijen verzoeken schriftelijk nadere gegevens te verstrekken.

– 2. De secretaris van de geschillencommissie zendt een afschrift van het desbetreffende verzoek, alsmede van de aan de geschillencommissie verstrekte schriftelijke gegevens, aan de andere partij of partijen.

Art. 25

– 1. Op verzoek van een partij kan de geschillencommissie met betrekking tot gegevens die aan de andere partij of partijen hetzij schriftelijk, hetzij tijdens de mondelinge behandeling worden verstrekt, geheimhouding opleggen.

– 2. Bij het verzoek dient te worden aangegeven van welke gegevens geheimhouding wordt verzocht.

Art. 26

Tijdens de mondelinge behandeling in de zaak voor de geschillencommissie kunnen partijen zelf verschijnen en optreden dan wel bij gemachtigde. Partijen kunnen zich laten bijstaan door een advocaat of andere adviseur.

Art. 27

– 1. De geschillencommissie kan zich tijdens de mondelinge behandeling laten voorlichten door getuigen en/of deskundigen.

– 2. Partijen kunnen tijdens de mondelinge behandeling getuigen en/of deskundigen door de geschillencommissie doen horen, mits zij dit voornemen ten minste een week vóór de zitting aan de geschillencommissie en aan de andere partij of partijen hebben kenbaar gemaakt.

– 3. Partijen en hun advocaat of adviseur zijn bevoegd ter zitting vragen te stellen aan de getuigen en/of deskundigen in het eerste en in het tweede lid bedoeld.

Art. 28

Openbaarheid

– 1. De mondelinge behandeling voor de geschillencommissie is openbaar.

– 2. De geschillencommissie kan bepalen dat de behandeling van de zaak geheel of gedeeltelijk met gesloten deuren plaatsvindt indien een openbare behandeling een goede rechtspleging of de belangen van de betrokkene(n) ernstig zou schaden.

Art. 29

De geschillencommissie kan van de in deze en de volgende paragraaf genoemde termijnen afwijken en eveneens aan partijen afwijking toestaan. Zij draagt er zorg voor dat een redelijke termijn van afhandeling van het geschil verzekerd blijft.

§ 8. *De beslissing van de geschillencommissie*

Art. 30

– 1. Zo spoedig mogelijk nadat de geschillencommissie de behandeling van de zaak heeft gesloten, neemt zij een beslissing, die schriftelijk wordt vastgelegd.

– 2. De beslissing wordt genomen bij meerderheid van stemmen.

Art. 31

De beslissing van de geschillencommissie wordt met redenen omkleed en houdt de gronden in waarop zij rust.

Art. 32

– 1. Indien de geschillencommissie het door een vereniging van werknemers ingediende bezwaar gegrond bevindt, beslist zij dat een bij de totstandbrenging van een fusie betrokken partij een of meer van de fusiegedragsregels niet of niet naar behoren heeft nageleefd.

– 2. Indien de geschillencommissie het door een bij de totstandbrenging van een fusie betrokken partij ingediende bezwaar gegrond bevindt, beslist zij dat een vereniging

420

van werknemers een of meer van de fusiegedragsregels niet of niet naar behoren heeft nageleefd.

– 3. Zowel in het in lid 1 als in het in lid 2 bedoelde geval kan de geschillencommissie oordelen dat de niet-naleving of niet behoorlijke naleving een ernstig karakter draagt en in ernstige mate verwijtbaar is.

Art. 33

– 1. Binnen een week nadat de geschillencommissie haar beslissing heeft genomen, zendt de secretaris een afschrift daarvan aan alle partijen.

– 2. De beslissing van de geschillencommissie is openbaar.

– 3. Op grond van door haar te beoordelen zwaarwegende belangen kan de geschillencommissie de namen van partijen of andere onderdelen weglaten in de beslissing als bedoeld in het eerste en tweede lid.

§ 9. Slotbepalingen

Art. 34

Het SER-besluit Fusiegedragsregels 1975 wordt ingetrokken.

Art. 35

– 1. Dit besluit kan worden aangehaald als SER-besluit Fusiegedragsregels 2000.

– 2. Het treedt in werking op een door de voorzitter van de Sociaal-Economische Raad te bepalen datum.

19 VASTSTELLINGSREGELING RICHTLIJNEN 1986 VOOR BEOORDELEN OPRICH-TINGEN EN STATUTENWIJZIGINGEN VAN N.V.'S EN B.V.'S MET BEPERKTE AANSPRAKELIJKHEID

Regeling van 18 november 1985, Stcrt. 227, zoals deze regeling is gewijzigd bij de Regeling van 10 september 1998, Stcrt. 195

[Inwerkingtreding: 01-01-1988. Op 1 september 2001 is in werking getreden de Wet van 22 juni 2000, waarbij het zgn. technisch-juridisch toezicht (statuten-onderzoek) bij oprichtingen en statutenwijzigingen is afgeschaft, en het hierop betrekking hebbende deel van de departementale richtlijnen is komen te vervallen. Belangrijke bepalingen van deze departementale richtlijnen zijn toen opgenomen in de wet zelf (Boek 2 BW). Binnenkort zullen nieuwe richtlijnen worden vastgesteld.]

De staatssecretaris van Justitie,
Overwegende dat de Richtlijnen 1976 en het supplement 1981 voor het beoordelen van oprichtingen en van statutenwijzigingen van naamloze en besloten vennootschappen wijziging behoeven en dienen te worden aangepast aan nieuwe wetgeving zoals de Aanpassingswet aan de tweede richtlijn van de Raad van de Europese Gemeenschappen inzake het vennootschapsrecht en de Nieuwe regeling voor het kapitaal van de besloten vennootschap;
Besluit:

Art. 1
1. Vast te stellen de Richtlijnen 1986 voor het beoordelen van oprichtingen en van statutenwijzigingen van naamloze vennootschappen en besloten vennootschappen met beperkte aansprakelijkheid zoals deze luiden overeenkomstig de bij dit besluit behorende tekst;
2. dit besluit met de tekst van de Richtlijnen 1986 bekend te maken door plaatsing in de *Nederlandse Staatscourant*;
3. als datum waarop dit besluit in werking treedt vast te stellen de datum van de inwerkingtreding van de wet Nieuwe regeling voor het kapitaal van de besloten vennootschap.

Richtlijnen inzake de uitvoering door het Ministerie van Justitie van de artikelen 68, 179, 125, 235, 72 en 183, Boek 2 van het Burgerlijk Wetboek vastgesteld door de staatssecretaris van Justitie

VOORWOORD

De Richtlijnen voor het beoordelen van oprichtingen en statutenwijzigingen zijn herzien als uitvloeisel van drie ontwikkelingen. Ten eerste is het wenselijk gebleken het toezicht bij oprichting te verscherpen. Daartoe zijn vragenlijsten ingevoerd. Ten tweede is gehoor gegeven aan de wens de richtlijnen te bekorten en enigermate te versoepelen. Ten derde zijn de toe te passen wetsartikelen inmiddels gewijzigd, vooral door de Aanpassingswet tweede richtlijn en de Nieuwe regeling voor het kapitaal van de b.v. Het supplement 1981, dat aansloot op de Aanpassingswet tweede richtlijn, en de sinds de richtlijnen 1976 verschenen departementale standpunten zijn verwerkt.
Uitgangspunten bij de nieuwe opzet van de richtlijnen zijn dat aangegeven wordt waarop het departement vooral let, dat de wet slechts wordt aangehaald, waar dat nodig is om het verband in het betoog te handhaven, en dat over bepalingen van akten waarover twijfel blijkt te zijn gerezen, wordt vermeld of het departement deze wel of niet toestaat. Voor het overige wordt van de stellers van statuten verwacht dat zij nagaan welke grenzen het recht stelt.
De vraag of een bepaling of het besluit waarbij die wordt vastgesteld in strijd is met de redelijkheid en billijkheid, zal het departement ter beoordeling overlaten aan de rechter.
Voorts zijn voor het gemak van de gebruikers de delen waarin de richtlijnen voor naamloze en besloten vennootschappen onderling afweken, te weten de hoofdstukken Aandelen en Blokkeringsregelingen, nu afzonderlijk uitgeschreven voor elke rechtsvorm. De samenhang van deze hoofdstukken is van groter belang dat het vestigen van de aandacht op de onderlinge verschillen.
Enkele richtlijnen, die strenger bleken dan een redelijke uitleg vereist, zijn versoepeld of geschrapt. Dit geldt bijvoorbeeld voor de bepalingen over pandrecht en vruchtgebruik. Enkele andere zijn geschrapt omdat zij volstrekt vanzelf spraken, zoals de richtlijn dat als anderen dan aandeelhouders delen in de winst, de statuten moeten bepalen wie dat zijn. Uit dezelfde overweging zijn enkele wijdlopig gestelde richtlijnen nu bondiger onder woorden gebracht en is zuinigheid betracht in het geven van voorbeelden.
Deze uitgave van de richtlijnen brengt geen nieuws in de regels die slechts betrekking hebben op structuurvennootschappen.

Deze richtlijnen zullen worden gehanteerd vanaf het in werking treden van de wet Nieuwe regeling voor het kapitaal van de besloten vennootschap.

De herziening is voorbereid in de werkgroep Vennootschapsrecht[1] en komt voor het overgrote deel overeen met het advies van de werkgroep. De richtlijnen dragen daarom het stempel van kritische toetsing uit rechtsgeleerd en praktisch oogpunt.

Voor de grote zorg die de leden van de werkgroep aan het omsmeden van de richtlijnen hebben besteed, ben ik hun zeer erkentelijk.

OPRICHTING EN STATUTENWIJZIGING

§ 1. De beoordeling bij oprichting

Indien gerede twijfel bestaat aan de (morele of financiële) betrouwbaarheid of integriteit van bij de vennootschap betrokken beleidsbepalende personen, wordt de gevraagde verklaring van geen bezwaar voor de oprichting van een vennootschap geweigerd. In die gevallen kan immers worden aangenomen dat er gevaar bestaat dat hetzij de vennootschap voor ongeoorloofde doeleinden zal worden gebruikt, hetzij haar werkzaamheid zal leiden tot benadeling van schuldeisers. De beoordeling van de betrouwbaarheid en integriteit vindt plaats aan de hand van een controle op criminele en financiële antecedenten.

In bijlage A bij deze richtlijnen wordt aangegeven welke criminele, respectievelijk financiële antecedenten in ieder geval relevant zijn voor de beoordeling van de betrouwbaarheid en de integriteit van de bij de vennootschap betrokken beleidsbepalende personen.

Bij gebleken criminele antecedenten, zoals hiervoor bedoeld, wordt steeds de aard van de aan het antecedent ten grondslag liggende (verweten) gedraging bezien in relatie tot de voorgenomen activiteiten van de op te richten vennootschap. Een verklaring van geen bezwaar voor de oprichting van een vennootschap wordt niet geweigerd wanneer dat, gelet op de omstandigheden waaronder het feit is gepleegd, de recente (persoonlijke) ontwikkeling van betrokkene en het gevaar voor misbruik van de vennootschap in relatie tot de voorgenomen bedrijfsuitoefening kennelijk onredelijk is.

Een verklaring van geen bezwaar wordt niet geweigerd wanneer dit kennelijk onredelijk is, bijvoorbeeld wanneer uit informatie van de curator aannemelijk wordt dat het faillissement of de surseance van betaling niet in belangrijke mate aan de betrokken persoon is te wijten.

§ 2. Administratieve behandeling van verzoeken bij oprichting

De ontwerp-akte moet in tweevoud worden ingediend, evenals stukken waarnaar in de ontwerp-akte wordt verwezen of die aan de oprichtingsakte worden gehecht. In plaats van originele stukken kunnen voor kopie conform getekende stukken worden overgelegd. (art. 68, 179) Van de stukken waarnaar wordt verwezen, behoeven niet te worden overgelegd:
a. volmachten;
b. de ingevolge artikel 93a of 203a vereiste bankverklaringen over storting in geld;
c. de beschrijving van inbreng in natura ingevolge artikel 94a of 204a;
d. de accountantsverklaring daarbij.
Het departement kan toezending van de beide laatste stukken verlangen.

Ter bespoediging van de administratieve afhandeling is het gewenst dat bij de aanvraag vragenlijsten[2] worden gevoegd die zijn ingevuld en ondertekend door de oprichters en de te benoemen bestuurders. Dit wordt niet verlangd, indien een der oprichters is:
a. structuurvennootschap;
b. vennootschap waarvan de effecten ter beurze op de officiële markt of op de parallelmarkt zijn genoteerd;
c. overheidslichaam;
d. dochtermaatschappij van een hiervoor genoemde vennootschap o een overheidslichaam.
Van een oprichtende rechtspersoon die blijkens zijn jongste jaarrekening een eigen vermogen heeft van een miljoen gulden of meer en van een oprichtende dochtermaatschappij van zulk een rechtspersoon wordt evenmin een vragenlijst verlangd. Hetzelfde geldt voor de tot eerste bestuurder te benoemen bestuurders of werknemers van de in de vorige zin of hierboven onder a t/m d genoemde rechtspersonen of dochtermaatschappijen, mits zulke rechtspersonen of dochtermaatschappijen bij de oprichting alle of nagenoeg alle aandelen nemen.

1 Ingesteld bij besluit van 10 september 1973.
Niet-ambtelijke leden: prof. mr. W. C. L. van der Grinten, voorzitter, mr. T. Drion, mr. A. G. van Solinge, mr. W. Westbroek. Voorts heeft in de werkgroep zitting gehad wijlen mr. Y. Scholten.
2 Te verkrijgen bij de Staatsuitgeverij.

Vreemdelingen die buiten Nederland wonen en verblijven, behoeven geen vragenlijsten in te vullen.

Indien buitenlanders of in het buitenland gevestigde rechtspersonen bij de oprichting zijn betrokken, verdient het evenwel aanbeveling over de financiële positie en de betrouwbaarheid van deze personen inlichtingen te verschaffen en voorts kenbaar te maken of betrokkenen reeds plannen hebben aandelen in de op te richten vennootschap binnen een jaar na de oprichting over te dragen of aandelen uit te geven aan anderen dan oprichters, en zo ja, aan wie. Het departement behoudt zich in alle gevallen de bevoegdheid voor toch de invulling van een vragenlijst te verlangen.

Het departement houdt de ontvangen vragenlijsten geheim; wel kan het verstrekte gegevens natrekken.

Indien een rechtspersoon-oprichter nog niet is opgericht, kan daarvoor een nog ongetekende ingevulde vragenlijst worden ingediend. In dit geval moet de rechtspersoon-oprichter, eenmaal zelf opgericht, voor de oprichting een ongewijzigd ingevulde vragenlijst ondertekenen die de notaris onverwijld inzendt. Zo niet, dan moet de notaris de ontwerp-akte met verklaring van geen bezwaar terugzenden.

§ 3. Storting op aandelen bij oprichting

Uit de akte van oprichting moet blijken hoeveel aandelen bij iedere oprichter zijn geplaatst. In de akte moet worden vermeld tot welk bedrag op de aandelen is gestort en, bij inbreng in geld, dat de storting die bij de oprichting moet geschieden, heeft plaatsgevonden. Ingeval van storting overeenkomstig artikel 93a, lid 1 onder b, c.q. 203a, lid 1 onder b, van Boek 2 B.W., moet tevens in de akte worden vermeld dat de vennootschap die stortingen aanvaardt. Slechts voor zover op aandelen die tegen inbreng in natura zijn genomen, bij de oprichting de storting nog niet is geschied of voltooid, mag het gestorte kapitaal lager zijn dan het bij de oprichting moet bedragen; de verplichting tot onverwijlde storting moet dan worden vermeld (art. 67, 80-80b, 93-94a, 178, 191-191b, 203-204a).

De overeenkomst betreffende storting op aandelen in natura moet in haar geheel worden opgenomen in de akte van oprichting zelf of in een geschrift dat aan de akte van oprichting wordt gehecht en waarnaar de akte van oprichting verwijst. Dit geschrift moet bij het aanvragen van de verklaring van geen bezwaar aan het departement worden overgelegd. Indien de mogelijkheid wordt opengelaten voor aanpassing van de creditering wegens overinbreng aan de voor de belastingen vastgestelde waardering, moet zijn bepaald dat deze aanpassing slechts is toegelaten, indien een (register)accountant of accountant-administratieconsulent over de aangepaste waardering een verklaring aflegt op de voet van artikel 94a of 204a van Boek 2 B.W.; aanpassing van het geplaatste kapitaal wordt niet toegestaan. Het departement aanvaardt geen ontwerp-akte die, afhankelijk van de uitkomst van de waardering van de inbreng, nog moet worden gewijzigd of ingevuld.

Aanvaardbaar is bijvoorbeeld een inbrengregeling volgens een door de werkgroep Vennootschapsrecht uitgewerkt stramien dat als bijlage B bij deze richtlijnen is gevoegd. Bij de akte van oprichting kan de vennootschap niet worden verbonden buiten de perken van het laatste lid van de artikelen 93 of 203 van boek 2 B.W.. Zo mogen bijvoorbeeld de aan het oprichten van een vennootschap verbonden kosten niet op deze wijze te haren laste worden gebracht.

§ 4. Statutenwijziging

De akte of ontwerp-akte moet in tweevoud worden ingediend. Bij de aanvraag moet aannemelijk worden gemaakt dat de algemene vergadering van aandeelhouders tot statutenwijziging heeft besloten met inachtneming van de bepalingen van de wet en de statuten. In de regel zal daartoe kunnen worden volstaan met een uittreksel uit de notulen van de algemene vergadering (art. 72, 125, 183, 235).

Indien blijkt, dat het besluit tot statutenwijziging wijzigingen inhoudt die in generlei verband staan met het voorstel, zoals dat voor de aandeelhouders ter inzage heeft gelegen, zal een nieuwe algemene vergadering moeten worden gehouden, tenzij aangetoond wordt dat het besluit tot statutenwijziging met algemene stemmen van alle aandeelhouders is genomen.

Indien de algemene vergadering personen heeft gemachtigd de veranderingen aan te brengen welke nodig mochten blijken om de verklaring van geen bezwaar te verkrijgen, zal, indien het departement wijzigingen nodig acht die wezenlijk afwijken van het besluit van de algemene vergadering, een nieuwe vergadering moeten worden gehouden.

De statuten mogen bepalen dat de statutenwijziging op een vaste datum in de toekomst in werking zal treden. Ook mag worden bepaald dat de statutenwijziging slechts in werking zal treden indien en wanneer een afschrift daarvan ten kantore van het handelsregister is neergelegd. De statuten mogen daarbij bepalen dat de beslissing tot nederlegging door een bepaald vennootschapsorgaan[1] zal worden genomen en ook dat dit orgaan daartoe alleen in bepaalde omstandigheden zal mogen of moeten overgaan.

Bij verandering van het maatschappelijk kapitaal moet in de statuten of elders in de akte de grootte van het geplaatste kapitaal worden vermeld op een bepaalde datum. Deze datum mag niet gelegen zijn voor de datum waarop het besluit tot statutenwijziging is genomen. Het geplaatste kapitaal moet ten minste een vijfde van het maatschappelijk kapitaal bedragen (art. 124, 234).

NAAM EN DOEL

§ 5.

De naam behoeft niet in de Nederlandse taal te zijn gesteld, maar moet worden geschreven in Latijnse letters (art. 66, 177).

Het departement ziet er niet op toe of het voeren van de voorgenomen naam of nieuwe naam in strijd is met de Handelsnaamwet of Benelux Merkenwet[2]. Indien de vennootschap activiteiten die voordien door een andere naamloze of besloten vennootschap werden uitgeoefend voortzet, mag de naam niet gelijk of nagenoeg gelijk zijn aan de naam van die andere vennootschap, tenzij aannemelijk is gemaakt dat van de naamsgelijkheid geen nadeel is te duchten voor degenen jegens wie de vennootschap verplichtingen zal aangaan. Het departement acht dit onder meer aannemelijk, indien het geplaatste kapitaal van de vennootschap ten minste het bedrag beloopt van de som van het geplaatste kapitaal en de niet uitkeerbare reserves van de vennootschap waarvan activiteiten worden voortgezet.

De naam moet voldoende onderscheidend zijn en geen verwarring kunnen wekken. De naam mag niet alleen bestaan uit de naam van een plaats, land, rivier of straat; evenmin alleen uit cijfers, losse letters of een combinatie van beide. Namen als 'N.V. Autogarage', 'Pijploze Orgels B.V.' zijn onvoldoende onderscheidend. Dit kan men verhelpen met een toevoeging, bijvoorbeeld: 'N.V. Autogarage Vondelpark' of 'Pijploze Orgels Waterman B.V.'.

Woorden in de naam zoals 'beurs', 'bouwsociëteit', 'trust' of 'groep' worden slechts toegestaan als de daardoor gewekte schijn overeenkomt met de uitgeoefende werkzaamheid. Is de doelomschrijving bijvoorbeeld de exploitatie van een zwembad in één gemeente, dan mag de vennootschap zich niet Nederlandse Zwembaden Exploitatie Maatschappij N.V. noemen. 'Verenigde Schildersbedrijven Heko B.V.' moet uit een combinatie van bedrijven voorkomen. Niet toegestaan is 'Technisch Bureau voorheen Nierstrasz NV.'. Dat zou de voortzetting van een voormalige naamloze vennootschap lijken. In dit geval moet 'N.V.' of 'B.V.' dus voorop staan. Afkortingen als S.A., Ltd., G.m.b.H. worden niet toegestaan. Indien men 'Naamloze Vennootschap' of 'Besloten vennootschap met beperkte aansprakelijkheid' als deel van de naam wil afkorten, moeten N.V. of B.V. met hoofdletters worden geschreven. De afkorting mag niet voor een familienaam worden gebruikt: 'B.V. Snor' zou Barend Victor Snor kunnen zijn. Toegestaan is wel: Snor B.V.

In de doelomschrijving moeten de belangrijkste werkzaamheden van de onderneming(en) van de vennootschap duidelijk worden vermeld. Voor het overige mag de doelomschrijving algemeen zijn.

BESTUUR EN RAAD VAN COMMISSARISSEN

§ 6. Benoeming, schorsing, ontslag

De statuten mogen bepalen hoeveel bestuurders er zullen zijn of welk vennootschapsorgaan[1] bepaalt hoeveel bestuurders er zullen zijn. Benamingen van bestuurders die twijfel kunnen wekken over hun bevoegdheden en verantwoordelijkheden, worden niet toegestaan (art. 132-134, 140, 142-144, 242-244, 250, 252-254).

De statuten mogen bepalen dat er een raad van commissarissen zal zijn; zij mogen de instelling daarvan afhankelijk stellen van een tijdsbepaling alsook van de nederlegging van een daartoe

---

1 Onder vennootschapsorgaan wordt in deze richtlijnen verstaan: de algemene vergadering van aandeelhouders, de vergadering van houders van aandelen van een bijzondere soort, het bestuur, de raad van commissarissen en de gecombineerde vergadering van het bestuur en de raad van commissarissen.
2 Om procedures te voorkomen is het verstandig de beoogde naam via een advies van de Kamer van Koophandel en Fabrieken te toetsen aan artikel 5 van de Handelsnaamwet en om na te gaan of de beoogde naam in strijd komt met artikel 5a van die wet of met artikel 13 van de Benelux Merkenwet.

19 Departementale richtlijnen 1986

strekkend besluit van een bepaald daartoe aangewezen vennootschapsorgaan[1] ten kantore van het handelsregister. De statuten mogen daarbij bepalen dat dit orgaan daartoe alleen in bepaalde omstandigheden zal mogen of moeten overgaan. Kennen de statuten aan één of meer personen de bevoegdheden toe die wettelijk aan de raad van commissarissen toekomen, dan moeten deze commissarissen worden genoemd. Er is dan een raad van commissarissen aan welk orgaan geen andere benaming mag worden gegeven. De vorige alinea is van overeenkomstige toepassing op commissarissen. Toegelaten wordt dat een commissarisbenoeming ingaat voor het geval dat een ander, voor de algemene vergadering, ophoudt commissaris te zijn. Plaatsvervangende commissarissen worden niet toegelaten. De statuten mogen bepalen dat een of meer commissarissen zullen of kunnen worden benoemd tot gedelegeerd commissaris, mits hun speciale taak uit de statuten blijkt. Deze taak mag geen inbreuk maken op de taak en bevoegdheden die de wet toekent aan de raad van commissarissen; de taak mag geen bevoegdheden inhouden die niet aan de raad zelf toekomen.

De statuten mogen eisen stellen waaraan bestuurders dan wel commissarissen moeten voldoen. Nationaliteitseisen mogen geen verschil maken naar gelang van de nationaliteit van onderdanen van de Europese Gemeenschappen, buiten de gevallen waarin zulks Europeesrechtelijk geoorloofd is. Wel mag ingezetenschap van bijvoorbeeld Nederland een vereiste zijn. De statuten mogen aan een vennootschapsorgaan of aan derden toestaan ontheffing van de gestelde vereisten te verlenen. De gestelde eisen mogen de kring van kandidaten niet te zeer beperken, tenzij de statuten bepalen dat de beperking kan worden doorbroken. De statuten mogen aan deze doorbreking geen strengere eisen stellen dan is toegestaan voor de besluitvorming tot het ontnemen van de bindende kracht aan een voordracht voor benoeming van bestuurders of commissarissen.

Indien de statuten een recht van bindende voordracht voor benoeming van bestuurders of commissarissen toekennen, mogen zij bepalen dat deze moet zijn uitgebracht binnen een termijn gesteld bij of krachtens de statuten.

De statuten mogen bepalen dat de algemene vergadering het bindende karakter aan zulk een voordracht slechts kan ontnemen met een versterkte meerderheid, mits niet groter dan twee derden der uitgebrachte stemmen. De statuten mogen tevens bepalen dat gerechtigden tot meer dan de helft van alle stemmen moeten hebben gestemd voor het ontnemen van het bindende karakter; zwaardere eisen worden niet toegestaan. De statuten mogen bepalen dat het bindende karakter aan een voordracht slechts kan worden ontnomen in een vergadering waarin de gerechtigden tot meer dan de helft van alle stemmen aanwezig of vertegenwoordigd zijn; een zwaardere quorum-eis wordt niet toegestaan, tenzij bij ontbreken van het vereiste quorum een nieuwe vergadering wordt belegd, waarin geen zwaardere quorum-eis wordt gesteld dan in de vorige zin omschreven.

De statuten mogen aan de besluitvorming tot schorsing of ontslag van bestuurders of commissarissen geen strengere eisen stellen dan is toegestaan voor de besluitvorming tot het ontnemen van de bindende kracht aan een voordracht voor benoeming van bestuurders of commissarissen. De bevoegdheid tot schorsing of ontslag mag niet aan anderen worden toegekend dan degenen die de wet noemt.

§ 7. Belet of ontstentenis van bestuurders

Het departement ziet er op toe, dat de statuten voorschriften bevatten omtrent de wijze waarop in het bestuur der vennootschap voorlopig wordt voorzien in geval van ontstentenis of belet van alle bestuurders. Uit deze regeling dient te blijken wie alsdan tijdelijk met het bestuur is belast dan wel welk vennootschapsorgaan[1] verplicht is bij ontstentenis of belet van alle bestuurders personen aan te wijzen die tijdelijk met het bestuur zijn belast. De statuten mogen in dit verband niet spreken over 'beheer' (art. 134, 244).

Toegelaten wordt een regeling dat een of meer personen met het mede-bestuur worden belast bij belet of ontstentenis van een of meer, doch niet van alle bestuurders.

§ 8. Besluitvorming binnen meerhoofdig bestuur of meerhoofdige raad van commissarissen

De statuten mogen regelen hoe binnen een meerhoofdig bestuur een besluit tot stand komt. Deze regeling moet zodanig zijn dat iedere bestuurder aan de besluitvorming kan meewerken. Niet toegestaan is derhalve de bepaling dat beslissingen over bepaalde onderwerpen aan het

---

1 Onder vennootschapsorgaan wordt in deze richtlijnen verstaan: de algemene vergadering van aandeelhouders, de vergadering van houders van aandelen van een bijzondere soort, het bestuur, de raad van commissarissen en de gecombineerde vergadering van het bestuur en de raad van commissarissen.

19 Departementale richtlijnen 1986

bestuur worden onttrokken; wel de bepaling dat één bestuurder speciaal is belast met bepaalde bestuurswerkzaamheden.

De statuten mogen aan een met name of in functie aangeduide bestuurder meer dan één stem toekennen, mits deze bestuurder alléén niet meer stemmen kan uitbrengen dan de andere bestuurders tezamen. De statuten kunnen bepalen dat bij staken van stemmen de beslissing wordt genomen door een in de statuten aangewezen vennootschapsorgaan[1] of door een in de statuten aangewezen bestuurder, mits deze alleen minder stemmen heeft dan alle andere bestuurders tezamen. De statuten mogen bepalen dat een vennootschapsorgaan[1] een reglement opstelt waarbij de besluitvorming wordt geregeld. Indien de statuten bepalen dat het bestuur buiten vergadering kan besluiten, moeten zij bepalen dat dan algemene stemmen zijn vereist of dat dan aan alle bestuurders moet zijn bericht dat zij de gelegenheid hebben zich uit te spreken. Deze paragraaf is van overeenkomstige toepassing op besluitvorming binnen een meerhoofdige raad van commissarissen.

§ 9. Beperkingen in de bestuursbevoegdheid

De statuten mogen de bestuursbevoegdheid niet aan het bestuur ontnemen.

Tot de bestuursbevoegdheid worden onder meer gerekend: samenwerking met en deelneming in andere rechtspersonen of vennootschappen, investeringen, benoeming en ontslag van werknemers en de vaststelling van hun arbeidsvoorwaarden (art. 129, 239).

De statuten mogen bestuursbesluiten niet onderwerpen aan de goedkeuring van derden. Zij mogen bepaalde bestuursbesluiten onderwerpen aan de goedkeuring van een vennootschapsorgaan[1].

Toegestaan wordt de bepaling dat een vennootschapsorgaan[1] de aard van de goed te keuren besluiten vaststelt, mits de statuten voorschrijven dat dit vennootschapsorgaan in zijn daartoe strekkende besluit de desbetreffende bestuursbesluiten duidelijk omschrijft. Toegestaan is dat de statuten goedkeuring eisen voor bestuursbesluiten waarmee een groter bedrag is gemoeid dan door een vennootschapsorgaan[1] is vastgesteld.

Toegestaan wordt te bepalen dat het bestuur zich moet gedragen naar de aanwijzingen van een vennootschapsorgaan[1] betreffende de algemene lijnen van het te voeren financiële, sociale, economische en personeelsbeleid.

§ 10. Vertegenwoordiging van de vennootschap

Indien de statuten een regeling voor de vertegenwoordigingsbevoegdheid bevatten, dient daaruit duidelijk te blijken welke bestuurders bevoegd zijn de vennootschap te vertegenwoordigen (art. 130, 240).

De statuten mogen – indien er één bestuurder is – zijn vertegenwoordigingsbevoegdheid niet beperken of hem deze ontnemen.

De statuten mogen – indien er meerdere bestuurders zijn – de vertegenwoordigingsbevoegdheid slechts aan de bestuurders gezamenlijk onthouden indien zij tevens bepalen dat de vertegenwoordigingsbevoegdheid wordt toegekend aan een of meer met name of in functie aangeduide bestuurders, dan wel aan twee of meer gezamenlijk handelende bestuurders.

De statuten mogen bepalen dat de vertegenwoordigingsbevoegdheid berust bij een of meer bestuurders tezamen met een of meer andere personen al dan niet in dienst der vennootschap. Hun bevoegdheid mag niet anders worden beperkt dan door het vereiste dat zij gezamenlijk moeten handelen.

Indien uit de statuten blijkt dat niet iedere bestuurder afzonderlijk bevoegd is de vennootschap te vertegenwoordigen, mogen zij daarnaast bepalen dat het bestuur een of meer bestuurders een volmacht kan geven de vennootschap binnen de daarin omschreven grenzen te vertegenwoordigen. De statuten mogen in dit geval inhouden dat het bestuur deze volmacht ook kan beperken door de medewerking te eisen van een of meer andere personen.

Indien vertegenwoordigingsbevoegdheid wordt toegekend aan gezamenlijk handelende personen, dienen de statuten het concrete aantal dier personen te noemen wier gezamenlijke optreden vereist is, behoudens voor zover deze bevoegdheid wordt toegekend aan de gezamenlijk handelende bestuurders.

---

1 Onder vennootschapsorgaan wordt in deze richtlijnen verstaan: de algemene vergadering van aandeelhouders, de vergadering van houders van aandelen van een bijzondere soort, het bestuur, de raad van commissarissen en de gecombineerde vergadering van het bestuur en de raad van commissarissen.

19 Departementale richtlijnen 1986

Indien de statuten aan personen, niet zijnde bestuurder, vertegenwoordigingsbevoegdheid toekennen die op andere wijze is beperkt dan door het vereiste dat zij gezamenlijk moeten handelen, mag niet de term 'algemene vertegenwoordigingsbevoegdheid' worden gebezigd. Aan commissarissen mag in de statuten geen vertegenwoordigingsbevoegdheid worden verleend anders dan in gevallen in de wet bepaald of bij belet of ontstentenis van bestuurders.

DE ALGEMENE VERGADERING

§ 11. Oproeping, gevolmachtigde, besluitvorming

De statuten mogen geen woonplaats of adres aanwijzen van aandeelhouders die in gebreke zijn hun adres op te geven. Zij mogen de vennootschap of een ander niet machtigen oproepingen voor een aandeelhouder in ontvangst te nemen. De statuten mogen bepalen dat indien een of meer aandelen tot een onverdeeldheid behoren, de uitoefening van de rechten slechts kan geschieden door een persoon door de deelgerechtigden aan te wijzen (art. 117, 118, 124, 128, 227, 228, 234, 238).
Het recht om bij gevolmachtigde in de vergadering te verschijnen en te stemmen, mag door de statuten worden beperkt. De bevoegdheid van de aandeelhouder om een advocaat, notaris of registeraccountant te zijner keus als gevolmachtigde aan te wijzen, mag niet worden uitgesloten. De wettelijke vertegenwoordiger van de aandeelhouder mag niet worden belet diens rechten uit te oefenen.
Indien de statuten schriftelijke besluitvorming overeenkomstig artikel 128 of 238 van Boek 2 B.W. toestaan, moet uit de regeling blijken dat een besluit zo slechts kan worden genomen, indien alle aandeelhouders zich schriftelijk (waaronder telegrafisch of per telex) vóór het voorstel hebben verklaard. De statuten mogen bepalen dat een aandeelhouder het stemrecht of het vergader- en stemrecht niet kan uitoefenen, indien en zolang als hij in gebreke is te voldoen aan een bepaalde wettelijke of statutaire verplichting.

§ 12. Jaarrekening en winstbestemming

De besluiten waarbij de jaarrekening wordt opgemaakt of vastgesteld, mogen statutair niet worden onderworpen aan de goedkeuring van enig vennootschapsorgaan of van derden. Niet mag worden bepaald dat voorschriften of bindende voorstellen voor de jaarrekening of voor enige post daarvan mogen worden gegeven. Dit lijdt uitzondering voor zover in de jaarrekening de winstbestemming of het voorstel daartoe is verwerkt (art. 101-105, 210-216).
Toegestaan wordt dat een vennootschapsorgaan[1] de bevoegdheid krijgt te bepalen welk deel van het resultaat van het boekjaar zal worden gereserveerd. De statuten mogen al dan niet in combinatie hiermee bepalen dat de winst ter beschikking staat van de algemene vergadering. De statutaire winstverdeling mag nooit zodanig zijn dat enige aandeelhouder van het delen in de winst is buitengesloten. Toegestaan wordt de regeling dat op aandelen van een bepaalde soort geen winst wordt uitgekeerd, doch dat deze wordt gereserveerd ten behoeve van de houders van deze soort aandelen, mits uit deze regeling blijkt dat de gevormde reserve niet aan anderen dan aan deze houders mag worden uitgekeerd en dat bij vereffening van het vermogen van de vennootschap deze reserve aan hen zal worden uitgekeerd buiten en boven het hun overigens toekomende deel in het overschot na vereffening.
Toegestaan wordt de regeling waarbij een bepaald soort aandelen slechts recht geeft op winst, behaald in één der ondernemingen van de vennootschap, mits tevens wordt bepaald dat niet meer winst zal worden uitgekeerd dan de vennootschap mag uitkeren. De statuten mogen bepalen dat de uitoefening van het dividendrecht van een aandeelhouder wordt opgeschort indien en zolang als hij in gebreke is te voldoen aan een bepaalde wettelijke of statutaire verplichting.

PRAKTIJKVENNOOTSCHAPPEN

§ 13.

In een vennootschap tot uitoefening van een wettelijk beschermd beroep mogen de statuten bepalen dat aandeelhouders, bestuurders, commissarissen en personen van de belet- of ont-

---

1 Onder vennootschapsorgaan wordt in deze richtlijnen verstaan: de algemene vergadering van aandeelhouders, de vergadering van houders van aandelen van een bijzondere soort, het bestuur, de raad van commissarissen en de gecombineerde vergadering van het bestuur en de raad van commissarissen.

stentenisregeling personen moeten zijn die bevoegd zijn het beroep uit te oefenen. Indien aan aandeelhouders die niet (meer) dat beroep mogen uitoefenen of het niet meer in feite uitoefenen, het stemrecht wordt onthouden, kan tevens worden vermeld dat zij mogen stemmen over voorstellen om aan de vennootschap het karakter van praktijkvennootschap te ontnemen door wijziging der statuten. Het departement ziet er niet op toe of wordt voldaan aan vereisten die beroepsorganisaties ter zake stellen.

STRUCTUURVENNOOTSCHAPPEN

§ 14. Algemeen

Voor zover uit de tekst of strekking van de wet niet anders volgt, zijn de voorafgaande paragrafen van toepassing op statuten van vennootschappen waarvoor de bepalingen voor grote vennootschappen wettelijk of krachtens de statuten geheel of gedeeltelijk gelden (structuurvennootschappen) (art. 158-164, 268-274).

Het departement ziet er op toe dat de statuten van een structuurvennootschap de hiervoor bedoelde artikelen van toepassing verklaren, voor zover deze niet worden overgenomen. Indien de statuten aldus zijn ingericht, moet de vennootschap bij een statutenwijziging die afwijkt van de wettelijke regeling voor structuurvennootschappen, aantonen dat die wettelijke regeling niet (meer) op haar van toepassing is. Bij vrijwillige toepassing van de regeling voor structuurvennootschappen moet worden aangetoond dat de bevoegdheden van de ondernemingsraad zullen toekomen aan een of meer reeds ingestelde ondernemingsraden in de zin der wet.

De statuten mogen geen kwaliteitseisen voor commissarissen bevatten. De statuten mogen geen maximum termijn stellen voor het doen van een aanbeveling voor een te benoemen commissaris; zij mogen bepalen dat de raad van commissarissen daartoe een redelijke termijn kan stellen.

De statuten mogen de wettelijke zittingsduur van commissarissen beperken. Indien zij bepalen dat een rooster van aftreden van commissarissen kan of zal worden vastgesteld, moet dit worden vastgesteld door de raad van commissarissen en mag de vaststelling niet worden onderworpen aan de goedkeuring van wie dan ook. De statuten moeten dan tevens bepalen dat een wijziging van het rooster niet kan meebrengen dat een zittende commissaris tegen zijn wil aftreedt voor het verstrijken van de termijn waarvoor hij is benoemd.

Indien de bestuurders worden benoemd conform het bepaalde in de artikelen 162 of 272, moet de regeling voor het geval van ontstentenis of belet van bestuurders het tijdelijke bestuur opdragen aan de raad van commissarissen of aan een of meer door deze raad aan te wijzen of aangewezen personen. De statuten mogen geen beperking inhouden van de bevoegdheden die de wet toekent aan de raad van commissarissen van een structuurvennootschap. Besluiten van het bestuur omtrent de onderwerpen die de artikelen 164 en 274 van boek 2 B.W. opsomt, mogen worden onderworpen aan de goedkeuring van een ander vennootschapsorgaan[1] naast het vereiste van goedkeuring door de raad van commissarissen.

§ 15. De aandeelhouderscommissie

De statuten mogen bepalen dat niet-aandeelhouders deel kunnen uitmaken van de commissie van aandeelhouders. De statuten mogen bepalen dat een niet-commissielid voorzitter of secretaris is van de commissie, mits zij tevens bepalen dat deze personen geen stemrecht hebben in de commissie (art. 158, 268).

De statuten mogen niet bepalen dat de benoeming van de leden van de commissie geschiedt uit een bindende voordracht. Zij mogen aan deze leden geen andere kwaliteitseisen stellen, dan het zijn van aandeelhouder.

De statuten mogen regels bevatten over de besluitvorming in de commissie. Zij mogen deze regels eveneens ter bepaling overlaten aan de algemene vergadering van aandeelhouders of aan de aandeelhouderscommissie, doch niet aan anderen.

1 Onder vennootschapsorgaan wordt in deze richtlijnen verstaan: de algemene vergadering van aandeelhouders, de vergadering van houders van aandelen van een bijzondere soort, het bestuur, de raad van commissarissen en de gecombineerde vergadering van het bestuur en de raad van commissarissen.

19 Departementale richtlijnen 1986

Aandelen (B.V.)

§ 16. Het nominale bedrag

De statuten moeten het maatschappelijk kapitaal en het nominale bedrag van de aandelen vermelden in Nederlands geld (art. 178).

Indien het nominale bedrag van de aandelen wordt verminderd met handhaving van het geplaatste kapitaal of indien het nominale bedrag van de aandelen wordt vergroot, moet in de statuten of elders in de akte van statutenwijziging de grootte van het geplaatste kapitaal worden vermeld op een bepaalde datum. Deze datum mag niet gelegen zijn voor de datum waarop het besluit tot statutenwijziging is genomen. Het geplaatste kapitaal moet ten minste een vijfde van het maatschappelijk kapitaal bedragen. In geval van vergroting van het nominale bedrag moet worden aangetoond dat alle aandeelhouders daarmee instemmen of dat het besluit kan worden uitgevoerd zonder dat (oude) aandelen met een kleiner nominaal bedrag blijven uitstaan. Is dit onmogelijk, dan moet het deel van de aandelen dat niet wordt omgewisseld, statutair worden gehandhaafd.

§ 17. Prioriteitsaandelen

Het is geoorloofd statutair te bepalen dat aan zekere aandelen (prioriteitsaandelen) bepaalde machtsrechten zullen zijn verbonden die nauwkeurig in de statuten moeten zijn omschreven. Zij mogen niet van zodanige aard zijn dat dientengevolge een vennootschapsorgaan niet meer in staat is zijn taak, voor zover die niet aan anderen kan worden overgedragen, te vervullen (art. 201). Het is niet toegestaan prioriteitsaandelen statutair aan te duiden als preferente aandelen, ook niet wanneer zij preferent zijn. Iedere andere aanduiding, mits niet misleidend, is toegestaan.

Tegen verschillende soorten prioriteitsaandelen in één vennootschap bestaat geen bezwaar. Indien de statuten bepalen dat de houders van prioriteitsaandelen buiten vergadering kunnen besluiten, moeten zij bepalen dat een dergelijk besluit alleen genomen kan worden hetzij met algemene stemmen hetzij met een andere meerderheid, nadat alle houders met stemrecht is bericht dat zij de gelegenheid hebben zich uit te spreken en mits geen hunner een vergadering heeft verlangd.

§ 18. Uitgifte van aandelen

Besluiten tot uitgifte van aandelen mogen worden onderworpen aan de goedkeuring van andere vennootschapsorganen[1] en afhankelijk worden gesteld van een voorstel van zulk een orgaan (art. 206).

§ 19. Extra verplichtingen

Bij oprichting mag in de statuten worden bepaald dat aandeelhouders meer verplichtingen zullen hebben dan de verplichting hun aandelen vol te storten. Deze verplichtingen moeten nauwkeurig in de statuten worden omschreven (art. 192).

Het door statutenwijziging aan aandeelhouders opleggen van extra verplichtingen is toegestaan, indien wordt aangetoond dat het besluit de instemming heeft van alle betrokken aandeelhouders.

Blokkeringsregelingen (B.V.)

§ 20. Algemeen

Het departement gaat na of blokkeringsregelingen voldoen aan de eisen die de wet en de paragrafen 21 t/m 26 stellen. In het bijzonder wordt er op gelet dat de overdragende aandeelhouder geen genoegen hoeft te nemen met een andere prijs dan vastgesteld door deskundigen, dat hem de vastgestelde of overeengekomen prijs desgewenst contant wordt betaald en dat hij zich nog kan terugtrekken nadat de prijs en de gegadigden bekend zijn. Er wordt niet op gelet of

---

1 Onder vennootschapsorgaan wordt in deze richtlijnen verstaan: de algemene vergadering van aandeelhouders, de vergadering van houders van aandelen van een bijzondere soort, het bestuur, de raad van commissarissen en de gecombineerde vergadering van het bestuur en de raad van commissarissen.

---

de regeling kan vastlopen bij stilzitten van een der partijen en of zij doelmatig is. Combinaties van verschillende regelingen zijn toegestaan. Ook mogen verschillende blokkeringsregelingen gelden afhankelijk van de soort aandelen of van de aandeelhouders (art. 195).
Toegestaan wordt een regeling volgens welke de overdracht slechts aan bepaalde personen binnen een in artikel 195 lid 1 van boek 2 B.W. genoemde groep verwanten of aan bepaalde aandeelhouders vrij is. Als dergelijke personen met name worden genoemd, moet daarbij worden bepaald dat zij ten tijde van de overdracht moeten behoren tot een van de groepen die artikel 195 lid 1 noemt.
De statuten moeten bepalen dat de vennootschap niet of dat zij slechts met instemming van de verzoeker als gegadigde kan optreden. Gezien de strekking van de wet wordt de bepaling toegestaan dat deze instemming niet vereist is voor overdracht van prioriteitsaandelen waarvan de statuten overeenkomstig paragraaf 26 bepalen dat zij ten hoogste a pari kunnen worden overgedragen.

§ 21. Goedkeuringsregeling

Indien de statuten geen aanbiedingsregeling inhouden, moeten zij bepalen dat de overdracht van aandelen slechts is toegestaan binnen drie maanden na verkregen goedkeuring van een vennootschapsorgaan[1]. De statuten moeten dan bepalen dat, indien dit vennootschapsorgaan niet binnen een in de statuten gestelde termijn heeft beslist, overdracht overeenkomstig de gevraagde goedkeuring is toegestaan tot drie maanden na afloop van die termijn. De statuten mogen het vennootschapsorgaan niet verplichten of verbieden de overdracht aan bepaalde personen of groepen van personen goed te keuren.
De goedkeuringsregeling mag de verzoeker niet dwingen zijn aandelen over te dragen aan aangewezen gegadigden. Als de statuten bepalen dat op het verzoek wordt beslist voor de prijsvaststelling, moeten zij inhouden dat de verzoeker niet eerder dan een maand na de prijsvaststelling behoeft te beslissen of hij zijn aandelen aan de aangewezen gegadigden overdraagt. Bepalen de statuten dat de aangewezen gegadigden zich mogen terugtrekken, dan moeten zij bepalen dat, indien, na de terugtrekking, de overgebleven gegadigden niet bereid blijken binnen een in de statuten bepaalde termijn alle aandelen over te nemen, de overdracht overeenkomstig het verzoek om goedkeuring is toegestaan tot drie maanden na afloop van die termijn.

§ 22. Aanbiedingsregeling

Indien de statuten geen goedkeuringsregeling inhouden, moeten zij bepalen dat een aandeelhouder die aandelen wil vervreemden, deze eerst aan alle andere aandeelhouders moet aanbieden.
Toegestaan wordt een eerste of volgende keus toe te kennen aan bepaalde aandeelhouders of groepen aandeelhouders voordat hetzij de door hen niet afgenomen aandelen moeten worden aangeboden aan alle overige aandeelhouders hetzij voor de overdracht van die aandelen goedkeuring moet worden gevraagd overeenkomstig de vorige paragraaf.
Indien de statuten bepalen, als de mede-aandeelhouders het aanbod niet aanvaarden, het aanbod moet geschieden aan andere gegadigden, moeten de statuten het vennootschapsorgaan[1] noemen dat de gegadigden aanwijst en de termijn noemen waarbinnen dat mag geschieden. De statuten mogen de toewijzing van de aangeboden aandelen regelen.
De statuten moeten bepalen dat de aanbieder zijn aanbod mag intrekken tot een maand nadat hem bekend is hoeveel aandelen tegen welke prijs aan ieder der gegadigden zijn toegewezen.
De statuten moeten bepalen dat de aanbieder gedurende drie maanden na de dag waarop hem bekend wordt dat niet alle aangeboden aandelen worden overgenomen, vrij is in de overdracht daarvan. Bepaald mag worden dat hij dan slechts alle aangeboden aandelen mag overdragen aan de door hem bij zijn aanbod genoemde gegadigde of gegadigden. De statuten mogen bepalen dat als hij zijn aandelen aan derden wil overdragen tegen een lagere prijs dan bij de aanbieding gold, hij de aandelen eerst tegen de lagere prijs opnieuw moet aanbieden aan degenen aan wie hij deze voordien heeft moeten aanbieden.
De statuten mogen bepalen dat aandelen niet behoeven te worden aangeboden, indien de overdracht geschiedt binnen drie maanden na schriftelijke toestemming van alle aandeelhouders of binnen drie maanden na goedkeuring van een vennootschapsorgaan[1].

---

1 Onder vennootschapsorgaan wordt in deze richtlijnen verstaan: de algemene vergadering van aandeelhouders, de vergadering van houders van aandelen van een bijzondere soort, het bestuur, de raad van commissarissen en de gecombineerde vergadering van het bestuur en de raad van commissarissen.

§ 23. Legaat

Omdat legaat als een titel van eigendomsoverdracht wordt beschouwd, is de overdracht van gelegateerde aandelen door de erfgenaam aan de legataris aan de blokkeringsregeling onderworpen. Toegestaan wordt een vrijstelling van de blokkering overeenkomstig artikel 195 lid 1 te bepalen voor overdracht krachtens legaat aan de weduwnaar of weduwe of aan verwanten van de erflater, naast de legatarissen aan wie de erfgenaam overeenkomstig artikel 195 lid 1 eventueel al vrijelijk mag overdragen.

§ 24. Eisen voor aandeelhouderschap

De statuten mogen eisen stellen waaraan aandeelhouders moeten voldoen. Nationaliteitseisen mogen geen verschil maken naar gelang van de nationaliteit van onderdanen van de Europese Gemeenschappen, buiten de gevallen waarin zulks Europeesrechtelijk geoorloofd is. Wel mag ingezetenschap van bijvoorbeeld Nederland een vereiste zijn.
De eisen moeten duidelijk in de statuten zelf zijn omschreven. De statuten mogen bepalen dat met name genoemde personen niet aan de eisen behoeven te voldoen. De statuten mogen ook bepalen dat bij onherroepelijk besluit van een vennootschapsorgaan of in dat besluit met name genoemde personen ontheffing kan worden verleend van eisen voor aandeelhouderschap. De statuten mogen bepalen dat bij het verlenen van zulk een ontheffing voorwaarden kunnen worden gesteld.
De statuten moeten bepalen of en in hoeverre een aandeelhouder die niet (meer) aan de gestelde eisen voldoet, het vergader- en stemrecht en het recht op uitkeringen kan uitoefenen. Indien de statuten bepalen dat een van deze rechten niet kan worden uitgeoefend en zij niet tevens een verplichting tot overdracht opleggen overeenkomstig de volgende paragraaf, moeten zij bepalen dat de aandeelhouder onherroepelijk ontheven is van de gestelde eisen wanneer de vennootschap niet binnen een in de statuten bepaalde termijn na een verzoek daartoe van de aandeelhouder gegadigden heeft aangewezen aan wie hij al zijn aandelen zal kunnen overdragen volgens een regeling in de statuten. Wat betreft de mogelijkheden tot overdracht en de prijsvaststelling mag deze regeling niet in zijn nadeel afwijken van de regeling voor vrijwillige overdracht van aandelen op dat tijdstip. Uit de statuten moet blijken dat de aandeelhouder onherroepelijk ontheffing heeft van de gestelde eisen voor het aandeelhouderschap, indien buiten zijn wil niet al zijn aandelen worden overgenomen door een of meer van degenen die krachtens de statuten als gegadigde kunnen optreden.
De statuten moeten bepalen of de houder van prioriteitsaandelen die niet (meer) aan de kwaliteitseisen voldoet, de bijzondere aan deze aandelen verbonden rechten kan uitoefenen, zolang hij geen ontheffing van die eisen heeft.
Het invoeren van eisen voor aandeelhouderschap bij statutenwijziging is toegestaan, indien wordt aangetoond dat alle aandeelhouders die niet aan de te stellen eisen voldoen hetzij daarvan ontheffing krijgen hetzij met de statutenwijziging hebben ingestemd.

§ 25. Verplichting tot overdracht

De statuten mogen bepalen dat in nauwkeurig in de statuten omschreven gevallen, zoals het niet voldoen aan een vereiste voor aandeelhouderschap, de aandeelhouder zijn aandelen moet aanbieden en overdragen. Zij mogen bepalen dat het vergaderrecht en het stemrecht niet kunnen worden uitgeoefend en dat het recht op uitkeringen wordt opgeschort zolang de aandeelhouder zijn verplichtingen tot aanbieding en overdracht niet nakomt.
Wat betreft de mogelijkheden tot overdracht en de prijsvaststelling mag de regeling in de statuten niet in het nadeel van de aandeelhouder afwijken van de regeling voor vrijwillige overdracht op dat tijdstip. Uit de statuten moet blijken dat indien niet alle aandelen worden overgenomen door een of meer dergenen die volgens de statuten als gegadigde kunnen optreden, de aandeelhouder zijn aandelen mag behouden en dat hij, voor zover de statuten vereisten voor het aandeelhouderschap stellen waaraan hij niet voldoet, daarvan in dit geval onherroepelijk ontheffing heeft. De statuten mogen bepalen dat indien een aandeelhouder na een bepaalde tijd of na aanmaning zijn verplichting tot overdracht niet is nagekomen, de vennootschap onherroepelijk gemachtigd is deze aandelen, mits alle, over te dragen.
De statuten mogen bepalen dat de houder van prioriteitsaandelen die hij moet overdragen, de bijzondere aan deze aandelen verbonden rechten niet mag uitoefenen zolang de verplichting bestaat.

§ 26. Prijs van de aandelen

Iedere blokkeringsregeling moet zodanig zijn dat de aandeelhouder desgewenst de waarde van zijn aangeboden pakket aandelen zonder uitstel ontvangt, vastgesteld door een of meer onafhankelijke deskundigen. De deskundigen moeten ook onafhankelijk zijn van de vennootschap; de externe accountant van de vennootschap mag als deskundige worden aangewezen. De statuten mogen normen bevatten voor het bepalen van de werkelijke waarde van de aandelen. De prijs die een derde heeft geboden, mag niet als maatstaf worden aangewezen. Maatstaven die leiden tot een kennelijk onredelijke waardering worden niet toegestaan. De statuten mogen bepalen dat bij waardering van prioriteitsaandelen de daaraan verbonden macht buiten beschouwing wordt gelaten. Indien op prioriteitsaandelen niet meer mag worden uitgekeerd dan de wettelijke rente of een andere rente die gekoppeld is aan de marktverhoudingen in het jaar waarover of waarin wordt uitgekeerd en zij niet boven het nominale bedrag delen in een overschot na vereffening, mag worden bepaald dat zij slechts tegen nominale waarde of tegen ten hoogste de nominale waarde mogen worden overgedragen aan iemand die krachtens de blokkeringsregeling als gegadigde optreedt.

BEPALINGEN INZAKE AANDELEN EN BLOKKERINGSREGELINGEN VOOR DE N.V.

Aandelen (N.V.)

§ 27. Het nominale bedrag; aandelen aan toonder

De statuten moeten het maatschappelijk kapitaal en het nominale bedrag van de aandelen vermelden in Nederlands geld (art. 67, 82).

Indien het nominale bedrag van de aandelen wordt verminderd met handhaving van het geplaatste kapitaal of het nominale bedrag van de aandelen wordt vergroot, moet in de statuten of elders in de akte van statutenwijziging de grootte van het geplaatste kapitaal worden vermeld op een bepaalde datum. Deze datum mag niet gelegen zijn voor de datum waarop het besluit tot statutenwijziging is genomen. Het geplaatste kapitaal moet ten minste een vijfde van het maatschappelijke kapitaal bedragen. In geval van vergroting van het nominale bedrag moet worden aangetoond dat alle aandeelhouders daarmee instemmen, of dat het besluit kan worden uitgevoerd zonder dat (oude) aandelen met een kleiner nominaal bedrag blijven uitstaan. Is dit onmogelijk, dan moet het deel van de aandelen dat niet wordt omgewisseld statutair worden gehandhaafd. De statuten mogen aandeelbewijzen niet aandelen noemen.

De statuten moeten bepalen of de aandelen op naam of aan toonder luiden dan wel bepalen dat de aandelen zowel op naam als aan toonder kunnen luiden.

Indien uitstaande aandelen aan toonder na een statutenwijziging op naam zullen luiden, moeten de statuten bepalen dat de houder van aandeelbewijzen aan toonder zijn rechten niet kan uitoefenen voordat hij deze bewijzen heeft ingeleverd.

§ 28. Prioriteitsaandelen

Het is geoorloofd statutair te bepalen dat aan zekere aandelen (prioriteitsaandelen) bepaalde machtsrechten zullen zijn verbonden die nauwkeurig in de statuten moeten zijn omschreven. Zij mogen niet van zodanige aard zijn dat dientengevolge een vennootschapsorgaan niet meer in staat is zijn taak, voor zover die niet aan anderen kan worden opgedragen, te vervullen (art. 92).

Het is niet toegestaan prioriteitsaandelen statutair aan te duiden als preferente aandelen, ook niet wanneer zij preferent zijn. Iedere andere aanduiding, mits niet misleidend, is toegestaan.

Tegen verschillende soorten prioriteitsaandelen in één vennootschap bestaat geen bezwaar.

Indien de statuten bepalen dat de houders van de prioriteitsaandelen buiten vergadering kunnen besluiten, moeten zij bepalen dat een dergelijk besluit alleen genomen kan worden hetzij met algemene stemmen hetzij met een andere meerderheid, nadat alle houders met stemrecht is bericht dat zij de gelegenheid hebben zich uit te spreken en mits geen hunner een vergadering heeft verlangd.

§ 29. Uitgifte van aandelen

Besluiten tot uitgifte van aandelen mogen worden onderworpen aan de goedkeuring van ande-

---

434

re vennootschapsorganen[1] en afhankelijk worden gesteld van een voorstel van zulk een orgaan (art. 67, 96, 96*a*).

Indien de statuten bevoegdheid tot het uitgeven van aandelen aan enig ander vennootschapsorgaan[1] dan aan de algemene vergadering toekennen, moet worden aangegeven hoeveel aandelen het aangewezen orgaan mag uitgeven. Zijn er verschillende soorten aandelen, dan moet voor elke soort aandelen blijken tot welk bedrag het aangewezen orgaan mag uitgeven. Wanneer de statuten bepalen dat het aangewezen orgaan alle nog niet uitgegeven aandelen mag uitgeven, moet tot uitdrukking worden gebracht of al dan niet tevens op aandelen wordt gedoeld die na een eventuele latere verhoging van het maatschappelijk kapitaal kunnen worden uitgegeven.

Voordat de bevoegdheid tot uitgifte van aandelen is verlopen, mag zij bij statutenwijziging slechts worden herroepen, indien de toekenning of de verlenging daarvan uitdrukkelijk herroepelijk is gesteld.

Indien bij de statuten de bevoegdheid tot uitgifte van aandelen wordt toegekend aan een ander vennootschapsorgaan dan de algemene vergadering, moet de datum worden vermeld waarop deze bevoegdheid (behoudens verlenging met of zonder statutenwijziging) zal vervallen. Deze datum mag niet later liggen dan vijf jaren na de akte van statutenwijziging.

Indien bij de statuten de bevoegdheid tot uitgifte van aandelen is toegekend aan een ander vennootschapsorgaan dan aan de algemene vergadering, mag tevens worden bepaald dat dit zelfde orgaan bevoegd is te beslissen dat aandeelhouders bij uitgifte van aandelen geen voorkeursrecht hebben. De eerste alinea van deze paragraaf en de beide voorgaande alinea's zijn van toepassing op de toekenning van deze bevoegdheid. De vervaldatum van deze bevoegdheid mag niet later vallen dan de vervaldatum van de bevoegdheid tot uitgifte van aandelen. Regelingen betreffende het voorkeursrecht op uit te geven aandelen die zich uitstrekken tot aandelen die worden uitgegeven aan werknemers van de vennootschap of van een groepsmaatschappij zijn niet toegestaan.

Indien de statuten aan preferente aandeelhouders en/of bij uitgifte van preferente aandelen een voorkeursrecht toekennen, zijn zij vrij in de aanwijzing van een vennootschapsorgaan[1] dat in een dergelijk geval dit voorkeursrecht terzijde mag stellen, al dan niet onder goedkeuring van een ander vennootschapsorgaan[1]. Dit geldt ook ten aanzien van prioriteitsaandelen en houders daarvan, mits die prioriteitsaandelen voldoen aan de omschrijving van artikel 96*a*, lid 2 van boek 2 B.W.

Op deze paragraaf gelden uitzonderingen voor beleggingsmaatschappijen met veranderlijk kapitaal.

§ 30. Extra verplichtingen

Bij oprichting mag in de statuten worden bepaald dat aandeelhouders meer verplichtingen zullen hebben dan de verplichting hun aandelen vol te storten. Deze verplichtingen moeten nauwkeurig in de statuten worden omschreven (art. 81).

Het door statutenwijziging aan aandeelhouders opleggen van extra verplichtingen is toegestaan, indien wordt aangetoond dat het besluit de instemming heeft van alle betrokken aandeelhouders.

Blokkeringsregelingen (N.V.)

§ 31. Algemeen

De statuten zijn vrij te bepalen of, in welke gevallen en hoe de overdracht van aandelen op naam wordt geblokkeerd. Combinaties van blokkeringsregelingen zijn toegestaan. Ook mogen verschillende blokkeringsregelingen gelden afhankelijk van de soort aandelen of van de aandeelhouder. Blokkering van aandelen aan toonder is niet toegestaan (art. 87).

Het departement let er vooral op dat de overdragende aandeelhouder geen genoegen behoeft te nemen met een andere prijs dan vastgesteld door deskundigen, dat betaling verzekerd is en dat gedurende tenminste drie maanden nadat hem bekend wordt dat niet al zijn aangeboden aandelen worden overgenomen, hij deze mag overdragen aan een door hem uitgekozen gegadigde. Op de doelmatigheid van regelingen wordt niet gelet.

---

1 Onder vennootschapsorgaan wordt in deze richtlijnen verstaan: de algemene vergadering van aandeelhouders, de vergadering van houders van aandelen van een bijzondere soort, het bestuur, de raad van commissarissen en de gecombineerde vergadering van het bestuur en de raad van commissarissen.

19 Departementale richtlijnen 1986

§ 32. Goedkeuringsregeling

De statuten mogen de overdracht van aandelen onderwerpen aan de goedkeuring van een vennootschapsorgaan of van derden. De statuten moeten dan bepalen dat overdracht (overeenkomstig de gevraagde goedkeuring) is toegestaan, indien niet binnen een in de statuten gestelde termijn op een verzoek om goedkeuring is beslist.
De goedkeuringsregeling mag de verzoeker niet dwingen zijn aandelen over te dragen aan aangewezen gegadigden. Als de statuten bepalen dat op het verzoek wordt beslist voor de prijsvaststelling, moeten zij inhouden dat de verzoeker niet eerder dan een maand na de prijsvaststelling behoeft te beslissen of hij zijn aandelen aan de aangewezen gegadigden overdraagt. Bepalen de statuten dat de aangewezen gegadigden zich mogen terugtrekken, dan moeten zij bepalen dat, indien, na de terugtrekking, de overgebleven gegadigden niet bereid blijken binnen een in de statuten bepaalde termijn alle aandelen over te nemen, de overdracht (overeenkomstig het verzoek om goedkeuring) is toegestaan.
Indien de statuten bepalen dat de verzoeker zijn aandelen slechts aan een door hem gekozen gegadigde kan overdragen binnen een bepaalde termijn na goedkeuring of na een ander tijdstip, moet deze termijn tenminste drie maanden belopen.

§ 33. Aanbiedingsregeling

De statuten mogen bepalen dat een aandeelhouder die aandelen wil vervreemden, deze eerst moet aanbieden aan bepaalde personen. De statuten mogen ook bepalen dat een vennootschapsorgaan[1] binnen een in de statuten bepaalde termijn deze personen mag aanwijzen.
De statuten moeten bepalen dat de aanbieder zijn aanbod mag intrekken indien binnen een in de statuten bepaalde termijn van tenminste een maand nadat hem bekend is hoeveel aandelen tegen welke prijs aan ieder der gegadigden zijn toegewezen.
Tenzij vervolgens overeenkomstig paragraaf 32 goedkeuring moet worden verkregen, moeten de statuten bepalen dat de aanbieder vrij is in de overdracht van de aandelen van de dag af waarop hem bekend wordt dat niet alle aandelen worden overgenomen. Zij mogen aan deze vrijheid een bepaalde termijn stellen van tenminste drie maanden. Bepaald mag worden dat hij slechts alle aangeboden aandelen mag overdragen. Toegestaan wordt de bepaling dat hij slechts mag overdragen aan de door hem bij zijn aanbod genoemde gegadigde of gegadigden.
De statuten mogen bepalen dat als hij zijn aandelen aan derden wil overdragen tegen een lagere prijs dan bij de aanbieding gold, hij de aandelen eerst tegen de lagere prijs opnieuw moet aanbieden aan degenen aan wie hij deze voordien heeft moeten aanbieden. De statuten mogen bepalen dat een aandeelhouder toestemming kan krijgen zijn aandelen vrijelijk over te dragen.

§ 34. Eisen voor aandeelhouderschap

De statuten mogen eisen stellen waaraan aandeelhouders moeten voldoen. Nationliteitseisen mogen geen verschil maken naar gelang van de nationaliteit van onderdanen van de Europese Gemeenschappen buiten de gevallen waarin zulks Europeesrechtelijk geoorloofd is. Wel mag ingezetenschap van bijvoorbeeld Nederland een vereiste zijn.
De eisen moeten duidelijk in de statuten zelf zijn omschreven. De statuten mogen bepalen dat met name genoemde personen niet aan de eisen behoeven te voldoen. De statuten mogen ook bepalen dat bij onherroepelijk besluit van een vennootschapsorgaan of van derden aan in dat besluit met name genoemde personen ontheffing kan worden verleend van de eisen voor aandeelhouderschap. De statuten mogen bepalen dat bij het verlenen van zulk een ontheffing voorwaarden kunnen worden gesteld.
De statuten moeten bepalen of en in hoeverre een aandeelhouder die niet (meer) aan de gestelde eisen voldoet, het vergader- en stemrecht en het recht op uitkeringen kan uitoefenen. Indien de statuten bepalen dat een van deze rechten niet kan worden uitgeoefend en zij niet tevens een verplichting tot overdracht opleggen overeenkomstig de volgende paragraaf, moeten zij bepalen dat de aandeelhouder onherroepelijk ontheven is van de gestelde eisen wanneer de vennootschap niet binnen een in de statuten bepaalde termijn na een verzoek daartoe van de aandeelhouder gegadigden heeft aangewezen aan wie hij al zijn aandelen zal kunnen overdragen volgens een regeling in de statuten. Wat betreft de mogelijkheden tot overdracht en de prijsvaststelling mag deze regeling niet in zijn nadeel afwijken van de regeling voor vrijwillige overdracht van aandelen op dat tijdstip.

---

1 Onder vennootschapsorgaan wordt in deze richtlijnen verstaan: de algemene vergadering van aandeelhouders, de vergadering van houders van aandelen van een bijzondere soort, het bestuur, de raad van commissarissen en de gecombineerde vergadering van het bestuur en de raad van commissarissen.

Uit de statuten moet blijken dat de aandeelhouder onherroepelijk ontheffing heeft van de gestelde eisen voor het aandeelhouderschap, indien buiten zijn wil niet al zijn aandelen worden overgenomen door een of meer van degenen die krachtens de statuten als gegadigde kunnen optreden.

De statuten moeten bepalen of de houder van prioriteitsaandelen die niet (meer) aan de kwaliteitseisen voldoet, de bijzondere aan deze aandelen verbonden rechten kan uitoefenen, zolang hij geen ontheffing van die eisen heeft.

Het invoeren van eisen voor aandeelhouderschap bij statutenwijziging is toegestaan, indien wordt aangetoond dat alle aandeelhouders die niet aan de te stellen eisen voldoen hetzij daarvan ontheffing krijgen hetzij met de statutenwijziging hebben ingestemd.

§ 35. Verplichting tot overdracht

De statuten mogen bepalen dat in nauwkeurig in de statuten omschreven gevallen, zoals het niet voldoen aan een vereiste voor aandeelhouderschap, de aandeelhouder zijn aandelen moet overdragen. Zij mogen bepalen dat degenen die aandelen anders dan door overdracht verkrijgen, deze moeten aanbieden en overdragen. Zij mogen bepalen dat het vergaderrecht en het stemrecht niet kunnen worden uitgeoefend en dat het recht op uitkeringen wordt opgeschort zolang de aandeelhouder zijn verplichtingen tot aanbieding of overdracht niet nakomt.

Wat betreft de mogelijkheden tot overdracht en de prijsvaststelling mag de regeling in de statuten niet in het nadeel van de aandeelhouder afwijken van de regeling voor vrijwillige overdracht op dat tijdstip. Uit de statuten moet blijken dat indien niet alle aandelen worden overgenomen door een of meer dergenen die volgens de statuten als gegadigde kunnen optreden, de aandeelhouder zijn aandelen mag behouden en dat hij, voor zover de statuten vereisten voor het aandeelhouderschap stellen waaraan hij niet voldoet, daarvan in dit geval onherroepelijk ontheffing heeft. De statuten mogen bepalen dat indien een aandeelhouder na een bepaalde tijd of na aanmaning zijn verplichting tot overdracht van aandelen niet is nagekomen, de vennootschap onherroepelijk gemachtigd is deze aandelen, mits alle, over te dragen.

De statuten mogen bepalen dat de houder van prioriteitsaandelen die hij moet overdragen, de bijzondere aan deze aandelen verbonden rechten niet mag uitoefenen zolang de verplichting bestaat.

§ 36. Prijs van de aandelen

Iedere blokkeringsregeling moet zodanig zijn dat de aandeelhouder desgewenst de waarde van zijn aangeboden pakket aandelen ontvangt, vastgesteld door een of meer onafhankelijke deskundigen. De deskundigen moeten ook onafhankelijk zijn van de vennootschap; de externe accountant van de vennootschap mag als deskundige worden aangewezen.

In de statuten wordt de regeling toegestaan dat de aandeelhouder die zijn aandelen vrijwillig overdraagt, genoegen moet nemen met betaling van de prijs in termijnen, mits uit die regeling blijkt dat de verkrijger verplicht is de hoofdsom te betalen in maximaal tien jaarlijkse termijnen, zekerheid te stellen (bijvoorbeeld door het in pand geven van die aandelen) en een redelijke rente te vergoeden.

De statuten mogen normen bevatten voor het bepalen van de werkelijke waarde van de aandelen. De prijs die een derde heeft geboden, mag niet als maatstaf worden aangewezen. Maatstaven die leiden tot een kennelijk onredelijke waardering worden niet toegestaan. De statuten mogen bepalen dat bij waardering van prioriteitsaandelen de daaraan verbonden macht buiten beschouwing wordt gelaten. Indien op prioriteitsaandelen niet meer mag worden uitgekeerd dan de wettelijke rente of een andere rente die gekoppeld is aan de marktverhoudingen in het jaar waarover of waarin wordt uitgekeerd en zij niet boven het nominale bedrag delen in een overschot na vereffening, mag worden bepaald dat zij slechts tegen nominale waarde of tegen ten hoogste de nominale waarde mogen worden overgedragen aan iemand die krachtens de blokkeringsregeling als gegadigde optreedt.

Indien de blokkeringsregeling tot gevolg kan hebben dat een aandeelhouder een of meer van zijn aandelen slechts kan overdragen aan de vennootschap, moeten de statuten bepalen dat, indien dit geval zich voordoet, in de prijs moet zijn begrepen het belastingnadeel dat de vervreemder lijdt als gevolg van overdracht aan de vennootschap in plaatst van aan een ander. Dit geldt niet voor aandelen die overeenkomstig de vorige alinea slechts a pari mogen worden overgedragen.

19 Departementale richtlijnen 1986

BIJLAGE A. Overzicht van de voor de misbruiktoets relevante criminele respectievelijk financiële antecedenten (zie paragraaf 1)

1. Inleiding

In deze bijlage wordt een overzicht gegeven van de criminele respectievelijk financiële antecedenten, die in ieder geval relevant zijn voor de beoordeling van de betrouwbaarheid van de bij de vennootschap betrokken beleidsbepalende personen.

Bij het zich voordoen van een crimineel antecedent zoals hier wordt bedoeld, is dat aanleiding voor het instellen van een nader onderzoek naar de achtergrond van de aanvrager en van de oprichting. Voor de vraag of in een concreet geval de verklaring van geen bezwaar moet worden geweigerd dan wel afgegeven, worden alle bekende feiten en omstandigheden in hun onderlinge samenhang bezien en gewogen. Indien uit die feiten en omstandigheden blijkt dat er gegronde reden is om aan de (morele of financiële) betrouwbaarheid te twijfelen, wordt de verklaring van geen bezwaar geweigerd.

2. Criminele antecedenten

Onder criminele antecedenten, op basis waarvan tot het oordeel kan worden gekomen dat de morele betrouwbaarheid of integriteit in het geding is, en die in beginsel kunnen leiden tot weigering van een verklaring van geen bezwaar voor de oprichting van een vennootschap, worden in ieder geval de volgende omstandigheden verstaan:

A. Veroordelingen
De betrokken persoon is bij rechterlijke uitspraak, uitgesproken in de acht jaren voorafgaand aan de dagtekening van de aanvraag, dan wel na die datum doch voor de beslissing op de aanvraag, veroordeeld terzake van één of meer van de hieronder opgesomde strafbare feiten:
– Wetboek van Strafrecht: de artikelen:135 *bis* (mislukte poging), 140 (deelneming aan misdadige organisatie), 174, 175 (opzettelijke verkoop van schadelijke waren), 177,179 (omkoping van ambtenaar etc.), 188 (valse aangifte), 198 (onttrekking goederen aan beslag), 207 (meineed), 208 t/m 214 (valsemunterij etc.), 225 t/m 232 (valsheid in geschrift), 239 t/m 250*ter* (zedenmisdrijven), 272, 273 (schending ambtsgeheimen, bedrijfsgeheimen), 274 (slavenhandel), 285 (bedreiging), 287 t/m 294 (levensdelicten), 300 t/m 306 (mishandeling), 307 t/m 309 (dood door schuld), 310, 311, 312 (diefstal), 317, 318 (afpersing), 321, 322, 323 (verduistering), 326, 326*a* (oplichting en flessentrekkerij), 327, 328 (bedrog tegen verzekering), 328*bis* (steekpenningen), 329 t/m 332, 335, 336 (diverse vormen van bedrog), 337 (valse handelsnaam of merk), 340 t/m 345 (bankbreuk), 347 (met statuten strijdige handeling), 418 (onttrekking van goed aan beperkt rechthebbende), 416, 417, 417*bis* (heling), 442 (eigenmachtig handelen tijdens surseance);
– Opiumwet: artikel 10, tweede, derde, vierde en vijfde lid, artikel 10*a*, eerste lid en artikel 11, tweede en derde lid (misdrijven);
– Wet economische delicten: artikel 1, onder 1° en 2°, artikel 1*a* onder 1° en 2° voor zover zij opzettelijk zijn begaan (m.u.v. Distributiewet 1939), artikel 1, onder 5°, en 3°, voor zover zij in de desbetreffende voorschriften als misdrijf zijn aangemerkt (misdrijven);
– Wet wapens en munitie: art. 9, eerste lid, 13, eerste lid, 14, eerste lid, 22, eerste lid, 26, eerste lid, 31, eerste lid (misdrijven).
Onder veroordelingen worden ook verstaan veroordelingen in het buitenland wegens overtreding van een of meer aldaar geldende strafbepalingen vergelijkbaar met de hiervoor genoemde feiten.

B. Transactie met het openbaar ministerie
De betrokken persoon heeft een vrijwillige betaling als bedoeld in artikel 74 van het Wetboek van Strafrecht gedaan terzake van één of meer van de hiervoor onder A genoemde strafbare feiten.

C. Dagvaarding
Aan de betrokken persoon is als verdachte terzake van één of meer van de hiervoor onder A genoemde feiten een dagvaarding uitgereikt, terwijl de rechter daarover nog geen uitspraak heeft gedaan.

D. Sepot, niet verdere vervolging, vrijspraak of ontslag van rechtsvervolging
De betrokken persoon wordt terzake van één of meer van de hiervoor onder A genoemde straf-

19 Departementale richtlijnen 1986

bare feiten niet (verder) vervolgd, om een andere reden dan ongefundeerdheid van de gerezen verdenking, dan wel vrijgesproken of ontslagen van rechtsvervolging.

E. Andere feiten of omstandigheden
Andere bekende en relevante feiten, de betrokken persoon betreffende, voor zover die blijken uit door de politie opgemaakte processen-verbaal of rapporten, die een (vermoedelijke) ernstige inbreuk op de rechtsorde betreffen en waaruit ernstige twijfel aan de betrouwbaarheid of integriteit van betrokkene kan worden afgeleid.

3. *Financiële antecedenten*

Onder financiële antecedenten, op basis waarvan tot het oordeel gekomen kan worden dat de financiële betrouwbaarheid of integriteit van het bedrijf in het geding is en die in beginsel leiden tot een weigering van de verklaring van geen bezwaar voor de oprichting van een vennootschap, worden verstaan:

A. Faillissementen en surseance van betaling
De betrokken persoon is bij rechterlijke uitspraak, uitgesproken in de acht jaren voorafgaand aan de dagtekening van de aanvraag, dan wel na die datum doch voor de beslissing op de aanvraag, in staat van faillissement verklaard, dan wel is aan de betrokken persoon voorlopige surseance van betaling of surseance van betaling verleend, dan wel is de betrokken persoon betrokken (geweest) bij een faillissement of surseance van betaling van een rechtspersoon in de hiervoor genoemde periode.

B. Belastingschulden en schulden aan de sectorraden
De betrokken persoon heeft betalingsachterstand bij de belastingdienst of bij een of meer sectorraden (voormalige bedrijfsverenigingen) welke (in totaal) de hoogte van het eigen vermogen minus het geplaatste kapitaal van de vennootschap waarvoor de aanvraag van verklaring van geen bezwaar wordt gevraagd overschrijdt.

C. Inbreng verlieslijdende onderneming
In de op te richten vennootschap wordt een reeds bestaande onderneming geheel of gedeeltelijk niet-geruisloos ingebracht, terwijl deze onderneming een negatief eigen vermogen heeft en zowel in het afgelopen boekjaar als in het voorlaatste boekjaar verlies heeft geleden.

BIJLAGE B. Voorbeeld van een aanvaardbare inbrengclausule in de akte van oprichting van een vennootschap (zie paragraaf 3)

Onder vennootschapsorgaan wordt in deze richtlijnen verstaan: de algemene vergadering van aandeelhouders, de vergadering van houders van aandelen van een bijzondere soort, het bestuur, de raad van commissarissen en de gecombineerde vergadering van het bestuur en de raad van commissarissen.
Namens de bij deze akte opgerichte vennootschap – hierna te noemen: de vennootschap – is met de oprichter A, omtrent de storting op de bij hem bij de oprichting geplaatste aandelen een overeenkomst geslotenvan de volgende inhoud:
– 1. Ter storting op de aandelen zal de oprichter A in de vennootschap inbrengen zijn gehele te ... gevestigde onderneming, die hij voor eigen rekening onder de naam: ... drijft – echter van ... negentienhonderd ... af voor rekening en risico van de vennootschap –, omvattende deze inbreng derhalve alle activa van gemelde onderneming onder de verplichting voor de vennootschap alle passiva van die onderneming voor haar rekening te nemen. Indien uit de sub 2 gemelde beschrijving blijkt, dat het saldo van de activa en passiva kleiner is dan het nominaal bedrag van de aandelen, zal de oprichter uiterlijk bij de oprichting het verschil in contanten storten. Indien het saldo van de activa en passiva groter is dan het nominaal bedrag van de aandelen, zal de oprichter voor het verschil in de boeken van de vennootschap worden gecrediteerd. De oprichter heeft het recht ten laste van zodanige creditering het toepassing van artikel 19 van de Wet op de inkomstenbelasting 1964 een periodieke uitkering of verstrekking te bedingen, welke evenwel geen hogere waarde zal hebben dan het in de vorige zin bedoeld verschil.
– 2. Van de sub 1 gemelde activa en passiva zullen de oprichters een beschrijving opstellen. Indien het saldo van de activa en passiva groter dan wel kleiner is dan het nominaal bedrag van de aandelen zal uit de beschrijving tevens de grootte van het verschil blijken.
– 3. De sub 2 bedoelde beschrijving van de inbreng zal bovendien vermelden de daaraan toegekende waarde en de toegepaste waarderingsmethoden, welke methoden zullen voldoen aan

439

normen die in het maatschappelijk verkeer als aanvaardbaar worden beschouwd, en zal betrekking hebben op de toestand van de activa en passiva op ... (datum).
– 4. Indien onherroepelijk komt vast te staan, dat de oprichter A in zijn verhouding tot de Dienst der Belastingen een hogere waarde aan de inbreng moet toekennen dan de waarde, bedoeld sub 3, zal die hogere waarde ook tussen de oprichter A en de vennootschap als waarde van de inbreng gelden en zal die oprichter voor het verschil tussen die hogere waarde en de waarde, bedoeld sub 3, in de boeken der vennootschap worden gecrediteerd, mits een registeraccountant of een accountant die op grond van een buitenlands getuigschrift bij vergunning van de Minister van Economische Zaken is toegelaten op de voet van registeraccountant, dan wel een accountant-administratieconsulent[1] verklaart, dat de waarde van de inbreng, bepaald met inachtneming van een bijstortingsplicht dan wel creditering als sub 1 bedoeld en van een nadere creditering, als onder dit nummer 4 bedoeld, bij toepassing van in het maatschappelijk verkeer als aanvaardbaar beschouwde waarderingsmethoden, ten minste beloopt het bedrag van de stortingsplicht, in geld uitgedrukt, waaraan met de inbreng moet worden voldaan.
Deze overeenkomst is thans voor de vennootschap verbindend. De in de bovengemelde overeenkomst bedoelde beschrijving is thans opgesteld en door de oprichter(s) ondertekend. Over de beschrijving heeft een registeraccountant of een accountant die op grond van een buitenlands getuigschrift bij vergunning van de Minister van Economische Zaken is toegelaten op de voet van registeraccountant, dan wel een accountant-administratieconsulent[2], verklaard dat de waarde van de inbreng, bepaald met inachtneming van een bijstorting dan wel creditering, als in bovengemelde overeenkomst sub 1 bedoeld, bij toepassing van in het maatschappelijk verkeer als aanvaardbaar beschouwde waarderingsmethoden, ten minste beloopt het in de verklaring genoemde bedrag van de stortingsplicht, in geld uitgedrukt, waaraan met de inbreng moet worden voldaan. De beschrijving, waarij de verklaring behoort, heeft nog niet wegens tijdsverloop wettelijk haar bruikbaarheid verloren. De oprichter(s) is niet bekend dat de waarde na de beschrijving aanzienlijk is gedaald.
De stukken, waarvan de wet aanhechting aan deze akte voorschrijft, worden aan deze akt gehecht.

---

1 Deze laatste niet als het een n.v. betreft.
2 Deze laatste slechts wanneer het een b.v. betreft en zulks op grond van artikel 204a, lid 2, van Boek 2, is toegelaten.

19 Departementale richtlijnen 1986

Verordening (EEG) nr. 2137/85 van de raad van 25 juli 1985 tot instelling van Europese economische samenwerkingsverbanden (EESV), PbEG L 199/1

[Inwerkingtreding: 01-07-1989]

De Raad van de Europese Gemeenschappen,
Gelet op het Verdrag tot oprichting van de Europese Economische Gemeenschap, inzonderheid op artikel 285,
Gezien het voorstel van de Commissie,
Gezien het advies van het Europese Parlement,
Gezien het advies van het Economisch en Sociaal Comité,
Overwegende dat een harmonische ontwikkeling van de economische bedrijvigheid en een gestadige en evenwichtige expansie in de gehele Gemeenschap afhankelijk zijn van de totstandkoming en de goede werking van een gemeenschappelijke markt die soortgelijke voorwaarden biedt als een nationale markt; dat het voor de verwezenlijking van deze éne markt en het hechter maken van de eenheid ervan met name wenselijk is dat voor natuurlijke personen, vennootschappen en andere juridische lichamen een juridisch kader wordt ingesteld dat de aanpassing van hun werkzaamheden aan de economische omstandigheden in de Gemeenschap vergemakkelijkt; dat het hiertoe noodzakelijk is dat deze natuurlijke personen, vennootschappen en andere juridische lichamen daadwerkelijk kunnen samenwerken over de grenzen heen;
Overwegende dat een dergelijke samenwerking kan stuiten op moeilijkheden van juridische, fiscale of psychologische aard; dat de instelling van een geschikte communautaire rechtsfiguur in de vorm van een Europees economisch samenwerkingsverband bijdraagt tot de verwezenlijking van de bovenvermelde doelstellingen en derhalve noodzakelijk lijkt;
Overwegende dat het verdrag niet voorziet in de specifieke bevoegdheden voor het instellen van een dergelijke rechtsfiguur;
Overwegende dat het samenwerkingsverband zich aan de economische omstandigheden moet kunnen aanpassen door de leden van een grote mate van vrijheid te laten voor het regelen van hun contractuele betrekkingen en het inwendig bestel van het samenwerkingsverband;
Overwegende dat het verschil tussen een samenwerkingsverband en een vennootschap in hoofdzaak is gelegen in zijn doel, dat alleen bestaat in het vergemakkelijken of ontwikkelen van de economische werkzaamheid van zijn leden, zodat dezen aldus hun eigen resultaten kunnen verbeteren; dat de werkzaamheid van het samenwerkingsverband, gezien zijn ondersteunende karakter, moet samenhangen met en niet in de plaats mag treden van de economische werkzaamheid van zijn leden en het verband derhalve bij voorbeeld niet zelf ten aanzien van derden een vrij beroep mag uitoefenen, waarbij het begrip economische werkzaamheid in de ruimste zin moet worden uitgelegd;
Overwegende dat de toegang tot het samenwerkingsverband, met inachtneming van de doelstellingen van deze verordening, zo ruim mogelijk moet zijn voor natuurlijke personen, vennootschappen en andere juridische lichamen; dat deze verordening evenwel de toepassing, op nationaal niveau, van de wettelijke en/of deontologische voorschriften inzake de voorwaarden voor de uitoefening van een economische werkzaamheid of van een beroep onverlet laat;
Overwegende dat deze verordening als zodanig niet het recht verleent aan een samenwerkingsverband deel te nemen, ook niet wanneer aan de in de verordening vervatte voorwaarden is voldaan;
Overwegende dat de bij deze verordening verleende bevoegdheid om de deelneming aan samenwerkingsverbanden om redenen van algemeen belang te verbieden of te beperken, geen afbreuk doet aan wetten van Lid-Staten die de uitoefening van werkzaamheden regelen en die andere verbodsbepalingen of beperkingen kunnen bevatten of anderszins controle of toezicht kunnen inhouden op deelneming aan een samenwerkingsverband van natuurlijke personen, vennootschappen of andere juridische lichamen, of van welke categorie daarvan ook;
Overwegende dat aan het samenwerkingsverband, met het oog op de verwezenlijking van zijn doel, een eigen rechtsbevoegdheid moet worden verleend en dat moet worden voorzien in een rechtens van de leden van het samenwerkingsverband onderscheiden orgaan dat het jegens derden vertegenwoordigt;
Overwegende dat het voor de bescherming van derden noodzakelijk is te zorgen voor een ruime mate van openbaarheid en een onbeperkte en hoofdelijke aansprakelijkheid van de leden voor de schulden van het samenwerkingsverband, met inbegrip van schulden op het gebied

---

441

van belastingen en sociale zekerheid, zonder dat dit beginsel evenwel afbreuk doet aan de vrijheid om bij een bijzondere overeenkomst tussen het samenwerkingsverband en een derde de aansprakelijkheid van één of meer leden voor een bepaalde schuld uit te sluiten of te beperken;

Overwegende dat vragen betreffende de staat en de bevoegdheid van natuurlijke personen en de bevoegdheid van rechtspersonen worden beheerst door het nationale recht;

Overwegende dat regels moeten worden gesteld voor de bijzondere gronden tot ontbinding van samenwerkingsverbanden, maar dat voor de vereffening en de afsluiting daarvan naar het nationale recht moet worden verwezen;

Overwegende dat het samenwerkingsverband onderworpen is aan de nationale rechtsregels inzake insolventie en staking van betaling en dat dit recht andere oorzaken voor ontbinding van het samenwerkingsverband kan bevatten;

Overwegende dat in deze verordening wordt bepaald dat het resultaat van de werkzaamheden van het samenwerkingsverband slechts bij de leden belastbaar is; dat voor het overige het nationale belastingrecht van toepassing is, met name voor wat betreft de verdeling van de winst, de belastingprocedures en alle verplichtingen die door de nationale belastingwetgevingen worden opgelegd;

Overwegende dat op de niet door deze verordening bestreken gebieden het recht van de Lid-Staten en het Gemeenschapsrecht van toepassing zijn, zo bij voorbeeld:
- op het gebied van het sociaal recht en het arbeidsrecht;
- op het gebied van het mededingingsrecht;
- op het gebied van het recht inzake intellectuele eigendom; Overwegende dat de werkzaamheid van een samenwerkingsverband onderworpen is aan het recht van de Lid-Staten inzake de uitoefening van een werkzaamheid en het toezicht daarop; dat, in geval van misbruik of ontduiking van de wetgeving van een Lid-Staat door een samenwerkingsverband of zijn leden, deze Lid-Staat passende sancties kan treffen;

Overwegende dat het de Lid-Staten vrij staat iedere wettelijke, bestuursrechtelijke of administratieve maatregel toe te passen of vast te stellen die niet in strijd is met de inhoud en de doelstellingen van deze verordening;

Overwegende dat deze verordening in al haar onderdelen onmiddellijk in werking moet treden; dat de toepassing van sommige van haar bepalingen evenwel moet worden uitgesteld om de Lid-Staten de geelegenheid te geven eerst de nodige voorzieningen te treffen voor de inschrijving van samenwerkingsverbanden op hun grondgebied en voor de bekendmaking van hun akten; dat de opgerichte samenwerkingsverbanden vanaf het tijdstip waarop deze verordening van toepassing is, zonder territoriale beperkingen werkzaam kunnen zijn,
heeft de volgende verordening vastgesteld:

Art. 1

Oprichtingsvoorwaarden

– 1. Europese economische samenwerkingsverbanden worden opgericht onder de voorwaarden, op de wijze en met de gevolgen als in deze verordening bepaald.

Hiertoe sluiten degenen die een samenwerkingsverband willen oprichten een overeenkomst en laten zij de inschrijving verrichten overeenkomstig artikel 6.

– 2. Het aldus opgerichte samenwerkingsverband is bevoegd om met ingang van de dag van de in artikel 6 bedoelde inschrijving in eigen naam drager te zijn van rechten en verplichtingen van elke aard, overeenkomsten aan te gaan of andere rechtshandelingen te verrichten en in rechte op te treden.

– 3. De Lid-Staten bepalen of de overeenkomstig artikel 6 in hun registers ingeschreven samenwerkingsverbanden al dan niet rechtspersoonlijkheid bezitten.

Art. 2

Interne rechtsregeling

– 1. Behoudens de bepalingen van deze verordening, is het interne recht van de Staat van de zetel die in de oprichtingsovereenkomst is bepaald, van toepassing, enerzijds op de oprichtingsovereenkomst, behalve voor vragen betreffende de staat en de bevoegdheid van natuurlijke personen en de bevoegdheid van rechtspersonen, en anderzijds op het inwendig bestel van het samenwerkingsverband.

– 2. Indien een Staat uit meer dan één territoriale eenheid bestaat en elke eenheid daarvan eigen rechtsregels voor de in lid 1 bedoelde onderwerpen kent, wordt voor de bepaling van het overeenkomstig dit artikel toe te passen recht op iedere territoriale eenheid als een Staat beschouwd.

Art. 3

Doel samenwerkingsverband; beperkingen

– 1. Het doel van het samenwerkingsverband is de economische werkzaamheid van zijn leden te vergemakkelijken of te ontwikkelen dan wel de resultaten daarvan te verbeteren of te vergroten, doch niet het behalen van winst voor zichzelf.

Zijn werkzaamheid dient samen te hangen met de economische werkzaamheid van zijn leden en kan ten opzichte daarvan slechts een ondersteunend karakter hebben.

- 2. Het is aan het samenwerkingsverband derhalve niet toegestaan:
a. rechtstreeks of middellijk bestuursmacht of zeggenschap uit te oefenen over de eigen werkzaamheden van zijn leden of de werkzaamheden van een andere onderneming, met name niet op het gebied van het personeelsbeleid, de financiën en de investeringen;
b. rechtstreeks of middellijk, uit welken hoofde dan ook, aandelen of deelnemingsrechten, in welke vorm dan ook, te bezitten in een onderneming die lid is; het bezitten van aandelen of deelnemingsrechten in een andere onderneming is slechts toegestaan voor zover zulks noodzakelijk is voor het verwezenlijken van het doel van het samenwerkingsverband en voor rekening van zijn leden geschiedt;
c. meer dan vijfhonderd werknemers in dienst te hebben;
d. door een vennootschap te worden gebruikt om een lening te verstrekken aan een bestuurder van een vennootschap of aan met hem verbonden personen, wanneer dergelijke leningen onderworpen zijn aan beperkingen of toezicht volgens het vennootschapsrecht van de Lid-Staten; een samenwerkingsverband mag evenmin worden gebruikt voor de overdracht van goederen tussen een vennootschap en een bestuurder of met hem verbonden personen, behalve voor zover zulks door het vennootschapsrecht van de Lid-Staten is toegestaan. In de zin van deze bepaling wordt met lening ook elke handeling met een soortgelijk gevolg bedoeld en kan het goed zowel roerend als onroerend zijn;
e. lid te zijn van een ander Europees economisch samenwerkingsverband.

Art. 4
- 1. Van een samenwerkingsverband kunnen slechts lid zijn:
a. vennootschappen in de zin van artikel 58, tweede alinea, van het verdrag en andere publiekrechtelijke of privaatrechtelijke juridische lichamen, die zijn opgericht overeenkomstig de wetgeving van een Lid-Staat en hun statutaire of wettelijke zetel en hun hoofdkantoor in de Gemeenschap hebben; wanneer een vennootschap of ander juridisch lichaam overeenkomstig de wetgeving van een Lid-Staat niet verplicht is een statutaire of wettelijke zetel te hebben, is het voldoende wanneer die vennootschap of dat andere juridische lichaam zijn hoofdkantoor heeft in de Gemeenschap;
b. natuurlijke personen die een industriële, commerciële, ambachtelijke of agrarische werkzaamheid of een vrij beroep uitoefenen of andere diensten verrichten in de Gemeenschap.
- 2. Een samenwerkingsverband dient ten minste te bestaan uit:
a. twee vennootschappen of andere juridische lichamen in de zin van lid 1, die hun hoofdkantoor in verschillende Lid-Staten hebben; of
b. twee natuurlijke personen in de zin van lid 1, die hun voornaamste werkzaamheid in verschillende Lid-Staten uitoefenen; of
c. een vennootschap of ander juridisch lichaam en een natuurlijke persoon in de zin van lid 1, van wie de eerste zijn hoofdkantoor in een Lid-Staat heeft en de tweede zijn voornaamste werkzaamheid in een andere Lid-Staat uitoefent.
- 3. Een Lid-Staat kan bepalen dat de overeenkomstig artikel 6 in zijn registers ingeschreven samenwerkingsverbanden niet meer dan 20 leden mogen hebben. Daartoe kan deze Lid-Staat bepalen dat elk lid van een overeenkomstig zijn wetgeving opgericht juridisch lichaam dat geen ingeschreven vennootschap is, in overeenstemming met zijn wetgeving, als een afzonderlijk lid van een samenwerking wordt behandeld.
- 4. Een Lid-Staat mag om redenen van algemeen belang de deelneming van bepaalde categorieën van natuurlijke personen, vennootschappen of andere juridische lichamen aan een samenwerkingsverband uitsluiten of beperken.

Lidmaatschapsvereisten; samenwerkingsvereisten

Art. 5
De oprichtingsovereenkomst van het samenwerkingsverband moet in elk geval vermelden:
a. de naam van het samenwerkingsverband, voorafgegaan of gevolgd door de woorden 'Europees economisch samenwerkingsverband' dan wel de afkorting 'EESV', tenzij die woorden of die afkorting reeds in de naam voorkomen;
b. de zetel van het samenwerkingsverband;
c. het doel waarvoor het samenwerkingsverband is opgericht;
d. de naam, de handelsnaam of benaming, de rechtsvorm, de woonplaats of de maatschappelijke zetel alsmede, in voorkomend geval, het nummer en de plaats van inschrijving van elk van de leden van het samenwerkingsverband;
e. de duur van het samenwerkingsverband, tenzij deze onbepaald is.

Oprichtingsovereenkomst

Art. 6
Het samenwerkingsverband wordt in de Lid-Staat van de zetel ingeschreven in het overeenkomstig artikel 39, lid 1, aangewezen register.

Inschrijving

Art. 7
De oprichtingsovereenkomst wordt neergelegd in het in artikel 6 bedoelde register. In dit register moeten tevens de volgende akten en gegevens worden neergelegd:

Register

20 Verordening EESV

a. wijzigingen in de oprichtingsovereenkomst van het samenwerkingsverband, met inbegrip van wijzigingen in de samenstelling van het samenwerkingsverband;
b. de oprichting of opheffing van vestigingen van het samenwerkingsverband;
c. de rechterlijke beslissing waarbij de nietigheid van het samenwerkingsverband overeenkomstig artikel 15 wordt vastgesteld of uitgesproken;
d. de benoeming van de bestuurder of bestuurders van het samenwerkingsverband, hun naam en elk ander gegeven betreffende hun identiteit dat wordt geëist door de wet van de Lid-Staat waar het register wordt gehouden, met vermelding of zij alleen dan wel slechts gezamenlijk kunnen handelen, alsmede het eindigen van de bestuursfunctie;
e. de overdracht door een lid van het samenwerkingsverband van het geheel of een deel van zijn deelneming overeenkomstig artikel 22, lid 1;
f. het besluit van de leden waarbij de ontbinding van het samenwerkingsverband wordt uitgesproken of vastgesteld overeenkomstig artikel 31, dan wel de rechterlijke beslissing waarbij de ontbinding wordt uitgesproken overeenkomstig artikel 31 of artikel 32;
g. de benoeming van de vereffenaar of vereffenaars van het samenwerkingsverband, bedoeld in artikel 35, alsmede hun naam en elk ander gegeven betreffende hun identiteit dat wordt geëist door de wet van de Lid-Staat waar het register wordt gehouden, alsook het eindigen van de functie van de vereffenaar;
h. de afsluiting van de vereffening van het samenwerkingsverband, bedoeld in artikel 35, lid 2;
i. het voorstel tot zetelverplaatsing, bedoeld in artikel 14, lid 1;
j. het beding waarbij een nieuw lid overeenkomstig artikel 26, lid 2, wordt vrijgesteld van betaling van de schulden die vóór zijn toetreding zijn ontstaan.

Art. 8

Publicatiever-
plichting

De volgende gegevens moeten op de in artikel 39 bepaalde wijze openbaar worden gemaakt in het in lid 1 van dat artikel bedoelde publikatieblad:
a. de gegevens die ingevolge artikel 5 in de oprichtingsovereenkomst moeten voorkomen, en de wijziging daarin;
b. het nummer, de datum en de plaats van de inschrijving, alsmede de doorhaling van de inschrijving;
c. de in artikel 7, sub *b* tot en met *j*, bedoelde akten en gegevens. De sub *a* en *b* bedoelde gegevens moeten volledig openbaar worden gemaakt. De sub *c* bedoelde akten en gegevens kunnen, overeenkomstig de toepasselijke nationale wet, hetzij volledig, hetzij in de vorm van een uittreksel of van een vermelding van nederlegging in het register openbaar worden gemaakt.

Art. 9

Derdenwerking
akten en gegevens

– 1. De akten en gegevens die ingevolge deze verordening openbaar moeten worden gemaakt, kunnen door het samenwerkingsverband aan derden worden tegengeworpen op de voet van de bepalingen van het nationale recht dat van toepassing is overeenkomstig artikel 3, leden 5 en 7, van Richtlijn 68/151/EEG van de raad van 9 maart 1968 strekkende tot het coördineren van de waarborgen, welke in de Lid-Staten worden verlangd van de vennootschappen in de zin van de tweede alinea van artikel 58 van het verdrag, om de belangen te beschermen zowel van de deelnemers in deze vennootschappen als van derden, zulks ten einde die waarborgen gelijkwaardig te maken.
– 2. Indien rechtshandelingen zijn verricht ten name van een samenwerkingsverband vóór de inschrijving overeenkomstig artikel 6, en indien het samenwerkingsverband de uit deze handelingen voortvloeiende verbintenissen na de inschrijving niet overneemt, zijn de natuurlijke personen, vennootschappen, of andere juridische lichamen die de handelingen hebben verricht, daarvoor hoofdelijk en onbeperkt aansprakelijk.

Art. 10

Vestiging in ande-
re Lid-Staat

Elke vestiging van het samenwerkingsverband in een andere Lid-Staat dan die waar de zetel is gelegen, wordt in die Staat ingeschreven. Met het oog op deze inschrijving legt het samenwerkingsverband in het daartoe bestemde register van laatstgenoemde Staat een afschrift neer van de bescheiden die in het register van de Lid-Staat van de zetel moeten worden neergelegd, zo nodig vergezeld van een vertaling overeenkomstig het gebruik bij het register waar de vestiging wordt ingeschreven.

Art. 11

Oprichting en af-
sluiting in Publika-
tieblad

De oprichting en de afsluiting van de vereffening van een samenwerkingsverband worden na bekendmaking in het in artikel 39, lid 1, bedoelde publikatieblad, met opgave van nummer, datum en plaats van inschrijving en datum, plaats en titel van de publikatie, opgenomen in het Publikatieblad van de Europese Gemeenschappen.

Art. 12

Zetel

De in de oprichtingsovereenkomst vermelde zetel moet zijn gevestigd in de Gemeenschap. Deze zetel moet zijn gevestigd in:
a. hetzij de plaats waar het samenwerkingsverband zijn hoofdkantoor heeft;

444

b. hetzij de plaats waar een van de leden van het samenwerkingsverband zijn hoofdkantoor heeft of, wanneer het een natuurlijke persoon betreft, zijn voornaamste werkzaamheid heeft, op voorwaarde dat het samenwerkingsverband aldaar een reële werkzaamheid heeft.

Art. 13

Verplaatsing van zetel

De zetel van het samenwerkingsverband kan binnen de Gemeenschap worden verplaatst. Wanneer die verplaatsing niet leidt tot wisseling van het ingevolge artikel 2 toepasselijke recht, komt het verplaatsingsbesluit tot stand op de wijze bepaald in de oprichtingsovereenkomst.

Art. 14

Rechtstoepassing bij zetelverplaatsing; openbaarmaking; bezwaar

– 1. Wanneer de verplaatsing van de zetel ten gevolge heeft dat ingevolge artikel 2 een ander recht toepasselijk wordt, wordt een voorstel tot zetelverplaatsing opgesteld en op de in de artikelen 7 en 8 bepaalde wijze neergelegd en openbaar gemaakt.
Het besluit tot zetelverplaatsing kan eerst na afloop van twee maanden te rekenen vanaf de openbaarmaking van genoemd voorstel tot stand komen. Het moet met eenparigheid van stemmen door de leden van het samenwerkingsverband worden genomen. De zetel verplaatsing wordt van kracht op de datum waarop het samenwerkingsverband overeenkomstig artikel 6 wordt ingeschreven in het register van de nieuwe zetel. Deze inschrijving kan slechts plaatsvinden na overlegging van het bewijs dat het voorstel tot zetelverplaatsing openbaar is gemaakt.
– 2. De doorhaling van de inschrijving van het samenwerkingsverband in het register van de vorige zetel kan eerst plaats hebben na overlegging vban het bewijs dat het samenwerkingsverband in het register van de nieuwe zetel is ingeschreven.
– 3. De openbaarmaking van de nieuwe inschrijving van het samenwerkingsverband heeft ten gevolge dat de nieuwe zetel overeenkomstig artikel 9, lid 1, aan derden kan worden tegengeworpen; zolang de doorhaling van de inschrijving in het register van de vroegere zetel nog niet openbaar is gemaakt, kunnen derden zich echter blijven beroepen op de vroegere zetel, tenzij het samenwerkingsverband aantoont dat de derden kennis droegen van de nieuwe zetel.
– 4. In de wet van een Lid-Staat kan worden bepaald dat ten aanzien van samenwerkingsverbanden die overeenkomstig artikel 6 in die Lid-Staat zijn ingeschreven, een zetelverplaatsing die zou leiden tot wisseling van het toepasselijke recht, geen rechtsgevolg heeft indien een bevoegde autoriteit van die Staat daartegen binnen de in lid 1 bedoelde termijn van twee maanden bezwaar maakt. Dit bezwaar kan slechts worden opgemaakt om redenen van algemeen belang. Tegen het bezwaar moet beroep op de rechter openstaan.

Art. 15

Interne rechtsregeling veroorzaakt nietigheid

– 1. Wanneer het recht dat ingevolge artikel 2 van toepassing is op het samenwerkingsverband, de nietigheid van het samenwerkingsverband kent, moet die nietigheid worden vastgesteld of uitgesproken bij rechterlijke beslissing. De rechter dient echter, indien het gebrek van het samenwerkingsverband kan worden opgeheven, daarvoor een termijn toe te staan.
– 2. De nietigheid heeft tot gevolg dat het samenwerkingsverband wordt vereffend overeenkomstig artikel 35.
– 3. De beslissing waarbij de nietigheid van het samenwerkingsverband wordt vastgesteld of uitgesproken, kan op de voet van artikel 9, lid 1, aan derden worden tegengeworpen.
De beslissing doet op zichzelf geen afbreuk aan de geldigheid van verbintenissen die vóór de datum waarop zij overeenkomstig de vorige alinea aan derden kan worden tegengeworpen, ten laste of ten gunste van het samenwerkingsverband zijn ontstaan.

Art. 16

Organen

– 1. De organen van het samenwerkingsverband zijn de gezamenlijk handelende leden en de bestuurder of bestuurders.
De oprichtingsovereenkomst kan bepalen dat er nog andere organen zijn; zij moet dan de bevoegdheden daarvan regelen.
– 2. De leden van het samenwerkingsverband, optredend als orgaan, kunnen alle besluiten nemen ter verwezenlijking van het doel van het samenwerkingsverband.

Art. 17

Stemrecht; éénparigheid

– 1. Elk lid heeft één stem. De overeenkomst kan evenwel aan bepaalde leden meer stemmen toekennen, doch geen enkel lid mag de meerderheid der stemmen bezitten.
– 2. De volgende besluiten kunnen de leden slechts bij eenparigheid van stemmen nemen:
a. wijziging van het doel van het samenwerkingsverband;
b. wijziging van het aan elk der leden toegekende aantal stemmen;
c. wijziging van de procedure van besluitvorming;
d. verlenging van de duur van het samenwerkingsverband tot na het in de oprichtingsovereenkomst vastgestelde tijdstip;

e. wijziging van het aandeel van elk van de leden of van enkele hunner in de financiering van het samenwerkingsverband;

f. wijziging van enige andere verplichting van een lid, tenzij in de oprichtingsovereenkomst anders is bepaald;

g. niet in dit lid genoemde wijzigingen van de oprichtingsovereenkomst, tenzij in deze overeenkomst anders is bepaald.

– 3. In alle gevallen waarin deze verordening niet voorschrijft dat de besluiten met eenparigheid van stemmen moeten worden genomen, kan in de oprichtingsovereenkomst worden bepaald volgens welke regels inzake quorum of meerderheid alle of bepaalde besluiten worden genomen. Wanneer de overeenkomst daaromtrent niets bepaalt, worden de besluiten met eenparigheid van stemmen genomen.

– 4. Op initiatief van een bestuurder of op verzoek van een lid moet het bestuur een raadpleging van de leden houden opdat dezen een besluit nemen.

Art. 18

Inlichtingen

Ieder lid heeft het recht om van het bestuur inlichtingen te verkrijgen over de gang van zaken in het samenwerkingsverband en om inzage te krijgen van de boekhouding en de zakelijke bescheiden.

Art. 19

Bestuurders; vereisten

– 1. Het samenwerkingsverband wordt bestuurd door één of meer, bij de oprichtingsovereenkomst of bij besluit van de leden aangewezen natuurlijke personen.

Van een samenwerkingsverband mogen geen personen bestuurder zijn die:
– ingevolge het recht dat op hen van toepassing is, of
– ingevolge het interne recht van de Staat van de zetel van het samenwerkingsverband, of
– ingevolge een rechterlijke of administratieve beslissing die in een Lid-Staat is gegeven of erkend, geen deel mogen uitmaken van het bestuurs- of leidinggevende orgaan van een vennootschap, geen onderneming mogen leiden of niet mogen optreden als bestuurder van een Europees economisch samenwerkingsverband.

– 2. Een Lid-Staat kan ten aanzien van de overeenkomstig artikel 6 in zijn registers ingeschreven samenwerkingsverbanden bepalen dat een rechtspersoon bestuurder kan zijn, mits deze rechtspersoon een of meer natuurlijke personen als vertegenwoordigers aanwijst van wie de gegevens overeenkomstig artikel 7, sub *d*, moeten worden vermeld.

Wanneer een Lid-Staat van deze mogelijkheid gebruik maakt, schrijft hij voor dat deze vertegenwoordigers de aansprakelijkheid hebben als waren zij zelf bestuurder van het samenwerkingsverband.

De in lid 1 vervatte verbodsbepalingen zijn eveneens op deze vertegenwoordigers van toepassing.

– 3. In de oprichtingsovereenkomst of, als deze hieromtrent niets bepaalt, bij eenparig besluit van de leden, worden de voorwaarden vastgesteld voor benoeming en ontslag van de bestuurder of bestuurders en worden zijn/hun bevoegdheden vastgesteld.

Art. 20

Handelingsbekwaamheid van de bestuurder

– 1. Tegenover derden vertegenwoordigt alleen de bestuurder, of indien er meer bestuurders zijn, elke bestuurder, het samenwerkingsverband.

Elke bestuurder verbindt het samenwerkingsverband tegenover derden wanneer hij namens het samenwerkingsverband handelt, zelfs indien zijn handelingen niet binnen het doel van het samenwerkingsverband vallen, tenzij het samenwerkingsverband aantoont dat de derde wist dat de handeling de grenzen van het doel van het samenwerkingsverband overschreed, of hiervan, gezien de omstandigheden, niet onkundig kon zijn; de openbaarmaking van de in artikel 5, sub *c*, bedoelde vermelding levert daarvoor op zichzelf echter geen voldoende bewijs op.

Een bij de oprichtingsovereenkomst of bij een besluit der leden aangebrachte beperking van de bevoegdheden van de bestuurder of bestuurders kan aan derden niet worden tegengeworpen, ook niet wanneer deze is bekendgemaakt.

– 2. In de oprichtingsovereenkomst kan worden bepaald dat het samenwerkingsverband slechts rechtsgeldig kan worden gebonden door twee of meer gezamenlijk handelende bestuurders. Deze bepaling kan op de voet van artikel 9, lid 1, slechts aan derden worden tegengeworpen wanneer zij overeenkomstig artikel 8 is gepubliceerd.

Art. 21

Winst; verlies

– 1. De winst die uit de werkzaamheid van het samenwerkingsverband ontstaat, wordt beschouwd als winst van de leden, en wordt verdeeld in de verhouding die is vastgesteld in de oprichtingsovereenkomst of, indien deze daaromtrent niets bepaalt, in gelijke delen.

– 2. De leden van het samenwerkingsverband dragen bij tot de aanzuivering van het bedrag waarmee de uitgaven de inkomsten overtreffen, en wel in de verhouding die is vastgesteld in de oprichtingsovereenkomst of, indien deze daaromtrent niets bepaalt, in gelijke delen.

Art. 22

– 1. Elk lid van het samenwerkingsverband kan zijn deelneming in het samenwerkingsverband of een gedeelte daarvan hetzij aan een ander lid, hetzij aan een derde overdragen; deze overdracht is slechts geldig indien de overige leden daartoe met eenparigheid van stemmen toestemming hebben verleend.

– 2. Een lid van het samenwerkingsverband kan zijn deelneming daarin alleen dan met een zekerheidsrecht bezwaren, wanneer daartoe door de overige leden met eenparigheid van stemmen toestemming is verleend, hetzij in de oprichtingsovereenkomst anders is bepaald. De rechthebbende op het zekerheidsrecht kan nimmer op grond van dat recht lid van het samenwerkingsverband worden.

Overdracht van deelneming

Art. 23

Het samenwerkingsverband kan geen openbaar beroep doen op de kapitaalmarkt.

Kapitaalmarkt

Art. 24

– 1. De leden van het samenwerkingsverband zijn onbeperkt en hoofdelijk aansprakelijk voor de schulden van het samenwerkingsverband, ongeacht de aard daarvan. Het nationale recht bepaalt de gevolgen van deze aansprakelijkheid.

– 2. Tot aan de afsluiting van de vereffening van het samenwerkingsverband kunnen schuldeisers van het samenwerkingsverband een lid op de in lid 1 bedoelde wijze slechts voor betaling van schulden aanspreken nadat het samenwerkingsverband om betaling is verzocht en deze betaling niet binnen een toereikende termijn heeft plaatsgevonden.

Hoofdelijke aansprakelijkheid

Art. 25

Op brieven, orders en dergelijke stukken moet op leesbare wijze zijn vermeld:

a. de naam van het samenwerkingsverband, voorafgegaan of gevolgd door de woorden 'Europees economisch samenwerkingsverband' of door de afkorting 'EESV', tenzij deze woorden of deze afkorting reeds in de naam voorkomen;

b. de plaats van het in artikel 6 bedoelde register, waar het samenwerkingsverband is ingeschreven, alsmede het inschrijvingsnummer van het samenwerkingsverband in dit register;

c. het adres van de zetel van het samenwerkingsverband;

d. in voorkomend geval, dat de bestuurders gezamenlijk moeten handelen;

e. in voorkomend geval, dat het samenwerkingsverband zich overeenkomstig artikel 15, 31, 32 of 36 in staat van vereffening bevindt. Elke vestiging van het samenwerkingsverband moet, wanneer zij overeenkomstig artikel 10 is ingeschreven, op de in de eerste alinea van het onderhavige artikel bedoelde stukken afkomstig van die vestiging de bovengenoemde gegevens vermelden, samen met de gegevens betreffende de inschrijving van die vestiging zelf.

Art. 26

– 1. Over de toetreding van nieuwe leden beslissen de leden van het samenwerkingsverband met eenparigheid van stemmen.

– 2. Elk nieuw lid is op de voet van artikel 24 aansprakelijk voor de schulden van het samenwerkingsverband, met inbegrip van de schulden die voortvloeien uit de werkzaamheid van het samenwerkingsverband vóór zijn toetreding.

Hij kan evenwel door een bepaling in de oprichtingsovereenkomst of in het toetredingsbesluit worden vrijgesteld van betaling van de schulden die vóór zijn toetreding zijn ontstaan. Deze bepaling zal op de voet van artikel 9, lid 1, slechts aan derden kunnen worden tegengeworpen wanneer zij overeenkomstig artikel 8 is gepubliceerd.

Nieuwe leden; aansprakelijkheid

Art. 27

– 1. Een lid van het samenwerkingsverband kan slechts uittreden met inachtneming van de bepalingen van de oprichtingsovereenkomst of, bij ontbreken daarvan, met eenstemmige goedkeuring van de overige leden.

Een lid van het samenwerkingsverband kan bovendien uittreden wegens een gegronde reden.

– 2. Een lid van het samenwerkingsverband kan worden uitgesloten wegens de redenen die zijn vermeld in de oprichtingsovereenkomst en in ieder geval wanneer hij ernstig te kort schiet in zijn verplichtingen of de werking van het samenwerkingsverband ernstig verstoort of dreigt te verstoren.

Deze uitsluiting kan slechts geschieden bij rechterlijke beslissing op gezamenlijk verzoek van de meerderheid der overige leden, tenzij de oprichtingsovereenkomst anders bepaalt.

Uittreding; uitsluiting

Art. 28

– 1. Een lid van een samenwerkingsverband houdt op daarvan deel uit te maken zodra hij overlijdt of niet meer voldoet aan de voorwaarden van artikel 4, lid 1.

Bovendien kan een Lid-Staat in het kader van zijn wetgeving inzake vereffening, ontbinding, insolventie of staking van betaling, bepalen dat een lid ophoudt deel uit te maken van een samenwerkingsverband op het in deze wetgeving vastgestelde tijdstip.

– 2. In geval van overlijden van een natuurlijke persoon die lid van het samenwerkingsverband is, kan zijn plaats in het samenwerkingsverband slechts door een ander worden ingeno-

Overlijden; plaatsinneming

447

men met inachtneming van de bepalingen van de oprichtingsovereenkomst, of bij gebreke daarvan, met eenstemmige goedkeuring van de overblijvende leden.

Art. 29

Inkennisstelling door bestuur

Zodra een lid ophoudt deel uit te maken van het samenwerkingsverband moet het bestuur daarvan kennis geven aan de overige leden; het moet eveneens aan de ter zake toepasselijke verplichtingen van de artikelen 7 en 8 voldoen. Bovendien kan elke belanghebbende aan deze verplichtingen voldoen.

Art. 30

Continuïteitswaarborg

Tenzij in de oprichtingsovereenkomst anders is bepaald en onverminderd de door iemand krachtens artikel 22, lid 1, of artikel 28, lid 2, verkregen rechten blijft, nadat een lid heeft opgehouden ervan deel uit te maken, het samenwerkingsverband tussen de overblijvende leden voortbestaan op de voet van de bepalingen van de oprichtingsovereenkomst of onder de voorwaarden vastgesteld bij eenstemmig besluit van de betrokken leden.

Art. 31

Ontbinding samenwerkingsverband

– 1. Het samenwerkingsverband kan worden ontbonden door een besluit van zijn leden waarbij deze ontbinding wordt uitgesproken. Tenzij anders is bepaald in de oprichtingsovereenkomst, moet dit besluit met eenparigheid van stemmen worden genomen.

– 2. Het samenwerkingsverband moet worden ontbonden door een besluit van zijn leden waarbij:

a. wordt vastgesteld dat de in de overeenkomst bepaalde termijn is verstreken of dat er een andere, in de overeenkomst vermelde reden tot ontbinding bestaat; dan wel

b. wordt vastgesteld dat het doel van het samenwerkingsverband is verwezenlijkt of niet meer kan worden nagestreefd. Wanneer binnen drie maanden nadat één van de in de vorige alinea bedoelde situaties is ontstaan, door de leden geen besluit tot ontbinding is genomen, kan elk lid de rechter verzoeken deze ontbinding uit te spreken.

– 3. Het samenwerkingsverband moet eveneens worden ontbonden bij besluit van zijn leden of van het overblijvende lid, indien niet meer aan de voorwaarden van artikel 4, lid 2, wordt voldaan.

– 4. Nadat het samenwerkingsverband bij besluit van zijn leden is ontbonden, moet het bestuur aan de ter zake toepasselijke verplichtingen van de artikelen 7 en 8 voldoen. Bovendien kan elke belanghebbende aan de bedoelde verplichtingen voldoen.

Art. 32

Ontbinding van rechtswege

– 1. Op verzoek van een belanghebbende of van een bevoegde autoriteit moet de rechter een samenwerkingsverband ontbinden in geval van overtreding van artikel 3, artikel 12 of artikel 31, lid 3, tenzij opheffing van het gebrek van het samenwerkingsverband mogelijk is en plaatsvindt voordat ten gronde over de ontbinding is beslist.

– 2. Op verzoek van een lid kan de rechter het samenwerkingsverband wegens een gegronde reden ontbinden.

– 3. Een Lid-Staat kan bepalen dat de rechter, op verzoek van een bevoegde autoriteit, een samenwerkingsverband dat zijn zetel heeft in de Staat waartoe die autoriteit behoort, kan ontbinden in alle gevallen waarin de werkzaamheid van het samenwerkingsverband strijdig is met het algemeen belang van die Staat, indien de wet van die Staat deze mogelijkheid kent voor ingeschreven vennootschappen of andere juridische lichamen welke onder die wetgeving vallen.

Art. 33

Individuele waardebepaling

Indien een lid ophoudt deel uit te maken van het samenwerkingsverband om een andere reden dan overdracht van zijn rechten op de voet van artikel 22, lid 1, wordt de waarde van zijn rechten en verplichtingen bepaald op de grondslag van het vermogen van het samenwerkingsverband op het tijdstip waarop het lid ophoudt er deel van uit te maken.

De waarde van de rechten en verplichtingen van het uittredende lid mag niet vooraf forfaitair worden vastgesteld.

Art. 34

Aansprakelijkheid

Onverminderd artikel 37, lid 1, blijft een lid dat ophoudt deel uit te maken van het samenwerkingsverband, op de voet van artikel 24 aansprakelijk voor de schulden die voortvloeien uit de werkzaamheid van het samenwerkingsverband vóór de beëindiging van zijn lidmaatschap.

Art. 35

Vereffening

– 1. De ontbinding van het samenwerkingsverband heeft de vereffening ervan tot gevolg.

– 2. De vereffening van het samenwerkingsverband en de afsluiting van die vereffening worden beheerst door het nationale recht.

– 3. Het samenwerkingsverband behoudt zijn bevoegdheid als bedoeld in artikel 1, lid 2, tot aan de afsluiting van de vereffening.

– 4. De vereffenaar of vereffenaars voldoet/voldoen aan de ter zake toepasselijke verplichtingen van de artikelen 7 en 8.

448

Art. 36
Europese economische samenwerkingsverband zijn onderworpen aan de nationale rechtsregels inzake insolventie en staking van betaling. Het instellen van een procedure tegen een samenwerkingsverband wegens insolventie of staking van betaling brengt niet vanzelf mee dat een dergelijke procedure tegen de leden van het samenwerkingsverband ingesteld.

Insolventie; staking van betaling

Art. 37
– 1. In alle gevallen waarin het toepasselijke nationale recht een langere verjaringstermijn kent, geldt in plaats daarvan een verjaringstermijn van vijf jaar na de openbaarmaking overeenkomstig artikel 8 van het vertrek van een lid uit het samenwerkingsverband, voor rechtsvorderingen tegen dit lid ter zake van schulden die voortvloeien uit de werkzaamheid van het samenwerkingsverband vóór de beëindiging van zijn lidmaatschap.

Verjaringstermijn

– 2. In alle gevallen waarin het toepasselijke nationale recht een langere verjaringstermijn kent, geldt in plaats daarvan een verjaringstermijn van vijf jaar na de openbaarmaking overeenkomstig artikel 8 van de afsluiting van de vereffening van het samenwerkingsverband voor rechtsvorderingen tegen een lid van het samenwerkingsverband ter zake van schulden die uit de werkzaamheid van het samenwerkingsverband voortvloeien.

Art. 38
Wanneer een samenwerkingsverband in een Lid-Staat een werkzaamheid verricht die strijdig is met het algemeen belang van die Staat, kan een bevoegde autoriteit van die Staat die werkzaamheid verbieden. Tegen de beslissing van die bevoegde autoriteit moet beroep openstaan bij een rechterlijke instantie.

Strijd met algemeen belang

Art. 39
– 1. De Lid-Staten wijze het register of de registers aan waar de in de artikelen 6 en 10 bedoelde inschrijving moet geschieden en stellen de regels vast die op deze inschrijving van toepassing zijn. Zij stellen bepalingen vast bestreffende de nederlegging van de in de artikel 7 en 10 bedoelde bescheiden. Zij dragen er zorg voor dat de akten en gegevens bedoeld in artikel 8 worden bekendgemaakt in het daarvoor in aanmerking komende officiële publikatieblad van de Lid-Staat waar het samenwerkingsverband zijn zetel heeft en stellen zo nodig de wijze van openbaarmaking vast van de in artikel 8, sub c, bedoelde akten en gegevens.

Register; publicatieverplichting; belastbaarheid

Voorts dragen de Lid-Staten er zorg voor dat een ieder in het daartoe bestemde register uit hoofde van artikel 6, of, in voorkomend geval, van artikel 10, kennis kan nemen van de in artikel 7 bedoelde bescheiden en hiervan een volledig of gedeeltelijk afschrift kan verkrijgen, eventueel per post.

De Lid-Staten kunnen bepalen dat de kosten in verband met de in de vorige alinea's bedoelde verrichtingen moeten worden betaald, zonder dat deze kosten meer mogen bedragen dan de daaraan verbonden administratieve kosten.

– 2. De Lid-Staten dragen er zorg voor dat de gegevens die in het Publikatieblad van de Europese Gemeenschappen moeten worden gepubliceerd krachtens artikel 11, aan het Bureau voor officiële publikaties van de Europese Gemeenschappen worden medegedeeld in de maand volgende op de publikatie in het in lid 1 bedoelde officiële publikatieblad.

– 3. De Lid-Staten stellen passende sancties vast in geval van niet-naleving van de artikelen 7, 8 en 10 inzake openbaarmaking en van artikel 25.

Art. 40
Het resultaat van de werkzaamheid van het samenwerkingsverband is slechts bij zijn leden belastbaar.

Art. 41
– 1. De Lid-Staten nemen de krachtens artikel 39 vereiste maatregelen vóór 1 juli 1989. Zij delen deze onmiddellijk mede aan de Commissie.

Tijdsbepaling

– 2. De Lid-Staten delen de Commissie voor kennisgeving mede welke categorieën natuurlijke personen, vennootschappen of andere juridische lichamen zij volgens artikel 4, lid 4, van deelneming aan een samenwerkingsverband hebben uitgesloten. De Commissie stelt de andere Lid-Staten daarvan in kennis.

Art. 42
– 1. Bij de Commissie wordt bij de aanneming van deze verordening een Contactcomité ingesteld dat tot taak heeft:

Contactcomité

a. onverminderd de artikelen 169 en 170 van het Verdrag de uitvoering van de verordening te bevorderen door regelmatig overleg over met name de concrete problemen die zich bij die uitvoering voordoen;

b. zo nodig de Commissie van advies te dienen inzake aanvullingen op of wijzigingen in deze verordening.

– 2. Het Contactcomité is samengesteld uit vertegenwoordigers van de Lid-Staten en van de commissie. Het voorzitterschap berust bij een vertegenwoordiger van de commissie. Het secretariaat wordt verzorgd door de diensten van de Commissie.

– 3. Het Contactcomité wordt bijeengeroepen door zijn voorzitter, hetzij op diens initiatief, hetzij op verzoek van een van de leden

Art. 43

Inwerkingtreding Deze verordening treedt in werking op de derde dag volgende op die van haar bekendmaking in het Publikatieblad van de Europese Gemeenschappen.

Deze verordening is van toepassing met ingang van 1 juli 1989, met uitzondering van de artikelen 39, 41 en 42, die van toepassing zijn vanaf de inwerkingtreding van de verordening.

**Wet van 28 juni 1989, Stb. 245, houdende uitvoering van de Verordening nr. 2137/85 van de
Raad van de Europese Gemeenschappen van 25 juli 1985 tot instelling van Europese economische samenwerkingsverbanden (PbEG L 199/1), zoals deze wet laatstelijk is gewijzigd
bij de Wet van 8 februari 1996, Stb. 181**

[Inwerkingtreding: 01-07-1989]

Wij Beatrix, bij de gratie Gods, Koningin der Nederlanden, Prinses van Oranje-Nassau, enz. enz.
enz.

Allen, die deze zullen zien of horen lezen, saluut! doen te weten:

Alzo Wij in overweging genomen hebben, dat het wenselijk is wettelijke bepalingen vast te
stellen ter uitvoering van de Verordening Nr. 2137/85 van de Raad van de Europese Gemeenschappen van 25 juli 1985 tot instelling van Europese economische samenwerkingsverbanden
(*PbEG* L 199/1);

Zo is het, dat Wij, de Raad van State gehoord, en met gemeen overleg der Staten-Generaal,
hebben goedgevonden en verstaan, gelijk Wij goedvinden en verstaan bij deze:

Art. 1

Voor de toepassing van de artikelen 1 tot en met 8 van deze wet wordt onder 'Verordening'
verstaan de Verordening nr. 2137/85 van de Raad van de Europese Gemeenschappen van 25 juli
1985 tot instelling van de Europese economische samenwerkingsverbanden (*PbEG* L 199/1).

Begripsbepaling

Art. 2

Ter uitvoering van artikel 39 van de Verordening wordt als register voor de inschrijving van een
Europees economisch samenwerkingsverband met zetel in Nederland of van een Nederlandse
vestiging van een ander Europees economisch samenwerkingsverband aangewezen: het handelsregister bedoeld in artikel 2 van de Handelsregisterwet 1996.

**Aanwijzing van
handelsregister**

Art. 3

– 1. Een Europees economisch samenwerkingsverband met zetel in Nederland bezit rechtspersoonlijkheid met ingang van de dag van zijn inschrijving in het handelsregister. De vereffening van het samenwerkingsverband eindigt op het tijdstip waarop geen aan de vereffenaars
bekende baten meer aanwezig zijn en het samenwerkingsverband behoudt tot dat tijdstip zijn
rechtspersoonlijkheid.

EESV

– 2. Titel 1 van Boek 2 van het Burgerlijk Wetboek is op de in het eerste lid bedoelde rechtspersoon van toepassing met uitzondering van de artikelen 11, 18, 19 vierde lid, eerste zin, en 21
eerste lid onder *b* en *c*. De artikelen 138 en 149 van dat boek zijn op die rechtspersoon van
overeenkomstige toepassing.

– 3. De bepalingen van Titel 8, Afdeling 2, van boek 2 van het Burgerlijk Wetboek zijn van
toepassing, dan wel van overeenkomstige toepassing op een Europees economisch samenwerkingsverband met zetel in Nederland. Tot het indienen van een verzoekschrift als bedoeld in
artikel 345 betreffende een zodanig samenwerkingsverband zijn bevoegd de leden van het
samenwerkingsverband, een vereniging van werknemers als bedoeld in artikel 347, alsmede
degenen aan wie daartoe bij de oprichtingsovereenkomst of bij overeenkomst met het samenwerkingsverband de bevoegdheid is toegekend. De verplichting van artikel 351, eerste lid,
derde zin, geldt ook voor de leden van het samenwerkingsverband.

– 4. De in artikel 10, tweede lid, van boek 2 van het Burgerlijk Wetboek bedoelde bescheiden
van een Europees economisch samenwerkingsverband moeten zijn voorzien van een toelichting en vormen daarmee te zamen de jaarrekening. Deze moet zodanig zijn ingericht, dat zij
volgens de normen die in het maatschappelijk verkeer als aanvaardbaar worden beschouwd
een zodanig inzicht geeft, dat een verantwoord oordeel kan worden gevormd omtrent het vermogen en het resultaat, alsmede voorzover mogelijk, omtrent de solvabiliteit en de liquiditeit
van het samenwerkingsverband. De jaarrekening dient voorts een getrouw, duidelijk en stelselmatig beeld te verschaffen van de financiële toestand van het samenwerkingsverband. Het
samenwerkingsverband laat de jaarrekening onderzoeken door een deskundige als bedoeld in
artikel 393 van boek 2 van het Burgerlijk Wetboek. De opdracht tot het onderzoek wordt verleend door en het verslag omtrent het onderzoek wordt uitgebracht aan de gezamenlijk handelende leden van het samenwerkingsverband.

Art. 4

Een rechtspersoon kan bestuurder zijn van een Europees economisch samenwerkingsverband.
Deze rechtspersoon wijst een of meer vertegenwoordigers aan in de zin van artikel 19, tweede
lid, van de verordening. Zij zijn aansprakelijk als waren zij zelf bestuurders van het samenwerkingsverband.

**Rechtspersoon als
bestuurder**

_____ 451 _____

Art. 5

Vervallen.

Art. 6

Openbaar ministerie

Als bevoegde autoriteit in de zin van artikel 32, eerste lid, van de Verordening wordt aangewezen: het openbaar ministerie.

Art. 7

Onbevoegd gebruik

Het is aan een persoon die geen Europees economisch samenwerkingsverband is, verboden zaken te doen met gebruik van die aanduiding of de afkorting EESV. In geval van overtreding van dit verbod kan ieder Europees economisch samenwerkingsverband vorderen dat de overtreder zich daarvan onthoudt, op straffe van een door de rechter te bepalen dwangsom.

Art. 8

Omzetting van een coöperatie

– 1. Een coöperatie kan, mits voldaan wordt aan de bepalingen van de Verordening, worden omgezet in een Europees economisch samenwerkingsverband, zonder dat daardoor het bestaan van de rechtspersoon wordt beëindigd.

– 2. Een Europees economisch samenwerkingsverband kan worden omgezet in een coöperatie met wettelijke aansprakelijkheid, zonder dat daardoor het bestaan van de rechtspersoon wordt beëindigd. Het besluit daartoe moet eenstemmig worden genomen, tenzij de overeenkomst tot oprichting of de statuten anders bepalen of een zodanige omzetting niet toelaten. De omzetting geschiedt bij een voor een Nederlandse notaris te verlijden akte.

Art. 9-10

Bevat wijzigingen in andere regelgeving.

Art. 11

Inwerkingtreding

Deze wet treedt in werking met ingang van 1 juli 1989. Indien het *Staatsblad* waarin deze wet wordt geplaatst, wordt uitgegeven na 30 juni 1989, treedt zij in werking met ingang van de dag na de datum van uitgifte van het *Staatsblad* waarin zij wordt geplaatst.

21 Uitvoeringswet EESV

Wet van 8 juni 1977, Stb. 333, houdende bepalingen betreffende het giraal effectenverkeer, zoals deze wet laatstelijk is gewijzigd bij de Wetten van 25 juni 1998, Stb. 446, 2 november 2000, Stb. 485

[Inwerkingtreding: 15-07-1977]

Wij Juliana, bij de gratie Gods, Koningin der Nederlanden, Prinses van Oranje-Nassau, enz., enz., enz.

Allen, die deze zullen zien of horen lezen, saluut! doen te weten:

Alzo Wij in overweging genomen hebben dat het wenselijk is wettelijke bepalingen vast te stellen betreffende het giraal effectenverkeer;

Zo is het, dat Wij, de Raad van State gehoord, en met gemeen overleg der Staten-Generaal, hebben goedgevonden en verstaan, gelijk Wij goedvinden en verstaan bij deze:

HOOFDSTUK 1

Algemene bepalingen
Art. 1
Voor de toepassing van het bij of krachtens deze wet bepaalde wordt verstaan onder:

'Onze Minister': Onze Minister van Financiën;

'het centraal instituut': een als zodanig door Onze Minister aangewezen rechtspersoon;

'een aangesloten instelling': degene die als zodanig door het centraal instituut is toegelaten;

'effecten': de effecten ten aanzien waarvan het centraal instituut heeft bepaald dat zij tot een verzameldepot en een girodepot in de zin van de wet kunnen behoren.

Definities

Art. 2
– 1. Vanwege Onze Minister wordt toezicht uitgeoefend op het centraal instituut. De toezichthouder wordt door Onze Minister benoemd en ontslagen.

– 2. De toezichthouder heeft het recht de vergaderingen van de organen van het centraal instituut bij te wonen en aldaar een raadgevende stem uit te brengen.

– 3. Het bestuur van het centraal instituut is gehouden aan de toezichthouder al die inlichtingen te verstrekken welke deze tot een behoorlijke uitoefening van het toezicht nodig acht.

– 4. Onze Minister kan nadere regels vaststellen betreffende dit toezicht. Deze regels worden bekend gemaakt in de *Nederlandse Staatscourant.*

– 5. Wijziging van de statuten van het centraal instituut behoeft de voorafgaande schriftelijke goedkeuring van Onze Minister.

Toezicht op centraal instituut

Art. 3
– 1. Onze Minister kan op voordracht van de toezichthouder besluiten van organen van het centraal instituut vernietigen wegens strijd met de statuten, met de in artikel 4 bedoelde regels of met de eisen van een behoorlijk giraal effectenverkeer.

– 2. Een voordracht tot vernietiging moet worden gedaan binnen tien dagen na die waarop de toezichthouder van het besluit heeft kennis gekregen. Hangende de beslissing op de voordracht is het besluit geschorst.

– 3. Onze Minister geeft zijn beschikking binnen zestig dagen na die waarop de voordracht tot vernietiging is gedaan. Is binnen die termijn geen beschikking gegeven, dan neemt de schorsing van het besluit een einde en kan het besluit niet meer door Onze Minister worden vernietigd. Onze Minister kan zijn beslissing ten hoogste tweemaal voor zestig dagen verdagen. Van iedere verdaging wordt vóór de afloop van de termijn schriftelijk aan het centraal instituut en de toezichthouder kennis gegeven.

– 4. De toezichthouder geeft van een voordracht tot vernietiging onverwijld kennis aan het centraal instituut. Onze Minister geeft van zijn beschikking onverwijld kennis aan de toezichthouder en aan het centraal instituut.

Vernietigen besluiten centraal instituut

Art. 4
Het centraal instituut stelt regels vast betreffende de toelating als aangesloten instelling en betreffende de intrekking van zodanige toelating. Deze regels behoeven de goedkeuring van Onze Minister en worden bekend gemaakt in de *Nederlandse Staatscourant.*

Toelatingsregels aangesloten instelling

Art. 5
Degene wiens verzoek tot toelating als aangesloten instelling is afgewezen of degene wiens toelating als aangesloten instelling is ingetrokken, kan daartegen in beroep komen bij Onze Minister.

Beroep tegen niet-toelating

Art. 6
Vervallen.

Art. 7

Schorsing tijdens beroep

– 1. De werking van het besluit tot intrekking van de toelating als aangesloten instelling wordt opgeschort totdat de beroepstermijn is verstreken of, indien beroep is ingesteld, op het beroep is beslist.

Afwikkeling reeds bestaande verzameldepots

– 2. Nadat de intrekking onherroepelijk is geworden, behoudt de aangesloten instelling haar hoedanigheid, voor zover dit nodig is voor de afwikkeling van de verzameldepots die op het tijdstip waarop de beslissing onherroepelijk is geworden, reeds bestonden.

Art. 8

Effecten van eenzelfde soort

Het centraal instituut bepaalt welke effecten voor de toepassing van deze wet als effecten van eenzelfde soort zullen worden beschouwd.

Art. 8a

Effecten op naam

Tot een verzameldepot en een girodepot kunnen niet behoren effecten op naam waarvan de overdraagbaarheid bij de statuten respectievelijk de voorwaarden van uitgifte is beperkt of uitgesloten, tenzij deze zijn toegelaten tot de officiële notering aan een in een lidstaat van de Europese Unie gelegen werkzame effectenbeurs.

HOOFDSTUK 2

Verzameldepot

TITEL 1

Algemeen

Art. 9

Verzameldepot

– 1. Alleen een aangesloten instelling kan een verzameldepot in de zin van deze wet houden.

– 2. Ten aanzien van iedere soort effecten bestaat een afzonderlijk verzameldepot.

Art. 10

Tot een verzameldepot behoren:

a. alle effecten van de betreffende soort die onder de instelling berusten, voor de instelling worden bewaard of aan de instelling zijn geleverd, met uitzondering van effecten aan toonder ten aanzien waarvan de instelling tot afzonderlijke bewaring verplicht is;

b. het ten name van de instelling staande aandeel in het verzameldepot van effecten van de betreffende soort bij een andere instelling;

c. het ten name van de instelling staande aandeel in het in hoofdstuk 3 bedoelde girodepot van effecten van de betreffende soort;

d. in het geval dat effecten als bedoeld onder *a* verloren zijn gegaan, de rechten daaruit of de daarvoor in de plaats getreden vorderingen tot vergoeding, alsmede hetgeen uit hoofde daarvan is ontvangen;

e. alle overige goederen die geacht moeten worden in de plaats te zijn getreden van onder *a* bedoelde effecten of van een onder *b* en *c* bedoeld aandeel.

Art. 11

Beheer verzameldepot

– 1. De instelling is belast met het beheer van het verzameldepot.

– 2. Zij kan tegenover derden de rechten van degenen aan wie het verzameldepot toebehoort, uitoefenen, indien dit voor een goed beheer dienstig kan zijn.

– 3. Het tweede lid is niet van toepassing op het recht tot bijeenroeping van een vergadering van aandeelhouders of houders van andere effecten, tot het bijwonen van en het woordvoeren in een zodanige vergadering, tot het uitoefenen van stemrecht en tot het doen instellen van een onderzoek naar het beleid en de gang van zaken van een rechtspersoon, als bedoeld in artikel 345 van Boek 2 van het Burgerlijk Wetboek.

Art. 12

Bewaargeving en levering effecten

– 1. Bewaargeving van effecten aan toonder bij een aangesloten instelling of levering van effecten op naam aan een aangesloten instelling ter opname in het verzameldepot heeft tot gevolg dat degene aan wie de effecten toebehoorden op het tijdstip waarop zij door de instelling ter bewaring in ontvangst zijn genomen dan wel aan de instelling zijn geleverd, alsdan in het verzameldepot gerechtigd wordt als deelgenoot gezamenlijk met hen die daarin op dat tijdstip reeds gerechtigd waren. Voor zover de effecten bezwaard waren met een beperkt recht, komt dit op zijn aandeel te rusten.

Berekening aandeel

– 2. Het aandeel wordt berekend naar evenredigheid van de hoeveelheid van de in bewaring gegeven of geleverde effecten.

Teruglevering

– 3. Tenzij de instelling die de effecten heeft uitgegeven uitlevering van de effecten onmogelijk heeft gemaakt, levert de aangesloten instelling aan degene die de effecten in bewaring heeft gegeven of heeft geleverd op diens verzoek uit het verzameldepot effecten van dezelfde soort uit tot een hoeveelheid die overeenkomt met hetgeen door deze in bewaring is gegeven onderscheidenlijk is geleverd.

– 4. De vorige leden zijn ten aanzien van effecten aan toonder niet van toepassing indien de instelling zich tot afzonderlijke bewaring heeft verplicht.

Afzonderlijke bewaring

Art. 13

Indien effecten aan toonder uit anderen hoofde dan bewaargeving aan een aangesloten instelling worden toevertrouwd, zijn de bepalingen betreffende de in het eerste lid van het vorige artikel bedoelde bewaargeving van overeenkomstige toepassing, tenzij de rechtsverhouding meebrengt dat de aangesloten instelling tot afzonderlijke bewaring verplicht is.

Schakelbepaling

Art. 14

– 1. Verkrijging van effecten door een aangesloten instelling uit hoofde van een levering door een beschikkingsonbevoegde heeft tot gevolg dat degene aan wie de effecten toebehoorden op het tijdstip waarop zij aan de instelling zijn geleverd, alsdan in het verzameldepot gerechtigd wordt als deelgenoot gezamenlijk met hen die daarop op dat tijdstip reeds gerechtigd waren. Voor zover de effecten bezwaard waren met een beperkt recht, komt dit op zijn aandeel te rusten.

Levering door beschikkingsonbevoegde

– 2. Indien de effecten aan toonder luiden en de instelling de effecten te goeder trouw verkregen heeft, is het eerste lid niet van toepassing en is de overdracht van de effecten aan de instelling geldig.

– 3. Indien de effecten op naam luiden is het eerste lid niet van toepassing en is de overdracht van de effecten aan de instelling geldig indien de instelling de effecten te goeder trouw heeft verkregen en de onbevoegdheid voortvloeit uit de ongeldigheid van een vroegere overdracht die niet het gevolg was van onbevoegdheid van de toenmalige overdrager.

Art. 15

De instelling draagt desgewenst zorg dat de deelgenoten het aan de effecten verbonden stemrecht, ieder tot de hoeveelheid waarvoor hij in de aanwezige effecten deelgenoot is, kunnen uitoefenen.

Stemrecht

TITEL 2

Vervreemding en bezwaring

Art. 16

– 1. Behoort een verzameldepot toe aan twee of meer deelgenoten, dan kan ieder over zijn aandeel daarin beschikken. Hij kan ook beschikken over een gedeelte van zijn aandeel, voor zover daardoor geen aandelen ontstaan die niet overeenkomen met een of meer effecten.

Beschikken deelgenoten over aandeel

– 2. Een deelgenoot kan niet beschikken over zijn aandeel in een tot een verzameldepot behorend goed afzonderlijk.

Art. 17

Levering van een aandeel in een verzameldepot geschiedt door bijschrijving op naam van de verkrijger in het daartoe bestemde deel van de administratie van de aangesloten instelling.

Levering van aandeel

Art. 18

Voor zover een bijschrijving van effecten geschiedt tot een grotere hoeveelheid dan waarover de aangesloten instelling bevoegd was te beschikken, maakt zij de verkrijger geen deelgenoot in het verzameldepot. Was de verkrijger te goeder trouw op het tijdstip dat hij van de bijschrijving kennis kreeg, dan wordt hij niettemin deelgenoot naar evenredigheid van de bijgeschreven hoeveelheid.

Bijschrijving van effecten

Art. 19

– 1. Een overdracht van een aandeel aan de aangesloten instelling is ondanks onbevoegdheid van de vervreemder geldig, indien de instelling te goeder trouw was op het tijdstip van de bijschrijving op haar naam.

Overdracht van aandeel door onbevoegde

– 2. Een overdracht van een aandeel aan een ander dan de aangesloten instelling in opdracht van de in het vorige lid bedoelde vervreemder is geldig, indien de verkrijger te goeder trouw was op het tijdstip dat hij van de bijschrijving kennis kreeg.

Art. 20

– 1. Vestiging van een pandrecht op een aandeel in een verzameldepot ten behoeve van een ander dan de aangesloten instelling geschiedt door bijschrijving ten name van de pandhouder in de administratie van de instelling.

Pandrecht op aandeel

– 2. Ondanks onbevoegdheid van de pandgever is de vestiging van het pandrecht geldig, indien de pandhouder op het tijdstip dat hij van de bijschrijving kennis kreeg, te goeder trouw was.

Art. 21

– 1. Vestiging van een pandrecht op een aandeel in een verzameldepot ten behoeve van de aangesloten instelling geschiedt door overeenkomst tussen de pandgever en de instelling.

22 Wet giraal effectenverkeer

– 2. Ondanks de onbevoegdheid van de pandgever is de vestiging van het pandrecht geldig, indien de pandhouder op het tijdstip van het ontstaan te goeder trouw was.

Mogelijkheden bij verzuim schuldenaar

Art. 22

– 1. De pandhouder is ingeval van verzuim van de schuldenaar bevoegd:

a. indien de instelling die de effecten heeft uitgegeven uitlevering van de effecten mogelijk heeft gemaakt, uitlevering te vorderen, onverminderd het bepaalde in artikel 31, teneinde de uitgeleverde effecten overeenkomstig de bij de uitoefening van pandrecht op de betreffende soort effecten toepasselijke wettelijke bepalingen te doen verkopen en leveren; of

b. effecten van de betreffende soort en hoeveelheid op voormelde wijze te doen verkopen en vervolgens te doen leveren door middel van bijschrijving als in deze wet bedoeld.

– 2. De aangesloten instelling doet bij uitlevering aan de pandhouder mededeling van andere op de effecten gevestigde pandrechten, de op de effecten rustende beslagen en rechten van vruchtgebruik.

– 3. Bij uitlevering overeenkomst het eerste lid, onder *a*, is de pandhouder bevoegd namens de deelgenoot de voor uitlevering benodigde handelingen te verrichten.

Art. 23

Vruchtgebruik op aandeel

Vestiging van een vruchtgebruik op een aandeel in een verzameldepot geschiedt door bijschrijving ten name van de vruchtgebruiker in de administratie van de aangesloten instelling.

Art. 24

Derden-beslag

– 1. Indien onder een aangesloten instelling executoriaal derdenbeslag is gelegd op het aandeel van een deelgenoot in een verzameldepot, is de beslaglegger bevoegd:

a. indien de instelling die de effecten heeft uitgegeven uitlevering van de effecten mogelijk heeft gemaakt, uitlevering te vorderen, onverminderd het bepaalde in artikel 31, teneinde de uitgeleverde effecten overeenkomstig de bij de executie van een beslag op de betreffende effecten toepasselijke wettelijke bepalingen te doen verkopen en leveren; of

b. effecten van de betreffende soort en hoeveelheid op voormelde wijze te doen verkopen en vervolgens te doen leveren door bijschrijving als in deze wet bedoeld.

– 2. De aangesloten instelling doet bij uitlevering aan de beslaglegger mededeling van andere op de effecten rustende beslagen, de op de effecten gevestigde pandrechten en rechten van vruchtgebruik.

– 3. Bij uitlevering overeenkomst het eerste lid, onder *a*, is de beslaglegger bevoegd namens de deelgenoot de voor uitlevering benodigde handelingen te verrichten.

Art. 25

Kennisgeving van bijschrijving

– 1. Een aangesloten instelling is verplicht van een door haar verrichte bijschrijving terstond een kennisgeving te zenden aan degene op wiens naam de bijschrijving heeft plaatsgevonden.

– 2. Van het voorgaande lid kan niet bij overeenkomst worden afgeweken.

– 3. Van de in het eerste lid bedoelde verplichting kan ten aanzien van bepaalde soorten effecten vrijstelling worden verleend door of namens Onze Minister.

TITEL 3

Uitlevering en verdeling

Art. 26

Uitlevering

– 1. Tenzij de instelling die de effecten heeft uitgegeven uitlevering van de effecten onmogelijk heeft gemaakt, heeft een deelgenoot recht op uitlevering van de hoeveelheid effecten waarvoor hij deelgenoot is.

– 2. De instelling die de effecten heeft uitgegeven kan bepalen dat uitlevering niet langer mogelijk is. Zij doet hiervan mededeling aan het centraal instituut.

– 3. Het besluit van de instelling die de effecten heeft uitgegeven kan tegenover een deelgenoot niet eerder worden ingeroepen dan zes maanden na publicatie van het besluit in ten minste één landelijk verspreid dagblad.

– 4. Is het verzameldepot niet toereikend om aan iedere deelgenoot de hoeveelheid effecten waarvoor hij deelgenoot is, uit te leveren, dan mag de instelling aan een deelgenoot slechts zoveel effecten uitleveren als in verband met de rechten van de andere deelgenoten mogelijk is.

Art. 27

Uitlevering van ontoereikend verzameldepot

– 1. De verdeling van een verzameldepot dat niet toereikend is om aan iedere deelgenoot de hoeveelheid effecten, waarvoor hij deelgenoot is, uit te leveren, geschiedt overeenkomstig de volgende regels.

– 2. Aan ieder der deelgenoten worden naar evenredigheid van zijn aandeel zoveel effecten uitgeleverd als in verband met de rechten van de andere deelgenoten mogelijk is. Blijft een hoeveelheid effecten over die voor een zodanige verdeling te klein is, dan worden zij, tenzij de

deelgenoten anders overeenkomen, op een effectenbeurs verkocht en wordt de opbrengst onder de deelgenoten naar evenredigheid van ieders aandeel verdeeld.
– 3. Andere tot het verzameldepot behorende goederen worden op de daartoe meest geschikte wijze te gelde gemaakt en de opbrengst wordt onder de deelgenoten naar evenredigheid van ieders aandeel verdeeld.

Art. 28

– 1. Indien de instelling die het verzameldepot houdt, zelf deelgenoot is, wordt haar bij toepassing van het voorgaande artikel slechts toegedeeld hetgeen overblijft, nadat de andere deelgenoten zoveel hebben ontvangen, dat zij niets meer uit hoofde van hun aandeel hebben te vorderen.

Deelgenoot houder verzameldepot

– 2. Het eerste lid geldt niet, indien de instelling bewijst dat het tekort is ontstaan door omstandigheden die haar niet kunnen worden toegerekend.

Art. 29

Levert de instelling aan een deelgenoot meer effecten uit dan waartoe zij ingevolge de drie voorgaande artikelen bevoegd is, dan kan het teveel uitgeleverde door de instelling worden teruggevorderd, tenzij de deelgenoot op het tijdstip van de uitlevering te goeder trouw was.

Terugvordering te veel uitgeleverde

Art. 30

– 1. De instelling is tot uitlevering bevoegd zonder medewerking van de andere deelgenoten.

Bevoegdheid tot uitlevering

– 2. Uitlevering van effecten aan toonder geschiedt door terbeschikkingstelling van de effecten aan de deelgenoot. Uitlevering van effecten op naam geschiedt door levering ter uitlevering uit het verzameldepot.

Art. 31

– 1. Bij de uitlevering van effecten uit hoofde van een aandeel waarop een beperkt recht of, ingeval van uitlevering aan een pandhouder of beslaglegger overeenkomstig artikel 22 of 24, beslag rust, komt dit beperkte recht of beslag mede op uitgeleverde effecten te rusten.

Aandeel met beperkt recht of beslag

– 2. Het eerste lid is bij uitkeringen als bedoeld in artikel 27, tweede lid, tweede zin, en derde lid van overeenkomstige toepassing.

Art. 32

Degene die overeenkomstig artikel 12, eerste lid, een hoeveelheid effecten in bewaring heeft gegeven of heeft geleverd maar daarvoor geen deelgenoot is, wordt vermoed bevoegd te zijn de rechten van de deelgenoot uit de artikelen 15, 26 en 27 uit te oefenen.

Uitoefening rechten door nietdeelgenoot

TITEL 4

Faillissement

Art. 33

– 1. In geval van faillissement van de aangesloten instelling is de curator belast met het beheer van het verzameldepot. Hij brengt het verzameldepot tot verdeling met inachtneming van de bepalingen van deze wet. Indien het bedrijf van de gefailleerde instelling overeenkomstig artikel 98 van de Faillissementswet wordt voortgezet, is de curator bevoegd tot verdeling van het verzameldepot over te gaan.

Bevoegdheid curator

– 2. Het eerste lid is van overeenkomstige toepassing ingeval de schuldsaneringsregeling natuurlijke personen ten aanzien van de aangesloten instelling van toepassing is, met dien verstande dat in de plaats van artikel 98 van de Faillissementswet wordt gelezen artikel 311 van die wet.

Schuldsaneringsregeling

HOOFDSTUK 3

Girodepot

TITEL 1

Algemeen

Art. 34

– 1. Alleen het centraal instituut kan een girodepot in de zin van deze wet houden.

Girodepot

– 2. Ten aanzien van iedere soort effecten bestaat een afzonderlijk girodepot.
– 3. De aangesloten instelling is bevoegd tot bewaargeving of levering ter opname in het girodepot van tot een verzameldepot behorende effecten aan het centraal instituut zonder de medewerking van de andere deelgenoten.

Art. 35

Tot een girodepot behoren:

Inhoud girodepot

a. alle effecten van de betreffende soort die onder het centraal instituut berusten, voor het centraal instituut worden bewaard of aan het centraal instituut zijn geleverd;

22 Wet giraal effectenverkeer

b. het ten name van het centraal instituut staande tegoed terzake van effecten van de betreffende soort, die berusten onder of bewaard worden voor instellingen in het buitenland, die op verzoek van het centraal instituut door Onze Minister zijn aangewezen;

c. in het geval dat effecten als bedoeld onder *a* verloren zijn gegaan, de rechten daaruit of de daarvoor in de plaats getreden vorderingen tot vergoeding, alsmede hetgeen uit hoofde daarvan is ontvangen;

d. alle overige goederen die geacht moeten worden in de plaats te zijn getreden van onder *a* bedoelde effecten of van een onder *b* bedoeld tegoed.

Art. 36

Beheer centraal instituut

– 1. Het centraal instituut is belast met het beheer van het girodepot.

– 2. Het centraal instituut kan tegenover derden de rechten van degenen aan wie het girodepot toebehoort, uitoefenen, indien dit voor een goed beheer dienstig kan zijn.

– 3. Het tweede lid is niet van toepassing op het recht tot bijeenroeping van een vergadering van aandeelhouders of houders van andere effecten, tot het bijwonen van en het woord voeren in een zodanige vergadering, tot het uitoefenen van stemrecht en tot het doen instellen van een onderzoek naar het beleid en de gang van zaken van een rechtspersoon, als bedoeld in artikel 345 van Boek 2 van het Burgerlijk Wetboek.

– 4. Het centraal instituut is bevoegd een of meerdere toonderstukken ter zake van een of meer effecten aan toonder die tot een girodepot behoren te vervangen door een of meer door de instelling die de effecten heeft uitgegeven terzake van die effecten aan het centraal instituut af te geven vervangende toonderstukken. Het centraal instituut kan toestaan dat in de tekst van aldus door haar te verkrijgen toonderstukken een regeling is opgenomen als bedoeld in het vijfde lid.

– 5. Indien in de tekst van een toonderstuk ter zake van een of meer effecten aan toonder die tot het girodepot behoren een daartoe strekkende regeling is opgenomen, kan het centraal instituut door een aantekening op het stuk te plaatsen dit mede betrekking doen hebben op een of meer andere effecten van dezelfde soort, dan wel bewerkstelligen dat het stuk niet langer betrekking heeft op een of meer van de effecten waarop het voorafgaand aan de plaatsing van de aantekening betrekking had.

– 6. Het centraal instituut is bevoegd tot een girodepot behorende effecten die aan toonder luiden, op naam te doen stellen.

– 7. Indien de instelling die de effecten heeft uitgegeven uitlevering van de effecten niet mogelijk heeft gemaakt of heeft bepaald dat uitlevering niet langer mogelijk is, is zij gehouden na afloop van de periode bedoeld in artikel 26, derde lid, voorzover van toepassing:

a. tot vervanging van toonderstukken als bedoeld in het vierde lid door toonderstukken die een regeling bevatten als bedoeld in het vijfde lid, dan wel;

b. medewerking te verlenen aan het op naam stellen van de effecten voorzover zij aan toonder luiden; zulks ter keuze van de instelling die de effecten heeft uitgegeven.

Art. 37

Bevoegdheid aangesloten instelling

– 1. Alleen een aangesloten instelling kan effecten in bewaring hebben bij of leveren aan het centraal instituut.

– 2. De rechten jegens het centraal instituut worden door de aangesloten instelling op eigen naam uitgeoefend voor hen aan wie de effecten toebehoren.

Art. 38

Deelgenoten girodepot

– 1. Zij aan wie de in bewaring gegeven effecten aan toonder of ter opname in het girodepot geleverde effecten op naam toebehoorden op het tijdstip waarop zij door het door het centraal instituut ter bewaring in ontvangst zijn genomen dan wel aan het centraal instituut zijn geleverd, worden vanaf dat tijdstip in het girodepot gerechtigd als deelgenoten, gezamenlijk met hen die in dat girodepot op het tijdstip van de bewaargeving of levering reeds gerechtigd waren.

– 2. Het aandeel in het girodepot staat op naam van de aangesloten instelling.

– 3. Het aandeel wordt berekend naar evenredigheid van de hoeveelheid van de door de aangesloten instelling ingebrachte effecten.

Teruglevering

– 4. Tenzij de instelling die de effecten heeft uitgegeven uitlevering van de effecten onmogelijk heeft gemaakt, levert het centraal instituut aan de aangesloten instelling op diens verzoek uit het girodepot effecten van dezelfde soort uit tot een hoeveelheid die overeenkomt met hetgeen door deze in bewaring is gegeven of is geleverd.

Art. 39

Stemrecht

Het centraal instituut draagt zorg dat de aangesloten instellingen kunnen voldoen aan hun in artikel 15 bedoelde verplichting ten aanzien van het aan de effecten verbonden stemrecht.

22 Wet giraal effectenverkeer

TITEL 2

Vervreemding en bezwaring
Art. 40
– 1. Het ten name van een aangesloten instelling staande aandeel in een girodepot is overdraagbaar. Ook een gedeelte van zodanig aandeel is overdraagbaar, voor zover daardoor geen
aandelen ontstaan die niet overeenkomen met een of meer effecten.
– 2. Het aandeel in een tot een girodepot behorend goed afzonderlijk is niet overdraagbaar.

**Overdraagbaar-
heid aandeel**

Art. 41
– 1. Levering tussen aangesloten instellingen van een aandeel in een girodepot geschiedt door
bijschrijving op naam van de verkrijgende instelling in het daartoe bestemde deel van de administratie van het centraal instituut.
– 2. Ondanks onbevoegdheid van die instelling is een overdracht van een aandeel geldig,
indien de verkrijgende instelling op het tijdstip dat zij van de bijschrijving kennis kreeg, te
goeder trouw was.

Levering aandeel

**Overdracht bij te
goeder trouw**

Art. 42
– 1. Vestiging van een pandrecht ten behoeve van een andere aangesloten instelling op een
aandeel in een girodepot geschiedt door bijschrijving ten name van de andere instelling in de
administratie van het centraal instituut.
– 2. Artikel 20, tweede lid, en artikel 22 zijn van overeenkomstige toepassing.

**Vestiging van
pandrecht**

Art. 43
– 1. Het centraal instituut is verplicht van een door hem verrichte bijschrijving terstond een
kennisgeving te zenden aan de instelling op wier naam de bijschrijving heeft plaatsgevonden.
– 2. Van het voorgaande lid kan niet bij overeenkomst worden afgeweken.

**Kennisgeving
bijschrijving**

Art. 44
Derden-beslag onder het centraal instituut op een ten name van een instelling staand aandeel
in een girodepot is niet toegelaten.

**Derden-beslag
ontoelaatbaar**

TITEL 3

Uitlevering en verdeling
Art. 45
– 1. Indien de instelling die de effecten heeft uitgegeven uitlevering van de effecten mogelijk
heeft gemaakt, heeft een aangesloten instelling recht op uitlevering van de haar toekomende
hoeveelheid effecten.
– 2. Is het girodepot niet toereikend om aan iedere instelling de in het vorige lid bedoelde
hoeveelheid effecten uit te leveren, dan mag het centraal instituut aan een instelling slechts
zoveel effecten uitleveren als in verband met de rechten van de andere instellingen mogelijk is.

Uitlevering

Art. 46
De verdeling van een girodepot dat niet toereikend is om aan iedere instelling de haar toekomende hoeveelheid effecten uit te leveren, geschiedt door overeenkomstige toepassing van
artikel 27, tweede en derde lid.

**Uitlevering naar
evenredigheid**

Art. 47
Levert het centraal instituut aan een instelling meer effecten uit dan waartoe het ingevolge de
vorige twee artikelen bevoegd is, dan kan het teveel uitgeleverde door het centraal instituut
worden teruggevorderd, tenzij de instelling op het tijdstip van de uitlevering te goeder trouw
was.

**Terugvordering
en te goeder
trouw**

Art. 48
Het centraal instituut is tot uitlevering bevoegd zonder medewerking van de andere instellingen op wier naam aandelen in het girodepot staan.

**Bevoegd tot uitle-
vering**

Art. 49
– 1. Bij uitlevering van effecten uit hoofde van een aandeel waarop een pandrecht rust, komt
dit pandrecht mede op de uitgeleverde effecten te rusten.
– 2. Het eerste lid is bij uitkeringen als bedoeld in artikel 27, tweede lid, tweede zin, en derde
lid van overeenkomstige toepassing.

**Uitbreiding pand-
recht**

HOOFDSTUK 4

Overgangs- en slotbepalingen
Art. 50
– 1. Indien het centraal instituut overeenkomstig artikel 1 ten aanzien van effecten van een
bepaalde soort heeft bepaald dat zij bij hem in bewaring kunnen worden gegeven, en zodanige
effecten op dat tijdstip worden bewaard door een effectenbewaarbedrijf, is dit bevoegd deze

**Bevoegdheid ef-
fectenbewaarbe-
drijf**

effecten aan de bewaargever uit te leveren door ze namens hem in bewaring te geven bij de met het effectenbewaarbedrijf verbonden aangesloten instelling. Deze bevoegdheid bestaat niet, indien de effecten afzonderlijk voor de bewaargever werden bewaard.

– 2. Beperkte rechten die rusten op de vordering van de bewaargever op het effectenbewaarbedrijf tot uitlevering van niet-afzonderlijk voor de bewaargever bewaarde effecten, komen te rusten op de overeenkomstig het eerste lid uitgeleverde effecten. Is op een zodanige vordering beslag gelegd, dan is het effectenbewaarbedrijf niet bevoegd tot uitlevering van effecten overeenkomstig het eerste lid.

Effectenbewaar-bedrijf

– 3. In dit artikel wordt onder een effectenbewaarbedrijf verstaan een naamloze vennootschap die krachtens haar statuten uitsluitend ten doel heeft de bewaring van effecten en wier aandelen worden gehouden door de Stichting Administratiekantoor VABEF te Amsterdam.

Art. 50a

Vermelding in aandeelhouders-register

In het geval dat aandelen op naam zijn geleverd aan een aangesloten instelling of aan het centraal instituut, kan in het register als bedoeld in artikel 85 eerste lid van Boek 2 van het Burgerlijk Wetboek de naam en het adres van de aangesloten instelling onderscheidenlijk centraal instituut worden opgenomen, met vermelding van de datum waarop die aandelen zijn gaan behoren tot een verzameldepot onderscheidenlijk girodepot, de datum van de erkenning of betekening, alsmede van het op ieder aandeel gestorte bedrag.

Art. 51

Inwerkingtreding
Citeertitel

– 1. Deze wet treedt in werking op een door Ons te bepalen tijdstip.

– 2. Zij kan worden aangehaald als 'Wet giraal effectenverkeer'.

22 Wet giraal effectenverkeer

Wet van 16 november 1995, Stb. 574, houdende het opnieuw vaststellen van de Wet toezicht effectenverkeer in verband met de uitvoering van de richtlijn betreffende het verrichten van diensten op het gebied van beleggingen in effecten en van de richtlijn betreffende de kapitaaltoereikendheid van beleggingsondernemingen en kredietinstellingen,
zoals deze wet is gewijzigd bij de Wetten van 25 september 1996, Stb. 537, 6 februari 1997,
Stb. 63, 6 november 1997, Stb. 510 jo 4 december 1997, Stb. 580, 26 maart 1998, Stb. 201 en
320, 1 juli 1998, Stb. 482 en 483, 17 december 1998, Stb. 716, 28 januari 1999, Stb. 30, 2 juli
1999, Stb. 342, 6 oktober 1999, Stb. 470, 28 oktober 1999, Stb. 509, 22 maart 2001, Stb. 181 jo
285, 22 maart 2001, Stb. 285, 5 april 2001, Stb. 180, 27 september 2001, Stb. 481, 22 november 2001, Stb. 596, 6 december 2001, Stb. 584, 18 april 2002, Stb. 225, 27 juni 2002, Stb. 380,
11 december 2002, Stb. 654

[Inwerkingtreding: 31-12-1995]

Wij Beatrix, bij de gratie Gods, Koningin der Nederlanden, Prinses van Oranje-Nassau, enz. enz.
enz.
Allen, die deze zullen zien of horen lezen, saluut! doen te weten:
Alzo Wij in overweging genomen hebben, dat het noodzakelijk is de Wet toezicht effectenverkeer te wijzigen ter uitvoering van richtlijn nr. 93/6/EEG van de Raad van de Europese Gemeenschappen van 15 maart 1993 inzake de kapitaaltoereikendheid van beleggingsondernemingen
en kredietinstellingen (*PbEG* L 141) alsmede van richtlijn nr. 93/22/EEG van de Raad van de
Europese Gemeenschappen van 10 mei 1993 betreffende het verrichten van diensten op het
gebied van beleggingen in effecten (*PbEG* L 141), en dat het wenselijk is in verband hiermee
alsmede in verband met enige noodzakelijke andere aanpassingen van die wet, de Wet toezicht
effectenverkeer opnieuw vast te stellen;
Zo is het, dat Wij, de Raad van State gehoord, en met gemeen overleg der Staten-Generaal,
hebben goedgevonden en verstaan, gelijk Wij goedvinden en verstaan bij deze:

HOOFDSTUK I

Inleidende bepalingen
Art. 1
In deze wet en de daarop berustende bepalingen wordt – voor zover niet anders is bepaald –   **Begripsbepalin-**
verstaan onder: **gen**
a. effecten:
1°. aandeelbewijzen, schuldbrieven, winst- en oprichtersbewijzen, optiebewijzen, warrants,
en soortgelijke waardepapieren;
2°. rechten van deelgenootschap, opties, rechten op overdracht op termijn van goederen, inschrijvingen in aandelen- en schuldregisters, en soortgelijke, al dan niet voorwaardelijke, rechten;
3°. certificaten van waarden als hiervoor bedoeld;
4°. recepissen van waarden als hiervoor bedoeld;
b. effectenbemiddelaar:
1°. degene die als tussenpersoon, anders dan op grond van een overeenkomst als bedoeld onder *c*, beroeps- of bedrijfsmatig werkzaam is bij de totstandkoming van transacties in effecten;
2°. degene die beroeps- of bedrijfsmatig de mogelijkheid aanbiedt, door het openen van een
rekening, vorderingen te verkrijgen luidende in effecten, waarbij door middel van deze rekening transacties in effecten kunnen worden bewerkstelligd;
3°. degene die beroeps- of bedrijfsmatig, anders dan bij uitgifte van effecten, voor eigen rekening effectentransacties verricht teneinde een markt in effecten te onderhouden of een voordeel te behalen uit een verschil tussen vraag- en aanbodprijzen van effecten;
4°. degene die beroeps- of bedrijfsmatig effecten, bij uitgifte ervan, overneemt of plaatst;
5°. degene die, al dan niet als tussenpersoon en anders dan op grond van een overeenkomst als
bedoeld onder *c*, beroeps- of bedrijfsmatig werkzaam is bij de totstandkoming van rente-, valu-
ta- of aandelenswaps of soortgelijke overeenkomsten;
c. vermogensbeheerder:
1°. degene die beroeps- of bedrijfsmatig op grond van een overeenkomst het beheer voert over
effecten die toebehoren aan een natuurlijke persoon of rechtspersoon dan wel over aan deze
persoon toebehorende middelen ter belegging in effecten, daaronder begrepen het verrichten
of doen verrichten van effectentransacties voor rekening van de persoon met wie de overeenkomst is gesloten;

461

2°. degene die beroeps- of bedrijfsmatig op grond van een overeenkomst het beheer voert over rente-, valuta- of aandelenswaps of soortgelijke overeenkomsten;

d. effecteninstelling: een effectenbemiddelaar of een vermogensbeheerder;

e. effectenbeurs: een markt die aan regels is onderworpen en die bestemd is voor het bijeenbrengen van vraag en aanbod van effecten;

f. gekwalificeerde deelneming: een rechtstreeks of middellijk belang van meer dan 5 procent van het geplaatste aandelenkapitaal van een onderneming of instelling, of het rechtstreeks of middellijk kunnen uitoefenen van meer dan 5 procent van de stemrechten in een onderneming of instelling, of het rechtstreeks of middellijk kunnen uitoefenen van een daarmee vergelijkbare zeggenschap in een onderneming of instelling;

g. groep: een groep als bedoeld in artikel 24*b* van boek 2 van het Burgerlijk Wetboek, met dien verstande dat indien een natuurlijk persoon, rechtspersoon of vennootschap:
1°. via een formele of feitelijke zeggenschapsstructuur invloed kan uitoefenen op een of meer andere natuurlijke personen, rechtspersonen of vennootschappen; of
2°. in een of meer andere rechtspersonen of vennootschappen een deelneming heeft als bedoeld in artikel 24*c* van boek 2 van het Burgerlijk Wetboek, dan wel, voor zover het natuurlijke personen betreft, een met een deelneming overeenkomende positie,
die natuurlijke persoon, rechtspersoon of vennootschap tezamen met die andere natuurlijke persoon, rechtspersoon of vennootschap dan wel natuurlijke personen, rechtspersonen of vennootschappen wordt aangemerkt als groep;

h. dochtermaatschappij: een rechtspersoon of vennootschap als bedoeld in artikel 24*a* van boek 2 van het Burgerlijk Wetboek;

i. richtlijn kapitaaltoereikendheid: richtlijn nr. 93/6/EEG van de Raad van de Europese Gemeenschappen van 15 maart 1993 inzake de kapitaaltoereikendheid van beleggingsondernemingen en kredietinstellingen (*PbEG* L 141);

j. richtlijn beleggingsdiensten: richtlijn nr. 93/22/EEG van de Raad van de Europese Gemeenschappen van 10 mei 1993 betreffende het verrichten van diensten op het gebied van beleggingen in effecten (*PbEG* L 141);

k. lid-staat: een staat die lid is van de Europese Unie alsmede een staat, niet zijnde een lid-staat van de Europese Unie, die partij is bij de Overeenkomst betreffende de Europese Economische Ruimte;

l. toezichthoudende autoriteit: de instantie waaraan in enige staat ingevolge een wettelijke regeling het toezicht op het effectenverkeer is opgedragen;

m. bijkantoor: één of meer onderdelen zonder rechtspersoonlijkheid van een effecteninstelling die in een andere staat zijn gevestigd dan die waar de effecteninstelling is gevestigd;

n. Onze Minister: Onze Minister van Financiën;

o. openbaar bod: een door middel van een openbare mededeling gedaan aanbod als bedoeld in artikel 217, eerste lid, van Boek 6 van het Burgerlijk Wetboek buiten een besloten kring, op effecten, dan wel een uitnodiging tot het doen van een aanbod, buiten een besloten kring, op effecten, waarbij de bieder het oogmerk heeft deze effecten te verwerven;

p. bieder: een natuurlijk persoon, rechtspersoon of vennootschap, dan wel enig naar buitenlands recht daarmee vergelijkbaar lichaam of samenwerkingsverband, door wie of namens wie al dan niet tezamen met een of meer andere natuurlijke personen, rechtspersonen, vennootschappen of daarmee vergelijkbare lichamen of samenwerkingsverbanden een openbaar bod wordt voorbereid of uitgebracht, dan wel is uitgebracht.

Art. 2

Geen effecten

Geen effecten in de zin van deze wet zijn:
a. waarden die uitsluitend het karakter van betaalmiddel dragen;
b. appartementsrechten.

Art. 2a

Geen strijd met fiduciaverbod

De omstandigheid dat de koper van effecten zich bij de koop heeft verbonden tot een latere overdracht van een gelijke hoeveelheid effecten van dezelfde soort aan de verkoper, brengt niet met zich dat die koop, in strijd met artikel 84, derde lid, van Boek 3 van het Burgerlijk Wetboek, ten doel heeft de effecten over te dragen tot zekerheid of de strekking mist de effecten na de overdracht in het vermogen van de koper te doen vallen, tenzij de effecten na de levering in handen van de verkoper blijven.

23a Wet toezicht effectenverkeer 1995

Uitgifte van effecten

Art. 3

– 1. Het is verboden in of vanuit Nederland buiten een besloten kring bij uitgifte effecten aan te bieden dan wel zodanige aanbieding door middel van advertenties of documenten in het vooruitzicht te stellen.

– 2. Het eerste lid is niet van toepassing indien:

a. de aan te bieden effecten zijn toegelaten tot de notering aan een op grond van artikel 22 erkende effectenbeurs, of aannemelijk is dat zij daartoe spoedig zullen worden toegelaten;

b. ter zake van een aanbod een prospectus algemeen verkrijgbaar is dat voldoet aan bij of krachtens algemene maatregel van bestuur te stellen regels, mits daarnaar in elke schriftelijke bekendmaking van het aanbod wordt verwezen;

c. ter zake van een aanbieding die in het vooruitzicht wordt gesteld, wordt voldaan aan bij of krachtens algemene maatregel van bestuur te stellen regels; of

d. de aan te bieden effecten rechten van deelneming betreffen in een beleggingsinstelling die is ingeschreven in het register, bedoeld in artikel 18 van de Wet toezicht beleggingsinstellingen.

– 3. Voor de toepassing van dit hoofdstuk en de daarop berustende bepalingen wordt met het in Nederland bij uitgifte aanbieden van effecten gelijkgesteld het voor de eerste keer in Nederland aanbieden van effecten van een soort dat:

a. sedert de uitgifte nog niet verkrijgbaar is geweest in Nederland;

b. sedert de uitgifte nog niet verkrijgbaar is geweest in Nederland buiten een besloten kring; of

c. sedert de uitgifte nog niet verkrijgbaar is geweest in Nederland buiten een kring van natuurlijke personen en rechtspersonen die beroeps- of bedrijfsmatig handelen of beleggen in effecten.

Art. 4

– 1. Onze Minister kan vrijstelling of, op verzoek, ontheffing verlenen van artikel 3, eerste lid.

– 2. Aan een vrijstelling en aan een ontheffing kunnen beperkingen worden gesteld en voorschriften worden verbonden met het oog op een adequate functionering van de effectenmarkten of de positie van de beleggers op die markten.

Art. 5

– 1. Instellingen te wier laste in of vanuit Nederland buiten een besloten kring effecten zijn uitgegeven, zonder dat daartoe effecten behoren die zijn toegelaten tot de notering aan een op grond van artikel 22 erkende effectenbeurs, stellen omtrent hun bedrijf informatie algemeen verkrijgbaar, voor zover deze verplichting niet reeds voortvloeit uit boek 2 van het Burgerlijk Wetboek. Deze informatie alsmede de wijze van verkrijgbaarstelling ervan dienen te voldoen aan bij of krachtens algemene maatregel van bestuur te stellen regels en heeft betrekking op periodieke verslaggeving inzake de financiële positie van de instelling alsmede op feiten omtrent de uitgevende instelling waarvan een aanzienlijke invloed op de koers van de effecten van de uitgevende instelling kan uitgaan.

– 2. Onze Minister kan van de op grond van het eerste lid gestelde regels vrijstelling of, op verzoek, ontheffing verlenen.

– 3. Aan een vrijstelling en aan een ontheffing kunnen beperkingen worden gesteld en voorschriften worden verbonden met het oog op een adequate functionering van de effectenmarkten of de positie van de beleggers op die markten.

– 4. Het eerste lid is niet van toepassing op een beleggingsinstelling die is ingeschreven in het register, bedoeld in artikel 18 van de Wet toezicht beleggingsinstellingen.

Art. 6

– 1. Indien Onze Minister vaststelt dat een instelling te wier laste effecten zijn uitgegeven die zijn toegelaten tot de notering aan een op grond van artikel 22 erkende effectenbeurs zich niet houdt of heeft gehouden aan de regels van de effectenbeurs waaraan die instelling in verband met die toelating is onderworpen, vestigt hij daarop de aandacht van de houder van die effectenbeurs. Zonodig doet Onze Minister deze mededeling vergezeld gaan van dan wel volgen door een aanwijzing met betrekking tot een door deze jegens de instelling te volgen gedragslijn met het oog op een adequate functionering van de effectenmarkten of de positie van de beleggers op die markten.

– 2. De houder van de effectenbeurs volgt de in het eerste lid bedoelde aanwijzing op binnen een door Onze Minister te bepalen termijn.

Verbod aanbieden effecten buiten besloten kring

Wanneer verbod niet van toepassing is

Vrijstelling, ontheffing

Informatieplicht uitgevende instellingen

Beleggingsinstelling

Mededeling aan houder effectenbeurs

Openbaar bod op effecten
Art. 6a

– 1. Het is verboden een openbaar bod te doen op effecten die zijn toegelaten tot de notering aan een op grond van artikel 22 erkende effectenbeurs of geregeld worden verhandeld in Nederland.

– 2. Het eerste lid is niet van toepassing indien terzake van het openbaar bod een biedingsbericht algemeen verkrijgbaar is dat voldoet aan bij of krachtens algemene maatregel van bestuur te stellen regels, mits daarnaar in elke bekendmaking van het openbaar bod wordt verwezen.

– 3. De bieder, de instelling te wier laste de effecten, bedoeld in het eerste lid, zijn uitgegeven en de bestuurders, commissarissen en andere functionarissen als bedoeld in artikel 1, onder *b*, van de Wet conflictenrecht corporaties van deze bieder en deze instelling, houden zich aan bij of krachtens algemene maatregel van bestuur met het oog op een adequate functionering van de effectenmarkten of de positie van de beleggers op die markten te stellen regels terzake van de voorbereiding, het uitbrengen en de gestanddoening van een openbaar bod.

– 4. Een krachtens het tweede of derde lid vastgestelde algemene maatregel van bestuur treedt niet eerder in werking dan acht weken na de datum van uitgifte van het *Staatsblad* waarin hij is geplaatst. Van de plaatsing wordt onverwijld mededeling gedaan aan beide kamers der Staten-Generaal.

– 5. Onze Minister, kan, op verzoek, bepalen dat de bieder, de instelling te wier laste de effecten, bedoeld in het eerste lid, zijn uitgegeven of de bestuurders, commissarissen of andere functionarissen als bedoeld in artikel 1, onder *b*, van de Wet conflictenrecht corporaties van deze bieder en deze instelling, niet behoeven te voldoen aan alle in het tweede of derde lid bedoelde regels, indien de aanvrager aantoont dat daaraan redelijkerwijs niet volledig kan worden voldaan en dat de doeleinden die deze wet beoogt te bereiken anderszins voldoende zijn bereikt. Onze Minister kan een besluit als bedoeld in de vorige zin wijzigen of intrekken indien naar zijn oordeel de omstandigheden waaronder het besluit is genomen zodanig zijn gewijzigd dat het besluit in strijd is met het belang van een adequate functionering van de effectenmarkten of de positie van de belegger op de markten.

Art. 6b

Indien de bieder zijn openbaar bod gestand heeft gedaan, is het hem gedurende een periode van drie jaar na de verkrijgbaarstelling van het biedingsbericht niet toegestaan effecten van de soort waarop het openbaar bod betrekking had, direct of indirect, te verwerven tegen voor de rechthebbende van die effecten gunstiger voorwaarden dan volgens het openbaar bod.

Art. 6c

– 1. Onze Minister kan vrijstelling of, op verzoek, ontheffing verlenen van artikel 6*a*, eerste en derde lid, en artikel 6*b*.

– 2. Aan een vrijstelling en aan een ontheffing kunnen beperkingen worden gesteld en voorschriften worden verbonden met het oog op een adequate functionering van de effectenmarkten of de positie van de beleggers op die markten.

HOOFDSTUK III

Effecteninstellingen

§ 1. Vereisten voor een vergunning
Art. 7

Vergunnings- vereiste

– 1. Het is verboden zonder vergunning als effectenbemiddelaar of vermogensbeheerder in of vanuit Nederland diensten aan te bieden of te verrichten.

Voor wie vergun- ningsvereiste niet geldt

– 2. Het eerste lid is niet van toepassing op:

a. verzekeraars als bedoeld in artikel 1, eerste lid, onder *h*, van de Wet toezicht verzekeringsbedrijf 1993, behoudens voor zover artikel 13 van die wet van toepassing is, en verzekeraars als bedoeld in artikel 1, onder *c*, van de Wet toezicht natura-uitvaartverzekeringsbedrijf;

b. degenen die de in het eerste lid bedoelde diensten uitsluitend verrichten voor de onderneming waarvan zij dochtermaatschappij zijn, voor hun dochtermaatschappijen of voor een andere dochtermaatschappij van de onderneming waarvan zij dochtermaatschappij zijn;

c. degenen wier in het eerste lid bedoelde diensten uitsluitend bestaan uit het op grond van een overeenkomst met een werkgever beheren van een werknemersparticipatieplan met betrekking tot effecten die zijn uitgegeven ten laste van de werkgever;

d. degenen wier in het eerste lid bedoelde diensten uitsluitend bestaan uit het verlenen van zowel de diensten, bedoeld onder *b*, als die, bedoeld onder *c*;

e. de ECB bedoeld in artikel 4*a* van het Verdrag tot oprichting van de Europese Gemeenschap-

23a Wet toezicht effectenverkeer 1995

pen, en de centrale banken van de lid-staten, nationale instellingen van de lid-staten met een soortgelijke functie en overheidsinstellingen van de lid-staten die zijn belast met of betrokken bij het beheer van de overheidsschuld;

f. beleggingsinstellingen als bedoeld in artikel 1, onder *c*, van de Wet toezicht beleggingsinstellingen, alsmede beheerders als bedoeld in artikel 1, onder *e*, van die wet, voor zover het betreft de inkoop of verkoop van rechten van deelneming in de betrokken beleggingsinstellingen door de beleggingsinstellingen zelf onderscheidenlijk door de aan die beleggingsinstellingen verbonden beheerders;

g. degenen wier hoofdbedrijf bestaat uit het verhandelen van zaken met producenten, met beroeps- of bedrijfsmatige gebruikers of met anderen met eenzelfde hoofdbedrijf en die de in het eerste lid bedoelde diensten verrichten voor alleen deze wederpartijen en in de mate dat hun hoofdbedrijf zulks vereist;

h. kredietinstellingen of financiële instellingen die zijn ingeschreven in het register, bedoeld in artikel 52 van de Wet toezicht kredietwezen 1992, voor zover het aan die instellingen ingevolge de artikelen 6, 31, 32 of 38 onderscheidenlijk 45, 50 of 51 van die wet is toegestaan om diensten ter zake van effectenbemiddeling of vermogensbeheer aan te bieden of te verrichten;

i. effecteninstellingen die zijn gevestigd in een andere lid-staat, niet zijnde instellingen als bedoeld onder *h*, die door middel van een bijkantoor in Nederland als effectenbemiddelaar of vermogensbeheerder diensten aanbieden of verrichten, indien:

1°. zij van de toezichthoudende autoriteit van die andere lid-staat een voor de uitoefening van het beroep of bedrijf van effectenbemiddelaar of vermogensbeheerder benodigde vergunning hebben verkregen;

2°. Onze Minister van de toezichthoudende autoriteit van die andere lid-staat een kennisgeving heeft ontvangen, die bevat: –een programma van werkzaamheden waarin de voorgenomen werkzaamheden en de organisatiestructuur van het bijkantoor zijn vermeld;–het adres van het bijkantoor;–de identiteit van de personen die het dagelijks beleid van het bijkantoor bepalen; en–gegevens omtrent de toepasselijkheid van een garantieregeling op de verplichtingen van het bijkantoor; en

3°. Onze Minister de ontvangst van de kennisgeving, bedoeld onder 2°, en de inhoud daarvan aan de effecteninstelling heeft bekendgemaakt dan wel er twee maanden zijn verstreken vanaf het tijdstip waarop Onze Minister die kennisgeving heeft ontvangen;

j. effecteninstellingen die zijn gevestigd in een andere lid-staat, niet zijnde instellingen als bedoeld onder *h*, die, anders dan door middel van een bijkantoor in Nederland, als effectenbemiddelaar of vermogensbeheerder diensten aanbieden of verrichten, indien:

1°. zij van de toezichthoudende autoriteit van die andere lid-staat een voor de uitoefening van het beroep of bedrijf van effectenbemiddelaar of vermogensbeheerder benodigde vergunning hebben verkregen; en

2°. zij aan de toezichthoudende autoriteit van die andere lid-staat een kennisgeving hebben gezonden, die een opgave van de voorgenomen werkzaamheden bevat.

– 3. Het is effecteninstellingen als bedoeld in het tweede lid, onder *i*, of *j*, niet toegestaan de werkzaamheden, genoemd in deel A van de bijlage bij de richtlijn beleggingsdiensten, aan te bieden of te verrichten indien het aanbieden of verrichten van die werkzaamheden door de vergunning, bedoeld in het tweede lid, onderdeel *i* onder 1°, onderscheidenlijk onderdeel *j*, onder 1°, wordt uitgesloten of de kennisgeving, bedoeld in het tweede lid, onderdeel *i*, onder 2°, onderscheidenlijk onderdeel *j*, onder 2°, het aanbieden of verrichten van die werkzaamheden niet vermeldt.

– 4. Onze Minister verleent, op verzoek, een vergunning als bedoeld in het eerste lid indien de aanvrager aantoont dat wordt voldaan aan bij of krachtens algemene maatregel van bestuur te stellen regels ten aanzien van:

a. deskundigheid en betrouwbaarheid;

b. financiële waarborgen, al dan niet tevens op geconsolideerde basis;

c. bedrijfsvoering en vestiging van het hoofdkantoor;

d. aan het publiek te verstrekken informatie; en

e. waarborgen voor een adequaat toezicht op de naleving van de bij of krachtens deze wet gestelde regels.

– 5. De regels, bedoeld in het vierde lid, kunnen voor onderscheiden groepen effecteninstellingen verschillend zijn.

– 6. Onze Minister verleent, op verzoek, een vergunning als bedoeld in het eerste lid indien de aanvrager aantoont dat redelijkerwijs niet volledig kan worden voldaan aan de op grond van het vierde lid gestelde regels en dat de doeleinden die deze wet beoogt te bereiken anderszins voldoende zijn bereikt.

– 7. Aan een vergunning kunnen beperkingen worden gesteld en voorschriften worden ver-

23a Wet toezicht effectenverkeer 1995

bonden met het oog op een adequate functionering van de effectenmarkten of de positie van de beleggers op die markten.

Art. 8

– 1. Indien een andere lid-staat de richtlijn beleggingsdiensten of de richtlijn kapitaaltoerei-kendheid niet of onvolledig heeft uitgevoerd, kan Onze Minister bepalen dat artikel 7, tweede lid, aanhef en onder *i* en *j*, niet van toepassing is op effecteninstellingen die in die andere lid-staat zijn gevestigd.

– 2. Met ingang van het tijdstip waarop de maatregel, bedoeld in het eerste lid, ten aanzien van een lid-staat wordt ingetrokken, wordt ten aanzien van een in die lid-staat gevestigde ef-fecteninstelling die op dat moment het beroep of bedrijf van effecteninstelling door middel van een bijkantoor of door middel van het verrichten van diensten in Nederland uitoefent en die daarvoor een vergunning als bedoeld in artikel 7, eerste lid, heeft verkregen, geacht te zijn voldaan aan artikel 7, tweede lid, onderdeel *i*, onder 2° en 3°, onderscheidenlijk onderdeel *j*, onder 2°. De aan de effecteninstelling verleende vergunning vervalt op dat tijdstip van rechts-wege.

Art. 9

Vervallen.

Art. 10

– 1. Onze Minister kan vrijstelling verlenen van artikel 7, eerste lid.

– 2. Aan een vrijstelling kunnen beperkingen worden gesteld en voorschriften worden ver-bonden met het oog op een adequate functionering van de effectenmarkten of de positie van de beleggers op die markten.

§ 2. Regels voor vergunninghouders

Art. 11

– 1. Een effecteninstelling waaraan een vergunning als bedoeld in artikel 7, eerste lid, is ver-leend, houdt zich aan bij of krachtens algemene maatregel van bestuur te stellen regels ten aanzien van:

a. deskundigheid en betrouwbaarheid;

b. financiële waarborgen, al dan niet tevens op geconsolideerde basis;

c. bedrijfsvoering en vestiging van het hoofdkantoor;

d. aan Onze Minister en aan het publiek te verstrekken informatie; en

e. waarborgen voor een adequaat toezicht op de naleving van de bij of krachtens deze wet gestelde regels;

f. de bemiddeling terzake van een openbaar bod.

– 2. De regels, bedoeld in het eerste lid, kunnen voor onderscheiden groepen effecteninstel-lingen verschillend zijn.

– 3. Onze Minister kan, op verzoek, bepalen dat een effecteninstelling niet behoeft te voldoen aan alle in het eerste lid bedoelde regels indien de aanvrager aantoont dat daaraan redelij-kerwijs niet volledig kan worden voldaan en dat de doeleinden die deze wet beoogt te bereiken anderszins voldoende zijn bereikt. Onze Minister kan een besluit als bedoeld in de vorige volzin wijzigen of intrekken indien naar zijn oordeel de omstandigheden waaronder het besluit is genomen zodanig zijn gewijzigd dat het besluit in strijd is met het belang van een adequate functionering van de effectenmarkten of de positie van de beleggers op die markten.

– 4. het eerste en derde lid zijn van overeenkomstige toepassing op een instelling als bedoeld in artikel 7, tweede lid, onder *h*, *i* of *j*.

Art. 11a

– 1. Een in Nederland gevestigde effecteninstelling waaraan een vergunning als bedoeld in artikel 7, eerste lid, is verleend, legt binnen zes maanden na afloop van het boekjaar een jaar-rekening als bedoeld in artikel 361, eerste lid, van boek 2 van het Burgerlijk Wetboek over aan Onze Minister.

– 2. De effecteninstelling doet de jaarrekening, bedoeld in het eerste lid, vergezeld gaan van een verklaring omtrent de getrouwheid, afgegeven door een accountant als bedoeld in artikel 393, eerste lid, van boek 2 van het Burgerlijk Wetboek. Deze accountant staat niet in dienstbe-trekking tot de betrokken effecteninstelling.

– 3. De accountant, bedoeld in het tweede lid, meldt Onze Minister zo spoedig mogelijk elke omstandigheid waarvan hij bij de uitvoering van zijn werkzaamheden als bedoeld in het twee-de lid kennis heeft gekregen en die:

a. in strijd is met de eisen die voor het verkrijgen van de vergunning zijn gesteld;

b. in strijd is met de bij of krachtens deze wet opgelegde verplichtingen;

c. het voortbestaan van de effecteninstelling bedreigt; of

d. leidt tot weigering van het afgeven van een verklaring omtrent de getrouwheid of tot het maken van voorbehouden.

– 4. Op de accountant die naast zijn werkzaamheden voor de effecteninstelling ook werkzaamheden uitvoert voor een andere onderneming of instelling is de meldingsplicht, bedoeld in het derde lid, van overeenkomstige toepassing indien de effecteninstelling dochtermaatschappij is van de andere onderneming of instelling, dan wel indien de andere onderneming of instelling dochtermaatschappij is van de effecteninstelling. Voor de toepassing van de eerste volzin wordt onder dochtermaatschapij verstaan een dochtermaatschappij als bedoeld in artikel 24a van boek 2 van het Burgerlijk Wetboek, met dien verstande dat een effecteninstelling tevens dochtermaatschappij kan zijn van een natuurlijk persoon of vennootschap.

– 5. De accountant die op grond van het derde of vierde lid tot een melding aan Onze Minister is overgegaan, is niet aansprakelijk voor schade die een derde dientengevolge lijdt, tenzij aannemelijk wordt gemaakt dat, gelet op alle feiten en omstandigheden, in redelijkheid niet tot melding had mogen worden overgegaan.

– 6. Het derde tot en met vijfde lid zijn van overeenkomstige toepassing op een niet in Nederland gevestigde effecteninstelling die op grond van de regels, bedoeld in artikel 11, eerste lid, een jaarrekening overlegt die is onderzocht door een accountant als bedoeld in artikel 393, eerste lid, van boek 2 van het Burgerlijk Wetboek.

Art. 12

– 1. Indien Onze Minister vaststelt dat een instelling als bedoeld in artikel 7, tweede lid, onder *h, i* of *j*, de in Nederland op de instelling van toepassing zijnde regels betreffende het toezicht niet of niet volledig naleeft, vestigt hij daarop de aandacht van die instelling. **Geen (volledige) naleving**

– 2. Zonodig doet Onze Minister de mededeling, bedoeld in het eerste lid, vergezeld gaan van dan wel volgen door een aanwijzing om binnen een door hem te bepalen termijn ten aanzien van met name aan te geven punten een bepaalde gedragslijn te volgen.

– 3. Indien Onze Minister niet binnen de door hem in de aanwijzing bepaalde termijn een hem bevredigend antwoord van de instelling heeft ontvangen of indien naar zijn oordeel niet of onvoldoende aan de door hem gegeven aanwijzing gevolg is gegeven, maakt hij dit aan de instelling bekend.

– 4. Zodra de bekendmaking, bedoeld in het derde lid, door de instelling is ontvangen, is het haar verboden nog langer als effectenbemiddelaar of vermogensbeheerder diensten aan te bieden of te verrichten en wikkelt zij binnen een door Onze Minister te bepalen termijn alle lopende overeenkomsten af die door haar zijn aangegaan voordat de bekendmaking door haar werd ontvangen.

– 5. Indien een instelling in een andere lid-staat is gevestigd, stelt Onze Minister de toezichthoudende autoriteit van die andere lid-staat in kennis van de mededeling, bedoeld in het eerste lid, en van de bekendmaking, bedoeld in het derde lid.

Art. 13

– 1. Een in Nederland gevestigde effecteninstelling waaraan een vergunning als bedoeld in artikel 7, eerste lid, is verleend en die voornemens is met betrekking tot een of meer van de in deel B van de bijlage bij de richtlijn beleggingsdiensten genoemde instrumenten het beroep of bedrijf van effecteninstelling uit te oefenen door middel van een bijkantoor in een andere lid-staat, dient daartoe bij Onze Minister een aanvraag in. Het is de effecteninstelling verboden om aan haar voornemen gevolg te geven voordat zij van de toezichthoudende autoriteit van de lid-staat, bedoeld in het tweede lid, onder *a*, een mededeling heeft ontvangen die ertoe strekt dat met de werkzaamheden kan worden aangevangen dan wel, indien die mededeling uitblijft, er twee maanden zijn verstreken nadat de bekendmaking, bedoeld in het derde lid, door de effecteninstelling werd ontvangen. **Indiening aanvraag/bijkantoor in andere lidstaat**

– 2. De aanvraag, bedoeld in het eerste lid, geschiedt onder opgave van:
a. de lid-staat waar de effecteninstelling voornemens is het bijkantoor te vestigen;
b. een programma van werkzaamheden waarin de voorgenomen werkzaamheden en de organisatiestructuur van het bijkantoor zijn vermeld;
c. het adres van het bijkantoor; en
d. de identiteit van de personen die het dagelijks beleid van het bijkantoor bepalen.

– 3. Onze Minister doet binnen drie maanden na ontvangst van de aanvraag, bedoeld in het eerste lid, aan de toezichthoudende autoriteit van de lid-staat, bedoeld in het tweede lid, onder *a*, mededeling van de gegevens, bedoeld in het tweede lid, onder *b* tot en met *d*, alsmede van gegevens omtrent de toepasselijkheid van een garantieregeling op de verplichtingen van het bijkantoor. Onze Minister maakt deze mededeling aan de effecteninstelling bekend. **Bekendmaking**

– 4. Indien Onze Minister van oordeel is dat de effecteninstelling, gelet op de werkzaamheden die zij door middel van het bijkantoor voornemens is te verrichten, redelijkerwijs niet zal kunnen voldoen aan de regels, bedoeld in artikel 11, eerste lid, of indien de effecteninstelling is uitgezonderd van het toepassingsgebied van de richtlijn beleggingsdiensten, laat hij de in het derde lid bedoelde mededeling achterwege. Onze Minister maakt dit besluit binnen drie maanden na ontvangst van de aanvraag, bedoeld in het eerste lid, aan de effecteninstelling bekend.

467

23a Wet toezicht effectenverkeer 1995

– 5. Indien zich een wijziging voordoet van de gegevens, bedoeld in het tweede lid, onder b tot en met d, of van de gegevens omtrent de toepasselijkheid van een garantieregeling, bedoeld in het derde lid, of indien het voornemen bestaat om het verrichten van werkzaamheden door middel van het bijkantoor te staken, stelt de effecteninstelling Onze Minister en de toezichthoudende autoriteit van de lid-staat, bedoeld in het tweede lid, onder a, daarvan ten minste een maand voor de wijziging ingaat onderscheidenlijk het voornemen wordt uitgevoerd, schriftelijk in kennis.

– 6. Indien Onze Minister van oordeel is dat de effecteninstelling, gelet op de werkzaamheden die zij door middel van het bijkantoor verricht, redelijkerwijs niet langer zal kunnen voldoen aan de regels, bedoeld in artikel 11, eerste lid, kan hij de effecteninstelling een aanwijzing geven om binnen een door hem te bepalen termijn ten aanzien van met name aan te geven punten een bepaalde gedragslijn te volgen.

– 7. Indien Onze Minister niet binnen de door hem in de aanwijzing bepaalde termijn een hem bevredigend antwoord van de effecteninstelling heeft ontvangen of indien naar zijn oordeel niet of onvoldoende aan de door hem gegeven aanwijzing gevolg is gegeven, trekt hij de mededeling, bedoeld in het derde lid, in. Onze Minister maakt deze intrekking aan de effecteninstelling bekend.

– 8. Zodra de mededeling, bedoeld in het derde lid, is ingetrokken, is het de effecteninstelling verboden nog langer werkzaamheden te verrichten door middel van het bijkantoor en wikkelt zij binnen een door Onze Minister te stellen termijn alle lopende overeenkomsten af die door het bijkantoor zijn aangegaan voordat de intrekking aan de effecteninstelling werd bekendgemaakt.

Art. 14

Indiening aanvraag/anders dan d.m.v. bijkantoor

– 1. Een in Nederland gevestigde effecteninstelling waaraan een vergunning als bedoeld in artikel 7, eerste lid, is verleend en die voornemens is met betrekking tot een of meer van de in deel B van de bijlage bij de richtlijn beleggingsdiensten genoemde instrumenten het beroep of bedrijf van effecteninstelling uit te oefenen, anders dan door middel van een bijkantoor, in een andere lid-staat, dient daartoe bij Onze Minister een aanvraag in. Het is de effecteninstelling verboden om aan haar voornemen gevolg te geven zolang de bekendmaking, bedoeld in het derde lid, niet is gedaan.

– 2. De aanvraag, bedoeld in het eerste lid, geschiedt onder opgave van:
a. de lid-staat waarin de effecteninstelling voornemens is de werkzaamheden te verrichten; en
b. de werkzaamheden die de effecteninstelling voornemens is te verrichten.

– 3. Onze Minister doet binnen een maand na ontvangst van de aanvraag, bedoeld in het eerste lid, aan de toezichthoudende autoriteit van de lid-staat, bedoeld in het tweede lid, onder a, mededeling van de gegevens, bedoeld in het tweede lid, onder b, tenzij de effecteninstelling is uitgezonderd van het toepassingsgebied van de richtlijn beleggingsdiensten. Onze Minister maakt deze mededeling aan de effecteninstelling bekend.

– 4. Indien zich een wijziging voordoet van de gegevens, bedoeld in het tweede lid, onder b, of indien het voornemen bestaat om het verrichten van de werkzaamheden, bedoeld in het eerste lid, te staken, stelt de effecteninstelling Onze Minister en de toezichthoudende autoriteit van de lid-staat, bedoeld in het tweede lid, onder a, daarvan ten minste een maand voor de wijziging ingaat onderscheidenlijk het voornemen wordt uitgevoerd, schriftelijk in kennis.

Art. 15

Geen (volledige) naleving

– 1. Indien Onze Minister door de toezichthoudende autoriteit van een andere lid-staat ervan in kennis is gesteld dat een in Nederland gevestigde effecteninstelling de in die andere lid-staat op de effecteninstelling van toepassing zijnde regels betreffende het toezicht niet of niet volledig naleeft, vestigt hij daarop de aandacht van die effecteninstelling.

– 2. Zonodig doet Onze Minister de mededeling, bedoeld in het eerste lid, vergezeld gaan van dan wel volgen door een aanwijzing om binnen een door hem te bepalen termijn ten aanzien van met name aan te geven punten een bepaalde gedragslijn te volgen.

– 3. Indien Onze Minister niet binnen de door hem in de aanwijzing bepaalde termijn een hem bevredigend antwoord van de effecteninstelling heeft ontvangen of indien naar zijn oordeel niet of onvoldoende aan de door hem gegeven aanwijzing gevolg is gegeven, trekt Onze Minister de mededeling, bedoeld in artikel 13, derde lid, of artikel 14, derde lid, in. Onze Minister maakt deze intrekking aan de effecteninstelling bekend.

§ 3. Gekwalificeerde deelnemingen in effecteninstellingen
Art. 16

Gekwalificeerde deelneming

– 1. Het is verboden, anders dan na verkregen verklaring van geen bezwaar, een gekwalificeerde deelneming te houden, te verwerven of te vergroten in een effecteninstelling waaraan een vergunning is verleend op grond van artikel 7, vierde of zesde lid, dan wel enige zeggenschap verbonden aan een gekwalificeerde deelneming uit te oefenen in een instelling als hiervoor bedoeld.

– 2. Het eerste lid is niet van toepassing op een handeling als bedoeld in het eerste lid waarvoor ingevolge de Wet toezicht kredietwezen 1992 een verklaring van geen bezwaar is verleend.

– 3. Aan de vrijstelling, bedoeld in het tweede lid, is het voorschrift verbonden dat degene voor wie de vrijstelling geldt Onze Minister onverwijld in kennis stelt van de desbetreffende gekwalificeerde deelneming, onder vermelding van de omvang van die deelneming.

– 4. Onze Minister verleent, op verzoek, een verklaring van geen bezwaar voor een handeling als bedoeld in het eerste lid, tenzij hij van oordeel is dat de handeling zou leiden of zou kunnen leiden tot een invloed op de betrokken effecteninstelling die in strijd is met een gezonde of prudente bedrijfsvoering van die instelling.

– 5. Op de aanvraag wordt binnen dertien weken beslist.

– 6. Van het verlenen van een verklaring van geen bezwaar als bedoeld in het eerste lid wordt door Onze Minister aan de betrokken effecteninstelling mededeling gedaan.

– 7. Aan een verklaring van geen bezwaar die is verleend op grond van het vierde lid kunnen beperkingen worden gesteld en voorschriften worden verbonden om te voorkomen dat de handeling waarvoor de verklaring van geen bezwaar is verleend, zou leiden of zou kunnen leiden tot een invloed op de betrokken effecteninstelling die in strijd is met een gezonde of prudente bedrijfsvoering van die instelling.

– 8. Ingeval het houden, het verwerven of het vergroten van een gekwalificeerde deelneming in een effecteninstelling als bedoeld in het eerste lid is verricht zonder dat voor die handeling een verklaring van geen bezwaar is verkregen of de bij die verklaring gestelde beperkingen in acht zijn genomen dan wel dat met betrekking tot die handeling de vrijstelling, bedoeld in het tweede lid, van toepassing is, maakt de in overtreding zijnde natuurlijke persoon of rechtspersoon binnen een door Onze Minister te bepalen termijn de verrichte handeling ongedaan onderscheidenlijk neemt hij de beperkingen alsnog in acht. Deze verplichting vervalt op het tijdstip waarop en voor zover voor de desbetreffende handeling alsnog een verklaring van geen bezwaar wordt verleend dan wel de niet in acht genomen beperkingen worden ingetrokken.

– 9. Ingeval het uitoefenen van enige zeggenschap verbonden aan een gekwalificeerde deelneming in een effecteninstelling als bedoeld in het eerste lid is geschied zonder dat voor die handeling een verklaring van geen bezwaar is verkregen of de bij die verklaring gestelde beperkingen in acht zijn genomen dan wel dat met betrekking tot die handeling de vrijstelling, bedoeld in het tweede lid, van toepassing is, is een mede door de uitgeoefende zeggenschap tot stand gekomen besluit vernietigbaar. Het besluit kan worden vernietigd op vordering van Onze Minister. Het besluit wordt in dat geval door de rechtbank, binnen welker rechtsgebied de effecteninstelling is gevestigd, vernietigd indien het besluit zonder dat de desbetreffende zeggenschap zou zijn uitgeoefend, anders zou hebben geluid dan wel niet zou zijn genomen, tenzij voor het tijdstip van de uitspraak alsnog een verklaring van geen bezwaar wordt verleend dan wel de niet in acht genomen beperkingen worden ingetrokken. De rechtbank regelt voor zover nodig de gevolgen van de vernietiging.

– 10. Ingeval voorschriften die zijn verbonden aan de verklaring van geen bezwaar die is verleend op grond van het vierde lid, niet worden nagekomen, kan Onze Minister een termijn vaststellen waarbinnen de in overtreding zijnde houder de niet nagekomen voorschriften alsnog moet vervullen.

– 11. Iedere natuurlijke persoon of rechtspersoon wiens gekwalificeerde deelneming in een effecteninstelling als bedoeld in het eerste lid zodanig wijzigt, dat de omvang van deze deelneming onder de 5, 10, 20, 33 of 50 procent daalt, of dat de effecteninstelling ophoudt een dochtermaatschappij te zijn, stelt Onze Minister daarvan onverwijld in kennis.

– 12. Een effecteninstelling als bedoeld in het eerste lid stelt, voor zover haar bekend, Onze Minister in de maand juli van elk jaar in kennis van de identiteit van iedere natuurlijke persoon of rechtspersoon die een gekwalificeerde deelneming in deze instelling houdt. Tevens stelt de effecteninstelling, zodra zulks haar bekend wordt, Onze Minister in kennis van iedere verwerving, afstoting of wijziging van een gekwalificeerde deelneming in deze instelling waardoor de omvang van deze deelneming boven of onder de 5, 10, 20, 33 of 50 procent stijgt onderscheidenlijk daalt of waardoor de instelling een dochtermaatschappij wordt onderscheidenlijk ophoudt een dochtermaatschappij te zijn.

Art. 17

– 1. De houder van een verklaring van geen bezwaar die is verleend op grond van artikel 16, vierde lid, waarvan tenminste één dochtermaatschappij een effecteninstelling is waaraan een vergunning is verleend als bedoeld in artikel 7, eerste lid, houdt zich aan bij of krachtens algemene maatregel van bestuur te stellen regels om te voorkomen dat de handeling waarvoor de verklaring van geen bezwaar is verleend, zou leiden of zou kunnen leiden tot een invloed op de

Regels houders van verklaring van geen bezwaar

23a Wet toezicht effectenverkeer 1995

betrokken effecteninstelling die in strijd is met een gezonde of prudente bedrijfsvoering van die instelling.

– 2. De regels, die voor onderscheiden groepen houders verschillend kunnen zijn, kunnen uitsluitend betrekking hebben op financiële waarborgen, op te verstrekken gegevens en inlichtingen alsmede op de vorm waarin die gegevens en inlichtingen dienen te worden verstrekt. Artikel 16, tiende lid, is van overeenkomstige toepassing.

– 3. Onze Minister verleent, op verzoek, ontheffing van de regels indien de houder van de verklaring van geen bezwaar aantoont dat daaraan redelijkerwijs niet volledig kan worden voldaan en dat de doeleinden die deze regels beogen te bereiken anderszins voldoende zijn bereikt.

Art. 18

Vrijstelling – 1. Onze Minister kan vrijstelling verlenen van artikel 16, eerste lid.

– 2. Aan een vrijstelling kunnen beperkingen worden gesteld en voorschriften worden verbonden met het oog op een gezonde of prudente bedrijfsvoering van de betrokken effecteninstelling.

HOOFDSTUK IV

Intrekkingsbepalingen
Art. 19

Voorwaarden intrekking – 1. Onze Minister kan een op grond van de artikelen 4 en 5 verleende ontheffing en een vergunning als bedoeld in artikel 7, eerste lid, slechts intrekken:

a. op verzoek van de houder;

b. indien de gegevens of bescheiden die zijn verstrekt ter verkrijging van de ontheffing of vergunning zodanig onjuist of onvolledig blijken dat op de aanvraag een andere beslissing zou zijn genomen als bij de beoordeling van de aanvraag de juiste omstandigheden volledig bekend waren geweest;

c. indien zich omstandigheden voordoen of feiten bekend worden op grond waarvan, zo zij voor het tijdstip waarop de ontheffing of vergunning werd verleend zich hadden voorgedaan of bekend waren geweest, de ontheffing of de vergunning zou zijn geweigerd;

d. indien de houder:

1°. binnen een termijn van twaalf maanden na de verlening van de vergunning daarvan geen gebruik heeft gemaakt;

2°. uitdrukkelijk te kennen heeft gegeven geen gebruik van de vergunning te zullen maken;

3°. het verrichten van werkzaamheden waarop de vergunning betrekking heeft gedurende een termijn van meer dan zes maanden heeft gestaakt; of

4°. kennelijk opgehouden heeft effecteninstelling te zijn;

e. indien de houder niet meer voldoet aan bij of krachtens deze wet gestelde regels of beperkingen of gegeven voorschriften.

– 2. Indien Onze Minister vaststelt dat een kredietinstelling of financiële instelling als bedoeld in artikel 28a, eerste lid, niet voldoet aan de in het tweede en derde lid van dat artikel bedoelde verplichting, kan Onze Minister bepalen dat artikel 7, tweede lid, onder h, niet van toepassing is ten aanzien van die instelling.

– 3. Degene wiens ontheffing of vergunning is ingetrokken, wikkelt binnen een door Onze Minister te stellen termijn alle lopende overeenkomsten af die door deze zijn aangegaan voordat de intrekking aan hem werd bekendgemaakt. Onze Minister kan deze termijn verlengen. Hij kan een ander met de afwikkeling belasten, die aan hem verantwoording schuldig is.

Art. 20

Voorwaarden intrekking Onze Minister kan een op grond van artikel 16 verleende verklaring van geen bezwaar slechts wijzigen of intrekken dan wel daaraan nadere beperkingen stellen of nadere voorschriften verbinden:

a. op verzoek van de houder;

b. indien de gegevens of bescheiden die zijn verstrekt ter verkrijging van de verklaring van geen bezwaar zodanig onjuist of onvolledig blijken dat op de aanvraag een andere beslissing zou zijn genomen als bij de beoordeling van de aanvraag de juiste omstandigheden volledig bekend waren geweest;

c. indien zich omstandigheden voordoen of feiten bekend worden op grond waarvan, zo zij voor het tijdstip waarop de verklaring van geen bezwaar werd verleend zich hadden voorgedaan of bekend waren geweest, de verklaring van geen bezwaar zou zijn geweigerd;

d. indien de houder niet meer als een houder van de gekwalificeerde deelneming kan worden aangemerkt;

e. indien de houder niet alsnog binnen de termijn, bedoeld in artikel 16, achtste lid, eerste volzin, alle bij de verklaring van geen bezwaar gestelde beperkingen in acht neemt;

23a Wet toezicht effectenverkeer 1995

f. indien de houder niet meer voldoet aan bij of krachtens deze wet gestelde regels of beperkingen of gegeven voorschriften.

HOOFDSTUK V

Register
Art. 21
- 1. Onze Minister houdt een register waarin zijn opgenomen de effecteninstellingen die ingevolge een vergunning of ingevolge artikel 7, tweede lid, aanhef en onder *h, i* of *j*, als effectenbemiddelaar of vermogensbeheerder hun diensten mogen aanbieden of verrichten alsmede de aan de desbetreffende vergunning of vrijstelling gestelde beperkingen of verbonden voorschriften. In het register zijn tevens opgenomen de effecteninstellingen die ingevolge een vrijstelling als effectenbemiddelaar of vermogensbeheerder hun diensten mogen aanbieden of verrichten alsmede de aan de desbetreffende vrijstelling gestelde beperkingen of verbonden voorschriften, indien zij ingevolge een voorschrift dat aan die vrijstelling is verbonden Onze Minister in kennis hebben gesteld van hun voornemen om de desbetreffende effectendiensten aan te bieden of te verrichten (2e nota van wijziging). **Register**
- 2. De inschrijving van een effecteninstelling waarvan de vergunning is ingetrokken dan wel waarop niet langer een vrijstelling van toepassing is, wordt doorgehaald.
- 3. In de maand januari van elk jaar wordt door de zorg van Onze Minister een lijst van de ingeschreven effecteninstellingen naar de stand van 31 december van het voorgaande jaar in de *Staatscourant* geplaatst.
- 4. Onze Minister houdt een afschrift van het register voor een ieder kosteloos ter inzage.
- 5. De registerinschrijving van een effecteninstelling als bedoeld in het eerste lid, tweede volzin, wordt geweigerd dan wel doorgehaald indien de voornemens, de handelingen of de antecedenten van de personen die het beleid van de effecteninstelling bepalen of mede bepalen, dan wel van de personen die rechtstreeks of middellijk bevoegd zijn deze personen te benoemen of te ontslaan, Onze Minister aanleiding geven tot het oordeel dat, met het oog op de belangen van de beleggers, de betrouwbaarheid van deze personen niet buiten twijfel staat.
- 6. Het is een effecteninstelling als bedoeld in het eerste lid, tweede volzin, die niet in het register is ingeschreven, verboden om als effectenbemiddelaar of vermogensbeheerder diensten aan te bieden of te verrichten.

HOOFDSTUK VI

Effectenbeurzen
Art. 22
- 1. Het houden van een effectenbeurs is niet toegestaan dan na verkregen erkenning van Onze Minister. **Erkenning**
- 2. De erkenning wordt verleend indien de houder van de effectenbeurs aantoont dat hij in Nederland is gevestigd en het houden van de effectenbeurs, de voor die effectenbeurs te hanteren regels, hun toepassing en de controle op de naleving van die regels zullen voldoen aan hetgeen nodig is met het oog op een adequate functionering van de effectenmarkten of de positie van de beleggers op die markten. Met het oog op de verlening van de erkenning toetst Onze Minister ten minste de deskundigheid van de personen die het dagelijks beleid van de houder bepalen, de betrouwbaarheid van de personen die het beleid van de houder bepalen of mede bepalen, de financiële waarborgen, het afwikkelingssysteem, en de toepassing van de voor de effectenbeurs geldende regels op de instellingen, bedoeld in artikel 6, eerste lid, op effecteninstellingen die zullen worden toegelaten tot deze beurs en op dochterondernemingen.
- 3. Aan een erkenning kunnen beperkingen worden gesteld en voorschriften worden verbonden met het oog op een adequate functionering van de effectenmarkten of de positie van de beleggers op die markten.
- 4. Het eerste lid is niet van toepassing op een gereglementeerde markt als bedoeld in artikel 1, onder 13, van de richtlijn beleggingsdiensten waarvan de houder in een andere lid-staat is gevestigd.
- 5. Aan de vrijstelling, bedoeld in het vierde lid, is het voorschrift verbonden dat degene voor wie de vrijstelling geldt zich houdt aan door Onze Minister te stellen regels met het oog op een adequate functionering van de effectenmarkten of de positie van de beleggers op die markten.
Art. 23
Van iedere wijziging in de regels, bedoeld in artikel 22, tweede lid, of in de controle op de naleving daarvan stelt de houder van de op grond van artikel 22 erkende effectenbeurs Onze Minister vooraf in kennis. **Wijziging regels**

471

Art. 24

– 1. De houder van een op grond van artikel 22 erkende effectenbeurs draagt er zorg voor dat de voor de effectenbeurs geldende regels kunnen worden toegepast op de instellingen, bedoeld in artikel 6, eerste lid , en op de effecteninstellingen die zijn toegelaten tot deze beurs.

– 2. Onze Minister kan met het oog op een adequate functioneren van de effectenmarkten of de positie van de beleggers op die markten aan de houder van een op grond van artikel 22 erkende effectenbeurs:

a. voorschriften geven met betrekking tot de voor die effectenbeurs te hanteren regels, hun toepassing of de controle op de naleving van die regels;

b. een aanwijzing geven met betrekking tot een door deze jegens een effecteninstelling die zich naar het oordeel van Onze Minister niet houdt aan de regels bedoeld in artikel 22, tweede lid, te volgen gedragslijn.

– 3. De houder van de effectenbeurs volgt de in het tweede lid bedoelde voorschriften en aanwijzing op binnen een door Onze Minister te bepalen termijn.

Art. 25

– 1. Onze Minister kan vrijstelling of, op verzoek, ontheffing verlenen van artikel 22, eerste lid.

– 2. Aan een vrijstelling en aan een ontheffing kunnen beperkingen worden gesteld en voorschriften worden verbonden met het oog op een adequate functioneren van de effectenmarkten of de positie van de beleggers op die markten.

Art. 26

Onze Minister kan een erkenning als bedoeld in artikel 22 of een ontheffing als bedoeld in artikel 25 intrekken indien voor het houden van de desbetreffende effectenbeurs onvoldoende waarborgen worden geboden met het oog op een adequate functioneren van de effectenmarkten of de positie van de beleggers op die markten of indien de effectenbeurs niet of niet genoegzaam de bij of krachtens deze wet gestelde regels of gegeven voorschriften naleeft, gestelde beperkingen in acht neemt of gegeven aanwijzingen opvolgt.

Art. 26a

– 1. Het is verboden, anders dan na verkregen verklaring van geen bezwaar, een gekwalificeerde deelneming te houden, te verwerven of te vergroten in een houder van een effectenbeurs aan wie op grond van artikel 22 erkenning is verleend, waarbij in afwijking van artikel 1, onder *f,* een percentage geldt van meer dan 10 procent, dan wel enige zeggenschap verbonden aan deze gekwalificeerde deelneming uit te oefenen in een houder van een effectenbeurs als hiervoor bedoeld.

– 2. Onze Minister verleent, op verzoek, een verklaring van geen bezwaar voor een handeling als bedoeld in het eerste lid, tenzij

a. hij van oordeel is dat de handeling zou leiden of zou kunnen leiden tot een invloed op de betrokken houder van een effectenbeurs die in strijd is met hetgeen nodig is met het oog op een adequate functioneren van die effectenbeurs of de positie van de beleggers op die effectenbeurs;

b. hij van oordeel is dat de handeling ertoe zou leiden of zou kunnen leiden dat de betrokken houder behoort of zou gaan behoren tot een groep waarbinnen de formele of feitelijke zeggenschapsstructuur in zodanige mate ondoorzichtig is dat deze een belemmering zou vormen voor het adequaat uitoefenen van de controle op de naleving van de voor de effectenbeurs geldende regels.

– 3. Op de aanvraag wordt binnen dertien weken beslist.

– 4. Van het verlenen van een verklaring van geen bezwaar wordt door Onze Minister aan de betrokken houder van de effectenbeurs mededeling gedaan.

– 5. Aan een verklaring van geen bezwaar kunnen, op grond van de in het tweede lid genoemde overwegingen, beperkingen worden gesteld en voorschriften worden verbonden.

– 6. Ingeval het houden, het verwerven of het vergroten van een gekwalificeerde deelneming is verricht zonder dat voor die handeling een verklaring van geen bezwaar is verkregen of de bij die verklaring gestelde beperkingen in acht zijn genomen, is de in overtreding zijnde natuurlijke persoon of rechtspersoon gehouden binnen een door Onze Minister te bepalen termijn de verrichte handeling ongedaan te maken dan wel de beperkingen alsnog in acht te nemen. Deze verplichting vervalt op het tijdstip waarop en voorzover voor de desbetreffende handeling alsnog een verklaring van geen bezwaar wordt verleend dan wel de niet in acht genomen beperkingen worden ingetrokken.

– 7. Ingeval het uitoefenen van enige zeggenschap verbonden aan een gekwalificeerde deelneming is geschied zonder dat voor die handeling een verklaring van geen bezwaar is verkregen of de bij die verklaring gestelde beperkingen in acht zijn genomen, is een mede door de uitgeoefende zeggenschap tot stand gekomen besluit vernietigbaar. Het besluit kan worden vernietigd op vordering van Onze Minister. Het besluit wordt in dat geval door de rechtbank, binnen welker rechtsgebied de effectenbeurs is gevestigd, vernietigd indien het besluit zonder dat de desbetreffende zeggenschap zou zijn uitgeoefend, anders zou hebben geluid dan wel niet zou zijn genomen, tenzij voor het tijdstip van de uitspraak alsnog een verklaring van geen bezwaar wordt verleend dan wel de niet in acht genomen beperkingen worden ingetrokken. De rechtbank regelt voorzover nodig de gevolgen van de vernietiging.

– 8. Ingeval voorschriften die zijn verbonden aan de verklaring van geen bezwaar niet worden nagekomen, kan Onze Minister een termijn vaststellen waarbinnen de in overtreding zijnde houder van de verklaring van geen bezwaar de niet nagekomen voorschriften alsnog moet vervullen.

– 9. Onze Minister kan een op grond van het tweede lid verleende verklaring van geen bezwaar slechts wijzigen of intrekken dan wel daaraan nadere beperkingen stellen of nadere voorschriften verbinden:

a. op verzoek van de houder van de verklaring van geen bezwaar;

b. indien de gegevens of bescheiden die zijn verstrekt ter verkrijging van de verklaring van geen bezwaar zodanig onjuist of onvolledig blijken dat op de aanvraag een andere beslissing zou zijn genomen als bij de beoordeling van de aanvraag de juiste omstandigheden volledig bekend waren geweest;

c. indien zich omstandigheden voordoen of feiten bekend worden op grond waarvan, zo zij voor het tijdstip waarop de verklaring van geen bezwaar werd verleend zich hadden voorgedaan of bekend waren geweest, de verklaring van geen bezwaar zou zijn geweigerd dan wel daaraan nadere beperkingen zouden zijn gesteld of nadere voorschriften zouden zijn verbonden;

d. indien de houder van de verklaring van geen bezwaar niet meer als een houder van de gekwalificeerde deelneming kan worden aangemerkt;

e. indien de houder van de verklaring van geen bezwaar niet alsnog binnen de termijn, bedoeld in het zesde lid, eerste volzin, alle bij de verklaring van geen bezwaar gestelde beperkingen in acht neemt;

f. indien de houder van de verklaring van geen bezwaar niet meer voldoet aan bij of krachtens deze wet gestelde regels of beperkingen of gegeven voorschriften.

HOOFDSTUK VII

Bijzondere bepalingen
Art. 27

– 1. De houder van een op grond van artikel 22 erkende effectenbeurs houdt de voor die effectenbeurs geldende regels in overeenstemming met richtlijnen inzake het effectenverkeer van de Raad van de Europese Unie dan wel van het Europees Parlement en de Raad van de Europese Unie gezamenlijk.

– 2. Onze Minister kan aan de houder van een op grond van artikel 22 erkende effectenbeurs voorschriften geven ter uitvoering van de in het eerste lid bedoelde richtlijnen.

– 3. De houder van de effectenbeurs, bedoeld in het tweede lid, volgt de in het tweede lid bedoelde voorschriften op binnen een door Onze Minister te bepalen termijn.

– 4. Iedere wijziging in de regels, bedoeld in het eerste lid, wordt vooraf aan Onze Minister voorgelegd teneinde na te gaan of aan de in het eerste lid bedoelde richtlijnen wordt voldaan onderscheidenlijk of door die wijziging strijd met die richtlijnen zou ontstaan.

Richtlijnen

Art. 28

– 1. Indien Onze Minister vaststelt dat een instelling te wier laste effecten zijn uitgegeven, een bieder, bestuurder, commissaris of functionaris, bedoeld in artikel 6*a*, derde lid, of een effecteninstelling, niet zijnde een instelling als bedoeld in artikel 7, tweede lid, onder *h, i* of *j*, de bij of krachtens de artikelen 3 tot en met 5, 6*a*, tweede en derde lid, 6*b*, onderscheidenlijk 11, eerste lid, gestelde regels niet naleeft, vestigt hij daarop de aandacht van de betrokkene.

– 2. Zonodig doet Onze Minister de mededeling, bedoeld in het eerste lid, vergezeld gaan van dan wel volgen door een aanwijzing om ten aanzien van met name aan te geven punten een bepaalde gedragslijn te volgen met het oog op een adequate functionering van de effectenmarkten of de positie van de beleggers op die markten.

– 3. De instelling volgt de in het tweede lid bedoelde aanwijzing op binnen een door Onze Minister te bepalen termijn.

– 4. Indien de aanwijzing, bedoeld in het tweede lid, is gegeven aan een effecteninstelling, en Onze Minister niet binnen de termijn, bedoeld in het derde lid, een bevredigend antwoord van die instelling heeft ontvangen, of indien naar zijn oordeel niet of onvoldoende aan zijn aanwijzing gevolg is gegeven, kan Onze Minister, indien hij dit met het oog op een adequate functionering van de effectenmarkten of de positie van de beleggers op die markten noodzakelijk acht:

a. de instelling schriftelijk aanzeggen, dat vanaf een bepaald tijdstip alle of bepaalde organen

Niet-naleving regels

van de instelling hun bevoegdheden slechts mogen uitoefenen na goedkeuring door een of meer door Onze Minister aangewezen personen en met inachtneming van de opdrachten van deze personen, welke aanzegging terstond van kracht wordt;

b. de instelling schriftelijk aanzeggen, dat Onze Minister zal overgaan tot publicatie van de aanwijzing, bedoeld in het tweede lid, bij welke publicatie, wanneer de instelling dit verlangt, tevens de correspondentie openbaar wordt gemaakt, die naar aanleiding van de aanwijzing tussen Onze Minister en de instelling is gevoerd.

– 5. Indien Onze Minister van oordeel is dat ten aanzien van de instelling, bedoeld in het vierde lid, onverwijld maatregelen noodzakelijk zijn, kan hij zonder toepassing van de eerste twee leden onmiddellijk uitvoering geven aan onderdeel *a* van het vierde lid, nadat hij de instelling in de gelegenheid heeft gesteld haar mening over de onmiddellijke uitvoering te geven.

– 6. Met betrekking tot een aanzegging als bedoeld in het vierde lid, onder *a*, is het volgende van toepassing:

a. de organen van de instelling zijn verplicht de door Onze Minister aangewezen personen alle medewerking te verlenen;

b. Onze Minister kan de betrokken organen van de instelling toestaan bepaalde handelingen zonder machtiging te verrichten;

c. de door Onze Minister aangewezen personen oefenen hun bevoegdheden uit gedurende ten hoogste twee jaren na de aanzegging, bedoeld in het vierde lid, onder *a*, behoudens de bevoegdheid van Onze Minister om deze termijn telkens voor ten hoogste een jaar te verlengen; de verlenging wordt terstond van kracht;

d. Onze Minister kan te allen tijde de door hem aangewezen personen door andere vervangen;

e. voor schade ten gevolge van handelingen, welke zijn verricht in strijd met een aanzegging als bedoeld in het vierde lid, onder *a*, zijn degenen, die deel uit maken van het orgaan van de instelling dat deze handelingen verrichtte, persoonlijk aansprakelijk tegenover de instelling; de instelling kan de ongeldigheid van deze handelingen inroepen, indien de wederpartij wist, dat de vereiste goedkeuring ontbrak of daarvan redelijkerwijs niet onkundig kon zijn;

f. zodra Onze Minister van oordeel is dat de naleving van de regels, bedoeld in het eerste lid, voldoende is gewaarborgd, beslist hij dat de betrokken organen van de instelling hun bevoegdheden weer onbeperkt kunnen uitoefenen.

– 7. Het besluit tot publicatie van een aanwijzing als bedoeld in het vierde lid, onder *b*, wordt eerst van kracht, wanneer het onherroepelijk is geworden. Indien de instelling na de publicatie alsnog voldoet aan de aanwijzing dan wel indien Onze Minister de aanwijzing intrekt, zal Onze Minister hiervan op dezelfde wijze als bij de voorafgaande publicatie kennis geven.

Art. 28a

Beleggersgaran-
tieregeling

– 1. Onze Minister pleegt overleg met representatieve organisaties van in Nederland gevestigde effecteninstellingen over de invoering van één of meer regelingen omtrent een garantie voor nader te bepalen vorderingen van beleggers in verband met beleggingsverrichtingen, tot een nader te bepalen maximum, op in Nederland gevestigde effecteninstellingen waaraan een vergunning als bedoeld in artikel 7, eerste lid, is verleend, alsmede op kredietinstellingen en financiële instellingen waaraan het ingevolge artikel 6 onderscheidenlijk artikel 45 van de Wet toezicht kredietwezen 1992 is toegestaan diensten ter zake van effectenbemiddeling of vermogensbeheer aan te bieden of te verrichten, tegen het risico dat een zodanige instelling haar verplichtingen met betrekking tot die vorderingen niet nakomt.

– 2. Indien het overleg, bedoeld in het eerste lid, leidt tot overeenstemming tussen Onze Minister en de betrokken representatieve organisaties, kan bij koninklijk besluit worden bepaald dat de instellingen, bedoeld in het eerste lid, verplicht zijn aan de uitvoering van een samenstel van regelingen mee te werken.

– 3. Onze Minister kan besluiten dat een effecteninstelling die niet in een Lid-Staat is gevestigd en waaraan een vergunning als bedoeld in artikel 7, eerste lid, is verleend onderscheidenlijk een kredietinstelling of een financiële instelling, waaraan het ingevolge artikel 38 van de Wet toezicht kredietwezen 1992 is toegestaan in Nederland diensten ter zake van effectenbemiddeling of vermogensbeheer aan te bieden of te verrichten, verplicht is aan de uitvoering van een van de op hem toepasselijke regelingen, bedoeld in het eerste lid, mee te werken indien Onze Minister van oordeel is dat op beleggingsverrichtingen in verband met beleggingsverrichtingen op die onderneming of instelling geen beleggerscompensatieregeling van toepassing is waarvan de dekking gelijkwaardig is aan de dekking, bedoeld in artikel 11, eerste lid, van richtlijn nr. 97/9/EG van het Europees Parlement en de Raad van de Europese Unie van 3 maart 1997 inzake de beleggerscompensatiestelsels (*PbEG* L 84).

– 4. Indien het overleg, bedoeld in het eerste lid, niet binnen een door Onze Minister te bepalen termijn leidt tot overeenstemming dan wel indien de regeling of het samenstel van regelingen waaromtrent overeenstemming is bereikt, niet de instemming heeft van Onze Minister, kan bij koninklijk besluit een regeling als bedoeld in het eerste lid worden ingevoerd, nadat de in het eerste lid bedoelde organisaties van effecteninstellingen alsmede, indien van toepassing, de rechtspersoon, waaraan ingevolge artikel 40 de in het eerste lid bedoelde bevoegdheid is overgedragen, in de gelegenheid zijn gesteld hun gevoelen omtrent de inhoud van de in te voeren regeling kenbaar te maken.

– 5. Na inwerkingtreding van een koninklijk besluit als bedoeld in het vierde lid wordt zo spoedig mogelijk, maar uiterlijk binnen acht weken, een voorstel van wet tot goedkeuring van het koninklijk besluit aan de Tweede Kamer der Staten-Generaal gezonden. Indien het voorstel wordt ingetrokken of indien één van de Kamers der Staten-Generaal tot het niet-aannemen van het voorstel besluit, wordt zo spoedig mogelijk bij koninklijk besluit een nieuwe regeling als bedoeld in het eerste lid ingevoerd. Het vierde lid en de eerste twee volzinnen van dit lid zijn op het in de vorige volzin bedoelde koninklijk besluit van overeenkomstige toepassing.

– 6. Het eerste, tweede, vierde en vijfde lid zijn van overeenkomstige toepassing op wijziging of intrekking van een met inachtneming van die leden tot stand gekomen regeling.

Art. 28b

Indien een accountant naar het oordeel van Onze Minister niet of niet meer de nodige waarborgen biedt dat deze de toevertrouwde taak met betrekking tot de effecteninstelling naar behoren zal vervullen, kan Onze Minister bepalen dat hij niet bevoegd is de in deze wet en daaruit voortvloeiende besluiten bedoelde verklaringen omtrent de getrouwheid met betrekking tot die effecteninstelling af te leggen.

Onbevoegdheid accountant

HOOFDSTUK VIII

Controle, uitvoering en samenwerking
Art. 29

– 1. Onze Minister kan bij:

Inlichtingen inwinnen

a. instellingen te wier laste buiten een besloten kring effecten zijn uitgegeven;
b. aanvragers van een ontheffing als bedoeld in artikel 4, eerste lid;
c. aanvragers van een ontheffing als bedoeld in artikel 5, tweede lid;
d. effecteninstellingen;
e. aanvragers van een vergunning als bedoeld in artikel 7, eerste lid;
f. de bewaarder van zakelijke gegevens en bescheiden van een organisatie waarvan de leden toegang hadden tot een effectenbeurs waarvan de houder een erkenning had als bedoeld in artikel 22;
g. degenen die deel uitmaken van een groep waartoe een effecteninstelling behoort;
h. houders van een gekwalificeerde deelneming;
i. aanvragers van een verklaring van geen bezwaar;
j. degenen op wie een vrijstelling als bedoeld in artikel 18 van toepassing is;
k. houders van een effectenbeurs;
l. aanvragers van een erkenning als bedoeld in artikel 22;
m. aanvragers van een ontheffing als bedoeld in artikel 25, eerste lid;
n. bieders,

alle inlichtingen inwinnen of doen inwinnen, die redelijkerwijs nodig zijn voor de juiste uitoefening van de taken en bevoegdheden die hij op grond van deze wet heeft en teneinde na te gaan of de wettelijke bepalingen worden nageleefd.

– 2. Ten aanzien van de personen die door Onze Minister zijn belast met het inwinnen van inlichtingen of met de uitoefening van andere taken en bevoegdheden op grond van het bij en krachtens deze wet bepaalde, zijn de artikelen 5:12, 5:13, 5:15, 5:16, 5:17 en 5:20 van de Algemene wet bestuursrecht van overeenkomstige toepassing.

Aanwijzen bevoegde personen

Art. 30

Indien een effecteninstelling die is toegelaten tot een op grond van artikel 22 erkende effectenbeurs, ingevolge de op grond van dat artikel te hanteren regels verplicht is ter medewerking aan de controle op de nakoming van die regels persoonsgegevens als bedoeld in de Wet bescherming persoonsgegevens te verstrekken, behoeft de effecteninstelling voor deze verstrekking niet de toestemming van degene op wie de persoonsgegevens betrekking hebben.

Wet persoonsregistraties

Art. 31

– 1. Gegevens en inlichtingen die ingevolge het bij of krachtens deze wet bepaalde omtrent afzonderlijke ondernemingen of instellingen zijn verstrekt of zijn verkregen en gegevens en inlichtingen die van een instantie als bedoeld in de artikelen 33, eerste lid, of 33a, eerste lid, zijn ontvangen, worden niet gepubliceerd en zijn geheim.

– 2. Het is aan een ieder die uit hoofde van de toepassing van deze wet of van krachtens deze wet genomen besluiten enige taak vervult, verboden van gegevens of inlichtingen, ingevolge deze wet verstrekt of van een instantie als bedoeld in de artikelen 33, eerste lid, of 33a, eerste lid, ontvangen, of van gegevens of inlichtingen, bij het onderzoek van zakelijke gegevens en

Verbod publicatie gegevens en inlichtingen

bescheiden verkregen, verder of anders gebruik te maken of daaraan verder of anders bekendheid te geven dan voor de uitoefening van zijn taak of door deze wet wordt geëist.

– 3. Het eerste en tweede lid laten, ten aanzien van degene op wie het tweede lid van toepassing is, onverlet de toepasselijkheid van de bepalingen van het Wetboek van Strafvordering die betrekking hebben op het als getuige of deskundige in strafzaken afleggen van een verklaring omtrent gegevens of inlichtingen verkregen bij de vervulling van zijn ingevolge deze wet opgedragen taak.

– 4. Het eerste en tweede lid laten evenzo, ten aanzien van degene op wie het tweede lid van toepassing is, onverlet de toepasselijkheid van de bepalingen van het Wetboek van Burgerlijke Rechtsvordering en van artikel 66 van de Faillissementswet die betrekking hebben op het als getuige of als partij in een comparitie van partijen dan wel als deskundige in burgerlijke zaken afleggen van een verklaring omtrent gegevens of inlichtingen verkregen bij de vervulling van zijn ingevolge deze wet opgedragen taak, voor zover het gaat om gegevens of inlichtingen omtrent een effecteninstelling die in staat van faillissement is verklaard of op grond van een rechterlijke uitspraak is ontbonden. De vorige volzin is niet van toepassing in geval van gegevens of inlichtingen die betrekking hebben op ondernemingen of instellingen die betrokken zijn of zijn geweest bij een poging de desbetreffende effecteninstelling in staat te stellen haar bedrijf voort te zetten.

– 5. In afwijking van het eerste en tweede lid kan Onze Minister met gebruikmaking van gegevens of inlichtingen verkregen bij de vervulling van de hem ingevolge deze wet opgedragen taak, mededelingen doen mits deze niet kunnen worden herleid tot afzonderlijke ondernemingen of instellingen.

– 6. In afwijking van het eerste, tweede en vijfde lid kan Onze Minister gegevens of inlichtingen verkregen bij de vervulling van de hem ingevolge deze wet opgedragen taak verstrekken aan de houder van een op grond van artikel 22 erkende effectenbeurs met het oog op de controle op de naleving van de voor die effectenbeurs te hanteren regels. Op de aldus verstrekte gegevens of inlichtingen zijn het eerste en tweede lid van overeenkomstige toepassing.

Art. 32

Openbaarmaking

Met het oog op een adequate functionering van de effectenmarkten of de positie van de beleggers op die markten kan Onze Minister, voor zover nodig in afwijking van artikel 31, ter openbare kennis brengen:

a. zijn weigering om een aangevraagde vergunning of ontheffing te verlenen wanneer deze weigering niet meer in beroep kan worden getroffen;

b. het feit dat degene die bij uitgifte effecten aanbiedt en op wie naar zijn oordeel het verbod, bedoeld in artikel 3, eerste lid, van toepassing is, niet over een ontheffing beschikt;

c. het feit dat een effecteninstelling waarop naar zijn oordeel het verbod, bedoeld in artikel 7, eerste lid, van toepassing is, niet over een vergunning beschikt;

d. het feit dat degene waarop een vrijstelling als bedoeld in artikel 10 van toepassing is, zich niet houdt aan de voorschriften die aan die vrijstelling zijn verbonden;

e. het feit dat de houder van een effectenbeurs waarop naar zijn oordeel het verbod, bedoeld in artikel 22, eerste lid, van toepassing is, niet over een erkenning of ontheffing beschikt; of

f. het feit dat de houder van een effectenbeurs waarop een vrijstelling als bedoeld in artikel 25 van toepassing is, zich niet houdt aan de voorschriften die aan die vrijstelling zijn verbonden;

g. zijn aanwijzing als bedoeld in artikel 28, tweede lid, terzake van het niet naleven van de regels gesteld bij of krachtens de artikelen 6a, tweede lid en derde lid, en 6b.

Art. 33

Bevoegdheid minister m.b.t. gegevens en inlichtingen

– 1. Onze Minister kan, in afwijking van artikel 31, eerste en tweede lid, gegevens of inlichtingen verkregen bij de vervulling van de hem ingevolge deze wet opgedragen taak, verstrekken aan Nederlandse of buitenlandse overheidsinstanties dan wel aan Nederlandse of buitenlandse van overheidswege aangewezen instanties die belast zijn met het toezicht op financiële markten of op natuurlijke personen en rechtspersonen die op die markten werkzaam zijn, tenzij:

a. het doel waarvoor de gegevens of inlichtingen zullen worden gebruikt onvoldoende bepaald is;

b. het beoogde gebruik van de gegevens of inlichtingen niet past in het kader van het toezicht op financiële markten of op natuurlijke personen en rechtspersonen die op die markten werkzaam zijn;

c. de verstrekking van de gegevens of inlichtingen zich niet zou verdragen met de Nederlandse wet of de openbare orde;

d. de geheimhouding van de gegevens of inlichtingen niet in voldoende mate is gewaarborgd;

e. de verstrekking van de gegevens of inlichtingen redelijkerwijs in strijd is of zou kunnen komen met de belangen die deze wet beoogt te beschermen; of

f. onvoldoende is gewaarborgd dat de gegevens of inlichtingen niet zullen worden gebruikt voor een ander doel dan waarvoor deze worden verstrekt.

– 2. Voor zover de gegevens of inlichtingen, bedoeld in het eerste lid, zijn verkregen van een buitenlandse overheidsinstantie dan wel van een buitenlandse van overheidswege aangewezen instantie, die is belast met het toezicht op financiële markten of op natuurlijke personen en rechtspersonen die op die markten werkzaam zijn, verstrekt Onze Minister deze niet aan een Nederlandse of buitenlandse instantie als bedoeld in het eerste lid, tenzij de buitenlandse instantie waarvan de gegevens of inlichtingen zijn verkregen uitdrukkelijk heeft ingestemd met de verstrekking van de gegevens of inlichtingen en in voorkomend geval heeft ingestemd met het gebruik voor een ander doel dan waarvoor de gegevens of inlichtingen zijn verstrekt.

– 3. Indien een buitenlandse instantie als bedoeld in het eerste lid aan degene die de gegevens of inlichtingen op grond van dat lid heeft verstrekt, verzoekt om de gegevens of inlichtingen te mogen gebruiken voor een ander doel dan waarvoor zij zijn verstrekt, mag dat verzoek slechts worden ingewilligd:

a. voor zover het beoogde gebruik niet in strijd is met het eerste of tweede lid; dan wel

b. voor zover die buitenlandse instantie op een andere wijze dan in deze wet voorzien vanuit Nederland met inachtneming van de daarvoor geldende procedures voor dat andere doel de beschikking over die gegevens of inlichtingen zou kunnen verkrijgen; alsmede

c. pas na overleg met Onze Minister van Justitie indien het in de aanhef bedoelde verzoek betrekking heeft op een onderzoek naar strafbare feiten.

Art. 33a

Verstrekking gegevens of inlichtingen door Minister

– 1. Onze Minister kan, in afwijking van artikel 31, eerste en tweede lid, gegevens of inlichtingen verkregen bij de vervulling van de hem ingevolge deze wet opgedragen taak, verstrekken aan een rechter-commissaris voor zover die belast is met het toezicht uit hoofde van artikel 64 van de Faillissementswet op de curator die betrokken is bij het beheer en de vereffening van de failliete boedel van een effecteninstelling.

– 2. Onze Minister verstrekt geen gegevens of inlichtingen als bedoeld in het eerste lid:

a. indien de verstrekking van de gegevens of inlichtingen redelijkerwijs in strijd is of zou kunnen komen met de belangen die deze wet beoogt te beschermen;

b. indien de gegevens of inlichtingen zijn verkregen van Nederlandse of buitenlandse overheidsinstanties dan wel van Nederlandse of buitenlandse van overheidswege aangewezen instanties die belast zijn met het toezicht op financiële markten of op natuurlijke personen en rechtspersonen die op die markten werkzaam zijn, en deze instanties niet instemmen met het verstrekken van de gegevens of inlichtingen.

– 3. Artikel 31, eerste tot en met vierde lid, is van overeenkomstige toepassing met betrekking tot de op grond van het eerste lid verstrekte gegevens.

Art. 33b

Samenwerking met oog op harmonisering regelgeving en beleid

– 1. Onze Minister werkt samen met de autoriteiten die ingevolge de Wet toezicht beleggingsinstellingen, de Wet toezicht kredietwezen 1992, de Wet toezicht natura-uitvaartverzekeringsbedrijf onderscheidenlijk de Wet toezicht verzekeringsbedrijf 1993, belast zijn met het toezicht op beleggingsinstellingen, kredietinstellingen, natura-uitvaartverzekeraars onderscheidenlijk verzekeraars, met het oog op het tot stand brengen van gelijkgerichte regelgeving en beleid ter zake van bij ministeriële regeling aan te wijzen onderwerpen die zowel het toezicht ingevolge deze wet als het toezicht ingevolge een van de eerdergenoemde wetten betreffen.

– 2. Onze Minister voert het toezicht ingevolge deze wet, voor zover het betrekking heeft op de onderwerpen, bedoeld in het eerste lid, uit met inachtneming van daartoe met de overige in het eerste lid bedoelde autoriteiten te sluiten overeenkomsten. Deze overeenkomsten bevatten afspraken over coördinatie en afstemming van regelgeving en beleid, en in voorkomende gevallen over uitvoering van toezicht. Indien ingevolge artikel 40 taken en bevoegdheden die Onze Minister op grond van deze wet heeft zijn overgedragen aan een rechtspersoon, draagt deze rechtspersoon er zorg voor dat hij of een van de overige in het eerste lid bedoelde autoriteiten een afschrift van de gesloten overeenkomsten zendt aan Onze Minister.

– 3. Binnen zes maanden na afloop van elk kalenderjaar draagt Onze Minister in samenwerking met de overige in het eerste lid bedoelde autoriteiten zorg voor een gezamenlijk verslag dat openbaar wordt gemaakt en waarin melding wordt gemaakt van de wijze waarop uitvoering is gegeven aan het eerste en tweede lid.

Art. 34

Samenwerking met oog op toezicht

– 1. Onze Minister dan wel een rechtspersoon waaraan ingevolge artikel 40 taken en bevoegdheden zijn overgedragen werkt, voor zover noodzakelijk ten behoeve van de uitoefening van het toezicht op effecteninstellingen die deel uitmaken van een groep, samen met de autoriteiten die ingevolge de Wet toezicht kredietwezen 1992, de Wet toezicht verzekeringsbedrijf 1993, de Wet toezicht natura-uitvaartverzekeringsbedrijf en de Wet toezicht beleggingsinstellingen belast zijn met het toezicht op kredietinstellingen, verzekeraars onderscheidenlijk beleggingsinstellingen die tot diezelfde groep behoren.

23a Wet toezicht effectenverkeer 1995

– 2. Onze Minister dan wel een rechtspersoon waaraan ingevolge artikel 40 taken en bevoegdheden zijn overgedragen pleegt in de gevallen, bedoeld in het eerste lid, waar nodig overleg met een autoriteit als bedoeld in het eerste lid.

– 3. Onze Minister dan wel een rechtspersoon waaraan ingevolge artikel 40 taken en bevoegdheden zijn overgedragen werkt in de gevallen, bedoeld in het eerste lid, waar nodig samen op basis van een of meer daartoe met een autoriteit als bedoeld in het eerste lid overeen te komen regelingen. Deze regelingen betreffen in elk geval afspraken over het stellen van gemeenschappelijke regels, het coördineren van werkzaamheden uit hoofde van ieders uitoefening van het toezicht en het uitwisselen van gegevens en inlichtingen.

– 4. Onze Minister dan wel een rechtspersoon waaraan ingevolge artikel 40 taken en bevoegdheden zijn overgedragen, verstrekt aan een autoriteit als bedoeld in het eerste lid dan wel een autoriteit die is belast met de uitvoering van de Wet inzake de geldtransactiekantoren de gegevens of inlichtingen die hij verkregen heeft bij de vervulling van de krachtens deze wet opgedragen taak en die betrekking hebben op de deskundigheid en betrouwbaarheid van personen als bedoeld in de algemene maatregel van bestuur ter uitvoering van artikel 7, vierde lid, onder a, voor zover Onze Minister dan wel de rechtspersoon van oordeel is dat deze gegevens of inlichtingen van belang zijn of zouden kunnen zijn voor het toezicht dat door die andere autoriteit wordt uitgeoefend.

– 5. De verplichting, bedoeld in het vierde lid, geldt niet in het geval de gegevens of inlichtingen zijn verkregen van een buitenlandse instantie als bedoeld in artikel 33, eerste lid.

Art. 35

Samenwerking met andere lidstaten

Onze Minister dan wel een rechtspersoon waaraan ingevolge artikel 40 taken en bevoegdheden zijn overgedragen, werkt bij de uitoefening van het toezicht samen met de betrokken toezichthoudende autoriteiten van de andere lid-staten. Onze Minister dan wel een rechtspersoon waaraan ingevolge artikel 40 taken en bevoegdheden zijn overgedragen, pleegt daartoe in voorkomende gevallen overleg met deze autoriteiten.

Art. 36

Gegevens en inlichtingen door Minister

– 1. Ter uitvoering van verdragen tot uitwisseling van gegevens of inlichtingen dan wel ter uitvoering van bindende besluiten van volkenrechtelijke organisaties met betrekking tot het toezicht op financiële markten of op natuurlijke personen en rechtspersonen die op die markten werkzaam zijn, kan Onze Minister ten behoeve van een instantie die werkzaam is in een staat die met Nederland partij is bij een verdrag of die met Nederland valt onder eenzelfde bindend besluit van een volkenrechtelijke organisatie, en die in die staat belast is met de uitvoering van wettelijke regelingen inzake het toezicht op het effectenverkeer, inlichtingen vragen aan of een onderzoek instellen of doen instellen bij een ieder die ingevolge deze wet onder zijn toezicht valt dan wel bij een ieder waarvan redelijkerwijs kan worden vermoed dat hij over gegevens of inlichtingen beschikt die van belang kunnen zijn voor de uitvoering van de wettelijke regelingen als hiervoor bedoeld.

– 2. Degene aan wie gegevens of inlichtingen als bedoeld in het eerste lid worden gevraagd, verstrekt deze gegevens of inlichtingen binnen een door Onze Minister te stellen termijn.

– 3. Degene bij wie een onderzoek als bedoeld in het eerste lid wordt ingesteld, verleent aan de persoon die het onderzoek verricht alle medewerking die nodig is voor een goede uitvoering van dat onderzoek, met dien verstande dat degene bij wie het onderzoek wordt ingesteld slechts kan worden verplicht tot het verlenen van inzage in zakelijke gegevens en bescheiden voor zover deze op de uitoefening van zijn beroep of bedrijf betrekking hebben.

Art. 37

Functionaris buitenlandse instantie

– 1. Onze Minister kan toestaan dat een functionaris van een buitenlandse instantie als bedoeld in artikel 36, eerste lid, deelneemt aan de uitvoering van een onderzoek als bedoeld in dat lid.

– 2. De verplichting, bedoeld in artikel 36, derde lid, geldt eveneens jegens de in het eerste lid bedoelde functionaris.

– 3. De in het eerste lid bedoelde functionaris volgt de aanwijzingen op van de persoon die met de uitvoering van het onderzoek is belast.

Art. 38

Vestiging in andere lid-staat

– 1. Ingeval een onderneming, instelling of bieder als bedoeld in artikel 29, eerste lid, in een andere lid-staat is gevestigd, kan Onze Minister ten behoeve van het toezicht:

a. de toezichthoudende autoriteit van de andere lid-staat verzoeken zich ter plaatse van de juistheid van de aan Onze Minister verstrekte inlichtingen te overtuigen; dan wel

b. zich, na daartoe van de toezichthoudende autoriteit van de andere lid-staat toestemming te hebben verkregen, ter plaatse van de juistheid van de aan Onze Minister verstrekte inlichtingen overtuigen of doen overtuigen.

– 2. Ingeval een in Nederland gevestigde effecteninstelling een bijkantoor in een andere lid-staat heeft gevestigd, kan Onze Minister ten behoeve van het toezicht:

23a Wet toezicht effectenverkeer 1995

a. de toezichthoudende autoriteit van de andere lid-staat verzoeken zich ter plaatse van de juistheid van de aan Onze Minister verstrekte inlichtingen te overtuigen; dan wel
b. zich, na daaromtrent de toezichthoudende autoriteit van de andere lid-staat in kennis te hebben gesteld, ter plaatse van de juistheid van de aan Onze Minister verstrekte inlichtingen overtuigen of doen overtuigen.

Art. 39

– 1. Ingeval in overeenstemming met de richtlijn kapitaaltoereikendheid ten behoeve van het toezicht op effecteninstellingen in een andere lid-staat door dan wel omtrent een in Nederland gevestigde onderneming of instelling inlichtingen aan de toezichthoudende autoriteit van die lid-staat zijn verstrekt, zal Onze Minister, na daartoe door de toezichthoudende autoriteit van de desbetreffende lid-staat te zijn verzocht:
a. zich ter plaatse van de juistheid van de aan de toezichthoudende autoriteit van de andere lid-staat verstrekte inlichtingen overtuigen; dan wel
b. de toezichthoudende autoriteit van de andere lid-staat toestaan zich ter plaatse van de juistheid van de aan haar verstrekte inlichtingen te overtuigen of te doen overtuigen.

– 2. In geval van een bijkantoor in Nederland van een in een andere lid-staat gevestigde effecteninstelling zal ten behoeve van het toezicht in de andere lid-staat:
a. Onze Minister zich, op verzoek van de toezichthoudende autoriteit van de andere lid-staat, ter plaatse van de juistheid van de aan die toezichthouder verstrekte inlichtingen overtuigen; dan wel
b. de toezichthoudende autoriteit van de andere lid-staat zich, na daaromtrent Onze Minister in kennis te hebben gesteld, ter plaatse van de juistheid van de aan haar verstrekte inlichtingen kunnen overtuigen of doen overtuigen.

(Margenoot: Inlichtingen op verzoek toezichthoudende autoriteit)

HOOFDSTUK IX

Overdracht van toezicht

Art. 40

– 1. Taken en bevoegdheden die Onze Minister op grond van deze wet heeft, kunnen, met uitzondering van de taken en bevoegdheden, bedoeld in de artikelen 8, 10, 18, 22, 25, 26, 26*a*, 27, 28*a*, vierde lid, 41, 42, 45, 46*b*, derde lid, onder *c*, en vijfde lid, en 46*d*, en met uitzondering van het verlenen van een vrijstelling als bedoeld in de artikelen 4, 5 en 6*c*, bij algemene maatregel van bestuur worden overgedragen aan een of meer rechtspersonen. Alsdan gelden de verplichtingen op grond van deze wet jegens Onze Minister als verplichtingen jegens de desbetreffende rechtspersoon of rechtspersonen.

– 2. Een overdracht als bedoeld in het eerste lid vindt slechts plaats indien de betrokken rechtspersoon aan de volgende vereisten voldoet:
a. hij dient in staat te zijn de in het eerste lid bedoelde taken en bevoegdheden naar behoren te vervullen;
b. de voorwaarden dienen aanwezig te zijn voor een zodanige besluitvorming binnen de rechtspersoon dat een onafhankelijke vervulling van de in het eerste lid bedoelde taken en bevoegdheden zoveel mogelijk is gewaarborgd;
c. de statuten van de rechtspersoon dienen te bepalen dat de benoeming, de schorsing en het ontslag van de bestuurders van de rechtspersoon geschiedt door Onze Minister.

– 3. Aan de overdracht, bedoeld in het eerste lid, kunnen beperkingen worden gesteld en voorschriften worden verbonden.

– 4. Onze Minister kan aan een rechtspersoon als bedoeld in het eerste lid voorschriften geven ter uitvoering van richtlijnen inzake het effectenverkeer van de Raad van de Europese Unie dan wel van het Europees Parlement en de Raad van de Europese Unie gezamenlijk.

– 5. De rechtspersoon of rechtspersonen brengt onderscheidenlijk brengen eenmaal per jaar, uiterlijk op 1 mei, verslag uit aan Onze Minister over de uitoefening van de overgedragen taken en bevoegdheden in het voorgaande kalenderjaar. Dit verslag wordt door de zorg van Onze Minister openbaar gemaakt, met dien verstande dat gegevens met betrekking tot afzonderlijke ondernemingen en instellingen niet openbaar worden gemaakt zonder hun schriftelijke toestemming.

– 6. Indien ingevolge het eerste lid taken en bevoegdheden zijn overgedragen aan een of meer rechtspersonen, kan of kunnen deze worden gehoord alvorens:
a. een erkenning als bedoeld in artikel 22 wordt verleend of ingetrokken;
b. voorschriften als bedoeld in de artikelen 24, tweede lid, en 27, tweede lid, worden gegeven;
c. een ontheffing als bedoeld in artikel 25 wordt verleend of ingetrokken;
d. een verklaring van geen bezwaar als bedoeld in artikel 26*a* wordt verleend, gewijzigd of ingetrokken;
e. een termijn als bedoeld in artikel 45, vierde lid, wordt bepaald.

(Margenoten: Overdracht aan rechtspersonen; Vereisten; Beperkingen en voorschriften)

23a Wet toezicht effectenverkeer 1995

– 7. De rechtspersoon aan wie een advies als bedoeld in het zesde lid wordt gevraagd, is verplicht dit advies uit te brengen.

– 8. De rechtspersoon of rechtspersonen verstrekt onderscheidenlijk verstrekken Onze Minister desgevraagd de inlichtingen die nodig zijn voor de beoordeling van de uitvoerbaarheid van voorgenomen wettelijke voorschriften en algemene beleidsvoornemens, voor zover deze betrekking hebben op het effectenverkeer.

Art. 41

Wijzigen statuten

– 1. Het is een rechtspersoon als bedoeld in artikel 40, eerste lid, verboden zijn statuten te wijzigen zonder voorafgaande toestemming van Onze Minister. De artikelen 10:28 tot en met 10:31 van de Algemene wet bestuursrecht zijn van overeenkomstige toepassing.

– 2. Onze Minister kan een toestemming als bedoeld in het eerste lid weigeren indien de statuten na de wijziging onvoldoende zouden zijn afgestemd op het bepaalde in artikel 40.

Art. 42

Kosten

Onze Minister dan wel een rechtspersoon waaraan ingevolge artikel 40 taken en bevoegdheden zijn overgedragen, kan de kosten die worden gemaakt voor de uitvoering van die taken en de uitoefening van die bevoegdheden volgens door Onze Minister te stellen regels in rekening brengen bij houders van effectenbeurzen, bij instellingen te wier laste effecten zijn uitgegeven die zijn toegelaten tot de notering aan een op grond van artikel 22 erkende effectenbeurs, bij bieders, bij aanvragers van een ontheffing als bedoeld in artikel 6a, vijfde lid, of artikel 6c, eerste lid, bij effecteninstellingen, bij aanvragers van een vergunning als bedoeld in artikel 7, eerste lid, bij aanvragers van een ontheffing als bedoeld in artikel 4, eerste lid, bij aanvragers van een ontheffing als bedoeld in artikel 5, tweede lid, bij aanvragers van een erkenning als bedoeld in artikel 22, bij aanvragers van een ontheffing als bedoeld in artikel 25, eerste lid, bij aanvragers van een verklaring van geen bezwaar als bedoeld in artikel 16, eerste lid, alsmede bij houders van een verklaring van geen bezwaar die is verleend op grond van artikel 16, vierde lid.

HOOFDSTUK X

Beroep

Art. 43

Administratief beroep

Tegen een besluit van een houder van een op grond van artikel 22 erkende effectenbeurs omtrent de toelating van effecten tot, of het doen vervallen van effecten uit de notering aan die effectenbeurs, staat voor belanghebbenden administratief beroep open bij Onze Minister, tenzij dit besluit strekt tot uitvoering van een aanwijzing als bedoeld in artikel 6.

Art. 44

Rb. R'dam bevoegd

– 1. In afwijking van artikel 8:7 van de Algemene wet bestuursrecht is voor beroepen tegen besluiten op grond van deze wet de rechtbank te Rotterdam bevoegd.

– 2. Op een besluit op grond van deze wet terzake van de regels, gesteld bij of krachtens hoofdstuk II A, met uitzondering van een besluit tot het opleggen van een bestuurlijke boete als bedoeld in artikel 48c, is artikel 7:1 van de Algemene wet bestuursrecht niet van toepassing.

– 3. In afwijking van het eerste lid is voor beroepen tegen besluiten terzake van de regels, gesteld bij of krachtens Hoofdstuk IIA, met uitzondering van besluiten tot het opleggen van een bestuurlijke boete als bedoeld in artikel 48c, het College van Beroep voor het bedrijfsleven bevoegd.

HOOFDSTUK XI

Betrekkingen met derde landen

Art. 45

Bijzondere bepalingen

– 1. Onze Minister kan, mede ter uitvoering van besluiten die zijn genomen ingevolge de bepalingen betreffende de betrekkingen met derde landen in de richtlijn beleggingsdiensten, bepalen dat:

a. in afwijking van artikel 7, de behandeling van aanvragen voor een vergunning als bedoeld in artikel 7, eerste lid, die zijn ingediend door dochtermaatschappijen van ondernemingen of instellingen die niet in een lid-staat zijn gevestigd, voor een bepaalde termijn wordt opgeschort, dan wel dat dergelijke aanvragen slechts tot een door Onze Minister te bepalen aantal worden gehonoreerd;

b. in afwijking van artikel 16, de behandeling van aanvragen voor een verklaring van geen bezwaar als bedoeld in artikel 16, vierde lid, die zijn ingediend door ondernemingen of instellingen die niet in een lid-staat zijn gevestigd, voor een bepaalde termijn wordt opgeschort, met overeenkomstige opschorting van de termijn, bedoeld in artikel 16, vijfde lid, dan wel dat der-

23a Wet toezicht effectenverkeer 1995

gelijke aanvragen slechts tot een door Onze Minister te bepalen aantal worden gehonoreerd; en

c. in afwijking van artikel 7, tweede lid, aanhef en onder i of j, artikel 7, vierde lid, van toepassing is op effecteninstellingen die zijn gevestigd in een staat, niet zijnde een lid-staat van de Europese Unie, die partij is bij de Overeenkomst betreffende de Europese Economische Ruimte, die dochtermaatschappij zijn van ondernemingen of instellingen die niet in een lid-staat zijn gevestigd.

– 2. Het eerste lid is niet van toepassing indien de bedoelde dochtermaatschappijen of gekwalificeerde deelnemingen tevens dochtermaatschappijen onderscheidenlijk gekwalificeerde deelnemingen zijn van een onderneming of instelling die in een lid-staat is gevestigd en die een voor het als effectenbemiddelaar of vermogensbeheerder aanbieden of verrichten van diensten benodigde vergunning heeft verkregen.

– 3. Onze Minister kan bepalen dat, in afwijking van artikel 7, vierde lid, vergunningen voor bijkantoren in Nederland van effecteninstellingen die niet in een lid-staat zijn gevestigd niet dan wel slechts onder het stellen van beperkingen of het verbinden van voorschriften worden verleend.

– 4. Indien een bijkantoor in Nederland van een effecteninstelling die niet in een lid-staat is gevestigd en die een vergunning als bedoeld in artikel 7, eerste lid, heeft verkregen onder het stellen van beperkingen dan wel het verbinden van voorschriften als bedoeld in het derde lid, een handeling verricht zonder dat alle bij de vergunning gestelde beperkingen onderscheidenlijk alle aan de vergunning verbonden voorschriften zijn nagekomen, maakt de effecteninstelling binnen een door Onze Minister te bepalen termijn de verrichte handeling ongedaan of voldoet zij alsnog aan de niet nagekomen beperkingen onderscheidenlijk vervult zij alsnog de niet nagekomen voorschriften.

HOOFDSTUK XII

Gebruik van voorwetenschap en publieksmisleiding
Art. 46

– 1. Het is een ieder verboden om, beschikkende over voorwetenschap, in of vanuit Nederland een transactie te verrichten of te bewerkstelligen in:

Transacties met voorwetenschap misdrijf

a. effecten die zijn genoteerd aan een op grond van artikel 22 erkende effectenbeurs dan wel aan een buiten Nederland gevestigde en van overheidswege toegelaten effectenbeurs of effecten waarvan aannemelijk is dat deze spoedig aan een zodanige beurs zullen worden genoteerd; of

b. effecten waarvan de waarde mede wordt bepaald door de waarde van onder a bedoelde effecten.

– 2. Voorwetenschap is bekendheid met een bijzonderheid omtrent de rechtspersoon, vennootschap of instelling, waarop de effecten betrekking hebben of omtrent de handel in de effecten:

Effecten buitenlandse effectenbeurs

a. die niet openbaar is gemaakt; en

b. waarvan openbaarmaking, naar redelijkerwijs is te verwachten, invloed zou kunnen hebben op de koers van de effecten, ongeacht de richting van die koers.

– 3. Het verbod van het eerste lid is niet van toepassing:

a. op de tussenpersoon die, slechts beschikkend over voorwetenschap met betrekking tot de handel, volgens de regels van de goede trouw handelt ter bediening van zijn opdrachtgevers;

b. op de rechtspersoon, vennootschap of instelling waarvan de werknemers die zijn betrokken bij het verrichten of bewerkstelligen van de transactie slechts beschikken over voorwetenschap met betrekking tot de handel; en

c. op degene die een transactie verricht of bewerkstelligt ter nakoming van een opeisbare verbintenis die reeds bestond op het tijdstip waarop hij kennis kreeg van de in het tweede lid bedoelde bijzonderheid.

– 4. Bij algemene maatregel van bestuur kunnen categorieën van transacties worden aangewezen, waarop het in het eerste lid bedoelde verbod niet van toepassing is. Daarbij kan binnen een aan te wijzen categorie onderscheid worden gemaakt naar door wie en de omstandigheden waaronder de transacties worden verricht of bewerkstelligd.

Goede trouw tussenpersoon

– 5. Ten aanzien van strafbare feiten als bedoeld in het eerste lid is de rechtbank van Amsterdam in eerste aanleg bij uitsluiting bevoegd.

Art. 46a

– 1. Het is een ieder die beschikt over voorwetenschap omtrent een rechtspersoon, vennootschap of instelling als bedoeld in artikel 46, tweede lid, of omtrent de handel in effecten als bedoeld in artikel 46, eerste lid, die op die rechtspersoon, vennootschap of instelling betrek-

Zwijgplicht

23a Wet toezicht effectenverkeer 1995

king hebben, verboden om, anders dan in de normale uitoefening van zijn werk, beroep of functie:

a. deze voorwetenschap aan een derde mee te delen, of

b. een derde aan te bevelen transacties te verrichten of te bewerkstelligen in die effecten.

– 2. Het verbod, bedoeld in het eerste lid, aanhef en onder *b*, is niet van toepassing op de rechtspersoon, vennootschap of instelling, waarvan de werknemers die zijn betrokken bij het aanbevelen niet over voorwetenschap beschikken.

– 3. Ten aanzien van strafbare feiten als bedoeld in het eerste lid is de rechtbank van Amsterdam in eerste aanleg bij uitsluiting bevoegd.

Art. 46b

Meldingsplicht – 1. Een instelling die effecten als bedoeld in artikel 46, eerste lid, onder *a*, heeft uitgegeven of zal uitgeven, doet onverwijld melding van door haar, anders dan ter bediening van derden, verrichte of bewerkstelligde transacties in op haar betrekking hebbende effecten als bedoeld in artikel 46, eerste lid, aan Onze Minister dan wel, indien ingevolge artikel 40 taken en bevoegdheden zijn overgedragen aan een rechtspersoon, aan die rechtspersoon.

– 2. Het eerste lid is niet van toepassing op een vennootschap als bedoeld in artikel 76a van boek 2 van het Burgerlijk Wetboek.

– 3. Het eerste lid is, met betrekking tot door de betrokkene verrichte of bewerkstelligde transacties in de in dat lid bedoelde effecten, van overeenkomstige toepassing op:

a. een ieder die het dagelijks beleid van de instelling bepaalt of mede bepaalt;

b. een ieder die toezicht houdt op het beleid van het bestuur en de algemene gang van zaken in de vennootschap en de met haar verbonden onderneming; en

c. een ieder die behoort tot een bij ministeriële regeling, onder daarbij te stellen voorwaarden, aan te wijzen andere categorie van personen.

– 4. De in het derde lid, onder *c*, bedoelde aanwijzing vervalt na afloop van zes maanden na inwerkingtreding van de regeling waarbij zij tot stand is gekomen, tenzij de aanwijzing binnen deze termijn wordt goedgekeurd bij algemene maatregel van bestuur. De algemene maatregel van bestuur treedt niet eerder in werking dan acht weken na de datum van uitgifte van het *Staatsblad* waarin hij is geplaatst. Van de plaatsing wordt onverwijld mededeling gedaan aan de beide kamers van de Staten-Generaal.

– 5. De melding, bedoeld in het eerste en derde lid, voldoet aan bij ministeriële regeling te stellen regels. Hierbij kan ten aanzien van bepaalde categorieën van personen worden bepaald dat de melding kan worden gedaan door tussenkomst van een door de instelling waarop de effecten betrekking hebben aan te wijzen persoon. Tevens kan hierbij ten aanzien van de personen, bedoeld in het derde lid, onder *c*, worden afgeweken van de verplichting om de melding onverwijld te doen plaatsvinden.

– 6. Aan de verplichting, bedoeld in het derde lid, is voldaan indien op grond van artikel 2a, vierde lid, van de Wet melding zeggenschap in ter beurze genoteerde vennootschappen 1996 aan Onze Minister melding is gedaan van een door de betrokken transactie bewerkstelligde wijziging als bedoeld in dat lid.

– 7. De instelling waarop de effecten betrekking hebben, stelt de personen bedoeld in het derde lid, onder *c*, voor zover bij de instelling bekend, ervan in kennis dat het eerste lid op hen van toepassing is.

Art. 46c

Register – 1. Een melding als bedoeld in artikel 46b, eerste of derde lid, wordt door Onze Minister opgenomen in een register. Onze Minister houdt het register voor een ieder ter inzage.

– 2. Indien Onze Minister vermoedt dat een melding is gedaan die onjuist is, kan hij terzake een onderzoek instellen of doen instellen.

– 3. Onze Minister kan opneming van de melding in het register voor de duur van het onderzoek opschorten. Hij stelt degene die de melding heeft gedaan van de opschorting in kennis.

– 4. Degene die de melding heeft gedaan, verstrekt desgevraagd aan Onze Minister, binnen een door de Minister te stellen termijn, de gegevens op grond waarvan de melding is gedaan.

– 5. Onze Minister kan een ieder die een melding heeft gedaan in de gelegenheid stellen de melding te herstellen.

– 6. Indien een melding naar het oordeel van Onze Minister onjuist is en de melding niet is hersteld, kan hij in plaats van de gemelde gegevens de juiste gegevens in het register opnemen.

Art. 46d

Reglement Een instelling die effecten als bedoeld in artikel 46, eerste lid, onder *a*, heeft uitgegeven of zal uitgeven, stelt een reglement vast waarin regels worden gesteld ten aanzien van het bezit van en transacties in op haar betrekking hebbende effecten als bedoeld in artikel 46, eerste lid, door haar werknemers en de personen, bedoeld in artikel 46b, derde lid onder *a* en *b*. Het reglement voldoet aan bij ministeriële regeling te stellen regels.

Art. 47

Het is een ieder die effecten uitgeeft of belast is met, of zijn medewerking verleent tot het plaatsen van effecten, verboden te trachten het publiek tot inschrijving of deelneming te bewegen door het opzettelijk verzwijgen of verminken van ware, of voorspiegelen van valse feiten of omstandigheden.

Bedrog misdrijf

Art. 48

Overtreding van de verbodsbepalingen van de artikelen 46 en 47 is een misdrijf.

Strafbare feiten

HOOFDSTUK XIIA

Onderzoek door Onze Minister
Art. 48a

– 1. Onze Minister is bevoegd aan een rechtspersoon waaraan ingevolge artikel 40, eerste lid, taken en bevoegdheden zijn overgedragen de gegevens of inlichtingen te vragen die naar zijn oordeel nodig zijn voor een onderzoek naar de toereikendheid van deze wet of de wijze waarop de rechtspersoon deze wet uitvoert of heeft uitgevoerd, indien dat ter wille van het bedrijfseconomisch toezicht nodig blijkt.

Bevoegdheid Minister tot vragen informatie

– 2. De rechtspersoon, bedoeld in het eerste lid, is verplicht aan Onze Minister de in het eerste lid bedoelde gegevens of inlichtingen te verstrekken. Indien Onze Minister de rechtspersoon vraagt bepaalde gegevens of inlichtingen te verstrekken die onder artikel 31, eerste en tweede lid, vallen, is de rechtspersoon niet verplicht deze gegevens of inlichtingen te verstrekken, indien:

Verstrekken informatie

a. deze betrekking hebben op of herleidbaar zijn tot een afzonderlijke rechtspersoon, vennootschap of natuurlijke persoon, met uitzondering van gegevens of inlichtingen die betrekking hebben op of herleidbaar zijn tot een afzonderlijke effecteninstelling waaraan een vergunning als bedoeld in artikel 7, eerste lid, is verleend of waarvan die vergunning is ingetrokken of vervallen, en waaraan surséance van betaling is verleend of die in staat van faillissement is verklaard of op grond van een rechterlijke uitspraak is ontbonden;

b. deze betrekking hebben op ondernemingen of instellingen die betrokken zijn of zijn geweest bij een poging een effecteninstelling in staat te stellen haar bedrijf voort te zetten; of

c. deze zijn ontvangen van een instantie als bedoeld in artikel 33, eerste lid, of zijn verkregen naar aanleiding van een verificatie bij een in een andere staat gelegen bijkantoor van een in Nederland gevestigde effecteninstelling, tenzij de uitdrukkelijke instemming is verkregen van die instantie onderscheidenlijk van de toezichthoudende autoriteit van de staat waar de verificatie ter plaatse is verricht.

– 3. Onze Minister is bevoegd een derde op te dragen de gegevens of inlichtingen die hem ingevolge het tweede lid zijn verstrekt te onderzoeken en aan hem verslag uit te brengen. Tevens kan Onze Minister de derde die in zijn opdracht handelt, machtigen namens hem gegevens of inlichtingen in te winnen, in welk geval het eerste en tweede lid van overeenkomstige toepassing zijn.

Externe deskundige

– 4. Onze Minister mag de gegevens of inlichtingen die hij ingevolge het tweede of derde lid heeft verkregen uitsluitend gebruiken voor het vormen van zijn oordeel over de toereikendheid van deze wet of de wijze waarop de rechtspersoon, bedoeld in het eerste lid, deze wet uitvoert of heeft uitgevoerd.

– 5. Onze Minister en degenen die in zijn opdracht handelen zijn verplicht tot geheimhouding van de op grond van het tweede lid, tweede volzin, ontvangen gegevens of inlichtingen. Artikel 31, eerste en tweede lid, is van toepassing.

Geheimhoudingsplicht

– 6. Niettegenstaande het vierde en vijfde lid kan Onze Minister de aan de gegevens of inlichtingen ontleende bevindingen en de daaruit getrokken conclusies aan de Staten-Generaal mededelen en de conclusies in algemene zin uit het onderzoek openbaar maken.

Openbaarmaking

– 7. De Wet openbaarheid van bestuur en de Wet Nationale ombudsman zijn niet van toepassing met betrekking tot de in dit artikel bedoelde gegevens of inlichtingen die Onze Minister of de in zijn opdracht werkende derde onder zich heeft.

HOOFDSTUK XII B

Dwangsom en bestuurlijke boete
Art. 48b

– 1. Onze Minister kan een last onder dwangsom opleggen ter zake van overtreding van voorschriften, gesteld bij of krachtens de artikelen 3, tweede lid, onder *b* en *c*, 4, tweede lid, 5, derde lid, 6, tweede lid, 6*a*, eerste en derde lid, 6*b*, 6*c*, tweede lid, 7, eerste, derde, vierde en zevende lid, 10, tweede lid, 11, eerste lid, 11*a*, eerste en tweede lid, 12, tweede en vierde lid, 13, vijfde, zesde en achtste lid, 15, tweede lid, 16, eerste, derde, zevende, achtste en tiende lid, 17, eerste

Dwangsom

lid, 18, tweede lid, 19, derde lid, 21, zesde lid, 22, eerste en derde lid, 23, 24, eerste en derde lid, 26*a*, eerste, vijfde, zesde en negende lid, 28, derde en zesde lid, onder *a*, 28*a*, tweede en vierde lid, 29, vijfde lid, 36, tweede en derde lid, en 37, tweede lid.

Awb van toepassing

– 2. De artikelen 5:32, tweede tot en met vijfde lid, en 5:33 tot en met 5:35 van de Algemene wet bestuursrecht zijn van toepassing.

– 3. Onze Minister kan regels stellen ter zake van de uitoefening van de bevoegdheid bedoeld in het eerste lid.

Art. 48c

Bestuurlijke boete

– 1. Onze Minister kan een bestuurlijke boete opleggen ter zake van overtreding van voorschriften, gesteld bij of krachtens de artikelen 3, eerste en tweede lid, onder *b* en *c*, 4, tweede lid, 5, eerste en derde lid, 6, tweede lid, 6*a*, eerste en derde lid, 6*b*, 6*c*, tweede lid, 7, eerste, derde, vierde en zevende lid, 10, tweede lid, 11, eerste lid, 11*a*, eerste tot en met vierde lid, 12, tweede en vierde lid, 13, eerste, vijfde, zesde en achtste lid, 14, eerste en vierde lid, 15, tweede lid, 16, eerste, derde, zevende, achtste en tiende tot en met twaalfde lid, 17, eerste lid, 18, tweede lid, 19, derde lid, 21, zesde lid, 22, eerste en derde lid, 23, 24, eerste en derde lid, 26*a*, eerste, vijfde, zesde en negende lid, 28, derde en zesde lid, onder *a*, 28*a*, tweede en vierde lid, 29, vijfde lid, 36, tweede en derde lid, 37, tweede lid, 46, eerste lid, 46*a*, eerste lid, 46*b*, eerste, derde en vijfde lid, 46*d* en 47.

– 2. De bestuurlijke boete komt toe aan de staat. Voor zover Onze Minister met toepassing van artikel 40, eerste lid, de bevoegdheid tot het opleggen van een bestuurlijke boete heeft overgedragen aan een rechtspersoon, komt de boete toe aan die rechtspersoon.

– 3. Onze Minister, in overeenstemming met Onze Minister van Justitie, kan regels stellen ter zake van de uitoefening van de bevoegdheid bedoeld in het eerste lid.

Art. 48d

Bedrag boete

– 1. Het bedrag van de boete wordt bepaald op de wijze, voorzien in de bijlage, met dien verstande dat de boete voor een afzonderlijke overtreding ten hoogste € 900 000 bedraagt.

– 2. De bijlage bepaalt bij elke daarin omschreven overtreding het bedrag van de deswege op te leggen boete.

– 3. De bijlage kan bij algemene maatregel van bestuur worden gewijzigd.

Verlaging i.v.m. bijzondere omstandigheden

– 4. Onze Minister kan het bedrag van de boete lager stellen dan in de bijlage is bepaald, indien het bedrag van de boete in een bepaald geval op grond van bijzondere omstandigheden onevenredig hoog is.

– 5. Voor overtreding van voorschriften, gesteld bij of krachtens een algemene maatregel van bestuur op grond van de artikelen 3, tweede lid, onder *b* en *c*, 5, eerste lid, tweede volzin, 6*a*, tweede en derde lid, 7, vierde lid, 11, eerste lid, of 17, eerste lid, wordt het bedrag van de boete bepaald op de wijze als voorzien in die algemene maatregel van bestuur. Het eerste tot en met vierde lid is van overeenkomstige toepassing.

Art. 48e

Zwijgplicht

Degene jegens wie door Onze Minister een handeling is verricht waaraan hij in redelijkheid de gevolgtrekking kan verbinden dat hem wegens een overtreding een boete zal worden opgelegd, is niet verplicht ter zake daarvan enige verklaring af te leggen. Hij wordt hiervan in kennis gesteld alvorens hem mondeling om informatie wordt gevraagd.

Art. 48f

Kennisgeving

– 1. Indien Onze Minister voornemens is een boete op te leggen, geeft hij de betrokkene daarvan kennis onder vermelding van de gronden waarop het voornemen berust.

– 2. In afwijking van afdeling 4.1.2 van de Algemene wet bestuursrecht, stelt Onze Minister de betrokkene in de gelegenheid om naar keuze schriftelijk of mondeling zijn zienswijze naar voren te brengen voordat de boete wordt opgelegd, tenzij het een overtreding betreft die in de bijlage of de algemene maatregel van bestuur, bedoeld in artikel 48*d*, is aangewezen.

Art. 48g

Beschikking

– 1. Onze Minister legt de boete op bij beschikking.

– 2. De beschikking vermeldt in ieder geval:

a. het feit terzake waarvan de boete wordt opgelegd, alsmede het overtreden voorschrift;

b. het bedrag van de boete en de gegevens op basis waarvan dit bedrag is bepaald; en

c. de termijn, bedoeld in artikel 48*i*, eerste lid, waarbinnen de boete moet worden betaald.

Art. 48h

Opschorting

– 1. De werking van de beschikking tot oplegging van een boete wordt opgeschort totdat de beroepstermijn is verstreken of, indien beroep is ingesteld, op het beroep is beslist.

– 2. In afwijking van het eerste lid wordt de werking van de beschikking tot oplegging van een boete voor een overtreding die op grond van artikel 48*f*, tweede lid, is aangewezen, opgeschort totdat de bezwaartermijn is verstreken of, indien bezwaar is gemaakt, op het bezwaar is beslist.

Art. 48i

– 1. De boete wordt betaald binnen zes weken na de inwerkingtreding van de beschikking waarbij zij is opgelegd.

– 2. De boete wordt vermeerderd met de wettelijke rente, te rekenen vanaf de dag waarop sedert de bekendmaking van de beschikking zes weken zijn verstreken, tenzij het een overtreding betreft die op grond van artikel 48*f*, tweede lid, is aangewezen.

– 3. Indien de boete niet tijdig is betaald, stuurt Onze Minister schriftelijk een aanmaning om binnen twee weken de boete, verhoogd met de kosten van de aanmaning, alsnog te betalen. De aanmaning bevat de aanzegging, dat de boete, voor zover deze niet binnen de gestelde termijn wordt betaald, overeenkomstig het derde lid zal worden ingevorderd.

– 4. Bij gebreke van tijdige betaling kan Onze Minister de boete, verhoogd met de kosten van de aanmaning en van de invordering, bij dwangbevel invorderen.

– 5. Het dwangbevel wordt op kosten van de overtreder bij deurwaardersexploit betekend en levert een executoriale titel op in de zin van het Tweede Boek van het Wetboek van Burgerlijke Rechtsvordering.

– 6. Gedurende zes weken na de dag van betekening staat verzet tegen het dwangbevel open door dagvaarding van de rechtspersoon die de boete heeft opgelegd.

– 7. Het verzet schorst de tenuitvoerlegging niet, tenzij de voorzieningenrechter van de rechtbank in kort geding desgevraagd anders beslist.

– 8. Het verzet kan niet worden gegrond op de stelling dat de boete ten onrechte of op een te hoog bedrag is vastgesteld.

Art. 48j

– 1. De bevoegdheid een boete op te leggen vervalt indien ter zake van de overtreding een strafvervolging is ingesteld en het onderzoek ter terechtzitting een aanvang heeft genomen, dan wel het recht tot strafvordering is vervallen ingevolge artikel 74 van het Wetboek van Strafrecht.

– 2. Het recht tot strafvervolging met betrekking tot een overtreding als bedoeld in artikel 48*c* vervalt, indien Onze Minister ter zake van die overtreding reeds een boete heeft opgelegd.

Art. 48k

– 1. De bevoegdheid een boete op te leggen vervalt drie jaren na de dag waarop de overtreding is begaan.

– 2. De termijn, bedoeld in het eerste lid, wordt gestuit door de bekendmaking van de beschikking waarbij een boete wordt opgelegd.

Art. 48l

De werkzaamheden in verband met het opleggen van een dwangsom of van een boete worden verricht door personen die niet betrokken zijn geweest bij het vaststellen van de overtreding en het daaraan voorafgaande onderzoek.

Art. 48m

– 1. Met het oog op een adequate functionering van de effectenmarkten of de positie van de beleggers op die markten, kan Onze Minister, onverminderd artikel 31, eerste en tweede lid, het feit ter zake waarvan de last onder dwangsom of de bestuurlijke boete is opgelegd, het overtreden voorschrift, alsmede de naam, het adres en de woonplaats van degene aan wie de last onder dwangsom of de bestuurlijke boete is opgelegd, ter openbare kennis brengen.

– 2. Onze Minister kan regels stellen ter zake van de uitoefening van de bevoegdheid, bedoeld in het eerste lid.

HOOFDSTUK XIII

Wijziging van andere wetten
Art. 49-58
Bevat wijzigingen in andere regelgeving.

HOOFDSTUK XIV

Slotbepalingen
Art. 59
Van de verlening of intrekking van een vrijstelling, vergunning, erkenning of ontheffing en van het van kracht worden van het verbod, bedoeld in artikel 12, vierde lid, wordt door de zorg van Onze Minister mededeling gedaan in de *Staatscourant*.

Art. 60
– 1. Effectenbemiddelaars of vermogensbeheerders waarop op het tijdstip van inwerkingtreding van artikel 7, eerste lid, van deze wet artikel 8 onderscheidenlijk artikel 12 van de Wet

Betalingstermijn

Dwangbevel

Verzet

Strafvervolging

Vervaltermijn boete

Bevoegde personen

Openbaarmaken

Publicatie

Overgangsbepalingen

toezicht effectenverkeer van toepassing is, worden geacht op dat tijdstip een vergunning als bedoeld in artikel 7, eerste lid, te hebben verkregen.

– 2. Effectenbemiddelaars of vermogensbeheerders die op het tijdstip van inwerkingtreding van artikel 7, eerste lid, van deze wet een vergunning als bedoeld in artikel 6, eerste lid, onderscheidenlijk artikel 10, eerste lid, van de Wet toezicht effectenverkeer bezitten, worden geacht op dat tijdstip een vergunning als bedoeld in artikel 7, eerste lid, van deze wet te hebben verkregen.

Art. 61

Ten aanzien van effectenbemiddelaars of vermogensbeheerders die zijn gevestigd in een andere lid-staat, niet zijnde een lid-staat ten aanzien waarvan Onze Minister een maatregel als bedoeld in artikel 8, eerste lid, heeft genomen, en die op het tijdstip van inwerkingtreding van artikel 7, tweede lid, van deze wet een vergunning als bedoeld in artikel 6, eerste lid, onderscheidenlijk artikel 10, eerste lid, van de Wet toezicht effectenverkeer bezitten, wordt geacht te zijn voldaan aan artikel 7, tweede lid, onderdeel *i*, onder 2° en 3°, onderscheidenlijk onderdeel *j*, onder 2°.

Art. 62

– 1. Artikel 16, eerste lid, blijft buiten toepassing tot de eerste dag van de derde kalendermaand na de datum van inwerkingtreding van dat artikellid.

– 2. Met ingang van de in het eerste lid bedoelde dag geldt artikel 16, eerste lid, niet ten aanzien van degene die in de aan die dag voorafgaande periode bij Onze Minister een aanvraag heeft ingediend voor een verklaring van geen bezwaar en tot de tweede dag nadat Onze Minister zijn besluit inzake die aanvraag heeft verzonden.

Art. 63

Houders van een effectenbeurs die op het tijdstip van inwerkingtreding van artikel 22, eerste lid, van deze wet een erkenning als bedoeld in artikel 16, eerste lid, van de Wet toezicht effectenverkeer bezitten, worden geacht op dat tijdstip een erkenning als bedoeld in artikel 22, eerste lid, van deze wet te hebben verkregen.

Art. 64

Ingeval voor het tijdstip van inwerkingtreding van deze wet beroep is ingesteld tegen een op grond van de Wet toezicht effectenverkeer genomen besluit wordt op het beroep beslist met toepassing van het voor dat tijdstip geldende recht.

Art. 65

De Wet toezicht effectenverkeer wordt ingetrokken.

Art. 66

Inwerkingtreding Deze wet treedt in werking op een bij koninklijk besluit te bepalen tijdstip dat voor de verschillende artikelen of onderdelen daarvan verschillend kan worden vastgesteld.

Art. 67

Citeertitel Deze wet wordt aangehaald als: Wet toezicht effectenverkeer 1995.

BIJLAGE

(bedoeld in artikel 48d, eerste lid, van de Wet toezicht effectenverkeer 1995)

Art. 1

Voor de overtredingen genoemd in tabel 1 en tabel 2, begaan na het tijdstip van inwerkingtreding van Hoofdstuk XII B van deze wet, zijn de boetebedragen vastgesteld als volgt:

Tariefnummer:	Bedrag (vast tarief):
1.	€ 453
2.	€ 907
2a.	€ 1 815
3.	€ 5 445
4.	€ 21 781
5.	€ 87 125

Art. 2

– 1. Indien een boete wordt opgelegd voor het overtreden van een bepaling als genoemd in tabel 1[1], is bij de vaststelling van de hoogte van deze boete de volgende categorie-indeling naar eigen vermogen van toepassing met de daarbij behorende factor[2]:

Categorie-indeling normgeadresseerden

Categorie I: natuurlijke personen, rechtspersonen en vennootschappen met een eigen vermogen van minder dan € 136 100; Factor: 1;
Categorie II: natuurlijke personen, rechtspersonen en vennootschappen met een eigen vermogen van ten minste € 136 100 maar minder dan € 272 300; Factor: 2;
Categorie III: natuurlijke personen, rechtspersonen en vennootschappen met een eigen vermogen van ten minste € 272 300 maar minder dan € 453 800; Factor: 3;
Categorie IV: natuurlijke personen, rechtspersonen en vennootschappen met een eigen vermogen van ten minste € 453 800 maar minder dan € 4 538 000; Factor: 4;
Categorie V: natuurlijke personen, rechtspersonen en vennootschappen met een eigen vermogen van ten minste € 4 538 000; Factor: 5.

– 2. De boete wordt vastgesteld door het bedrag, bedoeld in artikel 1, te vermenigvuldigen met de factor behorende bij de categorie naar eigen vermogen, bedoeld in het eerste lid.

– 3. Indien de gegevens omtrent het eigen vermogen niet aan Onze Minister beschikbaar zijn gesteld, kan Onze Minister aan degene aan wie de boete wordt opgelegd verzoeken deze gegevens binnen een door hem te stellen termijn te verstrekken. Indien de betrokkene niet binnen de gestelde termijn voldoet aan dit verzoek, is bij de vaststelling van de hoogte van de boete categorie V van toepassing.

Art. 3

Op grond van artikel 48*f*, tweede lid, behoeft de betrokkene niet in de gelegenheid te worden gesteld om naar keuze schriftelijk of mondeling zijn zienswijze naar voren te brengen voordat de boete wordt opgelegd, indien het een overtreding betreft waarvoor tariefnummer 1 of 2 is vastgesteld.

Tabel 1.

Overtreding van voorschriften, gesteld bij artikel:	Tariefnummer:
6, tweede lid	3
7, derde lid	4
7, zevende lid	3
11*a*, eerste lid	1
11*a*, tweede lid	1
12, tweede lid	4
12, vierde lid	4
13, eerste lid	1
13, vijfde lid	1
13, zesde lid, eerste volzin	3
13, zesde lid, tweede volzin	4
13, achtste lid	1
14, eerste lid	1
14, vierde lid	4
15, tweede lid	2
16, dertiende lid	4

1 In tabel 1 zijn die bepalingen genoemd die zich uitsluitend richten tot vergunninghoudende effecteninstellingen c.q. erkende effectenbeurzen (natuurlijke personen, rechtspersonen en vennootschappen). In tabel 2 zijn die bepalingen opgesomd die zich in beginsel tot een ieder (al dan niet instellingen/ beurzen) richten.

2 Onder eigen vermogen wordt in dit verband verstaan:
– ingeval van rechtspersonen en vennootschappen zonder rechtspersoonlijkheid, voor zover dezen een jaarrekening opstellen: het eigen vermogen zoals dat blijkt uit de jaarrekening;
– in geval van vennootschappen zonder rechtspersoonlijkheid, voor zover dezen geen jaarrekening opstellen: het privévermogen van de gezamenlijke vennoten, zoals dat blijkt uit hun laatste aangifte voor de vermogensbelasting; en
– in geval van natuurlijke personen (eenmanszaken): het privévermogen zoals dat blijkt uit zijn laatste aangifte voor de vermogensbelasting.

487

Overtreding van voorschriften, gesteld bij artikel: / **Tariefnummer:**

Overtreding van voorschriften, gesteld bij artikel:	Tariefnummer:
19, derde lid	3
21, zesde lid	1
22, derde lid	3
23	3
24, eerste lid	3
24, derde lid	3
28, derde lid	4
28a, tweede lid	4
28a, vierde lid	4
36, tweede lid	3
36, derde lid	3
37, tweede lid	3
46b, eerste lid	46d
	2a

Tabel 2.

Overtreding van voorschriften, gesteld bij artikel:	Tariefnummer:
3, eerste lid	5
4, tweede lid	3
5, eerste lid	4
5, derde lid	3
6a, eerste lid	5
6b	5
6c, tweede lid	4
7, eerste lid	5
10, tweede lid	3
11a, derde lid	3
11a, vierde lid	3
16, eerste lid	3
16, derde lid	1
16, achtste lid	3
16, negende lid	3
16, elfde lid	3
16, twaalfde lid	2
18, tweede lid	3
22, eerste lid	4
22, vijfde lid	3
26a, eerste lid	3
26a, zesde lid	3
28, zesde lid, onder a	3
29, tweede lid	3
36, tweede lid	3
36, derde lid	3
37, tweede lid	3
46, eerste lid	5
46a, eerste lid	5
46b, derde lid	4
46b, vijfde lid	3
47	5

23a Wet toezicht effectenverkeer 1995

Besluit van 17 december 1998, Stb. 717, houdende bepalingen ter uitvoering van artikel 46, vierde lid, van de Wet toezicht effectenverkeer 1995, zoals dit besluit is gewijzigd bij het Besluit van 21 juni 2002, Stb. 373

[Inwerkingtreding: 01-01-1999]

Wij Beatrix, bij de gratie Gods, Koningin der Nederlanden, Prinses van Oranje-Nassau, enz. enz. enz.

Op de voordracht van Onze Minister van Financiën van 13 juli 1998, nr. BGW 98/1861-M, Generale Thesaurie, Directie Binnenlands Geldwezen;

De Raad van State gehoord (advies van 5 oktober 1998, no. W06.98 0348);

Gezien het nader rapport van Onze Minister van Financiën van 15 december 1998, nr. WJB 98/1508M;

Hebben goedgevonden en verstaan:

Art. 1

Het verbod, bedoeld in artikel 46, eerste lid, van de Wet toezicht effectenverkeer 1995, is niet van toepassing op:

    Reikwijdte

a. het in het kader van een personeelsregeling toekennen van opties, converteerbare obligaties, warrants dan wel soortgelijke rechten op aandelen of certificaten van aandelen, indien het voornemen daartoe tenminste twee maanden voorafgaande aan de toekenning aan de Stichting Autoriteit Financiële Markten kenbaar is gemaakt;

b. het in het kader van een personeelsregeling uitoefenen van toegekende opties, omwisselen van converteerbare obligaties of uitoefenen van uitgegeven warrants dan wel soortgelijke rechten op aandelen of certificaten van aandelen, op de expiratiedatum van dit recht dan wel binnen een periode van vijf werkdagen voorafgaande aan die datum; alsmede de verkoop van de met de uitoefening van deze rechten verworven aandelen of certificaten van aandelen binnen deze periode, mits betrokkene tenminste twee maanden voor expiratie schriftelijk aan de rechtspersoon, vennootschap of instelling kenbaar heeft gemaakt tot verkoop te zullen overgaan;

c. het verrichten of bewerkstelligen van een transactie die noodzakelijk is om te kunnen voldoen aan een verplichting tot levering van aandelen of certificaten van aandelen;

d. het in het kader van een uitgifte of herplaatsing van aandelen of certificaten van aandelen ter stabilisatie van de koers verrichten van een transactie in die aandelen of certificaten van aandelen door een effecteninstelling die is betrokken bij de uitgifte of herplaatsing, indien het verrichten van deze transacties in het prospectus is aangekondigd;

e. het aangaan van een overeenkomst waarbij een effecteninstelling zich, voorafgaand aan een uitgifte of herplaatsing van aandelen of certificaten van aandelen door een rechtspersoon, vennootschap of instelling, verplicht tot aankoop van een of meer van die aandelen of certificaten van aandelen;

f. het bij wijze van dividenduitkering uitgeven van aandelen of certificaten van aandelen.

Art. 2

– 1. In afwijking van artikel 1, aanhef en onder *a*, is gedurende drie maanden na de datum van inwerkingtreding van dit besluit de in dat artikelonderdeel bedoelde melding aan de Stichting Autoriteit Financiële Markten niet vereist voor niet-toepasselijkheid van het verbod, bedoeld in artikel 46, eerste lid van de Wet toezicht effectenverkeer 1995, op het in het kader van een personeelsregeling toekennen van de in artikel 1, onder *a*, bedoelde effecten.

    Melding niet vereist

– 2. In afwijking van artikel 1, aanhef en onder *b*, is gedurende drie maanden na de datum van inwerkingtreding van dit besluit de in dat artikelonderdeel bedoelde melding aan de rechtspersoon, vennootschap of instelling niet vereist voor niet-toepasselijkheid van het verbod, bedoeld in artikel 46, eerste lid van de Wet toezicht effectenverkeer 1995, op de in artikel 1, onder *b*, bedoelde verkoop.

Art. 3

Dit besluit treedt in werking op een bij koninklijk besluit te bepalen tijdstip.

Regeling van 29 juni 1999, Stcrt. 122, zoals deze regeling is gewijzigd bij de Regelingen van 23 september 1999, Stcrt. 186, 9 juli 2002, Stcrt. 134

[Inwerkingtreding: 02-07-1999; goedgekeurd bij Besluit van 27 september 1999, Stb. 410]

De Minister van Financiën;
Gelet op artikel artikel 46*b*, derde en vijfde lid, en artikel 46*d*, van de Wet toezicht effectenverkeer 1995;
Gezien het advies van de Stichting Toezicht Effectenverkeer (brief van 28 juni 1999);
Besluit:

Art. 1

In deze regeling wordt verstaan onder:
a. de wet: de Wet toezicht effectenverkeer 1995;
b. de Autoriteit Financiële Markten: de Stichting Autoriteit Financiële Markten;
c. melding: een melding van verrichte of bewerkstelligde transacties in effecten als bedoeld in artikel 46*b*, eerste lid, van de wet;
d. instelling: de rechtspersoon, vennootschap of instelling waarop de in artikel 46, eerste lid, van de wet bedoelde effecten betrekking hebben;
e. reglement: het door een instelling vast te stellen reglement, bedoeld in artikel 46*d*, van de wet, waarin regels worden gesteld ten aanzien van het bezit van en transacties in op de instelling betrekking hebbende effecten;

Begripsbepalingen

Art. 2

De melding wordt op een door de Autoriteit Financiële Markten voorgeschreven wijze gedaan en bevat de volgende gegevens:
a. naam van de meldingsplichtige;
b. de naam van de instelling;
c. de datum van uitvoering van de transactie;
d. het aantal en de prijs van de effecten waarop de transactie betrekking had.

Verplichte gegevens bij melding

Art. 2a

Bij de melding als bedoeld in artikel 2 worden tevens, op een door de Autoriteit Financiële Markten voorgeschreven wijze, de volgende gegevens verstrekt:
a. adres en woonplaats van de meldingsplichtige;
b. de categorie van personen bedoeld in artikel 46*b*, derde lid, onder *a* en *b*, van de wet, dan wel de categorie van personen bedoeld in artikel 3, onder *a* tot en met *f*, waartoe de meldingsplichtige behoort.

Art. 3

De in artikel 46*b*, derde lid, onder *c*, van de wet bedoelde categorieën van personen zijn:
a. bestuurders en commissarissen van rechtspersonen of vennootschappen waarin de instelling een deelneming heeft, als bedoeld in artikel 24*c* van Boek 2 van het Burgerlijk Wetboek, indien de meest recent vastgestelde omzet van die rechtspersoon of vennootschap tenminste 10% van de geconsolideerde omzet van de instelling bedraagt;
b. degenen die rechtstreeks of middellijk meer dan 25% van het kapitaal van de instelling verschaffen, alsmede, indien het een rechtspersoon of vennootschap betreft, de bestuurders en commissarissen van die rechtspersoon of vennootschap;
c. echtgenoten van de in artikel 46*b*, derde lid, onder *a* of *b* van de wet bedoelde personen, alsmede bloed- en aanverwanten in de eerste graad en andere personen die een gemeenschappelijke huishouding voeren met de in artikel 46*b*, derde lid, onder *a* of *b*, van de wet bedoelde personen;
d. echtgenoten van de in de onderdelen *a* of *b* bedoelde personen, alsmede bloed- en aanverwanten in de eerste graad en andere personen die een gemeenschappelijke huishouding voeren met de in de onderdelen *a* of *b* bedoelde personen;
e. bloed- en aanverwanten in de eerste graad van de in artikel 46*b*, derde lid, onder *a* of *b*, van de wet of de onderdelen *a* of *b* van dit artikel bedoelde personen, die met deze personen geen gemeenschappelijke huishouding voeren, indien deze bloed- en aanverwanten de beschikking hebben of door de transactie verkrijgen over tenminste 5% van de aandelen, of certificaten van aandelen, in het kapitaal van de instelling;
f. leden van een ondernemingsraad, groepsondernemingsraad of centrale ondernemingsraad van de instelling, als bedoeld in de Wet op de ondernemingsraden.

Categorieën van personen

23c Reg. melding en regl. transacties in effecten 1999

Art. 4

Tijdstip van melding

Personen die behoren tot de in artikel 3 opgenomen categorieën, melden door hen verrichte of bewerkstelligde transacties uiterlijk tien dagen na afloop van de kalendermaand waarin de te melden transacties zijn verricht of bewerkstelligd, aan de Autoriteit Financiële Markten.

Art. 5

Tussenkomst centrale functionaris

Melding door de in artikel 46b, eerste lid en de in artikel 46b, derde lid, onder a en b, van de wet, alsmede de in artikel 3 bedoelde categorieën van personen kan plaatsvinden door tussenkomst van de centrale functionaris, bedoeld in artikel 6, onder a, indien voldaan is aan de in artikel 7 genoemde verplichting.

Art. 6

Reglement

Het reglement bevat ten minste regels ten aanzien van:

a. de taken en bevoegdheden van een centrale functionaris, indien de instelling overgaat tot de aanstelling van een centrale functionaris;

b. de verplichtingen van werknemers en de personen die behoren tot de in artikel 46b, derde lid, onder a en b, van de wet genoemde categorieën, ten aanzien van het bezit van en transacties in op de instelling betrekking hebbende effecten;

c. de periode waarin geen transacties in op de instelling betrekking hebbende effecten mogen worden verricht of bewerkstelligd door de personen als bedoeld onder b.

Art. 7

Inzending reglement

De instelling zendt het reglement, alsmede wijzigingen daarvan, voor inwerkingtreding ter kennisneming aan de Autoriteit Financiële Markten.

Art. 8

Terugwerkende kracht

Deze regeling treedt in werking met ingang van de tweede dag na de dagtekening van de *Staatscourant* waarin zij wordt geplaatst. Artikel 2 werkt terug tot en met 1 april 1999.

Art. 9

Intrekking

De Regeling melding en reglementering transacties Wet toezicht effectenverkeer 1995 wordt ingetrokken.

Art. 10

Citeertitel

Deze regeling wordt aangehaald als: Regeling melding en reglementering transacties in effecten 1999.

Besluit van 8 december 1995, Stb. 623, **houdende uitvoering van de artikelen 3, tweede lid, onder b en c, 5, eerste lid, tweede volzin, 7, vierde lid, 11, eerste lid, en 17, eerste lid, van de Wet toezicht effectenverkeer 1995, zoals dit besluit is gewijzigd bij de Besluiten van 29 november 1996, Stb. 604, 11 december 1997, Stb. 703, 20 juli 1998, Stb. 515, 8 december 1999, Stb. 530 en 590, 3 juli 2001, Stb. 316, 14 september 2001, Stb. 415, 17 januari 2002, Stb. 48, 23 augustus 2002, Stb. 452**

[Inwerkingtreding: 31-12-1995]

Wij Beatrix, bij de gratie Gods, Koningin der Nederlanden, Prinses van Oranje-Nassau, enz. enz. enz.

Op de voordracht van Onze Minister van Financiën van 19 juli 1995, nr. BGW 95/1678-M, Generale Thesaurie, Directie Binnenlands Geldwezen, Afdeling Effecten, Banken en Monetaire aangelegenheden;

Gelet op de artikelen 3, tweede lid, onder *b* en *c*, 5, eerste lid, tweede volzin, 7, vierde lid, 11, eerste lid, en 17, eerste lid, van de Wet toezicht effectenverkeer 1995;

De Raad van State gehoord (advies van 31 oktober 1995, No. W06.95.0402);

Gezien het nader rapport van Onze Minister van Financiën van 5 december 1995, nr. BGW 95/2512-U, Generale Thesaurie, Directie Binnenlands Geldwezen, Afdeling Effecten, Banken en Monetaire aangelegenheden;

Hebben goedgevonden en verstaan:

HOOFDSTUK I

Inleidende bepaling
Art. 1
In dit besluit wordt verstaan onder: Begripsbepaling
a. wet: de Wet toezicht effectenverkeer 1995;

b. uitgevende instelling: een onderneming of instelling te wier laste effecten zijn of worden uitgegeven;

c. prospectus: een prospectus als bedoeld in artikel 3, tweede lid, onder *b*, van de wet;

d. accountant: een accountant als bedoeld in artikel 393, eerste lid, van boek 2 van het Burgerlijk Wetboek, die niet in dienstbetrekking staat tot de desbetreffende onderneming of instelling;

e. jaarrekening: de balans en de winst- en verliesrekening met de toelichting;

f. toezichthoudende autoriteit:

1 Onze Minister of een rechtspersoon waaraan ingevolge artikel 40 van de wet taken en bevoegdheden zijn overgedragen voor zover het de taken en bevoegdheden betreft.

2 De Nederlandse Bank N.V., voor zover het de bevoegdheid uit hoofde van hoofdstuk 4 betreft tot het stellen van regels met betrekking tot de financiële waarborgen, de bedrijfsvoering en informatieverstekking voor zover noodzakelijk voor het toezicht op financiële waarborgen.

g. vast bod: een openbaar bod dat de geboden prijs of ruilverhouding vermeldt, niet zijnde een partieel bod;

h. partieel bod: een openbaar bod dat de geboden prijs of ruilverhouding vermeldt, strekkende tot verwerving van een gedeelte van de door de doelvennootschap uitgegeven effecten;

i. tenderbod: een openbaar bod waarmee de rechthebbenden van de effecten worden uitgenodigd om deze effecten tegen een door de rechthebbenden zelf te noemen tegenprestatie aan de bieder aan te bieden;

j. doelvennootschap: de instelling te wier laste de effecten waarop het openbaar bod betrekking heeft, zijn uitgegeven;

k. openbare mededeling: een mededeling als bedoeld in artikel 9a;

l. aanmeldingstermijn: de periode gedurende welke de effecten waarop een bod betrekking heeft, kunnen worden aangemeld.

HOOFDSTUK III A

Bepalingen ter uitvoering van artikel 6a, tweede en derde lid, van de wet
Art. 9a
Waar ingevolge dit hoofdstuk een openbare mededeling is vereist, wordt daaraan voldaan door   Openbare mede-
een mededeling in een landelijk verspreid dagblad. Indien onverwijld een openbare medede-   deling
ling is vereist, wordt daaraan voldaan door een mededeling in een persbericht.

Art. 9b

Mededelingsplicht – 1. Indien een openbaar bod wordt voorbereid of is aangekondigd, doen de bieder en de doelvennootschap, zodra zich een omstandigheid voordoet die ter bevordering van een gerechtvaardigde koersvorming van de door hen uitgegeven effecten een openbare mededeling noodzakelijk maakt, onverwijld een zodanige mededeling, ieder voor zover het hem of haar aangaat.

– 2. Als omstandigheid, als bedoeld in het eerste lid, wordt in ieder geval aangemerkt:

a. een zodanige stand van besprekingen ter voorbereiding van een openbaar bod, dat de verwachting gerechtvaardigd is dat overeenstemming kan worden bereikt;

b. de verzending door de bieder van de kennisgeving, bedoeld in artikel 9*d*, tweede lid, 9*e*, tweede lid, of 9*f*, tweede lid;

c. een koersvorming of andere ontwikkeling welke erop kan wijzen dat het voeren van besprekingen over een openbaar bod of het eenzijdige voornemen tot het doen van een openbaar bod bekend is bij derden die van deze wetenschap gebruik kunnen maken;

d. in geval van een vast bod, de definitieve vaststelling van de prijs of ruilverhouding, bedoeld in artikel 9*i*, onder *b*;

e. in geval van een partieel bod, de definitieve vaststelling van het getal of percentage van de effecten tot de verkrijging waarvan het bod strekt dan wel van de prijs of ruilverhouding, bedoeld in artikel 9*k*, onder *b*;

f. in geval van een tenderbod, de definitieve vaststelling van het getal of percentage van de effecten tot de verkrijging waarvan het bod strekt dan wel van de prijs, bedoeld in artikel 9*m*, onder *i*;

g. het besluit van de bieder om het openbaar bod, over de voorbereiding waarvan eerder een openbare mededeling is gedaan, niet uit te brengen;

h. het door een doelvennootschap, ten aanzien waarvan eerder een openbare mededeling over de voorbereiding van een openbaar bod op haar effecten is gedaan, aan de bieder of aan een derde uitgeven van effecten of verschaffen van een recht tot het nemen van door de doelvennootschap uit te geven effecten;

i. een openbare mededeling door een derde waaruit blijkt dat deze een openbaar bod op dezelfde effecten voorbereidt of uitbrengt.

– 3. Vanaf het tijdstip waarop een openbare mededeling over het voorbereiden of uitbrengen van een openbaar bod is gedaan doen de bieder en de doelvennootschap, ieder met betrekking tot de door henzelf verrichte transacties of gesloten overeenkomsten, aan de toezichthoudende autoriteit opgave van de na dat tijdstip verrichte transacties in de effecten waarop het bod betrekking heeft, respectievelijk van met betrekking tot die transacties gesloten overeenkomsten, onder vermelding van de daarvoor geldende voorwaarden en van de omvang van de bestaande onderlinge kapitaaldeelnemingen, zowel direct als indirect. De opgave wordt telkens gedaan onverwijld nadat de betrokken transactie of overeenkomst tot stand is gekomen of bekend is geworden. Indien de bieder of de doelvennootschap met betrekking tot een door hem verrichte transactie in effecten deze transactie reeds heeft gemeld overeenkomstig artikel 46*b*, eerste lid, van de wet, kan een melding van de transactie achterwege blijven.

– 4. Het eerste tot en met derde lid zijn van toepassing tot en met de dag waarop een openbare mededeling is gedaan over gestanddoening of intrekking van het bod of waarop openbaar is medegedeeld dat een bod dat in voorbereiding was, niet zal worden uitgebracht.

Art. 9c

Inhoud mededeling De mededeling, bedoeld in artikel 9*b*, eerste lid, vermeldt voor zover van toepassing:

a. de omstandigheid, bedoeld in artikel 9*b*, tweede lid, onder *a*, alsmede de namen van de bieder en de doelvennootschap;

b. het verzenden van de kennisgeving, bedoeld in artikel 9*b*, tweede lid, onder *b*, alsmede de namen van de bieder en de doelvennootschap.

c. de naam en de bieder of doelvennootschap die bij de koersvorming of andere ontwikkelingen, bedoeld in artikel 9*b*, tweede lid, onder *c*, zijn betrokken, alsmede het feit dat besprekingen over een openbaar bod worden gevoerd respectievelijk dat het voornemen bestaat tot het uitbrengen van een openbaar bod.

d. de vastgestelde prijs of ruilverhouding, bedoeld in artikel 9*b*, tweede lid, onder *d*, alsmede de namen van de bieder en de doelvennootschap, de op dat moment reeds vastgestelde voorwaarden waarvan de verplichting tot nakoming van het bod afhankelijk zal worden gesteld, alsmede een indicatie van de datum van verkrijgbaarstelling van het biedingsbericht;

e. het getal of percentage van de effecten tot de verkrijging waarvan het bod strekt dan wel de prijs of ruilverhouding, bedoeld in artikel 9*b*, tweede lid, onder *e*, alsmede de namen van de bieder en de doelvennootschap, alsmede een indicatie van de datum van publicatie van het biedingsbericht;

f. het getal of percentage van de effecten tot de verkrijging waarvan het bod strekt dan wel de prijs of ruilverhouding, bedoeld in artikel 9*b*, tweede lid, onder *f*, alsmede de namen van de bieder en de doelvennootschap en een indicatie van de datum van publicatie van het biedingsbericht;

g. het besluit tot het niet-uitbrengen van het bod, bedoeld in artikel 9b, tweede lid, onder g;

h. de naam van degene die de in artikel 9b, tweede lid, onder h, bedoelde effecten verwerft of eventueel zal verwerven, het nominale bedrag daarvan en de prijs of uitgiftekoers, alsmede de motieven voor de in dat lid, onder h, bedoelde handeling;

i. een gemotiveerde standpuntbepaling door de doelvennootschap over het door de in artikel 9b, tweede lid, onder i, bedoelde derde uit te brengen of voor te bereiden bod, of een verklaring waarom geen onmiddellijke standpuntbepaling daarover wordt bekendgemaakt, vergezeld van de mededeling wanneer deze tegemoet kan worden gezien;

j. de maatregelen van de bieder tot welke het bod, bedoeld in artikel 9b, tweede lid, onder i, hem aanleiding geeft, hetzij, indien geen onmiddellijke maatregelen worden overwogen, een indicatie omtrent het tijdstip waarop een mededeling omtrent te nemen maatregelen kan worden verwacht.

Art. 9d

Voorgenomen vast bod

– 1. In geval van een voorgenomen vast bod doet de bieder, in afwijking van het bepaalde in artikel 9b, tweede lid, onderdeel d, geen openbare mededeling over de prijs of ruilverhouding, bedoeld in artikel 9i, onder b, alvorens volledig uitvoering te hebben gegeven aan het tweede en derde lid, tenzij overeenstemming tussen de bieder en de doelvennootschap is bereikt, of de verwachting gerechtvaardigd is dat overeenstemming kan worden bereikt over het bod.

– 2. De bieder stelt de doelvennootschap schriftelijk in kennis van zijn voornemen de prijs of ruilverhouding, bedoeld in artikel 9i, onder b, voor het uit te brengen bod bekend te maken en nodigt de doelvennootschap uit om binnen zeven dagen na ontvangst van deze kennisgeving overleg te plegen over het voornemen van de bieder tot het doen van een bod, over de in het eerste lid bedoelde prijs of ruilverhouding, over de aan het voorgenomen bod ten grondslag liggende motieven en over de voornemens met betrekking tot het in verband daarmee te voeren beleid ten aanzien van de doelvennootschap en de met haar verbonden onderneming, alsmede over de wijze van financiering van het uit te brengen bod indien dit een prijs vermeldt.

– 3. De bieder stelt, indien de doelvennootschap geen gebruik heeft gemaakt van de gelegenheid tot het plegen van het in het tweede lid bedoelde overleg of dit overleg niet tot overeenstemming heeft geleid, de doelvennootschap schriftelijk in kennis van de prijs of ruilverhouding, bedoeld in artikel 9i, onder b, en van de motieven welke aan het voorgenomen bod ten grondslag liggen, en van de voornemens met betrekking tot het in verband daarmee te voeren beleid ten aanzien van de doelvennootschap en de met haar verbonden onderneming, alsmede van de wijze van financiering van het uit te brengen bod, indien dit een prijs vermeldt.

– 4. De bieder en de doelvennootschap stellen, indien zij een openbare mededeling doen met betrekking tot het bod, de inhoud daarvan schriftelijk ter kennis van de doelvennootschap respectievelijk van de bieder, uiterlijk ten tijde van het doen van deze openbare mededeling.

Art. 9e

Voorgenomen partieel bod

– 1. In geval van een voorgenomen partieel bod doet de bieder, in afwijking van het bepaalde in artikel 9b, tweede lid, onderdeel d, geen openbare mededeling over het getal of percentage van de effecten tot de verwerving waarvan dat bod strekt dan wel de prijs of ruilverhouding, bedoeld in artikel 9k, onder b, alvorens volledig uitvoering te hebben gegeven aan het tweede en derde lid, tenzij overeenstemming tussen de bieder en de doelvennootschap is bereikt of de verwachting gerechtvaardigd is dat overeenstemming kan worden bereikt over het bod.

– 2. De bieder stelt de doelvennootschap schriftelijk in kennis van zijn voornemen het getal of percentage van de effecten tot de verwerving waarvan het bod strekt dan wel de prijs of ruilverhouding, bedoeld in artikel 9k, onder b, bekend te maken en nodigt de doelvennootschap uit om binnen zeven dagen na ontvangst van deze kennisgeving overleg te plegen over het voornemen van de bieder tot het doen van een bod, over dat getal of percentage dan wel die prijs of ruilverhouding en over de aan het voorgenomen bod ten grondslag liggende motieven.

– 3. De bieder stelt, indien de doelvennootschap geen gebruik heeft gemaakt van de gelegenheid tot het plegen van het in het tweede lid bedoelde overleg of dit overleg niet tot overeenstemming heeft geleid, de doelvennootschap schriftelijk in kennis van het getal of percentage van de effecten tot de verwerving waarvan het bod strekt dan wel de prijs of ruilverhouding, bedoeld in artikel 9k, onder b, en van de motieven welke aan het voorgenomen bod ten grondslag liggen.

– 4. De bieder en de doelvennootschap stellen, indien zij een openbare mededeling doen met betrekking tot het bod de inhoud daarvan schriftelijk ter kennis van de doelvennootschap respectievelijk de bieder, uiterlijk ten tijde van het doen van deze openbare mededeling.

Art. 9f

Voorgenomen tenderbod

– 1. In geval van een voorgenomen tenderbod doet de bieder, in afwijking van het bepaalde in artikel 9b, tweede lid, onderdeel d, geen openbare mededeling over het getal of percentage dan

23d Besluit toezicht effectenverkeer 1995

wel de prijs, bedoeld in artikel 9*m*, onder *i*, alvorens volledig uitvoering te hebben gegeven aan het tweede en derde lid, tenzij overeenstemming tussen de bieder en de doelvennootschap is bereikt of de verwachting gerechtvaardigd is dat overeenstemming kan worden bereikt over het bod.

– 2. De bieder stelt de doelvennootschap schriftelijk in kennis van zijn voornemen het getal of percentage dan wel de prijs, bedoeld in artikel 9*m*, onder *i*, bekend te maken en nodigt de doelvennootschap uit om binnen zeven dagen na ontvangst van deze kennisgeving overleg te plegen over het voornemen van de bieder tot het doen van een bod, over dat getal of percentage dan wel de prijs en over de aan het voorgenomen bod ten grondslag liggende motieven.

– 3. De bieder stelt, indien de doelvennootschap geen gebruik heeft gemaakt van de gelegenheid tot het plegen van het in het tweede lid bedoelde overleg of dit overleg niet tot overeenstemming heeft geleid, de doelvennootschap schriftelijk in kennis van het getal of het percentage dan wel de prijs bedoeld in artikel 9*m*, onder *i*, en de motieven welke aan het voorgenomen bod ten grondslag liggen.

– 4. De bieder en de doelvennootschap stellen, indien zij een openbare mededeling doen met betrekking tot het bod de inhoud daarvan schriftelijk ter kennis van de doelvennootschap respectievelijk de bieder, uiterlijk ten tijde van het doen van deze openbare mededeling.

Art. 9g

Verplichtingen na openbare mededeling

– 1. De bieder die een openbare mededeling heeft gedaan omtrent een omstandigheid als bedoeld in artikel 9*b*, tweede lid, onder *a* of *b*, is gehouden binnen dertig dagen na deze mededeling:

a. een openbaar bod uit te brengen dan wel in geval van een vast bod een openbare mededeling te doen die ten minste de prijs of ruilverhouding vermeldt;

b. een besluit tot het niet-uitbrengen van het bod openbaar mede te delen; of

c. onder opgave van redenen openbaar mede te delen dat niet binnen dertig dagen een bod of een besluit tot het niet-uitbrengen van het bod uitgebracht kan worden of dat geen openbare mededeling omtrent de prijs of ruilverhouding als bedoeld onder *a* kan worden gedaan, onder vermelding van een termijn waarop een besluit ten aanzien van het bod of een openbare mededeling omtrent de prijs of ruilverhouding verwacht kan worden.

– 2. De bieder deelt zijn bod mede:

a. in geval van een partieel bod door middel van een biedingsbericht, inhoudende de gegevens, bedoeld in artikel 9*k*. De verkrijgbaarstelling van het biedingsbericht wordt openbaar medegedeeld;

b. in geval van een tenderbod door middel van een biedingsbericht, inhoudende de gegevens, bedoeld in artikel 9*m*. De verkrijgbaarstelling van het biedingsbericht wordt openbaar medegedeeld.

– 3. Binnen zes weken na de openbare mededeling overeenkomstig het eerste lid, onder *a*, deelt de bieder zijn bod mede door middel van een biedingsbericht, inhoudende de gegevens, bedoeld in artikel 9*i*. De verkrijgbaarstelling van het biedingsbericht wordt openbaar medegedeeld.

– 4. De toezichthoudende autoriteit kan de in het eerste en derde lid bedoelde termijn, op verzoek van de bieder verlengen.

Art. 9h

Geadresseerde

– 1. Een vast bod is gericht tot alle rechthebbenden van de uitstaande effecten waarop het bod betrekking heeft, behoudens de bevoegdheid van de bieder om daarvan uit te sluiten effecten, die ten tijde van het uitbrengen van het bod nog niet waren uitgegeven of waarvan op dat tijdstip de uitgifte nog niet bekend was gemaakt, noch ter kennis van de bieder was gebracht.

– 2. Aan alle rechthebbenden van dezelfde soort effecten wordt hetzelfde bod gedaan.

– 3. De bieder treft een regeling met betrekking tot de levering en betaling van de aangeboden effecten, welke regeling voldoet aan door de toezichthoudende autoriteit te stellen regels.

– 4. De bieder heeft de bevoegdheid het bod gestand te doen indien effecten tot een geringer bedrag of aantal zijn aangemeld, dan het bedrag of aantal van welker aanbieding hij binnen de aanmeldingstermijn zijn verplichting tot gestanddoening van het bod afhankelijk stelt.

– 5. Indien de bieder het bod gestand doet, betaalt de bieder steeds voor alle ingevolge dat bod aangemelde effecten van enige soort waarop dat bod betrekking heeft een vergoeding welke overeenkomt met de hoogste door hem betaalde vergoeding in verband met transacties als bedoeld in artikel 9*b*, derde lid, met uitzondering van in regelmatig beursverkeer tot stand gekomen transacties.

Art. 9i

Inhoud biedingsbericht

Het biedingsbericht met betrekking tot een vast bod houdt ten minste in:

a. de naam van de bieder;

b. het voorstel tot overneming van effecten volgens een daarbij aan te geven prijs of ruilverhouding;

c. de mededeling of met de doelvennootschap overleg over het bod is gevoerd en of dit overleg tot overeenstemming heeft geleid;

d. de verklaring dat het bod is gericht tot alle rechthebbenden van de uitstaande effecten van de soorten waarop het bod betrekking heeft;

e. de verklaring dat aan alle rechthebbenden van dezelfde soort effecten hetzelfde bod wordt gedaan;

f. het aantal effecten van welker aanbieding binnen de aanmeldingstermijn de bieder zijn verplichting tot gestanddoening van het bod afhankelijk stelt;

g. de eventuele verdere voorwaarden van welker vervulling de bieder zijn verplichting tot nakoming van het openbaar bod afhankelijk stelt, onverminderd artikel 9*t*, eerste en tweede lid;

h. een duidelijke motivering van de aangeboden prijs of ruilverhouding alsmede een mededeling over de wijze van financiering door de bieder indien het bod een prijs vermeldt;

i. een regeling met betrekking tot de levering en betaling van aangeboden effecten, welke regeling voldoet aan door de toezichthoudende autoriteit te stellen regels.

j. indien het bod op meer dan één soort effecten betrekking heeft: een duidelijke motivering van een eventueel verschil in het bod voor de verschillende soorten;

k. de aanmeldingstermijn;

l. voor zover aan de bieder ter beschikking staand: gegevens omtrent het vermogen en de resultaten van de doelvennootschap met inbegrip van de beschikbare gegevens omtrent het lopende boekjaar, indien daarvan meer dan een kwartaal is verstreken;

m. eventuele voornemens inzake wijziging van de statuten van de doelvennootschap na gestanddoening van het bod;

n. de aan het bod ten grondslag liggende motieven en de voornemens met betrekking tot het in verband daarmee te voeren beleid ten aanzien van de doelvennootschap en de met haar verbonden onderneming;

o. eventuele voornemens inzake de samenstelling van het bestuur en van de raad van commissarissen van de doelvennootschap na gestanddoening van het bod;

p. het totale bedrag der eventuele vergoedingen aan de bestuurders en commissarissen van de doelvennootschap die bij gestanddoening van het bod zullen aftreden;

q. de omvang van de ten tijde van de openbare mededeling van de verkrijgbaarstelling van het biedingsbericht bestaande onderlinge kapitaaldeelneming – zowel direct als indirect – van de bieder en de doelvennootschap;

r. indien van toepassing: het feit dat rechthebbenden van effecten van een soort waarop het bod betrekking heeft reeds te kennen hebben gegeven voor hun effecten het bod te zullen aanvaarden onder vermelding van het totale nominale bedrag van deze effecten;

s. een mededeling of effecten, uitgegeven door de doelvennootschap, in de drie aan de openbare mededeling van de verkrijgbaarstelling van het biedingsbericht voorafgaande jaren door de bieder zijn verworven of krachtens in die periode reeds gesloten overeenkomsten of gemaakte afspraken zullen worden verworven, van bestuurders of commissarissen van de doelvennootschap of van hun echtgenoten, geregistreerde partners of minderjarige kinderen of van rechtspersonen waarin deze personen de zeggenschap hebben onder vermelding van:

1 hun namen;

2 de hoeveelheid en de soort van deze effecten alsmede de prijs of ruilverhouding welke voor ieder van deze verwervingen heeft gegolden, respectievelijk welke bij ieder van deze overeenkomsten of afspraken is bedongen;

3 het totaalbedrag dat met deze transacties gemoeid is;

4 indien, voor zover het effecten betreft waarop het openbaar bod betrekking heeft, de prijs of ruilverhouding hoger is dan de ingevolge het openbaar bod geboden prijs of ruilverhouding: de motivering van dit verschil;

t. een mededeling of effecten, uitgegeven door de doelvennootschap, in de drie aan de publicatie van het biedingsbericht voorafgaande jaren door de bieder zijn verworven of krachtens in die periode reeds gesloten overeenkomsten of gemaakte afspraken zullen worden verworven, van andere dan de onder *s* bedoelde natuurlijke personen en rechtspersonen, onder vermelding van:

1 de hoeveelheid en de soorten van deze effecten;

2 de prijs of ruilverhouding welke heeft gegolden, respectievelijk werd bedongen bij ieder van deze transacties;

3 het totaalbedrag dat met deze transacties gemoeid is;

4 indien, voor zover het effecten betreft waarop het openbaar bod betrekking heeft, en waarvan de prijs of ruilverhouding hoger is dan de ingevolge het bod geboden prijs of ruilverhouding: de motivering van dit verschil;

u. soortgelijke mededelingen als bedoeld onder *s* en *t* met betrekking tot eventuele transacties, verricht door rechtspersonen waarmee de bieder in een groep is verbonden;

23d Besluit toezicht effectenverkeer 1995

v. andere gegevens die naar het oordeel van de toezichthoudende autoriteit in het desbetreffende geval noodzakelijk zijn voor de adequate beoordeling van het bod door degene tot wie het bod zich richt;

w. een mededeling omtrent de verstrekking van de in artikel 9p voorgeschreven gegevens aan de toezichthoudende autoriteit;

x. een mededeling omtrent de wijze waarop in het kader van het bod aandacht is gegeven aan de belangen van de betrokken werknemers;

y. de naam en functie van de natuurlijke personen, of de naam en zetel van de rechtspersonen, die verantwoordelijk zijn voor het biedingsbericht of, in voorkomend geval, voor bepaalde gedeelten daarvan. In dit laatste geval worden deze gedeelten vermeld.
Indien een rechtspersoon verantwoordelijk is voor het biedingsbericht of een gedeelte daarvan, worden tevens naam en functie vermeld van de natuurlijke personen die het beleid van deze rechtspersonen bepalen;

z. een verklaring van de onder *y* bedoelde verantwoordelijke personen dat, voor zover hun redelijkerwijs bekend had kunnen zijn, de gegevens in het biedingsbericht of in het gedeelte waarvoor zij verantwoordelijk zijn, in overeenstemming zijn met de werkelijkheid en dat geen gegevens zijn weggelaten waarvan vermelding de strekking van het biedingsbericht zou wijzigen.

Art. 9j

Geadresseerde
– 1. Een partieel bod is gericht tot alle rechthebbenden van de soorten effecten waarop het bod betrekking heeft.

– 2. Aan alle rechthebbenden van dezelfde soort effecten wordt hetzelfde bod gedaan.

– 3. De bieder heeft het recht het bod in te trekken indien voor het einde van de aanmeldingstermijn door een derde een openbaar bod op effecten van een of meer dezelfde soorten wordt uitgebracht en het voornemen daartoe openbaar wordt medegedeeld.

– 4. De bieder kan zijn verplichting tot gestanddoening van het bod afhankelijk stellen van de aanbieding van een bepaald aantal of percentage van de effecten, onverminderd de bevoegdheid van de bieder het bod ook gestand te doen indien effecten tot een kleiner aantal of een geringer percentage zijn aangemeld.

– 5. De bieder aanvaardt de aangeboden effecten proportioneel met hantering van een systematiek welke voldoet aan door de toezichthoudende autoriteit te stellen regels, voor zover de bieder bij aanvaarding van de aangeboden effecten direct of indirect meer dan 30% van het geplaatste kapitaal van de doelvennootschap gaat houden dan wel meer effecten worden aangeboden dan waarop het bod is gericht.

– 6. De bieder treft een regeling met betrekking tot de levering en betaling van aangeboden effecten welke voldoet aan door de toezichthoudende autoriteit te stellen regels.

– 7. Gedurende een jaar na de openbare mededeling van de verkrijgbaarstelling van het biedingsbericht is het de bieder niet toegestaan om effecten in de doelvennootschap te verwerven indien hij daardoor, direct of indirect, meer dan 30% van het geplaatste kapitaal van de doelvennootschap gaat houden, tenzij:

a. het partieel bod niet gestand wordt gedaan, of

b. een derde na de verschijningsdatum een openbaar bod op effecten van dezelfde doelvennootschap uitbrengt, met dien verstande dat het verbod van kracht blijft ten aanzien van verwerving ingevolge een partieel bod of een tenderbod.

Art. 9k

Inhoud biedings-bericht
Het biedingsbericht met betrekking tot een partieel bod houdt ten minste in:

a. de naam van de bieder;

b. het voorstel tot overneming van de effecten volgens een daarbij aan te geven prijs of ruilverhouding;

c. de mededeling of met de doelvennootschap overleg over het bod is gevoerd en of dit overleg tot overeenstemming heeft geleid;

d. de verklaring dat het bod is gericht tot alle rechthebbenden van de soorten effecten waarop het bod betrekking heeft;

e. de verklaring dat aan alle rechthebbenden van dezelfde soort effecten hetzelfde bod wordt gedaan;

f. een duidelijke motivering van de aangeboden prijs of ruilverhouding alsmede een mededeling over de wijze van financiering door de bieder indien het bod een prijs vermeldt;

g. het getal of het percentage van iedere soort van de effecten uitgegeven door de doelvennootschap tot de verkrijging waarvan het bod strekt, met dien verstande dat na gestanddoening van het bod het gedeelte van het geplaatste kapitaal dat direct of indirect door de bieder wordt gehouden niet groter is dan 30%.

h. de verklaring dat het bod, behoudens het bepaalde onder *i*, onvoorwaardelijk is en tevens dat het bod onherroepelijk is behoudens de bevoegdheid van de bieder om het recht te bedingen het bod in te trekken indien vóór het einde van de aanmeldingstermijn door een derde een openbaar bod op effecten van een of meer dezelfde soorten wordt uitgebracht of het voornemen daartoe openbaar wordt medegedeeld;

i. de verklaring dat de bieder zijn verplichting tot gestanddoening afhankelijk stelt van de aanbieding, gedurende de aanmeldingstermijn van een bepaald aantal of percentage van de effecten, onverminderd de bevoegdheid van de bieder het bod ook gestand te doen indien effecten tot een kleiner aantal of een geringer percentage zijn aangemeld;

j. de verklaring dat, in geval van gestanddoening, aanvaarding van aangeboden effecten – indien een groter aantal of een hoger percentage effecten wordt aangeboden dan de bieder gehouden dan wel bevoegd is te aanvaarden – zoveel mogelijk proportioneel zal geschieden, met hantering van een systematiek welke voldoet aan door de toezichthoudende autoriteit te stellen regels en welke eveneens in het biedingsbericht wordt bekendgemaakt;

k. de aanmeldingstermijn;

l. de omvang van de ten tijde van de openbare mededeling van de verkrijgbaarstelling van het biedingsbericht bestaande onderlinge kapitaaldeelnemingen, zowel direct als indirect, van de bieder en de doelvennootschap;

m. een regeling met betrekking tot de levering en betaling van aangeboden effecten, welke regeling voldoet aan door de toezichthoudende autoriteit te stellen regels;

n. de verklaring van de bieder dat na gestanddoening van het bod gedurende een jaar – te rekenen vanaf de dag waarop de verkrijgbaarstelling van het biedingsbericht openbaar is medegedeeld – rechtstreeks of middellijk geen openbaar bod zal worden uitgebracht, tenzij een derde binnen die periode een openbaar bod op de effecten van dezelfde doelvennootschap uitbrengt;

o. andere gegevens die naar het oordeel van de toezichthoudende autoriteit in het desbetreffende geval noodzakelijk zijn voor de adequate beoordeling van het bod door degene tot wie het bod zich richt;

p. de naam en functie van de natuurlijke personen dan wel de naam en zetel van de rechtspersonen die verantwoordelijk zijn voor het biedingsbericht of, in voorkomend geval, voor bepaalde gedeelten daarvan. In dit laatste geval worden deze gedeelten vermeld.
Indien een rechtspersoon verantwoordelijk is voor het biedingsbericht of een gedeelte daarvan, worden tevens naam en functie vermeld van de natuurlijke personen die het beleid van deze rechtspersonen bepalen;

q. een verklaring van de onder *p* bedoelde verantwoordelijke personen dat, voor zover hun redelijkerwijs bekend had kunnen zijn, de gegevens in het biedingsbericht of in het gedeelte waarvoor zij verantwoordelijk zijn, in overeenstemming zijn met de werkelijkheid en dat geen gegevens zijn weggelaten waarvan vermelding de strekking van het biedingsbericht zou wijzigen.

Art. 9l

– 1. Een tenderbod is gericht tot alle rechthebbenden van de soorten effecten waarop het bod betrekking heeft.

Geadresseerde

– 2. Aan alle rechthebbenden van dezelfde soort effecten wordt hetzelfde bod gedaan.

– 3. De bieder heeft het recht het bod in te trekken indien voor het einde van de aanmeldingstermijn door een derde een openbaar bod op effecten van een of meer dezelfde soorten wordt uitgebracht of het voornemen daartoe openbaar wordt medegedeeld.

– 4. De bieder doet het bod gestand indien de beoogde verkrijging mogelijk is tegen een door de bieder in het biedingsbericht te vermelden prijs per aandeel.

– 5. De bieder aanvaardt de effecten proportioneel met hantering van een systematiek welke voldoet aan door de toezichthoudende autoriteit te stellen regels, voor zover de bieder bij aanvaarding van de aangeboden effecten direct of indirect meer dan 30% van het geplaatste kapitaal van de doelvennootschap gaat houden dan wel meer effecten worden aangeboden dan waarop het bod is gericht.

– 6. De bieder treft een regeling met betrekking tot de levering en betaling van aangeboden effecten welke voldoet aan door de toezichthoudende autoriteit te stellen regels.

– 7. De bieder betaalt, bij gestanddoening van enig aanbod voor alle effecten van dezelfde soort dezelfde prijs, zijnde de hoogste prijs waartegen een effect van de desbetreffende soort is aangeboden.

– 8. Gedurende een jaar na de verschijningsdatum van het biedingsbericht is het de bieder niet toegestaan om effecten in de doelvennootschap te verwerven, indien hij daardoor, direct of indirect, meer dan 30 procent van het geplaatste kapitaal van de doelvennootschap gaat houden, tenzij:

a. het bod niet gestand wordt gedaan, of

b. een derde na de verschijningsdatum een openbaar bod op effecten van dezelfde doelven-

23d Besluit toezicht effectenverkeer 1995

nootschap uitbrengt, met dien verstande dat het verbod van kracht blijft ten aanzien van verwerving ingevolge een tenderbod of partieel bod.

Art. 9m

**Inhoud biedings-
bericht**

Het biedingsbericht met betrekking tot een tenderbod houdt ten minste in:

a. de naam van de bieder;

b. de uitnodiging tot het aanbieden van de effecten tegen een door de rechthebbenden van deze effecten te noemen prijs in contanten;

c. de mededeling of met de doelvennootschap overleg over het bod is gevoerd en of dit overleg tot overeenstemming heeft geleid;

d. de verklaring dat het bod is gericht tot alle rechthebbenden van de soorten effecten waarop het bod betrekking heeft;

e. de verklaring dat aan alle rechthebbenden van dezelfde soort effecten hetzelfde bod wordt gedaan;

f. een duidelijke motivering van het bod;

g. het aantal of percentage van iedere soort van de effecten uitgegeven door de doelvennootschap waarvan de verkrijging wordt beoogd, met dien verstande dat na gestanddoening van het bod het gedeelte van het geplaatste kapitaal dat direct of indirect door de bieder wordt gehouden niet groter is dan 30%.

h. de verklaring dat het tenderbod, behoudens het bepaalde onder i, onvoorwaardelijk is en tevens dat het bod onherroepelijk is behoudens de bevoegdheid van de bieder om het recht te bedingen het bod in te trekken indien vóór het einde van de aanmeldingstermijn door een derde een openbaar bod op effecten van een of meer van dezelfde soorten wordt uitgebracht of het voornemen daartoe openbaar wordt medegedeeld;

i. de verklaring dat de bieder zich verbindt tot gestanddoening, indien de beoogde verkrijging mogelijk is tegen een door de bieder in het biedingsbericht te vermelden prijs per aandeel;

j. de verklaring dat bij gestanddoening voor alle effecten van dezelfde soort dezelfde prijs zal worden betaald, zijnde de hoogste prijs waartegen de desbetreffende soort is aangeboden;

k. de verklaring dat in geval van aanvaarding van tegen de prijs van aanvaarding aangeboden effecten – indien een groter aantal of een hoger percentage effecten zal zijn aangeboden dan de bieder gehouden dan wel bevoegd is te aanvaarden – zoveel mogelijk proportioneel zal geschieden met hantering van een systematiek welke voldoet aan door de toezichthoudende autoriteit te stellen regels en welke eveneens in het biedingsbericht wordt bekendgemaakt;

l. de aanmeldingstermijn;

m. de omvang van de ten tijde van de openbare mededeling van de verkrijgbaarstelling van het biedingsbericht bestaande onderlinge kapitaaldeelnemingen zowel direct als indirect, van de bieder en de doelvennootschap;

n. een regeling met betrekking tot de levering en betaling van aangeboden effecten, welke regeling voldoet aan door de toezichthoudende autoriteit te stellen regels;

o. de verklaring van de bieder dat na gestanddoening van het bod, gedurende een jaar – te rekenen vanaf de dag waarop de verkrijgbaarstelling van het biedingsbericht openbaar is medegedeeld – rechtstreeks of middellijk geen openbaar bod zal worden uitgebracht, tenzij een derde binnen die periode een openbaar bod op effecten van dezelfde doelvennootschap uitbrengt;

p. andere gegevens die naar het oordeel van de toezichthoudende autoriteit noodzakelijk zijn voor de adequate beoordeling van het bod door degene tot wie het bod zich richt;

q. de naam en functie van de natuurlijke personen dan wel de naam en zetel van de rechtspersonen die verantwoordelijk zijn voor het biedingsbericht of, in voorkomend geval, voor bepaalde gedeelten daarvan. In dit laatste geval worden deze gedeelten vermeld.

Indien een rechtspersoon verantwoordelijk is voor het biedingsbericht of een gedeelte daarvan, worden tevens naam en functie vermeld van de natuurlijke personen die het beleid van deze rechtspersonen bepalen;

r. een verklaring van de onder q bedoelde verantwoordelijke personen dat, voor zover hun redelijkerwijs bekend had kunnen zijn, de gegevens in het biedingsbericht of in het gedeelte waarvoor zij verantwoordelijk zijn, in overeenstemming zijn met de werkelijkheid en dat geen gegevens zijn weggelaten waarvan vermelding de strekking van het biedingsbericht zou wijzigen.

Art. 9n

**Strekking vast of
partieel bod**

Indien een vast bod of partieel bod uitsluitend of mede strekt tot overneming van effecten in ruil voor door de bieder uitgegeven effecten, houdt het biedingsbericht, onverminderd het verbod van artikel 3 van de wet en in aanvulling op de gegevens vereist ingevolge artikel 9i en 9k, tevens in:

a. gegevens omtrent het vermogen en de resultaten van de bieder met inbegrip van de be-

schikbare gegevens over het lopende boekjaar, indien daarvan meer dan een kwartaal is verstreken;
b. een gemotiveerde uiteenzetting omtrent de te verwachten voordelen van het bod en zo mogelijk een mededeling over dividendvooruitzichten van de bieder;
c. eventuele voornemens inzake wijziging van de statuten van de bieder na gestanddoening van het bod;
d. eventuele voornemens inzake de samenstelling van het bestuur en van de raad van commissarissen van de bieder na gestanddoening van het bod;
e. het totale bedrag der eventuele vergoedingen aan de bestuurders en commissarissen van de bieder die bij gestanddoening van het bod zullen aftreden.

Art. 9o

- 1. De bieder die een openbaar bod doet, stelt een aanmeldingstermijn.
- 2. De aanmeldingstermijn vangt niet eerder aan dan op de eerste beursdag volgend op de openbare mededeling van de verkrijgbaarstelling van het biedingsbericht.
- 3. De aanmeldingstermijn van een vast bod is, gerekend van de dag waarop de gelegenheid tot aanmelding is opengesteld tot en met de dag waarop de gelegenheid tot aanmelding wordt gesloten, niet korter dan twintig dagen indien het bod met instemming van de doelvennootschap wordt uitgebracht en niet korter dan dertig dagen indien het zonder zodanige instemming wordt uitgebracht.
- 4. De aanmeldingstermijn van een partieel bod of van een tenderbod is, te rekenen vanaf de dag waarop de gelegenheid tot aanmelding is opengesteld, niet korter dan zeven dagen.
- 5. Een verlenging van de aanmeldingstermijn, zodanig dat daardoor de verplichting tot bekendmaking van de al dan niet gestanddoening van het bod wordt opgeschort, vindt slechts plaats met inachtneming van de volgende bepalingen:
a. rechthebbenden van effecten die vóór het einde van de oorspronkelijke termijn hun effecten ingevolge het bod hebben aangemeld kunnen tijdens de verlengingsperiode deze aanmelding intrekken;
b. de verlenging wordt in geval van een vast bod uiterlijk op de derde beursdag en in geval van een partieel bod of een tenderbod uiterlijk op de tweede beursdag na het einde van de oorspronkelijke termijn openbaar medegedeeld met vermelding van de einddatum van de aldus verlengde termijn;
c. de bieder deelt onverwijld andere gegevens die in het desbetreffende geval noodzakelijk zijn voor de adequate beoordeling van het bod door degene tot wie het bod zich richt, openbaar mede of stelt deze in een aanvullend biedingsbericht verkrijgbaar. De verkrijgbaarstelling van het biedingsbericht wordt openbaar medegedeeld.
- 6. Na sluiting van de aanmeldingstermijn deelt de bieder iedere aanvaarding van effecten onverwijld openbaar mede doch in ieder geval niet later dan het moment van aanvang van de officiële beurshandel op de beursdag volgend op de dag van de bedoelde aanvaarding, indien ten tijde van die aanvaarding de aanmeldingstermijn van enig ander openbaar bod op dezelfde effecten nog niet is verstreken. Elke hiervoor bedoelde openbare mededeling houdt een opgave in van het aantal van de effecten ter zake waarvan de aanbieding op de desbetreffende dag is aanvaard.

Art. 9p

- 1. De bieder, de bestuurders en commissarissen van de bieder, indien deze een rechtspersoon is, en de bestuurders en commissarissen van de doelvennootschap verstrekken, tegelijk met de openbare mededeling van de verkrijgbaarstelling van het biedingsbericht, aan de toezichthoudende autoriteit een opgave van de transacties in effecten in de doelvennootschap, welke door hen, hun echtgenoten of geregistreerde partners, hun minderjarige kinderen en door rechtspersonen waarin deze personen de zeggenschap hebben, zijn verricht in de zes maanden voorafgaande aan de eerste openbare mededeling inzake de prijs of ruilverhouding, bedoeld in artikel 9*i*, onder *b*, inzake de prijs of ruilverhouding, bedoeld in artikel 9*k*, onder *b*, dan wel inzake de prijs bedoeld in artikel 9*m* onder *i*. Tevens verstrekken zij indien het bod uitsluitend of mede strekt tot overneming van effecten in ruil voor effecten uit te geven door de bieder aan de toezichthoudende autoriteit een opgave van de transacties in door de bieder uitgegeven effecten, welke door hen, hun echtgenoten of geregistreerde partners, hun minderjarige kinderen en door rechtspersonen waarin deze personen de zeggenschap hebben zijn verricht in de zes maanden voorafgaande aan de eerste openbare mededeling inzake de prijs of ruilverhouding bedoeld in artikel 9*i* onder *b*, inzake de prijs of ruilverhouding bedoeld in artikel 9*k*, onder *b*, dan wel inzake de prijs, bedoeld in artikel 9*m*, onder *i*.
- 2. De bieder, de bestuurders en commissarissen van de bieder, indien deze een rechtspersoon is, en de bestuurders en commissarissen van de doelvennootschap verstrekken voorts tegelijk met de publicatie van het biedingsbericht, aan de toezichthoudende autoriteit een gespecificeerde opgave van het aantal en de soort van de door de doelvennootschap uitgegeven

Aanmeldingstermijn

Opgave van transacties

501

effecten welke door hen, hun echtgenoten of geregistreerde partners, hun minderjarige kinderen en door rechtspersonen waarin deze personen de zeggenschap hebben, worden gehouden.
– 3. Indien een bestuurder of commissaris van de doelvennootschap met betrekking tot een in het eerste lid genoemde transactie reeds een melding heeft gedaan overeenkomstig artikel 46*b*, derde lid, van de wet, kan een melding als bedoeld in het eerste lid achterwege blijven.

Art. 9q

Algemene vergadering van aandeelhouders

– 1. Indien een vast bod is uitgebracht roept de doelvennootschap, indien deze in Nederland is gevestigd, haar aandeelhouders op voor een na de openbare mededeling van de verkrijgbaarstelling van het biedingsbericht en ten minste acht dagen voor het einde van de aanmeldingstermijn te houden algemene vergadering van aandeelhouders ter bespreking van dat bod.
– 2. De doelvennootschap stelt uiterlijk vier dagen voor de in het eerste lid bedoelde vergadering een bericht voor haar aandeelhouders verkrijgbaar dat ten minste inhoudt:
a. een gemotiveerde standpuntbepaling van het bestuur;
b. de gegevens omtrent het vermogen en de resultaten van de doelvennootschap – met inbegrip van de beschikbare gegevens omtrent het lopende boekjaar indien daarvan meer dan een kwartaal is verstreken – welke de aandeelhouders behoeven om zich een gefundeerd oordeel over het bod te kunnen vormen;
c. andere gegevens die in het desbetreffende geval noodzakelijk zijn voor de adequate beoordeling van het bod door degene tot wie het bod zich richt;
voor zover deze gegevens niet reeds zijn opgenomen in een tezamen met de bieder uitgegeven biedingsbericht.
– 3. De verkrijgbaarstelling van het in het tweede lid bedoelde bericht wordt onverwijld door de doelvennootschap openbaar medegedeeld.
– 4. In de in het eerste lid bedoelde vergadering verschaffen het bestuur en de raad van commissarissen alle voor de beoordeling van het bod van belang zijnde inlichtingen, tenzij een zwaarwegend belang van de doelvennootschap zich daartegen verzet.
– 5. Indien voor het einde van de aanmeldingstermijn door een derde een openbaar bod op dezelfde effecten wordt uitgebracht, behoeft het bestuur niet opnieuw toepassing te geven aan het in de voorgaande leden bepaalde, doch kan het volstaan met een openbare mededeling van zijn standpunt met betrekking tot het nieuwe bod.

Art. 9r

Standpuntbepaling

Indien een partieel bod of een tenderbod is uitgebracht deelt het bestuur van de doelvennootschap uiterlijk vier dagen voor het einde van de aanmeldingstermijn een gemotiveerde standpuntbepaling openbaar mede, voor zover deze niet reeds is opgenomen in een tezamen met de bieder uitgegeven biedingsbericht.

Art. 9s

Algemene vergadering van aandeelhouders

– 1. Indien een vast bod of partieel bod uitsluitend of mede strekt tot overneming van effecten in ruil door de bieder uit te geven effecten tot een gezamenlijke nominale waarde van meer dan een kwart van het voor die uitgifte geplaatste kapitaal van de bieder, roept de bieder, indien deze een rechtspersoon is die aandelen uitgeeft en in Nederland is gevestigd, zijn aandeelhouders op voor een na de openbare mededeling van de verkrijgbaarstelling van het biedingsbericht en ten minste acht dagen voor het einde van de aanmeldingstermijn te houden algemene vergadering van aandeelhouders, ter bespreking van het bod.
– 2. In de in het eerste lid bedoelde vergadering verschaffen het bestuur en de raad van commissarissen alle voor de beoordeling van het bod van belang zijnde inlichtingen, tenzij een zwaarwegend belang van de bieder zich daartegen verzet.
– 3. Het eerste en tweede lid zijn niet van toepassing wanneer de bieder een nieuwe rechtspersoon is, welke in verband met het bod wordt opgericht.

Art. 9t

Mededeling voorwaarden

– 1. Indien van een vast bod de prijs of ruilverhouding openbaar wordt medegedeeld, deelt de bieder eventuele voorwaarden waarvan hij zijn verplichting tot nakoming van het bod afhankelijk stelt, uiterlijk gelijktijdig met het uitbrengen van die mededeling openbaar mede. De verplichting tot nakoming van het bod mag niet afhankelijk worden gesteld van een voorwaarde, waarvan de vervulling afhangt van de wil van de bieder.
– 2. In afwijking van het eerste lid deelt de bieder, indien hij een of meer van de na te noemen voorwaarden wil stellen, deze uiterlijk gelijktijdig met de verkrijgbaarstelling van het biedingsbericht openbaar mede:
a. de voorwaarde dat ten minste een in het biedingsbericht te bepalen waarde of aantal van de effecten voor het einde van de aanmeldingstermijn zal zijn aangemeld;
b. de voorwaarde dat voor het einde van de aanmeldingstermijn geen openbare mededeling wordt gedaan, waaruit voor het eerst blijkt dat een derde een openbaar bod op dezelfde effecten voorbereidt of aankondigt dan wel het recht heeft verkregen of de toezegging heeft gedaan tot het nemen van door de doelvennootschap uit te geven effecten;

23d Besluit toezicht effectenverkeer 1995

c. de voorwaarde dat voor het einde van de aanmeldingstermijn zich geen feiten of omstandigheden voordoen die de bieder ten tijde van de openbare mededeling van de prijs of ruilverhouding niet bekend waren of hoefden te zijn en die van zodanig essentiële aard zijn dat in redelijkheid niet van de bieder verwacht kan worden dat deze het bod gestand doet;
– 3. Zodra is komen vast te staan dat een door de bieder gestelde voorwaarde als bedoeld in het eerste lid of in het tweede lid, onder *b* of *c*, niet wordt vervuld, deelt de bieder dit onverwijld openbaar mede, alsmede zijn beslissing of op grond daarvan het bod wordt ingetrokken.
– 4. Uiterlijk op de vijfde beursdag na het einde van de aanmeldingstermijn deelt de bieder openbaar mede of hij het bod gestand doet dan wel dat nog onzekerheid bestaat over de vervulling van een door hem gestelde voorwaarde, onder vermelding van de waarde of aantal van de ingevolge het bod aangemelde effecten en in geval van niet gestanddoening de reden daarvan.

Art. 9u

Indien een partieel bod of een tenderbod is uitgebracht, deelt de bieder uiterlijk op de vijfde beursdag na sluiting van de aanmeldingstermijn openbaar mede of hij het bod gestand doet.
Bij gestanddoening vermeldt de openbare mededeling:
– in geval van een partieel bod: het getal of percentage van de ingevolge dat bod aangemelde effecten. Artikel 9h, vijfde lid, is van overeenkomstige toepassing;
– in geval van een tenderbod: de waarde of het getal van de effecten dat ingevolge dat bod is aangeboden, alsmede het getal of percentage van de aanvaarde effecten en de daarvoor bepaalde prijs.
Bij niet gestanddoening worden de redenen daarvan vermeld.

(kantlijn:) **Mededeling gestand doen bod**

Art. 9v

De bieder en de doelvennootschap zenden alle ingevolge dit hoofdstuk door middel van een openbare mededeling door hen te publiceren stukken en mededelingen tijdig voor de openbare mededeling aan de toezichthoudende autoriteit, met dien verstande dat het biedingsbericht uiterlijk tien beursdagen voor de openbare mededeling van de verkrijgbaarstelling ervan aan de toezichthoudende autoriteit wordt gezonden.

(kantlijn:) **Toezending stukken en mededelingen**

HOOFDSTUK V

Bepalingen ter uitvoering van artikel 11, eerste lid, van de wet

§ 1. *Regels voor vergunninghoudende effecteninstellingen*

Art. 32a

Een effecteninstelling verleent geen medewerking aan de uitvoering en afwikkeling van een openbaar bod, indien het bod in strijd met Hoofdstuk IIA van de wet wordt uitgebracht.

(kantlijn:) **Weigering medewerking**

23d Besluit toezicht effectenverkeer 1995

Wet van 27 juni 1990, Stb. 380, houdende bepalingen inzake het toezicht op beleggingsinstellingen, zoals deze wet laatstelijk is gewijzgd bij de Wetten van 9 maart 1994, Stb. 252, 17 maart 1994, Stb. 235, 15 december 1994, Stb. 903, 26 april 1995, Stb. 250, 10 juli 1995, Stb. 355 en 368, 16 november 1995, Stb. 574, 25 september 1996, Stb. 537, 6 november 1997, Stb. 510, 28 januari 1999, Stb. 30, 2 juli 1999, Stb. 342, 6 oktober 1999, Stb. 470, 28 oktober 1999, Stb. 509, 27 september 2001, Stb. 481, 22 november 2001, Stb. 596, 6 december 2001, Stb. 584, 27 juni 2002, Stb. 380, 11 december 2002, Stb. 654

[Inwerkingtreding: 15-10-1990]

Wij Beatrix, bij de gratie Gods, Koningin der Nederlanden, Prinses van Oranje-Nassau, enz. enz. enz.

Allen, die deze zullen zien of horen lezen, saluut! doen te weten:

Alzo Wij in overweging genomen hebben, dat het wenselijk is regels te geven voor beleggingsinstellingen met het oog op een adequate werking van de financiële markten en de positie van de beleggers op die markten, en dat het noodzakelijk is uitvoering te geven aan de Richtlijn van de Raad van de Europese Gemeenschappen van 20 december 1985 tot coördinatie van de wettelijke en bestuursrechtelijke bepalingen betreffende bepaalde instellingen voor collectieve belegging in effecten (icbe's) (85/611/EEG);

Zo is het, dat Wij, de Raad van State gehoord, en met gemeen overleg der Staten-Generaal, hebben goedgevonden en verstaan, gelijk Wij goedvinden en verstaan bij deze:

HOOFDSTUK I

Inleidende bepalingen

Art. 1

In deze wet en de daarop berustende bepalingen wordt verstaan onder:

a. beleggingsmaatschappij: de rechtspersoon die gelden of andere goederen ter collectieve belegging vraagt of heeft verkregen teneinde de deelnemers in de opbrengst van de beleggingen te doen delen;

b. beleggingsfonds: een niet in een rechtspersoon ondergebracht vermogen waarin ter collectieve belegging gevraagde of verkregen gelden of andere goederen zijn of worden opgenomen teneinde de deelnemers in de opbrengst van de beleggingen te doen delen;

c. beleggingsinstelling: beleggingsmaatschappij of beleggingsfonds;

d. deelnemer: de aandeelhouder in een beleggingsmaatschappij danwel de deelgerechtigde in een ter collectieve belegging bijeengebracht vermogen;

e. beheerder: de beleggingsmaatschappij respectievelijk degene die geheel of ten dele belast is met het beheer van het beleggingsfonds;

f. bewaarder: degene die belast is met de bewaring van de activa van de beleggingsinstelling;

g. effecten:
1 aandeelbewijzen, schuldbrieven, winst- en oprichtersbewijzen, optiebewijzen, warrants, en soortgelijke waardepapieren;
2 rechten van deelgenootschap, opties, rechten op overdracht op termijn van zaken, inschrijvingen in aandelen- en schuldregisters, en soortgelijke, al dan niet voorwaardelijke, rechten;
3 certificaten van waarden als hiervoor bedoeld;
4 recepissen van waarden als hiervoor bedoeld;

h. Onze minister: Onze minister van Financiën;

i. richtlijn: de Richtlijn van de Raad van de Europese Gemeenschappen van 20 december 1985 tot coördinatie van de wettelijke en bestuursrechtelijke bepalingen betreffende bepaalde instellingen voor collectieve belegging in effecten (85/611/EEG, *Pb.*L375);

j. Lid-Staat: een lid-staat van de Europese Unie alsmede een staat, niet zijnde een lid-staat van de Europese Unie, die partij is bij de Overeenkomst betreffende de Europese Economische Ruimte.

Art. 2

Geen effecten in de zin van deze wet zijn:
a. waarden welke uitsluitend het karakter van betaalmiddel dragen;
b. appartementsrechten.

Art. 3

De bepalingen van deze wet en de daarop berustende bepalingen ten aanzien van een beleggingsinstelling die een beleggingsfonds is, zijn gericht tot de beheerder.

Blijvend handelen conform de regels

Geen effecten

Beheerder

505

Vergunning

§ 1. Algemeen

Art. 4

Verbodsbepaling – 1. Het is verboden in of vanuit Nederland buiten een besloten kring gelden of andere goederen ter deelneming in een beleggingsinstelling waaraan geen vergunning is verleend, te vragen of te verkrijgen dan wel rechten van deelneming in een dergelijke beleggingsinstelling aan te bieden.

– 2. Het verbod in het eerste lid is niet van toepassing op:

a. de beleggingsinstelling als bedoeld in artikel 17, eerste lid, indien de Lid-Staat waar de zetel is gelegen uitvoering aan de richtlijn heeft gegeven;

b. de aanbieding van rechten van deelneming door natuurlijke personen anders dan in de uitoefening van hun beroep of bedrijf.

§ 2. Vergunningvereisten

Art. 5

Eisen bewaarder – 1. Onze minister verleent een beleggingsinstelling, op verzoek en met inachtneming van artikel 6, een vergunning indien de aanvrager aantoont dat de beleggingsinstelling en de bewaarder, indien aan de beleggingsinstelling verbonden, voldoen aan de bij of krachtens algemene maatregel van bestuur te stellen eisen met betrekking tot:

a. deskundigheid en betrouwbaarheid;

b. financiële waarborgen;

c. bedrijfsvoering; en

d. aan de deelnemers in de beleggingsinstelling en aan het publiek te verstrekken informatie.

Eisen beheerder – 2. Indien een vergunning voor een beleggingsfonds wordt gevraagd, dient de aanvrager bovendien aan te tonen dat:

a. de beheerder een rechtspersoon met volledige rechtsbevoegdheid is;

b. de activa van het beleggingsfonds in bewaring worden gegeven bij een van de beheerder onafhankelijke bewaarder; en

c. de activa van het beleggingsfonds worden afgescheiden van het vermogen van de beheerder, van de bewaarder alsmede van elke natuurlijke persoon of andere rechtspersoon.

– 3. Onze minister kan op verzoek aan een aanvrager een vergunning verlenen indien de aanvrager aantoont dat redelijkerwijs niet volledig kan worden voldaan aan eisen gesteld bij of krachtens het eerste en tweede lid, en hij tevens aantoont dat de doeleinden die deze wet beoogt te bereiken anderszins voldoende bereikt zijn.

Art. 6

Overige vereisten – 1. De aanvrager van een vergunning voor een beleggingsinstelling:

a. waarvan het statutaire of reglementaire doel uitsluitend is het beleggen in effecten met toepassing van het beginsel van risicospreiding;

b. waarvan de rechten van deelneming op verzoek van de deelnemer ten laste van de activa rechtstreeks of middellijk worden ingekocht of terugbetaald; en

c. waarvan de zetel of, wanneer het een beleggingsfonds betreft, die van de beheerder, in Nederland is gelegen; moet bovendien aantonen dat de beleggingsinstelling en de bewaarder, indien aan de beleggingsinstelling verbonden, voldoen aan het tweede tot en met het zesde lid.

– 2. Het hoofdkantoor van de beleggingsmaatschappij dan wel van de beheerder van het beleggingsfonds is in Nederland gelegen.

– 3. De werkzaamheden van de beheerder van het beleggingsfonds zijn beperkt tot het beheer van beleggingsinstellingen.

– 4. De beleggingsinstelling vervult geen andere werkzaamheden dan die bedoeld in het eerste lid.

– 5. De activa van de beleggingsmaatschappij worden in bewaring gegeven bij een van haar onafhankelijke bewaarder. Bij of krachtens algemene maatregel van bestuur kan voor beleggingsmaatschappijen van dit vereiste worden afgeweken overeenkomstig de bij of krachtens die maatregel te stellen regels.

– 6. De bewaarder van de beleggingsinstelling heeft zijn zetel in een Lid-Staat en heeft een vestiging in Nederland.

– 7. Artikel 5, derde lid, is van overeenkomstige toepassing.

Art. 7

Uitzonderingsgevallen Artikel 6 is niet van toepassing op een in dat artikel omschreven beleggingsinstelling die:

a. geen gelden of andere goederen van het publiek van de Lid-Staten ter belegging vraagt of verkrijgt;

24 Wet toezicht beleggingsinstellingen

b. krachtens haar statuten of reglementen, haar rechten van deelneming slechts bij het publiek in landen buiten de Lid-Staten mag plaatsen;

c. behoort tot één van de door Onze minister aangewezen soorten beleggingsinstellingen waarvoor de bij en krachtens artikel 12, tweede lid, gestelde regels met betrekking tot het beleggen, gelet op hun beleid inzake beleggingen of het aangaan van leningen, niet geschikt zijn; of

d. haar activa via dochtermaatschappijen voornamelijk belegt in andere objecten dan effecten.

Art. 8

Aan een vergunning kunnen beperkingen worden gesteld en voorschriften worden verbonden met het oog op een adequate werking van de financiële markten en de positie van de beleggers op die markten, indien feiten en omstandigheden die betrekking hebben op degene voor wie de vergunning zal gelden dit vereisen. De beperkingen kunnen uitsluitend worden gesteld ten aanzien van de reikwijdte en de tijdsduur van de vergunning.

Beperkingen of voorschriften

Art. 9

Als bewaarder mag slechts optreden een rechtspersoon die in belangrijke mate zijn bedrijf maakt van het bewaren en administreren van beleggingsobjecten ten behoeve van derden.

Rechtspersoonlijkheid

Art. 10

Indien Onze minister van oordeel is dat van de in Nederland gevoerde of te voeren naam van de beleggingsinstelling gevaar voor verwarring is te duchten, verlangt hij van de beleggingsinstelling een verklarende vermelding aan de naam toe te voegen.

Verduidelijking naam instelling

§ 3. Voorschriften voor beleggingsinstellingen

Art. 11

– 1. Het is de beleggingsinstelling waaraan op grond van artikel 6 een vergunning is verleend, verboden haar statuten of reglementen zodanig te wijzigen dat zij niet meer onder de toepassing van artikel 6 valt.

Beperking statutenwijziging

– 2. Een wijziging van de statuten of reglementen, als bedoeld in het eerste lid, is nietig. Op verzoek van het openbaar ministerie benoemt de rechter een bewindvoerder met de macht om de gevolgen van de nietige handeling ongedaan te maken.

– 3. Bij het ongedaan maken van de nietige handeling dient de bewindvoerder mede te handelen in het belang van de deelnemers in de beleggingsinstelling.

Art. 12

– 1. Een beleggingsinstelling waaraan een vergunning is verleend en de bewaarder, indien aan de instelling verbonden, zijn verplicht zich te houden aan de bij of krachtens algemene maatregel van bestuur te stellen regels met betrekking tot deskundigheid en betrouwbaarheid, financiële waarborgen, bedrijfsvoering en informatieverschaffing.

Uitzondering

– 2. Een beleggingsinstelling, waaraan op grond van artikel 6 een vergunning is verleend, en de bewaarder, indien aan de instelling verbonden, zijn bovendien verplicht zich te houden aan de bij of krachtens algemene maatregel van bestuur te stellen aanvullende regels met betrekking tot financiële waarborgen, het beleggen en informatieverschaffing.

– 3. Onze minister kan op verzoek van de beleggingsinstelling bepalen, dat zij of de bewaarder, indien aan de instelling verbonden, niet behoeft te voldoen aan alle in het eerste of het tweede lid bedoelde regels indien zij aantoont dat daaraan redelijkerwijs niet volledig kan worden voldaan en dat de doeleinden die deze wet beoogt te bereiken anderszins voldoende bereikt zijn. Onze minister kan een beschikking als hiervoor bedoeld wijzigen of intrekken indien naar zijn oordeel de omstandigheden waaronder de beschikking is gegeven zodanig zijn gewijzigd dat de doeleinden die deze wet beoogt te bereiken niet langer worden bereikt.

– 4. De accountant, bedoeld in artikel 393, eerste lid, van boek 2 van het Burgerlijk Wetboek, die op grond van de regels, bedoeld in het eerste of tweede lid, de jaarrekening van een beleggingsinstelling van een verklaring moet voorzien, meldt Onze minister zo spoedig mogelijk elke omstandigheid waarvan hij bij de uitvoering van zijn desbetreffende werkzaamheden kennis heeft gekregen en die:

a. in strijd is met de eisen die voor het verkrijgen van de vergunning zijn gesteld;

b. in strijd is met de bij of krachtens deze wet opgelegde verplichtingen;

c. het voortbestaan van de beleggingsinstelling bedreigt; of

d. leidt tot weigering van het afgeven van een verklaring omtrent de getrouwheid of tot het maken van voorbehouden.

– 5. Op de accountant, bedoeld in het vierde lid, die naast zijn werkzaamheden voor de beleggingsinstelling ook werkzaamheden uitvoert voor een andere onderneming of instelling, is de meldingsplicht, bedoeld in het vierde lid, van overeenkomstige toepassing indien de beleggingsinstelling dochtermaatschappij is van de andere onderneming of instelling, dan wel indien de andere onderneming of instelling dochtermaatschappij is van de beleggingsinstelling. Voor de toepassing van de eerste volzin wordt onder dochtermaatschappij verstaan een

24 Wet toezicht beleggingsinstellingen

dochtermaatschappij als bedoeld in artikel 24a van Boek 2 van het Burgerlijk Wetboek, met dien verstande dat een beleggingsinstelling tevens dochtermaatschappij kan zijn van een natuurlijk persoon of vennootschap.

– 6. De accountant die op grond van het vierde of vijfde lid tot een melding aan Onze minister is overgegaan, is niet aansprakelijk voor schade die een derde dientengevolge lijdt, tenzij aannemelijk wordt gemaakt dat, gelet op alle feiten en omstandigheden, in redelijkheid niet tot melding had mogen worden overgegaan.

Art. 13

Verhandelen deelnemingsrechten in andere lid-staat

– 1. Een beleggingsinstelling waaraan op grond van artikel 6 een vergunning is verleend en die voornemens is haar rechten van deelneming in een andere Lid-Staat te verhandelen, dient, alvorens daartoe over te gaan, Onze minister alsmede het bevoegde gezag in die andere Lid-Staat van haar voornemen in kennis te stellen.

– 2. Onze minister verstrekt, op verzoek, aan de beleggingsinstelling waaraan op grond van artikel 6 een vergunning is verleend en die voldoet aan de in artikel 12 bedoelde regels, een verklaring dat zij voldoet aan de voorwaarden van de richtlijn.

§ 4. *Vrijstelling*

Art. 14

Vrijstelling

– 1. Onze minister kan vrijstelling verlenen van het in artikel 4 vervatte verbod.

– 2. Aan een vrijstelling als bedoeld in het eerste lid kunnen beperkingen worden gesteld en voorschriften worden verbonden met het oog op een adequate werking van de financiële markten en de positie van de beleggers op die markten. De beperkingen kunnen uitsluitend worden gesteld ten aanzien van de reikwijdte van de vrijstelling.

§ 5. *De intrekking van de vergunning*

Art. 15

Intrekking vergunning

Onze minister kan een vergunning slechts intrekken:
a. op verzoek van de houder;
b. indien de gegevens of bescheiden die zijn verstrekt ter verkrijging van de vergunning zodanig onjuist of onvolledig blijken dat op het verzoek een andere beslissing zou zijn genomen als bij de beoordeling van het verzoek de juiste omstandigheden volledig bekend waren geweest;
c. indien zich omstandigheden voordoen of feiten bekend worden op grond waarvan zo zij voor het tijdstip waarop de vergunning werd verleend zich hadden voorgedaan, of bekend waren geweest, de vergunning zou zijn geweigerd;
d. indien de vergunninghouder of de aan de beleggingsinstelling verbonden bewaarder kennelijk de in artikel 5, artikel 6 of artikel 9 bedoelde werkzaamheden niet meer uitvoert;
e. indien de beleggingsinstelling of de daaraan verbonden bewaarder niet meer voldoet aan de bij of krachtens deze wet gestelde eisen, regels of beperkingen of gegeven voorschriften;
f. indien de beleggingsinstelling of de daaraan verbonden bewaarder niet of niet genoegzaam uitvoering heeft gegeven aan een aanwijzing of een aanzegging van Onze minister als bedoeld in artikel 21 respectievelijk artikel 22.

Art. 16

Mededeling intrekking

– 1. Onze minister deelt de intrekking van een op grond van artikel 6 verleende vergunning tegelijk mede aan de beleggingsinstelling, de bewaarder indien aan de beleggingsinstelling verbonden en het bevoegde gezag in de overige Lid-Staten.

– 2. Een beleggingsmaatschappij waarvan de vergunning is ingetrokken wordt op verzoek van Onze minister door de rechtbank ontbonden.

– 3. Het vermogen van een beleggingsfonds waarvan de vergunning is ingetrokken moet worden vereffend binnen een door Onze minister te bepalen termijn. Hij kan deze termijn verlengen. Hij kan een of meer vereffenaars aanwijzen die aan hem verantwoording schuldig zijn.

– 4. Onze minister kan ten aanzien van het beleggingsfonds waaraan op grond van artikel 5 een vergunning is verleend ontheffing verlenen van het bepaalde in het derde lid, indien de werkzaamheden van het fonds worden voortgezet in een besloten kring. Aan een ontheffing kunnen in het belang van de deelnemers beperkingen worden gesteld en voorschriften worden verbonden.

24 Wet toezicht beleggingsinstellingen

Beleggingsinstellingen uit andere Lid-Staten die onder de toepassing van de richtlijn vallen

Art. 17

– 1. De beleggingsinstelling die haar zetel of een beheerder met zetel in een andere Lid-Staat heeft en overigens voldoet aan de in artikel 6, eerste lid, onderdelen *a* en *b*, gegeven omschrijving, is verplicht aan Onze minister mededeling te doen van haar voornemen haar rechten van deelneming in Nederland buiten een besloten kring aan te bieden.

– 2. Bij de mededeling legt de beleggingsinstelling over:

a. een verklaring van het bevoegde gezag van de Lid-Staat waar haar zetel of die van haar beheerder is gevestigd, dat de instelling voldoet aan de voorwaarden van de richtlijn;

b. haar statuten of reglementen;

c. haar prospectus;

d. gegevens over de beoogde wijze van informatieverschaffing, van verhandeling van, uitkeringen op alsmede inkoop van of terugbetaling op rechten van deelneming in Nederland;

e. in voorkomend geval haar laatste jaarrekening en halfjaarcijfers.

– 3. Een beleggingsinstelling als bedoeld in het eerste lid moet in ten minste de Nederlandse taal de gegevens en bescheiden verschaffen, die zij openbaar dient te maken overeenkomstig de regels gesteld door de Lid-Staat waar haar zetel of die van haar beheerder is gevestigd.

– 4. Twee maanden na de mededeling overeenkomstig het bepaalde in het eerste, tweede en derde lid, kan de beleggingsinstelling overgaan tot de verhandeling van haar rechten van deelneming, tenzij Onze minister voordien heeft bekendgemaakt:

a. dat de voornemens als bedoeld in onderdeel *d* van het tweede lid niet in overeenstemming zijn met toepasselijke Nederlandse wettelijke bepalingen; of

b. dat de beoogde wijze van verhandeling in strijd is met wettelijke voorschriften die betrekking hebben op het niet door de richtlijn bestreken gebied.

– 5. Artikel 10 is op de in het eerste lid bedoelde beleggingsinstelling van toepassing.

– 6. De beleggingsinstelling als bedoeld in het eerste lid dient, met inachtneming van toepasselijke Nederlandse wettelijke bepalingen, de nodige maatregelen te treffen opdat wordt zorggedragen voor de uitkeringen op, de inkoop van of terugbetaling op de rechten van deelneming in Nederland alsmede voor de verschaffing van de informatie die de beleggingsinstelling in Nederland moet verstrekken.

– 7. Indien een beleggingsinstelling als bedoeld in het eerste lid in strijd handelt met een voorschrift als bedoeld in het eerste tot en met het zesde lid, kan Onze minister deze beleggingsinstelling verbieden in Nederland haar rechten van deelneming aan te bieden of voorschriften geven met betrekking tot het aanbieden van deze rechten.

– 8. Van een besluit op grond van het zevende lid doet Onze minister onverwijld mededeling aan het bevoegde gezag in de Lid-Staat waar de zetel van de beleggingsinstelling of die van haar beheerder is gevestigd alsmede aan het bevoegde gezag in de overige Lid-Staten waar, voor zover hem bekend is, de rechten van deelneming worden verhandeld.

Toelating buitenlandse instellingen tot Nederlandse markt

HOOFDSTUK IV

Het register

Art. 18

– 1. Onze minister houdt een register, waarin worden ingeschreven:

a. beleggingsinstellingen waaraan een vergunning is verleend, met inbegrip van de aan de vergunning gestelde beperkingen of verbonden voorschriften;

b. beleggingsinstellingen die op grond van artikel 17 tot de verhandeling van hun rechten van deelneming mogen overgaan;

c. beleggingsinstellingen als bedoeld in artikel 41, eerste lid.

– 2. De inschrijving van een beleggingsinstelling waarvan de vergunning is ingetrokken wordt doorgehaald, evenals de inschrijving van de beleggingsinstelling als bedoeld in artikel 17 die niet langer in Nederland haar rechten van deelneming aanbiedt of waaraan ingevolge artikel 17, zevende lid, is verboden in Nederland haar deelnemingsrechten aan te bieden.

– 3. De inschrijving van een beleggingsinstelling, en de aan haar vergunning gestelde beperkingen en verbonden voorschriften, alsmede de doorhaling worden binnen twee weken na de dag, waarop zij heeft plaatsgehad, medegedeeld in de *Staatscourant*.

– 4. Onze minister kan bepalen dat de in het derde lid bedoelde mededeling van een doorhaling tot een nader door hem te bepalen tijdstip wordt aangehouden indien openbaarmaking ernstige schade aan de belangen van de deelnemers zou kunnen toebrengen.

Houden register

– 5. In de maand januari van elk jaar wordt een lijst van de ingeschreven beleggingsinstellingen naar de stand per 31 december van het voorafgaande jaar in de *Staatscourant* geplaatst.
– 6. Onze minister houdt een afschrift van het register voor een ieder kosteloos ter inzage.

HOOFDSTUK V

Controle en uitvoering
Art. 19

Verstrekken van inlichtingen

– 1. Onze minister kan bij een aanvrager van een vergunning voor een beleggingsinstelling, bij een beleggingsinstelling en haar bewaarder, indien aan de beleggingsinstelling verbonden, alsmede bij organisaties waarbij beleggingsinstellingen zijn aangesloten waarop wegens die aansluiting een vrijstelling als bedoeld in artikel 14 van toepassing is, inlichtingen vragen of een onderzoek instellen of doen instellen ten einde na te gaan of kan worden voldaan dan wel wordt voldaan aan de bij of krachtens deze wet gestelde eisen, regels, beperkingen of gegeven voorschriften.
– 2. Degene aan wie inlichtingen als bedoeld in dit artikel worden gevraagd, is verplicht deze inlichtingen binnen een door Onze minister te stellen termijn te verstrekken.
– 3. Indien een onderzoek wordt ingesteld als bedoeld in dit artikel dient aan de personen die het onderzoek verrichten inzage te verlenen in alle zakelijke gegevens en bescheiden die op de beleggingsinstelling of, indien van toepassing, op de bewaarder betrekking hebben, en overigens alle medewerking te verlenen die nodig is voor een goede uitvoering van dat onderzoek.
– 4. Een derde, die de in het derde lid bedoelde zakelijke gegevens en bescheiden onder zich heeft, is verplicht deze op vordering van Onze minister over te leggen.
– 5. Inlichtingen omtrent afzonderlijke ondernemingen, instellingen en bewaarders, ingevolge dit artikel verkregen, worden niet gepubliceerd en zijn geheim.

Art. 20

Controle op buitenlandse instellingen

Artikel 19 is van overeenkomstige toepassing ten aanzien van de beleggingsinstelling als bedoeld in artikel 17, voor zover het betreft het toezicht op de naleving van het bij en krachtens artikel 17 bepaalde.

Art. 21

Aanwijzingsbevoegdheid

Indien de beleggingsinstelling waaraan een vergunning is verleend of de bewaarder, indien aan de beleggingsinstelling verbonden, niet blijkt te voldoen aan de bij en krachtens deze wet gestelde eisen, regels, beperkingen of gegeven voorschriften, kan Onze minister aan de instelling of de bewaarder een aanwijzing geven om binnen een door hem te stellen termijn daaraan alsnog te voldoen.

Art. 21a

Onbevoegdheid accountant

Indien een accountant naar het oordeel van Onze Minister niet of niet meer de nodige waarborgen biedt dat dat de toevertrouwde taak met betrekking tot de beleggingsinstelling naar behoren zal vervullen, kan Onze Minister bepalen dat hij niet bevoegd is de in deze wet en daaruit voortvloeiende besluiten bedoelde verklaringen omtrent de getrouwheid met betrekking tot die beleggingsinstelling af te leggen.

Art. 22

Mogelijkheid stille curatele

– 1. Indien bijzondere gebeurtenissen een adequate functionering van de beleggingsinstelling of de bewaarder in gevaar brengen en naar het oordeel van Onze minister versterking van de organen van de beleggingsinstelling of de bewaarder wenselijk maken, kan Onze minister schriftelijk aanzeggen dat vanaf een bepaald tijdstip alle of bepaalde organen van de beleggingsinstelling of van de bewaarder hun bevoegdheden slechts mogen uitoefenen na goedkeuring door een of meer door Onze minister aangewezen personen en met inachtneming van de opdrachten van deze personen.
– 2. Met betrekking tot de in het eerste lid bedoelde aanzegging is het volgende van toepassing:
a. de in dat lid bedoelde organen zijn verplicht de door Onze minister aangewezen personen alle medewerking te verlenen;
b. Onze minister kan de organen toestaan bepaalde handelingen zonder toestemming te verrichten;
c. Onze minister kan de aangewezen personen te allen tijde door andere vervangen;
d. voor schade ten gevolge van handelingen welke zijn verricht in strijd met een aanzegging als bedoeld in het eerste lid zijn degenen, die deze handelingen als orgaan van de beleggingsinstelling of van de bewaarder verrichten, persoonlijk aansprakelijk tegenover de beleggingsinstelling of de bewaarder. De beleggingsinstelling of de bewaarder kan de ongeldigheid van deze handelingen inroepen, indien de wederpartij wist, dat de vereiste goedkeuring ontbrak of daarvan niet onkundig kon zijn;

24 Wet toezicht beleggingsinstellingen

e. de aanzegging blijft van kracht totdat de in het eerste lid bedoelde omstandigheden niet langer aanwezig zijn, doch voor ten hoogste één jaar.

Art. 23

Indien een beleggingsinstelling de inkoop van haar rechten van deelneming opschort, stelt zij Onze minister en, indien zij een beleggingsinstelling is als bedoeld in artikel 6, eerste lid, het bevoegde gezag van de Lid-Staten waar de rechten van deelneming van de beleggingsinstelling worden verhandeld onverwijld daarvan op de hoogte.

Opschorting inkoop deelnemingsrechten

Art. 24

– 1. Het is aan een ieder die uit hoofde van de toepassing van deze wet of van krachtens deze wet genomen besluiten enige taak vervult, verboden van gegevens of inlichtingen, ingevolge deze wet verstrekt of van een instantie als bedoeld in artikel 26*a*, eerste lid, of artikel 27, eerste lid, ontvangen, of van gegevens of inlichtingen, bij het onderzoek van zakelijke gegevens en bescheiden verkregen, verder of anders gebruik te maken of daaraan verder of anders bekendheid te geven dan voor de uitoefening van zijn taak of door deze wet wordt geëist.

Meldingsplicht accountant

– 2. Het eerste lid en artikel 19, vijfde lid, laten, ten aanzien van degene op wie het eerste lid van toepassing is, onverlet de toepasselijkheid van de bepalingen van het Wetboek van Strafvordering die betrekking hebben op het als getuige of deskundige in strafzaken afleggen van een verklaring omtrent gegevens of inlichtingen verkregen bij de vervulling van zijn ingevolge deze wet opgedragen taak.

– 3. Het eerste lid en artikel 19, vijfde lid, laten evenzo, ten aanzien van degene op wie het eerste lid van toepassing is, onverlet de toepasselijkheid van de bepalingen van het Wetboek van Burgerlijke Rechtsvordering en van artikel 66 van de Faillissementswet die betrekking hebben op het als getuige of als partij in een comparitie van partijen dan wel als deskundige in burgerlijke zaken afleggen van een verklaring omtrent gegevens of inlichtingen verkregen bij de vervulling van zijn ingevolge deze wet opgedragen taak, voor zover het gaat om gegevens of inlichtingen omtrent een beleggingsinstelling die in staat van faillissement is verklaard of op grond van een rechterlijke uitspraak is ontbonden. De vorige volzin is niet van toepassing op gegevens of inlichtingen die betrekking hebben op ondernemingen of instellingen die betrokken zijn of zijn geweest bij een poging de desbetreffende beleggingsinstelling in staat te stellen haar bedrijf voort te zetten.

– 4. In afwijking van het eerste lid en artikel 19, vijfde lid, kan Onze minister met gebruikmaking van gegevens of inlichtingen verkregen bij de vervulling van de hem ingevolge deze wet opgedragen taak, mededelingen doen mits deze niet kunnen worden herleid tot afzonderlijke ondernemingen of instellingen.

Art. 25

Met het oog op een adequate werking van de financiële markten en de positie van de beleggers op die markten, kan Onze minister, voor zover nodig in afwijking van artikel 19, vijfde lid, en artikel 24, ter openbare kennis brengen:

Kennisgeving minister

a. zijn weigering om een aangevraagde vergunning te verlenen wanneer deze weigering niet meer in beroep kan worden getroffen;

b. zijn mededeling, als bedoeld in artikel 17, vierde lid, wanneer deze mededeling niet meer in beroep kan worden getroffen; of

c. het feit dat een beleggingsinstelling die naar zijn oordeel onder het verbod van artikel 4 valt, niet over een vergunning beschikt dan wel geen mededeling heeft gedaan als bedoeld in artikel 17, eerste lid.

Art. 26

Onze minister kan, voor zover nodig in afwijking van artikel 24, periodiek in de *Staatscourant* mededeling doen van de voornaamste gegevens, voortkomende uit de informatieverschaffing als bedoeld in artikel 12. Zonder schriftelijke toestemming van de beleggingsinstelling die het aangaat, worden gegevens met betrekking tot afzonderlijke beleggingsinstellingen niet gepubliceerd.

Mededeling in Staatscourant

Art. 26a

– 1. Onze minister is, in afwijking van artikel 19, vijfde lid, en artikel 24, eerste lid, bevoegd om gegevens of inlichtingen verkregen bij de vervulling van de hem ingevolge deze wet opgedragen taak, te verstrekken aan een rechter-commissaris voor zover die belast is met het toezicht uit hoofde van artikel 64 van de Faillissementswet op de curator die betrokken is bij het beheer en de vereffening van de failliete boedel van een beleggingsinstelling.

– 2. Onze minister verstrekt geen gegevens of inlichtingen als bedoeld in het eerste lid:

a. indien de verstrekking van de gegevens of inlichtingen redelijkerwijs in strijd is of zou kunnen komen met de belangen die deze wet beoogt te beschermen;

b. indien de gegevens of inlichtingen zijn verkregen van Nederlandse of buitenlandse overheidsinstanties dan wel van Nederlandse of buitenlandse van overheidswege aangewezen instanties die belast zijn met het toezicht op financiële markten of op natuurlijke personen en

24 Wet toezicht beleggingsinstellingen

rechtspersonen die op die markten werkzaam zijn, en deze instanties niet instemmen met het verstrekken van de gegevens of inlichtingen.

– 3. Artikel 19, vijfde lid, en artikel 24, eerste tot en met derde lid, zijn van overeenkomstige toepasing met betrekking tot de op grond van het eerste lid verstrekte gegevens.

Art. 27

Inlichtingen aan toezichthouders

– 1. Onze Minister is, in afwijking van artikel 19, vijfde lid, en artikel 24, bevoegd om gegevens of inlichtingen verkregen bij de vervulling van de hem ingevolge deze wet opgedragen taak, te verstrekken aan Nederlandse of buitenlandse overheidsinstanties dan wel aan Nederlandse of buitenlandse van overheidswege aangewezen instanties die belast zijn met het toezicht op financiële markten of op natuurlijke personen en rechtspersonen die op die markten werkzaam zijn, tenzij:

a. het doel waarvoor de gegevens of inlichtingen zullen worden gebruikt onvoldoende bepaald is;

b. het beoogde gebruik van de gegevens of inlichtingen niet past in het kader van het toezicht op financiële markten of op natuurlijke personen en rechtspersonen die op die markten werkzaam zijn;

c. de verstrekking van de gegevens of inlichtingen zich niet zou verdragen met de Nederlandse wet of de openbare orde;

d. de geheimhouding van de gegevens of inlichtingen niet in voldoende mate is gewaarborgd;

e. de verstrekking van de gegevens of inlichtingen redelijkerwijs in strijd is of zou kunnen komen met de belangen die deze wet beoogt te beschermen; of

f. onvoldoende is gewaarborgd dat de gegevens of inlichtingen niet zullen worden gebruikt voor een ander doel dan waarvoor deze worden verstrekt.

– 2. Voor zover de gegevens of inlichtingen, bedoeld in het eerste lid, zijn verkregen van een buitenlandse overheidsinstantie dan wel van een buitenlandse van overheidswege aangewezen instantie, die is belast met het toezicht op financiële markten of op natuurlijke personen en rechtspersonen die op die markten werkzaam zijn, verstrekt Onze Minister deze niet aan een Nederlandse of buitenlandse instantie als bedoeld in het eerste lid, tenzij de buitenlandse instantie waarvan de gegevens of inlichtingen zijn verkregen uitdrukkelijk heeft ingestemd met de verstrekking van de gegevens of inlichtingen en in voorkomend geval heeft ingestemd met het gebruik voor een ander doel dan waarvoor de gegevens of inlichtingen zijn verstrekt.

– 3. Indien een buitenlandse instantie als bedoeld in het eerste lid aan degene die de gegevens of inlichtingen op grond van dat lid heeft verstrekt, verzoekt om die gegevens of inlichtingen te mogen gebruiken voor een ander doel dan waarvoor zij zijn verstrekt, mag dat verzoek slechts worden ingewilligd:

a. voor zover het beoogde gebruik niet in strijd is met het eerste of tweede lid; dan wel

b. voor zover die buitenlandse instantie op een andere wijze dan in deze wet voorzien vanuit Nederland met inachtneming van de daarvoor geldende procedures voor dat andere doel de beschikking over die gegevens of inlichtingen zou kunnen verkrijgen; alsmede

c. pas na overleg met Onze Minister van Justitie indien het in de aanhef bedoelde verzoek betrekking heeft op een onderzoek naar strafbare feiten.

Art. 27a

Door vernummering vervallen.

Art. 27a

Samenwerking

– 1. Onze minister werkt samen met de autoriteiten die ingevolge de Wet toezicht effectenverkeer 1995, de Wet toezicht kredietwezen 1992, de Wet toezicht natura-uitvaartverzekeringsbedrijf onderscheidenlijk de Wet toezicht verzekeringsbedrijf 1993, belast zijn met het toezicht op effecteninstellingen, kredietinstellingen, natura-uitvaartverzekeraars onderscheidenlijk verzekeraars, met het oog op het tot stand brengen van gelijkgerichte regelgeving en beleid ter zake van bij ministeriële regeling aan te wijzen onderwerpen die zowel het toezicht ingevolge deze wet als het toezicht ingevolge de een en de eerdergenoemde wetten betreffen.

– 2. Onze minister voert het toezicht ingevolge deze wet, voor zover het betrekking heeft op de onderwerpen, bedoeld in het eerste lid, uit met inachtneming van daartoe met de overige in het eerste lid bedoelde autoriteiten te sluiten overeenkomsten. Deze overeenkomsten bevatten afspraken over coördinatie en afstemming van regelgeving en beleid, en in voorkomende gevallen over uitvoering van toezicht. Indien ingevolge artikel 29 taken en bevoegdheden die Onze minister op grond van deze wet heeft zijn overgedragen aan een rechtspersoon, draagt deze rechtspersoon er zorg voor dat hij of een van de overige in het eerste lid bedoelde autoriteiten een afschrift van de gesloten overeenkomsten zendt aan Onze minister.

– 3. Binnen zes maanden na afloop van elk kalenderjaar draagt Onze minister in samenwerking met de overige in het eerste lid bedoelde autoriteiten zorg voor een gezamenlijk verslag dat openbaar wordt gemaakt en waarin melding wordt gemaakt van de wijze waarop uitvoering is gegeven aan het eerste en tweede lid.

24 Wet toezicht beleggingsinstellingen

Art. 27b

– 1. Onze minister dan wel een rechtspersoon aan wie ingevolge artikel 29 taken en bevoegdheden zijn overgedragen werkt, voor zover noodzakelijk ten behoeve van de uitoefening van het toezicht op beleggingsinstellingen die deel uitmaken van een groep, samen met de autoriteiten die ingevolge de Wet toezicht kredietwezen 1992 (*Stb*. 1992, 722), de Wet toezicht verzekeringsbedrijf 1993, de Wet toezicht natura-uitvaartverzekeringsbedrijf onderscheidenlijk de Wet toezicht effectenverkeer 1995 belast zijn met het toezicht op kredietinstellingen, verzekeraars onderscheidenlijk effectenbemiddelaars en vermogensbeheerders die tot diezelfde groep behoren.

– 2. Onze minister dan wel een rechtspersoon aan wie ingevolge artikel 29 taken en bevoegdheden zijn overgedragen pleegt, in de gevallen bedoeld in het eerste lid, waar nodig overleg met een autoriteit als bedoeld in het eerste lid.

– 3. Onze minister dan wel een rechtspersoon aan wie ingevolge artikel 29 taken en bevoegdheden zijn overgedragen werkt, in de gevallen bedoeld in het eerste lid, waar nodig samen op basis van een of meer daartoe met een autoriteit als bedoeld in het eerste lid overeen te komen regelingen. Deze regelingen betreffen in elk geval afspraken over het stellen van gemeenschappelijke eisen, het coördineren van werkzaamheden uit hoofde van ieders uitoefening van het toezicht en het uitwisselen van gegevens en inlichtingen.

– 4. Onze Minister dan wel een rechtspersoon aan wie ingevolge artikel 29 taken en bevoegdheden zijn overgedragen, verstrekt aan een autoriteit als bedoeld in het eerste lid danwel de autoriteit die belast is met de uitvoering van de Wet inzake de geldtransactiekantoren de gegevens of inlichtingen die hij verkregen heeft bij de vervulling van de hem bij of krachtens deze wet opgedragen taak en die betrekking hebben op de deskundigheid en betrouwbaarheid van personen als bedoeld in de algemene maatregel van bestuur tot uitvoering van artikel 5, eerste lid, onder *a*, voor zover Onze Minister dan wel de rechtspersoon als bovenbedoeld, van oordeel is dat deze gegevens of inlichtingen van belang zijn of zouden kunnen zijn voor het toezicht dat door die andere autoriteit wordt uitgeoefend.

– 5. De verplichting als bedoeld in het vierde lid geldt niet in het geval de gegevens of inlichtingen zijn verkregen van een buitenlandse instantie als bedoeld in artikel 27, eerste lid.

Art. 27c

– 1. Ter uitvoering van verdragen tot uitwisseling van gegevens of inlichtingen dan wel ter uitvoering van bindende besluiten van volkenrechtelijke organisaties met betrekking tot het toezicht op financiële markten of op natuurlijke personen en rechtspersonen die op die markten werkzaam zijn, is Onze Minister bevoegd ten behoeve van een instantie die werkzaam is in een Staat die met Nederland partij is bij een verdrag of die met Nederland valt onder eenzelfde bindend besluit van een volkenrechtelijke organisatie, en die in die Staat belast is met de uitvoering van wettelijke regelingen inzake het toezicht op beleggingsinstellingen, inlichtingen te vragen aan of een onderzoek in te stellen of te doen instellen bij een ieder die ingevolge deze wet onder zijn toezicht valt dan wel bij een ieder waarvan redelijkerwijs kan worden vermoed dat hij over gegevens of inlichtingen beschikt die van belang kunnen zijn voor de uitvoering van de wettelijke regelingen als hiervoor bedoeld.

– 2. Degene aan wie gegevens of inlichtingen als bedoeld in het eerste lid worden gevraagd, verstrekt deze gegevens of inlichtingen binnen een door Onze Minister te stellen termijn.

– 3. Degene bij wie een onderzoek als bedoeld in het eerste lid wordt ingesteld, verleent aan de persoon die het onderzoek verricht alle medewerking die nodig is voor een goede uitvoering van dat onderzoek, met dien verstande dat degene bij wie het onderzoek wordt ingesteld slechts kan worden verplicht tot het verlenen van inzage in zakelijke gegevens en bescheiden voor zover deze op de uitoefening van zijn beroep of bedrijf betrekking hebben.

Art. 27d

– 1. Onze Minister kan toestaan dat een functionaris van een buitenlandse instantie als bedoeld in artikel 27*b*, eerste lid, deelneemt aan de uitvoering van een verzoek als bedoeld in dat lid.

– 2. De verplichting, omschreven in het derde lid van artikel 27*b*, geldt eveneens jegens de in het eerste lid bedoelde functionaris.

– 3. De in het eerste lid bedoelde functionaris volgt de aanwijzingen op van de persoon die met de uitvoering van het verzoek is belast.

Art. 28

Onze minister dan wel een rechtspersoon aan wie ingevolge artikel 29, eerste lid, taken en bevoegdheden zijn overgedragen, is bevoegd de kosten die gemaakt worden voor de uitvoering van die taken en de uitoefening van die bevoegdheden aan beleggingsinstellingen in rekening te brengen volgens door Onze minister te stellen regels.

24 Wet toezicht beleggingsinstellingen

Delegatie

– 1. Taken en bevoegdheden die Onze minister op grond van deze wet heeft, kunnen, met uitzondering van de taken en bevoegdheden bedoeld in de artikelen 7, onder *c*, 14, 28, voor zover het daarbij de door Onze Minister te stellen regels betreft, 30, 32, 33*b*, derde lid, 33*c*, derde lid en 33*m*, tweede lid, bij algemene maatregel van bestuur worden overgedragen aan een of meer rechtspersonen die deze als eigen taken uitvoeren en als eigen bevoegdheden uitoefenen. De verplichtingen jegens Onze minister op grond van deze wet gelden alsdan als verplichtingen jegens de desbetreffende rechtspersoon of rechtspersonen.

Voorwaarden delegatie

– 2. Een overdracht als bedoeld in het eerste lid vindt slechts plaats indien de betrokken rechtspersoon aan de volgende eisen voldoet:

a. hij dient in staat te zijn de in het eerste lid bedoelde taken en bevoegdheden naar behoren te vervullen;

b. de voorwaarden dienen aanwezig te zijn voor een zodanige besluitvorming binnen de betrokken rechtspersoon dat een onafhankelijke vervulling van de in het eerste lid bedoelde taken en bevoegdheden zoveel mogelijk is gewaarborgd.

– 3. Aan de overdracht als bedoeld in het eerste lid kunnen beperkingen worden gesteld en voorschriften worden verbonden.

– 4. Indien bij algemene maatregel van bestuur taken en bevoegdheden als bedoeld in het eerste lid zijn overgedragen aan De Nederlandsche Bank N.V., is de Bank bevoegd deze taken uit te voeren en deze bevoegdheden uit te oefenen.

– 5. Voor de totstandkoming, wijziging of intrekking van algemene maatregelen van bestuur als bedoeld in artikel 5, eerste lid, artikel 6, vijfde lid, en artikel 12, eerste en tweede lid, een aanwijzing als bedoeld in artikel 7, onder *c*, een vrijstelling als bedoeld in artikel 14, eerste lid, de door Onze minister te stellen regels als bedoeld in artikel 28 en een maatregel als bedoeld in artikel 30, kan het advies van de in het eerste lid bedoelde rechtspersoon of rechtspersonen worden ingewonnen. De rechtspersoon aan wie advies wordt gevraagd is verplicht dit advies uit te brengen.

– 6. Een in het eerste lid bedoelde rechtspersoon brengt eenmaal per jaar, uiterlijk op 1 mei, aan Onze minister verslag uit over de uitoefening van de overgedragen taken en bevoegdheden op grond van deze wet. Dit verslag wordt door de zorg van Onze minister gepubliceerd, behoudens het gedeelte handelende over de uitvoering van artikel 5, derde lid, artikel 6, zevende lid, artikel 12, derde lid, artikel 21 en artikel 22, met dien verstande dat, zonder schriftelijke toestemming van de bij het te publiceren gedeelte van het verslag betrokkenen, gegevens met betrekking tot afzonderlijke beleggingsinstellingen en bewaarders niet gepubliceerd worden.

HOOFDSTUK VI

Bepalingen van bijzondere aard
Art. 30

Weigeren/intrekken vergunning

Onze minister kan bepalen dat een vergunning op grond van deze wet wordt geweigerd of ingetrokken, of dat aan de vergunning beperkingen worden gesteld en voorschriften worden verbonden, dan wel dat de eerder gestelde beperkingen en gegeven voorschriften worden gewijzigd, indien:

a. de beleggingsinstelling haar zetel heeft of haar beheerder zijn zetel heeft in een Staat, niet zijnde een Lid-Staat, waar Nederlandse financiële instellingen niet worden toegelaten of aan onredelijke beperkingen worden onderworpen; of

b. een natuurlijke persoon of rechtspersoon met de nationaliteit van een onder *a* bedoelde Staat rechtstreeks of middellijk overwegende zeggenschap kan uitoefenen in de beleggingsinstelling.

Overeenkomstige toepassing

Art. 31

Onze minister kan ten aanzien van de beleggingsinstelling die onder de omschrijving in artikel 6, eerste lid, onderdelen *a* en *b*, valt en die niet in een Lid-Staat is gevestigd dan wel in een Lid-Staat is gevestigd die nog geen uitvoering aan de richtlijn heeft gegeven, het bepaalde bij of krachtens artikel 6, derde tot en met zevende lid, alsmede artikel 12, tweede lid, van overeenkomstige toepassing verklaren.

Aanwijzen representatieve organisatie

Art. 32

Onze minister kan een organisatie van beleggingsinstellingen of bewaarders, de rechtspersoon of rechtspersonen als bedoeld in artikel 29, eerste lid, gehoord, aanwijzen als representatieve organisatie met betrekking tot de uitvoering van deze wet.

Beroep
Art. 33

- 1. In afwijking van artikel 8:7 van de Algemene wet bestuursrecht is voor beroepen tegen besluiten op grond van deze wet de rechtbank te Rotterdam bevoegd.

- 2. Ingeval beroep wordt ingesteld tegen een besluit als bedoeld in artikel 33*a*, eerste lid, zal de terechtzitting worden gehouden met gesloten deuren. De uitspraak wordt alsdan niet in het openbaar uitgesproken.

Rb. R'dam bevoegd

Gesloten deuren

HOOFDSTUK VIIA

Onderzoek door Onze minister
Art. 33a

- 1. Onze minister is bevoegd aan een rechtspersoon waaraan ingevolge artikel 29, eerste lid, taken en bevoegdheden zijn overgedragen de gegevens of inlichtingen te vragen die naar zijn oordeel nodig zijn voor een onderzoek naar de toereikendheid van deze wet of de wijze waarop de rechtspersoon deze wet uitvoert of heeft uitgevoerd, indien dat ter wille van het toezicht nodig blijkt.

Bevoegdheid minister tot vragen informatie

- 2. De rechtspersoon, bedoeld in het eerste lid, is verplicht aan Onze minister de in het eerste lid bedoelde gegevens of inlichtingen te verstrekken. Indien Onze minister de rechtspersoon vraagt bepaalde gegevens of inlichtingen te verstrekken die onder de artikelen 19, vijfde lid, of 24, vallen, is de rechtspersoon niet verplicht deze gegevens of inlichtingen te verstrekken, indien:

Verstrekken informatie

a. deze betrekking hebben op of herleidbaar zijn tot een afzonderlijke rechtspersoon, vennootschap of natuurlijke persoon, met uitzondering van gegevens of inlichtingen die betrekking hebben op of herleidbaar zijn tot een afzonderlijke beleggingsinstelling waaraan een vergunning als bedoeld in artikel 4 is verleend of waarvan die vergunning is ingetrokken of vervallen, en waaraan surséance van betaling is verleend of die in staat van faillissement is verklaard of op grond van een rechterlijke uitspraak is ontbonden;

b. deze betrekking hebben op ondernemingen of instellingen die betrokken zijn of zijn geweest bij een poging een beleggingsinstelling in staat te stellen haar bedrijf voort te zetten; of

c. deze zijn ontvangen van een instantie als bedoeld in artikel 27, eerste lid, tenzij de uitdrukkelijke instemming is verkregen van die instantie.

- 3. Onze minister is bevoegd een derde op te dragen de gegevens of inlichtingen die hem ingevolge het tweede lid zijn verstrekt te onderzoeken en aan hem verslag uit te brengen. Tevens kan Onze minister de derde die in zijn opdracht handelt, machtigen namens hem gegevens of inlichtingen in te winnen, in welk geval het eerste en tweede lid van overeenkomstige toepassing zijn.

Externe deskundige

- 4. Onze minister mag de gegevens of inlichtingen die hij ingevolge het tweede of derde lid heeft verkregen uitsluitend gebruiken voor het vormen van zijn oordeel over de toereikendheid van deze wet of de wijze waarop de rechtspersoon, bedoeld in het eerste lid, deze wet uitvoert of heeft uitgevoerd.

- 5. Onze minister en degenen die in zijn opdracht handelen zijn verplicht tot geheimhouding van de op grond van het tweede lid, tweede volzin, ontvangen gegevens of inlichtingen. De artikelen 19, vijfde lid, en 24 zijn van toepassing.

Geheimhoudingsplicht

- 6. Niettegenstaande het vierde en vijfde lid kan Onze minister de aan de gegevens of inlichtingen ontleende bevindingen en de daaruit getrokken conclusies aan de Staten-Generaal mededelen en de conclusies in algemene zin uit het onderzoek openbaar maken.

Openbaarmaking

- 7. De Wet openbaarheid van bestuur en de Wet Nationale ombudsman zijn niet van toepassing met betrekking tot de in dit artikel bedoelde gegevens of inlichtingen die Onze minister of de in zijn opdracht werkende derde onder zich heeft.

HOOFDSTUK VII B

Dwangsom en bestuurlijke boete
Art. 33b

- 1. Onze Minister kan een last onder dwangsom opleggen ter zake van overtreding van voorschriften gesteld, bij of krachtens de artikelen 4, eerste lid, 5, eerste lid, 6, vijfde lid, tweede volzin, 8, 10, 11, eerste lid, 12, eerste en tweede lid, 14, tweede lid, 16, derde en vierde lid, 17, eerste tot en met derde en vijfde tot en met zevende lid, 19, tweede tot en met vierde lid, 20, 21, 22, tweede lid, 23, 27*b*, tweede en derde lid, en 27*c*, tweede lid.

Dwangsom

24 Wet toezicht beleggingsinstellingen

Awb van toepassing	– 2. De artikelen 5:32, tweede tot en met vijfde lid, en 5:33 tot en met 5:35 van de Algemene wet bestuursrecht zijn van toepassing.
	– 3. Onze Minister kan regels stellen ter zake van de uitoefening van de bevoegdheid bedoeld in het eerste lid.

Art. 33c

Bestuurlijke boete — 1. Onze Minister kan een bestuurlijke boete opleggen ter zake van overtreding van voorschriften gesteld, bij of krachtens de artikelen 4, eerste lid, 5, eerste lid, 6, vijfde lid, tweede volzin, 8, 10, 11, eerste lid, 12, eerste, tweede, vierde en vijfde lid, 13, eerste lid, 14, tweede lid, 16, derde en vierde lid, 17, eerste tot en met derde en vijfde tot en met zevende lid, 19, tweede tot en met vierde lid, 20, 21, 22, tweede lid, 23, 27b, tweede en derde lid, en 27c, tweede lid.

— 2. De bestuurlijke boete komt toe aan de staat. Voor zover Onze Minister met toepassing van artikel 29, eerste lid, de bevoegdheid tot het opleggen van een bestuurlijke boete overdraagt aan een rechtspersoon, komt de boete toe aan die rechtspersoon.

— 3. Onze Minister, in overeenstemming met Onze Minister van Justitie, kan regels stellen ter zake van de uitoefening van de bevoegdheid bedoeld in het eerste lid.

Art. 33d

Bedrag boete — 1. Het bedrag van de boete wordt bepaald op de wijze als voorzien in de bijlage, met dien verstande dat de boete voor een afzonderlijke overtreding ten hoogste € 900 000 bedraagt. Voor overtreding van voorschriften, gesteld bij of krachtens een algemene maatregel van bestuur op grond van de artikelen 5, eerste lid, 6, vijfde lid, tweede volzin, of 12, eerste en tweede lid, wordt het bedrag van de boete bepaald op de wijze als voorzien in de bijlage behorend bij die algemene maatregel van bestuur, met dien verstande dat de boete voor een afzonderlijke overtreding ten hoogste € 900 000 bedraagt.

— 2. De bijlage bepaalt bij elke daarin omschreven overtreding het bedrag van de deswege op te leggen boete.

— 3. De bijlage kan bij algemene maatregel van bestuur worden gewijzigd.

Verlaging i.v.m. bijzondere omstandigheden — 4. Onze Minister kan het bedrag van de boete lager stellen dan in de bijlage is bepaald, indien het bedrag van de boete in een bepaald geval op grond van bijzondere omstandigheden onevenredig hoog is.

Art. 33e

Zwijgplicht Degene jegens wie door Onze Minister een handeling is verricht waaraan hij in redelijkheid de gevolgtrekking kan verbinden dat hem wegens een overtreding een boete zal worden opgelegd, is niet verplicht ter zake daarvan enige verklaring af te leggen. Hij wordt hiervan in kennis gesteld alvorens hem mondeling om informatie wordt gevraagd.

Art. 33f

Kennisgeving boete — 1. Indien Onze Minister voornemens is een boete op te leggen, geeft hij de betrokkene daarvan kennis onder vermelding van de gronden waarop het voornemen berust.

— 2. In afwijking van afdeling 4.1.2 van de Algemene wet bestuursrecht, stelt Onze Minister de betrokkene in de gelegenheid om naar keuze schriftelijk of mondeling zijn zienswijze naar voren te brengen voordat de boete wordt opgelegd, tenzij het een overtreding betreft die in de bijlage, bedoeld in artikel 33d, is aangewezen.

Art. 33g

Beschikking — 1. Onze Minister legt de boete op bij beschikking.

— 2. De beschikking vermeldt in ieder geval:

a. het feit ter zake waarvan de boete wordt opgelegd, alsmede het overtreden voorschrift;

b. het bedrag van de boete en de gegevens op basis waarvan dit bedrag is bepaald; en

c. de termijn, bedoeld in artikel 33i, eerste lid, waarbinnen de boete moet worden betaald.

Art. 33h

Opschorting — 1. De werking van de beschikking tot oplegging van een boete wordt opgeschort totdat de beroepstermijn is verstreken of, indien beroep is ingesteld, op het beroep is beslist.

— 2. In afwijking van het eerste lid wordt de werking van de beschikking tot oplegging van een boete voor een overtreding die op grond van artikel 33f, tweede lid, is aangewezen, opgeschort totdat de bezwaartermijn is verstreken of, indien bezwaar is gemaakt, op het bezwaar is beslist.

Art. 33i

Betalingstermijn — 1. De boete wordt betaald binnen zes weken na de inwerkingtreding van de beschikking waarbij zij is opgelegd.

— 2. De boete wordt vermeerderd met de wettelijke rente, te rekenen vanaf de dag waarop sedert de bekendmaking van de beschikking zes weken zijn verstreken, tenzij het een overtreding betreft die op grond van artikel 33f, tweede lid, is aangewezen.

— 3. Indien de boete niet tijdig is betaald, stuurt Onze Minister schriftelijk een aanmaning om binnen twee weken de boete, verhoogd met de kosten van de aanmaning, alsnog te betalen. De aanmaning bevat de aanzegging, dat de boete, voor zover deze niet binnen de gestelde termijn wordt betaald, overeenkomstig het derde lid zal worden ingevorderd.

– 4. Bij gebreke van tijdige betaling kan Onze Minister de boete, verhoogd met de kosten van de aanmaning en van de invordering, bij dwangbevel invorderen.

– 5. Het dwangbevel wordt op kosten van de overtreder bij deurwaardersexploit betekend en levert een executoriale titel op in de zin van het Tweede Boek van het Wetboek van Burgerlijke Rechtsvordering.

– 6. Gedurende zes weken na de dag van betekening staat verzet tegen het dwangbevel open door dagvaarding van de rechtspersoon die de boete heeft opgelegd.

– 7. Het verzet schorst de tenuitvoerlegging niet, tenzij de voorzieningenrechter van de rechtbank in kort geding desgevraagd anders beslist.

– 8. Het verzet kan niet worden gegrond op de stelling dat de boete ten onrechte of op een te hoog bedrag is vastgesteld.

Art. 33j

– 1. De bevoegdheid een boete op te leggen vervalt indien ter zake van de overtreding een strafvervolging is ingesteld en het onderzoek ter terechtzitting een aanvang heeft genomen, dan wel het recht tot strafvordering is vervallen ingevolge artikel 74 van het Wetboek van Strafrecht.

– 2. Het recht tot strafvervolging met betrekking tot een overtreding als bedoeld in artikel 33*c* vervalt, indien Onze Minister ter zake van die overtreding reeds een boete heeft opgelegd.

Art. 33k

– 1. De bevoegdheid een boete op te leggen vervalt drie jaren na de dag waarop de overtreding is begaan.

– 2. De termijn bedoeld in het eerste lid wordt gestuit door de bekendmaking van de beschikking waarbij een boete wordt opgelegd.

Art. 33l

De werkzaamheden in verband met het opleggen van een dwangsom of van een boete worden verricht door personen die niet betrokken zijn geweest bij het vaststellen van de overtreding en het daaraan voorafgaande onderzoek.

Art. 33m

– 1. Met het oog op een adequate werking van de financiële markten en de positie van de beleggers op die markten, kan Onze Minister, onverminderd artikel 19, vijfde lid, en artikel 24, het feit ter zake waarvan de last onder dwangsom of de bestuurlijke boete is opgelegd, het overtreden voorschrift, alsmede de naam, het adres en de woonplaats van degene aan wie de last onder dwangsom of de bestuurlijke boete is opgelegd, ter openbare kennis brengen.

– 2. Onze Minister kan regels stellen ter zake van de uitoefening van de bevoegdheid bedoeld in het eerste lid.

HOOFDSTUK VIII

Wijziging van andere wetten
Art. 34-38
Bevat wijzigingen in andere regelgeving.

HOOFDSTUK IX

Slotbepalingen
Art. 39
Bevat wijzigingen in andere regelgeving.

Art. 40

– 1. Het verbod in artikel 4 blijft buiten toepassing tot zes maanden na het tijdstip van inwerkingtreding van deze wet.

– 2. Ten aanzien van de beleggingsinstelling die binnen zes maanden na het tijdstip van inwerkingtreding van deze wet een aanvraag voor een vergunning bij Onze minister heeft ingediend, blijft het verbod in artikel 4 buiten toepassing tot de tweede dag nadat Onze minister zijn beslissing op de aanvraag heeft verzonden.

– 3. Onverminderd het bepaalde in artikel 41, zijn het eerste en het tweede lid niet van toepassing met betrekking tot beleggingsfondsen die, indien de artikelen 9, 10 en 11 van de Wet effectenhandel nog van kracht zouden zijn geweest, ingevolge die artikelen verplicht zouden zijn geweest over een vergunning of ontheffing te beschikken.

Art. 41

– 1. Op het tijdstip van inwerkingtreding van deze wet worden vergunningen en ontheffingen die op grond van respectievelijk artikel 9, tweede lid, en artikel 11, eerste lid, van de Wet effectenhandel aan een beleggingsfonds zijn verleend, gelijkgesteld met een vergunning als bedoeld in artikel 5 van deze wet.

Strafvervolging

Vervaltermijn boete

Bevoegde personen

Openbaarmaken

Wanneer art. 4 buiten toepassing

Gelijkstelling

24 Wet toezicht beleggingsinstellingen

– 2. Op een in het eerste lid bedoeld beleggingsfonds dat op het tijdstip van inwerkingtreding van deze wet niet voldoet aan de bij of krachtens de artikelen 5 en 12, eerste lid, gestelde eisen en regels, wordt het bepaalde bij of krachtens die artikelen alsmede artikel 15, onderdeel *e*, van toepassing een jaar na dat tijdstip.

– 3. Het eerste lid geldt niet ten aanzien van een daarin bedoeld beleggingsfonds dat onder de omschrijving van artikel 6, eerste lid, van deze wet valt.

Art. 42

Deze wet treedt in werking op een bij koninklijk besluit te bepalen tijdstip dat voor de verschillende artikelen of onderdelen daarvan verschillend kan worden gesteld.

Art. 43

Deze wet kan worden aangehaald als: Wet toezicht beleggingsinstellingen.

BIJLAGE

(bedoeld in artikel 33d, eerste lid, van de Wet toezicht beleggingsinstellingen)

Art. 1

Voor de overtredingen genoemd in tabel 1 en tabel 2, begaan na het tijdstip van inwerkingtreding van Hoofdstuk VII B van deze wet, zijn de boetebedragen vastgesteld als volgt:

Tariefnummer:	Bedrag (vast tarief):
1.	€ 453
2.	€ 907
3.	€ 5 445
4.	€ 21 781
5.	€ 87 125

Art. 2

– 1. Indien een boete wordt opgelegd voor het overtreden van een bepaling als genoemd in tabel 1[1], is bij de vaststelling van de hoogte van deze boete de volgende categorie-indeling naar eigen vermogen van toepassing met de daarbij behorende factor[2]:

Categorie-indeling normgeadresseerden

Categorie I: beleggingsmaatschappijen, beleggingsfondsen en bewaarders, met een eigen vermogen van minder dan € 453 800; Factor: 1;
Categorie II: beleggingsmaatschappijen, beleggingsfondsen en bewaarders met een eigen vermogen van ten minste € 453 800 maar minder dan € 4 538 000; Factor: 2;
Categorie III: beleggingsmaatschappijen, beleggingsfondsen en bewaarders met een eigen vermogen van ten minste € 4 538 000 maar minder dan € 45 378 000; Factor: 3;
Categorie IV: beleggingsmaatschappijen, beleggingsfondsen en bewaarders met een eigen vermogen van ten minste € 45 378 000 maar minder dan € 453 780 000; Factor: 4;
Categorie V: beleggingsmaatschappijen, beleggingsfondsen en bewaarders met een eigen vermogen van ten minste € 453 780 000; Factor: 5.

– 2. De boete wordt vastgesteld door het bedrag, bedoeld in artikel 1, te vermenigvuldigen met de factor behorende bij de categorie naar eigen vermogen, bedoeld in het eerste lid.

– 3. Indien de gegevens omtrent het eigen vermogen niet aan Onze Minister beschikbaar zijn gesteld, kan Onze Minister aan degene aan wie de boete wordt opgelegd verzoeken deze gegevens binnen een door hem te stellen termijn te verstrekken. Indien de betrokkene niet binnen de gestelde termijn voldoet aan dit verzoek, is bij de vaststelling van de hoogte van de boete categorie V van toepassing.

1 In tabel 1 zijn die bepalingen genoemd die zich uitsluitend richten tot beleggingsinstellingen en bewaarders (natuurlijke personen, rechtspersonen en vennootschappen). In tabel 2 zijn die bepalingen opgesomd die zich in beginsel tot een ieder (al dan niet instellingen) richten.
2 Onder eigen vermogen wordt in dit verband verstaan:
– ingeval van rechtspersonen en vennootschappen zonder rechtspersoonlijkheid, voor zover dezen een jaarrekening opstellen: het eigen vermogen zoals dat blijkt uit de jaarrekening;
– in geval van vennootschappen zonder rechtspersoonlijkheid, voor zover dezen geen jaarrekening opstellen: het privévermogen van de gezamenlijke vennoten, zoals dat blijkt uit hun laatste aangifte voor de vermogensbelasting; en
– in geval van natuurlijke personen (eenmanszaken): het privévermogen zoals dat blijkt uit zijn laatste aangifte voor de vermogensbelasting.

24 Wet toezicht beleggingsinstellingen

Art. 3

Op grond van artikel 33*f*, tweede lid, behoeft de betrokkene niet in de gelegenheid te worden gesteld om naar keuze schriftelijk of mondeling zijn zienswijze naar voren te brengen voordat de boete wordt opgelegd, indien het een overtreding betreft waarvoor tariefnummer 1 of 2 is vastgesteld.

Tabel 1.

Overtreding van voorschriften, gesteld bij artikel:	Tariefnummer:
8	3
10	4
11, eerste lid	4
13, eerste lid	1
14, tweede lid	3
16, derde lid	4
16, vierde lid	3
17, eerste lid	1
17, tweede lid	1
17, derde lid	3
17, vijfde lid	4
17, zesde lid	3
17, zevende lid	4
21	4
22, tweede lid	4
23	2

Tabel 2.

Overtreding van voorschriften, gesteld bij artikel:	Tariefnummer:
4, eerste lid	5
12, vierde lid	3
12, vijfde lid	3
19, tweede lid	3
19, derde lid	3
19, vierde lid	3
20	3
27*b*, tweede lid	3
27*b*, derde lid	3
27*c*, tweede lid	3

24 Wet toezicht beleggingsinstellingen

**Wet van 29 november 1996, Stb. 629, houdende het opnieuw vaststellen van de Wet mel-
ding zeggenschap in ter beurze genoteerde vennootschappen in verband met het verbeteren van de werking van deze wet, zoals deze wet is gewijzigd bij de Wetten van 28 oktober
1999, Stb. 509, 27 september 2001, Stb. 481, 6 december 2001, Stb. 584, 12 december 2001,
Stb. 2002, 21, 18 april 2002, Stb. 225**

[Inwerkingtreding: 01-06-1997]

Wij Beatrix, bij de gratie Gods, Koningin der Nederlanden, Prinses van Oranje-Nassau, enz. enz.
enz.

Allen, die deze zullen zien of horen lezen, saluut! doen te weten:

Alzo Wij in overweging genomen hebben, dat het wenselijk is de Wet melding zeggenschap in
ter beurze genoteerde vennootschappen opnieuw vast te stellen in verband met het verbeteren
van de werking van deze wet;

Zo is het, dat Wij, de Raad van State gehoord, en met gemeen overleg der Staten-Generaal,
hebben goedgevonden en verstaan, gelijk Wij goedvinden en verstaan bij deze:

HOOFDSTUK I

Algemene bepaling
Art. 1

– 1. In deze wet en de daarop berustende bepalingen wordt, voor zover niet anders is bepaald, **Definities**
verstaan onder:

a. vennootschap: een naamloze vennootschap naar Nederlands recht waarvan aandelen zijn
toegelaten tot de officiële notering aan een in een lid-staat van de Europese Unie gelegen en
werkzame effectenbeurs;

b. Onze Minister: Onze Minister van Financiën;

c. bandbreedtes: 0 tot 5, 5 tot 10, 10 tot 25, 25 tot 50, 50 tot 662/3 en 662/3 procent of meer, met
dien verstande dat ten aanzien van een vennootschap als bedoeld in artikel 76a van boek 2 van
het Burgerlijk Wetboek 0 tot 25, 25 tot 50, 50 tot 662/3 en 662/3 procent of meer als bandbreedtes worden aangemerkt;

d. dochtermaatschappij: een dochtermaatschappij als bedoeld in artikel 24a van boek 2 van
het Burgerlijk Wetboek of een rechtspersoon of vennootschap waarin de rechten en bevoegdheden als bedoeld in artikel 24a van boek 2 van het Burgerlijk Wetboek kunnen worden uitgeoefend door een natuurlijk persoon;

e. een met een vennootschap gelieerde vennootschap: iedere vennootschap als bedoeld in onderdeel *a*

1°. waarmee de vennootschap in een groep is verbonden of waarin de vennootschap een deelneming heeft als bedoeld in artikel 24c van boek 2 van het Burgerlijk Wetboek, indien de meest
recente vastgestelde omzet van die vennootschap tenminste 10% van de geconsolideerde omzet van de vennootschap bedraagt, of

2°. die meer dan 25% van het kapitaal van de vennootschap rechtstreeks of middellijk verschaft.

– 2. Voor de toepassing van deze wet en de daarop berustende bepalingen wordt met een
lid-staat van de Europese Unie gelijkgesteld een staat, niet zijnde een lid-staat van de Europese
Unie, die partij is bij de Overeenkomst betreffende de Europese Economische Ruimte.

– 3. In deze wet en de daarop berustende bepalingen wordt, voor zover niet anders is bepaald,
mede verstaan onder:

a. aandelen: certificaten van aandelen en rechten ingevolge een overeenkomst tot verkrijging
van aandelen of certificaten van aandelen;

b. stemmen: rechten ingevolge een overeenkomst op verkrijging van stemmen.

– 4. Het derde lid is niet van toepassing bij het bepalen van het aantal aandelen in het geplaatste kapitaal van een vennootschap en het aantal stemmen dat op het geplaatste kapitaal
van een vennootschap kan worden uitgebracht.

HOOFDSTUK II

De melding en de openbaarmaking
Art. 2

Melding bij andere bandbreedte

– 1. Een ieder die de beschikking krijgt of verliest over aandelen in het kapitaal van een vennootschap waardoor, naar hij weet of behoort te weten, het percentage van de aandelen waarover hij beschikt in een andere bandbreedte valt dan het percentage waarover hij onmiddellijk voordien beschikte, meldt dat onverwijld aan de vennootschap en aan Onze Minister.

– 2. Een ieder die de beschikking krijgt of verliest over stemmen die op het geplaatste kapitaal van een vennootschap kunnen worden uitgebracht waardoor, naar hij weet of behoort te weten, het percentage van de stemmen waarover hij beschikt in een andere bandbreedte valt dan het percentage waarover hij onmiddellijk voordien beschikte, meldt dat onverwijld aan de vennootschap en aan Onze Minister.

Art. 2a

Melding aandelen- en stemmenbezit eigen beursvennootschap

– 1. Iedere bestuurder en commissaris van een vennootschap meldt aan de vennootschap en aan Onze Minister het aantal aandelen in het kapitaal van de vennootschap en in het kapitaal van de met de vennootschap gelieerde vennootschappen waarover hij beschikt, alsmede het aantal stemmen dat hij op het geplaatste kapitaal van de vennootschap en op het geplaatste kapitaal van de met de vennootschap gelieerde vennootschappen kan uitbrengen. Deze meldingen worden gedaan binnen twee weken na de aanwijzing of benoeming als bestuurder of commissaris.

– 2. Iedere bestuurder en commissaris van een naamloze vennootschap naar Nederlands recht meldt, indien deze vennootschap een vennootschap wordt in de zin van artikel 1, onderdeel a, onverwijld aan de vennootschap en aan Onze Minister:

a. het aantal aandelen in het kapitaal van de vennootschap waarover hij beschikt en het aantal stemmen dat hij op het geplaatste kapitaal van de vennootschap kan uitbrengen; en

b. het aantal aandelen in het kapitaal van de met de vennootschap gelieerde vennootschappen waarover hij beschikt alsmede het aantal stemmen dat hij op het geplaatste kapitaal van die vennootschappen kan uitbrengen.

– 3. Iedere bestuurder en commissaris van een vennootschap meldt, indien een andere naamloze vennootschap naar Nederlands recht een met de vennootschap gelieerde vennootschap wordt in de zin van artikel 1, onderdeel e, onverwijld aan de vennootschap en aan Onze Minister het aantal aandelen in het kapitaal van de met de vennootschap gelieerde vennootschap waarover hij beschikt alsmede het aantal stemmen dat hij op het geplaatste kapitaal van die vennootschap kan uitbrengen.

– 4. Iedere bestuurder en commissaris van een vennootschap meldt onverwijld aan de vennootschap en aan Onze Minister iedere wijziging in het aantal aandelen in het kapitaal van de vennootschap en in het kapitaal van de met de vennootschap gelieerde vennootschappen waarover hij beschikt.

– 5. Iedere bestuurder en commissaris van een vennootschap meldt onverwijld aan de vennootschap en aan Onze Minister iedere wijziging in het aantal stemmen waarover hij beschikt dat op het geplaatste kapitaal van de vennootschap en op het geplaatste kapitaal van de met de vennootschap gelieerde vennootschap kan worden uitgebracht.

– 6. Een vennootschap meldt het feit dat een bestuurder of commissaris niet langer in functie is onverwijld aan Onze Minister.

– 7. Indien een bestuurder van een vennootschap rechtspersoon is, zijn de bepalingen van dit artikel van overeenkomstige toepassing op de natuurlijke personen die het dagelijks beleid van deze rechtspersoon bepalen, alsmede op de natuurlijke personen die het toezicht houden op het beleid van het bestuur en de algemene gang van zaken in deze rechtspersoon.

Art. 3

Melding bij officiële beursnotering

– 1. Een ieder die op het tijdstip waarop de aandelen van een naamloze vennootschap naar Nederlands recht worden toegelaten tot de officiële notering aan een in een lid-staat van de Europese Unie gelegen en werkzame effectenbeurs, beschikt over aandelen in het kapitaal van die vennootschap of over stemmen die op het geplaatste kapitaal van die vennootschap kunnen worden uitgebracht, meldt dat binnen vier weken na de toelating tot de officiële notering terzelfder tijd aan de vennootschap en aan Onze Minister.

– 2. Het eerste lid is niet van toepassing indien degene die beschikt over aandelen of stemmen, beschikt over minder dan 5 procent van het geplaatste kapitaal of van de stemmen die op dat kapitaal kunnen worden uitgebracht, dan wel meende en mocht menen dat dit het geval was.

Art. 4

– 1. Iemand beschikt over de aandelen in het kapitaal van een vennootschap die hij zelf houdt. Hij beschikt over de stemmen die hij kan uitoefenen als houder van aandelen of als pandhouder of vruchtgebruiker daarvan.

– 2. Iemand wordt geacht te beschikken over de aandelen en de stemmen waarover een dochtermaatschappij beschikt.

– 3. Iemand wordt geacht te beschikken over de aandelen die worden gehouden en de stemmen die als aandeelhouder, pandhouder of vruchtgebruiker kunnen worden uitgeoefend door een derde die de aandelen of stemmen voor zijn rekening houdt of door een derde met wie hij een overeenkomst heeft gesloten die voorziet in een duurzaam gemeenschappelijk beleid inzake de uitoefening van het stemrecht.

– 4. Aandelen en stemmen in een gemeenschap worden in evenredigheid van hun gerechtigdheid toegerekend aan de deelgenoten.

Art. 5

– 1. Voor de toepassing van de artikelen 2, 3 en 4 blijven gedurende drie maanden na de verkrijging buiten beschouwing aandelen en stemmen die in de regelmatige uitoefening van een beroep of bedrijf worden gehouden door:

a. instellingen waarop ingevolge een vergunning of een vrijstelling als bedoeld in artikel 7, tweede lid, onderdeel *h*, *i* of *j*, van de Wet toezicht effectenverkeer 1995 het verbod, bedoeld in artikel 7, eerste lid, van die wet, niet van toepassing is;

b. instellingen die in een andere lid-staat zijn gevestigd en van de toezichthoudende autoriteit van die andere lid-staat een vergunning hebben verkregen als bedoeld in artikel 3, eerste lid, eerste volzin, van richtlijn nr. 93/22/EEG van de Raad van de Europese Gemeenschappen van 10 mei 1993 betreffende het verrichten van diensten op het gebied van beleggingen in effecten (*PbEG* L 141);

c. kredietinstellingen die in een andere lid-staat zijn gevestigd en van de toezichthoudende autoriteit van die andere lid-staat een vergunning hebben verkregen als bedoeld in artikel 1, onder 2, van Richtlijn nr. 2000/12/EG van het Europees Parlement en de Raad van de Europese Unie van 20 maart 2000 betreffende de toegang tot en de uitoefening van de werkzaamheden van kredietinstellingen (*PbEG* L 126), voor zover het aan die instellingen ingevolge die vergunning is toegestaan een of meer van de beleggingsdiensten, genoemd in deel A van de bijlage bij de onder *b* genoemde richtlijn, uit te oefenen; en

d. in een andere lid-staat gevestigde financiële instellingen als bedoeld in artikel 1, onder 5, van Richtlijn nr. 2000/12/EG van het Europees Parlement en de Raad van de Europese Unie van 20 maart 2000 betreffende de toegang tot en de uitoefening van de werkzaamheden van kredietinstellingen (*PbEG* L 126), voor zover het aan die instellingen is toegestaan een of meer van de beleggingsdiensten, genoemd in deel A van de bijlage bij de onder *b* genoemde richtlijn, uit te oefenen,

mits die aandelen of stemmen niet worden aangewend om zeggenschap uit te oefenen.

– 2. Voor de toepassing van de artikelen 2, 3 en 4 blijven voorts buiten beschouwing aandelen en stemmen die in de regelmatige uitoefening van het effectenbewaarbedrijf worden gehouden, mits die aandelen of stemmen door de betrokken bewaarder niet kunnen worden aangewend om zeggenschap uit te oefenen.

– 3. Indien de betrokkene de aandelen of stemmen nog houdt op het tijdstip waarop het eerste of tweede lid ophoudt van toepassing te zijn, wordt hij geacht hierover op dat tijdstip de beschikking te hebben verkregen.

Art. 6

– 1. Een melding als bedoeld in de artikelen 2 en 3 geschiedt op door Onze Minister te bepalen wijze en bevat de volgende gegevens:

a. naam van de meldingsplichtige;

b. adres en woonplaats van de meldingsplichtige;

c. naam van de vennootschap;

d. percentage aandelen in het kapitaal en percentage stemmen dat op het geplaatste kapitaal kan worden uitgebracht, waarover de meldingsplichtige beschikt;

e. overeenkomstig door Onze Minister te stellen regels, de samenstelling van de onder *c* bedoelde percentages;

f. datum waarop de meldingsplicht is ontstaan.

– 2. Een dochtermaatschappij van een natuurlijk persoon of van een rechtspersoon doet geen melding, indien de melding voor haar door de natuurlijke persoon onderscheidenlijk de rechtspersoon is gedaan.

Art. 6a

Een melding als bedoeld in artikel 2*a*, eerste tot en met derde lid, geschiedt op door Onze Minister te bepalen wijze en bevat de volgende gegevens:

25 Wet melding zeggenschap genoteerde venn. 1996

a. naam van de meldingsplichtige;
b. adres en woonplaats van de meldingsplichtige;
c. de datum waarop de meldingsplicht is ontstaan;
d. het aantal aandelen in het kapitaal van de vennootschap of in het kapitaal van de met de vennootschap gelieerde vennootschappen en het aantal stemmen dat op het geplaatste kapitaal van de vennootschap of op het geplaatste kapitaal van de met de vennootschap gelieerde vennootschappen kan worden uitgebracht, waarover de meldingsplichtige beschikt op de datum waarop de meldingsplicht is ontstaan;
e. de naam van de vennootschap of van de met de vennootschap gelieerde vennootschappen.

Art. 6b

Vereisten melding wijziging aandelen en stemmen

Een melding als bedoeld in artikel 2*a*, vierde of vijfde lid, geschiedt op door Onze Minister te bepalen wijze en bevat de volgende gegevens:
a. naam van de meldingsplichtige;
b. adres en woonplaats van de meldingsplichtige;
c. de datum waarop de meldingsplicht is ontstaan;
d. het aantal aandelen, de verkoop- dan wel de verkrijgingsprijs van de aandelen, de soort aandelen en het aantal stemmen waarop de wijziging betrekking had;
e. het aantal aandelen in het kapitaal van de vennootschap of in het kapitaal van de met de vennootschap gelieerde vennootschappen, alsmede het aantal stemmen dat op het geplaatste kapitaal van de vennootschap of op het geplaatste kapitaal van de met de vennootschap gelieerde vennootschappen kan worden uitgebracht waarover de meldingsplichtige voorafgaande aan de wijziging de beschikking had;
f. het aantal aandelen in het kapitaal van de vennootschap of in het kapitaal van de met de vennootschap gelieerde vennootschappen, alsmede het aantal stemmen dat op het geplaatste kapitaal van de vennootschap of op het geplaatste kapitaal van de met de vennootschap gelieerde vennootschappen kan worden uitgebracht waarover de meldingsplichtige na de wijziging beschikt;
g. de naam van de vennootschap of van de met de vennootschap gelieerde vennootschappen;
h. indien van toepassing: het feit dat de wijziging voortvloeit uit een transactie die is verricht door een gevolmachtigde aan wie door middel van een schriftelijke overeenkomst van lastgeving het vrije beheer van de effectenportefeuille door de meldingsplichtige is overgedragen.

Art. 7

Mededeling melding

– 1. Onverwijld nadat Onze Minister een melding als bedoeld in de artikelen 2 en 3 heeft ontvangen, doet hij daarvan mededeling aan de betrokken vennootschap.
– 2. Na tenminste vijf kalenderdagen doch uiterlijk binnen negen kalenderdagen nadat Onze Minister een melding als bedoeld in de artikelen 2 en 3 heeft ontvangen, maakt hij de in artikel 6, eerste lid, genoemde gegevens, met uitzondering van de gegevens genoemd onder *b* voor zover deze betrekking hebben op natuurlijke personen, openbaar in elke lid-staat van de Europese Unie waar aandelen van de vennootschap zijn toegelaten tot de officiële notering aan een in die lid-staat gelegen en werkzame effectenbeurs. De openbaarmaking geschiedt door een publicatie in een in de betrokken lid-staat landelijk verspreid dagblad. Indien de vennootschap vóór de vijfde kalenderdag, bedoeld in de eerste volzin, schriftelijk aan Onze Minister heeft meegedeeld dat zij geen verzoek als bedoeld in het derde lid zal doen, maakt Onze Minister de in artikel 6, eerste lid, genoemde gegevens, met uitzondering van de gegevens genoemd onder *b* voor zover deze betrekking hebben op natuurlijke personen, openbaar binnen vier kalenderdagen na ontvangst van de mededeling van de vennootschap.
– 3. Onze Minister kan de openbaarmaking op schriftelijk verzoek van de vennootschap achterwege laten, indien naar zijn oordeel de openbaarmaking in strijd zou zijn met het algemeen belang dan wel indien de vennootschap daardoor ernstig nadeel zou kunnen ondervinden en het achterwege blijven van de openbaarmaking niet kan leiden tot misleiding van het publiek met betrekking tot feiten en omstandigheden die voor de beoordeling van de door de vennootschap uitgegeven aandelen van wezenlijk belang zijn. Indien toepassing is gegeven aan artikel 11, eerste lid, hoort Onze Minister, voordat hij op het verzoek beslist, de in dat artikel bedoelde rechtspersoon.
– 4. Het verzoek, bedoeld in het derde lid, wordt door de vennootschap gedaan binnen drie kalenderdagen na de ontvangst van de mededeling, bedoeld in het eerste lid. Onze Minister schort naar aanleiding van het verzoek de openbaarmaking op totdat hij op het verzoek heeft beslist. Indien Onze Minister het verzoek heeft afgewezen, maakt hij de in artikel 6, eerste lid, genoemde gegevens, met uitzondering van de gegevens genoemd onder *b* voor zover deze betrekking hebben op natuurlijke personen, niet eerder openbaar dan na tenminste vijf kalenderdagen nadat hij zijn beslissing aan de vennootschap heeft bekendgemaakt.

25 Wet melding zeggenschap genoteerde venn. 1996

Art. 7a

De gegevens die zijn verstrekt op grond van artikel 2a worden, met uitzondering van de gegevens bedoeld in artikel 6a, onder b, en 6b, onder b, opgenomen in een register. Onze Minister houdt het register voor een ieder ter inzage.

Register

Art. 8

– 1. Indien Onze Minister vermoedt dat een melding is gedaan die onjuist is, kan hij terzake een onderzoek instellen of doen instellen. Indien dit vermoeden bestaat bij de vennootschap waaraan een melding is gedaan, deelt zij dit onverwijld aan Onze Minister mee, met het verzoek terzake een onderzoek in te stellen of te doen instellen.

– 2. Onze Minister kan de openbaarmaking van de melding voor de duur van het onderzoek opschorten. Hij stelt de vennootschap van een opschorting in kennis.

– 3. Degene die de melding heeft gedaan, verstrekt desgevraagd aan Onze Minister, binnen een door de Minister te stellen termijn, de gegevens op grond waarvan de melding is gedaan.

– 4. Onze Minister kan een ieder die een melding heeft gedaan in de gelegenheid stellen de melding te herstellen.

– 5. Indien een melding naar het oordeel van Onze Minister onjuist is en de melding niet is hersteld, kan hij in plaats van de gemelde gegevens de juiste gegevens openbaar maken, nadat hij daarvan aan de betrokken vennootschap mededeling heeft gedaan. Artikel 7, derde en vierde lid, is van overeenkomstige toepassing.

Openbaarmaking melding

Art. 9

– 1. Indien een melding waartoe deze wet verplicht niet overeenkomstig deze wet is gedaan, kan de rechtbank van de plaats waar de betrokken vennootschap is gevestigd, op vordering van degene die krachtens het tweede lid daartoe bevoegd is, de in het vierde lid genoemde maatregelen treffen.

– 2. Tot het instellen van een vordering zijn bevoegd:
a. een of meer houders van aandelen in het kapitaal van de vennootschap die alleen of gezamenlijk ten minste een twintigste gedeelte van het geplaatste kapitaal vertegenwoordigen;
b. de vennootschap.

– 3. De bevoegdheid om de vordering in te stellen vervalt door verloop van drie maanden vanaf de dag waarop degene die bevoegd is de vordering in te stellen van de overtreding kennis heeft genomen of heeft kunnen nemen.

– 4. De maatregelen, bedoeld in het eerste lid, zijn:
a. veroordeling van de meldingsplichtige tot melding overeenkomstig deze wet;
b. schorsing van de uitoefening van de stemmen waarover de meldingsplichtige beschikt gedurende een door de rechtbank te bepalen periode van ten hoogste drie jaren;
c. schorsing van een besluit van de algemene vergadering van aandeelhouders van de vennootschap totdat over een maatregel als bedoeld in onderdeel d onherroepelijk is beslist;
d. vernietiging van een besluit van de algemene vergadering van aandeelhouders van de vennootschap voor zover aannemelijk is dat dit besluit niet zou zijn genomen indien de stemmen waarover de meldingsplichtige beschikt niet zouden zijn uitgeoefend;
e. een bevel aan de meldingsplichtige om zich gedurende een door de rechtbank te bepalen periode van ten hoogste vijf jaren te onthouden van het verkrijgen van de beschikking over aandelen in het kapitaal van de vennootschap of van stemmen die op het geplaatste kapitaal van die vennootschap kunnen worden uitgebracht.

– 5. Een maatregel als bedoeld in het vierde lid, onderdelen b en e, geldt niet voor aandelen die ten titel van beheer worden gehouden door een ander dan de meldingsplichtige, tenzij de meldingsplichtige bevoegd is om zich die aandelen te verschaffen of te bepalen hoe de daaraan verbonden stemmen worden uitgeoefend.

– 6. De rechtbank regelt zo nodig de gevolgen van de door haar getroffen maatregelen.

– 7. De rechtbank kan op vordering van degene die de oorspronkelijke vordering heeft ingesteld of van degene tegen wie de maatregel is gericht de periode, bedoeld in het vierde lid, onderdelen b en e, verkorten.

– 8. Een maatregel als bedoeld in het vierde lid, onderdeel d, kan niet uitvoerbaar bij voorraad worden verklaard.

– 9. Indien de vordering, bedoeld in het eerste lid, betrekking heeft op aandelen die niet door de meldingsplichtige zelf worden gehouden of op stemmen die hij niet zelf als aandeelhouder, pandhouder of vruchtgebruiker kan uitoefenen, roept de eiser de desbetreffende houder, pandhouder of vruchtgebruiker in het geding op, zo die aan de eiser bekend is.

– 10. Een onmiddellijke voorziening bij voorraad kan slechts worden gevorderd bij de voorzieningenrechter van de rechtbank die op grond van het eerste lid bevoegd is. De vordering kan slechts betrekking hebben op de maatregelen, bedoeld in het vierde lid, onderdelen a, b, c en e. Het vijfde en negende lid zijn van overeenkomstige toepassing.

Vermoeden onjuiste melding

Maatregelen

HOOFDSTUK III

Bijzondere bepalingen
Art. 10

– 1. Onze Minister is bevoegd gegevens en inlichtingen die hij ingevolge de toepassing van deze wet heeft verkregen, uit te wisselen met buitenlandse bevoegde autoriteiten, mits deze gehouden zijn tot geheimhouding van de ontvangen gegevens of inlichtingen.

– 2. Indien Onze Minister gegevens of inlichtingen heeft verkregen van een buitenlandse bevoegde autoriteit mag hij deze uitsluitend gebruiken voor de toepassing van deze wet.

Art. 11

– 1. Met uitzondering van de bevoegdheid, bedoeld in artikel 7, derde lid, om de openbaarmaking van een melding achterwege te laten om redenen van algemeen belang, van de bevoegdheid, bedoeld in artikel 12, om regels te stellen voor het verhaal van kosten, van de bevoegdheid, bedoeld in artikel 13a, derde lid, om regels te stellen ter zake van het opleggen van een last onder dwangsom, van de bevoegdheid, bedoeld in artikel 13b, derde lid, om regels te stellen ter zake van het opleggen van een bestuurlijke boete, en van de bevoegdheid, bedoeld in artikel 13l, tweede lid, om regels te stellen ter zake van het ter openbare kennis brengen van bepaalde gegevens, kunnen taken en bevoegdheden die Onze Minister op grond van deze wet heeft bij algemene maatregel van bestuur worden overgedragen aan een rechtspersoon.

– 2. Een overdracht vindt slechts plaats indien de betrokken rechtspersoon aan de volgende eisen voldoet:

a. hij dient in staat te zijn de overgedragen taken en bevoegdheden naar behoren uit te oefenen; en

b. de voorwaarden dienen aanwezig te zijn voor een zodanige besluitvorming binnen de betrokken rechtspersoon dat een onafhankelijke uitoefening van de overgedragen taken en bevoegdheden zoveel mogelijk is gewaarborgd.

– 3. Aan de overdracht kunnen beperkingen worden gesteld en voorschriften worden verbonden.

– 4. De rechtspersoon brengt eenmaal per jaar, uiterlijk op 1 mei, verslag uit aan Onze Minister over de uitoefening van de overgedragen taken en bevoegdheden in het voorgaande kalenderjaar. Dit verslag wordt door de zorg van Onze Minister openbaar gemaakt, met dien verstande dat gegevens met betrekking tot afzonderlijke vennootschappen en degenen op wie een meldingsplicht rust niet openbaar worden gemaakt, tenzij het gaat om gegevens die ingevolge artikel 7, tweede of vierde lid, of artikel 8, vijfde lid, reeds openbaar zijn gemaakt.

Art. 12

Onze Minister is bevoegd de kosten die voor de uitvoering van deze wet worden gemaakt op de vennootschappen en op degenen op wie een meldingsplicht rust volgens door hem te stellen regels te verhalen.

HOOFDSTUK IV

Beroep
Art. 13

In afwijking van artikel 8:7 van de Algemene wet bestuursrecht is voor beroepen tegen besluiten op grond van deze wet de rechtbank te Rotterdam bevoegd.

HOOFDSTUK IV A

Dwangsom en bestuurlijke boete
Art. 13a

– 1. Onze Minister kan een last onder dwangsom opleggen ter zake van overtreding van voorschriften gesteld, bij of krachtens artikel 8, derde en vierde lid.

– 2. De artikelen 5:32, tweede tot en met vijfde lid, en 5:33 tot en met 5:35 van de Algemene wet bestuursrecht zijn van toepassing.

– 3. Onze Minister kan regels stellen ter zake van de uitoefening van de bevoegdheid bedoeld in het eerste lid.

Art. 13b

– 1. Onze Minister kan een bestuurlijke boete opleggen ter zake van overtreding van voorschriften, gesteld bij of krachtens de artikelen 2, eerste en tweede lid, 2a, 3, eerste lid, 6, eerste lid, 6a, 6b, 8, eerste lid, tweede volzin, derde en vierde lid en 14, tweede lid.

– 2. De bestuurlijke boete komt toe aan de staat. Voor zover Onze Minister met toepassing van artikel 11, eerste lid, de bevoegdheid tot het opleggen van een bestuurlijke boete overdraagt aan een rechtspersoon, komt de boete toe aan die rechtspersoon.

– 3. Onze Minister, in overeenstemming met Onze Minister van Justitie, kan regels stellen ter zake van de uitoefening van de bevoegdheid bedoeld in het eerste lid.

Art. 13c

– 1. Het bedrag van de boete wordt bepaald op de wijze als voorzien in de bijlage, met dien verstande dat de boete voor een afzonderlijke overtreding ten hoogste € 900 000 bedraagt. **Bedrag boete**

– 2. De bijlage bepaalt bij elke daarin omschreven overtreding het bedrag van de deswege op te leggen boete.

– 3. De bijlage kan bij algemene maatregel van bestuur worden gewijzigd.

– 4. Onze Minister kan het bedrag van de boete lager stellen dan in de bijlage is bepaald, indien het bedrag van de boete in een bepaald geval op grond van bijzondere omstandigheden onevenredig hoog is. **Verlaging i.v.m. bijzondere omstandigheden**

Art. 13d

Degene jegens wie door Onze Minister een handeling is verricht waaraan hij in redelijkheid de gevolgtrekking kan verbinden dat hem wegens een overtreding een boete zal worden opgelegd, is niet verplicht ter zake daarvan enige verklaring af te leggen. Hij wordt hiervan in kennis gesteld alvorens hem mondeling om informatie wordt gevraagd. **Zwijgplicht**

Art. 13e

– 1. Indien Onze Minister voornemens is een boete op te leggen, geeft hij de betrokkene daarvan kennis onder vermelding van de gronden waarop het voornemen berust. **Kennisgeving boete**

– 2. In afwijking van afdeling 4.1.2 van de Algemene wet bestuursrecht, stelt Onze Minister de betrokkene in de gelegenheid om naar keuze schriftelijk of mondeling zijn zienswijze naar voren te brengen voordat de boete wordt opgelegd, tenzij het een overtreding betreft die in de bijlage, bedoeld in artikel 13c, is aangewezen.

Art. 13f

– 1. Onze Minister legt de boete op bij beschikking. **Beschikking**

– 2. De beschikking vermeldt in ieder geval:

a. het feit ter zake waarvan de boete wordt opgelegd, alsmede het overtreden voorschrift;

b. het bedrag van de boete en de gegevens op basis waarvan dit bedrag is bepaald; en;

c. de termijn, bedoeld in artikel 13h, eerste lid, waarbinnen de boete moet worden betaald.

Art. 13g

– 1. De werking van de beschikking tot oplegging van een boete wordt opgeschort totdat de beroepstermijn is verstreken of, indien beroep is ingesteld, op het beroep is beslist. **Opschorting**

– 2. In afwijking van het eerste lid wordt de werking van de beschikking tot oplegging van een boete voor een overtreding die op grond van artikel 13e, tweede lid, is aangewezen, opgeschort totdat de bezwaartermijn is verstreken of, indien bezwaar is gemaakt, op het bezwaar is beslist.

Art. 13h

– 1. De boete wordt betaald binnen zes weken na de inwerkingtreding van de beschikking waarbij zij is opgelegd. **Betaling boete**

– 2. De boete wordt vermeerderd met de wettelijke rente, te rekenen vanaf de dag waarop sedert de bekendmaking van de beschikking zes weken zijn verstreken, tenzij het een overtreding betreft die op grond van artikel 13e, tweede lid, is aangewezen.

– 3. Indien de boete niet tijdig is betaald, stuurt Onze Minister schriftelijk een aanmaning om binnen twee weken de boete, verhoogd met de kosten van de aanmaning, alsnog te betalen. De aanmaning bevat de aanzegging, dat de boete, voor zover deze niet binnen de gestelde termijn wordt betaald, overeenkomstig het derde lid zal worden ingevorderd.

– 4. Bij gebreke van tijdige betaling kan Onze Minister de boete, verhoogd met de kosten van de aanmaning en van de invordering, bij dwangbevel invorderen. **Dwangbevel**

– 5. Het dwangbevel wordt op kosten van de overtreder bij deurwaardersexploit betekend en levert een executoriale titel op in de zin van het Tweede Boek van het Wetboek van Burgerlijke Rechtsvordering.

– 6. Gedurende zes weken na de dag van betekening staat verzet tegen het dwangbevel open door dagvaarding van de rechtspersoon die de boete heeft opgelegd. **Verzet**

– 7. Het verzet schorst de tenuitvoerlegging niet, tenzij de voorzieningenrechter van de rechtbank in kort geding desgevraagd anders beslist.

– 8. Het verzet kan niet worden gegrond op de stelling dat de boete ten onrechte of op een te hoog bedrag is vastgesteld.

Art. 13i

– 1. De bevoegdheid een boete op te leggen vervalt indien ter zake van de overtreding een strafvervolging is ingesteld en het onderzoek ter terechtzitting een aanvang heeft genomen, dan wel het recht tot strafvordering is vervallen ingevolge artikel 74 van het Wetboek van Strafrecht. **Strafvervolging**

– 2. Het recht tot strafvervolging met betrekking tot een overtreding als bedoeld in artikel 48c vervalt, indien Onze Minister ter zake van die overtreding reeds een boete heeft opgelegd.

25 Wet melding zeggenschap genoteerde venn. 1996

Art. 13j

– 1. De bevoegdheid een boete op te leggen vervalt drie jaren na de dag waarop de overtreding is begaan.

– 2. De termijn bedoeld in het eerste lid wordt gestuit door de bekendmaking van de beschikking waarbij een boete wordt opgelegd.

Art. 13k

De werkzaamheden in verband met het opleggen van een dwangsom of van een boete worden verricht door personen die niet betrokken zijn geweest bij het vaststellen van de overtreding en het daaraan voorafgaande onderzoek.

Art. 13l

– 1. Met het oog op een adequate werking van de financiële markten en de positie van de beleggers op die markten, kan Onze Minister, het feit ter zake waarvan de last onder dwangsom of de bestuurlijke boete is opgelegd, het overtreden voorschrift, alsmede de naam, het adres en de woonplaats van degene aan wie de last onder dwangsom of de bestuurlijke boete is opgelegd, ter openbare kennis brengen.

– 2. Onze Minister kan regels stellen ter zake van de uitoefening van de bevoegdheid bedoeld in het eerste lid.

HOOFDSTUK V

Overgangs- en slotbepalingen
Art. 14

– 1. Voor de toepassing van dit artikel wordt als vennootschap beschouwd een naamloze vennootschap naar Nederlands recht waarvan de toelating van aandelen tot de officiële notering aan een in een van de lid-staten van de Europese Unie gelegen en werkzame effectenbeurs heeft plaatsgevonden in de periode die ligt tussen 31 januari 1992 en het tijdstip van inwerkingtreding van deze wet.

– 2. Een ieder die op het tijdstip van inwerkingtreding van deze wet beschikt over aandelen in het kapitaal van een vennootschap of over stemmen die op het geplaatste kapitaal van die vennootschap kunnen worden uitgebracht, is verplicht binnen vier weken na dat tijdstip aan de vennootschap en terzelfder tijd aan Onze Minister een melding te doen, tenzij hij ter zake van deze zeggenschap eerder een melding heeft gedaan overeenkomstig de Wet melding zeggenschap in ter beurze genoteerde vennootschappen.

– 3. Het tweede lid is niet van toepassing indien degene die beschikt over aandelen of stemmen, beschikt over minder dan 5 procent van het geplaatste kapitaal of van de stemmen die op dat kapitaal kunnen worden uitgebracht, dan wel meende en mocht menen dat dit het geval was.

Art. 15

Bevat wijzigingen in andere regelgeving.

Art. 16

De Wet melding zeggenschap in ter beurze genoteerde vennootschappen wordt ingetrokken.

Art. 17

Deze wet treedt in werking op een bij koninklijk besluit te bepalen tijdstip.

Art. 18

Deze wet wordt aangehaald als: Wet melding zeggenschap in ter beurze genoteerde vennootschappen 1996.

BIJLAGE

(bedoeld in artikel 13c van de Wet melding zeggenschap in ter beurze genoteerde vennootschappen 1996)
Art. 1

Voor de onderstaande overtredingen, begaan na het tijdstip van inwerkingtreding van Hoofdstuk IV A van deze wet, zijn de boetebedragen vastgesteld als volgt:

Tariefnummer:	Bedrag (vast tarief):
1.	€ 453
2.	€ 907
3.	€ 5 445
4.	€ 21 781

Overtreding van voorschriften, gesteld bij of krachtens artikel:

	Tariefnummer:
2, eerste lid	4
2, tweede lid	4
2a, eerste tot en met vijfde lid, voor zover ten onrechte geen melding is gedaan, zesde en zevende lid	4
3, eerste lid	4
6, eerste lid, aanhef en onder *a* en *b*	4
6, eerste lid, aanhef en onder *c*, *d* en *e*	2
6a, aanhef en onder *a*, *b* en *e*	4
6a, aanhef en onder *c* en *d*	3
6b, aanhef en onder *a*, *b* en *g*	4
6b, aanhef en onder *c*, *d*, *e*, *f*, en *h*	3
8, eerste lid, tweede volzin	1
8, derde lid	2
8, vierde lid	2
14, tweede lid	4

Art. 2

Op grond van artikel 13*e*, tweede lid, behoeft de betrokkene niet in de gelegenheid te worden gesteld om naar keuze schriftelijk of mondeling zijn zienswijze naar voren te brengen voordat de boete wordt opgelegd, indien het een overtreding betreft waarvoor tariefnummer 1 of 2 is vastgesteld.

Wet van 17 december 1997, Stb. 699, houdende regels van internationaal privaatrecht met betrekking tot corporaties

[Inwerkingtreding: 01-01-1998]

Wij Beatrix, bij de gratie Gods, Koningin der Nederlanden, Prinses van Oranje-Nassau, enz. enz. enz.

Allen, die deze zullen zien of horen lezen, saluut! doen te weten:

Alzo Wij in overweging genomen hebben, dat het wenselijk is bij de wet regels te stellen houdende internationaal privaatrecht met betrekking tot corporaties;

Zo is het, dat Wij, de Raad van State gehoord, en met gemeen overleg der Staten-Generaal, hebben goedgevonden en verstaan, gelijk Wij goedvinden en verstaan bij deze:

Art. 1

In deze wet wordt verstaan onder   **Definities**

a. corporatie: vennootschappen, verenigingen, coöperaties, onderlinge waarborgmaatschappijen, stichtingen en andere als zelfstandige eenheid of organisatie naar buiten optredende lichamen en samenwerkingsverbanden;

b. functionaris: hij die, zonder orgaan te zijn, krachtens het op de corporatie toepasselijke recht en haar statuten of samenwerkingsovereenkomst bevoegd is deze te vertegenwoordigen.

Art. 2

Een corporatie die ingevolge de oprichtingsovereenkomst of akte van oprichting haar zetel of,   **Toepasselijk recht**
bij gebreke daarvan, haar centrum van optreden naar buiten ten tijde van de oprichting, heeft op het grondgebied van de Staat naar welks recht zij is opgericht, wordt beheerst door het recht van die Staat.

Art. 3

Het op een corporatie toepasselijke recht beheerst naast de oprichting in het bijzonder de vol-   **Reikwijdte**
gende onderwerpen: **toepasselijk recht**

a. het bezit van rechtspersoonlijkheid, of van de bevoegdheid drager te zijn van rechten en verplichtingen, rechtshandelingen te verrichten en in rechte op te treden;

b. het inwendig bestel van de corporatie en alle daarmee verband houdende onderwerpen;

c. de bevoegdheid van organen en functionarissen van de corporatie om haar te vertegenwoordigen;

d. de aansprakelijkheid van bestuurders, commissarissen en andere functionarissen als zodanig jegens de corporatie;

e. de vraag wie naast de corporatie, voor de handelingen waardoor de corporatie wordt verbonden aansprakelijk is uit hoofde van een bepaalde hoedanigheid zoals die van oprichter, vennoot, aandeelhouder, lid, bestuurder, commissaris of andere functionaris van de corporatie;

f. de beëindiging van het bestaan van de corporatie.

Art. 4

Indien een rechtspersoonlijkheid bezittende corporatie haar statutaire zetel verplaatst naar   **Toepasselijk recht**
een ander land en het recht van de Staat van de oorspronkelijke zetel en dat van de Staat van de   **bij zetelverplaat-**
nieuwe zetel op het tijdstip van de zetelverplaatsing het voortbestaan van de corporatie als   **sing**
rechtspersoon erkennen, wordt haar voortbestaan als rechtspersoon ook naar Nederlands recht erkend. Vanaf de zetelverplaatsing beheerst het recht van de Staat van de nieuwe zetel de in artikel 3 bedoelde onderwerpen, behoudens indien ingevolge dat recht daarop het recht van de Staat van de oorspronkelijke zetel van toepassing blijft.

Art. 5

– 1. In afwijking in zoverre van het in de artikelen 2 en 3 bepaalde zijn de artikelen 138 en 149   **Toepasselijk recht**
van boek 2 van het Burgerlijk Wetboek van toepassing dan wel van overeenkomstige toepas-   **bij faillissement**
sing op de aansprakelijkheid van bestuurders en commissarissen van een ingevolge artikel 2 of artikel 4 door buitenlands recht beheerste corporatie die in Nederland aan de heffing van vennootschapsbelasting onderworpen is, indien de corporatie in Nederland failliet wordt verklaard. Als bestuurders zijn eveneens aansprakelijk degenen die met de leiding van de in Nederland verrichte werkzaamheden zijn belast.

– 2. De rechtbank die het faillissement heeft uitgesproken is bevoegd tot de kennisneming van alle vorderingen uit hoofde van het bepaalde in het eerste lid.

Art. 6

Deze wet laat onverlet hetgeen bepaald is bij de Wet op de formeel buitenlandse vennoot-   **Uitzondering**
schappen.

Art. 7

De Wet van 25 juli 1959, *Stb.* 256 houdende uitvoering van het op 1 juni 1956 te 's-Gravenhage gesloten Verdrag nopens de erkenning van de rechtspersoonlijkheid van vreemde vennootschappen, verenigingen en stichtingen wordt hierbij ingetrokken.

Art. 8

Bevat wijzigingen in andere regelgeving.

Art. 9

Deze wet wordt aangehaald als: Wet conflictenrecht corporaties.

Art. 10

Deze wet treedt in werking op een bij koninklijk besluit te bepalen tijdstip.

26 Wet conflictenrecht corporaties

Wet van 17 december 1997, Stb. 697, houdende regels met betrekking tot naar buitenlands recht opgerichte, rechtspersoonlijkheid bezittende kapitaalvennootschappen die hun werkzaamheid geheel of nagenoeg geheel in Nederland verrichten en geen werkelijke band hebben met de staat naar welks recht zij zijn opgericht, zoals deze wet is gewijzigd bij de Wet van 28 januari 1999, Stb. 30

[Inwerkingtreding: 01-01-1998]

Wij Beatrix, bij de gratie Gods, Koningin der Nederlanden, Prinses van Oranje-Nassau, enz. enz. enz.

Allen, die deze zullen zien of horen lezen, saluut! doen te weten:

Alzo Wij in overweging genomen hebben, dat het wenselijk is bij de wet regels te stellen met betrekking tot naar buitenlands recht opgerichte, rechtspersoonlijkheid bezittende kapitaalvennootschappen die hun werkzaamheid geheel of nagenoeg geheel in Nederland verrichten en geen werkelijke band hebben met de staat naar welks recht zij zijn opgericht;

Zo is het, dat Wij, de Raad van State gehoord, en met gemeen overleg der Staten-Generaal, hebben goedgevonden en verstaan, gelijk Wij goedvinden en verstaan bij deze:

Art. 1

In deze wet wordt onder formeel buitenlandse vennootschap verstaan een naar een ander dan Nederlands recht opgerichte, rechtspersoonlijkheid bezittende kapitaalvennootschap die haar werkzaamheid geheel of nagenoeg geheel in Nederland verricht en voorts geen werkelijke band heeft met de staat waarbinnen het recht geldt waarnaar zij is opgericht. In dit artikel worden de landen van het Koninkrijk der Nederlanden als staat aangemerkt.

Definitie

Art. 2

– 1. De bestuurders van een formeel buitenlandse vennootschap zijn verplicht ter inschrijving in het handelsregister opgave te doen dat de vennootschap aan de omschrijving van artikel 1 voldoet en ten kantore van het handelsregister neer te leggen een in het Nederlands, Frans, Duits of Engels gesteld authentiek afschrift of een door een bestuurder gewaarmerkt afschrift van de akte van oprichting en van de statuten, indien deze in een afzonderlijke akte zijn opgenomen. Tevens zijn zij verplicht opgave ter inschrijving te doen van het register waarin en het nummer waaronder die vennootschap is ingeschreven en de datum van de eerste registratie. Voorts zijn zij verplicht opgave ter inschrijving te doen van de naam, persoonlijke gegevens, indien het een natuurlijk persoon betreft, en de woonplaats van de houder van alle aandelen in het kapitaal van de vennootschap of van een deelgenoot in een huwelijksgemeenschap of gemeenschap van een geregistreerd partnerschap waartoe alle aandelen in het kapitaal van de vennootschap behoren, de aandelen gehouden door de vennootschap of haar dochtermaatschappijen niet meegeteld. De bestuurders van een formeel buitenlandse vennootschap zijn verplicht iedere wijziging van hetgeen krachtens de wet in het Handelsregister is ingeschreven op te geven met vermelding van de dag waarop zij is ingegaan. Verrichtingen op grond van deze wet kunnen niet bij volmacht geschieden.

– 2. Het handelsregister, bedoeld in het eerste lid, is het handelsregister dat wordt gehouden door de Kamer van Koophandel en Fabrieken die overeenkomstig de artikelen 6 en 7 van de Handelsregisterwet 1996 bevoegd is.

Verplichte inschrijving

Art. 3

– 1. Alle geschriften, gedrukte stukken en aankondigingen, waarin een formeel buitenlandse vennootschap partij is of die van haar uitgaan, met uitzondering van telegrammen en reclames, moeten de volledige naam van de vennootschap, haar rechtsvorm, haar statutaire zetel en de plaats van vestiging van de aan haar toebehorende onderneming vermelden, alsmede, indien zij krachtens het op haar toepasselijke recht zijn ingeschreven in een register, het register waarin en het nummer waaronder de vennootschap is ingeschreven en de datum van de eerste registratie. Tevens moet zij vermelden onder welk nummer de vennootschap in het handelsregister is ingeschreven en dat de vennootschap een formeel buitenlandse vennootschap is. Het is verboden in de geschriften, stukken of aankondigingen een aanduiding te gebruiken die in strijd met de waarheid inhoudt dat de onderneming toebehoort aan een Nederlandse rechtspersoon.

– 2. Indien melding wordt gemaakt van het kapitaal van de vennootschap, moet in elk geval worden vermeld welk bedrag is geplaatst en hoeveel van het geplaatste bedrag is gestort.

– 3. Indien de vennootschap na haar ontbinding blijft voortbestaan, moet aan haar naam worden toegevoegd: in liquidatie.

Vermelding naam, rechtsvorm, woonplaats

Minimumkapitaal

– 1. Het geplaatste kapitaal van een formeel buitenlandse vennootschap en het gestorte deel daarvan moeten ten minste het bedrag belopen van het minimumkapitaal, bedoeld in artikel 178, tweede lid, van boek 2 van het Burgerlijk Wetboek, zoals dit bedrag luidt op het eerste tijdstip waarop de vennootschap aan de omschrijving van artikel 1 voldoet.

– 2. Op het eerste tijdstip waarop de vennootschap aan de omschrijving van artikel 1 voldoet, moet haar eigen vermogen ten minste het bedrag belopen van het minimumkapitaal als bedoeld in het eerste lid.

– 3. De bestuurders zijn verplicht tegelijk met de opgave als bedoeld in artikel 2, eerste lid, bij het in dat artikel bedoelde handelsregister een afschrift neer te leggen van een verklaring van een registeraccountant of een accountant-administratieconsulent, inhoudende dat de vennootschap voldoet aan het eerste en tweede lid. De tweede en derde zin van artikel 204a, tweede lid, van boek 2 van het Burgerlijk Wetboek zijn van overeenkomstige toepassing. De verklaring heeft op een tijdstip dat niet eerder ligt dan vijf maanden voor het eerste tijdstip waarop de vennootschap aan de omschrijving van artikel 1 voldoet.

– 4. De bestuurders zijn naast de vennootschap hoofdelijk aansprakelijk voor elke tijdens hun bestuur verrichte rechtshandeling waardoor de vennootschap wordt verbonden in het tijdvak voordat is voldaan aan artikel 2, eerste lid, en aan het eerste tot en met het derde lid van dit artikel, of in enig ander tijdvak gedurende hetwelk niet is voldaan aan het eerste lid of het eigen vermogen door uitkeringen aan aandeelhouders of inkoop van aandelen daalt onder het bedrag, bedoeld in het eerste lid.

Uitzondering

– 5. Het eerste tot en met vierde lid zijn niet van toepassing op een vennootschap waarop het recht van een der lid-staten van de Europese Unie of van een staat die partij is bij de Overeenkomst betreffende de Europese Economische Ruimte van 2 mei 1992 toepasselijk is en voorts van toepassing is de Tweede Richtlijn nr. 77/91/EEG van de Raad van de Europese Gemeenschappen van 13 december 1976 strekkende tot het coördineren van de waarborgen welke in de Lid-Staten worden verlangd van de vennootschappen in de zin van artikel 58, tweede alinea, van het Verdrag, om de belangen te beschermen zowel van de deelnemers in deze vennootschappen als van derden met betrekking tot de oprichting van de naamloze vennootschap, alsook de instandhouding en wijziging van haar kapitaal, zulks ten einde die waarborgen gelijkwaardig te maken (*PbEG* L 26).

Art. 5

Administratie; bewaren gegevens

– 1. Onverminderd het tweede lid is op een formeel buitenlandse vennootschap artikel 10 van boek 2 van het Burgerlijk Wetboek van overeenkomstige toepassing. De daarin bedoelde verplichtingen rusten op de bestuurders van de vennootschap.

Jaarrekening en -verslag

– 2. De bestuurders zijn verplicht jaarlijks binnen vijf maanden na afloop van het boekjaar, behoudens verlenging van deze termijn met ten hoogste zes maanden krachtens een bevoegd, op grond van bijzondere omstandigheden genomen besluit, een jaarrekening en een jaarverslag op te maken. Op de jaarrekening, het jaarverslag en de overige gegevens is titel 9 van boek 2 van het Burgerlijk Wetboek van overeenkomstige toepassing, met dien verstande dat de openbaarmaking ingevolge artikel 394 van dat boek geschiedt door nederlegging ten kantore van het handelsregister, bedoeld in artikel 2, tweede lid.

Uitzondering

– 3. Het tweede lid is niet van toepassing op een vennootschap waarop het recht van een der lid-staten van de Europese Unie of van een staat die partij is bij de Overeenkomst betreffende de Europese Economische Ruimte van 2 mei 1992 toepasselijk is en voorts van toepassing zijn de Vierde Richtlijn nr. 78/660/EEG van de Raad van de Europese Gemeenschappen van 25 juli 1978 op de grondslag van artikel 54, lid 3, sub g) van het Verdrag betreffende de jaarrekening van bepaalde vennootschapsvormen (*PbEG* L 222) en de Zevende Richtlijn nr. 83/349/EEG van de Raad van de Europese Gemeenschappen van 13 juni 1983 op de grondslag van artikel 54, lid 3, sub g) van het Verdrag betreffende de geconsolideerde jaarrekening (*PbEG* L 193).

– 4. De bestuurders zijn verplicht ieder kalenderjaar vóór 1 april van dat jaar ten kantore van het handelsregister neer te leggen een bewijs van inschrijving in het register waar de vennootschap krachtens het op haar toepasselijke recht moet zijn ingeschreven. Het bewijs mag niet eerder dan vier weken voor de datum van nederlegging zijn afgegeven.

Art. 6

Aansprakelijkheid

Ten aanzien van een formeel buitenlandse vennootschap zijn de artikelen 249 en 260 van boek 2 van het Burgerlijk Wetboek van overeenkomstige toepassing.

Art. 7

Begrip 'bestuurders'

Voor de toepassing van de artikelen 2 tot en met 6 worden met de bestuurders van de vennootschap gelijk gesteld degenen die met de dagelijkse leiding van de aan de vennootschap toebehorende onderneming zijn belast.

Art. 8

Bevat wijzigingen in deze regelgeving.

Art. 9-10
Bevat wijzigingen in andere regelgeving.

Art. 11
Ten aanzien van vennootschappen die op het tijdstip van inwerkingtreding van deze wet voldoen aan de omschrijving van artikel 1 geldt: **Bestaande vennootschappen**

a. de opgave ter inschrijving in het handelsregister, bedoeld in artikel 2, vindt plaats binnen drie maanden na het tijdstip van inwerkingtreding van deze wet;

b. het geplaatste kapitaal van de vennootschap en het gestorte deel daarvan moeten vanaf het tijdstip waarop de in onderdeel *a* bedoelde opgave ter inschrijving in het handelsregister plaats vindt of had behoren plaats te vinden ten minste het bedrag belopen van het minimumkapitaal, bedoeld in artikel 4, eerste lid;

c. het eigen vermogen van de vennootschap moet op het tijdstip waarop de in onderdeel *a* bedoelde opgave ter inschrijving in het handelsregister plaats vindt of had behoren plaats te vinden ten minste het bedrag belopen van het minimumkapitaal, bedoeld in artikel 4, eerste lid; de in artikel 4, derde lid, bedoelde verklaring heeft betrekking op een tijdstip dat niet eerder ligt dan vijf maanden voor het hiervoor in dit onderdeel bedoelde tijdstip;

d. de verplichting tot het opmaken van een jaarrekening en een jaarverslag, bedoeld in artikel 5, tweede lid, en artikel 6 zijn van toepassing ten aanzien van jaarrekeningen en jaarverslagen betreffende boekjaren die aanvangen op of na het tijdstip van inwerkingtreding van deze wet;

e. artikel 4, vierde lid wordt eerst drie maanden na het tijdstip van inwerkingtreding van deze wet toepasselijk.

Art. 12
Bevat wijzigingen in deze regelgeving.

Art. 13
Deze wet treedt in werking op een bij koninklijk besluit te bepalen tijdstip.

Art. 14
Deze wet wordt aangehaald als: Wet op de formeel buitenlandse vennootschappen. **Citeertitel**

A

Register

Register

Register

Register

Register

Groepsmaatschappij   **1**, art. 2: 24*b*, 98*d*, 207*d*, 361, 405 v.
Groepsondernemingsraad   **8a**, art. 33 v.

H

Handelen vereniging namens leden   **1**, art. 2: 46
Handelsnaamwet   **15**
Handelsregister, gegevens bij inschrijving in het –   **9b**, art. 9 v.
Handelsregister, inschrijving in het –   **9a**, art. 5 v.
Handelsregister, kantoor van het –   **1**, art. 2: 77, 188
Handelsregister, openbaarheid en externe werking   **9a**, art. 14 v.
Handelsregister, opgave ter inschrijving   **9b**, art. 3 v.
Handelsregisterbesluit 1996   **9b**
Handelsregisterwet 1996   **9a**
Handhaving en uitoefening auteursrecht en bepalingen van strafrecht   **16**, art. 26 v.
Handhaving en uitoefening naburige rechten   **17**, art. 13 v.
Herroeping van de cheque   **6**, art. 209
Herverzekering   **6**, art. 271 v.
Herwaarderingsreserve   **1**, art. 2: 390
Herwissel   **6**, art. 127*b*, 151
Hoger beroep van beschikkingen van de rechter-commissaris (in faillissementszaken)   **7**, art. 67
Homologatie van het akkoord   **7**, art. 151 v., 270 v., 281*f*
Hoofdelijke aansprakelijkheid Zie: *Aansprakelijkheid*
Hoofdelijke schuldenaren, faillissement van –   **7**, art. 136
Huurkoopcontracten in faillissement   **7**, art. 38*a*
Huurovereenkomsten in faillissement   **7**, art. 39
Huurprijs als boedelschuld   **7**, art. 42

I

Inbreng op aandelen b.v. anders dan in geld   **1**, art. 2: 191*b*, 204*a* v.
Inbreng op aandelen n.v. anders dan in geld   **1**, art. 2: 80*b*, 94*a* v.
Industriële eigendom, Bureau voor de –   **10**, art. 15 v., 51 v.
Industriële eigendom, Bureau voor de – in de Nederlandse Antillen   **10**, art. 99
Industriële eigendom, Herzien Internationaal Verdrag tot bescherming van de –   **10**, art. 15
Industriële eigendom, internationaal bureau tot bescherming van de –   **11b**, art. 3
Industriële eigendom, Internationale Unie tot bescherming van de –   **10**, art. 9
Inpandneming eigen aandelen n.v.   **1**, art. 2: 89*a*
Inschrijving b.v. in handelsregister   **1**, art. 2: 180
Inschrijving bij internationaal bureau voor bescherming van de industriële eigendom   **11b**, art. 3, 7
Inschrijving coöperatie in handelsregister   **1**, art. 2: 54, 63*a* v.
Inschrijving in stichtingenregister   **1**, art. 2: 289, 302 v.
Inschrijving in verenigingenregister   **1**, art. 2: 29
Inschrijving n.v. in handelsregister   **1**, art. 2: 69
Inschrijving onderlinge waarborgmaatschappij in handelsregister   **1**, art. 2: 54, 63*a* v.
Inschrijving van hypotheken   **7**, art. 35
Inschrijvingen coöperatie en onderlinge waarborgmaatschappij in handelsregister   **1**, art. 2: 57
Insolventie (bij faillissement), staat van –   **7**, art. 173 v.
Interesten, na de faillietverklaring lopende –   **7**, art. 128
Internationaal bureau voor de bescherming van de industriële eigendom   **11b**, art. 3
Internationaal depot   **11b**, art. 3, 7 Zie verder: *Merken*
Internationale depots   **11b**, art. 49 v.
Internationale octrooiaanvragen   **10**, art. 4
Internationale tentoonstellingen, Verdrag inzake –   **10**, art. 5
Internationale unie tot bescherming van de industriële eigendom   **10**, art. 9
Interveniënt (bij de wissel)   **6**, art. 154 v.
Intrekking van de surséance   **7**, art. 242 v.
Invoeringswet Boeken 3, 5, 6 Nieuw BW   **3**

Register

J

Jaarrekening   **1,** art. 2: 360 v.
Jaarrekening b.v.   **1,** art. 2: 210 v., 249, 260, 273, 360 v.; **19,** par. 12
Jaarrekening coöperatie en onderlinge waarborgmaatschappij   **1,** art. 2: 58, 360 v., 399
Jaarrekening en deelnemingen   **1,** art. 2: 379, 403 v.
Jaarrekening n.v.   **1,** art. 2: 101 v., 139, 150, 163, 360 v.; **19,** par. 12
Jaarrekening van banken, bepalingen voor –   **1,** art. 2: 415 v.
Jaarrekening van effecteninstellingen   **23a,** art. 11a
Jaarrekening verzekeringsmaatschappij   **1,** art. 2: 399, 427 v.
Jaarrekening, bepalingen omtrent rechtspersonen van onderscheiden aard   **1,** art. 2: 399 v.
Jaarrekening, geconsolideerde –   **1,** art. 2: 405 v.
Jaarrekening, geen kwijting aan bestuurders en commissarissen bij vaststelling of goedkeuring van de –   **1,** art. 2: 49, 58, 101, 210
Jaarrekening, openbaarmaking   **1,** art. 2: 394 v.
Jaarrekening, vrijstellingen o.g.v. omvang van bedrijf van rechtspersoon   **1,** art. 2: 396 v.
Jaarrekeningen en jaarverslagen, rechtspleging inzake   **4,** art. 999 v.
Jaartaks octrooi   **10,** art. 61
Jaarvergadering b.v.   **1,** art. 2: 218
Jaarvergadering n.v.   **1,** art. 2: 108
Jaarverslag b.v.   **1,** art. 2: 391
Jaarverslag coöperatie en onderlinge waarborgmaatschappij   **1,** art. 2: 58, 391
Jaarverslag n.v.   **1,** art. 2: 139, 391
Jaarverslag vereniging   **1,** art. 2: 48

K

Kerkgenootschappen   **1,** art. 2: 2, 18
Koersverandering van schepen   **6,** art. 638, 641, 653
Kredietinstelling, faillissement   **7,** art. 212a v.
Kredietinstelling, surséance van betaling   **7,** art. 281g v.
Kruising bij cheques   **6,** art. 214 v.
Kunstenaars, bescherming uitvoerende –   **17**
Kwijting, geen – aan bestuurders en commissarissen bij vaststelling of goedkeuring van de jaarrekening   **1,** art. 2: 49, 58, 101, 210
Kwitanties aan toonder   **6,** art. 229e v.

L

Levensonderhoud van de gefailleerde, uitkering tot –   **7,** art. 21
Levensverzekering   **6,** art. 302 v.
Levensverzekeringsmaatschappijen, onderlinge –   **6,** art. 308
Levering tot overdracht van aandeel b.v.   **1,** art. 2: 196
Levering tot overdracht van aandelen op naam bij n.v.   **1,** art. 2: 86 v.
Licentie   **11b,** art. 1
Licentie octrooi   **10,** art. 56 v.
Lidmaatschap aandeelhouders b.v. na omzetting b.v. in vereniging, coöperatie of onderlinge waarborgmaatschappij   **1,** art. 2: 181 lid 1
Lidmaatschap aandeelhouders n.v. na omzetting n.v. in vereniging, coöperatie of onderlinge waarborgmaatschappij   **1,** art. 2: 71 lid 1
Lidmaatschap coöperatie   **1,** art. 2: 60 v.
Lidmaatschap onderlinge waarborgmaatschappij   **1,** art. 2: 62
Lidmaatschap vereniging   **1,** art. 2: 33 v.

M

Maatschap   **5,** art. 7A: 1655 v.
Maatschap, aandeel in winst en verlies   **5,** art. 7A: 1670 v.
Maatschap, aansprakelijkheid vennoten   **5,** art. 7A: 1679 v.
Maatschap, algehele – van winst   **5,** art. 7A: 1658 v.
Maatschap, begin   **5,** art. 7A: 1661
Maatschap, beheer   **5,** art. 7A: 1673 v.

Register

Maatschap, bijzondere –   **5,** art. 7A: 1660
Maatschap, inbreng   **5,** art. 7A: 1662 v.
Maatschap, omschrijving   **5,** art. 7A: 1655
Maatschap, onder–   **5,** art. 7A: 1678
Maatschap, ontbinding   **5,** art. 7A: 1683 v.
Maatschap, verbintenissen van de vennoten onderling   **5,** art. 7A: 1661 v.
Maatschap, verbintenissen van de vennoten t.a.v. derden   **5,** art. 7A: 1679 v.
Maatschap, verblijvensbeding   **5,** art. 7A: 1688
Maatschap; voortzettingsbeding na overlijden van een der vennoten   **5,** art. 7A: 1688
Maatschappelijk kapitaal b.v.   **1,** art. 2: 175, 178, 208, 234
Maatschappelijk kapitaal n.v.   **1,** art. 2: 64, 67, 78, 99, 124
Maatschappijen van onderlinge levensverzekering   **6,** art. 308
Mededelingsplicht van de verzekerde   **6,** art. 251
Medezeggenschap in kleine ondernemingen   **8a,** art. 35a v.
Medezeggenschap overheidspersoneel   **8a,** art. 46d v.
Meerwaardeverzekering   **6,** art. 278
Melding zeggenschap in ter beurze genoteerde vennootschappen 1996, Wet –   **25**
Melding, Regeling – en reglementering transacties Wet toezicht Effectenverkeer 1995
   23c
Merken, Beneluxverdrag inzake de Warenmerken   **11**
Merken, Goedkeuringswet Beneluxverdrag inzake de Warenmerken   **12**
Merken, weigering inschrijving – door Beneluxmerkenbureau   **11b,** art. 6bis, 6ter
Merkenbureau, Benelux-Merkenbureau   **11a,** art. 1 v.
Minimumkapitaal b.v.   **1,** art. 2: 178, 185
Minimumkapitaal n.v.   **1,** art. 2: 64, 74
Misbruik van voorwetenschap, Wet toezicht effectenverkeer 1995   **23a,** art. 46 v.
Modellen of tekeningen met duidelijk kunstzinnig karakter (Auteurswet en Beneluxwet
   inzake Tekeningen of Modellen)   **13b,** art. 21 v.
Modellen of Tekeningen, Beneluxdepot bij Benelux-Bureau   **13a,** art. 3 v.
Modellen, Eenvormige Beneluxwet inzake Tekeningen of –   **13b**
Molestverzekering   **6,** art. 647 v.
Muziekauteursrecht, handhaving   **16,** art. 26 v.

N

Naamloze vennootschappen   **1,** art. 2: 64 v.
Naamloze vennootschappen, geschillenregeling in bepaalde –   **1,** art. 2: 335 v.
Naamloze vennootschappen, inschrijving in het handelsregister   **9a,** art. 4
Naamloze vennootschappen, naam en doel   **19,** par. 5
Naamloze vennootschappen, raad van commissarissen   **1,** art. 2: 140 v., 152 v.; **19,**
   par. 6 v.
Naamloze vennootschappen, richtlijnen voor beoordelen oprichtingen en statutenwijzi-
   gingen – 1986   **19**
Naburige rechten, Wet op de –   **17**
Naburige rechten, Wet op de –; beschermingstermijn   **17,** art. 12, 35
Naburige rechten, Wet op de –; betaling vergoeding   **17,** art. 15c
Naburige rechten, Wet op de –; billijke vergoeding   **17,** art. 2 v., 7a v.
Naburige rechten, Wet op de –; inbreuk   **17,** art. 10 v.
Naburige rechten, Wet op de –; inhoud   **17,** art. 2 v.
Naburige rechten, Wet op de –; toepassingscriteria   **17,** art. 32 v.
Naburige rechten, Wet op de –; uitoefening en handhaving   **17,** art. 13 v.
Naburige rechten, Wet op de –; verhuur en uitlening   **17,** art. 2 v., 7a v.
Naburige rechten, Wet op de –; bepalingen van strafrecht   **17,** art. 21 v.
Naburige rechten, Wet op de –; bescherming van uitvoerende kunstenaars, producenten van
   fonogrammen of van eerste vastleggingen van films en omroeporganisaties   **17**
Naburige rechten, Wet op de –; definities   **17,** art. 1
Namaakproducten, Wet bestrijding –   **14**
Nazichtwissels, zicht- en –   **6,** art. 132 v.
Nederlandse Antillen, bepalingen voor de – m.b.t. octrooien   **10,** art. 99 v.
Nemen van de wissel   **6,** art. 102a
Nietigheid besluit van een orgaan van rechtspersoon   **1,** art. 2: 14
Nietigheid besluit van rechtspersoon   **1,** art. 2: 16
Nietigheid van verdeling van een gemeenschap   **5b,** art. 3: 195 v.

Register

Register

Register

Register

Z

B E S T E L K A A R T

Pocket
Rechtspersonen 2004/2005

15% korting voor abonnees!

Indien u zich abonneert op de pocket Rechtspersonen 2004/2005,
krijgt u deze bij verschijning **automatisch** toegezonden.

Bovendien geniet u dan **15% korting** op de vastgestelde verkoopprijs.

Zo beschikt u steeds over de laatste editie van de pocket Rechtspersonen.

Voor uw bestelling kunt u deze portvrije bestelkaart gebruiken.

Voor telefonische bestellingen: (0570) 673449

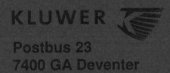

KLUWER

Postbus 23
7400 GA Deventer

Prijswijzigingen voorbehouden.
Ook verkrijgbaar via de boekhandel.

Telefoon 0570 - 673 449 / Fax 0570 - 691 555

ANTWOORDKAART

Ondergetekende wenst rechtstreeks/via boekhandel

... abt. (834) pocket Rechtspersonen. Ik ontvang met ingang
van de editie 2004/2005 de pocket Rechtspersonen met
15% korting.

(Bedrijfs)Naam: _____

T.a.v. dhr./mevr.: _____

Soort bedrijf: _____

Straat/Postbus: _____

Postcode: _____ Plaats: _____

Datum: _____

Handtekening: _____

Kluwer
Antwoordnummer 93
7400 VB Deventer

POSTZEGEL NIET NODIG